【第二版】

文献检索与知识发现指南

主编 吉久明 孙济庆

格致出版社 上海人民出版社

前　言

在信息爆炸的时代,熟练掌握从信息的海洋中快速定位相关的、有用的且有价值的信息的技能,是 21 世纪人才的基本素质要求之一。

随着信息技术的不断发展,信息检索工具也从早期的文献检索发展到当前的信息检索,并且还将步入知识检索的高级阶段。对应不同阶段的信息检索工具,国内有近 1000 种配套教材。这些教材包括专论和通论两类,如《信息存储与检索》《信息检索》《化学化工文献与信息检索》《科技文献检索与利用》《中外专利信息网络检索与实例》《信息检索通用教程》等。同一时期两种类型的教材在内容上的区别都不大,主要以介绍文献检索的基本原理及工具的使用方法为主,较少涉及信息文化与知识发现的内容,这类教材对于那些不熟悉搜索引擎的大学生起到了很好的指导作用。随着搜索引擎的不断普及,大学生已具备了一定的信息检索基础技能,采用研究性学习的教学方法进行文献检索与分析的技能培养已迫在眉睫。同时,由于计算机网络的普及,以计算机病毒为首的各种信息安全和道德危机,给全世界人民的生活和工作造成了巨大的损失,国内外已经出现信息文化饥渴的现象,迫切需要在文献检索课程中增加信息文化的内容。

由于搜索引擎的不断普及,大学生通过搜索引擎也可以满足其部分的文献需求。但事实上仍存在以下问题:

(1)必要的检索技巧对提高检索效果非常有帮助,即使是搜索引擎,也有很多提高检索效果的技巧,多数大学生往往忽视这些技巧,自然也不能用好搜索引擎。

(2)仍然有许多文献只能通过收录高水平专业文献的检索工具才能获得。有证据表明,多数大学生不了解这些工具,一方面浪费了宝贵的投资,另一方面也使大学生失去了阅读高水平学术文献的机会,大大降低了创新能力。

(3)许多大学生对文献的利用仅停留在复制粘贴的水平,如何引导大学生从文献中发现问题、利用文献解决实际问题是摆在教育者面前的重要课题。

与现有同类教材相比，本教材在内容编排和案例设计方面作了较大的改革，在编写过程中始终贯彻案例先行的原则，通过大量生动、鲜活、详细的案例，讲解信息社会中需要注意和解决的问题，检索工具的基本工作原理及类型，Big6信息问题解决方案，基于文献的知识发现方法，学术论文的评价、撰写与投稿，竞争情报方法等。对于具体检索工具的介绍也打破了传统的文献出版类型编排（按期刊、图书、会议文献等分别介绍）的方式，增加了专题类文献检索工具、著名学会或协会等不同体系的检索工具介绍。

因具体检索工具的使用部分占用篇幅难以控制且升级频繁，本教材将同时提供随书课件，其中包括一定量的视频，详细介绍检索工具的使用及文献检索技巧。

第1章的主要内容是信息文化。大学生是未来社会的栋梁，当今社会是信息的社会，对大学生普及信息文化知识具有十分重要的意义。因此，针对日益严重的信息安全问题与道德危机，在介绍信息素养能力标准与培养方法的基础上，进一步介绍信息安全与信息道德的内容，这在同类教材中并不多见。

第2章的主要内容为介绍著名学术文献检索工具的文献收录范围，包括：以中文文献为主的专业文献检索工具、高水平专业文献检索工具、著名学术文献出版商及其文献检索工具、著名学会或协会的文献检索工具、著名的艺术类文献检索工具、著名的学术搜索引擎、著名的检索工具集成平台；以及著名的特种文献检索工具的文献收录范围，包括：专利文献、标准文献、政府出版物（包括法律法规条文或文件、由政府或其指定机构发布的各种事实数据和总结报告）、产品样本等。这类文献在学术上可以作为学术文献的必要补充，熟悉此类文献的检索工具必将有助于社会生活和科研工作。这种对文献检索工具的分类方法在同类教材中也不多见。同时介绍了常用的个人文献管理工具、著名的基于文献的知识发现工具。

第3章的主要内容为文献检索技巧。通过案例介绍信息检索基本技术、信息检索高级技术、学术文献阅读方法、信息线索解读及原文获取方法。

第4章的主要内容是文献检索策略案例大全。通过具体的案例介绍Big6信息问题解决方案、信息检索基本原理。

第5章的主要内容是文献检索与利用案例。通过具体的案例介绍信息评价方法，利用文献检索工具和文献分析工具解决留学、就业、科研选题与学术论文写作、知识产权领域问题的解决方案和步骤，以及利用竞争情报方法解决生产和生活中的问题的基本过程。其中利用文献计量学方法和文献分析工具的应用案例具有很好的参考价值，这在同类教材中并不多见。

附录1的主要内容是介绍课题调研检索报告及综述论文的格式和案例，以供学生在实践中参考。

附录2的主要内容是一些常用外文检索工具的英文字段与中文含义对照表。

附录3的主要内容是基于本教材的学习指南。

本教材由吉久明编写教学大纲，第1章、第2章由吉久明、任福兵、唐永林撰写；第3章由吉久明、李楠、刘颖、朱世琴、曾媛、陈荣、霍丽萍、刘云、房宝金、聂园梅、严素梅、洪道广撰写；第4章由吉久明、李楠、刘颖、朱世琴、曾媛、房宝金、刘云、霍丽萍撰写；第5章由吉久明、汪人山、李楠、刘颖、唐永林撰写；附录1由邬洁、吉久明撰写；附录2由朱世琴、曾媛撰写；附录3由吉久明撰写。

教材同时配备了课件,分别由上述编者以及华东理工大学信息研究所的硕士研究生陈健、吴迪、黄凯、宗凯韵和张雪同学编制。

在教材编写过程中,编者参阅和引用了许多参考文献,这为本书的完成提供了帮助,也丰富了本书的素材,在此对相关作者表示真诚的谢意。华东理工大学图书馆副馆长孙济庆教授、华东理工大学图书馆文献检索教研室的教师们及广西民族大学化工学院的聂园梅老师对本书的编写给予了极大的支持和帮助,在此也表示感谢。

此外,本书在编写方面试图贯彻研究性学习方法,并增加了基于文献的知识发现方法案例及工具的介绍,疏漏之处在所难免,敬请读者批评指正。

编者

目　录

第1章 信息文化

计算机网络技术的飞速发展,使得信息的发布与获取变得轻而易举,极大地推动了社会的进步,经济、军事、文化和生活各个领域的发展都离不开信息网络,人类已经进入了信息社会。但是,由于缺乏信息文化的教育,世界各地都有利用网络犯罪的案件,其中不乏在校表现优异的大学生。正如成龙主演的影片《新警察故事》中所演绎的那样:这些抱着游戏心态的青少年,利用高超的电脑技术为非作歹。与此同时,一些科研人员也因为无知和学术腐败卷入了"抄袭门",如:年轻的市长和大学校长涉嫌抄袭学术论文;华为公司被指控侵犯思科公司的专利等。

那么,我们应该如何正确处理和利用通过互联网获得的信息呢?在网络环境下,如何保证自有信息的安全呢?本章将介绍信息文化的基本内容,帮助读者树立正确的信息观。

1.1 信息文化概念

本书所指的信息文化概念与通常所说的"信息文化产业"及"信息文化产品"中的"信息文化"有所不同,其含义更广。信息文化就是社会成员对信息及其持有者的尊重与重视程度,它是由信息技术的发明和应用而逐渐发展起来的一种新型文化,由信息环境和社会成员信息素养组成。

1.1.1 信息环境

信息文化概念体系中的信息环境包括信息的创造、收集、加工、传播、安全、利用(统称为信息活动)相关的规范和制度,以及信息社会成员参与信息活动过程的愿望和对相应的规范及制度的认同程度的总和。

信息环境与信息素养相辅相成,良好的信息环境对提高信息社会成员的信息素养具有积极的推动作用，社会成员的信息素养水平也是信息环境的影响因素之一，只有每一位社会成员的信息素养水平提高了，才可能拥有良好的信息环境，而信息环境中起主导作用的因素是信息伦理和信息法规。

1.1.2　信息素养

个体信息素养即信息社会成员在信息环境中所拥有的修习涵养，包括其参与信息的创造、收集、加工、传播、安全、利用过程的愿望、能力及对相应的规范和制度的认同程度。它与科学素养、职业素养、人文素养、道德素养、媒体素养、生命素养一起成为当今社会公民必备的七大素养，包含信息意识、信息伦理、信息能力三个方面。个体信息素养水平与群体信息素养水平呈正相关。

- 信息意识：是指信息社会成员参与信息的创造、加工、传播和利用过程的愿望。
- 信息伦理：是指社会成员必须持有的在信息的生产、加工、传递、收集、分析和利用过程中的行为准则，又称信息道德，它要求社会成员尊重他人知识产权、隐私，保护自身隐私信息、自有知识产权，并充分认识到自身所发布的信息或所参与的信息传播活动的合法性以及给他人和社会造成的影响。
- 信息能力：是指社会成员主动参与信息生产、加工、传递活动，或收集、分析、利用信息的能力、保证信息安全的意识并采取正确措施的能力。

下面分别介绍信息伦理准则、知识产权的对象类型和特征以及信息安全防范措施，再介绍信息素养评价标准及提高途径。

1.2　信息伦理准则

目前主要的信息伦理准则有美国计算机学会信息伦理准则、英国信息伦理准则和中国《全国青少年网络文明公约》，美国和英国的信息伦理准则总结起来主要包括以下内容：

- 对社会和大众的福利要有所贡献。
- 避免伤害他人；确定个人的工作不影响第三者的权益；尊重个人隐私；保护信息使用者的机密；行为要公平且不能有歧视。
- 信息人员在对雇主以及顾客尽义务时，不可背离大众的利益。
- 诚实和值得信赖；经授权后再使用电脑和通信资源。
- 遵守与专业有关的法律法规。特别是有关财政、健康、安全以及个人资料的保护规定；承认并保护知识产权。

中国《全国青少年网络文明公约》的内容包括"五要五不要"：

- 要善于网上学习，不浏览不良信息；
- 要诚实友好交流，不侮辱欺诈他人；
- 要增强自护意识，不随意约会网友；

- 要维护网络安全,不破坏网络秩序;
- 要有益身心健康,不沉溺虚拟时空。

此外,每一位在中国网站上发表信息的用户,都必须同意以下协议内容:

- 严禁危害国家安全、泄露国家秘密、颠覆国家政权、破坏国家统一。严禁损害国家荣誉和利益。严禁煽动民族仇恨、民族歧视、破坏民族团结。严禁破坏国家宗教政策、宣扬邪教和封建迷信。
- 严禁散布谣言、扰乱社会秩序、破坏社会稳定。严禁侮辱或者诽谤他人、侵害他人合法权益。严禁发布可能会妨害第三方权益的文件或者信息:病毒代码、黑客程序、软件破解注册信息以及其他恶意程序。
- 严禁散布淫秽、色情、赌博、暴力、凶杀、恐怖或者教唆犯罪。
- 禁止转载或引用涉及版权问题的文章。禁止发表有关非法产品买卖的信息。
- 严禁含有法律法规及其他规范性文件禁止的其他内容。

每一个中国网民应该同时遵守上述三部分的信息伦理准则和公约,才能真正成为一个"文明"的网民。

1.3　知识产权对象、类型、法律法规与特征

【例1-1】　2012年04月27日扬子晚报报道,西交利物浦大学某同学的课程作业论文中的三段内容与另一位学生的论文完全相同,被判0分,该学生不服,向校方申诉无果。该校是西安交通大学与英国利物浦大学合办的大学,运用了与利物浦大学相同的论文检测系统,不但检测学生的论文与已发表论文的相似情况,而且检测学生之间论文的相似情况,这种措施在国外非常普遍,目的在于保护知识产权。

知识产权是权利人基于创造性智力成果和工商业标记而依法产生的在一定期限和地域内的独占权利统称。界定知识产权的目的是为了鼓励创新,促进社会持续进步,因此知识产权具有独占的性质,只有权利人享有对知识产权的处置权,他人使用必须获得许可。

1.3.1　对象

知识产权涉及的对象随法律的不同而有所区别,综合起来主要包括:

- 文学、艺术和科学作品;
- 表演艺术家的演出、录音制品和广播节目;
- 在人类一切活动领域内的发明;
- 科学发现;
- 工业品外观设计;
- 商标、服务标记、地理标识、商号名称和标记;
- 禁止不正当竞争;

•在工业、科学、文学和艺术领域内其他一切来自知识活动的权利。

1.3.2 类型及法律法规

•与文学艺术作品的使用有关的类型，包括著作权和邻接权（合称版权）。

•服务于工业和商事领域的类型，称为"工业产权"，包括专利权（分为发明权、实用新型权、外观设计权三种类型）、商标（及服务标记）权、商号权、其他商事标记权以及与制止不正当竞争有关的权利。

•由于知识产权保护的对象特征差别太大，一般针对不同的对象制定专门的法律，如：专利法、商标法、反不正当竞争法、著作权法、软件注册与保护条例等。

1.3.3 特征

1. 新颖性

享有著作权或邻接权的作品必须与先期享有相关权利的作品存在显著不同，抄袭、剽窃他人作品属侵权行为；抄袭、剽窃与适度借鉴的区别在于，后者在引用的时候指明引用部分的原作者，并向其支付报酬。

要求权利的商标必须不属于现有商标；也没有任何单位或者个人就同样的商标在申请日之前向国务院商标行政部门提出过申请，并记载在申请日以后公布的相关申请文件或者公告的文件中。

要求权利的专利必须不属于现有技术；也没有任何单位或者个人就同样的技术在申请日以前向国务院专利行政部门提出过申请，并记载在申请日以后公布的相关申请文件或者公告的文件中。

2. 时间性

法律对知识产权的保护具有时间限制特性，任何一项知识产权的受保护时间都是有限的，不同类型的知识产权的最长保护期限各不相同。

1.3.4 各类知识产权法摘录

1. 中国《著作权法》摘录[①]

我国著作权法规定，中国公民、法人或者其他组织对其作品，不论是否发表，或者外国人、无国籍人的作品首先在中国境内出版的，享有著作权。外国人、无国籍人的作品根据其作者所属国或者经常居住地国同中国签订的协议或者共同参加的国际条约享有著作权。

著作权包括：发表权、复制权、发行权、出租权、展览权、表演权、放映权、广播权、信息网络传播权、摄制权、改编权、翻译权、汇编权。

•公民的作品，其著作权以及应当由著作权人享有的其他权利的保护期为作者终生及其死亡后五十年，截止于作者死亡后第五十年的 12 月 31 日；如果是合作作品，截止于最后死亡的作者死

---

① 有关中国《著作权法》更详细的内容请看中国国家知识产权局的政策法规栏目。

亡后第五十年的 12 月 31 日。公民的作品的其余权利的保护期为作者终生及其死亡后五十年,截止于作者死亡后第五十年的 12 月 31 日;如果是合作作品,截止于最后死亡的作者死亡后第五十年的 12 月 31 日。

· 法人或者其他组织的作品、著作权(署名权除外)由法人或者其他组织享有的职务作品以及电影作品和以类似摄制电影的方法创作的作品、摄影作品,其著作权以及应当由著作权人享有的其他权利的保护期为五十年,截止于作品首次发表后第五十年的 12 月 31 日,但作品自创作完成后五十年内未发表的,本法不再保护。

· 作者的署名权、修改权、保护作品完整权的保护期不受限制。

· 著作权人向报社、期刊社投稿的,自稿件发出之日起 15 日内未收到报社通知决定刊登的,或者自稿件发出之日起 30 日内未收到期刊社通知决定刊登的,可以将同一作品向其他报社、期刊社投稿。

· 著作权具有独占性,权利人可以转让或许可。但除著作权人特别声明外,可以不经著作权人同意,可以将著作权作品用于以下情况:

◆ 非营利性的引用或复制,不得出版发行,但可以改编成盲文出版。

◆ 为实施九年制义务教育和国家教育规划而编写出版教科书,在教科书中汇编已经发表的作品片段或者短小的文字作品、音乐作品或者单幅的美术作品、摄影作品,但应当按照规定支付报酬,指明作者姓名、作品名称,并且不得侵犯著作权人依照本法享有的其他权利。

· 政策法规条文、统计数据等是没有版权的,但为了尊重发布者和体现数据的权威性,应注明数据来源。

· 邻接权

◆ 图书、期刊出版者出版图书或在期刊上发表著作,应当和著作权人订立出版合同,并支付报酬,按照合同约定享有的专有出版权受法律保护,截止于使用该版式设计的图书、期刊首次出版后第十年的 12 月 31 日,其间他人不得出版该作品。

◆ 使用他人作品演出、录音录像,表演者(演员、演出单位)、录音录像者应当取得著作权人许可,并支付报酬。演出组织者(录音录像)组织演出,由该组织者取得著作权人许可,并支付报酬。表演或录音录像相关权利截止于该表演发生后第五十年的 12 月 31 日。

◆ 广播电台、电视台播放他人未发表的作品,应当取得著作权人许可,并支付报酬;播放他人已发表的作品,可以不经著作权人许可,但应当支付报酬,当事人另有约定的除外。广播、电视的相关权利截止于该广播、电视首次播放后第五十年的 12 月 31 日。

【例1-2】 A 出版社发现 B 网站将本出版社已经获得作者授权的图书放在网站上供用户下载,遂向法院递交了诉讼,诉 B 网站侵犯 A 出版社图书的著作权和版式权。法院调查后发现,由于作者重复授权,B 网站没有过错,但 B 网站未获得出版社的版式使用权,存在版式侵权。

此案中的作者和 B 网站因为疏于学习《著作权法》,从而无意中违法。

2. 中国《商标法》摘录

商标是与特定的商品、服务同时存在的符号,用以证明商品或服务质量的标识。申请商标权有利于保证为特定的商品、服务所投入的成本的回收，并获得相应的经济收益。

注册商标必须经过申请、审查，符合规定后才能获得注册商标的专用权，且必须以核准注册的商标和核定使用的商品为限。有效期为十年，注册商标适用优先权制度，且必须在规定期限内提出有效期延展申请，否则到期视为无效。

3. 中国《专利法》摘录

• **地域限制**。专利授权具有地域性限制，即只在指定保护的国家和地区受保护。

• **专利类型及保护的期限**。专利保护期限自申请日起算，且依照专利技术的新颖性、创造性、实用性的程度不同将专利类型及对应的保护期限分为：

◆ 发明专利：技术含量高，发明人付出的创造性劳动多的新产品、新技术、新方法。获得授权后，保护二十年。

◆ 实用新型专利：对产品构造、形状或两者的结合等的技术改进。获得授权后，保护十年。

◆ 外观设计专利：涉及产品的形状、图案或两者的结合以及色彩与图案、形状的结合，富有美感，并适于工业上应用的新设计。获得授权后，保护十年。

◆ 违反国家法律、社会公德或妨害公共利益的发明创造，如：吸毒工具等；违背科学规律的发明，如永动机；科学发现，如发现新星、自然科学定律定理等，如牛顿万有引力定律；智力活动的规则和方法，如：新棋种的玩法；疾病的诊断和治疗方法；动植物新品种；用原子核变换方法获得的物质，均不能申请专利。

【例1-3】 精明的王老板经营一家地板厂，由于没有什么特色，生意一直不是很好。2005年年底，他在中国国家知识产权局的专利数据库中发现了一项对地板制作非常重要的发明技术，该技术是1985年初申请的。根据中国专利法规定的二十年保护期限，该专利已经失效，他将该技术用于改进地板生产工艺，从而提高了产品质量，进而改善了经营状况。

• **专利维持费**。获得专利授权后的法定保护期限内，专利持有人应按期缴纳专利维持费，逾期视作放弃专利独占权。

【例1-4】 未缴专利维持费，与8亿身家擦肩而过。江苏苏州某公司于2010年2月26日获得证监会发审委发行许可，3月9日进行了公开发行，3月12日公布了中签号，然而，就在万事俱备只欠东风的关口，却没能迎来上市的日子。经调查发现，该公司之所以被叫停是因为陷入"专利门"。在该公司上市申请二审前一天，某财经日报的记者检索该公司声称拥有的四项专利权均因"未缴纳维持费"而终止。公司法人夫妇因而痛失8亿身家。[①]

• **职务发明与非职务发明**。执行本单位（包括临时工作单位）的任务或者主要是利用本单位的物质技术条件（包括资金、设备、零部件、原材料或者不对外公开的技术资料等）所完成的发明创造为职务发明创造。包括：

◆ 在本职工作中作出的发明创造；

◆ 履行本单位交付的本职工作之外的任务所作出的发明创造；

---

① 肖渔. 苏州恒久二次上市再遭否决. 证券时报，2010.6.12.

◆ 退职、退休或者调动工作后一年内作出的，与其在原单位承担的本职工作或者单位分配的任务有关的发明创造；

◆ 职务发明创造申请专利的权利属于该单位；申请被批准后，该单位为专利权人；

◆ 职务发明人不能占有专利权，只能享有署名权和必要的报酬，不得擅自转让专利技术获得利益；

◆ 利用本单位的物质技术条件所完成的发明创造，若单位与发明人或者设计人订有合同，对申请专利的权利和专利权的归属作出约定的，从其约定；

◆ 如果发明创造是发明人在业余时间，没有利用单位的资金、设备、人员等资源的情况下实现的，属非职务发明创造，可以由发明人直接申请专利权，专利权归个人所有；

◆ 非职务发明人独自占有专利权，可以自由使用、转让或出售专利技术使用权，由此获得经济利益。

【例 1-5】 某高校知识产权中心近日发现，该校教师张某将其发明的职务外观设计专利转让给某市一家企业，该企业使用该技术生产的产品大量上市销售，于是立即与该教师交涉，要求其停止侵权行为。该教师认为自己发明的专利自己当然可以转让给他人，况且学校也没有支付发明专利的奖励，他转让该技术获得的报酬是其辛苦应得的。在该校随后提起的诉讼官司中，法院支持了该校要求厂家与学校直接签订合同的诉讼，责令张某将既得的转让许可费交给学校，同时提醒学校支付张某的专利奖励费。

• **无效宣告**[①]。申请专利的发明创造被公布后，任何单位和个人如果有证据表明该申请不符合新颖性、创造性、实用性的要求，可以在授权之前或之后向知识产权权利审核部门提出疑问或提交无效宣告请求。因此，即使是被授权的专利申请，也存在被宣告无效的可能。

• **专利权终止**。专利权的终止是指因发生专利法规定的不符合授权的情况而导致权利终止。专利权终止后，任何人都可以自由、无偿使用其对应的发明创造即技术方案。我国专利法规定发生以下情况会导致专利权终止：当前时间超过了专利权保护的最后日期、自动撤回、未缴纳专利年费、经复审被宣告无效，被终止了专利权的技术称为失效专利技术。

• **专利法律状态**。由反映专利的申请、审查、授权、转让、无效等一系列国家知识产权局公布的状态组成。

【例 1-6】 中国政法大学知识产权研究中心（知识产权实验室）理事长张楚教授携团队成员张鑫蕊于 2007 年 8 月 18 日向国家知识产权局专利复审委员会提起了针对辉瑞公司的专利号为 96195564.3 的药物发明专利的无效宣告请求。2009 年 6 月 24 日，国家知识产权局专利复审委员会发文，作出对辉瑞公司的专利号为 96195564.3 的药物发明专利权全部无效的决定。

• **优先权**。申请人自在一国第一次提出专利申请之日起一定时间内，又在另一国或本国就相同主题提出知识产权（主要指商标和专利）申请的，依照各国间签订的协议或者共同参加的国际条约，或者依照相互承认优先权的原则，在进行审查时，可以享有优先权。享有优先权的商标或专利

---

① 更多关于专利的法规知识，请访问国家知识产权局网站的法律法规栏目。

在优先权有效期内,进行相关新颖性审查时即以优先权日作为申请日期,必须在第一次申请时同时要求优先权。以一个以上优先权申请的专利称为同族专利。

【例1-7】 中国一家农机生产厂,产品远销东南亚,厂长专门到中国国家知识产权局为产品申请了中国专利,因此该厂的产品在东南亚地区处于垄断地位。一个月后,厂长提出的在东南亚国家申请专利权的申请被驳回,因为申请中国专利的时候,他没有申请优先权故失去了在国外的专利授权机会。由于该厂仅在中国申请了专利保护,因此只是禁止了他人在中国的生产和销售,此后,东南亚某国一位精明的商人也开始模仿该厂的技术生产农机了。

【例1-8】 设某专利的优先权项为:

优先申请国家——US,优先申请日期——1985.1.14,优先申请号——690915

其专利文献族为:

US 4588244（申请日:1985 年 1 月 14 日）

JP 61198582 A（申请日:1985 年 11 月 30 日）

GB 2169759 A（申请日:1986 年 1 月 3 日）

FR 2576156 A（申请日:1986 年 1 月 13 日）

则:US 4588244 为基本专利,申请日为 1985 年 1 月 14 日。同族专利显示了专利权人的发明创造受保护的地域范围,间接表明相关市场前景。

专利文献族[①]是指基于一项优先权专利或相关技术申请的专利文献,这些专利的申请人相同,技术相关,但专利文献的语种可能不同。

4. 域名

域名是互联网技术的产物,是组织或个人的网络标识,也是组织或个人利用独立的网站展示信息或实现网上交易平台的必要条件,其主要部分一般与实体名称或标识相同或相似。

目前,国际上对域名注册的惯例是"先注册即拥有",使"域名抢注"的行为拥有了合法性的注脚。一般的企业必须有足够的域名保护意识,包括及时尽早申请域名并按时缴纳域名使用费,否则在遭遇域名抢注时,也只能忍气吞声。

【例1-9】 2005 年 4 月,一条新闻在网络上广为流传。著名的搜索引擎公司 Google,因为以其名称命名的两个域名 google.cn 和 google.com.cn 被某中国公司抢注,诉诸法律未果,只好花重金购买。这条新闻在中国的 IT 界掀起了一股"域名抢注"潮,一些人干脆以抢注域名为职业。许多著名的企业、名人和特定的名称拥有者都受到了这股潮流的影响。

1.4 信息安全防范措施

【例1-10】 深圳新闻网 2007 年 3 月 20 日报道,上海一市民网上银行账户 16 万元莫名丢失,

[①] 有时也将技术主题相关的专利文献称为专利族文献,此类专利族文献的申请人不一定相同。

失主蔡先生从事 IT 行业的工作。国家计算机病毒应急处理中心 14 日通报,通过对互联网的监测发现,在网络中连续出现很多高校的 Web 网站被植入恶意木马的现象。这些案件告诉我们保障信息安全,不仅仅是为计算机加密码那么简单。

这是一起典型的由于不明原因造成的"信息泄露"案件,这类"信息安全"问题在我国当前的信息社会中仍然相当普遍,需要引起个人和有关部门的足够重视。

一般来讲,信息安全问题的范畴包括信息泄露、信息被篡改、信息不可用三种类型,每种类型的防范措施都不太相同。下面首先介绍三种类型的信息不安全现象,再给出相应的信息安全措施。

1.4.1 信息泄露

信息泄露是指由于过失或故意行为,信息所有者或信息保管者在创造、传播、利用信息的过程中造成的不合理的信息公开的结果。不合理的信息公开即非信息所有者主观意愿的或法律法规禁止的信息公开,被不合理公开的信息一般会被他人或组织不合理利用而对某组织或个人造成精神上或经济上的损失或伤害。信息泄露有机构信息泄露和个人信息泄露、系统漏洞泄密和人为泄密、过失泄露和故意泄露等几类。任何情节严重的信息泄露给国家和人民生命财产安全造成损失的,当事人将会受到法律的惩罚。

防范信息泄露的主要手段是建立严格的审计制度,包括对信息档案室或信息管理系统的防泄露进行系统安全审计、对信息档案室或信息管理系统的操作人员进行操作和安全责任培训以及对公开发表的信息进行信息审计。OPSEC 安全保障策略(Operation Security)是一种西方国家目前比较流行的保密方法。这种方法主要来自美国,过去多为政府采用。OPSEC 以合理的、周全的方式将拥有的信息源置于最有创造价值的地方。其基本概念是:根据每条信息的相对重要性来确定适当的保护措施。它了解竞争对手怎样获得信息,如何利用信息来对付自己,失去信息会带来多么惨重的代价,保护信息需要多么高的成本等。与以往的保护手段不同的是,OPSEC 承认所有公司都有脆弱的地方,但它也注意到并不是所有这些脆弱的地方都值得保护。

建立信息档案室或信息管理系统泄露隐患审计,重点审计信息档案室或信息管理系统在储存、传递信息过程中所存在的的信息泄露安全隐患,如:禁止以明文的方式在网上传递用户身份和认证密码,禁止以明文的方式在网上传递机密文件,禁止非许可用户访问或获得信息,切断公司内网与互联网的直接通路,使用虚拟专网技术(VPN)解决从互联网访问公司信息问题,使用代理技术解决公司内网计算机访问互联网的问题,使用其他防火墙产品防止非法访问信息,对机密信息服务器机房和工作站安装信号屏蔽设施,禁止过于简单的密码,增加验证码等。

建立信息档案室或信息管理系统操作规程,明确各相关人员的信息安全责任,如:及时安装系统或应用程序补丁、及时更新防病毒软件及病毒库、安装计算机木马查杀程序、将浏览器的安全级别设置成高级、禁止将内部的文件或信息用邮件或复印拷贝的方式带出组织外、禁止在工作计算机上使用 U 盘等移动存储设备、禁止在非工作时间访问信息管理系统、禁止访问未授权的信息、禁止在工作计算机上访问外网等。

建立信息审核制度,明确信息的密级,如:客户资料、财务信息、客户交易信息、与未来的专利技术相关的任何信息、系统用户账号、公司的促销计划或新产品计划等与公司经营战术相关的信息、公司裁员名单的密级，禁止发布违法信息等，并定期审核信息密级的正确性及信息保密效果。

防范个人信息泄露的主要措施是减少网上货币交易，减少网上实名注册，妥善保管各类证件和密码，养成给文件加密的习惯，不使用过于简单的密码等。为保障信息安全，中国公安部、国家保密局、国家密码管理局、国务院信息化工作办公室专门制定了《关于信息安全等级保护工作的实施意见》《中华人民共和国信息安全等级保护管理办法》《涉及国家秘密的信息系统分级保护管理办法》及《涉及国家秘密的信息系统分级保护技术要求》。

1.4.2　信息篡改

信息篡改是指由于过失或故意行为，信息所有者或信息保管者在创造、传播、利用信息的过程中造成的信息被不合理篡改的结果，这种篡改仍然保留了原始信息的某些特征，一般会对信息所有者或利益相关者造成精神上或经济上的损失或伤害，一般包括系统篡改和人为篡改。系统篡改一般指由于系统设计缺陷引起的非操作主体主观意愿的篡改，包括过失篡改和故意篡改。任何情节严重的信息篡改行为给国家和人民生命财产安全造成损失的，当事人将会受到法律的惩罚。

【例1-11】　2012年8月22日新华网浙江频道报道，浙江工商全面开展食品安全百日执法行动，公布一批大案要案，查获包括蒙牛牛奶在内的多个食品销售商篡改生产日期的案件。这些典型的"篡改信息"犯罪，据某报记者的实地调查，在食品生产流通领域里，类似的未曝光案件还有不少。[①]

防止信息被不合理篡改的主要措施，包括对信息档案室或信息管理系统的防篡改进行系统安全审计、对信息档案室或信息管理系统的操作人员进行操作和安全责任培训，保留原始信息备份、建立严格的信息核查制度等。

建立信息档案室或信息管理系统防篡改安全审计，重点审计信息档案室或信息管理系统在储存、传递信息的过程中所存在的信息可能被篡改的安全隐患，如：禁止以明文的方式在网上传递机密文件，禁止非许可用户更改信息，禁止只读用户的"写"操作，自动生成系统和用户操作信息的详细记录等。

建立信息档案室或信息管理系统操作规程，必须明确各相关人员信息安全责任，如：禁止未经许可随意修改档案或信息管理系统中的信息、加强印章的管理、使用数字签名与数字水印等。

建立信息备份和核查制度，必须确保信息被篡改后的恢复与核查。如：在使用信息时，将现有信息与原始正确信息的备份进行核对，或在保存证据时采取多种形式，如同时保存影像或音频信息等。

防范个人信息被篡改的措施包括使用个人印章和个性签名。

1.4.3　信息不可用

信息不可用是指由于过失或故意行为，造成信息服务停止，但没有被泄露或篡改。其主要特

---

① 林佳佳. 蒙牛生产日期被篡改 推迟半年 已销往浦江义乌. 浙江省工商局新闻中心. 2012.8.20, 新华网浙江频道, http://www.zj.xinhuanet.com/newscenter/2012-08/22/c_112811684.htm[2012.8.30].

征是信息系统无法访问,或无法通过信息系统访问指定信息,一般会对信息所有者或利益相关者造成精神上或经济上的损失或伤害,其产生原因一般包括系统缺陷、人为过失或故意。

- ◆ **系统缺陷**一般指由于系统硬件故障或设计缺陷引起的系统不能正常提供服务,如:硬盘故障、路由器故障导致服务停止或系统设计的计算速度过慢,无法满足大量的服务请求等。
- ◆ **人为过失**指由于误操作导致信息服务停止,如误关了服务系统的电源,误操作导致信息被删除,如错误地执行了删除操作、执行删除操作时没有设置正确的条件等。
- ◆ **人为故意**指人为导致信息服务停止,如:黑客用灌水的方式导致某信息系统服务故障、某运营商停止网盘或文件发布服务。病毒入侵、存储信息的存储器或文件夹被损坏、遗失、盗窃,人为破坏事故现场等。

【例1-12】 作者高先生指出:在百度搜索引擎输入"注华严法界观门通玄记"、"华严法界观门通玄记"或"华严法界观通玄记"(检索词依次减一字),都能检索到北京德宝2009年秋季拍卖会曾拍出一部明版《通玄记》(分上、中、下三卷,经折装,品极佳;另参拍卖图录《宝藏》第31页)。但笔者使用上述检索词,在百度中却无法获得上述拍卖信息,这种现象属于"信息不可用"类的"信息安全"问题。[①]

防止信息不可用的主要措施,包括对信息档案室或信息管理系统的防攻击或误操作进行系统安全审计、对信息档案室或信息管理系统的操作人员进行操作和安全责任培训、建立应急机制等。

建立信息档案室或信息管理系统防攻击或误操作能力审计,重点审计信息档案室或信息管理系统应对异常访问的情况,如:最大同时在线用户数应满足实际需求,电源、电路、硬盘、服务器、路由器、网线、信息读取设备等硬件备份,进行防攻击测试,采取防黑客措施,采取包含通行标准格式或载体在内的多种格式或载体保存信息等。

建立信息档案室或信息管理系统操作规程,明确各相关人员信息安全责任,如:禁止未经许可随意关闭更换服务系统的一切设备、掌握应急措施的操作方法等。

建立应急措施,以确保在短时间内恢复信息服务,如:立即切换到备用系统、启动备用设备或线路、备份恢复方法等。

个人防范信息不可用的措施有:将自己的信息存储在可信赖的服务器上,同时随身携带多个储存信息的载体副本。

1.4.4 计算机病毒及其防范

研究人员发现,一些不法分子利用计算机用户容易输错网址的现象,专门开通了一些带有病毒种子的网站,网站的地址与一些著名的网站地址非常相似。一旦用户输错网址误入染毒网站,就会有中毒的危险。

计算机病毒是通过非法手段、利用计算机操作系统的漏洞或诱使计算机操作人员主动下载等手段驻留在计算机内的黑客程序的统称。迄今为止,全球数以万计的计算机因为感染计算机病毒而遭受巨大损失。

---

① 高山杉.网搜《通玄记》.东方早报,2012.5.19, http://www.dfdaily.com/html/1170/2012/5/19/794362.shtml[2012.8.30].

防范计算机病毒的主要手段如下：

• 取消系统默认的有安全隐患的设置，如：共享文件夹、默认用户名、服务的默认端口号、默认打开的端口、浏览器的安全级别、自动保存历史网页、自动保存 Cookie、默认已启动但无用的程序等。

• 及时更新系统文件，安装系统补丁。

• 安装高质量的防病毒软件，并及时更新软件程序及病毒库代码。

• 不主动浏览弹出网页，不浏览注有"该网站有病毒"的网站，不随意接受插件安装的请求，不随意安装网上下载的软件。

• 不随意使用移动存储设备拷贝文件。

1.5 信息素养与终身学习

学习，是人类认识自然和社会、不断完善和发展自我的必由之路。无论一个人、一个团体，还是一个民族、一个社会，只有不断学习，才能获得新知、增长才干、跟上时代。学习的作用又不仅仅局限于对某些知识和技能的掌握，学习还使人聪慧文明，使人高尚完美，使人全面发展。随着信息时代的来临，个人在学校获得的知识已远远不能适应社会的要求。有学者研究发现，一个人在大学阶段获得的知识是整个一生所需知识的 10% 左右，其余的要靠完成学校教育后的继续学习去获得。

联合国教科文组织"国际 21 世纪教育委员会"报告《学习——内在的财富》高度评价了教育在个人发展和社会发展中举足轻重的作用，强调了终身学习将从根本上改变传统的"学习"理念和阶段性的学校教育模式，将"学习"扩展到在时间上包括从幼年到老年；在空间上包括学校、家庭、社会；在形式上包括学校学习（基础教育）、职业学习（职业教育）、职后学习（继续教育）、拓展学习（兴趣爱好学习）等贯穿于人的一生的活动之中。

终身学习的途径有许多，不管是自学还是参加培训班，要取得良好的学习效果，都要求学习者必须有良好的信息素养。只有具有良好信息素养的人，才能通过终身学习高效地达成人生目标，实现人生价值。

信息素养水平较高的人拥有独立自主学习的态度和方法，使之具有批判精神以及强烈的社会责任感和参与意识，拥有追求新信息、运用新信息的意识和能力，善于运用科学的方法，从瞬息万变的事物中捕捉信息，从易被人忽视的现象中引申、创造新的信息。21 世纪是信息爆炸的时代，是一个需要终身学习的时代，具备一定的信息素养无疑是终身学习的一个基本前提。提高人的信息素养水平可以帮助解决"我们生活在信息知识的海洋中，却又忍受着知识的饥渴"这一尴尬的局面。

【例 1-13】 北京时间 2006 年 5 月 8 日凌晨，在巴黎国际发明展颁奖大会上，当评委会主席连续四次宣读包起帆获得金奖时，全场掌声雷动……在 2004 年巴黎国际发明展览会上，包起帆曾获得过三个金奖,创下当时一个发明家一次获奖的最高纪录。此次,"抓斗大王"带去的所有四个项目全部获得金奖,更是创下了巴黎国际发明展百年来的一项新纪录。包起帆,"抓斗大王"当之无愧。

18 岁那年,包起帆进入上海港当了一名装卸工,从此踏上了坎坷的发明创造之路。当年他开始研究木材抓斗时,几乎所有人都不看好,认为木材怎么能用抓斗抓呢,简直是天方夜谭。可是,包起帆没有放弃,他对自己充满了信心。为了实现用抓斗装卸木材的梦想,包起帆充分利用信息,如饥似渴地自学物理、数学等基础知识,刻苦钻研业务,生活被浓缩在起重、力学、机械的理论和计算之中,脑海浮现着各种数据、原理和构想。经过反反复复的努力,第一只木材抓斗终于造出来了。

一个码头装卸工能够获得如此大的成就,秘诀只有一个:充分利用信息,坚持终生学习。

1.6　信息素养水平评价标准及提高途径

1.6.1　信息素养水平评价标准

我国至今没有制定统一的信息素养评价标准。美国推行的信息素养评价标准可以成为基本参照。当然,对信息素养评价标准和方法的研究还在继续,我们应该随时关注其研究进展。

1. 主动获取信息的能力

包括是否具有强烈的信息意识,即是否认识到信息的重要性。是否能够主动了解身边的信息资源和检索工具,包括是否对所在机构或行政区域的图书情报部门有深入的了解,是否熟练掌握检索策略与技巧,是否熟悉与本人工作学习生活密切相关的文献资源的内容、方位及检索方式,是否能够正确识别相关信息的文献类型,是否熟悉获取原文的各种途径和方法等。

2. 信息伦理能力

包括是否尊重他人的知识产权,是否掌握保护自身知识产权的方法、手段和途径,是否充分认识到自身所发布的信息或所参与的信息传播活动的合法性以及给他人和社会造成的影响等。

3. 信息分析评价能力

包括是否具备从大量的信息线索中挑选相关信息的能力、判断信息正确性及重要性的能力、对相关信息进行分类统计的能力。

4. 信息加工处理能力

包括是否掌握了下载相关文献信息的题录的方法,是否掌握了如何引用参考文献内容,是否掌握正确的标注参考文献及参考文献目录格式,是否能够为自己的研究成果确定适当的论文标题、正确书写文摘和关键词、正确确定论文的分类号,条理清晰地阐明自己的观点和研究成果,是否了解论文发表的各种途径,是否了解专利申请的条件、途径和方法等。

5. 信息创新能力

包括是否拥有综合概括课题相关文献信息的能力,是否拥有通过对相关文献信息的分析找出相关领域的遗留问题和发展趋势的能力等。

6. 信息利用能力

包括是否拥有从相关或非相关文献信息中发现知识的能力、利用已有信息解决问题的能力等。

7. 信息安全能力

包括意识到各种导致信息不安全的可能原因的存在，并根据实际情况制定正确的保障信息安全措施的能力。

上述评价标准中运用的都是定性且很难量化的指标，实际操作的时候，主要看评价对象使用信息解决问题达到的效果。

1.6.2　提高信息素养水平的途径

了解到信息素养与个人发展之间的密切关系后，针对上述信息素养水平的评价标准，我们应该从以下六个方面重点提高自身的信息素养水平：

- 了解信息安全和信息法规；
- 熟悉多种信息获取工具；
- 掌握信息问题解决模式；
- 掌握信息获取的基本方法和技巧；
- 掌握信息评价与分析的基本方法和技巧；
- 掌握信息利用的基本方法和技巧。

【本章小结】

本章主要介绍了信息文化的概念，包括信息环境、信息素养、信息意识、信息安全、信息伦理、知识产权法等，本章的学习有助于提高读者对信息文化概念的理解，从而有助于加强整个社会的信息文化建设。

+-+

【练习题】

1. 你经历过哪些信息网络事件？受到了哪些启发？

2. "信息环境"就是信息所处的环境吗？

3. "个体信息素养水平与群体信息素养水平呈正相关"这段话说明了什么？

4. 分别介绍信息素养几个方面，结合案例解释其作用。

5. 分别介绍信息素养水平评价标准。

6. "抓斗大王"的事迹对你有哪些启示？

7. 提高信息素养水平有哪些途径？

8. 分别介绍三种信息不安全类型，并举例；分析例 1—10，说明该事件中可能的信息不安全类型有哪些?

9. 什么是知识产权? 它有哪些特征? 针对哪些对象?

10. 查找因未缴专利维持费而导致专利失效的案例。

11. 查找各国的专利保护期限,以及因超过专利保护的期限而失效的案例。

12. 什么是优先权? 为什么要设优先权? 查找申请了优先权的专利,跟踪其法律状态。

13. 初步估计例 1–8 的专利在法国的最长保护到期日期约是哪一天? 通过检索验证你的猜测。

14. 职务发明和非职务发明的区别有哪些? 职务发明专利的发明人有哪些权利? 查找职务发明专利案件报道。

15. 你发明的技术被他人申请了专利并获得了授权,怎么办?

16. 专利权有效期限是否可申请延长? 商标权、域名权和著作权的保护期限有多长,是否可以延长呢?

17. "邻接权"是一种特殊的与"著作权"关联的权利,查找因邻接权而引发的案件报道。

18. 你是如何理解剽窃和适度借鉴的? 查找有关剽窃的事件报道。

19. 对比美英两国"信息伦理准则"与我国《全国青少年网络文明公约》的不同。

第 2 章　常用文献检索工具及管理工具介绍

通过第 1 章的学习,我们了解到提高信息素养的第一步就是了解各种类型的文献检索工具。本章首先介绍常用的文献检索工具,然后介绍常用的个人文献管理工具。

2.1　信息检索含义

信息检索就是人们使用某种方式(手工、计算机或其他)、借助某种工具(不同载体类型的工具书[①]、计算机信息系统等)查找满足需求的信息线索,最终满足信息需求的过程[②],如图 2.1 所示。

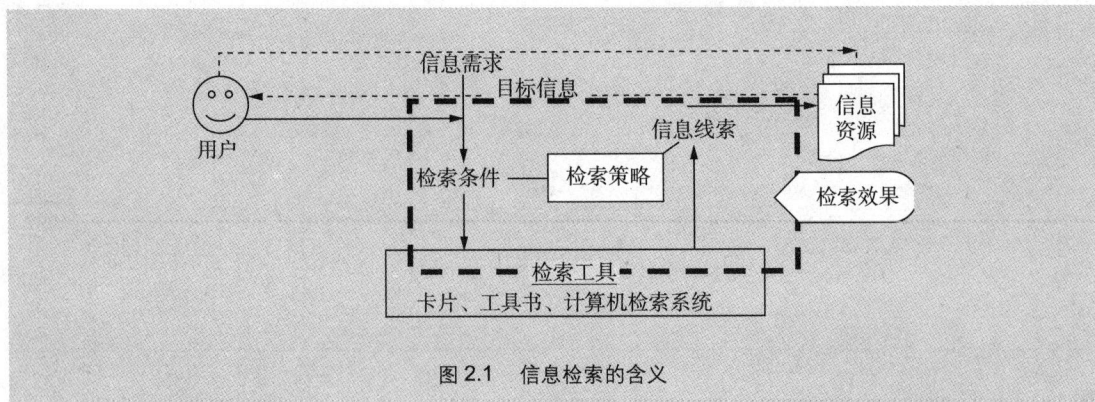

图 2.1　信息检索的含义

[①] 常见的工具书载体有纸质版、电子信息版。

[②] 有些学者认为信息检索的含义有广义和狭义之分,广义的检索包括了检索工具的基本原理及构建检索工具的步骤。而对于一个信息的终端用户而言,这部分内容应该是透明的,因此对理解检索的含义并不构成分歧。

其中,信息需求一般用文本(文本检索)、图像(图像检索)、音视频(音视频检索)等目标信息的某些特征来描述,本书将这些文本、图像、音视频信息的特征统称为检索"词"。[①]搜索信息时所借助的工具称为信息检索工具。用户根据信息需求在检索工具中寻找满足需求的信息的线索,并根据检索工具提供的信息线索找到目标信息。

以查找"阅读灯"外观设计专利为例,必须借助某个工具,如中国国家知识产权局专利公报等,该工具中收集了外观设计专利文献的线索,并且可以通过某个专利文献的信息,如专利发明人等,找到该专利文献的线索。

【例2-1】 在某订票系统中检索开往"北京"的"始发站"是"上海"或"苏州",但"终点站"不是"北京北站"的"高铁"。这其实就是信息检索。

2.2 手工检索工具和计算机检索工具

【例2-2】 王同学来自广州,从小学开始就学会了上网,老师们经常让他们做的探究学习,许多资料都是从网上搜的。但是有的作业只要用百度就可以完成,而有的却一定要用中国知网;有的课题很快就能找到相关资料,有的却需要经过多次尝试才行,这让他很困惑。

计算机信息检索工具是指能在计算机信息系统的辅助下完成查找信息任务的工具,如谷歌、百度、新华字典网络版等,相应的检索过程称为计算机信息检索。

手工信息检索工具则使用纯手工的方式查找信息,如常用的印刷版新华字典等,相应的检索过程称为手工检索。

信息检索经历了从手工检索到计算机检索的历程。著名的手工检索方法有穿孔卡片检索、排序卡片检索。计算机检索则经历了从脱机检索、专用网络联机检索、单机检索、万维网客户端检索到万维网网页检索的历程,目前正处于万维网网页检索的成熟期,将来会向基于万维网的语义网络检索发展。

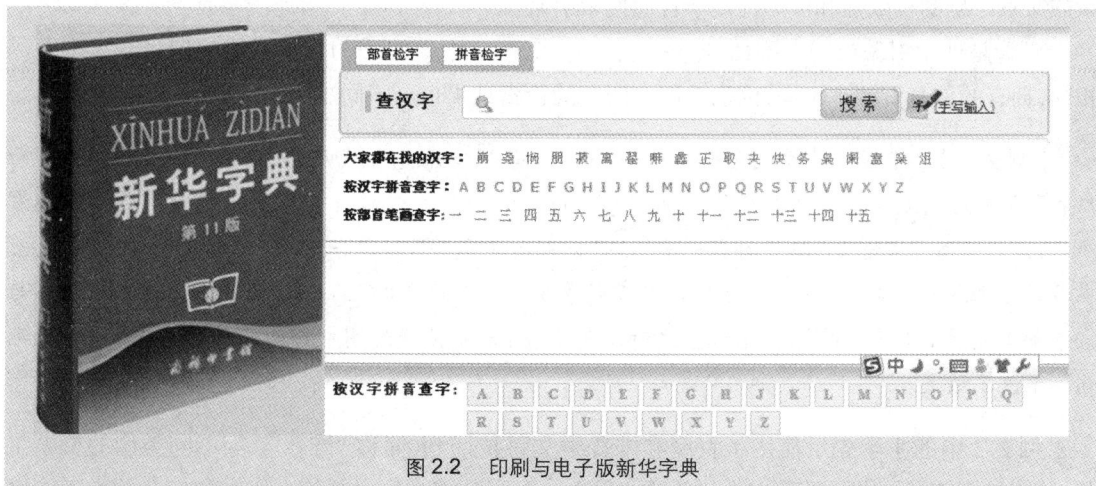

图2.2 印刷与电子版新华字典

---

① 通常情况下,含有检索词的信息不一定都符合信息需求,因此需要进一步筛选。

2.3 门户网站、搜索引擎、专业检索工具

根据检索工具的服务功能不同,检索工具可分为门户网站、搜索引擎、专业检索工具三种类型。

2.3.1 门户网站

特指一个机构或组织所建立的针对特定领域的网上导航系统,如:中国工业设计在线、中国材料网、中国化工网、生命科学网、中国软件网、中国仪表网等。

2.3.2 搜索引擎

它是一种特定的、以计算机信息技术为基础的、功能强大的计算机信息检索工具,如:百度、谷歌、Soopat 等。早期主要提供检索门户网站的功能,随着信息技术及服务范围和手段的不断发展,其涉及的信息线索领域范围和信息类型也更广泛,提供的服务越来越高级,如百度关系、谷歌学术搜索、谷歌知识发现等。

2.3.3 专业检索工具

特指收录特定类型文献线索的检索工具,如:印刷版美国化学文摘及其索引、印刷版石油文摘、馆藏书目联合检索、超星数字图书馆、维普中文科技期刊数据库、清华同方期刊数据库、万方资源系统、标准文献数据库、专利数据库、Engineering Village 数据库、科学引文索引（SCI）数据库、社会科学引文索引（SSCI）数据库、人文与艺术引文索引（A&HCI）数据库、美国化学文摘数据库（SciFinder Scholar）等,百度专利搜索、谷歌学术搜索、Soopat 专利搜索引擎也具有专业检索工具的功能。

不同的专业检索工具收录的文献类型和专业范围都不尽相同,一般来说,专业检索工具中收录的文献信息的权威性和可靠性高于普通搜索引擎。

不管是搜索引擎或门户网站,还是专业文献检索工具,在开发时设计的用户信息需求都不尽相同,拥有的信息资源也不同,因而对同一课题的检索结果也会不同。

【例2-3】 小李正在学习《平面广告》课程,老师要求免费找几篇2008年以来有关"平面广告"方面的论文原文。他在谷歌、百度上用"平面广告"找过,翻了好几页就是看不到论文的影子,后来只好加了"论文"二字再找一次,结果出来的都是"平面广告论文"之类的信息。后来,他在谷歌学术搜索中输入"平面广告",找到了许多有关"平面广告"的论文,如"平面广告中图形与文本加工差异的眼动研究",但下载全文时需要收费,后来他通过图书馆购买的"维普中文科技期刊",下载了该文。

例2-3 中的小李先后使用了百度和维普中文科技期刊(简称"维普")等不同类型的检索工具,这些检索工具对找"平面广告相关论文"这一个信息需求给出的信息线索和信息的加工深度完全不同。比如,在百度,他得到了很多与平面广告素材或广告有关的网页;而维普和谷歌的学术

搜索中,找到了很多与平面广告相关的并可以下载论文的原文。

本例中的百度为搜索引擎,而维普则为专业文献检索工具。专业文献检索工具的工作流程与搜索引擎相似,核心的差别在于目前专业文献检索工具的文献是经过评估后筛选的。

2.4　目录型、文摘型、全文型检索工具

根据所收录文献的加工深度不同,检索工具可分为目录型、文摘型和全文型三种类型。

2.4.1　目录型检索工具

该类工具仅仅揭示文献的名称,没有摘要,单纯的目录型检索工具已不多见,图书的目录页就是一种微型的目录型检索工具。

2.4.2　文摘型检索工具

该类工具不但揭示文献的名称和来源,也揭示文献的摘要,通过摘要,用户能更多地了解原始文献的主要内容,著名的文摘型检索工具如下。

1. 汤森路透科技公司的引文数据库(Web of Science)

Web of Science 的前身是文摘型科技文献索引期刊,由美国著名的情报学家和科学计量学家尤金·加菲尔德(Eugene Garfield)创建的美国科学信息研究所(Institute for Scientific Information)编辑出版,后改成基于数据库的计算机文献检索工具,现属汤森路透公司旗下产品。包括科学期刊引文索引 SCI、社会科学期刊引文索引 SSCI、人文与艺术期刊引文索引 A&HCI、会议文献引文索引 CPCI 四个高水平学术文献子库,以及图书引文索引子库 Book Index 和化学数据库。这些子数据库采用分别授权的方法,每个用户单位根据自身情况随意选购不同数据库的特定年限的访问权。

2. 美国化学会的美国化学文摘(SciFinder Scholar, www.cas.org/products/scifinder)

美国化学会是隶属于美国国会的非营利性组织,出版化学领域的专业学术期刊并建立了美国化学文摘(SciFinder Scholar)和 STN 数据库,用户可通过学会网站阅读该学会出版的期刊和图书。SciFinder Scholar 收录了化学化工领域的科研成果和工艺,以及生物、医学、轻工、冶金、物理、农业等方面的期刊、图书、专利、科技报告、学位论文、会议文献信息,STN 数据库收录的文献范围比 SciFinder Scholar 更广,检索功能更强大,授权用户可以检索文献摘要。

3. Elsevier 公司的美国工程索引扩展版(Engineering Village,简称 EI)

该工具的前身是文摘型科技文献索引期刊,创始于 1884 年,由美国工程信息公司(The Engineering Information Corporation,简称 EI)编辑出版,后改成基于数据库的计算机文献检索系统,现为著名出版商 Elsevier 旗下产品。EI 是世界上著名的报道有关工程技术方面的文摘性、综合性的检索工具,也是世界上鉴定、评价科研人员、工程技术人员学术成果的权威性工具。收录内容涵盖 1969 年至今的多种专业工程学科的期刊、会议录、科技报告、美国专利以及少量的学位论文。只有授权用户才能访问该数据库。EI 的网站上还提供 CRC ENGnetBase、IHS Standards、

LexisNexis News、Scirus 和免费的专利数据库（USPTO、ESPACENET）的链接。其中：

◆ CRCnet BASE 数据库主要提供由 Taylor & Francis Group 出版的科学、技术、医学类电子图书。但只有授权用户才能阅读。

◆ IHS Standards 数据库收录全球 370 多个标准开发组织（SDO）和行业领先企业的百万份标准文件，以及近 50 万份美国军方标准文件。只有授权用户才能阅读全文。

◆ LexisNexis News（律商联讯新闻资讯）的新闻来自美国和全球各地出版的 600 余种报纸、期刊、杂志，包含全世界七种语言的主流媒体和通讯社文稿，以及通过其他途径难以获取的电视台和广播电台的文字新闻稿，50 多家新闻通讯社的服务等。包括《纽约时报》《华尔街日报》《泰晤士报》《费加罗报》等。只有授权用户才能阅读。

◆ Scirus 是专为搜索高度相关的科学信息而设计的搜索引擎，其信息主要来自大学网站、科学家主页、会议信息、专利信息、公司主页、产品信息、美国专利局等。涉及的学科包括：农业与生物学，天文学，生物学，化学与化工，计算机科学，地球与行星科学，经济、金融与管理科学等。可免费浏览或检索。

4. Pubmed 数据库（www.ncbi.nlm.nih.gov/pubmed/）

Pubmed 是美国国立医学图书馆（NLM）开发的大型生物医学数据库，收录了世界上 70 多个国家以 30 多种语言出版的 3700 多种期刊的文献题录，它由医学索引（Index Medicus）、牙医文献索引（Index to Dental Literature）、国际护理索引（International Nursing Index）三大索引库组成。内容涉及基础医学、临床医学、环境医学、营养卫生、职业病学、卫生管理、医疗保健、微生物、药学、社会医学等领域。

5. INSPEC 数据库

该数据库是国际工程和技术学会的产品，涉及电气工程、电子工程、电子学、物理、控制工程、信息技术、通信、计算机科学等领域的期刊、图书、会议文献、科技报告、学位论文和专利文献。该数据库已经整合到 Engineering Village 数据库和 ISI Web of Knowledge 集成平台中，但只有授权用户才能访问其文摘。

2.4.3　全文型检索工具

该类工具除了揭示文献的名称、来源、摘要外，还揭示相应的原始文献。著名的全文型检索工具如维普中文科技期刊数据库、超星数字图书馆、Springer Link 数据库、Sciverse ScienceDirect 数据库、EBSCO 数据库等。

1. 维普中文科技期刊数据库（www.cqvip.com，简称维普）

该数据库由重庆维普资讯有限公司出版，包含了 1989 年至今的 8000 余种国内期刊登载的论文，其同名作者与同义词检索比较有特色。只有授权用户才可以阅读其全文文献，其用户类型有两种：机构用户或个人会员用户，前者需要获得机构的授权才能访问。

2. 超星电子图书（sslibbook2.sslibrary.com，简称超星）

该数据库由超星公司出版，收录的图书涵盖中图法全部 22 个大类。拥有新书精品库、独家专业图书资源等。超星数字图书馆的用户类型有两种：机构用户或注册会员用户，机构用户需要获得机构的授权才能访问。

3. Elsevier 公司的 Sciverse ScienceDirect 数据库（www.elsevier.com）

Elsevier 是一家成立于 1880 年的荷兰出版公司，其名称源自其成立于 1580 年的家族印刷厂的名字 Elsevir，出版教育、专业学术和医疗保健学术团体领域的文献。其文献数据库产品包括：Engineering Village（简称 EI，美国工程索引）、Scopus 引文数据库、Sciverse Sciencedirect、Scirus 学术搜索引擎。除 Scirus 外，其他产品均需获得授权才能访问。其中的 Sciverse ScienceDirect 数据库提供该公司出版的期刊和图书文献的检索及全文阅读，Scopus 引文数据库提供期刊引文检索，Engineering Village 的介绍参见 2.4.2 的文摘型检索工具部分。

4. EBSCO 数据库（search.ebscohost.com）

EBSCO 是一个具有 60 多年历史的大型文献服务专业公司，提供期刊、文献定购及出版等服务，开发了近 100 多个在线文献数据库，数据库涵盖范围包罗万象，包括针对公共、学术、医学和商业性图书馆而设计的各类数据库，涉及自然科学、社会科学、人文和艺术等多种学术领域，检索界面提供了简体中文、英语、法语、意大利语、日语等语言。

EBSCO 按照专业将平台上的所有数据库分为多个专业领域，包括 General/News Databases（综合 / 新闻数据库）、Arts/Architecture Databases（艺术 / 建筑数据库）、Business/Economics Databases（商业 / 经济数据库）、Computer Science/Engineering Databases（计算机科学 / 工程学数据库）、Earth/Environment Databases（地球 / 环境数据库）、Education Databases（教育数据库）、Health Sciences Databases（健康科学数据库）、History Databases（历史数据库）、Law/Political Science Databases（法律 / 政治科学数据库）、Life Sciences Databases（生命科学数据库）、Literature Databases（文学数据库）、Philosophy/Religion Database（哲学 / 宗教数据库）以及 Psychology/Sociology Databases（心理学 / 社会学数据库）。每个专业领域下面包含多个子数据库，其中的 ERIC 和 Medline 子库与 OCLC Firstsearch 相同。此外，EBSCO 还提供 Ebook、Academic Search Premier、Business Source Premier、European Views of the Americas: 1493 to 1750、GreenFILE、Library, Information Science & Technology Abstracts（LISTA）、Newspaper Source、Regional Business News、Teacher Reference Center 等子数据库。用户检索时可以选择单个数据库，也可以选择多个子数据库进行跨库检索。

5. 中国国家知识产权局专利数据库（www.sipo.gov.cn/zljs）

该数据库由国家知识产权局出版，收录了自 1985 年 9 月 10 日以来公布的全部中国专利信息，包括发明、实用新型和外观设计三种专利，可免费下载专利说明书全文。

6. 欧洲专利局专利数据库（www.espacenet.com）

可免费检索包括 19 个成员国在内的 50 多个国家和地区的专利信息以及 7 个国家和专利组织的专利全文，因此可以检索到同一个专利族的大部分相关技术专利。

7. PQDT 学位论文数据库（pqdt.calis.edu.cn）

该数据库主要收录欧美地区的博硕士学位论文，授权用户可以阅读全文。

8. IEEE/IEE Electronic Library 会议文献数据库（IEL，ieeexplore.ieee.org）

该数据库收录计算机、自动化及控制系统、工程、机器人技术、电信、运输科技、声学、纳米、新材料、应用物理、生物医学工程、能源、教育、核科技、遥感等许多专业领域的会议文献，授权用户可以阅读全文。

9. 宇飞标准文献数据库

该数据库收集了国内、国外几大领域的标准文献，并进行了精细的分类整理，系统包括：相关行业的中国国家标准、中国行业标准全文共 10 万多件；国际标准以及各国国家标准的文摘 16 余万件。

10. 万方数据资源系统（www.wanfangdata.com.cn，万方数据）

该数据库是万方数据股份有限公司的产品，其中的知识脉络检索、学术趋势分析、学术圈服务、科技查新检索词推荐服务、专题报道等非常有特色。授权用户可以访问其全文文献。万方数据库的用户类型有两种：机构用户或个人会员用户，前者需要获得机构的授权才能访问。

万方资源系统主要集成了以下各类文献数据库：

- 中国博硕士学位论文全文数据库，主要收录我国博士、博士后及硕士研究生论文；
- 中国学术会议论文全文数据库，收录国家一级学会在国内组织召开的全国性学术会议论文；
- 中国标准全文数据库，收录国内外各类标准文献；
- 中国法律法规全文库，收录我国各级机构部门发布的法律法规文件；
- 专利全文数据库，收录全部国内、部分国外专利说明书全文；
- 期刊全文数据库，收录自然科学类统计源刊和社会科学类核心源期刊登载的论文；
- 图书全文库，收录部分图书全文；
- 科技成果数据库，主要收录国内的科技成果及国家级科技计划项目，内容涉及自然科学的各个学科领域；
- 科技名人数据库，收录中科院院士、中国工程院院士、我国科技界卓有成就的科学家、工程师、科技管理者、政策制定人及企业科技负责人的全面信息；
- 科教机构数据库，包括《中国科研机构数据库》《中国科技信息机构数据库》和《中国高等院校数据库》；
- 企业产品数据库，提供包括联系方式、资产规模、产量产值以及产品图片等在内的企业信息。

11. 中国知网（www.cnki.net，简称 CNKI）

该数据库由清华同方公司设计开发，其 CNKI Scholar（学术搜索）、翻译助手、知识元搜索、知识网络功能非常有特色。只有授权用户才可以阅读其全文文献，中国知网的用户类型有两种：机构用户或个人会员用户，前者需要获得机构的授权才能访问。

中国知网主要集成了以下各类文献数据库：

- 期刊全文数据库，收录自 1915 年至今出版的国内学术期刊，核心期刊收录率 96%；特色期刊（如农业、中医药等）收录率 100%；独家或唯一授权期刊共 2300 余种，约占我国学术期刊总量的 34%；
- 博硕士学位论文全文数据库，收录全国 404 家培养单位的博士学位论文和 621 家硕士培养单位的优秀硕士学位论文；
- 学术会议论文全文数据库，重点收录 1999 年以来，中国科协系统及国家二级以上的学会、协会、高校、科研院所、政府机关举办的重要会议以及在国内召开的国际会议上发表的文献。其中，国际会议文献占全部文献的 20% 以上，全国性会议文献超过总量的 70%，部分重点会议文献回溯至 1953 年。

• 报纸文献全文数据库,收录 2000 年以来中国国内重要报纸刊载的学术性、资料性文献的连续动态更新的数据库;

• 学术图片数据库,提供对各类期刊、会议、博硕士学位论文中的图片检索,包括形态图、谱线图、曲线图、系统图、分析图等;

• 年鉴全文数据库,内容覆盖基本国情、地理历史、政治军事外交、法律、经济、科学技术、教育、文化体育事业、医疗卫生、社会生活、人物、统计资料、文件标准与法律法规等各个领域;

• 统计数据数据库,收录中国统计出版社及中国国内各统计年鉴编辑部编撰出版的统计年鉴(及各类统计资料)、国家 / 省市统计局及各类统计部门发布的季月度数据和主要国际组织发布的国家 / 地区发展统计数据,各类统计图表均提供 Excel 格式;

• 专利全文数据库,收录从 1985 年至今的中国专利,1970 年至今的国外专利。中国专利按照专利种类分为发明专利、外观设计和实用新型三个类型,其中发明专利和实用新型采用国际专利分类法(IPC 分类)和 CNKI 168 学科分类,外观设计采用国际外观设计分类和 CNKI 168 学科分类。国外专利采用国际专利分类(IPC 分类)和学科分类。每条专利的著录项集成了与该专利相关的最新文献、科技成果、标准等信息,可以完整地展现该专利产生的背景、最新发展动态、相关领域的发展趋势,可以浏览发明人与发明机构更多的论述以及在各种出版物上发表的文献;

• 科技成果数据库,收录从 1970 年至今的科技成果,部分成果回溯至 1920 年;

• 标准全文数据库,收录了所有的中国国家标准(GB)、国家建设标准(GBJ)、中国行业标准的题录摘要数据;世界范围内重要标准,如:国际标准(ISO)、国际电工标准(IEC)、欧洲标准(EN)、德国标准(DIN)、英国标准(BS)、法国标准(NF)、日本工业标准(JIS)、美国标准(ANSI)、美国部分学协会标准(如 ASTM、IEEE、UL、ASME)等标准的题录摘要数据;

• 法规全文数据库,囊括法律法规、论文文献、典型案例等法律信息资源,集理论研究、实务指导、法规查阅、业务交流、普法教育、法制宣传于一体;

• 古籍全文数据库,收录上起先秦、下至民国两千多年的所有用汉字作为载体的历代典籍,并收录了清代至当代学者对相关古籍研究的重要成果。该数据库收录古籍所选版本,为古籍母本或现存最早的版本及精校本,基本涵盖了古籍文献所有重要的文献资料;

• 外文全文数据库,包含 Springer 期刊数据库、Taylor & Francis 期刊数据库、Wiley(期刊 /图书)、Emerald 期刊、IOS 期刊数据库、ProQuest 期刊、PubMed 期刊、IOP 期刊、美国数学学会期刊、英国皇家学会期刊、澳大利亚学术期刊、剑桥大学出版社期刊、Frontiers 系列期刊数据库、Academy期刊、Annual Reviews 期刊、Bentham 期刊、伯克利电子期刊、Earthscan 期刊、Hart 出版社期刊等;

• 工具书数据库,包括各种汉语字典、汉语词典、双语词典、专科辞典、百科全书、图录图鉴、医药图谱、人物传记、手册、表谱、语录、名录、目录、建筑工程造价预算与规范数据库等;

• 学术搜索引擎:提供对包含 AIAA、ASPET Journals Online、Acoustical Society of America(ASA)、American Chemical Society、American Meteorological Society、American Physical Society、American Psychological Association、American Society for Nutrition、American Society for Testing and Materials、American Society of Civil Engineers、American Society of Neuroradiology、American Society of Tropical Medicine and Hygiene Journals、Cell Press、CogPrints、Emerald、HKUST Library、

HighWire Press、IEEE、IOP、MIT Dspace、Morgan & Claypool、Nature、OSA、Project Euclid、RePEc、Scitation、The ACM Digital Library、The Public Library of Science、The Royal Society、E-print arXiv、SSRN eLibrary、中国知网、超星图书、美国工业与应用数学学会、万方法律、万方会议、万方外文文献、万方学位论文数据库、万方专利数据库、香港大学论文库等数据库在内的数据库的一站式检索。

2.5 不同出版类型文献检索工具

表2.1　常见文献数据库收录文献出版类型及加工深度一览表

	期刊	图书	学位论文	会议论文	专利	标准	报告	报纸	学科
维普	√全文								全科
万方	√全文	√全文	√全文	√全文	√全文	√摘要			全科
中国知网	√全文	√全文	√全文	√全文	√全文	√全文	√全文	√全文	全科
超星图书		√全文							全科
超星读秀	√全文	√全文	√全文	√全文	√全文	√全文		√全文	
超星百链	√全文	√全文	√全文	√全文	√全文	√全文		√全文	
标准文献服务系统（宇飞）						√全文（中文）			
国标久久						√全文			
国际标准用户联盟						√全文			
中国国家知识产权局					√全文				
Engineering village	√摘要	√摘要	√摘要	√摘要	√摘要				工程
Web of Science	√摘要	√摘要		√摘要	√摘要				全科
Scifinder Scholar	√摘要	√摘要	√摘要	√摘要	√摘要				化学化工生工材料
EBSCO	√全文	√全文		√全文			√全文	√全文	全科
Wiley	√全文	√全文		√全文					全科
Springer	√全文	√全文		√全文					全科
IEEE	√全文	√全文		√全文		√全文			机电
Elsevier	√全文	√全文		√全文					全科
PQDT			√全文						全科
ASME	√全文			√全文		√全文			机械

2.5.1 专利文献概念及其检索工具

1. 专利文献概念

世界知识产权组织1988年编写的《知识产权教程》阐述了现代专利文献的概念：专利文献是包含已经申请或被确认为发现、发明、实用新型和工业品外观设计的研究、设计、开发和试验成果的有关资料，以及保护发明人、专利所有人及工业品外观设计和实用新型注册证书持有人权利的有关资料的已出版或未出版的文件（或其摘要）的总称。

专利文献中所包含的信息包括：

• 专利技术信息,通过专利文件中的说明书、附图等文件部分详细展示出来。为便于人们从各种角度便捷地了解该发明创造信息,通过发明创造名称、专利分类号、摘要等专利文献著录项目来揭示专利的技术信息。

• 专利法律信息,包括专利保护的范围,专利的权利人、发明人,专利的生效时间,专利申请的标志等。

◆ 权利要求书,展示专利的法律保护技术范围,注明具体的技术保护细节。

◆ 专利分类号,展示专利的法律保护技术的领域范围,注明具体的技术所属专利学科领域。

◆ 同族专利文献,展示专利的法律保护优先权情况及地域范围,包含一系列与当前专利技术相同或相似的专利文献。

◆ 其他法律信息,包括申请人、发明人、专利权人、专利申请号、申请日期、优先申请号、优先申请日期、优先申请国家、文献号、专利或专利申请的公布日期、国内相关申请数据等写在扉页上的信息。专利申请号由国别代码＋申请年＋（权利类型码）＋流水号＋校验码组成。中国专利申请号中包含权利类型码,结合各类型专利权法定的保护期限,有时可初步识别已经超过法定保护期限的失效专利技术。

例如CN200520135649.0,国别代码是CN表示中国专利,权利类型码是2,表明是实用新型专利,申请年是2005年。

例如CN87101860,国别代码是CN表示中国专利,权利类型码是1,表明是发明专利,申请年为1987年。

例如CN201030196548.0,国别代码CN表示中国专利,权利类型码是3,表明是外观设计专利,申请年是2010年。

• **专利文献外在形式的信息**主要包括文献种类的名称、公布专利文献的国家机构、文献号、专利或专利申请的公布日期。

◆ 专利文献的种类包括专利申请说明书、审核授权说明书、权利要求说明书。

◆ 专利文献号包括:公开号、申请公开号、申请公布号、申请公告号、展出号、审定公告号、授权公告号、专利号、注册号、登记号。其中专利申请号和公开公告号常常被标记在相关的专利技术产品包装物上。专利公开号由国别代码＋（权利类型码）＋流水号组成。

例如CN200520135649.0的公开号为CN2864445,国别代码CN表示中国专利,权利类型码是2,表明是实用新型专利。

例如CN87101860的公开号为CN87101860,国别代码CN表示中国专利,权利类型码是1,表明是发明专利。

例如CN201030196548.0的公开号为CN301474097,国别代码CN表示中国专利,权利类型码是3,表明是外观设计专利。

2. 专利文献检索工具

• **中国国家知识产权局专利数据库(www.sipo.gov.cn/zljs)**

详细介绍参见 2.4.3 全文型检索工具部分。

- **专利信息服务平台**（search.cnipr.com）

　　由中国知识产权出版社出版,可以免费检索中国大陆专利、国外及中国港澳台专利说明书摘要、说明书全文（全文链接到欧洲专利局专利数据库）、同族专利及法律状态。该平台的突出优势是提供免费的基本分析功能。

- **Soopat 专利搜索引擎**（www.soopat.com）

　　可以免费检索中国大陆、国外及港澳台专利说明书摘要、说明书全文、同族专利及法律状态。并提供基于国际专利分类号、专利权人、申请年等的统计和分析功能。

- **美国专利商标局数据库**（www.uspto.gov）

　　不仅提供丰富的美国专利信息,同时还用于检索美国的商标信息。

- **世界专利数据库**（www.wipo.int）

　　主要包括 PCT 申请（即 WO 专利申请）电子公报,可免费阅读专利说明书摘要及免费下载专利说明书全文。

- **欧洲专利局数据库**（www.espacenet.com）

　　详细介绍参见 2.4.3 全文型检索工具部分,可以检索某些专利的同族专利文献。

- **德温特专利数据库**（Derwent Innovation Index,DII）

　　Thomson Reuters 科技与医疗集团出版,由德温特专利情报数据库 Derwent Innovations Index（简称 DII）Derwent Word Patents Index（简称 DWPI）和专利引文索引 Patents Citation Index（简称 PCI）两个部分组成。从 DII 可以直接获取专利全文电子版,并将在不同国家申请的同一发明专利合并成一条记录,避免研究人员检索专利后重复阅读同一技术发明,节省研发人员宝贵时间。收录来自全球 41 个专利机构（涵盖 100 多个国家,包括中国的实用新型专利信息）的基本发明专利及专利情报,数据回溯到 1963 年。只有授权用户才能访问。

- **专利之家**（www.patent-cn.com）

　　每天为用户带来全球最新的发明与设计资讯,并为用户宣传好的想法,好的产品和设计,用户可以参于评论,从而找到志同道合的人。

- **科易网**（tec.k8008.com）

　　科易网是一个技术市场与创新服务平台,科技部认定的"国家技术转移示范机构"、"国家现代服务业示范企业"、"中国创新驿站区域站点",以及国家奖励办批准建设的国家科技成果转化服务示范基地。既可以作为寻找技术交易伙伴的平台,也可以作为发现行业技术趋势的平台。

- **国外专利数据库**（dbpub.cnki.net/Grid2008/Dbpub/brief.aspx?id=SOPD）

　　包含美国、日本、英国、德国、法国、瑞士、世界知识产权组织及欧洲专利局六国两组织的专利。专利相关的文献、成果等信息来源于 CNKI 各大数据库。每项专利的著录项直观地展现了专利的基本信息及同族专利情况,还可以链接到专利全文及进行法律状态查询。

- **中国专利数据库**（dbpub.cnki.net/Grid2008/Dbpub/brief.aspx?id=SCPD）

　　包含发明专利、实用新型专利、外观设计专利三个子库,准确地反映中国最新的专利发明。此外,与专利相关的文献、成果等信息来源于 CNKI 各大数据库。可以通过申请号、申请日、公开号、公开日、专利名称、摘要、分类号、申请人、发明人、优先权等检索项进行检索,并一次性下载专利说明书全文。访问全文必须获得授权。

• **法律状态查询库(dbpub.cnki.net/Grid2008/Dbpub/brief.aspx?id=SCPD_FLZT)**

提供 1985 年至今公告的中国专利法律状态信息。本检索系统的专利申请(专利)的状态信息主要来源于国家知识产权局出版的发明、实用新型和外观设计专利公报。由于专利申请(专利)的法律状态发生变化时,专利公报的公布及检索系统登录信息存在滞后性的原因,该检索系统的法律状态信息仅供参考。需要准确的法律状态信息时,请向国家知识产权局专利局请求出具专利登记簿副本,查询其法律状态。

• **集成了专利信息的数据库**

万方资源系统和中国知网中都集成了多国专利信息的检索,只有授权用户才可以直接阅读专利全文。其中,中国知网借助知识网络展示了与所报道的专利技术信息相关的各级知识单元相关文献。美国化学会的 SciFinder Scholar、Biosis Previews、INSPEC、Web of Science 等数据库也集成了专利文献检索功能。

Biosis Previews 是美国生物科学信息服务社的产品,该社于 1926 年开始收集兼具深度和广度的生命科学和生物医学信息,并陆续出版包含包含期刊、会议文献、综述、专利、图书或图书章节信息记录的 Biological Abstracts、Biological Abstracts/RRM 和 BioResearch Index。其中包括(但不局限于): 空间生物学、农业、解剖学、细菌学、行为科学(Behavioral Sciences)、生物化学、生物工程、生物物理、生物技术、植物学、细胞生物学、临床医学、环境生物学、实验医学、遗传学、免疫学、微生物学、营养学、职业健康、寄生虫学、病理学、药理学、生理学、公共健康、放射生物学、系统生物学、毒理学、兽医学、病毒学、动物学。内容偏重于基础和理论方法的研究。现提供世界上最大的有关生命科学的文摘和索引数据库 BIOSIS Previews,该数据库已被集成于 ISI Web of Knowledge 平台。

INSPEC 数据库集成了信息技术及相关学科的专利文献的摘要,具体介绍参见 2.4.2。

Web of Science 数据库中的化学数据库 Current Chemical Reactions 和 Index Chemicus 中收录了部分化学专利文摘信息。

2.5.2　期刊报纸图书文献检索工具

1. 维普中文科技期刊数据库 (www.cqvip.com,简称维普)

详细介绍参见 2.4.3 全文型检索工具部分。

2. 超星电子图书 (sslibbook2.sslibrary.com,简称超星)

详细介绍参见 2.4.3 全文型检索工具部分。

3. Elsevier(www.elsevier.com) 的多个检索工具

详细介绍参见 2.4.2 文摘型检索工具部分及 2.4.3 全文型检索工具部分。

4. Oxford University Press,牛津大学出版社 (global.oup.com)

该出版社隶属于英国牛津大学,1478 年出版了第一部图书,1896 年开始在纽约设立分支机构。其期刊和图书覆盖非常广泛的学术领域,包括生命科学、医学、数学和物理学、社会科学、法律、人文科学等学科。只有授权用户才能全文。

5. Nature，自然出版集团 (npg.nature.com)

该出版集团总部位于英国伦敦，是英国麦克米伦出版公司的一个子公司，1995 年英国麦克米伦出版公司被德国 Georg von Holtzbrinck Publishing Group 出版公司买下。该集团出版的期刊中很大一部分都在学术界有一定影响，尤以期刊《自然》(www.nature.com/nature) 最为著名。所有该集团的出版物都可以通过官网 npg.nature.com 阅读摘要，但如果要访问全文，则多数期刊必须是授权用户，国家科技文献中心(NSTL，www.nstl.gov.cn) 和教育部高等教育文献保障体系(CALIS，nature.calis.edu.cn) 分别提供这些期刊的部分全文的访问权，还有部分期刊被 EBSCO 收录。可免费阅读以下三种期刊的全文: Cell Research (www.nature.com/cr)、Asian journal of Andrology(www.nature.com/aja)、Acta Pharmacologica Sinica (www.nature.com/aps)。

6. SAGE 出版公司(www.sagepub.com)

该出版公司于 1965 年创立于美国，分支遍布北美、欧洲、南亚及泛太平洋地区。出版的期刊涵盖教育学、心理学、社会学、传播学、临床医学、公共卫生与护理学、法学与刑罚学、政治与国际关系、经济管理、语言、文学与文化研究、历史、地理与环境科学、材料科学、工程学、药理学与毒理学、哲学、音乐、生命科学、城市规划与研究、信息科学等领域。可免费访问论文摘要，只有授权用户才能访问全文。

7. Thieme 公司(www.thieme-connect.com)

该公司成立于 1886 年，致力于科学和医学学术图书和期刊出版，必须授权才能使用其数据库。

8. Emerald，艾默尔德出版社(www.emeraldinsight.com)

该出版社 1967 年作为 Bradford 大学的一个分部成立，出版包括商业、管理、图书馆信息系统、社会科学、工程、语言学和听觉学领域的期刊和图书文献。只有授权用户才能阅读全文。

9. 中国知网集成的著名出版商的图书期刊在线数据库

• Wiley-Blackwell(www.wiley.com/wiley-blackwell)，这是由 Wiley 和 Blackwell 两个出版集团合并而成的出版社，同时也是世界最大的学会或协会出版商。拥有 1500 多种经同行评审的学术期刊，同时出版大量的图书、参考工具、实验室指南、询证医学及其他专业数据库。可在中国知网 (dbpub.cnki.net/Grid2008/Dbpub/brief.aspx?id=SJWD) 中免费检索，并浏览摘要及著录项，全文下载服务由 onlinelibrary.wiley.com 系统处理，需要授权才能访问。

• IOS Press (iospress.metapress.com/home/main.mpx)，这是一家荷兰的国际化科技及医学学术出版社，集 1987 年成立以来的 400 种科技类学术图书资源及期刊资源，其期刊在神经科学和人工智能领域的出版处于领先地位。在中国知网 (dbpub.cnki.net/Grid2008/Dbpub/brief.aspx?id=SIJD; dbpub.cnki.net/Grid2008/Dbpub/brief.aspx?id=SIBD) 中可免费检索，并浏览题录摘要及著录项，全文下载服务由 IOS Press 系统处理。

• Jaypee 出版社(www.jaypeedigital.com)，该出版社 1969 年在印度成立，主要出版医学类，内容涉及解剖学(Anatomy)、麻醉学(Anesthesia) 生物化学(Biochemistry)、心脏病学和心电图(Cardiology and ECG)、牙科(Dental)、皮肤学(Dermatology)、词典 (Dictionary)、鉴别诊断系列(Differential Diagnosis Series)、耳鼻喉类(Ear, Nose and Throat)、法医和毒理学(Forensic

Medicine & Toxicology)、肠胃病学(Gastroenterology)、一般医学(General Medicine)、血液学(Haematology)、医疗管理(Hospital Administration)类图书及医疗仪器(Instruments)图册系列(Jaypee Gold Standard Mini Atlas Series)。在中国知网(dbpub.cnki.net/Grid2008/Dbpub/brief.aspx?id=SJBD)中,可免费检索,并浏览题录信息及著录项,全文链接至Jaypeedigital平台,全文下载服务由Jaypeedigital系统处理。

• Earthscan(www.earthscan.co.uk),这是一家业内领先的英文出版社,至今已经有20年的历史了。随着人们对环境与可持续发展认知的逐步深入,Earthscan陆续出版了有关可持续发展的研究与争论方面的富有启发性的期刊。目前Earthscan共出版9种期刊,主要涉及环境、可持续发展及建筑。可在中国知网(dbpub.cnki.net/Grid2008/Dbpub/brief.aspx?id=SESD)中免费检索,并浏览题录摘要及著录项,全文链接至Earthscan平台,全文下载服务由Ingenta系统处理。

• Berkeley Electronic Press,伯克利电子出版社(www.bepress.com),该出版社自1999年成立以来,出版了多种科技类学术期刊。可在中国知网(dbpub.cnki.net/Grid2008/Dbpub/brief.aspx?id=SBED)中免费检索,并浏览题录摘要及著录项,全文链接至BE Press平台,全文下载服务由BE Press系统处理。

• Annual Reviews,年度综述出版社(www.annualreviews.org),该出版社成立于1932年,是一家致力于向全球科学家提供高度概括、实用信息的非营利性组织,专注于出版权威综述期刊;自1932年第一本杂志 *Annual Review of Biochemistry*® 出版以来,已有70多年的历史。Annual Reviews的期刊涉及生物学、医学、物理学和社会科学领域的31个学科。其期刊 *Annual Review of Immunology*、*Annual Review of Biochemistry* 的影响因子较高,在线文献最早可以回溯到1932年。可在中国知网中(dbpub.cnki.net/Grid2008/Dbpub/brief.aspx?id=SARD)免费检索,并浏览题录摘要及著录项,全文下载由www.annualreviews.org处理。

• Multi-science Publishing Co. Ltd.(www.multi-science.co.uk),该出版公司成立于1961年,致力于能源、声学、工程学科等领域的期刊和图书的出版,其期刊在相应专业领域具有一定的影响力。Multi-science是社会和学术出版商协会的成员,也是科学技术和医药出版商国际机构的成员,其期刊被多家国际著名检索系统和数据库收录。可在中国知网(dbpub.cnki.net/Grid2008/Dbpub/bricf.aspx?id=SMUD)中免费检索,并浏览题录摘要及著录项,全文下载服务由multi-science.metapress.com系统处理。

• Taylor & Francis Group,英国泰勒·弗朗西斯出版集团(www.taylorandfrancisgroup.com),该出版社成立于1798年,每年新出版图书约1800本,涵盖了行为科学(Behavioral Science)、人文和社会科学(Humanities & Social Science)、自然科学(Science)等。可在中国知网中,1966年至今的图书(dbpub.cnki.net/Grid2008/Dbpub/brief.aspx?id=STBD)、期刊(dbpub.cnki.net/Grid2008/Dbpub/brief.aspx?id=STJD)文献免费检索,并浏览题录摘要及著录项,全文链接至Taylor & Francis(www.tandfonline.com)平台处理。

• Cambridge University Press,剑桥大学出版社(www.cambridge.org),该出版社成立于1534年,是世界上历史最悠久、规模最大的大学出版社之一。可在中国知网集成系统(dbpub.cnki.net/Grid2008/Dbpub/brief.aspx?id=SCUD)中免费检索,并浏览题录摘要及著录项,全文下载服务

由 Cambridge University Press 系统处理

• Hart Publishing 公司（www.hartpub.co.uk）在线数据库，Hart 出版社成立于 1996 年，是英国最大的法律学术出版社，旨在出版高质量的法律学术著作。在 2009 年 Hart 被 Independent Publishers Guild 授予 "Academic & Professional Publisher of the Year 2009" 荣誉。可在中国知网（dbpub.cnki.net/Grid2008/Dbpub/brief.aspx?id=SHJD) 中免费检索，并浏览题录摘要及著录项，全文下载由 HartPub 处理。

• Proquest 公司（www.proquestk12.com），该公司位于美国密歇根州安娜堡市，起源于 1938 年由 Eugene B. Power 创立的 University Microfilms（UM），提供期刊、报纸、参考书、参考文献、书目、索引、地图集、绝版书籍、记录档案、欧美地区的博士论文（数据库简称为 PQDT）和学者论文集等各种类型的信息服务。在中国知网中，分别可以免费检索期刊（dbpub.cnki.net/Grid2008/Dbpub/brief.aspx?id=SPQD）及欧美地区的博硕士学位论文（proquest.cnki.net/kns55/brief/result.aspx?dbprefix=pqdt），并浏览题录摘要及著录项，但无全文下载。在中国高等教育资源保障体系（pqdt.calis.edu.cn）中，参加集团采购的用户可以访问其博硕士学位论文全文。

• Springer 公司（www.springer.com），该公司成立于 1840 年，其在线数据库收录了所出版的所有图书和期刊资源。可在中国知网（dbpub.cnki.net/Grid2008/Dbpub/brief.aspx?id=SSJD; dbpub.cnki.net/Grid2008/Dbpub/brief.aspx?id=SSBD）中免费检索期刊或图书，并浏览题录摘要及著录项，全文链接至 SpringerLink 平台，全文下载服务由 Springer 系统处理。

• Schweizerbart，德国施外茨巴特科技出版社（www.schweizerbart.de），该该出版社于 1826 年在德国成立，主要出版地球和环境科学（Earth and Environmental Sciences），水域生态学（Aquatic Ecology），人类学（Anthropology），医学（Medicine），动物学（Zoology）和植物学（Plant Science）领域的学术期刊和图书。在中国知网（scholar.cnki.net/webpress/SSWD.htm）中，可免费检索其 2001 年以来出版的期刊，并浏览题录摘要及著录项，全文下载服务由 www.ingentaconnect.com 平台处理。

• Academy 期刊全文数据库：（dbpub.cnki.net/Grid2008/Dbpub/brief.aspx?id=SAPD）：收录了芬兰研究学会出版社（Academy Publisher）九种学术期刊 2006 年以来的学术文献。可免费检索并浏览题录摘要、著录项及文献全文。

• Bentham 期刊数据库（dbpub.cnki.net/Grid2008/Dbpub/brief.aspx?id=SBAD）：收录了 2010 年以来的 103 种科技类学术期刊资源。可免费检索并浏览题录摘要及著录项，全文下载服务由 www.benthamdirect.org 系统处理。

• CSCanada 期刊全文数据库（dbpub.cnki.net/Grid2008/Dbpub/brief.aspx?id=SCAD）：CSCanada 主办了 12 种国际非营利期刊，致力于学术成就和研究信息的传播。期刊的主办机构为 Canadian Academy of Oriental and Occidental Culture（CAOOC），Canadian Research & Development Center of Sciences and Cultures（CRDCSC），总部设在加拿大的蒙特利尔，机构于 2005 年 3 月在加拿大魁北克注册。CAOOC 和 CRDCSC 致力于东西方科学研究和传播。可免费检索并浏览题录摘要、著录项及文献全文。

• Manson 图书数据库（dbpub.cnki.net/Grid2008/Dbpub/brief.aspx?id=SMBD）：收录了 Manson

出版社 1990 年以来的所有图书题录信息,包括医疗、兽医和科学类的专业图书和教材,图书以全彩色印刷,内容涉及医学(Medicine)、兽医学(Veterinary Medicine)、地球科学(Earth Science)、植物科学(Plant Science)、农业(Agriculture)和微生物学(Microbiology)。可免费检索并浏览题录摘要及著录项,全文链接至 Manson 平台,全文下载服务由 Manson 系统处理。

10. 其他期刊报纸图书的文献检索工具

万方资源数据、超星读秀、超星百链等中文文献检索工具及 EBSCO 集成了期刊图书文献的检索,并提供对全文的访问;方正 Apabi 中文电子报纸数据库、中国知网中文报纸数据库、LexisNexis News 中均收录了报纸文献,授权用户可以访问全文;Engineering Village、ISI Web of Knowledge、美国化学文摘公司的 SciFinder 集成了期刊图书文献的检索,并提供访问全文文献的链接。

2.5.3　学位论文检索工具

据美国标准学会解释,学位论文是指为获得不同级别学位候选资格、专业资格或其他授奖提出的研究成果或研究结论的书面报告。我国国家标准则定义为表明作者从事科学研究取得创造性成果或有了新的见解,并以此为内容撰写而成,作为提出申请授予相应的学位时评审用的学术论文。简单来说,学位论文是申请学位的人员所撰写的具有较高学术价值的学术论文。

我国和世界上大多数国家一样,实行三级学位制度,即学士学位、硕士学位和博士学位,由此也就相应地有了三个级别的学位论文。很多学位论文因选题能够接触到前沿科学,所反映的创新见解和成果被企业所采纳或采用后直接变成了生产力和产品,有较大的学术价值、情报价值和实用价值。学位论文与普通科研论文相比,具有文献分析面广、数据与图表量大、理论分析充分、参考文献量大等特点,是一种不可忽视的信息源。

1. 馆藏学位论文及学位论文数据库

迄今为止,几乎所有科研机构的档案室或图书馆都收藏有学位论文的印刷本,且已经有许多国家的科研机构建立了本校的学位论文数据库,一般可以通过各机构(高校或研究所)的图书馆主页访问相关的数据库。但由于版权问题,一般只能访问本馆图书馆的学位论文文摘数据。

2. 中国大陆博硕士学位论文数据库(www.cnki.net, www.wanfangdata.com.cn)

中国知网和万方资源系统分别提供博硕士学位论文全文数据库,可以免费检索,授权用户可以阅读全文。

超星读秀、超星百链、谷歌的学术搜索中也提供对博硕士学位论文的检索,授权用户甚至可以阅读全文。

3. PQDT 博硕士学位论文数据库(pqdt.calis.edu.cn)

详细介绍参见 2.4.3 全文型检索工具部分。

4. 著名文摘数据库中的博硕士学位论文

在美国化学文摘(SciFinder)、美国工程索引文摘数据库中,可以检索到相关专业的博硕士学位论文的摘要信息。

2.5.4　会议文献检索工具

会议文献是指在学术会议上宣读和交流的论文、报告及其他有关资料。会议文献多数以会议录或会议论文集的形式出现。随着科学技术的迅速发展,世界各国的学会、协会、研究机构及国际性学术组织举办的各种学术会议日益增多。

会议文献传递情报比较及时,它内容新颖、专业性和针对性强,种类繁多,出版形式多样。它是科技文献的重要组成部分,经过挑选,质量较高,能及时反映科学技术中的新发现、新成果、新成就以及学科发展趋向,是一种重要的情报源。

1. 馆藏纸版会议论文文献

不管是国内还是国外,许多会议都要出版会议论文集,这些论文集有些是有正式的国际标准图书编号的,可以公开出售。因此,不少图书馆都会收藏此类会议论文集。

一般在馆藏 OPAC 系统中,以会议或 proceeding 为关键词就可以找到这类会议论文集。

2. 会议网站中报道的论文信息

某些学术会议的网站,会介绍部分被录用论文的信息,有时也可以下载全文。

3. 会议论文全文数据库

• **中国知网和万方资源系统**分别提供在国内举办的一些学术会议的论文全文,可以免费检索,授权用户可以阅读全文。

• IEEE/IEE Electronic Library（IEL, ieeexplore.ieee.org）,详细介绍参见 2.4.3 全文型检索工具部分。

• SPIE Digital Library（**国际光学工程学会会议录数据库**, spiedigitallibrary.org）收录了自从 1963 年以来由 SPIE 主办或参与主办的超过 5000 卷的会议论文,学科涵盖光学工程、光学物理、光学测试仪器、遥感、激光器、机器人及其工业应用、光电子学、图像处理和计算机应用等领域,授权用户可以阅读全文。

• ASCE Conference Proceedings（**美国土木工程师学会在线会议录数据库**, www.ascelibrary.org）的会议录,收录该学会的出版物,可以免费检索,也可以通过 Scitation（scitation.aip.org）平台访问。

• American Institute of Physics（AIP,**美国物理研究所**, proceedings.aip.org）会议录数据库收录美国物理研究所的各种会议论文,可以免费检索,但阅读全文需要授权。

• Association for Computing Machinery（ACM,**美国计算机协会**, www.acm.org）会议录数据库收录美国计算机协会的各种会议论文,授权用户可以阅读全文。

• **超星读秀、超星百链、中国知网、谷歌**的学术搜索中也提供对会议论文的检索,部分可以阅读全文。

4. 著名文摘数据库中的会议论文

• **美国化学文摘**(SciFinder, www.cas.org/products/scifinder)收录了化学化工领域的科研成果和工艺设计成果,以及生物、医学、轻工、冶金、物理、农业等方面的会议论文信息,授权用户可以检索会议文献摘要。

• 美国工程索引（Engineering Village，www.ei.org/engineering-village）文摘数据库收录了有关工程技术方面的会议文献信息,可以检索到相关专业的会议文献的摘要信息。

• ISI Proceedings（科学技术会议索引）主要报道每年召开的国际会议上发表的会议论文,是查找会议文献的权威性检索工具。该数据库收录国际上与自然科学、工程技术、社会科学和人文科学有关的会议信息,用户可以检索到来自期刊、专著、丛书和各种国际著名会议、座谈会、研讨会及其他各种会议录信息资源中发表的会议论文信息。现已整合到 Web of Science 数据库中。

2.5.5 研究报告网站或数据库

1. 科技成果数据库

万方数据资源系统和中国知网中分别拥有科技成果数据子库,收录了国内各级科技成果的信息。可以免费检索摘要信息,访问或下载全文则需要授权。

此外,美国化学文摘数据库（SciFinder）、美国工程索引文摘数据库（Engineering Village）中,授权用户也可以检索到科技报告的文摘。

2. 国家科技成果网（简称 NAST，www.tech110.cn）

由科技部发展计划司于 1999 年创建,2006 年由国家科学技术奖励工作办公室管理,由中国化工信息中心负责建设和运营。已收录全国各地区、各行业经省、市、部委认定的科技成果近 60 万项,库容量以每年 3 至 5 万项的数量增加。可以检索国内的科技成果。成为付费会员后可以获取成果的详细信息。

3. 国家科技成果信息服务平台（CSTA，www.csta.org.cn）

国家科技成果信息服务平台是根据《2004—2010 年国家科技基础条件平台建设纲要》,国家科技部、财政部于 2005 年正式起动的平台项目之一,集成了科技成果信息、技术交易服务、工程化中试、创业孵化相关的信息资源。

4. 科技成果转化服务平台（CIPPC，www.cippc.org.cn）

这是国家化工行业生产力促进中心维护的平台之一。设有难题招标、成果推介等服务信息栏目。

5. NTIS 美国政府报告（ntrl.ntis.gov）①

这是美国国家技术情报社出版的美国政府报告数据库,以收录美国政府立项研究及开发的项目报告为主,少量收录西欧、日本及世界各国（包括中国）的科学研究报告。包括项目进展过程中所作的一些初期报告、中期报告、最终报告等,反映最新政府重视的项目进展。该数据库 75% 的文献是科技报告,其他文献有专利、会议论文、期刊论文、翻译文献;90% 的文献是英文文献。

专业内容覆盖科学技术各个领域。检索结果为报告题录和文摘,还提供所有与 NTIS 出版和发行有关的信息。美国政府科技报告（NTIS）中历史悠久、报告数量多、参考和利用价值大的主要有四类,即通常所说的"四大报告":PB 报告（战败国资料 / 民用资料,出版局）、AD 报告（国防与

---

① 华东师范大学图书馆. 电子资源导航. http://www.lib.ecnu.edu.cn/resource/type/report.php[2013/2/5].

军事技术,国防部)、NASA 报告(航空与航天技术,航空与宇航局)和 DOE 报告(原子能/综合技术,能源部)。

6. Scientific and Technical Report Collection of United States Department of Defense,美国国防部科技报告集(www.dtic.mil/dtic)①

这是由美国国防部(Department of Defense)提供的科技报告,涉及国防及其相关领域,多数可以看到摘要,有些只能得到题录,个别能看到全文。

7. NASA Technical Reports,美国航空和宇宙航行局技术报告(NTRS,ntrs.nasa.gov)②

提供有关航空航天方面的科技报告,可以检索并浏览,部分有全文。

8. DOE Information Bridge (www.osti.gov/bridge)③

可以免费检索并获得美国能源部(Department of Energy)提供的研究与发展报告全文,内容涉及物理、化学、材料、生物、环境、能源等领域。

9. The Congressional Research Service Reports (www.ncseonline.org)④

这是美国环境科学署(National Council for science and the Environment)的站点,提供了许多环境方面的报告全文。

10. HP Technical Reports,惠普实验室技术报告(www.hpl.hp.com/techreports)⑤

收录 1990 年至今惠普实验室的技术报告,可免费检索,仅能免费阅读部分全文。

11. Stanford Computer Science Technical Reports and Technical Notes,斯坦福大学计算机技术报告(infolab.stanford.edu/TR)⑥

收录 1960 年以来斯坦福大学计算机实验室及计算机系的技术报告,可免费检索并下载报告全文。

12. Networked Computer Science Technical Reference Library (NCSTRL,www.ncstrl.org)⑦

由美国宇航局蓝利研究中心和弗吉尼亚大学等机构共同开发,汇集了世界上许多大学以及研究实验室有关计算机学科的科技报告,可以浏览或检索,可免费得到全文。

13. NBER Working Paper,美国经济研究局工作报告(www.nber.org)⑧

美国经济研究局成立于 1920 年,该网站收录了美国国家经济研究局研究报告,可免费检索并可下载部分报告全文。

14. Documents & Reports of the WorldBank Group,世界银行文件与报告(www–wds.worldbank.org)⑨

可免费检索世界银行组织文件与报告,并可阅读全文。

15. Economics WPA (econwpa.wustl.edu/wpawelcome.html)⑩

由华盛顿大学经济系提供的经济学科的报告,其中包括许多大学的研究成果,多数可以免费得到全文。

---

①②③④⑦⑩　哈尔滨工业大学图书馆.电子资源导航.http://www.lib.hit.edu.cn/resource/ke-ji-bao-gao[2013/2/5].
⑤⑥⑧⑨　华东师范大学图书馆.电子资源导航.http://www.lib.ecnu.edu.cn/resource/type/report.php[2013/2/5].

16. WoPEc Electronic working papers in Economics（econpapers.repec.org/paper）[①]

由华盛顿大学搜集整理的互联网上的经济类报告，可以下载全文。

17. IBM 公司财务收益年度报告（www.ibm.com/annualreport）

收录 IBM 公司的财务收益年度报告，可免费阅读全文。

18. 世界著名公司研究报告

EBSCO 数据库中的 Business Source Premier 收录了世界著名公司的研究报告全文，包括行业内公司间的竞争行为研究报告，如：MAP QUEST（微软、苹果、谷歌的 Map 部门的竞争行为会带来收益吗？），以及某公司的 MarketLine（苹果公司的历史、现状、SWOT 分析报告等），只有授权用户才可访问。

19. World competitiveness online，世界竞争力报告数据库（www.worldcompetitiveness.com）

由 IMD 公司推出的世界竞争力报告数据库主要提供 IMD 公司 1989 年以来出版的国家竞争力年度报告，这些年度报告以经济理论为基础，分析相关国家为国内企业和公民幸福创造并管理环境而拥有的创新价值。

20. 国家科技成果数据库（dbpub.cnki.net/Grid2008/Dbpub/brief.aspx?id=SNAD）

主要收录正式登记的中国科技成果，按行业、成果级别、学科领域分类。唯一收录专家组对该项成果的推广应用前景与措施、主要技术文件目录及来源、测试报告和鉴定意见等内容的鉴定数据。与通常的科技成果数据库相比，《国家科技成果数据库（知网版）》每项成果的著录项集成了与该成果相关的最新文献、科技成果、标准等信息，可以完整地展现该成果产生的背景、最新发展动态、相关领域的发展趋势，可以浏览成果完成人和成果完成机构更多的论述以及在各种出版物上发表的文献。访问全文必须获得授权。

21. 其他非集成的报告文献获取

除上述相对集中的报告文献数据库外，还有一些报告文献未被收录其中，故而只能通过搜索引擎、学术文献数据库或相关机构网站获得。

2.5.6 标准文献检索工具

国家标准 GB 3935.1-1996《标准化和有关领域的通用术语第一部分：基本术语》对标准作如下定义："为在一定的范围内获得最佳秩序，对活动或其结果规定共同的和重复使用的规则、导则或特性的文件。该文件经协商一致制定并经一个公认机构的批准。"根据《中华人民共和国标准化法》规定，我国标准分为强制性标准和推荐性标准两类。强制性标准必须严格执行，做到全国统一。推荐性标准国家鼓励企业自愿采用。但推荐性标准如经协商，并计入经济合同或企业向用户作出明示担保，有关各方则必须执行，做到统一。

标准的制定和类型按使用范围划分有国际标准、区域标准、国家标准、专业标准、地方标准、企业标准；按内容划分有基础标准（一般包括名词术语、符号、代号、机械制图、公差与配合等）、产

---

① 哈尔滨工业大学图书馆.电子资源导航.http://www.lib.hit.edu.cn/resource/ke-ji-bao-gao[2013/2/5].

品标准、辅助产品标准(工具、模具、量具、夹具等)、原材料标准、方法标准(包括工艺要求、过程、要素、工艺说明等)、服务标准、接口标准、数值标准;按成熟程度划分有法定标准、推荐标准、试行标准、标准草案。

与其他类型的文献(期刊、图书等)相似,标准文献的著录也由包括标准名称、颁布单位、标准分类、颁布日期、标准全文、标准号等特征项组成。其中标准号能够唯一区分标准文献,标准号的格式为:标准代码 + 标准流水号 +" "+ 颁布年,如:GB 2760—2011。

总体而言,制定标准的目的[①]是为了确保产品和服务的安全性、可靠性和高质量。对企业而言,制定标准是一种战略工具,以通过降低浪费和错误,减少消耗,提高生产率,进而使企业获得新的市场,完善全球贸易的自由和公平竞争。

从某种意义上讲,标准文献的内容就是法规。对企业而言,全面了解各种行业相关标准不但可以提升企业的竞争力,也可以为制定本企业的运作规范寻找依据。另一方面,如果企业能在努力提升自身产品竞争力的基础上,建议或协助相关行业标准的制定,也能为企业的生存创造一个良性的竞争环境。以下分别介绍收录标准文献或与标准文献相关的数据库或网站。

1. 宇飞标准文献数据库

详细介绍参见 2.4.3 部分的全文文献检索工具部分。

2. 中国标准数据库

中国知网(dbpub.cnki.net/Grid2008/Dbpub/brief.aspx?id=SCSD)中收录了所有的国家标准(GB)、国家建设标准(GBJ)、中国行业标准的题录信息,共计标准近 20 万条,标准的内容来源于中国标准化研究院国家标准馆,可免费检索,免费浏览题录摘要和著录项,全文下载需付费。

3. 国家标准全文数据库

中国知网(dbpub.cnki.net/Grid2008/Dbpub/brief.aspx?id=SCSF)中收录了由中国标准出版社出版的、国家标准化管理委员会发布的所有国家标准,占国家标准总量的 90% 以上。可免费检索,免费浏览题录摘要和著录项,全文下载需付费。

4. 久久标准网(www.gb99.cn)

提供中国国家标准、行业标准、ISO 标准和部分国外标准(包括 ASTM 美国材料试验协会标准、ASME 美国机械工程师学会标准、API 美国石油学会标准、BS EN 英国标准学会标准、其他国外标准、CAC 国外食品标准)等标准全文的下载。

5. 中国标准化研究院(www.cnis.gov.cn)

中国标准化研究院标准馆是国家级标准文献服务中心。其标准文献收藏量为全国之最。藏有 60 多个国家、70 多个国际和区域性标准化组织、450 多个专业协(学)会的成套标准以及全部中国国家标准和行业标准,收集了 160 多种国内外标准化期刊和 7000 多册标准化专著,并提供代查代索、咨询、标准查新等多项服务。建有国家标准文献共享服务平台(www.cssn.net.cn),向社会开放服务,提高标准动态跟踪,标准文献检索,标准文献全文传递和在线咨询等功能。

6. 中国国家标准频道(www.chinagb.org)

收录标准法规、标准知识、标准案例,提供标准文摘的检索功能,定期公布标准批准信息。

---

① ISO Standards.http://www.iso.org/iso/home/standards.htm[2012.10.31].

7. 国家标准化管理委员会（www.sac.gov.cn）

除各类标准化法律法规外，也定期公布国家标准批准信息、行业标准备案和地区标准备案信息，建有国家技术标准资源服务平台 www.gbb88.cn，提供国家标准免费检索、在线阅读全文的功能。

8. 中国行业标准全文数据库

中国知网（dbpub.cnki.net/Grid2008/Dbpub/brief.aspx?id=SCHF）中收录了现行、废止、被代替以及即将实施的行业标准，全部标准均获得权利人的合法授权。相关的链接文献、专利、成果等信息来源于中国知网各大数据库。可以通过标准号、中文标准名称、起草单位、起草人、出版单位、发布日期、中国标准分类号、国际标准分类号等检索项进行检索。可免费检索，免费浏览题录、摘要和著录项。阅读全文必须获得授权。

9. 国外标准数据库

中国知网（dbpub.cnki.net/Grid2008/Dbpub/brief.aspx?id=SOSD）中收录了国际标准（ISO）、国际电工标准（IEC）、欧洲标准（EN）、德国标准（DIN）、英国标准（BS）、法国标准（NF）、日本工业标准（JIS）、美国标准（ANSI）、美国部分学协会标准（如 ASTM, IEEE, UL, ASME）等题录信息，共计标准约 31 万条。著录项集成了与该标准相关的最新文献、科技成果、专利等信息，可以完整地展现该标准产生的背景、最新发展动态、相关领域的发展趋势。可浏览发布单位更多的论述以及在各种出版物上发表的信息。免费检索，免费浏览题录、摘要和著录项。阅读全文必须获得授权。

10. 国内外标准数据库

国内数据量最大、收录最完整的标准数据库，分为《中国标准数据库》（SCSD）和《国外标准数据库》（SOSD）。《中国标准数据库》（SCSD）收录了所有的中国国家标准（GB）、国家建设标准（GBJ）、中国行业标准的题录摘要数据；《国外标准数据库》（SOSD）收录了世界范围内重要标准，如：国际标准（ISO）、国际电工标准（IEC）、欧洲标准（EN）、德国标准（DIN）、英国标准（BS）、法国标准（NF）、日本工业标准（JIS）、美国标准（ANSI）、美国部分学协会标准（如 ASTM, IEEE, UL, ASME）等标准的题录摘要数据。在中国知网中，可通过 dbpub.cnki.net/Grid2008/Dbpub/brief.aspx?id=SMSD 免费检索，免费浏览题录、摘要和著录项。阅读全文必须获得授权。

11. 世界标准服务网（WSSN, www.wssn.net）

它是一个发布全世界标准机构服务信息的网站。通过其成员的网站，提供国际、地区或国家的标准信息、相关活动和服务情况，其首页包括：ISO 国际标准化组织（www.iso.org）、IEC 国际电子技术委员会（www.iec.ch）、ITU 国际电信联盟（www.itu.int）、国际或地区或国家标准化机构目录、IEC 和 ISO 的成员国目录等。

12. 全球标准化资料库（NSSN, www.nssn.org）

由美国国家标准研究院（American National Standards Institute）创建，提供全球标准文献免费检索，但阅读全文必须获得授权。

13. 美国国家标准化研究院（ANSI, www.ansi.org）

该院是 1918 年由美国的五个工程协会和三个政府机构共同成立的私有的非营利机构，由不同选区的私有或公共机构资助。不但提供美国的标准化政策查询，也提供该研究院出版的部分研究报告（如：the financial impact of breached protected health information 等）的免费下载。

14. 美国国家标准与技术研究院（NIST，www.nist.gov）

该院成立于 1901 年，目前属于商务部，是美国最早的物理科学实验室，致力于扫除影响美国工业竞争力的障碍，所拥有的测量仪器的适用范围非常广泛，在该研究院的网站上可以免费阅读研究院的研究成果文献摘要。

15. ASTM 标准文献（www.astm.org）

ASTM 是美国材料与试验协会（American Society for Testing and Meiterials，ASTM），ASTM 的技术委员会下共设有 2004 个技术分委员会。有 105817 个单位参加了 ASTM 标准的制定工作，主要任务是制定材料、产品、系统和服务等领域的特性和性能标准，试验方法和程序标准，促进有关知识的发展和推广。该网站收录 ASTM 标准文献及该协会出版的图书和期刊等信息。

16. 标准文献子库

万方资源系统、IEEE、ASME 中集成了标准文献子库，授权用户可以阅读国内标准全文及国外标准文摘。

17. IHS Standards 数据库

详细介绍参见 2.4.2 Engineering Village 数据库介绍。

2.5.7 物性数据

1. ChemSpider 数据库（www.chemspider.com）

由英国皇家化学会（Royal Society of Chemistry）创建，免费提供光谱、熔点、沸点等物理性质，各商业、学术数据库对该化合物的收载情况等。

2. 英国 CambridgeSoft 公司（PerkinElmer Informatics，www.cambridgesoft.com）

专业提供药学、生物科技和化学工业领域的发现、协作、知识企业解决方案、办公软件、科学数据库及咨询服务。其信息产品用户从药学、生物科技和化学工业领域，到高等教育和科研机构，包括：Chem & Bio Draw、Chem & Bio Office Enterprise、chemfinder 等，以及化学、生物科技和药学领域的化合物、癌症、艾滋病、科学家洞察等专业数据，网站 www.ChemBioFinder.com 提供对该公司所有数据的访问。

3. 中国化工网（cheman.chemnet.com）

由浙江网盛生意宝股份有限公司创建，收录化工基础数据（如化工字典、化学结构数据库、化合物取代基数据库、化合物母体数据库、化学物质分析方法数据库、危险品名录数据库、MSDS 数据库）、化工产品及用途数据（如农药通用名数据库、登记农药数据库、农药用途数据库、香料数据库 *、颜料数据库 * 国际化妆品数据库 *、化学配方数据库、药物合成数据库、畅销药物数据库、药物化学大辞典、药物 ATC 编码、FDA 批准药物信息、DMF 提交信息等，带 * 的数据库只有会员才能访问）、化工商品和贸易数据（如中国贸易数据 *、中国贸易分析系统 *、北美买家库 *、韩国买家库 *、化学品法规、化学品进出口政策、海关编码库、外贸指南库、区号邮编库、度量制式库，带 * 的数据库只有会员才能访问）。

4. 化工行业数据中心（data.toocle.com/19-1-1.html）

由浙江网盛生意宝股份有限公司创建，提供各类化工行业数据报告的下载服务，如聚四氟乙烯、R22 市场调研报告,多数报告需要付费下载。

5. MSDS(Material safety data sheet)数据库

这是一类物性数据库的统称,专指物质安全数据报表数据库,MSDS 数据对于产品的引进、使用、储存、运输或出口等环节非常重要,一般由产品生产商提供。通过搜索引擎可以搜索到一些实用的 MSDS 数据库,其中 Sigama 公司(www.sigmaaldrich.com,中国网站为 www.sigmaaldrich.com/china-mainland/zh/safety-center.html)的 MSDS 数据库比较著名。

6. 集成了物性数据检索的文献检索工具

美国化学文摘社 SciFinder 数据库、Pubchem、汤森路透公司的 Web of Science 数据平台中集成的化学数据库、ISI Web of Knowledge 数据库中的 INSPEC 数据库都提供了物性数据检索功能。

7. 美国 Pubchem(http://www.ncbi.nlm.nih.gov/pccompound/)

Pubchem 包含物质、化合物和生物活性三个数据库,其中物质数据库收录了化学结构、别名、登记号、描述、相关链接、与 Pubmed 之间的交叉引用、蛋白质 3D 结构、生物学筛查结果,化合物数据库收录了 PubChem 物质数据库中物质的有效化学描述信息,生物活性数据库收录了可检索的物质数据库中的化学物质的生物活性数据。

2.5.8　产品样本数据库

产品样本作为一种主要的情报资料源,具有以下五个特点。

1. 产品样本是一种可靠、完整、简明实用的科技信息源

此类文献中介绍的内容常常以图表、数据等信息形式出现,所含信息较科学、准确。同时又能从性能、用途、特征、参数、型号、品种等多方面来描述某一产品,因此所反映的科技信息较详尽,由于所描述的产品是科技开发与工程设计的最终成果,所以其信息成熟可靠,生产应用性强。

2. 产品样本是一种独特的产品外观造型设计信息源

其中的产品图片外观,是新产品开发中设计单位和企业根据商品销售中用户反馈的信息进行产品选型工程设计的最新成果,反映了生产厂家和设计单位的工艺水平,可以作为本单位产品外观设计造型的信息源。

3. 产品样本可提供一定的专利、标准、商标信息

由于产品存在着竞争,产品样本是企业宣传产品的重要手段之一,因而生产厂家十分注重在产品样本上注明可以佐证产品质量及影响的各种信息,如产品的专利申请及获得情况、产品所达到的标准等级、产品的商标、产品获奖情况、产品的销售地域等,因而产品样本往往又是获取专利、标准、商标等情报的重要信息源。

4. 产品样本具有一定的艺术性

企业为吸引眼球,充分宣传其产品,往往在样本资料的外观设计和内容组织上花很大的工夫进行设计创作。有的样本资料设计美观、装帧精美、内容组织条理清晰,是样本资料设计时难得的参考范本,对广告设计、美术设计等从业人员具有很高的参考价值。

5. 产品样本是一种重要的商品和贸易信息源

产品样本是一种相当重要的商品信息源，商品信息通常是指有关商品生产及商品流通的信息，而其核心则是商品的生产和供应信息，如商品的生产及供应来源，商品的数量与质量、性能、规格、型号等。产品样本正是提供这种有关商品的生产与流通信息的最佳信息源，诸如企业概况、企业发展史、在本行业中的地位、技术实力、商品开发水平、产品销售能力等，都可以从产品样本中获得。

目前获取产品样本信息的主要来源有产品样本数据库、搜索引擎、电子商务网站（如：京东商城、淘宝网、亚马逊、当当网等）、企业网站及产品宣传资料等。这里主要介绍"全球产品样本数据库"。

全球产品样本数据库（gpd.sunwayinfo.com.cn，GPD）由科技部西南信息中心·重庆尚唯信息技术有限公司研制开发，是我国第一个大规模的、深度建设的产品样本数据库，主要收录企业信息、企业产品目录、产品一般性说明书、产品标准图片、产品技术资料、产品 CAD 设计图、产品视频/音频资料等。覆盖的产品范围包括：通用设备，专用设备，交通运输设备，电气机械和器材，通信设备、计算机及其他电子设备，仪器仪表及文化、办公用机械，材料与物资等七大类。设有找产品、找企业、找样本三个检索界面。

2.6 各类专题文献检索工具

2.6.1 经济信息类网站

1. 巨潮资讯网（www.cninfo.com.cn）

中国证监会指定信息披露网站，深圳证券信息有限公司主持运营，内容包括：深圳和上海的主板、中小板、代办转让、监管机构、基金、权证、创业板、报价转让、香港市场、债券、产权、公司、基金、债券、统计、法规、研究、网络投票、XBRL、SWIFT、IPO 询价、路演、行情授权、巨潮指数、行业市盈率、巨潮数据等。可以免费访问。

2. 中国证券监督管理委员会（www.csrc.gov.cn）网站

包含证监会令、证监会公告、国家法律、行政法规、司法解释、部门规章、规范性文件、自律规则、合法中介机构、信息披露（公司上市申请报告的预先披露、非上市公众公司信息披露、基金信息披露、上交所信息披露、深交所信息披露）、证券期货研究报告数据库等证券期货事务活动相关数据。可以免费访问。

3. 中国证券业协会（www.sac.net.cn）网站

收录证券公司经营数据、证券研究出版物、A 股全市场行业市盈率数据、从业人员培训信息和系统等证券业相关数据信息。可以免费访问。

4. 世界经济论坛（World Economic Forum, www.weforum.org）

1971 年由瑞士日内瓦大学教授克劳斯·施瓦布（Klaus Schwab）倡议创建，是以研究和探讨世界经济领域存在的问题、促进国际经济合作与交流为宗旨的非官方国际性机构。论坛因每年年会都在达沃斯召开,故也被称为"达沃斯论坛"。每年在达沃斯召开的论坛年会,一般是在一月下旬,会议持续约一周时间,每年都要确定一个主题,在此基础上安排 200 多场分论坛讨论。每年发布"全球竞争力报告"(也称世界竞争力报告),授权用户可以通过网址 www.worldcompetitiveness. com/OnLine/App/Index.htm 访问这些报告。

5. 搜数网(www.soshoo.com.cn,soshoo)

由北京精讯云顿数据软件有限公司精心推出的一个专门面向统计和调查数据的专业垂直搜索网站。汇集了大量的统计和市场调查有关(国家综合统计数据、行业统计数据、省市统计数据,省市行业统计数据)的中国内地的数据,并使用大家已经非常熟悉的检索界面,方便有需要的使用者随时查找数据。只有授权用户才能访问。

6. 中国统计数据应用支持系统(info.acmr.cn)

由华通数据中心开发的一套数据查询和分析系统,全方位了解宏观(全国、省、市、县)、区域、行业、企业、财经等领域的经济运行状态、结构变化、发展趋势及政策效应等信息。宏观、区域数据最早可追溯到 1949 年,行业数据开始于 1999 年,提供各种功能,包括数据下载、作图、排序、转置等功能。只有授权用户才能访问。

7. 国务院发展研究中心信息网(国研网,www.drcnet.com.cn)

由国务院发展研究中心主管、国务院发展研究中心信息中心主办、北京国研网信息有限公司承办,创建于 1998 年 3 月,并于 2002 年 7 月 31 日正式通过 ISO9001:2000 质量管理体系认证,2011 年 10 月顺利通过 ISO9001:2000 质量管理体系换证年检,是中国著名的专业性经济信息服务平台。信息版块包括:国研视点、宏观经济、金融中国、行业经济、区域经济、企业胜经、高校参考、基础教育等六十几个文献类数据库;以及宏观经济、对外贸易、工业统计、金融统计、财政税收、固定资产投资、国有资产管理等四十多个统计类数据库。同时针对党政用户、高校用户、金融机构、企业用户的需求特点开发了党政版、教育版、金融版、企业版四个专版产品,并应市场需求变化推出了世经版以及经济·管理案例库、战略性新兴产业数据库、国务院发展研究中心行业景气监测平台几款专业化产品。只有授权用户才能阅读全文。

8. 方正年鉴数据库

由方正 Apabi 公司创建,主要收录国内各行业、事业单位的年鉴信息。只有授权用户才能访问。

9. 中国经济社会发展统计数据库(tongji.cnki.net/kns55/index.aspx)

由中国知网中国学术期刊(光盘版)电子杂志社出版,提供中国区域发展和部门产业数据的检索下载功能。

10. 哈佛商业评论数据库(dbpub.cnki.net/Grid2008/hbrd/index.aspx?id=HBRD)

收录了《哈佛商业评论》中文杂志自 2002 年 9 月以来的所有文章,内容覆盖管理学主要学科,文章体现第一手研究材料,具有相当的前瞻性和权威性。其中 70% 的内容精选《哈佛商业评论》近期最受欢迎的经典文章,30% 的内容是针对中国本土案例进行的研究分析。

11. 麻省理工科技创业数据库(dbpub.cnki.net/Grid2008/hbrd/index.aspx?id=MTRD)

这是 *Technology Review* 独家授权的中文版杂志,内容取材于 *Technology Review* 英文版原刊,是关于科技与市场的评论杂志。范围覆盖能源、计算、网络、新材料、生物医药和商务科技,旨在为国内用户提供最新科技资讯与研究成果,并向其着重介绍新科技的商业化过程,在国内以中文形式出版。

2.6.2 艺术文化类文献数据库及门户网站

1. 中国精品文艺作品期刊文献库(wenyi.cnki.net)

该数据库择优收录 1994 年以来我国正式出版发行的文艺类期刊,并以篇为单元收录其他期刊发表的同类文献,是面向社会大众和各类机构,以集成化网络出版方式传播文艺作品的全文数据库。

2. 方正"艺术博物馆"

该数据库于 1998 年 3 月启动,旨在让世界数千年历史中灿若繁星、精美绝伦的艺术瑰宝走出重门紧锁、防护森严的博物馆、宫殿、庙宇、密室,进入每一间教室、每一个家庭、每一张书桌前,全民共享华夏先祖为世界奉献的艺术盛宴。其中的中国美术馆库,包括:版画馆、玻璃器馆、殿堂壁画馆、珐琅器馆、纺织品馆、画像石砖馆、花鸟画馆、建筑馆、石窟寺壁画馆、人物画馆、青铜器馆、玉器馆、油画馆等,只有授权用户才可访问。

3. 公元集成教学图片数据库(gytp.cnki.net)

该数据库由中国知网提供,该数据库收录《当代中国》《中华民族》《中国建筑》《中国民俗》、《中国艺术》《世界艺术》《世界建筑》《园艺图库》《动物图库》《世界地理》《世界历史》《世界军事》《航天航空》《世界文化遗产》《世界自然遗产》《植物》等多个子库,共辑录专业级图片几十余万张。

4. KUKE 数字音乐图书馆(www.kuke.com)

该图书馆创立于 2006 年 10 月,是一家专注于非流行音乐的数字音乐图书馆,致力于推动国内高雅音乐的普及,促进中国音乐素质教育的发展。KUKE 数字音乐图书馆现拥有可供欣赏的版权音乐近二十万首,分别来自拿索斯(Naxos)、马可波罗(Marco Polo)、瑞士唱片公司(AVC)、德国唱片公司(Countdown)、中国唱片总公司(CRC)等数十家唱片公司。内容包含了中国、美国、西班牙、日本、瑞士、南非、伊朗等国家独具特色的民族风情音乐、爵士音乐、电影音乐、格什温弹奏的《蓝色狂想曲》录音、指挥大师卡拉扬半个世纪之前指挥乐队的录音等,采用古典音乐配音、BBC 等广播电台主播朗诵的儿童文学、诗歌名著、小说、历史传记等英语读物资源。

5. 华艺世界美术数据库(www.airitiart.com)

该数据库建自 2002 年,收录台湾美术、大陆美术、西洋美术与世界儿童美术四大类别;收录 670 位艺术大师,65000 幅以上作品,部份附 1024 像素大图欣赏,数据量媲美 660 本以上的大画册。

6. Oxford Art Online,牛津格罗夫艺术在线数据库(www.oxfordartonline.com)

该数据库由牛津大学出版社出版 , 包括《格罗夫艺术百科全书》《牛津西方艺术大典》《简明牛津艺术术语辞典》《牛津美学百科全书》。

7. Catalog of Art Museum Images Online，CAMIO 艺术博物馆在线数据库（camio.oclc. org）

该数据库收录了由美国国会图书馆、旧金山美术馆、波士顿美术博物馆、卡内基艺术博物馆、斯特林和弗郎辛·克拉克艺术中心、乔治·伊士曼之家、国际摄影博物馆、克利夫兰艺术博物馆、史密森尼美国艺术博物馆、明尼阿波利斯艺术学院、旧金山现代艺术博物馆、费城艺术博物馆、大都会博物馆、达拉斯艺术博物馆、底特律艺术学院、沃克艺术中心、蒙特利尔当代艺术品博物馆、路易斯安那州立博物馆、洛杉矶县艺术博物馆、维多利亚与艾伯特博物馆、惠特尼美国艺术博物馆、奥尔布赖特—诺克斯艺术画廊、佛里克家族美术馆、印第安纳波利斯艺术博物馆、亚洲协会画廊、布鲁克林儿童博物馆等二十多家世界级知名博物馆提供的公元前 3000 年至今的十多万件艺术作品的精美图像，包括照片、绘画、雕塑、装饰和实用物品、印刷品、素描和水彩画、珠宝和服饰、纺织物、建筑等。

8. Stylesight 国际时尚趋势及市场专业数据库（www.stylesight.com/cs）

这是一个专门提供时尚资讯的信息平台，拥有 400 多万张女性、男性和儿童时尚系列的图片以及室内装潢设计图片；这些图片来自纽约、巴黎、伦敦、米兰、洛杉矶、圣保罗、里约热内卢、东京、香港和法国南部等世界各地的设计师系列。图片库还容纳了采集自街头时尚、主打时尚与室内装潢系列的零售业信息，容纳了复古专区、丹宁、色彩、展会、名人时尚、款图设计、原创图像以及意像图片等类别。

9. Wilson Art，威尔逊系列艺术数据库（EBSCO 数据库中的 Arts/Architecture Databases）

该数据库收录英文艺术类期刊、年鉴、博物馆公告以及法文、意大利文、德文、日文、西班牙文、荷兰文和瑞典文的艺术期刊。收录学科包括：当代艺术、古董古玩鉴赏、考古学、建筑艺术和历史、艺术史、广告艺术、服装艺术、手工艺、装饰艺术、民间艺术、形象艺术、工业设计、室内装饰艺术、园景艺术、电影艺术、博物馆学、非主流艺术流派、绘画艺术、摄影、陶艺、雕刻、电视艺术、纺织艺术、影像艺术、音乐。

10. ASP 表演艺术、戏剧与电影视频库（www.cinfo.net.cn/trialASPPADF.htm）

该数据库是美国亚力山大出版社（Alexander Street Press）的在线视频艺术数据库，收录了全球 1000 部左右著名歌剧、戏剧与舞蹈视频，6000 多个剧本全文，1.5 万个剧目信息等，包括歌剧、戏剧与舞蹈视频在线欣赏和电影剧本。精选了从巴洛克时期到 20 世纪世界上最主要的《卡门》、《阿依达》等 250 部歌剧，来自莎士比亚、贝克特等的超过 250 个世界上最主要剧本的演出实况，20 世纪 50 年代到现在全球最具影响力的舞蹈家与演出公司的芭蕾、轻拍、爵士乐等舞蹈作品，1000 个美国电影剧本，20 世纪 20 年代至今的美国与加拿大戏剧剧本以及各类英语或西班牙语小说，帕瓦罗蒂、多明戈、艾雯（Maria Ewing）等顶级歌唱家与梅塔（Zubin Mehta）等著名指挥家的作品。读者可以在其中标记具体场景、动作、咏叹调，甚至一个简单的吟诵片段，进行多种方式的检索。

11. ASP 世界音乐在线（Music Online）数据库（www.cinfo.net.cn/trialASPmusic.htm）

该数据库是美国亚力山大出版社的在线音乐数字资源，拥有超过 30 万首世界各地各个时期的音乐，由 EMI、Sanctuary Classics、Hyperion、The Sixteen、The Royal Philharmonic Orchestra、CRD、The London Symphony Orchestra、Hänssler、Vox 等 34 家国际著名唱片公司提供完全版权。收录来

自 1900 位作曲家的 9 万首以上合法授权的古典音乐作品、传记、音乐注释和音乐家画像，包括当代瑞格舞、世界节拍、新传统、世界融合、巴尔干爵士、非洲电影、宝莱坞、阿拉伯摇摆舞与爵士等几大种类 5 万首当代乐曲，传统音乐如印第安古典、葡萄牙民谣思乡曲、弗拉明戈、克莱兹梅尔、吉德科、高士伯、雅乐等；全球各民族、部落的音乐、民谣、传统音乐、民俗演奏，以及各种语音，大自然与人工的声音；全球范围内自爵士乐诞生至今的在线爵士乐专辑；美国生活中的各个阶层，所有的种族群体，以及每一时期的音乐歌曲；自文艺复兴时期、巴洛克时期、古典主义、浪漫主义、现代音乐乐谱，手稿以及从未出版过的资料；Baker 音乐字典、Baker 音乐家字典、Baker 学生音乐百科全书等；全球超过 700 位音乐家撰写的条目；1970 年之前丰富的非裔美国人音乐。

12. Bridgeman 艺术图书馆（www.bridgemaneducation.com）

该数据库收录超过 39 万张图片，这些图片广泛应用于教学和学术研究领域，图片覆盖所有学科领域，从艺术史到设计、建筑学、时尚、历史、地理、政治、科学、人类学。

13. International Architecture Database（eng.archinform.net）

该数据库由对建筑设计领域感兴趣的学生所建，是目前最大的建筑设计类的数据库，主要收录 20 世纪的建筑设计样品图。

14. Rene Wanner's Poster Page（www.posterpage.ch/pbookm.htm）

这是一个将世界各国海报设计家、平面设计网站内容集大成的网页，按字母排列，非常直观、简便。其中的波兰招贴画廊（Polish Poster Gallery）（www.poster.com.pl），是介绍波兰招贴艺术设计的网站，有电影、剧场、美术、马戏等海报，图片较清晰。

15. E-luxury（www.eluxury.cn, www.uk-eluxury.com）

这是世界上最权威的奢侈品品牌网站，通过该网站可以轻松了解全球奢侈品信息，同时该网站还提供代购服务。通过那些在该网站注册的著名设计师的名字即可得到最新最及时的品牌信息和服务。

16. Fashion Net（www.fashion.net）

这是以时髦为目标的网络领先者，吸引百万计的感悟时尚的人们来享受大量全面的、独立的评论，同时还有精心挑选的网站收藏。

17. 时尚饰界（www.51fashion.com.cn）

这是一家为服装行业提供网上商务服务的互联网信息服务提供商的电子商务网站，可以检索到许多品牌、公司的网址，通过它可以链接到许多中外品牌（2714 种）的企业，并可以看到许多图片资料。

18. Jewelry Designers, 珠宝设计家（www.alljewelrydesigners.com）

收录了项链、耳坠等珠宝设计，每幅图片都申请了知识产权保护，所以请不要刻意模仿。所有产品图片下均可以链接到设计师的网站。

19. Gemological Institute of America, 美国宝石研究会（简称 GIA, www.gia.edu）

又称美国珠宝学院，是国际上最权威的钻石鉴定机构。它最先创立了钻石分级体系，并承担了世界上 2/3 钻石证书的发放。GIA 颁发的钻石证书被认为是最具权威的，得到世界认可。GIA 名义上是非营利机构，经费由珠宝业界人士捐献，在鉴定书内容品质方面颇具公信力，GIA 国际证书的钻石在国际范围内都被认可。GIA 美国宝石学院自 2006 年起,在全球范围内正式推出 GIA 钻石鉴定证书网上查询系统。该系统的推出,对于鉴定证书的查询和防伪起到了极大的作用。

20. 以色列钻石研究会(diamond-il.co.il)

该机构为国际一类乙级钻石鉴定机构,该协会网站提供珠宝设计、等级查询等功能;还可根据钻石产地及钻石用途提供查询。除此之外,还提供最新的钻石交易信息。

21. 中国纺织经济信息网(www.ctei.gov.cn)

该机构依托中国纺织信息中心的行业优势及在国际同行业的地位,与多家国外知名资讯服务公司和机构建立了密切的合作关系,长期以来立足于为业内人士提供快速、权威、全面、翔实的流行趋势资讯。网站的产品展示栏目有一些图片供参考。

22. 世艺网·艺术设计(cn.cl2000.com/artdesign/fashion)

这是国内一家集传媒信息、艺术展示、美术教育、艺术论坛及电子商务等多种在线服务为一体的大型专业艺术网站。它以大量图片和中英文双语向国内外及时展示中国艺术的历史和现状,通过国际互联网通道为中国艺术提供一个世界范围的信息交流平台。其艺术设计子栏目分服装设计、服饰文化、服装设计师和服装院校专栏。其中服饰文化下的中国旗袍、民族服饰艺术和服饰图案艺术比较有特色。

23. Bauhaus-Archiv Museum of Design 包豪斯设计博物馆(www.bauhaus.de)

包豪斯是将建筑、设计和艺术相集成的推动力量。包豪斯网站的核心便是"包豪斯 1919—1933",它用插图编年史的方式分析了这个运动。关键资源包括宣言、编年和主要的文档。对于设计有借鉴意义的是它的网上商店 : www.bauhaus-shop.de。

24. 美国建筑插图师协会(www.asai.org)

该协会成立于 1986 年,是一家提供商业和艺术类建筑插图的专业组织。其成员遍及北美以及世界各地。其宗旨是不仅帮助建筑专业的人士,也包括所有的学生以及致力于建筑设计的爱好者们,以期提高其建筑绘画的质量。

25. Get Decorating (www.getdecorating.com)

该网站是室内外建筑图片和提供装潢思路的设计网站。

26. Design Museum London (www.designmuseum.org)

这是英国伦敦的设计博物馆网站,是当代国际工业设计的重镇。其中 Design at the Design Museum 是一个将该网站中所有的设计师、建筑师的现当代作品融于一处的数据库,图文并茂。

27. 美国工业设计家协会(Industrial Designers Society of America, 简称 IDSA, www.idsa.org)

该协会是美国工业设计师的专业组织,成立于 1965 年,由美国三个与工业设计相关的组织合并而成,它们是美国设计师协会(American Designers Institute, ADI)、全美工业设计师协会(American Society of Industrial Design, ASID)、美国工业设计教育联合会(Industrial Design Education Association, IDEA)。IDSA 为会员制,协会下设的 IDSA 奖是全球工业设计界重要的评奖活动之一。

28. 中国工业设计前沿(www.foreidea.com)

该网站是面向一线工业设计师的媒体式专业化网站,关注工业设计行业的发展状态、联结工业设计上下游资源、促进工业设计在整个产业价值链中贡献率的提升,促进跨领域跨产业的合作伙伴关系。透过这个平台,建立起艺术与产业的纽带关系,为工业设计行业提供多元化的情报资讯,让设计美学融入我们的日常生活中。

29. 插画中国(www.chahua.org)

这是国内专注于插画、像素、卡通、动漫等艺术设计的专业网站,致力于为中国插画师建立最好的交流平台。现有注册会员 34 万多名,原创手绘 CG 作品 30 万余幅,是国内最大的原创设计组织。这些插画师大都具有深厚的手绘功底,分别为广告、出版、网络、影视、动画、游戏、无线等行业服务。

30. The Internet Movie Database(www.imdb.com)

这是互联网上最大的电影资料库,提供电影演员、电影、电视秀、电视节目、剧本和电子游戏等信息。它创建于 1990 年,发起人是网上 rec.arts.movies 讨论组的一群影迷,1998 年被亚马逊公司收入旗下。

31. 台湾电影资料库(cinema.nccu.edu.tw)

该资料库内含图书论文文件、报纸索引文件、影片数据文件、制片业文件、发行业档、映演业档、工业与工厂档、从业者文件、团体组织文件等九种;总计收录文、图、影片资料 3 万多笔,约 200 万余字,是为本数据库之初版。2001 年底,“台湾电影资料库”网站改版,重新设计查询系统,并新加入新闻与纪录片数据库、产业智库、政策智库,以及两岸三地电影大事纪等内容,提供大众更全面丰富的台湾电影信息。

32. 亚洲电影档案 Asian Film Archive(www.asianfilmarchive.org)

这是一项独立的慈善事业,致力于保存丰富的新加坡以及亚洲的电影遗产,鼓励影片的学术研究,促进电影这一艺术形式的更广泛的评论与鉴赏。作为一项重要的核心,它也将在亚洲电影协会的多种多样的影片样式下带来开放、聪敏、创新和教育空间。

33. 上海年华·电影记忆(memoire.digilib.sh.cn/SHNH)

这是上海图书馆的旧电影数据库,分为中国电影明星录和中国现代电影期刊全目书志两部分。以丰富而翔实的资料、大量的影星剧照,显现了 1949 年以前的上海以及中国的电影风貌。

34. 世纪在线中国艺术网(www.cl2000.com)

这是国内一家集传媒信息、艺术展示、美术教育、艺术论坛及电子商务等多种在线服务为一体的大型专业艺术网站。它以大量图片和中英文双语向国内外及时展示中国艺术的历史和现状,通过国际互联网通道为中国艺术提供一个世界范围内的信息交流平台。

35. 国学宝典数据库(dbpub.cnki.net/Grid2008/Dbpub/brief.aspx?id=GXDB)

这是一套面向中文图书馆、中国文化研究机构、专业研究人员和文史爱好者的中华古籍全文资料检索系统。收录上起先秦、下至民国两千多年的所有用汉字作为载体的历代典籍,并收录了清代至当代学者对相关古籍研究的重要成果。该数据库中收录典籍均为文史研究人员常用资料,具有极强的实用价值。

2.6.3　法律法规类检索工具

法律法规条文、证券事务数据、竞争力报告等三类信息对相关专业尤其是社会学、经济学、法学专业人士非常重要,本节介绍几个实用的数据库。

1. 中华人民共和国中央人民政府网站(www.gov.cn)

该网站是由国家信息化领导小组批准建设的,于 2005 年 10 月 1 日试开通,2006 年 1 月 1 日正式开通。该网站是国务院和国务院各部门,以及各省、自治区、直辖市人民政府在国际互联网上发布政府信息和提供在线服务的综合平台。中国政府网现开通"今日中国、中国概况、国家机构、政府机构、法律法规、政务公开、工作动态、政务互动、政府建设、人事任免、新闻发布、网上服务"等栏目,面向社会提供政务信息和与政府业务相关的服务,逐步实现政府与企业、公民的互动交流。

2. 中国法律法规信息系统(law.npc.gov.cn)

收录中国国家和省市自治区的法规条文。

3. 北大法意数据库(www.lawyee.net)

由北京法意科技有限公司(北京大学参股)创建,包括"法律法规数据库高端专业版"、"中国司法案例数据库"、"律师合同业务支持系统"、"企业合同事务支持系统"、"人民法院审判质量和效率评估管理系统"、"人民法院裁判文书纠错系统"、"律师事务所管理信息系统"、"企业法律事务管理与风险控制信息系统"等多套产品,设教育频道、企业频道、律师频道、政法频道、法律资源、法律咨询,其中法律资源设:法院案例、法律法规、法学论著、合同文本、法律文书、法律咨询、法学辞典、财会专题、金融法库、统计数据、政报文告、审判参考、立法资料、行政执法、法务流程、司法考试、法律人、WTO 法律等栏目。只有授权用户才能访问。

4. 律商网中文法律专业数据库(www.lexisnexis.com.cn)

律商联讯集团(lexisnexis)的中文版网站,主要提供国内劳动法、公司法、税法、公司证券与融资、能源与环境相关法律和风险管理的信息。只有授权用户才能访问。

5. 律商联讯专业法律数据库

该数据库由律商联讯公司(lexisnexis, www.lexisnexis.com)创建,涉及全球新闻、商业、法律、医学以及参考资料等领域的新闻、报纸、期刊、出版物、特色数据库系统和来自其他大型信息供应商的信息资源,主要面向法律专业人员提供法律事务(如判例 case 等)资料库。只有授权用户才能访问。

6. Hart Publishing 公司(www.hartpub.co.uk)在线数据库

详细介绍参见 2.5.2 期刊报纸图书文献检索工具部分内容。

2.7　高水平专业文献检索工具

根据所收录文献出版物的不同评价,检索工具有高水平与普通水平两种类型,本节介绍常用的高水平文献检索工具 Engineering Village、Web of Science、Essential Science Cited。

1. Web of Science

详细介绍参见 2.4.2 文摘型检索工具。该工具收录的出版物全部由专门的评审机制决定,且每年评审一次。国内外许多机构的学术评估均非常重视被该数据库收录的文献。

2. Engineering Village（简称 EI,是"美国工程索引"的扩展版）

详细介绍参见 2.4.2 文摘型检索工具。

3. Essential Science CIted

该数据库为汤森·路透公司的产品,主要收录被引次数在所属学科领域的高被引期刊论文以及与研究热点相关的重要期刊重要论文,只有付费用户才能访问。

4. Incites

由汤森·路透（Thomson Reuters）创建的致力于提供全球研究机构的竞争力对比和科研产出基础数据导出功能,只有付费授权用户才能访问。

5. Journal Citation Reports（简称 JCR）

由汤森·路透创建的全球高水平期刊影响力评价数据库,只有付费授权用户才能访问。

6. CSSCI 检索中心（ http://cssci.nju.edu.cn/news.asp?ChannelID=9 ）

由中国社会科学评价中心创建的国内高水平期刊及论文索引数据库,可以免费浏览期刊目录。

2.8　著名学会或协会数字图书馆及其文献检索工具

根据所收录文献出版物所属机构的不同,检索工具有学协会与著名出版商两种类型,本节介绍著名的学协会及其出版的文献检索工具。

1. American Chemistry Society,美国化学会（简称 ACS,pubs.acs.org ）

详细介绍参见 2.4.2 文摘型检索工具部分。

2. Royal Society of Chemistry,英国皇家化学学会（简称 RSC,www.rsc.org ）

这是欧洲最大的化学科学领域学会组织,其会员和出版伙伴来自世界各地,活跃于教育、会议、科学政策及化学科普领域,官方网站提供对其期刊和图书文献的文摘检索与阅读,要访问全文必须获得授权,但其拥有的 ChemSpider 数据库（ www.chemspider.com ）可以免费使用,提供结构检索功能。

3. The Institution of Engineering & Technology,国际工程和技术学会（简称 IET,www.theiet.org ）

前身为 IEE 英国电气工程师学会,于 1971 年成立。最初名称为电报工程师协会（ Society of Telegraph Engineers ）,1880 年改为电报工程师和电机师协会（ Society of Telegraph Engineers and Elec-tricians ）,1888 年改为电气工程师学会。学会每年出版期刊 22 种,还出版会议文件资料以及由学会组织编写的书籍,这些出版物已经被整合在 IEE Explore Digital Library（ ieeexplore.ieee.org ）中,读者可以免费检索文献摘要,但只有授权用户才能阅读全文。

此外该协会还创建了著名的 INSPEC 数据库(科学文摘数据库),详细介绍参见 2.5.1 的专利文献检索工具部分。

4. Institute of Electrical and Electronics Engineers,美国电气和电子工程师协会(简称 IEEE,www.ieee.org)

美国电气和电子工程师协会于 1963 年 1 月 1 日由美国无线电工程师协会(IRE,创立于 1912 年)和美国电气工程师协会(AIEE,创建于 1884 年)合并而成,它有一个区域和技术互为补充的组织结构,以地理位置或者技术中心作为组织单位(例如 IEEE 费城分会和 IEEE 计算机协会)。该协会的出版物目前被集成在 IEE Explore Digital Library (ieeexplore.ieee.org)中,读者可以免费检索文献摘要,但只有授权用户才能访问全文。

5. British Computer Society,英国计算机协会(简称 BCS,www.bcs.org)

这是一家受特许设立的协会,在工业界、学术界、实际从业者和政府之间共享知识,促进新思想的形成,影响和推动计算机教育和公共政策,其努力目标是成为一个世界性的 IT 组织,目前拥有来自世界各地的近万名会员。英国计算机协会图书数据库(知网版)的内容来源于英国 British Computer Society 2000 年以来的文献。

在中国知网中可免费检索,并浏览题录摘要及著录项(dbpub.cnki.net/Grid2008/Dbpub/brief. aspx?id=SBCD),全文下载由 www.bcs.org 处理。

6. Association for Computing Machinery (ACM,美国计算机协会,www.acm.org)

该协会提供在线期刊和会议论文数据库,收录该协会出版的期刊和会议文献,可免费检索,授权用户可以阅读全文。

7. American Society of Mechanical Engineers,美国机械工程师学会(简称 ASME, www. asme.org)

该协会成立于 1880 年,制定众多美国机械工程师协会的工业和制造业行业标准,现已拥有在全球 90 多个国家被采用的工业和制造行业的 600 项标准和编码,这些标准在全球 90 多个国家被采用。ASME 是 ANSI (AMERICAN NATIONAL STANDARDS INSTITUTE,美国国家标准学会)五个发起单位之一,主要协助提出 ANSI 的机械类标准,并代表美国国家标准委员会技术顾问小组,参加 ISO 的活动。同时出版 19 种技术期刊,大量的图书、技术报告、会议论文。

在中国知网中可以通过 asmedigitalcdlection.asme.org 免费访问各类标准含 ASME 标准的标题和摘要等信息,但访问全文必须获得授权。

8. Institute of Physics,英国皇家物理学会(简称 IOP,www.iop.org)

该学会成立于 1874 年,拥有在世界电子出版行业中一流的独家出版公司,是物理学领域的世界著名出版社,主要出版物理学领域的图书、杂志。其下属的非营利性出版机构英国皇家物理学会出版社(IoPP, Institute of Physics Publishing)是全球最大的物理及相关学科的信息传播机构之一,共出版了 35 种物理学领域的核心刊物,其中包括 Journal of Physics A-E。

在中国知网集成系统中, IOP 期刊数据库(dbpub.cnki.net/Grid2008/Dbpub/brief.aspx?id= SIPD)收录了英国皇家物理学会(Institute of Physics)2008 年至 2009 年的约 2 万多篇期刊文献。可免费检索,并浏览题录摘要及著录项点,全文链接至 stacks.iop.org 平台。

9. American Physical Society, 美国物理学会(简称 APS, pra.aps.org)

该学会成立于 1899 年, 其宗旨为"促进及扩展物理学知识", 是世界上最具声望的物理学专业学会之一。其出版的物理评论系列期刊: *Physical Review*、*Physical Review Letters*、*Reviews of Modern Physics* 在全球物理学界及相关学科领域的研究者中具有极高的声望。其摘要可以免费阅读, 但只有授权用户才能阅读全文。

10. American Institute of Physics (AIP, 美国物理研究所, www.aip.org)

该机构于 1931 年成立, 提供该研究所所有出版物的在线数据库检索, 可以免费检索期刊和会议文献, 授权用户可以阅读全文。

11. American Association for the Advancement of Science, 美国科学促进会(简称 AAAS, www.aaas.org)

该机构于 1880 年成立, 出版著名期刊 *Science*, 该期刊提供在线访问平台 www.sciencemag.org (简称 SCIENCE ONLINE), 必须获得授权才能阅读全文, 摘要可以免费阅读。

12. National Academy of Science, 美国科学院(简称 AAS, www.nasonline.org)

该机构于 1863 年成立, 自 1914 年起出版的 *Proceedings of the National Academy of Sciences of the United States of America* (PNAS, 美国科学院院刊, www.pnas.org)与 *Nature*、*Science* 齐名, 提供具有高水平的前沿研究报告、学术评论、学科回顾及前瞻、学术论文以及美国国家科学学会学术动态的报道和出版。PNAS 收录的文献涵盖生物、物理和社会科学, 其在线访问网站提供免费阅读文摘, 但全文需要付费。

该机构的另一个在线出版物 *Issues in Science and Technology* (www.issues.org)则是一个讨论与科学、工程和医疗有关的公共政策的论坛, 包括为科学制定的政策(如何培育健康的研究型企业)以及与政策有关的科学(如何更有效地运用知识获得社会目标)。其宗旨在于推动公共或私有的政策更有效地创造一个更好的世界, 并提升那些有意于批评科技贡献的人们的辩论和相互尊重的水平。其全文可以免费阅读。

13. Bio Science Information Service, 美国生物科学信息服务社(简称 BIOSIS)

详细介绍参见 2.5.1 专利文献检索工具部分。

14. National Center for Biotechnology Information, 美国国立医学图书馆(简称 NCBI, www.ncbi.nlm.nih.gov)

这是美国的三大国立图书馆之一, 是医学、药理学、医药生物学与医药化学专业情报中心, 也是世界上最大的研究图书馆之一。隶属于美国卫生与公众服务部的国立卫生研究院, 位于马里兰州贝塞斯达。前身是 1836 年建立的陆军军医总署图书馆, 主要出版免费在线数据库 PUBMED (www.ncbi.nlm.nih.gov/pubmed)和 MEDLINE (该库已被 SciFinder 和 ISI Web of Knowledge 等多个专业数据库平台包含)。可以免费检索文摘数据。

15. The American Society of Civil Engineers, 美国土木工程师学会(简称 ASCE, www.ascelibrary.org)

该学会成立于 1852 年, 提供该学会出版的期刊及会议文献的在线检索, 可以免费检索, 但只有授权用户才可以阅读全文。

16. 中国科技资源共享网(www.escience.gov.cn)

该平台作为国家科技基础条件平台,是国家创新体系的重要组成部分,服务于全社会科技进步与技术创新,主要由大型科学仪器设备和研究实验基地、自然科技资源保存和利用体系、科学数据和文献资源共享服务网络、科技成果转化公共服务平台、网络科技环境等物质与信息保障系统。可以免费使用部分功能。

17. 国家科技文献中心, National Science and technology library (简称 NSTL, www.nstl. gov.cn)

向全国科研院所及院校科研人员免费开通包括美国植物学会期刊(Botanical Society of America Journal)、Future Science Group 出版社期刊(www.futuremedicine.com/action/showJournals 和 www.future-drugs.com/action/showJournals)、美国遗传学学会期刊(Genetics Society of America Journal)、世界健康基金会期刊(Project Hope Journal)、北美放射学会期刊(Radiological Society of North America Journals)、美国农业生物工程师学会电子期刊(ASABE Journals)、美国人因工程学会电子期刊(Human Factors and Ergonomics Society Journals)、美国神经放射学会电子期刊(American Society of Neuroradiology Journal)、英国皇家药学会电子期刊(The Royal Society of Medicine (RSM) Journals)、英国医药出版社电子数据库(Pharmaceutical Press Database)、美国生态学会期刊(ESA Online Journals)、美国运筹学和管理学研究协会期刊(INFORMS Online Journals)、美国生物科学研究所(American Institute of Biological Sciences Journal)、美国植物生物学家学会(American Society of Plant Biologists Journal)、ASA-CSSA-SSSA (www.scijournals.org)、多伦多大学出版社(University of Toronto Press)、澳大利亚科学院出版社(CSIRO PUBLISHING Journals)、美国芝加哥大学出版社电子期刊(University of Chicago Press Journals)、IOP 出版社合作出版的 14 种期刊、电化学学会(Electrochemical Society ECS)、水环境联合会(Water Environment Federation WEF)、美国动物学会(American Society of Animal Science ASAS)、加拿大农业学会(Agricultural Institute of Canada AIC)等在内的出版物文摘或全文访问服务。任何中国公民,在填写在线申请表并获得批准后,即可免费访问。

此外, NSTL 还免费为全国非营利性机构的科研人员提供包括施普林格在线回溯数据库(Springer, 1832—1996)、牛津期刊过刊回溯库(OUP, 1849—1995)、英国物理学会网络版期刊回溯文档数据库(IOP, 1874—2002)、Turpion 网络版期刊回溯文档数据库(Turpion, 1958—2002)、*Nature* 周刊回溯文档数据库(Nature, 1869—1986)、LWW 期刊经典回溯库(创刊年—2003)、RSC 回溯期刊数据库(1981—2004)等回溯数据库以及开放获取期刊指南(Directory of Open Access Journals)、网上免费全文期刊(Free full Text)、HighWire 电子期刊(HighWire-hosted Journals)、生物医学中心开放获取期刊(BioMed Central)、科学公共图书馆开放获取期刊(Public Library of Science)、日本电子科学与技术信息集成(Japan Science and Technology Information Aggregator, Electronic)、巴西网上科技电子图书馆(Scientific Electronic Library Online)等开放获取资源在内的文献文摘或全文阅读服务。

18. **教育部高等教育文献保障体系，China Academic Library & Information System（简称 CALIS，www.calis.edu.cn）**

该系统是经国务院批准的我国高等教育"211 工程"、"九五"、"十五"、总体规划中三个公共服务体系之一，其管理中心在北京大学，下设了文理、工程、农学、医学四个全国文献信息服务中心，华东北、华东南、华中、华南、西北、西南、东北七个地区文献信息服务中心和一个东北地区国防文献信息服务中心。

从 1998 年开始建设以来，CALIS 管理中心引进和共建了一系列国内外文献数据库，包括大量的二次文献库和全文数据库；采用独立开发与引用消化相结合的道路，主持开发了联机合作编目系统、文献传递与馆际互借系统、统一检索平台、资源注册与调度系统，形成了较为完整的 CALIS 文献信息服务网络。迄今参加 CALIS 项目建设和获取 CALIS 服务的成员馆已超过 500 家。系统中的多项子系统功能仅对成员图书馆的读者开放，任意用户可以免费使用全国图书馆文献资源联合检索功能发现收藏某资源的图书馆。

19. **上海研发公共服务平台（简称 SGST，www.sgst.cn）**

建设上海研发公共服务平台是《上海实施科教兴市战略行动纲要》明确提出的一项战略任务。研发平台是运用信息、网络等现代技术构建的开放的科技基础设施和公共服务体系，由科学数据共享、科技文献服务、仪器设施共用、资源条件保障、试验基地协作、专业技术服务、行业检测服务、技术转移服务、创业孵化服务和管理决策支持十大系统组成。平台上的多项功能都可以享受免费或政府补贴服务，科技文献服务子系统特别推出的文献传递系统的用户尤其多。

2.9　常用学术搜索引擎

著名的学术搜索引擎主要有：Google Scholar、SCIRUS、Scientific WebPlus、Highly Cited.com、Science Watch、BiologyBrowse、Index to Organism Names、Incites、超星百链和超星读秀、CNKI Scholar 等。

1. Google Scholar (scholar.google.com.hk，scholar.google.com.tw) 学术搜索

该学术搜索提供广泛搜索学术文献的简便方法。用户可以直接搜索众多的来自学术著作出版商、专业性社团、预印本、各大学及其他学术组织的经同行评论的文章、论文、图书、摘要和文章，获得在整个学术领域中相关性最强的研究文献，用户不但可以通过 Google 学术搜索获得某领域的学术文献，还能同时获得各学术文献的被引次数、相关文献、各种版本等信息，利用不同的版本往往能够获得文献的原文。

2. SCIRUS（www.scirus.com）

详细介绍见 2.4.2 的 Elsevier 公司的美国工程索引扩展版部分。

3. Scientific WebPlus (scientific.thomsonwebplus.com)

这是一个由汤森·路透创建的开放式 Web 检索引擎，该引擎将汤姆森的编辑技术、受控词汇

表和专有的相关性算法集于一体,对检索结果进行有效处理,为专业研究人员提供最密切相关的 Web 资源,仅对汤姆森公司的产品用户免费。

4. Highly Cited research (highlycited.com)

这是一个利用引文数据提供 22 个领域内的有影响力的科学家和学者的全面信息的免费专家数据库,能够根据姓名进行检索;或者根据姓名、研究类别、国家/地区或所属机构来浏览作者列表。而且,它还对 1981 年至今世界上最具影响力的研究人员予以专门介绍,并且允许访问对自然科学和技术具有重大贡献人员的信息,同时可深入了解特定的高被引人员的研发成果,并跟踪其在不同科学领域的影响力。但是,如果要查看科学家们的高被引论文的简介,则必须是 ISI Web of Knowledge 合法用户才行。

5. Science Watch (sciencewatch.com)

该网站主要跟踪研究热点或新兴的学科领域,以及基础研究领域的全国性或国际性发展趋势。Science Watch 中的典型重大纪事介绍在所选研究领域中经常被引用的科学家和机构的排名、分析研究热点或新兴学科领域,并且跟踪科学活动的全国性和国际性发展趋势。

该网站还特别介绍与世界一流科学家的长篇访谈。每一期都包括生物、医学、物理和化学领域的前十大热门论文。每一前十大热门论文列表都附有来自 Science Watch 的科学家和记者的专家评论。

6. Biology Browser (www.biologybrowser.org)

这是一个免费的资源数据库,它提供对生命科学信息社区具有帮助作用的信息和书目信息链接。这个宝贵的资源数据库使科学家、学生和检索生物资料的任何人能够查找描述自然世界的 25000 多个 Web 链接。每一种参考文献都由 Thomson Zoological Record 工作人员进行评估。每个网站在被编入数据库之前都经过审查,以确保它属于有价值的生命科学资源。

7. Index to Organism Names (ION) (www.organismnames.com)

该库包含可在 BIOSIS Previews、Biological Abstracts、Zoological Record 这三个 Thomson 数据库中找到的所有动物、植物和病毒名称。它是世界上最大的在线科学生物物种名称数据库。在此资源中检索名称时,检索结果包括:基本名称和分级信息、原始描述参考和 BIOSIS 数据库中的相关文献以及其在 ISI Web of Knowledge 中的引文链接、经过专家评估的相关 Web 资源。

8. 超星读秀和超星百链(www.duxiu.com,www.blyun.com)

这是超星公司建立的两个功能相似但可检索文献语种不同的学术搜索引擎。采用元数据收割技术,集成图书、期刊、会议、学位论文等学术文献的检索。两数据库的突出优点为基于文献全文的索引(文献碎片化处理),并整合文献传递服务。

9. CNKI Scholar (scholar.cnki.net)

这是清华同方公司推出的中外文文献一站式检索网站,整合了期刊、学位论文、会议论文、报纸、专利、标准、图书及各部委科研项目的中标或招投标信息,同时提供相关的中国知网收录文献的知识网络链接。

10. Socolar (www.Socolar.com)

这是全球最大的 Open Access (开放获取、开放存取,即采用作者付费,读者免费获取方式)

学术资源专业服务平台,是由中国教育图书进出口公司自主研发。通过 Socolar,用户可以检索到来自世界各地、各种语种的重要 OA 资源,并提供 OA 资源的全文链接。同时,也可以通过 Socolar 享受 OA 资源的定制服务,推荐您认为应该被 Socolar 收录但尚未被收录的 OA 资源,发表您对某种 OA 期刊的评价。另外,Socolar 还是 OA 知识的宣传和交流平台、OA 期刊发表和仓贮服务平台。

2.10　著名文献检索工具集成平台

随着文献检索工具的不断丰富,不少检索工具开发商意识到很有必要将本机构的所有产品进行集成,以方便用户实现一站式检索。本节重点介绍著名的中国知网集成文献数据库、Web of Knowledge 等检索工具集成平台。

1. 中国知网集成文献数据库
详细介绍参见 2.4.3 全文型检索工具部分。

2. ISI Web of knowledge（wokinfo.com）
ISI Web of Knowledge 是一个大型的综合信息检索系统,简称为 ISI WOK 检索平台,通过强大的检索技术和基于内容的链接能力,将高质量的信息资源、独特的信息分析工具和专业的信息管理软件无缝地整合在一起,兼具知识的检索、提取、分析、评价、管理与发表等多项功能,从而加速科学发现与创新的进程。ISI WOK 以 Web of Science 为核心,有效地整合了 ISI Proceedings（会议录）、BIOSIS Previews（生物科学数据库）、INSPEC（科学文摘数据库）、MEDLINE、中国科学引文索引和 Journal Citation Reports（期刊引证报告）等重要学术信息资源,提供了自然科学、工程技术、生物医学、社会科学、艺术与人文等多个领域中高质量、可信赖的学术信息。

3. Dialog（www.dialog.com）
这是目前世界上规模最大的联机检索系统,创建于 1963 至 1964 年间。原为美国洛克希德导弹和宇航公司所属的一个情报科学实验室研制的一个名为 Dialog 的情报检索系统软件。1972 年,Dialog 系统开始商业营运发展成为国际联机检索系统,开始为全世界的信息用户服务。内容涉及自然科学、工程技术、社会科学、商业新闻和工业分析、公司信息和金融数据、报纸新闻等几乎所有学科领域,其中科技文献数据库占 40%,社会科学与人文科学占 10%,公司与产品等商业数据库占 24%,其他为新闻媒体以及参考工具等类型数据库,基本上能够满足用户的各种需求。目前,系统已拥有 900 多个数据库,其中被广泛使用的有 600 多个,文献存储量占全世界机读数据库文献总量的 50% 以上。

由于 Dialog 系统的数据库供应者均为世界著名的专业信息机构、科技学会、信息与研究机构等,如美国化学学会、电机工程师学会、科学情报研究所、美国经济协会等,所以该系统还具有很高的权威性。

4. Online ComPuter Library Center,联机计算机图书馆中心（简称 OCLC,www.oclc.org）
这是世界上最大的为读者提供文献信息服务的机构,总部设在美国俄亥俄州,始创于 1967

年,其前身为俄亥俄州大学图书馆中心(Ohio College LibraryCenter,简称 OCLC)。1981 年公司更名为 Online Computer Library Center,Inc,并向欧洲发展。OCLC 第一检索服务系统(FirstSearch),提供 70 多个数据库检索,涉及广泛的学科主题领域。这些数据库中包含图书、期刊、会议录、学位论文、工业通告、财政报告、研究发现、图书评论、组织概貌等类型的纪录,而且纪录中还包含有文献信息、馆藏地点、索引、目录、全文资料等信息,仅授权用户可以访问 firstsearch。

5. EBSCO(search.ebscohost.com)

详细介绍参见 2.4.3 全文型检索工具部分。

2.11　常用个人文献管理工具

撰写论文时,我们经常碰到这样的问题:不同的期刊要求不同的参考文献样式,为了这些参考文献,花去了我们很多的时间,如果要是有一个工具能够帮助我们自动完成参考文献的引用与格式的排版就方便了。

汤森·路透科技公司推出的 EndNote 就是这样一款个人文献管理软件,此外还有 Reference Manager、Procite、Refworks 以及 NoteExpress、文献之星、医学文献王、PowerRef 等个人中文文献管理软件。其中 EndNote Web 是 EndNote 的网络版,Refworks 是 Reference Manager 的网络版。由于这些工具被持续升级,因此各自的缺点都越来越少了,在选择时主要依据个人喜好,或视专业文献检索工具的支持情况而定。

个人文献管理工具一般通过将不同来源的文献信息资料下载到本地,建立本地数据库,可以方便地实现对文献信息的管理和使用。通过将不同来源的数据整合到一起,自动剔除重复的信息,从而避免重复阅读来自不同数据库的相同信息。同时可以非常方便地进行数据库检索,进行一定的统计分析等。在撰写论文、报告或书籍时,这些工具可以非常方便地管理参考文献格式,还可以非常方便地做笔记,以及进行某一笔文献相关资料的管理,如全文、网页、图片和表格等。学习并掌握文献管理软件,可以提高阅读文献,获取信息的效率,省去撰稿时手动编排文献的麻烦。同时可以非常方便笔记,并对笔记进行管理。为我们撰写综述或阅读大量文献时提供极大的方便。

1. EndNote(endnote.com)

这是汤森路透科技公司的官方软件,支持国际期刊的参考文献格式超过 3776 种,写作模板几百种,涵盖各个领域的杂志。用户方便地使用这些格式和模板,如果准备写 SCI 稿件,更有必要采用此软件。该软件能直接连接上千个数据库,并提供通用的检索方式,为您提高了科技文献的检索效率,至少能管理数十万条参考文献。

EndNote 的快捷工具嵌入到 Word 编辑器中,可以很方便地边书写论文边插入参考文献,书写过程中不用担心插入的参考文献会发生格式错误或连接错误,且系统资源占用小,国外数据库下载数据时,均支持 EndNote,同时有很强的功能扩展,且其应用不仅仅局限于投稿论文的写作,对于研究生毕业论文的写作也会有很大的帮助。其主要功能有在线搜索文献、建立文献库和图片库、定制文稿、引文编排。

对于个人而言，既可以创建本地的文献数据库，也可以创建网络文献数据库，以实现组内成员间的参考文献共享，但不同主题的文献需要创建不同的数据库进行管理。

目前，使用 EndNote 需要获得支付一定的费用。

2. EndNote Web（www.myendnoteweb.com）

这是汤森路透科技公司开发的基于 web 的个人文献管理工具，具备基本的文献管理功能、写作模板、在线检索，嵌入到 word 中边写边引等功能。此外，还可以与 EndNote 之间双向传输参考文献、与拥有 EndNote Web 的其他人共享参考文献。

EndNote Web 保存的参考文献可直接链接到 ISI Web of Knowledge 数据库平台中，不但省去了硬盘空间，也可以了解文件夹中保存的论文被引用的次数。

目前，汤森路透科技公司的产品用户使用 EndNote Web 完全免费。

3. Reference Manager（www.refman.com）

这是汤姆森公司旗下的另一款文献检索工具，使用该工具建立数据库时，可直接从 Reference Manager 查询因特网以及检索 ISI Web of Science、PubMed 或数百个 Z39.50 网站（例如学术或公共图书馆目录、国会图书馆等）。

目前，使用 Reference Manager 需要付费。

4. Refworks（www.refworkscom）

这是 CSA 公司 2001 年开始开发的一款文献管理工具，集成了文献的收集、管理、引用等功能。

目前，使用该软件需要付费。

5. Biblioscape（www.biblioscapecom）

使用该工具管理团队文献时，可以通过 web 的方式管理目录，不同主题的文献直接通过分类层次实现，而不需要重新建库。

6. Zotero（www.zotero.org）

这是一个 Firfox 浏览器的小插件，该软件不但支持期刊论文，而且支持专利、图书的章节等文献的管理，其最大的优点是可以将网页文献或者网页检索结果集的题录信息直接收集到本地，且是一键搞定。但其在论文稿件模板及数据导出导入格式方面还有一些缺陷，因此可与其他的文献管理软件配合使用。

目前，使用 Zotero 仅需要同时使用 Firfox 浏览器，无需支付费用。

7. Notefirst（www.notefirst.com）

NoteFirst 是在参考文献管理软件的基础上，增加了 RSS 阅读器、知识管理、团队协作功能。

目前，NoteFirst 对本科生为免费软件，可自由下载。

8. 医学文献王（www.kingyee.com.cn）

这是由北京金叶天盛科技公司开发的国内第一款个人文献管理工具，支持医学词汇的汉化及跟踪文献自动更新。

目前，使用该软件需要支付一定费用。

9. NoteExpress（www.SciNote.com）

这是北京爱琴海软件公司开发的一款专业级别的文献检索与管理系统,其核心功能涵盖"知识采集、管理、应用、挖掘"的知识管理的所有环节,是学术研究、知识管理的必备工具以及发表论文的好帮手。与 Endnote 等产品相比,其优势在于对中文的支持。

目前,使用该软件需要支付一定费用。

10. 文献之星

这是一个为国内医学及生物学科研人员个人建立和管理文献信息而设计的生物软件,其功能包括从各种不同来源的医学信息中汲取数据(包括一些著名的光盘格式的医学数据),并集文献管理、引用等功能于一体。

目前,文献之星 2.0 版为免费,多个网站提供免费下载。

11. PowerRef（www.powerref.com）

这是由北京神州慧达科技发展有限公司开发的一款支持个人文献收集、管理、引用的工具。

目前,使用该软件需要支付一定费用。

2.12　著名的基于文献的知识发现系统

文献检索的意义在于查找与自己的研究课题相关的文献,吸取同一领域新的思想或研究方法,从而推动自己的研究。但随着各类文献规模的不断扩大,从检索结果中寻找有价值的信息或定位所需的文献变得越来越困难,需要有效的技术手段实现对大量文献的分析和处理,从中找出有规律的信息,以便辅助文献检索过程或为科研决策提供依据。目前基于文献的分析大多以文献计量学方法为基础,通过对文献的基本信息如作者、主题、引文等进行对比统计,通过数据挖掘、信息可视化等技术手段获得有价值的信息,下面将对常用的文献分析工具做简单介绍。

1. HistCite 引文分析软件[1]（interest.science.thomsonreuters.com/forms/HistCite）

这是由 SCI 创始人尤金·加菲尔德博士（Dr. Eugene Garfield）主导研发的一款分析引文网络的专用工具,帮助研究人员对在 Web of Science 数据库中的文献检索结果进行可视化的分析。与 Web of Science 数据库的引文分析功能不同, HistCite 引入了领域内引文分析的理念,使用了领域被引频次等特有指标,这些指标利用同一研究领域内相关文献的引用情况反映研究成果在领域内的影响力,从而弥补了总被引频次无法体现学科差异的缺陷,成为这一工具的最大特色。HistCite 自动生成的文献分析统计列表及引文编年图,可通过文献及其引证关联快速绘制整个领域的发展脉络,方便用户锁定重要文献、研究人员、机构等科研要素,洞察领域的最新进展及发展动向。另外, HistCite 还具有辅助检索的作用,可以从 HistCite 建立的参考文献列表中找出那些未出现指定检索词而遗漏的重要文献。Histcite 的缺点也是编年图,过分复杂的编年图容易让用户无所适从。

目前,用该软件免费。

---

[1] 赵斌、吴斌 .LiterMiner——可视化多维文献分析工具 [J]. 数字图书馆论坛 ,2010,(8):2—8.

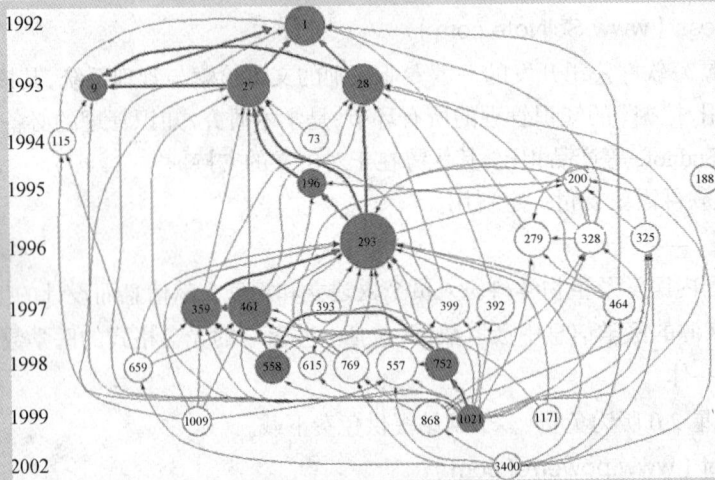

图 2.3　HistCite 引文编年图

2. CiteSpace 可视化分析软件[①]（cluster.cis.drexel.edu/~cchen/citespace）

这是由美国德雷赛尔大学陈超美博士与大连理工大学 WISE 实验室于 1999 年联合开发,主要用于科学文献中识别并显示科学发展新趋势和新动态,可支持 Web of Science、Pubmed、CSSCI 等多种中外数据源。CiteSpace 通过可视化的方式展现科学研究领域的"研究前沿"和"知识基础", 其创始人陈超美博士认为:新近发表的高被引用的文献即可构成并揭示学科前沿和热点,而所有引用研究前沿术语的科学文献形成的引文网络则构成了知识基础[②]。利用 CiteSpace 工具可以生成多种视图的图谱,能够从中了解一个学科或知识领域在一定时期发展的趋势与动向,追溯研究领域的演进历程。另外,CiteSpace 实现了一系列先进算法,可以辨认新兴研究前沿专业术语,也能识别出研究发展过程中的关键点,对于研究人员具有极大的参考价值。

目前,使用该软件免费。

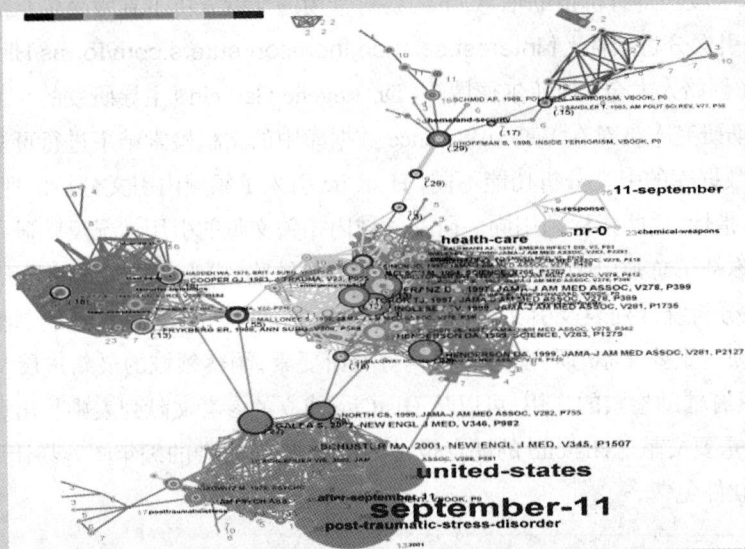

图 2.4　CiteSpace 的引文网络图

①② 赵斌、吴斌.LiterMiner——可视化多维文献分析工具 [J]. 数字图书馆论坛 ,2010,(8):2—8.

3. RefViz 文献信息分析软件[①]（www.refviz.com）

这是一款通过文献聚类反映某一研究领域发展和动态的文献分析工具,2003 年由 Thomson 公司和 Oominiviz 公司合作开发推出,支持本地或联网检索的各种文献信息,或与 EndNote 等文献管理软件结合使用。RefViz 可以帮助用户分析、组织和管理大量的文献。通过采取与我们阅读文献类似的方式:通读所有文献、找出关键信息(文献标题或摘要中的关键词等),然后进行主题归类,并以可视化的图形方式将归类的结果展示出来。可以帮助用户发现研究热点,找出文献间的相互关系,快速了解某一领域的整体情况等。因此该软件可以帮助用户从海量的文献信息中确定研究方向,开拓研究思路,寻找新的解决方案和突破口等。

目前使用该软件需付费,但有试用版。

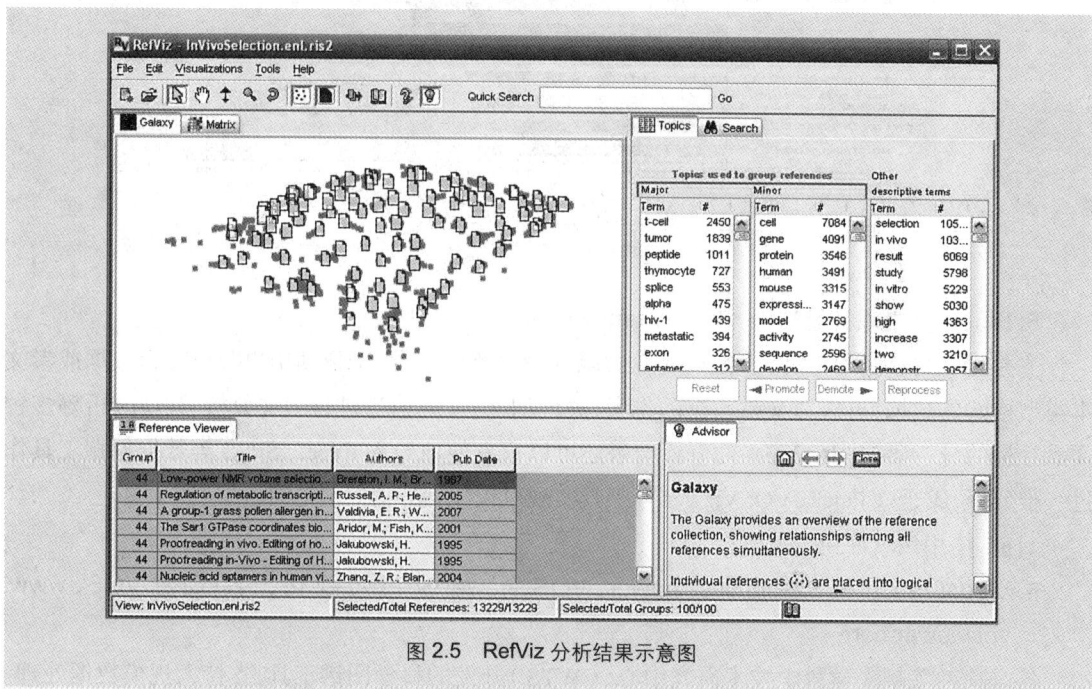

图 2.5　RefViz 分析结果示意图

4. Thomson Data Analyzer（TDA）文献分析软件[②]（thomsonrewters.com/thomson-data-analyzer/）

该软件最初是由美国汤姆森公司开发的专利数据分析工具,通过该软件可对专利文献数据进行多角度的数据挖掘并展开可视化分析,可以用作行业趋势分析、技术追踪、竞争对手监视等,是目前商业用途最为广泛的专利分析软件。目前该软件已能够支持除专利外,汤姆森旗下 Web of Science、INSPEC 等多种类型的科技文献数据。该软件的特点是可通过半自动化方式完成数据清理,并通过商业化的分析过程,将文献数据转化为高附加值的竞争情报用于决策支持,例如:通过公司和技术分类的矩阵分析,可以了解公司间的合作、技术重点、技术分布等信息;通过对比分析了解公司与竞争对手之间的技术共性或独特性等。

①②　赵斌、吴斌.LiterMiner——可视化多维文献分析工具 [J]. 数字图书馆论坛,2010,(8):2—8.

目前使用该软件需付费。

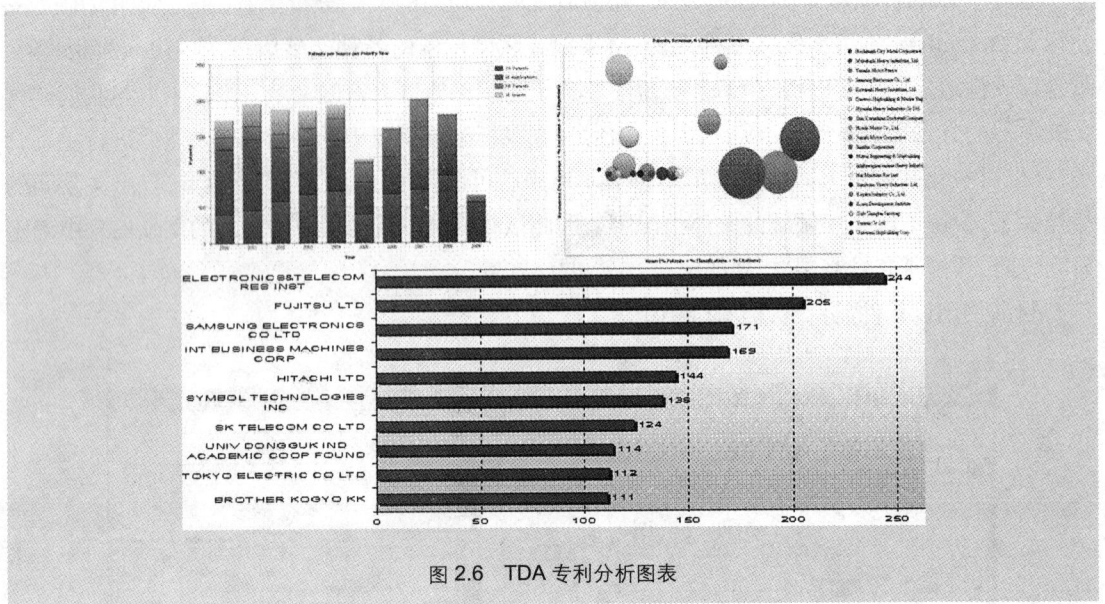

图 2.6　TDA 专利分析图表

5. Bibexcel 文献计量软件[①]（www.umu.se/inforsk）

它是瑞典科学家 Persson 开发的一款文献计量研究软件，用于帮助用户分析文献数据或者文本类型格式的数据，可以对文献数据的作者、关键词、引文等信息进行引文分析、共现分析等多种文献计量的分析研究，Bibexcel 的分析结果还可以很方便地导入 Excel、SPSS 等数据挖掘工具作进一步分析，或通过 Pajek、VOSViewer 等工具实现可视化，是一款比较方便的研究工具。

目前，使用该软件免费。

6. Visualization of Similarities Viewer, VOS Viewer 文献可视化工具（简称 VOS，www. vosviewer.com）

这是荷兰莱顿大学科学技术研究中心（CWTS）开发的科学图谱工具，支持大规模数据处理。该工具可以生成三种基于文献计量关系的图谱：作者或期刊的共引关系图，关键词共现关系图。与其他可视化软件相比，其主要特点为图形化展现的方式较为丰富，显示清晰，使得文献计量学的分析结果易于解释。

目前，使用该软件免费。

7. LiterMiner 多维文献分析工具[②]

该工具由北京邮电大学智能通信软件与多媒体北京市重点实验室开发，以可视化的方式展示文献数据中抽取获得的作者、机构、文献来源等多种关系网络，为科研评价和决策提供更多的依据。该工具支持多种国内外主流检索工具平台的数据，如 Web of Science、EI、万方数据资源等，提供数据导入、清理、分析、展示等完整的数据分析流程所需的功能模块。

---

① 姜春林、陈玉光 .CSSCI 数据导入 Bibexcel 实现共现矩阵的方法及实证研究 [J]. 图书馆杂志 ,2010,(4):58—63,42.
② 赵斌、吴斌 .LiterMiner——可视化多维文献分析工具 [J]. 数字图书馆论坛 ,2010,(8):2—8.

该软件的优点在于：通过使用网络解析方法，在清理数据时无需用户导入参数；提供了包括作者在内的多种实体的信息检索和挖掘，通过社团发现和社团演化，可以进一步分析作者所在的学术团队；以 OLAP 的方式更完整、直观地分析多类实体间的关系；分层展示引文网络，在处理涉及大学科的数据时，避免由于图中节点过多而导致用户难以辨别关键信息，此外 LiterMiner 采用更直观的方式展示引文网络的变化，无须连接和反复对比多个视图。

8. ArnetMiner 学术社会网络分析系统[①]（arnetminer.org）

这是一个以研究者为中心的学术社会网络分析与挖掘系统，由清华大学唐杰博士等人员研发完成，2006 年正式开始线上服务。目前该网站已搜集了上百万研究者信息，可自动挖掘出研究者之间的师生关系、合作者关系；提供多个以研究者为中心的社会网络分析与挖掘功能，包括专家发现、专家页面自动生成、学术网络图搜索、课程搜索、热点话题发现等。

9. Arrowsmith（arrowsmith.psych.uic.edu/arrowsmith_uic/index.html）知识发现系统

这是美国芝加哥大学的 Don R. Swanson 教授于 1991 年设计开发的软件系统，该系统的设计思路源于 Swanson 教授对跨学科文献间潜在知识关联的研究，他认为在已经发表的不同专业领域的文献中可以找出未被发现的隐含信息，作出合理的科学假设，引导科学知识发现。由于这种知识推理的过程需要大量的文献做支撑，并需要对文献内容进行分析处理，因此该软件目的在于通过计算机处理，帮助研究人员快速从大量文献中找到新的有科学价值的信息。

由于该工具只适用于处理 Pubmed 文献数据，因此其在生物医学等领域得到了更多的应用，获得了几个成功的知识发现实例。

目前，该软件系统可登陆网站免费使用。

【本章小结】

本章依据文献类型、专题类型、著名出版商和学协会、高水平学术文献检索工具及学术搜索引擎分别介绍了各种实用的文献检索工具，对拓宽读者获取文献的渠道非常有帮助。

+-+

【练习题】

1. 计算机信息检索工具有哪些类型？这些工具的相互关系是什么？并举例介绍。

2. 熟悉表 2.1 中的常见数据库的收录文献范围。

3. 分别在万方和中国知网中检索自己感兴趣的文献，并比较这两个工具的不同。

4. 分别在维普和超星数字图书馆中检索自己感兴趣的文献，并比较这两个工具的不同。

5. 分别在 Web of Science、Engineering Village 数据库中检索自己感兴趣的文献，并比较不同检索工具的差别。

① 赵斌、吴斌 .LiterMiner——可视化多维文献分析工具 [J]. 数字图书馆论坛 ,2010,(8):2—8.

6. 分别访问本教材 2.8 中介绍的学协会文献检索工具，并检索自己感兴趣的文献，比较不同工具的优缺点。

7. 分别访问本教材 2.6 中介绍的艺术类文献检索工具，并检索自己感兴趣的艺术类文献，比较不同检索工具的优缺点。

8. 访问本教材 2.9 中介绍的各学术搜索引擎，检索自己感兴趣的文献，并比较这些学术搜索引擎的优缺点。

9. 访问本教材 2.10 中介绍的各学术文献集成平台，检索自己感兴趣的文献，并比较这些工具的优缺点。

10. 访问本教材 2.5 中介绍的中外学位论文检索工具，检索自己感兴趣的学位论文，并比较这些工具的优缺点。

11. 访问本教材 2.5.4 中介绍的中外会议论文检索工具，检索自己感兴趣的会议论文，并比较这些工具的优缺点。

12. 访问本教材 2.5.1 介绍的专利类文献检索工具，检索自己感兴趣的专利文献，并比较这些检索工具的优缺点。

13. 访问本教材 2.5.6 介绍的标准类文献检索工具，检索自己感兴趣的标准文献，并比较这些检索工具的优缺点。

14. 访问本教材 2.6.1 介绍的统计类文献检索工具，检索自己感兴趣的统计类文献，并比较这些检索工具的优缺点。

15. 访问本教材 2.6.3 介绍的政策法规类文献检索工具，检索自己感兴趣的政策法规类文献，并比较这些检索工具的优缺点。

16. 访问本教材 2.6.1 介绍的证券类文献检索工具，检索自己感兴趣的证券类文献，并比较这些检索工具的优缺点。

17. 访问本教材 2.5.8 介绍的全球产品样本数据库中，查找自己感兴趣的产品的样本，并了解相关企业的基本信息。

18. 利用你喜欢的电子商务网站，了解某类产品的设计特色。

19. 分别利用本教材 2.5.7 中介绍的物性数据库查找自己感兴趣的物质的物性数据，对比这些物性数据库的优缺点。

20. 分别访问本教材 2.5.5 中介绍的科技报告类网站查找自己感兴趣的科技研究报告，对比这些网站的优缺点。

21. 熟练掌握本章介绍的各种文献检索工具，了解从这些工具可以获得的信息类型和范围。

22. 分别利用本教材 2.11 中介绍的文献管理软件管理自己的文献，比较这些工具的优缺点。

23. 通过搜索引擎可以找到本教材 2.12 基于文献的知识发现工具的正版或体验版软件包，安装这些软件，对自己感兴趣的领域文献进行知识发现实验，记录实验结果，并计较不同工具的优缺点。

第3章　精通信息检索技术

通过第1章我们了解到,提高信息素养水平首先要了解各种类型的文献检索工具。在学习第2章中的文献检索工具的时候,我们已经尝试使用这些检索工具了,发现不同的检索工具的使用方法都不完全相同,一些工具还具有高效的特色功能。本章将结合具体的案例介绍检索工具工作机理以及各种检索技术。

3.1　检索工具工作机理

检索用户通过检索工具获得目标信息线索,故而检索工具必须收集并储存大量的信息线索,为了使查找过程高速有效,必须对这些信息线索进行一定的加工和组织,并进行排序。上述收集、储存、加工、组织及排序的实际过程可以通过人工的(如印刷版的字典),也可以通过人工辅助计算机的半自动化(如图书馆采购图书期刊)或全自动化(如百度等搜索引擎)来实现。

检索工具一般包括任务调度器(根据机构收集文献策略制度,搜索引擎一般自动调度,其他工具多数以人工为主)、文献采集员(搜索引擎使用搜索蜘蛛,一般工具可能需要人工操作)、文献标注员(搜索引擎一般由程序自动标注)、文献索引员(索引器)、检索器、信息管理器、检索界面、检索结果界面等核心模块,括号中对应搜索引擎的相应功能程序。

搜索引擎的基本原理如图3.1所示,搜索蜘蛛从任意一个站点开始,抓取站点目录下的文件以及这些文件中所包含的链接的站点目录下的文件,交给索引器处理,用户通过搜索界面调用检索器,获得符合指定要求的网页或文件的来源地址和概要信息。

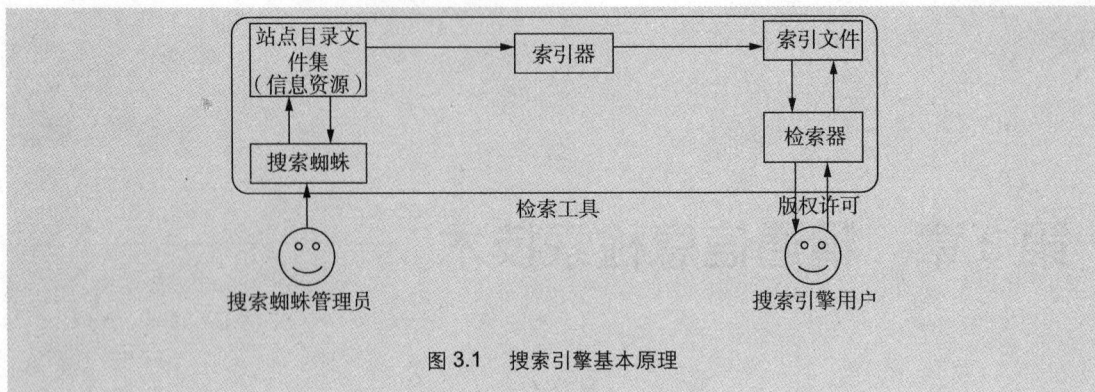

图 3.1　搜索引擎基本原理

（1）搜索蜘蛛管理员向搜索蜘蛛提交爬行站点地址列表。

（2）搜索蜘蛛抓取每个地址站点目录下的文件。

（3）搜索蜘蛛将这些文件提交给索引器处理，索引器首先对每个文件进行分析，确定与该文件有关的所有信息，包括文件名（或网页的标题）、获取文件的网址、文件的类型（如：图像或图片、声音、视频、PPT、PDF 或 DOC）、文件出版物（包括网站）的类型（如期刊、图书、学位论文、会议论文、标准、专利、新闻、语种、使用权限等），将这些信息储存到指定的文件[①]中并生成所有记录的所有字段信息内容的全文索引[②]。

（4）搜索蜘蛛抽取每个网页文件中的链接地址，放入站点地址列表中。

（5）索引器将索引结果保存到索引文件中。

（6）用户通过搜索界面输入检索条件，向检索器提出请求。

（7）检索器处理检索请求，对处理过的检索请求和索引进行布尔运算，查找符合条件的信息线索，并把符合条件的信息线索返回给检索器进一步处理。

（8）检索器将信息线索显示在检索结果界面上。

（9）搜索蜘蛛和用户抓取或访问信息时都要尊重知识产权和文明规约。

3.2　常用检索术语解释

信息检索是一门综合性学科，涉及计算机技术及文献管理领域。为了提高检索能力，有必要掌握常用的术语的含义。本节重点介绍检索效果、检索语言及检索逻辑技术等常用的检索术语的基本内容。

1. 数据库

由于多数计算机检索工具使用关系型数据库作为管理信息线索的基本平台，因此计算机检索

[①]　这里的文件有两种，一种是数据库的表文件，另一种是某种结构的向量文件。在数据库中，具有相同字段的数据记录形成的文件称为表文件。一个数据库一般包含多个表文件和索引文件，索引文件是数据库能提供检索功能的重要文件。

[②]　索引的实质就是排序，全文索引就是按字、词、句、段为单位从数据库字段中抽取信息，与字段所在记录的标识字段（能够唯一区分记录的特征项，一般包含连续的数字编码，如学号）一起进行排序后的索引文件。为表文件记录提供自动的全文索引是现代数据库管理系统的基本功能之一，也是搜索引擎提供全文智能搜索功能的基本技术。

工具常被简称为数据库。

2. 检索策略

用户为达成信息需求而设定检索条件、选择合适的检索工具和适当的方式操作检索工具、为判断检索工具给出的信息线索是否符合检索需求而制定的标准等。

3. 查全率

即用户找到的符合信息需求的信息线索记录数,占其应该找到的符合信息需求的信息线索记录数的百分比。用字母 a 表示用户找到的符合信息需求的信息线索记录数,字母 c 表示用户应该找到的所有符合信息需求的信息线索记录数[①],则:

$$查全率 = (100 \times a/c)\%\qquad\qquad[3.1]$$

如果用户找到的符合信息需求的信息线索记录数等于应该找到的符合信息需求的信息线索记录数,即 a=c,则查全率为 100%。

查全率小于 100% 时,则称有漏检的信息线索记录存在,漏检可能会导致严重的后果。如:科技查新工作中,要求判定某些研究是否具有新颖性时,漏检会导致不正确的结论,从而产生错误的决策;进行课题研究中,往往希望借助已有的研究成果减少成本,如果漏检,就会失去重要的参考文献。因此,用户在制订检索策略、设置检索条件时,应该尽可能地避免漏检的发生,保证尽可能多的目标文献被发现。

4. 查准率

即用户找到的符合信息需求的信息线索记录数占其找到的符合检索条件的信息线索记录数的百分比。再用字母 b 表示用户找到的符合检索条件的信息线索记录数,则:

$$查准率 = (100 \times a/b)\%\qquad\qquad[3.2]$$

如果用户找到的符合信息需求的信息线索记录数等于找到的符合检索条件的信息线索记录数,即 a=b,则查准率为 100%。

查准率小于 100% 时,则称多余的信息线索为垃圾信息。

5. 查全率和查准率的关系

一些教材中指出查全率和查准率是互为逆反的关系,这个说法不完全正确,需要具体情况具体分析。表达式 3.1 和表达式 3.2 表明,查全率和查准率的不同在于分母的不同。如果用户找到的符合检索条件的信息线索记录数,正好是用户应该找到的所有符合信息需求的信息线索记录总数,即 b=c,则查全率和查准率相等;如果用户找到的符合检索条件的信息线索记录数多于用户应该找到的所有符合信息需求的信息线索记录总数,即 b>c,则查全率大于查准率;如果用户找到的符合检索条件的信息线索记录数小于用户应该找到的所有符合信息需求的信息线索记录总数,即 b<c,则查全率小于查准率。

【例3-1】　甲乙两位同学分别为自己的课题找相关文献,甲同学共找到 220 篇,其中真正相关的有 110 篇,而乙同学找到了 150 篇,真正相关的为 80 篇。乙同学说,我的检索效果好,因为我查到的文献中相关的比例高。甲同学说,我的检索效果好,因为我找到的相关文献更多。事实上,

---

① 这里只讨论去除重复记录的情况。

衡量检索效果的指标是查准率和查全率。乙同学找到文献中相关文献的比例高,因而查准率比甲同学的查准率要高,但甲同学的查全率则不一定比乙同学高,因为查全率的大小取决于找到的相关文献量占系统所有的相关文献量的比例。

6. 检索点

通常将那些被文献标引员根据规则和要求提取的特征项排序并以特定的索引文件存储的特征项称为检索点,这些特征项在计算机检索工具中通常对应数据库的某个字段,常称为检索字段,有的教材也称为检索入口,不同的检索工具一般提供不同的检索字段。一些检索工具通常用特定的代码简化检索点或检索字段的名称,如:

ti 表示标题,au 表示作者,so 表示"出版物名称"。

7. 布尔逻辑关系

例 2–1 中的"并且"、"或者"以及"非"是表示"布尔逻辑关系"的联系词,"布尔逻辑关系"主要用来表示符合各个信息特征项条件的信息线索集合之间的运算关系。如图 3.2。

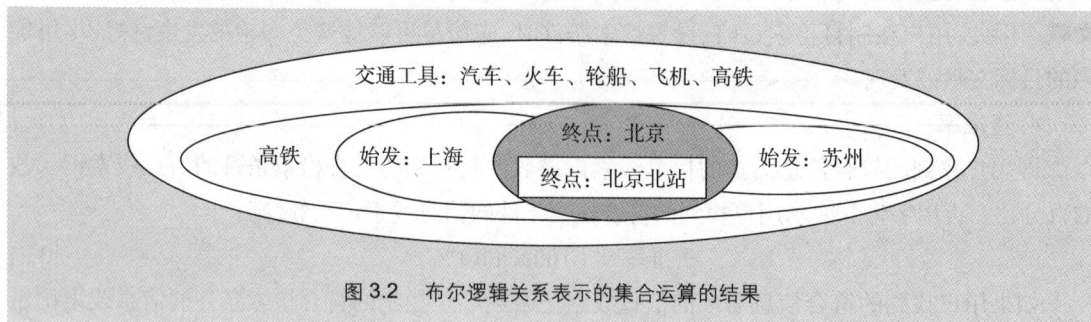

图 3.2　布尔逻辑关系表示的集合运算的结果

8. 布尔逻辑算符、逻辑表达式

用来表示"布尔逻辑关系"的联系词"并且"、"或者"以及"非"的算符,不同的检索工具选择不同的逻辑算符,常用 and、or、not 分别对应"并且"、"或者"以及"非"。

多用 and 可以提高查准率,如:将信息检索 修改为 计算机 and 信息检索;多用 or 可以提高查全率,如将 计算机 修改为 计算机 or 电脑 or 微机;巧用 not 可以提高查全率和查准率,如查找出生地不是上海的同学的信息:出生地 not 上海 。

9. 邻近算符

专用于表示 逻辑 and 算符连接的同一个检索字段的两个词在目标文献中的位置的邻近关系,使用邻近关系算符的检索结果要比仅使用逻辑 and 算符的检索结果少。

一般从以下两个方面来限制:次序是否可以固定,如:在谷歌中输入:计算机检索与输入检索计算机的结果数相同,表示次序不固定;词间间隔的词数,空格、标点不计,可以用在同一句话、同一字段、同一段落来限制词的邻近程度,如在 Engineering Village 中:

- computer near/10 design 表示目标文献中的两词间最多间隔 10 个单词;

　在 Web of Science 中,

- computer same design 表示目标文献中的两词必须出现在同一个地址字段中；
- computer near/3 design 表示目标文献中的两词必须出现在同一个非地址字段中,且两词间最多间隔 3 个词；
- computer near/0 design 表示两个词必须紧挨在一起,中间最多只能有连字符或空格；
- "computer design" 则表示两个词必须紧挨在一起,前后次序不可颠倒。

10. 截词符

主要用于合并拼写相似的同义词或近义词,可以提高检出文献量,如:在中国国家知识产权局中查找有关中药的专利文献时,选择"中草药"、"中药"、"中成药"作为检索词,可以简化为:中 % 药;在中国知网总查找姓王的作者写的论文,可以简化为 AU% 王;在 Engineering 中查找有关 computer 或 computers 的文献时,可以使用 comput*,表示 computer、computers 等词。使用截词符也可以防止因枚举不全而产生的漏检,使用不当也会产生过量检索的情况,如:comput* 还可以表示 computs、computing。不同的检索工具采用不同的截词符,一般用 * 或 % 为无限截词,表示截掉了多个字符,用 ? 或 # 为有限截词,表示截掉了 0 或 1 个字符。

11. 检索式

用检索点或检索字段名称和相应的取值范围表示单个检索条件或用布尔逻辑算符或邻近算符表示的多个检索条件的组合表达式,使用检索式可以保存检索条件的表示,方便对检索式的合理性进行分析,还可以同时给检索式分配编号,如:

> #1: 始发站 = "北京站"
>
> #2: 运输工具类型 = "高铁"
>
> #3: au= "龙应台"
>
> #4: au= "席慕容"

多个检索式的逻辑运算可以用这些检索式的编号表示,如:

> #5: #1 and #2
>
> #6: #3 or #4

12. 检索语言

检索工具和用户之间共同遵循的检索规则约定被称为检索语言。检索工具为用户提供多个可以检索的检索点,这些检索点基本上是分析了用户的检索需求获得的。一般地,检索语言对应文献加工者为检索用户所提供的各种索引文件或目录的使用规则规范,检索语言要求用户参照这些检索点根据检索工具的规定提交检索条件。虽然当前各检索工具的智能能力更高了,但多数情况下仍需要了解检索工具的各个检索字段实际的匹配方式以及各种逻辑算符的正确用法,否则将影响检索效果。实践中,由于不遵守检索工具的检索规则而影响检索效果的案例时常发生,如:

【例 3-2】 谷歌的站点检索一般用 site:站点名称表示,如果将":"写成了": ",则实际执行的是逻辑"与"检索,不符合检索意图。

13. 检索式简化规则

相同检索点的多个检索词,如:查找"王菲"或"王志文"演唱的歌,用检索式表示:

#7: singer= "王菲" or singer = "王志文"

可以合并成

#8: singer=（"王菲" or "王志文"）

合并的原则要保持检索结果相同,某些检索工具的某些检索界面需要省略检索字段名,如: Engineering Village 的 "quick search" 界面。检索式的简化同时要遵循检索工具的自有规则。

14. 通用检索式

由于不同检索工具采用不同的方式表示检索式,为了便于保存和解读检索式,建议采用检索字段名 1= 检索词 1（逻辑）、检索字段名 2= 检索词 2……的通用检索式形式。如:

#9: 刊名 = "计算机应用" and 作者 = "王菲"

15. 检索词

通常将检索条件中特征项应满足的值或其范围称为检索词,如: 作者为 "王菲" 中,"王菲" 为检索词; 温度低于摄氏 10 度中,摄氏 10 度也是检索词。

16. 检索词匹配方案

多数检索工具采用简单的 "词匹配" 方案,也称 "关键词匹配",即 "不对检索词做任何处理",如: 检索词为 "计算机",英文为 "computer",检索字段为 "题名",检索工具为书目信息查询系统（简称 OPAC）,在查找相关信息线索时采用几种匹配方式。

• **前方一致匹配**。指检索词出现在返回的文献的检索字段的开头部分,如,可以查找到图书《计算机信息检索》,但不能查找到图书《大学生计算机信息检索》。

• **任意位置匹配**。指检索词出现在返回的文献的检索字段的任意位置,如,不但可以查找到图书《计算机信息检索》,也能查找到图书《大学生计算机信息检索》。

• **词根匹配**。指返回的文献的检索字段中,不但有检索词本身,也有与检索词具有同样词根的词,如,含有短语 computing technology and method 的文献。

• **自动拆分匹配**。指检索词分散出现在返回文献的检索字段的任意位置,如,可以查找到图书《计算复杂性和图灵机》。

• **语义匹配**。指返回文献的检索字段中包含与检索词语义相同的短语,主要指在检索时将具有相同语义但形式不同的短语视为相同的检索条件。如,检索词为 "三好学生" 时,也能查找到含有短语 "德智体美劳全面发展的学生" 的文献。

• **概念匹配**。它是语义匹配的一种特例,主要指在检索时将具有相同语义的概念视为相同的检索条件。如,检索 "土豆" 时,也能查找到含有 "马铃薯" 的文献。

"语义匹配" 或 "概念匹配" 检索能提高 "查全率"。以检索词 "发热" 为例,中文的 "发热" 和 "发烧" 是同义词,用户以其中任何一个词作为检索词时,若系统自动以这两个词的规范语义词 "发热" 进行检索,则提高了查全率。

由于技术上的客观原因,目前多数检索工具没有对文献信息进行语义规范化工作,且能提供语义匹配和概念匹配的文献检索工具非常少,仅以其中一个为检索词必然造成漏检,因此,仍然需要运用一些技巧以降低 "漏检率"。

【例3-3】 小王、小张、小李三位同学为了完成《大学生心理健康》课程论文"大学生情感问题研究案例剖析",分别使用以下检索式在谷歌中搜索相关文献:

#10:"大学生情感问题研究现状"

#11: 大学生 and 情感

#12: 大学生 and（情感 or 感情）

检索结果表明:Rn(#10)=0,Rn(#11) ≠ Rn(#12),显然不同的检索条件将有不同的检出文献量。

3.3 增加检出文献量的技巧

由集合论可知,当检索结果集进行更多的逻辑"或"操作时,集合中的元素会变多。因此,通过增加检出文献量来提高查全率的方法就是尽量使用多个含义相近或相关的检索词,并用逻辑算符 or 连接。具体有以下 10 个建议。

1. 多用单元词少用多元词,提高查全率

单元词指意义上不能再拆分的词,如"情感";几个单元词组成的词称为多元词,如"大学生情感"。

2. 尽量使用所有的同义词、近义词,包括俗称、学名、缩略写、更名或不同的书写习惯

检索词为"计算机"时,应增加"电脑"、"微机"等词;检索词为"维生素 E"时,应增加"生育酚"、"维 E"、"维他命 E"等词;

在 Engineering Village 中检索华东理工大学袁谓康院士发表的文献时,其姓名的拼写包括:yuan, weikang 和 yuan, w.k. 等六种;

检索华东理工大学 1990 年以来发表的文献,需要注意到其曾用名华东化工学院。

3. 试查相关数据库,进行初步检索,借鉴相关文献的用词,顺藤摸瓜地扩展、变更检索词

某同学查找有关用模式识别方法进行信息分类的文献时,仅使用 classification 作为检索词,在找到的文献中,发现有些文献还同时使用了 category,因此决定增加 category 作为检索词。

4. 英文检索词可借助谷歌翻译、中国知网（CNKI）的工具书及外文专利数据库的专利号检索

中国知网中的翻译工具能提示同一个中文词的各种英文拼写在文献中出现的频率,一般首先选择频率较高的词,频率较低的词作为辅助的检索词。

王同学通过中国知网了解到文献中一般使用 classification、classified、Taxonomy 表示分类,张同学通过谷歌翻译了解到法医的英文为 forensic。

如果已知某中国专利文献的专利公开号,则可以在欧洲专利数据库中检索到该专利的英文摘要,从而得知中文检索词对应的英文形式。

5. 外文单词适当使用词根匹配方式

词根是语言学概念,具有相同词根的多个词存在语义相关性。对截词符的限制不当可能造成漏检,使用词根则可以有效减少此类现象,如在 Engineering Village 中,使用 $computer 和 compute 检出的文献量不同的问题。

6. 利用叙词表获得关键词的上位词、下位词

检索词为"食用油"时，可以增加棕榈油、棉籽油、花生油、芝麻油、玉米油、葵花籽油、山楂油、山茶油、蚕蛹油等下位词，如果是研究食用油的提炼技术，其他的非食用油的提炼技术也可作为参考，此时可以将检索词修改为"油"。

7. 少用含义过于偏窄或过于宽泛的词

研究"天然维生素 E 提取技术"时，最好不要把"天然"作为检索词的一部分。而了解大学生情感问题的研究现状时，不能将研究、现状作为检索词的一部分，否则将会漏检题为"婚姻家庭辅导师为孤儿大学生'培训爱情'"的文献。

8. 尊重数据库的检索规则，注意数据库对某项特征项的检索词有特殊的规定

美国化学文摘的分子式检索要求用 HILL 排序法，欧洲专利数据库对某些国家或地区的专利号的格式有特别的要求。

9. 增加同类型特征项为检索条件

研究"天然维生素 E 提取技术"时，可以同时使用题名、关键词、摘要、主题词作为检索字段。

10. 在确定检索词符合查全率要求的情况下，应该尽可能地使用更多的检索工具

3.4 减少检出文献量的技巧

同样根据集合论，当检索结果集进行更多的逻辑"与"操作时，集合中的元素会变少。因此，通过减少检出文献量来提高查准率的方法就是尽量使用多个含义无关的检索词，并用逻辑算符 and 连接。具体有以下 6 个建议。

1. 当文献量太大时，需要选择更多的限制词并用逻辑 and 的关系连接以减少相关性较小的文献量

研究"天然维生素 E 提取技术"时，仅用"维生素 E"、"生育酚"、"维 E"、"维他命 E"等词一定会有大量的文献，可以增加"提取"、"分离"、"萃取"、"制备"等词，或者直接使用数据库提供的检索结果分类限制功能对文献进行进一步的挑选。

2. 合理使用多元词

当使用"信息"and"检索"获得了太多文献时，可以使用"信息检索"作为检索词。

3. 可以适当减少同类型的检索字段

研究"天然维生素 E 提取技术"时，仅使用题名作为检索字段。

4. 可以适当增加非同类型的检索字段

研究"天然维生素 E 提取技术"时，可以将文献的语种限制为"英语"，或增加文献发表时间检索字段。

5. 在提高查准率的同时要注意该方法使用不当带来的漏检所面临的潜在风险

外观设计专利较少有摘要字段，如将分类检索改成题名或摘要字段检索很有可能造成侵权风险。

6. 选择更合适的检索工具

如检索计算机领域相关的综述论文时,选择 Web of Science 数据库比选择 INSPEC 数据库能获得更少的但质量更高的相关期刊文献。

3.5　文献检索工具的高级检索技术案例

3.5.1　维普数据库、万方数据库及中国知网的高级检索

【例 3-4】　中文相关文献检索

2012 年 7 月 21 日,首都北京遭遇了特大暴雨,排水系统瘫痪,造成近 80 人遇难的惨剧。小王设计了以下实验,想了解城市排水系统的相关文献,检索时间:2012/8/20。

1. 维普期刊整合服务平台(简称维普)

第一步,先在"维普"的"期刊文献检索"之"基本检索"界面中输入,括号表示系统默认:

　　#13:(题名或关键词＝)排水(与 范围＝全部期刊)

系统自动在检索结果界面增加了四个选项:重新检索、在结果中检索、在结果中添加、在结果中去除,如图 3.3;再在基本检索界面输入:

　　#14:(题名或关键词＝)路面(与 范围＝全部期刊)

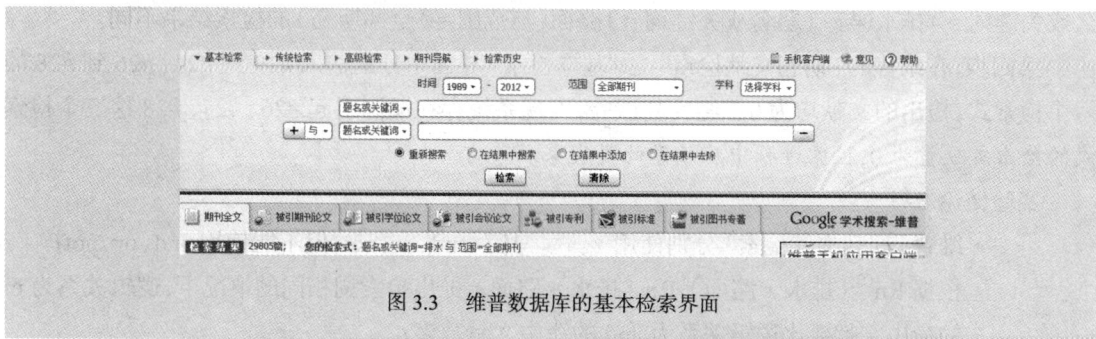

图 3.3　维普数据库的基本检索界面

分别选择重新检索、在结果中检索、在结果中添加、在结果中去除,系统自动提示检索式,这里用检索式编号表示代替实际检索式的内容后如下:

　　#15:#14

　　#16:#13 并且 #14

　　#17:#13 或者 #14

　　#18:#13 去除 #14

检索结果表明:Rn(#16)<Rn(#15), Rn(#17)>Rn(#16), Rn(#17)>Rn(#18)。

第二步,在维普的"期刊文献检索"之高级检索界面的表单中选择题名或关键词字段,这里略去不写,分别输入:

#19: 排水 and 路面

#20: 排水 or 路面

#21: 排水 not 路面

#22: 排水 * 路面

#23: 排水 + 路面

#24: 排水 – 路面

检索结果表明：Rn(#19)=Rn(#20)=Rn(#21)=0，维普不支持 and、or、not 为逻辑运算符；而 Rn(#22)<Rn(#23)，Rn(23) ≠ Rn(#24)。

第三步，在维普的"期刊文献检索"之高级检索界面的"直接输入检索式"（简称专业检索）部分分别输入 #25、#22、#23、#24（在这几个检索式的左边增加 m=，表明在题名或关键词字段中检索），#26、#27、#28：

#25: 题名或关键词 = 路面 与 范围 = 全部期刊

#26: m= 排水 * 路面

#27: m= 排水 + 路面

#28: m= 排水 – 路面

检索结果表明：Rn(#25)=0,Rn(#22)=Rn(#26)，Rn(#23)=Rn(#27),Rn(#24)=Rn(#28),在专业检索界面中，不能输入汉字的字段名称（如 #25 中的题名或关键词等），只能使用字母代码表示检索字段名称（如 #26 中的 m）。同时发现高级检索界面的 式(#22) 的检索结果 和基本检索界面的式((题名或关键词 =)排水(与)(题名或关键词 =)路面(与范围 =)全部期刊)的检索结果不同。

第四步，在维普的"期刊文献检索"之"基本检索"界面中分别输入 #19 到 #24、#26 到 #28 的六个检索式，检出的文献均为 0。经反复试验，发现系统存在漏洞引起 #26、#27、#28 这三个检索式的检出文献量为 0,检索过程中应注意此类现象。

实验结论 3-1

- 维普"期刊文献检索"分别使用 *、+、- 表示 and、or、not,但不能使用 and、or、not；
- 根据 Rn[1]（排水 + 路面）〉Rn（排水 * 路面），推出检索词相同的情况下,逻辑关系为 or 的命中文献数比逻辑关系为 and 的命中文献数多；
- 维普的"期刊文献检索"之专业检索和高级检索界面的同一个输入框中可以输入指定格式的检索式,但不能在基本界面的同一个输入框中输入复杂的检索式；
- 在"期刊文献检索"之专业检索界面,m 为默认检索字段；
- 同样的检索词和逻辑关系,在维普的"期刊文献检索"的不同检索界面的检索结果有可能不同。

2. 万方知识服务平台（简称万方）

第一步，在万方的默认检索界面中输入：排水，检索结果页的下方显示了进入互动百科的链接，以及以下多个相关词，如图 3.4：排水、给水、路基、防水、高速公路、防渗、消防、防护、路面、隧道、管道、地下水、节水、灌溉、供水、中央分隔带、灌浆、压实、土工合成材料、通风。

---

[1] 为了简化起见,以 Rn（检索表达式）表示特定检索表达式命中结果文献量。

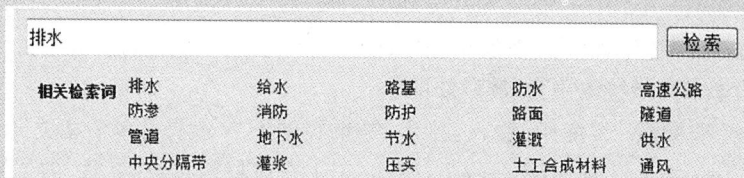

图 3.4 万方给出的与"排水"相关的检索词

执行以下操作：

单击"路面",其中许多文献与排水无关；

在路面输入检索界面的"在结果中检索"的"关键词"框中,如图 3.5,单击"在结果中检索",所有文献都含有"排水"和"路面"两个词。

在万方的默认检索界面中,分别输入 #19、#20、#22、#23,发现：Rn（#19）=Rn（#22）,Rn（#20）=Rn（#23）。

点击万方默认检索界面上的"高级检索"界面,先后进入万方的"高级检索"和"专业检索"界面,发现专业检索界面没有检索字段可供选择。在高级检索界面中执行以下操作：

#29：（标题 模糊）排水

#30：（关键词 模糊）排水 and（摘要 模糊）排水

#31：（标题 模糊）排水 * 路面

#32：（标题 模糊）排水 and 路面

发现：Rn(#29) ≠ Rn(#30),表明不同文献相同字段中含有的关键词明显不同,Rn(#31)=Rn(#32),表明用 * 和用 and 做为逻辑运算符,检索效果相同。

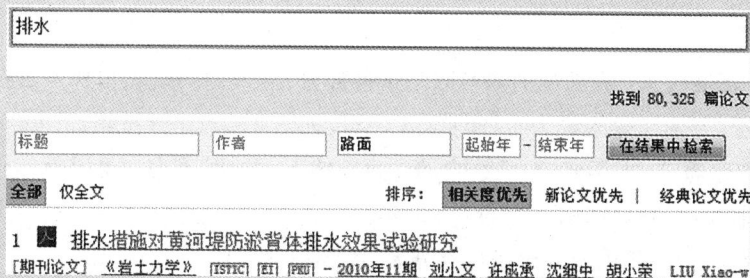

图 3.5 万方的"在结果中检索"

实验结论 3-2

- 万方数据的默认检索界面无法选择检索字段；
- 万方数据使用 *（或空格）、+、- 分别表示 and、or、not,且同时支持两种符号体系；
- 万方数据能自动分析与检索词相关的词,该相关词可以帮助用户进一步缩小相关文献量,但维普数据库没有此项功能；

◆ 万方数据库不提供在结果中排除和增加的二次检索功能，但可以通过在检索词输入框中输入含相应逻辑关系算符的检索式。

3. 中国知网学术文献检索平台（简称知网）

在知网的"标准检索"界面中，输入：排水，结果页的下方显示了多个相关词，如：排水设计、排水系统、排水管道、排水设施、中央分隔带、边沟、土工合成材料、渗透系数、施工技术、排水工程、地下水位、路面结构、塑料盲沟、施工工艺、软式透水管、道路工程、渗沟、排水管网、公路工程、挡土墙，如图 3.6，同时还提供"检索词的相似词"。

图 3.6　知网中与"排水"相关的检索词

单击"路面结构"，多篇文献不含"排水"。将检索结果界面的检索词"排水"改为"路面结构"，如图 3.7，单击"在结果中检索"，命中 692 篇文献，所有文献都包含"路面结构"和"排水"。

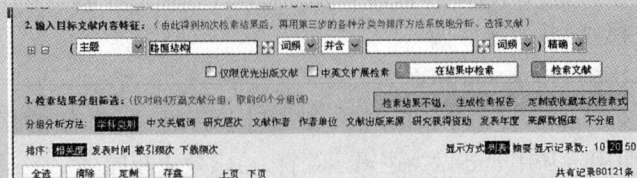

图 3.7　使用"知网"的"在结果中检索"

在知网的**"标准检索"界面中的内容限定条件部分**，输入：排水，将鼠标停留在输入框右边的十字按钮，将显示"显示以输入词为中心词的相关词"，如图 3.8，点击该按钮，也可获得如图 3.6 所示的相关词，选中"路面结构"后确定，系统自动在之前输入"排水"的输入框中生成了表达式：

#33: 排水 *（路面结构）

在"标准检索"界面中内容限定条件部分第一个输入框中输入表达式：

#34: 排水 * 路面结构

Rn（#33）=Rn（#34），表明检出文献量与检索词是否有括号无关。

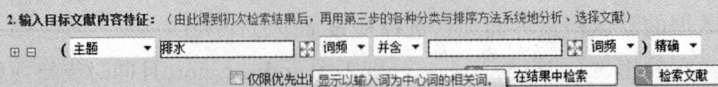

图 3.8　使用"知网"的"中心词扩展"

在知网"标准检索"界面中内容限定条件部分第一个输入框中，输入表达式 #35，Rn（#35）=0：

#35：排水 and 路面结构

在知网"专业检索"界面中输入：

#36：SU= 排水 and SU= 路面

#37：SU= 排水 * SU= 路面

#38：SU= 排水 * 路面

#39：SU= 排水 and 路面

结果发现：Rn(#36)=Rn(#38)，输入 #37 和 #39，系统均抱错。表明系统对 * 和 and 的使用方式有特别的规定。

实验结论 3-3

- 在知网"标准检索"界面中内容限定条件部分的同一个输入框中，以 *、+、- 分别表示 and、or、not，但不能使用 and、or、not；
- 知网分别提供两种途径供用户获得检索词的相关词；
- 在知网"专业检索"界面中输入检索式时，要注意：检索词间的逻辑算符用 *、+、- 分别表示 and、or、not，但检索式之间不能用 *、+、-；
- 相同的检索词在知网"专业检索"界面和"标准检索"界面中的检索结果不一定相同。

实验结论 3-4

- 同一课题使用不同的检索工具得到的检索结果不同；
- 检索词的相关词可以帮助用户进一步缩小相关文献量，但同一检索词在不同的检索工具中得到的相关词不同；
- 同一逻辑关系在不同的检索工具中使用的符号不完全相同。

3.5.2 英文相关文献检索

【例 3-5】 经过例 3-4 的实验，小王基本掌握了三个中文数据库的逻辑算符的使用规则，现在，他想再看看以收录工程类文献著称的 Engineering Village 中有关路面排水的文献，因此继续以下实验。检索时间：2012/8/21。

1. 利用各种工具找相关的英文检索词

在谷歌翻译和有道翻译中，得到了"排水"的一个英文词：drainage；

在知网的翻译助手中，输入"排水"，得到了三个英文词：drainage（2977）、drain（364）、draining（246），括号内的数字为包含每个词的英文句子数；

在谷歌翻译中，得到了"路面"的两个英文词：pavement，pavement drainage；

在有道翻译中，得到了"路面"的三个英文词：pavement、road surface、roadbed，得到了"路面排水"的两个英文词：road surface drainage 或 surface drainage；

在知网的翻译助手中，"路面"得到了三个英文词：pavement（6698）、road（2781）、road surface（1041），"路面排水"的三个词组表示：pavement drainage（15）、road surface drainage（3）、 pavement surface drainage（0）;

在中国国家知识产权局专利高级检索界面上的摘要字段和地址字段，分别输入：路面 and 排水、美，命中 4 篇文献，其中有 3 篇为相关专利，以这些专利的公开公告号，在欧洲专利局专利数据库中检索该专利，如：CN101846226A 中，"排水" 和 "路面" 的英文词分别为 drainage 和 pavement，而 CN201405684 中，"排水" 和 "路面" 的英文词分别为 drainage 和 road。

查看国内外相关专业英文网站，如 *China Daily*，在 *China Daily* 的网站上，有关道路排水的新闻中也是使用 pavement、road、drain 这三个词。

分别用 pavement、road、drain* 在欧洲专利局专利数据库中检索，都能命中大量的专利文献；因此使用 pavement drainage、road drainage 作为主要的路面排水的英文表达，并要注意各单词的不同拼写形式的近义词。

2. 在相关的英文数据库中检索

Engineering Village 中使用检索式：

　　#40:（（（ pavement drainage）or（ road drainage））WN KY）

　　#41:（（（ "pavement drainage"）or（ "road drainage"））WN KY）

　　#42:（（（ pavement drain*）or（ road drain*））WN KY）

　　#43:（（（ "pavement drain*"）or（ "road drain*"））WN KY）

　　#44:（（（ "pavement drain"）or（ "road drain"））WN KY）

　　#45:（（（ "pavement near/0 drain"）or（ "road near/0 drain"））WN KY）

　　#46:（（（ pavement near/0 drain）or（ road near/0 drain））WN KY）

　　#47:（（（ pavement onear/0 drain）or（ road onear/0 drain））WN KY）

　　#48:（（（ pavement onear/0 drain*）or（ road onear/0 drain*））WN KY）

　　#49:（（（ pavement onear/0 drains）or（ road onear/0 drains））WN KY）

　　#50:（（（ pavement onear/0 drainage）or（ road onear/0 drainage））WN KY）

#40 命中的文献中出现 pavement 或 road，同时出现 drainage；

#41 命中的文献明显少于 Rn(#40)，这种检索常称为 "词组检索"；

#42 命中的文献明显多于 Rn(#40)，这种检索常称为 "截词检索"，符号 * 是该库的无限截词算符；

Rn（#43）=Rn（#44）约 10 篇文献；Rn（#45）=0 篇文献，neer/n 是该数据库的邻近算符，near/0 表示前后两个词之间最多间隔连字符或空格。Rn(#43)=Rn(#44)，表明词组中的截词算符无效；检索式 #45 结果为 0，表明词组里面不可以用邻近算符；

#46 命中的文献中出现 "路面排水" 英文词组或 "排水路面" 英文词组；

#47 命中的文献中出现 "路面排水" 英文词组，不出现 "排水路面" 英文词组；

#48 命中的许多文献中的 "路面" 和 "排水" 两个词不在一起；

Rn(#49)≠ Rn(#50)。根据系统介绍，系统自动提供 "auto stemming" 功能，如果 drain、drains、drainage 的词根都是 drain，上述两检索式命中文献数应相同，为了找出原因，使用检索式：

#51: (drainage WN KY)

Rn（#51）约为 35000 多篇文献,但分别使用检索式:

#52: (drain WN KY)

#53: (drains WN KY)

Rn(#52)=Rn(#53) ≠ Rn(#51),这说明在系统中,这三个词并不是同一个 stem。

实验结论 3-5

- 为了找到某个中文词的英文翻译,需要尝试多种工具和途径;
- 使用"词组检索"或"邻近检索"会使命中文献大量减少;
- Engineering Village 中,可以使用邻近算符 Onear/0 连接两个词,表示两词次序固定的词组,使用邻近算符 near/0 连接两个词,表示两词次序不固定的词组,但此时两词均不能使用截词算符,且词组中不能使用邻近和截词检索;
- autostemming 功能不一定可靠,尽量使用截词算符。
- SciVerse 下的 Science Direct（或直接称为 Elsevier Science Direct）、EBSCO、Web of Science 等数据库也提供邻近算符和截词算符,也有数据库提供 aotustemming 功能,但由于多数情况不了解某词的词根,故建议尽量补齐复数和时态以外的单词变种,如 drain 和 drainage。

3.5.3　分类检索

【**例 3-6**】　小李同学经常听到新闻中有关"计算机病毒"的报道,想通过文献检索深入了解。为此,他在万方、知网中做了以下实验(检索时间 2012/8/22)。

1. 在万方的默认检索界面

输入"病毒"后,发现在检索结果页的左边,显示了不同学科含有"病毒"的文献量,其中:医药卫生类文献量约为工业技术类文献量的 2.5 倍。

展开工业技术类,有自动化技术计算机技术等分类,再展开自动化技术计算机技术类,又发现计算机技术,点击计算机技术类,检索条件变为: keyword:(病毒) 分类号 :"TP3*";

在万方的默认检索界面,输入"计算机病毒",绝大多数文献属于计算机技术类。

2. 在知网的"标准检索"界面

输入"病毒"后,并发现在检索结果页的左边,显示了不同学科含有"病毒"的文献量,包括:感染性疾病及传染病类、计算机软件及计算机应用类等分类。

展开计算机软件及计算机应用类,有程序设计、软件工程等分类,再展开程序设计、软件工程类,又有软件工具、工具软件等分类;

3. 在知网的"标准检索"界面

输入"计算机病毒"后,发现软件工具、工具软件类的文献量明显少于第 2 步中命中的文献量,与第 1 步中命中的文献量也不同。

实验结论 3-6

◆ 检索工具的学科分类统计功能实际上就是对核心词和学科分类进行逻辑 and 组合；

◆ 检索时,先使用较少的核心词作为检索词,结合检索工具的学科分类统计功能可以在提高查准率的同时,保证查全率；

◆ 不同检索工具的学科分类统计的分类体系不完全相同。

◆ 维普、Engineering Village、Web of Science、PQDT、一些专利数据库也都提供不同形式的分类限制检索功能。

3.5.4 利用数据库的同义词表提高检索效果

[例 3-7]　小李在万方和知网中获得了一些相关文献后,他又继续以下实验。检索时间:2012/8/20。

1. 在 Engineering Village 的 "quick search" 界面,输入:

#53: virus or viruses or viral(in subject/title/abstract)

近 1/10 的文献属于 computer software data handling and applications 类(classification code),该类文献中绝大多数以 computer viruses 为控制词 (controlled vocabulary)。系统自动生成的检索式为:

#54:((virus or viruses or viral)WN KY), year:1969—2012

2. 在 Engineering Village 的 "expert search" 界面

输入:#55:(virus or viruses or viral)WN KY

检索结果与在 quick search 的结果完全相同。

3. 打开 Engineering Village 的 "thesaurus search"（同义词检索）界面

在 search for 框中,输入:

#56: virus or viruses or viral

选中 "search",点击 "submit",系统提示如图 3.9。

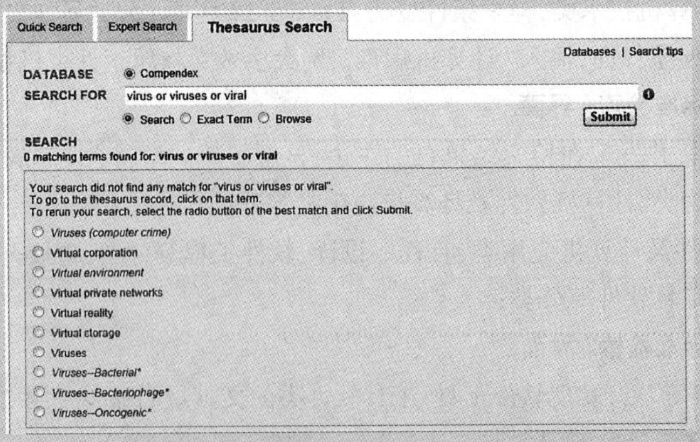

图 3.9　Engineering village 同义词检索界面

在图 3.9 中，点击"viruses"，则进入如图 3.10 所示的"exact term"页面：

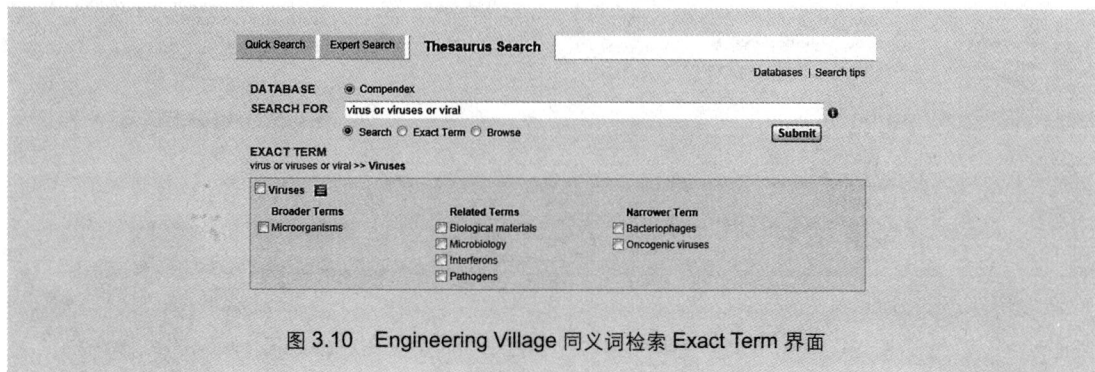

图 3.10　Engineering Village 同义词检索 Exact Term 界面

在图 3.9 中，选择 viruses（点单选按钮），点击 submit，得到多个 Terms，选择其中三个，逻辑关系为"or"，如图 3.11：

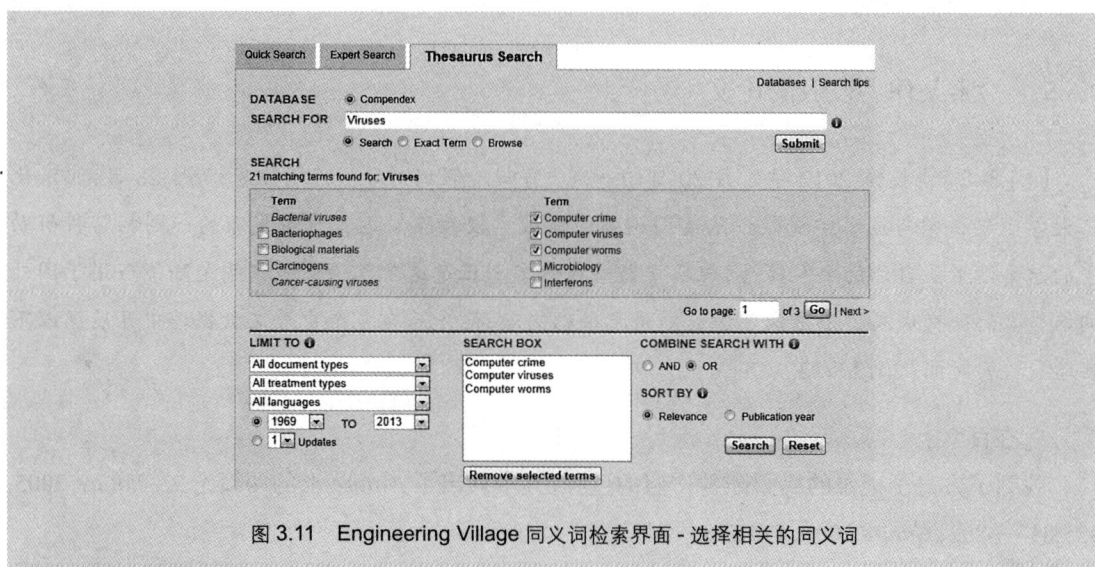

图 3.11　Engineering Village 同义词检索界面 - 选择相关的同义词

单击图 3.11 中的"search"按钮，检出的 computer software data handling and applications 类的文献量明显多于第 1 步、第 2 步中相应的文献量，系统自动生成的检索式为 (({Computer crime}OR {Computer viruses}OR {Computer worms}) WN CV)；再对 viruses 分别选择 exact 或 browse 后，单击 submit，获得了 3 类 term，但没有发现任何与计算机领域相关的 terms。

在图 3.10 中，选择"browse"，然后点"submit"，进入图 3.12 所示的界面，需要通过浏览选择合适的词，效率比较低。

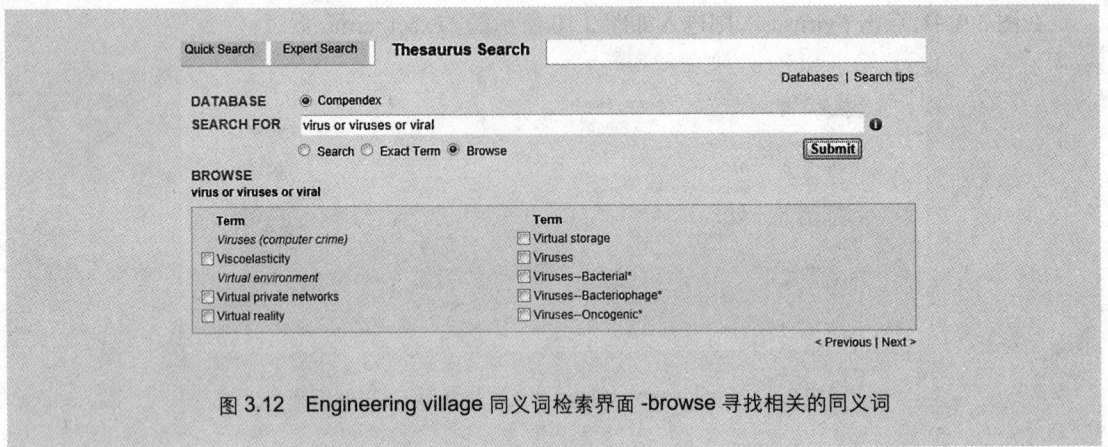

图 3.12　Engineering village 同义词检索界面 -browse 寻找相关的同义词

实验结论 3-7

◆ 对于英文文献的检索，使用 thesaurus 能够获得比仅仅使用单词进行检索更好的检索效果。

3.5.5　检索某作者发表的论文

【例 3-8】　搜狐 2012 年 8 月 20 日的一则"海归造假何时了"新闻披露：7 月 28 日，北京化工大学生命科学与技术学院教授陆某因论文造假被学校开除。近日陆某发布的一则招聘科研助手的启事附上了自己的个人简历，以及 7 篇重点论文。正是这 7 篇论文被证明是陆某盗用了国外同名学者的研究成果。小张同学对这则消息很感兴趣，他先后在多个中外文数据库中开展了以下实验。检索时间：2012/8/12。

1. 在百度上

找到了方舟子记录的揭露陆某作假的过程，其中列出了 *Nature* 上的两篇论文：*Nature* 2005, 435:834—882; *Nature* 2005, 434:338—345。

2. 在 Engineering Village 的"quick search"界面

检索作者为"lu jun"的文献，在检索结果页可以看到这些论文作者的单位、涉及的学科，在每一条文献的详细信息页面，显示作者的详细单位和通信地址；

为了能找到陆某简历中涉及的发表在 *Nature* 上的论文，用 source title 和 author 组配检索（再增加 source title 字段，输入 *Nature*)，找到了发表在 *Nature* 上的文献，来自两个以上的单位，含上述两篇论文；同时提供两篇论文的全文链接。

3. 在 Web of Science 的"检索"界面

检索作者为"lu jun"、2005 年发表在 *Nature* 上的文献，命中 0 篇，去掉作者的限制条件后，命中 2 806 篇文献，利用检索结果页面提供的统计功能，其中作者 lu jun 发表的 4 篇论文，来自两个以上的单位,包括陆某简历中的两篇,但没有全文链接。

4. 在知网的"标准检索"中

检索作者为陆某的文献,找到了由北京科技大学等多个单位的作者发表的论文;但检索作者为陆某、作者单位为"北京化工大学"的文献时,命中 0 篇文献。

5. 在万方的"高级检索"中

检索作者为陆某的文献,由于检索结果页无作者单位信息,只能逐条查看,来自湖南师范大学等多个单位。

6. 在维普的"基本检索"中

检索作者为陆某的文献,找到了来自广东省农业展览馆等多个单位的作者发表的论文,检索结果页无作者单位信息,只能逐条查看;在"传统检索"界面中,在"同名作者"选项前打勾,检索作者为陆某的文献,系统首先列出名为陆某的所有作者单位供选择。

实验结论 3-8

- ◆ 几乎每个文献数据库都存在同名作者现象,检索时需要仔细区别;
- ◆ 同一作者姓名的拼写在不同数据库中可能不同;
- ◆ 维普的"传统检索"界面在输入作者后,如果在"同名作者"前打勾了,系统立即显示所有的作者单位供选择。另外,有些数据库可以在检索结果页获得论文作者单位的总体情况,如: Web of Science、Engineering Village。
- ◆ 由于不同出版物对作者姓名或作者单位等的拼写规范要求不同,导致同一位作者或作者单位在检索工具中存在不同的拼写形式,有些数据库提供了作者或作者单位索引,如:袁谓康院士,其被 Engineering Village 收录的论文一共出现了四种以上的拼写方式,如: YUAN W.-K.、YUAN W.K.、YUAN WEI-KANG、YUAN WEIKANG,因此在以作者或作者单位为条件检索时,需要注意使用数据库提供的索引,避免漏检。

3.5.6　文献漫游

【例 3-9】　于教授想查找有关定性 PCR 检测转基因玉米方面的文献,了解 PCR 技术还可以检测哪些转基因食品。他分别在中国知网和 Web of Science 中进行了以下实验。检索时间:2012/8/21。

1. 中国知网(CNKI)数据库文献漫游

选择题名字段,利用关键词转基因玉米和 PCR 进行检索,命中 30 篇相关文献。

通过"转基因玉米的定性 PCR 检测"一文提供的引文网络(如图 3.13),可以进一步深入了解该领域的各方面信息,为进一步开展科研工作做准备(见表 3.1)。

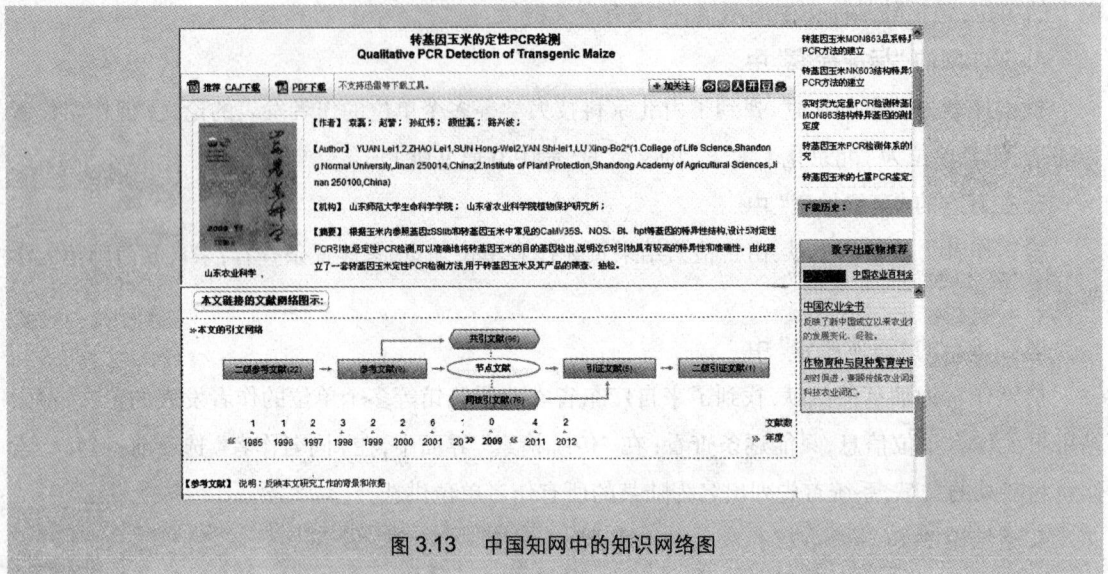

图 3.13　中国知网中的知识网络图

表 3.1　中国知网的知识网络图的术语含义

漫游项目	篇数	功能
参考文献	9	反映本文研究工作的背景和依据
二级参考文献	22	本文参考文献的参考文献，进一步反映本文研究工作的背景和依据
共引文献	96	也称同引文献，与本文有相同参考文献的文献，与本文有共同研究背景或依据
引证文献	5	引用本文的文献。本文研究工作的继续、应用、发展或评价
二级引证文献	1	本文引证文献的引证文献。更进一步反映本文研究工作的继续、发展或评价
同被引文献	76	与本文同时被作为参考文献引用的文献，与本文共同作为进一步研究的基础
相似文献	10	与本文内容上较为接近的文献
相关作者文献	207	相关作者发表的文献
相关机构文献	9 871	相关机构发表的文献

　　该文献报道了建立一套转基因玉米定性PCR的检测方法,用于转基因玉米及其产品的筛查、抽检。
　　通过该文的相似文献"转基因玉米 LAMP 检测体系的建立及应用",发现研究结果显示,LAMP 检测方法最适宜反应温度及反应时间分别为 65℃和 60 分钟,其灵敏度为常规定性PCR 的 20 倍。LAMP 技术检测转基因玉米品系 Bt11 具有特异性高、快速、简便等优点,具有广阔的应用前景。此文为科技部资助项目成果,他在该文的知识网络图中点击二级引证文献(也称施引文献)链接,获得了 2012 年发表的一篇研究"玉米基因枪转化条件"的文献,且也是某省的自然科学基金资助项目成果。再检索有关"基因枪"的研究,发现 2012 年以来有关"基因枪"的研究文献较多,且均为资金资助项目,于教授决定委派博士生小王开展基因枪研究相关文献调研,以便决定是否投入该方向的研究。

小王在中国知网中找到了2006年发表的一篇有关基因枪研究的综述论文“基因枪法转基因技术的研究综述”，对基因枪转基因技术有了初步了解，决定继续利用中国知网调研该文作者机构发表的后续文献及其被引用与相似文献情况，同时也了解到国内近年有关“基因枪”的专利也比较多。此项工作完成之后，他决定先用著名的SCI引文数据库继续了解近年来国外相关研究进展。为此，他首先找到了图书馆购买的ISI Web of Knowledge平台，进入其中的Web of Science数据库，开始了新的文献调研工作。

2. Web of Science 数据库检索

在阅读国内发表的基因枪研究论文时，小王得知国内学界都使用“microprojectile”这个词，再通过查看有关“基因枪”专利文献在欧洲专利局和美国化学文摘中的对应记录，发现也有直接使用“gene gun”这个词组的。

利用Web of Science数据库，采用检索式：

#57：microprojectile or “gene gun”

找到了400多篇文献，系统提供了对这些文献按照作者、丛书名称、会议名称、国家/地区、文献类型、研究方法、来源出版物等方面的统计分析功能，分析界面如图3.14。例如通过研究方向的分析，设定最少记录数(阈值)为10（即只显示文献量为10篇以上的研究方向)，显示记录数也为10（即排名前10位的研究方向)，得到如图3.15所示的前10个热门研究方向，可以看出排名前3的研究方向分别是：Plant Sciences、Immunology、Biotechnology Applied Microbiology，如图3.15；利用该统计分析功能，也了解到美国在这方面的研究论文最多，相当于排名第二至四位的中国、日本和英国发文量的总和。

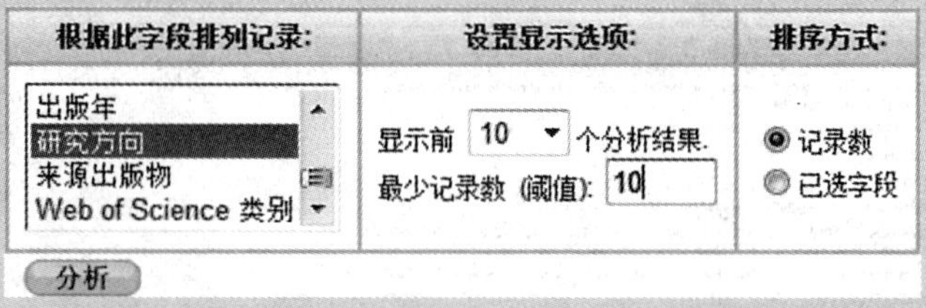

图3.14　Web of Science 的检索结果分析设置界面

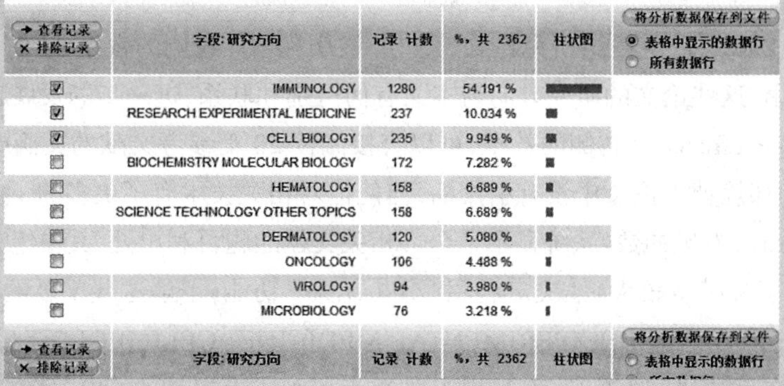

字段: 研究方向	记录 计数	%，共 2362
IMMUNOLOGY	1280	54.191 %
RESEARCH EXPERIMENTAL MEDICINE	237	10.034 %
CELL BIOLOGY	235	9.949 %
BIOCHEMISTRY MOLECULAR BIOLOGY	172	7.282 %
HEMATOLOGY	158	6.689 %
SCIENCE TECHNOLOGY OTHER TOPICS	158	6.689 %
DERMATOLOGY	120	5.080 %
ONCOLOGY	106	4.488 %
VIROLOGY	94	3.980 %
MICROBIOLOGY	76	3.218 %

图3.15　Web of Science 的检索结果分析结果界面

Web of Science 数据库还提供了对检出的这些文献的引文分析报告，如图 3.16。该图表明，虽然该方向的总发文量在 2006 年达到最高，但 2011 年的引文数（施引文献）却是最高。

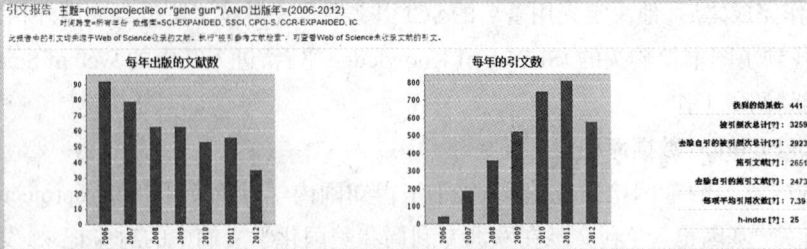

图 3.16　Web of Science 的检索结果引文报告界面

通过一篇被引用次数较高的文献 "Murine epidermal Langerhans cells and langerin-expressing dermal dendritic cells are unrelated and exhibit distinct functions" 提供的文献漫游，获得了以下多方面的信息，如图 3.17。

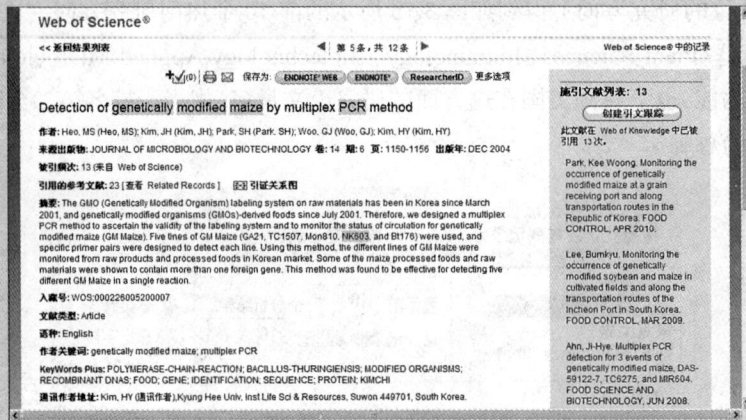

图 3.17　Web of Science 的单篇文献详细信息界面

该文发表在 2009 年，是一篇研究论文，点击"被引频次"右侧的数字，了解到该文被哪些作者和研究机构引用，这些论文的研究方向与本文有何区别和联系，进一步的发展趋势如何等信息；点击"参考文献"（refrences）右侧的数字，可以直接阅读 28 篇参考文献的文摘或全文，其中有些文献是 2006 年的那篇博士论文中没有引用的，但使他对相关技术有了更多的了解；点击"相关文献"（related records）右侧的数，系统显示了全部相关文献的题目和出处，其中绝大多数为 2006 年以来发表的。由于文献量较大，他决定利用"分析结果"功能，了解这些文献的主要研究方向为 IMMUNOLOGY、RESEARCH EXPERIMENTAL MEDICINE、CELL BIOLOGY，这些方向与他用式子 #57 找到的文献的研究方向不完全相同，他重点了解了感兴趣的 CELL BIOLOGY 方向的高被引用论文和最新论文，对细胞生物方向的"基因枪"研究有了初步了解。

接着,他点击了图 3.17 中的"创建引文跟踪",以便及时了解该文后续被引用情况,跟踪课题的最新进展。

实验结论 3-9

- ◆ 利用文献漫游有时可以发现一个新的研究方向。
- ◆ 通过 Web of Science 提供的各种功能对新的研究方向进行初步调研,可以为进一步确定是否投入该研究方向的研究确定基础。
- ◆ 文献漫游是数据库提供的一种检索和链接功能,即读者在浏览单篇文献的同时,可以通过数据库本身提供的漫游功能,深入了解与该篇文献相关的内容。
- ◆ 文献之间的链接通常包括引证文献(可以是多级的)、参考文献(可以是多级的)、相关文献等。

3.5.7 概念检索

【例 3-10】 闵同学是化学与分子工程学院的博士生,导师希望他通过 SciFinder Scholar 数据库了解中药提取方面的文献,于是他开始了以下的文献检索过程。检索时间:2012/8/25。

1. 检索式

由于 SciFinder Scholar 数据库实现了概念检索,所以选择检索式 #58,而不需考虑中药的同义词或者其下位概念,提取这个概念也是同样如此。

S58: Extraction of Chinese traditional medicine

2. 进入数据库,输入检索式 #58,并限制文献范围在 2012 年

结果如图 3.18:

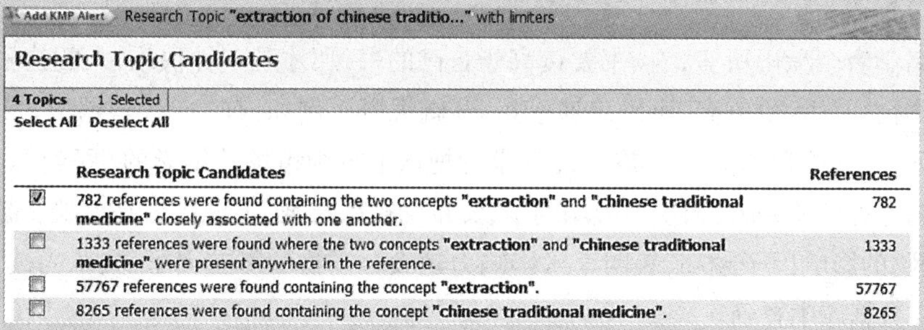

图 3.18 SciFinder Scholar 数据库的概念检索

发现一些文献中 extraction 和 chinese traditional medicine 两个概念在同一句子中(closely associated with one another,两词最近)。

3. 选取两词最近的文献进行阅读

发现关于 extraction 这一概念的,除了 extraction 这一关键词出现外,其他文献中出现 extract, extn., extg., extd., ext. 也被检中了。发现除了关于 chinese traditional medicine 这一词组出现外,其他文献中出现 traditional chinese medicine,以及具体中药名如 sougudan 等关键词也被检中了。

实验结论 3-10

SciFinder Scholar 数据库实现了概念检索，即用一句话将课题的主要意思表达出来直接作为检索式进行检索基本上可以达到检索要求。

3.6 学术文献筛选及阅读技巧

小蒋同学运用所学的检索技术检索到不少文献的信息线索，但是这么多文献每一篇他都该阅读全文吗？他上网了解到一些技巧。

3.6.1 首先选择阅读综述性文献，然后阅读研究性文献

文献综述是作者对某一专题、某一领域的历史背景、前人工作、争论焦点、研究现状与发展前景等方面，写成的严谨而系统的评论性、资料性论文，把该专题、该领域及其分支学科的新进展、新发现、新趋势、新水平、新原理和新技术比较全面地介绍给读者，是研究者最重要的参考文献。另一方面，综述文后的参考文献尤为重要，可以向前追溯最重要的文献，也为深入研究提供了非常有价值的线索。

同样是综述性文献或研究性文献，建议首先阅读与研究方向相关的高影响力的文献，刊物的影响因子、文章的被引次数、下载次数是反映文献参考价值的标准之一，刊物的影响因子越高，表明学术影响力也越大。高影响力的文献一般被著名的文摘数据库收录，高水平的文献一般首先被全文数据库报道。

3.6.2 阅读名家或影响力高的学术著作

诚如知名学者余秋雨所言，"读书要读高于自己的书，那才是一种快乐，人的快乐源于仰望"。名家学术著作往往学术价值高，可以启迪思想，开阔视野。例如，有"现代营销学之父"之称的菲利普·科特勒的《营销管理》一书，许多海外学者把该书誉为市场营销学的"圣经"。一般来说名家著作的影响力总是较高的，刊物的影响因子、文章的被引次数、下载次数是反映文献参考价值的标准之一，刊物的影响因子越高，表明学术影响力越大。刊物的影响因子、文章的被引次数、下载次数等可以在数据库中查到。

【例 3-11】 张同学的研究方向定为"网络商城顾客满意度实证研究"，在中国期刊网中检索相关文献，选择专业检索，输入检索式（检索时间：2012/8/25）：

#59：SU=（"网络商城" or "网上商城" or "网络购物" or "网上购物" or "电子商务"）and SU=（"顾客满意度" or "客户满意度" or "服务满意度"）

在检索结果列表中，可以发现同样为 2009 年发表的文献，被引次数、下载次数是有差别的，如图 3.19。

序号	篇名	作者	刊名	年/期	被引频次	下载频次
□ 181	关于电子商务模式的评价指标和方法	龚炳铮	中国信息界	2009/03	2	319
□ 182	数据挖掘在CRM中的应用研究	桂蓉芳	山西煤炭管理干部学院学报	2009/01		175
□ 183	电子商务环境下企业客户关系管理存在的问题及对策	王浩; 于海霞	产业与科技论坛	2009/02	2	723
□ 184	中国管理学大事记(2008年12月)		生产力研究	2009/02		73
□ 185	基于顾客满意的消费者网上购物影响因素分析	李思曼; 王宇航; 李亚平	商业研究	2009/01	11	1423

图 3.19　　中国知网检索结果界面

3.6.3　阅读最新文献

阅读最新文献,可以掌握感兴趣的研究领域、研究方向的最新研究动态。所谓最新文献,一般是指近五年发表的文献,当然,学科不同,年限标准也有区别,不能一概而论。

3.6.4　单篇文献阅读的深度

通过浏览题名,了解当前文献的主要内容,进而对文献做一个初选,如果对题名反映的内容根本不感兴趣,就不必再浪费时间,如果感兴趣就对该文进行略读。

略读就是阅读文献的摘要,以便初步了解该文献的研究目的、方法、结果和结论,判断是否与自己的文献需求有关,如果把握不准,可以再阅读引言,了解作者的研究目的、前人所做的工作和作者的主要贡献,如果兴趣不大,结束略读。如果觉得对本人有帮助,则继续通读全文。

通读,即从头至尾以较快的速度阅读全文的方法,只浏览思路、过程、方法,不必纠缠于细节,不要查字典,目的是获取基本的信息和知识脉络,看完全文后结合自己的研究思路进行分析,决定该文献是否值得精读。若值得,留档精读;若一般,记录认为重要的片段。

精读是一种充分理解、记忆的阅读方式,边阅读、边思考,以便弄清作者在所研究领域中的地位和贡献,明白文献的主题、目的,了解文献中解决的关键问题和所用基本方法的细节,搞清文献的研究结论及文献的创新之处,发现该文献不足之处和可能要改进的地方,明确该文献的主要贡献及对本人研究课题的启发。上述要点都明确后,则要对该论文进行归纳。

对一篇文献进行归纳,就是要高度概括研究的主要内容;而对一篇文献的评价则要结合个人的领域知识背景对文献的每一部分理论方法或实践过程、所得出的研究结论进行评价。要完成上述工作,除了要阅读该文献的核心参考文献外,有时还要阅读与该文献相关的其他文献,在了解国内外研究动态的基础上,高度概括研究的主要内容,指出研究可能存在的不足。通过对所有重要文献的归纳和评价,将会对如何解决目前研究存在的问题和不足、如何创新有一定的思路。

【例3-12】　张同学在进行"网络商城顾客满意度实证研究"课题研究中,根据检索要求,选用了五个有代表性的中外文数据库,检索出近五年来约500篇国内外相关文献,他通过浏览题名,排除了相关度不大的文献,又结合被引次数、下载次数、发表时间和发表刊物等优先选择了参考价值较大的100篇文献。为了快速把握文献的参考价值、节约时间,张同学在浏览题名后,对文献摘要进行集中阅读,舍弃了参考价值不大或内容有重叠的文献,进一步筛选出40篇文献进行全文阅读,通读全文后把与研究方向密切相关、观点新颖、理论上有创新的文献再进行精读,通过这一阅读筛选过程,适于精读的文献只有 9 篇。

3.6.5　文献阅读要有效率

文献阅读时间要集中。看文献的时间越分散,浪费时间越多。集中时间看更容易联系起来,形成整体印象。

读单篇文献时要学会抓大放小。所谓抓大放小就是从整体上把握文献的要点,绕过少数不懂的内容。著名科学家钱伟长曾说,论文要常常看,而且要会看,要节省时间,抓住最重要的内容,如:文中提出什么新观点,用了什么新方法,得到了什么结论,还遗留了什么问题。尤其注意不要一字一句都去抠,就像走路一样,用不着等路上的小石头都捡完了再走,不需要的,跳过去、绕过去、爬过去就行了。

使用个人文献管理器对下载的文献进行整理分类(也可以使用 Excel 或 Word 等办公软件)。个人文献管理器提供了许多很好的功能,不但帮助用户对下载文献根据内容、专题、期刊、时间进行管理,在撰写论文时自动生成参考文献标记样式和列表,还可以对文献进行标注,如哪些文献需要通读或精读,记录每篇文献的归纳与评价内容。

阅读复印或打印出来的文献,要勤于动笔,直接在文献上做标记或批注。

3.7　文献信息线索解读

信息检索过程中获取原文线索的途径一般有两个:数据库中的检索到的文献著录信息,文献后面的参考文献列表,有些数据库对检索结果中的文献出版类型进行提示,有些却没有,本节通过各种案例来理解一些晦涩的获取原文的线索。

3.7.1　图书

任何一本正式出版的图书都有 ISBN 号,但并不是每个图书的著录信息中都有 ISBN 号(参考文献列表中的图书参考信息一般没有 ISBN 号),但多数图书线索中会有编者、出版者、书名和出版年。

【例 3-13】　文献数据库中图书著录格式,一般有以下普遍的样式。

1. sciverse/science director(Elsevier)

通式:书名 Author（s）:作者 ISBN:ISBN 号

如: Mixing a Musical Broadway Theatrical Sound Techniques Author（s）: Shannon Slaton ISBN: 978-0-240-81759-0.

2. IEEE

通式: Author（s）:作者 ; Book Title: 书名　Publisher : 出版者　Edition : 1 版次

如: Author（s）: Markel, M. ;　Book Title: Writing in the Technical Fields:A Step-by-Step Guide for Engineers, Scientists, and Technicians Publisher : Wiley-IEEE Press Edition : 1.

3. SciFinder

通式：书名 by: 作者；Editors: 编者（有时会缺省）

如：Chemical Analysis of Antibiotic Residues In Food　By: Wang, Jian; MacNeil, James D.; Kay, Jack F.; Editors.

【例3-14】 参考文献列表中图书著录格式。

1. 通式：作者：书名 . 出版者（年份）

如：Medin, D.L., Rips, L.J.: Concepts and categories: Memory, meaning, and metaphysics. Cambridge Univ. Press, Cambridge（2005）.

2. 通式：作者，书名 . 出版地：出版商，年份

如：M. Li, P. Vitanyi, An Introduction to Kolmogorov Complexity and Its Applications. New York：Springer, 1997.

3. 通式：作者 . 书名 [M]. 出版地：出版社，出版日期：页码

如：魏先勋 . 环境工程设计手册（修订版）[M]. 长沙：湖南科学技术出版社，2002：585—588.

【例3-15】 参考文献列表中图书著录格式（书内章节）。

通式：作者，"章节名称"，书名，编者，出版者，年份

如：D.Rumelhart, "Understanding and summarizing brief stories," in Basic Proccsscs in Reading: Perception and Comprehension, D.Laberge and S. Samuels, Eds. Hillsdale, NJ: Erlbaum,1976.

3.7.2　期刊论文

期刊论文的著录项主要有论文题目，卷（期）或期，出版日期或出版年。

【例3-16】 参考文献列表中的期刊论文。

1. 通式：作者 . 论文题目 [期刊论文标记 J]. 期刊名称，出版年，期：页码

如：李佳薇 . 浅谈表演艺术与节目主持艺术的结合运用 [J]. 安徽文学（下半月），2011,（11）：217.

2. 通式：作者 . 论文题目 [期刊论文标记 J]. 期刊名称 . 出版年，卷（期）：页码

如：Zhou, Hua; Lu, Jianxiang; Cao, Zhikai; Shi, Jia; Pan, Ming; Li, Wei1; Jiang, Qingyin. Modeling and optimization of an industrial hydrocracking unit to improve the yield of diesel or kerosene. Fuel,2011, 90(12):3521—3530.

3. 通式：作者 . 论文题目 . 期刊名称 . 卷（期），页码（出版年）

如：Kintsch, W.: The role of knowledge in discourse comprehension: a constructionintegration model. Psychological review 95(2), 163—182 (1988).

4. 通式：作者 ."论文题目，". 期刊名称 卷（期）：页码，出版日期

如：C. Lyon, R. Barrett, J. Malcolm, "Plagiarism is Easy, But Also Easy to Detect," Plagiary 1（5）：110，Mar. 27, 2006.

5. 通式：作者 . 期刊名称 . 出版年，期，页码

如：Horne, G.; Wilson, F. X. Prog. Med. Chem. 2011, 50, 135—176.

【例 3-17】 Engineering Village 数据库中的期刊论文。

通式：论文题目　作者（作者单位）Source: 来源，期刊名称，卷，页码范围，出版日期

如：Perovskite-type La2Ti207 mesoporous photocatalyst

Onozuka, K.（Chemical Resources Laboratory, Tokyo Institute of Technology, R1—10, 4259 Nagatsuta, Midori-ku, Yokohama 226—8503, Japan）; Kawakami, Y.; Imai, H.; Yokoi, T.; Tatsumi, T.; Kondo, J.N. Source: Journal of Solid State Chemistry, v 192, p 87—92, August 2012.

3.7.3　会议论文

会议论文线索中一般有 Proceedings 或 Conference 或 Meeting，有时也有卷期信息，要注意与期刊的卷期区分。

【例 3-18】 参考文献列表中的会议论文。

1. 通式：作者：论文题目 .In: 来源，会议论文集名称，卷，出版商，pp. 页码范围（出版年）

如：Jing, Y., Croft, W.: An association thesaurus for information retrieval. In: Proceedings of RIAO, vol. 94, Citeseer, pp. 146—160（1994）.

2. 通式：作者：论文题目 . 会议论文集名称 卷（期），页码范围（出版年）

如：Hutchins, W.: The concept of aboutness in subject indexing. Aslib Proceedings30（5），172—181（1978）.

3. 通式：作者：论文题目 . In: 会议论文集名称，页码范围（出版年）

如：Iwayama, M., Fujii, A., Kando, N.: Overview of Classification Subtask at NTCIR-6Patent Retrieval Task. In: Proceedings of NTCIR-6 Workshop Meeting, pp.366–372（2007）.

4. 通式：作者，"论文题目" .in 会议论文集名称，出版年，pp. 页码

如：T. Lancaster, F. Culwin, "Towards an Error Free Plagarism Detection Process," in Proc. 6th Annu. Conf. Innov. Technol. Comput. Sci. Ed., ITiCSE 01, 2001, pp.5760.

【例 3-19】 数据库中的会议论文。

1. Engineering Village 数据库中的会议论文

通式：论文题目　作者（作者单位）Source: 会议论文集名称，页码范围，出版年，会议名称

如：The virtual reality technology in art design

Liu, Qiang（Art Academy, China Three Gorges University, Yichang, China）Source: 2012 2nd International Conference on Consumer Electronics, Communications and Networks, CECNet 2012-Proceedings, p 2226—2228, 2012, 2012 2nd International Conference on Consumer Electronics, Communications and Networks, CECNet 2012–Proceedings.

2. Web of Science 中发表在期刊上的会议论文

标题：Blunt-Body Entry Vehicle Aerothermodynamics: Transition and Turbulent Heating

作者：Hollis, Brian R.

会议：40th AIAA Fluid Dynamics Conference and Exhibit 会议地点：Chicago, IL 会议日期：JUN 28—JUL 01, 2010　会议赞助商：AIAA

来源出版物：JOURNAL OF SPACECRAFT AND ROCKETS　卷：49 期：3 页；435—449　DOI：10.2514/1.51864　出版年：MAY-JUN 2012

3. SciFinder 中的会议论文

通式：题目 By 作者；论文集名称（年份），页码范围

如：Modern laboratory practices-analysis of dairy products　By Bintsis, Thomas; Angelidis, Apostolos S.; Psoni, Lefki　Edited by Britz, Trevor J.; Robinson, Richard

Kenneth　From Advanced Dairy Science and Technology（2008），183—261.

3.7.4　学位论文

【例 3-20】 数据库中的学位论文。

1. PQDT 中的学位论文

通式：论文题目 . by 作者；学位名称；授予学位机构 .b 研究方向；年份

如：Social Identity and the Shift of Student Affairs Staff to the Academic Unit.

by Mader, Michael.; Ed.D.; Arizona State University.bEducational Leadership and Policy Studies.; 2012.

2. SciFinder 中的学位论文

通式：论文题目 . by 作者；学位名称；授予学位机构 . 研究方向；年份

如：Pharmacokinetic evaluation of the blood: Tissue relationship in poultry: Screening for antibiotic residues in chicken muscle　By: Reyes Herrera, Ixchel　(2009), 87 pp...

3. Engineering Village 中的学位论文

通式：论文题目 作者 Source: 出版物名称 ,n 期 , 页码 , 年份

如：Fluid vibration in piping systems - a structural mechanics approach using exact finite elements Frid, Anders　Source: Chalmers Tekniska Hogskola, Doktorsavhandlingar, n 763, var pg, 1990.

【例 3-21】 参考文献列表中的学位论文。

通式：作者 . 论文题目 [学位论文标记 D]. 授予学位机构 , 年份

如：燕可毫 . 中国艺术体操裁判员绩效考核体系研究 [D]. 陕西师范大学 ,2007.

3.7.5　专利文献

【例 3-22】 数据库中的专利文献。

专利文献的显著特征是专利号，有时有 patent 关键字和专利局名称。

1. 欧洲专利局专利数据库

通式：专利名称　Inventor(s): 发明人　Applicant(s): 申请人　Classification: - international: 国际专利分类 - European: 欧洲　Application number: 申请号码　Priority number(s): 优先权号码

如：A gully for a drainage system and a flow brake　Inventor(s)：MOSBAEK JOHANNESSEN JOERGEN [DK] + (JOHANNESSEN, JOERGEN MOSBAEK) Applicant(s)：MOSBAEK AS [DK] + (MOSBAEK A/S)　Classification: - international: E03F5/10; F15D1/02 - European: E03F5/10H2 Application number: DK2011007008320110211 Priority number(s): DK2011007008320110211.

2. SciFinder 中的专利文献

通式：专利名称 By 发明人 . From 专利文献来源(年份)，专利号 专利审查状态 公告日期

如：Traditional Chinese medicine composition for treating mammitis in dairy cattle Full Text By Zhang, Yadong; Zhang, Libo From Faming Zhuanli Shenqing (2011), CN 102188581 A 20110921.

3. 美国专利局中的专利文献

United States Patent（美国专利）　　　　　　　　专利号

发明人姓　　　　　　　　　　　　　　申请日期

专利名称　Inventors: 发明人　Assignee: 申请人　Appl. No.: 申请号　Filed: 归档日期 Current U.S. Class: 当前美国专利分类　Current International Class: 当前国际专利分类　Field of Search: 检索该专利的领域

United States Patent　　　　　　　　　　RE43,602

Chu　　　　　　　　　　　　　　　　　August 21, 2012

Data security method and device for computer modules Inventors: Chu; William W. Y. (Los Altos, CA) Assignee: Acqis LLC (McKinney, TX) Appl. No.: 13/294,108

Filed: November 10, 2011 Current U.S. Class: 726/2 ; 726/27; 726/36

Current International Class: G06F 17/30 (20060101); G06F 1/26 (20060101)

Field of Search: 726/2-9,16-21,34,36713/182-183,192-194

【例 3-23】　参考文献中的专利文献。

1. 通式：专利权人 . 专利名称 [专利文献标记 p]. 专利国别：中国专利号

如：申纪国 . 排水管道消音装置 [p]. 中国专利：ZL98221757.9.

2. 通式：专利权人 . 专利名称 [专利文献标记 p]. 专利国别：中国专利号

如：浙江佑利工程塑料管道总厂 . 塑料管子(芯层发泡管)[P]. 中国专利：CN 2221141.

3. 通式：专利名称 [专利文献标记 p]. 专利国别：日本昭和年专利号

如：高比重粉体填充板材播在 PVC 管外边 [P]. 日本专利：特开昭 63—234298.

4. 通式：专利国别：日本平成年专利号

如：日本专利：特开平 10—9649.

5. 通式：发明人 and 申请人，专利名称，Patent Application,No 专利号，公开日期，专利局名称

如：Mi, J., Nathan, G. J., Luxton, R. E. and Luminis Pty. Ltd.,Naturally oscillating jet devices, Patent Application, NoPP0421/97, 19 Nov 1997, Australian Patent Office.

3.7.6 标准文献

标准文献的显著特征是标准号，由于标准号中包含标准的范围或行业或机构名称，出版年的位置也不固定，所以格式比较不统一，有的标准文献会有 std、standard、guid 类的关键字。

【例 3-24】 IEEE 数据库中的标准文献。

通式：标准名称 I EEE Std 标准号 Digital Object Identifier: 数字对象标识号 Publication Year: 出版年份

如：IEEE Recommended Practice for Functional and Performance Characteristics of Control Systems for Steam Turbine-Generator Units IEEE Std 122-1991 Digital Object Identifier: 10.1109/IEEESTD.1992.101082 Publication Year: 1992.

【例 3-25】 参考文献中的标准文献。

通式：标准号，标准名称 [标准文献标志 S]
如：GB 50015.2003，建筑给水排水设计规范 [s].

3.7.7 科技报告

科技报告的作者一般是团体作者即某一机构，其他特征与图书相似。

【例 3-26】 参考文献中的科技报告。

通式：报告机构简称 . 报告名称 [科技报告文献标识 R]. 报告机构全称，NTIS Accession Number：获取号，出版地，出版年

如：USEPA（美国环保局）. Results of the Nationwide Urban Runoff Program: Volume 1-Final Report[R].United States Environmental Protection Agency（美国环保局），NTIS Accession Number：PB84-185552，National Technical Information Service，U.S. Department of Commerce，Springneld，Virginal 22161，1983.

3.8 原文获取实验案例

上一节，我们介绍了各种类型文献信息线索特征，这些文献有的来自数据库，有的来自文献后面的参考文献列表，在实践中我们发现，获取这些文献原文的难度也各不相同，本节通过具体的案

例,演示获取原文的各种途径。

【例3-27】 小李对一篇论文中的参考文献 Liu, H.; Liang, X.; Sohoel, H.; Bülow, A.; Bols, M. J. Am. Chem. Soc. 2001, 123,5116. 很感兴趣,他通过以下方法尝试找到原文。检索时间:2012/8/25。

（1）在谷歌学术中,搜索 "Liu, H.; Liang, X.; Sohoel, H.; Bülow, A.; Bols, M. J. Am. Chem. Soc. 2001, 123,5116",没有获得有用的信息,多数都是这篇文献的施引文献。

（2）使用 SciFinder 的期刊检索,输入 J. Am. Chem. Soc. 或 J Am Chem Soc,命中 0 条。

（3）在期刊联合目录中,检索刊名中含有 chem 的期刊,发现 "JOURNAL OF THE AMERI-CAN CHEMICAL SOCIETY"的缩写就是 "J. Am. Chem",但由于系统没有提供按刊名排序的功能,比对刊名很费时,于是进入系统关联的 ACS 数据库,从而获得该原文。

（4）在 Web of Knowledge 中,查找发表在 "J Am Chem Soc"上 2001 年出版,作者为 liu, H 的论文,并提供 "全文"链接。

（5）在 JCR 中,用刊名缩写 "J Am Chem Soc"查找期刊的影响因子,得知该刊的全称为 "JOURNAL OF THE AMERICAN CHEMICAL SOCIETY",用这个全称在 "期刊联合目录"中,找到了收录该刊全文的 ACS 数据库,这个方法明显比(3)的方法快。

实验结论 3-24

◆ 由于和缩写的作者拼写相似,缩写的出版物名称不容易被正确地识别,需要仔细辨认;

◆ 有些检索工具可以使用缩写的期刊名称作为出版物的检索词,但要注意去掉缩写中的 ".";

◆ 由于外文全文数据库中收录的期刊重复度不高,所以可以使用馆藏期刊联合目录,迅速找到收录某刊全文信息的数据库;

◆ 由于不少文摘数据库收录文献比全文数据库更广泛,且提供文献馆藏全文链接,如果提供缩写刊名的检索功能,如 Web of Knowledge,也可以使用文摘数据库找全文。

【例3-28】 小李尝试了例2-44 的所有办法找参考文献 "Horne, G.; Wilson, F. X. Prog. Med. Chem. 2011, 50, 135–176." 的原文,终于在 Web of Knowledge 中找到了该刊的全称为 Progress in medicinal chemistry, 以及该论文的题目 "Therapeutic applications of iminosugars: current perspectives and future opportunities",但没有全文链接和作者邮箱,他又做了以下尝试。检索时间: 2012/8/25。

（1）在图书馆主页上的 "期刊论文传送"区,提交咨询单,由于非本馆馆藏,这个可能是收费服务,放弃。

（2）在图书馆主页上的 "超星 Medalink"中,检索 Therapeutic applications of iminosugars: current perspectives and future opportunities,命中 0 篇。

（3）在上海图书馆的 "网上联合知识导航"中,提交了咨询单,两天后得到回复,说该篇论文在上海图书馆馆藏的一本图书里,希望小李自己去上海图书馆借阅。

（4）在研发公共服务平台、中国高校文献保障系统(CALIS)、中国国家科技文献中心

（NSTL）、全国图书馆参考咨询联盟等"馆际互借"服务平台上提交"文献传递"请求。

（5）由于无法获得该文作者的邮箱信息，但找到了引用该文的作者邮箱，进而给引用该文的作者发求救信。

信的内容如下：I am a undergraduate student from East China University of Science and Techn-ology, I have great interest in the full text of the paper cited by your paper. Could you help me? 四天之后，小李收到了引证文献作者发来的原文，在原文的前面，有一个特别的版权声明：Provided for non-commercial research and educational use only.Not for reproduction, distribution or commercial use。

（6）利用谷歌学术搜索，进入了 researchgate 网站（http://www.researchgate.net/publication/49831081_Therapeutic_applications_of_iminosugars_current_perspectives_and_future_opportunities），注册认证后，可上传本人的论文，但不能免费获得非本人撰写的原文。

（7）在各 QQ 群中求助，很快就收到了原文，而且是免费的。

实验结论 3-25

　◆ 有了原文线索后获取原文的过程不一定很顺利，主要因为各单位所拥有的馆藏结构不同；

　◆ 通过专业咨询机构或向网友求助都是不错的途径，但服务响应可能比较慢；

　◆ 向原文作者或引证原文的作者索取原文也可以获得原文；

　◆ 一些专业数据库也提供文献传递服务，如：超星百链、超星读秀、维普、万方、Elsevier、Springerlink 等，不同的数据库在是否收费方面有所不同，国内的几大数据库基本免费，但国外数据库的文献传递基本收费；

　◆ 向网友求助也是获得原文的一种有效途径；

　◆ 如果协助提供原文，要注意不能用于商业目的。

【例 3-29】　李教授在某参考文献的参考文献列表中看到了以下信息：Mi, J., Nathan, G. J., Luxton, R. E. and Luminis Pty. Ltd.,Naturally oscillating jet devices, Patent Application, NoPP0421/97, 19 Nov 1997, Australian Patent Office。他知道这是一篇专利文献，且可能在欧洲专利局专利数据库中（简称欧洲专利）里有该专利的全文，但他还是没有找到。于是向图书馆员求救，图书馆员在欧洲专利中做了以下的尝试。

（1）在"smart search"（智能检索）界面，输入"Naturally oscillating jet devices"、"oscillating jet devices"、"jet devices"，均命中 0 篇。不想再尝试专利名称了。

（2）在"advanced search"（高级检索）界面的各种号码字段中，输入"AU0421/97"、"0421/97"、"AU19970421"、"AU97000421"，均命中 0 篇。

（3）在"smart search"（智能检索）界面，输入"Nathan, G. J."命中 0 篇，输入"Nathan, G"命中 8 244 篇，输入：（Mi, J）and（Nathan, G），命中 0 篇。

（4）在"quick search"（快速检索）界面，输入：（Mi, J）and（Nathan, G），选择检索字段为"person or organization"，命中 1 篇，正是本专利，详细摘要信息如图 3.20。

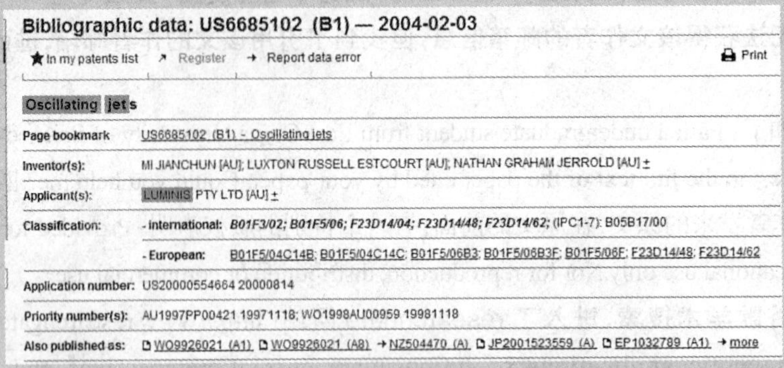

Bibliographic data: US6685102 (B1) — 2004-02-03

In my patents list | Register | Report data error | Print

Oscillating jets

Page bookmark	US6685102 (B1) - Oscillating jets
Inventor(s):	MI JIANCHUN [AU]; LUXTON RUSSELL ESTCOURT [AU]; NATHAN GRAHAM JERROLD [AU] +
Applicant(s):	LUMINIS PTY LTD [AU] +
Classification:	- international: B01F3/02; B01F5/06; F23D14/04; F23D14/48; F23D14/62; (IPC1-7): B05B17/00
	- European: B01F5/04C14B; B01F5/04C14C; B01F5/06B3; B01F5/06B3F; B01F5/06F; F23D14/48; F23D14/62
Application number:	US20000554664 20000814
Priority number(s):	AU1997PP00421 19971118; WO1998AU00959 19981118
Also published as:	WO9926021 (A1) WO9926021 (A8) NZ504470 (A) JP2001523559 (A) EP1032789 (A1) more

图 3.20　欧洲专利局专利数据库基本信息界面

实验结论 3–26

◆ 虽然常用的查找专利的方法是用专利名称和专利号码，但由于本例的专利号码复杂，专利名称有误，所以不能找到。

◆ 根据参考文献列表中的线索检索原文时，需要灵活运用各个信息特征和检索工具的不同界面。

【例 3–30】 王博士在某篇文献的参考文献中看到了一篇印度专利文献：IN2001KO00605，他根本不懂印度语，于是在欧洲专利中试了试。在检索到的该篇专利文献的详细著录信息页面，发现该专利有中国的同族专利，如图 3.21，进而直接阅读中文的专利说明书了。

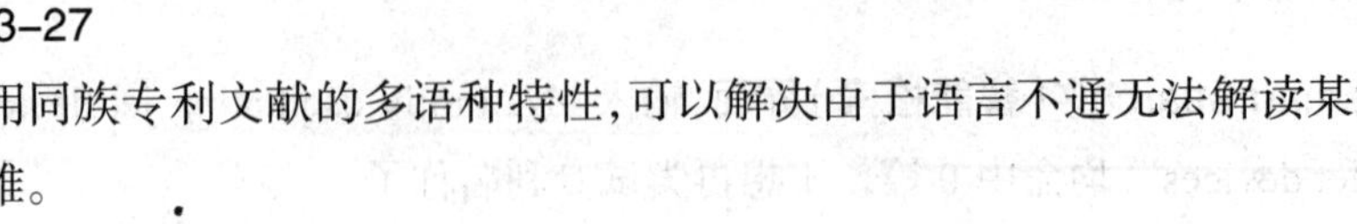

Application number:	CN20011037441 20011112
Priority number(s):	IN2001KO00605 20011019; IN2001KO00620 20011101
Also published as:	EP1304101 (A1) PL350649 (A1) JP2003137783 (A) HU0104832 (A2) HU0104831 (A2) CZ20014034 (A3) CN1411809 (A) less

图 3.21　欧洲专利局专利数据库单篇专利信息界面

实验结论 3–27

◆ 利用同族专利文献的多语种特性，可以解决由于语言不通无法解读某篇专利文献的困难。

3.9　原文的管理

【例 3–31】 小李做毕业论文的时候，找到了许多参考文献，他认真阅读并做好了摘抄，开始写论文了，发觉要引用这些文献需要手工操作，特别麻烦。正好他看到了有关 endnote 新功能的介绍，发现能够自动管理这些原文的著录信息。

使用"Import"功能向 endnote 中导入了几篇原文的 pdf 文件,具体导入流程如图 3.22,然后就在 endnote 的数据库中看到了它们的题目、作者和出版物信息,如图 3.23。

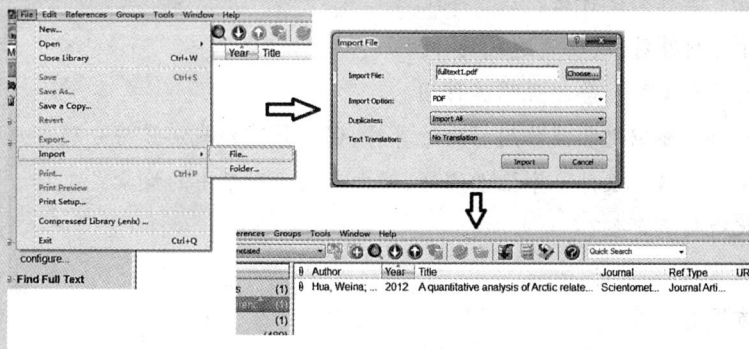

注:如果选择 Folder 导入,则可以导入整个文件夹中的 PDF 文献。

图 3.22 通过 Endnote 导入 PDF 文件流程图

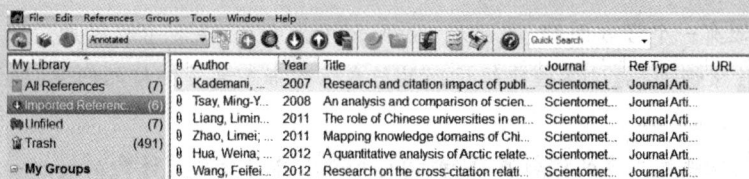

图 3.23 导入 PDF 文件界面

【本章小结】

本章通过大量的案例介绍检索技巧,包括检索工具的工作机理、逻辑算符、防止漏检和提高查准率等,结合常用文献数据库进行了详细解释,有助于读者掌握检索技术,提高检索能力。

+-+

【练习题】

1. 布尔逻辑关系的作用是什么? 试举例说明。
2. 什么是检索策略? 试举例说明。
3. 构建一个检索工具,必须完成哪些工作?
4. Robots.txt 的作用是什么?
5. 标引排序员的作用是什么? 索引器的作用是什么?
6. 检索界面和检索结果界面有什么不同?

7. 画出搜索引擎的原理图,并进行解读。

8. 为什么同一课题在 google 和维普数据库中找到了不同数量的相关文献?

9. 如何计算查全率和查准率? 查全率高了,查准率就一定低了吗? 为什么?

10. 什么是检索点? 其作用是什么?

11. 举例说明布尔逻辑算符、逻辑表达式的作用。

12. 邻近算符有哪几种类型? 举例说明其作用。

13. 截词符有哪几种? 举例说明其作用。邻近算符、逻辑算符和截词算符分别有哪些不同?

14. 检索式的作用是什么? 设计一个检索课题,写出在搜索引擎中的检索式。

15. 检索式的简化规则有哪些?

16. 什么是通用检索式?

17. 检索词匹配方案有哪些?

18. 语义匹配和关键词匹配的区别有哪些?

19. 增加检出文献量的技巧有哪些? 试举例说明增加上位词和下位词作为同义词对检索效果的影响。

20. 减少检出文献量的技巧有哪些? 试举例说明选择不同的检索工具对检索效果的影响。

21. 维普数据库还有一个官方网站,网址为:www.cqvip.com,这是一个可以免费获得文摘的网站,请设计一个检索课题,通过实验比较该网站与本馆图书馆主页链接的网站(镜像站)在检索功能方面的差别。

22. 图书馆提供的维普数据库的逻辑算符、截词符和邻近算符分别是什么?

23. 维普数据库镜像站中除了基本检索界面外,还有传统检索、高级检索和专业检索界面,分别在这四个界面上进行实验,检索有关信息素养教学的研究论文,比较检索结果的差别,选择一篇你感兴趣的论文认真阅读,谈谈你的读后感。

24. 维普数据库镜像站的期刊检索中,使用了"中文科技期刊数据库",详细了解该数据库的基本情况,掌握检索的基本方法和流程,介绍检索字段或检索入口之间的差别以及"期刊导航"、"检索历史"功能,检索有关信息素养教学的研究论文,比较题名、题名或关键词、文摘、任意字段对检出文献量的影响,查看系统记录的检索历史。

25. 请阅读"中文科技期刊评价报告"的介绍,了解以下术语的含义:总被引频次、影响因子、立即指数、被引半衰期、引用半衰期、期刊他引率、平均引文率。

26. 维普数据库镜像站中的文献引证追踪模块使用了"中文科技期刊数据库(引文版)",详细了解该数据库的基本情况和功能设计,了解以下术语的含义:H指数、引证检索模式。利用该模块,完成以下工作:(1)查找23题中有关信息素养教学的研究论文的引证情况;(2)查找你感兴趣的老师撰写的论文的引证情况;(3)查找你的学校或学院的所有老师撰写的论文的引证情况;(4)查找你感兴趣的某期刊的引证情况。并出具引证报告。

27. 进一步阅读维普镜像站中的"中文科技期刊数据库(引文版)"介绍,了解不同类型的用户在不同的情况下如何使用该数据库。作为科研人员,应该如何使用该数据库?

28. 进一步阅读"科学指标数据库"的情况介绍,了解其产品的实际应用功能。完成以下工作:(1)查看本学科学者的排名情况;(2)查看本学科机构排名情况;(3)按学科查看地区排名情况;(4)按学科查看期刊排名情况;(5)查看本学科的排名;(6)查看本学科的基线;(7)查看本学科的研究前沿;(8)查看本学科的高被引论文;(9)查看本学科的热点论文;(10)查看本学科中国的海外论文的机构排名情况;(11)查看本学科中国的海外论文的学者排名情况;(12)查看本学科中国的海外论文的地区排名情况;(13)查看本学科中国的海外论文的顶尖论文;(14)查看本学科论文国际影响力排名情况;(15)查看 2005 年—2008 年三年本学科论文国际主要检索工具收录情况;(16)查看 2005 年—2008 年三年各地区论文国际主要检索工具收录情况。

29. 分别制作北京、上海、广州;辽宁、吉林、黑龙江;四川、贵州、云南地区的 2006—2010 年五年间的论文、专利、成果、科技人员、科技经费、科技机构和科技进步检测等指标的综合分析报告。

30. 万方数据中使用哪些逻辑算符、截词算符和邻近算符?

31. 在万方数据库中,检索某作者的论文发表情况时,最好选用哪个界面?

32. 利用万方数据库首页的"查新 / 跨库检索"功能,查找系统对自己感兴趣的课题提炼的推荐检索词。

33. 万方数据库中,也提供了学科领域热点、前沿及知识点关注度变化的功能。选择一个学科,对比这个功能与维普数据库中的类似功能的区别。

34. 与维普数据库相比,万方数据库中收录的文献类型更多了,请列出万方数据库收录的文献种类。设计一个检索课题,分别检索这些类型的文献。

35. 利用万方学术圈,了解自己的老师及其学术圈,介绍你在老师的学术圈子中的新发现。

36. 中国知网的检索规则与万方数据和维普数据有哪些异同?

37. 查找英文相关文献时,有哪些方法可以找出中文课题的英文关键词?

38. 分类检索有时可以防止漏检,有时可以提高查准率。请设计一个课题举例说明。

39. 在检索文献时,充分挖掘检索词的相关同义词、近义词或上下位词,某些文献检索工具提供了同义词或相关词的检索功能,请举例说明你的检索课题以及你使用过的具有同义词检索功能的检索工具。

40. 在检索文献时,忽视同名作者或同一作者的不同拼写情况容易造成过检或漏检,请设计两个课题分别说明这两种现象。

43. 利用文献漫游的"相关文献"、"相似文献"、"引证文献"或"参考文献"发现功能可以帮你发现更多的有价值文献,请举例说明你在检索文献时对这些功能的使用过程和收获。

44. SciFinder 中的检索规则与其他数据库有什么不同?

45. 阅读文献有哪些技巧?

46. 各种不同的出版类型的文献在数据库和参考文献中的著录格式不同,请举例说明。

47. 你使用过哪些方法获取原文?请举例说明。

48. 请介绍你使用的个人文献管理方法和工具。

第 4 章　基于 Big6 的文献检索策略案例大全

从本质上讲,信息检索的目的就是利用这些信息获得某个问题的解决方案,因此获取信息的过程直接影响到解决方案的设计,本章重点介绍基于 Big6 的文献检索策略案例。

4.1　Big6 信息问题解决模式

4.1.1　Big6 概念

Big6 是一种已经在国外得到普遍应用的信息问题解决模式,用来培养学生的处理信息能力和问题解决能力,其全称是"Big6 信息问题解决模式"(Big6 Model of Information Problem-Solving),由美国麦克·艾森堡(Mike Eisenberg)和鲍伯·伯克维茨(Bob Berkowitz)两位学者于 1988 年首先提出。世界各国的很多学校,从幼儿园到高中,甚至大学或成人学习,都在采用这种方法,运用各种资源来解决问题或完成任务,例如可以帮助你写作研究报告,或者帮助你在做研究时组织资料等。

所谓 Big6,确切地讲是取其六个步骤英文名称的一个字母,然后组合而成(B-I-G-S-I-X),如下面黑体字母所示:

- Be sure you understand the problem. Task Definition
- Identify source of information. Information Seeking
- Gather relevant information. Location & Access
- Select a solution. Use of Information

- Integrate the ideas into a product. Synthesis

- Examine the result

4.1.2　Big6 步骤

它将信息问题的解决分成六个阶段,每个阶段由两个步骤组成,具体构成见表 4.1。

表 4.1　Big6 信息问题解决模式

阶 段 名 称	任 务 名 称	步骤一	步骤二
一	定问题	确认完成这项任务需要的信息内容范围	确认完成这项任务所需信息的搜索策略
二	找策略	讨论研究可能的资源的范围	列出资源的优先顺序定位和搜索
三	取资料	查找资源	从资源里发现信息、运用信息
四	详阅读	阅读信息	摘录信息
五	能综合	从多个资源中组织信息	表达信息
六	会评价	评价问题解决的过程	评价问题解决的结果

1. 定问题阶段

本阶段要求用户认真分析所面临的信息问题,明确通过检索达到的目的,确认完成这项任务所需的信息。

2. 找策略阶段

本阶段的主要目的是要求用户研究可能存在所需信息的信息资源并确定这些资源的优先顺序,这就要求用户首先要对自身所处的信息环境中存在的各种检索工具,以及这些检索工具所加工组织的文献线索的范围相当熟悉,这是前提,如果不了解合适的检索工具,可以利用搜索引擎或咨询专业人士。一般首选在线文献数据库,再补充其他检索工具;先选择中文文献,再补充英文文献。同时要参考检索工具收录的文献的学科范围、时间范围和文献类型。

3. 取资料阶段

本阶段要求用户首先找到所选定的文献检索工具,然后利用合适的检索词和检索式在这些文献检索工具查找所需的文献线索。确定检索词时一般先确定基本检索词,再补充同义词。编制检索式一般以课题对相关文献包含基本检索词的各种逻辑关系要求为基础,分别编制中文检索式和英文检索式。初步筛选后,根据线索取得重要的原文,并使用个人文献检索工具管理这些文献线索,供进一步参考。

4. 详阅读阶段

本阶段要求用户能够快速阅读和摘录重要的信息,为综合和利用做准备。

5. 综合阶段

本阶段要求检索用户将从各个文献检索工具中“阅读”并“摘录”阶段获得的信息进行综合分析,形成课题调研报告或综述论文,课题调研报告可参考附录一。

6. 评价阶段

本阶段是信息问题解决过程的最后一个阶段,也是非常重要的阶段。通过评价,用户可以判断是否解决了最初的信息问题,如果没有解决,则需要推敲上述五个阶段的合理性,调整策略,重新检索；还可以判断整个信息问题解决过程的效率和方法是否最优，以提高解决更多信息问题的能力。

Big6 为我们提供了一套形式化的解决信息问题的基本方案，选择这种方法解决信息问题可以获得很高的效率，由于其基本思路与一般的科学研究方法有些类似，因此 Big6 方法体系也被广泛应用于许多科学研究和日常生活中。为方便参考，本书将六步简化为文献类型及检索工具、检索词和检索式析取、检索过程、检索结果与分析四个步骤。

4.2 基于 Big6 的检索策略应用案例大全

本节将通过多个案例说明在不同类型的检索课题中应用 Big6 信息问题解决方案的基本过程和方法，对涉及检索结果的去重、分析部分统一使用 EndNote 个人文献管理软件解决，每个案例不再详述。读者可以根据个人兴趣选择不同的案例阅读，以理解 Big6 信息问题解决方案的基本执行过程。

4.2.1 化学化工学科文献检索

【例 4-1】 宗同学想了解含膦硫脲类手性有机催化剂在 Baylis-Hillman 反应中的应用研究进展，他进行了基于 Big6 信息问题解决方案的文献检索。检索时间：2012/8/25。

1. 文献类型及检索工具

课题要求全面了解某方面的文献，因此应该查看包括图书、期刊、会议文献、学位论文、科技报告等各类文献。例 4-1 是一个化学化工学科课题，因此主要选择几个常用的搜索引擎和中外文综合数据库，如中文全文数据库（馆藏 OPAC 系统、超星、维普、万方、中国知网、中国国家知识产权局专利数据库）、外文文摘数据库（SciFinder Scholar、Engineering Village、Web of Knowledge），以及外文期刊图书全文数据库（ACS、RSC、Elsevier、Wiley、Springerlink、Emerald、EBSCO、PQDT、OCLC First-Search、Google Scholar）和外文专利全文数据库（欧洲专利局、美国专利局、日本专利局专利数据库等）。其中，SciFinder Scholar 在化学化工文献中具有极其重要的地位，对与此相关的课题建议首先使用该数据库了解外文文献。

2. 检索词和检索式

在研究课题的初期，主要应用课题的核心词做适当的组配成为检索式进行文献查找。对于本课题，最核心也最具显著特征的词是 "Baylis-Hillman"，而对于该词，如果连同之中的 "-" 一起进行检索，估计会造成极大的漏检，严重影响检索的查全率，所以考虑把该词处理为 "Baylis Hillman" 一个词组来进行检索，能提高查全率；含膦硫脲类催化剂一般作为手性催化剂使用，是否用 "手性" 这个词要根据情况决定。经过试检，发现相关文献中并不都出现 "手性" 及其近义词，故确定 Baylis Hillman（简称 B-H 反应、"B H reaction"、"B-H reaction"、"BH reaction"）、膦、硫脲（也称硫代尿素，含膦硫脲的英文词为 phosphinothiourea、phosphino thiourea、thiourea phosphine，统写为

phosphin* or thiourea）为本课题的检索词。

#1："Baylis Hillman" or "B H 反应" or "B-h 反应" or "BH 反应"

#2:（膦 or 硫脲 or 硫代尿素）and（"Baylis Hillman" or "B H 反应" or "B-h 反应" or "BH 反应"）

#3："Baylis Hillman" or "Baylis-Hillman" or "B H reaction*" or "B-H reaction*" or "BH reaction*"

#4:（phosphin* or thiourea）and（"Baylis Hillman" or "Baylis-Hillman" or "B H reaction*" or "B-H reaction*" or "BH reaction*"）

这里，"and"表示逻辑"与"，"or"表示逻辑"或"。检索时可根据数据库和检索结果作相应的调整。

分析上述检索式可以发现，#1、#3 主要为较全面地了解 Baylis Hillman 反应的现状。

3. 检索过程

限于篇幅，这里仅以美国专利局专利数据库、欧洲专利局专利数据库和 Web of Science 为例展示检索过程，其他检索工具中的检索请读者自行完成。

Web of Science 结构检索。由于 SciFinder Scholar 数据库严格限制在线用户数，故该功能可以作为 SciFinder Scholar 的有效补充。可以同时设定化合物结构式、化学物质名称、反应名称、物质角色（反应物、产物、催化剂）等多种检索条件，本课题设置的检索条件如图 4.1，检出文献 30 多篇，系统首先显示反应方程式，点击查看详细后，则直接显示文献中的关键数据，如催化剂名称、反应名称、反应步骤等，为提高文献筛选速度，建议先通过反应方程式初选，然后选中初选文献后按打印，这里的打印实际上是打印到一个网页上，阅读非常方便。当然也可以将这些相关文献保存到 RD 类型文件中。

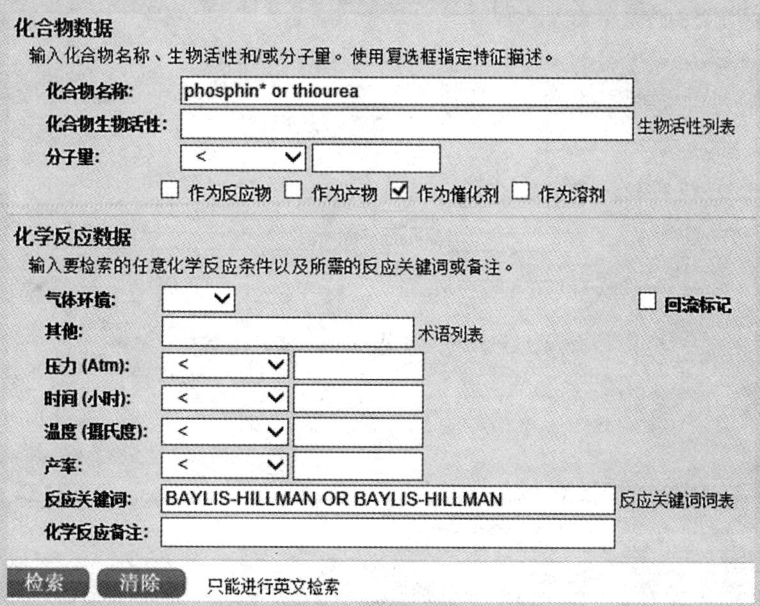

图 4.1　Web of Science 结构检索界面

美国专利局专利检索。 美国专利数据库有授权专利数据库和申请专利数据库两个检索界面，如图 4.2，选择申请专利检索（AppFT: Applications）界面中的 quick search，输入 #4 检索式，字段为 abstract，如图 4.3，检出 0 条记录，检索结果界面中显示的检索式如图 4.4，说明系统错误地自动解析了原有检索式中的各个词组的双引号，将含有逻辑算符的检索条件作为一个词组实施检索，结果只能检出 0 篇文献。重新修改图 4.4 中的 refine search 条件为词组检索后执行 refine search，结果如图 4.5，检出 1 篇文献，请注意此时的检索式变成了 #5 的形式，浏览该篇文献，发现在摘要字段中仅出现 thiourea，并不出现 "Baylis Hillman"、"B H reaction"、"B-H reaction"、"BH reaction" 中的任意一个词组，说明 #5 检索式仅要求摘要中出现 phosphin 或 thiourea。

#5：ABST/（phosphin* or thiourea）AND（"Baylis Hillman" or "Baylis-Hillman" or "B H reaction" or "B-H reaction" or "BH reaction"）

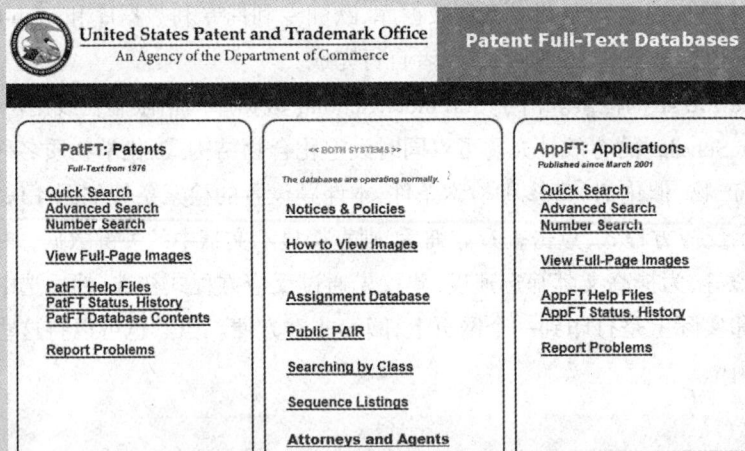

图 4.2　美国专利局专利检索默认界面

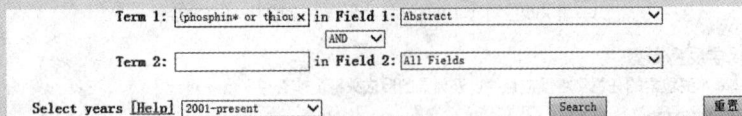

图 4.3　美国专利数据库 quick search 界面

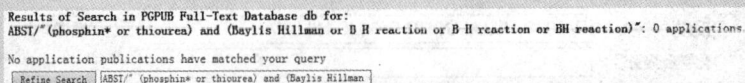

图 4.4　quick search 的检索结果界面

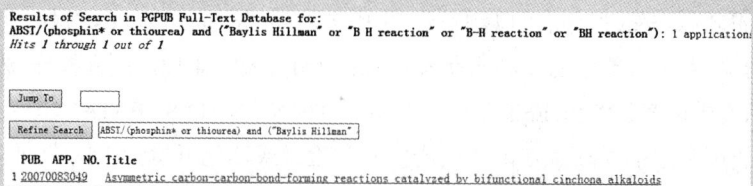

图4.5 更正词组检索式后的检索结果界面

回到 quick search 界面,将 #5 中的 and 前后两部分分别输入两个检索条件框,字段为 abstract,如图4.6,检索结果界面如图4.7,仍然被错误地解析了,再次修改 refine search,检索条件为 #6,检出文献 0 篇,如图4.8。

#6: ABST/（phosphin* or thiourea）AND ABST/（"Baylis Hillman" or "Baylis-Hillman" or "B H reaction" or "B-H reaction" or "BH reaction"）

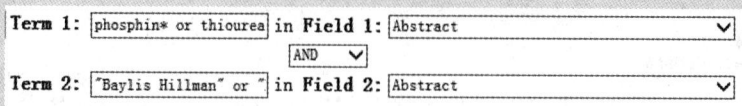

图4.6 调整后的 quick search 界面

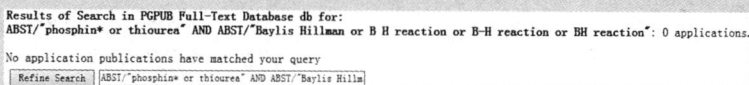

图4.7 quick search 检索结果界面

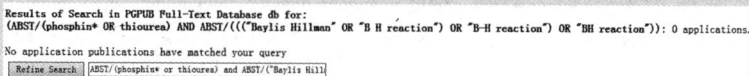

图4.8 refine search（检索条件为 #6）的检索结果界面

选择授权专利（PatFT: Patents）界面中的 advanced search,输入 #6 检索式,字段为 all fields,检出 0 条记录,详细过程不再赘述。需要特别注意的是,在授权专利界面中检索 1976 以前的专利文献时,只能选择专利号检索,因此,输入上述检索式实际上仅反映了 1976 年以来的授权专利中是否有与本课题相关的专利文献的情况。

欧洲专利局专利检索。选择 advanced search 界面,输入 title or abstract 字段的检索条件为检索式 #3,系统提示错误信息:检索条件超过 10 个单词,如图4.9。去掉 #3 中的最后一个检索词,检出 3 篇文献。3 篇文献全部为中国专利,最早申请专利的是上海有机化学研究所,如图4.10,点击上海有机化学研究所申请的专利题名,进入该专利的详细著录信息界面,发现该专利没有相关同族专利,如图4.11。

点击 original document 按钮，可以浏览说明书全文，点击 leagal status 按钮，可以了解专利的法律状态变更情况，发现该单位的专利已获授权（granted），如图4.12。同样操作，发现另外两个专利已请求了启动实质审查（REQUEST OF EXAMINATION AS TO SUBSTANCE）。由于3篇文献均为中国专利，故可利用中国国家知识产权局的专利检索或其他可检索中国专利文献的检索工具如万方数据、中国知网等，经过仔细阅读，发现这3篇专利都是制备手性催化剂的，并没有具体的研究手性催化剂在反应中的机理，有关反应机理的文献主要以学术论文或著作的形式出现。

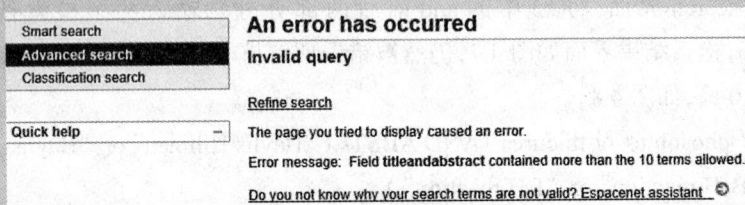

图4.9　欧洲专利局检索报错界面

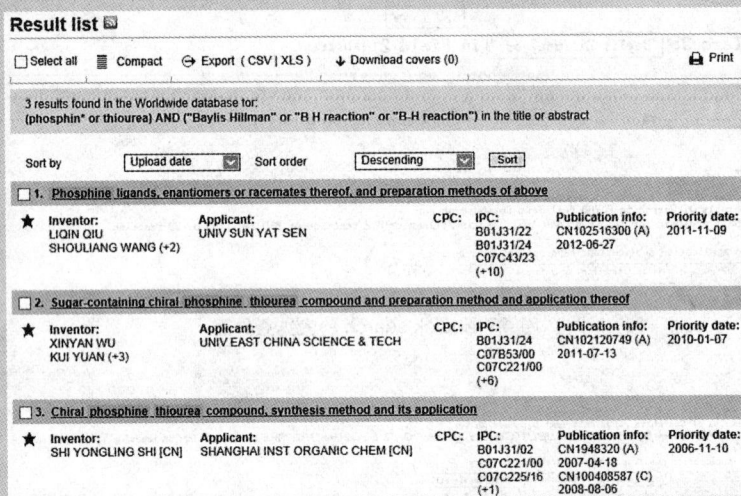

图4.10　欧洲专利局专利检索结果界面

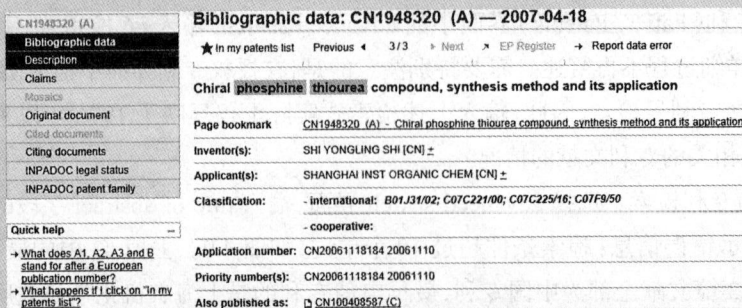

图4.11　欧洲专利局专利检索系统单篇专利文献著录信息界面

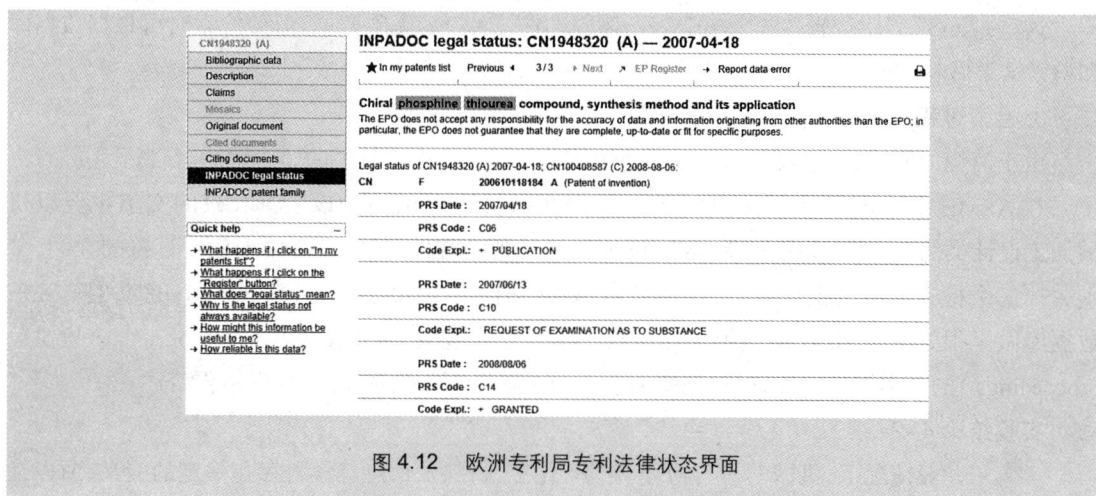

图 4.12　欧洲专利局专利法律状态界面

实验结论 4-1

- 美国专利局的专利检索被分成了两个部分,授权专利检索部分又以 1976 年为界分为可全字段检索和仅专利号检索两种情况,在具体检索时一定要根据实际情况合理运用。
- 设定检索词的时候,一般通过试检并结合专业常识决定是否使用核心词以外的词。

4.2.2　机械学科文献检索

【例 4-2】　王教授想要鉴定项目"复合大口径齿型开发及密封安全可靠性研究",创新点为"大口径(500—2 000 mm)垫熔锻焊技术、大口径齿型安全结构高温高压密封可靠性与加工技术",他进行了基于 Big6 信息问题解决方案的科技查新。检索时间:2012/8/27。

1. 文献类型及检索工具

科技查新必须全面了解某方面的文献,因此应该查看包括图书、期刊、会议文献、学位论文、科技报告等各类文献。例 4-2 是一个机械类有关熔锻焊的课题,因此主要选择中文全文数据库(如馆藏 OPAC 系统、超星、维普、万方、中国知网、中国国家知识产权局专利数据库)、外文文摘数据库(Engineering Village、Web of Science、INSPEC),以及外文期刊图书全文数据库(Elsevier、wiley、springerlink、Emerald、ASME、EBSCO、PQDT、OCLC First-Search、Google Scholar)和外文专利全文数据库(欧洲专利局、美国专利局、日本专利局专利数据库等),最后,搜索引擎也不能忽视。

2. 检索词和检索式

项目鉴定类课题查新对查全率的要求尤其严格,设定检索词应尽量以单元词为主,创新点主要为垫的熔锻焊、齿型安全结构的密封可靠性测试,拟定以下检索式:

#7:((熔 or 锻 or 煅)and 焊 and 垫)or(齿 and(密封 or 泄露 or 可靠性 or 安全))

#8:(melt or fuse or smelt or forge)and weld*

#9:(melt or fuse or smelt or forge)and weld* and gasket

#10: gasket and(seal* or airproof* or pressurize* or dependab* or reliabit* or security)

这里，"and"表示逻辑"与"，"or"表示逻辑"或"，* 表示无限截词算符，检索时可根据数据库和检索结果做相应的调整。

3. 检索过程

由于篇幅的原因，这里仅以 ASME 数据库为例，其他检索工具中的检索请读者自行完成。

在 ASME 中输入检索式 #8、#9、#10，检出文献量均为 0，由于该工具收录的文献主要以机械加工设计类为主，这有些不正常，故阅读该工具的帮助文件，其中没有关于截词算符的介绍，分别去掉三个检索式中的截词算符，重新检索，则分别检出 1000 多篇，虽然文献量不少，但 ASME 数据库做了很好的标引，在检索结果界面给出了基于主题（topic）或文献类型（journals、ebooks、proceedings）的分类统计，可以根据具体创新点的主题进一步筛选文献，这里不再赘述。

实验结论 4-2

- ◆ 一般情况下，机械学科与物理、化学、化工、材料及信息等学科存在一定的交叉，所以在选择检索工具时应根据情况考虑选择收录相关交叉学科的检索工具。
- ◆ 尽管使用截词算符有助于提高查全率，但是有些数据库，如 ASME 数据库不支持截词算符，一定要引以为戒。
- ◆ 虽然该课题在某些检索工具中命中 0 篇文献，但并不能排除这些检索工具仍收录相关的文献，一定要排除由于检索式使用不当造成的漏检。

4.2.3　数理学科文献检索

【例 4-3】　李同学是数学系的博士生，导师希望他全面了解 Henon 方程边值问题多解方面的文献，他进行了基于 Big6 信息问题解决方案的文献检索。检索时间：2012/8/25。

1. 文献类型及检索工具

课题要求全面了解某方面的文献，因此应该查看包括图书、期刊、会议文献、学位论文、科技报告等各类文献。例 4-3 是一个数学学科类课题，因此主要选择几个常用的搜索引擎和中外文综合数据库，如中文全文数据库（馆藏 OPAC 系统、超星、维普、万方、中国知网）、外文文摘数据库（Engineering Village、Web of Knowledge），由于上述两个文摘数据库中主要收录高水平的文献，因此，如果相关文献不多，还需要选择外文全文数据库（Elsevier、Wiley、Springerlink、Emerald、EBSCO、PQDT、OCLC First-Search、Google Scholar、IEEE 等）、英国和美国物理学会出版物数据库 IOP 和 APS 数据库，以及各类免费的数学资源网站（如 Math-net）。

2. 检索词和检索式

以 henon 为检索词在万方中试检，发现命中文献中还包括 henon 映射（henon map）、henon 吸引子、henon-heils 和 henon 系统（henon system）方向的文献，其中 henon 系统（henon system），这些方向与 Henon 方程不同，因此将方程也作为检索词，考虑到命中的文献不是很多，为减少漏检，因此不将"多解"作为检索词。

检索词："Henon 方程"或"Henon equation"，检索式：

#11："Henon 方程"or"Henon equation"

3. 检索过程

在"超星百万册图书"中,分别以 Henon 方程和 Henon equation 为检索词,均命中 0 篇;

在"超星百链"中,输入 Henon equation,点"英文检索",命中 200 多篇期刊论文,输入"Henon 方程"点"中文检索",检出 20 多篇期刊论文、几篇学位论文和会议论文;

在"超星读秀"中输入"Henon equation",点"中文检索",命中 0 篇期刊文献,输入"Henon 方程"点"中文检索",检索结果与超星百链中的中文检索基本相同;

由于篇幅的原因,略去在维普、万方、知网、Web of Science、Emerld、Ebsco、Springerlink、Wiley、Google Scholar、PQDT、IEEE、Math-net 的检索过程。仅以 Elsevier 为例,说明默认检索界面和高级检索界面的检索机理的不同。

在 Elsevier 的 search 界面,以"Henon equation"为检索词,"all fields"为检索字段,命中近 40 篇期刊论文和几种图书,但仅有 10 多篇文献 title、abstract 中包含"Henon equation"词组,其余文献并非研究"Henon equation",被命中是因为其引用了含"Henon equation"词组的论文;在 advanced search 界面,仍以"Henon equation"检索词,但以 title/abstract/keywords 为检索字段,检出期刊论文量较少。两种界面及字段检出文献之所以数量不同,主要是前者除了使用 title/abstract/keywords 为检索字段外,还使用了其他的检索字段,如参考文献等。

将从各个检索工具中检出的文献题录信息导入"endnote"并去重后,还有 130 多篇,通过阅读摘要,删除近 40 多篇不涉及 Henon 方程多解求解的文献,还有 90 多篇文献,需要逐一阅读原文。

实验结论 4-3

- ◆ 若信息问题为"全面了解某个领域",则需要全面选择学科相关检索工具,由于目前所掌握的文摘型数据库为相对高质量的文献,因此仍然需要在全文型检索工具中检索;
- ◆ 在确定学科相关数据库时,要注意学科交叉性,如数值计算类的信息问题也是其他学科,如:物理、信息等学科的研究内容;
- ◆ 确定检索词之前,可以先用较少的词进行试检,进一步确定是否使用多元词。

4.2.4　经济管理学科文献检索

【例 4-4】　张同学看到周围的同学热衷于网购,而网络商家为了取得竞争优势,也竞相采取各种营销策略使顾客满意。经过市场调研,他把学位论文的题目定为"网络商城顾客满意度实证研究",准备设计问卷,对周边学校进行问卷调查,对顾客满意度进行研究。想通过数据库,检索相关研究文献作为参考。检索时间:2012/8/25。

1. 文献类型及检索工具

国内外网络商城及顾客满意度的研究背景,顾客满意度相关理论、顾客满意度的测评方法等知识,学科范围为经济管理类。

选择三个中文全文数据库:中国知网(CNKI)、维普期刊、万方数据和以 EBSCO 中的财经类学术全文数据库(Business Source Premier,简称 BSP)以及欧美博硕士学位论文数据库 PQDT 为主的外文数据库，BSP 是行业中使用最多的商业研究型数据库，文献比较全，多为权威期刊，所以作为外文数据库的首选。

2. 检索词、检索式

网络商城　顾客满意度　假设模型　指标体系　测评方法

网上商城　网络购物　网上购物　电子商务　客户满意度　服务满意度

　　#12：网络商城 and 顾客满意度

　　#13：（网络商城 or 网上商城 or 网络购物 or 网上购物 or 电子商务）and 顾客满意度

　　#14：（网络商城 or 网上商城 or 网络购物 or 网上购物 or 电子商务）and（顾客满意度 or 客户满意度 or 服务满意度）

　　#15：（顾客满意度 or 客户满意度 or 服务满意度）and（假设模型 or 指标体系 or 测评方法）

　　#16："online shopping" and "customer satisfaction"

　　#17：（"online shopping" or "online store" or "e-commerce"）and "customer satisfaction"

　　#18：（"online shopping" or "online store" or "e-commerce"）and satisfaction

　　#19："customer satisfaction" and "structural equation modeling"

3. 检索过程

由于篇幅的原因，这里仅以 EBSCO 和 PQDT 为例，其他数据库的检索请读者自行完成。

EBSCO 财经类学术全文数据库（BSP）检索。在高级检索界面选择"关键词"检索字段，输入检索式 #16—#19，命中文献量均不相同。

PQDT 博硕士论文数据库检索。在快速检索界面，输入以检索式 #16—#19，命中文献量也都不相同，Rn(#18)>Rn(#17)>Rn(#16)。

实验结论 4-4

- ◆ 同一课题在不同的数据库中检出的文献量不同，要想得到比较全面的结果可以结合使用多个数据库；
- ◆ 使用了同义词和近义词的检索式后，检出文献量明显增多，因此在检索过程中应充分注意同义词和近义词。

4.2.5　法学学科文献检索

【例 4-5】　参加物理竞赛的小张同学还选修了《美国法律制度》，老师要求撰写一篇介绍美国近期医疗事故案例评析的课程论文。检索时间：2012/8/25。

1. 文献类型及检索工具

小张分析了撰写论文的信息内容主要来自美国的医疗案例，但如果能找到现成的介绍美国医疗案例的中外文文献，其参考价值一定很大，维普、知网、万方、ISI Web of Knowledge 以及一些全文库中都有可能提供这类信息。但是收录美国医疗案例的数据库主要是 LexisNexis 专业法律及法律学术数据库，这里重点展示该数据库的使用。

2. 检索词和检索式

#20：美国 and 医疗 and 事故

#21：american medical negligence

3. 检索过程

在 LexisNexis 专业法律数据库的首页，查看更多 cases-u.s 栏目下的数据源，选择 Most Recent Year Federal & State Court Cases, Combined，然后点击"search selected"，如图 4.13。

图 4.13 LexisNexis 专业法律及法律学术数据库 cases-u.s 选择界面

在随后出现的检索界面上选择"easy search"，输入（考虑到该库主要收录美国的法律案例，故去掉了 american ）：

#22：medical negligence

检出 100 多篇文献，如：

[1] Miss. Crime Lab. v. Douglas, NO. 2010-IA-00776-SCT, Supreme Court of Mississippi, 70 So. 3d 196; 2011 Miss. Lexis 465, September 22, 2011, Decided.

Overview: A trial court erred in denying a motion to sever medical-negligence and wrongful-incarceration claims because joinder was improper under Miss. R. Civ. P. 20（a）. No distinct litigable event linked the claims, which involved different actors, different witnesses, different evidence, and different areas of the law.

Core Terms: venue, medical-negligence, wrongful-incarceration, omission, joinder, clinic, blood, prong, urine samples, laboratories ...

[2] Taylor v. Johnson County, NO. 2:11-CV-29,NO. 2:11-CV-162, United States District Court For The Eastern District Of Tennessee, 2012 U.S. Dist. Lexis 115115, August 14, 2012, Filed.

Core Terms: statute of limitations, medical negligence, common law, cause of action, detention center, law claims, official capacity, outrageous conduct, blood pressure, medical malpractice ...

实验结论 4-5

课题要求找几个案例并进行评析，故查准率要求高，特色的法律专业数据库往往能满足此类要求。

4.2.6　生物医学学科文献检索

【例 4-6】　垂体性侏儒症（pituitary dwarfism）是指垂体前叶功能障碍或下丘脑病变，使生长激素（Growth Hormone,GH）分泌不足而引起的生长发育缓慢，为身材矮小最常见的原因之一。病因分为三大类：特发性垂体性侏儒症、继发性垂体性侏儒症以及遗传性侏儒症。李博士想开展"基因药物治疗垂体性侏儒症"的研究，需要通过文献调研制定自己的研究方案。检索时间：2013/5/1。

1. 文献类型及检索工具

本课题主要是利用基因治疗垂体性侏儒症，可以选择的数据库比较多，国内可以选择维普、万方等数据库，国外可以选择 ISI Web of Knowledge、SciFinder、PubMed 等数据库。

2. 检索词和检索式析取

第一步，在维普数据库中选择"题名或关键词"检索字段，首先使用检索式：

　　#23：垂体性侏儒症 * 基因治疗

命中 2 篇文献：[1] 刘威、杨富明等．垂体性侏儒症的基因治疗．中华神经外科杂志，2001，17（1）；61—63.[2] 垂体性侏儒症的基因治疗与进展．国外医学：遗传学分册，2001，24（5）；279—280.通过具体浏览这 2 篇全文，得到了以下重要的信息：

"垂体性侏儒症又称生长激素缺乏症（GHD），是由于生长激素减少或缺乏所引起的生长发育障碍。""对于垂体性侏儒症，目前临床上使用的体外重组人生长激素替代治疗疗效有一定限制。近年来基因治疗垂体性侏儒症的研究已开始并取得了一定成效。"

初步得出结论：垂体性侏儒症与生长激素有很大的关系，基因治疗也很可能围绕着生长激素而展开。检索词和检索式调整为：垂体性侏儒症 *（生长激素 + 基因治疗），命中 21 篇文献，共17 篇相关。

从上述文献得知，垂体性侏儒症又称生长激素缺乏性侏儒症或生长激素缺乏症，因此采用检索式：

　　#24：（生长激素缺乏症 + 生长激素缺乏性侏儒症）* 基因治疗

命中 3 篇相关文献，根据上述检索的线索，可以确定中外文检索式分别为：

　　#25：（垂体性侏儒症 and （生长激素 or 基因治疗））or（（生长激素缺乏症 and 生长激素缺乏性侏儒症）or 基因治疗）

　　#26：(((Paltauf's dwarfism) or (pituitary dwarfism)) and ((growth hormone) or GH or (gene therapy))) or (((growth hormone deficiency dwarfism) or GHD) and (gene therapy))

第二步，在 ISI Web of Knowledge（简称 WOK）里的 Medline 数据库高级检索界面和PubMed 数据库中分别使用关键词检索和 Mesh 主题词进行检索，比较检索结果。

使用一般关键词检索,输入检索式:

#27: TS= ((((Paltauf's dwarfism) or (pituitary dwarfism)) and ((growth hormone) or GH or (gene therapy))) or (((growth hormone deficiency dwarfism) or GHD) and (gene therapy)))

其中,TS 表示以"主题"为检索字段,命中 1700 多篇文献,而如果在快速检索界面,选择主题,添加 Mesh 词,则文献量略有增加,原因是系统根据关键词自动增加了相关的 Mesh 主题词作为同义词。

使用 Mesh 词表检索,输入检索式:

#28: MH= ((Dwarfism, Pituitary) AND ((Growth Hormone) OR (Gene Therapy)))

R (#28) <Rn(#27),表明使用了 Mesh 词表后,提高了查准率。接着将上述检索词中的每个概念都修改为短语,即:

#29: Ts= (("paltauf's dwarfism" or "pituitary dwarfism") and ("growth hormone" or GH or "gene therapy")) or (("growth hormone deficiency dwarfism" or GHD) and "gene therapy")

#30: Ts= (("paltauf's dwarfism" or "pituitary dwarfism") and ("growth hormone" or GH or "gene therapy")) or ((("growth hormone deficiency" and dwarfism) or GHD) and "gene therapy")

#31: Ts= (((paltauf's or pituitary) and dwarfism) and ("growth hormone" or GH or "gene therapy")) or ((("growth hormone deficiency" and dwarfism) or GHD) and "gene therapy")

Rn(#29)、Rn(#30) 均仅为 200 多篇,表明 Paltauf's dwarfism 以词组出现的情况相对较少。对比 Rn(#31)、Rn(#27) 的 1000 多篇,从理论上讲,使用 Mesh 词表检索,查准率和查全率都能得到很好保障,但需要注意的是,Mesh 词表的标引存在滞后性,往往较迟涉及新的热词,如果仅仅以 Mesh 词表检索也会造成这类新词带来的漏检,实际检索时应根据所涉及的研究对象综合运用 Mesh 词表和关键词检索。

第三步,在 Pubmed 中检索。访问 pubmed 数据库的默认页面是跨库检索界面,除了检索 Pubmed 数据库外,还检索其他超过 50 个数据库。在跨库检索界面上,输入检索式 #26,除 Pubmed 外还有其他一些数据库中也有相关文献。进入 Pubmed 后,输入检索式 #26,与跨库检索 Pubmed 时命中文献量相同。按时间排序,最新的论文题名为: Pharmacogenomics of insulin-like growth factor-I generation during GH treatment in children with GH deficiency or Turner syndrome,但该篇文献不在 Medline 中,当然,受检索的具体时刻,这个结论不会一直成立。

需要说明的是,"垂体性侏儒症"有多种表达,如"paltauf's dwarfism"、"pituitary dwarfism"、"growth hormone deficiency dwarfism"等,Mesh 词表中只用"Dwarfism, Pituitary"作为正式主题词,标引人员会将各种报道"垂体性侏儒症"的文献都用"Dwarfism, Pituitary"标引出来;在检索时,只需检索"Dwarfism, Pituitary"即可将所有报道"垂体性侏儒症"的文献检索出来,此时查全率和查准率最高。而"growth hormone"和"gene therapy"的正式主题词仍然是 growth hormone 和 gene therapy。

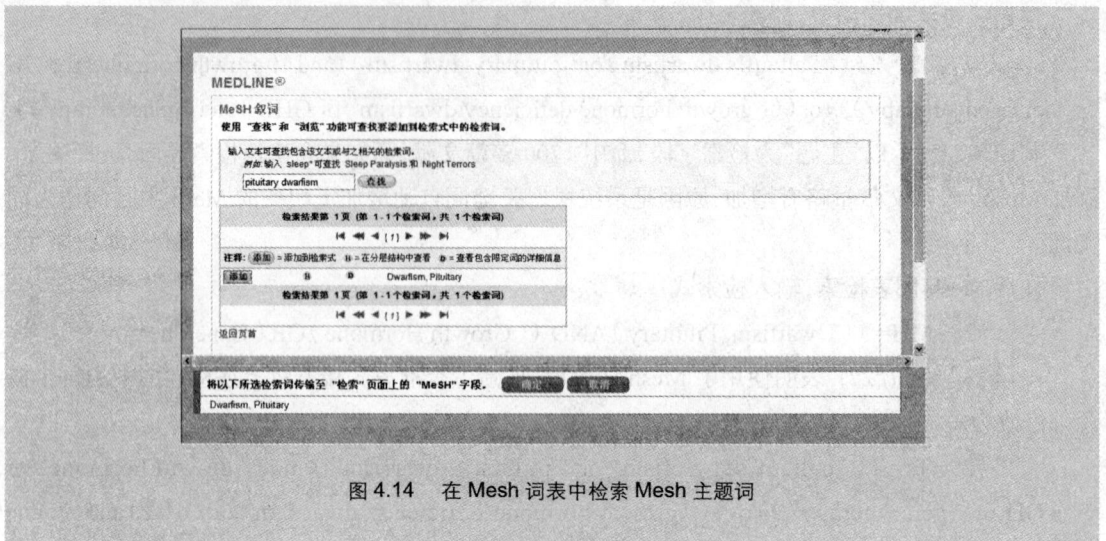

图 4.14 在 Mesh 词表中检索 Mesh 主题词

实验结论 4-6

◆ 选择正确的检索式有助于提高检索结果的查全率和查准率。在实际的检索过程中，可以借助搜索引擎和初步检索的文献内容，选择关键词的同义词、近义词、化学物质名称或俗称。

◆ 利用数据库提供的主题词表，从文献中找到正式主题词作为检索词，可以提高检索效果。

◆ 如果文献量比较大，可以利用数据库提供的分析检索结果进行限定检索。

◆ Pubmed 和 Medline 是生物医学类的非常重要的检索工具，但最新的文献一般要到 Pubmed 中检索。

4.2.7 信息技术类文献检索

【例 4-7】 2012 年 8 月 6 日，盛大云计算官方微博发布了一条微博：《盛大云对"物理磁盘损坏导致个别用户数据丢失"事件声明》，对其机房物理磁盘损坏导致个别用户数据丢失表示歉意，并建议用户在云主机之外也做好数据备份。

最近，国内外先后发生数据中心或云主机宕机事件，给企业和用户都造成了一定的损失，云安全问题又一次被推到了风口浪尖。小蒋同学正在对云计算安全性的相关研究进行文献调研，对其研究现状做一个初步了解，以便开展深入研究，他设计了如下检索实验（检索时间：2013/7/18）。

1. 文献类型及检索工具

"云计算"属于自动化、计算机及相关信息科学领域的热门研究课题。提供信息科学专业文献的外文数据库主要有：Engineering Village 数据库、INSPEC 数据库、IEEE/IEE 电子图书馆（IEL），在这三个数据库中分别进行检索。

2. 检索词及检索式析取

从检索主题中首先可确定检索词"云计算 cloud computing"，相关专业表达中除"云计算"外还出现了"云服务"，"云模型"，"云理论"等特定专业表述，因此如果想提高检索的全面性，也可以考虑增加"cloud service"、"cloud model"、"cloud theory"等检索词；"安全"一词的表达方式很多，但应用于信息技术领域主要有 secure 或 safe 两种常见表达（通过试检索发现 secure 一词的使用远比 safe 更为广泛），考虑英文的时态等因素，所以最后选择检索式：

　　#32："cloud computing" and（secur* or saf*）

3. 检索过程

第一步，在 Engineering Village 数据库的 Quick Search 界面，选择 subject/title/abstract 字段，输入检索式：

　　#33："cloud computing" and（secur* or saf*）

或者在 Expert Search 界面输入检索式：

　　#34：（（"cloud computing" and（secur* or saf*））WN KY）

查看检索结果页面左侧 refine results 功能对检索结果的统计情况发现：检索结果以会议文献和期刊文献为主；主要发文国家前五位依次为美国、中国、印度、英国和德国；相关文献最早发表于 2008 年，2008 年至 2012 年五年间的发文量逐年上升；按照 EI 学科分类标准，相关文献主要分布于 digital computers and systems、computers software、data handling and application、telecommunication、radar、radio and television 等学科分类。

第二步，在 INSPEC 数据库中，选择主题字段，输入检索式：

　　#35："cloud computing" and（secur* or saf*）

或者在高级检索中输入检索式：

　　#36：TS=（"cloud computing" and（secur* or saf*））

检索结果统计如下：会议文献明显多于期刊文献；发文量居前五位的国家依次为中国、美国、德国、印度和英国；2008 年至 2012 年五年的发文分布量依次上升；文献涉及 computer science、business economics、telecommunication、communication 和 engineering 等研究方向；按照 web of knowledge 学科分类标准，主要有 data security、computer communication、information networks、distribution systems software 和 business and administration 等分类，与 Engineering Village 中的分类略有不同。

第三步，在 IEEE/IEE 电子图书馆（IEL）中，在 structured advanced search 界面，输入检索式：

　　#37："cloud computing" and（secur* or saf*）

检索结果中：会议文献明显多于期刊文献；相关文献发表时间分布在 2002 年至 2013 年间；文献涉及主题（Topic）包括 computing & processing、comm-unication, networking & broadcasting、components, circuits, devices & systems、signal processing & analysis、power, energy, & industry application 等。其中，2006 年以前发表的文献有 "A scalable simulator for TinyOS applications" 等三篇并未包含在 EI 和 INSPEC 数据库的检索结果列表中，但使用这些文献的题名在 EI 和 INSPEC 中都能找到。经仔细观察发现，三篇文献的 IEEE Terms 中含有 "cloud computing" 一词，但题名、关键词、摘要中却没有，Engineering Village 数据库的 Main heading、Controlled terms、UNControlled terms，INSPEC 数据库的 Controlled Indexing、Non-Controlled Indexing 中均未出现

"cloud computing"一词，故在 Engineering Village 数据库和 INSPEC 数据库中无法检索到这三篇文献。

4. 结果分析

目前，关于云计算安全技术作为新兴的计算技术的研究更多地在国际会议上被讨论，因此上述检索结果一致显示，大部分成果的文献类型为会议文献，对于相关主题的后续追踪可以以会议为主要线索。

◆ 通过文献的时间分布分析、了解研究的发展趋势

根据 Engineering Villoge 和 INSPEC 数据库的统计数据，关于云计算研究领域关注安全性问题开始于 2008 年，2008 年两个数据库检出的相关文献均不足以全部命中文献的 1%，2009 年发文量占比仍不足 10%，而这一数据在 2010 年猛增为 25% 以上，2011 年进一步发展，达到高峰的占比近 50%；而在 IEL 数据库中的最早文献发表在 2002 年，由此可以得出结论：关于云计算安全性问题的研究起步阶段于 2002 年至 2009 年，在 2010 年至 2011 年两年发展最快，重要成果也在这一阶段大量出现（重要成果可通过文献的被引用情况反映出来），2012 年发展趋缓也表明相关研究进入一个平稳期。

◆ 通过浏览相关文献分类大致了解研究的格局和主要研究方向

三个数据库均提供各自的学科分类标准，将命中文献进行了主题分类，目前计算机科学、通信工程、商业管理等众多领域都在参与云计算安全性的研究，但对于具体的研究方向除 INSPEC 数据做了简单的总结外（涉及数据安全、互联网软件、信息网络、分布式系统软件等研究方向，没有更为详细的说明），其他两个数据库均未能提供更有价值的信息，需要进一步研读相关文献进行总结提炼。

◆ 锁定核心研究人员

在 IEL 数据库中，点击数据库提供的 refine results 功能栏中的 author 标签，可查看高产出的核心研究人员及其成果。其他检索工具均有类似的功能。

◆ 追踪核心研究机构

在 IEL 数据库中，点击 affiliation 标签可关注高产出的科研机构作为长期跟踪目标。通过对国家的统计发现，七成以上的研究成果产生于美国和中国，因此如果进一步开展研究可以首先重点关注这两个国家的成果，而作为初学者则可以从国内研究入手，如果想关注国内相关研究机构，则可以在 "Search for Affiliation" 输入框直接输入 China，数据库将自动筛选显示结果，见图 4.15。其他检索工具均有类似的功能。

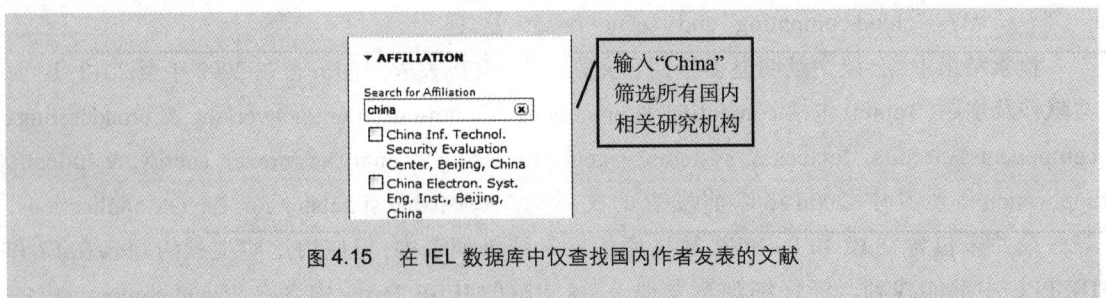

图 4.15　在 IEL 数据库中仅查找国内作者发表的文献

◆ 了解重要成果或研究进展综述

在 IEL 数据库中，选择 Most Cited 排序方式重新显示检索结果，获得具有一定影响力的高被

引文献。通过阅读这部分文献可掌握重要的研究成果,对检索结果排序后可以发现,排在高被引频次前 10 位的文献中,有 4 篇文献属于云计算基础的综述性文献,仅涉及并提出了安全问题,其余 6 篇文献以云计算技术及其应用的安全问题为主题,其中有 3 篇均针对数据存储安全的技术探讨,由此可见目前在云计算安全性方面的探讨较多地集中于数据安全或以此为基本出发点。其他检索工具均有类似的功能。

◆ 掌握最新研究进展

在 IEL 数据库中,按照 Newest First 排序方式重新显示检索结果,获得最新发表的文献,可以发现,2012 年发表的文献 212 篇,其中 108 篇文献的 IEEE Term 或 INSPEC Controlled Terms 中出现了 data privacy、data storage 或 data security,说明数据安全目前仍然是研究的重点发展方向。其他检索工具均有类似的功能。

实验结论 4-7

◆ 在检索中综合使用三种数据库,才能获得更好的检索效果。

从检索结果来看,Engineering Village 数据库和 INSPEC 数据虽然较 IEL 数据库而言收录的文献明显更多,但 IEL 数据库的文献资源主要来源于电子与电气行业协会的期刊、会议和标准,且三个数据库的标引不完全相同。

◆ 除了检索规则略有不同外,三个检索工具的检索功能大同小异,都提供一般检索、高级检索等多种途径并对检索结果提供多种方式的排序、精炼功能。

表 4.2　工程类数据库的对比

	EI 数据库	INSPEC 数据库	IEL 数据库
数据来源	世界范围内工程技术类期刊、会议记录、科技报告、标准、图书等出版物,注:EI 不收录纯基础理论方面的论文	世界范围内理工学科(如物理、电子与电气工程、计算机与控制以及信息技术)期刊、会议记录、图书、报告、学位论文、专利等出版物	电子与电气行业协会提供资源,主要包括 IEEE/IET[①]两个机构的期刊、会议、标准等出版物
特色功能	提供词典检索	提供数值数据、化学数据等特殊检索字段	提供 IEEE 会议信息检索、投稿信息平台
精炼与统计	可根据作者、机构、受控词、学科分类、国家、文献类型、语种、出版年份、来源出版物、出版商等方式分析检索结果	可根据分类、文献类型、作者、编者、来源出版物、研究方向、出版年、受控词索引、语种、国家 / 地区等方式分析检索结果	可根据文献类型、出版年份、作者、机构、出版物、出版商、主题、会议地点等方式分析检索结果
排序	检索结果可按照相关性、日期、作者、来源出版物、出版商等 5 种排序方式	检索结果可按照出版日期、入库日期、相关性、第一作者、来源出版物等 5 种方式排序	检索结果可按照相关性、发表时间、被引用次数、来源出版物等 4 种方式排序
文摘或全文	文摘	文摘	全文

4.2.8　艺术类文献检索

1. 艺术家的作品检索

韩老师来自某音乐学院图书馆,经常接待音乐领域研究人员的文献咨询,例 4-8、例 4-9 就是

---

① IEEE -Institute of Electrical & Electronic Engineers Inc. 电气电子工程师学会;IET-The Institution of Engineering & Technology 国际工程和技术学会(前身为 IEE 英国电气工程师学会)。

他的亲身经历。

【例4-8】 一位老师希望能够找到著名指挥大师卡拉扬到前苏联访问情况的资料。然而，通过检索"国际音乐期刊全文数据库"（IIMP）、"格罗夫在线"（Grove Online）等常用数据库后却没能找到相应的文献。

（1）文献类型与检索工具。翻阅卡拉扬的传记和他妻子的回忆录，却不得要领，只了解到其20世纪50年代曾几次去前苏联访问演出，然而，一共去过几次；每次都去了几天、率领哪支乐团去、演奏了什么曲目等，一无所知。此时，他想到了作为网络资源的官方网站，发现奥地利为卡拉扬建立了一个"卡拉扬官方网站"，这个网站除了常见的传主生平、艺术成就介绍和一些图片、视频之外，还有卡拉扬数据库，收录了卡拉扬一生中所有的演出、录音活动。

（2）检索过程。在卡拉扬官方网站找到他的作品（his works）菜单下的"卡拉扬数据库"，"检索"（search for）是输入关键词的地方，"范围"（in the domain of）分为两类，一类是音乐会，另一类是录音，"年份"（year）是从1917年开始记录，直到卡拉扬去世的1989年，并延续到2005年（纪念演出、纪念录音等）。

2. 艺术家评价检索

【例4-9】 一位读者提出做古典音乐唱片或人物在不同评价系统下的比较研究这一较新兴的课题，但手头的第一手资料匮乏。

（1）文献类型及检索工具。韩老师建议以"格莱美奖"（Grammy Awards）中古典音乐唱片获奖情况与古典音乐界著名的"留声机大奖"（Gramophone Award）做横向比较。

（2）检索过程。在格莱美奖的官方网站上的"获奖者"（Winner）页面上，找到检索界面，通过年份与类型（选择"Classical"），可以获得某一特定年度的获奖情况，比如某一年度的"年度最佳专辑"（Best Classical Album）、"最佳管弦乐演绎"（Best Orchestral Performance）、"最佳歌剧录音"（Best Opera Recording）、"最佳合唱表演"（Best Choral Performance）、"最佳器乐独奏表演"（Best Instrumental Soloist Performance）、"最佳室内乐表演"（Best Chamber Music Performance）、"最佳小型乐队表演"（Best Small Ensemble Performance）、"最佳古典声乐表演"（Best Classical Vocal Performance）、"最佳古典当代作品"（Best Classical Contemporary Composition）、"最佳古典跨界专辑"（Best Classical E rossover Album）等奖项[①]，找到详尽的第一手资料。

3. 影视音乐作者检索

房老师来自某艺术学院图书馆，经常接待视觉艺术领域研究人员的文献咨询，例4-10、例4-11就是他的亲身经历。

【例4-10】 一位同学记得曾经观看过一部阿兰·德龙主演的有关第二次世界大战的俄语影片，其中的主题曲非常优美，他想查找这首主题曲的作曲者的一些资料，房老师通过Big6方法帮他找到了需要的信息。

（1）文献类型和检索工具。

该信息问题的最终要求是查找影视音乐作曲者的资料，这类信息一般包括作曲者的生平及其

---

① 以上为格莱美奖与古典音乐相关的全部奖项名单。

他相关作品的介绍。

通常查找乐曲的数据库有库客音乐数据库,而查找电影方面资料的数据库有IDMB,根据题目涉及的信息,我们可以通过维基百科先了解一些电影主演的资料,从而确定影片的名称。然后通过电影数据库查找该影片的主题曲及作曲者的信息,还可以利用库客音乐数据库查找音乐家相关作品的信息,最后还可以利用维基百科查找该作曲家的相关信息。

(2)检索过程。

第一步,在维基百科中,有详细介绍其作品情况,可以先浏览了解。

第二步,在IMDB(www.imdb.com)网络数据库中的简单检索界面,如图4.16 a:提供诸多检索字段,该课题我们可以先选择advanced search界面,如图4.16b,然后选advanced title search界面的主演和语言来进行检索。语言为俄语,主演为阿兰·德龙,如图4.16c和图4.17a所示,检索后可以看到有两部影片符合要求,如图4.17b,通过查看这部影片的详细资料,确认该影片名为《德黑兰—1943》,讲述第二次世界大战时期的一个故事,查看该影片的详细演职人员列表,由于比较多,可以利用Ctrl+F页面搜索"music",找到和音乐相关的人员。

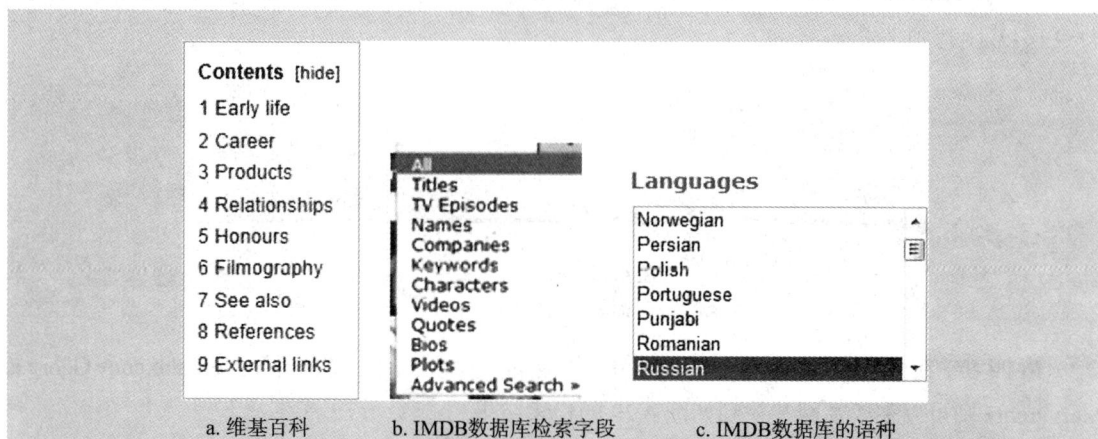

a. 维基百科　　　b. IMDB数据库检索字段　　　c. IMDB数据库的语种

图4.16　IMDB 数据库检索

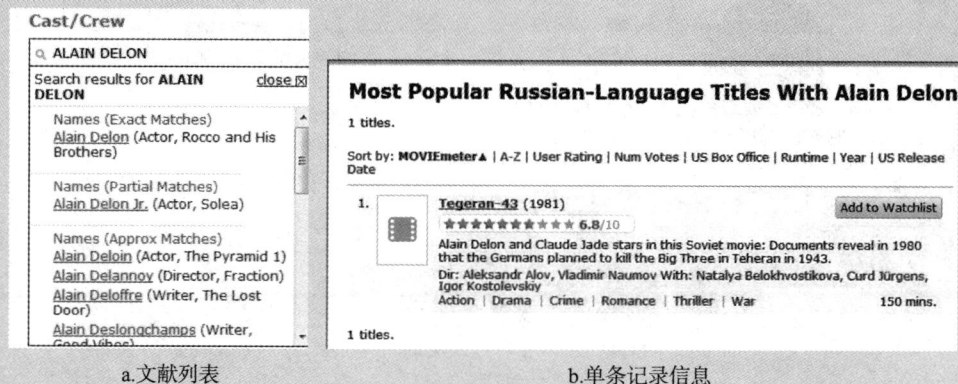

a.文献列表　　　　　　　　b.单条记录信息

图4.17　IMDB 数据库中检索结果

点击 Georges Garvarentz，可以了解到其生平、作品等详细资料，如图 4.18。

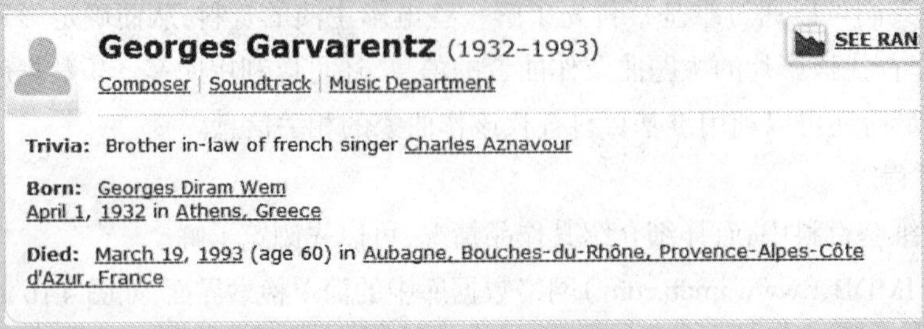

图 4.18　IMDB 数据库的人物信息记录

通过图 4.18 的页面还可以了解到，该主题曲的词作者和演唱者 Charles Aznavour 的一些情况。

第三步，在库客音乐数据库中，如图 4.19，利用关键词 Georges Garvarentz，选择音乐家入口进行查找，并未找到结果。

图 4.19　Kuke 艺术库

第四步，在谷歌中，利用谷歌的 site 命令进行检索，格式如下：site:kuke.com Georges Garvarentz 则可以在库客网站找到如图 4.20 的检索结果。

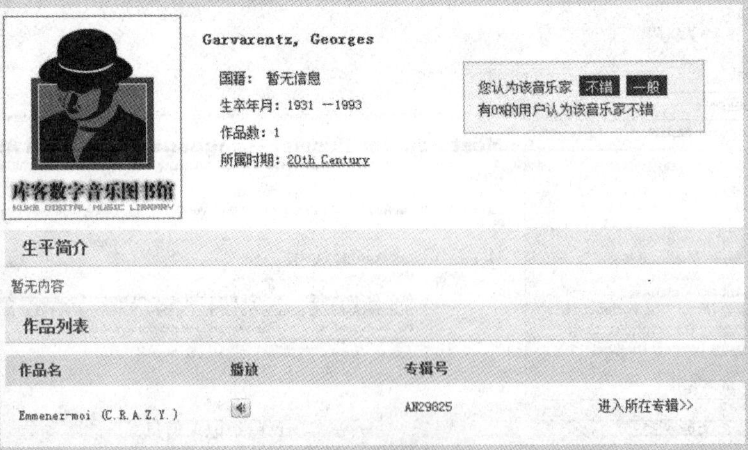

图 4.20　用谷歌的 site 命令找到库克网站上的信息

第五,在维基百科中,找到了如图 4.21 的信息。

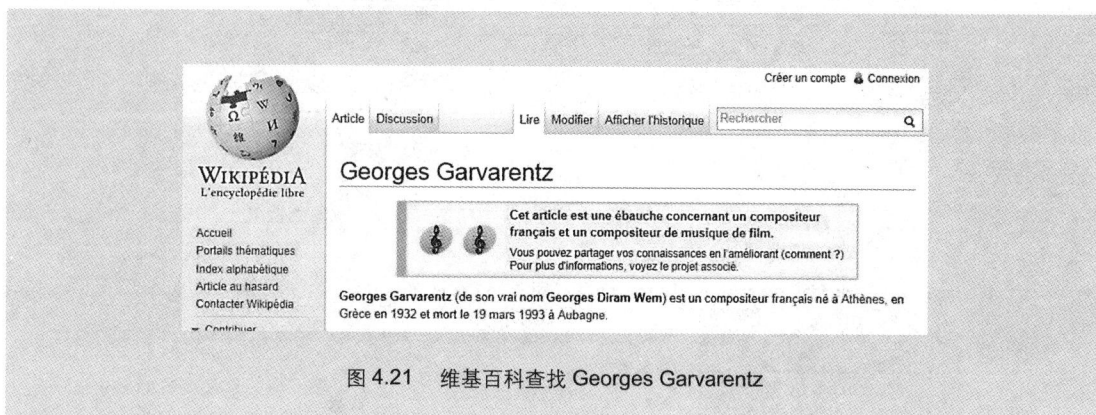

图 4.21 维基百科查找 Georges Garvarentz

4. 艺术学生文献检索

【例 4-11】 某同学想通过文献检索了解敦煌壁画的艺术风格及艺术价值。

(1)文献类型及检索工具。

本课题要求查找尽量全的有关敦煌壁画艺术的文献资料,可能涉及包含专著、学术论文、艺术作品、影像视频在内的多种文献类型。

通过百度百科、维基百科可以初步了解关于敦煌壁画艺术的基本情况,敦煌壁画的艺术价值弥足珍贵,敦煌壁画包括敦煌莫高窟、西千佛洞、安西榆林窟,共有石窟 552 个,有历代壁画 5 万多平方米,是我国也是世界壁画最多的石窟群,内容非常丰富。敦煌壁画是敦煌艺术的主要组成部分,规模巨大,技艺精湛。敦煌壁画的内容丰富多彩,它和别的宗教艺术一样,是描写神的形象、神的活动、神与神的关系、神与人的关系以寄托人们善良的愿望、安抚人们心灵的艺术。因此,壁画的风格具有与世俗绘画不同的特征。但是,任何艺术都源于现实生活,任何艺术都有它的民族传统;因而它们的形式多出于共同的艺术语言和表现技巧,具有共同的民族风格。可以使用商用期刊及学位、会议论文数据库、联合目录查询系统、专题性质的网站以及搜索引擎等检索工具。

(2)检索词和检索式。

敦煌壁画、敦煌考古、美术考古、石窟艺术、莫高窟、甘肃艺术、敦煌、壁画、敦煌学、考古学、中国美术史、敦煌文化、石窟、艺术研究等,编写成高效的检索式为:

#38:(敦煌 + 甘肃)*(石窟 + 莫高窟 + 壁画 + 艺术)

(3)检索过程。

第一,在学术文献数据库中检索。由于篇幅的原因,这里仅以 CALIS 等收录图书的网站为例,其余检索工具中的检索请读者自行完成。

CALIS 联合目录纸质图书查询界面,如图 4.22。

中国国家图书馆的 IDP 国际敦煌项目中,可以通过浏览的方式查看各国及各个主题的敦煌艺术的资料,如图 4.23。

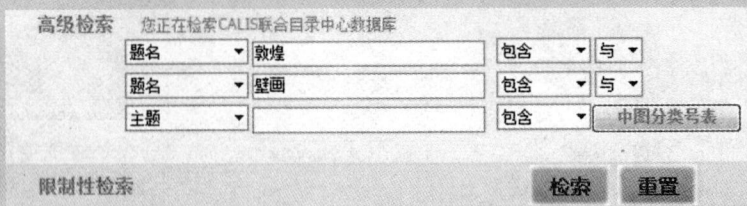

图 4.22　CALIS 图书检索

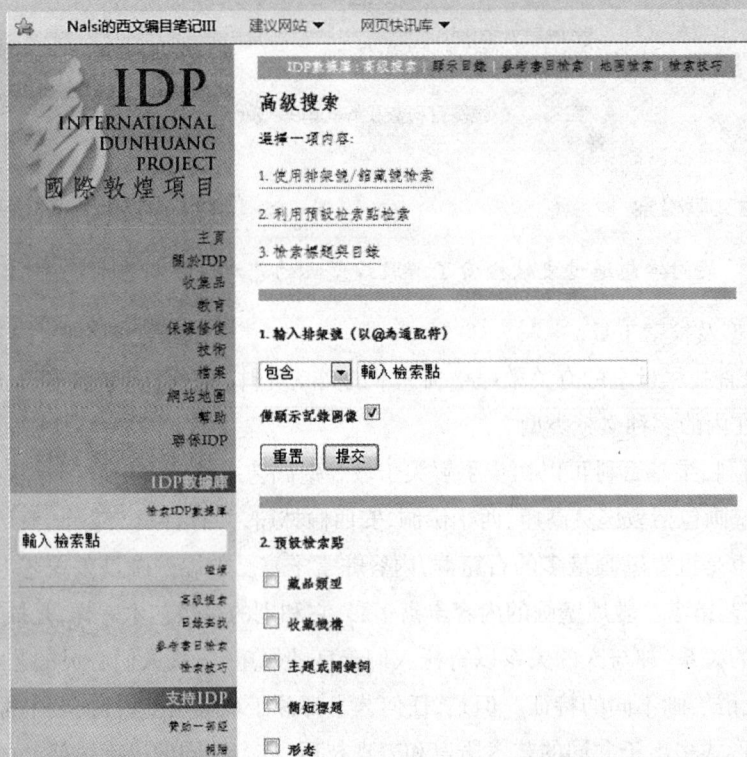

图 4.23　中国国家图书馆的 IDP 数据库

　　第二，在谷歌中，直接在检索框输入关键词"敦煌壁画"，可以找到约 1 680 000 条结果，查看前几页的检索信息，了解到更多关于敦煌壁画的相关信息，可以利用 filetype、site 等限定命令，缩小检索范围。例如：通过 filetype 限定文件类型，可用检索式：

　　　　#39：filetype:ppt/doc/pdf 敦煌壁画

　　通过 site 限定在特定地区的网站内搜索，比如限定检索中国台湾地区的网站，可以利用检索式：

　　　　#40：Site:*.tw 敦煌壁画

　　（4）结果分析。

　　综合分析所获得的文献信息，配合文献列举敦煌壁画对人类文明的价值。

实验结论 4-8

- ◆ 不同的检索工具有不同的作用,一般可以尝试通过搜索引擎和网络百科详细全面地了解检索课题。
- ◆ 图书的查找能够为用户提供比较系统的、相对比较权威的关于敦煌壁画的研究成果;专业数据库可以提供一些更加有深度的资料的支撑;
- ◆ 通过多个数据库资源的综合检索,才能使得检索的范围更广,不会造成漏检。

4.2.9　利用文献检索轻松应对学术竞赛

【例 4-12】　小张是一名大二的学生,和其他两位同学报名参加"全国大学生物理学术竞赛",第一次与指导老师见面时,大家商定选择了一个实验(实验内容如下:"Rocking bottle", Fill a bottle with some liquid. Lay it down on a horizontal surface and give it a push. The bottle may first move forward and then oscillate before it comes to rest. Investigate the bottle's motion. 他理解为"摇瓶"实验),并确定各自分头去查找有关资料的任务。第二次见面时,他发现另外两位同学找到不少很有用的资料,而自己几乎没有找到。小张正在学习文献检索,他感觉自己就是根据老师教的方法,用检索词"摇瓶"在万方和维普中检索的,可是命中的文献都是有关生物发酵方面的。文献检索老师建议小张使用 Big6 信息问题解决方案,按步骤重新分析并设计查找相关信息的解决方案。

针对参加全国大学生物理实验竞赛的小张同学的遭遇,我们进行了一些探索,应该能对小张同学有帮助。

1. 文献类型及检索工具

该赛事的历史、历届获奖情况,历届选手的答题、心得和建议,本次赛事的基本形式和内容,参赛必备的基本技能,所选实验的相关背景、已有研究、涉及物理量和实验的基础知识。上述内容可能来自赛事网站、机构或社团论坛、物理实验爱好者的个人博客、各类文库及其他教材或学术类文献,自己的知识背景也很重要。因此选择搜索引擎、各综合型文献数据库,如:知网、万方、维普、超星 Medalink、超星读秀、Engineering Village、Web of Science、英国物理学会 IOP/ 美国物理学会 APS、Springerlink、Elsevier、Ebsco、Emerald、Wiley 等。

2. 检索词和检索式

以"大学生物理竞赛"为检索词在百度上试检,命中了不少文献,但前两页中的多数信息与实验竞赛不相关,但用"大学生物理实验竞赛"作为检索词,命中了不少相关的信息,因此采用"大学生物理实验竞赛"作为在搜索引擎上的检索词之一。

分析了小张选择的物理实验选题后,首先确定实验描述中的核心词为:Rocking bottle,在搜索引擎中试检,排在前面的都和这个竞赛无关,改成输入:Rocking bottle 实验,找到了一个论坛,有人在问该竞赛的问题。一位曾经获得二等奖的同学非常热心地提供了一些以前的实验资料[①])也有同学在这里交流大学生物理实验竞赛的经验,还看到了别人对英文题目的中文翻译。初步分析一下,瓶子前滚是因为向前的推力,回滚是因为什么呢? 其他参赛选手一定也会上网请教,说不定

---

① 第 25 届 IYTP_ 物理吧 _ 百度贴吧, http://tieba.baidu.com/f?kz=1310767522[2012.9.1]。

已经有相关的论文了，因此，检索词还应该有 Rocking bottle、实验，水是一种液体，是否有研究其他液体的类似的实验呢？

检索式为：

  #39："大学生物理实验竞赛" or（"rocking bottle" and 实验）

  #40：滚 and 瓶子

用检索式 #40，找到了期刊论文：能量守恒实验：滚动的瓶子[①]，以及华东理工大学物理实验教课程网站[②]，其中包括历届学生发表的大学物理实验论文。

有了上述这些相关信息后，进一步调整检索式在专业学术文献数据库中查找相关文献：

  #41：（滚动 or 晃动）and（圆柱 or 圆桶）and（液 or 水）and（平放 or 平置）

  #42：rocking and rolling

这一步的文献筛选主要以找到有参考价值的为主，如果此时没有相关文献，应更多考虑核心词的同义词和近义词，必要时也可以去掉计算、应用等词。具体筛选工作非常繁重，这里就不一一演示了。仅列举一篇非常相关的文献：

  马兴瑞、余延生、王本利等．水平横向激励圆柱贮箱中液体的非平面运动 [J]. 宇航学报，2008，29（4）：1116—1119.

  摘要：利用多维模态理论分析了受水平横向激励圆柱贮箱中液体的非线性晃动问题。首先求出描述液体非线性晃动的模态系统的稳态周期解，然后应用 Floquet-Lyapunov 方法研究了周期解的稳定性，从而可以从理论上找到液体发生非平面的"旋转"运动时的频率范围。最后通过对液体晃动力的计算，发现其具有明显的"旋转"特征，可用于指导工程实际。

该文献对本实验的参考价值非常大，理论部分可以考虑在该文的基础上进行适当的修改。

实验结论 4-9

获得相关文献的过程不是一蹴而就的，分析信息需求很重要。先找准问题的范围，再进一步拆解课题，这样才能获得真正有价值的参考信息。

4.2.10　专利法律状态检索

【例 4-13】　某公司想引进一种空气净化器的中国专利产品，卖方提供了相关专利的申请号 87101860，200520135649.0。在购买之前，该公司市场部做了充分的调研工作，包括该产品的市场销售量、顾客反馈、售后维修等情况。但公司的技术人员小刘认为，这两个专利都是失效专利，公司可以直接生产该产品。市场部的同事小盛很是不解，赶紧找小刘探个究竟。检索时间：2012/8/20。

---

① 滚动的瓶子．青年科学．2003，1.

② 华东理工大学理学院《大学物理实验》教研组．大学物理实验．http://e-learning.ecust.edu.cn/Able.ACC2.Web/Template/View.aspx?wmz=20918&courseType=0&courseId=26940&topMenuId=73804&menuType=4&contentId=20918&action=view&type=&name=&menuid=000004[2012.9.1].

1. 文献类型及检索工具

本课题需要查找相关中国专利的法律状态,因此选择中国国家知识产权局专利数据库的法律状态检索,如果是授权状态,还需要查阅中国国家知识产权局的专利公报。

2. 检索词及检索式

由于课题给出了具体的专利申请号,且在中国国家知识产权局的专利法律状态检索界面上,不需要输入中国国别代码,故而检索词分别为:87101860,200520135649.0,检索式为:

　　　　#43:申请号:87101860

　　　　#44:申请号:200520135649.0

3. 检索过程及结果分析

进入中国国家知识产权局的专利法律状态检索界面,发现专利87101860早在1995年就失效了,专利200520135649.0也已在2009年失效了,失效原因都是未缴年费,如图4.24、图4.25。

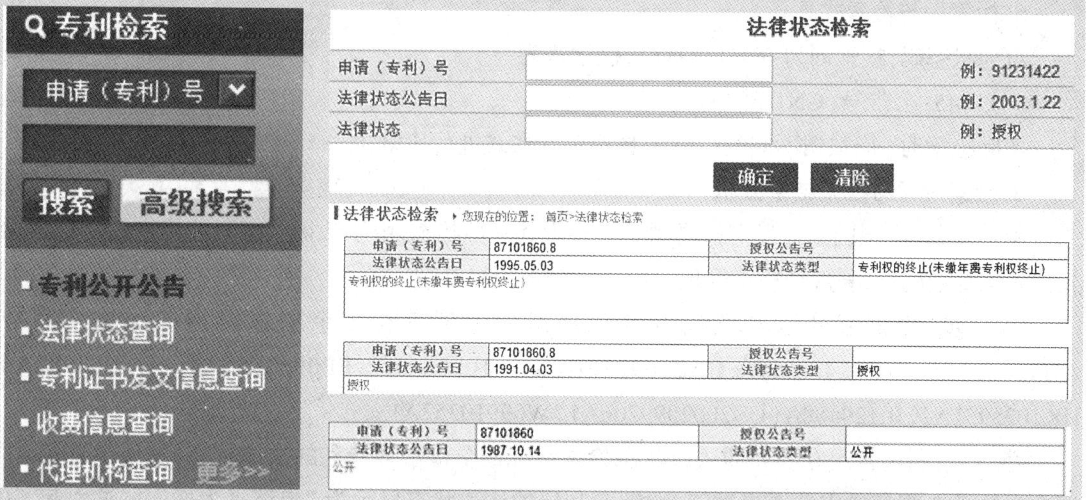

图4.24　20年前申请的早已失效的专利法律状态变更情况

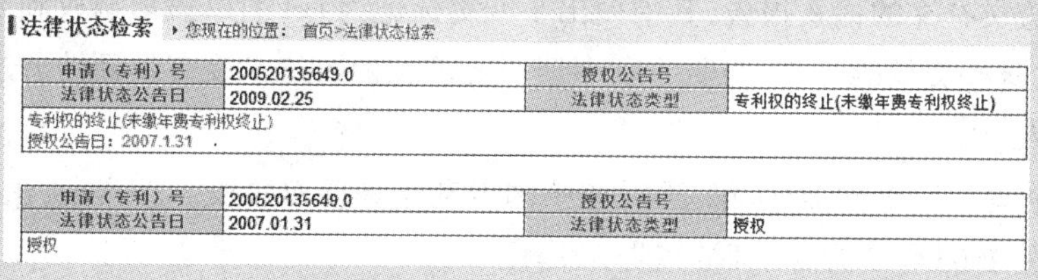

图4.25　授权后不久就失效的专利法律状态变更情况

实验结论 4-10

事实上,从中国专利的申请号也可以对某些专利的法律状态做出初步判断。中国专利申请号的一般形式为:申请年＋权利类型码＋流水号＋校验码,其中权利类型码为1、2、3的权利类分别为发明专利、实用新型专利、外观设计专利,三种权利类型的法定保护期限分别为自申请日起的 20 年、10 年、10 年。据此分析,87101860 的申请是 1987 年申请的发明专利,最长保护期限至 2007 年,显然早就过期了。专利申请号为 200520135649.0 的技术是 2005 年申请的实用新型专利,需要到中国国家知识产权局检索一下。

【例 4-14】　2004 年某日,某中国企业正在与日方洽谈一项药品生产技术,日方告知该专利的中国专利公告号 CN1237181A,并强调已经在多个国家申请了专利,经济利益十分可观,要求中方支付高昂的许可费。检索时间:2004/5/1。

4. 文献类型与检索工具

由于这是一项在多国申请专利的技术,只有一个中国专利号,需要使用欧洲专利局专利数据库检索到同族专利号;了解其法律状态,可以根据其提供的国别信息使用相应国家或组织的专利数据库进行法律状态检索。

5. 检索词与检索式

A 为状态码,检索词为:CN1237181,检索式为:

　　#45:公告号:CN1237181

实际检索时,应根据不同的检索工具规定的格式进行检索。

6. 检索过程与检索结果分析

第一步,在中国国家知识产权局网站上检索其法律状态,由于法律状态只能用申请号检索,故先找到该专利的申请号,经检索发现该中国专利为授权专利。

第二步,用该公开号到欧洲专利局网站检索到其在多个国家申请的同族专利号:AU728627B2,AU8746898A,CA2269286A1,CN1090635C,EP0963989A1,EP0963989A4,HK1025951A1,IL129408A,US2002099206A1,W09910352A1。

第三步,利用各国专利局的法律状态检索系统逐个检索各专利的法律状态,发现仅有包括中国在内的两个国家的申请获得授权,欧洲专利局的法律状态显示为"申请视为撤回",这引起了中方的怀疑。仔细查阅了两份欧洲专利局的专利文献的全文后发现,EP0963989A1 文献为日本专利局审查员完成,仅仅列出了技术背景参考文献,文献标记都使用了 [A],而 EP0963989A4 则是欧洲专利局的审查员补充的检索报告,其中列出了四篇标记为 [x] 的单独影响权利要求的新颖性或创造性的文献,这些文献的存在,表明专利申请中要求保护的技术没有新颖性。这一发现大大降低了中方的投入。[①]

后记:这个案例发生在 2004 年,当时该中国专利还是授权阶段。事实上,由于这个事件,该中国专利已经在 2005 年 3 月 23 日被宣告无效了。

实验结论 4-11

一般而言,在多个国家申请保护的专利技术市场前景比较好,但是任何情况下,也不能迷信口头承诺,必须通过专利法律状态检索才能证实专利是否被授权,以免遭受损失。

---

① 中国知识产权网.同族专利分析案例(上).http://www.cnipr.com/services/zlxxyysw/wz/201009/t20100926_121072.html [2012/11/1];中国知识产权网.同族专利分析案例(下).http://www.cnipr.com/news/rdph/201009/t20100929_121180.html [2012 /11/1].

4.2.11 专利侵权检索

【例4-15】 具有顺式硝基结构的新烟碱类化合物的杀虫活性显著,且部分化合物对于褐飞虱抗性品系活性高于吡虫啉。2-氯-5-（2-硝基亚甲基-1-咪唑基甲基)-吡啶化合物（2-chloro-5-((2-(nitromethylene)imidazolidin-1-yl)methyl)pyridine）是合成顺硝烯类新烟碱类化合物的关键中间体,某农药厂拟以偏二氯乙烯为原料,合成2-氯-5-（2-硝基亚甲基-1-咪唑基甲基)-吡啶化合物,开发新的工艺路线。两条路线如下。

路线一:

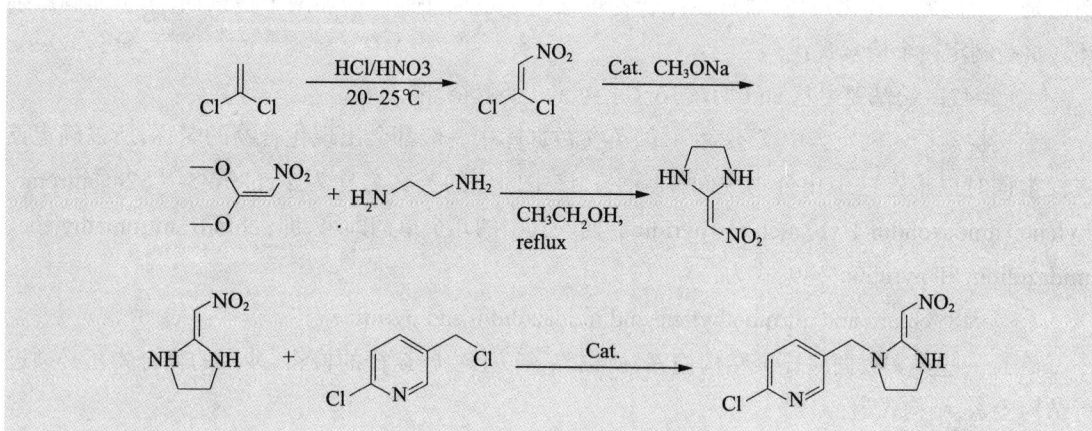

路线二:

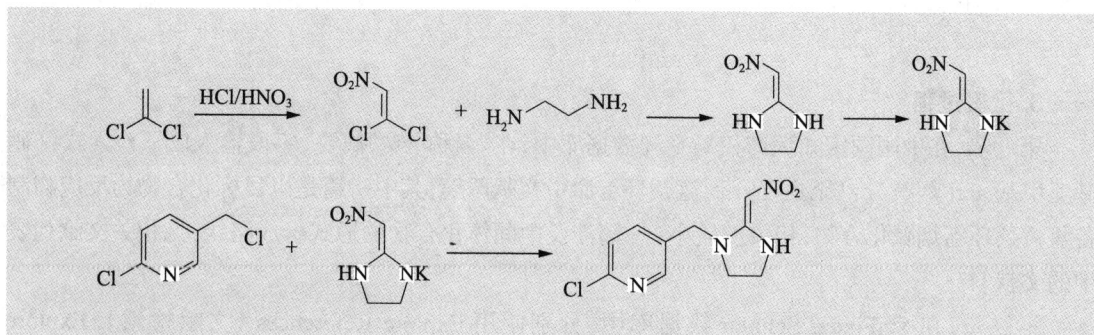

为了重点了解该中间体是否存在侵权,该厂的技术员进行了以下检索实验。

1.文献类型及检索工具

该信息问题明确要求了解专利情况,故确定需要查找的资源类型为中外专利文献,常用的检索专利文献的数据库有中国国家知识产权局专利数据库、欧洲专利局专利数据库、美国专利局专利数据库和Derwent Innovation Index(德温特专利索引),也可以查找SooPAT专利搜索引擎(www. soopat.com)等;因为这是涉及化合物的专利检索,所以收录专利文献的SciFinder Scholar数据库也一定要检索。首先选择中国国家知识产权局专利数据库进行检索(由于该数据库不是很稳定,有时可以借助万方数据、Soopat等数据库),从检索结果中阅读专利全文,以期尽快地了解课题,然后检索 SciFinder Scholar 或其他各种权威专利数据库，如智慧芽、Thomson Innavation 等；或欧洲专利局专利数据库和美国专利局专利数据库等免费数据库。

2. 检索词和检索式

仔细阅读课题内容，这是一个检索化合物中间体合成路线的课题，是生产新烟碱类化合物的中间体，行业内有称之为"硝基亚甲基"的。所以，初步选定检索词为硝基亚甲基和烟碱，检索式为：

#46：硝基亚甲基 and 烟碱

在"中国国家知识产权局专利数据库"中的"名称"或"摘要"字段输入该检索式，只命中一篇文献。显然检索结果偏少，如何调整？重新阅读一下课题内容，观察一下目标化合物的结构，发现这是一个偶氮杂环化合物，而且该化合物可被用于杀虫，所以，增加两个检索词，杀虫和偶氮杂环。重新制定一个检索式：

#47：（硝基亚甲基 and 烟碱）or（杀虫 and 偶氮杂环）

英文检索词的确定与中文不太一样，英文数据库中一般都会出现化合物的名称，所以确定英文检索词时以检索这个化合物中间体为主。该中间体的英文名称为 2-chloro-5-（（2-（nitrome-thylene）imidazolidin-1-yl）methyl）pyridine，抽取其中的几个单词即可，即：chloro、nitromethylene、imidazolidin 和 pyridine，检索式为：

#48：chloro and nitromethylene and imidazolidin and pyridine

因为一些英文数据库提供结构检索，所以除了以上主题途径的检索，涉及的化合物还必须进行结构检索，结构式为：

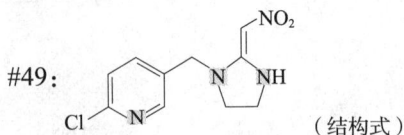

#49：（结构式）

3. 检索过程

第一步，在中国国家知识产权局专利数据库中，在"名称"或"摘要"字段输入以下检索式：（硝基亚甲基 and 烟碱）or（杀虫 and 偶氮杂环），命中文献两篇，其中一篇是以目标化合物为反应物制备氧桥杂环新烟碱化合物，相关度较小；一篇涉及中间体化合物的通式合成路线，见相关文献列表中的文献 [1]。

第二步，在 SciFinder Scholar 数据库中，分别使用 Explore References（文献检索），Explore Substances（物质检索）和 Explore Reactions（反应检索）。

首先，采用"References"检索。在"Research Topic"后面的文本框内输入：

#50：nitromethylene of chloro on pyridine in imidazolidin

因为要重点了解专利的情况，我们可以在输入检索式后，在其下面的"Document Type"选项中的"Patent"前打勾（图 4.26），点击"Search"进行检索，得到以下检索结果（图 4.27）。

命中的词间关系很近的文献有 5 篇，四个词在文献中同时出现的文献有 12 篇。重点阅读这12 篇文献，从中挑选出相关的文献 4 篇，见相关文献列表中的文献 [1]、[2]、[4]、[7]。

其次，采用"Substances"检索。该案例的文献不太多，而且"Substances"检索和"Reactions"检索可以相互链接，所以选择"Substances"即可检索到相关的反应文献。

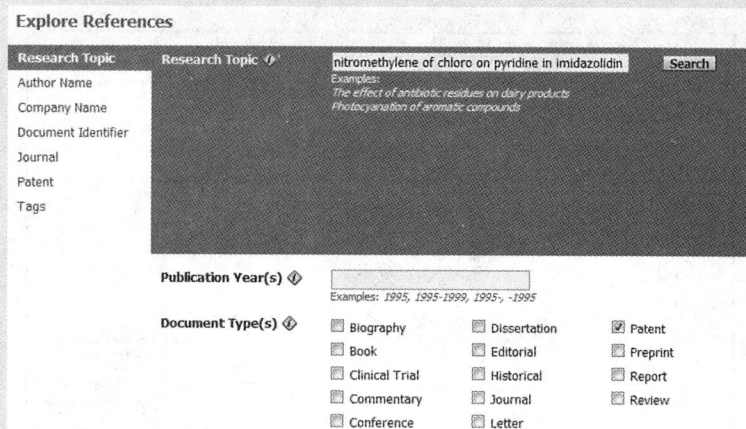

图 4.26　"Reference"检索界面

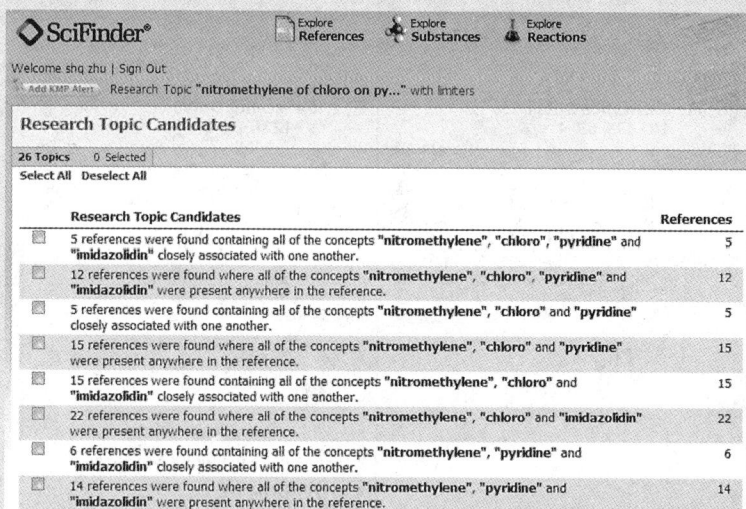

图 4.27　"Reference"检索结果

　　点击"Substances"检索,出现物质检索界面,在结构编辑器内画好需检索的物质结构(图4.28),点击右下角的"确定",该编辑器内的物质结构进入检索界面的结构检索中,选择"Exact Structure"检索,有 16 个检索结果,与本案例中物质结构吻合的化合物有两个,如图 4.29。点击化合物结构右上角的反应链接,可以得到该物质的反应文献。在该案例中,我们限定该化合物为"product",得到化合物 1 作为产物的反应文献 30 条,经"Analysis",得到专利文献中其作为产物的反应有 22 个;化合物 2 作为产物的反应文献 4 条,经"Analysis",得专利 0 条。阅读并从中筛选出相关文献 6 篇,见文献 [2]、[3]、[5]、[6]、[7]、[8]。

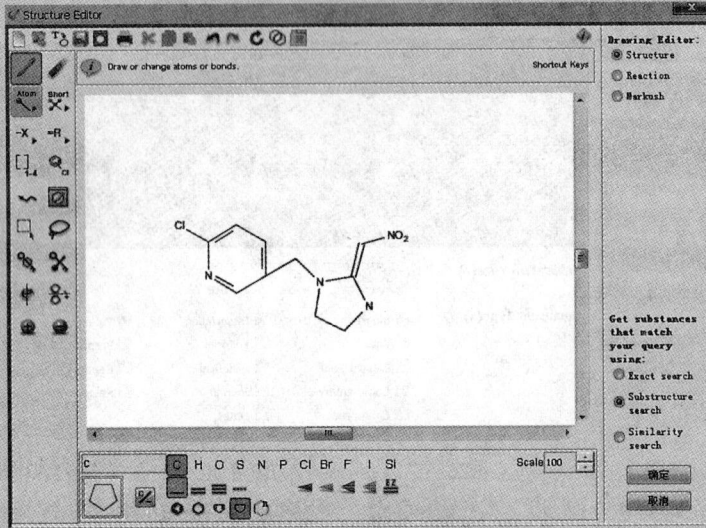

图 4.28　结构编辑器

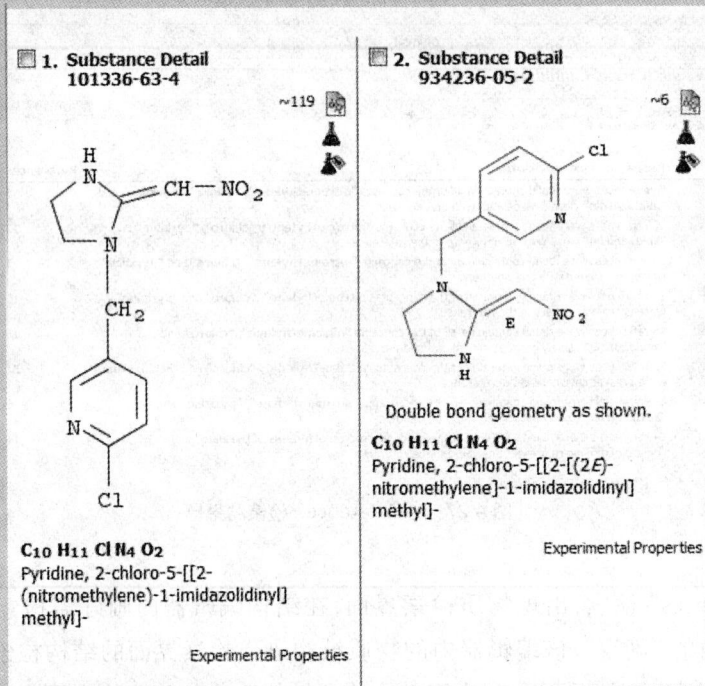

图 4.29　命中化合物结构

　　第三步,在欧洲专利局专利数据库中,选择"Advanced search"检索方式,在检索界面上选择"Title or abstract"字段,输入:

　　#51: nitromethylene and chloro and pyridine and imidazolidin

Rn（#51）=0 篇。修改检索式,查找具有杀虫活性的偶氮化合物。重新选择 "Title or abstract" 字段,输入:

#52: azo and heterocyclic and insecti*

Rn（#52）=9 篇,但与课题相关度不大。

第四步,美国专利局专利数据库。选择 "Advanced Search" 检索方式,在检索框中输入:

#53: ttl/（nitromethylene and chloro and pyridine and imidazolidin）

Rn（#53）=0,重新输入:

#54: abst/（nitromethylene and chloro and pyridine and imidazolidin）

Rn（#54）=0。修改检索式,查找具有杀虫活性的偶氮化合物。输入检索式:

#55: ttl/（azo and heterocyclic and insecti$）or abst/（azo and heterocyclic and insecti$）

Rn（#55）=2,与课题相关度不大。由于篇幅关系,略去其他专利数据库中的检索过程。

4. 相关文献列表及文献分析

[1] 专利名称:具有杀虫活性的偶氮杂环化合物、其制备及用途

摘要:本发明提供了具有杀虫活性的偶氮杂环化合物、其制备及用途。具体地,本发明提供了通式(I)化合物或者该化合物的光学异构体、顺反异构体或农药学上可接受的盐,其中 R^1, R^2, R^3, R^4, R^5, Z 各自如说明书中所述定义。本发明还涉及包含上述化合物或者其光学异构体、顺反异构体或农药学上可接受的盐的农用组合物,所述农用组合物的用途。中间体化合物的通式合成路线如下:

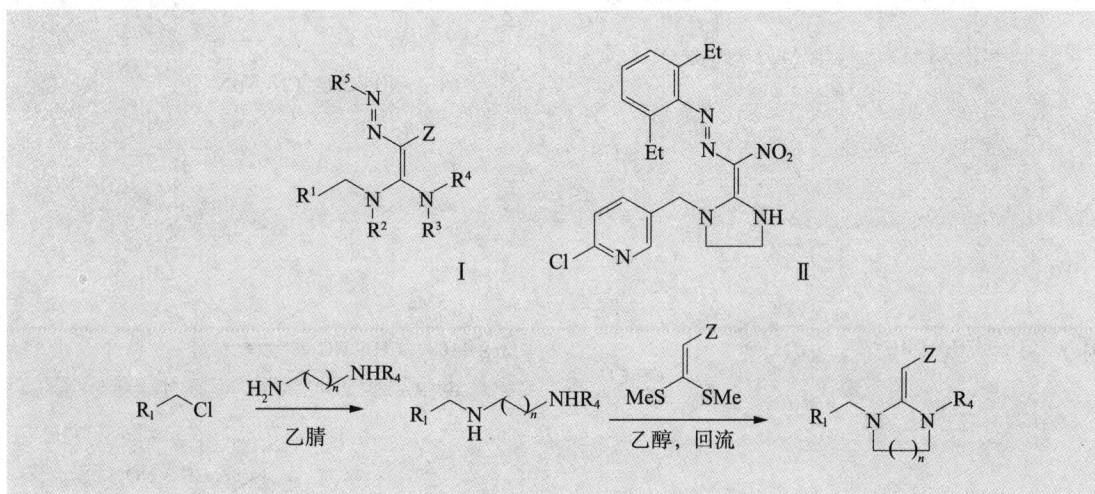

[2] 专利名称:具有杀虫活性的含氮杂环化合物、其制备及用途

摘要: 本发明涉及具有式(A)的含 N 杂环或开环化合物,其中 R^1, R^2, R^3, R^4, R^5, Y, Z 和 W 各自如说明书中所述定义。本发明公开了一种新型杀虫剂的制备方法及其用途。所述化合物及其衍生物对同翅目、鳞翅目等农林业害虫:蚜虫、飞虱、粉虱、叶蝉、蓟马、棉铃虫、菜青虫、小菜蛾、斜纹夜蛾、粘虫等具有高的杀虫活性。专利涉及的目标化合物的工艺路线如下:

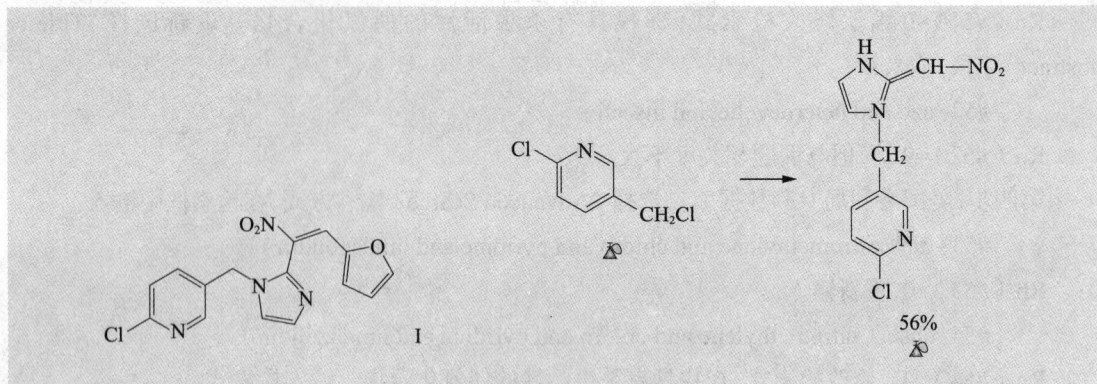

[3] 专利名称：一类具有高杀虫活性化合物的制备方法及用途

摘要：本发明公开了一种硝基亚甲基衍生物，其制备方法及其应用。杀虫活性测试表明，本发明的衍生物对刺吸式、刮吸式口器害虫，如蚜虫、叶蝉、飞虱、蓟马、粉虱及其抗性品系有很高的杀虫活性，对稻水象甲、螨虫红蜘蛛等也很有效，对于卫生害虫和白蚁也具有防治作用。专利涉及的目标化合物的工艺路线如下：

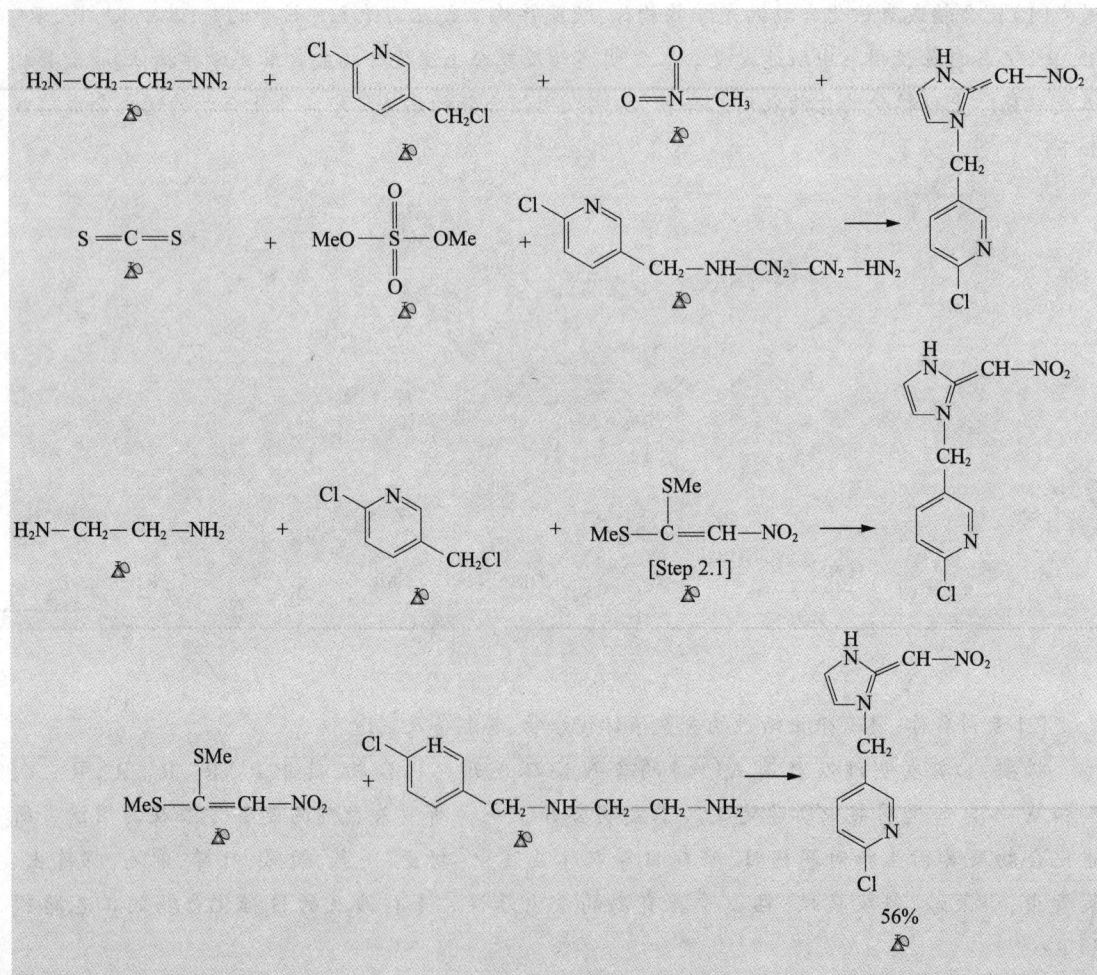

外文相关文献：

[4] TI: Azo heterocyclic compound having insecticidal activity, preparation and applications

摘要(翻译)：公开了一类具有杀虫活性的含氮杂环化合物的制备及其应用。这类化合物是以2-氯-5-（2-硝基亚甲基-1-咪唑基甲基）-吡啶为中间体来合成的。专利中还给出了合成此中间体化合物的通式合成路线，如下：

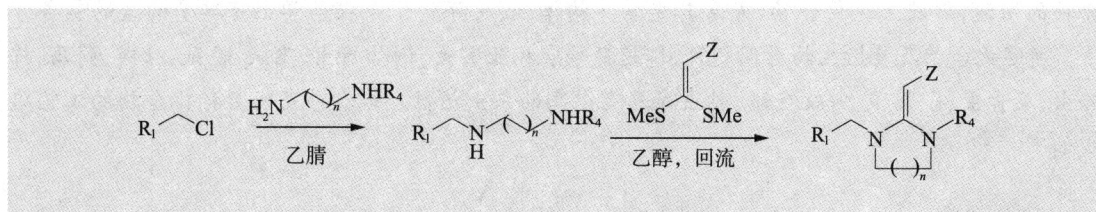

[5] TI: Preparation of imidazo[1,2-a]pyridine derivatives as insecticides

摘要(翻译)：以2-氯-5-氯甲基吡啶为原料，合成2-氯-5-（2-硝基亚甲基-1-咪唑基甲基）-吡啶化合物，该化合物不仅对蚜虫、叶蝉、飞虱、缨翅目、粉虱等害虫和稻水象甲有高效杀虫活性，对卫生害虫和白蚁也有控制作用。专利涉及的目标化合物的工艺路线如下：

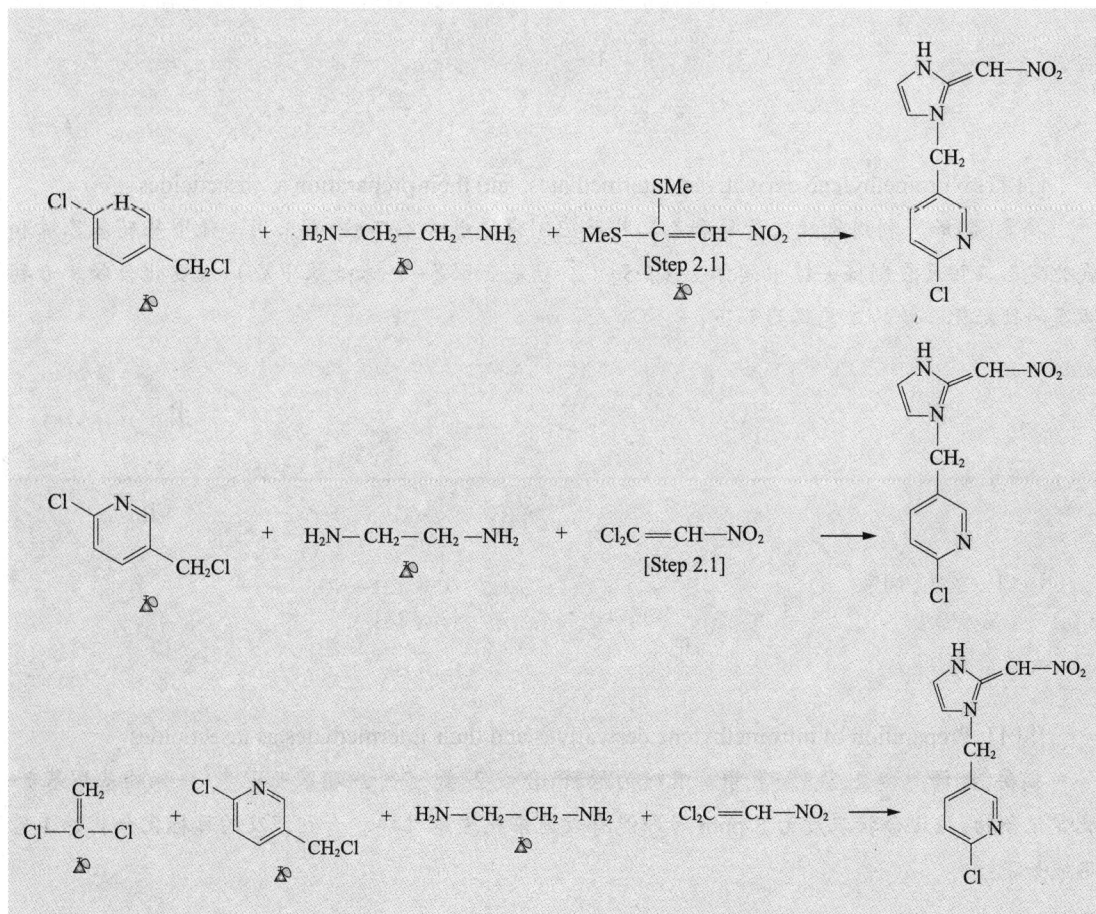

[6] TI: Heterocyclic nitrogenous or oxygenous compounds with insecticidal activity formed from dialdehydes and their preparation and uses

摘要(翻译)：该发明涉及二醛构建的具有杀虫活性的含氮或氧杂环化合物的制备及用途，提供了化合物或者所述化合物的光学异构体、顺反异构体或农药学上可接受的盐；本发明还涉及包含上述化合物或者其光学异构体、顺反异构体或农药学上可接受的盐的农用组合物，所述农用组合物的用途，以及上述化合物、或者其光学异构体、顺反异构体或农药学上可接受的盐的制备方法。所述化合物及其衍生物对同翅目、鳞翅目等农林业害虫，例如蚜虫、飞虱、粉虱、叶蝉、蓟马、棉铃虫、菜青虫、小菜蛾、斜纹夜蛾、粘虫等具有很高的杀虫活性。专利涉及的目标化合物的工艺路线如下：

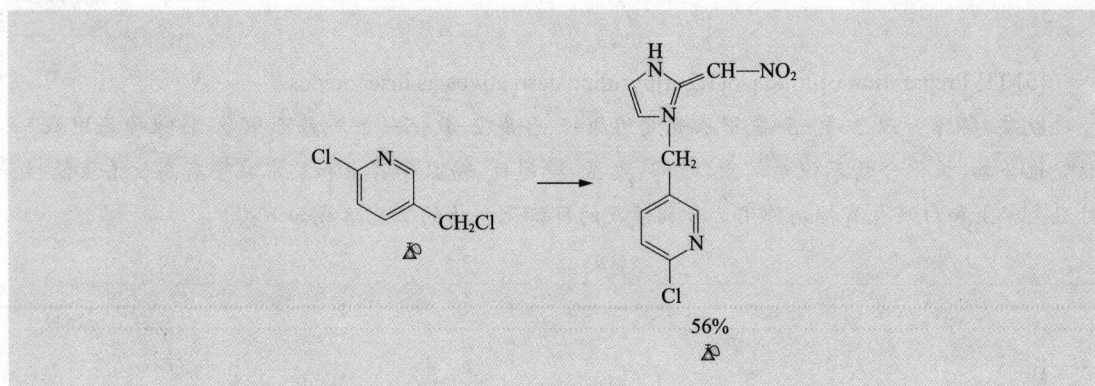

[7] TI: Nitromethylene derivatives, intermediates, and their preparation as insecticides

摘要(翻译)：利用氯吡啶苄氯和乙二胺反应制得氯吡啶乙二胺，再采用二硫甲基硝基乙烯和氯吡啶乙二胺反应制得关键中间体 2-氯-5-（2-硝基亚甲基-1-咪唑基甲基）-吡啶化合物。专利涉及的目标化合物的工艺路线如下：

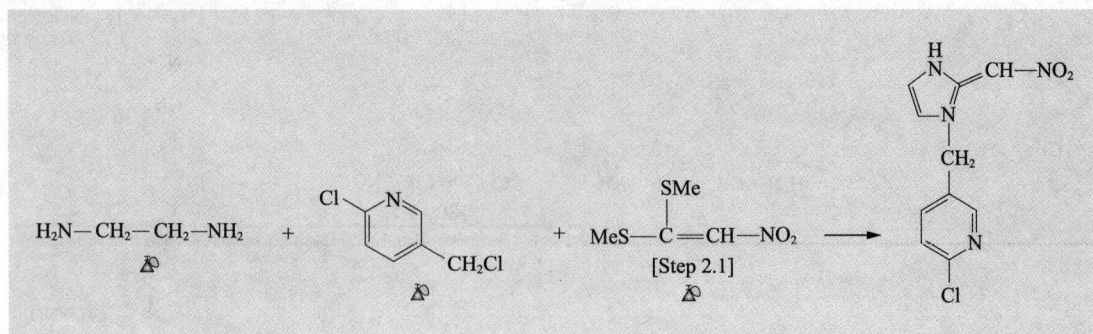

[8] TI: Preparation of nitromethylene derivatives and their intermediates as insecticides

摘要(翻译)：以 2-氯-5-氯甲基吡啶为原料，合成 2-氯-5-（2-硝基亚甲基-1-咪唑基甲基）-吡啶化合物，该化合物浓度为 8 ppm 时即能有效地杀死黑尾叶蝉。专利涉及的目标化合物的工艺路线如下：

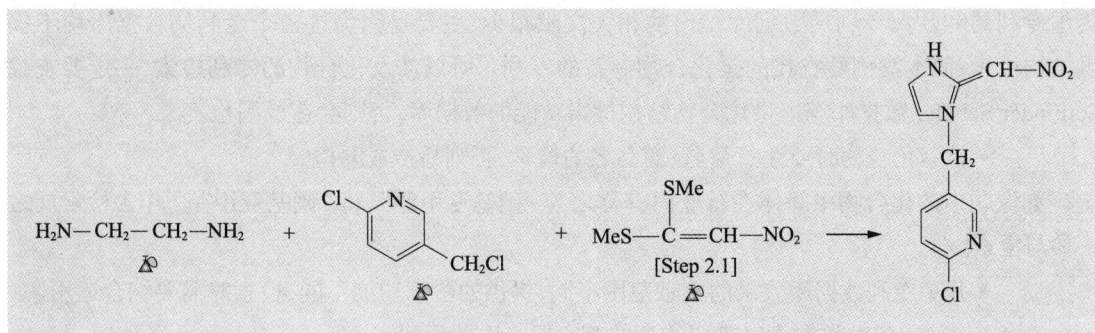

分析上述文献后发现,中文专利文献 [1 — 3] 均为华东理工大学李忠课题组申请的中国专利,文献 [1] 公开了以 2-氯-5-(2-硝基亚甲基-1-咪唑基甲基)-吡啶为中间体,合成一类具有杀虫活性的含氮杂环化合物,专利中还给出了以 2-氯-5-(2-硝基亚甲基-1-咪唑基甲基)-吡啶为原料合成此中间体化合物的通式合成路线。文献 [2] 和文献 [3] 均涉及以 2-氯-5-氯甲基吡啶为原料,合成 2-氯-5-(2-硝基亚甲基-1-咪唑基甲基)－吡啶化合物的工艺路线。外文专利文献 [4 — 6] 均为华东理工大学李忠课题组申请的世界专利,均涉及以 2-氯-5-氯甲基吡啶为原料合成 2-氯-5-(2-硝基亚甲基-1-咪唑基甲基)-吡啶化合物。专利文献 [7 — 8] 为日本 Shiokawa、Kozo 等人申请的专利,利用氯吡啶苄氯和乙二胺反应制得氯吡啶乙二胺,再采用二硫甲基硝基乙烯和氯吡啶乙二胺反应制得关键中间体 2-氯-5-(2-硝基亚甲基-1-咪唑基甲基)-吡啶化合物。

进而得出以下结论:国内有以 2-氯-5-氯甲基吡啶为原料合成 2-氯-5-(2-硝基亚甲基-1-咪唑基甲基)-吡啶化合物的专利报道(文献 [1 — 6]),均为华东理工大学研究人员申请的专利文献,国外也有以 2-氯-5-氯甲基吡啶(文献 [7 — 8])为原料合成 2-氯-5-(2-硝基亚甲基-1-咪唑基甲基)-吡啶化合物的专利报道。但未见以偏二氯乙烯为原料合成硝基咪唑,进一步与氯吡啶苄氯反应合成 2-氯-5-(2-硝基亚甲基-1-咪唑基甲基)-吡啶化合物的工艺路线的报道。该课题拟以偏二氯乙烯为原料,得到二氯硝基乙烯,直接合成硝基咪唑,或者先合成二甲氧基硝基乙烯后再合成硝基咪唑,进而合成 2-氯-5-(2-硝基亚甲基-1-咪唑基甲基)-吡啶化合物(顺硝烯新烟碱杀虫剂的关键中间体),在国内外均未见相同工艺路线的专利文献报道。

实验结论 4-12

◆ 进行专利文献检索,必须选择合适的检索工具。

本案例要重点了解专利侵权情况,所以,要选择专利数据库,此外,一些收录专利文献的专业数据库也应该考虑,如 SciFinder Scholar 数据库。因为相对而言,单纯的专利数据库没有专业数据库的检索功能强大。

如果需要了解拟申请专利的技术是否具有新颖性,则还必须选择其他不收录专利文献的数据库。

◆ 涉及化合物的专利检索,既要考虑主题检索,也要考虑结构检索、反应检索、登记号检索。

◆ 同样是收录专利的数据库,检索结果却不尽相同。

在本案例中,我们看到检索结果较准确和全面的是 SciFinder Scholar 数据库,而中国专利局、美国专利局和欧洲专利局数据库检出的相关文献很少，主要是因为这三个专利局数据库均不提供结构检索，而本案例要查找的是化合物制备的专利。所以涉及化合物的专利检索，一定要查找 SciFinder Scholar 数据库等提供化合物结构检索功能的数据库，否则会造成漏检。

◆ 检索化合物时要注意俗名、商品名的检索，否则易造成漏检。

如课题中的化合物中间体在行业内有称之为"硝基亚甲基"，将"硝基亚甲基"作为检索词之一参与检索。

◆ 几个专利数据库收录的文献范围不同，提供的检索功能不同，检索时需要综合运用。

表 4.3 将使用各个数据库时需要注意的核心要点对照说明。

表 4.3　专利类数据库的对比

数据库名称	中国专利局	美国专利局	欧洲专利局	SciFinder
收录范围	专利	专利	专利	期刊、专利、图书、会议、学位论文、技术报告
检索方式	简单检索、高级检索、IPC 分类号检索、法律状态检索	简单检索、高级检索、IPC 分类号检索、法律状态检索	简单检索、智能检索、高级检索、IPC 分类号检索、法律状态检索	主题检索、化学物质检索、化学反应检索、Markush 检索
逻辑运算符	and, or, not 或 *,+, —	and, or, and not	and, or, not	不支持
截词符	%	$	*	不支持
文摘 / 全文	全文	全文	全文	文摘

4.2.12　标准文献检索

【例 4-16】　关老师及其所在课题组要制定国内有关"在役设备材料性能小冲杆试验标准"，需要检索相关的标准供参考。检索时间：2012/8/25。

1. 文献类型及检索工具

课题要求了解相关的标准，所以我们选择标准数据库进行检索，目前可以检索标准的数据库是万方数据库、宇飞数字资源系统、超星读秀知识库和 ASME 数据库。

2. 检索词和检索式

在制定检索式之前，先了解一下什么是小冲杆试验法。小冲杆试验法在力学测试中得到了广泛的发展和应用，用小冲杆试验法测得的小试样的载荷—位移—试样厚度变化曲线，通过类比分析以及半解析相结合的方法可以计算材料的特征常数：屈服极限、强度极限、断裂韧性、转变温度和蠕变特性。通过分析小冲杆试验法的定义，发现小冲杆试验中使用到微试样，小试样和微小试样，于是决定检索时除了"小冲杆"，还使用"微试样"、"小试样"和"微小试样"这三个检索词，根据模糊检索的原理，使用检索式：

#56：小冲杆 or 小试样 or 微试样（标准名称）

考虑到标准中重要的词大都出现在标准名称中，选择标准名称为检索字段。

3. 检索过程

在宇飞数字资源系统中,利用上述检索策略检索,检索结果近 10 条,中文均可查看全文,外文标准只有文摘。

在万方数据库中,利用上述检索策略检索,检索出标准约 20 条,但具有参考价值的相关标准只有 5 条,均已在宇飞数字资源系统检索出。

在 ASME 标准库官方主页(http://www.asme.org/kb/standards)中,检索结果为 0。

在超星读秀知识库中搜索,检索到两篇国外标准。但是,数据库不提供外文标准的全文,通过上海研发公共服务平台的文献传递服务,获得两篇专利的原文。见表 4.4。

表 4.4　两篇标准文献

标准号	标准名称
CWA 15627-2007	Small Punch Test Method for Metallic Materials
ASTM F 2183-2002	Standard Test Method for Small Punch Testing of Ultra-High Molecular Weight Polyethylene Used in Surgical Implants

4. 结果分析

课题主要是针对金属材料制定相应的小冲杆试验法标准,从检索到的结果来看,检索到的中文相关标准都不是关于金属材料的;外文标准中有类似的标准,具有很高的参考价值,需要查找全文。

实验结论 4-13

◆ 不能只从课题的题目中选择检索词,还有必要从课题的解释说明中选择。

◆ 数据库的选择也要有针对性,既然是检索标准,就直接检索收录标准的数据库,并通过其他途径获取全文。

4.2.13　物性数据检索

【例 4-17】　王博士想以铁锰镍合金为原料制备新材料,希望了解不同比例金属合金的机械性质参数、磁性参数及热力学参数等,于是他开始了下面的检索这些数据的过程。检索时间:2012/8/25。

1. 文献类型及检索工具

该信息问题明确要求了解合金的物性数据情况,常用的检索物性数据的工具有:Internet 搜索引擎;手册类工具书(如兰氏化学手册、CRC 化学和物理手册等);数据库类检索工具,主要有:SciFinder Scholar(收费数据库)、Wiley 化工类工具书(收费数据库)、Knovel 网络数据库(收费数据库)、Reaxys 数据库(收费数据库)、LB 数据库(收费数据库)、NIST 数据库(免费数据库)、化学搜索器(免费数据库)、Chemspider 数据库(免费数据库)等,这些工具的资源多有重复,以 SciFinder Scholar 数据库最全。这里选择谷歌、Chemspider 数据库 和 SciFinder Scholar 数据库进行演示。

2. 检索词和检索式

谷歌：简单检索，检索式：

　　#57：铁 锰 镍 合金 物性

　　#58：Fe Mn Ni 合金 物性

Chemspider 数据库：字段 Advanced search → Search by Elements，检索式（如图 4.30 所示）：

　　#59：Fe Mn Ni

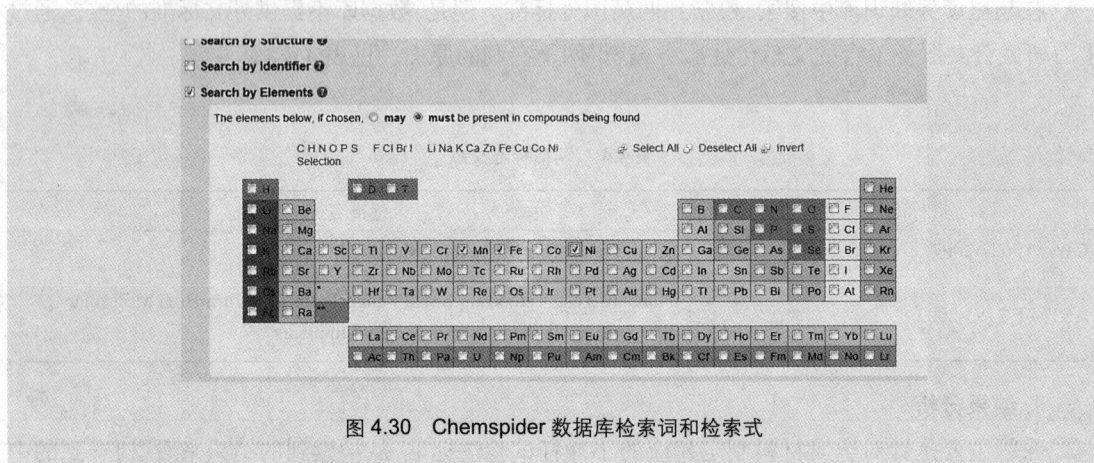

图 4.30　Chemspider 数据库检索词和检索式

SciFinder Scholar 数据库中：字段 Explore Substances → Molecular Formula，检索式（如图 4.31 所示）：

　　#60：Fe. Mn. Ni

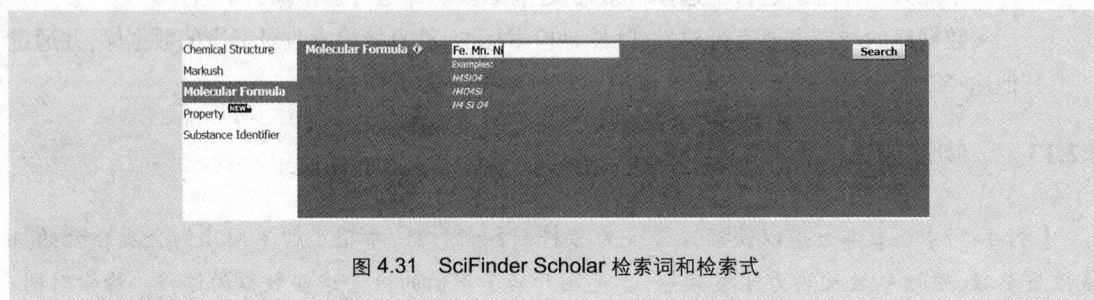

图 4.31　SciFinder Scholar 检索词和检索式

3. 检索过程

利用谷歌进行检索，输入以上检索式，前几页找不到符合检索要求的信息。

在 Chemspider 数据库中，输入以上检索式：得到两种化合物，一种为 CuFeMnNi，另外一种为 $H_8FeMnNiO_4$，与检索要求不符。

在 SciFinder Scholar 数据库中，输入以上检索式：得到 1000 种不同金属比例合金，点击某一合金的 Substance Detail 进入，可以看到 Experimental Properties 字段，即可得到该合金力学性质或力学性质出处；如：CAS Registry Number: 50942-82-0, Fe 64,Ni 36,Mn 0.3（如图 4.32 所示）。

1. Substance Detail
50942-82-0

~125

Component	Component Percent
Fe	64
Ni	36
Mn	0.3

Fe . Mn . Ni
Iron alloy, base, Fe 64,Ni 36,Mn 0.3

Experimental Properties

图 4.32 某一合金的信息

图 4.33 为该合金的一些物性数据,如合金的室温条件下 Tensile Strength 数据为 303 MPa。

Experimental Properties: Magnetic Mechanical Thermal

Magnetic Properties	Value	Condition	Note	Top
Magnetic Coercivity	See full text		(2)CAS	
Magnetization	See full text		(2)CAS	
Mechanical Properties	**Value**	**Condition**	**Note**	Top
Hardness	See full text		(1)CAS	
Microhardness	See full text		(3)CAS	
Tensile Strength	303 MPa (Yield)	Temp: Room Temp.	(4)CAS	
Thermal Properties	**Value**	**Condition**	**Note**	Top
Thermal Expansion Coefficient	See full text		(4)CAS	

(1) Li, B. L.; Materials Science & Engineering, A: Structural Materials: Properties, Microstructure and Processing 2006, VA423(1-2), P331-342 CAPLUS
(2) Todoroki, Hidekazu; JP 2002161328 A 2002 CAPLUS
(3) Tashiro, Yuji; Tetsu to Hagane 2003, V89(5), P530-535 CAPLUS

图 4.33 某一合金的物性数据

实验结论 4–14

- 物性数据检索工具各有特色,运用时要根据课题的性质和需要的参数进行选择查找。Internet 搜索引擎适用于查找常用物质的物性数据,但是检索方式和数据全面性有限;很多可以检索物性数据的检索工具为收费工具,但检索结果相对较好;
- SciFinder Scholar 的分子式检索可以浏览不同比例金属的合金物质,且收录化合物种类远远多于 Chemspider 数据库,SciFinder Scholar 数据库 CAS REGISTRY SM 中包含 2 400 多万个化合物,包括合金、络合物、矿物、混合物、聚合物、盐和序列,且包含相关的计算性质和实验数据,可以先找到不同比例的金属合金化合物,找到其物性信息。

4.2.14 古文诗词检索

【例 4–18】 小王在网上看到有人问:"唯有源头活水来"的上句是什么?搜索了一下,发现有写"唯……"的也有写"为……"的,到底是哪个字呢?他想看看朱熹的原文。检索时间:2012/8/25。

1. 文献类型和检索工具

由于这是一个考证问题，因此他想直接找朱熹的原文。而查找词藻典故和诗文词句的出处，手工检索常用的有《佩文韵府》《骈字类编》《艺文类聚》《古今图书集成》《子史精华》等，因此需要使用含这些工具书的数据库来检索，比较常用的是著名的中国知网提供的"国学宝典"数据库（http://dbpub.cnki.net/Grid2008/Dbpub/brief.aspx?id=GXDB）。

2. 检索词、检索式及检索过程

#61：唯有源头活水来 or 为有源头活水来（全文 模糊）

Rn（#48）太多，直接将检索式调整为：

#62：唯有源头活水来 or 为有源头活水来（全文 精确匹配）

Rn（#61）=3，如图4.34：

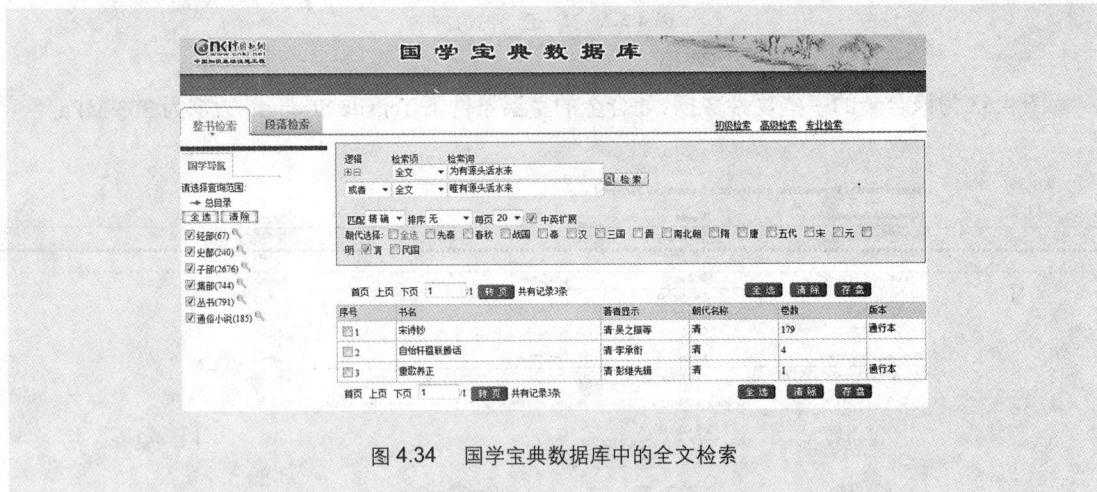

图4.34　国学宝典数据库中的全文检索

选择"童歌养正"后，找到了原文"为有源头活水来"；

选择序号为1或2的记录，由于卷数太多，需要逐段翻阅，相当繁琐。

实验结论 4-15

涉及文献典故考证的课题常常被用来作为文献检索竞赛的题目，如果掌握了几个著名的数据库（如这里的国学宝典数据库）就如鱼得水了。

【本章小结】

本章引入 Big6 信息问题解决方案，从学科、专题的角度列举了大量的案例，这些案例对读者进行各种类型的课题检索能力的训练和提高很有帮助。读者从这些案例中分别可以领悟到通过课题分析选择合适的文献检索工具、检索词和检索式，以及在具体的检索工具中正确检索的方法和过程，尤其是可能存在的问题。

+-+

【练习题】

1. 什么是Big6？其基本步骤是什么？设计一个信息问题，并给出解决问题时的Big6步骤。

2. 哪些检索工具适合数理专业学术文献的检索？请设计一个检索课题，写出需要使用的检索工具以及具体的检索过程和检出文献量，并列出重要的相关文献。

3. 哪些检索工具适合管理类学术文献的检索？请设计一个检索课题，写出需要使用的检索工具以及具体的检索过程和检出文献量，并列出重要的相关文献。

4. 哪些检索工具适合法学类学术文献的检索？请设计一个检索课题，写出需要使用的检索工具以及具体的检索过程和检出文献量，并列出重要的相关文献。

5. 哪些检索工具适合生物医学类学术文献的检索？请设计一个检索课题，写出需要使用的检索工具以及具体的检索过程和检出文献量，并列出重要的相关文献。

6. 哪些检索工具适合信息技术类学术文献的检索？请设计一个检索课题，写出需要使用的检索工具以及具体的检索过程和检出文献量，并列出重要的相关文献。

7. 请结合你的经历，介绍你使用过的艺术类文献检索工具。

8. 某化工厂想找芳香烃系列产品的专利文献，请写出需要使用的检索工具以及具体的检索过程和检出文献量，并列出重要的相关文献。

9. 设计一个检索课题，了解各种文献检索工具对查找物性数据的有效性。

10. 哪些检索工具适合标准文献的检索？请设计一个检索课题，写出需要使用的检索工具以及具体的检索过程和检出文献量，并列出重要的相关文献。

11. 检索有关白藜芦醇（resveratrol）防治老年痴呆（senile dementia, Alzheimer Disease）的临床研究。

12. 检索有关维生素C（vitamin c, ascorbic acid）的治疗应用（therapeutic use）方面的文章。

13. 通过PubMed，查找最近一年有关"微量元素锌（zinc）在婴儿（infant）生长发育（growth）中的作用"，写出检索步骤并列出检索结果。

14. 通过基因库检索人脑源性神经营养因子（brain-derived neurotrophic factor, BDNF）cDNA（数据库中缩写形式为cds）的全长序列，写出操作步骤。

15. 查找甲醇反应器制备二甲醚的相关文献。

16. 检索有关碳/碳复合材料疲劳特性及强韧化机理研究的相关文献。

17. 查找聚合物胶束作为药物多功能载体研究的相关文献。

18. 查找华东理工大学胡英院士自1998年发表的有关分子模拟（molecular simulation）的英文文献。

19. 查找高效液相色谱检测空气中甲醛含量（Determination of the content of acetal in air by HLPC）的文献。

20. 查找JP 01/004665专利的相关专利。

21. 查找太阳能电池（solar cell）研究方面的文献，并了解目前国内外研究报道得较多的机构有哪些？

22. 了解华东理工大学被 Scifinder Scholar 收录的论文，并分析哪些学科、哪些科研人员发表的论文较多？

23. 查找介孔二氧化硅（porous silicon dioxide）作为催化剂的反应有哪些？

24. 查找二氯苯酚（dichloro phenol）的所有制备工艺。

第 5 章　信息检索与利用综合案例

前面重点介绍了基本的信息检索技术,本章主要从信息的评价、利用文献数据库和文献分析工具助力留学、求职和人才引进、学术论文写作与投稿、竞争情报方法几个方面,通过不同的案例针对信息检索与利用过程中可能出现的各种情况,对检索策略和方法的综合应用以及应该注意的事项进行介绍,力求使读者对文献检索的过程有更深刻的认识和体会。

5.1　信息的评价

2007 年 10 月 12 日,陕西省林业厅公布了猎人周正龙用数码相机和胶片相机拍摄的华南虎照片。随后,照片真实性受到来自部分网友、华南虎专家和中科院专家等方面的质疑。2008 年 6 月 29 日,陕西省政府通报披露周正龙华南虎照片造假事件。正是由于部分网友对照片真实性的怀疑,才避免了国家由此造成的损失。

在现实生活中,类似的信息造假的案件非常多,如各种冤假错案、虚假广告等。这些现象的普遍存在,迫使全体社会成员重视对通过检索或其他途径获得的信息进行及时评价,进而采取正确的措施,以减少决策失误,提高决策效率,降低决策成本,阻止有害信息的传播,降低有害信息的危害。

5.1.1　信息评价方法

1. 定性方法

一般采用分类的方法对信息进行定性评价,具体的定性依据则常采用德尔菲调查法。信息的分类有以下几种:依据信息的真实性 , 将信息分为真实信息和虚假信息,依据信息的价值和危害性分为有用和无用、有害和无害、公开和保密三类。依据信息的重要程度将有用信息分为一般、重要、非常重要等多个重要性等级；将有害信息的危害程度分为较轻、较重、严重等危害性等级。依据信息的保密性分为社会公开（公开）、机构内公开（内部信息）、相关人员公开（机密）、高层人员公开（绝密）等。

2.定量方法

定量方法事先制定信息评价指标体系，在对信息进行评价时，根据指标体系对被评价信息进行打分，采用一定的指标分析方法得出总分，根据总分来判断信息的有用性和重要程度。定量方法有时也称指标法，对于确定的指标体系，有多种不同的总分计算方法，如层次分析法、灰色系统方法、模糊层次方法等。

3.定性与定量相结合的方法

与定性方法相比，定量方法的客观性程度较高，因此受到越来越多的重视。但是，在定量方法中，确定评价指标体系的过程是一个主观的过程，具体评价信息时，依据评价指标体系给每一个指标打分的过程，也是一个定性的过程，但它依然存在指标体系不够客观的缺点。因此，通常需要根据情况确定采用定性方法或定量方法，或在定量的基础上结合评价主体的知识领域进一步定性的方法。比如，为了能提高对所有主动或被动获得的信息的评价效率和质量，相关组织或个人往往事先制定一些信息需求指标，如主题词或关键词列表、信息来源（一般指网站地址或检索工具）列表等，作为判定信息与评价主体的经营、决策等活动之间的关系的依据；再进一步制定评价指标体系，以进一步判定信息对评价主体的经营、决策等活动的影响程度。有了信息需求指标后，信息的评价过程不但可以实现部分自动化，而且由于有了明确的目标，组织或个人在面对被动信息的时候也很容易做出判断。

5.1.2　信息评价的标准

信息评价的目的是区分信息的有用性和重要程度，这种评价取决于信息的内容。但信息的内容一般都是非结构化的数据，如文本、图像、声音等，因此对信息进行评价的基础是识别信息的真实含义及其与组织或个人利益之间的关系。所以，对信息进行评价应该参照的标准包括信息的真实性、信息与组织或个人利益之间的关系、信息发布的时间三个方面。

1.真实性

衡量信息真实性的标准主要是看信息是否为客观事实的反映，因此评价主体应该尽可能进行真实性的求证。在无法直接证实其客观事实的情况下，一般采用信息的可靠性作为间接的标准。信息的可靠性标准主要包括信息内容的科学性、准确性、信息来源的权威性。信息内容的科学性主要指信息的内容是否明显违背某些客观事实、违背公理或真理、违背政策法规，是否有大量的实验数据或证据，实验方法是否正确等。信息内容的准确性主要指信息的内容是否有明确的指向，是否标明了明确的信息来源，所使用的文字符号是否清晰正确等。信息来源的权威性主要指信息是否由权威部门或公信力很高的部门直接发布或证实。

例如，胡良平等学者对某非核心期刊上的医学学术论文进行了调研，发现有些学术论文存在实验设计和统计方面的错误。由于各种原因，导致部分发表的学术论文不具备真实性。一般情况下,核心期刊的审稿过程相对严格,论文的质量相对较高。

2. 利益相关性

利益相关性是指被评价信息与评价主体的经营、决策等活动之间的关系,这种关系主要有正面关系和反面关系两种,即信息的有害、无害,有用、无用等关系,关系的确定主要依据评价主体的价值观和对信息的需求。此外,利益相关性还包括被评价信息对评价主体的经营、决策等活动的影响程度,影响程度的大小与评价主体的现实状况有很大的关系。在信息评价过程中,对那些由评价主体主动找到的信息的利益相关性的评价难度,要比对主体被动获得的信息的利益相关性的评价难度低得多。

实际上,信息评价主体在评价过程中总会自觉地结合自身的需求。为了使信息评价的结果更客观、更符合评价主体的利益,应该制定评价主体的信息评价指标体系,如相关信息应该包含的主题词或关键词列表,相关信息的来源列表,相关信息的作者列表以及具有不同特征的信息的权重数等,以该指标体系作为评价信息的利益相关性的标准。

信息自诞生之日起,就带有强烈的个性色彩。因此,信息的有用性和重要性是相对的,不同的组织或个人对相同信息的评价结果不完全相同,对一些人或组织有用的信息可能会对另一些组织或个人产生危害。同样,对一些人或组织很重要的信息对另外一些人或组织却没有什么用处。组织或个人的信息素养水平对相同信息的评价结果也很有影响,有的人能够从一条很一般的信息中获得巨大商机,而有的人则视而不见。

例如,2009 年 2 月 25 日,美国国务院发表的《2008 年国别人权报告》,再次对包括中国在内的世界 190 多个国家和地区的人权状况进行指责,而对自己糟糕的人权记录只字不提。美国每年都要出版人权报告。表面上看,美国是在维持世界人权,但通过次贷危机,世界人民很容易看出美国政府虚假的一面,美国政府采取各种不正当的手段制作出的这份报告实际上是虚假信息,但美国政府却极力鼓吹其真实性。美国政府的人权报告对美国政府的作用是积极的,但对其他国家却是有害信息。

再如,2009 年 7 月 22 日是一个令人兴奋的日子,因为这一天我国不少地区的人能观看到日全食现象。对于地球上的某个地区来说,这样的机会千载难逢,因此普通百姓都在热切地期盼这一天。一些商家就从中看出了商机,专门制作了观看日全食的眼镜。

3. 时间性

不同的评价主体对信息发表的时间要求不同,时间对信息的评价结果的影响取决于评价信息的主体的目的或出发点。有时,发表时间最近的信息的价值要大于发表时间较早的信息。但有时,人们往往会更看重发表时间最早的信息,特别是在回顾历史的时候。

例如,新华网 2009 年 7 月 6 日报道了著名艺人范某起诉某医院不当使用广告语造成名誉侵权获胜的消息。医院应诉时称广告语中使用的人名是河北某县的范某,被艺人范某当庭驳回。艺人范某使用的证据是医院在 2007 年的广告语,而河北的范某是在 2008 年才接受手术的。

4. 指标动态性

由于信息评价具有时效性,信息评价的标准也应经常进行调整。在评价信息的真实性时,参考的一些权威部门的列表是一个动态的表,对信息的时间要求也是动态的,在实施组织战略的过程中,不同阶段的任务不同,评价信息的利益相关性的指标体系也不同。这些都需要根据情况进行适当的调整,以免带来不必要的损失。

例如,对于准备选题的科研人员来说,一般首先阅读最新发表的学术论文或专利。基本确定了研究方向后,就需要研读与研究方向有关的所有论文,但所有论文的重要程度是不一样的,重要的论文有该方向最早发表的论文、被引次数最高的论文、核心期刊上的论文、该研究方向的权威研究人员或研究单位的论文等。

5.1.3 信息评价基本步骤

第一步,区分真实信息和虚假信息。真实信息是客观事实的真实写照,虚假信息则相反,一般是由于信息发布者的过失或故意而产生的,过失行为产生的虚假信息一般包含部分不真实的特征项,如统计数据的小数点位置、数量级错误,或直接将个别事实推广成普遍事实等。故意行为产生的虚假信息一般是对客观事实的直接篡改以达到非法目的。

第二步,区分真实信息的有用性和有害性。有用的信息能帮助社会成员推动社会进步,有害的信息则成为社会的危险因素。有害信息一般以虚假信息为主,包括危害程度较轻的信息和危害程度严重的信息。

第三步,区分虚假信息的危害性。虚假的信息对社会成员的影响不同,可根据影响的正负面情况进一步判断。

第四步,区分有用信息的重要程度。一般信息对组织或个人的生活、学习、工作、利益不会产生明显的影响,重要信息则会对组织或个人的生活、学习、工作、利益产生重要影响。

5.1.4 学术期刊评价

1. 动态评价指标

学术界为了评价期刊的质量,以指导相关领域人员选择领域内的高质量期刊,制定了一系列的期刊评价指标。这些指标的值都随着年份的不同而不同,具有很强的动态性。

• 总被引次数(Cites to Year)

指自创刊以来所登载的全部论文直至统计当年被引用的总次数。

• 年被引频次(Cites Per Year)

指自创刊以来所登载的全部论文在统计当年被引用的总次数。

• 影响因子(Impact Factor)

某统计年 N 的影响因子 = 该刊 N-2 年和 N-1 年登载的论文在 N 年的总被引次数／该刊 N-2 年和 N-1 年登载的论文总数,如某刊 2006 年和 2007 年共登载 240 篇论文,这些论文在 2008 年总被引次数为 1200 次,那么该刊 2008 年的影响因子为 1200/240=5。

• 即年指数(Journal Immediacy Index)

某统计年 N 的即年指数 = 该刊 N 年登载的论文在 N 年的总被引次数／该刊 N 年登载的论文总数如,某刊 2008 年共登载 120 篇论文,这些论文在 2008 年的总被引次数为 1200 次,那么该刊 2008 年的即年指数为 1200/120=10。

• 被引半衰期

指某期刊在统计当年被引用的全部次数中,较新一半的引用数是在多长一段时间内累计达到的。即最新的文献比旧的文献更容易被其他论文引用,旧的文献的受重视程度就降低,显得"老化"。如,某期刊 2008 年的半衰期为 7.8 年,表示其自 2001 年 4 月份以来的被引次数是创刊年以来总被引次数的一半。

被引半衰期是测度期刊老化速度的一种指标,一般用来测度某个学科领域的期刊老化速度,半衰期越小,老化越快。

• 非自引指标

上述总被引次数、年被引频次、影响因子、即年指数、被引半衰期等指标中引用的被引次数均以去除本刊论文引用的情况之后计算的指标值。将前面各指标计算中的期刊自引数设为 50,则 2008 年该刊的影响因子为 1150/240<5,即年指数为 1150/120<10。

非自引指标都比原指标要小一些,但差距不会太大。

2. 高水平学术期刊类别

• 核心期刊

核心期刊是指那些信息密度大、内容质量高、论文寿命长、被引率、被索率、被摘率、借阅率也较高,能代表某学科、某专业最新发展水平和趋势的期刊。目前,人们所指的核心期刊一般指中国大陆出版的各项期刊评价指标符合一定条件的期刊,一般以北京大学图书馆出版的年度《中文核心期刊目录》(简称北大版核心)为准,最新北大版核心为 2011 版,期刊范围涵盖国内所有学科。被北大核心版期刊收录的论文称为北大核心收录。

• EI、SCI 收录期刊

特指那些被 EI 和 SCI 索引纸版收录的期刊,目前主要通过检索 Engineering Village 和 Web of Science 两个数据库来证实某刊被 EI 或 SCI 收录的情况。这两个数据库都分为核心库(compendex)和扩展库(extended)两部分,用以区分期刊的不同质量。一般来说能够被 EI 或 SCI 的核心库收录的期刊属于高质量的期刊,被扩展库收录的期刊论文质量次之。由于期刊的评价指标是与时间有关的动态参数,因此这两个数据库都周期性地进行期刊评估,以保证其数据库的高质量。被 EI 或 SCI 期刊刊载的学术论文称为 EI 收录或 SCI 收录。

• CSSCI 收录期刊

在对期刊综合学术水平的评价中,期刊评价指标体系的选择对评价结果有较大的影响,学术界从没有停止对理想的期刊评价指标体系的探究。南京大学中国社会科学研究评价中心开发研制的 CSSCI 期刊指标体系与北大核心版的指标体系不同,由于入选的期刊更少,因而得到多数科研机构的普遍认同。其创建的 CSSCI 数据库提供期刊和论文的检索功能,被 CSSCI 期刊刊载的学术论文称为 CSSCI 收录。

5.1.5　检索工具的评价

1. 对于相同用户的相同课题而言,不同的因素会产生不同的影响

有的差异对检索效果影响很大,如:文献资源的范围和质量、文献标引的质量、匹配方式和可检索字段的数量；

有的差异对用户选择、保存、利用信息的效率有很大影响，如：中国知网和维普期刊中下载的查新格式的检索结果的题录格式不完全相同，需要查新员重新编辑；

有的差异影响用户的检索体验，如：多种不同的检索界面及界面的友好性；

有的差异影响用户的检索成本，如：是否有同时在线用户数限制、是否有本地镜像站、使用费高低、是否有很好地去除垃圾信息的机制等。

2. 不同评价主体的评价目的不完全相同，在评价过程中对各个因素或具体的细节的角度和要求也不同

图书情报机构的文献采集人员，主要从全体用户的信息需求的角度来评价检索工具的文献资源范围和质量，而图书情报机构的用户在评价时则主要考虑检索效果和易用程度，因此制定评价标准时需要结合实际情况和评价目的进行。

5.1.6 一篇学术论文的评价

目前同行评价被高质量学术期刊作为选稿的主要手段之一，而多数科研机构普遍采用下述几种方法综合评价科研人员的成果水平。

1. 同行评价法

一般而言，高质量的学术论义应该具备以下特征：观点、视角代表了某个领域的前沿，具有明确的创新性；论据及论证均正确且充分；结论正确且对领域的发展具有重要的指导意义或参考价值。只有对相关领域非常熟悉的专家才能从上述几个方面评价一篇论文的质量，评价结论具有一定的权威性。

2. 期刊水平评价法

由于期刊的选稿过程大多采用同行评价法，因此对已经在某刊物正式发表的学术论文的评价多参考期刊的质量等级。例如，一般认为核心期刊刊载论文的学术水平高于一般期刊刊载论文的学术水平。

3. 总被引量评价法

虽然学术界普遍认为，能入选高质量期刊的学术论文的质量普遍高于刊发在普通期刊上的学术论文，但仍然存在以下两种例外情况：由于评审人的知识背景等主观原因，导致一些质量不高的论文发表在高质量学术期刊上，这些论文的普遍表现为被引量为 0 或很少。反之，一些刊发在普通期刊上的学术论文却获得了较多的被引量；一些科研人员没有根据期刊水平的等级来确定投稿期刊，故而客观存在普通期刊上也有高水平论文的现象。采用论文的总被引量则保证了上述两种情况对学术论文评价的公正性。总被引量指标在期刊的评价（如期刊影响因子）和个人学术水平（如 H 指数）的评价中都起着关键的作用。

5.1.7 H 指数——评价学者的学术影响力

1. 学者的 H 指数定义

某学者发表论文中，至多有 h 篇论文分别被引用了至少 h 次，h 即为该科学家的 H 指数。该指数最早于 2005 年,由美国加利福尼亚大学圣地亚哥分校的物理学家 Jorge Hirsch 提出[①],由于 H 指数具有计算简单、能有效地将学者发表论文数量与质量结合在一起的特点,一经提出便受到了广泛关注。H 指数具有以下优点:H 指数是一个相对稳健的累积指标,单纯发表论文数量的增长对该指标不产生直接的影响;H 指数不随着引文数量的增加而增大;H 指数能够测定科学家的"终生"绩效成绩;由于 H 指数需要一段时间的累积,单纯通过自引很难达到膨胀;H 指数不受单篇高被引论文的影响;未被引用的论文几乎不会对 H 指数产生影响;与其他计量指标相比,H 指数可以遏制科研人员片面追求论文数量的不良倾向,同时又能够激发其探索深层次科学问题的热情。

2. H 指数的改进

随着研究的不断深入,我们发现,H 指数区分度较差,同时无法使高被引论文得以体现,继而学者们提出了 G 指数、R 指数等 H 类指数。

科学家的 G 指数定义为[②]:对科学家发表的论文按被引次数降序排列,当前 g 篇论文累计被引次数大于或者等于第 g 篇论文的序号平方,前 g+1 篇论文累计被引次数小于第 g+1 篇论文序号平方时,则 g 就为该科学家的 G 指数;

科学家的 R 指数定义为[③]:对科学家发表的 n 篇论文中有 h 篇论文每篇至少被引用 h 次,剩下的 (n-h) 篇论文每篇被引用的次数都小于 h 次,则 h 篇论文的被引次数总和的平方根为该科学家的 R 指数。G 指数和 R 指数都可以体现出高被引论文对科学家学术影响力的贡献,成为 H 指数的有效补充。

5.2 学术文献数据库助力留学、求职、人才引进

学术文献作为一种科学研究成果反映了研究人员或机构的研究能力和研究水平,借助学术文献的分析可以为留学、求职和人才引进做参考,本节以几个案例演示具体的应用过程。

【例 5-1】 研究 Henon 方程的应用数学专业的李博士,希望找到国外某机构学者开展合作研究,他发现 Web of Knowledge 中提供了对某个领域方向的学者和机构的发文量进行统计的功能,于是他做了以下检索实验。检索时间:2012/8/10。

1. 用"Henon"作为检索词,在 Web of Knowledge 的所有数据库中检索

得出了如图 5.1a 所示的学者列表,再通过"精炼"作者得到每位作者的发文总量,其中排在第一位的来自德国 Regensburg 大学理论物理研究所(Inst Theoret Phys)的 Brack Matthias 发文量为 12 篇,合作者分别来自德国、加拿大等四个国家;而排在第五位的 Gallas Jac 的发文量为 29 篇,合作者分别来自巴西、瑞士等多个国家,但无法根据作者发文量排序。

---

① Hirsch J E. "An Index to Quantify an Individual's Scientific Research Output". *Proceedings of the National Academy of Sciences*,2005, 102(46): 16569—16572.

② Egghe L. "Theory and Practice of the G-Index". *Scientometrics*,2006,69(1): 131—152.

③ 金碧辉,Rousseau R. R 指数,AR 指数:H 指数功能扩展的补充指标. 科学观察,2007,2(3): 1—8.

2. 重新选择一个数据库，改为仅在"Web of Science"中检索

得到了图 5.1b 的作者及其发文量统计表。可见，Gallas Jac 教授有 20 篇论文被 SCI 或 CPCI 收录，并在多所大学兼职，但以 Fed Rio Grande do Sul 大学为主，而 Brack Matthias 教授有 8 篇论文。

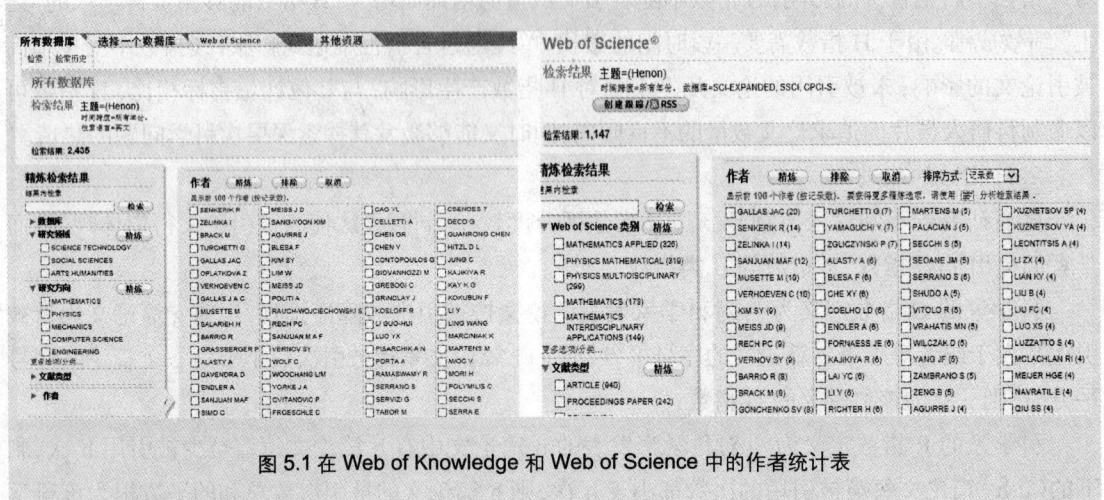

图 5.1 在 Web of Knowledge 和 Web of Science 中的作者统计表

3. 在检索结果页上展开"组织扩展"或"组织"统计条目

如图 5.2，发现中国科学院发文量最多，为 23 篇，清华大学 13 篇和上海大学为 14 篇，而 Gallas Jac 所在机构中发文最多的 Fed Rio Grande do Sul 大学为 21 篇，Brack Matthias 教授所在的 Regensburg 大学为 9 篇。

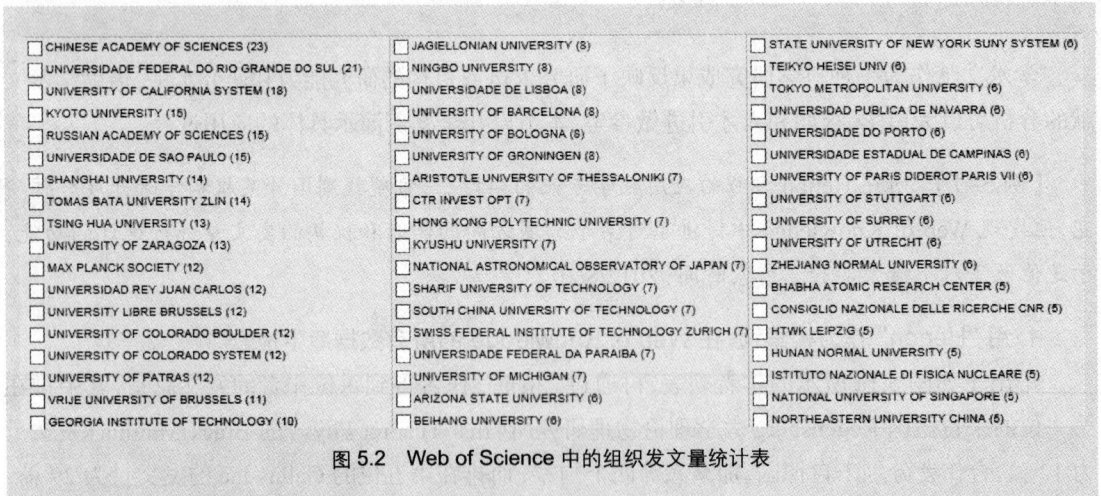

图 5.2 Web of Science 中的组织发文量统计表

4. 到底是去 Fed Rio Grande do Sul 大学还是 University of California System 大学

李博士分别对两所大学的发文情况进行进一步的分析，通过选择不同的机构或作者进行"精炼"后，利用"创建引文报告功能"，制作了表 5.1a 和表 5.1b。可见，排名第一第二的发文单位近两年没有发文，存在转换研究方向的可能；Gallas Jac 教授是该领域当之无愧的领军人物，不但发文量最多，而且一直致力于该领域的研究，研究方向主要在物理学及其交叉学科，非常符合李博士拓

宽研究领域的设想；近两年发表 3 篇论文，其中 2 篇他引超过 16 次，平均他引水平次数远超所属领域，且获得多项基金资助，研究经费充足。

表 5.1a　机构研究水平对比表

A	B	C	D	E	F	G	H	I	J	K
A1	12	106	92	67	59	8.83	7.67	5	4	40|20
A2	14	42	33	40	33	3	2.35	1	1	39|1
A3	21	204	161	106	96	10.74	8.49	8	7	59|29
A4	18	229	224	228	223	12.72	12.67	9	8	41|34
A5	1147	8091	6636	6127	5583	7.05	5.78	36		230|146

表 5.1b　机构研究水平对比表 (续)

A	N	O	P%	Q	R	U	V	W	X	S	T	L	M
A1	12	7	58									2001	2012
A2	7	5	71									2006	2011
A3	15	6	40	19	8.47	38	1	6	2	2000	2013	2001	2013
A4	32	2	6	3	15	46	0	0	0	2000	2001		2012
A5	1791	449	25	20	8.47	38	1	65	0.50	2000	2013	1999	2013

注：A：机构　B：发文量　C：被引次数　D：他引次数　E：WOS 施引文献量　F：WOS 他引文献量

G：平均被引次数　H：平均他引次数　I：H 指数　J：他引 H 指数　K：最高、次高被引次数

L：机构最早发文年份　M：机构最新发文年份　N：团队研究人员总数

O：团队发文 2 篇以上人员数　P：O/N

Q：机构排名第一作者(简称 1 作者)发文量　R：1 作者平均他引次数

S：1 作者最早发文年份　T：1 作者最新发文年份　U：1 作者最高他引次数

V：1 作者最新论文他引次数　W：机构近 2 年发文他引次数　X：机构近 2 年发文平均他引次数

A1：Uuiv Fed Santa Maria　　　　　　A2：Chinese Acad Sci

A3：Uuiv Fed Rio Grande do Sul　　　A4：Univ Regensburg

A5：所有相关机构

5. 投奔 Gallas 教授

最后李博士写好一封信并附上自己一年来的研究成果，准备按照论文中 Gallas 教授的地址：Univ Fed Rio Grande do Sul, Inst Fis, BR-91501970 Porto Alegre, RS, Brazil 寄出去。

但显然这是缩写，需要还原成全称。首先想到的是搜索引擎谷歌，输入 Univ Fed Rio Grande do Sul，前几条信息分别是：Universidade Federal do Rio Grande do Sul（来自 Wikipedia）、Federal University of Rio Grande do Sul（来自 UFRGS，似乎是该大学的网站）、Inicial — Portal UFRGS | Universidade Federal do Rio Grande do Sul（来自 UFRGS，似乎是该大学的网站）、Federal University of Rio Grande do Sul（来自某学术排名机构网站）、Universidade Federal do Rio Grande do Sul | Ranking & Review（来自某排名机构网站）、Universidade Federal do Rio Grande do Sul（Brazil）（来自某介绍该大学的教育机构网站）等，看来上述两个名称都被不同官方引用，进入该大学的网站后，找到了该大学的通信地址为：Av. Paulo Gama, 110–Bairro Farroupilha–Porto Alegre–Rio Grande do Sul,还有邮编和电话。

6. 半个月后,李博士收到了 Gallas 教授的 Email

Gallas 教授说,考虑到他的团队中的主要成员只有 3 人,也很想邀请他来巴西,建议他在决定到巴西做访问学者之前再做一些调查,以确定他的主攻研究方向。李博士随后的课题调研过程详见本章 5.3 节——学术论文选题及投稿。

实验结论 5-1

◆ 虽然,Web of Knowledge 中收录的文献范围更广,由于 Web of Science 提供了发文作者和机构的数量统计表,且主要收录高水平论文,因此建议使用 Web of Science 进行留学导师和机构的选择。

◆ 本例展示的是利用发文及被引情况确定作者或研究机构在相关领域的研究现状和能力,像 Web of Science 这样的提供基于作者、机构、出版年、国家地区、研究领域、文献类型、语种、基金资助等检索结果统计信息以及施引文献统计和链接的数据库还有不少,如: SciFinder Scholar、Engineering Village、Pubmed 等文摘型数据库,还有不少全文型数据库也有这种功能,应根据实际情况灵活运用;

◆ 本例选择的关键词 Henon,也可以被替代成任何一个感兴趣的领域关键词,为了使评价结果更可靠,建议参考本书 3.3 "提高文献检出量的技巧" 部分。检索时间: 2013/5/1。

【例 5-2】 某博士自主创业,想招聘微生物领域的一些专家,在众多简历中筛选出四份简历,到底选谁呢? 某博士想先了解一下这四位专家的学术影响力,于是他做了以下检索实验。

（1）选择 Web of Science 这个数据库,输入专家 A 的姓名,检索年限为 2007—2011,同样的检索专家 B 发表论文被引用情况。

（2）通过检索结果页面上的创建引文报告,可以初步得到一些有关该专家发表论文及其引用情况,图 5.3 为专家 A 的发文及引用情况。

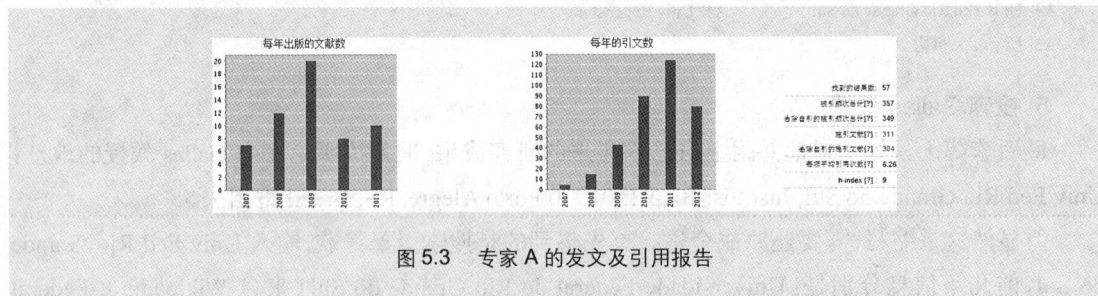

图 5.3 专家 A 的发文及引用报告

（3）通过检索得到专家 A 发文 57 篇,被引次数达到 357 次,篇均被引为 6.26;专家 B 发文 123 篇,被引次数达到 757 次,篇均被引为 6.15 次。专家 A 发文数量和被引总的次数较专家 B 少,两者的篇均被引情况接近,发文数量能够衡量个人的科学产出能力,但却不能评价这些科学产品的质量,个人总的被引频次会受到发文数量的影响,单一的被引总频次对个人学术影响力的评价并不合理。如何选择两位专家呢? 该博士准备利用目前国际较为认可的 H 类指数对两位专家的学术影响力进行评价。

（4）通过计算得到 A、B 两位专家研究能力对照表。从表 5.2 可以看出，虽然专家 B 的篇均被引低于专家 A，但专家 B 的 H 指数高于专家 A，总发文量和总被引次数也高于专家 A，说明专家 B 的学术影响力及研究基础均较强，最终专家 B 成为该公司的一员。

表 5.2　专家 A 和专家 B 的发表论文数量、被引情况及 H 类指数

	发表论文数量	被引总的次数	篇均被引	H 指数
专家 A	57	357	6.26	9
专家 B	123	757	6.15	16

实验结论 5-2

◆ 人才引进中人才评价可以通过引文分析获得，目前主要的引文分析数据库有：中国引文数据库、中国科学引文数据库、中文社会科学引文索引数据库、Scopus 数据库和 Web of Science 及 Google Scholar 等；

◆ 对于研究人员或机构学术影响力评价，可以从研究对象发文、被引情况及 H 指数几方面进行综合评价。

【例 5-3】　小王最近有点烦，投了许多简历，面试的机会却不多，昨天的第一个面试已经砸了，后天又有一个面试，是一家物流信息系统公司。小王本科学的是物流专业，硕士学的是情报学专业的信息管理方向，应该非常对口，但他还是很担心，因为昨天实在输得莫名其妙。本来想对面试官表示尊重，结果发现只有他一人穿了西装，面试官竟然问：你今天为什么穿这身衣服？为什么选这件衬衫？这个问题让他措手不及，因为准备的都是专业方面的问题。另外他也很担心自己比不过物流专业的硕士，甚至也比不过系统开发能力强的计算机专业的本科生。不管怎样，还是要好好准备一下明天的面试。

1. 观看"我的大学——面试秘笈"

该视频被收录于"爱迪森科网上报告厅"中的心理访谈节目。以前虽然也听过不少学校举办的讲座，但这个节目中邀请了大学生做嘉宾现场示范，感觉很真实，容易得要领：面试的时候不能一直直视对方的眼睛，衣服的颜色尤其是领子的颜色是很讲究的……。

2. 观看"我的大学——职业生涯规划"

该视频同样被收录于"爱迪森科网上报告厅"中的心理访谈节目，发现他的情况与节目中的嘉宾很相似——他当初选择"情报学"专业是被调剂的，不然他一定选择物流专业。通过专家对嘉宾的专业分析，他明白了一个道理：找工作时完全可以充分利用自己的个性和专业特长。关于专业的面试，他主要复习了一下以前学过的物流基础知识，也准备了不少关于计算机编程的术语知识。他知道，情报学和计算机软件专业的侧重点完全不同，自己无论如何也不能在短期内胜任物流信息系统的开发工作，前者主要关注人们的工作学习沟通交流过程产生的信息中所蕴含的情报和知识，这些有时甚至比系统开发本身更重要。他决定充分运用他的专业特长，万一被问道，"你

的计算机编程能力如何"时，干脆实事求是，告诉面试官，他的理想职位是物流信息系统销售的售前和售后的用户需求分析，对系统开发商而言，用情报学的方法进行用户需求分析很有必要。

3. 使用检索式：物流 * 系统

小王搜集了不少有关"物流信息系统"的研究文献，以及市场上多种物流信息系统的开发商、系统介绍和主要用户方面的信息，写成了一篇题为"当前物流信息系统面临的形势和机遇"的报告。报告中运用物流专业知识详细分析了物流信息系统的用户需求，在此基础上介绍了市场上的各类物流信息系统（包括面试公司的产品）的基本信息、特色与不足、主要用户，还对面试公司的产品进行了 SWOT 分析，并提出一些提高市场份额和产品竞争力的建议。

实验结论 5-3

◆ 面试是展示自身综合能力的机会，也是一场考试，面试者必须搜集并充分利用各方面的信息，塑造良好的个人形象，养成健康的心理，丰富学识知识，培养自我决策能力，才能赢得用人单位的青睐。

◆ 例 5-1 展示的是李博士寻找留学导师和机构继续深造的情况，所使用的方法也可以用于向有潜力的研究所进行求职。

◆ 研究所与一般公司有所不同，研究所的研究能力主要通过学术文献和专利文献体现，而公司的实力主要以产品的质量和市场占有率表现，公司的潜力主要以公司占有的发明或实用专利权的数量和质量来体现，反映公司实力的财务数据主要包括：注册资本金、股票价格、现金流量、年利润率等，此类信息一般来源于公司的网站、行业门户网站（如巨潮网、证券网、各领域的门户网站等）、专业的企业信息检索工具（如：万方知识服务平台中的机构信息、EBSCO 公司信息、LexisNexis 数据库中的公司新闻、产品样本数据库等）。

5.3　学术论文选题、写作与投稿

撰写学术论文的过程就是发布研究成果或学术思想的过程，也是接受同行评价并接受同行建议的重要介质，因此撰写学术论文是科研人员的主要任务之一。本节分别介绍选题、写作与投稿环节的主要技巧。

5.3.1　从关键词或一篇参考文献开始选题

【例 5-4】　李博士收到 Gallas 教授的 Email 后，他又对检索到的 1000 多篇文献进行进一步的分析，以决定去巴西后的主攻研究方向。

1. 使用检索结果页的"分析检索结果"功能

获得 Web of Science 中 1999 年以来各年的发文量，详细见表 5.3。

2. 使用"创建引文报告"功能得到图 5.4 所示的引文报告

发现 2006 年为发文高峰，2006 年以前稳步上升，而 2006 年之后呈波动但略有下降的趋势。

近几年的被引情况总体良好,2012年有上升的趋势,领域处于成熟期。

3. 使用检索结果页的"分析检索结果"功能

获得 Web of Science 中 1999 年以来发文量总排名前 10 的机构和近两年发文量排名前 10 的机构,见表5.4。发现总排名前 10 位的机构中,仅有两个机构在近两年排名前 10,据此可以看出该方向的主要研究机构已经开始转向其他方向了,领域的热度可能会慢慢降温。

表5.3 1999 年以来,Henon 方程相关领域各年发文量

年份	1999	2000	2001	2002	2003	2004	2005
发文量	63	76	70	71	67	71	90
年份	2006	2007	2008	2009	2010	2011	2012
发文量	100	53	95	94	79	84	46

表5.4 总排名和近两年排名前 10 位的机构对照

机构名称
总排名前 10 位：Univ Fed Santa Maria 、Chinese Acad Sci、Kyoto Univ、Russian Acad Sci、Shanghai Univ、Univ Sao Paulo、Univ Zaragoza、Univ Colorado、Univ Patras、Tomas Bata Univ Zlin
近 2 年排名前 10 位：Univ Sao Paulo、Hunan Univ、Univ Estado Rio De Janeiro、Univ Estado Santa Catarina、Univ Fed Santa Maria、Univ Zaragoza、Aristotle Univ Thessaloniki、E China Normal Univ、Hunan Univ Arts Sci Changde、Polytech Univ Bucharest

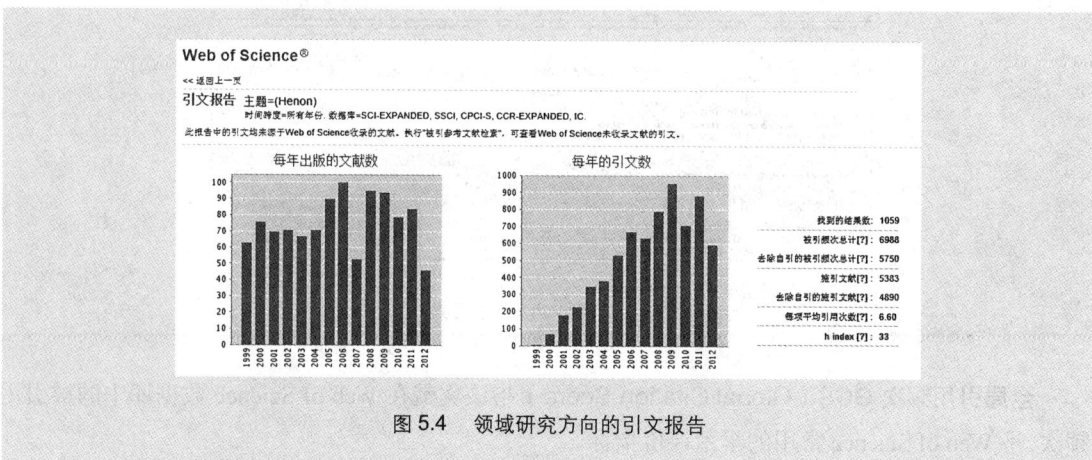

图5.4 领域研究方向的引文报告

4. 他想利用已有的基础在应用方面开辟新的领域

接下来他要对这些文献进行进一步的分析,绘制出该领域的知识图谱。

• 数据准备

在 Web of Science 数据库中使用检索词"Henon"进行主题检索,命中文献 1000 多篇,根据知识图谱工具的要求,题录信息导出①时必须使用"全记录(包含引用的参考文献)"选项,并将题录

---

① 由于 Web of Science 数据库对于题录信息导出有限制,单次最多只能导出 500 条记录,所以对于大规模文献数据只能分批导出,本例的 1 059 条记录将分为三个文件保存在同一文件夹下。

保存为文本格式文件，见图 5.5。

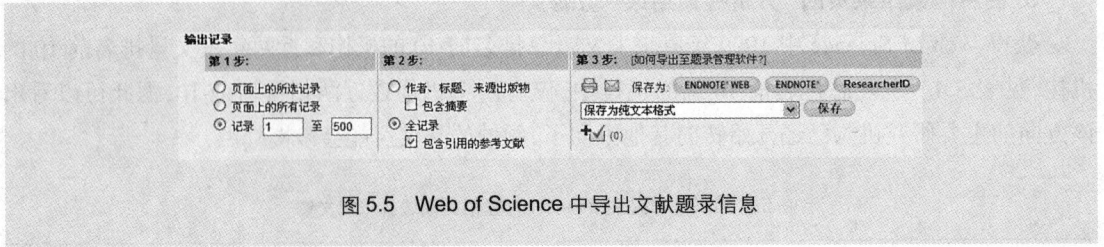

图 5.5　Web of Science 中导出文献题录信息

• HistCite 图谱

通过菜单 File→Add File 可批量添加文本格式的文献数据[①]，导入的文献构成了一个关于 Henon 研究的领域相关文献集合，可在工具主界面（如图 5.6）查看所有数据的相关信息。数据统计区汇总了文献数据的所有特征项：当前数据集时间跨度为 1999 年至 2012 年，遍及 60 多个国家的 1600 多位作者、700 多个研究机构，涉及期刊近 400 种、参考文献 16000 多篇、主题词近 2000 个，可以进一步查看各特征项的详细统计结果对数据集进行初步的分析，以了解研究主题的总体情况。如果想了解详细的数据分布及其比例，也可通过菜单 View→BiblioMetric 选择"文献计量"视图模式。

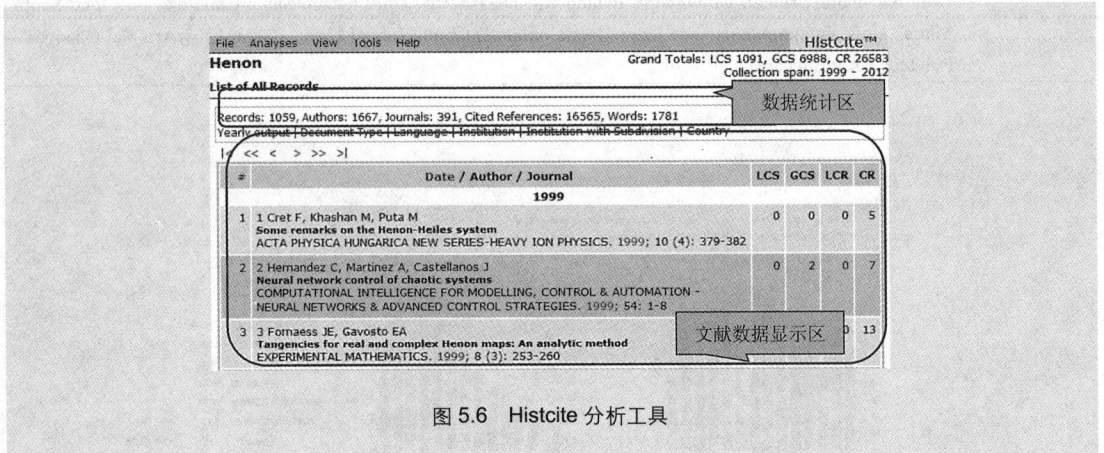

图 5.6　Histcite 分析工具

全局引用频次 GCS（Global Citation Score），指该文献在 Web of Science 数据库中的被引用频次，是 Web of Science 常用的学术评价指标。

领域被引频次 LCS（Local Citation Score），指该文献被当前数据集内文献的引用频次，这是 HistCite 工具独有的特色，该指标利用研究领域内相关文献的引用情况反映当前研究在领域内的影响力，从而弥补了 GCS 无法体现学科差异的缺陷。

在进行图谱绘制时默认选取 LCS 最高的前 30 篇文献，根据检索主题的实际情况可以增加或减少文献数量以保证获得最具解析价值的图谱，本例选取了 40 篇文献生成图 5.7。

[①]　HistCite 对于数据文件的路径有特殊要求，首先应在 C 盘建立一个名为 "fakepath" 的文件夹，将数据文件放入其中，再通过 histcite 导入。

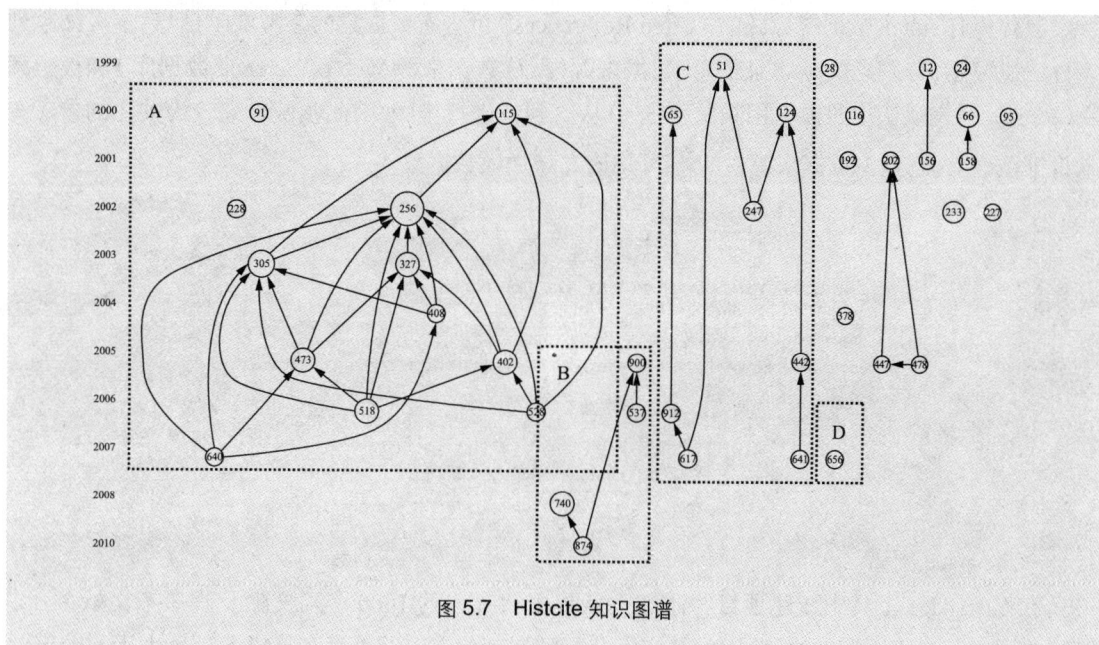

图 5.7　Histcite 知识图谱

HistCite 图谱的基本解析方法较为简单：整个图谱以左侧时间轴为参考坐标呈现了一副引文编年图，图中每一个圆圈代表一篇文献，圆圈的大小表示领域内引用次数的多少（LCS），圆圈越大表示在领域内受关注越多、影响力越大，不同圆圈之间有箭头相连，箭头表示文献之间的引用关系。

图 5.7 中可以明显发现几个文献关联的集中区域（各区文献略）。

A 区是整个图谱最为显眼的部分，从 2000—2007 年间先后有 10 篇文献开展了延续性研究，且均为领域内较为重要的文献，这部分研究主要关注 Henon 方程解的存在性、多解性以及解的渐近性质等问题，但相关问题得以解决后近几年这一方向并未得到更多关注。

B 区虽然涉及文献较少，但由于其时间分布较新，代表了新的研究动向，因此不可忽视这个研究方向，B 区关注的是 Henon 映射的相关主题研究，其中 2005 年至 2006 年文献 500、537 主要涉及三维 Henon 映射的混沌同步、吸引子分析等问题，而到了 2008 年文献 740 研究了双参数 Henon 映射的周期轨迹，2010 年文献 874 研究无限周期和混沌系统级联同步的结构。

C 区研究时间跨度较长，从 1999 年的经典文献 51 详细阐述了 Henon 映射的同宿分支问题，2000 年至 2007 年的 7 篇文献均围绕该问题进行论述。

除了上述三个比较明显的区域外，其他的节点散列在图谱中，而且大多集中于早期研究，2007 年的文献 656（图中标为 D 区）虽然也是散列节点，但考虑到其在领域中有一定影响力且时间较近，其主要研究离散混沌系统的间接自适应控制，也可以作为一个值得关注的研究方向。

实验结论 5-4

◆ 通过 Histcite 图谱可以大致了解领域研究的基本方向。由于文献选取原则的影响，目前的图谱可能并未完全展现领域的全局，可通过增加节点等方式适当调整。

◆ Histcite 除了可以帮助用户快速锁定领域重要文献、洞察领域的发展动向以外，还可以通过参考文献列表找出那些被遗漏的无指定关键词的重要文献。

具体操作：点击数据统计区的"Cited References"可查看数据集的参考文献信息，参考文献列表分三栏显示，分别是文献题录信息、数据来源（默认数据来源 Web of Science 数据库）和被引频次（Recs），列表默认按照被引用频次（Recs）从高到低进行排序，因此领域研究较为关注的参考文献将排在最前面，点击数据来源栏的➕可将该文献加入数据集。

#	Author / Year / Journal		Recs
1	Buyya R, 2009, FUTURE GENER COMP SY, V25, P599, DOI 10.1016/j.future.2008.12.001	WoS	113
2	Armbrust M., 2009, UCBEECS200928	➕ WoS	103
3	Dean J, 2008, COMMUN ACM, V51, P107, DOI 10.1145/1327452.1327492	➕ WoS	62
4	Barham P., 2003, P 19 ACM S OP SYST P, P164, DOI DOI 10.1145/945445.945462	➕ WoS	61

图 5.8　Histcite 中参考文献列表

• Citespace 图谱

在 Citespace 工具中新建项目并添加文献数据[①]，导入的 1000 多篇文献及其参考文献 3 万多篇将共同用于知识图谱的绘制，因此其实际分析的文献集在时间跨度和规模上都远大于 Histcite。

提取研究前沿术语。Citespace 自动从文献的题目、摘要、主题词等信息中寻找专业术语，可在主界面的 Term type 栏进行 Noun Phrases 标注，这些术语将在绘制出的知识图谱中用于主题标注，其中出现频次增长快速增加的专业术语将被确定为研究前沿术语，可通过 burst term 功能实现，如下表所示 2011—2012 年领域出现的部分新术语，代表了相关研究的发展动向。

表 5.4　2011—2012 年 Henon 方程领域出现的新术语

2011	2012
3d-diffeomorphisms	multiplicity
approximate entropy	positive solution
bouncer model	resonance p-q
damp least square method	Stable and unstable manifold
feedforward gain matrix	sublinear elliptic-equations
fuzzy membership function	least energy solution
qr methods	variational method
renormalization	ground-state solutions
saddle-node bifurcation	
sample entropy	
3sps-3ccs parallel mechanism	
kinematics	
non-integrability	
cosine matrix method	
hyper-chaotic sequences	
forward displacement analysis	

参数设置为知识图谱绘制做好准备。

• 时区分割 Time slicing：将 1999—2012 年这 14 年跨度划分为 14 个时间分区（每一年作为

---

① 　Citespace 的数据文件必须以 Download* 命名，如 download1.txt、download2.txt 等。

一个时间分区）；

• 阈值选择：决定图谱选择显示哪些文献节点，最简单的方法是选择每个时间分区被引用最多或出现频繁的 Top30 或者 1%，阈值的设置可以根据需要调整，低阈值设置可以使得部分时区的被选择文章增多，尽管这些文章被引用次数不多，但可以使得共被引更为广泛；

• 精简和合并 Pruning：Pathfinder network scaling 方法是对网络精简方式的默认选项，可以自行选择是否需要精简图形，以便获得更容易解读的图谱；

• 显示与可视检测：生成显示的标准视图和时区视图，根据运算法则设置参数以控制可视化属性和标识的显示。

Citespace 图谱有 cluster view、timeline、timezone 三种类型的视图，各有特色及功用，但其基本解读原则一致：一个节点代表一篇文献，节点外的引文年轮代表这篇文献的引文历史，引文年轮的厚度与某个时间分区内引文数量成比例，引文年轮的颜色代表相应的引文时间（见图谱上方引文时间色带），另外节点中心旁的数字代表 Citespace 根据主题划分的内容聚类的编号。

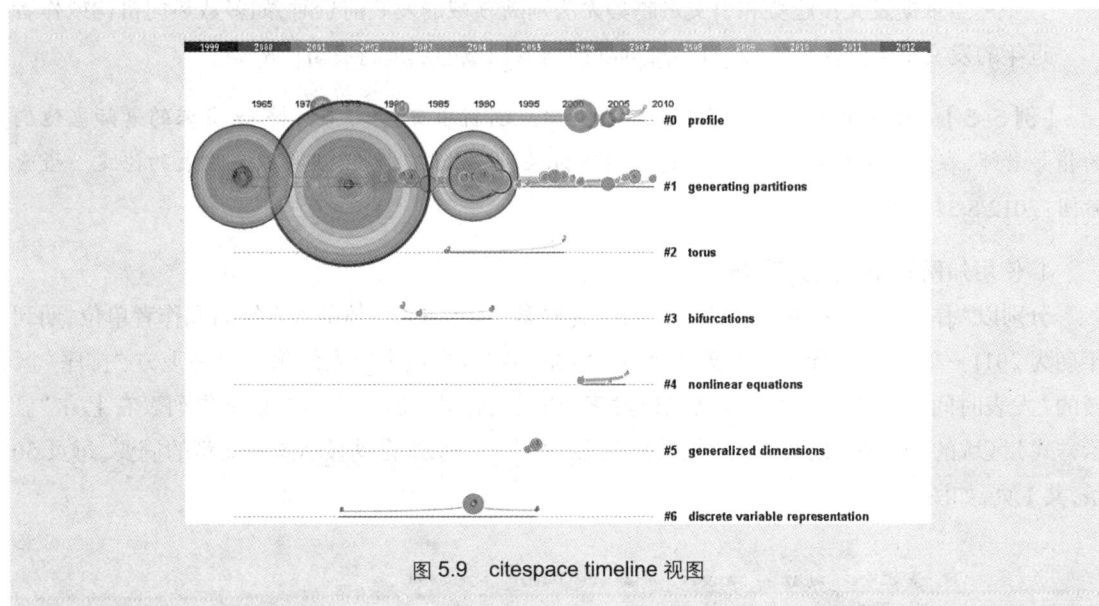

图 5.9 citespace timeline 视图

图 5.9 的图谱中左侧为文献节点分布，右侧显示自动生成的七个主题聚类，从中可以得出有关 Henon 方程的研究主要涉及的方向：profile、generating partitions、torus、bifurcations、nonlinear equations、generalized dimensions、discrete variable representation，其中前两个方向研究成果很多，是领域研究的重点，产生了相当多的经典文献。进一步地，可以发现：

#1 是研究最为集中的区域，浏览该方向中的文献信息发现，这部分研究以 LORENZ EN.、HENON M.、OTT E. 等人为核心专家，主要围绕广义 Henon 映射的吸引子等基础理论问题展开，1964 年至 1990 年出现了大量大引文年轮的文献节点，如：HENON M. 于 1964 年、1976 年发表的关于二维映射的吸引子研究的文章、OTT E. 在 1990 年发表的关于控制混沌问题的文章等等都是被广泛引用的经典文献。

对比观察 #0,虽然其文献节点远少于 #1,经典文献也不多,但可以发现其文献节点的年轮颜色以红色为主,这说明近两年(红色系代表的 2010—2012 年)对于该主题的后续研究关注较多。

除了 #0 和 #1,其他几个方向的研究都较少,且大多分布在 2000 年以前,只有 #4 较为特殊,虽然只有 5 个文献节点,但其节点间的共引关联呈红色,表明这部分文献之间的主题关联近年来颇受关注。浏览这五篇文献,分别涉及了混沌动力学、henon 映射、广义斯图尔特—高夫运动学、广义并联正解分析等主题,但其研究成果的综合应用引起了研究人员的注意,详情可通过仔细研读文献进一步挖掘。

CiteSpace 图谱相对 Histcite 图谱更为复杂,因此其解读难度也大大增加,但其对领域的宏观把握更为全面,对于研究的起源、发展及未来走势的可视化效果更佳。

实验结论 5-5

◆ 常见的分析领域研究趋势的方法就是统计各年的发文量;

◆ 分析领域研究的活跃度的方法是统计引文状况;

◆ 当依据发文量趋势和引文量趋势无法判断领域的发展前景时,如多数热门机构或作者近年的发文呈下降甚至停滞的趋势,可以预测该领域的热度将有可能减弱。

【例 5-5】 正在上大二的小张很想申报大学生创新项目,并请《材料 ***》课的老师当他们的指导老师,在和老师讨论之前,小张通过以下方法,找到了老师 2011 年以来发表的论文。检索时间:2012/8/31。

1. 使用知网的"标准检索"界面

分别以"作者"、"作者单位"、"期刊年期"为检索字段,输入具体的作者姓名和作者单位,期刊年期为 2011—2012,命中近 30 篇文献,每页 20 条,共 2 页,点击检索结果列表左上方"排序"区域的"发表时间",系统自动将这些文献以发表时间从新到旧排序,点击检索结果列表右上方"显示方式"区域的"摘要",以及"显示记录数"区域的"50",系统自动显示这些文献的摘要,每页 50 条,共 1 页,如图 5.10。

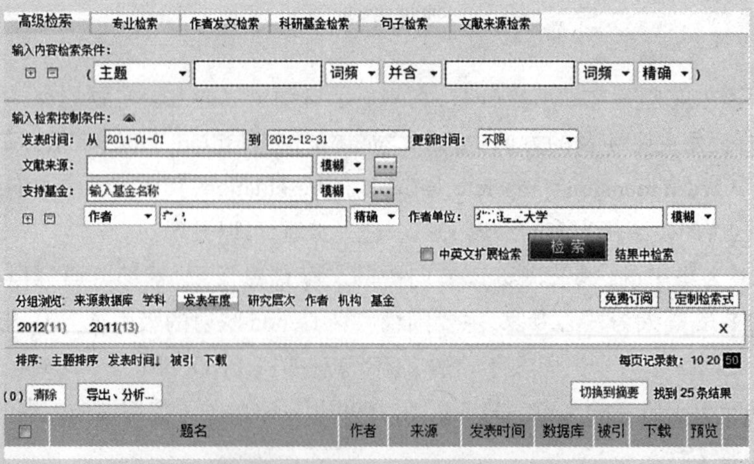

图 5.10 中国知网中的高级检索

2. 选择感兴趣的论文

他对其中的 1 篇期刊论文"含氟硅聚苯并恶嗪材料的制备及其表面性能"的研究内容比较感兴趣。直接点击该文献序号前面的小图标,结果下载的文件后缀是"kdh",用 pdf 阅读器根本打不开,幸好他在检索结果界面上看到了"阅读器下载"的按钮,下载到了专门的阅读器"CAJViewer",同时还意外地发现:知网还有一个"E-Learning"平台,功能比这个检索界面强多了。

3. 了解关键论文的详细信息

点击"含氟硅聚苯并恶嗪材料的制备及其表面性能"这篇文献的标题,系统进入了另外一个界面,其上有"PDF"文件下载和"CAJ"文件下载,还有这篇论文的知识网络,展示了这篇文献的参考文献以及二次参考文献(参考文献的参考文献)和引证文献(也称施引文献)以及二次引证文献(引证文献的引证文献,也称二次施引文献),同时提供该数据库中收录的本文献的参考文献、相似文献列表,还有相关作者文献、相关机构文献、同行关注文献,如图 5.11,感觉其中的"双功能苯并恶嗪聚合物的制备及抗粘性能研究"、"含氟水性聚氨酯制备工艺概述及其研究进展"、"梯度聚合物表面制备研究进展"、"氟化丙烯酸酯聚合物的制备及表面性能的研究进展"、"端基功能化聚合物的表面性能"对他了解"含氟硅聚苯并恶嗪材料的制备"很有帮助,就顺便下载了全文。

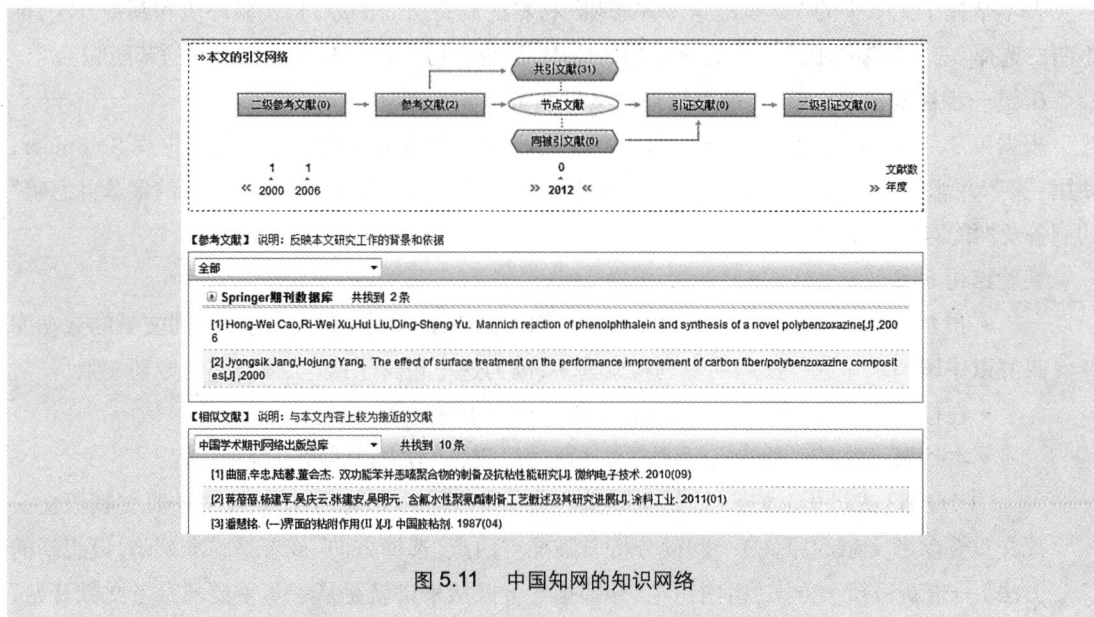

图 5.11 中国知网的知识网络

4. 分析关键论文的参考文献

发现"含氟硅聚苯并恶嗪材料的制备及其表面性能"参考文献 [12] 和参考文献 [13] 是该文的重要补充,由于参考文献 [12] 中有文献类型标志 J,这是期刊论文,而参考文献 [13] 中有文献类型标记 [P],这是专利文献,虽然是英文信息,但根据专利号 CN:101750896A 判断这是一篇中国专利文献,该号码为公开号。他通过以下的实验操作最后终于获得了两篇文献的原文。

在谷歌中输入:参考文献 [12] 的题目,点击前几条记录时,都不能方便地获得全文。

在知网、万方、维普中检索,3 个库中均命中 0 篇文献。

在图书馆主页的"**期刊联合查询**"系统中，输入参考文献 [12] 的期刊名称检索后，得知该刊为 ACS（美国化学会）的期刊，于是进入了 ACS 中的该文的题录界面，进而下载到全文。

在谷歌中输入：CN:10175896A 或专利名称，没有找到指定专利文献。

在知网的"**学术文献**"检索首页，单击"中国专利全文数据库"，选择"公开号"检索字段，分别输入 CN:101750896、101750896，命中 0 篇文献，但输入 CN101750896 时检索到目标文献的题录信息，但无法免费获得全文。

在**万方中**，输入：CN:10175896A、10175896A、10175896、CN10175896 或进入高级检索界面，选择"公开（公告）号"检索字段，以上述号码的不同形式为检索词，命中文献均为 0，或以"发明人"为检索字段，老师的姓名为检索词，未见上述号码的专利文献。

在"**中国国家知识产权局**"的首页面的右中部的检索区域，选择"公开（公告）号"，输入 10175896，命中一篇文献"一种用于纳米压印的含氟硅低表面能材料及其制备方法"，点击详细信息界面的"申请公开说明书"链接，进入专利说明书阅读界面，详细阅读该专利文献的细节，不但了解了专利文献的内容，也理清了专利文献的格式。

5. 阅读文献，提出选题猜想

基本掌握了文献中的"含氟硅聚苯并恶嗪"材料的制备所需的原料、实验环境和制备方法，他不明白选择"三氟甲基苯酚"这个含氟苯酚的原因，是否也可以使用其他的含卤素的苯酚呢？

6. 进一步检索相关文献，为撰写综述论文做准备

根据第 3、第 4 两章介绍的检索技术和策略，他选择了化学化工领域的权威数据库 SciFinder，使用"聚苯并恶嗪"和它的结构式检索相关文献。发现还没有人开展"含不同卤素的聚苯并恶嗪"的制备及性能对比的研究。

实验结论 5-6

◆ 虽然谷歌等搜索引擎很强大，万方和知网都收录专利文献，但检索专利文献的数据库最好以中国国家知识产权局的专利检索为主，因为这里包含了最全、最权威的专利文献；

◆ 在检索专业的文献方面，不能完全依赖搜索引擎。

◆ 本例展示的是一种确定学术论文选题的过程，一般来讲主要有两种过程：

（1）学者（或机构）文献（初始文献集合）→感兴趣的文献（文献题录→重要文献原文→原文重要参考文献的原文）→阅读分析→瞄准空白点，选择方向（或者是瞄准缺陷，设想新的方法）→查新→新→方案（组内讨论、导师指导），概括来讲就是从一篇重要的参考文献开始，找研究选题；

（2）关键词或领域（可以是学者或机构）确定初始文献集合→感兴趣的方向→分析缺陷或空白点，设想新的方法或拟解决的空白点→查新→新→方案（组内讨论、导师指导），概括来讲就是从关键词或领域开始，找研究选题。

◆ 了解领域进展的途径：

（1）除通过查阅领域内所有的相关研究文献全面了解领域研究进展外，还可以通过阅读相关领域的综述论文和各类调研报告来了解某方面或某一时期内的领域研究进展。

（2）根据学术界对研究型论文的基本要求，所有的学术研究论文（包括期刊论文、会议论文和学位论文）都必须在引言部分简单或详细介绍与当前研究相关的领域研究现状，以表明当前研究的必要性和创新性，通常情况下，期刊论文和会议论文的综述部分都很简短，而学位论文的综述部分则相对较长，综述的范围也较广。

（3）需要注意的是，由于论文的发表具有一定的滞后性，因此直接阅读已有的领域进展综述后，还应该进行适当的文献调研以确保全面了解领域研究现状。

3.3.2 学术论文撰写与投稿

学术论文主要有两种：综述论文和研究型论文。前者概括截至目前（论文撰写日期）所检索到的相关文献的研究现状，并进行适当的评析；后者为某一项研究的过程及成果介绍，研究型论文的引言或结论分析中必须给出当前研究现状的述评，如例5-6。这里重点介绍综述论文的写作及学术论文的投稿策略。

【例5-6】 吕震宇等. 基于同义词词林的文本特征选择与加权研究. 情报杂志，2008，（5）：130—132，在引言中写道：

随着网络技术与数字图书馆的迅猛发展，在线文档迅速增加。面对浩瀚如海的信息，文本信息的检索、摘要、分类等已成为信息技术领域的研究热点。而文本检索、摘要、分类的最主要困难在于维度灾难。在降维的处理过程中，常用的方法有特征选择和特征抽取。现有的特征选择方法主要是基于统计理论和机器学习方法，比较著名的有信息增益、期望交叉熵、文本证据权、统计等，很多研究者都已经通过实验证明它们是非常好的文本特征选择方法。上述特征选择方法有一个共同的特点，即它们能够较为有效地去除特征空间中的噪音，但在解决数据稀疏问题上却没有令人满意的表现。因此，很多研究者尝试使用主成分分析（PCA）、潜在语义标引（LSI）等特征抽取方法，将原始特征空间进行变换，重新生成一个维数更小、各维之间更独立的特征空间。这些方法力求挖掘出词条与词条间的潜在的语义关系，以解决传统方法中利用"词袋"作为特征所带来的数据稀疏问题。

采用以上方法的传统特征降维大多是基于统计学的，其中一个主要缺陷就是没有考虑特征词间的有机内在联系，导致文章中许多有用语义信息的损失。

1. 综述论文的作用

综述论文是分析所查阅的某一专题在一段时期内的相当数量的文献资料，选取有关情报信息，归纳整理后，做出的综合性描述的文章，这类论文既可以使读者快速地了解某领域的研究进展，又可以起到辐射新技术或新方法的桥梁作用。比如小张下载的那几篇含"研究进展"的论文都是综述论文。

综述的特点：综合性（概括已有研究内容）、评述性（评价概述的研究方法和成果）、新颖性（现有文献中没有相同领域、相同时间或相同角度的综述论文）、新鲜性（包含综述领域的最新研究成果）。

2. 综述论文体例

综述论文的格式：包括题名、著者、摘要、关键词、正文、参考文献几部分。其中正文部分又由前言、主体和总结组成。对照文献"梯度聚合物表面制备研究进展"，体会更深。

综述的前言：主要通过介绍拟综述问题研究内容的现实意义，揭示写作目的、意义和作用。可以简介综述问题的历史、有关概念和定义，指明争论性课题的争论焦点。

主体：通过提出问题，比较各种观点的异同点及其理论根据，从而反映作者的见解。可分为若干个小标题分述。主体部分的写法有下列三种：纵式写法、横式写法、纵横结合式写法。

◆ 纵式写法主要围绕某一专题，按时间先后顺序或专题本身的发展层次，对其历史演变、目前状况、趋向预测作纵向描述，从而勾划出某一专题的来龙去脉和发展轨迹。主要适合那些存在明显的梯度和层次现象的研究领域。

◆ 横式写法的"横"是"国际国内横览"，就是对某一专题在国际和国内的各个方面，如各派观点、各家之言、各种方法、各自成就等加以描述和比较。如"梯度聚合物表面制备研究进展"和"氟化丙烯酸酯聚合物的制备及表面性能的研究进展"。

◆ 纵横结合式写法是指在同一篇综述中，同时采用纵式与横式写法。例如，写历史背景采用纵式写法，写目前状况采用横式写法。

◆ 无论是纵式、横式或是纵横结合式写法，都要求做到：一要全面系统地搜集资料，客观公正地如实反映；二要分析透彻，综合恰当；三要层次分明，条理清楚；四要语言简练，详略得当。

总结：主要是对主题部分所阐述的主要内容进行概括、重点评议、提出结论，并提出自己的见解。

参考文献：写综述应有足够的参考文献，这是撰写综述的基础。它除了表示尊重被引证者的劳动及表明文章引用资料的根据外，更重要的是使读者在深入探讨某些问题时，提供查找有关文献的线索。

3. 综述或综述论文的写作步骤

• 选定题目（选择近年来确有进展，适合我国国情，又为本专业科技人员所关注的课题。如对国外某一新技术的综合评价，以探讨在我国的实用性；又如综述某一方法的形成和应用，以供普及和推广；

• 实践证明，题目较小的综述穿透力强，易深入，特别对初学写综述者来说更应以写较小题目为宜，从小范围写起，积累经验后再逐渐写较大范围的专题、查阅文献、加工处理、撰写成文（先拟提纲，决定先写什么，后写什么，哪些应重点阐明，哪些地方融进自己的观点）。

【例5-7】 在老师的指导下，小张团队的项目研究内容基本确定了。老师建议他们先撰写一篇综述论文。

小张和同学们已经对综述论文不陌生了，有几门课最后就是让他们写写某领域的研究进展。他们发现现在综述论文写起来很容易，上网随便搜几篇现成的论文，最好是综述论文，将综述论文的内容拼拼凑凑就好了。

他用同样的方法写好了初稿，老师看了以后很不高兴，批评了他："这样的论义如果被公开，你会面临学术不端的指控！这样的例子已经太多了，你想步他们的后尘吗？"

小张于是通过以下方法，对综述论文有了较深入的了解。

第一步，在谷歌中，输入"什么是综述论文"。

命中的文献前几条相关度都比较高。其中 InfoArt 网友(http://hi.baidu.com/infoart/blog/item/498b313f70823bec55e72373.html)撰写的"什么是综述？怎样写好综述？综述的写作步骤是什么？综述论文如何审稿？综述的写作方法有哪些？"对他帮助非常大,他才知道撰写综述论文是有这些"规则"和方法的。

第二步,根据网上的有关综述论文的建议,在知网中找到了老师发表的多篇综述论文,认真观摩综述论文的写法。

使用的检索式为:(主题 = 进展 or 主题 = 现状) and (作者 = 老师的姓名) and (作者单位 = 老师的工作单位),并按照以下步骤完成了综述论文。

分析所收集的文献,参考其中的几篇以纵式方式描写的综述论文,决定也采用纵式方法。

把这些论文的研究内容分成三类:比较有代表性的研究 "聚苯并恶嗪" 的意义背景、合成制备方法研究、产品性能测试及评估;

对上述后两类文献进行进一步的分类,研究相同或相近的制备合成方法的文献属于同一类,对相同或相近产品的性能测试或评估的文献属于同一类,他发现有些论文可能同时属于几个类别;

标出刊载每一类论文的出版物的级别,分为 SCI、EI、核心、一般,为每一类挑选 3 至 5 篇具有代表性(选择新近发表在高质量出版物上)的研究型文献作为参考文献,下载了这些文献的原文,这样就切断了他想直接 "借鉴" 现有综述论文的念头;

标出这些参考文献的主要成果和存在的问题(这些问题可以是作者指出的,也可以是小张团队自己通过分析发现的);

对每一类的不同研究成果从方法的难易性、成本或产品性能的角度结合自己掌握的理论知识进行适当的对比和评析,提出自己的见解。

第三步,把第二步中的内容整理成一篇完整的论文。

根据 [例 5-8] 介绍的方法学习运用 EndNote 边写边引。

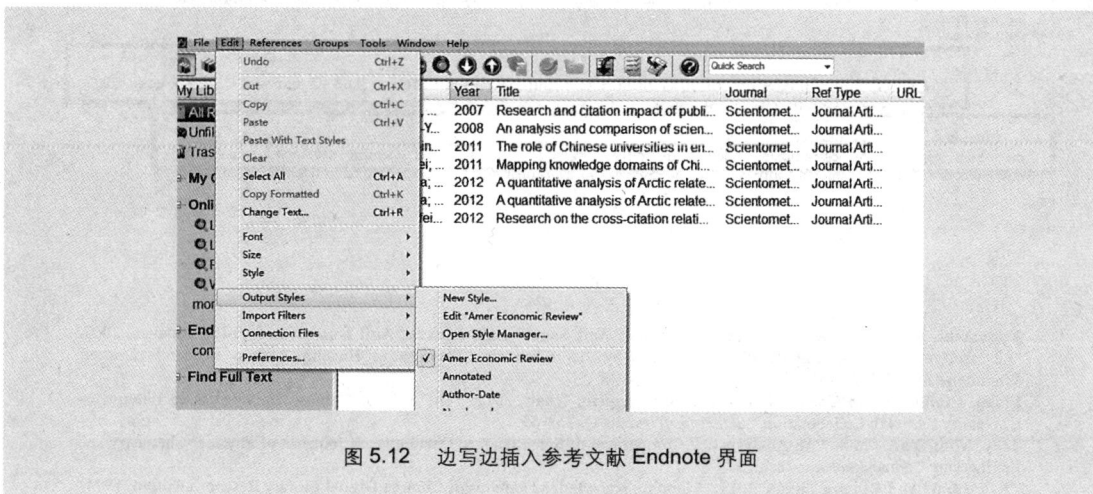

图 5.12 边写边插入参考文献 Endnote 界面

【例 5-8】 小李论文参考文献的格式需要按照 Amer Economic Review 期刊的标准,在撰写过程中,小李利用了 Endnote 的边写边插入参考文献的方法进行,首先打开 Endnote 数据库,选择要插入的参考文献,打开 Edit 菜单,利用 Output Styles 中的 Amer Economic Review 期刊进行导出,如图 5.12 所示,打开 Word 的工具栏里面的 Endnote X5,利用 Insert Selected Citation(s),将文献插入,如图 5.13 所示,已经插入好的参考文献格式如图 5.14 所示。

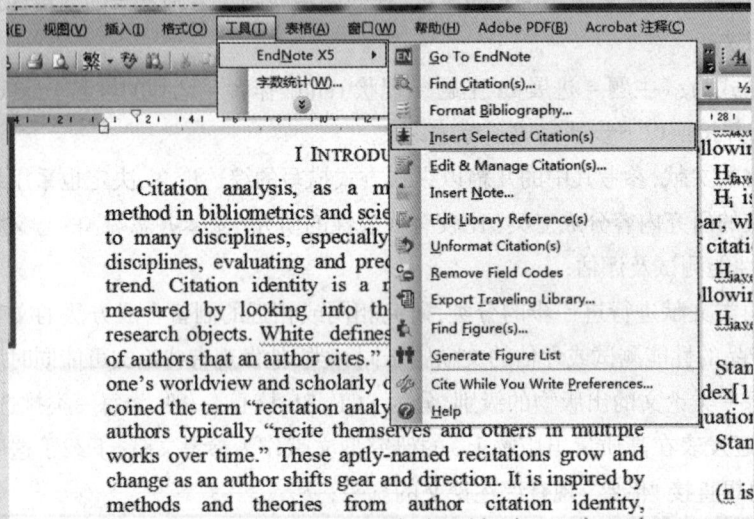

图 5.13　边写边插入参考文献 Word 界面

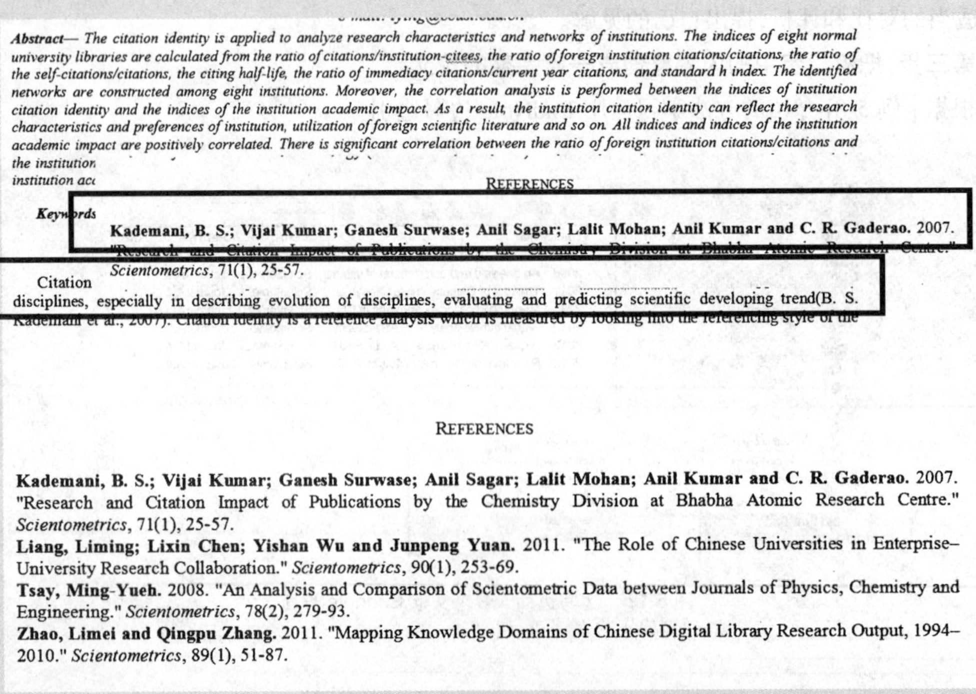

图 5.14　边写边插入参考文献界面

4. 综述论文查找方法

为了防止漏检领域内高质量的综述论文,一般建议先查找领域相关文献后,从命中文献中筛选综述论文,而不是简单地在检索式中增加"综述"、"进展"等检索词进行检索。收录高质量学术论文的 Web of Science 和 Engineering Village 中都提供对检索结果的分面统计功能,可以借助此类功能筛选感兴趣的文献,如 Web of Scicence 中,在检索结果界面上筛选 document type 为 review (也可以根据需要增加论文的语种,如: Chinese 和 English)的学术论文。

【例 5-9】 查找"文本分类技术"领域的综述论文,可以使用 text or document 和 category 为检索词先行检索,然后利用检索结果界面的统计结果进行筛选,如图 5.15。

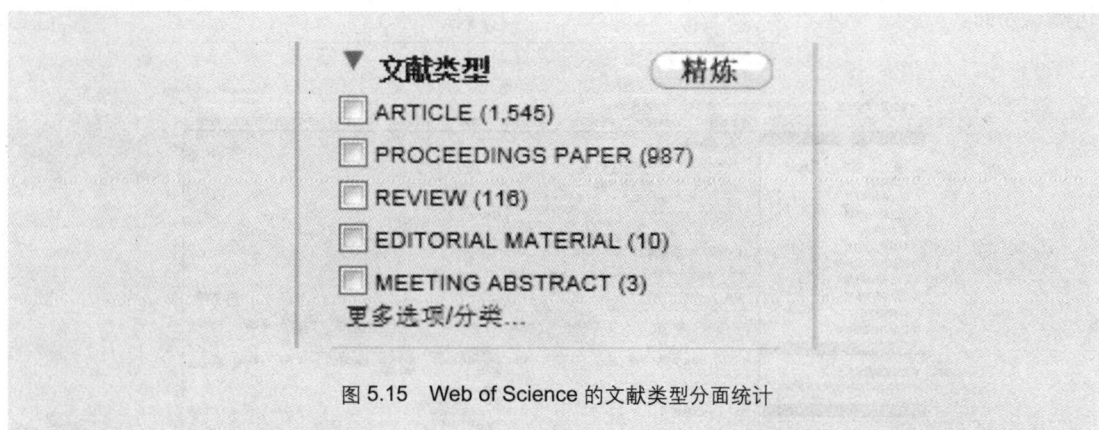

图 5.15 Web of Science 的文献类型分面统计

在图 5.15 中,选择 review,点击"精炼"按钮,命中 116 篇综述(review)论文,从中可以看出,并非所有的文献标题中都有 review 这个词,如图 5.16 中的第 2 篇、第 4 篇文献,刻意在检索式增加 review 将会错过这两篇文献。

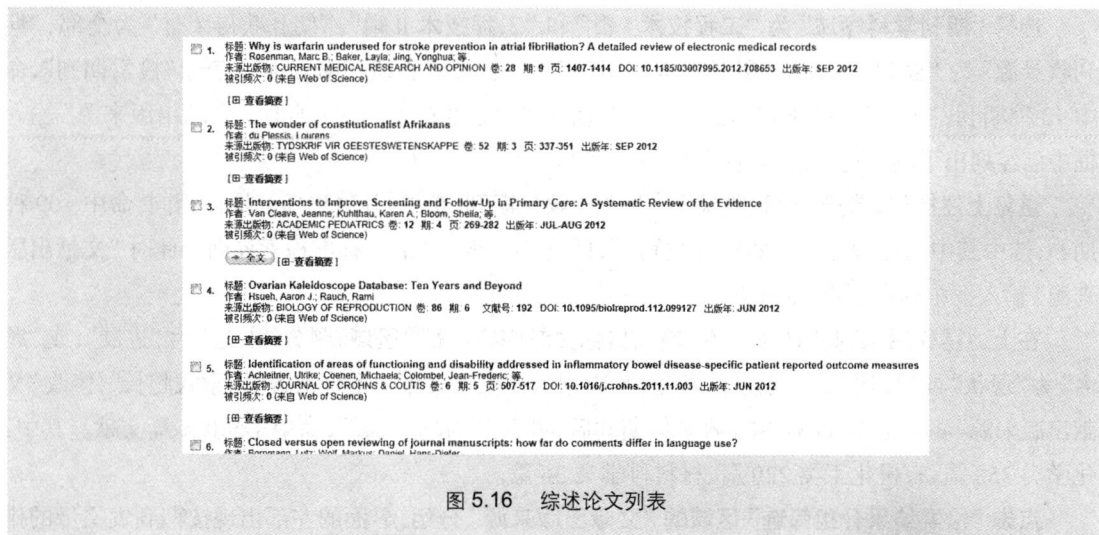

图 5.16 综述论文列表

5. 分析出版物发文情况,确定投稿刊物

【例5-10】 小张终于写好了一篇综述论文,他用下面的方法选择了几个理想的期刊。

这是一篇中文论文,这篇论文的参考文献中有几篇中国专利,几篇来自中文期刊论文,其余的都是外文。他先分别查看了这几种期刊,发现都很少刊登综述类论文,看来这些期刊不欢迎综述论文。

现在他想通过查找国内化学化工领域的综述论文主要发表在哪些期刊上,来选定目标期刊。

在"知网"的"标准检索"界面上的"输入检索范围控制条件"区域,设定"发表时间"为"具体日期"的范围为:2008-01-01~2012-08-30;点击"文献来源列表",系统进入如图5.17所示的期刊检索界面。

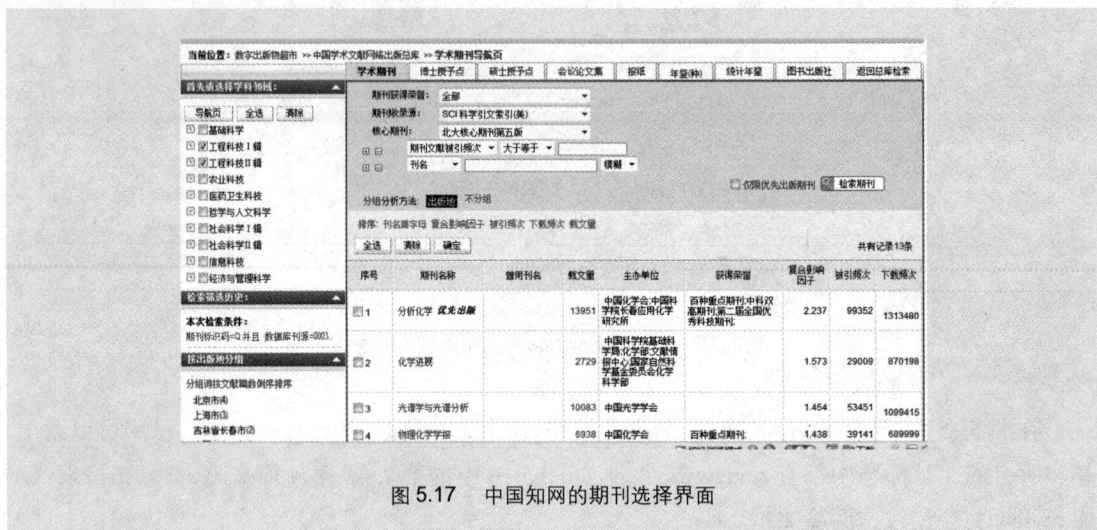

图5.17 中国知网的期刊选择界面

选择"期刊学科领域"为"工程技术 I 辑"和"工程技术 II 辑","期刊获得荣誉"为全部,"期刊收录源"为"SCI收录期刊(美)","核心期刊"为"北大核心期刊第五版",点击"检索期刊",命中13种期刊,"全选"后"确定",回到第一步所在的"标准检索界面",此时"文献出版来源"输入框中已经列出了刚才选中的12种期刊。

重复上述操作,选择"期刊收录源"为"EI收录期刊(美)",其他选项和操作相同,命中109种期刊,选中其中的化学化工类期刊后"确定",回到第一步所在的"标准检索界面",此时"文献出版来源"输入框中列出了近30种期刊。

在上述操作后得到的界面上的"输入目标文献内容特征"区域,题名"主题"为"进展",或"题名"为"现状"或"综述"的检索条件,如图5.18,点击"检索文献",系统报告"检索式超长",修改"文献出版来源"的列表为11种SCI收录的期刊后,再点击"检索文献",命中1 500多篇文献。其中:化学类358篇、有机化工类220篇、材料科学类36篇。

点击"检索结果分组筛选"区域的"文献出版来源"分组,界面的左部出现按期刊发文量的排序表,前四位分别是:化工进展(930)、有机化学(273)、化学进展(172)、光谱学与光谱分析(61)、分析化学（56）、高等学校化学学报（22）、无机化学学报（18）、物理化学学报（17）、高分子学报（12）。

分别点击"检索结果分组筛选"区域的"研究层次"和"中文关键词"，发现研究层次多为"基础研究"，中文关键词最多的为：合成（83）、制备（29）。

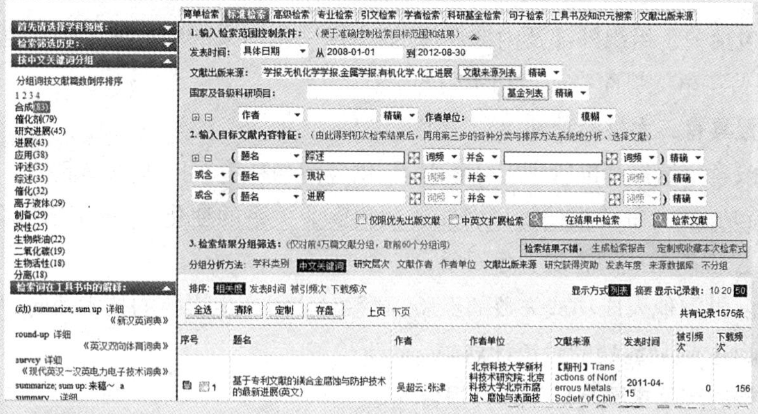

图 5.18　检索 12 种 SCI 期刊中刊载的综述论文情况的检索界面

他决定把论文投到《化工进展》，通过搜索引擎找到了该刊的网站 www.hgjz.com.cn，该网站提供在线投稿。他先对照该网站"作者中心"的"初投稿件格式要求"，完善了论文的排版。

6. 分析领域相关作者，确定评审专家

【例 5-11】　小张在《化工进展》编辑部网站上注册用户后，开始上传稿件，系统要求自己推荐 1 至 3 个评审专家，并提供 email。有了找投稿期刊的经历后，他又用下面的方法找到了理想的评审专家。

在他的论文参考文献的中文作者中选择。只有两位学者（包括辅导老师）提供了 email，他把这位作者作为评审专家推荐给了编辑部。

他又用"主题"为"苯并恶嗪"在"知网"的"标准检索"界面检索，并限定"文献出版来源"为"核心期刊"。选择两位在论文中提供了 email 邮箱的教授级学者推荐给编辑部。

5.4　竞争情报方法及案例

20 世纪七八十年代，摩托罗拉公司等著名企业相继陷入困境，纷纷引入竞争情报方法，分析市场、客户及竞争对手，使企业的发展转危为安。前面介绍的利用学术文献分析辅助留学、求职、投稿等也属于竞争情报活动，本节将结合案例介绍其他的竞争情报方法及其运用。

5.4.1　基本概念

1. 竞争情报

竞争情报（Competitive Intelligence, CI）是指关于竞争环境、竞争对手和竞争策略的信息和研究，它是一种过程，也是一种产品。过程包括了对竞争信息的收集和分析，产品包括了由此形成的情报和谋略。

竞争信息包括关于组织外部及内部环境的、专门采集而来的经过加工而增值的、为决策所需的、为赢得和保持竞争优势而采取行动所用的信息。

2. 竞争情报具有三大核心功能

• 预警功能，竞争情报帮助管理者分析对手、供应商和环境，可以降低风险；

• 决策支持功能，竞争情报使管理者能够预测商业关系的变化，把握市场机会，抵抗威胁，预测对手的战略，发现新的或潜在的竞争对手；

• 学习功能，学习他人成功或失败的经验，洞悉对公司产生影响的技术动向，并了解政府政策对竞争产生的影响，规划成功的营销计划。

3. 竞争情报的产品主要是以下几种报告

• 竞争对手深度调研报告（针对竞争对手企业进行的全方位、深入的调查与研究）。

• 竞争对手动态监测报告（针对竞争对手企业的日常经营活动进行动态跟踪式的监测、分析与研究）。

• 行业标杆企业深度调研报告（针对行业内的标杆企业进行的全方位、深入的调查与研究）。

• 竞争策略研究报告（针对目标企业竞争策略而进行的专项研究）。

• 竞争环境研究报告（针对目标企业竞争环境而进行的专项研究）。

• 企业战略研究报告（针对目标企业经营战略而进行的专项研究）。

• 市场营销/促销策略分析报告（针对目标企业营销策略而进行的专项研究）。

5.4.2　竞争情报方法

著名的竞争情报方法有关键成功因素、SWOT 方法、定标比超法、价值链分析法、情景分析法等几种。

1. 关键成功因素法（Key Success Factors, 或称 Critical Success Factors, KSF）

该方法也称短板方法，Key Success Factors 是为达到目标而必须正确进行的事项。一个完整的 KSF 分析方法主要有五个步骤：

• 定位；

• 识别 KSF；

• 收集 KSF 情报；

• 比较评估 KSF；

• 制订行动计划。

【例 5-12】　北京亚都与奥运会牵手的想法缘于一份北京奥运研究会的材料。东京奥运会之前,瑞士的欧米茄品牌一直是国际奥委会计时器材的供应商,而在东京奥运会上,精工表通过价格竞争取代了欧米茄成为奥运会供应商,精工一举成为世界名表。

北京亚都挺进奥运会面临的对手通用(GE)是奥运会顶级赞助商,其产品已经覆盖了空气净化器、空气调节设备,具有相应的室内加湿的功能。北京亚都战胜通用似乎没有一点可能性。但是通过对通用产品的研究,发现美国的海关商品目录中空气净化器属于肺医学设备,而非空调设备。于是据理力争,通过美国的法律战胜了通用。

北京亚都运用的就是关键成功因素竞争情报方法。

2. SWOT方法

该方法最早是由美国旧金山大学的管理学教授韦里克(H.Weihrich)在20世纪80年代初提出来的。

SWOT是Strengths、Weakness、Opportunities和Threats的首字母缩写,是将组织或个人内外各方面条件进行综合和概括,分析优劣势、面临的机会和威胁,在此基础上将内部的资源因素、外部因素造成的机会和风险进行合理有效的匹配,从而制定良好的战略,以掌握外部机会,规避威胁的分析方法。

【例5–13】 大二的暑假,小张去看高中同学小田,小田没有上大学,自己经营了一家电脑网络公司,主要为社区家庭提供服务。经过两年的努力,公司已经初具规模了。看着小田被员工称为"田总",小张有些心理失衡。

高中时,小田就喜欢钻研电脑网络,结果导致学习成绩很不好,连大学都没有考上。经过两年的大学生活,小张从最初的兴奋跌入了迷茫:大一的时候,由于突然没有了高考的压力,第一学期差点挂科,第二学期非常艰难地把注意力转移到学习上来,却发现自己不喜欢这个专业;大一的暑假里,他看着父母为了供自己上学辛苦地劳作,暗下决心一定要好好学习,大学一毕业就找工作,让父母早点享福。为了让自己提前认识就业形势,以便能更好地为将来做准备,他参观了几个就业招聘会场。结果发现,企业需要的都是社会能力和管理能力超强的人,这些正是他所缺乏的,要不就考研?他有点犹豫了。

于是他把考研和就业的优劣势和父母一起进行了比较,见表5.6。

表5.6 小张同学的考研和就业的优劣势对比表

	优势				机会		劣势			威胁
考研	有充分的时间提升社会能力和管理能力	有充分的时间提升专业竞争能力	避免盲目就业	可以找到更好的工作	未来上升空间大	调整兴趣	学费高	毅力不强	成绩不好	对专业不喜欢	工作机会更少
就业	早点自立	早点摆脱不喜欢的专业	不用再刻苦学习			调整兴趣	工作不喜欢	工资低			未来上升空间不大

表5.6很清楚地告诉一家人,考研的优势明显。爸妈首先表态:如果考研,小张不用担心学费,

希望小张选择考研。小张自己也觉得似乎应该考研，只要他能横下一条心自学自己喜欢的专业课程。

小张同学运用的就是 SWOT 竞争情报方法。

3. 定标比超方法

该方法是由英文 Benchmarking 翻译而来，也称为基准调查、基准管理、标高超越、立杆比超等，是将本企业经营的各方面状况和环节与竞争对手或个人定位进行对照分析，通过评价自身和研究其他组织或个人，将外部的优秀业绩作为自身的内部发展目标，并把外界最佳做法移植到自身经营或成长环节中，以提高自身竞争力的一种方法。

【例 5-14】 陈同学来自一个知识分子家庭，父母都是医学领域的专家，他顺理成章地成为了医学院的学生，四年大学之后，他被保研。

但他清楚地知道，自己并不喜欢医学专业，只是没有反抗而已。最近，放弃医学专业的念头越来越强烈，但还是下不了决心。于是他向某职业规划机构咨询，咨询的结果让他很满意。他很适合从事管理类工作，为了不浪费前五年的努力，他应该继续学完医学的硕士课程，同时选修或自学管理类课程，将来的职业目标是医院管理。

有了这样的认识后，他开始重新规划自己的学习时间和学习任务，并决定在暑假里争取当院长爸爸的实习助理。

小陈同学运用的是定标比超竞争情报方法。

4. 价值链分析法

价值链是企业对产品进行设计、生产、营销、交货等基本活动以及相关辅助活动的集合。价值链分析法将价值而不是成本作为其分析的基础。它将一个企业或个人的活动分为在技术上和物质上界限分明的许多活动，这些活动被称为价值活动。

价值链分析可以分三步来进行：

• 关注链条整体，确定重点环节；

• 抓住重点环节，进行重点分析；

• 环节情况汇总，整体把握链条。

【例 5-15】 周三晚上，小李拖着疲惫的身躯回到了宿舍，手机响了，是《材料成型与加工课》的王老师打来的，今天他又忘了去做实验。

为了使自己在将来的就业中更具竞争力，小李在一家企业做兼职。本来说好时间由小李根据课表安排的，但只过了两个星期，公司就忘了这个约定了，他经常被要求出去取送各种文件，这种活很费时间，也不能锻炼能力。但他不敢拒绝，反而还表现得很享受，因为他希望将来可以留下来。

让他万万没有想到的是，当他最后问部门负责人，是否可以考虑让他留在公司做正式员工时，他被要求把课程成绩单和英语考级证书拿来再说。第二天他只好和该公司解除了实习合约，因为他为了在这里实习，好几门专业课都挂了，而且早忘了英语六级的考试了，他现在首先要做的是，争取不要留级。

几家欢喜几家愁,小李的室友小张却非常顺利地找到了工作。小张深知自己不是搞研究的料,早就打定主意毕业后直接找工作,但他从不翘课,每门课的成绩基本都在80分左右,课余时间,他就和学院实验室的研究生们一起,洗试管、盯实验、抄数据的事情都干,他们在处理数据的时候他就留心观察,时间长了,他们也会让他帮忙处理一些数据,有时候为了了解研究生们的实验课题,他自己会上网找些文献看。

小张运用的就是价值链分析竞争情报方法,可以想象,如果小李也学会运用价值链分析方法设计自己的大学生活,一定不会像现在这样被动。

5. 情景分析法

也称前景描述法、情景描述法等,是决胜于未来的一种竞争情报分析方法。它是通过想象、联想、推测和猜想来构思和描绘可能的未来面貌的一种创造性思维活动。情景分析法的主要步骤是:

- 确定预测的主题、明确预测的范围;
- 建立影响因素数据库,并将影响因素按其对主题的影响方向划分成一些恰当的集合;
- 根据影响因素集合,构思各种可能的未来图景;
- 设想一些突发事件,看其对未来情景可能的影响;
- 描述到达未来各种状态的发展演变途径。

【例5-16】　小王是一位很好强的才女,高中三年一直名列年级第一,她本打算先考上国内著名高校,然后出国留学,却在高考时发挥失常,仅被某二流的一本学校录取。她利用情景分析法,最终实现了她出国留学世界顶级名校的梦想。

刚进大一不久,她就到图书馆的电子阅览室,查看那所名校对硕士研究生申请者的要求,并把这些要求认真地摘抄在笔记本上,同时认真分析这些要求的具体细节,制订了达到这些要求的具体时间表和实施步骤。

可以想象,怀揣梦想的小王的大学四年和其他同学的四年是多么不同。多数同学只是完成老师布置的作业,有的甚至还抄袭,而她则是从图书馆借来了多本教学参考书,并经常查找相关文献,不但加深了对学习内容的理解,而且在大三的时候发表了学术论文,并被SCI收录,暑假里她还积极参加志愿者组织,义务为社区里的小朋友培训英语。

大学快毕业的时候,她收到了世界顶级名校硕士研究生的录取通知书,并成功获得全额奖学金。

6. 专利分析方法

它是企业竞争情报常用的分析方法之一,常用的通过专利分析技术走势的方法主要是定性分析方法,如加州理工学院的Jay E. Paap教授倡导的技术机会分析(Technology Opportunity Analysis, TOA)方法。技术机会分析方法主要包括以下四个步骤:

- 搜索。查找相关的数据源并检索出相关领域的电子形式数据。
- 计数。利用软件编辑、计算、排列结果。例如,计算全部高频词、文摘数量、作者及其所属单位,可表明某个主题正在升温还是开始降温,与之相关的活动在时间上呈现何种分布。
- 联系。采用TOA或其他专利分析软件提供的矩阵操作来帮助识别联系,进行聚类,追踪一段时间内的变化,注视正在出现的新事物,以及识别谁是某个领域最活跃的人。

• 表示。把结果转换到 Excel 或者其他类型的电子表格和图形包里,用图形表示正在发生什么,对检索结果按时间片断显示事件地图是如何随时间演变的。

【例 5-17】 上海市高新技术成果转化服务中心 2009 年 4 月公布的一项针对上海市 3958 项高新技术成果转化认定项目(简称转化项目)的调查发现,高新技术的平均"寿命"只有五年。

企业在短暂的技术周期中,应如何利用竞争情报放眼未来呢? 下面以蓝光光盘的技术发展现状与趋势为例来说明专利分析法的使用方法。

2BDROM 是继 DVD 之后的下一代光盘格式之一,与其同期推出的还有 HD DVD,是由索尼及松下电器等企业组成的"蓝光光盘联盟"(Blu ray Disc 蓝光光盘的英文名称不使用"Blue ray"的原因,是"Blue ray Disc"这个词在欧美地区流于通俗、口语化,并具有说明性意义,于是不能构成注册商标申请的许可,因此蓝光光盘联盟去掉英文字母 e 来完成商标注册。Association, BDA)策划的次世代光盘规格,并以索尼为首于 2006 年开始全面推动相关产品。李工通过下面的方法,了解与蓝光光盘有关的技术的专利申请与授权情况。

第一,首先进行专利文献检索。 在中国国家知识产权局专利文献检索系统中以专利名称为检索字段,"蓝光光盘"为检索词进行预检索,发现相关专利的分类号为 G11B 大类,再看看其中某几条专利在欧洲专利文献检索系统中的英文翻译,结合百度百科的介绍,本例的检索式为:

S1:(名称(蓝光光盘 or "BDROM")or 摘要(蓝光光盘 or "BDROM" or "Blu ray disc" or "blue ray disc" or "blue light cd" or "blue light disc"))and 分类(G11B)

第二,汇总数据。

将所有相关专利的基本信息(名称、摘要、申请日、申请人等)收集至 Excel 表格中,进行关键词、申请人、年度总量等分析,即能得出一些比较重要的结论。

第三,分析数据。 2006 年以来,蓝光光盘相关专利年度申请数量呈递减趋势,表明蓝光光盘的相关技术已经比较成熟了,在蓝光光盘的存储模式下继续提高存储量是一个发展方向,新的高密度大容量存储模式则是下一代竞争力的核心。

7. 标准文献分析法

标准文献是一种特别的文献,几乎所有的标准都有着很强的法规时效性,生产中需要随时关注最新适用的标准,对于查找包括标准文献在内的求证型文献检索课题,一定要尽量保证查全率,以免造成损失。

【例 5-17】 王经理是一家饲料添加剂企业的财务总监,2008 年 10 月 9 日上午接到负责运输硫酸铜溶液的司机打来的求救电话:运输车被高速稽查大队扣押了,硫酸铜是危险品,公司应使用运输化学危险品的车辆,只有缴纳 1.8 万元罚款才可以放行。

作为某化工院校化学工程专业博士生的王经理在"宇飞标准文献系统"[1]中找到了于 2007 年

---

[1] 宇飞标准文献系统.http://yufei.changshu.net/.

9月10日执行的新标准 GB6944—2005[①],其中对毒性物质的定义为:经吞食、吸入或皮肤接触后可能造成死亡或严重受伤或健康损害的物质。毒性物质的毒性分为急性口服毒性、皮肤接触毒性和吸入毒性。分别用口服毒性半数致死量 LD50、皮肤接触毒性半数致死量 LD50,吸入毒性半数致死浓度 LC50 衡量。经口摄取半数致死量:固体 LD50 ≤ 200mg/kg。

王经理通过 SIGMA-ALDRICH 公司的 MSDS(Material Safety Data Sheet)[②]中找到的硫酸铜(CAS 登记号 7758-98-7,产品编号 451657)急性毒性半数致死剂量(LD50)经口 – 大鼠 –300 mg/kg,对水生生物毒性极大,但标准中没有明确规定对水生生物的毒性指标,说明硫酸铜不属于危险品。

带着标准 GB6944—2005《危险货物品名分类和编号》的全文和 SIGMA 公司的毒性数据报告来到高速稽查大队,队长拿出 GB6944-1986《危险货物分类和品名编号》[③],其中第六类"毒害品"的规定:"进入人(动物)肌体后,累积达到一定的量能与体液和组织发生生物化学作用或生物物理作用,扰乱或破坏肌体的正常生理功能,引起暂时或持久性的病理改变,甚至危及生命的物品",硫酸铜的确是危险品。王经理指出,标准 GB6944-2005 明确规定代替 GB 6944—1986,队长哑口无言。

一个月后,王经理来到上海化工研究院为公司的出口产品做危险性质鉴定,与工作人员谈起了自己的硫酸铜危险品经历。工作人员告诉他,在 2006 年 10 月 24 日同日发布且同于 2008 年 1 月 1 日始在生产领域实施、12 月 31 日始在流通领域执行的 GB20592—2006《化学品分类、警示标签和警示性说明安全规范 急性毒性》[④]和 GB20602—2006《化学品分类、警示标签和警示性说明安全规范 对水环境的危害》[⑤]中,前者表明硫酸铜属于三类有毒物品,后者强调对水生物毒性极大的物品属于危险品,硫酸铜还是危险品。由于这两个标准的名称与危险无关,导致他错过了这篇文献。

事件中的高速稽查由于没有及时更新知识而失去了制止可能发生的事故,王经理在检索时仅使用了"危险品"作为检索词而侥幸逃避了处罚,两者的信息素养水平均有待提高。

这是一个真实的案例,当事人把几个标准号给了笔者,但不包括 2005 年颁布的那个很关键的标准号。为了把故事中的情景再现,笔者在百度首先输入了"危险品分类",前几页未见 2005 年颁布的相关标准文献,在宇飞标准文献系统中也没有,改用"危险品分类 GB 2005"在百度中继续尝试,检索结果首页的第三条记录指向了宁波海事局[⑥],这是该局 2010 年发布的,这说明该局也不会把硫酸铜作为危险品对待。有了标准号,在百度文库中基本都可以看到全文,但下载不太容易。回到宇飞标准文献系统,输入标准号 GB6944—2005 等,检索字段为"全文",命中 0 篇,但输入6944 等可以找到指定文献,进一步测试标准号检索,发现系统仅支持"GB 6944"(GB 后跟空格)。

5.4.3 竞争情报与信息安全的关系

1. 竞争情报的获取途径和手段应该是合法的

任何机构成员必须严格遵守相关的信息安全法规,任何通过非法途径和手段获得经济情报或

---

① 危险货物分类及品名编号 [s]. GB6944—2005.

② SIGMA-ALDRICH.MSDS, http://www.sigmaaldrich.com/china-main land.html[2012/11/1].

③ 危险货物分类和品名编号 [s]. GB6944-1986.

④ 化学品分类、警示标签和警示性说明安全规范 急性毒性 [s].GB20592-2006.

⑤ 化学品分类、警示标签和警示性说明安全规范 对水环境的危害 [s].GB20602-2006.

⑥ 宁波海事局 ,2010.10.11, http://www.nbmsa.gov.cn/portal /section/15/2010/10/11/ 4b1aa9dfa8 3e4f628bf1935e1b99b02f/[2012.9.1].

泄漏机构重要信息的行为必将受到法律和经济的惩罚。

2. 任何情况下，包括经济、政治、军事等各个社会生活领域，能够获得情报的前提是以下情况之一

- 竞争对手存在信息安全意识薄弱导致信息泄漏；
- 本机构具有信息高水平获取能力的成员；
- 本机构具有从纷繁的信息中挖掘重要情报的信息分析能力。

3. 作为任何一位机构成员都要重视两个方面

- 建立严格的信息保密制度，提高该制度的执行力；
- 重视和培养机构成员的信息获取及情报信息分析能力。

【例5-18】 20世纪30年代中期，某出版社出版了一本小册子，其中详尽地描述了德国军队的组织机构、160多名部队指挥官的姓名和简历以及各个军区的情况，甚至还谈到了最新成立的装甲师。作者雅各布是一位作家，小册子中提到的那些军区，他一个都没有去过，这些信息都是从报纸上的讣告、结婚启事或军队领导的视察通告中获得的。显然，这本小册子中暴露了许多重要的军事情报，一旦被广泛流传将对德军造成巨大损失。

这是一起典型的利用报纸等公开出版物获取情报的案例，然而也是一起因机构成员信息意识薄弱造成的信息安全事故，这样的事故在我国也时有发生，其根本原因在于不少机构工作人员乃至很多公民缺乏国家信息安全意识，因此必须引起高度重视。

【本章小结】

本章分别介绍了信息检索在生活、学习和工作中的各种应用案例，包括：信息评价、留学求职、招贤纳才、知识发现、学术论文撰写与投稿及竞争情报方法，学习上述内容对提高读者综合运用信息及其分析方法很有帮助。

+-+

【练习题】

1. 请列举你遇到的忽视对信息正确评价的案例。
2. 简述信息评价的基本步骤，并举例说明。
3. 简述信息评价的方法，并举例说明。
4. 在设定信息评价的标准时应注意哪些方面？并举例说明。
5. 介绍评价期刊的几个动态指标的基本含义，并举例说明。
6. 如何评价检索工具的质量？试举例说明。
7. 如何评价一篇学术论文？并举例说明。

8. 如果你的朋友想出国留学,你将给他哪些建议?

9. 什么是 H 指数? 列举你所熟悉的教授的 Web of Science 的 H 指数。

10. 请你为自己选择一家意向单位,并拟定你的面试计划。

11. 请介绍综述论文的作用、体例结构、写作步骤及综述论文查找方法。

12. 请介绍几个选择投稿刊物和评审专家的方法。

13. 某研究方向为计算机与控制的老师想请教您该方向的 SCI 期刊目录供投稿参考,请您介绍具体方法及推荐的目录。

14. 简述竞争情报的基本概念及核心功能。

15. 介绍几种竞争情报方法及其应用。

16. 请列举你所知道的竞争情报案例,并与朋友分享。

17. 简述竞争情报与信息安全的关系,并举例说明。

附录1
课题调研检索报告及综述论文案例

撰写课题调研检索报告的目的是真实记录科研人员调研领域文献的过程,以便查验科研人员撰写的相关综述论文的全面性和科学性。

一、课题调研检索报告的结构

课题检索报告的形式不是唯一的,学习了本门课程后,要求撰写的检索报告有封面、目录、课题分析、检索策略、检索式及检索结果、检索体会,另外撰写综述论文反映领域研究进展和趋势。

1. 封面
写明检索课题的名称,完成人信息(姓名、班级、学号),完成时间等。

2. 目录
目录能让查阅者对本报告内容一目了然。

3. 课题分析
对课题的重点研究内容要有一个分析判断,只有判断正确了,才能进一步做针对性的检索。

4. 检索策略
包括数据库或检索工具的选择、检索词的选择和通用检索式的制定。

5. 检索式及检索结果
就所选择的数据库,逐个列出数据库名称、每个检索式所检出的文献量,以及从这些检出文献中挑选的相关文献数量及每篇文献的完整记录格式,如标题、作者、作者单位、刊名、摘要等信息。

6. 检索体会
经过对一个课题的系统检索,谈谈有何体会。重点放在检索过程中检索策略的调整,要有具体的调整过程。

二、课题检索报告案例

+-+-+-+-+-+-+-+-+-+-+-+-+-+-+-+-+-+-+-AMERICAN HISTORY-+-+-+-+-+-+-+-+-+-+-+-+-+-+-+

纳米材料TiO_2
在植物净化空气中的应用

姓名： ××

学院： ××学院

班级： ××

学号： ××

完成时间：

目　录

1. 课题分析

当前城市大气污染问题日益引起社会的重视,伴随着工业化进程的加快,我国正面临着严重的区域性大气污染威胁。纳米技术及材料的应用将会为我们解决大气污染问题提供全新的途径,作为光催化剂的 TiO_2 可以很好地降解甲醛、甲苯等污染物,几乎可达到100%。纳米 TiO_2 光催化剂也可用于石油、化工等工业废气处理中,改善厂区周围空气质量。另外,利用纳米 TiO_2 的光催化性能不仅能杀死环境中的细菌,而且能同时降解由细菌释放出的有毒复合物。在医院的病房、手术室及生活空间安放纳米 TiO_2 光催化剂还具有除臭作用。另一方面,绿色植物在空气净化上的巨大作用人尽皆知,但是植物的净化作用效果不是很大,并且不同的植物只能相应吸收部分有害气体。此外,在空气污染严重的地方,植物能否生存都是一个很大的问题。能否利用纳米材料 TiO_2 与绿色植物相结合,通过两者的协同作用,达到更大程度地促进对空气的净化就变成了人们研究的新方向。本课题旨在利用所学的文献检索知识,检索国内外有关纳米材料 TiO_2 在植物净化空气中应用的文献,寻求纳米材料 TiO_2 与植物净化空气的交集,经过阅读与整理文献,了解此类研究的最新研究进展,通过对研究进展的分析,了解纳米材料 TiO_2 对绿化植物净化污染空气的效应及植物抗逆性的主要影响,总结已有研究中的难点以及解决这些难点的途径。

2. 文献范围及检索工具

这是一个材料与环境结合的相关课题,故必检数据库如下:

（1）中文数据库

维普中文期刊数据库（1989年至今）;

万方数据库;

中国专利数据库（1985年至今）。

（2）外文数据库

Elsevier（Science Direct）数据库;

SCI 数据库（1985年至今）;

EI 工程索引数据库（1980年至今）。

其中包括了全文型数据库,也有文摘型数据库和专利数据库,相信通过对这些数据库的搜索,收集的文献涉及面较广,研究水平也比较高,可以满足课题的要求。

[文献选择点评]

（1）目前大型的中文文献检索工具主要有维普、万方、中国知网、中国国家知识产权局专利检索等,这些数据库的文献互不覆盖但有交叉和重复,因此建议在进行文献检索时,同时考虑这些文献检索工具。

（2）SCI 数据库主要收录期刊文献,而与本课题相关的文献也可能是会议文献,因此应考虑 SCI 和 ISI Proceedings 数据库。

（3）除上述列举的外文文献检索工具外,与本课题相关的还有美国化学文摘数据库（SciFinder）,欧洲专利局专利检索也涉及相关领域,建议增加这两个数据库。

3. 检索词及检索式析取

暂时根据课题的核心词制定出最基本的中英文检索词，待检索时再进行不断的补充和完善。在检索词的选择上要注意同义词、近义词、不同拼写方式等。

在研究课题的初期，主要应用课题的核心词做适当的组配，而成为检索词进行文献查找。对于本课题，最核心也最具显著特征的词是"二氧化钛"，而对于该词，有相应的化学式 TiO_2，如果只考虑前者，预计会造成极大的漏检，严重影响检索的查全率，所以要把"TiO_2"也作为检索词在检索过程中与"二氧化钛"用相应的逻辑运算符连接共同检索，以提高查全率。而对于检索词"植物"，因实验可能会通过对一种植物研究来概括，标题中可能不会直接提到"植物"二字，所以尽量不要限定在标题字段检索。另外，对于课题研究中诸如应用、研究之类的词义太宽泛的词不应设置为检索词，不然也会极大地影响查全率。除此之外，可以添加一些检索词进行限制或者精炼以提高查准率。不过为了保证查全率，可以采取先宽泛检索再进行二次检索或二次精炼的方法，同时保证查全率和查准率。所以，经过分析，暂时确定 TiO_2、二氧化钛、空气、净化、植物为本课题的中文检索词，在检索过程中应根据具体的检索结果，对检索词做灵活而适当的改变，在保证查全率的情况下提高查准率。

对于英文检索词，最值得注意的就是截词符的使用，因为英语中一个词义的表示有多种形式，尽可能地思考某些词不同的表示形式，使用截词符可以最大限度地提高检索的查全率。

例如，对于"净化"一词，至少可以有"purify"和"purification"两种表达方式。所以选择"purif*"作为检索词。"vegeta*"作为植物的另一种表达方式，也同样使用了截词符。最后就是要注意二氧化钛英文的多种表达方式。检索根据具体的检索情况，可以挑选其中的部分组配成检索式，以达到本课题的研究目的。

核心检索词：TiO_2、二氧化钛、空气、净化、植物

　　　　　　　TiO_2、titanium dioxide、plant、air、purif*

其他检索词：纳米材料、半导体溶胶

　　　　　　　air pollution、vegeta*、ornamental、photocatalyst、nanomaterial、NTSS、TiO（$_2$）

通用检索式：

S0　净化*空气*植物　——全面了解利用植物净化空气的文献

S1　植物*（TiO_2+二氧化钛）——了解有关二氧化钛在植物上的应用的文献

S2（二氧化钛+TiO_2）*净化*空气*植物　——了解有关二氧化钛对植物净化空气作用的文献

S3　纳米材料*净化*空气　——了解运用纳米材料净化空气的文献

S4　NTSS*空气*植物　——了解二氧化铁半导体溶胶在对植物净化空气作用的文献

S5　photocatalyst*air*plant　——了解光催化剂与空气污染相关文献

S6（TiO_2+"titanium dioxide"）*　　　purif*air　——了解二氧化钛与空气净化相关文献

S7（TiO_2+"titanium dioxide"）*　　　purif*"air pollution"*（vegeta*+plant+ornamental）——了解二氧化铁与植物共同解决空气污染问题相关文献

这里，"*"表示逻辑"与"，"+"表示逻辑"或"，检索时根据具体的检索工具和检索结果对检索式的形式进行调整。

[检索式点评]

（1）这部分的总体思路很清楚,运用了同义词或近义词,如,二氧化钛的化学式 TiO_2,联想到"植物"一词在文献中可能以某一种植物如"马拉巴栗",将纳米材料作为二氧化铁的近义词等;在编制检索式方面也尽量注意查全率与查准率的综合因素,如 S0、S1、S2,S6、S7 两组检索式的文献量逐步缩小等。

（2）但在检索式编制方面,也存在一些问题。

①对于为什么使用"半导体溶胶"这个近义词,在课题分析和检索词析取部分没有做明确说明,在检索式中也没有出现该词。通过对文献的阅读了解到:有些研究二氧化钛对植物的作用的文献中会指明使用了二氧化钛半导体溶胶或二氧化钛溶胶,而单纯的含检索词"半导体溶胶"的文献与课题相关性较小,故可舍弃该词;但二氧化钛半导体溶胶的缩写 NTSS 却不能舍弃,否则会引起漏检。

②在万方数据资源系统中使用标准检索界面,检索含有"二氧化钛"和"净化"的文献明显比同时含有"二氧化钛"、"净化"以及"纳米材料"的文献多,这说明,仅使用"纳米材料"将漏检其他用于空气净化的纳米材料文献,由于本课题主要研究二氧化钛纳米材料与植物一起在空气净化方面的作用,使用"纳米材料"可以发现一些非二氧化钛的纳米材料净化空气的研究文献。

③当检索同时含有"净化"与"纳米材料"的文献时,发现一些文献中并没有直接使用"空气净化"一词,而是使用了"大气净化"、"环境净化",表明应增加"大气"、"环境"等词作为"空气"的近义词。

④ S7 中使用了污染一词,会严重影响查全率。

⑤受 vegetable 的启发,在中文检索式中增加了"蔬菜"一词进行试检,发现多数为蔬菜污染或水生蔬菜对水体的净化方面的研究文献,与本课题关系不密切,在挑选相关外文文献时需要注意。

⑥在 S5 中使用了光催化剂作为检索词,但在中文检索式中未出现。

⑦在外文检索式中,应使用 and、or、not 作为逻辑算符,以示与截词算符的区别。

⑧使用检索式时,应具备一定的逻辑条理性,遵循文献量从多到少的原则,通过对更大范围文献的浏览,可以发现一些更合适的减少文献量的关键检索词,在保证查全率的同时达到查准率。

[更合理的检索式]

S0'　净化 ＊（空气 ＋ 大气 ＋ 环境）——了解有关空气净化的中文文献,发现与植物或二氧化钛相关的其他检索词

S1'　净化 ＊（空气 ＋ 大气 ＋ 环境）＊ 植物——全面了解利用植物净化空气的中文文献

S2'　植物 ＊（TiO_2＋ 二氧化钛 ＋NTSS）——了解有关二氧化钛在植物上的应用的中文文献

S3'　（二氧化钛 ＋TiO_2＋NTSS）＊净化 ＊（空气 ＋ 大气 ＋ 环境）＊ 植物——了解有关二氧化钛对植物净化空气作用的中文文献

S4'　光催化剂 ＊ 净化 ＊（空气 ＋ 大气 ＋ 环境）＊ 植物——了解光催化剂对植物净化空气作用的中文文献,仅使用光催化剂会有一定的漏检率,但由于本课题并非了解所有的光催化剂的情况,

以找到有价值的参考文献为主。

S5' photocatalyst* and purif* and air and（vegeta* or plant or ornamental）——了解光催化剂与植物净化空气相关外文文献

S6'（TiO_2 or "titanium dioxide" or NTSS）and purif* and air——了解二氧化钛与空气净化相关外文文献

S7'（TiO_2+ "titanium dioxide" or NTSS）and purif* and air and（vegeta* or plant or ornamental）——了解二氧化钛与植物净化空气相关外文文献

4. 检索过程及结果

4.1 维普数据库

考虑到中文数据库所检文献有很大的交集，初次检索一般是通过维普数据库先在 TiO_2 和植物两者间寻求交集，初步了解纳米材料 TiO_2 的特性及其在植物上的应用，而在文献更全、功能更强大的万方数据库再做进一步检索。

打开维普传统搜索，在检索框内输入检索式 S8（S8 是在 S1 的基础上指明了检索字段 M）：

S8 M= 植物 *（TiO_2+ 二氧化钛）

时间限制在 2005 年至 2011 年，得到 10 条检索结果，选择相关性较大的四篇文献如下。

（1）张萍、崔海信、宋娜、李玲玲 . 纳米 TiO_2 光半导体材料防治植物病害的初步研究 . 农业工程学报 .2006,22（12）: 13—16.

【文摘】 纳米 TiO_2 光半导体材料是一种具有抗菌与环境净化功能的新型环境友好材料，试验首次探索了将其应用于植物病害防治的可能性。在黄瓜霜霉病防治研究的栽培试验中发现，喷施纳米 TiO_2 光半导体溶胶材料可以显著地降低黄瓜霜霉病的发病率和病情指数，减少叶片病斑数量与病斑面积。试验研究结果初步证实了其对黄瓜霜霉病害具有一定的防治作用。为以纳米 TiO_2 光半导体溶胶材料为主要有效成分的植物抗菌剂与保护剂的开发提供了参考依据。

（2）张萍、崔海信、张志娟、钟儒刚 . 纳米 TiO_2 光半导体溶胶对植物光合机能的影响 . 中国农学通报 .2008,24（8）: 230—233.

【文摘】 TiO_2 半导体颗粒的光催化机理类似于人工模拟光合作用，笔者初步探讨了其在植物体上对光合机能的影响；以锐钛型纳米 TiO_2 光半导体溶胶为材料，在栽培试验中，对黄瓜喷施不同浓度的纳米 TiO_2 溶胶，然后测定光合参数、根系活力及叶片丙二醛含量的变化；结果表明，黄瓜叶片喷施一定浓度的纳米 TiO_2 溶胶材料后，在叶片表面形成透明、连续、稳定的 TiO_2 薄膜，能显著促进光合速率的增加，同时根系活力得到提高。这为纳米 TiO_2 光半导体材料在农业上的应用提供了一定的理论依据和技术参考。

（3）李玲玲、崔海信、张萍 . 纳米 TiO_2 光半导体溶胶对植物病原微生物的抗菌性能 . 农业工程学报 .2008,24（8）: 223—226.

【文摘】 鉴于纳米二氧化钛半导体材料在医学、环保领域对细菌、病毒等微生物长效、安全、无残留的成功抑制，本试验探讨纳米二氧化钛半导体材料在植物领域对植物病原微生物的杀灭与抑制作用。通过溶胶凝胶法合成纳米 TiO_2 半导体溶胶材料，无菌瓷板涂布成膜，黑光照射，统计病原菌存活数、相对抗菌率,鉴定 TiO_2 溶胶的抗菌效果。结果表明,该溶胶的平均粒径为 30.6nm,为锐钛矿型、分散度、稳定度良好,成膜与附着力良好。抗菌鉴定表明,3 次均匀涂布成膜的抗菌瓷板效果最好,涂布高于 3 次,膜易脱落;对在 3 次成膜瓷板的相对菌落存活数统计表明,与对照相比,TiO_2 溶胶对植物细菌性病原菌具有显著的抗灭与抑制效果,延长照射时间,抗菌能力增强;相对抗菌率表明,延长光照为 24h,相对抗菌率为 100%,对各菌种的抗菌率无差异。因此,TiO_2 半导体溶胶材料是一种强效的、广谱的新型绿色环保抗菌剂。

（4）张萍、崔海信、李玲玲 . 纳米 TiO_2 半导体溶胶的光生物学效应 . 无机材料学报 .2008,23（1）:55—60.

【文摘】 通过溶胶—凝胶法制备了纳米 TiO_2 半导体溶胶材料(Nano-TiO_2 Semiconductor Sol , NTSS),并测定了抗菌性能;以黄瓜为研究对象,初步探讨了 NTSS 在防治植物细菌性 / 真菌性病害及增加叶片光合色素含量方面的光生物学效应。试验结果表明,溶胶材料中 TiO_2 颗粒的结晶型为锐钛矿型,平均粒径为 30.6nm;TiO_2 溶胶材料可在叶片等固体表面形成连续、稳定的抗菌薄膜,具有很强的光氧化活性,抗菌率达到 99.9%;通过人工接种病原菌试验及田间病害调查试验发现,黄瓜喷施一定浓度的 NTSS 后,可显著降低叶片病斑面积、发病率及病情指数,对黄瓜细菌性角斑病 / 霜霉病的发生具有抑制效果;测定叶片光合色素含量发现,NTSS 对叶绿素(Chl)及类胡萝卜素(Car)的生成具有促进作用。

4.2 万方数据库

进入万方数据库在标准检索界面中输入检索式 S9(S9 是在 S2 的基础上指明了检索字段"关键词"):

S9 关键词 =（二氧化钛 +TiO_2 ）* 净化 * 空气 * 植物

命中 6 篇文献,选择其中相关度大的 3 篇文献。

（5）刘艳丽、周建民、徐胜光、陈能场 . 马拉巴栗净化室内空气中甲醛的研究 . 生态环境 .2007,16（2）:332—335.

【文摘】 采用观赏性植物马拉巴栗（也称发财树,Pachira aquatica）进行甲醛去除试验,在模拟箱内通过甲醛分析仪研究甲醛质量浓度随时间的变化规律。结果表明,当模拟箱（1.25 m × 1.25 m × 1.25 m）内甲醛初始质量浓度分别为 0.24 mg·m^{-3}、0.40 mg·m^{-3} 和 0.53 mg·m^{-3} 时,分别经过 10 h、14 h 和 11 h 后甲醛的去除效率可以达到 100%。在空白箱子及放植物的箱子内壁及植物叶片上喷洒 1% 的二氧化钛(TiO_2)溶胶后,二者分别经过 12 h 和 10 h 后降低为 0。试验证明,马拉巴栗对甲醛具有良好的吸收降解效果。

（6）聂磊、叶敏怡、代色平 . 纳米材料对蜘蛛兰及其环境效应的影响研究 . 广东园林 .2009,31（4）:19—21.

【文摘】 试验探讨了二氧化钛纳米材料对城市绿化植物蜘蛛兰净化污染空气效应及植物抗逆生理指标的影响。结果表明:蜘蛛兰具备一定的净化尾气污染的能力。二氧化钛纳米材料处理下能有效提高蜘蛛兰在改善环境空气质量评价指数,减少空气含菌量。同时,纳米材料处理减轻污染空气下的植物叶片细胞质膜透性,降低膜脂过氧化水平,增加叶绿素含量,从而提高植物叶片抗逆性。本文对纳米光触媒与植物触媒交互作用的机理进行了初步探讨。

（7）聂磊.二氧化钛纳米溶胶对空气污染胁迫下海芋生理特性及环境效应分析.湖北农业科学.2011,50（8）:1628—1633.

【文摘】 为了探讨纳米材料对空气污染胁迫下植物生理响应及环境效应的调节作用,以海芋[Alocasia macrorrhiza（Linn.）Schott]为试验材料,研究了纳米材料对城市绿化植物的抗逆性、光合作用等生理指标及净化污染空气效应的影响,并研究了二氧化钛纳米溶胶时模拟酸雨胁迫下叶片叶绿素相对含量、光合作用日变化以及叶绿素荧光特性等的影响。结果表明,海芋具备一定的净化尾气污染能力。二氧化钛纳米溶胶预处理（0.2%—0.8%）后,能有效提高海芋在改善环境空气质量中的评价指数,减少空气的舍菌量。同时,纳米材料处理能减轻污染空气下的植物叶片细胞质膜透性,降低膜脂过氧化水平,增加叶绿素含量,从而提高叶片的抗逆性。在空气污染胁迫下,海芋叶片的"光合午休"现象加重,日均净光合速率（Pn）、气孔导度（Gs）和蒸腾速率（Tr）均明显降低,而细胞间隙 CO_2 浓度（Ci）增大;经过纳米材料预处理后,Pn、Gs 和 Tr 能不同程度地增加,而 Ci 降低,其中以 0.4% 浓度预处理下的效果最好;可见二氧化钛溶胶预处理能够不同程度地缓解空气污染胁迫下非气孔因素引起的海芋叶片光合速率的下降,降低对光合系统的破坏作用,提高胁迫下的光合能力。试验同时对纳米光触媒与植物触媒交互作用的机理进行了初步探讨。

为了提高查全率,缩小检索范围并查询年限较新的文献,改用检索式 S10（S10 是在 S1 的基础上限定了文献时间范围,使用"关键词"检索字段）:

S10 关键词 =（TiO_2+ 二氧化钛）* 植物 * 时间 =2005—2011

命中 55 篇文献,选择与课题最为相关的 1 条记录。

（8）郭莉、王丹军、王晓涧、赵峭梅、李东升.纳米 TiO_2 对豌豆萌发及生长的影响.安徽农业科学.2007,35（18）:5352—5355.

【文摘】 采用溶胶—凝胶法制备了纳米 TiO_2 粉体,通过 XRD、BET 等技术对其进行了表征,并以豌豆为植物探针,研究了其对豌豆萌发及生长的影响规律。结果表明,纳米 TiO_2 对豌豆萌发及生长的影响与其粒径及投放量有关,投放量一定,粒径越小,其影响作用也越大;当粒径为 51 nm、投放量分别在 1—40 g/L 和 1—20 g/L 范围时,纳米 TiO_2 依次对豌豆萌发及幼苗生长起促进作用,表现出了较高的生物活性,当投放量超出对应范围时纳米 TiO_2 对豌豆萌发及幼苗生长具有明显的抑制作用。

为了了解植物单独作用下对空气净化的影响,选择检索式 S11 在期刊论文中进行检索（S11 是在 S0 的基础上指明了检索字段"关键词",并限定了文献时间范围）:

S11 关键词 = 空气 * 净化 * 植物 * 时间 =2008—2011

命中 35 篇文献,通过简单阅读具有综述性的几篇论文的文摘,选择了 4 条记录。

（9）刘艳丽、陈能场、周建民、徐胜光.观赏植物净化室内空气中甲醛的研究进展.工业催化.2008,16（9）:6—11.

【文摘】 根据室内空气中甲醛的污染现状及其对人体的危害性,列举了甲醛的治理技术,综述了国内外观赏植物净化室内空气中甲醛的研究进展。观赏植物对甲醛的去除途径主要是通过茎叶吸收、植物代谢与转化以及根际微生物的降解作用等。在植物根际添加微生物营养型吸附基质或者在植物叶面喷洒二氧化钛溶胶以及在植物叶际、根际接种微生物等方式将会强化甲醛的去除效果。

（10）吴平．植物对室内空气污染物的净化能力研究．四川林业科技．2009,30（3）：105—107.

【文摘】　目前室内空气污染是人们最关注的重要环境问题，与化学和物理净化的方法相比，植物净化室内空气污染物具有其独特的优势，本文综述了三种主要的室内空气污染物特征、危害；并对植物的净化研究发展进行了简要分析，提出了一些室内空气污染物植物净化研究的建议。

（11）金荷仙、史琰、王雁．室内植物对人体健康影响研究综述．林业科技开发．2008,22（5）：14—18.

【文摘】　综述了室内植物在净化室内空气、增加负离子、挥发物抑菌杀菌、调节情绪等方面对室内环境及人体健康的作用和影响。介绍了国内外在该领域的相关研究进展，并对研究需要解决的室内植物对污染物耐受能力、污染物在植物体内的代谢和解毒机理、室内植物挥发物含量等问题和未来相关研究发展动向进行简要分析。

（12）李静涛、潘百红、田英翠．室内植物净化空气的研究概述．北方园艺．2010（11）：214—216.

【文摘】　通过对室内空气污染的分类和室内观赏植物净化各种室内空气污染的主要机理的分析，探讨了室内观赏植物净化室内空气的优点及存在的问题，以期为今后室内植物净化空气的研究提供参考。

4.3　国家知识产权局专利数据库

因为 TiO_2 在植物上的应用不多，大多作为单独的光催化剂净化空气，故将检索词稍作放宽，然后根据需要自己选择。进入国家知识产权局专利数据库高级检索，用检索式 S12 进行检索（S12包含了 S1，且被 S2 包含）：

S12 摘要 =（空气 or 植物）and（二氧化钛 or TiO_2）and 公开(公告)日 =2005 to 2011

命中专利 101 项，其中发明专利 91 条，实用新型专利 10 条。使用这个检索式进行检索主要为了检索怎样制备出含有 TiO_2 的调节剂应用在植物净化空气上。经过筛选，选择相关性大且时间较新的 1 篇文献。

（13）董南男、李玉龙．一种含有纳米二氧化钛的植物生长调节剂及其制备方法．【申请号】201010300550.7【申请日】2010.01.21【公开(公告)号】CN101785481A.

【摘要】　一种含有纳米二氧化钛的植物生长调节剂及其制备方法，它涉及一种植物生长调节剂及其制备方法。它解决了目前含二氧化钛纳米促进植物生长剂中纳米二氧化钛使用浓度低、吸收利用率低和附着力差的问题。生长调节剂由纳米二氧化钛、附着剂、水、分散剂、渗透剂和添加剂制成；制备方法：向水中按顺序加入附着剂、渗透剂和分散剂、纳米二氧化钛和添加剂，再持续搅拌 1—2 分钟，即得到含有纳米二氧化钛的植物生长调节剂。本发明可促进植物生长，用于农作物增收。

将检索式稍作调整以提高查准率，同样进入高级检索，用检索式 S13 进行检索（S13 包含了S2）：

S13 摘要 =（空气 and 植物）and 名称 =（二氧化钛 or TiO_2 or 纳米）and 公开(公告)

日 =2005 to 2011

命中专利 9 项,其中发明专利 7 条,实用新型专利两条,经过筛选,选择其中两条。

（14）聂磊.一种植物纳米复合材料净化空气污染的方法.【申请号】200910041628.5

【申请日】2009.08.04【公开(公告)号】CN101623594.

【摘要】 本发明公开了一种净化空气污染的方法,该方法包括将稀土元素化合物掺杂的纳米二氧化钛溶胶涂抹在植物叶片上,将该植物放于需要空气净化的环境中。本发明所述净化空气的方法,将光触媒与植物触媒融合的生物纳米材料结合应用,在强化空气污染净化方面功效显著,能为解决城市空气污染问题提供一种节能环保、高效安全、先进可靠、成本低廉的解决方案。

（15）马建领.一种多功能纳米养生仿生植物.【申请号】201120021716.1【申请日】2011.01.24【公开(公告)号】CN201911359U.

【摘要】 本实用新型涉及仿真植物装饰工艺品,尤其涉及一种多功能纳米养生仿生植物。其既能模仿植物的外表,同时又能模仿植物的生命和内在功能,分解空气中的异味、有害气体,杀灭空气中的细菌、病毒,释放大量负氧离子,净化空气、改善环境,有益于身体健康。本实用新型包括设置在容器中的仿生植物本体,容器内设置有负离子发生器,负离子发生器的负离子发射探头伸出容器。仿生植物本体的枝叶上涂覆纳米光触媒、纳米远红外材料、纳米负离子材料。

4.4 Engineering Village 数据库

在 Engineering Village 数据库中选择专家检索,输入检索式 S14（S14 包含了 S7）,限定时间在 2005—2012 年,如图附录 1.1。

S14 $((((TiO_2) WN\ TI) OR (("titanium\ dioxide") WN\ TI)) AND (("air\ pollution") WN\ KY))$

图附录 1.1 Engineering Village 数据库检索图

命中 13 篇文献,经过筛选,选择其中 5 条。

（16）Kwon, Soonchul; Fan, Maohong; Cooper, Adrienne T.; Yang, Hongqun. "Photocatalytic applications of micro- and nano-TiO_2 in environmental engineering". *Critical Reviews in Environmental Science and Technology*, v 38, n 3, p 197—226, May 2008.

Abstract: The photocatalytic activity of micro-and nano-titanium dioxide（TiO_2）has been utilized to significantly improve the degradation efficiencies of various contaminants in both water treatment and air pollution control. This article is a review of the literature covering current research on environmental applications of micro-and nano-TiO_2. The mechanisms of contaminant degradation of nanoparticle TiO_2 are reviewed, and its special properties are compared to micro-sized TiO_2 in air purification and water treatment.（115 refs.）

摘要：微型纳米二氧化钛（TiO_2）已可用以显著提高水处理和空气污染所产生的各种污染物的降解效应。本文是一篇综述文献，涵盖了微型纳米 TiO_2 在当前环境应用方面的研究。研究了纳米颗粒 TiO_2 的污染物降解机理，并将其在空气净化和水处理上的特殊性能与显微尺寸 TiO_2 进行了比较。

（17）Grubb, Geoffrey F. ; Bakshi, Bhavik R.. "Energetic and environmental evaluation of titanium dioxide nanoparticles". IEEE International Symposium on Electronics and the Environment, 2008, 2008 16th IEEE International Symposium on Electronics and the Environment, ISEE. Conference: *2008 16th IEEE International Symposium on Electronics and the Environment, ISEE*, May 19, 2008 - May 22, 2008.

Abstract: The methods of energy, exergy, and life cycle analysis are applied to a new nanomanufacturing process producing 40 nm titanium dioxide particles. The use of identical boundaries for each analysis allows for direct comparison of the results from each method. It was found that the thermodynamic methods identify spray hydrolysis as a significant sink in the process and life cycle analysis shows it to be the largest source of greenhouse gas emissions. Despite this agreement, there are some discrepancies between methods, and exergy analysis appears to give additional information that energy analysis overlooks. Of course the optimal method for a given application depends on the intended goals of the analysis.（19 refs.）

【摘要】　能量、有效能和生命周期分析方法被应用到了新的纳米制造工艺来生产 40nm 的二氧化钛颗粒。为每一种分析使用了相同的界限以允许每种方法所得结果能相互比较。我们发现热力学方法把喷雾水解当作工序中最重要的一步，生命周期分析认为它是温室气体排放的最大来源。尽管有相同之处，这些方法之间还是存在一些差异的。有效能分析往往比能源分析给出了更多信息。当然，对于给定应用的最佳方法取决于分析的预期目标。

（18）Jo, Wan-Kuen; Kim, Jong-Tae. "Application of visible-light photocatalysis with nitrogen-doped or unmodified titanium dioxide for control of indoor-level volatile organic compounds". *Journal of Hazardous Materials*, v 164, n 1, p 360—366, May 15, 2009.

Abstract: The present study evaluated visible-light photocatalysis, applying an annular reactor coated with unmodified or nitrogen (N)-doped titanium dioxide (TiO_2), to cleanse gaseous volatile organic compounds (VOCs) at indoor levels. The surface chemistry investigation of N-doped TiO_2 suggested that there was no significant residual of sulfate ions or urea species on the surface of the N-doped TiO_2. Under visible-light irradiation, the photocatalytic technique using N-doped TiO_2 was much superior to that for unmodified TiO$_2$ for the degradation of VOCs. Moreover, the degradation efficiency by a reactor coated with N-doped TiO$_2$ was well above 90% for four target compounds (ethyl benzene, o,m,p-xylenes), suggesting that this photocatalytic system can be effectively employed to cleanse these pollutants at indoor air quality (IAQ) levels. The degradation efficiency of all target compounds increased as the stream flow rate (SFR) decreased. For most target compounds, a reactor with a lower hydraulic diameter (HD) exhibited elevated degradation efficiency. The result on humidity effect suggested that the N-doped photocatalyst could be employed effectively to remove four target compounds (ethyl benzene, o,m,p-xylenes) under conditions of less humidified environments, including a typical indoor comfort range (50%—60%). Consequently, it is suggested that with appropriate photocatalytic conditions, a visible-light-assisted N-doped photocatalytic system is clearly an important tool for improving IAQ.(46 refs.)

【摘要】 本研究评估了可见光光催化，使用了一个涂覆了未改性或氮掺杂的二氧化钛环形反应器，来净化室内水平的挥发性有机化合物。氮掺杂 TiO$_2$ 的表面化学研究表明，在氮掺杂 TiO$_2$ 表面并没有显著残余的硫酸根离子或尿素。在可见光照射下，对于挥发性有机化合物的降解，在使用了氮掺杂 TiO$_2$ 的光催化工艺远远优于未改性的 TiO$_2$。此外，对于四种目标化合物，涂覆了氮掺杂 TiO$_2$ 的反应器的降解效率远高于 90%，表明了在室内空气质量水平下，这种光催化系统可以有效地净化这些污染物。因此，可以认为，在适当光催化条件下，可见光辅助的氮掺杂光催化系统是改善室内空气质量的重要工具。

（19）Strini, A.; Cassese, S.1; Schiavi, L. "Measurement of benzene, toluene, ethylbenzene and o-xylene gas phase photodegradation by titanium dioxide dispersed in cementitious materials using a mixed flow reactor". *Applied Catalysis B: Environmental*, v 61, n 1—2, p 90—97, October 27, 2005.

Abstract: A method for the measurement of the photocatalytic activity of titanium dioxide dispersed in cementitious building materials was developed as part of the European Project Photocatalytic Innovative Coverings Applications for Depollution Assessment (PICADA). The method is based on a specially designed stirred flow reactor. It is aimed at the measuring of the photodegradation of organic compounds in air at ppb level at the surface of photocatalytic materials. The use of an actively mixed flow reactor results in a uniform concentration of reactants at the catalytic material surface at high conversion factors which also allows to measure the photocatalytic activity bypassing the limitations imposed by the concentration gradients of unmixed flow reactors. A titanium dioxide modified cementitious material was studied by applying the described method, with a benzene, toluene, ethylbenzene and o-xylene (BTEX) mixture used as organic pollutant standard. The pollutant concentrations and irradiation levels used throughout the study were comparable to those that can be found under real ambient conditions. The effects of variation of pollutant concentration, irradiation level and titanium dioxide percentage in the cementitious materials were studied. The photocatalytic activity of a pure titanium dioxide film was also measured to stand as reference benchmark. The cementitious photocatalytic material showed an interesting photocatalytic activity with linear dependence versus pollutant air concentration and irradiance. On the other hand the variation of titanium dioxide content (from 0 to 5.6% as dry powder) in the cementitious mixture showed a non-linear relationship denoting a relative loss of efficiency at higher concentrations.(25 refs.)

【摘要】 作为欧洲项目 PICADA 的一部分,二氧化钛光催化活性在水泥建材分散检测方法得到了发展。该方法是基于一个特别设计的搅拌流式反应器。它的目的是在 ppb 水平的空气中,测量有机化合物在光催化材料表面的光致降解率。利用混流反应器在高转化率的条件下,能使反应物浓度催化材料表面变得均匀,这样就能通过利用未混合流式反应器的浓度梯度来测量光催化活性。我们通过应用该方法研究二氧化钛改性水泥材料,以苯、甲苯、乙苯和邻二甲苯的混合物作为有机污染物的标准。本研究中污染物的浓度和照射水平能与真实的环境条件所媲美。我们研究了污染物浓度、照射水平和水泥材料中二氧化钛的百分比变化所产生的影响。测量纯的二氧化钛薄膜的光催化活性以作为参考基准。水泥光催化材料显示出了有趣光催化活性,比与空气污染浓度和辐射程度呈线性相关性。另一方面,在水泥混合材料中二氧化钛含量的变化却呈现出了非线性相关性,造成在较高浓度下相对效率的损失。

（20）Feng, Guo-Hui; Hu, Yan-Jun; Li, Guo-Jian; Cao, Guang-Yu; Chen, Xu-Dong. "Experiment of active carbon and nano-titanium dioxide photocatalysis technique to eliminate tiny contaminants in air". Shenyang Jianzhu Daxue Xuebao (Ziran Kexue Ban)/Journal of Shenyang Jianzhu University (Natural Science), v 22, n 3, pp. 432—436, May 2006.

Abstract: In order to enhance indoor air quality and improve the techniques of purifying presently, the article introduces the new purification technique, active carbon and nano-titanium dioxide photo catalysis technique and does the experiment about purifying indoor air pollutant. The article analyses the purifying capabilities under the condition of different influencing factors by the experiment of purifying formaldehyde in air conditioning system simulated and compares the purifying capabilities of three kinds of purification web applied to air conditioning system, active carbon and nano-titanium dioxide photo catalysis web and active carbon purification web and nano-titanium dioxide photo catalysis purification web. The result shows purification efficiency of the new purification technique is 15% higher than other two kinds of purification techniques when the air speed is 3 m/s and contaminant concentration is low in air conditioning system. For active carbon and nano-titanium dioxide photo catalysis web, the influence of airflow velocity on purification efficiency is not obvious. The difference of cleaning efficiency is less than 8% when the airflow is at high or low velocity. And the new purification technique possesses stronger capability of absorption and decomposition on organic and inorganic contaminants and less resistant of airflow and can avoid the producing of new contaminants and realizes the regeneration of active carbon in the same place and prolongs the life-cycle of active carbon. The experiment shows the new purification technique makes up for the disadvantages of present purifying techniques and cleaning efficiency is enhanced about 20%. It provides the basis to purification techniques applied to air conditioning system. (9 refs.)

【摘要】 为了提高室内空气质量和改善现有的净化技术,本文引进了新的净化技术、活性碳和纳米二氧化钛光催化技术，并进行了净化室内空气污染的实验。本文通过空气调节装置模拟下的甲醛净化实验，分析了不同因素影响下的净化能力，并比较了三种净化网络模式的净化能力——活性炭和二氧化钛光催化网络、活性炭净化网络、二氧化钛净化网络。结果显示，当空气流速是 3m/s 并且空气调节装置的污染集中较低时，新的净化技术的净化效率高于另外两种 15% 以上。对于活性炭和二氧化钛光催化网络，气流速度对净化效率的影响并不是很明显。当气流速度较高或较低时，净化效率之间的区别小于 8%。此外，新的净化技术具有较强的吸收、分解有机和无机污染物的能力，抵抗气流能力较弱，能避免新的污染物的产生，并实现活性炭在同一地方的再生，延长了活性炭的生命周期。实验结果表明，新的净化技术弥补了现有净化技术的缺点，净化效率提高了大约 20%。它为净化技术适用于空气调节系统奠定了基础。

为了寻求光催化剂 TiO_2 在绿色植物方面的具体应用，尝试用检索式 S15（限定时间 2008—2012）和 S16（限定时间 2000—2012）检索：

S15（（（（（plant）WN KY）or（（vegeta*）WN KY））and（（（"air pollution"）WN KY）and（（purif*）WN KY）and（（english）WN LA）））

S16（（（（photocatalyst）WN KY）and（（air）WN All fields））and（（plant）WN All fields））

收获不大，分别命中 12 条和 10 篇文献。因参考价值不大略去，希望能在之前所检有关 TiO_2 在空气净化方面的知识点文献中找出其与植物协同作用下对空气净化的影响。

4.5　Web of Science 数据库

用检索式 S17 进行检索，

S17 主题 =（TiO（$_2$）or TiO_2 or "titanium dioxide"）and 主题 =（plant or ornamental or vegeta*）not 标题 =（wastewater*）not 标题 =（water*）

命中记录 435 条，时间限定在 2005 年至 2011 年，运用 Web of Science 的分析工具进行分析，结果如下。

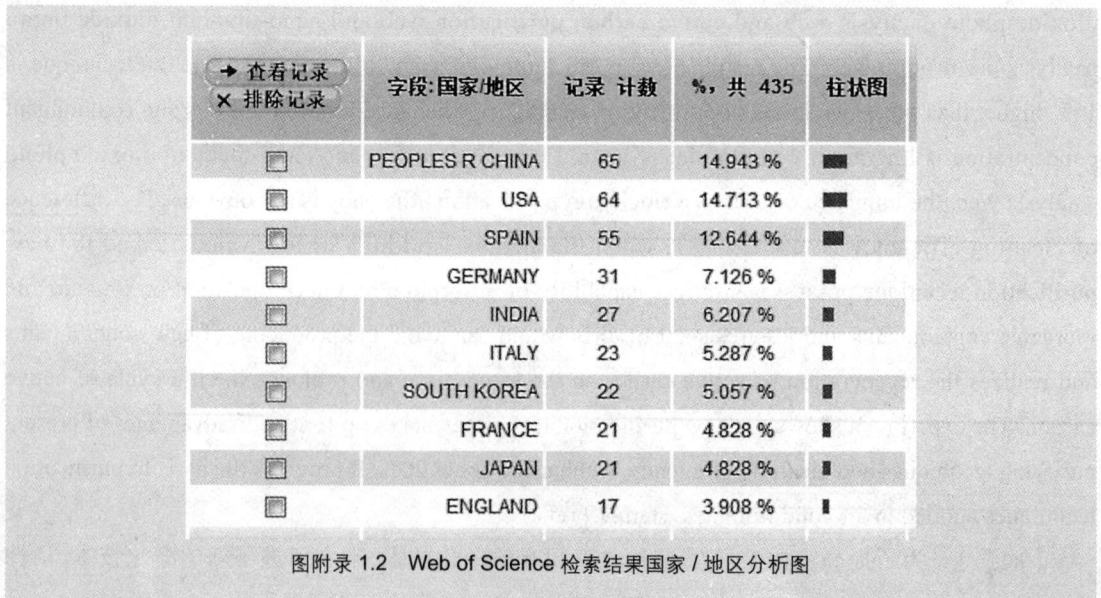

✦ 查看记录　✕ 排除记录	字段:国家/地区	记录 计数	%，共 435	柱状图
☐	PEOPLES R CHINA	65	14.943 %	▰
☐	USA	64	14.713 %	▰
☐	SPAIN	55	12.644 %	▰
☐	GERMANY	31	7.126 %	▮
☐	INDIA	27	6.207 %	▮
☐	ITALY	23	5.287 %	▮
☐	SOUTH KOREA	22	5.057 %	▮
☐	FRANCE	21	4.828 %	▯
☐	JAPAN	21	4.828 %	▯
☐	ENGLAND	17	3.908 %	▯

图附录 1.2　Web of Science 检索结果国家 / 地区分析图

✦ 查看记录 ✗ 排除记录	字段:机构	记录 计数	%，共 435	柱状图
☐	CIEMAT	14	3.218 %	▮
☐	CHINESE ACAD SCI	13	2.989 %	▮
☐	UNIV POLITECN VALENCIA	13	2.989 %	▮
☐	CSIC	8	1.839 %	▮
☐	TECH UNIV DENMARK	8	1.839 %	▮
☐	UNIV ALMERIA	8	1.839 %	▮
☐	CNR	7	1.609 %	▮
☐	UNIV FLORIDA	6	1.379 %	▮
☐	UNIV REY JUAN CARLOS	6	1.379 %	▮
☐	UNIV BARCELONA	5	1.149 %	▮

图附录 1.3　Web of Science 检索结果机构名称分析图

✦ 查看记录 ✗ 排除记录	字段:出版年	记录 计数	%，共 435	柱状图
☐	2010	84	19.310 %	▬
☐	2011	84	19.310 %	▬
☐	2008	71	16.322 %	▬
☐	2009	68	15.632 %	▬
☐	2007	58	13.333 %	▬
☐	2006	37	8.506 %	▮
☐	2005	33	7.586 %	▮

图附录 1.4　Web of Science 检索结果出版年分析图

经过分析结果整合发现：我国关于此课题的研究所发表的论文被 Web of Science 收录的最多，美国与西班牙也发表了较多论文。机构方面，西班牙能源与环境研究中心和我国的中科院对此课题的研究表现积极，发表的论文数列科研机构的前二位，而通过图附录 1.4 的分析结果，我们可以看出，世界对此课题相关领域的研究逐步升温，每年发表的论文量都稳步上升。但是，通过对这些论文内容的研读，其中也有不少与此研究课题有一定偏差，原因是作为光催化剂，TiO_2 被大量研究，但是对其在植物上的应用的文献相对较少。

将结果分别按被引频次和相关性降序排列，还可以通过二次精炼选择综述论文，最终经过筛选，选择其中 7 条。

（21）Klaine, SJ（Klaine, Stephen J.）; Alvarez, PJJ（Alvarez, Pedro J. J.）; Batley, GE（Batley,

Graeme E.); Fernandes, TF（Fernandes, Teresa F.); Handy, RD Handy, Richard D.); Lyon, DY（Lyon, Delina Y.); Mahendra, S（Mahendra, Shaily）; McLaughlin, MJ（McLaughlin, Michael J.); Lead, JR（Lead, Jamie R.). "Nanomaterials in the environment: Behavior, fate, bioavailability, and effects". *Environmental Toxicology and Chemistry*, 2008,27（9）: 1825—1851.

被引频次: 208

【摘要】 The recent advances in nanotechnology and the corresponding increase in the use of nano-materials in products in every sector of society have resulted in uncertainties regarding environmental impacts. The objectives of this review are to introduce the key aspects pertaining to nanomaterials in the environment and to discuss what is known concerning their fate, behavior, disposition, and toxicity, with a particular focus on those that make up manufactured nanomaterials. This review critiques existing nanomaterial research in freshwater, marine, and soil environments. It illustrates the paucity of existing research and demonstrates the need for additional research. Environmental scientists are encouraged to base this research on existing studies on colloidal behavior and toxicology. The need for standard reference and testing materials as well as methodology for suspension preparation and testing is also discussed.

摘要: 在纳米技术领域的最新进展以及社会中各个行业对纳米材料产品使用的相应增加,导致了对环境影响的不确定性。本综述旨在介绍有关纳米材料在环境中的关键环节,并讨论什么方面涉及它们的行为、特性、倾向和毒性,特别关注了那些人工纳米材料。本综述批判了现有的在淡水、海洋和土壤环境下进行的纳米材料研究。它说明了现有研究的缺乏和进行更多研究的必要性。环境科学家被鼓励基于现有的胶体特性和毒理学的研究进行探究。参考和测试材料标准的需求以及悬浮液的制备和测试方法也在本文中进行了讨论。

文献类型: Review

（22）Sharma, VK（Sharma, Virender K.); Yngard, RA（Yngard, Ria A.); Lin, Y（Lin, Yekaterina). "Silver nanoparticles: Green synthesis and their antimicrobial activities". *Advances In Colloid And Interface Science*. 2009,145（1—2）: 83—96.

被引频次: 206

【摘要】 This review presents an overview of silver nanoparticles（Ag NPs）preparation by green synthesis approaches that have advantages over conventional methods involving chemical agents associated with environmental toxicity. Green synthetic methods include mixed-valence polyoxometallates, polysaccharide, Tollens, irradiation, and biological. The mixed-valence polyoxometallates method was carried out in water, an environmentally-friendly solvent. Solutions of $AgNO_3$ containing glucose and starch in water gave starch-protected Ag NPs, which could be integrated into medical applications. Tollens process involves the reduction of $Ag(NH_3)_2^+$ by saccharides forming Ag NP films with particle sizes from 50-200 nm, Ag hydrosols with particles in the order of 20-50 nm, and Ag colloid particles of different shapes. The reduction of $Ag(NH_3)_2^+$ by HTAB（n-hexadecyltrimethylammonium bromide）gave Ag NPs of different morphologies: cubes, triangles. wires, and aligned wires. Ag NPs synthesis by irradiation of Ag（ ₊ ）ions does not involve a reducing agent and is an appealing procedure. Eco-friendly bio-organisms in plant extracts contain proteins, which act as both reducing and capping agents forming stable and shape-controlled Ag NPs. The synthetic procedures of polymer-Ag and TiO（2）-Ag NPs are also given. Both Ag NPs and Ag NPs modified by surfactants or polymers showed high antimicrobial activity against Gram-positive and Gram-negative bacteria. The mechanism of the Ag NP bactericidal activity is discussed in terms of Ag NP interaction with the cell membranes of bacteria. Silver-containing filters are shown to have antibacterial properties in water and air purification. Finally, human and environmental implications of Ag NPs to the ecology of aquatic environment are briefly discussed.

【摘要】　本综述概述了银纳米粒子的绿色合成方法,该法比传统方法更具有优势,涉及了与环境毒性相关的化学制品。绿色合成法包含混合价态多金属氧酸盐、多糖、托伦斯、辐射和生物学。混合价态多金属氧酸盐的方法在水中进行,是一种环境良好型的溶剂。含有葡萄糖和淀粉的 $AgNO_3$ 溶液得到淀粉保护的银纳米粒子,可被集成到医疗应用中。托伦斯过程涉及了 $Ag(NH_3)_2^+$ 的还原,糖类形成尺寸 50nm—200nm 的银纳米粒子薄膜、尺寸 20nm—50nm 的银水溶胶粒子和不同形状的银胶体粒子。HTAB（正十六烷基三甲基溴化铵）使得 $Ag(NH_3)_2^+$ 还原,这得到了不同形态的银纳米粒子:立方体、三角形、线形和齐线形。通过照射银离子的银纳米粒子合成并不涉及还原剂,是一种很有吸引力的工序。植物提取物中的环保型生物有机体含有蛋白质,作为还原剂和包覆剂形成稳定和形状易控的银纳米粒子。银聚合物和 TiO_2-Ag 粒子的合成工序也同样给出。银纳米粒子和表面或聚合物改性银纳米粒子都表现出对革兰氏阳性和革兰阴性菌较高的抗菌活性。根据银纳米粒子与细菌的细胞膜的相互作用,我们还讨论了银纳米粒子杀菌活性的机理。含银的过滤器在水体和空气净化中展现出了抗菌性能。最后,简要讨论了银纳米粒子对水生环境的人性和环境影响。

文献类型:Review

（23）Navarro, E（Navarro, Enrique）; Baun, A（Baun, Anders）; Behra, R（Behra, Renata）; Hartmann, NB（Hartmann, Nanna B.）; Filser, J（Filser, Juliane）; Miao, AJ（Miao, Ai-Jun）; Quigg, A（Quigg, Antonietta）; Santschi, PH（Santschi, Peter H.）; Sigg, L（Sigg, Laura）. "Environmental behavior and ecotoxity of engineered nanoparticles to algae, plants, and fungi". *Ecotoxicology,* 2008,17（5）:372—386.

被引频次:109

摘要:Developments in nanotechnology are leading to a rapid proliferation of new materials that are likely to become a source of engineered nanoparticles（ENPs）to the environment, where their possible ecotoxicological impacts remain unknown. The surface properties of ENPs are of essential importance for their aggregation behavior, and thus for their mobility in aquatic and terrestrial systems and for their interactions with algae, plants and, fungi. Interactions of ENPs with natural organic matter have to be considered as well, as those will alter the ENPs aggregation behavior in surface waters or in soils. Cells of plants, algae, and fungi possess cell walls that constitute a primary site for interaction and a barrier for the entrance of ENPs. Mechanisms allowing ENPs to pass through cell walls and membranes are as yet poorly understood. Inside cells, ENPs might directly provoke alterations of membranes and other cell structures and molecules, as well as protective mechanisms. Indirect effects of ENPs depend on their chemical and physical properties and may include physical restraints（clogging effects）, solubilization of toxic ENP compounds, or production of reactive oxygen species. Many questions regarding the bioavailability of ENPs, their uptake by algae, plants, and fungi and the toxicity mechanisms remain to be elucidated.

【摘要】 纳米科技的发展导致了新材料的快速扩散,有可能成为人工改造纳米粒子（ENPs）的环境来源,而它们的生态毒理学影响尚不清楚。ENPs 的表面性能对它们的聚集行为非常关键,从而对它们在水生和陆生生态系统中的流动性和藻类、植物、真菌的相互作用都十分重要。ENPs 跟天然有机物之间的相互作用比较良好,因为会改变 ENPs 在地表水或土壤中的聚集行为。植物、藻类和真菌的细胞都具有细胞壁,构成了相互作用的基本位点和阻碍 ENPs 的进入。允许 ENPs 穿过细胞壁和细胞膜的机制还知之甚少。细胞内,ENPs 可能直接造成膜和其他细胞结构、分子及保护机制的改变。ENPs 的间接影响依赖于它们的化学和物理特性,并且可包括物理约束（堵塞效应）、有毒 ENP 化合物的溶解或活性氧自由基的产生。许多关于 ENPs 生物利用度,对藻类、植物、真菌摄取度和毒性机理的问题还有待澄清。

文献类型：Review

（24）Herrmann, JM（Herrmann, J.-M.）; Duchamp, C（Duchamp, C.）; Karkmaz, M（Karkmaz, M.）; Hoai, BT（Hoai, Bui Thu）; Lachheb, H（Lachheb, H.）; Puzenat, E（Puzenat, E.）; Guillard, C（Guillard, C.）. "Environmental green chemistry as defined by photocatalysis". *Journal of Hazardous Materials*, 2007,146（3）:624—629.

被引频次：49

摘要：Photocatalysis is efficient in several fields. Firstly, in selective mild oxidation: oxidation of gas and liquid hydrocarbons（alkanes, alkenes, cycloalkanes, aromatics）into aldehydes and ketons. Primary and secondary alcohols are also oxidized into their corresponding aldehydes or ketones. The high selectivity was ascribed to a photoactive neutral, atomic oxygen species. Once platinized（only 0.5 wto.% Pt）titania may catalyze reactions involving hydrogen（deuterium-alkane isotopic exchange and alcohol dehydrogenation）. For fine chemicals, high initial selectivities enable titania to address most of the twelve principles of "green chemistry", such as the synthesis of 4-tert-butyl-benzaldehyde, an important intermediate in perfume industry by direct selective oxidation of 4-tert-butyl-toluene with air. A new field recently appeared: thio-photocatalysis. Oxygen was replaced by sulfur, using H2S as a convenient and reactive source. For instance, the conversion of propene in 1-propanthiol was successfully obtained. The reaction was performed using either US or TiO_2. The latter was much more active than US. In environmental photocatalysis, titania becomes a total oxidation catalyst once in presence of water because of the photogeneration of OH* radicals by neutralization of OH-surface groups by positive holes. Many toxic inorganic ions are oxidized in their harmless upper oxidized state. The total degradation of organic pollutants（pesticides, herbicides, insecticides, fungicides, dyes, etc...）is the main field of water photocatalytic decontamination. The UVA solar spectrum can de advantageously used as demonstrated by many campaigns performed in the solar pilot plant at the "Plataforma Solar de Almeria"（Spain）.

【摘要】 光催化在许多领域很高效。首先,在选择性轻度氧化中：气体和液态烃(烷烃、烯烃、环烷烃、芳烃)被氧化成醛类和酮类。伯醇和仲醇也被氧化成其相应的醛或酮。较高的选择性归因于光敏中性原子氧自由基。一旦镀铂(质量分数仅 0.5%),二氧化钛可能涉及氢催化反应。对于精细化学品,高的初试选择性使二氧化钛满足了绿色化学十二条原则中的大多数,例如 4-叔丁基苯甲醛———一种通过在空气中与 4-叔丁基甲苯直接选择性氧化的重要中间体的合成。最近出现了一个新的领域:光催化硫代。通过使用方便的活性源 H₂S 使得氧被硫取代。使用 US 或 TiO₂进行反应。后者比 US 更具活性。在光催化环境中,存在水时,二氧化钛成为一种完全氧化的催化剂,因为通过正空穴 OH—表面集团的中和,使得 OH* 自由基的生成。许多有毒的无机离子被氧化成无害的氧化状态。有机污染物(农药、除草剂、杀虫剂,染料等)的总降解是水体光催化净化的主要领域。在阿尔梅里亚太阳能测试平台,UVA 太阳光谱可以方便地展示在太阳能电池中试装置进行的许多活动。

会 议 信 息：1st European Conference on Environmental Applications of Advanced Oxidation Processes Chania, Greece Sep 07-09, 2006 Tech Univ Crete Aristotle Univ Thessaloniki.

文献类型：Article; Proceedings Paper

（25）Ze, YG（Ze, Yuguan）; Liu, C（Liu, Chao）; Wang, L（Wang, Ling）; Hong, MM（Hong, Mengmeng）; Hong, FS（Hong, Fashui）. "The Regulation of TiO（2）Nanoparticles on the Expression of Light-Harvesting Complex II and Photosynthesis of Chloroplasts of Arabidopsis thaliana". *Biological Trace Element Research*, 2011,143（2）:1131—1141.

被引频次：0

【摘要】 Recent studies demonstrated that titanium dioxide nanoparticles（TiO（2）NPs）could significantly promote photosynthesis and plant growth, but its mechanism is still unclear. In this article, we studied the mechanism of light absorption and transfer of chloroplasts of Arabidopsis thaliana caused by TiO（2）NPs treated. The results showed that TiO（2）NPs could induce significant increases of light-harvesting complex II（LHCII）b gene expression and LHCII II content on the thylakoid membrane in A. thaliana, and the increases in LHCII were higher than the non-nano TiO（2）（bulk-TiO（2））treatment. Meanwhile, spectroscopy assays indicated that TiO（2）NPs obviously increased the absorption peak intensity of the chloroplast in red and blue region, the fluorescence quantum yield near 680 nm, the excitation peak intensity near 440 and 480 nm and/or near 650 and 680 nm of the chloroplast. TiO（2）NPs treatment could reduce F（480）/F（440）ratio and increase F（650）/F（680）ratio and accelerate the rate of whole chain electron transport and oxygen evolution of the chloroplast. However, the photosynthesis improvement of the non-nanoTiO（2）treatment was far less effective than TiO（2）NPs treatment. Taken together, TiO（2）NPs could promote the light absorption of chloroplast, regulate the distribution of light energy from PS I to PS II by increasing LHCII and accelerate the transformation from light energy to electronic energy, water photolysis, and oxygen evolution.

【摘要】 最近的研究表明,二氧化钛纳米离子能显著促进光合作用和植物生长,但其作用机理仍不清楚。本文我们研究了由 TiO_2 纳米粒子处理造成的阿拉伯芥中叶绿体光吸收和转移的机理。结果表明, TiO_2 纳米粒子能诱导光色素复合物 II（LHCII）b 基因表达的显著增加和阿拉伯芥中 LHCII II 在类囊体薄膜含量的显著增加,并且 LHCII 的增加高于非纳米 TiO_2 处理。同时,光谱检测表面, TiO_2 纳米粒子明显增加了红光和蓝光区域里叶绿体吸收峰的强度,荧光量子产率在 680nm 的附近,叶绿体吸收峰的强度接近 440 到 480nm 和 / 或 650 到 680nm。 TiO_2 纳米粒子处理能减少 F（480）/ F（440）的比例,增加 F（650）/ F（680）的比例,并加快叶绿体整个供应链电子传递和氧化速度。然而,非纳米 TiO_2 处理的光合作用改良效率远低于纳米 TiO_2 处理。一并考虑, TiO_2 纳米粒子能促进叶绿体的光吸收,通过增加 LHCII 和加速光能量向电子能量的转移、水的光解和释放氧气调节光能量从 PS I 到 PS II 分布。

文献类型：Article

（26）Ghosh, M（Ghosh, Manosij）; Bandyopadhyay, M（Bandyopadhyay, Maumita）; Mukherjee, A（Mukherjee, Anita）. "Genotoxicity of titanium dioxide（TiO（2））nanoparticles at two trophic levels Plant and human lymphocytes". *Chemosphere*, 2010,81（10）:1253—1262.

被引频次：4

【摘要】 The environmental fate and behaviour of titanium dioxide（TiO（2））nanoparticles is a rapidly expanding area of research There is a paucity of information regarding toxic effect of TiO（2）nanoparticles in plants and to certain extent in humans The present study focuses on the effect of exposure of TiO（2）nanoparticles in two trophic levels plant and human lymphocytes The genotoxicity of TiO（2）nanoparticles was evaluated using classical genotoxic endpoints comet assay and DNA laddering technique DNA damaging potential of TiO（2）nanoparticles in Album cepa and Nicotiana tabacum as representative of plant system could be confirmed in the comet assay and DNA laddering experiments In Mum micronuclei and chromosomal aberrations correlated with the reduction in root growth We detected increased level of malondialdehyde（MDA）concentration at 4 mM（0 9 mu M）treatment dose of TiO（2）nanoparticles in Album cepa This indicated that lipid peroxidation could be involved as one of the mechanism leading to DNA damage A comparative study of the cytotoxic and genotoxic potential of TiO（2）nanoparticles and bulk TiO（2）particles in human lymphocytes also reveal interesting results While TiO（2）nanoparticles were found to be genotoxic at a low dose of 025 mM followed by a decrease in extent of DNA damage at higher concentrations bulk TiO（2）particles reveal a more or less dose dependent effect genotoxic only at dose 125 mM and above The study thus confirms the genotoxic potential of TiO（2）nanoparticles in both plant and human lymphocytes.

文献类型：Article

【摘要】 二氧化钛（ TiO_2 ）纳米粒子的环境行为与特性是一个迅速扩大的研究领域。关于

TiO_2 纳米粒子在植物甚至一定程度上在人类身上毒性影响的信息还比较缺乏。当前的研究主要集中在两个营养水平上 TiO_2 纳米粒子的接触：植物和人类细胞。我们利用经典的基因毒性彗星实验和 DNA 阶梯技术来评估 TiO_2 纳米粒子的毒性。TiO_2 纳米粒子在以烟草为代表的植物系统中的潜在 DNA 损伤能在彗星实验和 DNA 阶梯试验中得到确认。母核及染色体异常与根系生长的减少有关。我们检测丙二醛（MDA）含量的增长水平为 $4mmTiO_2$ 纳米粒子剂量。这表明，脂质过氧化作用可能是导致 DNA 损伤的机理之一。TiO_2 纳米粒子和块状 TiO_2 颗粒在人体淋巴细胞的潜在细胞毒性和基因毒性的对照研究也揭示了有意义的结果。随着 DNA 损伤在一定程度上的减少，TiO_2 纳米粒子在 0.5mM 低剂量时有基因毒性，而较高浓度的块状 TiO_2 颗粒只在 1.25mM 或以上剂量才显示出或多或少的依赖效应基因毒性。因此，本研究证实 TiO_2 纳米粒子在植物和人类淋巴细胞的潜在基因毒性。

（27）Hussain, M（Hussain, M.）; Ceccarelli, R（Ceccarelli, R.）; Marchisio, DL（Marchisio, D. L.）; Fino, D（Fino, D.）; Russo, N（Russo, N.）; Geobaldo, F（Geobaldo, F.）. "Synthesis, characterization, and photocatalytic application of novel TiO（$_2$）nanoparticles". *Chemical Engineering Journal*, 2010,157（1）:45—51.

被引频次：16

【摘要】 Novel TiO（$_2$）nanoparticles（TNP）having a high specific surface area were successfully synthesized in a vortex reactor by sol-gel process with optimized operating parameters. These 10-20 nm TNP were characterized and compared with TiO（$_2$）synthesized by solution combustion（TSC）method and commercially available TiO（$_2$）（degussa P25 and anatase by Aldrich）. Characterization was performed by X-ray diffraction spectroscopy（XRD）, specific surface area analysis, energy dispersive X-ray spectroscopy（EDX）, scanning electron microscopy（SEM）, diffuse reflectance ultraviolet-visible spectroscopy（DR/UV-vis）, and Fourier transformed-infrared spectroscopy（FT-IR）. TNP showed comparatively smaller size with little porosity between them, good crystalline anatase with small rutile phase, higher BET surface area, confined band gap energy, and higher OH groups. Photocatalytic oxidation of ethylene（a naturally occurring gas produced by plant tissues, engine exhausts, and plant and fungi metabolism）has been investigated at ambient temperature in an ad hoc designed pyrex glass photocatalytic reactor, by using these TNP and compared with TSC, and commercial TiO（$_2$）. Higher photocatalytic conversion of ethylene was observed for TNP compared to TSC and commercial TiO（$_2$）. Mixed phase of TN with high surface area might induce the adsorption of ethylene pollutant and water with generation of OH groups（oxidizing agent）on the surface of TNP leading to higher photocatalytic activity.

文献类型：Article

【摘要】 具有高的比表面积的 TiO_2 纳米粒子（TNP）通过溶胶 - 凝胶法优化操作参数在涡流反应器被成功合成。这些 10nm—20nm 的 TNP 被表征，并与溶液燃烧法（TSC）合成的和市售的 TiO_2 进行了比较。通过 X 射线衍射光谱（XRD）、比表面分析、能量色散型 X 射线光谱仪（EDX）、扫描电子显微镜（SEM）、漫反射紫外可见分光法（DR/UV-vis）和傅里叶变换红外光谱（FT-IR）进行表征。TNP 表现出带有小孔隙率的相对较小的尺寸、带有小金红石相的结晶锐钛型、高的 BET 比表面积、密闭的带隙能量和较高的 OH 基团。光催化氧化乙烯(一种产生于植物组织、发动机排出的废气和植物、真菌代谢所产生的气体的天然存在气体)已经于室温下一个特设的光催化反应器进行了研究,通过这些 TNP 并与 TSC 和商业 TiO_2 进行比较。TNP 中观察到与 TSC 和商业 TiO_2 相比较高的乙烯光催化转化率。高比表面积的 TN 混合相可能诱导乙烯污染物的吸收,水中在 TNP 表面 OH 基团(氧化剂)的生成导致更高的光催化活性。

（28）Mondal, A（Mondal, Anindita）; Basu, R（Basu, Ruma）; Das, S（Das, Sukhen）; Nandy, P（Nandy, Papiya）. "Benefici al role of carbon nanotubes on mustard plant growth: an agricultural prospect". *Journal of Nanoparticle Research*,2011,13（10）:4519—4528.

被引频次:0

【摘　要】　Nowadays an increasing application of nanotechnology in different fields has arisen an extensive debate about the effect of the engineered nanoparticles on environment. Phytotoxicity of nanoparticles has come into limelight in the last few years. However, very few studies have been done so far on the beneficial aspects of nanoparticles on plants. In this article, we report the beneficial effect of multi-walled carbon nanotubes（MWCNTs）having diameter of similar to 30 nm on Brassica juncea（mustard）seeds. Measurements of germination rate, T（50）（time taken for 50% germination）, shoot and root growth have shown encouraging results using low concentration of oxidized MWCNT（OMWCNT）treated seeds as compared to non-oxidized as well as high concentration OMWCNT treated seeds. For toxicity study we measured the germination index and relative root elongation, while conductivity test and infra-red spectra were also performed to study the overall effect of oxidized and non-oxidized nanotubes on mustard seeds and seedlings.

【摘要】　如今,纳米技术在不同领域越来越多的应用引起了人们对于人工纳米粒子对环境的影响的诸多争论。纳米粒子的生物毒性在最近几年里引人瞩目。然而,到目前为止,在纳米粒子对植物的有利影响方面研究很少。本文,我们宣告了直径约为 30nm 的多壁碳纳米管（MWCNTs）对的雪里蕻(芥菜)种子有益作用。通过低浓度氧化多壁碳纳米管（OMWCNT）与非氧化以及高浓度 OMWCNT 的处理的对比,发芽率 T（50）（50% 的发芽所需的时间）以及芽和根的生长的测定已显示出令人鼓舞的结果。对于毒性的研究,我们测量了发芽指数和根相对伸长量,而电导率测试和红外光谱也用以进行研究芥菜种子和幼苗的氧化和非氧化碳纳米管的整体效应。

文献类型: Article

进一步通过检索式 S18（S18 在 S5 的基础上指明了检索字段）了解植物在净化空气中的研究,查询关于 TiO_2 在其中的应用:

S18 主题 =（purif*）and 主题 =（plant or ornamental or vegeta*）and 主题 =（air）

但与本课题相关性大的文献不多,在此不列出。

4.6　Elsevier（ScienceDirect）数据库

在 ScienceDirect 的快速检索中输入检索式 S19,限定时间为 2008—2012 年进行二次精炼:

S19　All fields= TiO_2 and plant and air

得到392条记录,再从文章类型和主题多次精炼,选取相关度最高的一篇文献。

（29）Remya Nair, Saino Hanna Varghese, Baiju G. Nair, T. Maekawa, Y. Yoshida, D. Sakthi Kumar. "Nanoparticulate material delivery to plants". *Plant Science*, 2010,179（3）: 154—163.

【摘要】　The successful application of various nanoplatforms in medicine under in vitro conditions has generated some interest in agri-nanotechnology. This technology holds the promise of controlled release of agrochemicals and site targeted delivery of various macromolecules needed for improved plant disease resistance, efficient nutrient utilization and enhanced plant growth. Processes such as nanoencapsulation show the benefit of more efficient use and safer handling of pesticides with less exposure to the environment that guarantees ecoprotection. The uptake efficiency and effects of various nanoparticles on the growth and metabolic functions vary differently among plants. Nanoparticle mediated plant transformation has the potential for genetic modification of plants for further improvement. Specifically, application of nanoparticle technology in plant pathology targets specific agricultural problems in plant–pathogen interactions and provide new ways for crop protection. Herein we reviewed the delivery of nanoparticulate materials to plants and their ultimate effects which could provide some insights for the safe use of this novel technology for the improvement of crops.

Keywords: Nanomaterial delivery; Nanoformulations; Agriculture; Effects of nanoparticles on plants

【摘要】　在体外条件下,医学上各种纳米平台的成功应用使其在农业纳米技术上产生了一些收益。这项技术希望能控释农药和靶向输送改善植物抗病能力所需的多种生物大分子、高效的营养植物并促进植物生长。诸如纳米封装的工艺过程显示了在少接触环境时更高效的利用和更安全的操作的益处,并保证了生态防护。不同植物的生长和代谢功能的各种纳米粒子的吸收效率和影响并不相同。纳米粒子调节的植物转化有可能进一步改善植物的基因改良。具体来说,纳米粒子技术在植物病理学上的应用针对在植物与病原体相互作用中具体的农业问题,并提供了作物保护的新方法。在此,我们回顾了纳米粒子材料进入植物的输送过程及其影响,这可以为改善作物的安全使用的新技术提供一些建议。

在这29篇文献中,有两篇通过各种数据库均未能获得全文,故下载了27篇能获得全文的文献,最终综述论文的撰写将基于这27篇文献。

[检索过程点评]

（1）作者在检索过程中注意尝试使用了不同的检索式,以发现更多的相关文献,如在万方和SCI、EI的检索过程中都分别尝试了两个检索式。

（2）在检索过程中存在以下问题:

①根据查全率的要求,在所选择的每个检索工具中,应使用相同的检索式,如在中国国家知识产权局专利检索时使用的检索式与在维普和万方数据中使用的检索式不同,可能导致漏检。

②与通用检索式相比,作者在具体检索过程中使用了"关键词"作为检索字段,可能导致漏检。

③在 Engineering Village、Web of Science 中实际使用的检索式没有进行简化处理,不利于解

读。如，检索式 S14 与 S14'、S15 与 S15'、S16 与 S16'、S17 与 S17' 等价：

S14'（（（ TiO$_2$ OR "titanium dioxide"）and "air pollution"）WN KY

S15'（（（ plant OR vegeta*）and "air pollution" and purif*a）WN KY）and （ English WN LA）

S16'（ photocatalyst and air and plant ）WN ky

S17' 主题 =（（ TiO（$_2$）or TiO$_2$ or "titanium dioxide"）and （ plant or ornamental or vegeta*） NOT wastewater* not water*）

S18' 主题 =（ purif*and（ plant or ornamental or vegeta*）and air ）

④作者表示有两篇文献的全文无法获得，但未介绍具体使用了哪些手段。事实上，除了各种馆际互借途径外，也可以选择向原文作者索取原文。

⑤选择关键文献时，可以结合评价单篇文献的方法选择高质量的相关文献。

5. 检索体会

（1）通过本次课题，我了解了纳米材料 TiO$_2$ 强大的光催化作用及其在净化空气、处理污水、灭菌消毒等诸多领域的广泛运用；了解了植物在净化空气和观赏性方面的结合及其单独作用对空气净化的局限性；了解了纳米材料在环境、环保领域的热点研究方向。

（2）在文献信息检索过程中，要想得到满意、正确的检索效果，关键是能否构造出描述全面且能正确揭示信息需求的检索式。检索词是检索式的基本组成元素，如果选择不当就很容易造成漏检和误检。选择检索词时应先确定核心词，再确定其他的检索词，并充分考虑同义词、近义词，采用截词符、邻近算符和布尔逻辑算符进行组配制定多个检索式进行试检索，并根据检索结果及时调整检索式，使得查全率和查准率都能得到保证。在本次检索中，检索式 S17 使用了布尔逻辑算符 not，因为 TiO$_2$ 的光催化效果在废水处理上的应用也很大，为了提高查准率故去掉标题中含有 wastewater* 和 water* 的文献，但仅去掉标题中含有废水处理的文献是因为很多文献同时介绍了净化空气和处理废水，如果在主题中除去会大大降低查全率。在考虑同义词、近义词时可以咨询专家，利用一些数据库具有的功能，例如维普的同义词扩展等，也可借助工具书等，当然借助这些工具的时候要能联系学科实际，仔细推敲，从实践中总结经验，切莫走入机械的僵化误区。

（3）对已查到的文献应做到及时阅读，这不仅是为了增强对本课题的了解，以便在接下来的检索中明确检索方向，更重要的是通过对这些文献的阅读，找出一些不太能想到的同义词和特定称谓，从而作为新的检索词，做更深入的检索。对于本课题，中文检索词的选取没有太大的争议，但是如何确定合适的英文检索词却是本次检索的一大难点。首先，"二氧化钛"作为核心检索词有多种表达方式，比较容易确定 TiO$_2$ 和 titanium dioxide，但是在 SCI 数据库检索时，发现很多关于二氧化钛的论文是这样表达的：TiO（2），而 EI 数据库则没有，所以在 SCI 数据库中如果不注意到这点，会造成极大的漏检。其次，对于"植物"一词的表达形式也是多样的，在确定 plant 和使用截词符的 vegeta* 后，发现 ornamental 有"观赏植物"之意，故检索时应该全方面考虑。此外，photocatalyst、NTSS 等词也是在大量试检索后确定的，此外，也可以借助谷歌翻译、CNKI 翻译助手、中外专利文献数据库。最后，对于"纳米材料"一词，可根据数据库选择是否加入检索式，因为此词的意义不是很大，但在检索二氧化钛相关文献较少的情况下可使用 nanomaterial 甚至是 nano

来增加查全率。

（4）在文献检索的过程中,要学会利用文摘型数据库找线索,全文数据库找原文,学校提供的全文数据库主要有 ScienceDirect 和 SpringerLink 等。通过检索,我可以充分了解各数据库的功能及检索环境,提高检索熟练度,对自身是个很大的提高。要知道,文献检索不是一个单调的过程,而是在不断检索中调整往复的过程,不仅需要智慧,更需要耐心和扎实的基本功,这种过程使得我可以准确快捷地搜集到需要的情报线索。

（5）在 SCI 数据库中对检索结果按被引频次、相关度等进行排列,可以让我很好地选择合适的文献。通过二次精炼,能够查询自己想查询的国家、机构、作者等的文献,在查询到大量文献时更可以通过此功能精炼出综述文献。通过对综述文献的阅读,初步了解该课题的脉络层次和背景知识,对本次文献检索具有重大意义。SCI 数据库是个极好的结果分析的数据库,利用它,我们可以得知在该研究领域中处于世界先进水平的国家有哪些,先进的研究机构有哪些,某些引文和某位作者的水平如何,从而判断出我们与世界先进水平的差距,对我们研究水平的提高有极大的帮助。

（6）我国还是一个发展中的国家,虽然近年来我国经济、科研等方面的进步十分惊人,但还是要承认,英文数据库中的文献内容所包含的科研成果才是最先进、最前沿的,所以提高英文水平,对文献检索的提高有十分重要的作用。对于我们本科生,还是尽量先从中文文献入手,适当通读具有代表性的英文文献,这样才能写出比较好的综述论文。在信息时代,身处激烈的竞争环境,作为一名理科生,掌握良好的文献检索能力和具备一定的信息检索意识,对今后的学习、深造甚至就业都有极大的帮助。

（7）通过电子邮件的方式,向本校和外校多名研究二氧化钛及土壤环境方面的专家教授请教了关于二氧化钛在植物上的应用,获得的回答总结如下:纳米 TiO_2 作为光催化剂研究得很多,但在对植物的研究上相对比较少,因为这不是光催化研究的重点。关于二氧化钛与植物联合净化空气,在日本使用比较多,如果用日文上网查,一些商业网站上会有相关信息。科研与实际应用有所区别,所以很少有文献可查。如果想设计实验,建议用甲醛或甲苯为底物,对照设计必须仔细考虑,光源建议用可见光,不宜太强,另外要控制温度和湿度,最好在线监测底物浓度。

可见,为了解二氧化钛在植物净化空气中的应用,还需掌握好基本的日语,这对我来说有些困难,希望能通过所查的文献写出一篇较为全面的综述论文。

[检索心得点评]

（1）作者对检索工程中的一些经验总结很有借鉴意义,如,对检索式 S17 中使用了 not 算符;寻找同义词、近义词以及英文检索词的一些技巧和工具等。

（2）作者对 Web of Science 数据库分析功能比较熟悉,而 Engineering Village 等其他检索工具也同样有分析功能;对检出文献进行分析除了可以了解当前领域研究的基本情况外,还有助于发现更有价值的文献,包括:影响力高的文献(被引次数高的文献)、前沿研究文献(发文量多的研究机构的文献)、领域重要出版物(载文量高的出版物)、最新研究文献(按时间排序)等。

［检索报告综合点评］

这是××同学在华东理工大学第三届（秋）文献检索知识竞赛中的其中一个一等奖作品（**为了符合课程教学的示范性，编者进行了适当的修改和点评**），具有以下特点。

（1）报告的结构完整；

（2）文献检索过程中，通过对已经检出的文献的阅读分析，不断调整检索词；

（3）在每个数据库中应尝试多个检索式，以取得较好的查准率和查全率；

（4）特别需要指出的是：文献检索的过程不是一个机械僵化的过程，以检出的文献是否与课题调研目的相关以及检索式是否尽可能遍及更多的相关文献为根本目标。

三、综述论文案例

纳米材料 TiO_2 在植物净化空气中的应用

××

（华东理工大学，××学院，上海 200237）

摘要：介绍了纳米材料 TiO_2 的特性及其作为光催化剂对净化空气的效应，简述了植物净化空气的研究进展，综述了 TiO_2 在植物净化空气中的应用，探讨了纳米材料 TiO_2 对绿化植物净化污染空气的效应及植物抗逆性的主要影响。

关键词：TiO_2；光催化剂；植物；净化空气；抗逆性

中图分类号：TB383；TU986

Application of TiO_2 Nanomaterial on Plants to Purify the Air

××

（School of Mechanical and Engineering, East China University of Science and Technology, Shanghai 200237, China）

Abstract: This paper will introduce the properties of TiO_2 nanomaterial and its effects on purifying the air when acted as photocatalyst. It also gives a brief introduction of research development of the air purification of plants. Moreover, it reviews the application of TiO_2 nanomaterial on plants to purify the air. The effects of TiO_2 nanomaterial on air pollution purification capacity and stress resistance of plants are also studied.

Key words: TiO_2; photocatalyst; plant; air purification; stress resistance

当前城市大气污染问题日益凸显，伴随着工业化进程的加快，我国尤其是珠江三角洲等地正面临着区域性大气污染威胁。在城市空气污染日趋严重的情况下，城市绿化植物生长状况普遍较差，不但难以发挥净化环境的功效，而且本身难以生存。随着材料科学的进步，诸如金属氧化物 TiO_2 的许多纳米粒子得到了广泛的应用[1]，纳米技术及材料的应用将会为我们解决大气污染问题提供全新的途径。TiO_2 光催化剂具有高活性、稳定性好、无污染、对人体安全无害等优点，在环境治理、水处理、无污染化学反应及空气抗菌净化等方面有着良好的作用[2]。同时我国钛资源相当丰富，因此纳米 TiO_2 材料具有广阔的开发和应用空间。然而，纳米技术以及包括 TiO_2 在内的纳米粒子在农业中的应用还处于初步阶段[3]，有关纳米 TiO_2 光催化剂对植物生理，包括光合作用影响方面的国内外文献报道较少。本文通过查阅 2005 年以来纳米 TiO_2 光催化作用、绿化植物单独作用以及两者协同作用下对空气净化所产生效应的相关文献，简述了光催化法和植物净化法这两种净化空气的主要方法，综述了 TiO_2 在植物净化空气中的应用，探讨了纳米材料 TiO_2 对绿化植物净化污染空气的效应及植物抗逆性的主要影响，并对纳米材料 TiO_2 未来在环境工程中发挥绿色、环保、高效的作用进行了展望。

1. TiO_2 光催化净化空气

1.1 TiO_2 的基本性质

纳米 TiO_2 除了具有与普通纳米材料一样的表面效应、小尺寸效应、量子尺寸效应和宏观量子隧道效应等属性外，还具有其特殊的性质，尤其是光催化性能。

1.1.1 TiO_2 的晶体结构

大多数研究表明，纳米 TiO_2 光催化活性受结晶形式的影响[4]。TiO_2 具有金红石型、锐钛矿型和板钛矿型三种晶体结构类型。板钛矿结构的 TiO_2 属于正交晶系，锐钛矿和金红石结构的 TiO_2 属于四方晶系。锐钛矿结构的 TiO_2 光催化特性最好，板钛矿型和金红石型的大粒径 TiO_2 基本没有光催化活性。锐钛矿和金红石晶体结构如图 1.1 所示。

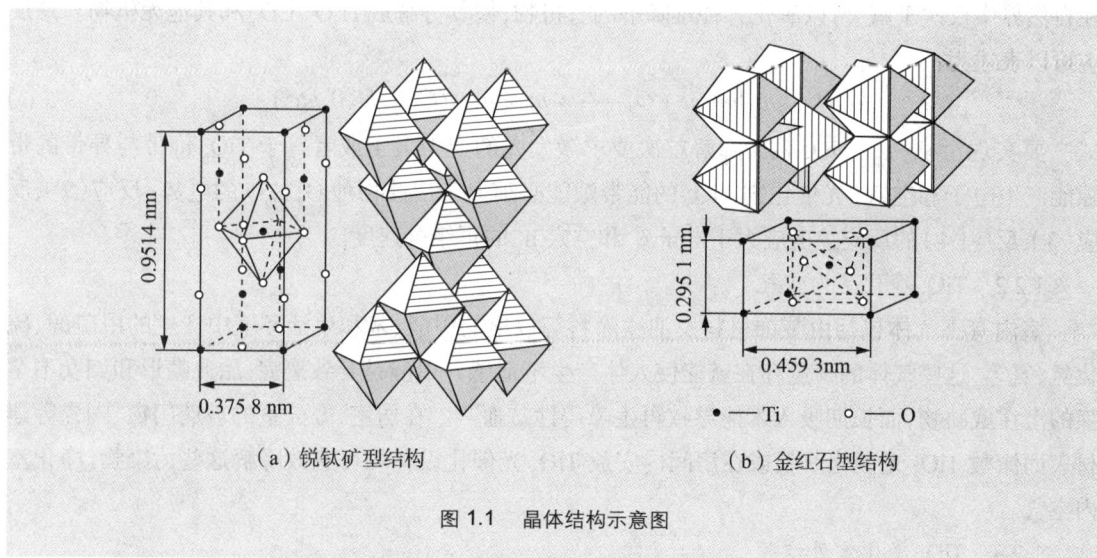

（a）锐钛矿型结构　　　　　　　　（b）金红石型结构

图 1.1　晶体结构示意图

1.1.2 TiO_2 的光催化特性

纳米 TiO_2 具有半导体能带结构，能带和导带之间的带隙能为 3.2eV，其能量相当于波长为 387.5nm 的紫外光，当被该紫外光照射时，处于能带上的电子被激发到导带上，生成高活性的电子（e^-），同时在能带上产生带正电荷的空穴（h^+）。在紫外光的照射下，纳米 TiO_2 颗粒能够激活吸附在其表面的 H_2O 和 O_2，产生氢氧自由基（$\cdot OH$）和超氧阴离子自由基（O_2^-）等活性氧类物质[5]，能够杀灭细菌,分解有机物,清除恶臭和油污。纳米 TiO_2 光催化降解具有高效率,是因为其具有以下特性:（1）小尺寸粒子,高比表面积;（2）易于与污染物接触;（3）具有吸水性小颗粒,能防止污染物的气相集聚[6]。

1.2 TiO_2 的光催化应用

近年来,人们对半导体光催化剂在处理污水、净化空气、消毒等上应用的研究有比较大的兴趣[7—8]。

1.2.1 TiO_2 的光催化机理 [6,8]

在描述 TiO_2 的光催化特性时简单地提到了其光催化机理,现作详细说明。

当照射光能量大于或等于 3.2eV 时, TiO_2 价带上的电子(e^-)被激发,跃过禁带进入导带,同时在价带上产生相应的空穴(h^+),从而形成具有高度活性的光生电子——空穴对。

$$TiO_2 \xrightarrow{h\nu \leq 387.5nm} e^- + h^+ \tag{1}$$

在（1）反应中, e^- 具有很强的还原能力, h^+ 具有很强的氧化性。催化剂表面存在 H_2O 或 OH^- 和 h^+ 发生氧化还原反应（2）和反应（3）。

$$h^+ + H_2O \longrightarrow \cdot OH + H^+ \tag{2}$$

$$h^+ + OH^- \longrightarrow \cdot OH \tag{3}$$

e^- 和催化剂表面的 O_2 及上面反应生成的 H^+ 继续发生反应（4）（5）。

$$O_2 + e^- \longrightarrow O_2^- \tag{4}$$

$$O_2^- + H^+ \longrightarrow \cdot HO_2 \tag{5}$$

反应（2）和反应（3）产生的羟基自由基 $\cdot OH$ 是一种无选择性的强氧化剂,氧化势能为 2.80eV,在自然界中仅次于氟,可以氧化各种难降解的有机物,使其分解成 H_2O 、CO_2 和其他无机物。总反应可以表述为:

$$\cdot OH + pollutant + O_2 \longrightarrow products(CO_2, H_2O, etc.) \tag{6}$$

要实现污染物在 TiO_2 表面降解首次要求激发光的能力大于或者等于 TiO_2 价带与导带的带隙能产生电子和空穴;光催化剂 TiO_2 的能带隙能必须大于活性物种 O_2/H_2O 的电势;反应（2）、反应（3）、反应（4）的反应速度应大于电子 e^- 和空穴 h^+ 的再结合速度。

1.2.2 TiO_2 净化室内空气

室内有害气体包括由装饰材料及油漆涂料等放出的甲醛、苯和生活环境中产生的甲硫醇、硫化氢、氨等,这些气体的少量存在就能使人体产生不适感。甲醛是导致癌症、胎儿畸形和妇女不孕症的潜在威胁物,而长期吸入苯能导致再生障碍性贫血[9]。在居室、办公室的玻璃门窗、陶瓷等建材表面涂敷 TiO_2 光催化薄膜或在房间内安放 TiO_2 光催化设备均可有效降解这些污染物,净化室内空气。

1.2.3 TiO_2 净化室外空气

室外污染气体主要指由汽车尾气与工业废气带来的氮氧化物、一氧化碳和硫化物,利用纳米 TiO_2 的光催化作用可将这些气体氧化,形成蒸汽压低的硝酸、硫酸以及二氧化碳等,产生的硝酸和硫酸可在降雨过程中除去,而且雨水经过大气中粉尘的中和几乎无酸性,从而达到净化空气的目的。

1.2.4 存在的问题及发展方向

综上所述,可以看出纳米 TiO_2 光催化剂是一种非常有前途的功能材料,在环保领域有着巨大的开发潜能和广阔的应用前景。但是实际应用方面还是存在一些问题,比如纳米 TiO_2 光催化剂的固定化技术需要完善,催化效率还不够高,纳米 TiO_2 的光谱范围需要拓宽。Virender K. Sharma 等人研究的银纳米粒子[10] 和 Wan-Kuen Jo 等人研究的掺氮纳米粒子[11] 可以提高纳米 TiO_2 在可见光下的催化效率,改变 TiO_2 的一些特性。如何解决以上问题,便成为了纳米 TiO_2 光催化方面的研究方向。

2. 绿化植物净化空气

城市现代化的发展,生活节奏的加快,使人们在室内工作的时间越来越长,室内的空气污染和沉重的工作压力引发的各种生理疾病和心理疾病,也越来越引起人们的关注。植物与人共享室内空间不仅有利于环境质量的改善,也是身心健康的最佳调节剂。现以净化室内空气为例简单介绍一下植物在净化空气方面的研究。

2.1 植物净化空气的方式与作用

植物净化室内空气中的甲醛主要是通过植物的茎叶吸收、植物代谢与转化以及根际微生物降解作用等完成的,不同室内植物对甲醛、甲苯或氨等有毒物质的净化能力具有差异,主要取决于其本身代谢循环、气孔密度、叶面积大小、蒸腾速率及根系周围土壤细菌情况等因素[12]。植物叶表面在短波紫外线的作用下,还会发生光电效应,使空气负离子增加。空气负离子被誉为"空气维生素和生长素",具有降尘、抑菌等功能,在净化空气、调节小气候、人体保健、防病治病等方面效果显著。此外,植物在其生理过程中释放出大量的挥发性物质,具有杀毒抑菌和增强人体免疫力的作用。

2.2 植物净化空气的优点

有效期长,多数植物对甲醛的吸收能持续到 50 日以后;不消耗能源,大多无特异性,具有比较全能的净化能力;无二次污染,能将吸收的污染物无害化或转化为自身所需要的营养物质;美化环境,保证身心健康[13]。

2.3 植物净化空气与其他方式相结合

单一的植物修复技术虽然在净化空气中具备良好的作用,但采取植物修复联合其他如开发吸附基质、光催化或者接种微生物会取得更好的效果[14]。近年来,光催化在农业上的应用研究为植物修复联合光催化技术去除室内空气中的甲醛等提供了可能性,将经过可见光敏化的光催化溶胶喷涂在植物的叶面上,可以与植物相结合共同净化空气。

3. 纳米 TiO_2 联合植物协同净化空气

TiO_2 在 20 世纪早期就被用于商业生产[15],如今其在植物上的应用也偏向商业化,因此可查文献不多,但在商业应用和专利发明方面则有较多体现。近年来,国内在纳米 TiO_2 应用于植物方面的研究较多,纳米 TiO_2 联合植物协同净化空气很有研究价值。如前所述,纳米 TiO_2 在太阳光照射下,发生光催化作用,产生了电子和空穴,通过不断的电荷分离,完成了光能到电能的转化。这一过程类似于绿色植物光合作用的原初反应,被称为"人工模拟光合作用"。实验表明,纳米 TiO_2 能促进植物光合作用速率的增加,促进植物成长,协同植物净化空气。

3.1 TiO_2 作用于植物的影响

3.1.1 TiO_2 防治植物病害

纳米 TiO_2 光半导体材料是一种具有抗菌与环境净化功能的新型环境友好材料,探讨纳米 TiO_2 对植物病害的防治效果,可以为设施园艺作物的病害防治和无公害生产开辟一条新途径。张萍等人 [16] 以黄瓜为研究对象,在黄瓜霜霉病防治研究的栽培试验中发现,喷施纳米 TiO_2 光半导体溶胶材料可以显著地降低黄瓜霜霉病的发病率和病情指数,减少叶片病斑数量与病斑面积。试验研究结果初步证实了其对黄瓜霜霉病害具有一定的防治作用,以纳米 TiO_2 光半导体溶胶材料为主要有效成分的植物抗菌剂与保护剂的开发提供了参考依据。

3.1.2 TiO_2 促进植物光合作用

张萍等人 [17] 还以黄瓜叶片为研究对象,研究了 TiO_2 对植物光合作用的影响。叶片表面喷施纳米 TiO_2 溶胶后,形成一层透明、连续、稳定的 TiO_2 薄膜,对植物光合作用有显著的促进功效,并且促进作用随着时间的延长而增加。不同 TiO_2 浓度处理之间,当浓度大于 0.6% 时,净光合速率增幅缓慢,差异水平不显著。喷施 TiO_2 处理后 3h 测定,光合速率呈现下降趋势,可能与植物本身的"午休"现象有关。另外,喷施 TiO_2 后,蒸腾速率和根系活力也呈上升趋势。而 MDA 含量和电导率变化差异不显著,说明纳米 TiO_2 光催化产生的活性氧自由基对叶片细胞没有破坏作用,叶片细胞仍保持较高的稳定性。基于纳米 TiO_2 材料具有防治病害和促进光合作用等多方面的生物学效应,显示其在农业生产领域具有广阔的应用前景。

3.1.3 TiO_2 促进植物成长

郭莉等人 [18] 采用溶胶—凝胶法制备了纳米 TiO_2 粉体,通过 XRD、BET 等技术对其进行了表征以豌豆为植物探针,研究了其对豌豆萌发及生长的影响规律。结果表明,纳米 TiO_2 对豌豆萌发及生长的影响与其粒径和投放量有关。粒径一定,当投放量分别在 1—40 g/L 和 1—20 g/L 范围内时,纳米 TiO_2 粒子可依次促进豌豆种子的吸水和幼苗根系的生长,对豌豆的萌发和幼苗生长都具有促进作用,表现出了较高的生物活性;而当投放量超出范围时,会产生抑制作用。

3.2 TiO_2 促进植物净化空气

刘艳丽等 [19] 采用观赏性植物马拉巴栗进行甲醛去除试验,试验过程中在放植物的箱子内壁及植物叶片上喷洒了 1% 的 TiO_2 溶胶,证明了喷洒溶胶后,对植物净化起到良好的补充作用。

3.2.1 TiO_2 对绿化植物净化空气的效应及抗逆性指标的影响

聂磊等 [20] 以蜘蛛兰为研究对象,探讨了 TiO_2 纳米材料对城市绿化植物净化污染空气效应及植物抗逆性生理指标的影响。样地位于广州市广园中路主干道两侧,空气污染严重,污染类型为尾气污染,主要污染物为氮氧化物、碳氢化合物、一氧化碳、铅等。结果表明,蜘蛛兰具备一定净化空气污染、改善道路空气质量的能力。在城市主干道旁恶劣的尾气污染环境下,蜘蛛兰叶片的相对电导率和 MDA 含量数值明显偏高,叶绿素含量偏低,说明植株膜脂过氧化程度加剧,细胞膜的相对透性增加。丙二醛（MDA）含量与叶片抗逆性密切相关。逆境加速了膜脂过氧化链式反应,使自由基增多,同时破坏了 SOD 等保护酶系统,于是积累许多如丙二醛等有害的过氧化产物。而丙二醛含量越高,膜脂过氧化程度越强,植物衰老就越迅速。加上 MDA 本身对植物生长发育和细胞分裂有明显的毒害作用,它与蛋白质结合引起蛋白质分子间的交联而形成交联物,可使细胞膜系统发生变形,从而引起膜透性变化,最后导致植物受害死亡。叶绿素作为光合色素,参与光合作用中光能的吸收、传递和转化,在植物光合作用中发挥着重要作用。叶片光合色素含量是反映植物光合能力的一个重要指标,环境因子的改变会引起叶绿体色素含量的变化,进而引起光合性能的改变。因此植株叶片相对电导率和 MDA 含量数值的偏高以及叶绿素含量的偏低,使主干道旁的蜘蛛兰在外观上直接表现为叶色枯黄,长势较差,生长状况不良。TiO₂ 溶胶纳米处理,对维持蜘蛛兰细胞膜结构、降低其膜通透性、保持叶绿素含量方面有较好效果,能有效降低叶片自由基的积累,有助于维持植株细胞结构的完整性。

最近,为了探讨纳米材料 TiO₂ 对空气污染胁迫下植物生理响应及环境效益的调节作用,聂磊又以海芋为实验材料 [21],采用了相似的研究手段,研究了纳米材料 TiO₂ 对城市绿化植物的抗逆性、光合作用等生理指标及净化污染空气效应的影响。纳米 TiO₂ 溶胶处理对维持海芋叶片细胞膜结构、降低膜通透性、保持叶绿素含量方面有较好的效果,能有效降低叶片自由基的积累,有助于维持植株细胞结构的完整性。纳米 TiO₂ 溶胶处理还可以增强植物的根系活力,这与叶片细胞气孔导度和蒸腾速率的增加具有一定的相关性,可能是这三者共同的作用促进了植株吸收水分能力的提高。总体而言,0.4% 的纳米 TiO₂ 溶胶处理后,对提高海芋在空气污染胁迫下的抗逆性、光合作用指标及净化污染空气的效应具有明显的作用。纳米 TiO₂ 溶胶对植物胁迫的调节可能具有两重性,一方面低浓度对植物具有保护作用,另一方面纳米 TiO₂ 在太阳光照射下光催化产生活性氧自由基,当自由基的量超过机体抗氧化系统的清除能力时,自由基会直接攻击细胞膜系统,造成膜脂过氧化,使细胞膜透性增加。试验结果证明,0.2%、0.4%、0.8% 浓度的纳米 TiO₂ 光半导体溶胶处理大棚海芋植株后,与对照海芋植株相比,叶片组织中 MDA 含量和膜渗透性变化不显著,说明喷施纳米 TiO₂ 溶胶后活性氧并未对细胞膜系统造成伤害,叶片细胞质膜仍然保持较高的稳定性。

3.2.2　TiO₂ 在植物净化空气上的实际应用

如前所述,TiO₂ 光催化净化空气技术比较成熟,而 TiO₂ 在植物净化空气上的应用并不是光催化的重点,因此 TiO₂ 在植物上的研究偏向应用而不偏向科研。马建领发明了一种多功能纳米养生仿生植物的实用新型专利 [22],植物本体的枝叶上涂覆了纳米光触媒,这种仿生植物既能模仿植物的外表,同时又能模仿生物的生命和内在功能,分解空气中的异味、有害气体,杀灭空气中得细菌、病毒,释放大量负氧离子,净化空气、改善环境,有益身体健康。聂磊发明了一种植物纳米复合材料净化空气污染的方法 [23],该方法包括将稀土元素化合物掺杂的纳米 TiO₂ 溶胶涂抹在植物叶片上,将该植物放于需要空气净化的环境中,本发明所述的净化空气方法将光触媒与植物触媒融合的生物纳米材料结合应用,在强化空气污染净化功效显著,能为解决城市空气污染问题提供一种节能环保、高效安全、先进可靠、成本低廉的解决方案。董南男等人 [24]发明了一种含有纳米二氧化钛的植物生长调节剂及其制备方法,解决了目前含二氧化钛纳米促进植物生长剂中纳米二氧化钛使用浓度低、吸收利用率低和附着力差的问题,可促进植物生长,用于农作物增收。另外,一些日本商业网站有较多关于光触媒加工观赏植物的产品。可见,在 TiO₂ 作用于植物净化空气方面的实际应用还是较多的。

3.2.3 TiO₂ 作用于植物净化空气的难点及存在的问题

由以上研究可以得出，TiO_2 的添加量是其对植物净化空气效应影响的关键因素，不同的添加量可能会影响其促进效应，甚至会产生抑制作用，相关机理有待进一步分析。同时，纳米 TiO_2 光触媒处理植物叶片后，可有效提高植物在改善环境空气质量方面的能力，其原因是由于植物触媒与光触媒之间存在加成效应，还是纳米材料通过提高植株抗逆性而进一步发挥出植物的净化污染能力，或者是两者之间并无直接相关，而在各自发挥着自身的净污能力，其机理还有待通过进一步的探索和试验分析来解释。此外，TiO_2 可吸收的光谱范围也是一个影响 TiO_2 光催化剂效率的重大因素，怎么提高催化效率，使其大幅度地促进植物净化空气是一个难点。然后，最为关键的一个方面还是纳米光触媒产品在生物安全方面的效应，尤其对植物安全性的影响，这方面的信息非常匮乏 [25]。光触媒的使用可能会引起细胞膜和其他细胞结构或分子的改变，影响保护机制，有潜在的毒性 [26—27]。所以，纳米材料 TiO_2 在植物上的应用还存在较多的问题，但相信随着科技的发展，这些问题都会逐渐被解决。

4. 结论

纳米 TiO_2 光催化效应的应用较多，研究比较成熟，已被广泛应用于处理污水、净化空气、杀菌消毒等方面，是光催化研究的重点。可以看出在净化空气方面，TiO_2 光催化法和绿化植物净化法各有优势和缺点，而两者协同净化空气的效果相对更好，虽然还存在不少问题，但其理论与方法还是一直在进步。在纳米材料 TiO_2 处理下能有效提高植物在改善环境空气质量评价指数，减少空气含菌量。同时，纳米材料处理减轻污染空气下的植物叶片细胞质膜透性，降低膜脂过氧化水平，增加叶绿素含量，从而提高植物叶片抗逆性。环境污染是人类生存面临的重大问题之一，而纳米科技是 21 世纪的主流技术之一，如何将纳米材料与纳米技术更好且安全地应用到植物生长，并辅助其净化污染空气中来，是纳米科技未来很长一段时间的重点研究和发展方向。相信随着科技的进步，纳米技术和纳米材料在农业、环保等诸多领域上会发挥极大的作用，为人类生活提供一个良好的生存环境。

参考文献

[1] Anindita Mondal, Ruma Basu, Sukhen Das, et al. "Beneficial role of carbon nanotubes on mustard plant growth: an agricultural prospect". *Journal of Nanoparticle Research*, 2011, 13（10）: 4519—4528.

[2] 李玲玲、崔海信、张萍. 纳米 TiO_2 光半导体溶胶对植物病原微生物的抗菌性能. 农业工程学报, 2008, 24（8）: 223—226.

[3] Remya Nair, Saino Hanna Varghese, Baiju G.Nair, et al. "Nanoparticulate material delivery to plants". *Plant Science*, 2010, 179（3）: 154—163.

[4] M.Hussain, R.Ceccarelli, D.L.Marchisio, et al. "Synthesis, characterization, and photocatalytic application of novel TiO₂ nanoparticles". *Chemical Engineering Journal*, 2010, 157（1）: 45—51.

[5] 张萍、崔海信、李玲玲 . 纳米 TiO₂ 半导体溶胶的光生物学效应 . 无机材料学报,2008,23（1）: 55—60.

[6] Soonchul Kwon, Maohong Fan, Adrienne T.Cooper, et al. "Photocatalytic Applications of Micro- and Nano-TiO₂ in Environmental Engineering". *Critical Reviews in Environmental Science and Technology*,2008,38（3）: 197—226.

[7] A.Strini, S.Cassese, L.Schiavi. "Measurement of benzene, toluene, ethylbenzene and o-xylene gas phase photodegradation by titanium dioxide dispersed in cementitious materials using a mixed flow reactor". *Applied Catalysis B : Environmental*,2005,61（1-2）: 90—97.

[8] J.-M. Herrmann, C.Duchamp, M.Karkmaz, et al. "Environmental green chemistry as defined by photocatalysis". *Journal of Hazardous Materials*,2007,146（3）: 624—629.

[9] 吴平 . 植物对室内空气污染物的净化能力研究进展 . 四川林业科技,2009,30（3）: 105—107.

[10] Virender K.Sharma, Ria A.Yngard, Yekaterina Lin. "Silver nanoparticles : Green synthesis and their antimicrobial activities". *Advances in Colloid and Interface Science*,2009,145（1-2）: 83—96.

[11] Wan-Kuen Jo, Jong-Tae Kim. "Application of visible-light photocatalysis with nitrogen-doped or unmodified titanium dioxide for control of indoor-level volatile organic compounds". *Journal of Hazardous Materials*,2009,164（1）: 360—366.

[12] 金荷仙、史琰、王雁 . 室内植物对人体健康影响研究综述 . 林业科技开发,2008,22（5）: 14—18.

[13] 李静涛、潘百红、田英翠 . 室内植物净化空气的研究概述 . 北方园艺,2011（11）: 214—216.

[14] 刘艳丽、陈能场、周建民,等 . 观赏植物净化室内空气中甲醛的研究进展 . 工业催化,2008,16（9）: 6—11.

[15] Geoffrey F.Grubb, Bhavik R.Bakshi.Energetic and Environmental Evaluation of Titanium Dioxide Nanoparticles.//Proc 16th IEEE International Symposium on Electronics and the Environment.Piscataway : Institute of Electrical and Electronics Engineers Inc,2008.

[16] 张萍、崔海信、宋娜等 . 纳米 TiO₂ 光半导体材料防治植物病害的初步研究 . 农业工程学报, 2006,22（12）: 13—16.

[17] 张萍、崔海信、张志娟 . 纳米 TiO₂ 光半导体溶胶对植物光合机能的影响 . 中国农业通报, 2008,24（8）: 230—233.

[18] 郭莉、王丹军、王晓涧等 . 纳米 TiO₂ 对豌豆萌发及生长的影响 . 安徽农业科学,2007,35（18）: 5352—5355.

[19] 刘艳丽、周建民、徐胜光等 . 马拉巴栗净化室内空气中甲醛的研究 . 生态环境,2007,16（2）: 332—335.

[20] 聂磊、叶敏怡、代色平 . 纳米材料对蜘蛛兰及其环境效应的影响研究 . 广东园林,2009,31（4）: 19—21.

[21]　聂磊.二氧化钛纳米溶胶对空气污染胁迫下海芋生理特性及环境效应分析.湖北农业科学，2011,50（8）：1628—1633.

[22]　马建领.一种多功能纳米养生仿生植物.中国,201911359[P].2011-08-03.

[23]　广州城市职业学院.一种植物纳米复合材料净化空气污染的方法.中国,101623594[P].2010-01-13.

[24]　董南男.一种含有纳米二氧化钛的植物生长调节剂及其制备方法.中国,101785481[P].2010-07-28.

[25]　Stephen J.Klaine, Pedro J.J.Alvarez, Graeme E.Batley, et al. "Nanomaterials in the Environment：Behavior, Fate, Bioavailability, and Effects".*Environment Toxicology And Chemistry*,2008,27（9）：1825—1851.

[26]　Manosij Ghosh, Maumita Bandyopadhyay, Anita Mukherjee. "Genotoxicity of titanium dioxide（TiO_2）nanoparticles at two trophic levels：Plant and human lymphocytes".*Chemosphere*,2010,81（10）：1253—1262.

[27]　Enrique Navarro, Anders Baun, Renata Behra, et al. "Environmental behavior and ecotoxicity of engineered nanoparticles to algae, plants, and fungi".*Ecotoxicology*,2008,17（5）：372—386.

[综述论文点评]

这篇综述论文是在课题检索报告的基础上写成的,具有以下特点：

（1）论文结构符合标准；

（2）综述内容较全面；

（3）文字表述较流畅；

（4）在综和述的基础上,还对相关领域有待解决的问题进行了分析。

读者可以根据案例中的详细介绍,模仿课题调研的全过程以真切地体验文献检索与利用的全过程。另一方面,我们也提请读者注意,衡量文献检索的效果与检索者对检索课题的分析理解以及在此基础上设定的检索目的有密切的关系,因此可能存在不同的人给定的检索策略不完全一致的现象。

附录2
常用检索字段中英文对照表

数据库名称	字段名称(缩写)	中文解释
Web of science	Topic（TS）	主题
	Title（TI）	标题
	Author（AU）	著者
	Group Author（GP）	团体作者
	Source Title（SO）	来源出版物
	Address（AD）	地址
	PublicationYear（PY）	出版年份
	Organization（OG）	机构
	Street Address（SA）	街道地址
	City（CI）	城市
	Province/State（PS）	省 / 州
	Country（CU）	国家
	Zip/Postal Code（ZP）	邮政编码
SciFinder Scolar	Word	取自标题、文摘、关键词、索引项的词
	CASRN	化学物质登记号(如：13462—86—7)
	Author	个人作者(如：Nelson,Jenny)
	Gen. Subj.	普通主题词(Electric conductivity)
	Patent Number	专利号(如：WO2002/096290)
	Formula	分子式(如：C4H10AlBr)
	Compound	化合物名称(如：acetic acid)
	CAN	CA 文摘号(如：136:334197)
	Organization	团体作者或作者单位
	Org. Words	团体作者中的关键词
	Journal	期刊名称(如：Electrophoresis)
	Language	原文语种(如：English,German,French,etc)
	Year	出版年份(如：2002,2005, etc)
	Doc. Type	文献类型(如：Journal,patent,book,etc.)
	Update	更新内容
	CA Section	CA 分类号及类名

数据库名称	字段名称(缩写)	中文解释
Engineering Village	字段名称(缩写)	说明
	All fields（ALL）	所有字段
	Subject/Title/Abstract（KY）	主题词 / 题名 / 文摘
	Abstract（AB）	文摘
	Accession number（AN）	获取号码
	Title（TI）	题名
	Author（AU）	作者
	Author affiliation（AF）	作者单位
	Source title（ST）	刊名
	Conference Information（CF）	会议信息,包括名称、日期、举办地和举办人
	Conference Code（CC）	会议代码
	Document type	文献类型
	ISBN（BN）	国际标准书号
	ISSN（SN）	国际标准刊号
	CODEN（CN）	代码
	Classification Code（CL）	Ei 分类代码
	Country of Origin（CO）	来源国
	Language（LA）	语种
	Publisher（PN）	出版者
	Treatment type（TR）	处理类型
	Uncontrolled terms（FL）	自由词
	Ei main heading（MH）	Ei 主标题词
	Ei controlled term（CV）	Ei 控制词
BIOSIS Preview	TS	主题
	TI	标题
	AU	作者
	SO	出版物名称
	PY	出版年
	AD	地址
	TA	分类数据
	MC	主要概念
	CC	概念代码
	CH	化学物质
	GN	基因名称数据
	SQ	序列
	CB	化学和生化名称
	CA	CAS 登记号
	DS	疾病名称
	PS	器官 / 系统 / 细胞器数据
	MQ	方法和设备数据
	GE	地理数据
	GT	地理时间数据
	DE	综合叙词
	AN	专利权人
	MI	会议信息(标题、地点、举办人或日期)
	IC	识别码（ISSN、ISBN、专利号等）

续表

数据库名称	字段名称（缩写）	中文解释
Pubmed（NEDLINE）	Affiliation [AD]	作者单位地址
	Article Identifier [AID]	论文标识符
	All Fields [ALL]	所有字段
	Author [AU]	作者（如："o'brien j" [au]
	Comment Corrections	
	Corporate Author [CN]	团体作者
	Create Date [CRDT]	
	EC/RN Number [RN]	酶的命名号或化学物质登记号
	Entrez Date [EDAT]	录入 PubMed 系统数据库的日期
	Filter [FILTER]	由 PubMed 系统链接的外部资源站点所使用的用来限定文献的技术标识
	First Author Name [1AU]	第一作者姓名
	Full Author Name [FAU]	全部作者姓名
	Full Investigator Name [FIN]	全部审查员姓名
	Grant Number [GR]	授权号
	Investigator [IR]	审查员
	Issue [IP]	期刊的期号
	Journal Title [TA]	刊名缩写、全称或 ISSN 号（如：J Biol Chem, Journal of Biological Chemistry, 0021—9258）
	Language [LA]	语种（如：chi [la] retrieves 等同于 chinese [la]）
	Last Author [LASTAU]	最后作者
	Location ID [LID]	地址
	MeSH Date [MHDA]	标引 MeSH 主题词的日期
	MeSH Major Topic [MAJR]	《医学主题词表》主题词
	MeSH Subheadings [SH]	《医学主题词表》副主题词
	MeSH Terms [MH]	《医学主题词表》（Medical Subject Headings，简称 MeSH）
	NLM Unique ID [JID]	NLM 唯一标识号
	Other Term [OT]	其他检索词
	Owner	机构负责人
	Pagination [PG]	页数
	Personal Name as Subject [PS]	人名主题词
	Pharmacological Action MeSH Terms [PA]	药学部 MeSH 词表
	Place of Publication [PL]	期刊的出版地
	PMCID & MID	
	Publication Date [DP]	出版日期（如：1999/01:2001/04 [dp]、2000/03/06 [dp]、2002 [dp]）
	Publication Type [PT]	文献出版类型，包括综述、临床试验、通信等
	Secondary Source ID [SI]	用于限定检索与 PubMed 系统中的文献条目相关的分子序列资源数据库（如 Genbank[si]）和 / 或该数据库中的存取号（如：AF001892[si]）
	Subset [SB]	用于限定检索 PubMed 下属的文献数据库（包括 MEDLINE，PreMEDLINE，Publisher 和 AIDS 数据库）。
	Substance Name [NM]	化学物质名称
	Text Words [TW]	标题词和文摘词
	Title [TI]	标题
	Title/Abstract [TIAB]	标题或文摘
	Transliterated Title [TT]	翻译标题
	UID [PMID]	PubMed 系统或 MEDLINE 数据库惟一记录标识号，即 PMID 或 UI。单独用其检索时，该标识可以省略。但当用该号与其他词一同检索时，必须使用 [uid], 如：smith[au] and（10403340[uid] or vaccines[mh]）
	Volume [VI]	期刊的卷号

数据库名称	字段名称(缩写)	中文解释
EBSCO-BSP	TX All Text	全文
	AU Author	作者
	TI Title	标题
	SU Subject Terms	主题词
	AB Abstract or Author-Supplied Abstract	文摘或作者提供的文摘
	KW Author-Supplied Keywords	作者提供的关键词
	GE Geographic Terms	地理术语
	PE People	人
	CO Company Entity	公司
	SO Journal Name	期刊名称
	IS ISSN	国际标准连续出版物号
	IB ISBN	国际标准书号
Elsevier-ScienceDirect	All Fields	所有字段
	Abstract, Title, Keywords	文摘,题名,关键词
	Authors	著(作)者
	Specific Author	特定作者
	Source Title	来源出版物名称
	Title	题名
	Full Text	全文
	Keywords	关键词
	Abstract	文摘
	References	参考文献
	Affiliation	作者联系地址
	ISBN	国际标准书号
	ISSN	国际标准连续出版物号
欧洲专利局专利检索	Keyword（s）in title	标题
	Keywords in title or abstract	标题或摘要
	Publication number	专利号
	Application number	申请号
	International Patent Classification（IPC）	国家专利分类号
	Priority number	优先申请号
	Publication date	出版日期
	Applicant（s）	申请人
	Inventor（s）	发明人
	European Classification（ECLA）	欧洲分类号

附录 3
基础知识学习指南

1. 信息文化，参见教材第 1 章

（1）什么是信息文化？

（2）信息意识和信息环境之间的关系是什么？

（3）什么是信息素养？

（4）信息素养的评价标准是什么？

（5）如何防止信息泄露和信息不可用？

（6）什么是信息伦理？

（7）中国、英美的信息伦理准则是否完全相同？

2. 知识产权 ABC、竞争情报，参见教材 1.3、第 2 章、5.1、5.4

（1）什么是知识产权？

（2）知识产权包括哪些类型？

（3）知识产权有哪些特征？

（4）什么是专利？获得专利授权的前提条件是什么？

（5）中国专利有哪几类？

（6）不同专利的法定保护期限是什么？

（7）专利法规定的专利申请周期是什么？（搜索引擎找答案）什么情况下，会导致申请的专利没有被授权或取消授权？

（8）什么是同族专利？

（9）专利申请号的作用是什么？了解中国专利的申请号格式有什么意义？中国专利申请号

的格式有什么规律？

（10）职务发明和非职务发明有什么区别？

（11）版权法规定的个人作品的法定保护期限是什么？

（12）抄袭和适度借鉴有什么不同？

（13）商标的法定保护期限是什么？

（14）目前世界各国对域名的法律保护措施有何不同？

（15）常用的竞争情报方法有哪些？试结合亲身经历加以说明。

3. Big6 信息问题解决方案，参见教材 4.1

（1）Big6 信息问题解决方案的基本步骤是什么？

（2）常见的信息类型有哪些？常见的文献出版类型有哪些？参见教材第 2 章。

（3）常见的检索工具有哪些？参见教材第 2 章。

4. 检索技巧与策略，参见教材第 3 章、第 4 章

（1）如何选择检索工具？

（2）什么时候需要使用组合检索（也就是多条件检索）？

（3）多条件检索会用到哪些逻辑算符？这些逻辑算符的作用分别是什么？

（4）如何选择检索词？试举例说明。

（5）检索式的基本形式是什么？使用检索式有哪些好处？

5. 专利信息检索，参见教材第 2 章、第 4 章及各检索工具系统。

（1）有哪些常用的专利信息检索工具？

（2）结合中国国家知识产权局专利信息检索界面，了解一篇专利文献的几个不同类型的号码。

（3）哪些信息可以通过中国国家知识产权局专利信息检索获得？

（4）为什么每篇专利文献都要有分类号（使用专利分类号检索有什么好处）？

（5）如何使用国家知识产权局的专利分类号导航检索系统？为什么在该系统中无法检索外观设计专利？

（6）欧洲专利局专利检索系统与中国国家知识产权局专利检索系统有什么区别和联系？

（7）欧洲专利局专利检索系统的 smart search、number search、quick search、advance search 有什么区别和联系？

（8）哪些信息可以通过欧洲专利局专利检索系统获得？

（9）如何从欧洲专利局的专利著录信息中发现某专利的授权国家或地区？

（10）美国专利局专利检索系统与中国国家知识产权局及欧洲专利局专利检索系统有什么区别和联系？

（11）哪些信息可以通过美国专利局专利检索系统获得？

（12）在美国专利局专利检索系统中，如何编检索式？请举例说明？

（13）如果想了解一项销往美国的产品所用技术是否侵权，则应该检索哪些数据库？

6. 非专利信息检索，参见教材第 2 章、第 4 章及各检索工具系统

（1）有哪些非专利信息检索工具？

（2）ISI Web of Knowledge 包含哪些检索工具？

（3）Web of Science 中包含哪些子库？

（4）哪些信息可以通过 Web of Science 数据库获得？

（5）在 Web of Science 中，如何编检索式？请举例说明。

（6）哪些信息可以通过 JCR 数据库获得？

（7）哪些信息可以通过 INSPEC 数据库获得？

（8）在 INSPEC 数据库中，如何编检索式？请举例说明。

（9）哪些信息可以通过 Engineering Village 数据库获得？

10）在 Engineering Village 数据库中，如何编检索式？请举例说明。

（11）哪些信息可以通过 SciFinder 数据库获得？

（12）在 SciFinder 数据库中，如何编检索式？请举例说明。

（13）哪些信息可以通过 PUBMED 数据库获得？

（14）在 PUBMED 数据库中，如何编检索式？请举例说明。

（15）哪些信息可以通过万方数据库获得？

（16）在万方数据库中，如何编写检索式？请举例说明。

（17）哪些信息可以通过中国知网获得？

（18）在中国知网中，如何编写检索式？请举例说明。

（19）哪些信息可以通过 EBSCO 数据库获得？

（20）在 EBSCO 数据库中，如何编写检索式？请举例说明。

（21）哪些信息可以通过 Google scholar 数据库获得？

（22）在 Google scholar 中，如何编写检索式？请举例说明。

（21）哪些信息可以通过超星读秀或百链数据库获得？

（23）哪些信息可以通过 Elsevier 数据库获得？

（24）在 Elsevier 数据库中，如何编写检索式？请举例说明。

（25）学位论文与一般的学术论文有什么不同？哪些信息可以通过 PQDT 数据库获得？

（26）在 PQDT 数据库中，如何编写检索式？请举例说明。

（27）哪些信息可以通过 IEEE 数据库获得？

（28）在 IEEE 数据库中，如何编写检索式？请举例说明。

（29）哪些信息可以通过宇飞标准文献数据库获得？

（30）标准文献的作用有哪些？标准文献号的一般格式是什么？在宇飞标准文献数据库中，如何用标准号或标准分类号检索标准文献？请举例说明。

（31）请通过文献检索回答硫酸铜是否是危险品？

（32）在图书馆主页的文献资源栏目中，了解更多的文献检索工具的资源特色，并尝试使用这些检索工具查找感兴趣的文献。

（33）设想你要开发某项专利技术，如何判断该技术是否具有新颖性？技术新颖性检索与侵权检索有什么不同？

7. 个人文献管理工具，参见教材第 2 章

（1）使用个人文献管理工具有哪些好处？

（2）常见的个人文献管理工具有哪些？

（3）Endnote Web 有哪些功能？

8. 检索机理及检索效果，参见教材第 3 章

（1）搜索引擎的检索原理是什么？一般检索工具的检索机理与搜索引擎有什么不同？

（2）衡量检索效果的主要指标是什么？

（3）不同的检索匹配方式如何匹配的？对检索效果有什么影响？

（4）使用不同的算符对检索效果有什么影响？

（5）快速判断不同的检索式之间检索效果的差别。

9. 著录信息解读，参见教材第 3 章

（1）常见文献的著录信息样式有几种？参见教材 1.2。

（2）了解掌握紧缩型文献著录信息样式与文献出版类型的对应关系。

10. 原文获取，参见教材第 3 章

（1）掌握紧缩型文献著录信息样式与文献出版类型的对应关系。

（2）掌握基本的原文获取途径。

11. 课题调研检索报告与综述论文

（1）了解检索报告的基本样式，参见教材附录 1。

（2）阅读什么样的文献可以快速了解课题？

参考：维基百科，百科全书，经典教材，综述论文（根据文献研究类型筛选），影响力高的论文（排序），语种熟悉的论文等。

（3）选择什么样的文献作为自己的参考文献？

参考：最新的论文（会议论文更新）、高水平的作者（H 指数高）的文献、高水平的期刊（影响因子高）上的文献、高被引论文（被引频次高）。

12. 实践指导

（1）找工作、找导师。

参考：

①找工作，从招聘网站入手找工作单位和岗位，设法了解工作单位及岗位的基本情况，再设法了解工作单位产品及相关技术的基本情况以及市场上类似或相同产品或技术的厂家情况，同时也需要了解该技术的研究进展。

②找导师，有两种思路，一是直接奔着某导师去(个人能力定位)，另一种思路是从研究方向入手。第一种，找到导师的基本信息，了解其研究方向，了解与其研究方向相关的人、机构和重要文献；第二种，以研究方向在 Web of Science 中检索相关文献，对相关文献进行统计，找研究水平较高的人(发文量和影响力都较高，H 指数相对较高)。

（2）找合作机构、找竞争对手。

参考：找机构合作、找竞争对手，方法与找导师类似。

（3）找失效专利、找专利纠纷、查自己想使用的技术是否侵权，了解自己想开发的技术是否新颖。

参考：①找失效专利，找专利搜索引擎，按法律状态检索；

②找专利纠纷，找搜索引擎，用检索词：专利 诉讼；或者用检索词：专利 案

③查自己想使用的技术是否侵权，看销往哪个国家，进入该国家的专利局网站，检索相关技术的专利文献；再进入国际专利局网站，检索相关技术的专利文献，看是否有在该国保护的专利授权。

④了解自己想开发的技术是否新颖，分析与该技术相关的文献所有可能的检索工具，确定检索词，进入每个检索工具，使用正确的检索式，检索相关文献，并加以分析。

（4）找领域研究进展。

参考：具体做法同"了解自己想开发的技术是否新颖"，但要求出具检索报告，格式同附录1。

要点：①分析检索词时，多想想，仔细对照教材 3.2 的确定检索词的技巧；

②仔细分析可能收录相关文献的候选检索工具的清单；

③认真对照各检索工具的检索式编写规则；

④正确使用检索工具提供的检索结果导出功能和网页内容复制功能。

（5）常见的检索报告错误。

①没有姓名、学号和课题名称；

②检索词的分析没有试检的过程，没有充分认识一些重要的技巧的重要性，如：某同学检索稀土发光材料的研究进展，仅用稀土作为检索词，忽视了许多文献中仅使用稀土元素名而不出现稀土带来的漏检；某同学检索天然维生素 E 的提取技术，仅用维生素 E、维 E 作为检索词，忽视了外文文献中多用生育酚(Tocopherol)这个词，而不出现维生素 E 带来的漏检。

③没有使用足够的检索工具。某同学检索化学化工类的某课题的研究进展，却选择了 Cell、Nature 这本期刊的数据库，忽视了美国化学文摘在化学化工领域的重要性；某同学检索某临床用药的研究进展，却只选择了 Web of Science，忽视了 PUBMED 这个工具在医学医药领域的重要性。

④没有使用检索工具自身的检索结果导出功能。某同学直接把网页格式的内容粘贴在报告中，导致版面非常混乱。

⑤检索心得缺乏个性化，抄袭严重。由于每个团队的课题不同，因此总会有不一样的收获和感受，这些感受在同学之间分享后，有助于同学们的共同提高。但我们发现，一些同学在检索过程中无视附录1原作者指出的检索心得和技巧，在课题分析和检索阶段敷衍了事，堂而皇之地抄袭现成的检索心得和技巧。

⑥国内外研究进展部分质量普遍偏低。所谓研究进展，即报道国内外近年来在某课题研究方面取得的成果、存在的不足，其文献时间应该是截止到检索文献的时间。但我们发现，不少同学无视信息文化教育，直接抄袭现成的综述论文中的分析结论。

⑦参考文献列表格式过于简单、随意，应根据国家标准 GB7714—87《文后参考文献著录规则》。

图书在版编目(CIP)数据

文献检索与知识发现指南 / 吉久明,孙济庆主编.—2 版.
—上海:格致出版社:上海人民出版社,2013
ISBN 978 - 7 - 5432 - 2264 - 9

Ⅰ.①文…　Ⅱ.①吉…②孙…　Ⅲ.①情报检索-指南
Ⅳ.①G252.7 - 62

中国版本图书馆 CIP 数据核字(2013)第 129628 号

责任编辑　顾　悦
装帧设计　人马艺术设计·储平

文献检索与知识发现指南(第二版)

吉久明　孙济庆　主编

出　版	世纪出版股份有限公司　格致出版社	印　刷	浙江临安曙光印务有限公司
	世纪出版集团　上海人民出版社	开　本	787×1092　1/16
	(200001　上海福建中路 193 号　www.ewen.co)	印　张	14.5
		插　页	1
	编辑部热线　021-63914988	字　数	332,000
	市场部热线　021-63914081		
	www.hibooks.cn	版　次	2013 年 9 月第 1 版
发　行	上海世纪出版股份有限公司发行中心	印　次	2016 年 4 月第 2 次印刷

ISBN　978-7-5432-2264-9/G·679　　　　　　　　　　　　　　　　　　　定价:32.00 元

香附、生黄芪治之；体质虚弱者用当归芍药散加鸡血藤、丹皮、莪术、夏枯草、香附、益母草治之。

2. 湿热瘀结

经期前后不定，月经量多，颜色暗红，兼夹瘀块，月经将行及经期腰骶与小腹胀痛，甚或灼热掣痛，按之不减，平时带下量多，色黄质稠，臭秽，小便短黄，舌质红，苔黄腻，脉象濡缓或弦数。治宜清热燥湿，活血祛瘀，方用四妙散加凌霄花、丹皮、马鞭草、穿山甲、水蛭等消癥化积。

3. 气血两虚

癥块日久不愈，突然阴道下血量多，或长期出血淋沥不断，血色淡而质稀，或夹小块，小腹胀痛，精神困倦，面色苍白，气短懒言，舌质淡，苔薄白，脉细弱或虚大。宜"急则治其标"，先用补气摄血之法，以当归补血汤加人参、海螵蛸、艾叶炭治之。血止之后，正气渐复，再缓图，用化瘀散结之法，以少腹逐瘀汤加苏木、泽兰等温化消块。

三、病案举例

病例1

覃某，女，37岁。1993年2月23日初诊。

发现子宫肌瘤2个月。带下时清时黄，量或多或少，偶夹血丝。月经23~25天一行，经量中等，色暗红，夹血块，经行腰胀痛，或有乳房胀痛。末次月经2月12日。头晕，心闷，食纳、睡眠尚可，二便调，舌淡红，苔薄白，脉细缓。1992年12月23日某医院B超检查提示：宫颈小肌瘤。辨证属湿滞瘀结，以化瘀消癥、健脾祛湿法治之，予当归芍药散合消瘰丸加味治之。

处方：当归、白术、泽泻、贝母、海藻、香附、赤芍各10g，土茯苓20g，生牡蛎30g（先煎），玄参15g，川芎6g。每日1剂，水煎服。

上方加减连服3个月，白带正常。1993年5月22日B超复查，子宫肌瘤消失。

病例2

谢某，女，39岁。1992年12月12日初诊。

检查发现子宫肌瘤1年余。月经周期尚规律，经将行小腹疼痛，经行时小腹痛加剧，不能坚持工作，持续两天方能缓解，月经量多，色暗红，夹瘀块，5天干净，末次月经1992年12月7日。平素带下一般，饮食、睡眠均可，二便如常，舌淡红，苔薄白，脉沉细。中医辨证属瘀血内停，结而成癥，治宜软坚散结，破积消癥，仿桂枝茯苓丸加味治之。

处方：黄芪、鸡血藤各20g，桂枝6g，赤芍、丹皮、桃仁、山楂、益母草、延胡、莪术、红枣各10g，茯苓15g。每日1剂，水煎服。

上方增减连服四个月，经行腹痛消失。1993年4月15日B超复查，子宫肌瘤消失。

每能收功。如急性发作，见发热口渴，乳房胀痛，胸胁苦满，少腹、小腹胀痛剧烈，腰痛如折者，此是正气本虚，复感外邪，"瘤疾"加"卒病"而致。治之当衡量其标本缓急轻重，本着"急则治其标，缓则治其本"的原则，在急性发作期宜用疏肝理气、活血化瘀之法，以丹栀逍遥散配金铃子散加蒲公英、没药、橘核、莪术之类治之，待病情稍见缓解，再从本论治，或温补，或辛开，当随疾病的虚瘀偏重而定。

急性盆腔炎属实属热，是湿、热、瘀交结为患的病变，治之既要清热化湿，又要活血化瘀。但清热之品，性多苦寒，用之不当，能导致血脉的凝结，所以喜用忍冬藤、马鞭草、百鸟不落之类，取其既能凉开清热，又能防止清热之品凝滞血液之弊。利湿最易伤阴，伐伤正气，故取土茯苓、车前草之甘淡微寒，能祛湿毒而不伤阴。慢性盆腔炎多是虚瘀夹杂的疾病，治之首先要辨别其虚与瘀孰轻孰重，然后选方用药。一般来说，慢性盆腔炎属虚的为多，其治疗原则当以温开为主。如偏于血虚而凝滞，则用补血活血、行气化瘀之法，以当归芍药散加益母草、延胡索、莪术、香附之类；偏于寒凝结块者，当用桂枝茯苓丸或少腹逐瘀汤为主方，以温经散寒、行气化瘀、通脉消块，但二方活血化瘀之力有余，软坚消块之力不足，常加用穿山甲、生牡蛎、生鳖甲、皂角刺、急性子之类，以增强其软坚通络之功。总之，急性盆腔炎是邪盛而正不虚，治之得法，其效可期；慢性盆腔炎则是正虚邪实，攻之不当则伤正，补之失宜则滞邪，治之较难，必须徐图论治，温而不燥，凉而不凝，使瘀去而正不伤，气血调和，才可收功。

病例1

梁某，女，25岁。1988年6月10日初诊。

3个月之前，患者因经行未净而行房之后，即开始腰酸、腰痛，少腹、小腹胀痛，带下量多，色泽黄白，质稠而臭秽，经行超前，量多，色红，夹紫块，经将行乳房胀痛，腰及少腹、小腹疼加剧，按之不减，口苦咽干，小便色黄，脉象弦数，舌苔薄黄，舌质尖红。证属湿热郁遏下焦，与血交结而为患。拟用清热化湿，活血化瘀之法为治。

处方：生苡仁20g，冬瓜仁20g，苍术10g，连翘10g，忍冬藤20g，马鞭草15g，车前草10g，土茯苓20g，鸡血藤20g，丹参15g，当归10g，橘核10g。清水煎服6剂，每日1剂，均复煎1次。

二诊（1988年6月18日）：药已，小便不黄，口不苦，带下量较少，色泽不黄，但质尚臭秽，脉象弦细不数，舌苔薄白，舌质一般。仍守上方，再服6剂，以清余邪。

三诊（1988年6月25日）：带下正常，脉象细缓，舌苔如平，拟扶正以善后。

处方：北黄芪20g，党参10g，茯苓10g，白术10g，怀山药15g，益母草10g，丹参10g，当归身10g，甘草5g。清水煎服3~6剂，每日1剂，均复煎1次。

病例2

王某，女，46岁。1976年8月7日初诊。

1963年结扎，旋即经行紊乱，每月2~3行。经将行时心烦，胸闷，夜寐欠佳，不能食，乳房胀痛，触之加剧，腰脊坠胀，少腹、小腹刺痛，按之不减。经行量或多或少，色泽暗红，夹紫块，持续1周左右干净。平时带下量多，色泽黄白而质稀，阴道辣热胀痛，腰脊酸胀，大便溏薄，小便次数多，脉沉细迟，舌苔薄白，舌质淡。经西医妇科检查，提示为"子宫内膜增殖症"。根据脉症及西医的妇检结果，乃是正气本虚，湿瘀胶结下焦，壅滞胞宫，阻遏经脉，以致任脉不能主诸阴，冲脉不能主血海，带脉的维系约束功能失常，故经行紊乱，带下量多。证属虚瘀而偏于寒凝，湿腻为患。以扶正养血，温开化瘀为治。

处方：制附子 10g（先煎），茯苓 12g，白术 10g，白芍 10g，党参 12g，鸡血藤 15g，黄芪 15g，苏木 10g，泽兰 10g，骨碎补 15g，红枣 10g。每日清水煎 1 剂，连服 6 剂。

二诊（1976 年 8 月 14 日）：上方连服 6 剂之后，腰脊胀痛减轻，但阴道辣热依然。仍守上方，加甘寒之忍冬藤 20g，以清解阴道之辣热。清水煎服，每日 1 剂，连服 3～6 剂。

三诊（1976 年 8 月 21 日）：上方共服 6 剂，诸症大减，带下较少，大小便正常。但时感口干，脉细缓，舌苔薄，色黄白，舌质如平。恐阳药过用，守上方去附子之辛热，甘温之黄芪加至 30g，增强益气通脉之力。每日清水煎服 1 剂，连服 6 剂。

四诊（1976 年 8 月 28 日）：昨日月经来潮，经前乳房及腰腹疼痛大减，经色仍暗红有块。拟养血化瘀之法。

处方：鸡血藤 20g，丹参 15g，当归 10g，川芎 10g，赤白芍各 10g，益母草 20g，炒山楂 10g，海螵蛸 10g，大小蓟 10g。清水煎服，每日 1 剂，连服 3 剂。

五诊（1976 年 9 月 8 日）：本次经行，5 天干净，量较上月少，现精神不振，脉象虚细，舌苔薄白，舌质淡。拟益气养血，扶正为主，佐以化瘀，以清余邪。

处方：北芪 20g，当归 10g，白芍 10g，川芎 10g，鸡血藤 15g，丹参 15g，益母草 10g，川杜仲 15g，川断 10g。每日清水煎服 1 剂，连服 6 剂。

自此之后，以异功散加刘寄奴、茺蔚子、泽兰调理而收全功。

试论妇科节育手术后诸症的病机与治疗

妇科节育手术是指人工流产术、放置宫内节育器、输卵管结扎术等。一般来说，这些手术对身体无不良影响。但由于人的禀赋不同，体质差异，或者施术者在手术过程中的某些环节操作不当，有些人手术后出现恶露淋沥不绝，腰脊坠胀，少腹、小腹胀痛，月经紊乱，量或多或少，甚或夹血丝，质腥秽臭，并伴有头晕耳鸣，夜难入寐，寐则多梦，心悸心烦，时冷时热等症状。因此对妇科节育手术后诸症（以下简称手术后诸症）的病机与治疗，有待于进一步研究。

一、病因病机

妇科节育手术是由熟练的妇科医生严格按照常规程序进行的操作，但从手术的目的是阻止受孕、中止妊娠这一点而言，则属于中医学跌打损伤所引起的"堕胎"、"小产"和"半产"的范畴。对于引起"堕胎"、"半产"、"小产"的原因，历代的说法很多，以手术而言，是通过人为的器械操作，清理子宫，消除受精卵的生存，这属前人所说的"暴损冲任"（《广嗣纪要·堕胎》）和"胎脏损伤，胞脉断坏"（《妇科玉尺·小产》），归纳起来，手术后之所以出现症状，其主要的机制如下。

1. 胞脉损伤，瘀血内停

在手术操作的过程中，术者纵然非常认真负责，小心谨慎，操作轻重适宜，但胞宫和胞脉仍然免不了会受到一定的损伤，若是在手术操作过程中，稍有粗心大意，则胞宫和冲脉、任脉的损伤更为严重，由于胞宫和冲脉、任脉的损伤，必有离经之血停滞于经隧之间隙，如清除不净，则留瘀为患，使新血不能归经. 而且由于经脉的损伤，尤易受风冷、寒湿、邪毒之气的侵犯，寒湿收引重浊，与血相搏则凝滞，胞脉不畅通，故少腹、小腹胀痛；瘀血不净，新血不得归经，故恶露淋沥不绝；冲脉主血海，任脉主诸阴，冲、任二脉损伤，统摄阴血的功能失常，故行经量或多或少，或闭止不行，或带下绵绵等。胞脉属心而络于胞中，"胞络者系于肾"（《素问·奇病论》），腰为肾之外府，胞脉、络脉的损伤，瘀血内停，阻遏气机，心气、心血、阴精不能下达胞宫，血海空虚，脏腑气血不和，在下则有腰脊坠痛、经闭不行等之变，在上则影响心主和清窍的功能，常常出现头晕、头痛、耳鸣、心悸、夜难入寐、寐则多梦等症状。

2. 肝肾亏损，精血两虚

肝藏血，肾藏精，肝肾同为先天。肝脉络阴器，为冲、任脉之所系；肾主蛰而为封藏之本，胞宫系于肾。胞宫和胞脉的损伤导致肝肾的亏损，精血匮乏，经源枯竭，生发无能，因而出现经行错后，量少色淡，甚则经闭不行，或断绪不孕。肝主谋虑，为将军之官，"在志为怒，怒伤肝"（《素问·阴阳应象大论》），"肝气虚则恐，实则怒"（《灵枢·本神》）；肾主技巧，为作强之官，"在志为恐，恐伤肾"（《素问·阴阳应象大论》）。术后气血受损，肝肾亏虚，则肝的谋虑、肾的作强功能失常，故常见头晕、耳鸣、汗出肢麻、困倦乏力、记忆力减退、性欲淡漠等病变。

3. 摄生不慎，感染邪毒

一般来说，体质健康，注意术后卫生，经过短时间的调养，胞宫和胞脉的损伤是可以恢复的。如果随心所欲，过早进行性生活，房事不节，或游泳，或冷水盆浴等，外界邪毒秽浊或风湿寒冷之气乘虚而入，与血相搏，停聚于胞脉之中，既影响伤口的愈合，又形成瘀积为患，轻则少腹、小腹胀痛，重则月经不调、不孕等。如感染湿浊之邪，则化热生虫，可出现带下臭秽、阴道瘙痒等病变。当然，除了摄生不慎，以致感染邪毒之外，还不可忽略在手术的过程中，由于所用器械消毒不严格，或者手术操作的时间过长，外界邪毒浊气得以乘虚直接侵入胞脉等因素。

4. 禀赋本虚，修复力弱

受术者体质强壮，气血充沛，神志舒爽，对胞宫、胞脉的损伤，自身有修复的能力，无后遗之患。如果是一向羸弱，气血不足，禀赋本虚，肝肾不足之体，纵然术者细心操作，手术完善，仍然免不了会出现各种症状。如元气虚弱，不能很好统帅血液，血不循经，则有恶露淋沥，或经行量多；精血不足，筋脉失养，则腰膝酸软，心慌心悸，头晕失眠等。

总之，手术后遗症有虚实之分，实者为离经之血停滞，或外感风冷邪毒之气；虚者则由于手术损伤，气血亏虚，或元气本虚，修复无能。但症本由"暴伤冲任"而引起，既有物理性的损伤，又有生理性的阻断，放置宫内节育器和输卵管结扎堵塞术，均有异物留在胞宫，阻塞胞脉，阻碍气血的运行。所以临床所见，属于纯虚纯实者少，多是虚实夹杂，虚瘀并见，既有亏损，又有瘀积。

二、治疗

手术后诸症，既然多是虚实夹杂、虚瘀并见的病变，治疗就应该采取清代沈金鳌"总以补血生肌养脏，生新祛瘀为主"（《妇科玉尺·小产》）的原则。只有补血养脏，才能使五脏安和，扶助正气，促进自身的修复能力；只有生新祛瘀，才能清除离经之瘀滞。在此基础上，分辨证属偏虚或偏实，或以补血为主，或以祛瘀为主，随证制宜，有是证用是药，则疗效可期。笔者常用的治疗如下。

1. 补血化瘀

补养能生血，使耗损的阴血可复；化瘀则能清除离经之污血，新血能归经，使损伤之伤口早日愈合。凡手术之后，要根据受术者的体质及手术后的情况，及时采用此法治疗，既能预防术后感染，又能促进伤口的愈合，可免术后诸症之患。常用生化汤加益母草、鸡血藤、杜仲、川续断之类。腰骶坠胀，少腹、小腹胀痛，则加骨碎补、狗脊、桑寄生、延胡索；恶露淋沥不绝，属于气虚夹瘀者，用补中益气汤加泽兰、海螵蛸、茜草之类。生化汤为补中有行、化中有养之剂，是补血化瘀并重之方，用之既能防止手术后诸症的发生，又能治疗已发生的病证，是治疗手术后诸症的重要方剂。

病例 1

李某，女，32 岁。1983 年 3 月 20 日初诊。

1983 年 2 月 15 日第二次受孕 2 月余在市某医院妇科行人工流产术，术中无不适。现已术后月余，仍感少腹、小腹时痛，恶露淋沥不止，量少，色暗红，夹紫色小块，腰脊坠胀，腿膝酸软，舌质淡嫩，苔薄白，脉沉细涩。证属脾肾气虚，冲任亏损，瘀血未净。拟益气养血，调养冲任，佐以化瘀导滞之法论治。

处方：当归 20g，川芎 5g，蜜黄芪 20g，杜仲 15g，桑寄生 15g，桃仁 5g，益母草 15g，刘寄奴 9g，炙甘草 6g，阿胶 10g（烊化），炒山楂 10g。每日 1 剂，水煎服，连服 3 剂。

二诊（1983 年 3 月 24 日）：服上方后，恶露停止，少腹、小腹不痛，腿膝酸软减轻。效不更方，守上方去桃仁、山楂，加骨碎补 12g，巴戟天 9g，再服 3 剂。旋即停药，嘱"谷肉果菜，食养尽之"，以善其后。

病例 2

马某，女，34 岁。1990 年 9 月 10 日初诊。

输卵管结扎术后 1 年，经行前后不定，量多少不一，色暗淡夹块，持续 10～20 天始净，甚则须服止血药，方能止血。平时腰酸膝软，少腹、小腹隐痛，经行时加剧。现经行已 12 天，仍点滴不净，腰酸，头晕头痛，夜寐不佳。舌苔一般，脉弦细。证属术后瘀积内阻，冲任损伤，拟补血化瘀，调养冲任为治。

处方：当归20g，川芎3g，桃仁3g，红花2g，益母草10g，川续断10g，杜仲10g，桑寄生15g，炒山楂10g，姜炭2g，炙甘草5g。每日1剂，水煎服。连服3剂之后，阴道出血止，转用健脾益气之法，方选异功散加蜜黄芪20g，益母草10g，当归20g，连服12剂而收功。半年后追访，经行正常。

2. 补养肝肾

肾藏精而为生殖之本，肝藏血而主生发。胞宫系于肾，冲脉、任脉皆起于胞宫而为肝肾之系，胞宫和冲、任脉的损伤即是肝肾的损伤。所以手术后肝肾亏损而引起的症状，当以补养肝肾为主，配加化瘀导滞之品。如月经不调，月经量少，常用归芍地黄汤加鸡血藤、益母草、丹参之类；经行超前而量多、色红，属阴虚火旺者，常用两地汤配二至丸加鸡血藤、丹参、益母草、藕节、白茅根之类；阳虚不固密，血行不归经，以附了汤加鹿角霜、桑螵蛸、黄芪、益智仁、益母草之类。本法用于手术后而偏于虚损者，但虚中夹瘀者亦可使用，用时酌加鸡血藤、益母草之类以补血化瘀。

病例

韦某，女，28岁，1983年9月10日初诊。

婚后3年，第一胎足月顺产，第二、第三次受孕月余即在市某医院妇科行人工流产术。术后半年经行错后，量少，色淡红，质稀，经后少腹、小腹绵绵而痛，平时头晕耳鸣，夜寐欠佳，腰膝酸软，大便干结，2～3日一次，小便淡黄，苔少，舌尖红，脉虚细而略数。证属肝肾亏损，阴血不足。拟滋养肝肾、补血生精之法。

处方：当归15g，杭白芍9g，山药15g，山茱萸9g，巴戟天9g，芫蔚子9g，枸杞子9g，何首乌15g，太子参15g，素馨花3g，阿胶12g（烊化）。每日1剂，水煎服，连服5剂。

二诊（1983年9月15日）：上方服到第三剂，经水来潮，量较上月多，色红，现未净，余症消失。舌质正常，苔薄白，脉细不数。药已初效，拟转用益气补血为治，方选圣愈汤增损，以善其后。

处方：蜜黄芪20g，党参20g，当归10g，川芎5g，熟地黄15g，益母草15g，杜仲15g，川续断9g，山药15g，炙甘草5g。每日1剂，水煎服，连服5剂。

3. 解毒化浊

手术后摄生不慎，尤其是过早进行性生活，胞宫和胞脉的创口，最易感染外界风寒湿热邪毒，而邪毒侵犯胞宫和胞脉之后，壅塞停滞，往往化浊生虫，故解毒化浊、祛秽杀虫之法亦为手术后常用。例如术后带下量多，色黄白相兼，质稠臭秽难闻而阴痒者，此为湿瘀化热、浊秽生虫之变，常用清宫解毒饮配二妙散加槟榔、水杨梅、火炭母、苍耳子之类治之。

病例1

农某，女，36岁，1985年4月20日初诊。

30岁结婚，婚后1年足月顺产一胎，后因避孕失败，3年来先后在市某医院妇科行3次人流产术。术后经将行及经行第一天少腹、小腹胀痛剧烈，经色暗红，夹紫块，平时带下量多，色黄白混杂，质稠秽臭，甚或如豆腐渣，阴道瘙痒，夜间加剧。舌苔黄腻，舌质滑润，脉象弦缓。证属湿瘀内遏，化浊生虫。拟健脾化湿、活血祛瘀、解毒杀虫之法论治。

处方：土茯苓 20g，鸡血藤 20g，当归 10g，川芎 6g，丹参 15g，杭白芍 10g，马鞭草 15g，炒苍术 10g，槟榔 10g，石菖蒲 5g，益母草 10g，忍冬藤 20g，炒薏苡仁 15g，甘草 5g。每日 1 剂，水煎服，连服 5 剂。

二诊（1985 年 4 月 30 日）：上方连服 5 剂之后，阴痒及带下减轻。药既中的，守方再服 5 剂。

三诊（1985 年 5 月 6 日）：服上方 3 剂后，5 月 3 日经水来潮，色量一般，血块少，少腹、小腹疼痛较上月大减。现经行已净，阴道不痒，舌苔薄白，脉象细缓。湿瘀已除，拟转用温养脾肾之法，以善其后。

处方：党参 15g，茯苓 10g，炒白术 12g，益智仁 12g，乌药 10g，炒山药 15g，补骨脂 9g，广陈皮 3g，炙甘草 5g。每日 1 剂，水煎服，连服 3 剂。

病例 2

黄某，女，29 岁，1990 年 3 月 25 日初诊。

去年 11 月在市某医院妇科放置宫内节育器之后，4 个月来经行紊乱，量或多或少，色泽暗红，夹小块，平时带下量多，色黄白相兼，质稠而臭秽，间夹血丝，少腹、小腹隐痛，性交后加剧，腰痛如折，舌边尖红，舌苔薄黄，脉弦细数。此属异物植入，以致冲、任脉功能失常，形成湿瘀胶结，久郁化热，损伤脉络之变。拟祛湿化瘀、清热解毒之法为治。

处方：土茯苓 20g，忍冬藤 20g，鸡血藤 20g，车前草 10g，益母草 10g，薏苡仁 15g，丹参 15g，海螵蛸 10g，马鞭草 15g，茜草 10g，甘草 5g。每日 1 剂。守方出入，连服 15 剂而收功。

4. 调摄神志

有是证用是药，根据不同的病情变化而立法选方，虚则补，实则泻，务求药能对证。但药物并不是万能的，有些患者必须通过神志的调摄，减轻其思想上的负担，才能治愈。例如有些人对手术有不正确的理解，术后多疑多虑，惊恐无常，以致五脏功能不和，气血失调，往往出现精神萎靡，自觉时冷时热，肢麻不适，头晕头痛，夜难入寐，经行紊乱，甚或经闭不行等。除了药物治疗之外，还必须针对病人的具体情况，加以慰解，善于诱导，说明妥善的手术对于健康并无多大的影响，其所以出现某一部分的不适是由于生理上的突然改变，营卫气血暂时不协调所致，只要经过一段时间的调养是可以恢复的。古人所谓"心病要用心药医"，对精神负担较重的病人来说，这一疗法尤为重要，必须加以注意。

总之，育龄妇女实施节育手术出现的病证，类似前人所说的"暴伤"、"金创"的范畴，但又有其特殊性，放置宫内节育器和输卵管结扎，因有异物留在胞宫，阻塞胞脉，影响其部分生理功能，所以除了辨证论治之外，必须特别注意养血、活血并重，养能柔能润，活则能舒能通，既不影响节育手术的效果，又能调和气血的运行。

更年期综合征的论治

更年期综合征是现代医学的病名，中医学称为"绝经前后诸证"。是妇女在 49 岁前后，因肾气衰退，阴阳失调，脏腑功能失常所引起的疾病。

更年期综合征一般多属肝肾阴虚，在临床上常见有头晕头痛，心烦易怒，目眩耳鸣，心悸怔忡，五心潮热，容易汗出，腰膝胀痛，足跟痛，舌红少苔，脉象细数等一派阴虚火旺的症状。当然，也有少数患者是精神萎靡，喜静怕扰，情志淡漠，背部怕冷，手足发凉，舌淡苔白，脉迟而弱等一派阳虚寒症状。

本病的发生，是由于肾气衰退、冲任亏虚而起，因而对本病的治疗，要着眼于调气血、治阴阳，治之不离于肾。首先辨清是肾阴虚或肾阳虚。凡属于肾阴虚的病变，药以甘润壮水为主，方选八仙长寿丸、杞菊地黄丸之类出入；肾阳虚的，以甘温益气为法，常用肾气丸或济生肾气丸之类。此类滋养或温养的方剂，是补中有泻，以补为主，补而不滞，诚是补肾气、治阴阳、调养冲任的良剂。若疲惫乏力，易汗出者，常加党参、太子参、五味子、百合之类；若头晕目眩，心悸耳鸣，脉数舌红者，常加夜交藤、柏子仁、酸枣仁、川杞子、女贞子等，甚或投以天王补心丹；若心烦易怒，头晕耳鸣，口干目涩，脉弦有力者，常加石决明、珍珠母、龟板、合欢皮、牛膝之类以滋阴潜阳；若症见经行量多，色淡质稀，畏寒肢冷，腹满时减，脉象沉迟，舌质淡嫩等，常用右归丸或附子汤加味治之，从而达到温肾健脾的目的。同时，妇女以血为本，是"有余于气，不足于血"，不论是肾阴虚或肾阳虚，都必须照顾到血液的恢复，所以养血活血之当归、鸡血藤，和阳敛阴之白芍、首乌，均为常用之品。

本病是肾气衰退，冲任亏虚而发生的疾病，是生理自然衰退而产生的病理变化，因而不仅要药物治疗，尤须善言开导，说明此病的发生，乃是生理过程中暂时气血不和、阴阳失调的现象，只要积极治疗、精神愉快、心情开朗、树立信心，一定能战胜疾病。同时在饮食方面，少吃温热香燥刺激强的食物和肥甘厚腻之品，宜选择多吃滋养精血、营养价值高的食物，如血肉有情之鸡蛋、猪肝、肾脏、牛乳之类，还应多吃菠菜、油菜、西红柿、胡萝卜、沙田柚、梨等蔬菜水果。如情志不安、肝火偏旺而致血压高、头晕头痛、夜难入寐者，更要特别注意饮食的调养，宜吃小米、玉米、绿豆、木耳、海带、紫菜、香菇等清淡之品。

总之，药物治疗适当，心情开朗，精神愉快，注意食物营养清补的调节，几方面配合得宜，则精血容易恢复，阴阳治调，诸症消失，即可痊愈。

房事外感证治

房事外感，是指行房伤精之中，骤感风寒，或感冒风寒未愈而行房，或夏日行房之后，恣意乘凉，触犯风寒之气，或旅途劳役伤精，抗病力弱而感受外邪之病变，古人称之为"夹阴伤寒"。由于本病的发生与性生活有关，民间称之为"夹色伤寒"。其多见于男子，临床少见。但由于是行房而得的病变，精气亏虚，复感外邪，表里合病，虚实夹杂，来势猛烈，如处理不及时，常有生命之危！

前人对本病的发生，历来有主阴、主阳之分。主阳者，认为病属阳虚阴盛，治宜温肾回阳，药用四逆汤、参附汤、麻黄附子细辛汤之类；主阴者，认为本病属阴虚阳亢，治宜滋阴抑阳，药用黄连阿胶汤、黄连鸡子黄汤、加减复脉汤之类。虽然两者均有道理，但均是片面之说，只强调阴阳问题，忽略了外邪为患，是不符合临床实际的。从临床所见，其症状有身热面赤，头痛如破，全身骨节酸痛（尤以腰膝为剧），困倦嗜卧，头重不举，或身虽热而下肢冷，口虽渴而喜热饮，少腹、小腹拘急而痛，六脉沉细弦或浮而无力等一派表里虚实夹杂之症，临床之时，必须加以细察，全面分析，庶不致误。症见行房之后身热恶寒，肢节疼痛，头痛如破，少腹拘急，口燥咽干，心烦不寐，面赤肢冷，苔少舌红，脉象细数无力者，此为肾阴本虚，行房之后，肾精愈亏，复感外邪之变。治宜滋阴以固本，清解以去外邪，用六味地黄汤加麦冬、生地、桑叶、薄荷、防风、白蒺藜、龙眼叶、桃叶治之。行房之后，畏寒肢冷，头目晕重，倦怠乏力，懒言气短，面青肢凉，脉象虚弱者，此为素禀阳气不足，行房之后，肾阳更虚，感受风寒之邪而发病。治宜温里解表，急时可先用艾条灸神阙、中极、足三里等强壮穴位，以回阳救逆，再煎服参附再造汤以温里解表。

典型病案

病例 1

黄某，男，24 岁，干部。1994 年 5 月 22 日初诊。

自诉头痛发热已 2 天。前天参加篮球赛之后，当天即以冷水淋浴，睡至半夜发热恶寒，头痛如裂，全身酸痛，腰痛如折，胸腹灼热，下肢不温，头重不欲举，舌边尖红，苔薄白，脉沉伏。脉症不合，舍脉从症，拟以外感风热论治，用辛凉解表法，方用桑菊饮合银翘汤合剂加减，连服 2 剂。

二诊：药后仍发热昏沉，头痛尤以两太阳穴痛剧，全身骨节酸痛，舌尖红，苔薄白，脉仍沉伏。为何按外感辨治无效？是病重药轻，还是辨证有误？乃详询其家属，追查病史，始知当晚入睡之时，曾有过性生活，半夜醒后，即觉头晕、头痛，发热恶寒，全身困倦，四肢乏力。病发于行房劳累之后，故症似外感，而脉似内伤，虚实夹杂，故治宜用滋阴疏解之法，用六味地黄汤加减。

处方：熟地黄 15g，生地黄 10g，山萸肉 10g，怀山药 15g，南丹皮 10g，云茯苓 10g，建泽泻 10g，冬桑叶 10g，白蒺藜 10g，青防风 10g，苦丁茶 10g，生甘草 6g。水煎服，连服 3 剂。

药后热退，头痛、头重消失。继用龙眼叶、鲜桃叶当茶饮，以清余邪，且用服异功散、人参养荣汤善后，调理十余日后收功。

按语：本案初诊脉症不符，舍脉从症，从外感风热论治，药重清解邪热，未能顾护衰竭之阴精，故疗效不满意。二诊询得其有性交史，故按房事外感辨治。用六味地黄汤滋阴补肾以固其本；桑叶、防风清润疏解而不伤阴；白蒺藜、苦丁茶二药甘苦凉温并用，则散风清热、清利头目之功倍增；甘草解毒而调和诸药。全方共奏扶正祛邪，标本兼顾之功。

病例 2

李某，男，28 岁，农民。1954 年 1 月 25 日诊。

自诉夜来连续 2 次行房之后，即感腰脊酸软，头晕头重，两目昏花，恶寒肢冷，鼻塞，虽盖厚被而不温，神疲乏力。诊时面青唇白，语音低沉，但尚能对答如流。脉虚细弱，舌苔薄白，舌质淡嫩。证属肾阳不足，行房之中，复感风寒之邪。治以益气温阳为主，以祛外邪，仿参附汤与麻黄附子细辛汤出入。

处方：

（1）制附子 10g（先煎），党参 20g，北细辛 3g（后下），防风 10g，秦艽 10g，当归 10g。2 剂，水煎服。

（2）隔姜灸百会、神阙、中极、足三里各 10 分钟。

二诊：隔姜灸和服药以后，四肢稍温，头晕、头重减轻，脉细，舌淡，苔薄白。守上方去防风、秦艽，加龙眼叶 10g，桃叶 10g。清水煎服 3 剂。

三诊：药已，精神好转，头晕重减轻，药即中的，仍守上方再服 3 剂，旋后饮食调理恢复。

按语：夫妻房帏之事，本为人情之常，但过之则有伤身体。本例患者，在寒冬之时，一夜连续行房 2 次，肾阳受戕，复感风寒之邪，故畏寒肢冷，头晕头重，神疲乏力，治之当以扶阳为主，以参附之温补，配隔姜灸百会、神阙、中极、足三里，则扶正回阳之力倍增，酌选北细辛、防风、秦艽以祛外邪，表里并治，以温里为主。方中之所以配用当归、龙眼叶、桃叶，旨在化瘀导浊，且能防温药之燥，药证合拍，故收到预期效果。

几点体会

1. 本病的发生虽有阴阳表里虚实之分，但病起于房事之中或房事之后，肾气先亏，阴精枯竭，复感外邪，治之应以肾虚为主。用药从扶正祛邪着眼，注意温阳不伤阴，滋阴不碍阳，疏解不伤正，正邪兼顾，表里并治，才能收到预期之效。

2. 肾藏精而为阴阳之根，是真阴真阳之所在，内寄相火，当其行房交合之时，相火与欲火交蒸，败精浊阴留于精室，影响精液的再生。故在辨证论治的基础上，宜酌配化瘀导浊之品，常用龙眼叶、桃叶。前者性味甘淡平，能疏解，后者能化瘀导浊，二药合用，既能疏解外邪，又能宣导气血，促进血液的流通，其舒筋活络、缓急止痛效果甚佳。

3. 行房外感是在性生活过程中得的疾病，有些患者囿于习俗，隐讳实情，往往只说外感之事，而不愿提及房帏之事。为医者若不加以诊察，以普通外感论治，药不对证，则收效甚微。故在临证之时，除对患者注意四诊的详细收集，综合分析外，还要向患者家属了解情况，才能得到正确的辨证施治。

4. 本病虽是表里虚实夹杂之变，但总而言之都是肾阴亏竭或肾阳衰微，正气先虚，复感外邪。治之宜时时顾护正气，选方用药，以冲和为贵，温不过燥，凉不过寒，清药防伤气，补药忌壅滞。

滑脉不一定主妊娠

妊娠的脉象，历来有两种不同的说法，如《内经》便有"少阴脉动甚"（《素问·平人气象论》）和"阴虚阳搏"（《素问·阴阳别论》）之说，《金匮要略》则认为"妇人得平脉，阴脉少弱"（《妇人妊娠病脉证并治》），《脉经》则云："脉平而虚者，乳子法也"，《四言举要》："尺脉滑利，妊娠可喜"。这些脉象的叙述，"动甚"、"滑利"是有余之脉，"少弱"、"虚"为不足之证。一为有余，一为不足，都是临床实践的经验总结。但是"滑利"之脉，亦即是我们常说的滑脉的出现，是否就是妊娠之脉，是值得探讨的。

滑脉，《脉经》称之"往来前却，流利辗转，替替然与数相似"，后人多以"应指圆滑，往来流利，如盘走珠"喻之。滑脉的出现，既是生理之脉，又是病理之脉。如当外感邪热传里，壅盛于内，或痰湿宿食，久郁化火，这时邪气炽盛，正气未衰，正邪相搏，血流加快，冲击脉道，则可见滑数之脉；真阴暗耗，气血亏损，阴不济阳，则虚弦滑数并见。这是临床上常见的病理滑脉。在生理上，五脏调和，营卫充实，气血均匀之体，血流畅利，其脉滑而缓和。气血旺盛之孕妇，到了妊娠中后期，胎儿长大，气血汇聚胞宫以养胎，胎气波动，其脉滑而略数。若孕妇体质瘦弱，虽然怀孕到中、后期，脉搏仍然是虚细不足之象，说明气血不足以养胎，就要及时以益气养血之品治之，注意养胎保胎，防止出现堕胎、小产之变。

滑脉的出现，有生理、病理之分。对孕妇本身而言，更有强壮充盛与形瘦羸弱的不同，其脉象的出现，又有有余与不足之别。所以必须综合妇女体质的强弱、月经闭止的时间、妊娠期体质的表现及生活环境等全面分析归纳，然后才能下定论，不要一见已婚妇女出现滑脉，便谓是妊娠。同时还要特别注意体质瘦弱的妇女，虽然不见滑利之脉出现，但出现月经闭止、厌食、恶心、嗜酸、肢体软困等一系列怀孕的特征，也应该加以详审，谨慎用药，不要孟浪从事，导致不良后果。

总而言之，滑脉之所以不一定是妊娠之脉，其理由归纳为二：一是气血旺盛，脉道盈充，或痰湿化火，冲激脉道，都可以出现滑脉；二是孕妇体质禀赋的不同，体质强壮者孕后多见滑脉，体质瘦弱者，不仅不见滑脉，反而出现细弱不足之脉。所以对于妊娠的诊断，应该综合四诊有关资料，然后作出判断，避免不应有的错误。

谈谈虚人感冒的治疗

《素问·通评虚实论》说："精气夺则虚。"虚人，是指脏腑元气虚弱之体而言。凡禀赋不足，后天失养，病久正伤，均可致之。在此种情况下患感冒，称虚人感冒。

根据临床症状，感冒一般分为外感风寒和外感风热两大类，在一般情况下，前者宜麻黄、桂枝之类辛温解表，后者宜银翘、桑菊轻剂辛凉取汗。若为虚人感冒，正气本虚，如果单取汗法，不仅邪不外解，且有汗出正伤、引邪内陷之虞。对虚人外感的治疗，必须根据阴阳气血之亏损、邪正的消长，采取损者益之、虚则补之、劳者温之、形不足者温之以气、精不足者补之以味的基本原则，在扶正的基础上，加以疏解之法，才能收到预期的效果。

一、血虚感冒

本型的临床表现为头痛，发热，鼻塞，流涕，微寒无汗，口渴不欲饮，体瘦形弱，大便干涩，小便淡黄，面色苍白，苔薄白而舌质淡，以其血气不足，虽属表证而脉不浮。治宜养血解表，可用《外台秘要》葱白七味饮（葱白、葛根、新豉、麦冬、熟地、生姜、劳水）加减治疗。

病例

薛某，女，37 岁，灵山县人。

平素体质羸弱，诊前刚流产 3 天，症见头痛，鼻塞，微咳，腰痛，神疲乏力，脉虚浮，苔薄白，舌质淡。证属堕胎之后，气血已亏，复感外邪。治以扶正疏解为法。

处方：归身 9g，川芎 3g，熟地 15g，杏仁 9g，鲜葱白 18g，鲜苏叶 18g，炙甘草 6g，红枣 3 枚，老生姜 3 片。

以归、地、芎养血扶正而充汗源，葱白、苏叶、生姜疏解祛邪，杏仁苦泄降气、宣肺止咳，红枣、炙甘草益脾和中，全方使祛邪而正不伤。服药 2 剂，表邪随汗解，复以人参养荣汤以善其后。

二、气虚感冒

本型的特征为头痛，鼻塞，恶寒，发热，汗出，渴喜热饮，少气懒言，肢体倦怠，苔薄白，舌嫩色淡，脉浮大无力。治宜益气解表，方选《脾胃论》补中益气汤加减。

病例

黄某，男，40岁，平果县人。

患肺结核已1年，现仍服抗痨药。近3天来头晕痛，鼻塞，流涕，咳嗽有痰，色白质稀，纳差，便溏，脉虚大，苔薄白，舌淡嫩。证属正气不足，邪乘虚而入。拟健脾补肺为主，佐以疏解之法。

处方：党参15g，白茯苓9g，炒白术9g，生北芪12g，荆芥6g，羌活4.5g，北杏仁9g，百部15g，陈皮4.5g，炙甘草6g，大枣3枚，老生姜3片。

方中以北芪、四君健脾益肺，荆芥、羌活疏表祛邪，百部、陈皮、杏仁降气宣肺、化痰止咳，复以姜、枣、草调和诸药而治营卫，全方扶正而不滞邪，发表而不伤正。服药3剂，外邪解除。

三、阴虚感冒

本型的主症为头晕耳鸣，虚烦不寐，腰膝酸软，鼻塞微咳，有痰或无痰，大便干结，小便淡黄，脉细或细数，苔少舌红。治宜滋阴发汗，方选《通俗伤寒论》加减葳蕤汤（生葳蕤、生葱白、桔梗、白薇、豆豉、薄荷、炙甘草、红枣）化裁。

病例

陈某，女，42岁，灵山县某公司职工。

平素头晕耳鸣，心悸少寐，自感时冷时热，经行前后不定，量多少不一。近日头晕而重，鼻塞微咳，大便4日不解无所苦，小便淡黄，脉细，苔少，舌质淡红。证为阴血不足，复感外邪。拟滋阴养血与发汗解表并用，防其偏弊。

处方：牛党参15g，当归身9g，麦冬9g，熟地15g，生苏叶9g，生薄荷叶9g，生葱白15g，炙甘草6g，大红枣3枚。

方中以党参、归身、熟地、麦冬益气养阴以扶正，葱白、苏叶、薄荷发汗解表以祛邪，草、枣和中而调和诸药。全方滋其阴以充汗源，发其汗以祛邪，熟地与发表药同用，补而不腻，散而不伤阴，补中有散，散中有补。服药2剂，汗出表解。

四、阳虚感冒

本型的特征为头重痛，鼻塞，发热轻，恶寒重，无汗，肢节酸痛，倦怠乏力，语言低微，苔白舌淡，脉浮软或沉细无力等。治宜温阳益气发汗，方选《伤寒论》麻黄附子细辛汤或《伤寒六书》再造散（北芪、党参、桂枝、白芍、熟附子、细辛、羌活、防风、川芎、生姜、大枣）之类加减治之。

病例

陈某，女，29岁，钦州地区某厂职工。

婚后3年未孕。平素自感形寒肢冷，少腹、小腹不温，月经错后，量少色淡，带下色白质稀，经妇科检查为子宫发育不良。现感头晕痛，鼻塞，恶寒无汗，大便溏薄，小便清长，脉虚细，苔白舌淡。婚后3年不孕，形寒肢冷，月经错后，带下色白质稀，此乃阳虚宫寒之变；头痛，恶寒，鼻塞，为外感寒邪之征。按照"急则治其标，缓则治其本"的原则，拟标本并治，待新邪已解，然后专图其本。

处方：炙北芪 15g，党参 15g，制附子 9g，当归身 9g，北细辛 3g，生葱白 9g，羌活 4.5g，艾叶 6g，吴茱萸 1.5g，老生姜 3 片，大枣 3 枚。

北芪、党参、附子、归身温阳益气养血以扶正，细辛、羌活、葱白、艾叶、吴茱萸温经散寒以解表，姜、枣同用，不仅能调和诸药，防其偏弊，且能治其营卫，从而达到扶正祛邪的目的。服药 2 剂表解，后以艾附暖宫丸（艾叶、香附、归身、川芎、白芍、熟地、川断、肉桂、北芪、吴茱萸）加减以治其本。

总之，感冒、表证、新病，标也；虚人、里证、旧病，本也。治之当以本为主，兼以治标，以达扶正祛邪之目的。治本之法，虽有多端，但不外乎脏腑气血阴阳这些方面。而五脏之中，又以脾肾为治疗中心。因为脾为土脏，是气血生化之源，是后天之本；肾为阴阳之根，是气血之始，是先天之本。肾充脾健，精血满溢，则正气可复，外邪易除。

话 说 癫 痫

癫痫是一种以阵发性发作，神志昏迷，肢体抽搐，口吐白沫，移时而清醒为表现的疾病。根据病情的属阴属阳有阴痫、阳痫之称，从症状上，有五脏痫、羊痫风等之别。

本病发生的原因，综合历代医家的论述，有七情过极、饮食不节及先天遗传因素，它们均可导致脏腑功能失调而发病。盖七情过极，暴怒则伤肝，惊恐则伤肾，肝肾一伤，疏泄失常，蒸化无能，则津液输布障碍，反而为湿停滞于中焦。脾属土而主运化水湿，忧思太过，或暴饮暴食，过食肥甘厚味或燥烈之品，都能损伤脾胃，以致脾失健运，则水湿不化。脾肾两伤则湿浊化痰，所谓"肾为生痰之本，脾为生痰之源"。痰湿重浊黏腻，最易阻遏气机，阳气不伸，则生热化火，火动则生风，故猝然而发，抽搐吐涎；痰火上蒙心窍，故神志昏迷；风扇火动，则两目直视。至于先天遗传因素，多发生在禀赋本虚，肝气不足之体，所谓"肝虚则怒"，多发于儿童时期。

本病的临床症状，有轻重的不同。重者在未发之前多有预兆，如头晕心悸、口臭异味、胃脘不舒、气上冲胸、眼见萤火闪闪等，发作时突然大叫一声、猝然仆倒、神志昏迷、两目直视、牙关紧闭、口吐涎沫、四肢抽搐，甚则大小便失禁，一般持续 3～5 分钟，抽搐停止而进入昏睡状态，精神恍惚，约 15～30 分钟左右才慢慢清醒，醒后感觉头痛，全身乏力。轻者无仆倒，无抽搐，仅有短暂的神志丧失，或者仅做一些无意识的动作。

癫痫的治疗，同样要根据病情的轻重缓急而采取不同的方法。新病暴病多属实属阳，发时以标为主，应着眼于痰、火、风，宜用涤痰泻火，息风开窍之法；久病多属阴属虚，治宜标本并治，以本为主，用补益肝肾、健脾养心，佐以化痰安神、息风止痉之法。既要豁痰、泻火、息风，又要调理脏腑功能的恢复，才能达到治愈的目的。

病发之时，乃火盛、风动、痰壅之时，当本着"急则治其标"的原则，以针灸疗法为主，常用穴位为大椎、心俞、肝俞、丰隆。神志昏迷加人中、神门；抽搐加外关、阳陵泉；实证则单用针刺，行强刺激手法；虚证则既针又灸，加灸百会、足三里、气海。

在不发病时的治疗，当分清寒热虚实而选方用药。凡痰火过盛，病情重者，宜用清热泻火，涤痰开窍之法，以定痫丸合龙胆泻肝汤加减治之；属于肝肾阴虚而发作病情轻者，可用大补阴煎加生牡蛎、生鳖甲、生龟板等治之；属于脾虚有痰，可用六君子汤或归脾汤加减治之。不论是实证还是虚证，病到后期，发作的次数稀少，当以培补脾胃为主，盖土充则肝木荣，则无内风扇动之患，脾旺则气血足，可以养心宁神，后天足则可以养先天，从而达到心、肝、脾、肾并治的目的。当然这仅是指一般情况而言，如由于外伤而引起的癫痫患者，经过治疗，仅有头晕目眩，仍然以调治心肝为主，因为心藏神而主血，肝藏血而主疏泄，治伤必治血，治血不离心肝。又如，由于先天禀赋不足而发的患者，虽然仅有短暂不正常的动作，仍然以调养肝肾为主，因为肝藏血而主升发，肾藏精而为作强、技巧之官。人的体质如何，除了后天的锻炼、营养等因素之外，关键取决于肝、肾的功能，肾气盛、肝血足，自然发育正常，身体健壮。

矿物药和虫药有潜阳息风、涤痰止痉的作用，是癫痫患者常用之药，但只可暂用而不可久施，必须适可而止。因为矿物药多重坠沉着，容易损伤脾胃，虫药多燥，容易伤阴，而且有些（如朱砂、露蜂房、蜈蚣、守宫）具有大小不等的毒性，服久了对身体有一定的影响，甚至引起不良的后果，这是应该慎重的。

漫 话 疳 积

疳积是小儿科四大病（麻、痘、惊、疳）之一，是泛指小孩因多种疾患之后而致形体干瘦、津液干枯的一种慢性疾病。其临床症状以面黄肌瘦，毛发焦枯，脐眼突出，肚大青筋，午后潮热，尿如米泔，精神萎靡为特征。由于它包括多种疾病，因而其名称也繁多，以五脏分类及病因病理命名的有五脏疳、疳痨、蛔疳等；以症状命名的有疳热、疳痢等；以病变部位命名的有脑疳、牙疳等。这些名称，都各有不同的症状，但总的来说，其中以脾疳为中心，因为"无积不成疳"，"积为疳之母"。不论积滞或虚损，首先是与脾胃的腐熟、运化有极为密切的关系。

疳积形成的原因虽然是多方面的，但最主要的是由于过食肥甘杂物，胃的腐熟和脾的健运失常，或饮食不洁，感染虫毒，以致损伤脾胃，造成胃不腐熟、脾不运化，因而积滞于中，滞久则化热，热则伤阴，脾胃津液耗竭，四肢肌肉失常，故肌肉干瘦；

积滞郁结不化，故肚大青筋。前人曾言"疳者，甘也。"即是指由于过食肥厚甘腻而致病；积久生热，津液干涸，毛发焦枯，故又有"疳者，干也"之说，此指病理变化而言。临床所见，本病虽有虚实之分，但以虚实夹杂者为多见。

疳积病变的重点在脾胃，因而其治疗的原则是以调理脾胃为主，然后根据虚实的具体情况，或先补后攻，或先攻后补，或攻补兼施，或寓消于补，或寓补于消。大抵壮实之体，先去积后扶脾；气血衰弱则先养胃气固其本，然后去积消疳。临床所见，以虚实夹杂者为多，故攻补兼施为佳。自拟消疳肥儿丸为治疗脾疳的主方，方中党参、白术、茯苓健脾益气；怀山药、莲子肉甘涩平，既补脾气，又益脾阴；鸡内金甘平，是血肉有情之品，能运脾消食而不伤正；气血以流通为贵，取莪术之辛苦温，导滞祛瘀，行气消积；神曲、麦芽缓消和胃；陈皮理气调中；炙甘草调和诸药。全方有健脾益气，消导去积而不伤正之功，如能随证灵活加减，用之相宜，疗效甚佳。

消疳肥儿丸是治脾疳的主方，也是治疳的通用方。如两眼迎风流泪，眼涩难睁，目眵多，甚或白膜遮睛，昏盲溃烂者，此属肝疳（又名筋疳、风疳），本方减去异功散加防风、密蒙花、白蒺藜、赤芍、夏枯草治之。异功散虽能健脾培土，但恐其壅塞影响气机，对肝的疏泄不利，故去之。如症见惊悸不安，口舌生疮，咬牙弄舌，五心烦热，睡喜伏卧，懒食干瘦者，此为心疳（又名惊疳），宜加胡黄连、独脚疳、布渣叶以清热解毒，健胃消食。症见肌肤干燥，毛发焦枯，咳嗽气喘，潮热盗汗，两颧潮红者，此为肺疳，宜加地骨皮、银柴胡、布渣叶治之。此三者均是甘淡微寒之品，能退疳热而无化燥伤阴之弊。症见面色黧黑，牙龈出血，腹痛泄泻，啼哭不已，口中气臭，囟门过期不合者，此为肾疳（又名骨疳、急疳），是五脏疳中之最重者，治之宜滋肾养阴为主，以六味地黄汤加党参、鸡内金、独脚疳、布渣叶治之。徐图用药，待其正复，庶能收功。症见肚大青筋，腹中扰痛，吐出蛔虫者，此为虫疳，本方加君子肉、榧子、川楝子治之。如属绦虫，则加槟榔、雷丸、南瓜子治之。

总之，疳积一症，包括范围虽然很广，但其重点则是脾胃的疾病，因而其治疗之法，当以调理脾胃为着眼点，偏虚者，则以健脾扶正为主，佐以消导祛积之法；偏积者，则以消导祛积为先，后用调补以扶正；虚实夹杂，消则正愈虚，单补则壅滞，当以消补兼行为佳。

治 麻 贵 透

麻疹是小儿流行性传染病，被古人列为小儿"四大病"之首，多发生于冬末春初。由于各地生活、风俗习惯不同，其名称也不一致，如北京称之瘟疹，江南称痧疹，两广称之为疹子。

本病发生的原因，前人虽然有"内蕴热毒"和"外感时行"之说，但实际上主要是外感乖戾之气，火毒之邪从口鼻侵袭肺胃而起。以发热、咳嗽、目赤、眼泪汪汪、口腔黏膜上有粟形白点为特征，属于瘟疫病的范畴。一般可分为疹前期、疹出期、疹没期三个阶段。在发病的全过程，每一阶段都有不同的临床特征，但总的来说，主要是辨别疹子出没、色泽的吉凶顺逆。凡是发热三四日，疹子按序而出，自头而胸背，由躯干而至四肢，从上到下，从阳经到阴经，色泽红润，热势不高，体温在38℃左右，3日出齐之后，先出先收，后出后收，热势渐退，3日收完，脉和身凉，为吉为顺；如疹子骤出骤没，色泽紫暗，或高热脉躁，或肢冷脉伏，均属凶逆之症。

麻疹的治疗，同其他疾病一样，也要辨证论治，根据不同的体质和不同阶段的脉症，采取不同的治疗原则。但总的来说，主要以清透解毒为主，尤其着重于"透"字。

在疹前期，常用辛凉透毒之法，以银翘散（汤）加紫草、防风或宣毒发表汤（薄荷、葛根、防风、荆芥穗、牛蒡子、木通、枳壳、淡竹叶、桔梗、甘草、灯心草、升麻）治之。方中木通一味，嫌其苦寒，不利于宣透，常改用通草代之。通草性味甘淡微凉，能清热毒而不伤阴。如天气寒冷，疹子欲出不出，则加葱白、芫荽之温开，以收反佐之功，促进疹子外透。

在疹出期，热毒鸱张，热毒俱重之际，治之既要清热，又要解毒，但苦寒清热之品最易引邪内陷，导致气闭血凝，肌肤闭塞，不得开通，麻疹不能出。所以当疹子正出之际，宜用辛凉解毒之法，常用升麻葛根汤加金银花、连翘、紫草、红花以清热解毒，开窍宣透，使疹出累累如珠，全身躯干、四肢、上下相同，总成一片，是为麻疹出透。升麻一味，前人曾有"升麻能升动阳气上冲，是以麻证最忌"之说（《麻科活人全书》），但升麻性味辛甘微寒，为足阳明、太阴引经药，是清热解毒、辛开透疹之佳品，用之得当，其效显著。

当麻疹正出之际，若天气骤寒，或过用寒凉之品，以致疹子骤收而气息浅短者，此为麻毒内陷肺胃，肺失宣发，胃失和降之变，宜用荆防败毒散（荆芥、防风、柴胡、前胡、枳壳、羌活、独活、茯苓、甘草）煎水内服，并以芫荽煎水熏洗，以温透疏开，促进疹子复出；如禀赋本虚，正气不足，以致疹子欲出不出，或出而不透者，宜用益气温透之法，以人参败毒散加葱白或芫荽治之。

疹没期为麻疹第三阶段，麻疹依次逐渐回没，症状减轻，又无合并症，此时宜注意余热未清，余毒未净，阴津亏损之候，当用滋养肺胃之阴及清余毒之法，以沙参麦冬汤（沙参、麦冬、玉竹、甘草、扁豆、花粉）加金银花、淡竹叶、野菊花治之，既养肺胃之阴，又能清除未净之余毒。

以上的治疗，是指麻疹的顺证而言，如属险恶的逆证，又当别论。如麻毒内陷，神志昏沉，咳喘气短，此为火毒郁逆于内，肺气闭塞之变，当用麻杏石甘汤加黄芩、鱼腥草、前胡、龙利叶之类治之，并外用芫荽水温擦之法。

药物治疗固然重要，但饮食的宜忌、护理是否得当，也是不容忽视的。护理周全，饮食调节，可以减少或防止并发症的发生，一般要注意：①病孩绝对卧床休息，卧室要温暖，空气要流通，但要避免冷风直吹和强烈的光线直射。②衣着睡具要柔软，不宜太厚太硬。③保持口、眼、鼻的清洁。④注意多喝开水。⑤饮食以清淡而富于营养之品为宜，忌食肥甘油腻或辛热燥辣之品。

总之，麻疹治疗的全过程，如能既注意护理的调节、饮食的宜忌，又时刻不忘"透"字，则火毒之邪得散，麻毒得解，其效可期。

"富贵病"——肺痨

肺结核是一种慢性传染病，病原体为结核杆菌。中医学根据临床症状和病因病机，最早列入"虚损"、"虚劳"、"马刀夹瘿"、"痨瘵"等的范畴。晋代以后，通过长期的临床观察，发现本病有广泛的传染性，又有"传尸"、"尸注"、"鬼疰"等记载，现代通称为肺痨。由于本病的治疗不仅要有药物的恰当应用，还需要充分的休息，足够的营养配合，所以民间称之"富贵病"。

中医学对其病因的认识，在晋唐之前多认为感受疫疠气或邪气而成。宋元之后，明确提出"痨虫"为患，而痨虫之所以能侵犯人体，是由于七情过极，劳损过度，五脏虚损，气血不和而引起。所以虽有痨虫之说，仍然是以五脏虚损，尤其肺肾为重点。

本病的临床症状以咳嗽、咯血、潮热、盗汗、胸痛、体瘦为特点，对其治疗，虽然曾提出"当补虚以复其元，杀虫以绝其根"之说。但由于认为"邪之所凑，其气必虚"，痨虫之所以能侵入人体，是由于正气的虚弱，因而在治疗上多侧重于"补虚扶正"，在如何杀灭痨虫方面，历代的论述不多。我对本病的治疗，遵照前哲的经验，同样以扶正祛邪为治疗的总原则，注重标本并治，甚或通过治本达到治标的目的。根据临床症状的表现，一般分为肺肾阴虚、脾肺气虚、阴阳俱虚等不同的类型。在治疗总原则的基础上，采取不同的方药。如疲惫乏力，午后发热，两颧潮红，干咳少痰，或痰中带血，夜难入寐，寐则盗汗，口燥咽干，脉象细数，苔少舌红者，此为肺肾阴虚，治宜滋肾润肺，方选月华丸合百合固金汤加茜根、侧柏叶、仙鹤草、浮小麦；虚火过旺者，加黄柏、知母、生鳖甲。咳嗽有痰，痰带血丝，少气懒言，声音低沉，纳食不香，面色㿠白，形体消瘦，大便溏薄，脉象细弱，舌苔薄白，舌质淡嫩者，此属脾肺气虚之证，治宜健脾补肺，以六君子汤加怀山药、百合、百部、仙鹤草、白及治之。咳嗽气短，声音嘶哑，胸部隐痛，骨蒸劳热，形寒肢冷，面目、四肢浮肿，食少、便溏，脉象微细，舌红而干者，此属阴阳俱虚，治宜滋阴补阳，以补天大造丸加减治之。如遗精、滑精加金樱子、覆盆子、芡实、桑螵蛸之类。妇女月经不调或闭经可加鸡血藤、丹参、益母草以调养冲任。

以上仅就常用方药而言，如咯血量多，色红，脉数，病势较急，仍然以治标为主，以十灰散凉血止血。本方在一派凉血药之中，配用大黄、丹皮、大蓟、小蓟能止血、能化瘀之品，从而达到止血而不留瘀的目的。如久病阳虚而咯血，量多色淡者，用黄土汤加田七花、百部、仙鹤草温阳摄血，待出血缓解，再从本论治。

杀痨虫祛邪之药，方书多用百部、葎草，现代药理研究证明其有抑制结核杆菌的作用。百部气味甘苦而微温，葎草味苦甘而性寒，均是治肺痨杀虫之药，以其甘则能调养，能补益，温则能益气生机，寒则清热止血，苦虽能降火，但容易化燥伤阴，损伤脾胃，故用之必须配在扶正药之中，始能取其利而弃其弊。

肺痨是有传染性的慢性疾病，治疗必须调养并重，既要辨证准确，用药中的，更要休息适当，营养充分。对于休息，不仅要避免重体力劳动，还要保持思想开朗，精神愉快，不要想入非非，禁止性生活。食物营养要多样化，除了米饭、蔬菜、水果、肉类之外，我主张多吃豆类，尤其是黄豆和黑豆，因为黄豆甘平，能入脾以补后天，促进气血的恢复；黑豆甘涩，能补肾涩精，调养肾的生殖作强功能。一个肺痨的病人，如果睡眠良好，胃纳旺盛，又不遗精，则病愈较快。因能食则脾健，能睡则神安，不遗精则肾充，精神气血恢复，则邪去而正安。

肚腹三里求

前哲时贤的针灸学家，在长期的临床实践中，对针灸穴位的主治疗效，以歌诀的形式加以概括总结，以利于口诵记忆，如"肚腹三里求"，便是"五总穴"之一。这里的"三里"，是指足三里而言，突出地说明足三里与中焦脾胃的密切关系，凡是脾胃的病变都可以选用此穴。

足三里穴为阳明经之所属，补之能益气升清，泻之则能通阳降浊。无病用之，则能调理气血，增加人体的抵抗力，是防病保健的很好穴位；有病用之，则能调整脾胃的功能，以固后天之本。所以不仅是治疗脾胃病常用的主穴，而且对其他各科虚实夹杂的疾病，在治疗上必须以"扶正祛邪"为原则者不可缺少的穴位。现在谈谈我在临床中应用足三里的点滴经验。

一、防病保健

凡是禀赋本虚，精神不振，营卫不固密，易为外邪所感者，则每次温和灸足三里5~10分钟，每日1~2次，1周为一个疗程，一般坚持2~3个疗程，则胃纳旺盛，精神振奋，营卫调和，可防外邪的侵袭。

二、虚人外感

虚人外感，有阴虚、阳虚、血虚、气虚之不同。凡是阳气不足而导致外感风寒之邪，以致头晕头痛、鼻流清涕者，取足三里配百会、风池、曲池、气海，先针后灸，其效甚佳。盖百会穴为诸阳之会，风池为太阳经所属，用之则能振奋阳气，疏风活络以祛邪；曲池穴能走能散，有宣气行血，疏风逐邪之功；气海为气血汇合之处，是呼吸之根，生气之海，用之则能振奋下焦阳气，生气活血。全方配合，则达到扶助正气，逐除邪气的目的。

三、胃脘疼痛

本证有寒、热、虚、实或虚实夹杂的不同。凡属虚寒而绵绵作痛，得温得按则舒者，以足三里为主穴，常配中脘、天枢二穴，先针后灸治之。中脘为六腑之会，是胃之募穴，能壮胃气而止痛；天枢能利脾胃之气而调理中焦气机的升降。如疼痛拒按、口苦口酸者，此属实热之痛，则单针不灸，并以强刺激的手法治之，导引胃气下行，胃气和降，其痛自止。

四、疟疾发热

恶寒、发热、汗出，为疟疾发作的三个阶段。如偏于热者，则足三里配大椎、间使治之。大椎为手足三阳督脉之交会，是纯阳主表的穴位，有疏解清热之功；间使为手厥阴心包所属，能宣心阳而退热。足三里、大椎、间使三穴配用，能疏表清里，扶正祛邪。如热势过高，本着"急则治其标"的原则，可针刺十宣穴放血，使邪有去路，然后缓图根治。如疟疾热少寒多，则以艾条为主，待正气恢复，正胜则邪却。

五、小孩遗尿

小孩肾气未充，发育未全，夜寐遗尿者，取足三里配关元、肾俞、三阴交治之。关元为三阴经、任脉之会，是藏精之处，肾俞为肾气转输之处，三阴交乃三阴经之交会，为肝、脾、肾三经之枢纽。以足三里为主穴，互相配合，则收到益气缩泉之效。一般连续 3～5 次，其效可期。

六、经行疼痛

妇女经行疼痛有寒、热、虚、实之分。凡经将行时少腹、小腹胀痛，按之不减，经色暗红夹紫块者，此属气滞血瘀之变，治之宜取足三里配三阴交、中极、归来。三阴交是肝、脾、肾三阴经之交会，既能补脾肾之阳，又能调理肝气之滞；中极是胞宫之门户，归来亦是正当胞宫之处，中极与归来合用，则能直接温宫暖胞，促进气血的通行，从而达到"通则不痛"的目的。

胃为五脏六腑之本，多气多血。足三里为阳明胃经之所属，故为人身之要穴。针灸足三里的疗效，除了取决于配穴是否恰当之外，手法的补泻是否合理则是疗效高低的关键。补泻之法，历来过于繁杂，不易为人所掌握，如"随而济之为补，逆而夺之为泻"，或"三进一退为补，三退一进为泻"，"提则为泻，插则为补"等。这种进退提插的提法，看来很简单，实际非一般针灸医生所能操作。我个人很赞成时贤以强弱刺激来分析补泻的提法。当然，由于体质等条件的不同，强与弱也是相对而言的，体弱而敏感者，虽然用弱刺激手法，也有强刺激之感；相反，体质肥厚而迟钝者，虽用强刺激手法，仍然有不足之感。所以，应该因人而异，凡是"虚则补之"，以针刺有酸麻胀感而舒适者为佳；"实则泻之"，必须针刺酸麻胀感剧烈者为宜，如针刺大椎穴，一定要酸麻胀感扩散上至头、肩胛，下则沿督脉至长强穴。

针刺与艾灸，虽然各有所长，但是不能分割。因为针灸之所以能治病，主要是能疏通经络，宣导气血，使营卫和谐，气血平和。而艾灸之用，由于艾性微苦而辛温，能通十二经而调整气机。现代研究证实，艾灸能增加白细胞，杀灭病菌。历来前贤非常重视艾灸的作用，一般来说，实热之证，多是以针刺为主，间或灸之；虚实相兼，寒热错杂，多是针刺艾灸并用，或先针后灸，或针上加灸，其疗效始佳。

针灸能治危重病

针灸疗法是中医学重要疗法之一，它是我国人民长期与疾病作斗争积累起来的宝贵经验，不仅有悠久的历史，而且适应证广泛，对许多常见病、急性病、危重病都有很好的疗效，素为国人所公认，也引起世界各国医学家的瞩目和研究，许多外国朋友也乐意接受针灸治疗。可是目前却出现一种不可思议的现象，在国内有一些医疗单位反而认为针灸只能治疗一些小病、轻病、慢性病，将针灸放在可有可无的地位，以致使针灸疗法在卫生保健事业中的优越性受到影响，实在非常可惜！

事实告诉我们，针灸治急性病和危重病的疗效是不容争辩的。早在战国时期名医扁鹊便以针灸治愈虢太子的"尸厥"；东汉时医圣张仲景对热入血室采用针刺期门的方法；三国时枭雄曹操经常头风发作，华佗为之针刺脑空穴而立愈；金元时期四大家之一的李东垣，强调足三里是治病康复常用的穴位。这都是有史可查的。近代对针灸疗效的报道，更不胜枚举。拿笔者来说，虽然非针灸专业，针灸知识很浅薄，但用之临床，却收到很好的效果。如严重休克的病人，以艾条灸百会穴和人中穴，立即苏醒；高热（40℃）的病人，每每针刺人中、委中二穴放血之后，则体温逐渐下降；回归热、疟疾都是热性的传染病，针刺大椎、间使、足三里等穴位之后，不但寒热的症状很快消退，而且实验室血检结果显示，疟原虫、回归热螺旋体俱显阴性；天枢、神阙、气海、下脘、足三里等穴位，既能治疗暴注下迫的急性肠炎，也能治愈缠绵多年的慢性泄泻；关元、归来、三阴交等穴位，对子宫内膜异位症造成的经行疼痛和带下稠秽，有解毒祛秽、消炎止痛之功；合谷穴治疗牙痛一针即止。

总之，针刺和艾灸通过对腧穴的刺激，能达到"疏通经络，宣导气血"的作用，从而使阴阳平衡，气血调和，五脏康宁，提高抗邪的能力，所以不仅能治小病、轻病、慢性病，也能治大病、重病、急性病，这是应该肯定的。当然，谈到这里，也有不可否认的事实，由于有些医疗单位不重视针灸疗法，对针灸业务人员不培养，甚至把一些不合格的人也安排到针灸岗位来工作，这些同志既不知寒热虚实辨证论治，更不会注意迎随补泻的手法，选穴配方杂乱，手法随便，得气与否满不在乎，当然疗效是不高的。因此，希望有关部门重视针灸疗法，注意针灸人才的培养。针灸业务人员，要重视辨证论治，严格掌握针灸疗法的程序，在配穴用方、手法补泻等方面，都做到一丝不苟，则针灸疗法治疗危重疾病，一定能有所突破，甚或治愈一些药物所不能治的疾病，不断扩大针灸治病的范围。

春夏养阳，秋冬养阴

"春夏养阳，秋冬养阴"出自《素问·四气调神论》。历来的注家见解有所出入。王冰根据阴阳互根的关系，主饮食寒温之说。他认为"阳气根于阴，阴气根于阳"，春夏属阳，宜食寒凉之品以养阴气之根，秋冬属阴，宜食温热而培阳气之根。张志聪则根据季节气候温热寒凉变化的特点，主张阴阳内外虚实之说，"春夏之时，阳盛于外而虚于内，故圣人春夏养阳，秋冬养阴，以从其根而培养也"。张氏从人体受到气候的影响，在春夏之时则外热而内寒，秋冬之时则外寒而内热的变化情况，来论述保养阳气、阴气，是比王冰有所提高，但仍不脱离阴阳互根之说。明代张景岳既同意阴阳互根之说，又从病理变化来阐明。他说："所以圣人春夏则养阳，以为秋冬之地；秋冬则养阴，以为春夏之地，皆所以从其根也。今人有春夏不能养阳者，每因风凉生冷伤此阳气，以致秋冬多患疟泄，此阴盛之为病也；有秋冬不能养阴者，每因纵欲过热，伤此阴气，以致春夏多患火证，此阳胜之为病"。

以上三家的论述，我认为张景岳的论述较为全面而实用。人类生活在自然界之中，四时气候的变化，必然直接或间接地影响到人体，因而人体生理或病理都必然产生反应，所以根据四时气候的变化，从阴阳互根的关系来注意保养阴阳之气，这仅仅是延年益寿的一方面。但春夏阳气升浮，秋冬阳气沉降，以致形成相对地外热内寒，外寒内热的病理变化，在临床上并不少见。

在这方面，医圣张仲景早有论述，如《伤寒论·辨脉篇》22条："五月之时，阳气在表，胃中虚冷，以阳气内微，不能胜冷；十一月之时，阳气在里，胃中烦热，以阴气内弱，不能胜热"。由于季节气候对人体气血阴阳的影响，以致有偏于表或偏于里的不同，因而在辨证论治的基础上，如能适当加入季节应时之药，则其效尤捷。如春温之用辛凉轻剂银翘散，方中荆芥一味，既是反佐药，防凉药过用，又取其符合春升之气，能收敛外浮之阳气。秋燥之用清燥救肺汤，是辛凉与甘润合用之剂，既能清热润燥，又能益气生津。冬伤于寒，用附子以温经散寒，又用芩、连之苦寒以清热，防附子之辛热过用而保阴液。

总之，"春夏养阳，秋冬养阴"之说，不仅对摄生保健有积极意义，而且对临床治疗用药有指导作用。我们应遵照《素问·五常政大论》"气寒气凉，治以寒凉……气温气热，治以温热……必先岁气，毋伐天和"之旨。在春夏温热之时，阳气升浮于外，日常饮食或治疗用药中，不可过用寒凉之剂，并宜适当加入辛温之品为佐药，避免伐伤阳气；在秋凉冬寒之时，阳气潜藏于内，纵然治疗寒性疾病，必用辛温之剂，亦宜酌加甘润或寒凉之药，防止辛温燥热伤阴。

见痰休治痰

痰浊是某些疾病的病理产物，反过来也是致病的因子。但总的来说，因病而致痰的为多，是主要方面，而因痰致病者临床上较为少见。疾病是本，痰浊是标，所以前哲有"见痰休治痰"之说，在治疗上，要着眼于"治其生痰之源"。

痰浊的发生，既有外感六淫之邪，也有七情内伤、饮食失度、劳役损伤等多方面的因素，这些因素，都能导致脏腑功能失调、气血不和、水谷津液输布排泄障碍而发生痰浊的病变。例如：肺是娇脏而主皮毛，为水之上源，有宣发肃降、通调水道的功能，若风寒之邪侵犯，治节无能，则水道的通调失常，水液停聚而变为痰；肝司疏泄而喜条达，主生发之气，以敷和为荣，有斡旋一身阴阳气血的作用，若七情内伤，肝气郁结，疏泄失常，横逆脾土，则津液不能输布，停聚日久而变为痰；心主血脉的运行，是阳中之阳，心阳旺盛，则血行通畅，津液得化，若心阳不振，或脉道痹阻不通，则津液凝聚成痰；脾属土而居中州，有运行水湿之功，能通达上下，为水谷精微升降运行的枢纽，若脾气虚弱，运化升降失常，则水湿、精微可化为痰；肾为水火之脏，内藏真阴而寓元阳，能蒸化水液，使体内水液保持相对平衡，若肾中阳虚，命门火衰，则水液凝聚而化为痰。由此可见，五脏的病变都能导致痰浊的产生，其中尤以脾肾二脏为甚。因脾主湿而肾主水，脾肾阳虚，不仅本脏自病而凝聚成痰，而且脾肾属先天和后天，其病变还常常波及他脏，所以前人有"脾为生痰之源"、"肾为生痰之本"的说法。张景岳则更明确地指出："五脏之病，虽俱能生痰，然无不由乎脾肾"，前哲之论，确是明贵。

痰浊的原因，虽然是错综复杂的，但都不离脏腑经络气血的失常，因而其治疗之法，应从调理脏腑经络气血入手，"善治者，治其生痰之源"，使脏腑经络功能恢复，气血调和，则邪去正复，痰浊自消。

治痰之法，前人的论述很多，但我认为最主要的是温化与清热，因为痰之所以产生，不是阳虚不化湿，便是火热炼液成痰。现举例略陈如下：

肾阳虚弱不化水，水湿停聚而为痰，当本"病痰饮者，当以温药和之"，以苓桂术甘汤或肾气丸（汤）治之，即是温阳化湿之法；肺结核正虚，肾阴亏损，虚火上炎，炼液成痰，当用都气丸或知柏八味丸之类治之，即是滋润肺肾之阴而清虚火以化痰；又如肥人多痰而气虚，常见体质肥胖、气短乏力、性欲冷淡、纳食不香，在妇女则有带下量多、色白质稀、月经量少等，此为脾肾阳虚，水湿不化成痰，治当温煦脾肾，可用附子汤或肾着汤加附子、巴戟天、淫羊藿之类，使脾肾阳气振奋，则水湿能化，其痰自消。

总之，疾病是本，痰浊是标，"见痰休治痰"不是不治痰，而是从根本去治痰之源。当然，在病情危急的情况下，偶然也有"急则治其标"的，例如痰浊蒙蔽心包，出现神昏谵语而用苏合香丸的温开，便是治标之法。

切 脉 识 病

望、闻、问、切是中医认识疾病和判断疾病性质的重要方法。四者之间，必须密切配合并加以全面分析，才能认识疾病的发生与发展的全过程，从而辨明正气的强弱、邪气的盛衰以及预后的吉凶，作为论治用药的依据。忽略了哪一方面对病情的认识都是不全面、甚或是错误的。在临床实践中，有少数患者故意隐瞒病情，一伸手便询问医生是何病，轻重如何，而个别医者为了迎合病人的心理，或自恃高明，自称"切脉识病"，凭三指之能而疏方遣药。这虽然是少数人的所为，但会影响中医的疗效，更会影响中医学在群众中的声誉，必须加以纠正。

脉为血之府。心藏神而主血脉，是五脏六腑气血的终始，为百脉之大会。通过诊察脉位的深浅和频率的快慢，可测知病位的表里内外、病性的寒热阴阳；脉象搏动强弱可测知邪正的盛衰、病势的进退；脉象有无神根和脉症是否相符可推断疾病的预后吉凶和治疗的难易。但是，由于人体禀赋的不同，疾病的发生和发展的错综复杂，仅凭"三指一枕"对疾病的了解是不全面的，甚或作出错误的判断。例如有些生理特殊的人，其神色形态都正常，但诊其脉象则见浮、数、实一派阳脉，或沉、迟、虚一派阴脉，甚至还有脉现结、代、促而无所苦的人。对于这种平素都是阳脉或阴脉特异体质的人，如果不结合望、闻、问等手段，仅仅凭切脉而论病，便会大错特错。在疾病的发生和发展过程中，常见有些病人虽然有头痛鼻塞、鼻流清涕、肢节烦疼、畏风恶寒等一派外感风寒的现象，但诊其脉反而沉细无力，要是只凭脉象反投温里之品，其疗效是不佳的。唯有四诊结合，辨明其既阳虚于内，又外感寒邪，然后综合论治，既要温里以扶阳，又要疏解以祛外在之寒邪，表里并治，才能收到扶正祛邪之功。

也许有人要问，既然对每一个疾病的诊察都要四诊结合，那前人所谓"舍症从脉"又如何理解？其实，这也不难理解，也不矛盾。由于疾病的发展过程是复杂的，当病人出现寒热真假、虚实错杂之时，即所谓"大实有羸状，至虚有盛候"，往往脉象能反映真相。例如感受暑热之邪而突然昏倒，四肢厥冷，乃由于暑热之邪内伏而格阴于外的假象，诊其脉则沉数有力，这时里热是真相，外寒是假象，所以在治疗上要"舍症从脉"，以脉象为论治的依据，投以白虎汤之类。同样，我们也不要忘记，当疾病症状出现真象而脉搏却出现假象之时，前人也有"舍脉从症"之说。例如阳明热结而出现的脘腹胀满、疼痛拒按、大便燥结、舌红苔黄等所谓痞、满、燥、实、坚的大实症状，但由于热结于里，腑气不畅，脉道不通利，其脉反见沉迟的假象，症真而脉假，此时的治疗，仍以苦寒下夺、通腑泄热之法，投以承气辈，这便是"舍脉从症"。可见脉症的从舍，仅仅是在脉症真假的特殊情况下诊法的一部分，不要片面强调，以免导致以偏概全之误。

总而言之，切脉在诊断中固属重要，但四诊的方法，各有其独特的作用，各有其应用的范围和侧重，因而不能互相取代，忽略了任何一方面都是不恰当的。我们应该依照《内经》所说："善诊者，察色按脉，先别阴阳……视喘息，听声音，而知所苦……按尺寸，观浮、沉、滑、涩，而知病所生"（《素问·阴阳应象大论》），通过"望以目察，闻以耳占，问以言审，切以指考"（《医宗金鉴·四诊心法要诀》）的全过程，把四诊紧密地结合起来，才能得到全面而详细的病情资料，辨明其病位、病性及其兼证，为论治用药提供正确的依据，方可取得良好疗效。所以患者不要隐瞒病情，一伸手便"试"医者技术的高低，把自己的健康当儿戏；医者更不应自恃高明，片面强调"切脉知病"以致误己误人。

浅谈冠心病的治与防

冠心病，是由于冠状动脉病变或冠状动脉循环机能障碍而引起以心前区绞痛、胸膺闷痛、汗出肢冷为特征的病变。中医学无此病名，类属于"真心痛"、"厥心痛"、"胸痹"的范畴。

《金匮要略》认为，本病总的病机是"阳微阴弦"，上焦阳虚，阴盛于下，阴乘阳位，本虚标实。根据前人的论述，结合临床所见，我个人认为虚、瘀、痰三字可以概括冠心病的病机。正虚是本，痰浊、瘀血是标。正虚，主要是心肾虚衰，标实是由正虚而引起。肾为先天，藏真阴而寓元阳，是水火之脏，主水液的蒸化调节。肾阳虚，一则火不能制水，二则脾失温煦，不能运化水湿，水湿泛滥，为痰为饮。肾阴虚，虚火上炎，灼烁肺金，可以炼液成痰。故有"肾是生痰之本，脾为生痰之源，肺为贮痰之器"之说。肺为水之上源，主持宣降而朝通百脉，虚火上炎，炼液成痰，痰火胶结，阻遏清窍，胸阳不通，肺失宣降，故胸膺闷胀而痛；心为阳中之阳，主持血液的运行循环，心阳虚，则血行不力，甚或凝滞于经脉，形成瘀血，或痰浊停滞，痰瘀胶结，阻塞脉道，故心猝然而绞痛。

一、治疗

对于冠心病的治疗，目前公认"活血化瘀"是最好的治疗原则。但我认为本法始终是治标为主，当病情正在发作的时候，本着"急则治其标"，固然应该从"邪实"着眼，治标是重要的。但病的根本是"正虚"，治本尤为关键。故其治疗之法，最好从本治疗，或标本并治。因而当病发作之时，胸胁胀闷，心区抽痛或刺痛，短气不得卧，证属气滞血瘀之变，我常用丹参饮合归脾汤治之。丹参饮取其理气行血以治标，归脾汤取其温养心脾以治本。如体质肥胖，苔厚而腻，脉弦滑者，证属痰浊之变。本着"病痰饮者，当以温药和之"，常以苓桂术甘汤或肾气丸为基础，然后酌加理气宽胸、通阳行痹之品，如瓜蒌、薤白、郁金、沉香之类。在病情缓解、巩固疗效之时，应该以治本为主，我常用参附汤与复脉汤交换治疗。参附汤有益气通阳、扶助正气的作用，方中附子辛热，为走而不守的刚品，能通行十二经脉，痰湿用之则能温化，瘀塞用之则能通行，阳虚阴盛用之则能扶阳抑阴。本方能治本，又能治标，凡属心肾阳虚者用之最宜。复脉汤本为"伤寒，脉结代，心动悸"而设，方中既有人参、阿胶、地黄、麦冬、麻仁、大枣甘润之品以养阴，又有姜、桂之温热以辛开通阳，尤其以甘温之炙甘草为主药，主持脾胃之气而资气血生化之源。在正常的情况下，人的阴阳互根而不分离，保持相对的平衡，在病变时，阴损可及阳，阳损可及阴，复脉汤在柔润滋补之中，有辛开刚燥之品，实为阴阳并治之方。

前人有"一味丹参，功同四物"之说，说明丹参在治血中的重要性。目前应用丹参治疗冠心病的效验，已为中西医家所瞩目。但我认为，丹参的性味苦而微寒，有凉血行血之功，凡血热而瘀滞之证则较宜，若是偏于阳虚，反而疗效欠佳。我喜用苏木、三七之甘平代之，既不妨碍温阳的作用，又能化瘀止痛，疏通血脉。气为血之帅，气行则血行，治疗冠心病，理气之药不可少，但破气之药如枳实、厚朴之类，最易耗阴伤正，以少用或不用为佳，宜选用顺气之品，如砂仁壳、玫瑰花、佛手花、素馨花、甘松之类，既能理气导滞，行血止痛，又可避免耗气伤阴之弊。

总而言之，冠心病症情错综复杂，当以正虚为主，然后察其兼证，辨其虚实，在扶正祛邪的基础上，夹瘀者则加理气活血之品，如田三七、丹参、乳香、没药之类；痰浊重者，当加温化祛湿之品，如制南星、白附子、远志、菖蒲之类；偏于阳虚者，参附汤必用；偏于阴虚火旺者，复脉汤去姜、桂加山栀子、南丹皮之类。

针灸疗法，用之适当，对本病的治疗也起很大的作用。我常用内关、足三里、天突、膻中、气海、心俞等穴位，在发病时针之则缓解，平时针而加灸，则能增加抵抗力，收到扶正保健的作用。

二、预防

古有明训，防病重于治病。本病为脏腑机能衰退，气阴耗损，精血不足而引起的病变，其预防的方法，自然有它的特殊性。我个人认为应注意以下五个方面。

1. 坚持锻炼

气血以流通为贵，只有持之以恒，坚持体育锻炼，才能促进气血的循环运行。"生命在于运动"已成为人们的共识。关于锻炼方法，其形式多种多样，我个人认为太极拳、八段锦、老人保健操、早晨慢跑等最好的锻炼方法。其中保健操、慢跑等是最适合老年心脏病人，只要天天早上能坚持30分钟到1小时的锻炼，就能达到药物不可达到的效果。我不主张快跑，因为跑得过快，往往血流量加大，增加心脏的负担，反而于病情不利，甚至引起不良的后果。

2. 防避风寒

人体的健康不仅有赖于气血的充盈，尤赖于气血的温通，风寒之邪乘虚侵袭，最易导致气血的凝滞。所以在气候突变之时，须注意衣着的加减，气温的调节，防止风寒的侵袭。

3. 调节精神

人的思想活动与疾病的发生有极为密切的关系，精神上过度的忧郁或狂欢暴喜，都能影响身体的正常活动。如长期忧郁，则气机不能调达，气滞则血瘀，血瘀则脉道不通，故猝然而痛。狂欢暴喜，哭笑无常，同样能引起精神上的失常，所谓"暴喜伤阳"，"喜则气缓"。心阳既伤，心神涣散，脉道滞塞，故病猝然而发。所以在精神上必须防止过度的喜怒哀乐，保持精神上的舒爽，所谓"恬淡虚无，真气从之；精神内守，病安从来"，虽是古语，却是珍贵的名言。

4. 慎忌房事

男女两性的关系，是人类生活不可少的一部分。但必须有所节制，适可而止，否则反而影响身体的健康，尤其是心脏病的患者，本来是气阴不足，精血亏虚之体，更宜慎重，如果可能，最好完全禁止房事，避免精气的亏耗，这对于疾病的治疗和预防，更为有利。

5. 注意饮食

饮食五味，是物质营养的来源，是人类生活一日不可缺少的。但心脏病的患者，在饮食上，首先要定时定量，不宜过饥或过饱，其次是慎吃肥甘厚腻和燥热辛辣之物。有人主张饮少量米酒以通血脉，我则以为不然。盖酒性燥热，有升火动血之弊。所以对心脏病患者，我主张吃清淡而富于营养的食品，如玉米粥、牛肉、鲮鲤鱼、水果、蔬菜之类，既能保持食物营养的来源，又不影响身体的健康。当然，这是指一般而言，该吃什么、忌什么，还要结合病情和体质的具体情况而定。

漫话老年病的饮食疗法

中医学素来重视饮食疗法，早在秦汉时期我国第一部医典《黄帝内经》便载有"毒药攻邪，五谷为养，五果为助，五畜为益，五菜为充，气味合而服之，以补精益气"（《素问·藏气法时论》），"大毒治病，十去其六……谷肉果菜，食养尽之"（《素问·五常政大论》），明确提出在用药治病的同时还要配合摄取多方面的营养，才能更好地扶正祛邪，甚至有些疾病可以通过饮食疗法而治愈。历代医家在临证选用用药之时，都非常重视饮食疗法的配合，强调"医食同源"的医疗价值。

老年人由于生理功能的衰退，免疫力低，因而疾病的发生在病种及病因病机方面都有其特殊性。根据临床所见，老年病多是本虚标实、虚证为多。现谈谈几种常见病的饮食疗法。

一、风湿骨痛

风湿骨痛属痹证的范畴，是常见的老年疾病，是风、寒、湿三气杂至乘虚侵入人体，以致经脉痹阻，气血不能正常通行，筋脉失养而发生的病变。初起腰脊坠胀疼痛，继则肢节烦痛酸麻，每逢气交之变则加剧。常用蛇肉配米酒、生姜作饮食疗法，偏寒加重生姜，偏风加紫苏叶，偏湿加赤小豆，如已化热，则配加冬瓜和丝瓜。盖蛇为爬行动物，其性走窜，能入阴出阳，有祛风散寒，渗湿解毒，活血通络，促进气血运行之功。

二、冠心病

冠心病是现代医学的病名，在中医临床实践中按照"胸痹"、"心痛"论治，其病机是气虚血瘀，痰湿阻络，胸阳不振，治之宜用益气、活血、祛痰、通阳之法。在饮食疗法方面，常用泥鳅鱼、黄鳝鱼、塘角鱼配大蒜或葱白。三鱼俱性属甘温，能入阴补血，活血通脉，加用大蒜、葱白之辛温，则通窍活血之力加强。凡冠心病时感胸憋隐痛者，用之相宜。

三、糖尿病

糖尿病属"消渴"范畴，其致病原因多由于长期过食肥甘厚味、膏粱美肴，或恣情纵欲、肝肾亏损，而导致阴虚火旺，耗伤肺肾津液。治之多用滋阴补肾之法，再辨其虚实夹杂，寒热兼证而灵活应用，有热则加清火之剂，气虚则加益气生津之品。饮食疗法常用鲜山药、鲜莲子肉、鲜丝瓜络、枸杞子、百合等甘润之品，既能补脾胃之气，又能滋养肺、脾、肾之阴。如口渴发热，宜用鲜白茅根、鲜荷叶、鲜葛根煎水当茶，频频饮服为佳。

四、哮喘病

哮喘病是以阵发性呼吸困难或喘鸣有声为特征的疾病。任何年龄都可发生，但以老年人为多见，其病因有外邪侵袭，也有痰湿蕴结和脾胃虚弱等不同，因而其病变有虚实之分和寒热之别。一般初病多实，久病多虚，发作期治肺，缓解期治肾。老年患者多属脾肾气虚，治之以温养肾气为主。饮食疗法常用猪肺、党参、核桃肉或蛤蚧、核桃肉、黑豆煲吃。方中俱是补益肺肾之品，其中猪肺甘平，以脏补脏，补肺即可补肾，气旺则能宣能降；蛤蚧咸平而微温，为补肾益肺之品，子母并治，气有所主而归根，气血调和，宣发肃降正常，则无哮喘之作。

五、虚性便秘

便秘有寒、热、虚、实之分，老年人由于生理机能衰退，其大便经常秘结不通，或有便意而排出困难。老人便秘多由于气血两虚所致，气虚则大肠传送无力，血虚则不能润滑，治之当用益气补血之法。在饮食疗法方面先用地瓜代饭当餐，连吃 3 ~ 5

天，如仍然大便困难，可改用猪血与地瓜叶当菜吃，开始先连续 3 天餐餐吃，以后每隔 1 天吃 1 次，并适当吃些蜜糖及香蕉等水果，大便自然畅通。盖猪血咸温，红薯叶甘平，均能补血润燥，蜜糖补益润滑，果类增津补液，水涨舟行，其便自通。

六、高血压病

高血压病是常见的慢性病，临床常见的有血热、痰湿、阴虚阳亢等类型。老年患者常见阴虚阳亢而出现头晕头痛，目眩耳鸣，夜难入寐等症。其治疗除了针对病情应用降压药之外，在平时应注意精神上的调摄，保持心情开朗，多吃清淡之品如玉米粥、冬瓜汤、莲藕汤、丝瓜汤、水瓜汤，每周吃 2～3 次水鱼薏苡仁粥。这些虽是清淡之品，但能润养柔肝，滋阴潜阳，对降压有很大的辅助作用。

七、更年期综合征

妇女自 45～52 岁，是由壮年到老年的过渡时期，称为更年期。这时有些妇女常常出现头晕头痛，耳鸣，目眩，心烦易怒，腰酸骨痛，夜难入寐，寐则多梦，口唇干燥，冷汗出等症状，这便是更年期综合征，也就是中医学所说的"绝经前后诸证"，这是由于肾气衰退，阴阳失调，冲任亏损的病变。宜多吃老母鸭黑豆汤、海参墨鱼怀山汤，滋阴补肾，养血柔肝，调摄冲任，敛其浮游之火，则眩晕诸症自止。

老年人患病是多方面的，以上举几个常见病的饮食治疗，都是从补养扶正着眼，因为老年人的疾病多是虚证或本虚标实，只有通过补养，修复正气，使免疫力加强，才能祛邪康复。当然，疾病是错综复杂的，在什么情况下，单用饮食疗法或配合药物等其他疗法，都要根据具体的病情而定，最好在医生的指导下进行。

壮族医药学的防治特点

壮族医药是我国传统医药学的一个重要组成部分，曾对本民族的繁衍强盛作出了很大的贡献。由于地理环境和气候的特殊性，壮医在同疾病作斗争的长期实践中，逐步积累了许多防治疾病的独具一格的方法，并产生了相应的理论来指导临床实践。

壮族人民的主要聚居地是两江（左江、右江）和红水河流域，这里山水秀丽，物产富饶，山峦起伏，江河溪沟网布，林荫茂盛，加之气候多变，空气中湿热交蒸，因此多有虫毒的孳生，易发生危急的疫疠性病变。北宋时范成大撰的《桂海虞衡志》所称"两江水土尤恶，一岁无时无瘴"，即是指此而言。壮医把这些疾病归类为痧、瘴、蛊、毒等，在防治上有一套相应的方法，如药物内服、熏洗、外敷、针法（陶针、金针、银针、木刺）、刮痧（瓷碗刮法、骨弓刮法）、角法、药物洗鼻或雾化、药线点穴灸、灯心火烧等。如能审证准确，用药及操作精当合拍，皆可获得较好疗效。

壮医对疾病的认识及防治方法，既有独特的风格，与中医学又有相当之处，其特点可以归纳为如下几点。

一、以外治为主，偏重祛毒

壮医认为，人之所以发生疾病，是由于受到"毒气"的侵犯，这种"毒气"能使人的气血紊乱，脏腑不和，所以治疗一定要祛毒为先。根据毒气侵犯不同的部位采取不同的治法。如毒气自皮毛肌肉入，则用刮法或挑法；毒气从口鼻而入，则用洗鼻、漱口或雾化；毒气从脐口而入，则用瓷拔法，或脐部药线点灸法；毒气从二阴而入，多用熏洗之法。当然对于特别危重的病人，或缠绵多年不愈的痼疾，也要适当配合草药内服。例如高热神昏的病人（如闷痧之类），则刮痧、挑痧，又用鲜南蛇勒苗捣汁灌服；肢节烦痛，每遇气交则加剧的病人，除了以大风艾叶、山苍树叶煎水熏洗之外，也常常配服千年健或半枫荷之类。

壮医这种外治祛毒法，根据的是人体内外相通的道理，但我们在分析多数情况下用外治法获效的原因时，壮族人民所处社会环境特殊性的一面是应考虑的。居处分散，人与人的交往不多，虽不能用"嗜欲不能劳其目，淫邪不能惑其心"（《素问·上古天真论》）来说明，但他们生活比较朴素，思想比较单纯，确是事实。因而内伤杂病，尤其是七情所致的精神异常症较少，这也可能是导致壮医重祛毒、重外治的重要原因之一。

二、防治结合，有病早治

壮医在防病上有独特的方法，如早晨的山村，瘴气雾露迷蒙，外出赶路，要口含生姜以散寒避秽；野外耕作，为暴风雨淋湿，则取姜葱汤沐浴，姜糖汤热服，以祛寒湿；溽暑天日，多热多雨，湿热交蒸，山溪洞水，流入江河，大气污染，水源混浊，饮用之水，必先用白矾沉淀过滤，并多吃生大蒜头，以防虫毒在肠胃挛生；当疫疠流行之时，走村串寨回家，常用草药汤清洗，以避秽解毒；年老力衰者常用避秽解毒或舒筋活络之品垫席而睡；正在发育的儿童则于胸腹佩带芳香解毒之品。

对疾病的治疗，壮医主张迟治不如早治，方法或刮或挑，或熏或洗，或外治内服并用。病情较轻多用刮法或挑法；病情复杂而重的多是内服药和外治并用。例如头晕头痛，胸脘闷胀，多用挑法或刮法，使血脉通，毒气尽；咽喉红肿疼痛而发热者，常用金果榄、玉叶金花、火炭母煎水内服，同时还在四肢指趾末端放血，使其热毒有出路；发冷发热有定时，泛恶欲呕者，既用鲜黄荆叶煎水熏洗，又内服黄皮树叶汤，促进毒随汗解。尤其值得一提的是，上述防病、治病的方法，不仅专业的壮医能掌握，甚至一般群众也或多或少掌握其中一二种，所以在壮族聚居的地方，不论病倒在田头，或病倒在山边，随时都能得到简便的治疗。这种群防群治的经验，尽管有些是粗糙的，但它都是壮族人民与疾病作斗争的经验结晶，只要加以整理提高，仍然是有其实用意义的。

三、用药简便，贵在功专

广西地处亚热带，药源丰富。据初步调查，植物药、动物药、矿物药有一千多种，其中大部分出产在壮族居住地。壮医的用药很讲究简、便、验，注意选用作用大、奏效快的药物，一般常用 1~3 味，最多也不超过 5 味，以防药多而杂，反而影响疗效。例如桂西山区有位壮医，擅长治疗急性乳腺炎，他常用的两味药在屋前寨边都可以找到。当病人乳房红肿疼痛，热灼难耐，发热恶寒的时候，及时取适量鲜芭蕉根捣烂加温外敷患处，约一时许，乳房疼痛即消失，继在背部心俞穴、肝俞穴针挑出血，第二天换用鲜马鞭草捣烂加温外敷患处。一般治疗 2~4 天则肿痛完全消失。在右江盆地有位女壮医，善治妇科疾病，她对血虚引起的月经不调，常用黑豆与嫩鲜益母草（酌加油盐）作饮食疗法。她认为黑豆能补肾而暖子宫，鲜嫩益母草能补血活血，有利血液的运行。这种事例，在壮族地区的村村寨寨都可以找到，实在不胜枚举。

四、扶正补虚，必配用血肉之品

在广西丰富的药物资源中，有蛤蚧、黄精、首乌、土当归、土党参等补养药物，壮医多用它们与血肉有情之品配伍治疗气血两虚、正气不足之证。例如宫寒不孕，常用羊肉、麻雀肉、鲜嫩益母草、黑豆作饮食疗法；肾虚腰痛，则用豕骨或牛骨配藤杜仲、千年健熬汤；肢节胀痛，经久不愈，每逢气交之变则加剧者，主张多吃各种蛇肉汤或穿山甲肉汤，既能扶助正气，又能祛风通络；干咳无痰，用豕肺或老母鸭肉、鹧鸪肉煮莲藕吃，取其甘润以清养肺胃。不仅虚证如此，有时虚瘀夹杂之体，也配用血肉之品，例如脾虚不统血而肌肤紫癜者，在用土党参、土黄芪、苏木益气化瘀之外，常配服怀山牛肉粥，以加强其扶正之力。总之，壮医在长期的医疗实践中，对动物药的运用积累了很宝贵的经验。他们认为，凡是虫类药都能祛风止痛；鱼鳞之品可化瘀通络，软坚消块；介甲之属能滋阴潜阳，安心神而定魂魄；飞禽和走兽，虽然有刚柔不同的性能，但都能温养气血，燮理阴阳，为扶正平和之品。这些经验，尤其是饮食疗法的内容，值得加以总结推广。

总而言之，在"雾露炎蒸，为瘴为疠"的山区，长期与"马虫蛇草木之毒"（《岭南卫生方原序》）作斗争形成的壮族医药，其内容是很丰富的，其治法用药的特点也是多方面的，以上的初步探讨，仅仅是其梗概而已。

运用桂枝汤经验

桂枝汤为《伤寒论》中群方之冠。该方配伍严谨，选药精当，具有调和营卫、化气行血、燮理阴阳之功，临证若能师其意而悟其法，则化裁治疗各科疾患，有异曲同工之妙。兹将治验三则整理如下，以飨读者：

1. 不寐

韦某，女，40 岁，工人。1990 年 11 月 6 日初诊。

头晕、心悸、失眠4月余。

诉自1990年7月始因头晕、心悸、耳鸣、视物模糊住南宁市某医院治疗，诊为"眩晕"。经中西药治疗月余，症状缓解出院。嗣后诸症复作，夜难入寐，交睫则噩梦纷纭，每晚仅能合目养神约2小时。曾被某医院检查诊为"植物神经功能紊乱"、"左心室劳损"。刻下头晕欲仆，视力减退，心悸，四肢麻木，倦怠乏力，形瘦面白，难以坚持工作。舌质淡，苔薄白，脉结化。证属气血亏损，清窍失养，心神不宁。遂投益气养血，养心宁神之剂治之。7剂后，头晕、自汗、肢麻诸症消失，心悸减轻，唯仍难入眠。此乃久病体虚，营卫阴阳失调，阳不交阴所致。转用调和营卫，燮理阴阳之法，方选桂枝加龙骨牡蛎汤。

处方：龙骨20g（先煎），牡蛎20g（先煎），桂枝6g，白芍15g，大枣10g，生姜6g，炙甘草6g。3剂，水煎服。

二诊：药已中病，入寐甚佳，偶有心悸，守上方加黄芪20g、当归10g以益气生血，巩固疗效。继服7剂后诸症消失，精神振作。

1991年6月随访，患者已正常工作半年余，病未复发。

按语：本案乃气血亏虚，血不养心，神不守舍所致。气为阳，血为阴，气虚则阳弱，血少则阴亏，阳虚不能交阴，阴虚不能涵阳，心神失养而外越，心悸、不寐诸症乃作。故首诊用益气养血，养心宁神之剂治之，俾心气充足，心血充盈，心神得安，清窍四肢得养则头晕、自汗、肢麻等症消失。然久病体虚，阴阳失调，不寐仍存。故二诊着重调理营卫阴阳，镇敛潜阳。方用桂枝汤燮理阴阳，调和气血，佐以龙骨、牡蛎镇潜摄纳，使阳能交阴，阴能潜阳，心神内守。在此基础上，继用当归补血汤益气生血善后，从而使阴阳和谐，气血旺盛，不寐乃瘥。

2. 寒痹

陈某，女，55岁，农民。1990年10月8日初诊。

两上肢疼痛反复发作10年，加重1周。近日来肩、肘、指关节肿痛，屈伸不利，以右上肢为甚，遇冷水则疼痛加剧，痛甚则辗转反侧，彻夜难眠。舌质暗红，尖有瘀点，苔薄白，脉沉细弦。证属寒凝血滞，经脉痹阻。治宜温阳散寒，和营止痛。

处方：桂枝5g，炮附子10g（先煎），白芍10g，当归10g，黄芪20g，党参15g，川芎6g，生姜6g，炙甘草6g。水煎服。

药1剂即觉肩部掣痛大减，夜能安卧。连服7剂后诸痛消失，关节屈伸自如。继予四物汤加黄芪、桂枝、秦艽等药益气养血、舒筋活络善后。

按语：痹证乃风、寒、湿三邪杂至，气血闭阻不通所致，治痹贵在通行。本案以痛为主，遇寒加重，苔白脉沉，实属寒凝血滞，经脉闭阻。方选桂枝汤加味以温阳散寒，通行气血。方中桂枝甘温，温经通脉，附子辛热，散寒通络止痛，生姜温中行血，通里达外，三药合用则温散通行，相得益彰。黄芪、党参益气行血，当归、川芎养血活血，白芍、甘草缓急止痛。全方补养温行，通达内外，共奏温阳通痹止痛之功。由于辨证准确，药专力宏，故奏效甚捷。

3. 自汗

李某，女，25岁，干部。1991年1月18日初诊。

产后自汗 23 天。

自诉剖宫产术后出现浵浵汗出，不能自止，动则益甚，每日更衣数次，伴头痛，恶露量少、色暗。面色苍白，舌质淡，边有齿印，脉细缓。证属产后营血亏虚，卫阳失固。治宜甘温扶阳，调和营卫，固表敛汗之法。方选桂枝汤加味。

处方：桂枝 6g，白芍 10g，当归 10g，益母草 10g，大枣 10g，炙甘草 10g，生姜 6g。水煎服。

药 3 剂后自汗十减七八，恶露少、色淡。守原方加金樱子 10g，麻黄根 10g 以固涩止汗。又 3 剂，自汗止，恶露净。

按语：本案乃手术产后耗气伤血，卫阳失固，腠理疏松，阴津妄泄所致。血汗同源，汗出日久则亡血伤阴，阴虚不复，阳气虚弱，阴阳失调，故汗出益甚。治宜甘温扶阳，养血益阴，调理营卫为法。方中桂枝、甘草辛甘助阳，白芍、甘草酸甘益阴，佐以当归、益母草补血化瘀、养血和血，生姜、大枣调和营卫。全方重在扶阳摄阴、调和营卫，俾卫阳密固，营阴内守，而无自汗之虞。

当归芍药散在妇科病中的临床运用

当归芍药散是《金匮要略》妇科篇的重要方剂，其适应证有"妇人怀娠，腹中疞痛"（《妇人妊娠病脉证并治》）和"妇人腹中诸疾痛"（《妇人杂病脉证并治》），两处均以"腹痛"为着眼点。而导致腹痛的因素，虽然有外感六淫、内伤七情、饮食劳倦、痰饮虫积为患等不同，在病位上有在上在下、在脏在腑之分，在病性上有寒热虚实之别，但是，其总的机制不外乎气血失调，经脉不利或不通，以致筋脉失养而已。故治痛之法，在审因论治的基础上，不离乎疏通经络、宣导气血之法，从而达到"通则不痛"、"养则能柔"的目的。本方所治之痛，出在妇人妊娠和妇人杂病篇中，妇人以血为本，以气为用，妇女之所以腹痛，自然和气血的失调有关。从本方药物组成看来，方中重用芍药和营养阴、敛肝止痛，当归、川芎养血活血、调肝舒筋，白术、茯苓健脾益气、渗湿和中，泽泻甘而微寒，渗湿不伤阴。综合全方，既能养血柔肝，健脾益气，又有渗湿升阳、调理气血之功。所以本方不仅能治肝虚气滞、脾虚湿困所致肝脾失调而引起的妊娠腹痛，而且对月经、带下、胎孕、产后等的病变，如果运用得宜，都有很好的疗效。

1. 月经不调

月经不调的病变虽然有寒热虚实的不同，但经者血也，月经之所以不调，均与五脏（尤其是肝、脾、肾）功能亏损、气血不和有密切的关系。本方能调养肝血，健脾益气，故凡血虚气滞、脾虚湿郁而经带并病者，用之甚宜。

病例

韦某，女，29 岁，工人。1985 年 2 月 20 日就诊。

14 岁月经初潮，一向错后 10～15 天，经色淡而间夹紫块，量一般，经将行则胸胁、乳房胀痛，心烦易躁，腰脊坠胀。平时带下量多，色白或淡黄，肢体倦怠，胃纳不振，大小便一般。脉象虚细，舌苔白，舌质淡嫩。根据脉症，乃属血虚气滞、肝失疏泄、脾虚湿困、运化失常而引起的月经错后，以补血养肝、健脾渗湿为主，佐以调气之法。

处方：当归 15g，川芎 10g，白芍 10g，茯苓 10g，炒白术 10g，泽泻 5g，巴戟天 10g，益母草 15g，鸡血藤 20g，玫瑰花 5g，素馨花 5g，甘草 5g。每天 1 剂，水煎服。

守方出入，连续共服 18 剂而经行正常。

2. 经行疼痛

经行疼痛虽然有多种类型，但总的来说，不外虚实二端。虚则血海不足，筋脉失养，故经后少腹、小腹绵绵作痛；实则多是寒凝或热结导致血行不畅，因而经将行及经行第一、二天少腹、小腹胀痛剧烈，血块出则略减。凡是虚实夹杂引起的经行疼痛，以本方加减治之，甚为合拍。

病例

王某，女，18 岁。1986 年 1 月 26 日就诊。

经行超前，量多，色暗红，夹紫块，经将行直至经净少腹、小腹及腰脊胀痛剧烈，按之不减，经中不能工作和学习。平时带下量多，色黄白，质稠秽，阴痒，肢倦乏力，嗜睡，脉虚缓，苔白厚，舌边尖有瘀点。根据脉症所见，乃湿瘀为患，瘀则血行不畅，故经行少腹、小腹胀痛剧烈，湿困则脾失健运，故平时带下量多，湿郁则化热生虫，故带下稠秽而阴痒。拟调肝活血，健脾渗湿，佐以解毒止痒之法治之。

处方：土茯苓 20g，鸡血藤 20g，当归 12g，川芎 10g，白芍 15g，白术 12g，泽泻 10g，益母草 15g，莪术 10g，小茴香 5g，凌霄花 10g，白鲜皮 10g，甘草 6g。每日 1 剂，水煎服，连服 6 剂。以后每月仍经前连服 3～6 剂，观察 3 个月，经行不痛，阴痒消失，带下正常。

3. 带下病

导致带下的病变，一般有脾肾气虚、冲任亏损、湿热淫毒等之分，但均与湿邪有关。故《傅青主女科》有"夫带下俱是湿证"之说。历来治带不忘湿，治湿当责之于脾的运化，本方既然有健脾益气、升阳除湿之功，当然能治带下病变。

病例

李某，女，32 岁，小学教师。1985 年 10 月 10 日就诊。

经行错后，量多，色淡质稀，平素带下量多，色白质稀如水，绵绵不断，常用卫生纸垫。现面色苍白，神倦纳差，大便溏薄，下肢微肿，脉象缓弱，舌淡，苔薄白。按其脉症，乃属脾肾气虚、水湿下注之带下。拟用温肾健脾、养血和肝之法。

处方：制附子（先煎）12g，当归身 15g，白芍 10g，川芎 5g，白茯苓 15g，炒白术 10g，巴戟天 10g，泽泻 10g，补骨脂 10g，苍术 6g，北柴胡 3g，炙甘草 6g。

每日 1 剂，水煎服。连服 6 剂后，大便正常，下肢不肿，带下减少，再以异功散加减善后。

4. 妊娠腹痛

孕妇之所以腹痛，虽然有多种原因，但多由于胎动不安而引起。而胎元之所以不安，不外乎母体因感受六淫之邪或内伤七情等引起血热、血虚、气滞等，所以，调理气血仍然是治疗妊娠腹痛的重要法则。肝藏血而主疏泄生发，脾主运化而为气血生化之源，本方能调理肝脾而养血益气，气血调和，血脉流通，则腹痛自止，胎元能安。

病例

黄某，女，23 岁。1985 年 12 月 20 日就诊。

妊娠 4 月余，小腹绵绵而痛，按之则舒，头晕目眩，心悸怔忡，面色萎黄，四肢倦怠，胃纳不振，大便溏薄，舌苔薄白，舌质淡红，脉象细滑。根据其脉症，乃血虚气滞、经脉不利、胞脉失养所致。当用养血柔肝，健脾益气，佐以导滞之法。

处方：当归身 15g，川芎 5g，白芍 15g，白茯苓 12g，炒白术 12g，党参 15g，炙北芪 15g，桑寄生 15g，川杜仲 15g，砂仁壳 3g，川续断 10g，炙甘草 6g。

每日 1 剂，水煎服，连服 3 剂，小腹不痛而胎安。再服 3 剂，精神转佳，诸症消退，后以"谷肉果菜，食养尽之"。

5. 恶露不绝

一般来说，引起恶露不绝的原因有血瘀、血热、气虚等之分。但新产之妇，多是既虚且瘀之体，因而从临床所见，恶露不绝之变，以虚实夹杂为多。本方能调理肝脾，虚则能补，瘀则能化，加减运用得宜，则其效可期。

病例

韦某，女，34 岁。1985 年 3 月 12 日就诊。

产后 25 天，恶露淋沥不断，量或多或少，色淡红，小腹疼痛，虽按之不舒，腰脊坠胀，四肢乏力，神倦懒言，面色㿠白，舌质淡，苔薄白，脉象虚弦。按其脉症，乃虚实夹杂之变也。补则滞瘀，攻则正愈伤，偏补单攻俱非所宜，拟益气补血，佐以化瘀止涩之法。

处方：鸡血藤 20g，当归身 15g，川芎 10g，白芍 10g，白茯苓 10g，炒白术 10g，益母草 15g，炙北芪 15g，艾叶炭 5g，老姜炭 3g，炙甘草 6g。每日 1 剂，水煎服。

3 剂初效，6 剂痊愈，以后以饮食调养之。

以上的举例说明，当归芍药散对妇女经、带、胎、产的病变都可以加减运用。妇女以血为本，以气为用，只要加减得宜，则其效可期，古方可为今用。

论 四 物 汤

四物汤首载于《太平惠民和剂局方》，是从《金匮要略·妇人妊娠病脉证并治》篇中的胶艾汤衍化而来，具有补血行血，滋阴敛血的作用。凡一切血证的病变，如妇女的经、带、胎、产、乳诸疾，均可用之，为临床常用主要方剂之一。

一、药物配伍与方义

四物汤是由熟地、当归、白芍、川芎四味组成，《太平惠民和剂局方》中用量原为等分，以便医者在临证时根据病情有所增减。后世医家在实践中不断地总结化裁，在剂量的应用上亦有所出入，在宋代陈自明的《妇人良方》中用量为当归3g，熟地9g，白芍3g，川芎6g。近代谢利恒之《中国医学大字典》用熟地、当归各9g，白芍6g，川芎4.5g。

方中之熟地性味甘温，能滋阴养血，补肾填精，为本方的主药；当归性味甘温而润，辛香行走，能补血活血，补中有行；川芎辛温，气味芳香，有活血通络，行血导滞之功，能调和肝用；白芍酸寒，养肝和营，滋阴敛血，能和肝之阴。四药相合，有阴有阳，刚柔相济，补中有行，行中有补，使营血调和，周流无阻，则血证诸疾自解。故柯琴认为本方"具生长收藏之用，为血分立法"，确属卓论。

二、治血证之专剂

血证的致病因素，虽然有外感六淫、内伤七情、饮食劳倦等之不同，但究其病机，不外乎邪盛正衰，阳明升降失调，脏腑功能失常，营卫气血不和而已。气血不和，气病则血病，血病则气亦病，所谓"百病生于气，血为百病之胎"。血病错综复杂，在病位有上下内外之分，在病性则有虚实寒热之别，故在临床上常常概括为血虚、血瘀、血热、血寒四类。四物汤中之地、芍为血中之阴药，芎、归是血中之阳药，两相者合，可升可降，行中有养，补而不滞，是补血活血的良方。肝藏血而主生发，心生血而主血脉，脾主运化而统血，肾藏精而为气血之始，本方既能入肝，又入心脾，更能入肾，故为治疗血证的专剂。根据病证的寒热虚实，病位的上下内外，可灵活应用。如：血瘀加桃仁、红花；血闭加大黄、芒硝；血寒加肉桂、附子；血热加黄连、黄芩；虚热加地骨皮、丹皮；血虚加参、芪等等。

三、妇科之通用方

妇女以血为主，以血为用，妇女的经、孕、产、乳等生理活动，与血的盛衰、盈亏、通闭息息相关。任脉通畅，太冲脉盛，血海充盈，由满而溢，月事应时而下；若任脉虚，太冲脉衰少，血海空虚，经源不足，则月经不行；若瘀血停滞，则月经不调、痛经、崩漏，甚或癥瘕等病均可发生。血足气旺才能摄精以受孕；妊娠之后，又需母血不断以养胎，才能保证足月顺产；分娩时产妇气血旺盛，则瓜熟蒂落，容易娩出，气血损耗不多，产后恶露正常排出而自止；乳为血所化，哺乳期气血旺盛，则乳汁充沛。若体质瘦弱，气血不足，虽交合而不摄精，以致不孕；纵然偶或受孕，亦是胎痿不长，或分娩艰难；产后也将乳汁不足，质稀薄而少，喂养困难。若妊娠期有瘀血内留，则往往临产时大出血，产后胞宫瘀血内阻，则见恶露不下或不绝、腹痛等症状。可见，妇女的病变绝大部分是血分的病变。四物汤虽然"不专为女科套剂"，但因其既能补血，又能活血，并入心肝脾肾，以入肝为主，故为一切血证的专剂，历代妇科学家都非常重视此方的运用。如清代武之望的《济阴纲目》将四物汤列于调经诸方之首，并于方后列举加减用法一百三十余条，用之临床，确有疗效。所以也可以说本方是妇科疾病的通用方，对确属于血证的妇科病变，以四物汤随证加减，则疗效可期。

四、加减运用举例

本方组织配伍严密，久经临床考验，疗效可靠。但证情变化多端，方可用而不可泥，如加减不得法，则疗效亦不高。兹将笔者临证加减运用举例如下：

（一）血热诸证

1. 经行超前，量多色红而夹血块，脉滑数，舌红苔黄者，去归、芎，加鸡血藤15g，丹参10g，阿胶6~9g（烊化），鲜白茅根20~30g，山栀子6g，益母草15g，熟地易生地。因芎、归辛窜动火，容易导致出血增多，故以辛甘微温之鸡血藤、苦而微寒之丹参代之，既能补血化瘀，又可防芎、归动血之弊；益母草辛苦微寒，能止血能化瘀，以化为主；阿胶甘平，滋阴止血，白茅根甘凉，栀子苦寒，取其甘苦同用以清热止血。

2. 经行超前，量多，色红，入夜潮热，脉细数，苔少，舌边尖红者，去芎、归，加鸡血藤15g，藕节20g，地骨皮9g，丹皮9g，生地15g，桑椹9g。

3. 经行前后不定，量多少不一，经将行时乳房胀痛，心烦胸闷，苔薄白，舌边尖红，脉弦细者，配丹栀逍遥散加合欢花、素馨花、佛手花各6g。

4. 血热致瘀，经将行时乳房、少腹、小腹胀痛，经行前后不定，量多少不一，经色暗红而夹紫块，脉弦涩，苔薄白，舌边尖有瘀点者，配金铃子散，加泽兰9g，苏木9g，莪术5g。

5. 经行淋沥不净，量或多或少，色淡红，伴头晕、失眠、唇舌干燥，舌红苔少，脉细数者，去芎、归，配二至丸、两地汤。

6. 经行吐衄，多属虚火内动，肝不藏血之变。去芎、归之温升，熟地易为生地，配两地汤，加鸡血藤15g，丹参15g，丹皮6g，旱莲草15g。

（二）血寒诸证

1. 经行错后，量多少不一，色暗红夹块，经行时少腹、小腹胀痛剧烈、按之不减，汗出肢冷，唇面发青，苔白脉沉紧者，此为寒凝血瘀。加制附子 9g，小茴香 3g，吴茱萸 6g，艾叶 6g，益母草 15g，莪术 6g。

2. 经行错后，量少色淡，腰膝酸软，平时带下量多，色白质稀，脉细弱，苔薄白，舌质淡者，此为肾阳虚衰，生化无能，加党参 15g，北芪 15g，制附子 9g，苍术 9g，白术 12g。

3. 经将行或经中眼睑及下肢浮肿，经行量多，色淡质稀，平时白带量多，大便溏薄，脉虚迟，苔白，舌质淡嫩者，此为脾阳不足，健运失常，配四君子汤，加苍术 9g，干姜 3g，防风 6g，北芪 12g。如泄泻的次数较多，宜去当归之滑润、熟地之滞腻，改用鸡血藤 15g，何首乌 12g。

4. 经行量多，色淡，持续不净，腰膝酸软，脉虚，苔薄白，舌质淡嫩者，此为脾肾阳虚，统藏无能，加党参、北芪各 15g，桑螵蛸 6g，覆盆子 9g，鹿角霜 20g。

5. 经闭不行，小腹冷，四肢不温，唇面苍白，脉细，苔白，舌质滑润者，此为阳虚宫寒，宜加党参、北芪各 15g，制附子 9g，肉桂丝 3g（冲服或后下），巴戟天 9g，桃仁 6g，红花 2g。

（三）血虚诸证

1. 经行错后，量少色淡，经后小腹绵绵而痛，脉虚细，苔薄白，舌质淡，唇面苍白者，此为血海空虚，经源不足，宜加党参、北芪各 15g，桂圆 20~30g，远志 3g，佛手 3g。

2. 经闭不行，腰脊酸胀，膝腿乏力，脉虚细迟，苔薄白，舌质嫩胖者，此为气血亏损，冲任虚衰，宜加党参、北芪各 15g，紫河车 15g，制附子 9g（先煎），肉桂丝 3g（冲服或后下），巴戟天、补骨脂各 9g。

3. 多次受孕而屡次堕胎小产，体质瘦弱，脉细弱，舌质淡，苔薄白者，多属气血虚衰，不足以生养胎元，宜加党参、北芪各 15g，桑寄生 15g，菟丝子 20g，川杜仲 15g，川断 6g。

4. 产后潮热，头晕目眩，动则心悸，夜难入寐，脉细数无力，苔薄白，舌边尖红者，此为分娩时气血耗损过多，以致营血不和，宜加党参、生北芪各 15g，枸杞子 12g，山萸肉 9g，柴胡 6g，红枣 9g。

（四）血瘀诸证

1. 经行前后不定期，量或多或少，行而不畅，色暗红而夹块，少腹、小腹胀痛剧烈，按之不减，脉沉涩，苔薄白，舌边尖有瘀点者，此属气滞血瘀，宜加丹参 15g，莪术 10g，元胡 6g，香附 6g，益母草 15g，郁金 9g。

2. 经闭不行，舌边尖有瘀点，脉迟涩者，此为瘀积内停，胞脉不通，宜加桃仁、红花各 6g，路路通 15g，牛膝 6g，水蛭粉 1.5g（冲服）。

3. 漏下日久，经血紫黑夹块，少腹、小腹胀痛剧烈，唇舌有紫斑，脉沉紧或迟涩者，此为瘀积为患，新血不得归经，宜加海螵蛸 9g，茜根 9g，益母草、鸡血藤各 15g 及失笑散。

4. 产后胞衣不下，多因气血不足，瘀积内停，宜去熟地之腻、白芍之收，加党参、北芪各 15g，枳实、牛膝、厚朴各 6g，益母草 30g。

5. 癥瘕肿块是由于血瘀结聚而致，宜配桂枝茯苓丸、失笑散、益母草、丹参、莪术、猫爪草之类。

总而言之，四物汤是治疗血证的专剂，是妇科疾病的通用方，不论对配伍和方义的研究，还是在加减运用方面，前贤都有全面的论述，只要能结合实际，针对病情，它的疗效是很好的。

五、小结

1. 血以调和为贵，以通畅为用。四物汤既能补血，又能活血，故为血证的专剂。又因妇女以血为主，以血为用，经、胎、产、乳等与血有极为密切的关系，故四物汤又是妇科疾病的通用方。

2. 妇女虽然"有余于气而不足于血"，但由于血与气有相互为用的密切关系，阳生则阴长，气旺即能生血，故在治血时常常配合气药应用。

3. 血本属阴，血虚则阴亏，养血常与滋阴并用，如肝肾亏损引起的月经不调，既要养血柔肝，又要滋阴补肾。

4. 四物汤的组成，虽然阴阳配合，刚柔相济，但总的来说，仍偏重于温养，凡出血量多者，用之宜加重甘柔之品，以防芎、归之辛窜动血。

5. 以上根据寒热虚实证而进行的加减运用，仅指一般而言，其实临床所见，往往寒热相兼，虚瘀错杂，务必辨别其新旧先后，标本缓急，审详而用之。

青蒿鳖甲汤之妙用

青蒿鳖甲汤是温病之名方，先后应用有二：一者出自上焦，为"苦辛咸寒法"（青蒿、鳖甲、知母、丹皮、桑叶、花粉）；一者出自下焦，方中有生地而无桑叶、花粉。两方名称同而组成略异。但均是以青蒿、鳖甲为主药，都为滋中有清、清中能透、养阴而不碍邪、祛邪不伤正之目的。不过临床应用或以清热清透，或以养阴凉血，宜慎而审之。我应用本方治疗症见绵绵低热、夜热早凉的患者，加减出入，疗效满意。

1. 术后日久，身热不退

一女 17 岁，因患急性阑尾炎，曾住院手术治疗，术后出院回家，一直夜热早凉，口干舌燥，舌苔黄，脉濡细而略数。根据其脉症，辨为术后损伤正气，邪气乘虚而入。拟青蒿鳖甲汤加地骨皮、白薇治之，守方出入，二旬而愈。

2. 邪热不退，夜热早凉

一青年参加体育运动后，身体壮热不退，口渴，多痰，引饮，经多方治疗（药名不详)，壮热稍退。诊其脉细而深，夜热早凉，精神萎靡。此系久病之躯，邪伏阴分，热邪不退所致。治宜青蒿鳖甲汤加白薇、地骨皮、银柴胡之类，守方出入，用药3剂痊愈。

3. 阴虚火旺，身热不退

一男子体弱多病，经常咳嗽，痰多而黄，颧红，四肢烦热，晨则稍安，暮则热势绵绵，诊其脉细数无力，舌质淡红，苔微黄。此为阴虚于内，虚火内炽。以青蒿鳖甲汤加北沙参、百合、白薇治之，数剂后热退。

浅谈生草药

所谓生草药，一般是指未经炮制的植物药而言。由于生草药的生长环境和临床的应用都有其特殊性和地方性，因此目前还没有列入国家药典，甚至医药院校的教材也很少列入。但事实上，在广大的农村，生草药的应用仍然很广泛，在基层卫生保健和防病治病方面都起到很大作用。

生草药的分布很广，不论是南山之巅，还是东坡之麓，不论是内河之畔，还是海洋之滨、平原小溪，都生长着可采之药。只要掌握一定的草药基本知识，便可以随地采集，随时使用。一次，我出诊到云雾山中的一个苗寨，见一苗族中年妇女患急性乳腺炎，乳房红肿灼痛，全身发热恶寒，呻吟床笫，痛苦之情难以言喻。后在群众集体智慧的启发下，采用鲜芭蕉根捣烂加温外敷患处，仅半时许，疼痛立止，连续敷用3天，疼痛红肿消退，病愈复原。又一次，在一个壮族聚居的山村，一个膝关节损伤性积液的患者，两膝红肿疼痛已半年，曾多次到医疗站用注射器抽出积液，但屡抽屡发，抽后三四天又红肿如故，后用鲜土半夏适量捣烂加温外敷患处，连续5天，积液红肿全消，观察半年，病不再发。类似的事例，确实是不少的。可见应用生草药治病，不仅药源丰富、使用方便，而且用之恰当，疗效可靠，深受群众的欢迎，对于促进生产有重要的意义。

但应用生草药治病，也要辨证施用，才能做到药能对证。因为生草药和其他中药一样，既有四性（寒、热、温、凉）和五味（辛、甘、酸、苦、咸）之分，亦有升降浮沉之别。因而每一种药都有它的特殊性，也就是说每一种药的功能都有一定的范围，并不是万病皆治的。而疾病的发生和发展是错综复杂的，既有它的共性，也有它的特殊性，疾病出现的不同阶段，不仅有表、里、寒、热、虚、实、阴、阳之分，还有虚中夹实、实中有虚，甚或真热假寒、真寒假热等不同。所以必须通过四诊收集、分析，根据正邪的消长、病位的深浅、病情的虚实、脏腑气血阴阳的盛衰，全面地考虑问题，找出疾病的症结所在，然后寒证用热药，热证用寒药，虚证用补药，实证用泻药。有些复杂、严重的疾病，表现的某些症状与疾病的性质不符，甚至出现一些假象，在治疗时要透过现象，看清其本质，采用寒因寒用、热因热用、通因通用、塞因塞用等反治方法。药能对证，则疗效肯定（可靠）。反之，只问"病"而不问"证"，不分寒热虚实，不考虑邪正消长，生搬硬套，仅仅凭病用药，随意妄投，药不对证，不仅疗效不好，甚或发生不应有的事故。例如，古羊藤和山苍子都有治疗胃脘疼痛的功效，但古羊藤性味苦寒，适于胃热疼痛之用，山苍子性味辛温，宜用在胃虚寒痛之病变。一寒一热，既是辨证的关键，也是用药的着眼点。因此，要充分发挥生草药防病治病的作用并提高它的疗效，必须在辨证的基础上对证用药。

药物的炮制是用药过程中不可忽视的一环。因为通过合理的炮制，不仅能减低药物的毒性或副作用，而且能增强药物的疗效。一般来说，生草药采集之后，除了做好洗、切等基本工作外，还应注意酒制、姜制、醋制、盐制的加工。因为药物经过酒炒之后，它的升散功能更强，对气血的运行更好，如跌打损伤常用的大、小驳骨及泽兰之类，经过酒炒之后，它的活血化瘀、消肿止痛的功效更好；姜性辛开，姜制、酒炒的药物，其散寒祛邪之力更强，如民间用姜制、酒炒鲜葱外敷脐眼，治疗因脐腹受凉，寒邪直中脏腑而致之腹痛泄泻，每每收到良好效果；醋性酸而收敛，艾叶得之而系胞安胎，香附得之则去其燥性，行气而不伤阴；盐性咸而润下，凡用盐水炒之药，多能下行于肾，以壮水制火，补肾生精。总之，只要根据病情的寒热虚实和药物的性味功能，采取适当而简便的炮制，便能增强药物的疗效，促进患者早日康复。

生草药的萌生、成熟、枯萎、凋谢，都和季节有密切的关系，特别是花叶与果子部分，其药理功效的强弱与作用的大小尤其与季节有关。例如黄饭花一味，能治虚性黄疸和脾虚带下，此药在清明节前后一周，是芳香浓馥最旺盛之时，在此时采集，则它的醒脾芳化、扶正祛邪功能更好；又如望江南之子，在秋末冬初采之，不仅能清热解毒、祛风明目，而且有润肠通便之功。所以对生草药的采集，除了随采随用之外，有些与季节有密切关系的品种，必须及时采集，以备适时之需。

生草药虽然分布很广，但在采集的过程中，如随意乱砍滥伐，仍有绝种竭源之时。所以要注意保护药源，做到采中有留、采留结合，凡是用叶、用枝、用子而不影响疗效的，就不拔茎挖根。事实上，有些常用其根的生草药，用其叶或枝亦可收到同样的效果，有的甚至疗效更好。例如山芝麻，过去治疗外感风热，习惯是用其茎根，其实从临床实践来看，用枝用叶不仅不影响它的疗效，而且其发散祛邪作用比根还要强。一定要用根的药，采挖时也要适当留种，让它有再生的能力。总之，有计划地保护药源，对于人民的保健事业及国民经济的发展，都有重大意义。

漫话鸡血藤

鸡血藤始载于《本草纲目拾遗》，是木质常绿大藤本。目前的品种，主要有三叶鸡血藤、亮叶崖豆藤、昆明鸡血藤三种。鸡血藤过去在临床应用不多，自20世纪60年代以来，在采集整理民间验方中，逐渐引起临床医生的注意，而它的应用也越来越广泛。

鸡血藤的功能，根据《本草纲目拾遗》的记载为："壮筋骨，已酸痛；治老人气血虚弱，手足麻木，瘫痪等；男子虚损，不能生育，及遗精、白浊；妇女经血不调，赤白带下；妇女干劳及子宫寒冷，不受胎"。可见鸡血藤能治男女科多种疾病，是一味很好的血药，为医者所公认。但对鸡血藤的功用，却有补血与行血的不同看法，我个人认为是补血为主。因为鸡血藤味苦甘涩性温。苦入心，甘入脾，心生血，脾为气血生化之源；温则能生发，能通行；涩则能固摄收敛，所以其总的功能是既补血化瘀，又能止血，有补而不留瘀之功。

鸡血藤与丹参，两者功能有类似之处，但鸡血藤偏于温补，丹参则偏于凉散，两者配伍使用，一温一凉，一补一散，相反相成，其功效相得益彰。在妇科临床中，我喜欢将鸡血藤与丹参配伍应用，现简要介绍如下：

一、月经疾病

经者血也，月经的病变，即是血液的病变，治经必治血。如阴虚血热而引起的月经先期，常用两地汤加鸡血藤、丹参治之。盖两地汤有滋阴制火之功，阴液充足，则虚火自平，经水调和，但阴药多柔腻，容易留瘀，加入鸡血藤和丹参，有补有行，则可免后遗之患。又如血热崩漏，出血量多，常用芩连四物汤清热泻火，凉血止崩。但当归、川芎辛温走窜，容易动火，对于血热崩漏，不甚相宜，常常改用鸡血藤与丹参，则既可避免走窜动火之弊，又能清热止崩而不留瘀。

二、带下疾病

带下有白带、黄带、赤白带、青带、黑带、五色带等之分，但终归不外寒与热、湿与瘀而已，故治疗带下疾病，当首辨其寒湿或湿热。而湿为阴邪，其性重浊黏滞，易与血相结而为瘀。如赤白带下，便是湿瘀互结的病变，若属湿热则用止带方清利解毒，寒湿则用附子汤温化止带，但见红必治血，不论是湿热或寒湿，均加用鸡血藤和丹参，则湿去瘀化，带下自愈。

三、妊娠疾病

妊娠疾病的治疗，同样要辨证论治。但总的原则是治病与安胎并举，以补肾健脾为主，因为肾主蛰而系胎元，脾为气血生化之源，是后天之本，脾肾健旺则胎元自安。如肾虚胎动不安，常用寿胎丸加鸡血藤补肾安胎，养血防漏；多次滑胎者，则用泰山磐石散去当归、川芎之辛窜，改用鸡血藤与丹参，可收补气补血之功而不动火。

四、产后疾病

新产之妇，一方面气血耗损，另一方面由于产创，又有离经之血，因而是多虚多瘀之体。其治疗原则，必须照顾到虚瘀混杂的特点，选方用药，寒证不过温，热证不过凉，用补不滞腻，消导要扶脾。如产后发热，有血虚、血瘀、外感之分。血虚发热，当以补益气血为主，用圣愈汤去熟地，加鸡血藤、益母草，则补而不留瘀；血瘀发热，以生血化瘀并重，用生化汤加鸡血藤、丹参治之，则祛瘀而不伤正，营卫调和，气血畅通，其热则退。

总之，鸡血藤是一味较好的血药，不仅能用于妇科的疾病，也能用于其他各科涉及血分的病变。它具有当归补血活血之功，又无当归走窜动火之弊，性味平稳，疗效可靠。

鸡血藤治疗妇科病

鸡血藤性味苦、甘、温，入血分善治血病。鸡血藤以云南、广西等少数民族地区所产者良。西南文史古籍《顺宁府志》总结西南地区少数民族使用该药的经验，称其为"血分之圣药"，鸡血藤在妇科治疗范围较广，现摘要介绍如下：

一、以补血为主，善治虚证

鸡血藤以补血为主或以行血为主，历代尚有争议。根据我区壮族民间用鸡血藤治疗妇人血虚、手足发麻的经验，经长期临床实践，该药入肝、心、脾，以补血为主，行血为辅，属滋补肝阴、增强肝用的强壮之药，适用于各种妇科虚证，尤其是血虚偏寒者。如血虚偏寒其症见经行后期，量少色淡，甚或经闭不行，治疗上除选用气血双补的八珍汤或人参养荣汤以滋养肝血、健脾和中外，常重用鸡血藤以加强补肝血、促升发之力，使冲任旺盛，血海充溢，经期自调。又如治肝肾亏虚、精血不足之月经前后诸证或绝经期前后诸证，症见经期或前或后，量多少不一，经色淡薄，伴见面色苍白或晦暗，头晕耳鸣，小腹不温而坠痛，腰膝酸软等，治疗可用滋补肝肾的六味地黄丸或定经汤重加鸡血藤治之，以待精血两旺、冲任得复而肝肾藏泄有职，诸症得缓。又如治疗肾阳虚衰，肝阳不振的宫寒不孕，症见婚后多年不孕，经行延期，性欲淡漠，甚或厌惧，卵泡发育不良等，除用张景岳的右归丸加茺蔚子、蛇床子、淫羊藿以调动肝、肾的"罢极"、"作强"功能之外，常重用鸡血藤以温养心、肝二脏，使肝木得温，肾阳振奋，生机蓬勃而经行有常，子脏温暖而受孕有期。如治疗冲任不足或肝肾亏损的习惯性流产，症见孕后胎元不固，流产频频，伴头晕、目眩、困倦乏力、纳食不香、膝软腰酸、甚则耳鸣等，宜治病于未病之先，除用寿胎丸加川杜仲、覆盆子或泰山磐石散以固肾寿胎外，可重加鸡血藤以温养肝血，使血足气充，肾气能蛰能藏，则卵子活跃，其胎自固。因妇人一生耗用精血，常不足于血而相对有余于气，鸡血藤养血补血，故可加减治疗各种妇科虚证。

二、补中有行，巧治瘀血

鸡血藤集补散于一身，寓温通于补血之中，行血于养血之内，实为调治妇人经血最常用之药物。唐宗海《血证论》指出："凡血证，总以祛瘀为要"，"然既是离经之血，虽清血鲜血，亦是瘀血"。故治经不忘血，治血不忘瘀。鸡血藤补中有行、攻不伤正，为徐图缓攻治疗瘀血之圣药，常将其加减应用于各种瘀血病证之中。如崩漏是月经病中常见而较急重的病证，尽管病源有寒热虚实之别，但离经之血多留瘀，故与瘀血有关。故治崩不忘瘀，只有瘀去肾才能封藏，冲任才能修复。治少女崩漏，常用补肾祛瘀之法，用五子衍宗丸或六味地黄汤加鸡血藤、田七花、益母草、泽兰治之；治疗老年崩漏，常用补脾祛瘀之法，补中益气汤或胶艾汤加鸡血藤、益母草、素馨花治之；治疗中年崩漏，常用补肝祛瘀之法，归芍地黄汤加鸡血藤、丹参、夜交藤、益母草、旱莲草治之。痛经病变，既以"痛"着眼，治当以"通"为要，宗"通则不痛"之旨，临床上以血水两治的当归芍药散加鸡血藤最为常用。若为寒凝胞宫所致，当用温经暖宫散瘀之法，以温经汤加附子、艾叶、鸡血藤、丹参治之；若为气滞血瘀所致，当用理气化瘀之法，以桃红四物汤加鸡血藤、益母草治之；若为肝肾虚损所致，当用益肾养肝散瘀之法，用调肝汤加鸡血藤、益母草治之。产后恶露不绝，虽有虚、实之分，但与瘀血关系极为密切，若为瘀血未净所致，可用生化汤加鸡血藤、益母草治之，以化瘀温通，加强疗效。若体虚有瘀之恶露不绝者，要分清虚与瘀的关系，注意补中有化，甚则适当使用收敛止血之药，常用圣愈汤加鸡血藤、益母草治之，使补不留邪，攻不伤正，标本兼治而取效。

三、养血通脉，堪治杂病

鸡血藤养血舒筋、疏通血脉，善祛瘀生新、祛风蠲痹，故治疗妇科虚实夹杂、久治不愈的奇难杂症有良效。如性交涩痛，除亏损之外常有冲任之损伤，故治该病在辨证的基础上加用鸡血藤。如见性欲淡漠，甚或畏恶反感，性交涩痛伴见小腹不温，腰膝酸软，交合后腰膝疼痛加重，小便清长等肾阳不振、肝肾两虚症状者，常以温养肝肾、调理冲任之法治之，用右归丸去附子、肉桂，加巴戟天、紫石英、仙灵脾、鸡血藤为常用。如性欲正常，交合时干涩疼痛，甚或见红，伴头晕目眩，心烦难寐，腰膝酸软等症者，多属肝肾阴虚、精血不足，治宜滋阴养血、调补肝肾，常用左归丸加归身，使肝肾充足、冲任通畅而治愈。如产后风证，虽有血虚、血瘀、外感之不同，但病机多与虚中夹瘀有关，治疗以扶正养血、活络祛瘀为原则，鸡血藤为常用之药。如偏于产后失血过多、筋脉失养所致关节疼痛之产后风，治宜养血益气为主，温通止痛为辅,《金匮要略》黄芪桂枝五物汤加鸡血藤、当归、川芎、宽筋藤为常用;如偏于败血不尽,瘀血内坠致关节疼痛之产后风,治宜养血化瘀为主、疏通经络为辅,《医林改错》身痛逐瘀汤加鸡血藤、桑寄生、威灵仙为常用;如偏于产后血亏,风寒湿侵袭致关节疼痛之产后风,治宜温经散寒为主,活血通络为辅,《伤寒论》当归四逆汤加鸡血藤、防风、威灵仙为常用。子宫肌瘤为妇科常见良性肿瘤,可归入血癥积聚范畴,本证多为本虚标实,虚瘀夹杂之证。治宜衡量虚实轻重,不可一味峻猛攻伐,以免损伤正气,应攻补兼施、护正气、消散癥块。若肿块较大,体质较强,以瘀血积结为主之子宫肌瘤者,治宜软坚散结、破积消癥为主,补养气血为辅,桂枝茯苓丸加莪术、刘寄奴、猫爪草、鸡血藤、黄芪为常用;若癥块日久不愈,体质较弱,以气血虚弱为主者,治宜补气摄血为主,破积散癥为辅,当归补血汤加莪术、苏木、泽兰、猫爪草、鸡血藤为常用。

综上所述,鸡血藤虽为平和之药,但集补血温通于一身,故善治血病,为妇科之圣药。临床若加减得当,可通治虚实诸症及妇科奇难杂症。

花类药在妇科病中的运用

药物除寒热温凉之性外,尚有升降浮沉之势,而花者华也,集天地精灵之气而生,质轻气香能升发阳气,醒脾悦肝之力最优,用之得当,可成逆流挽舟之势,使湿化瘀散,带脉得束。

肝属木而主风,滋生于水,滋养于土,体阴用阳乃藏血之脏,性喜升散条达,且与奇经八脉关系最为密切,冲任皆系于肝。脾为土脏,主湿、主运化,为后天之本,气血生化之源,肝与脾有乘侮之制约关系。肝脏与性情关系最大,如有怫郁,由气机不舒直接影响于脾之运化与冲任之功能,故每见带下及种种妇科病。正如叶天士指出:"奇经八脉固属扼要,其最重调肝,因女子以肝为先天,阴性凝结,易于怫郁,郁则气滞血亦滞。"刘河间及王肯堂均有"天癸既行,病候当究厥阴"之说。使用花类药物,重在取其芳香馨甘之性、悦肝醒脾之力,使肝之怫郁得解,脾之运化得行,虽不化瘀瘀去,虽不利湿带除。

一、素馨花

素馨花又名玉芙蓉,味甘,性平无毒。因其气味甘平,无阴阳寒热之偏颇,且悦肝醒脾之功显著,又是岭南常见之品,故治疗肝郁所致的妇科疾病常用。史书记载:素馨花原产西部,又名耶悉名花,汉时传入南方,如今已是南方本地之药。妇人肝郁临床最为常见,经病夹郁,可加重病情。故治肝必治脾,只有健脾疏肝,气血运化有常,生机盎然,血旺气和,才能经带正常。然疏肝之药,多用常有劫伤肝阴之弊,故用药须慎之又慎。而素馨花性味甘平，疏肝之余，尚有润养肝阴之力，故为治疗肝郁的常用药，临床常用于经行乳房胀痛，性急易怒，面部痤疮反复发作，面部黄斑，形体瘦弱，带下绵绵，肝郁日久之体。

二、凌霄花

凌霄花为紫葳科植物紫葳的花，又名芰华（《吴普本草》）、堕胎花（《植物名实图考》）、藤萝花（《天宝本草》）。入肝经，味酸，性寒，有凉血祛瘀之功效。临床常用于治疗瘀热并重的经带病。本药性平和，为凉开散瘀之品，用之得当，能使肝郁得解，瘀血得行，郁去则生机有望，瘀除脉络得通，纵有宿疾缠身，也能康复。常用于治疗瘀热内结之经带病，且伴有赤带淋沥、腹痛癥瘕、盆腔炎症、乳腺小叶增生诸疾者。因该药属花类，虽能祛瘀，性本平和，故可长期使用，并无峻猛伤身之虞。

三、玫瑰花

玫瑰花属庭院种植观赏之花，除有很高的观赏价值外，尚有良好的药用性能。该花性温和，味甘甜，既有温养血脉之力，又有舒发生机之功。药入五脏，血气兼治，温而不燥，疏不伤阴，扶正祛邪，适于妇人气机郁滞、血脉不通之体，且食之芳香甘美，爽人肝脾，是治疗体虚兼郁、月经失调、带下日久不愈之疏肝运脾之良药。常用于治疗肝郁日久，脾湿不祛，经带淋沥，伴神疲健忘，心悸不安，困倦乏力，面色无华，心脾虚弱，肝郁胆怯之人，用之得当，能使血足神充，郁去神爽，气机通畅，百脉平和。

四、佛手花

佛手花又名佛柑花，是芸香科植物佛手的花朵和花蕾，体轻气香，味微苦，最善理气化痰，醒悦肝脾之气，故善治妇人带下、痰湿较重兼有心腹疼痛之疾者。根据多年的临床使用经验，佛手花清香淡雅，气味不浊，与理气止痛之佛手相比，疏肝醒脾之功强于佛手，但化痰止痛不及佛手，故治疗肝胃气痛以佛手为宜，而治疗带下肝胃不和者，因妇人阴柔之体，病多日积月累而成，当有长期治疗的思想准备，故可选用佛手花。妇人素有胃疾，又兼带下，上下不安，精神负担较重，用峻猛之药常不能速解，反而变生他病，故以调和柔养为贵，佛手花最为相宜。临证常用于治疗带下绵绵，清冷不绝，色白质稀，伴见纳呆食少，胃脘隐痛，气喘频频，困倦乏力者。

五、合欢花

合欢花是豆科植物合欢的花或花蕾，性味甘平，具有解郁安神、疏肝和络之功，主治心肝血虚、失眠健忘、郁闷不乐、情志抑郁等证。《本草便读》称其"能养血"；《四川中药志》称其"能合心志，开胃理气，清风明目，解郁"；《分类草药性》称其"能清心明目"。合欢花甘平微苦，集清养于一身，苦能清心，甘能养脾，是治疗心脾两病，隐曲难解，伴有失眠、健忘等症状的各种妇科病之良药。该药虽甘苦而微香，香能疏理肝气，故又有升发阳气之功，是治疗心、肝、脾俱病之经病、带病的良好辅助药物。合欢花常用于治疗月经不调，带下绵绵，伴有口苦心躁，健忘失眠，性情郁闷，思想负担较重之人，也用于因心肝脾俱病而见带下淋沥，月经量少，性欲淡漠，青春早逝之人。

藤类药在带下病中的运用

妇人带下与湿瘀有密切关系，湿与瘀合，脉络凝滞不通，进而加重病情，使冲任二脉功能难复，进而五脏功能失调。故其治疗，疏通脉络是重要措施，只有瘀去新生，血脉得复，脏腑经络功能才能正常，带下才能治愈。而藤类药物，质地刚柔相济，得地之阴气滋养，天之阳气润濡，能屈能伸，最善通经疏络，故清除脉络瘀积最善，络通瘀祛，肝之升发之气得行，脾之运化得健，肾之封藏得蛰，任脉得通，带脉得束，带下焉有不愈之理。现举数味藤药如下：

一、鸡血藤

鸡血藤味苦甘性温，善入血分治血病，西南文史古籍最早记载西南少数民族使用鸡血藤的经验，认为鸡血藤最善治血病，补中有行，虚实之证皆可用之。《顺宁府志》称其为"血分之圣药"。我认为该药以补虚为主，善治虚证，但补中有行，巧治瘀血，且通养血脉，堪治顽疾。故不但月经不调、宫寒不孕用之，治疗湿瘀带下，鸡血藤也是常用之药。

鸡血藤色红如鸡血，因而得名。鸡血藤是以补为主还是以行为主，古时虽有争论，但一般将其归入活血药之中，如《本草纲目拾遗》认为：该药"活血，暖腰膝，已风痰"，《饮片新参》认为其功用为"祛瘀血，生新血，流利经脉，治暑痧、风血痹证"。从壮族百姓以鸡血藤膏久服治贫血、血虚肢麻的经验，经长期实践，该药属一种强壮之剂，以补为主，主要是补助肝血，鼓舞升发之气，同时也具有通行之功，即补中有行。其温通之功，可暖助肝气，温通血脉，使肝得升发疏散，气血通行，令气条达的"将军之性"得以充分发挥。故鸡血藤不但用于治疗冲任功能不足、气血不和的月经病变、胎产病变以及各种杂症，更用于治疗湿瘀带下诸疾，且在治带的同时，使血气之冲逆得以调和，血脉通而百病愈。

肝藏血而主疏泄，肝之失和在带下病的发病中占有举足轻重的作用，肝气不和气血皆病，气血一病，百病丛生。正如《素问·调经论》所言："血气不和，百病乃变化而生"，"血气者，喜温而恶寒，寒则泣而不能流，温则消而去之……寒独留，则血凝泣，凝则脉不通"。肝之气不升发，可致血凝不通，若为肝寒，则病情更甚，而湿为阴邪，性属凝滞黏腻，治宜温宜散。若肝失疏泄，不但血凝，阴湿也会更甚，故使用鸡血藤一味，虽药物平凡，但补中有通，性温而治血，实为一箭三雕之义。其一，甘补之药，适合妇人柔弱之体，滋肝之阴，益肝之阳；其二，疏通血脉，祛瘀生新，有利于肝气刚阳之性的复苏；其三，温通血脉，祛散阴邪，使血行湿也去，不但利于瘀阻之疏散，而且利于阴湿之清除。

由于鸡血藤补中有通，善治妇人诸疾，且久服无伤身损体之虞，故可常用于治疗各种慢性炎症所致带下，如宫颈炎、盆腔炎，甚至某些盆腔肿块影响所致带下。各种慢性炎症所致带下，常缠绵难愈，易于复发，且患者由久病所扰，不但精神状况较差，且体质往往虚中夹实，虚实夹杂，难以平复，成为世人所谓顽疾痼症。从多年的临床经验观察，久带顽疾，湿瘀一般较重，且体质多虚，气血多不足，故欲速治不可，速祛不达。只有徐图缓攻，从气血调治入手，扶正祛邪，在扶持正气、调理气血的基础上，使用化瘀除湿而不伤正的药物，使正气得复、邪气得除，病情才有转愈之机，疗效才能巩固。而鸡血藤集补通于一身，补不滞邪，通不伤正，且性属温和，可益肝阳之气。肝为妇人之先天，与肾脾互为母子制约关系，肝气得疏、肾气得复、脾气得运、瘀祛湿清，最利于带脉之恢复，故为各种带病常用之良药。其适用于带病日久，缠绵不愈，或黄带淋沥，或赤带时作，伴见小腹隐痛，腰膝如折，月经不调，伴有瘀血，经色紫暗之人。

临床上，病人常连服鸡血藤数月而益觉壮实，无任何不适之感，究其原由，主要是该药味甘入脾、味苦入心，虽善调肝而实为脾、心、肝俱治之良药，故在治带方剂中，本药为一味主要药物。

二、忍冬藤

忍冬藤即金银花藤，是清热解毒良药金银花的茎叶部分，别名又叫金钗股、大薜荔、千金藤、鸳鸯草、金银藤。性味甘苦微寒，有清热解毒通络之功，临床用于瘀热邪毒壅盛者。陈自明《外科精要》用于治疗痈疽发背，"初发便当服此，其效甚奇。"《医学真传》称："夫银花之藤，乃宣通经脉之药也。……通经脉而调气血，何病不宜，岂必痈毒而后用之哉"，将忍冬藤的使用范围扩大到气血壅滞不通诸证。《苏沈良方》称"忍冬，古人但为补药，未尝治疽"。忍冬藤虽为金银花的茎叶，但药用与花有一定的区别，花质轻清，善于清热解毒，尤其是解气分之毒效果显著。而忍冬藤质较重厚，不若花之轻扬，故解气分热毒之力不及金银花，然通络清热、清脉络之热毒的效力优于其花，且茎藤之属，质地重着，故治下部之湿瘀壅滞、脉络不通有良效，且古人已有用之补药之先例，故久服无伤身损体之忧。

带下俱为湿病，临床上带下缠绵难愈之人，体质多虚且病情复杂，常湿与瘀合而蕴热阻络，形成各种盆腔的慢性炎症，除了下腹部隐痛不适或有包块之外，常见带下或黄或赤，或如脓样，淋沥难净，味臭而痒，服药久而不效，或过用苦寒则头晕目眩。此类患者，若用峻猛之药攻邪逐瘀，往往病未去而正已伤，各种变证峰起。若用滋补之药以扶正气，往往正未复而邪气已复盛，故治疗当顾正气又要祛邪气，祛邪与通络、补虚三方面兼顾，不可顾此而略彼。在体虚与湿瘀俱重的带下病之中，忍冬藤为首选药物，该药清中寓通，且能扶正，用之得当，最善消除盆腔湿瘀之包块，使络通脉畅，瘀祛新生，而顽带得愈。

妇人阴盛之体，平素操劳烦重，最易因郁致瘀，故脉络不通最为常见，而郁证一生，百病易成，常为加重病情及诱发新病的一个潜在因素。故妇人之病，应注重从血调治，通络为先。尤其是带下等阴湿瘀重之病，更应治带不忘血，治血不忘瘀，故不管瘀重与否，忍冬藤均为治疗带下诸病、通络清瘀的一味良药。

三、夜交藤

夜交藤又叫首乌藤，是蓼科植物何首乌的藤茎或带叶藤茎。性味甘微苦、平。入心肝脾经，具有养心、安神、通络、祛风之效。《本草再新》称其"补中气，行经络，通血脉，治劳伤"。《饮片新参》称其"养肝肾，止虚汗，安神催眠"。《陕西中草药》称其"祛风湿，通经络，治失眠、多汗、贫血、周身酸痛、疥癣等皮肤病"。《本草正义》认为其有"引阳入阴"、"调和阴阳"之功，属"有利无害"之药。我认为该药既为首乌之藤，则既禀首乌补肝、益肾、养血、祛风之性，又有通络之功，故治疗带下兼有肝肾不足之头晕、腰膝软弱、筋骨酸痛等最为适用，属于以补为主，补中有通之药。妇人以肝为先天，肾为人体生殖之根，故带下等妇人疾患，日久病及根本，最易出现肝肾阴虚。肝虚则疏泄不及，肾虚则封藏不能，致使带病经久不愈，且带病既久，多有瘀阻，故纯补虚则邪气壅滞，纯祛邪则体虚难支，唯有补中寓通之剂最为合适，故以夜交藤治之，以肝肾俱治，肝肾固而脉络通，先天足而邪气去，带下焉有不治之理？

动物药在不孕症中的应用

动物药的品种虽然繁多，也有四性五味之别，但其共性都是血肉有情之品，在不孕症中的应用占很重要的地位。我对于脾气虚弱，气血生化之源不足而导致不孕的患者，除了宗归脾汤以养心健脾、益气补血，补中益气汤以调养脾胃、升阳益气，人参养荣汤以五脏互养、益气和血之类出入之外，常配用适量山羊肉与黑大豆作饮食疗法。山羊肉性味甘温，能暖脾温中，益气生血；黑大豆性味温涩，能生精化血，有补肾壮腰之功。对于肾气不足、冲任亏损、精血衰少的不孕患者，首先辨别其是阴虚或阳虚而采取滋补或温补之法。若偏于阴虚的不孕患者，以左归丸（饮）之类滋养的同时，常配用多年老母鸭或海参炖服，以加强其滋养生血之功；若偏于阳虚的不孕患者，以右归丸（饮）温养为主，并配用麻雀卵适量，用水酒同煮温服，则温肾暖宫、助阳生精之效尤捷。对于肝气郁结的不孕患者，在用疏肝解郁的逍遥散、越鞠丸之类药物治疗的同时，再投以诸肝（如鸡肝、鸭肝、猪肝、牛肝）作为饮食疗法，生血养肝，可收到事半功倍之效。对于痰湿为患引起的不孕，在本着"病痰饮者，当以温药和之"以苓桂术甘汤或肾气丸出入治疗的同时，再以乌贼鱼或蛤蚧作饮食治疗，则既能温肾健脾，祛湿化痰，又能益气生血，温养子宫，促进排卵摄精。对于瘀积所引起的不孕，常用桂枝茯苓丸、桃红四物汤、下瘀血汤之类，同时配用黄鳝、鲮鲤（穿山甲）作饮食治疗，既能补又能通，则疗效尤捷。

连翘在妇科临床中的应用

连翘芬芳轻扬，具有辛散之性，能和营调气、通达上下，善清冲任血分之瘀热，且解毒不伤正、利湿不损阴，不仅能广泛用于治疗内、外、儿科之疾，在妇科临床中若配伍得当，亦可平中见奇。

一、清郁热，凉血和营治经病

妇人以血为用，血分易虚易瘀。若感受热邪或素体阳盛、过食温燥或七情过极，均可使五志化火而致血分蕴热、热伤冲任、迫血妄行，最终造成经血过多，甚则崩漏。热灼津伤，血结而不散，脉络受阻可致经行腹痛、头痛、身痛诸疾。连翘辛苦而寒，善入血分解郁清热、凉血和营、行血散结，使血热能清、血结能散，则血循常道，脉络通畅，血止痛消。用于妇科因热邪壅盛所致之月经量多、崩漏、痛经等疾疗效卓著，可用生四物汤或两地汤加连翘治之。若湿热所致经行前后少腹、小腹灼热疼痛，阴道灼痛，便溏溺黄者，可用连翘配《金匮要略》当归芍药散和二妙散治之。当归芍药散主治妇人"腹中诸疾痛"，连翘既能助二妙散清泄湿热，又能散结化瘀、流通气血，诸药合用，则湿去热清、气调血和而痛止。

二、利湿浊，清热解毒疗带下

带下一病，多因摄生不慎，外感湿毒或肝脾肾三脏功能失调，湿热流注下焦，损伤冲、任、带三脉所致，故带下为患总以湿瘀为纲。连翘性寒而能胜热解毒，味苦降则化湿祛瘀，其气清馥芳香，更能除秽和中，故丹溪谓其能"泻心火，降脾胃湿热"，治疗湿热带下有清泄芳化、解毒利湿之功。如治疗脾虚所致带下绵绵或黄白相兼，阴痒，纳少便溏者，可用完带汤加连翘治之。完带汤培中胜湿，佐以连翘清利湿热，既能助脾升清输布，又能醒脾除秽，俾脾升而健，湿源自绝。对湿瘀胶结为患，胞络损伤而致赤白带下或经漏者，可用连翘与异功散、海螵蛸、茜草、小蓟配伍，取其凉血化瘀、清热利湿之功，使湿瘀并去，赤带消失。对湿热壅盛，阴津受损，症见带下黄稠，臭秽或房事后阴道灼痛，口干便结，脉细数者，用连翘与增液汤或八仙长寿饮配用，以养阴清热，则利湿而无伤阴之虞。

三、清心火，通畅三焦愈子淋

子淋以孕妇小便频数窘涩、点滴疼痛为特征。其为患多系阴虚热炽，津液损伤之证，攻之不可、利之不能。盖心主血，胞脉属心而络于胞中，妊后精血下聚养胎，阴血不足，心阳偏亢。若素性抑郁，郁久化火，心火偏旺，移热于小肠，可致膀胱湿热郁结而为淋。治疗除清心火、利湿浊、恢复三焦气化功能外，尚宜选用祛湿不伤阴津的散结解郁之品，以顾护胎元。连翘药性平和，清热利水，行三焦而调水道，寒而不凝，利而不伐。《本经逢源》言其善"泻心经客热……利小便"，《药性论》云其"主通五淋，小便不通"，与其他清热利湿药相比，连翘用于孕妇或体虚淋证者，有利湿不伤胎、祛邪不伤正之妙。

如治疗孕妇小溲淋涩，量少而黄，心烦口苦，舌红少苔，脉细数等阴虚心火偏亢之症状，可用连翘与《伤寒论》猪苓汤配伍，以育阴清热、利尿通淋；治疗肝经湿热下注，少腹、小腹胀痛，尿频涩痛者，则重用连翘 20g，且与柴胡、白芍、鲜棕叶根、通草、车前草等配伍，则可养血柔肝、清利湿热，效果相得益彰。

益母草是妇科良药

益母草，又名坤草，其性味辛苦微寒，不仅能入心、肝和膀胱经，而且能直入冲、任二脉，是行中有补、祛瘀生新之品，为妇科常用之良药。

益母草的作用，根据历代方书的归纳，主要有三种：一是化瘀生新，二是利水消肿，三是散风解毒。这三种作用，都经得起临床的验证。但我认为其以第一种作用为最主要，我常说益母草既能祛瘀，也能止血。盖其味辛则能散，苦则能降，辛开苦降，可以祛瘀生新，其性微寒，能清冲、任之伏火而凉血止血。妇女以血为主，经、带、胎、产、乳均与血有关，治妇科病不离血，如能正确运用益母草，则其取效迅速。

我在妇科临床实践中，在辨证论治的基础上，常常加入益母草一味，取其直达血海之功。例如：经行错后，量少色淡，甚或经闭者，此属血虚之变，常用圣愈汤加益母草治之，或用简便方黑豆、鲜嫩益母草各等量，同煮烂熟加油、盐服用，可收到预期的效果。带下色白质稠而夹血丝者，此属脾失健运，不能统摄血液所致，常用异功散或补中益气汤加益母草治之。孕妇胎漏出血，治之当着眼于安胎止漏，如阴虚火旺而胎漏，常用两地汤补水制火以治本，加益母草、旱莲草以止血化瘀。产后之妇，是又虚又瘀之体，如恶露不绝偏于虚者，以益母草加入佛手散或生化汤治之，偏于瘀积者，则以桃红四物汤加入益母草治之。孕妇临产受惊以致郁结难产者，常用保产无忧散加益母草治之，则撑开催产之力加强。婚后多年不孕，证属阳虚寒凝、胞脉不通者，常用少腹逐瘀汤加益母草、制附子治之，取其温化通行之功。

忆年轻时跟师临床，曾见老师用大承气汤加益母草治死胎不下，往往服药一两剂而收到满意的效果。又一产妇临盆三日，气虚乏力，胎儿不下，西医诊为"宫缩乏力"，一老中医辨为气血虚弱、载运乏力，以鲜益母草250g，土黄芪250g，同煮趁温热频服，服药两剂后，气充胎出，母子均安。

益母草不仅是妇科良药，而且属于血分病变的各科疾病都可用之。如小便短赤涩痛的血尿，属下焦湿热，损伤络脉，用龙胆泻肝汤加益母草治之。长夏之时，湿热交蒸，小儿全身肌肤疹痒难忍或生疮疖痈肿，以益母草配忍冬藤适量，同煮水外洗，或配一点红共捣烂外敷，能祛毒消肿，清热止痒。

方书中益母草的用量是10～15g。我用于止血时不超过20g，多与旱莲草同用；用于活血祛瘀时，是30～150g，多与归、芎之类同用。

总之，益母草是治疗妇科疾病常用的良药。可惜清代大医家陈修园却囿于"守道遵经"，极力贬低益母草的临床价值，他在《妇科要旨》中说："无一字言及妇人经产之症"，甚至骂别人用益母草治病是"杀人不见血"。证之临床，此老之言，未免过于偏激。学者当择善而从，不要为名家之言所惑。

玫　瑰　花

玫瑰花属庭院培植之花，除有观赏价值外，尚有很高的药用价值。该药药性温和，以疏以升为主，能疏升肝、胆、脾、肺之气，为养心肝血脉之药，并非攻伐之剂。因其药性平和，温而不燥，疏不伤阴，适合妇人柔弱之体，血脉不通，气机郁滞之证。玫瑰花食之芳香甘美，令人心爽神怡，且可益肝脾，是治疗妇人肝血瘀滞之首选药。常用于治疗月经不调、赤白带下、月经前后诸证、更年期综合征等，尤以治疗伴有自主神经功能紊乱的诸种妇科病变，疗效更著。

如月经后期或月经过少，伴有经行疼痛、心神不宁等，常用玫瑰花10g，益母草10g，鸡血藤20g，丹参15g，当归10g，川芎6g，白芍10g，浮小麦15g，红枣10g。水煎服。

如赤白带下，色时淡时暗，淋沥难净，伴不时阴痒味臭，全身困倦，心烦易怒等，常用玫瑰花10g，当归10g，川芎6g，丹参15g，丹皮10g，土茯苓20g，益母草10g，川断10g，白术10g，泽泻10g，甘草6g。水煎服。

如经前常易感冒，全身困倦，乳房胀痛，心烦易怒，心悸怔忡，夜不成寐，纳食不香，并见浮肿，痛经，经色暗红，量少有瘀块者，常用玫瑰花15g，佛手花10g，白芍10g，当归10g，茯苓6g（或茯神10g），丹参15g，枳实6g，益母草10g，荷叶10g，红枣10g。水煎服。

如年近五旬，经水将断，经行前后不定期，量多少不一，伴烦热，心悸怔忡，夜寐不宁，全身困倦乏力等，常用玫瑰花 10g，浮小麦 20g，红枣 15g，益母草 10g，川断 10g，鸡血藤 20g，山萸肉 10g，泽泻 10g，丹参 15g。水煎服。

总之，玫瑰花质轻芳香，能疏肝醒脾，使血足气充，瘀去新生，无论阴阳之剂配之，均能使气机通畅，血脉调和而达到治病的目的。

附子临床运用点滴体会

附子是临床应用很广泛的温阳药。张仲景在他的《伤寒杂病论》中，不仅用四逆辈治疗伤寒三阴证以回阳救逆，而且使用有附子配伍的汤方治疗太阳病误汗、误下的变证。如过用发汗剂而导致汗漏不止、小便难、四肢微急、难以屈伸的阳脱病变，用桂枝加附子汤治疗，以复阳敛阴，固表止汗；汗后表未解而正已伤的脚挛急，为汗出恶寒阴阳两虚病变，用芍药甘草附子汤治之，取芍药之酸以益阴，附子之辛温以扶阳，从而达到气阴兼顾的目的；汗下之后，表里俱虚而阳虚阴盛的病变，则用干姜附子汤以扶阳抑阴；阳虚而津气亦伤，则用茯苓四逆汤以扶阳救阴；邪热有余，中阳不足的痞证，以寒热互用、邪正兼顾的附子泻心汤治之，既能泄其内陷之邪热，又扶其阳虚之变；风湿之证，在病情上虽然有风胜于湿、湿胜于风、湿留关节等之不同，但其治疗所用之桂枝附子汤、白术附子汤、甘草附子汤三方，均离不了附子之辛热温阳止痛。其他，如内伤杂病，应用附子治疗的也很多。如历节病用乌头煎、术附汤以祛寒止痛；虚劳腰痛和痰饮者用八味肾气丸，以补阴之虚而助阳之弱；胸痹则用薏苡附子散通里祛寒，温阳止痛；脾胃虚寒、水饮内停而呕吐，用附子粳米汤散寒降逆，温中止痛；阴盛格阳而导致的呕吐或下利，则用四逆汤以回阳救逆；阳虚水肿，则用麻黄附子汤以温经发汗；肠痈则用薏苡败酱散以排脓消肿；寒热错杂、虚实并见的蛔厥则用乌梅丸；妊娠腹痛恶寒，少腹如扇者，用附子汤以温阳散寒，暖宫安胎。仅以上所述，可见仲景应用附子治疗疾病的范围是很广泛的。

由于附子辛热有毒，是纯阳之品，在临床中，往往有人少用或慎用，甚或忌用，或者虽然在临床中也偶然应用，但多侧重于扶阳而忽略其他，因而不能很好地发挥附子的作用，其实这都是由于没有很好地理解附子性能的结果。我个人认为，《增批本草备要》对附子的论述很好："辛甘有毒，大热纯阳，其性浮而不沉，其用走而不守，通行十二经，无所不至。能引补气药，以复散失之元阳；引补血药，以滋不足之真阴；引发散药，开腠理，以逐在表之风寒；引温暖药达下焦，以祛在里之寒湿，治三阴伤寒。"这段话的阐述，切要而中肯，对附子的性能，作了全面的概括。我对于附子的运用，既着眼于"回阳救逆"，更注意其"温经通行"的功能。兹列述如下：

1. 温通血脉

凡是素体阳虚，遇寒冷则肢节疼痛剧烈，触之加重者，此属寒凝血滞，经脉不通，常用当归四逆汤治之。本方本为"手足厥寒，脉细欲绝者"而设。痹为寒凝，故以桂、归、芍行血通脉，细辛辛开，通达内外，通草行血中之滞而通九窍，草、枣和中而调营卫。但全方偏于养血通脉，通行之力不足，如疼痛剧烈者，必须加入附子之辛热，才能加强其温化通行之力，从而收到祛寒止痛的效果。

2. 温散祛瘀

凡是跌打损伤之后，每遇气交之变，肢节掣痛或入夜而痛，此为瘀血停留，外邪侵袭，内外合邪之患，常用桃红四物汤加秦艽、桂枝、制附子以温散祛瘀、辛通血脉。妇女寒凝经痛，经行错后而量少者，以少腹逐瘀汤加附子治之，则温化通行之力更强。

3. 补血通脉

虚劳损伤、血行不畅而四肢麻木重着，入夜加剧者，多见于多孕多产之妇，是由于营血不足，血行不畅而形成的"血痹"。用黄芪桂枝五物加附子治之，既能补养营血，又能温化通行，其痹着之变可止。

4. 温经止痛

痛证有寒热虚实之分，但从临床所见，凡日久不愈之痛证，多属寒凝之患。例如妇女长期经行错后，色暗红而夹紫块，经行少腹、小腹疼痛剧烈，甚则唇面发青，汗出肢冷者，此属寒凝经痛，常用《金匮》温经汤加附子治之，以收温经散寒、补血化瘀之功。

5. 温肾健脾

劳动汗出，腰部感受寒湿，阳气痹着不行，《金匮》称之为肾著，"肾著之病……腰以下冷痛，腹重如带五千钱，甘姜苓术汤主之"。但我认为，本方仅有温中散寒、健脾除湿的作用，在应用时加入附子，则能治湿及寒，其功效较捷。

6. 温经补虚

腰脊损伤日久，留瘀为患，长期腰骶坠胀，绵绵而痛者，此属虚瘀夹杂，用附子配羊肉各适量加油、盐煎服，既能温经通行，又能益气养血，其效可期。

总而言之，附子是一味很好的温阳药，张景岳称之为"四维药"之一，确是卓识之见。临床应用，只要辨证准确（无咽干、发热、脉数、苔黄、舌红等热象）、配伍得当、煎煮得法，纵然没有"四肢厥逆"等阳脱之症，仍可用之温养通行，促进人体气血的流通。

漫话土茯苓

土茯苓属攀缘藤本，是壮族地区重要而常用药材之一，其性味甘淡平，有解毒、除湿、利关节、健脾胃、强筋骨的作用，能治淋浊、带下、风湿痹痛、小儿疳积、恶疮等内、外、妇、儿各科疾病，疗效显著，药源丰富。

症见发热寒战，骨节烦疼，小便短赤，舌苔黄腻，脉象缓滑者，此为湿热交蒸，蕴结于经络，脉道不通利之湿热痹证，常用宣痹汤（防己、杏仁、滑石、连翘、山栀子、薏苡仁、半夏、晚蚕砂、赤小豆）加土茯苓治之，以加强清热利湿、解毒通络、宣利关节之功。由于饮食不节，或暴食暴饮而导致食积停滞，症见胸脘痞满，腹胀时痛，嗳腐吞酸，厌食呕恶，大便泄泻者，治之当用消食化滞之法，以保和丸（山楂、神曲、半夏、茯苓、陈皮、连翘、萝卜子）加减出入。方中虽有茯苓健脾利湿、和胃止泻，但恐其力轻不胜任，常加用土茯苓为伍，不仅加强健脾利湿之力，而且有除秽解毒之功，二苓合用，则祛污除秽之力倍增。红斑狼疮患者，症见高热烦躁，口渴引饮，大便干结，小便短赤，苔黄糙而平，舌质红，脉洪数者，此为热毒炽盛之变，治之宜用凉血解毒之法，以犀角地黄汤（犀角、生地黄、赤芍药、牡丹皮）加土茯苓、野菊花、夜交藤、丹参、麦冬为治。症见大便干结，口渴引饮，苔干舌红，本是津伤之候，而仍用土茯苓之淡渗，意在取其解毒而不是利湿，而且在生地、麦冬之中配用，虽渗亦无妨。小孩厌食纳呆，面黄肌瘦，毛发焦枯，肚大青筋，大便溏薄，脉象虚弱者，此为虚实夹杂，疳积为患之候，治之当用健脾消疳、活血通络之法，以异功散加怀山药、莲肉、莪术、山楂、土茯苓治之，则既能健脾扶正，又能祛邪除积，促进气血的恢复。妇女带下量多，色黄白相兼而质稠秽，甚则阴道瘙痒难忍，脉象缓滑，舌苔黄腻者，此为湿热下注，蕴滞于胞宫，治之宜用清热利湿、解毒止痒之法，以四妙散（黄柏、苍术、怀牛膝、薏苡仁）加土茯苓、连翘、槟榔、鱼腥草治之。如少腹、小腹刺痛或辣痛，带下夹血丝，色赤黄白混夹者，此为湿热之邪阻遏气机，灼伤阴络，宜再加凌霄花、大小蓟、南丹皮、莲藕节等凉血化瘀之品。

总之，土茯苓是甘淡平之品，配寒药则能清，配温药则能养，配补药则能扶正，配攻利药则能解毒祛邪，是健脾利湿、解毒除秽而不伤正之良药，用之得当，其效显著。

漫话糯稻根须

糯稻根须，又称糯根须、糯稻根，是禾本科一年生草本植物糯稻的干根须。关于它的性味，有说是甘平，有说是甘辛，也有说是甘寒。我个人认为甘平最切实。

糯稻根须是一味简、验的药物，可是它的治疗功效，尚没有引起临床医生的注意，所以目前临床应用不多。其实糯稻根须是平稳冲和之品，有益胃健脾、生津退热的作用，对气阴两虚引起的潮热、自汗、盗汗等慢性疾病，有很好的疗效。

小孩一方面生机蓬勃，发育很快，即所谓"纯阳"之体，另一方面又是稚阴稚阳，脏腑娇嫩，发育未全，阴阳的协调不够稳定，因而常常自汗或盗汗，衣服尽湿。造成这些症状的原因虽然相当复杂，但主要是阴液不足、阳气偏盛而引起。用糯稻根须适量煎水当茶频饮，往往 3 ~ 5 天便能止汗退热，如配怀山药、莲子、五味子、地骨皮之类治之，则其效尤佳。

肺结核患者到了后期，五脏亏损，百骸俱虚，常常长期低热不退。用苦寒之剂，则犯胃伤脾，阴津受戕愈甚；用温补刚燥，容易动火，夜难入寐；用滋润不当则滞腻，阻碍生机，影响正气的恢复。用糯稻根须配太子参、麦冬、百合之类治之，能养肺胃之阴，药虽清淡而能补，气阴一足，营卫调和，其热自退。

湿热黄疸，在初期属实属热，治之多用清热利湿、攻邪退黄之剂，治之得当，则病愈康复。如过用攻利，则邪虽去而正亦伤，以致病情缠绵不愈，虚黄不退。这时，除了根据病情综合分析论治之外，配用糯稻根须适量煮水当茶频饮，常常能加速其痊愈。

《内经》云："毒药攻邪，五谷为养。"糯稻根须本是谷类根基之一，有敦厚之土气，其性味甘平，能清能补，益胃健脾，对气阴两虚而引起的潮热、自汗、盗汗都有一定的疗效，我们应该加以推广应用。

车前草运用体会

车前草性味甘寒，是入肝、肾、脾、肺诸经之药，有清热利尿、解毒通淋的作用。早在《诗经》就有"采采芣苢，薄言采之"，这便是有关车前草药用的记载。以后历代的本草专书，对于它的功能和主治，都不断地给予充实和发挥。可以说车前草是治疗内、外、妇、儿等各科疾患都可选用的药物。现在谈谈我应用车前草的点滴体会。

1. 外感风热

凡是外感风热之邪而头晕，头痛，咳嗽，脉浮数，舌苔薄黄，舌边尖红者，用车前草 20g，山芝麻 15g，煎水温服，既能使邪从汗解，又能使邪从小便出，尤以暑湿交蒸而得者，用之甚宜。

2. 夏暑鼻衄

夏暑天气炎热，凡是鼻孔出血而色红者，多属暑热之邪从口鼻而入，肺经为热邪所伤，阳络受损而导致的病变。以车前草 20g，鲜荷叶 30g，配适量黄砂糖煎服，能祛暑止血。

3. 尿血疼痛

小便色黄，短涩疼痛，甚或尿血者，此属湿热遏结下焦，膀胱郁热，损伤阴络之变。可用车前草 20g，旱莲草 15g，藕节 25g，配适量黄砂糖煎水服，既能清热利尿，又能化瘀止血。

4. 目赤肿痛

两眼红肿疼痛，怕光羞明，迎风流泪者，此属肝经风热之变。以车前草 20g，九里明 15g，野菊花 20g，煎水内服，并用桑叶、龙船花各适量煎水熏洗，一般 3~5 天收效。

5. 小孩热泻

夏秋之间，小孩大便稀薄垢腻，一日数次，或泻下暴迫，每日十余次，时带酸臭，脐腹微痛，身微热者，此属湿热泄泻。可用车前草 20g，番桃树嫩苗 15g，煎水内服，则能使邪热从小便出而收到清热止泻之功，亦即"利小便以实大便"之意。

6. 经带并病

妇女经行前后不定，量多少不一，色泽暗红而夹紫块，经将行而少腹、小腹胀痛，平时带下量多，色黄白而质稠秽者，此属湿瘀化热、经带并病之变。以车前草 20g，益母草 15g，煎水熏洗，能收到经带并治之功。

总之，车前草是易得而应用很广泛的药物，只要辨证清楚，配伍得宜，则其疗效是很好的。以上所谈的点滴体会，仅仅从简、便、廉、验方面而言，如果从复方的配伍方面而言，则其应用之广更是不胜枚举。

"蕹菜解药"

在临床实践的过程中，常常听到一些人说"蕹菜解药"。凡是病人在服药治疗期间，不论病的寒热虚实，药的清温补泻，一律禁吃蕹菜。这是对蕹菜的片面认识，必须加以澄清，才能发挥蕹菜在保健中的作用。

蕹菜，又有空心菜、空筒菜、藤藤菜、无心菜、水藤菜等之称。它的性味甘平咸滑，无毒，不仅是人民群众喜爱的蔬菜之一，而且有清润退热、解毒祛秽之功，对鼻子出血、大便干结下血、淋浊带下、痔疮疼痛、痈肿、折伤、虫蛇咬伤等多种疾病都有一定的疗效，而且其还能解药物中毒（如砒石中毒、野菖中毒）和食物中毒（如过食狗肉中毒），所以南宁人推崇蕹菜是"万能解毒药"，是有一定道理的。可见蕹菜有其独特的功能，在辨证立法之时，要是能根据蕹菜的性味特点，在处方遣药中，适当配吃蕹菜，更能较快提高疗效。如阴虚便秘，在应用滋阴通便药的同时，用鲜蕹菜辅助治疗，不仅能治标取快于一时，还可收到根治之功。反之，阳虚寒凝引起的便秘，在应用温开通便药物之时，如果同时进食蕹菜等甘寒之品，当然会影响温开的疗效，这就是所谓"蕹菜解药"了。

从"蕹菜解药"之说，我想起在治疗期间的"忌口"问题。我对于忌口的看法，一是要根据病情，二是要辨明药性，主张既要忌口，又不要忌口。凡是属实属热的疾病，在清解表里或苦寒下夺的同时，配吃甘寒凉之蔬菜类，如苦墨菜、西洋菜、空心菜之类，则能促进清解之力，反之，山羊肉之腥燥，地羊肉之温热，则非所宜了。属虚属寒的病变，在补虚扶阳的同时，宜配吃温养之品，如鸡蛋、雀蛋、鸽蛋之类，则其疗效较佳，反之，雪梨、马蹄之寒凉，与温药不相当，能影响疗效，当在禁忌之列。

总之，疾病治疗的疗效如何，除了决定于辨证是否准确、用药是否适当之外，还与食物营养有密切的关系。辨证明确，用药恰当，食物营养配合得好，则疗效神速。如饮食营养配合不当，纵然辨证、用药正确，仍会影响药物的疗效，延误病机。所以对蕹菜的所谓"解药"，亦应如此，用之得当，则能解毒治病，用之不当，则能影响其他药物的疗效，这就是所谓"蕹菜解药"之意。

谈谈人体脏腑的气化

气化，简单地说，就是气机的运动变化。详细点讲：一是指人体脏腑、经络气机的运动变化，如五脏之贮藏精气、六腑之传化水谷、营卫气血的运行、津液的转输敷布等；二是指某些脏腑的特殊功能，如三焦对水液有"如雾"、"如沤"、"如渎"的调节功能，膀胱有贮藏、排泄尿液的功能等。可见气化的范围是相当广泛的。这里仅就人体脏腑的气化，谈一些肤浅的认识和体会。

一、气化是脏腑功能活动基本形式的概括

脏腑的功能活动，既是分工又是合作的。心主血脉而藏神，为五脏六腑之主；肝藏血而主疏泄，为风木之脏；脾主运化而统血，是气血生化之源；肺主气而司宣降，为一身气之中枢；肾主蛰封藏，是元阴元阳的根源，能蒸腾、激发各个脏器的活动，是先天之本；胃为水谷之海，主受纳腐熟，是六腑之大源；小肠为受盛之官，主分别清浊；大肠主津液而行传导之职；胆主胆汁的贮藏和排泄，为中清之腑；三焦为元气之别使而行决渎之职；膀胱为水府而主排尿。由于脏腑的生理功能既分工又合作，因而五脏能贮藏精气，藏而不泻，满而不实，六腑则保持传化水谷的功能，泻而不藏，实而不满。通过这样不断地升清降浊，一方面吸收水谷精微，化生津液气血，把食物营养输送全身，以滋养脏腑、筋脉、苗窍、四肢百骸，一方面把浊者从汗孔或膀胱、大肠排出体外。脏腑不断消化、吸收、输布、排泄的一系列生理活动过程，也就是人体气机升降出入的过程，是气化功能的基本形式，因此可以说气化是脏腑功能活动基本形式的概括。

二、气化是脏腑之间密切联系的动力

脏腑的功能活动是密切联系的。脏与腑、腑与腑、脏与脏，在生理上相互依赖、相互为用、相互促进，在病变时则相互影响、相互克伐、相互传变。维持这种不可分割的密切联系，除了有赖于经络的连属作用之外，主要是靠脏腑、经络本身的气化作用。心主血，肺主气，血为气之母，气为血之帅，气行则血行，血止则气止，心肺之

所以相关，气血之所以相互为用，除了心肺相邻，心主血脉，肺主气而朝百脉之外，主要是心肺气化出入的作用。心阳温煦脾土，则增强脾的运化功能，脾健运则心血足，二者相互温养，相互促进。肝为风木之脏，内寄相火，心之君火宁谧，则相火不妄动，肝血足则心血旺而神爽，二者相互依存，相互为用。肾藏精而为水脏，心属火而为阳中之阳，肾水要上升以滋养心阳，使心火不亢，心火要下降以助肾阳蒸腾肾水，保持水火相济、心肾相交的局面。在生理上，脾为生气之源，肺为主气之枢；在病理上，脾为生痰之源，肺为贮痰之器。脾肺之所以这样关系密切，除了宗气的形成及水液的调节等因素之外，与气机的升降出入也是密切相关的。因为脾以升为健，肺以降为和，脾升肺降相反相成。肝主升发，肺主宣降，肝气以升发为顺，肺气以肃降为常，一升一降，保持人体气机的正常。肝主疏泄，能助脾的运化，而脾的运化，又是气血的来源，使肝血足而滋养肝木，疏泄运化，相辅相成。肺主气而为水之上源，肾为水火之脏而为元气之根，肺气足则能通调水道，使清者敷布全身，浊者下输膀胱，肾气足则能纳气而蒸腾津液，使气息平和而完成水液升清降浊的过程。肾为先天，脾为后天，脾的运化，有赖于肾阳的温煦，肾藏精有赖于脾运化水谷精微，先天济后天，后天养先天，脾肾相互滋养，相互为用。肝肾同居下焦，肝藏血，肾藏精，精可以化血，血可以化精，精血互化，二者相互滋生，相互促进。脏腑之间的这种不可分割的密切联系，在很大程度上取决于脏腑本身的气化作用，没有这种气化作用，便不能保持脏腑之间的协调活动。因此可以说，气化是脏腑之间密切联系的动力。

三、脏腑功能活动是气化的根本

人休复杂的生命活动，内而消化循环，外而视听言行，无一不是脏腑功能活动的表现，可以说脏腑的功能活动，实际上就是人体整个生命的活动。要是没有脏腑的功能活动，便无气化之可言。脏腑中又以脾肾二脏和胃腑与气化的关系最为密切。因为肾是元阴元阳之所出，是气血之始，内寄命门之火，只有命门火温煦、激发，肾才能作强而出技巧，膀胱、三焦才能决渎而水行，脾胃才能腐熟水谷而出五味营养，肝胆才能谋虑而决断，大、小肠才能分别清浊而变化行，心才能主神明而应万事之变，肺才能主宣降而行治节。可见肾气的盛衰盈亏，直接影响到各脏腑的功能。脾胃为后天之本，同居中焦，脾主升，胃主降，升则上输心肺，降则下达肝肾，而且能外灌四旁，是升降出入的枢纽。肝的升发，肺的肃降，肾水的上升，肺气的宣发，肾阳的蒸腾，肺肾的呼气与纳气，都离不开脾胃的升降运动。只有脾胃健运，才能维持"清阳出上窍，浊阴出下窍，清阳发腠理，浊阴归六腑"（《素问·阴阳应象大论》）的正常升降运动。可见，各脏腑特别是肾、脾、胃的功能活动与气化的关系至为密切。可以说脏腑的功能活动是气化的根本源泉，气化则是脏腑功能活动的表现。

四、气化失常的病变

由于升降出入是人体气化功能的基本形式，是脏腑、经络、营卫基本功能活动的具体表现，如果升降失常，便可以影响五脏六腑、四肢九窍以至整个人体的气化功能，发生种种病变。比如胃的浊阴不降，则上逆为呕吐；脾的清气不升，则发生耳聋目障或眩晕；脾虚气陷则下利脱肛；肾不纳气则气短喘息；肺失宣降，则胸痛咳逆；肝失升发，则胸胁胀痛，抑郁烦躁；肾水不升，心火不降，则心肾失交而出现心烦失眠、遗精、腰酸等。凡此种种病变，既有属实的，也有属虚的，其形成的因素，虽然复杂多端，但概而言之则不外乎外感六淫之邪、内伤七情之变、饮食劳倦、酒色劳伤等，其中尤以七情所伤，为害至烈。前人在这方面的论述是很多的。如《素问·举痛论》说："百病生于气也，怒则气上，喜则气缓，悲则气消，恐则气下……惊则气乱，劳则气耗，思则气结"，《灵枢·口问》说："心者，五脏六腑之主也……故悲哀愁忧则心动，心动则五脏六腑皆摇"，李东垣说："皆先由喜怒悲忧恐，为五贼所伤，而后胃气不行，劳役饮食不节继之，则元气乃伤"。这些论述皆说明了脏腑气化失常与七情之变有着密切的联系。气化失常所引起的病变，主要表现为郁证。《丹溪心法》说："气血冲和，万病不生，一有怫郁，百病生焉。"脏腑气机的变化，虽是以"郁"为主，但也不否认有寒热虚实之分，气血痰火之别。

五、气化失常的治疗

气化失常的病变，既然以"郁"为主，其治疗之法，自当从"郁"着手。对郁证的治疗，《内经》早有纲领性的论述。《素问·六元正纪大论》说："郁之甚者，治之奈何？岐伯曰：木郁达之，火郁发之，土郁夺之，金郁泄之，水郁折之，然调其气，过者折之，以其畏也，所谓泻之。"这里的达之、发之、夺之、泄之、折之在具体应用上虽有一定的区别，但其最终的目的，都是为了达到调气行血。正如《素问·至真要大论》说："疏其血气，令其调达，而致和平。"除《内经》之外，不少医籍也对郁病引起脏腑气机功能失常的治疗作过具体的论述。如《证治汇补》说："郁病虽多，皆因气不周流，法当顺气为先，开提为次，至于降火、消积，犹当分多少治之。"《类证治裁》说："七情内起之郁，始而伤气，继必及血，终乃成劳，主治宜苦辛凉润宣通。"根据前人的论述及笔者多年来的临床体会，凡脏腑气机不展，气化功能障碍者，皆应以调理脏腑，调其气血阴阳为圭臬。一般可从以下几方面入手：

1. 疏肝宣肺

肝属木而为刚脏，其性喜条达，职司疏泄升发；肺属金而系娇脏，其性清肃，有治节宣降之功。若肝气郁结，或者肺失宣降，均可导致气机的升降功能失常，不仅使气血的运行、津液的输布受到障碍，还往往出现咳逆、气急、胸胁胀痛等症。治疗可用疏肝解郁、宣肺降逆之法，药用柴胡疏肝散合一贯煎加瓜蒌皮、杏仁、苏梗之类，以促进肺肝功能的恢复。

2. 调理脾胃

脾胃同居中焦，有经脉相互连属而为表里关系。脾主运化而以升为顺，胃主受纳腐熟而以降为和，二者一纳一运，一降一升，相互配合，才能完成对饮食物的消化、吸收、输送营养等活动过程。若是脾胃的受纳、运化、升降、气化功能失调，则常常出现清气不升而导致浊阴不降。同样，浊阴不降也会引起清气不升，因而既有胃气不降的呕吐，也有脾气不升的泄泻。当脾胃的上述气化功能失调时，宜健脾和胃、调理中焦，以参苓白术散、七味白术散或补中益气汤之类加减治之。由于脾喜燥而恶湿，胃喜润而恶燥，如出现舌红唇干，胃阴已亏者，升、柴、术的辛升刚燥，当非所宜，可用《金匮要略》的麦门冬汤之甘缓治之。总之，调理脾胃以甘药为宜，对于阴（胃阴）伤者甘凉养阴，阳（脾阳）伤者宜甘温益阳，时时顾护中焦冲和之气，则脾升胃降的功能自可恢复正常。

3. 滋肾养心

肾性水属阴，位居于下；心性火属阳，位居于上。在正常情况下，心火下降于肾，以资肾阳，共同温煦肾阴，使肾水不寒；肾水上济于心，以资心阴，共同濡养心阳，使心火不亢。这种上下升降、阴阳相交、水火既济的关系，习惯上叫做"心肾相交"。如果这种上下相交的关系失常，肾水不升，心火不降，往往出现心烦、心悸、失眠、寐则多梦，甚则遗精、口舌生疮等阴虚火旺的证候，治当用交通心肾之法，方用知柏八味丸之类以滋阴降火。肾水足而心火降，则水火既济，阴阳相交，升降气化功能正常。

4. 祛湿化痰

痰湿为阴邪，其性重浊黏腻，最易遏伤阳气，阻碍气机的升降出入，导致脏腑功能的失常，影响津液的敷布及营卫气血的运行。治当分寒热虚实，或清或温，或补或泻。但脾主运化水湿，为生痰之源，本《金匮要略》"病痰饮者，当以温药和之"的原则，多用健脾利湿之法为治，可用小半夏加茯苓汤或二陈汤之类。待痰湿浊气一消，气机振奋，经络畅通，则脏腑气化功能正常。

5. 活血化瘀

心主血脉，脉为血之府，血赖气行，气赖血载，气行则血行，气滞则血瘀，血瘀则气机不畅。瘀在上焦，可见胸闷、心痛、口舌青紫；瘀在中焦，则多见胃脘痛胀，按之不减，大便色黑；瘀在下焦，可见少腹、小腹疼痛，在妇女则见经行疼痛，经色暗红夹紫块，淋沥不断等。可见气机不畅能导致血液运行不利而形成瘀血停滞，同样，瘀血停滞也可造成气机不宣，而导致脏腑气化功能的失常。故在气化不畅而导致瘀血的情况下，常可用活血化瘀之法治之而取得疗效。如妇女气滞血瘀的经行疼痛，用逍遥散合失笑散之类加味治之，可使气机舒展，经行畅通，从而收到痛止经调的预期效果。

总而言之，气化失常的病变，虽然也要分清其致病根源，辨别其寒热虚实，但必须以调理脏腑气血为重点，其中尤以调理脾胃最为关键。因为脾胃同居中州，上则可输心肺，下则可达肝肾，外则可灌四旁，是升降出入的枢纽。正如《证治汇补》所说："治郁之法，多以调中为要者，无他，盖脾胃居中，心肺在上，肝肾处下，四脏所受之邪过于中者，中气常先受之，况乎饮食不节，寒暑不调，停痰积饮，而脾胃亦先受伤，所以中焦致郁恒多也。治宜开发运动，鼓舞中州，则三阴三阳之郁，不攻自解矣。"这一段话，虽然是指治郁而言，但由于气化失常所引起的病变主要表现为"郁"，故亦可作为治疗气化失常的总则。

人体的脏腑经络和四肢九窍时时刻刻处在变化运动之中，这种运动变化，是气机升降出入的必然结果，是脏腑功能活动的集中表现。要是这种运动变化一停止，体内生克制化的功能活动就会停顿，生命就会结束。正如《素问·六微旨大论》所说："出入废，则神机化灭；升降息，则气立孤危。故非出入，则无以生长壮老已；非升降，则无以生长化收藏。是以升降出入，无器不有。故器者生化之宇，器散则分之，生化息矣。故无不出入，无不升降。"因此，我们必须时时刻刻顾护正气，保护脏腑的功能活动，促进脏腑气机的运动变化，从而维持人体的健康。

浅谈病人"忌口"的问题

对待病人在服药治疗期间的忌口问题，历来有两种看法：一是不问病的深浅轻重和寒热虚实，主张统统忌口；一是强调食物营养的重要，主张任何疾病都不要忌口。这两种看法，虽都有其理由，但都是以偏概全的。其实，任何一种饮食物，既有利于人体生长发育的一方面，也有害于脏腑功能的一方面，正如《素问·生气通天论》所说："阴之所生，本在五味；阴之五宫，伤在五味"。我们应该取其利而弃其弊。

疾病的发生错综复杂，立法用方也是变化无穷的。但总体来说，不外乎"扶正祛邪"，即如何协调阴阳的相对平衡，通过经络脏腑，增加人体的抵抗力而祛除病邪、从而达到恢复健康的目的。要扶正，除了用药来保护胃气和及时解除病邪、避免损伤气血外，还应配合适当的食物营养，这对于治愈疾病，促进康复，有着重要作用。所以，《素问·脏气法时论》在说到"毒药攻邪"之后，紧接着说："五谷为养，五果为助，五畜为益，五菜为充，气味合而服之，以补精益气"。有些疾病通过一定阶段的治疗，在邪气衰退，正气初复的情况下，就是要通过饮食的调节而收全功。《素问·五常政大论》说："大毒治病，十去其六；常毒治病，十去其七；小毒治病，十去其八；无毒治病，十去其九。谷肉果菜，食养尽之，无使过之，伤其正也。"可见食物营养在治疗过程中的重要性。但也应该看到，食物营养取之不当，不仅影响治疗的效果，而且会增加病人的负担。这因为"多食咸，则脉凝泣而色变；多食苦，则皮槁而毛拔；多食辛，则筋急而爪枯；多食酸，则肉胝皱而唇揭；多食甘，则骨痛而发落。此五味之所伤也"（《素问·五脏生成》）。有些患者热性疾病初愈，由于过食肉类，导致脾胃不和，气血逆乱而复发，所以《素问·热论》有"病热少愈，食肉则复，多食则遗"之说。

食物营养是人体生命活动不可少的物质，具有"利"和"害"的两面性，因而病人在服药治疗期间的忌口问题，我的看法是既要忌口，又要不忌口。在什么情况下要忌口，什么情况下不忌口，我认为应该根据以下三方面情况确定：

一、根据疾病的寒热虚实

疾病的发生，尽管是错综复杂的，但总不外是感邪于外或病起于内，邪盛正衰或正盛邪衰，病性属阴或属阳。所以病人对于饮食物的忌口或不忌口，首先应该根据疾病的寒热虚实来定。一般来说，凡是属实、属热、属外感的病变，宜吃清淡而富于营养的饮食物，不宜吃肥甘厚味。例如麻疹病孩，是感受时行不正之气，邪犯肺胃而致的热性病变，在治疗过程中，虽然有宣透、解毒、养阴先后次序的不同，但均以透疹为主，所以在发热出疹期间，宜吃芫荽、稀粥或藕粉之类，以顾护胃气而扶正以祛邪，如果吃油腻甘甜黏滞之品，则往往引起疹毒内陷，造成气急鼻扇、口唇青紫、咳喘肢厥的危候。又如湿温病人，为湿热之邪内蕴中焦，脾胃受困，清浊相干的病变，宜吃富于营养而易消化的食品，如冬瓜猪骨汤、玉米粥之类，既能渗湿清热，又能扶正，不宜吃甜腻及坚硬之食物，以免加重湿邪而形成危急的病变。内伤疾病，原属脏腑亏损，元气虚弱而致的病变，故其病性多寒多虚，治之当以扶正为主，在饮食的配合上，宜吃甘温之品以益气，或甘润之品以养阴，忌食辛热发散之品，以免耗气伤阴。如肺痨多因禀赋不足，或大病、久病之后，或酒色劳役太过，脏腑亏损，邪毒乘虚入侵而致，除根据病情对证治疗外，在饮食上也要适当注意。如属阴虚，可多吃甲鱼肉或山龟肉粥，或用老母鸭肉煲黑豆吃以固本，并适当吃川贝炖冰糖以治标。如属阳虚，可配吃桂圆肉、怀山药、莲子肉炖瘦猪肉或山羊肉。怀山药、莲子甘平，猪肉、羊肉、桂圆肉甘温，温而不燥，补而不腻，温能长养，甘能益气生血，配之得当，则正复邪去。如吃辛燥发散之品，则往往导致耗气伤阴而邪不去。又如肾虚腰痛，多属阴阳两亏的病变，除在治疗上用温阳或滋阴之药外，在饮食上要很好调配，民间常食用猪骨煲杜仲或猪腰煲桑寄生，效果比较好。

二、根据食物的性能

任何一种食物，对人体脏腑都有一定的影响，不过由于食物有四性（寒、热、温、凉）和五味（苦、辛、甘、酸、咸）的不同，因此，饮食物与脏腑之间有其特殊的联系。《素问·至真要大论》说："夫五味入胃，各归所喜，故酸先入肝，苦先入心，甘先入脾，辛先入肺，咸先入肾。"酸性收敛，甘能缓中，对肝阴不足，肝阳上亢的病变，吃一些酸性、甘性的食物，有敛肝、缓急、潜阳的作用，反之，如属肝气郁结，胸胁胀痛的病变，治之当用疏解之法，在食物上宜配吃辛润之品，所谓"肝欲散，急食辛以散之"，这样，疗效就较佳。苦能通泄下降，凡属实热之证，宜吃苦瓜之类，以清热泻火，反之，如属水火不济，心肾不交的病变，宜吃咸寒之品，如墨鱼、牡蛎肉之类以滋阴潜阳，所谓"急食咸以软之，用咸补之"。甘为平味，能益气生血，凡属脾气虚弱引起的紫癜，用桂圆肉、红枣、冰糖之类炖吃，有益气摄血之功。如属食积伤胃，不时胀痛嗳气，不宜吃甘润之品，只可吃面条、瘦猪肉之类。辛性主升主散，凡属风寒之邪犯肺而引起鼻塞、咳嗽，可吃生姜、鲜苏叶之类以发汗祛邪，反之如属肺虚自汗，则宜益气养阴以敛汗，可用糯稻根、甘蔗之类煲水当茶饮，或喝冰糖酸梅汤，所谓"肺欲收，急食酸以收之"。咸能软坚润下，凡热病后期，真阴亏损而便秘者，吃淡菜、鲜牡蛎肉之类，有滋阴通便之效，如属骨痿肢软之病变，不宜用这类饮食。

三、根据体质差异和地理环境、生活习性

人体由于禀赋不同和后天调养关系，体质也各有差异。凡矮胖、属阴之体，虽吃温性的食物，亦不为害，如吃寒冷之物，则阳易伤而百病丛生。凡属高瘦、阳气偏盛

的体质，宜吃甘凉的食物，以矫正其偏颇，保持阴阳的相对平衡，反之，如吃燥热之食物，则往往导致"阳胜则阴病"。饮食的宜忌，除了要考虑体质的因素外，还要注意地理环境、四时气候和生活习惯等。例如西北地高多燥，气候寒冷，虽多吃温润之品，亦不为害；东南地卑多湿，气候温和，常吃甘淡之品，则有利于健康。

总之，病人在治疗期间，必须根据病情的寒热虚实、食物的性味功能、病人体质的属阴或属阳、平时生活的喜恶、地理环境、气候的变化等加以综合分析，然后决定应吃什么，应忌什么。即使做不到不偏于阴、不偏于阳、不偏于血、不偏于气，亦即要符合《灵枢·师传》所说的"食饮者，热无灼灼，寒无沧沧"的要求，取其利而防其害，促进病体的康复。

专病论治与医案

月 经 先 期

月经周期提前 7 天以上，月经量基本正常，连续出现两个月经周期以上者属之。有关月经先期的记载，首见于《金匮要略·妇人杂病脉证并治》，张仲景描述其特点为"经一月再见"，即一月内行经两次，可见月经周期缩短是本病的特点。临证以血热和气虚多见。班老认为，血热又可分为虚热、实热、湿热三种，必须结合月经的色、质、量及全身兼症和舌脉变化而定。月经先期，量多，色淡，质稀，伴肢体困倦、面色㿠白、气短自汗、舌质淡、苔薄白、脉虚弱无力者，为气虚不能统摄血液，治宜以补气摄血为主，佐以升提之法，可用李东垣《脾胃论》中的补中益气汤加减治之。方中党参、白术、黄芪、炙甘草健脾益气以止血，当归补血和血，陈皮理气，升麻、柴胡升举下陷之气。若经血量多者，去辛温动血之当归，加紫珠草、茜草、山楂炭止血化瘀；月经先期而量多，色红或紫黑，经质稠浓，伴心烦口渴、舌红苔黄、脉滑数有力者，为血热（实热）；月经先期而量少，色暗，质稠，伴腰酸形瘦、舌红少苔、脉细数者，为虚热（阴虚内热），但虚热与实热常互为因果，虚实夹杂，治宜清热与滋阴养阴并行。班老临证常用四物汤去川芎加丹皮、地骨皮合二至丸或二地汤加味治之。月经量多者选大蓟、小蓟、紫珠草、茅根以凉血止血。若月经先期或夹带而下，平素带下量多色黄而臭，阴痒，大便干结，夜难入寐者，此属阴虚夹湿热所致，常选用经验方清宫解毒饮（鸡血藤、丹参、土茯苓、忍冬藤、薏苡仁、车前草、益母草）加青蒿、马鞭草、马齿苋治之。该方甘寒淡渗，清热不伤正，利湿不伤阴，为经带并治之良方。

病例 1

林某，女，26 岁，某学院幼儿园教师，已婚。1977 年 3 月 22 日初诊。

经行超前，量少，色淡，经中少腹、小腹胀痛，腰痛如折，结婚两年，虽双方共同生活，迄今未孕，余无特殊。脉虚细，苔薄白，舌质淡。

诊断：月经先期。

辨证：气血两虚，统摄不固。

治则：双补气血，以生经源。

处方：党参 15g，归身 9g，白术 9g，熟地 15g，炙黄芪 15g，白芍 5g，茯苓 5g，远志 3g，五味子 5g，肉桂 2g（后下），陈皮 2g，益母草 9g，炙甘草 5g。每日 1 剂，水煎服，连服 3 剂。

二诊（4 月 22 日）：12～17 日经行，周期正常，色红，量较上月多，经中腰及少腹、小腹胀痛轻微，脉舌如上。仍以补养气血为主。

处方：党参 15g，炙黄芪 12g，归身 9g，白芍 6g，熟地 15g，艾叶 2g，益母草 9g，香附 9g，红枣 9g。每日 1 剂，水煎服，连服 3 剂。

三诊（5月10日）：昨日月经来潮，现少腹仍轻微疼痛，脉虚细，苔薄白，舌质淡。拟补养为主，佐以化瘀。

处方：鸡血藤15g，当归9g，川芎6g，白芍9g，熟地12g，党参9g，炙黄芪12g，益母草9g，苏木9g，莪术3g，红枣9g。每日1剂，水煎服，连服3剂。

以后追访，经行正常，并已受孕。

按语：经者，血也；血者，阴也。阴血不足，血海空虚，故经行量少而色淡；血虚则气虚，气虚则不摄血，故经行超前；腰为肾之外府，血虚则失养，故腰痛如折。此乃阴血不足，故以人参养荣汤治之，从而收到"五脏交养互益"之功。三诊时适经中少腹胀痛，恐离经之血不净，故在补养之中，酌加苏木、莪术以导滞化瘀。治疗着眼点始终在双补气血，气血旺盛，则经行自调。

病例2

张某，女，34岁，已婚。1993年4月10日初诊。

月经先期1年。近1年来无明显诱因出现月经提前而至，20天左右一行，经量中等，色红，血块少，5天干净。经将行乳房胀痛，小腹疼痛。两个月来经前黑带数日，平时带下极少。从本月1日起出现黑带，1周后经水方行，昨日量较多，今日经量减少，色红，无血块，纳可寐好，二便如常。舌尖红，苔薄白，脉细弦。

诊断：月经先期。

辨证：肝郁血热。

治则：经期予以补益肝肾、养血调经，平时则清肝解郁为治。

处方：鸡血藤20g，丹参15g，当归10g，白芍10g，熟地15g，益母草10g，桑寄生15g，地骨皮10g，甘草6g。每日1剂，水煎服，连服4剂。

二诊（1993年4月14日）：药已服完，昨日经净。现大便溏烂，余无不适，舌淡红，苔薄白，脉细。经后转用疏肝健脾、清热调经法。

处方：丹皮10g，栀子6g，柴胡6g，当归10g，白芍10g，茯苓10g，白术10g，益母草10g，怀山药15g，薄荷5g（后下），甘草6g。每日1剂，水煎服，连服6剂。

三诊（1993年4月21日）：服上药后胃脘作胀，矢气，大便溏，舌淡红，苔薄白，脉细。恐寒凉过用，损伤胃气，上方去丹皮、栀子、益母草、怀山药，加佛手花10g，鸡血藤20g，醋柴胡易柴胡，增强疏肝解郁之效。每日1剂，水煎服，连服7剂。

四诊（1993年5月8日）：4月30日经行，经前黑带明显减少，腹痛减轻，经量中等，色红，少量血块，4天干净。现无不适，舌淡红，苔薄白，脉细。再以清肝解郁为法。

处方：丹皮10g，栀子6g，柴胡6g，当归10g，白芍10g，茯苓10g，白术10g，益母草10g，鸡血藤20g，薄荷5g（后下），甘草6g。每日1剂，水煎服，连服7剂。

五诊（1993年5月27日）：5月21日经行，经量中等，经色红，无血块，无腹痛，5天干净，经前有黑带少许。现时有反酸，纳可，大便调，舌淡红，苔薄白，脉细。以养血调经、健脾益气法善其后。

处方：鸡血藤20g，丹参15g，当归10g，茯苓10g，白术10g，瓦楞子10g，益母草10g，芡实10g，炙甘草5g。每日1剂，水煎服，连服6剂。

1993 年 8 月随访，经以上治疗，两个多月来月经 26～27 天一行，经色暗红，量中等，无血块，经行已无乳房胀痛及腹痛，经行黑带极少。

按语：肝气郁结，郁久化热，热迫血行，故月经提前；气滞肝经，故经将行乳房胀痛，小腹疼痛；经行之前阳气内动，肝热益甚，热邪灼伤血络，血离经络，日久则变黑色而为黑带。初诊时正值经行，经源于肾；经者，血也；肝为血海，故先以补益肝肾、养血调经法为治，佐甘淡寒之地骨皮以凉血清热。二诊月经干净，改用疏肝健脾、清热调经法，以逍遥散加丹皮、栀子、益母草治其本。丹皮、栀子苦寒，恐过用戕伐胃气，故随证增减之。药后肝气得疏，肝火得清，故经行如期，黑带亦除。

病例 3

李某，女，26 岁。1992 年 11 月 27 日初诊。

月经先期 4 个月。4 个月来经期提前，16～20 天一行，经量偏多，色鲜红或暗红，有血块，经前、经行小腹隐痛，行经时间为 6 天，末次月经 11 月 10 日。面部痤疮常发，经前、经行尤甚；经期容易感冒。刻下头晕，夜难入寐，掌汗多，背部、两足发冷，带下时多，色白，小腹隐痛，纳可，溺多，大便调。

诊断：月经先期。

辨证：肝郁血热。

治则：疏肝清热，凉血调经。

处方：丹皮 10g，栀子 6g，柴胡 6g，当归 10g，白芍 10g，茯苓 10g，荷叶 10g，凌霄花 10g，丹参 10g，薄荷 5g（后下），甘草 6g。每日 1 剂，水煎服，连服 4 剂。

二诊（1992 年 12 月 11 日）：12 月 4 日经行，量稍减，色鲜红或暗红，血块少，5 天干净，经将行小腹隐痛。现夜难入寐，面部痤疮新发，头晕，舌淡红，苔薄白，脉细。经后血虚，改用养血清热法。

处方：当归 10g，川芎 6g，白芍 10g，生地 15g，地骨皮 10g，丹皮 10g，丹参 15g，荷叶 10g，夏枯草 10g，麦冬 10g，甘草 6g。每日 1 剂，水煎服，连服 7 剂。

三诊（1993 年 2 月 23 日）：药后两月经行周期均为 25 天，末次月经 2 月 21 日，经量偏多，色暗红，有血块，今日经量未减，经行第 1～2 天小腹隐痛，腰胀，经前痤疮又发，头晕，喷嚏，夜寐欠佳，舌淡红，苔黄稍厚，脉细略弦。正值经期，以养血活血、清热调经法治之。

处方：生地 15g，当归 10g，白芍 10g，丹参 15g，泽兰 10g，益母草 10g，麦冬 10g，荷叶 10g，甘草 5g。每日 1 剂，水煎服，连服 3 剂。

四诊（1993 年 10 月 19 日）：药后数月经行规律，但经行前后痤疮仍发，经前感冒。末次月经 10 月 12 日，现面部痤疮散发，咽痛，头晕，喷嚏，稍咳，夜难入寐，寐则易醒，大便调，溺多，舌淡红，苔薄白，脉滑。以疏肝清热、健脾益气法调治，予丹栀逍遥散加减。

处方：丹皮 10g，栀子 6g，柴胡 6g，当归 10g，白芍 10g，茯苓 10g，怀山药 15g，凌霄花 10g，荷叶 10g，薄荷 5g（后下），甘草 6g。每日 1 剂，水煎服，连服 3 剂。

按语：肝郁化热，热伏冲任，冲任不固，经血妄行，遂致月经先期；肝热疏泄太过，故经量偏多，肝郁气滞，血行不畅致瘀，故经血有块；气郁肝经，故经前、经行小腹隐痛；肝热化火，火热与血瘀结为患，发于面部血络，故痤疮散发。用逍遥散疏肝解郁，加丹皮、栀子清肝经之郁热，再以甘酸寒之凌霄花入厥阴血分，能清血中郁火，活血化瘀；荷叶苦涩平，《滇南本草》谓其"上清头目之风热"，《医林纂要》言："荷叶，功略同于藕及莲心，而多入肝，清热祛湿，以行清气，以青入肝也"。我认为荷叶轻清上浮，可清头面之郁热。丹参苦而微寒，有活血、凉血、养血之功。二诊月经刚净，经后夜难入寐，头晕，乃血虚不足之象，用生四物汤补血养阴，加地骨皮、丹皮、丹参、荷叶、麦冬清热滋阴，夏枯草清肝热、散郁结，适用于瘀热郁结型面部痤疮。药后肝疏热清，故经行有期。

病例 4

刘某，女，41 岁，已婚。1992 年 7 月 21 日初诊。

月经先期量多 3 年。近 3 年来月经提前 7～10 天而至，经量多，色红，有血块，7 天干净。经前夜寐梦多，平时常腰痛，困倦思睡，带下量少，纳寐可，二便调，末次月经 1992 年 7 月 4 日。舌淡红，苔薄白，有花剥，脉细。

诊断：月经先期。

辨证：肾阴不足。

治则：滋阴益肾，养血调经。

处方：熟地 15g，怀山药 15g，山萸肉 6g，茯苓 6g，丹皮 6g，泽泻 6g，沙参 10g，麦冬 10g，当归 10g，茺蔚子 10g，甘草 5g。每日 1 剂，水煎服，连服 3 剂。

二诊（1992 年 7 月 28 日）：口干口苦欲饮，夜寐梦多，舌淡红，苔薄黄，有剥苔，脉细。阴虚生热，拟滋肾养血清热。

处方：生地 15g，丹皮 10g，地骨皮 10g，白芍 10g，当归 10g，丹参 15g，桑寄生 15g，麦冬 10g，女贞子 10g，荷叶 10g，甘草 5g。每日 1 剂，水煎服，连服 3 剂。

三诊（1992 年 8 月 4 日）：7 月 31 日经行，量多，色红，血块少，伴腰痛；现经量已减，舌淡红，苔薄白，脉细。仍予滋补肾阴，养血清热。

处方：生地 15g，怀山药 15g，山萸肉 6g，茯苓 6g，丹皮 6g，泽泻 6g，当归 10g，白芍 10g，旱莲草 20g，女贞子 10g，甘草 6g。每日 1 剂，水煎服，连服 3 剂。

四诊（1992 年 8 月 14 日）：经行 7 天干净，现腰痛未减，醒后难寐，舌淡红，苔薄黄，脉细。经后气血亏虚，改用健脾益气养血法。

处方：党参 15g，茯苓 10g，白术 10g，陈皮 5g，鸡血藤 20g，丹参 15g，益母草 10g，山楂 10g，炙甘草 6g。每日水煎服 1 剂，连服 4 剂。

五诊（1992 年 9 月 15 日）：末次月经 8 月 24 日，量多，8 天干净。现觉腰痛，劳则困累，舌尖红，苔薄黄，脉细。适值经前，再用滋补肾阴、养血清热法。

处方：熟地 15g，怀山药 15g，山萸肉 6g，茯苓 6g，丹皮 6g，泽泻 6g，当归 10g，白芍 10g，地骨皮 10g，荷叶 10g，桑寄生 15g。每日 1 剂，水煎服，连服 4 剂。

六诊（1992 年 9 月 26 日）：9 月 21 日经行，现量仍多，色鲜红，夹血块，腰胀痛。舌红，苔薄黄，脉缓。

处方：地骨皮 10g，生地 15g，白芍 10g，丹皮 10g，鸡血藤 20g，丹参 15g，旱莲草 20g，女贞子 10g，荷叶 10g，桑寄生 15g，甘草 6g。每日 1 剂，水煎服，连服 2 剂。

七诊（1992 年 10 月 10 日）：药后经行 7 天干净。现觉腰痛，身倦乏力，寐则多梦，纳食可，二便调，带下无异，舌淡红，苔薄白，脉沉细。

处方：当归 10g，白芍 10g，丹参 10g，首乌 15g，地骨皮 10g，丹皮 10g，桑寄生 15g，续断 10g，仙鹤草 10g，旱莲草 20g，甘草 5g。每日 1 剂，水煎服，连服 3 剂。

八诊（1992 年 10 月 24 日）：10 月 17 日经行，量已减，色暗红，血块少，6 天干净。除夜寐多梦外，余无不适，舌淡红，苔薄黄，脉缓。治以滋阴清热、养血调经法善其后。

处方：地骨皮 10g，生地 15g，丹皮 10g，当归 10g，川芎 6g，白芍 10g，麦冬 10g，夜交藤 20g，甘草 5g。每日 1 剂，水煎服，连服 3 剂。

按语：肾阴不足，虚热内生，热扰冲任，血海不宁，经血失其固摄而妄行，故月经先期而量多；腰为肾之府，肾阴不足故腰痛。初用六味地黄汤滋补肾阴，加沙参、麦冬入肺经而润肺养阴，使金能生水。二诊见阴虚生内热，治予滋肾养血清热，用地骨皮饮滋阴清热，去川芎防其辛温过燥，加桑寄生、女贞子增强其补益肝肾之力。以六味地黄汤和地骨皮饮交替使用，使虚热得清，肾阴得复而获效。

病例 5

李某，女，39 岁，已婚。1990 年 11 月 19 日初诊。

月经紊乱 3 个月。平素月经周期 45～50 余天不等，经量偏多，色暗红，夹血块。从今年 9 月份始出现月经紊乱，一月两行，11 月时曾因阴道流血淋沥不净而住市某医院治疗，经服止血药及诊刮后血止，病理报告为"子宫内膜增生过长"，B 超检查见"子宫后壁发现 3.7cm×3.6cm 实质性暗区，宫底见 1.2cm×1.4cm 实质性光团"，提示"多发性子宫肌瘤"。现少腹、小腹胀痛，头晕，腰酸，肢软，纳呆，末次月经 1990 年 11 月 4 日。舌质淡，苔薄白，脉沉细。

诊断：①月经先期；②经期延长；③癥瘕。

辨证：肝郁脾虚，湿瘀内阻，冲任失调。

治则：养血疏肝，健脾利湿，软坚散结消癥。

处方：鸡血藤 20g，丹参 15g，夏枯草 10g，生龙骨 30g（先煎），生牡蛎 30g（先煎），当归 10g，川芎 6g，赤芍 10g，白术 10g，茯苓 10g，泽泻 10g。每日 1 剂，水煎服，连服 10 剂。

二诊（1990 年 12 月 3 日）：昨日经行，经量适中，色红，夹小血块，舌质淡，苔薄白，脉细。经行则养血行血，补中有行。

处方：鸡血藤 20g，丹参 15g，当归 10g，川芎 6g，白芍 10g，熟地 15g，续断 10g，益母草 10g，生龙骨 30g（先煎），生牡蛎 30g（先煎）。每日 1 剂，水煎服，连服 3 剂。

三诊（1990 年 12 月 10 日）：经行 5 天已净。药后自觉精神振作，刻诊：头痛，小腹隐痛，舌淡，苔薄白，脉缓。仍宗养血疏肝、化瘀利湿消癥之法。

处方：生牡蛎 30g（先煎），浙贝 10g，玄参 15g，鸡血藤 20g，丹参 15g，泽兰 10g，生龙骨 30g（先煎），首乌 15g，香附 6g，当归 10g，红枣 10g。每日 1 剂，水煎服，连服 3 剂。

四诊（1990 年 12 月 27 日）：药已，小腹痛减，近日带下量多，微臭，外阴瘙痒，头晕头痛，心悸阵作，咽干，舌淡，苔薄白，脉细。此乃脾运失健，湿浊下注，血虚清窍失养所致。继用前法，加强健脾利湿。

处方：当归 10g，川芎 6g，赤芍 10g，白术 10g，土茯苓 20g，泽泻 10g，生牡蛎 30g（先煎），羌活 6g，刘寄奴 10g，浙贝 10g，香附 10g。每日 1 剂，水煎服，连服 7 剂。

1991 年 2 月随访，诉 1990 年 12 月 30 日及 1991 年 1 月 31 日两次经行，均为 5 天干净，色、量正常。

按语：素来月经量偏多，耗血伤阴，阴血亏损，肝失所养，致疏泄失司，故月经紊乱，一月两行；肝木乘脾，脾失健运，可使水湿内停；气、血、湿交结，形成癥瘕；瘀血内阻，新血不得归经，故经期延长。治以当归芍药散养血疏肝、健脾利湿，加鸡血藤、丹参养血活血祛瘀。《神农本草经》言夏枯草"破癥"，《滇南本草》言其能"行肝气，开肝郁"，在本案例用之以散瘀结。生龙骨、生牡蛎软坚散结，治"癥瘕坚结"，更用消瘰丸软坚散结块。标本兼顾，使瘀去新生，木疏土旺，冲任和调。

病例 6

滕某，17 岁，未婚，学生。1992 年 8 月 21 日初诊。

月经紊乱 3～4 年。12 岁初潮，自初潮即月经紊乱，常 1 个月经行两次，量多。上次月经 7 月 30 日，本次月经 8 月 14 日，初多后少，迄今未净，色淡，伴咽痛，纳、便尚正常。舌淡，苔薄白，脉细弦。

诊断：月经先期。

辨证：阴虚血热。

治法：养阴清热，凉血调经。

处方：生地 15g，地骨皮 15g，玄参 15g，阿胶 10g（烊化），麦冬 10g，女贞子 10g，旱莲草 15g，白芍 15g，益母草 10g，甘草 5g。4 剂，每日 1 剂，水煎服。

二诊（1992 年 9 月 22 日）：9 月 2～7 日行经，9 月 19 日经又行，量中，色红，迄今未净，无任何不适，纳可，大便干结。舌淡红，苔薄黄，脉细弦。

处方：北沙参 10g，麦冬 10g，旱莲草 15g，女贞子 10g，茺蔚子 10g，地骨皮 10g，荷叶 10g，仙鹤草 10g，甘草 6g。3 剂，每日 1 剂，水煎服。

三诊（1992 年 9 月 25 日）：药已经净。几天来困倦乏力，纳寐尚可，舌淡红，苔薄黄，脉细数。

处方：党参 15g，白术 10g，茯苓 10g，陈皮 6g，菟丝子 20g，覆盆子 10g，川杜仲 10g，怀山药 15g，首乌 15g，地骨皮 10g。4 剂，每日 1 剂，水煎服。

四诊（1992 年 10 月 9 日）：10 月 8 日经行，量多，色红，无块，色淡红。苔薄白，脉细数。守 1992 年 8 月 21 日方加山楂 10g。4 剂，每日 1 剂，水煎服。

五诊（1992 年 10 月 15 日）：经行 6 天干净。现无任何不适，舌淡红，苔薄白，脉细缓。

处方：菟丝子 20g，川杞子 10g，覆盆子 10g，车前子 6g，五味子 6g，党参 15g，白术 10g，怀山药 15g，红枣 10g，茺蔚子 10g。7 剂，每日 1 剂，水煎服。

守上方与归芍地黄汤、异功散加减，共调理 3 个月，月经正常，半年后随诊，疗效巩固。

按语：月经初潮即出现月经紊乱，显系肾气不足，封藏失司所致。阴虚内热，热伏冲任，经血妄行，故月经提前。治以滋肾养阴凉血法，方用二地汤合二至丸加益母草治之，重在甘寒养阴，育阴以潜阳，补阴以配阳，从而达到"水盛火自灭，阴生而经自调"。班老治此分两个阶段，经行之际治疗用养阴清热凉血法，方取二地汤合二至丸。平时治疗则重在补益肝肾，以培元固本，方取五子衍宗丸合五味异功散加减。如此标本兼顾，则能平衡阴阳，调和气血，月经自能恢复正常。

体会：月经先期是指月经周期提前七天以上，甚至十余日一行者。临床常见有血热和气虚。妇女以肝为先天，若情志不畅，肝郁气滞，郁而化热，以致冲任伏热，热扰血海，可致月经先期，即《叶氏女科证治》所言之"性躁多气伤肝，而动冲任之脉"是也。如病例 2、3 两例均为肝郁血热型。临床亦可见因血瘀而致月经先期者，如病例 5 因肝郁脾虚，湿瘀内阻，冲任失调，使血不得归经而致月经先期、经期延长，并积久成癥。当归芍药散为肝脾同治、气血并调之方，可养血疏肝，健脾利湿，适用于湿瘀夹杂之月经先期。

月 经 后 期

月经周期延后 7 天以上，月经量基本正常，连续出现两个月经周期以上者。有关月经周期延长的记载，始见于《金匮要略》。月经后期如伴经量过少，常可发展为闭经。临床上有虚有实，虚者多为肾虚、血虚，肾虚则冲任失养，血虚则冲任不足，血海不能如期满溢。实者有气郁、痰湿和宫寒之分。班老认为，肝藏血而主疏泄，肾为经血之源，肝肾乙癸同源，同居下焦，母子相生。疏肝即可资肾，温肾亦可暖肝。素多忧思抑郁，气失调达，则血行不畅，血海不能如期满溢则经期延后。症见月经后期，经前乳胀，经血色暗或夹瘀块，治宜疏肝温肾，调达冲任，常用方为黑逍遥加仙茅、仙灵脾、肉苁蓉治之。经者血也，血者阴也，冲任二脉皆起于胞中，俱通于肾，肾阴亏虚，则精不能化血，症见月经后期，量少，色暗质稠，或伴咽干失眠，大便干结，舌红少苔，脉细，治宜滋肾养血，方用归芍地黄汤加艾叶、路路通、红枣、首乌、肉苁蓉治之。若肾阳亏虚，则冲任不盛，阳虚宫寒，胞宫失于温养，症见月经后期，量少色淡，或经后小腹绵绵作痛，治宜温肾暖宫，方用艾附暖宫汤加仙茅、仙灵脾、菟丝子治之。久病体虚，或产乳过多，营血不足，或脾虚生化无源，冲任失养，症见月经后期，量少色淡，伴头晕目眩，面黄形瘦，用圣愈汤加艾叶、肉桂、菟丝子、路路通治之。若素体肥胖，或脾虚痰湿壅滞胞宫胞络，也可致冲任壅实，经血不能如期而行，治宜燥湿化痰，活血调经，方用归芍二陈汤加白芥子、远志、石菖蒲、路路通、红花治之。由于经水出于肾，脾为气血生化之源，肝为女子之先天，肝主血海，在治疗的全过程，要不忘补益肝肾，养血疏肝，组方用药补中有通，通中寓补，攻补兼施，方能使经行如期。

病例1

覃某，女，22岁，某学院工人，未婚，1972年12月13日初诊。

长期以来，经行错后，两个月或三个月一行，量少而色红，经将行乳房及少腹、小腹胀痛，胀过于痛，按之不减，经行之后则舒。平时腰酸，入寐不佳，余无特殊。脉弦细，苔薄白，舌边尖有暗黑点。

诊断：月经后期。

辨证：肝气郁滞，血行不畅。

治则：疏肝理气，活血化瘀。

处方：当归9g，川芎6g，生地12g，赤芍9g，桃仁6g，红花2g，益母草9g，柴胡5g，香附9g。每日1剂，水煎服，连服3剂。

二诊（1973年2月23日）：上方服后，经前诸症减轻，月经按期来潮，但感头晕耳鸣，脉沉细，苔薄白，舌质淡而边尖有紫暗点。恐化瘀攻伐太过，转以养血为主。

处方：鸡血藤18g，黄精18g，艾叶6g，白芍9g，归身9g，阿胶9g（烊化），柴胡2g，甘草5g，红枣10g。每日1剂，水煎服，连服3剂。

三诊（3月7日）：经行周期正常，色量一般，脉细缓。苔薄白，舌边尖有瘀点。守上方加坤草9g，川杞子9g。每日1剂，水煎服，连服5剂，以巩固疗效。观察3个月，经行正常。

按语：肝藏血而主疏泄，肝气郁滞，则经脉不利，故经行错后而量少，少腹、小腹胀痛。以桃红四物汤加坤草活血化瘀，柴胡、香附调达肝气，疏通化瘀并用，故药到病除。二诊时患者头晕耳鸣，恐伐过用，故减去桃仁、红花、赤芍，以甘平微温之鸡血藤代之，取其既能行血，又能补血。三诊时之所以加入坤草、枸杞子，前者取其既能化瘀又能止血之功，后者甘平，能调养肝肾，从而达到养中有疏，补中有化，标本兼顾，巩固疗效的目的。

病例2

莫某，女，31岁，南宁市某综合厂工人，已婚，1974年6月5日初诊。

1969年1月结婚，当年9月及1972年7月先后两次流产，每次均行清宫，嗣后开始经行错后50~70天，量中等，色紫黑有块，经行淋沥不畅。如用激素治疗，则超前3~5天，经前乳房胀痛，阴道疼肿。平时头晕，少量带下，色白质稀，两侧少腹隐痛，按之则舒。胃纳、二便正常，脉细滑，苔薄白。

诊断：月经后期。

辨证：冲任亏损，痰湿郁滞。

治则：健脾疏肝，养血调经。

处方：归身12g，川芎3g，云苓12g，法半夏9g，益母草9g，素馨花5g，陈皮3g，甘草3g。每日1剂，水煎服，连服3剂。

二诊（6月10日）：服上方后，脘腹舒适，少腹不隐痛。药既对证，守方加佛手9g，去素馨花。每日1剂，水煎服，连服3剂。

三诊（6月17日）：除腰痛之外，余无不适。脉沉细，苔薄白。拟加重温养之品。

处方：制附子9g（先煎），云苓12g，白术9g，党参18g，白芍9g，菟丝子9g，淫羊藿9g，川断9g，红枣9g。每日1剂，水煎服，连服3剂。

四诊（6月24日）：昨日月经来潮，色量均佳，除腰微胀之外，余无不适。拟补养气血为主。

处方：归身12g，川芎3g，白芍5g，熟地15g，桑寄生15g，党参12g，北芪15g，益母草9g，炙草6g。每日1剂，水煎服，连服3剂。

五诊（8月28日）：两月无经行，倦怠，不想食，晨起欲呕。脉细滑，苔薄白，舌质正常。尿妊免试验阳性。拟健脾和胃、顺气安胎之法。

处方：党参15g，云苓9g，白术5g，陈皮3g，苏叶5g（后下），砂仁壳2g，生姜6g，红枣6g。每日1剂，水煎服，连服3剂。

按语：冲主血海，任主诸阴，二脉为肝之所系。冲脉亏损，故经行错后，色紫黑有块，淋沥不畅。肝脉络阴器，乳房为阳明之所属，经将行则肝火内扇，故阴道肿痛，乳房胀痛。肝木不荣，波及脾土。以致脾不健运，痰湿郁滞，故两侧少腹隐痛，带下色白质稀。有是症则用是药，故以入冲脉之当归、川芎补血活血，用茯苓、半夏、陈皮温化痰湿、理气和中，素馨花调疏肝气，甘草一味，既能调和诸药，更能"和冲脉之逆，缓急脉之急"。药既对证，疗效可期。二诊之后，转用温肾健脾之法，实取扶正固本，先天后天并补，气血旺盛，故经调而受孕。

病例3

贾某，女，35岁，南宁地区某站干部，已婚。1973年12月12日初诊。

18岁月经初潮之后，即闭止不行，每次均用中药（药名不详）治疗，月经始行。23岁结婚，婚后第一胎人工引产。以后连续7次小产，每次均行清宫。平时阴道无分泌物，现经行错后，色红，有紫块如拇指大，经中腰及少腹、小腹胀痛剧烈，紫块排出则痛减，能寐而多梦，胃纳可以，二便正常。

前日开始头晕而重，鼻塞咳嗽有痰，色白，脉浮弦，苔薄黄白，舌红中有裂纹，舌尖有暗点，体质肥胖。

诊断：①月经后期；②外感风寒。

辨证：冲任亏损，瘀积停滞；禀赋不足，易感外邪。

治则：急则治其标，先以疏解；缓则治本，再行调经。

处方：当归9g，川芎3g，苏叶6g（后下），香附6g，白芷5g，前胡9g，北杏仁9g，陈皮3g，甘草3g。每日1剂，水煎服，2剂。

二诊（12月14日）：药已，外邪消失。拟改用补肾养血、活血化瘀以治本，徐图根治。

处方：鸡血藤30g，菟丝子20g，枸杞子10g，车前子10g，覆盆子10g，五味子5g，益母草9g，苏木9g，三棱5g。每日1剂，水煎服，5剂。

三诊（12月26日）：药已，无不适。仍守上方去三棱，加莪术5g，首乌12g。每日1剂，水煎服，5剂。

四诊（1974年1月4日）：经水逾期未至，拟温养为法。

处方：当归12g，党参12g，川芎6g，白芍5g，熟地15g，艾叶9g，益智仁9g，益母草15g，炙甘草5g。每日1剂，水煎服，5剂。

五诊（1月10日）：精神良好，寐纳俱佳，大小便正常，但仍无经行。脉细缓，苔薄白，舌尖有暗红点。拟从肾论治，以促经源。

处方：菟丝子20g，党参12g，首乌15g，车前子9g，川杞子9g，覆盆子9g，茺蔚子12g，淫羊藿9g，女贞子9g。每日1剂，水煎服，5剂。

六诊（2月3日）：上方服后，1月16日月经来潮，色暗红，紫块较上次少，量较上次多，经中少腹、小腹疼痛减轻。仍宗上法出入。

处方：鸡血藤30g，党参15g，菟丝子12g，女贞子9g，淫羊藿9g，胡芦巴9g，胡桃仁9g，云苓9g，益母草9g，骨碎补10g，苏木9g。每日1剂，水煎服，10剂。

七诊（3月25日）：上方服后，经行周期正常，经中无不适。现腰脊及肘关节疼痛，脉沉细，苔薄白，舌质一般。拟养血舒筋、活络止痛之法。

处方：鸡血藤24g，桑枝18g，首乌15g，川断12g，川杜仲12g，益智仁9g，怀山药15g，台乌药9g。每日1剂，水煎服，3剂。

八诊（7月20日）：自末次月经（5月26日）迄今未行。现疲倦，厌食，泛恶欲呕，脉细滑，苔薄白，舌质一般。（尿妊免试验阳性）。拟健脾和胃、顺气安胎之法。

处方：太子参15g，云苓15g，白术9g，陈皮3g，苏叶3g（后下），砂仁2g，生姜10g。每日1剂，水煎服，3剂。

九诊（7月26日）：心烦心悸，时欲呕，脉舌如上，仍守上方3剂。

十诊（8月1日）：泛恶欲呕减轻，稍能食。嘱无须服药，以食养调之。1976年2月顺产一男孩。

按语：主闭藏者，肾也。患者屡次堕胎，显系肾失封藏，冲任不固所致，为亏损之征。但经中腰及少腹、小腹胀痛剧烈，经质有紫块如拇指大，此又为瘀实之变。既是虚实夹杂，孰为主，孰为次，当是辨治之首要关键。遵《内经》"谨察间甚，以意调之，间者并行，甚者独行"之旨。从本例之脉症衡其轻重缓急，以"间者并行"为恰当，始终以温养扶正为主，根据不同阶段，酌用鸡血藤、苏木、莪术、三棱之类以化瘀。标本并治，攻补兼施，以本、以补为主。历经8个月余治疗，前后共服药40余剂，痼疾解除，经调而受孕。

病例4

黄某，女，28岁，南宁市某中学教师，已婚。1978年2月24日初诊。

12岁月经初潮，一向错后10～20天，量一般，色泽尚好，去年8月份结婚，婚后双方共同生活，经行仍错后，量少，色暗淡，但经中无所苦。现经行刚净第二天。脉沉细弱，苔薄白，舌质淡。

诊断：月经后期。

辨证：气血不足，冲任两虚。

治则：补益气血，温养冲任。

处方：归身9g，川芎5g，白芍9g，首乌15g，炙黄芪12g，党参12g，菟丝子15g，川杞子12g，肉苁蓉15g，淫羊藿15g，柴胡3g，炙甘草3g。每日1剂，水煎服，连服3

剂。

二诊（3月1日）：药已无不适，但大便较软。去肉苁蓉之温润，加坤草12g，再服3剂。

三诊（3月13日）：11日阴道见红一滴，脉细，苔薄白，舌质淡，此为经行之兆，仍守上法出入。

处方：北芪15g，党参12g，首乌15g，菟丝子15g，淫羊藿15g，归身9g，川芎3g，白芍9g，益母草9g。每日1剂，水煎服，连服3剂。

四诊（3月23日）：16日正式经行，量比上月多，色泽较好，脉细，舌苔正常。拟双补气血为治。

处方：归身9g，川芎3g，白芍5g，熟地5g，党参12g，云苓5g，白术9g，炙黄芪15g，玉桂丝2g（后下），淫羊藿15g，炙草5g。每日1剂，水煎服，连服5剂。

五诊（8月11日）：服上方之后，经行调和，色量均佳。现已受孕4个月余，胃脘时感胀痛，步行较快时小腹有拘急之感，脉细滑，苔薄白，舌质正常。此为胎动不安之兆，拟用壮腰健脾、顺气安胎之法。

处方：党参15g，白术9g，云苓5g，桑寄生15g，川断12g，砂仁2g，苏叶3g，陈皮3g，炙甘草5g。每日1剂，水煎服，连服3剂。

按语：《内经》有言："肾气盛，天癸至，任脉通，太冲脉盛，月事以时下"。患者长期经行错后，量少而色暗淡，显系气血不足，冲任两虚所致。故以圣愈汤补益气血，菟丝子、枸杞子、肉苁蓉、淫羊藿温肾暖肝，炙甘草入脾而调和诸药，用少量柴胡者，取其疏肝气之功，在补养之中有升发在焉。五诊时为胎动不安之兆，治之重在安胎，脾肾双补，佐以顺气，旨在加强主蛰固藏之功。

病例5

许某，女，27岁，南宁某厂工人，已婚。1983年3月1日。

14岁月经初潮，一向错后而少腹、小腹疼痛。去年结婚，婚后每月经将行及经行第一天，腰胀，少腹、小腹胀痛剧烈，剧时肢冷，面色发青，经色紫暗夹块，持续6天左右干净。经行错后20～30天，甚或用雌激素、黄体酮治疗，经水始能来潮。平时阴痒，带下量多，色白质稀。现已经后1周，腰脊坠胀如折。胃纳如常，二便自调。脉沉细，苔薄白，舌质淡。

诊断：①月经后期；②寒凝痛经；③寒湿带下。

辨证：肝肾阳虚，寒湿凝滞。

治则：温经散寒，活血化瘀。

处方：当归9g，川芎5g，白芍9g，吴茱萸2g，熟附片5g（先煎），云苓9g，白术9g，坤草9g，艾叶5g，莪术5g，大枣9g。每日1剂，水煎服，连服3剂。

二诊（3月8日）：药后，病稍减轻，但带下白中带黄，脉沉细，苔薄白，舌质一般。恐温热之品过用，改拟下方。

处方：归身9g，川芎5g，白芍5g，熟地15g，白术9g，党参15g，骨碎补15g，佛手9g，柴胡2g。每日1剂，水煎服，连服3剂。

三诊（3月15日）：腰痛减轻，带下量少，但色微黄，脉细缓，舌苔如上。

处方：归身9g，川芎5g，白芍9g，云苓9g，泽泻9g，黄芩5g，鸡血藤15g，柴胡2g。每日1剂，水煎服，连服3剂。

四诊（4月5日）：3月29日经行，昨天干净。本次经行，色量较上月为佳，无血块，经前经中诸症减轻。脉细滑，苔薄白而润，舌质一般。拟用双补气血、温肾壮腰治之。

处方：炙北芪15g，党参15g，归身12g，川芎5g，白芍5g，熟地15g，补骨脂9g，狗脊9g，坤草15g。每日1剂，水煎服，连服3剂。

五诊（4月26日）：腰痛，咽痛，小便黄，脉细，苔薄白，舌质如平。拟温养为主，佐以苦寒。

处方：归身9g，川芎3g，白芍12g，云苓9g，白术5g，黄芩5g，坤草9g，桑寄生15g。每日1剂，水煎服，连服3剂。

六诊（5月10日）：月经过期十多天，仍未来潮，腰微痛。脉舌同前。改用温养壮腰之法。

处方：炙北芪15g，党参15g，归身9g，川芎5g，白芍9g，熟地15g，菟丝子15g，骨碎补15g，大枣9g。每日1剂，水煎服，连服3剂。

七诊（8月7日）：已孕4个月余，自感微热，脉细滑，苔薄白，舌质一般。拟甘平之品以安胎。

处方：太子参20g，莲肉15g，怀山药15g，夜交藤15g，黄精15g，桑寄生5g，红枣9g。每日1剂，水煎服，连服3剂。

按语：肾为阴阳之根，是气血之始；肝在妇女为先天，藏血而主生发。肝肾阳虚，则生发无能，故经行错后而量少；阳虚则寒凝，血行不畅，故经色紫暗夹块，腰及少腹、小腹胀痛剧烈，肢冷面青；阳虚则湿不化，故带下量多，色白质稀。证属阳虚寒湿为患，故以温经散寒、活血化瘀之法为治。二诊时带下微黄，恐附子、吴茱萸辛热过用，有伤阴分之弊，故去之，改投温养之品。三诊时复加少量黄芩，以防诸药之燥热。药虽随证有所加减，但温化补养之法未变，药能对证，疗效满意。

病例6

董某，女，36岁，已婚。1992年8月18日初诊。

月经延后5个月余。既往月经35天左右一行，今年3~4月份曾停经60余天，经用黄体酮经潮。末次月经6月11日，现已停经2个月余，虽再用黄体酮，月经仍不行。一周来乳房胀痛，大便硬结，痔疮出血，用"消痔灵"等药后出血停止，带下量少，纳可，每日上午10点多钟饥饿感明显，甚则汗出、手颤，小便正常，舌淡红，苔薄白，脉细。

诊断：月经后期。

辨证：阴血亏虚。

治则：滋阴养血，佐以通行。

处方：当归10g，白芍10g，玄参15g，麦冬10g，生地15g，鸡血藤20g，瓜蒌壳10g，路路通10g，红花6g，枳实10g，甘草5g。水煎服，每日1剂，连服3剂。

二诊（1993年12月7日）：服上方后，1年多来经行一直正常，35天左右一行，量中，色暗红。但今年 10 月 21 日经潮后，迄今逾期不行，带下量少，纳可，寐则多梦，大便稍溏，小便正常，舌淡红，苔薄白，脉细弦。现为肝郁脾虚之证，转用疏肝健脾、理气调经法。

处方：柴胡 6g，当归 15g，赤芍 10g，茯苓 10g，白术 10g，薄荷 5g（后下），益母草 30g，路路通 10g，枳实 10g，红花 3g，炙甘草 5g。每日 1 剂，水煎服，连服 3 剂。

按语：阴液不足，水亏血少，冲任不充，血海不能如期满溢，故月经后期；肝阴不足，疏泄失司，乳络不畅，故乳房胀痛；胃阴不足，虚火炽盛，腐熟太过，故能食而善饥。治以滋阴养血，佐以通行，用生四物通经养血，去辛温之川芎，防其过燥伤阴，加鸡血藤补血；玄参、麦冬滋阴；瓜蒌壳、路路通、红花、枳实理气活血通经，使血海充盈，气畅血通。

病例 7

杨某，女，30 岁，未婚。1992 年 9 月 15 日初诊。

月经延后 6 年。6 年来经期延后十余日以上，甚或两个月一行，经量中等，色淡无块，7 天干净，伴腰酸。末次月经 7 月 27 日。平素带下量一般，心烦失眠，纳寐尚可。舌质淡，苔薄白，脉细。

诊断：月经后期。

辨证：血虚。

治则：养血益气调经。

处方：当归 10g，白芍 10g，熟地 15g，鸡血藤 20g，川芎 6g，丹参 15g，党参 15g，艾叶 10g，香附 6g，益母草 10g，炙甘草 6g。水煎服，每日 1 剂，连服 3 剂。

半年后随访，药后经行规则，每月一行，色、量正常。

按语：经者血也。营血亏虚，冲任不足，血海不能如期满溢，故经期延后，月经色淡；血不养心，故心烦失眠；肾为气血之始，肾气不足故腰酸。治以养血益气调经，用四物汤加鸡血藤、丹参养血调经，艾叶、香附温经散寒暖宫，使血得温而行；气能生血，用党参、炙甘草健脾益气，以利血的生化；益母草活血通经。方能对证，故疗效霍然。

病例 8

潘某，女，26 岁，已婚。1992 年 1 月 15 日初诊。

月经后期 2 年余。13 岁月经初潮，经行尚规则，1988 年 5 月行人流加放环术，1989 年 8 月取环，自 10 月份始出现月经错后，周期 40～90 天不等，经前乳房、少腹胀痛，烦躁多怒，经后自行缓解。自取环后迄今未孕，曾用克罗米芬、雌激素、黄体酮及中药治疗，用药时能正常行经，停药后症情如故，现仍月经后期，量少，色淡，质稀夹块，性欲淡漠，能寐多梦，大便干结，数日一行，末次月经 1991 年 12 月 28 日。舌质淡红，苔薄白，脉细缓。

诊断：①月经后期；②断绪。

辨证：气血亏虚，肝肾不足。

治则：补气生血，温肾养肝。

处方：党参 15g，炙黄芪 20g，熟地 15g，当归 10g，白芍 10g，川芎 6g，仙茅 10g，

淫羊藿 15g，炙甘草 6g。每日 1 剂，水煎服，连服 3 剂。

二诊（1992 年 1 月 31 日）：昨日经行，量少，伴小腹隐痛，喜按，腰胀乏力，舌暗红，苔薄微黄，脉细弦。药已中病，继用前法。守上方加杜仲 10g，续断 10g。每日 1 剂，水煎服，连服 7 剂。

三诊（1992 年 6 月 9 日）：药后数月来经水如期而至。刻诊：乏力，口淡乏味，余无不适。舌淡红，苔薄白，脉细。用益气养血、理气活血法调经助孕。

处方：党参 15g，炙黄芪 20g，熟地 15g，当归 10g，川芎 6g，白芍 10g，茺蔚子 10g，泽兰 10g，香附 6g，炙甘草 6g。每日 1 剂，水煎服，连服 7 剂。

按语：经由血化，气行则血行，气虚则不能行血，故月经后期；血虚则经源不足，故量少，色淡，质稀；气血亏虚，阴精不旺，则肝失生发，肾失作强，相火偏衰，故性欲淡漠，难以摄精成孕。用圣愈汤补气生血，加仙茅、淫羊藿、杜仲、续断温补肝肾，以促经源，故药后经行如期。气为血帅，气虚可致血凝成瘀，瘀阻经脉，经气不利，故经前乳房、少腹胀痛。三诊加用茺蔚子、泽兰、香附理气活血，以调经助孕。

病例 9

李某，女，17 岁。1991 年 11 月 5 日初诊。

月经延后、痛经 6 年，加剧 2 年。11 岁月经初潮，经期多延后，或两个月一行，经潮第一天少腹、小腹胀痛，近两年症状加剧，不能坚持学习。昨日经行，少腹、小腹剧痛，冷汗出，腹冷，疼痛拒按，经量中等，色暗红，无血块。大便溏，每日一次，纳寐如常，舌淡红，苔薄微黄，脉细略数。

诊断：①月经后期；②痛经。

辨证：虚寒证。

治则：温经祛寒，调经止痛。

处方：当归 10g，川芎 6g，白芍 10g，熟地 15g，鸡血藤 20g，丹参 15g，续断 10g，益母草 10g，小茴香 5g，花椒 3g，炙甘草 6g。每日 1 剂，水煎服，连服 3 剂。

二诊（1991 年 11 月 8 日）：药已，腹痛缓解，月经已净，现无不适，舌尖红，苔薄白，脉细。上方去小茴香、花椒，加莪术 10g，泽兰 10g。水煎服，每日 1 剂，连服 4 剂。

三诊（1991 年 12 月 10 日）：昨日经行，腹痛减轻，经量中等，色淡红，无血块。现腹痛已缓解，纳欠佳，寐可，二便调，舌淡红，苔薄白，脉细略数。上方去莪术、泽兰。水煎服，每日 1 剂，连服 3 剂。

四诊（1992 年 1 月 10 日）：本月 5 日经行，腹痛消失，经量中等，色暗红，无血块，现量少欲净，舌尖红，苔薄黄，脉细。仍宗前法，以上方进退善其后。

处方：当归 10g，白芍 10g，熟地 15g，鸡血藤 20g，丹参 15g，续断 10g，益母草 10g，桑寄生 15g，炙甘草 6g。每日 1 剂，水煎服，连服 4 剂。

按语：患者初潮年龄较早，肾气未盛，阳虚气弱，虚寒内生，胞宫寒冷，以致冲任失养，血海空虚，不能如期满溢，故经行延后；阳虚寒凝，经水运行迟滞，瘀阻胞脉，故经行少腹、小腹剧痛。一诊用经验方养血调经汤（当归、川芎、白芍、熟地、鸡血藤、丹参、续断、益母草、炙甘草）补肾养血，活血调经，加小茴香、花椒温经散寒，暖宫止痛。寒性凝滞，血为寒凝则成瘀。二诊加莪术、泽兰活血祛瘀。终则用养血调经汤加桑寄生补益肝肾以善后。

病例 10

陈某，女，28 岁，已婚。1992 年 2 月 24 日初诊。

月经延后 14 年。14 岁月经初潮，经期常延后，50～90 天一行，经量中等，色红，夹血块，4～5 天干净。经行时小腹胀而隐痛，末次月经 1992 年 1 月 15 日。平素带下量少。结婚两年，第二年有生育要求，未能受孕。纳寐可，二便正常。舌淡红，苔薄白，脉细。

诊断：月经后期。

辨证：虚寒证。

治则：温肾壮阳，养血调经。

处方：当归 10g，川芎 6g，白芍 10g，熟地 15g，艾叶 6g，香附 6g，肉桂 3g（后下），续断 10g，小茴香 6g，茺蔚子 10g，炙甘草 6g。每日 1 剂，水煎服，连服 4 剂。

二诊（1992 年 3 月 2 日）：药已，月经未行，无何不适，舌淡红，苔薄白，脉细。继守上方，每日 1 剂，水煎服，连服 3 剂。

三诊（1992 年 3 月 13 日）：药后于 3 月 5 日经行，色较暗，量中等，4 天干净。带下全无，纳、便如常，舌淡中暗，苔薄黄，脉细弦。用补肾健脾、养血调经法。

处方：菟丝子 20g，枸杞子 10g，覆盆子 10g，当归 10g，赤芍 10g，熟地 15g，党参 15g，白术 10g，路路通 10g，仙茅 10g，红花 1g。每日 1 剂，水煎服，连服 7 剂。

四诊（1992 年 4 月 14 日）：4 月 4 日经行，色暗红，夹血块，量中，4 天干净。舌淡红，苔薄黄，脉细弦。症见肝郁气滞之象，转用疏肝理气、补肾养血法。

处方：柴胡 6g，枳壳 10g，陈皮 5g，香附 10g，川芎 6g，白芍 10g，菟丝子 20g，枸杞子 10g，茺蔚子 10g，鸡血藤 20g，当归 10g，炙甘草 6g。每日 1 剂，水煎服，连服 7 剂。

五诊（1992 年 5 月 15 日）：5 月 11 日经行，色较前鲜，无血块，5 天干净，经中无明显不适，带下正常。舌淡红，苔薄白，脉细弦。肝气已疏，诊时正值经后，用艾附暖宫丸加减治之。

处方：当归 10g，川芎 6g，白芍 10g，熟地 15g，党参 15g，炙黄芪 15g，艾叶 10g，香附 10g，肉桂 3g（后下），益母草 10g，炙甘草 6g。每日 1 剂，水煎服，连服 7 剂。

按语：素体阳气虚弱，阴寒内盛，使气血生化不足，运行迟滞，以致冲任不充，血海不能如期满溢，故月经后期；阳虚宫寒，故难以摄精成孕。一诊、二诊用艾附暖宫丸加减温经散寒养血，三诊月经已行，用菟丝子、枸杞子、覆盆子、仙茅补肾温阳以治本，当归、熟地、党参、白术益气养血。因寒凝血瘀，影响肝气之疏泄，症见经血夹块，脉弦，四诊用柴胡疏肝散疏肝理气以治标，合菟丝子、枸杞子、茺蔚子、鸡血藤、当归补肾养血以治本，药后肝气得疏，月经已调，仍用艾附暖宫丸加党参、益母草巩固疗效。

病例 11

李某，女，34 岁，已婚。1992 年 6 月 2 日初诊。

月经延后 20 年。14 岁月经初潮，素月经延后，40~60 天一行，经量中等，色暗红，有血块，7 天干净。曾用西药人工周期治疗 3 个月，服药时经期尚准，停药后症状复前。经前头痛，小腹隐痛，平素带下正常，末次月经 1992 年 4 月 26 日，现逾期未行经，纳寐可，二便调，精神郁闷，舌淡红，苔薄白，脉细。

诊断：月经后期。

辨证：肝气郁滞。

治则：疏肝理气，活血调经。

处方：醋柴胡 6g，当归 10g，白芍 10g，茯苓 10g，白术 10g，佛手化 10g，益母草 10g，薄荷 5g（后下），炙甘草 6g。每日 1 剂，水煎服，连服 3 剂。

二诊（1992 年 6 月 9 日）：药后于 6 月 6 日经行，量中，色鲜红，迄今未净。本次经前、经行无腹痛，但觉头晕，腰稍胀，舌淡红，苔薄白，脉细。正值经期，以养血调经法，用自拟方养血调经汤。

处方：当归 10g，川芎 6g，白芍 10g，熟地 15g，鸡血藤 20g，丹参 15g，续断 10g，益母草 10g，炙甘草 6g。每日 1 剂，水煎服，连服 3 剂。

三诊（1992 年 6 月 16 日）：6 月 11 日经净。药后诸症消失，现无不适，舌淡红，苔薄白，脉细。经行失血耗气，经后以益母胜金丹加味健脾益气养血。

处方：当归 10g，川芎 6g，白芍 10g，熟地 15g，白术 10g，丹参 15g，香附 10g，茺蔚子 10g，艾叶 6g，党参 15g，炙甘草 6g。每日 1 剂，水煎服，连服 3 剂。

四诊（1992 年 7 月 9 日）：月经逾期未行，乳房胀痛，大便干结，舌淡红，苔薄白，脉弦细。转用疏肝理气、活血调经法。

处方：醋柴胡 6g，当归 10g，白芍 10g，茯苓 10g，白术 10g，佛手花 10g，益母草 10g，薄荷 5g（后下），炙甘草 6g。每日 1 剂，水煎服，连服 4 剂。

五诊（1992 年 7 月 21 日）：药后于 7 月 12 日经行，经量中等，色鲜红，有血块，4 天干净，本次经行无头痛，小腹痛轻微。刻诊：头晕，鼻塞，喷嚏，时有两胁刺痛，大便干结，舌淡红，苔薄白，脉细。治以和解少阳法，用小柴胡汤加味治之。

处方：柴胡 10g，制半夏 6g，党参 15g，黄芩 6g，当归 10g，丹参 15g，郁金 10g，鸡血藤 20g，荆芥 3g（后下），大枣 10g，生姜 3 片，炙甘草 6g。每日 1 剂，水煎服，连服 3 剂。

六诊（1992 年 8 月 7 日）：药后上症已瘥。现觉胃脘微胀，嗳气则舒，纳可便调，舌淡红，苔薄白，脉细。经期将至，用圣愈汤加味益气养血，温而行之。

处方：当归 10g，川芎 6g，白芍 10g，熟地 15g，党参 15g，炙黄芪 15g，艾叶 10g，肉桂 3g（后下），牛膝 10g。每日 1 剂，水煎服，连服 4 剂。

七诊（1992 年 8 月 14 日）：经水逾期未行，无何不适，舌红少苔，脉细滑。仍遵前法，并予活血通经。守上方加红花 6g，路路通 10g，每日 1 剂，水煎服，连服 4 剂。

八诊（1992 年 8 月 21 日）：8 月 17 日经行，量较原来略多，头微痛，现量减未净，舌淡红，苔薄白，脉细。月经来潮，用养血调经汤。

处方：当归 10g，川芎 6g，白芍 10g，熟地 15g，鸡血藤 20g，丹参 15g，续断 10g，益母草 10g，炙甘草 6g。每日 1 剂，水煎服，连服 4 剂。

九诊（1992 年 9 月 4 日）：药已，头痛已失，带下无，时有尿黄，大便 3～4 日一行，舌淡红，苔薄白，脉细。拟温肾健脾养血法，以圣愈汤加减治之。

处方：当归 10g，白芍 10g，熟地 15g，党参 15g，炙黄芪 15g，肉苁蓉 15g，锁阳 10g，仙灵脾 15g，炙甘草 6g。每日 1 剂，水煎服，连服 4 剂。

十诊（1992 年 9 月 11 日）：药已，偶有小腹隐痛，大便 2～3 天一行，带下无异，纳寐可，舌淡红，苔薄白，脉细。经期临近，改用疏肝理气、活血调经法。

处方：醋柴胡 6g，当归 10g，白芍 10g，茯苓 10g，白术 10g，佛手花 10g，益母草 10g，莪术 10g，姜黄 6g，薄荷 5g（后下），炙甘草 6g。每日 1 剂，水煎服，连服 4 剂。

十一诊（1992 年 9 月 18 日）：药后腹痛已瘥，月经期至未行，无何不适，舌淡红，苔薄白，脉细略滑。仍宗前法，上方去莪术、姜黄，加素馨花 6g，玉兰花 6g，怀山药 15g。每日 1 剂，水煎服，连服 4 剂。

十二诊（1992 年 9 月 29 日）：9 月 21 日经行，色暗红，量中，6 天干净，现咽部时热，溺黄，舌淡红，苔薄白，脉细。用六味地黄汤加味以滋阴补肾。

处方：沙参 10g，麦冬 10g，当归 10g，白芍 10g，熟地 15g，怀山药 15g，山萸肉 6g，茯苓 6g，丹皮 6g，泽泻 6g，鸡血藤 20g。每日 1 剂，水煎服，连服 7 剂。

以后继续按上法调治数月，并交替以六味地黄汤滋补肝肾，以益经源。至 1993 年 7 月随访，3 个月来经行规则，30～35 天一周期。

按语：肝气郁结，疏泄失司，气机不畅，血为气滞，运行迟涩，阻于冲任，血海不能如期满溢，故月经后期。肝郁气滞，经脉壅阻，经气不利，故头痛，小腹隐痛。治以疏肝理气、活血调经，用逍遥散为主方，加佛手花、素馨花、玉兰花轻清疏解，益母草、路路通、红花、莪术、牛膝、姜黄活血通经。再配合用益母胜金丹、圣愈汤健脾益气养血。经源于肾，以六味地黄汤、肉苁蓉、锁阳、仙灵脾补肾，使肾阴充足，肾阳旺盛，水能生木，肝体得养，肝气得疏，气助血行，经候如期。

病例 12

王某，女，24 岁。1991 年 7 月 26 日初诊。

月经延后 12 年。12 岁月经初潮。月经一向延后，甚或两月一行，经量中等，色暗红，时夹血块。经前少腹、小腹疼痛，经行腹痛不减，持续至经后数日方缓解。平时带下量一般，色白，纳寐可，二便调，形体肥胖，舌质淡红，苔薄白，脉细。

诊断：月经后期。

辨证：痰湿阻滞。

治则：燥湿化痰，活血调经。

处方：茯苓 15g，制半夏 6g，陈皮 6g，当归 10g，白芍 10g，鸡血藤 20g，远志 6g，益母草 10g，茺蔚子 10g，石菖蒲 6g，炙甘草 5g。每日 1 剂，水煎服，连服 7 剂。

1992 年 9 月 4 日随访，服上方之后，经行周期规则，每月一行。

按语：肥胖之体，多痰多湿，痰湿流注下焦，壅滞冲任，血海不能满溢，遂致月经后期；湿性黏腻，阻遏气机，影响血行，故经血夹块，经前、经行少腹、小腹疼痛。治以燥湿化痰、活血调经。方以二陈汤祛痰燥湿；当归、白芍养血；鸡血藤补血活血；石菖蒲、远志祛痰化湿；益母草、茺蔚子活血通经，使痰湿得除，冲任通利。

病例 13

彭某，30 岁，工人。1992 年 6 月 9 日初诊。

13 岁月经初潮，月经停闭 1 年，经治疗后月经始行，此后月经延期 10 天左右，每年逢 3 月份则延期半月之久。月经量中等，色暗红夹块，伴左侧头痛，腰腹隐痛。平素纳少便溏，带下量多。舌淡红，苔薄白，脉细。

既往史无特殊，末次月经为 1992 年 6 月 5 日，新婚 3 个月，未孕。

诊断：月经后期。

辨证：肝肾不足，脾失健运。

治法：疏肝健脾，温肾调经。

处方：柴胡 6g，素馨花 10g，当归 10g，白芍 10g，白术 10g，云茯苓 10g，益母草 10g，艾叶 10g，补骨脂 10g，薄荷 5g（后下），炙甘草 6g。3 剂，每日 1 剂，水煎服。

二诊（1992 年 6 月 12 日）：药已，无何不适，带下时多时少，色白不臭，伴小腹隐痛，大便稀溏。舌淡红，苔微黄，脉细。

证属脾虚气滞，湿聚下焦，拟健脾消滞。

处方：党参 15g，白术 10g，云茯苓 10g，陈皮 6g，鸡血藤 20g，丹参 15g，砂仁 6g，莪术 10g，炙甘草 6g。4 剂，每日 1 剂，水煎服。

三诊（1992 年 7 月 3 日）：守上方加减已服药 12 剂，带下色量已正常，纳食增加，唯大便微溏，舌尖红，苔薄黄，脉细。时值经前，拟疏肝理气调经。

处方：柴胡 6g，当归 10g，白芍 10g，白术 10g，云茯苓 10g，素馨花 10g，青皮 6g。4 剂，每日 1 剂，水煎服。

四诊（1992 年 7 月 7 日）：今日经行，量中，色暗，夹块，伴头痛，腰腹隐痛。舌淡红，边有齿印，脉缓。

处方：鸡血藤 20g，丹参 15g，熟地 15g，当归 10g，白芍 10g，川芎 6g，川断 10g，桑寄生 15g，益母草 10g，川杜仲 10g，炙甘草 6g。4 剂，每日 1 剂，水煎服。

五诊（1992 年 10 月 13 日）：8、9、10 月月经均能如期而至，经行诸症消失，要求继续调理促孕。舌淡红，苔薄白，脉细。

处方：熟地 15g，怀山药 15g，山萸肉 6g，当归 10g，白芍 10g，桑寄生 15g，补骨脂 10g，丹皮 6g，云茯苓 6g，泽泻 6g。7 剂，每日 1 剂，水煎服。

1993 年 3 月随诊，已停经受孕。

按语：初潮即出现闭经，显系肝肾不足，天癸不盛。肝肾虚则脏腑失养，血之生化运行失常，血海不能按时满溢，故月经后期。每于春生之际，肝阳不足，疏泄不及，故月经后期尤著。肝郁气滞，血行不畅，故经行左侧头痛，腰腹隐痛；纳少、带多、便溏为脾虚失于健运，湿滞带下所致。首诊班老用逍遥散加素馨花疏肝健脾，调理气血，艾叶、补骨脂温肾调冲，诸药合用，疏肝健脾，温肾行气调经。又因脾主运化气血，二诊针对脾虚失运，纳少、便溏、带下量多的表现，治以健脾利湿、益气养血的五味异功散加鸡血藤、丹参、莪术治之。其中莪术能行血中气滞，补肾调冲。通过调理肝、脾、肾的功能，使月经周期恢复正常。

病例 14

李某，27 岁，工人。1990 年 5 月 18 日初诊。

月经错后 8 年，加重 1 年余。19 岁初潮，月经周期 30 ~ 40 天不等，月经量较多，行经 10 天左右。1 年来，月经周期错后 10 ~ 20 天，量中等，经血暗红，夹紫血块，经前乳房胀痛，少腹、小腹作胀，腰背酸麻，经行则诸证缓解。形体丰满，平素带下量少，黄白相兼。末次月经 1990 年 4 月 20 日。

诊断：月经后期。

辨证：肾虚肝郁，湿瘀阻滞。

治法：补肾疏肝，化瘀利湿。

处方：当归 10g，白芍 10g，川芎 6g，白术 10g，土茯苓 20g，泽泻 10g，黄柏 6g，苍术 6g，鸡血藤 20g，丹参 15g，补骨脂 15g。4 剂，每日 1 剂，水煎服。

二诊（1990 年 6 月 1 日）：药后 5 月 20 日经水如期而至，5 天干净。现小腹隐痛，腰酸而胀，舌淡红，苔薄白，脉虚细。经去血虚，胞脉失养，拟补肾养血益肝。

处方：鸡血藤 20g，丹参 15g，归身 10g，川芎 5g，白芍 6g，熟地 15g，川断 10g，益母草 10g，炙甘草 5g。4 剂，每日 1 剂，水煎服。

三诊（1990 年 6 月 29 日）：守上述两方交替服用，6 月 18 日经行，色量正常，但经前仍觉胸胁乳房痞闷，经后自解。舌淡红，苔薄白，脉细缓。肝肾同源，肝阴不足，责之肾水不充，拟调养肝肾以善后巩固。

处方：柴胡 6g，当归 10g，白芍 10g，白术 10g，云茯苓 10g，薄荷 5g（后下），黄精 15g，益智仁 10g，怀山药 15g，台乌药 10g，炙甘草 6g。7 剂，每日 1 剂，水煎服。

按语：19 岁方初潮，显系先天肾气不足，冲任不盛所致。肾虚则肝失所养，肝气郁结，疏泄失职，故经前乳房及少腹、小腹胀痛，经水逾期不行。肝失疏泄，脾失健运，痰饮停聚体内，故形体肥白。湿蕴化热，损伤任带，故带下黄白。舌质淡暗，为内有瘀滞之象。治宜养肝疏肝，健脾燥湿，使肝脾功能正常，则气血调和，气机通畅，精血相生，肾精得充盛，肝血得旺盛。一诊用当归芍药散合二妙散调肝健脾，养血利湿，鸡血藤、丹参补血行血，使补而不滞，骨碎补补肾化瘀，故经水能如期而至。二诊继用四物汤加鸡血藤、丹参、川断、益母草养血调经。上述两方交替使用，效果显著，继用黑逍遥加缩泉丸调理善后。

体会：月经后期是指月经周期延后 7 天以上，甚或 40 ~ 50 天一至者。发病有虚有实。虚者有血虚和肾虚，血虚则冲任不足，血海不能如期满溢，如例 7 之杨某和例 8 之潘某，我常用经验方养血调经汤加减，加党参、炙黄芪等补气健脾之品，使气能生血，血旺则经源充足。血属于阴，血虚则阴亏，补血之时要适当加入养阴之品，如例 6 之董某是也。肾虚阳衰，则冲任失养，血海空虚；阳虚寒凝，故月经延后。实者有气郁、痰湿和血寒。气郁者我常用逍遥散加素馨花、佛手花等轻清疏解之品，以疏肝气，解郁滞；痰湿阻滞，则冲任壅实，经血不能如期而行，治以燥湿化痰、活血调经，如例 12 之王某治予归芍二陈汤加远志、石菖蒲等祛痰化湿之品。在辨证基础上适当加入益母草、茺蔚子、路路通、红花等活血通行药，可助经行。

月经先后无定期

病例1

林某，女，26岁，自治区某招待所会计，已婚。1978年5月21日初诊。

18岁月经初潮，一向周期、色量基本正常。去年"五一"节结婚，后服避孕药，经行紊乱，前后不定，量多少不一，超行时少腹、小腹疼痛剧烈，经色紫暗夹块。自今年1月起停服避孕药，经行时少腹、小腹不痛，但仍错后1周左右，量中等，第一天色暗，第二天色淡红，伴头晕、腰酸，余无不适。脉沉细，苔薄白，舌质淡红。

诊断：①月经先后无定期；②痛经。

辨证：肝肾气虚，胞宫寒冷。

治则：温肾暖肝，补养冲任。

处方：归身9g，川芎5g，白芍9g，首乌15g，艾叶6g，菟丝子12g，党参12g，制附子9g（先煎），蛇床子3g，吴茱萸2g，炙甘草5g。每日1剂，水煎服，连服3剂。

二诊（6月16日）：服上方，寐纳俱佳，经行无腹痛，量中等，色红，但周期仍错后。脉沉细，苔薄白，舌尖红。拟补益气血以调经。

处方：归身9g，川芎5g，白芍9g，首乌15g，艾叶6g，吴茱萸1.5g，党参12g，炙北芪15g，益母草15g。每日1剂，水煎服，连服6剂。

三诊（8月9日）：药已，经行不疼，周期正常，色量俱佳。仍守上方，再服3剂。

四诊（11月6日）：已孕3个月余，六脉平和，既无所苦，不需服药，食养调之。

按语：患者18岁月经初潮，说明其禀赋本虚；婚后经行紊乱，前后不定，量多少不一，色泽暗淡，乃肝肾亏损，冲脉不主血海，任脉不主诸阴之征，其余腰酸、头晕、脉细、舌淡均是不足之候。故以温肾暖肝之法治之。冲任起于胞中而系肝肾，肾精充，肝血足，则冲任得养，血海满溢，其经自调，受孕有期。方中之附子、蛇床子二味，为辛温之品，前者能"引补血药入血分，以滋养不足之真阴，引温暖药达下焦"，以散胞宫之寒冷；后者外用则有燥湿杀虫之力，内服则有温肾壮阳之功，凡子宫寒冷者宜之。

病例2

刘某，女，27岁，未婚。1989年2月27日初诊。

月经紊乱11年。14岁月经初潮，16岁开始月经紊乱，经来先后无定，多为延后，经量多，色暗红，无血块，经行时少腹、小腹绞痛，腰痛，平素常觉右少腹疼痛。带下量多，色黄，外阴瘙痒，头晕头痛，耳鸣，纳食可，大便时带血，小便黄，夜尿多，末次月经1989年2月5日。舌质淡红，苔薄白，脉沉细。

诊断：①月经先后无定期；②带下病。

辨证：肝郁脾虚。

治则：疏肝理气，健脾祛湿。

处方：当归 10g，川芎 6g，白芍 10g，土茯苓 15g，白术 6g，泽泻 10g，黄柏 6g，苍术 10g，鸡血藤 15g，延胡索 10g，甘草 6g。每日 1 剂，水煎服，连服 3 剂。

二诊（1989 年 3 月 2 日）：药已，带下量减，腰痛减轻，仍觉少腹疼痛，头重而胀，胸闷，胃脘胀痛，肛门辣痛，舌淡红，苔薄白，脉虚细。仍守前法，加重疏肝理气之品。

处方：党参 15g，怀山药 15g，莲肉 15g，郁金 10g，瓜蒌壳 10g，延胡索 10g，香附 6g，合欢皮 10g，甘草 5g。每日 1 剂，水煎服，连服 3 剂。

三诊（1989 年 3 月 5 日）：药后上症好转，但觉脐周疼痛，夜尿多，舌淡红，苔薄白，脉虚细。上方进退。

处方：党参 15g，郁金 10g，瓜蒌壳 10g，延胡索 10g，香附 6g，合欢皮 10g，甘松 6g，陈皮 6g，甘草 5g。每日 1 剂，水煎服，连服 4 剂。

四诊（1989 年 3 月 9 日）：月经期至未行，左少腹疼痛，阴部闪痛，头晕，大便常，小便频数，舌淡红，苔薄白，脉沉细。治以养肝疏肝，祛湿活血。

处方：忍冬藤 15g，枸杞子 10g，菊花 10g，刺蒺藜 10g，牛膝 6g，蝉蜕 3g，土茯苓 20g，香附 6g，甘草 6g。每日 1 剂，水煎服，连服 3 剂。

1992 年 6 月随访，药后月经周期正常，每月一行。

按语：肝气郁结，疏泄失司，气血失调，血海蓄溢失常，故经行先后不定，经量增多；气郁血滞，经血运行不畅，故经行少腹、小腹绞痛；肝木乘脾土，脾气虚弱，不运水湿，水湿之气流注下焦，伤及任带而为带下，故带下量多，湿郁化热故带下色黄。治以疏肝理气，健脾祛湿。当归芍药散为肝脾同治、气血并调之方，可养血疏肝，健脾利湿，加延胡索、香附、甘松、合欢皮、郁金、刺蒺藜增强疏肝理气、活血调经之力，用土茯苓易茯苓，加二妙散、忍冬藤增强燥湿清热之效。更用党参、怀山药、莲肉健脾益气，枸杞子养肝之体，故能使肝气得疏，脾气健运，月经正常。

月 经 过 多

即月经周期正常，而月经量较以往明显增多，或月经量超过 100ml，连续出现两个月经周期以上者。《金匮要略·妇人杂病脉证并治》温经汤方的主症有"月水来过多"，为月经过多的最早记载。本病临床上常与经期延长共同出现，常见病因有气虚、血热、血瘀。本病在发展过程中，常可致气随血耗，阴随血伤，或热随血泄而出现由实转虚或虚实夹杂表现。其病机为冲任不固，经血失于制约。本病的辨证班老重视经血的色、质变化。正如张介宾《景岳全书》所言："凡血色有辨，固可以察虚实，亦可以察寒热。若血浓而多者，血之盛也；色淡而少者，血之衰也。"凡月经过多而色淡质稀者，为气虚不摄血，伴头晕乏力，肢软便溏，脉细无力，治宜益气摄血法，方用补中益气汤或举元煎加仙鹤草、益母草、鹿角霜、茜草等药治之；如月经过多而紫红或暗红或鲜红，伴头晕口干，大便干结，尿黄，舌红苔黄，脉滑数者，治宜清热凉血固冲，方用生四物去川芎，加地骨皮、丹皮、荷叶、麦冬、白茅根、小蓟、紫珠草、藕节等治之；血热由肝郁所致者，当用疏肝清热之法，可用丹栀逍遥散加减治之。由于血得温则行，过热则妄行，遇寒遇冷则凝滞，苦寒之品虽可凉血止血，但过用可凝血、燥血，有留瘀之虞，故苦寒之品如黄芩、黄连须慎用或中病即止。若出血量多，色暗，伴腰腹隐痛，夜难入寐，口干不欲饮，舌边尖红，苔薄黄，脉细数者，治宜滋阴清热法，方用两地汤合二至丸治之。由于月经量多，治疗之时当务之急是止血，对止血药的运用，班老独具匠心，他崇尚唐宗海《血证论·瘀血》"吐衄便漏，其血无不离经。……然既是离经之血，虽清血鲜血，亦是瘀血"之说，认为出血的病变，若处理不当，则易留瘀为患，故在出血较多时，要选择化中有止、止中有化的药物，如三七、苏木、炒山楂、茜根、大蓟、小蓟、瓦楞子、益母草等。对炭类药的使用要得当，即少用或不用，如血块较多，腹痛明显者过早使用炭类药，不仅疗效不佳，还有留瘀之弊。在使用炭类药时，要根据病情的寒热虚实使用不同性质的炭药，如血热出血，当用凉血炭药，如栀子炭、黄连炭；血寒出血，用温性炭药，如艾叶炭、荆芥炭；血瘀出血，用大黄炭、蒲黄炭等。

病例 1

农某，女，40 岁，已婚。1992 年 7 月 10 日初诊。

月经量多 4 年。月经尚规则，28 日左右一行。1988 年剖宫产，产后两月经转，经量较以前明显增多，每次用卫生纸 3 包多，色红，有瘀块，7 天干净。经将行腰胀，经行腰胀加剧，末次月经 1992 年 6 月 20 日。带下量一般，色白，平素常头晕，眼睑浮肿，容易感冒，纳、寐、便正常，舌淡红，苔薄白，脉细缓。

诊断：月经过多。

辨证：气虚。

治则：健脾益气，养血固冲。

处方：党参 15g，茯苓 10g，白术 10g，陈皮 5g，当归 10g，白芍 10g，鸡血藤 20g，丹参 15g，地骨皮 10g，益母草 10g，炙甘草 6g，每日 1 剂，水煎服，连服 4 剂。

二诊（1992 年 8 月 11 日）：1992 年 7 月 17 日经行，经量较以前减少。一周来外感，刻诊咳嗽，痰多黄稠，难咯出，鼻塞，头晕，眼睑微肿，肩困累，舌淡红，苔薄白，脉细缓。效不更法，仍宗前法，加祛风解表之品。

处方：党参 15g，炙芪 15g，白术 10g，陈皮 6g，当归 10g，升麻 3g，柴胡 3g，防风 10g，荆芥 6g（后下），益母草 10g，炙甘草 6g。每日 1 剂，水煎服，连服 3 剂。

三诊（1992 年 9 月 8 日）：8 月 15 日经行，经量较前减少约三分之一，色暗红，夹血块。现腰痛，目窠微肿，舌淡红，苔薄黄，脉细。转用滋补肝肾，养血调经之法，以固经源。

处方：当归 10g，白芍 10g，熟地 15g，怀山药 15g，山萸肉 6g，茯苓 6g，丹皮 6g，泽泻 6g，夏枯草 10g，益母草 10g，炙甘草 6g。每日 1 剂，水煎服，连服 3 剂。

按语：剖宫产术后中气受损，经行之际，气随血泄，其虚益甚，不能摄血固冲，使脉中之血随经而外泄，以致经量增多；素体肾气不足，加之脾虚及肾，故经行腰胀；脾气不升，清阳之气不能上布，故头晕；脾虚不运水湿，水湿之邪上泛，故眼睑浮肿；气虚卫外不固，故易感外邪。一诊治以异功散益气健脾，当归、白芍、鸡血藤、丹参养血调经；中气不足，虚热内生，故加地骨皮以清虚热。二诊以补中益气汤补中益气升阳，因气虚外感，加入防风、荆芥祛风解表以治其标。经源于肾，三诊用归芍地黄滋补肝肾、养血调经以收功。

病例 2

唐某，女，31 岁，已婚。1992 年 1 月 16 日初诊。

月经量多半年。1991 年 7 月放环，自放环后月经量较原来增多一倍左右，每次用 1 包卫生纸，1 包多卫生巾，经色暗红，有血块，行经时间 7～8 天。经中无明显不适，经行尚规则，末次月经为 1992 年 1 月 4 日。刻诊：夜寐欠安，大便干结，舌尖红，苔薄白，脉细数。

诊断：月经过多。

辨证：肝肾阴虚内热。

治则：滋肾养肝，清热止血。

处方：当归 10g，川芎 6g，白芍 10g，生地 15g，地骨皮 10g，丹皮 10g，旱莲草 20g，女贞子 10g，沙参 10g，麦冬 10g，甘草 6g。每日 1 剂，水煎服，连服 4 剂。

二诊（1992 年 4 月 30 日）：药后行经时间缩短，经量仍多，末次月经 4 月 20 日，半月来夜难入寐，头晕，心烦，大便数日一行，质软，舌红少苔，脉细弦。仍宗前法，上方出入。

处方：当归 10g，川芎 6g，白芍 10g，生地 15g，地骨皮 10g，丹皮 10g，桑枝 20g，夜交藤 20g，丹参 10g，小麦 20g，甘草 5g。每日 1 剂，水煎服，连服 4 剂。

1992 年 7 月 9 日随访，服上方后，两个月来经量已正常，行经时间为 3 天。

按语：肝肾同源，胞宫系于肾，异物植入胞宫，肝肾受损，阴血不足，虚热内生，热扰血海，乘经行之际，迫血下行，故经量增多，经期延长；虚热内扰心神，则夜寐欠安；热灼津亏，肠道失润，故大便干结。治以四物汤加地骨皮、丹皮凉血养阴清热，二至丸滋肾养肝，沙参、麦冬养肺阴，使金能生水。二诊加夜交藤、小麦养心除烦安神，丹参凉血养血活血。药能对证，故疗效满意。

病例 3

覃某，女，14 岁，未婚。1992 年 9 月 19 日初诊。

月经量多、经期延长 2 年。12 岁月经初潮，月经周期尚正常，唯经量较多，时间较长，最长可达 25 天以上，曾服中药治疗数月无明显效果。现为经行第八天，量多，色红，夹少量血块，无腰腹疼痛，面色略苍白，舌淡红，苔薄黄，脉细数。

诊断：①月经过多；②经期延长。

辨证：阴虚血热。

治则：滋阴凉血止血。

处方：地骨皮 10g，生地 15g，玄参 15g，麦冬 10g，白芍 10g，阿胶 10g（烊化），旱莲草 20g，女贞子 10g，仙鹤草 10g，小蓟 10g，甘草 5g。每日 1 剂，水煎服，连服 4 剂。

二诊（1992 年 9 月 23 日）：药已，经量明显减少，色鲜红，夹块，舌淡红，苔薄白，脉缓。血热虽清，肾虚而冲任不固，转用补肾摄血法，以五子衍宗丸加减。

处方：菟丝子 10g，枸杞子 10g，覆盆子 10g，金樱子 10g，炒山楂 10g，仙鹤草 10g，海螵蛸 10g，蒲黄炭 10g，炙甘草 5g。每日 1 剂，水煎服，连服 5 剂。

三诊（1992 年 9 月 28 日）：上药后血止，现无不适，舌淡红，苔薄白十，脉细。仍宗前法，并加健脾益气之品，先后天并治。

处方：菟丝子 20g，枸杞子 10g，覆盆子 10g，车前子 10g，五味子 6g，党参 10g，白术 6g，怀山药 10g，芫蔚子 10g，鸡血藤 15g，炙甘草 5g。每日 1 剂，水煎服，连服 14 剂。

四诊（1992 年 10 月 31 日）：10 月 27 日经行，色量正常，无不适，舌淡红，苔薄白，脉细缓。以滋肾固摄法。

处方：鸡血藤 20g，丹参 15g，菟丝子 20g，枸杞子 10g，覆盆子 10g，旱莲草 20g，仙鹤草 20g，芡实 10g，煅牡蛎 30g，甘草 5g。每日 1 剂，水煎服，连服 3 剂。

五诊（1992 年 11 月 4 日）：药已，经量已少，色淡欲净，舌淡，苔薄白，脉沉细。转用益气止血法。

处方：党参 15g，炙芪 20g，白术 10g，仙鹤草 10g，荆芥炭 10g，蒲黄炭 10g，升麻 3g，炙甘草 5g。每日 1 剂，水煎服，连服 3 剂。

按语：室女肾气未盛，肾阴未充，冲任二脉发育未全，阴虚内热，热伏冲任，血海不宁，肾主蛰，封藏失司，故月经量多，经期延长。治以滋阴凉血止血，用《傅青主女科》之两地汤。原书用该方治"又有先期经来只一二点者，人以为血热之极也，谁知肾中火旺而阴水亏乎！"究其病机，为肾火旺水亏，阴虚内热，与本案例病机相一致，故借用两地汤滋阴养血，清热调经，加二至丸补益肝肾，滋阴止血；仙鹤草、小蓟止血。药后月经量明显减少，二诊转用补肾摄血法，使肾气旺，肾阴足，冲任充盛，方以五子衍宗丸加减。脾为后天之本，气血生化之源，有统摄血液之功，二诊中加入党参、白术、怀山药等健脾益气之品。对于室女月经过多，应以补肾为主，兼顾补脾。

病例 4

何某，女，23 岁，已婚。1991 年 4 月 4 日初诊。

月经量多一年余。自 1990 年以来无明显诱因出现经量增多，尤以今年 1 月人流术后更甚，每次经行用纸 2～3 包，经血色暗，夹块。1990 年 10 月结婚，婚后出现经前腰痛，小腹剧痛，末次月经 1991 年 3 月 20 日。刻诊纳呆，食而无味，带下较多，色白不臭，能寐多梦。面色淡黄，神情倦怠，舌淡红，苔薄白，脉细。

诊断：①月经过多；②痛经。

辨证：气虚血瘀。

治则：健脾益气，化瘀祛湿。

处方：当归 10g，川芎 6g，赤芍 10g，茯苓 10g，白术 6g，泽泻 10g，益母草 10g，莪术 10g，延胡索 10g，生谷芽 20g，甘草 3g。每日 1 剂，水煎服，连服 4 剂。

二诊（1991 年 9 月 9 日）：药后经量减少一半，痛经消失。末次月经为 1991 年 7 月 1 日，现已孕 2 月余矣。头晕头胀，厌油欲呕，夜寐多梦，舌淡红，苔薄白，脉细滑。此乃孕后血聚养胎，肝胃不和，拟疏肝和胃。

处方：苏叶 10g，黄连 2g，竹茹 10g，枳壳 6g，陈皮 3g。每日 1 剂，水煎服，连服 3 剂。

按语：体质素弱，中气不足，手术之后，气虚益甚，气虚不能统摄血液，亦不能推动血行，加之手术后瘀血停留，以及脾虚不运水湿，水湿内停，影响血行，均可致瘀。瘀血积于冲任，新血不得归经，故月经量多；瘀血凝结，则经血色暗夹块；瘀阻胞宫，则经前小腹剧痛，水湿下聚，损伤任带故带下量多。治以当归芍药散。当归芍药散有通调血脉，健脾祛湿之功，以赤芍易白芍，加强其祛瘀止痛之力；茯苓、白术、泽泻三药合用，既能健脾益气，又能培上以化湿。益母草既可活血祛瘀，又可利湿；莪术、延胡索活血行气，生谷芽和中健脾。诸药合用，使脾气旺盛，湿祛瘀化，故经量正常，痛经亦瘥。

病例 5

韦某，27 岁，工人，1990 年 10 月 15 日初诊。

月经量多已 5 年。自诉 5 年来无明显诱因出现月经量多，每次用半斤装卫生纸 4～6 包，经行 7～10 天不等，月经周期尚规则。曾有两次因经行出血过多而住院治疗，两年前经诊刮病理报告为"子宫内膜增生过长"，屡次使用西药己烯雌酚、安宫黄体酮治疗，用药时可止血，但停药后诸证依然。末次月经 1990 年 9 月 20 日。现无任何不适，纳可，二便正常，面色苍白，神情疲倦，舌质淡，苔薄白，脉细弦。既往史无特殊，月经周期正常，量中等，无痛经史。结婚 5 年，未避孕亦未孕。

诊断：①月经过多；②经期延长；③不孕症。

辨证：肝肾亏损，阴虚血热。

治法：滋养肝肾，清热止血。

处方：当归 10g，白芍 10g，熟地 15g，怀山药 15g，山萸肉 6g，丹皮 6g，云茯苓 6g，泽泻 6g，鸡血藤 20g，丹参 15g，旱莲草 20g。7 剂，水煎服，每日 1 剂。

二诊（1990 年 11 月 13 日）：药已，无任何不适。10 月 23 日经行，量较前减少，但淋沥至今未净。舌淡，苔薄白，脉细弦。继守上法。

处方：生地 15g，地骨皮 15g，玄参 15g，阿胶 10g（烊化），白芍 10g，麦冬 10g，女贞子 10g，旱莲草 15g，益母草 10g，大黄炭 6g。3 剂，水煎服，每日 1 剂。

三诊（1990 年 12 月 25 日）：上药 3 剂后血止。守上法调理。11、12 月份经行，色量正常，5～7 天即净。近日来带下增多，白稠微臭，舌淡红，苔薄白，脉细略数。治宜清热化瘀利湿法。

处方：当归 10g，丹参 15g，赤芍 10g，白术 10g，土茯苓 20g，泽泻 10g，黄柏 6g，苍术 6g，薏苡仁 15g，益母草 10g，炙甘草 6g。7 剂，水煎服，每日 1 剂。

1991 年 5 月，患者述经上述治疗后月经期、量均已正常，体质增强，面色红润，因家在外地，故未能继续来诊，来信要求函寄药方。遂根据患者情况，予归芍地黄汤合五子衍宗丸加减调理。

按语：肝藏血而主疏泄，肾藏精而主生殖，冲为血海，任主诸阴，二脉皆隶属于肝肾。肝肾虚损，则冲任固摄失权，故可致月经量多，经行时间延长。血去阴伤，阴虚则生内热，热扰血海，冲任不固，故病程缠绵。血少精虚，则难以成孕。班老一诊用归芍地黄汤加鸡血藤、丹参、旱莲草滋补肝肾，养血调冲，使肝肾功能恢复，冲任得养；二诊继用二地汤合二至丸补益肝肾，滋阴养血，加益母草、大黄炭清热凉血，止血而不留瘀，在治本的基础上佐以治标。通过上述治疗，使月经恢复正常。三诊由于肝肾阴虚，相火偏旺，任带不固，出现湿热下注表现，根据治带必治湿，治湿不忘瘀的原则，用当归芍药散合四妙散加益母草治之，此亦班老从带治经之意。

体会：月经过多是指月经量较以往明显增多，周期基本正常者。病机或为气虚不能统摄血液，或为血分伏热，迫血下行，或为瘀积冲任，新血不得归经等。例 1 为气虚所致月经过多，先后用异功散和补中益气汤益气摄血固冲。例 2 和例 3 均为血热，血热以虚热为多见，治以养阴清热止血，例 2 用生四物加地骨皮、丹皮，除养阴清热外，兼有佛手散补血活血之功。例 3 用两地汤，重在壮水之主，以制阳光，专补其阴。两例皆配二至丸，以之补益肝肾，滋阴止血。例 4 为气虚血瘀，血瘀者宜活血化瘀以止血，此通因通用之理也。

月 经 过 少

月经周期基本正常，而月经量明显减少，少于 20ml，或月经期缩短不足 2 天，月经量亦少于正常，连续出现两个月经周期以上者属之。本病首载于晋代王叔和《脉经·卷九》，主要表现为"经水少"，认为其病机为"亡其精液"。本病临床常并发月经后期，甚则可发展为闭经。其病机有虚实之分，与肝、脾、肾三脏功能失常有关。虚则多为肝肾亏损，精血不足，血海不盈，经源不旺；实者多因气滞、血瘀、痰湿阻滞。虚多实少，或虚中夹实者多见。临证应根据病者的临床表现及伴随症状而辨证论治。虚者补之，实者通之、行之。如月经量少，色淡质稀，伴腰膝酸软，头晕耳鸣，性欲淡漠，舌淡，脉沉迟或沉细者，治宜滋养肝肾，养血调经，选用归芍地黄汤去"三泻"（即丹皮、泽泻、茯苓）或左归丸加党参、鸡血藤、茺蔚子、仙灵脾、仙茅治之。偏血虚者，症见月经量减少，或点滴即净，色淡，伴小腹隐痛，头晕眼花，心悸失眠，面色萎黄者，宜用圣愈汤加菟丝子、枸杞子、覆盆子、紫石英、茺蔚子、仙灵脾治之。症见月经量少，色暗夹块，伴经前乳房胀痛，少腹、小腹胀痛，放射至腰背，舌尖边瘀点，脉细涩者，为气滞血瘀所致，治宜疏肝行气活血，方用逍遥散或柴胡疏肝散加素馨花、桃仁、红花等治之，气行则血行。偏于血瘀者，症见量少色暗，或淋沥不尽，用桃红四物汤加味或血府逐瘀汤、少腹逐瘀汤治之。若经行量少，色淡，或夹带而下，形体肥胖，带多黏滞，舌淡，苔白腻，脉细滑者，为痰湿内停，阻滞胞宫胞脉所致，治宜温宫豁痰，方用四物汤合二陈汤加苍术、白术、白芥子、肉桂、仙灵脾，或归芍二陈汤加鸡血藤、丹参、急性子、艾叶、香附等治之，以化痰燥湿调经。总之，在治疗的全过程，要重视调补肝肾，疏肝行气养血，在平衡阴阳气血的基础上，注意精血并补，先后天并补，则能收到事半功倍之效。

病例1

宋某，女，28岁，已婚。1992年6月5日初诊。

月经过少4个月。既往月经正常，1992年1月孕70天时因"过期流产"而行人流术，术后出现月经错后3～4天，经量少，色暗，2天即净，伴小腹剧痛，腰胀，服"去痛片"可暂时缓解，经前乳房胀痛，平时白带全无，性交时阴道涩痛，纳、便正常，末次月经1992年5月15日，舌淡红，苔薄黄，脉细弦。

诊断：月经过少。

辨证：气血虚弱。

治则：益气养血调经。

处方：炙党参15g，炙黄芪20g，熟地15g，当归10g，川芎6g，白芍6g，柴胡6g，艾叶10g，炙甘草6g。每日1剂，水煎服，连服4剂。

二诊（1992年6月16日）：今日经行，腰胀腹痛明显减轻，量尚少，舌淡红，苔薄白，脉沉细。拟调补肝肾为法，仿左归丸之意。

处方：熟地15g，怀山药15g，山萸肉6g，菟丝子20g，枸杞子10g，茺蔚子10g，仙灵脾15g，肉苁蓉15g，当归10g，白芍10g，炙甘草6g，每日1剂，水煎服，连服3剂。

三诊（1992年6月23日）：本次经行量仍少，色暗，2天干净，但经净后有回血5天，现仍有少量赤白带下，舌淡红，苔薄黄，脉细。此乃肝肾阴虚，相火偏旺，胞宫开阖失司。治拟补中寓清之法。

处方：党参15g，白术10g，茯苓10g，陈皮6g，黄柏6g，苍术6g，鸡血藤20g，白芍10g，炙甘草6g。每日1剂，水煎服，连服3剂。

四诊（1992年7月21日）：7月15日经行，腹痛消失，经量较上月增多，色仍暗，现量少未净，余无不适，舌尖略红，苔薄白，脉细。仍予滋阴壮水，以充经源。

处方：熟地15g，怀山药15g，山萸肉6g，当归10g，白芍10g，沙参10g，枸杞子10g，茺蔚子10g，丹皮6g，茯苓6g，泽泻6g。每日1剂，水煎服，连服3剂。

按语：手术之后，耗气伤血，气血虚弱，血海不充，故月经量少；术中离经之血瘀滞胞络经隧，肝气不舒，故经前乳胀，经行腰腹疼痛。治以益气养血调经，用圣愈汤加柴胡以疏肝，艾叶温经散寒止痛。肾藏精而主生殖，肝藏血而主生发，冲任二脉所系。人流手术冲任胞络受损，往往累及肝肾，导致精血亏虚，生发无能，故二诊转用调补肝肾法治之，以益经源。

病例2

汤某，女，24岁，已婚。1993年7月30日初诊。

月经量少1年余，带下量多两个月。1年多来月经量少，色暗红，无块，3～4天干净，月经时或延后 7～8 天；经前腰痛，小腹疼痛，时有乳房胀痛。昨日经行，量少，色暗红，下肢酸软，冷汗出。平素带下量多，色黄质稀，臭味，纳可，嗜睡，大便软，2～3 天一行。妇检宫颈Ⅱ度糜烂。舌淡红，苔薄白，脉细。

诊断：①月经过少；②带下病。

辨证：肝肾亏虚。

治则：温补肝肾，调经止带。

处方：当归 10g，川芎 6g，赤芍 10g，熟地 15g，鸡血藤 20g，益母草 10g，续断 10g，艾叶 10g，红花 6g，急性子 20g，炙甘草 6g。每日 1 剂，水煎服，连服 4 剂。

二诊（1993 年 8 月 11 日）：药后经量较前增多，6 天干净。现带下量多，质稀如水，胃脘不适，纳可，大便尚调，舌淡红，苔薄白，脉细。仍守前法，兼顾健脾祛湿。

处方：当归 10g，川芎 6g，白芍 10g，土茯苓 20g，白术 10g，泽泻 10g，艾叶 10g，仙灵脾 15g，益母草 15g，红枣 10g。每日 1 剂，水煎服，连服 3 剂。

三诊（1993 年 8 月 18 日）：药已，带下仍多，质清稀，微臭，阴部稍痒，困倦乏力，舌淡红，苔薄白，脉细。以疏肝健脾补肾法。

处方：柴胡 6g，当归 10g，白芍 10g，茯苓 10g，白术 10g，黄精 15g，艾叶 10g，党参 15g，薄荷 5g（后下），炙甘草 6g。每日 1 剂，水煎服，连服 3 剂。

四诊（1993 年 8 月 26 日）：带下仍多，外阴瘙痒，昨天用硝酸银治疗后阴道有黄水流出，舌淡红，苔薄白，脉细。转用健脾益气、升阳除湿法，用完带汤加味。

处方：苍术 10g，白术 10g，陈皮 5g，党参 15g，车前子 10g，生苡仁 15g，柴胡 6g，白芍 10g，怀山药 15g，荆芥 5g（后下），益母草 10g，续断 10g，甘草 6g。每日 1 剂，水煎服，连服 3 剂。

五诊（1993 年 8 月 31 日）：药已，带下量减，色微黄，舌淡红，苔薄白，脉细。经期已至，转用疏肝健脾、活血调经法。

处方：柴胡 6g，当归 10g，赤芍 10g，茯苓 10g，怀山药 15g，薄荷 6g（后下），益母草 15g，玫瑰花 10g，牛膝 10g，丹皮 10g，甘草 6g。每日 1 剂，水煎服，连服 3 剂。

六诊（1993 年 9 月 3 日）：药已，8 月 31 日经行，量明显增多，色暗红，无血块，伴乳胀，现未净，舌淡红，苔薄白，脉细。正值经期，以养血调经法。

处方：当归 10g，川芎 6g，白芍 10g，熟地 15g，鸡血藤 20g，丹参 15g，续断 10g，益母草 10g，炙甘草 6g。每日 1 剂，水煎服，连服 4 剂。

七诊（1993 年 9 月 22 日）：本次经行 5 天干净，近日腰胀，困倦嗜睡，溺多，带下量一般，色微黄，舌淡红，苔薄白，脉细。仍以温补肝肾法巩固疗效。

处方：当归 10g，川芎 6g，白芍 10g，熟地 15g，补骨脂 10g，杜仲 10g，巴戟天 10g，狗脊 10g，桑寄生 15g，北细辛 3g（后下），炙甘草 6g。每日 1 剂，水煎服，连服 3 剂。

按语：肝肾亏损，阳气不足，影响精血生化，以致冲任不足，血海不能如期满溢，故月经量少，经行延后；腰为肾之外府，肝主筋，肝肾不足，故腰痛，下肢酸软；肝气不足，疏泄失司，肝经气滞，故经前乳房、小腹疼痛；阳虚阴盛，带脉失约，任脉不固，故带下量多，湿郁日久，则色黄而臭。治以温补肝肾，调经止带，用自拟方养血调经汤加艾叶温肾养肝，赤芍、红花、急性子活血通经。月经干净之后出现带下量多，质稀如水，困倦乏力，阴痒等症，为脾虚湿盛之明证，加以健脾除湿法。施治原则以补肾调肝为主，兼健脾以止带，并以后天促先天，使肾气足，肝气旺，经水充盈。

病例 3

农某，女，26 岁，未婚。1991 年 7 月 23 日初诊。

月经量少 12 年。14 岁月经初潮，周期基本正常，但经量偏少，色暗，夹块；伴乳胀、腰胀而痛，少腹、小腹隐痛，大便干结，面颊散在痤疮及黄褐斑，舌淡红，苔薄黄，脉细缓。

诊断：月经过少。

辨证：肾虚肝郁，血瘀化热。

治则：滋肾疏肝，凉血化瘀。

处方：黄精 15g，丹参 15g，柴胡 6g，当归 10g，白芍 10g，白术 10g，茯苓 10g，凌霄花 10g，红花 6g，薄荷 5g（后下），炙甘草 6g。每日 1 剂，水煎服，连服 3 剂。

二诊（1991 年 8 月 6 日）：药已，乳痛消失，大便变软。刻诊：头晕时作，脱发较多，舌淡红，苔薄白，脉细。治以补肾为主，以促经源。

处方：熟地 15g，怀山药 15g，山萸肉 6g，当归 10g，白芍 10g，茯苓 6g，泽泻 6g，枸杞子 10g，茺蔚子 10g，红花 3g，红枣 10g。每日 1 剂，水煎服，连服 7 剂。

三诊（1991 年 10 月 15 日）：8 月、9 月份经行，经量略增，色较鲜，末次月经 9 月 17 日，经前面部痤疮多发，乳房隐痛，现带下量多，微臭，舌淡红，苔薄白，脉细。再予滋肾疏肝、凉血化瘀法。守 7 月 23 日处方加茺蔚子 10g，每日 1 剂，水煎服，连服 6 剂。

四诊（1991 年 10 月 29 日）：10 月 23 日经行，经量较原来增多三分之一，色红，偶或夹块，3 天干净。现无不适，舌淡红，苔薄白，脉沉细。予补益气血，以充经源。

处方：党参 15g，炙黄芪 20g，当归 10g，白芍 6g，川芎 6g，熟地 15g，益母草 10g，炙甘草 6g。每日 1 剂，水煎服，连服 3 剂。

1992 年 5 月 12 日因它病就诊，询知数月来经量已增至正常。

按语：经者，血也，生化于脾，总统于心，藏受于肝，宣布于肺，施泄于肾，其中尤以肾、肝、脾三脏为要。月经初潮即量少，乃先天肾气不足，冲任不盛，经源不充之象；大便干结，面部痤疮，苔薄黄乃血分郁热之征。初诊用黄精补肾益精，逍遥散疏肝解郁，丹参、凌霄花、红花凉血化瘀，二诊肝气得疏，瘀热已清，改用补肾为主，以归芍地黄加减，终以补益气血法以收功。

病例 4

张某，女，33 岁，已婚。1990 年 8 月 7 日初诊。

月经量少 10 年。初潮即经量偏少，近 10 年月经延后 10 天左右，经量少，色淡，有时点滴即净，不用垫纸。1984 年结婚，夫妻同居，迄今未孕。末次月经 1990 年 8 月 2 日，现为经后第一天，无何不适，纳、便正常，形体丰腴，舌淡红，苔薄白，脉沉细。B 超检查提示子宫偏小，双卵巢增大。男方精液检查精子计数偏低。

诊断：①月经过少；②不孕症。

辨证：气虚痰瘀。

治则：健脾益气，化瘀祛痰。

处方：炙芪20g，党参15g，白术10g，茯苓10g，泽兰10g，益母草10g，生牡蛎20g（打，先煎），刘寄奴10g，红枣10g。每日1剂，水煎服，连服14剂。

二诊（1990年11月6日）：药已，9月、10月份经量较原来增多，经行时小腹胀痛，舌质红，苔薄白，脉虚细。继守上法，重在化瘀祛痰。

处方：土茯苓20g，生牡蛎30g（打，先煎），刘寄奴10g，丹参15g，泽兰10g，赤芍10g，凌霄花10g，浙贝6g，白芥子6g，威灵仙10g，制香附6g。每日1剂，水煎服，连服7剂。

三诊（1990年11月13日）：上方服第二剂时阴道流出水样分泌物，现无不适，舌淡红，苔薄白，脉细缓。痰湿渐化，瘀滞渐疏，效不更方，守上方加北芪20g以扶正。每日1剂，水煎服，连服7剂。

四诊（1990年11月27日）：药已，11月25日经行，量已增至正常，色泽俱佳，舌淡红，苔薄白，脉滑。拟养血调经法。

处方：鸡血藤20g，丹参15g，当归10g，川芎10g，白芍10g，熟地15g，续断10g，益母草10g，柴胡3g，黄花倒水莲20g。每日1剂，水煎服，连服3剂。

按语：形体丰腴，乃气虚痰湿之体。脾虚失于健运，一可致经血生化无源，二可致痰湿内生，痰阻经脉，血不畅行，故经量减少，瘀结成癥。治以参、芪、术、苓健脾益气祛湿，泽兰、益母草、刘寄奴活血化瘀通经，生牡蛎软坚散结。二诊加重化痰湿、祛瘀血之力，以土茯苓除湿解毒，浙贝、白芥子化痰散结，《本草正义》谓："威灵仙，以走窜消克为能事，积湿停痰，血凝气滞，诸实宜之"。恐祛邪太过，损伤正气，三诊加入北芪益气以扶正，如是使脾气健旺，水湿得运，湿祛瘀化，冲任通利，气血畅行，月经正常。

病例5

李某，22岁，未婚，工人，1990年7月16日初诊。

16岁月经初潮，月经周期一向不规则，时而两个月一行，时而5个月一行，月经量偏少，色淡红，1~2天即净，甚时点滴而下。末次月经1990年3月30日，迄今经水未行。1周来，自觉小腹部阵发性隐痛，服止痛片可缓解，纳少，二便正常，舌淡红，苔薄白，脉沉细。

既往史无特殊。

诊断：①月经过少；②月经后期。

辨证：肝肾不足，寒凝血滞。

治法：温肾暖宫，行气活血。

处方：艾叶10g，香附10g，肉桂5g（后下），当归10g，川芎6g，赤芍10g，熟地15g，益母草10g，枳实10g，柴胡6g，莪术10g，小茴香6g。7剂，水煎服，每日1剂。

二诊（1990年10月15日）：服上药3剂，经水已行，量较前增多。8月份月经如期而至，色量尚可，自以为病已痊愈，未再服药，但9月份月经未行，现无任何不适，舌淡，苔薄白，脉细。仍拟温补肝肾法。

处方：黄精 15g，柴胡 6g，当归 10g，白芍 6g，白术 10g，茯苓 10g，艾叶 6g，枳实 10g，益母草 10g，肉桂 5g（后下），炙甘草 6g。7 剂，水煎服，每日 1 剂。

三诊（1990 年 11 月 1 日）：药后但觉小腹部隐隐作痛，有下坠感，但经仍未行，大便稍溏，舌淡红，苔薄白，脉细。守上方加王不留行 10g，路路通 10g。4 剂，水煎服，每日 1 剂。

1993 年 7 月随诊，服上药后月经来潮。继守上法调理两个月，近两年来月经基本正常。

按语：经水出诸肾，肾主生长、发育、生殖，初潮即出现月经后期、量少，显系先天肾气不足，肾阳失于温煦，肝失生发所致。阳虚宫寒，寒凝血滞，则经水不行。故一诊拟温肾暖宫之法，方用艾附暖宫丸加减，药中其病，故经水能行。而经者血也，生化于脾，总统于心，藏受于肝，宣布于肺，施泻于肾，其中又以肾、肝、脾三脏为要。故后期调理，班老注重温肾、养肝、健脾，从而取得较好的疗效。

病例 6

莫某，27 岁，工人，已婚，1992 年 6 月 18 日初诊。

月经量减少已两个月余。近两个月来无明显原因出现月经量少（较原月经量减少三分之一），色暗，且近半年来自觉小腹隐痛，阴部刺痛，带下增多。刻诊：头晕腰酸，四肢无力，小腹隐隐作痛，纳、便正常。

14 岁初潮，月经量素来较多，伴经行腹痛，末次月经为 1992 年 5 月 28 日。结婚 2 年，安全期避孕。

诊断：月经过少。

辨证：脾肾气虚，肝郁血滞。

治法：补益脾肾，疏肝行血。

处方：当归 10g，川芎 6g，白芍 10g，白术 10g，云茯苓 10g，泽泻 10g，补骨脂 10g，仙灵脾 15g，仙茅 10g，莪术 10g，炙甘草 6g。4 剂，水煎服，每日 1 剂。

二诊（1992 年 6 月 23 日）：药已，仍觉神疲乏力，动则气喘，舌淡，苔微黄，脉弦滑。

处方：党参 15g，炙黄芪 20g，熟地 15g，当归 10g，白芍 10g，川芎 6g，柴胡 6g，合欢花 10g，炙甘草 6g。3 剂，水煎服，每日 1 剂。

三诊（1992 年 7 月 3 日）：1992 年 6 月 26 日经行，月经量增多，色暗红夹块，伴小腹隐痛，块出痛减。现月经已净，头痛，腰酸乏力，舌淡红，苔薄白，脉细弦。

处方：党参 15g，炙黄芪 20g，鸡血藤 20g，丹参 15g，当归 10g，白芍 10g，川芎 6g，熟地 15g，川断 10g，益母草 10g，炙甘草 6g。7 剂，水煎服，每日 1 剂。

四诊（1992 年 8 月 4 日）：7 月 29 日经行，量中等，色暗红夹块，经前诸痛消失。现月经将净，头晕耳鸣，心烦难寐，尿道灼痛，大便干结，舌淡红，苔薄白，脉细。治宜滋养肝肾，调理冲任。

处方：熟地 15g，怀山药 15g，山萸肉 6g，鸡血藤 20g，当归 10g，白芍 10g，茺蔚子 10g，丹皮 6g，云茯苓 10g，泽泻 10g，甘草 5g。7 剂，水煎服，每日 1 剂。

五诊（1992 年 9 月 30 日）：药后 8、9 月份月经色量正常，诸症消失。效不更方，守上方去"三泻"加党参、千斤拔、红枣以善后巩固。

按语：脾为气血生化之源，肝为血海，主调节经血量；肾为气血之始，经血的充盈、经期正常与否，皆关于肾、肝、脾的功能。脾肾气虚则血海不足，冲任失养，故月经量少。血虚肝郁，疏泄失常，瘀阻胞脉、冲任，故少腹、小腹隐痛，阴痛。头晕腰酸、足软乏力，乃脾肾亏虚，气血不足所致。治宜温肾、养肝、健脾。一诊班老用当归芍药散加仙灵脾、仙茅、补骨脂，二诊则用圣愈汤加柴胡、合欢花，体现了温肾益脾、补益气血、养血疏肝的原则，故药后月经量即多。效不更法，三诊、四诊用圣愈汤及当归芍药汤加味治疗。治疗的全过程以补肾兼顾肝脾，重在益精养血为主，使脏腑阴阳平衡而达调理月经的目的。

体会：月经过少是指月经周期基本正常，经量明显减少，甚或点滴即净；或经期缩短不足两天，经量亦少者。月经过少有虚有实，虚者有气血虚，血海不充；有肝肾亏，精血不足。经源于肾，故虚证者要顾及治肾，以益经源。实证者多见血瘀和痰湿，痰和瘀又可以互相影响，使病情加甚。多囊卵巢综合征是西医的病名，卵巢增大按中医辨证属癥积之病，结合辨病，加入活血化瘀软坚散结之品，可提高疗效。

经 期 延 长

病例1

卢某，女，40岁，已婚。1990年11月21日初诊。

经期延长两年余。近两年多来月经周期尚准，但行经时间延长，每次行经15～20天方净，其间断续，时流时止。月经量较多，色暗红，经行小腹胀。曾服中西药治疗，效果不著；做西药人工周期治疗，当时效可，停药后症情如故。平时带下量或多或少，纳食二便正常，末次月经11月18日，现为经行第三天，经量多，色暗红，伴小腹胀，舌质淡红，苔薄白，脉弦细。1990年11月19日宫腔刮出物病理活检报告提示子宫内膜轻度腺型增生过长。

诊断：经期延长。

辨证：血瘀。

治则：养血活血，化瘀止血。

处方：鸡血藤20g，丹参15g，当归10g，白芍10g，土茯苓20g，小蓟10g，益母草10g，白术10g，炒山楂10g，蒲黄炭10g，炙甘草6g。每日1剂，水煎服，连服3剂。

二诊（1990年11月27日）：药后月经干净，腹胀已消，纳寐可，二便调，舌淡红，苔薄白，脉细缓。仍宗上法，上方去小蓟、蒲黄炭，加生牡蛎30g（先煎），猫爪草10g。每日1剂，水煎服，连服7剂。

三诊（1990年12月4日）：药已，无何不适，纳、寐、二便如常，舌淡红，苔薄白，脉细缓。予养血活血，加软坚散结。

处方：生牡蛎 30g（先煎），丹参 15g，赤芍 10g，鸡血藤 20g，红花 6g，海藻 10g，刘寄奴 10g，泽兰 10g，凌霄花 10g，夏枯草 10g，莪术 10g。每日 1 剂，水煎服，连服 7 剂。

四诊（1990 年 12 月 11 日）：药已，无不适，舌淡红，苔薄白，脉缓。予当归芍药散养血健脾，加以软坚散结。

处方：当归 10g，川芎 6g，赤芍 10g，土茯苓 20g，白术 10g，泽泻 10g，生牡蛎 30g（先煎），夏枯草 10g，鸡血藤 20g，丹参 15g，炙甘草 5g。每日 1 剂，水煎服，连服 7 剂。

五诊（1990 年 12 月 18 日）：月经期至末行，纳、便如常，带下无异，舌淡红，苔薄白，脉缓。治以疏肝理气，活血调经。

处方：柴胡 6g，当归 10g，白芍 10g，茯苓 10g，白术 10g，生牡蛎 30g（先煎），鸡血藤 20g，丹参 15g，薄荷 5g（后下），炙甘草 6g。每日 1 剂，水煎服，连服 7 剂。

六诊（1990 年 12 月 25 日）：昨日经行，量中等，色稍暗，无血块，无腹胀痛等症。纳可寐好，二便调畅，舌淡红，苔薄白，脉缓。予养血调经。

处方：当归 10g，川芎 6g，白芍 10g，熟地 15g，鸡血藤 20g，丹参 15g，续断 10g，益母草 10g，旱莲草 20g，女贞子 10g，炙甘草 6g。每日 1 剂，水煎服，连服 3 剂。

七诊（1990 年 12 月 28 日）：药已，今日经净（经行 5 天），本次经量正常，现无不适，舌淡红，苔薄白，脉细缓。治予益气养血，辅以活血软坚。

处方：当归 10g，白芍 10g，党参 15g，白术 10g，茯苓 10g，陈皮 5g，鸡血藤 20g，丹参 15g，益母草 10g，生牡蛎 30g（先煎），炙甘草 6g。每日 1 剂，水煎服，连服 7 剂。

再按养血活血化瘀法调治两个月，至 1991 年 11 月随访，数月来月经周期、经量、行经时间均正常。

按语：气郁血滞，瘀血内停阻滞胞脉，新血不得归经而妄行，故月经淋沥延期不净，经量增多。治以养血活血，化瘀止血。初诊正值经期，用鸡血藤、丹参、当归、白芍养血活血，益母草活血祛瘀调经，小蓟、炒山楂、蒲黄炭止中有化，使血止而不留瘀。《本草纲目》言"土茯苓能健脾胃……脾胃健则营卫从"；《滇南本草》以土茯苓治妇人红崩、白带。白术健脾益气。经净之后，又用红花、刘寄奴、泽兰、凌霄花活血祛瘀，生牡蛎、猫爪草、海藻软坚散结，以治子宫内膜增生过长。如是使瘀血去，新血归经，则经行正常。

病例 2

林某，女，30 岁，已婚。1991 年 9 月 17 日初诊。

经期延长 2 个月。1991 年 7 月 16 日放环，术后阴道流血 10 天干净。8 月 14 日经行，量多，色鲜红，夹块，伴畏寒，恶心呕吐，经期延长，15 天方净。现为经行第 7 天，于经期第二天出现恶心呕吐，畏寒、经量少、色暗红，无块，纳、寐、二便正常，舌淡红，苔薄白，脉细。

诊断：经期延长。

辨证：肝肾阴虚，冲任督失调。

治则：滋补肝肾，燮理奇经。

处方：熟地15g，怀山药15g，山萸肉6g，当归10g，白芍10g，益母草10g，旱莲草20g，丹皮6g，茯苓6g，泽泻6g。每日1剂，水煎服，连服3剂。

二诊（1991年10月11日）：上药二剂后经净。10月4日经行，经期畏寒呕吐消失，经血迄今未净，量多，色暗红，舌淡红，苔薄白，脉细。拟补益脾肾，固涩止血。

处方：党参15g，白术10g，茯苓10g，陈皮6g，桑螵蛸10g，海螵蛸10g，茜根10g，骨碎补15g，怀山药15g，升麻3g，炙甘草6g。每日1剂，水煎服，连服4剂。

三诊（1992年3月13日）：数月来经行畏寒呕吐未作，唯行经期较长，前后淋沥达十余天。现为经行第3天，量少，色淡红，舌脉如平。仍宗滋补肝肾为法。

处方：熟地15g，怀山药15g，山萸肉6g，鸡血藤20g，丹参15g，女贞子10g，旱莲草20g，丹皮6g，茯苓6g，泽泻6g。每日1剂，水煎服，连服4剂。

四诊（1992年9月29日）：月经期、量已恢复正常，末次月经9月12日至9月18日，量中，经行腰胀，余无不适，舌脉如平。欲服药巩固，以滋补肝肾法治之。

处方：熟地15g，怀山药15g，山萸肉6g，沙参10g，麦冬10g，女贞子10g，旱莲草20g，益母草10g，当归10g，鸡血藤20g。每日1剂，水煎服，连服4剂。

按语：冲为血海，任主诸阴，督主诸阳，三脉一源三歧。放环后冲任胞络损伤，累及肝肾，冲任受损，不能固摄阴血，加之肝肾阴虚，虚热内扰冲任，血海不宁，故经血过期未净，经量增多。阴损及阳，阳气失于温煦，故畏寒；冲气上逆犯胃则呕吐。治以滋补肝肾，燮理奇经，用六味地黄汤为基本方，加当归、白芍养血调经，旱莲草滋阴清热止血，益母草活血祛瘀调经，使肝肾得养，虚热得清，冲任通盛，则经行正常。

病例3

刘某，女，42岁，已婚。1993年2月24日初诊。

经期延长7年。1985年放环，自放环后月经量多，淋沥难净，经色红，无血块，行经时间持续10余天。常有经间期出血。末次月经1993年2月12日，现阴道仍有少量咖啡色分泌物排出，伴腰胀痛，心烦，夜寐不安，口干欲饮，夜尿2次，纳食大便正常，月经周期尚准，面部深黄褐斑，舌淡红，苔薄白，脉细。

诊断：①经期延长；②经间期出血。

辨证：阴虚血热。

治则：滋补肝肾，清热止血。

处方：菟丝子15g，枸杞子10g，车前子6g，覆盆子10g，五味子5g，女贞子10g，太子参15g，旱莲草20g，海螵蛸10g，芡实10g，甘草5g。每日1剂，水煎服，连服3剂。

二诊（1993年3月3日）：药已，阴道流血已止，现带下量多，色黄，味臭，外阴痒，寐差，夜尿多，纳可，大便如常，舌淡红，苔薄淡黄，脉细缓。继以滋补肝肾为法。

处方：鸡血藤20g，丹参15g，熟地15g，山萸肉10g，怀山药15g，旱莲草20g，女贞子 10g，白芍 20g，生谷芽 20g，荷叶 10g，甘草 5g。每日 1 剂，水煎服，连服 3 剂。

三诊（1993 年 3 月 11 日）：药后寐稍好，夜尿仍多。昨日经行，量尚少，纳可，大便调，舌淡红，有瘀点，苔薄白，脉细。改用养血活血调经法，以因势利导。

处方：当归 15g，鸡血藤 20g，川芎 10g，赤芍 10g，熟地 15g，桃仁 10g，红花 10g，路路通 10g，牛膝 10g，枳实 10g，炙甘草 5g。每日 1 剂，水煎服，连服 2 剂。

四诊（1993 年 3 月 17 日）：经行初 3 天量少淋沥，第 4 天后色、量如常，伴腰痛，昨日经净，现觉口干，夜尿 2~3 次，纳食大便正常，舌淡红，有瘀点，苔微黄，脉细缓。再以滋补肝肾法治其本。

处方：熟地 15g，山萸肉 10g，怀山药 15g，丹皮 6g，茯苓 10g，泽泻 10g，旱莲草 20g，女贞子 10g，益母草 10g，炒山楂 10g，炙甘草 5g。每日 1 剂，水煎服，连服 3 剂。

五诊（1993 年 3 月 22 日）：经净 5 天后，昨大阴道有少量咖啡色分泌物，舌淡红，苔薄白，脉细。上方去炒山楂，加沙参 10g，麦冬 10g，每日 1 剂，水煎服，连服 3 剂。

六诊（1993 年 4 月 5 日）：服上方 1 剂后阴道咖啡色分泌物即消失。现带下量多，色黄味臭，舌淡红，边有瘀点，苔薄白，脉细滑。经期将至，改用理气活血调经。

处方：鸡血藤 20g，丹参 15g，当归 10g，川芎 6g，赤芍 10g，红花 3g，牛膝 6g，续断 10g，香附 6g，枳实 6g，艾叶 5g，炙甘草 5g。每日 1 剂，水煎服，连服 3 剂。

七诊（1993 年 4 月 10 日）：4 月 5 日经行，色、量正常，5 天干净。刻诊：腰部作胀，舌淡红，苔薄白，脉细。仍予滋补肝肾法治其本。

处方：北沙参 10g，麦冬 10g，熟地 15g，山萸肉 6g，怀山药 15g，旱莲草 20g，女贞子 20g，芜蔚子 10g，荷叶 10g，丹皮 6g，甘草 5g，每日 1 剂，水煎服，连服 4 剂。

八诊（1993 年 4 月 19 日）：本月 17 日阴道流血，量少不用垫纸，2 天干净，无不适，舌淡红，有瘀点，苔薄白，脉细。上方去芜蔚子、荷叶，加茯苓 6g，泽泻 6g，益母草 10g，每日 1 剂，水煎服，连服 3 剂。

九诊（1993 年 4 月 27 日）：药已，带下稍黄，量一般，外阴痒，面部散在黄褐斑，纳、寐、便如常，舌淡红，有瘀点，苔薄白，脉细。改用活血化瘀，凉血清热。

处方：生地 15g，当归 10g，川芎 6g，赤芍 10g，桃仁 10g，红花 6g，荷叶 10g，侧柏叶 10g，凌霄花 10g，丹皮 10g，甘草 5g。每日 1 剂，水煎服，连服 7 剂。

十诊（1993 年 5 月 4 日）：昨日经行，量少色淡，外阴稍痒，咳嗽，舌淡红，有瘀点，苔薄白，脉细。用养血调经法。

处方：生地 15g，当归 10g，川芎 6g，白芍 10g，鸡血藤 20g，丹参 15g，续断 10g，益母草 10g，前胡 10g，麦冬 10g，炙甘草 6g。水煎服，每日 1 剂，连服 3 剂。

十一诊（1993 年 5 月 11 日）：药后经色转红，量中等，3 天干净，纳、寐、便正常，舌淡红，有瘀点，苔薄白，脉细缓。原有经间期出血，现欲服药预防，治以滋补肝肾。

处方：当归 10g，白芍 10g，熟地 15g，怀山药 15g，山萸肉 6g，茯苓 6g，丹皮 6g，泽泻 6g，旱莲草 20g，枸杞子 10g，甘草 6g。每日 1 剂，水煎服，连服 3 剂。

此后继续予滋补肝肾法调治，间断服药 3 个月，至 1993 年 11 月随访，行经时间正常，经间期已无出血，面部黄褐斑颜色变浅。

按语：放环后由于异物留在胞宫，阻塞胞脉，胞宫和胞脉的损伤，导致肝肾亏损，阴精亏损。阴虚内热，热扰冲任，血海不宁，则经期延长；虚热迫血妄行，故月经量多；纲缊时期，阳气内动，相火旺盛，阴虚不能制阳，虚火灼伤阴络，冲任不固，因而出血。血受热煎熬而成瘀，瘀阻经络，气血不能上荣，故面部黄褐斑。治以滋补肝肾。清热止血，先后用二至丸、五子衍宗丸、六味地黄丸加减，经将行则理气活血调经，以桃红四物汤加路路通、牛膝、枳实因势利导，以促经行。调治数月，肝肾之阴恢复，血海安宁，冲任通畅，则月经正常，经间期出血亦瘥。

体会：经期延长是指月经周期基本正常，行经时间超过 7 天以上，甚或淋沥半月方净者。在辨证上要分清虚实。实证多因瘀血阻滞胞脉，新血不得归经而妄行，如例 1 之卢某，治之以通，重在活血化瘀；结合诊刮病检结果，加用软坚散结之品。虚证多由肝肾阴虚，虚热扰动血海而致，如例 2 之林某和例 3 之刘某，治之以补，重在滋补肝肾，养阴清热。经将行和经行初期宜因势利导，养血活血调经；经行后期可适当选用固涩药和止血炭药，但要根据证型选择，并做到止血而不留瘀。

经间期出血

在两次月经期的中间，有 1～3 天情兴较浓，性感增强，有思交不可待之势，这叫做纲缊期。在这时期有规律性的阴道少量出血，谓之纲缊期出血，或称之经间期出血。由于出血量少，过去多从月经不调论治，甚或作为带下病中的赤带论治。

一、病因病机

纲缊期出血的原因，一般是有阴虚火旺、瘀滞胞脉、湿热下注等的不同。但临床所见，以阴虚阳亢，虚火内动的为多。盖纲缊时期，肾气恢复充足，促进生殖功能的"天癸"再次成熟，冲脉、任脉的阴血充盈，相火内动，肾阳的开泄旺盛，如阴精的濡养相对不足，阴不能制阳，则阴虚而阳盛，阳盛则虚火内扇，扰灼冲脉和任脉，伤损及胞宫孙络之脉，故阴道少量出血。待纲缊期过后，相火潜藏，肾的阴阳才能复趋于平衡，气血调和，阴精固藏，则出血自止。

本病与月经不调、月经过少、赤带等有类似之处，临床时必须加以辨别。本病的发作，是以周期性的纲缊期出血为依据。月经不调的出血，则是在月经周期的提前或错后；月经过少则是月经周期正常而出血量少；赤带则无周期性，而且多是赤白相兼，其质黏稠。当然，纲缊期的出血，偶然也有白带夹血丝的，但是有周期性的出血。

二、论治用药

本病既以阴虚阳亢为多见的疾病，因而其治疗的总原则，当以滋养肝肾之阴为主。但在具体选方用药之时，有出血时的治疗和平时调养的不同。一般来说，在纲缊期出血期间，要在滋阴制阳的基础上，佐以止血之品。例如阴道出血量少，色红，无血块，无腹痛，伴有头晕目眩，腰酸膝软，五心烦热，夜难入寐，溺黄便秘，苔少或无苔，舌边尖红，脉细数者，此属平素阴虚，肾阳偏盛之变。治宜滋阴壮水以制火之法，可用两地汤加旱莲草、藕节、夜交藤、益母草治之；如平时调养者，则宜用《景岳全书》之加减一阴煎（生地、白芍、麦冬、熟地、知母、地骨皮、甘草）去知母加女贞子、怀山药、玄参、枸杞子治之，使阴阳洽调，气血平和，以期达到从根论治，防止再次出血的目的。

由于本病多见于阴虚阳亢之体，因而在治疗期间，凡是辛热香燥动阳助火之品，一律禁用。如果是已婚妇女，则应禁止房事。

病例1

韦某，女，33岁，已婚，教师，1984年6月5日初诊。

一年来经行周期正常，量多，色红，持续一周左右干净。每于经净之后10~15天，阴道即有少量出血，色红，持续3~4天自止。现值经后12天，心烦易躁，夜寐欠佳，腰膝酸软，今早阴道少量出血，色红，无血块，无腹痛，舌苔薄白，舌质边尖红，脉象细数。证属纲缊期，肾阴不足，相火内动，以致冲任不固而出血。治宜滋阴壮水以制火。

处方：生地黄18g，地骨皮9g，麦冬12g，玄参15g，旱莲草10g，女贞子10g，山萸肉9g，怀山药15g，藕节20g，苎麻根10g，何首乌15g，生甘草5g。每日1剂，水煎服，连服3剂。

6月10日二诊：上方服后，阴道出血即止。仍以滋养肾阴之法，以善其后。

处方：熟地黄15g，生地黄15g，山萸肉9g，麦门冬9g，玄参15g，北沙参10g，杭白芍6g，怀山药15g，女贞子9g。每天1剂，水煎服，连服3剂。并嘱以后在经净之后10日，即连服本方3~6剂。

10月5日三诊：3个月来无经间出血。但头晕头痛，鼻塞流涕，脉浮，苔薄白。证属外感寒邪。以辛温疏解之法治之。

处方：苏叶9g，荆芥6g，白芷6g，生姜6g，甘草5g，葱白6g。清水煎之，乘热温服。

病例2

杨某，女，23岁，未婚。1991年7月2日初诊。

经间期出血3个月。月经尚规律，经量中等，色鲜红，有血块，伴少腹、小腹疼痛，行经期为5天。近3个月以来每于月经干净8~9天后又出现阴道流血，血量少于正常月经量，色暗红，持续5天左右。末次月经1991年6月16日，自6月30日起阴道有咖啡色分泌物，量不多，迄今仍淋沥不净，伴头晕，心烦，心悸，腰胀，纳寐可，二便正常。形体稍瘦，舌淡红，苔薄白，脉虚细略数。

诊断：①经间期出血；②痛经。

辨证：肝肾阴虚。

治则：滋补肝肾，固涩止血。

处方：熟地 15g，怀山药 15g，山萸肉 6g，茯苓 6g，丹皮 10g，泽泻 6g，当归 10g，白芍 10g，旱莲草 20g，女贞子 10g，煅牡蛎 30g。每日 1 剂，水煎服，连服 3 剂。

二诊（1991 年 10 月 4 日）：药后阴道出血停止，之后月经按期来潮，经间期已无出血。末次月经 9 月 5 日，经行腹痛减轻。刻诊：头晕，腰胀痛，脚软，疲乏无力，带下量少色暗红，舌淡红，苔薄白，脉细。予疏肝养肝，健脾活血法以调经。

处方：黄精 15g，柴胡 6g，当归 10g，白芍 10g，茯苓 10g，白术 10g，鸡血藤 20g，茺蔚子 10g，仙鹤草 10g，薄荷 5g（后下），炙甘草 6g。每日 1 剂，水煎服，连服 4 剂。

按语：患者肝肾不足，而纲缊时期，肾气较充，相火易动，肾阳开泄旺盛，阴虚不能制阳，阳气内动，虚火内扇，扰动阴络，冲任不固，则阴道出血。阴虚血少，冲任不足，胞脉失养，故致痛经。头晕、腰胀、心烦心悸、脉虚细略数等症亦为肝肾阴虚之象。

初诊治以滋补肝肾，固涩止血，药后阴液渐复，虚火渐清，冲任得固，故经间期出血病瘳。二诊时仍有经行腹痛，考虑为肝体不足，影响肝用，疏泄失司，气机郁滞所致，改用疏肝养肝、健脾活血法以调治。

痛　经

凡妇女在经行前后或在经行之中，少腹、小腹及腰部疼痛，甚至剧痛难忍，常伴有唇面发青，冷汗淋漓，手足厥冷，泛恶呕吐等症，称之为"痛经"，又称"行经腹痛"。本症的最大特点是随着月经周期持续发作。本症是妇女最常见的痛证，其中又以青少年和已婚育龄妇女多见。盖前者情窦初开，处于肾气未充，发育未全，或欲而不遂的阶段，若有外感六淫或七情内伤，于经将行之际，相火内动，冲击血脉，以致月经将行而不能行，或行而不畅，则疼痛乃作；后者则婚配生育，或冲任亏损，或瘀血内停，经行不畅而疼痛。班老认为，痛经之因虽有寒、热、虚、实之分，不外冲任气血不畅，经血瘀滞胞宫所致。盖气滞则血亦滞，寒则收引凝涩，热则津血受灼，经血不行，湿则重浊黏腻，阻遏血脉，虚则气血运行乏力，以上诸因均可导致气血瘀滞，"不通则痛"，故治疗痛经宜化其瘀滞，畅行气血。

一、病因病机

1. 气滞血瘀

血为气之母，气为血之帅，气赖血载，血赖气行，气行则血能行，气滞则血瘀，故《素问·举痛论》云："百病生于气也"。妇女以血为主，以血为用，血常不足，气常有余，若素多抑郁，复伤情志，则肝气郁结，肝郁则气滞，气机不利，血行受阻，经血不畅，停滞腹中，不通则痛。

2. 寒湿凝滞

寒为阴邪，其性收引凝滞，故血得热则行，遇寒则凝，正如《素问·调经论》所言："血气者，喜温而恶寒，寒则凝而不能流，温则消而去之……寒独留，则血凝泣，凝则脉不通"。湿为阴邪，其性重浊黏腻，既能阻遏阳气使气机升降失常，五脏气血不和，经络阻滞不畅，又能直接阻滞胞脉而损伤胞宫、胞络。若经期冒雨涉水，或久卧湿地，或阴寒之体盛，或过食生冷，寒湿之邪乘虚客于胞宫，经血凝滞，行而不畅则痛。

3. 湿热蕴结

经行、产后感受湿热之邪，或感受寒湿，郁而化热，或素有湿热，湿热蕴结于胞中，则经水欲行而不畅，以致瘀滞作痛。

4. 气血虚弱

脾胃素虚，化源不足，或大病久病后气血俱虚，或大失血后冲任气血不足，气虚则气机鼓动乏力，不能运行血液，血虚则气失所载，均可致气血阻滞，不通则痛。

5. 肝肾亏虚

禀赋素弱，肾气不足，或多产房劳，损及肝肾，冲任经血不足，行经之后血海空虚，胞宫胞脉失养而痛。

二、论治用药

（一）辨证要点

本病辨证除重视四诊的综合分析外，要注重痛经发生的时间、部位、性质。凡是经前、经中疼痛，多属实证（气滞、血瘀）；经后绵绵作痛，多属虚证（血虚、气虚）。根据疼痛的部位区分：痛在两侧少腹属肝，痛在小腹下方属胞宫；大腹痛多与脾有关。疼痛如掣，抽搐痛，冷痛，得热痛减者属寒；腹痛如针刺，喜凉，得热则甚者属热；绵绵作痛而喜按者属虚；剧痛而拒按者为实；又胀又痛，胀甚于痛为气滞，反之，痛甚于胀者为血瘀。由于临床有寒、热、虚、实之异，及体质、生活、环境气候等因素的影响，疼痛的发生和发展是相当复杂的。如以疼痛发作的时间而言，经将行及经中痛属实，经后痛属虚，这仅是指一般而言。实际上，有很多病例经前、经后俱痛，故必须结合四诊，详细审查，辨明其偏虚偏实，寒热孰重孰轻，分清病情是纯虚或纯实，或寒热相兼，虚实夹杂，方能不贻误治疗。

（二）分型论治

1. 气滞血瘀

症见经前或经行少腹、小腹胀痛，以胀为主，伴乳房、胸胁胀痛，经行则舒，经血不畅，色暗夹块，块下则胀痛减轻，舌质红，边尖有瘀点，苔薄白，脉象沉涩或弦细，治宜采用行气凉血、化瘀止痛之法，方用逍遥散合失笑散加减。以逍遥散养血疏肝，调理气机，气行则血行，失笑散化瘀止痛。在此基础上，酌情选用甘松、素馨花、台乌药、青皮、香附以理气解郁，莪术、泽兰、王不留行、刘寄奴、益母草、红花以活血化瘀。阴虚血亏者，加首乌、鸡血藤、玄参之类；夹痰夹湿者，加浙贝、胆南星、苍术、瓜蒌壳、白芥子、石菖蒲之类；郁久化热，则加丹皮、丹参、栀子、夏枯草疏肝解郁清热。血瘀明显者，可选用桃红四物汤加益母草、莪术、延胡索治之。

2. 寒湿凝滞

症见经将行或经行时少腹、小腹剧痛，甚则牵引腰脊，得热则舒，月经量多或色暗夹块，肢冷畏寒，大便溏薄，苔白腻，脉沉弦或沉细，治拟温经散寒、利湿化瘀法，方用少腹逐瘀汤加减。方中当归、川芎、赤芍活血化瘀，延胡索、蒲黄、五灵脂、没香化瘀止痛；肉桂、干姜、小茴香温经散寒。寒湿相兼者，宜加苍术、茯苓、佩兰化浊利湿。全方偏于温通，寒湿者宜之。如偏于虚寒者，腹痛喜按，月经量少，色暗夹块，经行错后，伴腰腿酸软，神疲乏力，小便清长，苔薄白而润，脉沉迟，则宜《金匮要略》温经汤治之。本方既有胶艾汤之补，麦冬汤之滋，又有吴茱萸汤之温，桂枝茯苓丸之行，补、滋、温、行俱备，是温经散寒、补虚化瘀的良剂。如经行面部、下肢浮肿者，此为脾虚湿重，可用当归芍药散（《金匮要略》）或附子汤（《伤寒论》）治之。此两方一则养血疏肝，健脾利湿，一则温肾健脾，扶阳化湿。若寒湿并重而抽痛者，宜两方合用，加益母草、莪术、刘寄奴、延胡索、苏木、泽兰之类化瘀止痛。

3. 湿热蕴结

本型症见平素少腹、小腹绵绵而痛，经将行或经行加剧，按之不减，月经提前，量多，色红或紫稠，平素带下量多，色黄，质稠，伴心烦失眠，溺黄，大便秘结或溏而不畅，外阴或阴道瘙痒，口苦，苔黄腻，脉弦数或濡数。治拟清热凉血、利湿化瘀之法，方用三妙丸合当归芍药散加减化裁。方中三妙丸有清热燥湿的作用，当归芍药散有健脾化湿，活血清热之功，两方合用，既能清热燥湿，又有活血止痛的作用。痛甚可加金铃子、延胡索之类；阴痒者加土茯苓、槟榔、白鲜皮之类。如湿热壅盛，带下量多质稠，经行胀痛并作，阴痒或阴肿者，则用龙胆泻肝汤治之。本方泻中有补，清中有养，湿热清，血脉通，则经痛止。

4. 气血虚弱

症见经后少腹、小腹绵绵作痛，按之则舒，经血色淡质稀，量或多或少，伴面色苍白，四肢乏力，舌淡嫩，苔薄白，脉虚细。治拟益气养血，调经止痛法，方选圣愈汤加莪术、延胡索、田七花治之，可酌加玫瑰花、素馨花芳香理气止痛。平时用人参养荣汤（《和剂局方》）治之。本方是阳生阴长，五脏互养互益之方，用之得宜，则气血恢复，经痛消失。

5. 肝肾亏损

经后少腹、小腹隐痛，得温得按则舒，月经前后不定，量少色淡，伴腰膝酸软，头晕耳鸣，舌质淡红，苔薄白或少苔，脉沉细或虚迟。治宜补养肝肾，化瘀止痛，方用调肝汤或归芍地黄汤加减。如腰酸痛甚者，加制附子、川杜仲、川断、艾叶温肾暖宫；少腹、两胁酸痛，加小茴香、佛手花、川楝子、柴胡疏肝理气；夜尿多而清长者，加益智仁、桑螵蛸温肾固摄。

综上所述，痛经临床上有各种不同的证型，治疗方法也因之而异，但均离不开疏肝理气，不离于活血化瘀，故理气活血是治疗痛经的主要法则。由于临证寒热虚实夹杂，治疗上也有温补并用，补消兼施，温中有行，清中有化之分，在于医者灵活加减，或以治标为主，或以治本为先，或标本兼治。一般来说，要坚持治疗6个月左右，疗效才能巩固。

病例1

谭某，女，30岁，柳州市某厂工人，已婚。1981年3月22日初诊。

13岁月经初潮，一向错后10～15天，色量一般，持续3～5天干净。经前数天腰胀，经行第一天少腹、小腹疼痛剧烈，不能工作和学习，治疗多年，效果不满意。脉沉细涩，苔薄黄，舌质一般，体形瘦小，余无特殊。

柳州市某医院妇科检查结果：子宫后位细长，稍小，宫颈光滑，宫口似大头针头大，白色分泌物少许。印象：宫口狭窄症。

诊断：①痛经；②月经不调。

辨证：肝肾两虚，胞脉郁滞。

治则：温补肝肾，行气化瘀。

处方：当归9g，白芍9g，川芎5g，炙北芪15g，菟丝子15g，枳壳9g，荆芥5g，羌活5g，艾叶5g，肉苁蓉15g，泽兰9g。每日1剂，水煎服，连服3剂。

二诊（3月26日）：药已，寐纳俱佳，余无特殊，脉沉细，苔薄黄，舌质一般。守上方去白芍加赤芍9g，莪术9g。每日1剂，水煎服，连服6剂。

三诊（4月3日）：4月1日经水来潮，量较上月少。本次经行周期已对，经前及经中腰与小腹均无疼痛。脉细缓，舌苔如平。拟补肾壮腰、益气养血之法治之。

处方：党参15g，炙北芪15g，归身10g，川芎5g，白芍5g，熟地15g，川杜仲15g，川续断15g，坤草15g。每日1剂，水煎服，连服3剂。

四诊（4月6日）：无特殊感觉，脉细缓，舌苔薄白，舌质正常。守3月22日方，再服六剂，每日1剂。

五诊（4月11日）：药已无不适，舌脉如上。拟用下方，以善其后。

处方：①归身10g，白芍5g，熟地15g，党参15g，白术9g，云苓5g，炙黄芪15g，肉桂3g（后下），远志5g，陈皮3g，五味子5g，炙甘草5g，坤草15g。每日1剂，水煎服。

②归身9g，川芎5g，白芍5g，菟丝子12g。炙甘草5g，炙黄芪15g，羌活3g，荆芥3g，川厚朴3g，艾叶3g，枳壳3g，锁阳12g，泽兰9g。每日1剂，水煎服。

因患者回柳州，嘱将以上两方轮流服用一个月。以后来信告知，经行已正常，经中无不适。

按语：体质瘦弱，长期经行错后，脉沉细涩，此虚也。但经前数天，经行第一天少腹、小腹胀痛剧烈，此实也。症属虚实夹杂，治宜补养通行并用，仿保产无忧散撑动之意，加减出入为治。以芎、归、芍补血活血；菟丝子、肉苁蓉辛甘咸温，补肾生精；炙芪甘温益气生血；艾叶温暖下焦，撑动胞宫；枳壳、荆芥、羌活行气疏通；泽莪术消滞化瘀。综观全方，实如张山雷《沈氏妇科辑要笺正》所说："威而不猛"，有"行气滞，通血脉"之功。守方出入加减，连续服用四十多剂，宫口狭窄引起之痛经，终能治愈。

病例2

于某，女，29岁，某医院护士，已婚。1977年4月29日初诊。

经行周期基本正常，经色鲜红或紫暗，夹紫块，持续3天左右干净。经将行时少腹、小腹胀痛剧烈，按之不减，经行之后则舒，平时无不适。脉缓，苔薄白，舌质一般。

某医院妇科检查：子宫后位，宫体大如妊娠50天左右，质硬，尚平滑，活动（－）。输卵管通水试验：双侧不通。

诊断：痛经。

辨证：瘀血停滞，胞脉不利。

治则：养血活血，化瘀通络。

处方：当归9g，川芎6g，白芍9g，熟地12g，坤草15g，莪术5g，三棱5g，路路通9g，红枣9g。每日1剂，水煎服，连服12剂。

二诊（5月14日）：药已，无不适，但恐攻伐太过，酌减祛瘀之品。

处方：当归9g，川芎6g，白芍9g，熟地12g，坤草9g，淫羊藿15g，路路通9g，红枣9g。每日1剂，水煎服，连服20剂。

三诊（11月16日）：上药服后，经行周期正常，色量俱佳。10月份输卵管通水已畅通。现经行第二天，色量一般，经将行少腹、小腹胀痛极轻，但腰及膝关节疼痛。脉细缓，舌苔如平。拟本"治风先治血"之旨，以养血祛风之法治之。

处方：归身9g，川芎5g，白芍9g，桑寄生12g，秦艽9g，独活5g，合欢花4.5g，甘草5g。每日1剂，水煎服，连服3剂。

自此停药，经行周期正常，经中无不适，次年二月份已受孕。

按语：不通则痛，痛则不通。本例经行周期正常，但经血夹块，经将行少腹、小腹胀痛剧烈，按之不减，此为瘀积内停，经欲行而不畅之征。故初诊时以养血活血、化瘀通络之法治之。方中以疏通为主，兼以温养，实取化瘀不伤正、扶正有利于化瘀之意。立法既定，用药守方，故疗效显著。二诊时恐攻伐过用，乃减去三棱、莪术，但仍用路路通者，以其性味辛苦平淡，辛则能开，苦则能降，能行十二经脉，有行气活血之功。虽通行祛瘀而不伤正，为化瘀通脉平稳之品，如辨证确切，确为通行之良药。

病例3

马某，女，32岁，某学院物理系教师，已婚。1982年3月27日初诊。

18岁月经初潮，一向错后10～30天，量一般，色暗红，夹紫块，经行第一天，少腹、小腹及乳房胀痛，痛过于胀，腰脊坠胀，严重时不能工作和学习，平时带下量或多或少，色白质稀。胃纳尚可，二便自调。

去年8月结婚，婚后双方共同生活，上述症状未减，性生活一般，迄今未孕。脉沉细，苔薄白，舌质淡。

诊断：①痛经；②月经不调。

辨证：阳虚宫寒，血行不畅。

治则：温肾暖宫，调养冲任。

处方：骨碎补 15g，归身 9g，川芎 9g，白芍 5g，熟地 15g，艾叶 5g，坤草 9g，吴茱萸 2g，莪术 5g，香附 5g，炙草 5g。每日 1 剂，水煎服，连服 3 剂。

二诊（5 月 10 日）：上方连服 6 剂，两个月来经行周期正常，经行时乳房胀而不痛，少腹、小腹胀痛大减。脉弦滑，苔薄白，舌质如平。药已对证，仍守上方出入，徐图根治。

处方：当归 12g，川芎 5g，白芍 9g，云苓 9g，白术 9g，川续断 9g，川杜仲 15g，莪术 5g。每日 1 剂，水煎服，连服 3 剂。

三诊（7 月 4 日）：经期已超过半月，疲倦纳差，胃脘胀满，时或欲呕。脉细，苔薄白，舌质正常。小便妊娠免疫试验阳性。拟用健脾调气之法。

处方：党参 20g，云苓 5g，白术 9g，陈皮 5g，藿香 3g，紫苏叶 3g，桑寄生 15g，炙草 5g。每日 1 剂，水煎服，连服 3 剂。

四诊（1984 年 2 月 10 日）：产期将至，肢体乏力，脉滑，舌苔如平，拟补养气血，助以分娩。

处方：党参 20g，北芪 20g，归身 15g，川芎 12g，红枣 10g。每日 1 剂，水煎服，连服 3 剂。

按语：18 岁月经初潮，一向错后，禀赋不足也。经色暗红，夹紫块，经行第一天少腹、小腹、乳房胀痛，痛过于胀，是阳虚寒凝之征。肝肾内寄相火，在妇女肝肾同为先天，禀赋之不足，实是肝肾阳虚，胞宫寒冷，以致冲任失养，血海空虚，故经行错后；阳虚寒凝，胞脉不利，故经行胀痛剧烈。证属阳虚宫寒，血行不畅，故以四物汤补肝肾而调养冲任；艾叶、吴茱萸温肾暖肝，以祛宫寒；骨碎补苦温补肾壮腰，舒筋活络，以除腰脊胀坠；炙甘草入脾而调诸药。在补养之中，又配用益母草、莪术、香附行气化瘀之品，以其俱能入肝，香附又能入冲脉，为血中之气药，实取补中有化之义。温养则寒散阳和，化瘀则经脉通畅，故经行疼痛消失，经行正常。

病例 4

黄某，女，22 岁，南宁市某食品厂工人，未婚，1975 年 7 月 26 日初诊。

14 岁月经初潮，一向周期、色泽、质量正常。因去年 1 月间在经期中参加邕江冬泳，自此之后，每次经行之时，少腹、小腹疼痛剧烈，头晕，不能食，剧时呕吐，唇面发青，肢凉汗出，腰酸胀而膝软，以致不能工作和学习。经色暗红，偶或小夹块，经前乳房胸胁胀痛。现腰酸，少腹、小腹略感不舒，胸胁及乳房胀闷，为经将行之兆。脉弦细，苔薄白，舌质一般。

诊断：痛经。

辨证：寒凝血瘀。

治则：温暖肝肾，养血调经。

处方：当归 9g，川芎 6g，白芍 12g，熟地 12g，香附 9g，艾叶 5g，元胡 9g，吴茱萸 2g，乌药 9g，益智仁 9g，红枣 9g。每日 1 剂，水煎服，连服 3 剂。

二诊（8月3日）：上方服后，7月29日经行，除腰胀之外，余无不适，脉缓和，舌苔正常。药既中的，守上方出入。

处方：当归12g，川芎6g，白芍12g，熟地15g，艾叶5g，香附5g，吴茱萸2g。连服6剂，每天1剂，以善其后。

三诊（8月27日）：昨日经行，无不适感觉，脉象缓和，舌苔正常。仍守二诊方药，以解其顾虑，1年后追访，病不再发。

按语：时值隆冬，本为寒水当令，复于经中游泳，寒气乘虚袭入胞宫，血凝瘀滞于经脉，故经行少腹、小腹疼痛剧烈，经色暗红，间或夹块。病起于寒，故以温暖肝肾、养血调经之法治之，药用中肯，疗效如愿。

病例5

燕某，女，19岁，某学院工人，未婚，1972年8月8日初诊。

经行错后，量多，色暗红而夹紫块，经将行时头晕目眩，小腹胀痛，按之不减，剧时昏倒。平时带下量多，色白质稀。脉细，苔薄白，舌尖红，体质肥胖。

诊断：①痛经；②带下。

辨证：痰湿郁滞，经行不畅。

治则：疏肝理气，健脾化湿。

处方：鸡血藤15g，归身9g，川芎5g，白芍9g，云苓9g，白术9g，柴胡5g，甘松5g，泽泻9g，莪术5g，甘草5g。每日1剂，水煎服，连服3剂。

二诊（8月13日）：今早经行，量仍多，色红夹紫块，经前小腹疼痛减轻，脉弦细，苔薄白，舌尖红。宜因势利导，药用补血行血之法。

处方：当归9g，川芎5g，白芍9g，云苓9g，白术9g，怀山药9g，香附5g，小茴香5g，益母草9g。每日1剂，水煎服，连服3剂。

三诊（8月23日）：本次经行，5天干净。现无不适。脉细缓，苔薄白，舌质淡。拟用温补为主，兼以化瘀，方宗温经汤加减。

处方：当归9g，白芍9g，桂枝5g，吴茱萸2g，法半夏9g，丹参9g，党参12g，麦冬9g，坤草9g，阿胶9g（烊化）。每日1剂，水煎服，连服3剂。

四诊（8月28日）：近日带下量多，色白质稀，余无不适，脉舌如上。

处方：当归12g，川芎5g，白芍5g，云苓9g，白术9g，泽泻9g，苍术5g，甘草5g。每日1剂，水煎服，连服3剂。

五诊（9月1日）：药后，无不适，但带下量仍多，脉舌如上。显系温化之力不足，加制附片9g（先煎），益智仁9g。每日1剂，水煎服，连服3剂。

六诊（9月5日）：服上方后，带下大减，脉虚细，苔薄白，舌质淡嫩。仍守上方，再服3剂。

七诊（9月11日）：昨日经行，色量一般，小腹不痛，仅感腰及小腹微胀，余无不适，脉舌如上。

处方：鸡血藤18g，归身9g，白芍5g，川芎5g，甘松5g，云苓12g，白术9g，苍术5g，益母草9g，艾叶5g，甘草5g。每日1剂，水煎服，连服3剂。

按语：痰湿重浊，流注下焦，郁客胞宫，经脉不利，故经行错后，量多，经色暗红而夹紫块；血行受阻，故小腹胀痛，按之不减；经将行相火内动，湿浊上扰清阳，故头晕目眩，剧时昏倒；湿重则阳虚，阳虚则温蒸失职，水液不化而为带下，色白质稀。症属痰湿郁滞，经行不畅。治之用疏肝行气，健脾化湿之法。脾主升而恶湿，故以白术、茯苓、泽泻等健脾化湿；脾之升，有赖于肝的升发，故用柴胡、甘松疏肝调气以解郁；治经不离乎血，故以鸡血藤、归身、川芎、白芍补血活血以祛瘀，药用中病，故经行疼痛大减。但从一诊至四诊，药用温化之力不足，故带下徘徊不解。五诊时加用制附子、益智仁之辛温，取其辛温扶阳，加强祛除在里在下之寒温。寒湿除尽，血脉通畅，痛经消失，带下正常。

病例6

凌某，女，25 岁，南宁市某商店服务员，已婚。1982 年 6 月 27 日初诊。

1982 年 1 月份结婚，婚后双方共同生活，开始第一个月服避孕药，则经行周期紊乱，经行时少腹、小腹疼痛剧烈。以后停服避孕药，则经行周期正常，经色暗红，夹紫块，量一般，但经将行则乳房及少腹、小腹胀痛，胀过于痛，剧时不能工作和学习，经行之后则舒。现经行第四天，量少，色淡红，小腹隐痛。脉沉细，苔薄白，舌质淡。

诊断：痛经。

辨证：冲任亏损，气滞血瘀。

治则：补养冲任，理气止痛。

处方：当归9g，川芎5g，白芍9g，熟地15g，艾叶5g，延胡索9g，坤草9g，吴茱萸5g，炙甘草5g。每日 1 剂，水煎服，连服 3 剂。

二诊（8 月 12 日）：上方共服 6 剂，上月经行色量一般，少腹、小腹不痛，脉虚细，苔薄白，舌质淡。守上方加鸡血藤15g，菟丝子15g。每日 1 剂，水煎服，连服 3 剂。

三诊（8 月 22 日）：19 日经行，色量一般，现已基本干净，经中无不适。脉细缓，苔薄白，舌质淡。拟补肾养血治之，以善其后。

处方：菟丝子15g，归身12g，川芎5g，白芍5g，熟地15g，川续断9g，川杜仲9g，艾叶5g，小茴香2g。每日 1 剂，水煎服，连服 3 剂。

按语：患者婚后因药饵不适而经行紊乱，经行时少腹、小腹胀痛剧烈，色暗红而夹紫块，说明肝肾本虚，冲任亏损，经欲行而不畅所致。故以四物汤补血活血，以调养冲任；艾叶、吴茱萸、小茴香温中暖肝；菟丝子、杜仲、续断补肾壮腰，坤草、鸡血藤、延胡索行气活血、化瘀。治疗过程，温补并用，补养之中不忘疏通，血脉通畅，痛症自愈。

体会：经行疼痛，是以少腹、小腹疼痛为主要症状。其证虽有虚、实、寒、热之分，但总不外乎冲任气血不畅，经血郁滞胞宫所致。盖实则瘀积，阻遏经脉；热则伤寒津血，郁结不利；寒性收引，凝涩血脉；虚则运行乏力，必多夹滞。故其病变，是以"痛"为着眼，"不通则痛"故也。如例 3 马某，禀赋不足，阳虚宫寒，血行不畅，以致经行又胀又痛。例 4 黄某，经中不慎为水湿所客胞宫，因凝胞脉，经血欲行而不畅，故经行疼痛剧烈。两者致病之因，一为禀赋阳虚，一为水湿外客，起病虽有所不同，但均属阴寒为患，寒性收引凝滞，气血运行不利，故临床俱有疼痛的表现。

痛经的病变，既以"痛"为着眼，因而其治疗方法，当以"通"为首要，盖"通则不痛"故也。但证多寒热错杂，虚实相兼，因而通行之用，便有温补并用、补消并用、清补并用、补养之中有通行、祛瘀之中有扶正等之不同。同时，痛经多与月经不调、带下病并见，在治疗过程中，必须注意其兼证之轻重缓急，有时治痛以调经，有时调经以治痛。对由寒湿引起的痛经、带下并病者，宜通过治带以治痛，如例5燕某，肥胖之体，平时带下量多，色白质稀，以致痰湿郁滞胞宫，经行不畅而少腹、小腹胀痛，用疏肝理气，健脾化湿之法而收到治带又及经之效果。

治病要识病，而识病之法，除了四诊之搜集，运用八纲、脏腑等辨证之外，同时要适当地注意医院妇科检查的有关材料。如例1谭某之所以用"保产无忧散"加减治疗，是从医院初步诊断为"宫口狭窄症"中得到启发，此方原为临产催生之剂，非为治经之方。但程钟龄在《医学心悟》对本方方解中有"腹皮紧窄，气血裹其胞胎，最难转动，此方用撑法焉"。故仿其撑动之功，以撑动宫口而通血脉，疗效霍然。

防病重于治病，痛经之治疗，应在疼痛未发之前，根据证之寒、热、虚、实，加以调养治疗，则病可除。如正值经行疼痛之时，治之仅可缓解于一时，非治本之法也。

病例7

王某，女，22岁，未婚。1992年12月10日初诊。

痛经7年。14岁月经初潮，周期尚正常，经量中等，但每于经行第一天出现小腹剧痛，不能站立，甚则呕吐，持续2~3小时后自行缓解。昨日经行，腹痛剧烈，现仍觉小腹隐痛，经量中等，色暗红，夹块，纳、便正常，面色略苍白，舌淡红，苔薄白，脉细弦。

诊断：痛经。

辨证：瘀血阻滞。

治则：补血活血，化瘀止痛。

处方：鸡血藤20g，丹参15g，当归10g，川芎6g，白芍10g，熟地15g，续断10g，益母草10g，莪术3g，山楂10g，炙甘草6g。每日1剂，水煎服，连服3剂。

二诊（1992年12月26日）：药后小腹痛缓解。现无不适，舌淡红，苔薄白，脉细。治拟活血化瘀，温通瘀积，疏通胞络。

处方：当归12g，川芎10g，赤芍10g，熟地15g，桃仁10g，红花10g，香附10g，莪术10g，益母草10g，荜茇6g，炙甘草5g。每日1剂，水煎服，连服2剂。

三诊（1993年1月30日）：1月10日经行，腹痛大减。现无不适，舌淡红，苔薄白，脉细弦。气为血之帅，气行则血行，拟疏肝理气，佐以化瘀止痛。

处方：柴胡6g，当归10g，白芍10g，白术10g，茯苓10g，佛手花10g，益母草10g，莪术10g，姜黄6g，薄荷5g（后下），炙甘草6g。每日1剂，水煎服，连服3剂。

四诊（1993年2月11日）：昨晚经行，除腰及小腹微胀外，余无不适，舌淡红，苔薄白，脉细弦。拟补血调经、壮腰健肾法。

处方：鸡血藤20g，丹参15g，当归10g，川芎6g，白芍10g，熟地15g，续断10g，桑寄生10g，千斤拔10g，炙甘草6g。每日1剂，水煎服，连服3剂。

按语：气血以流通为贵，经行之际，胞络通利，经血畅行，自无痛经之虞。若瘀血阻滞，经血排出不畅，不通则痛，发为痛经。治以活血化瘀。气为血之帅，气行则血行，肝主疏泄，调畅气机，故要兼以疏肝理气。初诊正值经期，以四物汤加鸡血藤、丹参养血活血，益母草、莪术、山楂活血化瘀止痛，续断补肝肾、行血脉。二诊用桃红四物汤养血活血祛瘀，加莪术、益母草增强活血化瘀之功，香附疏肝理气、调经止痛，荜茇散寒止痛。三诊以疏肝理气为主，用逍遥散加佛手花轻清疏解肝郁，莪术、姜黄、益母草行气活血、通经止痛。终则加续断、桑寄生、千斤拔壮腰健肾，以固根基。

病例 8

陆某，女，17 岁，未婚。1992 年 10 月 31 日初诊。

痛经 5 年。12 岁月经初潮，周期或前或后，经前数天出现乳房胀痛，腹部隐痛，经行第一天小腹剧痛阵作，不能坚持学习，疼痛拒按，持续 1 天后自行缓解；经量稍多，色暗红，夹块，末次月经 1992 年 10 月 10 日。带下量一般，平素无何不适，纳、便尚正常，舌质淡红，尖有瘀点，苔薄白，脉细弦。

诊断：痛经。

辨证：气滞血瘀。

治则：疏肝理气，化瘀止痛。

处方：醋柴胡 6g，当归 10g，白芍 10g，茯苓 10g，炒怀山药 15g，薄荷 6g（后下），橘核 10g，夏枯草 10g，郁金 10g，莪术 10g，炙甘草 6g。每日 1 剂，水煎服，连服 4 剂。

二诊（1992 年 11 月 12 日）：经水逾期两天未行，纳、便尚可，舌脉如前，守上方酌加温经行血之品，以促经行。

处方：醋柴胡 6g，当归 10g，白芍 10g，白术 10g，茯苓 10g，佛手花 10g，益母草 10g，吴茱萸 3g，红花 6g，薄荷 6g（后下），炙甘草 6g。每日 1 剂，水煎服，连服 4 剂。

三诊（1992 年 11 月 18 日）：11 月 16 日经行，小腹疼痛明显减轻，经量中等，色红，血块减少，舌淡红，苔薄白，脉细。拟养血调经法。

处方：当归 10g，川芎 6g，白芍 10g，熟地 15g，鸡血藤 20g，丹参 15g，续断 10g，益母草 10g，炙甘草 6g。每日 1 剂，水煎服，连服 4 剂。

四诊（1992 年 12 月 14 日）：12 月 12 日经行，经量、色、质正常，唯小腹隐痛，舌脉如平。守上法调理，上方加桑寄生 15g，小蓟 6g。每日 1 剂，水煎服，连服 4 剂。

五诊（1992 年 12 月 31 日）：经行 5 天干净，刻下无不适，舌脉如平。拟温宫行血化瘀法，以荡涤瘀积，畅行气血，俾其通则不痛。

处方：当归 10g，川芎 10g，吴茱萸 3g，莪术 10g，益母草 10g，赤芍 10g，肉桂 3g（后下），艾叶 10g，炙甘草 6g。每日 1 剂，水煎服，连服 4 剂。

六诊（1993 年 1 月 13 日）：1 月 11 日经行，腹痛完全消失，经血色、质、量正常，舌淡红，苔薄白，脉细。守 1992 年 11 月 18 日方善后巩固。

按语：肝司血海，又主疏泄，肝气郁结，冲任气血郁滞，经血不能畅行，故经行小腹剧痛，经血夹块；肝经经气不利，故乳房胀痛；气血失调，血海蓄溢失常，故月经先后无定期。治以疏肝理气，化瘀止痛，用逍遥散加减化裁。醋柴胡疏肝解郁，配薄荷之辛凉，则其疏解之力更佳，当归、白芍养血敛阴以柔肝，炒怀山药、茯苓、炙甘草健脾祛湿，有"见肝之病当先实脾"之意。郁金、莪术行气活血止痛；橘核行气散结止痛；夏枯草行肝气，开肝郁，散郁结；更用吴茱萸、红花、肉桂、艾叶等温经行血之品，使血得温而行，利于气血之畅通。

病例 9

颜某，女，33 岁，已婚。1993 年 7 月 30 日初诊。

经行腹痛两个月。月经周期规则，近两个月来经行小腹胀痛剧烈，有卜坠感，伴腰痛，不能坚持工作；末次月经 1993 年 7 月 8 日，经量中等，色深红，有血块，7 天干净。平时带下正常，时有头晕，纳寐可，二便调，舌质淡红，苔薄白，脉细弦。

1993 年 7 月 17 日 B 超探及右附件厚壁囊性包块，其大小为 57mm×45mm，壁厚 7mm，欠光滑，印象为"巧克力囊肿"。

诊断：①痛经；②癥瘕。

辨证：寒凝血瘀。

治则：温经散寒，活血消癥。

处方：当归 10g，川芎 10g，赤芍 10g，蒲黄 10g，五灵脂 10g，小茴香 6g，干姜 10g，延胡索 10g，没药 10g，肉桂 5g（后下），益母草 10g。每日 1 剂，水煎服，连服 4 剂。

二诊（1993 年 8 月 3 日）：服上药后无何不适，现值经前，欲防患于未然。舌淡红，苔薄白，脉细弦。仍宗前法，上方加莪术 10g。每日 1 剂，水煎服，连服 3 剂。

三诊（1993 年 8 月 6 日）：昨日经行，腹痛未作，经色红，有血块，量中等，伴腰酸，时有头晕，舌淡红，苔薄白，脉细弦。治予养血调经，予经验方养血调经汤。

处方：当归 10g，川芎 6g，白芍 10g，熟地 15g，鸡血藤 20g，丹参 15g，续断 10g，益母草 10g，炙甘草 6g。每日 1 剂，水煎服，连服 4 剂。

四诊（1993 年 8 月 10 日）：药已，本次经行血块较前增多，但无痛经，现量少欲净，口糜，舌淡红，苔稍黄厚，脉细。治以养血活血。

处方：当归 10g，白芍 10g，熟地 15g，夏枯草 10g，益母草 10g，荷叶 10g，鸡血藤 20g，桑寄生 15g，红枣 10g。每日 1 剂，水煎服，连服 3 剂。

五诊（1993 年 8 月 17 日）：经行 6 天干净，口糜向愈，近日晨起痰黄，时有少腹、小腹疼痛，舌淡红，苔薄白，脉细略弦。以活血消癥法。

处方：当归 10g，鸡血藤 20g，赤芍 10g，益母草 20g，莪术 10g，丹皮 10g，夏枯草 15g，海藻 10g，香附 10g，瓦楞子 10g，续断 10g。每日 1 剂，水煎服，连服 7 剂。

六诊（1993 年 8 月 27 日）：药后无不适，舌淡红，苔薄白，脉弦滑。守上方去瓦楞子，加骨碎补 15g。每日 1 剂，水煎服，连服 2 剂。

七诊（1993 年 8 月 31 日）：8 月 29 日经行，无腹痛，经量中等，色红，血块少，伴腰胀，现月经未净，舌淡红，苔薄白，脉细缓。正值经期，以养血调经法。

处方：当归 10g，白芍 10g，熟地 15g，鸡血藤 20g，丹参 15g，续断 10g，益母草 10g，桑寄生 15g，芡实 10g，仙鹤草 10g，炙甘草 6g。每日 1 剂，水煎服，连服 3 剂。

八诊（1993 年 9 月 3 日）：月经量少欲净，时有小腹隐痛，舌淡红，苔薄白，脉细弦。治以养血活血，健脾祛湿。

处方：当归 10g，川芎 6g，白芍 10g，茯苓 10g，白术 10g，泽泻 10g，泽兰 10g，益母草 10g，炙甘草 6g。每日 1 剂，水煎服，连服 4 剂。

九诊（1993 年 9 月 7 日）：药已，无不适，脉细，舌苔如平。经上治疗，痛经已瘳，再以养血活血、化瘀消癥法调治，以散其癥积。

处方：鸡血藤 20g，当归 10g，赤芍 10g，丹皮 10g，益母草 20g，莪术 10g，夏枯草 15g，海藻 10g，香附 10g，马鞭草 15g，红枣 10g。每日 1 剂，水煎服，连服 7 剂。

按语：寒性凝滞，主痛；寒邪客于冲任、胞中，与经血搏结，形成瘀血。瘀血内阻，经脉之气不利，经血运行不畅，故经行小腹胀痛剧烈，经血夹块。血瘀不行，积结成癥，故腹中积块。治以温经散寒，活血消癥。用《医林改错》少腹逐瘀汤加益母草、莪术，药后寒邪得散，痛经症缓。但经行阴血耗伤，虚热内生，出现口糜，四诊去辛温之川芎，加荷叶泻心肝之热。更用夏枯草散郁结，海藻消痰软坚，瓦楞子化瘀散结，马鞭草活血散瘀，使瘀血得祛，癥积渐消。

病例 10

谢某，女，23 岁，未婚。1990 年 10 月 26 日初诊。

经行腹痛 8 年。13 岁月经初潮，经期尚规则，但两年后出现痛经，每逢经行则少腹、小腹胀痛剧烈，按之不减，面色苍白，汗出，服止痛片可缓，但服后恶心、呕吐，腹痛持续 1～2 天缓解，经净后又出现少腹、小腹隐痛 1 天；曾服当归冲剂不效。末次月经 1990 年 10 月 18 日，舌淡，苔薄白，脉虚而弦。

诊断：痛经。

辨证：阳虚宫寒。

治则：温肾暖宫止痛。

处方：肉桂 5g（后下），艾叶 10g，熟地 15g，当归 10g，川芎 6g，白芍 10g，莪术 10g，益母草 10g，炙甘草 6g。每日 1 剂，水煎服，连服 7 剂。

二诊（1990 年 11 月 27 日）：药已，11 月 18 日经行，少腹、小腹疼痛大减，但经量较多，夹块，舌淡，苔薄白，脉细。效不更方，守上方加桑寄生 20g。每日 1 剂，水煎服，连服 3 剂。

三诊（1991 年 11 月 12 日）：自服上药之后已无痛经。但昨日经行，小腹冷痛剧烈，热敷不减，恶心，纳呆，经量较多，夹血块，二便尚调，舌淡红，苔薄黄，脉细缓。仍宗温肾暖宫止痛法，予《金匮要略》温经汤化裁。

处方：肉桂 5g（后下），吴茱萸 3g，川芎 6g，当归 10g，白芍 10g，丹皮 10g，制半夏 6g，麦冬 10g，党参 15g，阿胶 10g（烊化），莪术 6g，炙甘草 6g。每日 1 剂，水煎服，连服 3 剂。

1992 年 3 月 12 日因带下病就诊，诉药后痛经迄今未发。

按语：肾为冲任之本，胞脉系于肾而络于胞中，先天肾阳虚弱，冲任胞宫失于温煦，寒凝血滞，不通则痛，故经行少腹、小腹胀痛剧烈；待经净之后，血海空虚，冲任、胞脉失于濡养，既虚且寒，故经后仍出现隐痛不舒。治以温肾暖宫止痛，用肉桂、艾叶温肾暖宫、散寒止痛，四物汤养血活血调经，莪术、益母草活血化瘀。三诊痛经再作，虚寒之象昭彰，以《金匮要略》温经汤加莪术治之，使肾阳旺盛，阴翳得消，经脉通利，痛经不作矣。

病例 11

李某，女，27 岁，已婚。1991 年 4 月 18 日初诊。

经行腹痛 14 年，带下量多 1 年。13 岁月经初潮，自初潮始即有痛经，逐渐加重，每于经前少腹、小腹作胀，经行时少腹、小腹疼痛剧烈，经量中等，色鲜红，夹血块。近一年来带下量多，或清稀，或如豆腐渣状。1991 年 3 月 26 日行人流术，恶露 10 天干净，现带下量多，质清稀，腰胀，手足酸软，时有心烦，口干口臭，纳寐可，二便调，舌淡红，苔黄厚腻，脉沉细。

诊断：①痛经；②带下病。

辨证：湿瘀化热，湿热下注。

治则：化瘀祛湿，清热止痛。

处方：鸡血藤 20g，丹参 15g，当归 10g，白芍 10g，苍术 10g，黄柏 10g，生苡仁 15g，牛膝 6g，甘草 6g。每日 1 剂，水煎服，连服 4 剂。

二诊（1991 年 5 月 6 日）：药已，带下仍多，质清稀如水，外阴瘙痒，月经逾期未行，腰腹作胀，大便较硬，便后掮血，肛门疼痛，舌淡红，苔白稍厚，脉细滑，仍守前法，用当归芍药散与四妙散合方。

处方：当归 10g，川芎 6g，白芍 10g，土茯苓 20g，白术 10g，泽泻 10g，苍术 10g，黄柏 10g，生苡仁 15g，牛膝 6g，红枣 10g。每日 1 剂，水煎服，连服 3 剂。

三诊（1991 年 6 月 10 日）：6 月 9 日经行，痛经较前减轻，色淡红，量中，无血块，舌质淡，苔薄白，脉细弦。上方去川芎、牛膝，加鸡血藤 20g，丹参 15g，以养血调经。每日 1 剂，水煎服，连服 4 剂。

四诊（1991 年 7 月 30 日）：带下量多，质稀色白，时有阴痒，困倦乏力，纳食欠佳，舌淡红，苔薄白，脉细，用养血健脾、祛湿清热法。

处方：当归 10g，川芎 6g，白芍 10g，土茯苓 20g，白术 10g，泽泻 10g，苍术 10g，黄柏 10g，苍耳子 10g，白鲜皮 10g，甘草 6g。每日 1 剂，水煎服，连服 3 剂。

五诊（1991 年 8 月 13 日）：8 月 4 日经行，痛经消失，经色暗红，量中；带下量减少，外阴瘙痒减轻，但觉口干，胸膺疼痛，舌淡红，苔薄白，脉细。效不更方，原方去苍耳子、白鲜皮，加夏枯草 10g，瓜蒌壳 10g。每日 1 剂，水煎服，连服 3 剂。

1991 年 10 月 25 日来诊，诉经行腹痛消失，带下量不多，但觉外阴瘙痒，以利湿清热、化瘀解毒法善其后。

按语：久病入络，瘀血内阻，经脉不通，影响津液的运行，使水湿不运，湿瘀相合，稽留于冲任，蕴结于胞中，故经行少腹、小腹疼痛剧烈，经血夹块。湿流下焦，故带下量多，久病伤正，加之人流手术损伤肝肾冲任，故腰胀，手足酸软，脉沉细。苔黄厚腻为湿郁化热之征。治以化瘀祛湿，清热止痛，用鸡血藤、丹参、当归、白芍养血活血、四妙散利湿清热。二诊更加土茯苓、白术、泽泻加强健脾利湿之力，川芎为血中之气药，可行血中之气，有利于通达气血，活血祛瘀。经行之时，恐活血过用，去川芎、牛膝,加鸡血藤、丹参以养血调经。当归芍药散有养血通脉、健脾祛湿之功,适用于经带并病者,以之加减,可治疗湿瘀夹杂的痛经。

病例 12

李某,女,23 岁,已婚。1991 年 2 月 7 日初诊。

痛经 6 年,婚后 1 年未孕。15 岁月经初潮,经行规则,17 岁时无明显诱因出现经行第一天小腹剧痛,持续 1 小时后逐渐减轻,月经周期 28~32 天,经量中等,经色较淡,3 天干净,末次月经 1991 年 1 月 13 日。平时带下正常。1990 年 2 月结婚,夫妻同居,迄今未孕。刻下无不适,纳、便正常,面白少华,舌淡,苔薄白,脉细弦。配偶检查精液量少于 1ml,存活率 60%,余尚可。

诊断:痛经。

辨证:气血不足,气虚血滞。

治则:益气补血,化瘀止痛。

处方:炙党参 15g,炙黄芪 20g,熟地 15g,当归 10g,川芎 6g,白芍 10g,莪术 10g,田七花 10g,炙甘草 6g。每日 1 剂,水煎服,连服 4 剂。

二诊(1991 年 8 月 5 日):服上药后经行腹痛大减,末次月经 1991 年 7 月 31 日,经量中等,色鲜红,现无何不适,自测基础体温双相不明显,要求服药以促孕。拟补肾疏肝健脾法。

处方:菟丝子 20g,枸杞子 10g,黄精 15g,柴胡 6g,当归 10g,白芍 10g,白术 10g,茯苓 10g,茺蔚子 10g,炙甘草 6g。每日 1 剂,水煎服,连服 7 剂。

三诊(1992 年 2 月 20 日):数月来经行规则,痛经告愈。于 1991 年 12 月 28 日诊刮于"子宫内膜部分腺体分泌欠佳"。刻诊:纳、便正常,舌淡红,苔薄黄,脉细弦。转用温肾养肝法,以促生发。

处方:鸡血藤 20g,丹参 15g,当归 10g,川芎 10g,白芍 10g,熟地 15g,续断 10g,杜仲 10g,益母草 10g,仙灵脾 15g,炙甘草 6g。每日 1 剂,水煎服,连服 7 剂。

按语:气主煦之,血主濡之,患者经色较淡,面白舌淡,乃气血不足之象。气虚则不能行血,血虚则不能润通,以致经行时载运乏力,血液运行迟滞,形成瘀血;瘀血阻滞,不通则痛,故经行小腹疼痛剧烈。治以圣愈汤益气补血,莪术活血祛瘀,行气止痛,田七花有散瘀止痛之功。药能对证,故痛经告愈。嗣后的调补肝脾肾之法以促精成孕。

病例 13

赵某,女,26 岁,已婚。1991 年 6 月 21 日初诊。

经行腹痛 2 年。月经周期基本正常,2 年前开始出现经行腹痛,每于月经来潮时左少腹疼痛剧烈,甚或不能坚持工作;得热则舒,经净痛渐减,持续至经后 5 天左右疼痛方缓解。月经量中等,色暗红,5 天干净,末次月经 1991 年 5 月 29 日。1987 年 10 月结婚,婚后 2 年共人流 3 次,1990 年始有生育要求,于 1990 年 7 月孕 2 个月余自然流产,1991 年 2 月孕 3 个月余再次自然流产,自然流产后均行清宫。平时腰酸胀,经行加重,性欲淡漠,带下微黄,量不多,体倦乏力,大便溏,纳寐尚可,舌淡红,苔薄白,脉滑略数。

诊断：痛经。

辨证：肝肾亏损，脾虚血滞。

治则：先以疏肝健脾、养血活血以止痛，再以补益肝脾肾以治本。

处方：醋柴胡6g，当归10g，白芍10g，茯苓10g，白术10g，莪术10g，郁金10g，益母草10g，丹参15g，薄荷5g（后下），炙甘草6g。每日1剂，水煎服，连服4剂。

二诊（1991年7月16日）：药已，7月5日经行，腹痛大减，经量中等，色暗红，5天干净。刻诊觉腰膝酸软，时有胸闷，纳寐可，大便溏，每日一行，舌淡红，苔薄白，脉细。治以补肾养肝健脾。

处方：当归10g，川芎6g，白芍10g，茯苓10g，白术10g，泽泻10g，杜仲10g，续断10g，桑寄生15g，狗脊10g，红枣10g。每日1剂，水煎服，连服7剂。

三诊（1991年9月20日）：8月30日经行，量中等，色淡红，左少腹微痛，持续至今；乏力，口干欲饮，纳可便调，舌淡红，苔薄白，脉细。转用疏肝健脾、养血活血法。

处方：醋柴胡6g，当归10g，白芍10g，茯苓10g，白术10g，莪术10g，郁金10g，益母草10g，丹参15g，薄荷5g（后下），炙甘草6g。每日1剂，水煎服，连服7剂。

四诊（1991年11月2日）：服上方后经行已无腹痛，末次月经10月3日。刻诊无不适，纳寐可，二便调，带下常，性欲较好，舌淡红，苔薄白，脉细。以补益肝肾、健脾益气之法，以固胎孕之根基。

处方：菟丝子20g，枸杞子10g，茺蔚子10g，当归10g，川芎6g，白芍10g，熟地15g，党参15g，炙黄芪15g。每日1剂，水煎服，连服4剂。

1992年1月17日随访，经行正常，痛经告瘥。

按语：多次流产，损伤肝肾。肝失疏泄，气机不畅，冲任气血郁滞，经血运行不利，故经行腹痛；精血本已不足，经行之后，精血更虚，冲任、胞宫失于濡养，故痛经持续至经后；血得温而行，故得热则舒。腰为肾之府，肝肾不足，故腰酸、性欲淡漠。肝木乘脾土，脾气虚弱，故体倦乏力，大便溏。胞脉系于肾，肾虚则冲任不固、胎失所系；加之脾虚中气亏损，化源匮乏，以致不能摄养胎元而堕胎小产。本案例为虚实夹杂之痛经，虚为肝脾肾不足，实为气郁血滞。治疗上先以疏肝健脾、养血活血以止痛，再补益肝、脾、肾以治其本。用逍遥散疏肝健脾，加郁金、莪术行气解郁、活血止痛，益母草、丹参活血祛瘀，使肝气得疏、脾气健运、冲任气血通畅，故经行腹痛大减。继用当归、川芎、白芍、熟地养肝补血，杜仲、续断、桑寄生、狗脊、菟丝子、枸杞子温补肝肾，党参、炙黄芪、白术、茯苓健脾益气，肝脾肾并补，在未孕之前先固胎孕之根基，调治半年至一年，然后摄精受孕，则效果较佳。

体会：痛经是指正值经期或行经前后，出现周期性小腹疼痛，或痛引腰骶，甚则剧痛昏厥者。经者血也，痛者滞也，痛经的病变，既以"痛"为着眼，因而其治疗方法，应以"通"为首要，盖"通则不痛"故也。通之之法，要根据证之寒、热、虚、实。气滞血瘀者，理气活血化瘀以通；寒邪凝滞者，温经散寒以通；湿热下注者，除湿清热以通；对阳虚宫寒、气血虚弱、肝肾亏损者，则补之以通，纵有瘀滞，亦要攻补兼施。

　　我常在治疗痛经方中加入莪术、益母草，莪术辛苦微温，辛则能开，苦则能泄，温则能养，为血中之气药，既能活血又可行气，且又不损伤正气。益母草辛苦微寒，有活血化瘀通经的功用，为治疗痛经的常用药。

　　治疗痛经要在疼痛未发之前根据辨证进行治疗。还要注意分阶段调治，经前防痛，以活血为主；经期治痛，以调和气血为主；经后调养，以补益气血或补养肝肾为主。如例8陆某二诊为经前，用逍遥散加益母草、红花、佛手花疏肝理气、活血化瘀，三诊正值经期，转用养血调经法，以调和气血。例12李某二诊月经刚净，拟补肾疏肝健脾法治其本。如是标本兼顾，则可提高治疗效果。

　　病例14

　　廖某，28岁，1992年7月7日诊。

　　经行腹痛十余年，月经错后4年余。15岁初潮，月经周期尚规则，但经前经中小腹剧痛。近4年来出现月经延期，常2～3个月行经一次，经痛未减。末次月经为1992年6月2日，量中，色红，夹块，经中因小腹剧痛不能坚持工作。现无任何不适，表情抑郁，舌淡红，苔薄白，脉细缓。结婚2年，近1年来未避孕亦未孕。实验室检查示雌激素水平偏低。子宫输卵管碘油造影示鞍形子宫，输卵管通畅。

　　诊断：①痛经；②月经后期。

　　辨证：肝郁肾虚，寒凝血滞。

　　治则：疏肝解郁，温肾化瘀，调理冲任。

　　处方：柴胡6g，白芍10g，当归10g，白术10g，茯苓10g，素馨花6g，仙茅6g，仙灵脾15g，莪术10g，益母草10g。3剂，水煎服，每日1剂。

　　二诊（7月16日）：药后自觉小腹作胀，大便溏泄，经水未行，舌淡红，苔薄白，脉弦细紧滑。阳虚寒凝，血气非温不行，拟温化通行之法。

　　处方：肉桂6g（后下），香附10g，紫石英20g（先煎），仙茅10g，当归10g，仙灵脾15g，川芎6g，白芍10g，熟地15g，莪术10g，益母草10g。7剂，水煎服。

　　三诊（7月17日）：药后有内热感，少腹、小腹隐痛，停药后自行消失。舌淡红，苔薄白，脉弦紧滑。恐过用温燥伤阴，转用疏肝理气化瘀法。

　　处方：丹皮10g，栀子6g，柴胡6g，当归10g，赤芍10g，怀山药15g，茯苓10g，麦冬10g，凌霄花10g，红花3g。

　　四诊（8月4日）：药后于7月21日经行，量少，色暗，夹块，腹痛消失。现带下量多，舌淡红，苔薄稍黄，脉细缓。仍拟温补肝肾、调理冲任为法。

　　处方：艾叶6g，香附10g，肉桂5g（后下），小茴香6g，莪术10g，茺蔚子10g，菟丝子20g，紫石英15g，炙甘草6g。

　　五诊（8月11日）：8月10日经行，量仍偏少，色暗，伴小腹胀痛，口干便结，舌尖边红，苔微黄，脉细缓。此乃瘀阻胞宫，血行不畅，宜因势利导，疏通胞络。

　　处方：桃仁10g，红花6g，当归10g，川芎6g，熟地15g，艾叶6g，柴胡6g，郁李仁10g，玄参15g，麦冬10g，益母草10g。3剂，水煎服。

　　六诊（8月14日）：药后经量增多，血块消失，腹痛未作，舌淡红，苔薄黄，脉细弦。拟调补肝肾以善其后。

处方：熟地 15g，怀山药 15g，山萸肉 6g，当归 10g，白芍 10g，菟丝子 20g，川杞子 10g，茺蔚子 10g，丹皮 6g，茯苓 6g，炙甘草 6g。

半年后随访，痛经消失，月经正常，雌激素已恢复正常。

按语：肾藏精血，为水火之脏，肝藏血而主疏泄，肝肾子母相生，精血同源。肾阳不足，肝阳不振，阳虚寒凝，血行不畅，故经行小腹剧痛；肝肾阳虚，生发无能，冲任失养，血海不充，故月经稀发；阳虚宫寒，则难以摄精成孕。治拟温肾补肾与疏肝养肝交替进行，补中寓养，温中有通，使瘀滞消散，气血舒畅，何痛之有？

病例 15

周某，41 岁，1992 年 4 月 24 日诊。

经行腹痛 7 年。自 1985 年始在经行第三天出现左少腹、小腹剧痛，其痛喜温喜按，向肛周放射，持续至经净方缓解。每次行经均需服止痛药方能止痛，否则难以坚持工作，月经周期尚正常，舌淡红，苔薄白，脉细。曾在医院检查诊为子宫腺肌病，左侧巧克力囊肿（4.8cm×4cm）。

诊断：①痛经；②癥瘕。

辨证：湿瘀互结，胞脉不通。

治法：化瘀利湿消癥，通络止痛。

处方：当归 10g，川芎 6g，赤芍 10g，白术 10g，土茯苓 20g，泽泻 10g，泽兰 20g，益母草 30g，莪术 10g，威灵仙 15g，红枣 10g。4 剂，水煎服，每日 1 剂。

二诊（4 月 28 日）：药已，无任何不适，月经逾期未行，大便干结，舌淡黄，苔薄白，脉细。

处方：鸡血藤 20g，丹参 15g，当归 10g，益母草 10g，莪术 10g，赤芍 10g，牛膝 10g，泽兰 10g，生大黄 3g（后下），杏仁 10g。7 剂，水煎服，每日 1 剂。

三诊（5 月 8 日）：5 月 4 日经行，经行第三天左下腹隐痛，按之则舒，肛门坠胀，舌淡红，苔薄白，脉细。

处方：当归 10g，川芎 6g，赤芍 10g，白术 10g，土茯苓 20g，泽泻 10g，莪术 10g，元胡 10g，三棱 10g，苏木 10g，红枣 10g。4 剂，水煎服，每日 1 剂。

四诊（5 月 15 日）：经净后仍自觉左小腹作胀，向肛门放射，带下正常，舌淡红，苔薄白，脉细。此乃瘀积内阻，肝气不疏所致，拟疏肝调气之法。

处方：柴胡 6g，当归 10g，白芍 10g，白术 10g，茯苓 10g，香附 10g，甘松 10g，素馨花 10g，益母草 10g，炙甘草 6g。4 剂，水煎服，每日 1 剂。

五诊（5 月 21 日）：药已，腹痛消失，现无任何不适，B 超复查示左附件囊肿较原来缩小，舌淡红，苔薄白，脉细。

处方：当归 10g，川芎 6g，赤芍 10g，白术 10g，土茯苓 20g，泽泻 10g，生牡蛎 30g（先煎），夏枯草 10g，浙贝 10g，威灵仙 10g，苏木 10g，甘草 6g。20 剂，水煎服，每日 1 剂。

六诊（6 月 11 日）：药后自我感觉良好，6 月 4～7 日经行，腹痛消失。复查 B 超：左侧囊肿缩小。继守上方加减出入治疗。

按语：胞宫位居下焦阴湿之地，经行、产后调养不慎，或房事不洁，感受湿邪，湿瘀互结成癥，癥积阻滞胞宫胞脉，经欲行而不畅，故少腹、小腹剧痛。湿性重浊，故疼痛向肛周放射。治宜辨病辨证相结合，标本兼顾。方用当归芍药散加化瘀消癥、理气止痛之品，使湿渐去，瘀积渐消，囊肿缩小。

病例 16

王某，34 岁，1991 年 8 月 15 日初诊。

经行腹痛 8 年。自 8 年前分娩后每于经行第一天即出现量少腹疼痛，热敷痛减，经前乳胀而痛，月经周期尚规则，经量中等，色暗红，夹块，经后诸症消失。末次月经为 1991 年 8 月 12 日。舌淡红，苔薄白，脉细滑。妇科检查及 B 超检查无特殊。

诊断：痛经。

辨证：瘀阻胞络，肝气不疏。

治则：温经化瘀，调理肝气。

处方：肉桂 5g（后下），艾叶 10g，熟地 15g，当归 10g，川芎 6g，白芍 10g，莪术 10g，益母草 10g，炙甘草 6g。3 剂，水煎服，每日 1 剂。嘱其慎食生冷之品。

二诊（8 月 22 日）：药已，无任何不适。舌淡红，苔薄白，脉细。疏肝调气与温化瘀积交互使用，意在气行则血行，瘀血得温而消。

处方：柴胡 6g，当归 10g，赤芍 10g，莪术 10g，元胡 10g，黄精 15g，益母草 10g，炙甘草 6g。4 剂，水煎服，每日 1 剂。

三诊（8 月 26 日）：除乳房稍胀、大便次数增多外，余无不适，舌淡红，苔薄白，脉细弦。月经将至，转用温经化瘀止痛法。8 月 15 日方加川椒 5g，3 剂，水煎服，每日 1 剂。

四诊（9 月 26 日）：8 月 30 日经行，腹痛消失，现正值经前，要求继续服药调理巩固。舌淡红，苔薄白，脉细滑弦数。效不更法，拟调肝理气以善其后。

处方：柴胡 6g，当归 10g，白芍 10g，白术 10g，茯苓 10g，黄精 15g，茺蔚子 10g，夏枯草 15g，橘核 10g，炙甘草 6g。4 剂，水煎服，每日 1 剂。

1992 年 6 月 4 日随访，停药后痛经迄今未作。

按语：产后即出现痛经，显系产后离经之血留滞胞络经隧所致。瘀阻气滞，肝气不疏，故经前乳胀而痛；瘀阻胞宫、胞脉，经行而不畅，故经行少腹、小腹酸痛。治宜温经消积，调理肝气，方用温化与疏养结合，使气畅血行，自无疼痛之虞。

病例 17

郭某，35 岁，干部。1975 年 12 月 8 日就诊。

14 岁月经初潮，每逢经行第一天至第三天，腰及小腹剧烈疼痛，按之不减，不能坚持学习和工作。经色红，量一般，夹有紫黑血块，块出痛则减。周期前后不定，多数错后。经行中常伴有呕吐，面色发青，肢冷不温等。21 岁结婚，25 岁产第一胎，27 岁产第二胎，产第二胎 1 年后行输卵管结扎，经行疼痛依然如故，不因结婚产育而有所减弱。平时带下量多，色白质稀，无特殊气味。入寐时好时差，胃纳一般，每吃辛燥之物则咽喉疼痛，大便长期干结，2～3 天一解。面色萎黄，舌边尖红而夹有瘀点，苔薄白，脉细数。西医妇科检查：子宫后倾，宫颈轻度糜烂。

诊断：痛经。

辨证：阴血不足，气虚血瘀。

治则：滋养肝肾，益气活血。

处方：肉苁蓉15g，当归10g，白芍10g，党参15g，怀山药15g，女贞子12g，川杞子10g，甘松10g，芜蔚子10g，莪术5g，红枣10g。5剂，水煎服，每日1剂。

二诊：上方连服5剂后，精神好转，大便已软，每日1次。药已对证，上方加小茴香5g以暖肝，制附子10g以温肾，加强温化通行之力。

1976年1月12日三诊：本月1日经行，色红无块，量中等，持续3天，腰及小腹有轻微胀痛，其余症状消失，能坚持工作和学习，胃纳良好，大便、小便正常。脉细不数，舌苔如平。仍守上方出入，以巩固疗效。

处方：肉苁蓉15g，当归10g，白芍10g，制附子10g，芜蔚子10g，甘松10g，怀山药15g，党参10g，莪术5g，艾叶3g，甘草5g。5剂，水煎服，每日1剂。

按语：经行疼痛一证，为妇女常见的疾病。病情有虚有实，前人的经验认为经前痛多实证，经后痛多虚证。本例从14岁月经初潮即有少腹、小腹剧烈疼痛，此后虽婚配生育，但每次经行仍疼痛不减。疼痛拒按，经血有块，实证也；面色萎黄，长期便结无所苦，脉细数，阴血不足也。综合脉症，显系实中有虚，虚中有实，属虚中夹实之证。故一诊以当归、白芍、肉苁蓉、川杞子、党参、怀山药、女贞子、芜蔚子滋肾养肝，补血填精为主，以甘温之甘松与苦辛温之莪术同用，温而不热，香而不燥，醒脾理气，活血化瘀。二诊之后，加制附子、小茴香两味，加强温肾暖肝之力，促进胞脉温通。整个治疗理、法、方、药均从妇女以阴血为主进行考虑，采取养中有疏、疏中有养之法，补而不滞邪，攻而不伤正，以本为主，标本并治，故药到病除。

病例18

黄某，22岁。1992年5月22日初诊。

月经尚规则，两年来每于经前1周开始出现小腹隐痛，乳房胀痛，经行则少腹、小腹胀痛剧烈，放射至腰背、肛门，甚者抽搐，伴经行泄泻，每日3~4行，不能坚持工作。末次月经5月2日，经色暗红，有瘀块，量中等，6天干净。平素带下一般，自觉下肢瘙痒，舌淡红，苔薄白，脉弦细。证属肝郁脾虚，血行不畅。正值经期来临，应防患于未然，以疏肝健脾、理气活血为法，以逍遥散加味。

处方：柴胡6g，当归10g，白芍10g，白术10g，土茯苓20g，延胡索10g，丹参15g，莪术10g，吴茱萸3g，薄荷5g（后下），炙甘草6g。3剂，每日1剂。

二诊（6月26日）：6月2日经行，腹痛减轻，泄泻未作，纳食欠佳，溺黄便结，舌淡红，苔薄白，脉细。药已对证，守方去土茯苓、薄荷，加白蒺藜10g，苏木10g，4剂。

三诊（7月31日）：7月4日经行，腹痛未作，经色暗红，量中等，无血块。现觉鼻头发痒，两太阳穴隐痛，舌淡红，苔薄白，脉细弦。仍守原方，以黑逍遥散加味善其后。

处方：黄精15g，柴胡6g，当归10g，白芍10g，白术10g，云茯苓10g，薄荷5g（后下），素馨花6g，荆芥6g（后下），白芷10g，莪术10g，炙甘草6g。4剂，每日1剂。

1992 年 11 月追访，3 个月来月经正常，痛经及经行泄泻已瘥。

按语：班师认为，经者血也，痛者滞也，治疗痛经重在疏肝理气、活血化瘀。对经将行而胸胁、乳房、少腹、小腹胀痛者，班师常用黑逍遥散加素馨花、佛手花、合欢花、玉兰花、玫瑰花等芳香花类。逍遥散为疏肝解郁、养血柔肝、健脾和中之剂，可治疗肝郁血虚之痛经。黑逍遥散为逍遥散加生地或熟地，班师去地黄而用黄精。师曰：黄精、地黄皆为补阴之品，黄精偏于补脾阴。脾为后天之本，以运为健，以升为和，用黄精易地黄，既可益阴养血，又可防地黄滋腻碍脾之弊。妇人体质柔嫩，用药宜轻清，以平和为贵。班师用疏肝理气之品时，多选辛平香淡之花类药，防止过燥伤阴。若气滞而导致血瘀，经将行及经行第一天少腹、小腹痛甚于胀，经色紫暗而夹瘀块者，以桃红四物汤加味治之。班师每于治疗痛经方中加入莪术、益母草。莪术辛苦微温，辛能开，苦能泄，温能养，为血中之气药，既能活血又可行气，且不损伤正气，妇人用之尤宜。益母草辛苦微寒，其功在活血化瘀通经，有理血的作用，故为治痛经常用之药。

病例 19

黄某，16 岁。1990 年 2 月 22 日初诊。

12 岁月经初潮，从初潮开始即出现痛经。经行第一天少腹、小腹疼痛剧烈，痛如针刺刀割，面色发青，四肢冰凉，冷汗淋漓，心慌，呕吐，食入则吐，不能进食，伴有腰痛，服止痛药、用止痛针均无效。月经周期规则，28～30 日一行，经量中等，经色暗红，有瘀块，块出痛减，经行 15 天净。末次月经 1990 年 1 月 27 日。平素时有腰痛，带下较多，稀白无异味，纳食不振，大便干结，舌质淡，苔薄白，脉虚细。证属阳虚寒盛，瘀血内停。治以温经散寒，行血化瘀，以《金匮》温经汤加减。

处方：当归 10g，川芎 10g，赤芍 10g，桂枝 6g，吴茱萸 3g，党参 15g，莪术 10g，丹皮 10g，麦冬 10g，香附 10g，炙甘草 5g。4 剂，每日 1 剂。

7 月 26 日二诊：服上方后痛经好转，因学习繁忙，未能坚持诊治，停药后经行腹痛再作。末次行经 7 月 5 日，经将行乳房胀痛，经潮时少腹、小腹胀痛，伴呕吐，冷汗出，经量中等，色暗红，有血块，舌淡红，苔薄白，脉细缓。方已对证，效不更方，再以原方损益。

处方：当归 10g，川芎 10g，赤芍 10g，桂枝 6g，吴茱萸 3g，党参 15g，莪术 10g，益母草 10g，香附 10g，甘松 6g，炙甘草 5g。4 剂，每日 1 剂。

上方连服 3 个月，每月经前服药数剂，药后诸症悉除。停药半年后随访，痛经告愈。

按语：对痛经的治疗，班师注重辨证论治，而用药上则偏于温化。班师认为，痛经原因多端，但都与瘀有关，瘀血阻滞，不通则痛。究瘀之形成，或因寒凝，或因痰湿，或因肝郁、热结、气虚、损伤等。六淫之中，寒为阴邪，其性凝滞，易致瘀血。《内经》把寒邪作为疼痛之主因，《素问·举痛论》曰："寒气入经而稽迟，泣而不行，客于脉外则血少，客于脉中则血不通，故猝然而痛。"寒邪凝滞宜用温化之法。痰与湿同类，均为水液代谢障碍的病理产物，对痰饮的治疗，张仲景言："病痰饮者，当以温药和之"，治湿亦同法。七情所伤，肝郁气滞所致的痛经，当用芳香的药物疏解肝郁，芳香类药物多辛温。损伤所致瘀血者，要用温化之法，使瘀血得温而行。虚证痛经用补法，气虚阳虚者，当以温养为用；肝肾阳气不足者，虚寒从内而生，则应益火之源，以消阴翳。故临床治疗痛经，以温化之药多用。

寒有虚寒、实寒之分，温化则有温补和温散之别。温补多用附子、肉桂、巴戟天、补骨脂之类，温散则用桂枝、羌活之属。然临床上以虚实夹杂者为多，班师在临证时善于应用《金匮》温经汤治疗痛经。班师谓温经汤以温补为主，能温经散寒，行气化瘀。若阴寒较盛，则去性寒之丹皮、麦冬；带下全无，阴道干涩者，去半夏，防其辛燥伤阴。常于温经汤中加入艾叶、小茴香、蛇床子等药，用以治疗阳虚寒盛之痛经，常能收到良好的效果。

病例20

韦某，37岁。1991年10月21日初诊。

经行腹痛一年余。月经周期尚正常，经量偏多，经血暗红，有瘀块。经前数天始少腹、小腹疼痛，经行腹痛加剧，呈刺痛状，伴汗出，胸闷欲呕，块出痛减。曾在某妇幼保健院检查，诊为"子宫内膜异位症"。平素带下正常，夜寐欠安，溺多，夜尿每晚6~8次，末次月经10月5日。舌质淡红，苔薄白，脉细。证属血瘀痛经，治以活血化瘀止痛。现为经前，以活血为主，冀防痛于未然。

处方：当归10g，川芎10g，赤芍10g，熟地15g，莪术10g，泽兰10g，刘寄奴10g，苏木10g，益母草10g，鸡血藤20g，炙甘草6g。每日1剂。

12月3日二诊：上方出入服三十余剂，10月及11月行经均无腹痛。末次月经11月29日至12月2日，经量中等，经血暗淡，夜寐多梦，舌淡红，苔薄白，脉细缓。经后血海空虚，治以调养为法。

处方：当归10g，川芎6g，白芍10g，熟地15g，党参15g，炙黄芪15g，泽兰6g。刘寄奴10g，炙甘草6g。7剂，每日1剂。

12月27日三诊：昨日经行，经量中等，色暗红，无血块，腰微胀，胸闷，夜尿4~5行，舌淡红，苔薄白，脉细。正值经期，以调和气血为法治疗。

处方：鸡血藤20g，丹参15g，当归10g，川芎6g，白芍10g，熟地15g，川断10g，益母草10g，益智仁10g，台乌药10g，炙甘草6g。4剂，每日1剂。

如此经过3个月治疗，腹痛消失，停药观察。1992年7月21日追访，半年来月经正常，痛经告愈。

按语：班师疗痛经，主张分阶段调治。经前防痛，以活血为主；经期治痛，以调和气血为主；经后调养，以补益气血为主，简称活、和、补三法。如四物汤为治血通剂，班师能巧用四物汤治疗痛经，经前用治以活血防痛，当归、川芎药量相等，均用10g，赤芍、白芍同用，并加入莪术、苏木、延胡索等以活血；气为血之帅，佐香附理气行滞，以助血行。经期用四物汤，川芎只用3~6g，防其辛香行散，致经量过多；并加鸡血藤、丹参、益母草等，和血止痛。经行之后，气血亏虚，冲任胞宫失养，在四物汤中加党参、炙黄芪，以健脾益气，使气能生血、行血，血得气行，自无瘀滞之患。

崩　　漏

崩漏是妇女阴道异常出血的病变，从字义来讲，凡是出血量多，来势骤急的叫崩；出血量少，来势缓慢的谓之漏。这仅仅从出血的情况而论，究竟崩漏的定义、范围应包括哪些内容呢？目前有两种说法：一是月经的严重病变，凡是经行周期紊乱、出血量多、时间拖长、淋沥不断者，便是崩漏，即如张景岳所说："崩漏不止，经乱之甚者也。"一是泛指妇女阴道异常出血的病变，崩漏不仅是月经病，而且包括赤带、胎漏、产后的出血不止等病变。这两种说法，都有一定的道理，我个人目前是倾向于第一种说法。因为只有缩小它的范围，才有利于进一步深入研究它的病因、病机及其治法，提高治疗的效果。如果依照后一种说法，则难免多而杂，不利于研究提高。事实上，赤带、胎漏、产后的出血，虽然同样是阴道的出血病变，其治法仍然和月经的异常有一定的区别。

一、病因病机

外感六淫之邪、内伤七情之变以及饮食厚味、辛燥刚烈之品等，均能导致人体阴阳的偏盛偏衰，阴阳不和，发生"崩中"、"漏下"，即所谓"阴虚阳搏谓之崩"（《素问·阴阳别论》）。具体可归纳为五方面：

1. 血热

血气喜温而恶寒，寒则凝涩不行，温则能正常运行于经脉之中，但热邪壅盛，则能损伤经脉，迫血妄行于经脉之外，形成异常出血的病变，在妇女多是胞脉受到损伤，故有或崩或漏之变。至于导致血热的因素，一般有三方面，即禀赋阳盛，感受六淫之热邪；或过食辛燥刚烈之品；或者七情过极，肝郁化火，火热为阳，火热过盛则干扰血海。

2. 气虚

血为气之母，气为血之帅，气血本来相互为用。如气虚统摄无力，则血不能循常道而行。我们这里所说的气虚，包括脾气虚和肾气虚。脾是气血生化之源，是统摄血液之脏，脾气虚弱，则统摄无能，故血液漏下；肾为气血之始，是封藏之本，胞宫系于肾，肾气虚弱，则固藏乏力，故月事非时而下。至于脾肾气虚的原因，有由于禀赋本虚、饮食劳倦、思虑过度、多孕多产、房事纵欲等的不同。

3. 血瘀

瘀血是病理的产物，反过来又是致病的因素。导致血瘀的原因，有经产之时，不慎风寒，不注意调摄，或手术损伤，或跌打坠伤等损伤胞脉，致使瘀血停滞，阻遏经脉，以致形成旧瘀不去新血不得归经的局面，所以导致阴道不正常的出血。

4. 药物刺激

由于保健、医疗事业的需要，各种新药的不断生产和广泛应用，特别是由于体质的特殊性，在服用之后，导致天癸和冲脉、任脉功能的紊乱，轻则月经过多，严重的则形成崩漏。

5. 冲任不足

所谓冲任不足，是指人体生长衰老的过程而言，这里指两种人：一是"二七"之年的少女，一是"七七"之年的妇人，这两种人都是冲任不足。前者由于肾气未充，发育未全；后者则由于肾气衰退，真阴日亏。冲为血海，任主诸阴，二脉均起于胞中，肾气发育不全或衰退，均可导致冲任的不足，故初潮少女和将行绝经之妇，常常有崩漏的病变。总之，引起崩漏的原因是多方面的，但概括起来，不外乎肾失封藏，冲任不固而已。

二、论治用药

崩漏的治法，古今都有一套完整的理论和经验，在学习接受前人和时贤经验的基础上，我有几点肤浅的体会。

1. 正确理解治则"六字诀"

方约之"初用止血，以塞其流；中用清热凉血，以澄其源；末用补血，以还其旧"的初、中、末止崩三法，早为医家公认为珍贵的经验。但是，要明确塞流、澄源、复旧是有机联系不可分离的；要明确在塞流之中有澄源，澄源之中有塞流；要从澄源去复旧，所谓复旧，简而言之，即是促进气血的恢复，巩固疗效。要达到气血的恢复，离开了审因论治，也是不可能的。

2. 根据年龄，决定治疗重点

我们的辨证论治包括因人、因时、因地的"三因制宜"在内，其中当然是"因人"为最重要，既要辨别病情的寒、热、虚、实，又要考虑到患者的体质情况。所以，年龄的幼、壮、老是关键之一。妇女有不同的生理特点，在青少年期，肾气未充，发育未全，其崩漏的病变，多与肾的封藏不固有关，故治之宜侧重于以肾为主。但情窦初开，肝气易动，宜兼用柔养肝气之法。中壮年时期，工作学习，婚配生育，最易耗血伤阴，阴虚则阳易亢，故治之宜侧重于肝，以滋养血海而疏肝气，但肝肾同源，房事孕育与肾直接有关，故在治肝之中，仍然兼以治肾。七七之年，肾气衰退，精血日亏，此时崩漏之变，多系肾的功能失常，故治之当本"贵在补脾胃以滋血之源，养肾气以安血之室"，侧重于脾，兼以调养肾气，从后天养先天，先后天并治。

3. 药以冲和为贵，慎用刚燥之品

妇女以肝为先天，以血为本，但由于有月经、妊娠、分娩、哺乳等生理过程，常处于"有余于气，不足于血"的状态，"气有余便是火"，故治之当用平和调养之剂为佳。如过用刚燥之品，则容易动火，有耗血伤阴之弊。凡属血热引起的崩漏，常用甘凉之品，如鲜茅根、鲜荷叶、鲜旱莲草、益母草、生地、麦冬、白芍、甘草之类。气虚不摄血，属脾气虚弱则用归脾汤或人参养荣汤；肾气虚弱，辨别其偏于阴虚或阳虚，则用左归或右归之类。旧瘀不去，新血不得归经的崩漏，本着"通因通用"的原则，

采取化瘀之中有补血，或补血之中有化瘀，以能化、能止之品为佳，多用三七、鸡血藤、益母草之类，方多选桃红四物汤或生化汤之类，以期达到化瘀不伤正、止血不留瘀的目的。由于特异体质，药物刺激而引起的崩漏，则以调养冲任为主，佐以解毒之品，常用归芍地黄丸（汤）、二至丸加忍冬藤、夜交藤、鸡血藤、茺蔚子、冬桑叶之类。少女的崩漏，常用五子衍宗丸、二至丸加鹿角霜、阿胶之类。真阴日亏之老妇的崩漏，则宜益气养阴，常用补中益气汤、胶艾汤加桑螵蛸、鹿角霜之类。

4. 少用或不用炭类药（包括其他的收敛药）

崩漏是出血的病变，本着"急则治其标"之旨，止血成为治疗之急务，多用炭类药或其他收敛药以止血。但用之不当，则往往有留瘀之患，所以，对炭类药要少用，甚或不用，纵然病情需要，非用炭类药收敛不可，也要根据病情的寒、热、虚、实，使用不同性质的炭类药。如血热崩漏，当用凉血炭药（如栀子炭、黄芩炭、槐花炭）；血瘀崩漏，宜用化瘀炭药（如红花炭、蒲黄炭、赤芍炭）。要是不辨别病情的寒、热、虚、实，妄用炭药，不仅疗效不高，而且后患无穷。

5. 巩固疗效，要脾肾并重

崩漏疗效的巩固是一个值得进一步研究的问题。有人主张以补脾益气为主，有人主张以补肾为主，两者均不够全面，应脾、肾并重。因为脾主运化，主升清，是气血生化之源，有统摄血液的作用；肾是先天之本，藏真阳而寓元阴，是气血之始，为月经的来源，其蛰藏的功能如何，直接影响胞宫，而肾气的盛衰盈亏，更是决定人体的生长、衰老的过程。所以，要脾肾并重。

病例1

冯某，女，35岁，南宁市某厂技术员，已婚。1983年4月17日初诊。

3月27日开始经行，量多，色泽一般，迄今20天未净，经用养血益气，佐以敛血之剂（药名不详），效果不满意。现每天阴道仍淋沥出血，色淡红，大便溏薄，小便正常。脉虚细，苔薄白，舌质淡。

诊断：崩漏。

辨证：脾肾两虚，冲任亏损。

治则：温养脾肾，益气止漏。

处方：菟丝子15g，茺蔚子9g，怀山药15g，党参15g，白术9g，北芪15g，鹿角霜20g，川杞子9g，山楂5g，鸡内金5g，红枣5g，茜根5g。每日1剂，水煎服，连服3剂。

二诊（4月21日）：阴道出血未止，脉虚细，舌质淡。拟在温养基础上，加用收敛之剂。

处方：北芪20g，党参15g，鸡血藤15g，菟丝子15g，覆盆子9g，海螵蛸9g，茜根9g，白术9g，仙鹤草9g，荆芥炭5g，甘草5g。每日1剂，水煎服，连服3剂。

三诊（4月25日）：药已，阴道停止出血，但肛门重坠，便溏，带下夹血丝。脉虚细，苔薄白，舌质淡。拟健脾益气摄血。

处方：党参15g，云苓5g，白术10g，炙北芪20g，煅牡蛎20g，阿胶珠9g（烊化），蒲黄炭5g。每日1剂，水煎服，连服3剂。

四诊（5月13日）：二日来阴道少量出血，色淡红，小腹隐隐而痛，夜难入寐，脉弦，苔薄白，舌质淡。拟滋养清肝以摄血。

处方：鸡血藤15g，地骨皮9g，丹皮9g，丹参15g，坤草15g，白芍9g，阿胶珠9g（烊化），贯仲炭5g，甘草5g。每日1剂，水煎服，连服3剂。

五诊（5月16日）：服上方后，小腹不痛，阴道出血量少。脉虚弦，苔薄白，舌质一般。拟健脾摄血法。

处方：党参15g，炙北芪15g，白术9g，陈皮2g，云苓5g，阿胶珠9g（烊化），海螵蛸9g，荆芥炭5g，炙甘草5g。每日1剂，水煎服，连服3剂，并加服田七粉1.5g，一日3次。

六诊（5月29日）：阴道出血停止已1周，现无不适。脉细缓，苔白厚。拟健脾消导以善后。

处方：党参15g，白术9g，云苓5g，高良姜5g，香附3g，鸡内金9g，苏木9g，陈皮2g，炙草5g。每日1剂，水煎服，连服3剂。

七诊（6月28日）：本次经行，周期、色、量、质均正常，不药自止。脉缓和，苔薄白，舌质一般。拟温肾健脾以善后。

处方：菟丝子15g，覆盆子9g，党参15g，白术9g，川杞子9g，归身9g，白芍5g，坤草9g，炙甘草5g。每日1剂，水煎服，连服3剂。

按语：脾主升而统血，肾主封藏而为先天。脾肾不足，则冲任脉虚，阴血不能内守，故经漏不止。治之当以温养脾肾，益气止漏为着眼。从一诊到三诊，在温肾健脾之中，酌用化瘀敛血之品，治本不忘标，故疗效满意。四诊时适值经行，有相火妄动之兆，故药用清润以敛血。五诊到七诊，仍以脾肾为主以治本，旨在巩固疗效以善后。

病例2

梁某，女，45岁，南宁市某商店售货员，已婚，1977年9月9日初诊。

7月2日开始经行，量时多时少，色暗红，偶或夹血块，迄今两月余未净。两天来量多，色红，无血块，无腹痛，头晕，心烦，失眠，精神疲惫，下肢肌肉酸痛，脉象弦细，舌苔如平。

诊断：崩漏。

辨证：脾肾两虚，统藏不固。

治则：温养脾肾，佐以收敛。

处方：菟丝子15g，丹参15g，白芍9g，覆盆子9g，党参30g，白术9g，川杞子12g，怀山药15g，泽兰9g，荆芥炭5g，艾叶炭5g，炙甘草6g。每日1剂，水煎服，连服3剂。

二诊（9月14日）：阴道出血已少，但仍头晕，大便溏薄，便前脐腹胀痛。脉虚细，苔薄白，舌质淡。侧重健脾摄血。

处方：党参30g，云苓9g，白术9g，白芍9g，炙北芪18g，茜根9g，煅牡蛎18g，荆芥炭2g，升麻5g，肉蔻5g，炙甘草9g。每日1剂，水煎服，连服3剂。

三诊（9月17日）：药已，阴道出血已止2天，脐腹不疼，大便调和，但夜寐不佳，心烦，脉沉细，苔薄白，舌质淡。仍守上方，去荆芥炭、肉蔻，加白及9g，川断

9g。每日 1 剂，水煎服，连服 3 剂。

四诊（9 月 21 日）：阴道出血已止八天，无特殊感觉，脉虚细，苔薄白，舌质淡。拟温养脾肾为主，以善其后。

处方：党参 18g，菟丝子 15g，鸡血藤 15g，覆盆子 9g，川杞子 9g，炒怀山药 18g，云苓 9g，川续断 9g，陈皮 2g，炙甘草 5g。每日 1 剂，水煎服，连服 3 剂。

按语：肾为封藏之本，脾主运化而统血。脾肾气虚则统摄无能，封藏不固，故经行量多，漏下不能自止。治之当用温养脾肾为主，佐以化瘀收敛之法。全过程补脾补肾并重，以脾为主，并佐以化瘀收敛之品，标本兼顾，补养之中，既有化瘀，又有敛血，病遂痊愈。

病例 3

张某，女，45 岁，某大学教师，已婚。1979 年 7 月 4 日初诊。

两年来，经行量多，色红夹紫块，每次均用安络血、睾丸酮治疗，阴道出血始止。本次经行于 6 月 21 日开始，迄今已 13 天，曾用安络血、睾丸酮治疗，效果不满意。现阴道仍淋沥出血，色红，伴有头晕、目眩、腰胀。脉弦细，苔白，舌质一般。

诊断：崩漏。

辨证：肝肾亏损，固摄无能。

治则：滋养肝肾，佐以敛血。

处方：菟丝子 15g，归身 9g，白芍 9g，太子参 15g，覆盆子 9g，怀山药 15g，川杞子 9g，女贞子 9g，旱莲草 15g，益母草 15g，茜根 9g。每日 1 剂，水煎服，连服 3 剂。

二诊（7 月 10 日）：药后阴道出血停止。现无不适。脉细缓，苔薄白，舌质如平，拟健脾以善后。

处方：党参 20g，白术 9g，云苓 5g，炒怀山药 15g，益母草 9g，丹参 9g，泽兰 5g，炙甘草 5g。每日 1 剂，水煎服，连服 3 剂。

三诊（10 月 9 日）：服上方之后，月经周期后血已能自止。经色红而夹紫块，持续一周左右干净。脉虚细，苔薄白，舌质淡嫩。拟补养气血为治。

处方：党参 15g，炙北芪 15g，白芍 5g，熟地 15g，归身 10g，川芎 5g，益母草 9g，香附 3g，女贞子 9g，旱莲草 9g，炙甘草 5g。每日 1 剂，水煎服，连服 3 剂。

按语：肾藏精，肝藏血，同为冲脉任脉之所系。肝肾亏损，则冲任不固，故阴道出血淋沥，漏下不能自止；头为精明之府，肝开窍于目，腰为肾之外府，肝肾亏损，精血不足，苗窍失养，故头晕、目眩、腰胀。以滋养肝肾，佐以敛血之法治之。方中太子参、菟丝子、覆盆子、川杞子、女贞子益气养阴，平补阴阳，以柔养肝肾；旱莲草、益母草、茜根同用，既能滋阴敛血，又能导滞化瘀。二诊时本"见肝之病，当先实脾"之旨，以四君子汤加怀山药健脾补养为主，仍用益母草、丹参、泽兰者，意在清除其未净之瘀滞。三诊时从补养气血着眼，故以圣愈汤配二至丸为主治之。加益母草、香附调气活血，防其离经之血停滞，药本平淡，但能对证，疗效遂意。

病例 4

黄某，女，34 岁，南宁市某糖烟门市部，售货员，已婚。1975 年 8 月 9 日初诊。

经行超前，量多，不能自止已两年。缘于 1973 年爱人患肝癌病故，忧悲过度，旋即经行超前，量多，色红，每次均须服止血药、打止血针（药名不详）始止。本次经行，于7月4日开始，迄今月余，仍量多，色红，夹紫块，虽经服止血药、打止血针（药名不详），出血未止。脉虚弦，苔薄白，舌质正常。

诊断：崩漏。

辨证：七情过激，肝失调达，瘀积停滞，血不归经。

治则：滋阴柔肝，化瘀摄血。

处方：北沙参12g，旱莲草15g，玄参12g，莪术5g，苏木9g，益母草15g，茜根9g，藕节15g，生牡蛎24g，柴胡2g，甘草3g，每日1剂，水煎服，连服3剂。

二诊（8月11日）：药已，出血基本停止。药已对证，仍守上方出入。

处方：生地15g，地骨皮12g，白芍12g，麦冬9g，旱莲草15g，坤草15g，茜根9g，仙鹤草9g，阿胶9g（烊化），苏木9g，莪术5g。每日1剂，水煎服，连服3剂。

三诊（8月15日）：药已，出血完全干净已两天，现无不适。拟脾肾肝并治，以巩固疗效。

处方：菟丝子9g，归身9g，白芍9g，覆盆子9g，党参9g，白术9g，川杞子9g，坤草15g，柴胡5g，苏木9g，莪术5g。每日1剂，水煎服，连服3剂。

四诊（8月19日）：形色神态正常，六脉平和，以异功散、人参养荣汤出入，各服3剂，以善其后。观察半年，经行正常。

按语：司疏泄者，肝也。肝气郁结则经闭，七情过极，疏泄太过则经漏。患者以家庭不幸突变，初则忧悲郁结，气机不利；郁久则生热化火，相火妄动，故经行超前，量多，色红，崩中不止；离经之血为瘀，停滞经脉，新血不得归经，故虽用止血之剂，阴道出血仍然不止。治之当着眼于肝，故用北沙参、旱莲草、玄参滋阴柔肝，牡蛎、藕节、茜根凉血止血，莪术、苏木、益母草祛瘀生新，柴胡、甘草调疏以缓肝气。二诊时药虽有所出入，但仍以滋养为主，佐以化瘀止血之品，三、四诊以肝脾肾并治为主，从而使得"五脏交养"，疗效巩固。

病例5

王某，女，12岁，学生。1973年2月9日初诊。

去年月经初潮，每次经行，量多，色红，每次均用止血药，打止血针始止。现为第六次经行，已15天，开始3天量多，色淡红，以后量少，但每天仍淋沥不净。无其他自觉症状，能食，能睡，能学习。脉沉细数，苔薄白，舌尖红，面色苍白。

诊断：崩漏。

辨证：肾气未充，冲任未全。

治则：滋阴补肾，调养冲任。

处方：首乌18g，旱莲草15g，熟地12g，覆盆子9g，菟丝子9g，五味子5g，川杞子9g，女贞子9g，怀山药15g，云苓12g，坤草9g，香附5g，柴胡2g，甘草5g。每日1剂，水煎服，可连服5~10剂。

二诊（5月3日）：上方共服9剂，服第三剂之后，阴道出血即止。于3月26日月经来潮，周期已对，色、量一般，持续3天干净。现逾期1周，经水未来，脉细数（90次/分），苔薄白，舌边尖红。拟补经水之源以行之。

处方：黄精 18g，菟丝子 9g，川杷子 9g，女贞子 9g，覆盆子 9g，怀山药 15g，生潞党参 15g，柴胡 5g，甘草 3g。每日 1 剂，水煎服，连服 3 剂。

三诊（5 月 15 日）：上方服后，经水来潮，量多，色红，持续 5 天干净。除少腹轻微疼痛外，余无不适。脉细缓，苔薄白，舌尖红，仍宗调养冲任之法治之。

处方：归身 6g，川芎 5g，白芍 9g，熟地 12g，艾叶 5g，阿胶 9g（烊化），生潞党参 15g，坤草 9g，旱莲草 15g，荆芥 5g，甘草 5g。每日 1 剂，水煎服，连服 5 剂。

四诊（5 月 25 日）：现无任何症状，要求未病先防，巩固疗效。脉象平和，嘱每月煎服 2 月 9 日方 6 剂，观察半年，经行正常。

按语：《素问·上古天真论》有"女子二七而天癸至，任脉通，太冲脉盛，月事以时下"之说。今患者仅 12 岁之童龄而经行，乃肾气未充，冲任未全，以致"主蛰、封藏"失职，血海不固。故用补益肝肾，调养冲任之法，从根基论治，经漏能止，经闭能行。

体会：对崩漏的范围，目前有两种说法：一是指月经的严重病变。凡是经行周期紊乱，出血量多，时间拖长，淋沥不断的便是崩漏。即如张景岳所说："崩漏不止，经乱之甚者也。"一是泛指妇女阴道异常出血的病变。崩漏不仅是月经病，而且包括赤带、胎漏、产后出血不止等病变。现所举病例是属于前者而言。

病例 6

莫某，女，26 岁，已婚。1990 年 8 月 21 日初诊。

月经紊乱 12 年，不孕 3 年。12 岁月经初潮，经行素来不规则，或前或后，行经时间延长，经量多，1989 年因阴道流血不止而行诊刮术，术后经乱如故。西医诊断为功能性子宫出血。结婚 3 年，双方同居，性生活正常，未避孕，迄今不孕。末次月经 1990 年 8 月 17 日，经前乳房作胀、腰胀，月经量多，色暗红，有血块，现经量已减少，舌质淡红，苔薄白，脉沉细。

诊断：①崩漏；②不孕症。

辨证：肝肾亏虚。

治则：补肾养肝，调经促孕。

处方：熟地 15g，怀山药 15g，山萸肉 6g，茯苓 6g，丹皮 6g，泽泻 6g，当归 10g，白芍 10g，旱莲草 20g，益母草 10g，甘草 5g。每日 1 剂，水煎服，连服 3 剂。

二诊（1990 年 8 月 31 日）：药已，月经干净，现无不适，舌质淡红，苔薄白，脉细缓。予补肾养肝健脾法。

处方：菟丝子 20g，枸杞子 10g，覆盆子 10g，当归 10g，赤芍 10g，熟地 15g，党参 15g，白术 10g，路路通 10g，仙茅 10g，红花 1g。每日 1 剂，水煎服，连服 4 剂。

三诊（1990 年 9 月 28 日）：9 月 16 日经行。量中等，色暗红，无血块，3 天干净，经行无腰腹疼痛，舌淡红，苔薄白，脉细缓，治以温肾养肝。

处方：当归 10g，川芎 6g，白芍 10g，熟地 15g，菟丝子 20g，枸杞子 10g，蛇床子 3g，紫石英 20g，红枣 10g。每日 1 剂，水煎服，连服 7 剂。

四诊（1990 年 10 月 26 日）：本月 20 日经行，色量正常，4 天干净，现无不适，舌淡红，苔薄白，脉细缓。再用补肾养肝健脾法。予 1990 年 8 月 31 日方加核桃（连壳）30g，每日 1 剂，水煎服，连服 7 剂。

随访：药后即停经受孕，于 1991 年 7 月 28 日足月顺产一女婴，重 2.9kg，发育正常。

按语：肝肾不足，封藏失司，冲任不固，不能制约经血，而致经行紊乱，或先或后，经期延长，经量增多。肾虚精少，肝虚血亏，精血不足，冲任脉虚，胞脉失养，故不能摄精成孕。脉沉细为肝肾不足之征。初诊以六味地黄汤滋补肝肾，当归、白芍养肝和血调经，旱莲草滋养肝肾之阴，益母草活血调经。脾为后天之本，气血生化之源，二诊肝脾肾并治，用自拟方养精种玉汤，尤妙在红花一味，量仅用 1g，《本草衍义补遗》曰，红花"多用破血，少用养血"，在此取其养血之功。三诊经期已准，唯脉细缓，用四物汤加菟丝子、枸杞子滋补肝肾，蛇床子、紫石英温肾暖宫。四诊再用补益肝脾肾之法。如是肝脾肾同治，阴阳并补，使阴平阳秘，肾精充足，故能摄精成孕。

病例 7

潘某，女，36 岁，已婚。1992 年 3 月 2 日初诊。

月经紊乱 11 年，加重 6 年。1981 年婚后出现月经周期前后不一，时而行经十余日以上，不药可止。2 年后月经紊乱加重。从 1986 年始出现阴道不规则流血，崩漏交作，常需服止血药，甚则诊刮止血。病理检查为"子宫内膜增殖"，用人工周期治疗，治疗期间尚能规则行经，但停药后经乱又作，以至长期服用止血药及"妇康片"治疗至今。末次月经 1992 年 2 月 8 日，经前乳头触痛，经量中等，色暗红，无血块。夜难入寐，寐则多梦，纳、便尚可，神情倦怠，面色略黄，目窠、目眶黧黑，唇淡，舌淡红，苔薄白，脉细。孕 4 产 1，人流 3 次。现已停用西药，要求服中药治疗。

诊断：崩漏。

辨证：肝肾亏损，冲任失固。

治则：滋养肝肾，调补冲任。

处方：熟地 15g，怀山药 15g，山萸肉 6g，鸡血藤 20g，丹参 15g，夜交藤 20g，益母草 10g，丹皮 6g，茯苓 6g，泽泻 6g。每日 1 剂，水煎服，连服 3 剂。

二诊（1992 年 3 月 5 日）：今早经行，色暗而淡，量少，伴头晕目胀、心悸、心烦欲哭，舌淡红，苔薄白，脉缓。治拟养肝凉血化瘀，因势利导。

处方：生地 15g，当归 10g，白芍 10g，丹参 20g，苏木 10g，夜交藤 30g，益母草 10g，甘草 6g。每日 1 剂，水煎服，连服 4 剂。

三诊（1992 年 3 月 16 日）：本次经行 6 天干净，但量少色暗。刻卜除夜难入寐外，余无不适，舌淡红，苔薄白，脉细。拟调理肝脾，益气生血。

处方：炙芪 20g，柴胡 6g，当归 10g，川芎 6g，白芍 10g，白术 10g，茯苓 10g，泽泻 10g，炙甘草 6g。每日 1 剂，水煎服，连服 7 剂。

四诊（1992 年 3 月 23 日）：药后夜寐改善。3 天前阴道流出少量黄褐色分泌物，伴头晕，心烦，舌淡红，苔薄白，脉细。纲缊之期，相火内扇，损及胞络，暂予益气统血法。

处方：党参 15g，白术 10g，茯苓 10g，陈皮 6g，海螵蛸 10g，茜根 10g，仙鹤草 10g，益母草 10g，炙甘草 6g。每日 1 剂，水煎服，连服 3 剂。

五诊（1992年4月3日）：药后翌日血止。现带下较多，寐后易醒，痰多，舌淡红，苔薄白，脉细。继用补益肝肾法。

处方：熟地15g，怀山药15g，山萸肉6g，当归10g，白芍10g，仙灵脾15g，仙茅10g，猫爪草10g，丹皮6g，茯苓6g，泽泻6g。每日1剂，水煎服，连服4剂。

六诊（1992年4月17日）：4月7日经行，初量少色淡，后量多转红，迄今未净。舌淡红，根微黄，脉细缓。拟滋肾凉血止血。

处方：熟地15g，怀山药15g，山萸肉6g，北沙参10g，麦冬10g，女贞子10g，旱莲草15g，益母草10g，仙鹤草10g，夜交藤20g。每日1剂，水煎服，连服4剂。

七诊（1992年4月21日）：药已，经量已少，时有时无，色淡褐色，伴腰膝酸软无力，舌脉同前。转益气统血法。

处方：党参15g，白术10g，茯苓10g，陈皮6g，海螵蛸10g，茜根10g，仙鹤草10g，益母草10g，荆芥炭10g，炙甘草6g。每日1剂，水煎服，连服4剂。

八诊（1992年5月5日）：药后于4月25日经净。现觉膝下酸冷，得热则舒，头晕偶作，带下略多，色黄，舌淡红，苔薄白，脉细。仍守调理肝肾为法。

处方：黄精15g，枸杞子10g，柴胡6g，当归10g，白芍10g，白术10g，茯苓10g，茺蔚子10g。每日1剂，水煎服，连服7剂。

九诊（1992年11月24日）：因出差而停药，5～10月份经期23～26日一行，量中，7天干净。现除夜寐多梦外，余无异常，舌淡红，苔薄白，脉细。守上法善后巩固疗效。

处方：熟地15g，怀山药15g，山萸肉6g，当归10g，白芍10g，鸡血藤20g，茺蔚子10g，女贞子10g，夜交藤20g。每日1剂，水煎服，连服3剂。

按语：肾为封藏之本，冲任胞宫所系；肝藏血而主疏泄，能调畅气机，气行则血行。肝肾功能之盛衰，直接影响到经血的藏泄。患者婚后房劳伤肾，肾之封藏失司，肝之疏泄失常，而致暴崩下血，或点滴漏下，崩漏交替而作。初诊以六味地黄汤滋补肝肾。用鸡血藤、丹参养血活血，益母草活血调经，夜交藤养心安神。二诊经行，阴虚内热之象昭彰，以生四物汤去辛温之川芎，加夜交藤养肝凉血，丹参、苏木、益母草活血化瘀调经。三诊用当归芍药散加炙芪、柴胡、炙甘草调理肝脾，益气生血，以促经源。五诊仍用补益肝肾之法。六诊又值经期，经行10天未净，在补肾养阴基础上加用旱莲草、仙鹤草凉血止血。七诊阴道流血已14天，虽血量减少，但仍淋沥不净，色淡褐色，考虑为阴损及阳，气虚不能摄血，转用益气统血法，以异功散加味调治。整个治疗过程以滋肾养肝为主，兼顾益气健脾，使肾阴得复，肝阴得养，肾能封藏，肝能疏泄，故经行如期。

病例8

韦某，女，25岁，已婚。1991年4月5日初诊。

月经紊乱7年，不孕3年，痛经2年余。13岁月经初潮，月经时而每月1行，时而前后不一，量多少不定，甚时出现闭经。1984年始经乱加重，时而1个月两行，时而数月一行，经量多则如崩，少则淋沥持续数月难净。曾用西药己烯雌酚、黄体酮周期治疗，效果欠佳。1988年结婚，婚后症状加重，双方同居，未避孕而不孕，并于经前、经中出现少腹、小腹剧痛，每届经期则坐立不安，不能坚持工作。刻诊为经期第五天，量多如涌，色鲜红，夹血块，伴小腹阵发性疼痛，头晕目眩。1990 年宫内膜病检为"子宫内膜呈不典型增生改变"。察其精神不振，面色略苍白，形体丰腴，小腹轻压痛，舌尖边红，苔薄白，脉细。

诊断：①崩漏；②不孕症；③痛经。

辨证：肝肾亏损，冲任失调。

治则：补益肝肾，调理冲任，养血化瘀。

处方：鸡血藤 20g，丹参 15g，当归 10g，川芎 6g，白芍 10g，熟地 15g，续断 10g，益母草 10g，炙甘草 6g。每日 1 剂，水煎服，连服 4 剂。

二诊（1991 年 4 月 9 日）：药后少腹、小腹疼痛消失，月经昨日已净。仍觉头晕乏力，舌淡红，苔薄白，脉细缓。仍宗前法，上方去续断，加香附 6g，白术 10g。每日 1 剂，水煎服，连服 7 剂。

三诊（1991 年 4 月 23 日）：药后精神振作，自测基础体温为单相曲线，舌淡红，苔薄白，脉细。拟温肾养肝、燮理冲任方法。

处方：菟丝子 20g，枸杞子 10g，覆盆子 10g，茺蔚子 10g，当归 10g，仙茅 10g，仙灵脾 15g，党参 15g，鸡血藤 20g，苎麻根 10g。每日 1 剂，水煎服，连服 7 剂。

四诊（1991 年 5 月 7 日）：经行第三天，量多，色红，夹血块，小腹胀痛，但疼痛较前明显减轻，舌淡红，苔薄白，脉细略数。治以补肾养血，调经止血。

处方：鸡血藤 20g，丹参 15g，当归 10g，白芍 10g，熟地 15g，续断 10g，益母草 10g，蒲黄炭 10g，荆芥炭 10g，炙甘草 6g。每日 1 剂，水煎服，连服 3 剂。

五诊（1991 年 5 月 17 日）：本月经行 4 天干净，刻诊无不适，舌脉如平。守上法重在温养，以促生发。

处方：熟地 15g，菟丝子 20g，党参 15g，白术 10g，当归 10g，红花 1g，枸杞子 10g，覆盆子 10g，路路通 6g，仙茅 6g，苎麻根 10g。每日 1 剂，水煎服，连服 4 剂。

六诊（1991 年 6 月 21 日）：末次月经 1991 年 5 月 5 日，现已停经 47 天，自觉乏力，纳少，尿妊娠试验为阳性。舌尖红，苔薄白，脉细滑。拟补益肝肾，以固胎元。

处方：菟丝子 20g，桑寄生 15g，续断 10g，白芍 10g，阿胶 10g（烊化），杜仲 10g，芡实 10g，白术 10g，炙甘草 6g。每日 1 剂，水煎服，连服 7 剂。

按语：本案初潮即经行不规则，显系先天肾气不足；婚后房室劳损，肾精日耗，肾主蛰封藏功能失司，冲任失调，崩漏乃作。离经之血不能复归故道，瘀阻冲任胞络，不通则痛，故痛经。肾虚血瘀，瘀积胞中，则难以摄精成孕。治以补益肝肾，调理冲任，养血化瘀。初诊正值经期，量多如涌，小腹疼痛，治以四物汤加鸡血藤、丹参养血活血，续断、熟地补益肝肾，调理冲任，益母草活血化瘀调经。二诊仿益母胜金丹意，前方去续断，加香附、白术，以理气健脾。三诊以温肾养肝法，用仙茅、仙灵脾温肾壮阳，菟丝子、枸杞子、覆盆子补益肝肾、当归、茺蔚子、鸡血藤养血活血，党参健脾益气，苎麻根甘寒凉血止血，在此用之以涩精。五诊肝脾肾并治，用自拟方养精种玉汤去赤芍，加苎麻根。通过调治，经行规则，故能摄精成孕。

病例 9

莫某，女，14 岁。1991 年 8 月 29 日初诊。

阴道不规则出血 67 天。

1991 年 6 月 23 日月经初潮。初量少，1 个月之后经量增多，色暗红，有血块。曾用"安络血"及中药治疗，迄今阴道出血未止，近几天出血量增多，伴小腹隐痛，头晕目眩，胃纳差，寐可，二便调。面色萎黄。舌质淡，苔薄白，脉细数。

诊断：崩漏。

辨证：脾肾两虚。

治则：健脾滋肾，益气养阴，佐以收敛。

处方：党参 10g，茯苓 10g，白术 6g，鸡血藤 20g，丹参 10g，枸杞子 10g，覆盆子 10g，首乌 10g，地榆炭 10g，荆芥炭 6g，炙甘草 6g。每日 1 剂，水煎服，连服 4 剂。

二诊（1991 年 9 月 2 日）：药后阴道出血量减少，色鲜红，偶有少量血块，伴小腹隐痛，咽如痰梗，面色萎黄，唇淡，舌质淡，苔根薄黄，脉浮略数。仍宗前法，辅以升提。

处方：党参 10g，茯苓 10g，白术 6g，陈皮 5g，海螵蛸 10g，茜根 10g，仙鹤草 10g，炙芪 20g，荆芥炭 10g，升麻 2g，炙甘草 6g。每日 1 剂，水煎服，连服 3 剂。

三诊（1991 年 9 月 5 日）：药已，阴道出血已止。带下量少，色白透明，纳寐可，二便调，舌质淡，苔薄白，脉细滑。以补益脾肾法治其本。

处方：菟丝子 10g，枸杞子 10g，覆盆子 10g，女贞子 10g，芜蔚子 10g，芡实 10g，车前子 6g，怀山药 15g，莲肉 10g，首乌 15g，红枣 10g。每日 1 剂，水煎服，连服 7 剂。

四诊（1991 年 10 月 10 日）：本月 1 日经行，经行第一天腰痛，现经量已减少，色鲜红，觉小腹隐痛阵作，舌尖红，苔薄白，脉细滑。以滋养肝肾，凉血止血法。

处方：沙参 10g，麦冬 10g，熟地 15g，怀山药 15g，山萸肉 6g，茯苓 6g，丹皮 6g，泽泻 6g，旱莲草 20g，女贞子 10g，益母草 10g，甘草 6g。每日 1 剂，水煎服，连服 7 剂。

五诊（1991 年 12 月 3 日）：上药后经净（行经期 13 天）。11 月份月经周期正常，行经期为 7 天。本月 1 日经潮，现量多，夹血块，色暗红，伴小腹隐痛，舌质淡，苔薄黄干，脉细弦。治以养血清热止血。

处方：鸡血藤 20g，丹参 15g，白芍 10g，首乌 15g，丹皮 10g，地骨皮 10g，阿胶 10g（烊化），煅牡蛎 30g（先煎），仙鹤草 10g，蒲黄炭 10g，甘草 6g。每日 1 剂，水煎服，连服 3 剂。

六诊（1991 年 12 月 13 日）：本次经行量较以前减少，7 天干净。现无何不适，舌质淡，苔薄白，脉细。用五子衍宗丸加减调理，以巩固疗效。

处方：菟丝子 10g，枸杞子 10g，覆盆子 10g，女贞子 10g，芜蔚子 10g，芡实 10g，怀山药 15g，莲肉 10g，首乌 15g，山楂 10g，红枣 10g。每日 1 剂，水煎服，连服 7 剂。

按语：患者二七之年，天癸初至，冲任未盛，脾肾有亏；脾虚气陷，统摄无权，冲任失固，不能制约经血；肾阴不足，阴虚失守，虚火动血，故成崩漏。初诊以四君子汤健脾益气，枸杞子、覆盆子、首乌滋肾养阴，鸡血藤、丹参养血调经，地榆炭、荆芥炭收敛止血。二诊血量虽减，但仍未净，加炙芪、升麻益气升提，使气能摄血。三诊阴道出血已止，用补益脾肾法固本复旧。在月经周期的不同阶段，灵活应用塞流、澄源、复旧三法，使肾阴恢复，肾精充盛，脾气健旺，冲任得固，则月经正常。

病例 10

李某，女，38 岁，已婚。1992 年 9 月 22 日初诊。

阴道流血 2 个月余。既往月经规则，7 月 22 日经行，量少，色暗红，淋沥迄今未净。曾服益母流浸膏、云南白药不效，伴有少腹隐痛，拒按，右腰胀痛，纳减，大便干。于 1992 年 8 月 28 日 B 超检查：子宫右侧见 3.5cm×3.6cm 圆形包块，提示"右侧卵巢囊肿"，要求中药治疗。察其面色淡黄，形体偏瘦，舌质淡，苔薄黄，脉细。

诊断：①崩漏；②癥瘕。

辨证：气虚夹瘀。

治则：第一步，益气化瘀摄血；第二步，化瘀利湿消癥。

处方：

一方：党参 15g，白术 10g，茯苓 10g，海螵蛸 15g，茜根 10g，蒲黄炭 10g，生军炭 6g，仙鹤草 10g，炙甘草 6g。每日 1 剂，水煎服，连服 6 剂。

二方：鸡血藤 20g，丹参 L5g，白术 10g，土茯苓 20g，泽兰 10g，益母草 10g，刘寄奴 10g，苏木 10g，泽泻 10g，小蓟 10g，红枣 10g。每日 1 剂，水煎服，连服 6 剂。

二诊（1992 年 10 月 18 日）：服一方 4 剂后血止，继服二方。10 月 5 日经行，色量正常，4 天干净。刻诊：带下量多，色白黄如涕，右少腹隐痛，溺黄，大便干结，舌淡暗，苔薄白，脉细。用化瘀利湿消癥法，守上 2 方去小蓟，加忍冬藤 20g。每日 1 剂，水煎服，连服 15 剂。

三诊（1992 年 11 月 23 日）：末次月经 11 月 5 日，4 天干净。现觉右中腹时胀，腰胀，带多而黄，大便结，舌脉同前。仍守原法。

处方：当归 10g，川芎 10g，赤芍 10g，白术 10g，土茯苓 20g，泽泻 10g，泽兰 10g，刘寄奴 15g，山楂 10g，益母草 10g，甘草 5g。每日 1 剂，水煎服，连服 7 剂。

四诊（1993 年 4 月 17 日）：上药共服 30 多剂，月经周期已正常。1992 年 12 月 4 日 B 超复查右附件包块消失。现带多色黄，舌淡红，苔薄白，脉细弦。拟清化湿瘀，以绝后患。

处方：苍术 10g，黄柏 10g，牛膝 10g，生苡仁 15g，栀子 10g，丹皮 10g，鸡血藤 20g，芡实 10g，甘草 6g。每日 1 剂，水煎服，连服 10 剂。

按语：下焦为阴湿之地，经行产后余血未尽，起居不慎、外感寒湿均可与胞宫之血凝结成瘀，瘀久而成癥。瘀积占据胞宫，血不循经而外溢，故出现阴道流血不止。流血日久，久病必虚，气虚不能摄血，更加重出血之症。治疗上先以益气化瘀以摄血，用四君子汤健脾益气，海螵蛸、茜根、蒲黄炭、生军炭止血化瘀，仙鹤草收敛止血。血止之后，转用化瘀利湿消癥法，以鸡血藤、丹参、当归、川芎、赤芍、刘寄奴、苏木、山楂等养血活血化瘀，用白术、茯苓、泽泻健脾利湿，泽兰、益母草均为湿瘀同治之品，既可活血祛瘀，又能利水祛湿，常用于治疗湿、瘀同病者。如是使瘀积去、湿浊化，血得归经，经行正常，癥积亦消矣。

病例 11

黎某，女，35 岁，已婚。1993 年 2 月 9 日初诊。

阴道流血 35 天。13 岁月经初潮，16 岁开始出现月经紊乱，多为提前而至，量偏多，行经时间不等，或有十余日不净者。用人工周期治疗时月经尚准，停药后经乱复作。1984 年结婚，婚后经中药治疗，于 1985 年 10 月分娩一胎。产后月经尚规则，色、量亦可。1992 年 10 月再出现经行紊乱，经来半月方净。1993 年 1 月 5 日经行，量少，色时鲜红，时暗红，持续至今。伴腰腿酸痛，纳欠佳，平素带下量多，色黄，舌质淡，有齿印，苔薄白，脉沉细。

诊断：崩漏。

辨证：脾气虚弱。

治则：健脾益气，固摄止血。

处方：党参 15g，茯苓 10g，白术 10g，陈皮 6g，海螵蛸 10g，茜根 10g，煅牡蛎 30g，荆芥炭 10g，炙甘草 6g。每日 1 剂，水煎服，连服 3 剂。

二诊（1993 年 3 月 6 日）：服上方后，2 月 11 日经净。末次月经 2 月 27 日，量偏多，色暗红，6 天干净，无腰腹痛。刻诊：右脚疼痛，舌质淡，苔薄白，脉细。以健脾益气，养血调经法固本复旧。

处方：党参 15g，茯苓 10g，白术 10g，陈皮 6g，川木瓜 10g，海桐皮 10g，牛膝 10g，当归 10g，炙甘草 6g。每日 1 剂，水煎服，连服 4 剂。

1993 年 5 月 15 日随访：药后 3 月、4 月份经行正常，量中，行经期为 5 天。

按语：素有月经先期，量多，行经期延长，脾气虚弱可知。脾虚气陷，统摄无权，冲任失固，不能制约经血，故成崩漏。脾虚及肾，故腰腿酸痛。脾虚不运水湿，水湿之气下陷而为带，故带下量多。舌淡有齿印，苔薄白，脉沉细是为脾气虚弱之征。初诊用异功散健脾益气，加海螵蛸、茜根、煅牡蛎、荆芥炭固涩止血。血止之后，仍以异功散健脾益气，使经血生化有源，气旺则能摄血。加当归养血调经，牛膝补肝肾而治经源，又可强筋骨，通血脉而利关节。川木瓜、海桐皮舒筋活络而治脚痛。经过调治，使脾气健旺，气能摄血，则经行如期。

病例 12

梁某，女，47 岁，已婚。1992 年 3 月 19 日初诊。

月经紊乱 4 个月余。自 1991 年 11 月开始月经量明显增多，经色鲜红，有血块，行经时间延长，甚或月余不净，需用止血药（药名不详）方可止血，曾于今年农历正月初六因阴道流血不止到某妇幼保健院住院治疗，用药物止血无效，后经诊刮止血。B 超检查提示子宫增大（肌瘤？腺肌病？）。西医主张行子宫切除手术，因患者不愿手术，转中医治疗。本月 16 日经行，量多，每日用一包卫生纸，经色鲜红，夹瘀块，现经量未减，经前乳房胀痛，纳寐可，二便正常，舌质淡红，苔薄白，脉细。

诊断：①崩漏；②癥瘕。

辨证：血瘀。

治则：先予养血化瘀、收敛止血以塞其流，再用化瘀消癥以复其旧。

处方：当归 6g，白芍 10g，熟地 15g，鸡血藤 20g，丹参 15g，续断 10g，益母草 10g，煅牡蛎 30g，蒲黄炭 10g，荆芥炭 10g，仙鹤草 10g，炙甘草 6g。每日 1 剂，水煎服，连服 5 剂。

二诊（1992 年 3 月 24 日）：药已，阴道流血于 3 月 22 日干净，现时有头晕，腰胀，两膝酸痛，小腹胀，带下量少，纳、寐、便正常，舌淡红，苔薄白，脉细。治予养血益气，化瘀消癥。

处方：当归 10g，熟地 15g，白芍 10g，怀山药 15g，茯苓 6g，丹皮 6g，泽泻 6g，鸡血藤 20g，夏枯草 10g，生牡蛎 30g（先煎），浙贝 10g。每日 1 剂，水煎服，连服 7 剂。

三诊（1992 年 3 月 31 日）：药已，精神转佳，腰腹胀减轻，头晕，手麻，困倦，带下时多，色清，纳寐可，二便调，舌淡红，苔薄白，脉细。继用上法。

处方：当归 10g，川芎 6g，白芍 10g，熟地 15g，白术 10g，茺蔚子 10g，丹参 15g，香附 10g，浙贝 10g，玄参 15g，生牡蛎 30g（先煎），瓦楞子 10g，夏枯草 10g。每日 1 剂，水煎服，连服 7 剂。

四诊（1992 年 4 月 7 日）：药后带下量减，质稀如水，有臭味；头晕气短，腰膝酸软，关节疼痛，舌淡红，苔薄白，脉细。治以养血调经，化瘀消癥。

处方：当归 10g，川芎 6g，白芍 10g，熟地 15g，鸡血藤 20g，丹参 15g，续断 10g，益母草 10g，浙贝 10g，玄参 15g，生牡蛎 30g（先煎），瓦楞子 10g，泽兰 10g。每日 1 剂，水煎服，连服 7 剂。

五诊（1992 年 4 月 13 日）：昨日经行，量多，色红，夹紫块，舌淡红，苔薄白，脉沉细。治以养阴清热，化瘀止血。

处方：生地 15g，地骨皮 10g，丹皮 10g，白芍 10g，鸡血藤 20g，丹参 15g，生牡蛎 30g（先煎），瓦楞子 10g，益母草 10g，蒲黄炭 10g，炒山楂 10g。每日 1 剂，水煎服，连服 3 剂。

六诊（1992 年 5 月 12 日）：昨日经行，经色红，量多，夹紫块，经前 10 天始头晕，迄今头晕未减，伴咳嗽、恶心欲呕，短气，腰胀，纳、寐、便正常，舌淡红，苔薄白，脉沉细。继用上法。

处方：生地 15g，地骨皮 10g，丹皮 10g，白芍 10g，当归 10g，北沙参 10g，益母草 10g，泽兰 10g，山楂 10g，夏枯草 10g。每日 1 剂，水煎服，连服 3 剂。

七诊（1992 年 5 月 14 日）：经行第 4 天，经量仍多，色鲜红，夹血块，伴头晕，恶心欲吐，昨日便溏，日 3 行，舌淡红，苔薄白，脉缓。宗前法。

处方：地骨皮 10g，丹皮 10g，生地 15g，白芍 10g，鸡血藤 20g，丹参 15g，生牡蛎 30g（先煎），瓦楞子 10g，益母草 10g，蒲黄炭 10g，炒山楂 10g，小蓟 10g，竹茹 6g。每日 1 剂，水煎服，连服 4 剂。

八诊（1992 年 5 月 19 日）：经行 1 周，昨日干净，刻诊觉头晕，腰胀膝软，短气乏力，纳食不馨，恶心欲呕，夜寐多梦，大便已调，舌质淡，尖有瘀点，苔薄白，脉细缓。以补肾健脾，益气养血法。

处方：当归 10g，白芍 10g，党参 15g，茯苓 10g，白术 10g，陈皮 5g，续断 10g，

杜仲 10g，炙甘草 6g。每日 1 剂，水煎服，连服 7 剂。

按上法间断用药治疗 3 个月，每月服药 3~4 剂，治疗后经量较以前减少，月经周期规则，行经期 7~10 天。继续以化瘀消癥法调治。

按语：瘀阻胞宫冲任，新血不安，故月经量多，经期延长；血液瘀阻，故经血夹瘀块；血瘀不行，气机被阻，积结成癥，故腹中积块。初诊正值经期，以四物汤加鸡血藤、丹参养血活血，去川芎防其辛温升散，加续断补肾行血脉，益母草活血调经，蒲黄炭、荆芥炭、仙鹤草收敛止血，煅牡蛎收敛固涩。药后血止，继以归芍地黄汤、益母胜金丹、消瘰丸加减以益气养血、化瘀消癥，并用瓦楞子化瘀散结，夏枯草散结破癥。五诊经行，量多色红，夹瘀块，仿地骨皮饮方意，以地骨皮饮去药性温行之当归、川芎，加鸡血藤、丹参以滋阴养血清热，蒲黄炭、炒山楂止血化瘀，生牡蛎、瓦楞子软坚散结，益母草活血调经。八诊经行之后，气血两虚，肝肾亏损，用归芍异功散健脾益气养血，加续断、杜仲补肝肾。经过治疗，瘀血渐化，血能归经，则病有转机。

病例 13

李某，女，45 岁，已婚。1990 年 6 月 19 日初诊。

月经紊乱半年余，经行 11 天未净。既往月经正常，于 1989 年 10 月始出现停经，继而出现月经紊乱，周期前后不一，行经期延长，量多，时而长达十余日不能止血。本次经行从 6 月 9 日开始，迄今已 11 天未净，量多，色红，夹小血块，无腰腹痛，纳、便正常。察其面色略苍白，形体肥胖，语声低弱，舌淡而嫩，苔薄白，脉沉细。

诊断：崩漏。

辨证：脾肾两虚，冲任不固。

治则：补益脾肾，固摄冲任。

处方：党参 15g，白术 10g，茯苓 10g，陈皮 6g，乌药 10g，益智仁 10g，怀山药 15g，蒲黄炭 10g，荆芥炭 6g，煅牡蛎 20g。每日 1 剂，水煎服，连服 7 剂。

二诊（1990 年 6 月 29 日）：药已，经净。现无何不适，舌质淡，苔薄白，脉沉细。崩漏日久，恐有离经之血留瘀为患，治在益气养血的同时兼以化瘀。

处方：鸡血藤 20g，丹参 15g，党参 15g，白术 10g，茯苓 10g，陈皮 6g，北芪 20g，泽兰 10g，仙鹤草 10g，山楂 10g，炙甘草 6g。每日 1 剂，水煎服，连服 4 剂。

三诊（1990 年 7 月 24 日）：7 月 19 日经行，经前、经中小腹疼痛较剧，经量多，色淡红，夹大血块，舌淡紫，苔薄白，脉细缓。治以养血调经。

处方：鸡血藤 20g，丹参 15g，当归 10g，川芎 6g，白芍 10g，熟地 15g，续断 10g，益母草 10g，生牡蛎 20g（先煎），海螵蛸 10g，炙甘草 6g。每日 1 剂，水煎服，连服 7 剂。

四诊（1990 年 8 月 10 日）：药已，小腹疼痛大减，经行 8 天干净。B 超检查见子宫 7.8cm×9cm×9.8cm，宫内光点不均，见 2.4cm×2.8cm 及 3.3cm×4.3cm 实质低回声区，边界不清，提示"子宫肌瘤"。舌淡紫，苔薄白，脉细。证属气虚血瘀夹痰，痰瘀搏结为癥，虚实夹杂，宜标本兼顾，缓消癥积。

处方：北芪 20g，鸡血藤 20g，丹参 15g，当归 10g，川芎 10g，赤芍 10g，生牡蛎

30g（先煎），威灵仙 15g，夏枯草 10g，泽兰 10g。每日 1 剂，水煎服，连服 7 剂。

五诊（1990 年 9 月 7 日）：8 月 23 日经行，量中，色泽正常，无血块，无腹痛。现纳、便正常，舌淡，苔薄白，脉沉细。守上方出入。

处方：北芪 20g，鸡血藤 20g，丹参 15g，补骨脂 10g，生牡蛎 20g（先煎），茯苓 15g，泽兰 10g，刘寄奴 10g，凌霄花 10g。每日 1 剂，水煎服，连服 7 剂。

六诊（1990 年 11 月 16 日）：守上方出入共服 30 余剂，3 个月来经行基本规则，但经量偏多，8 天干净。现经净后 1 天，无何不适，舌淡红，苔薄白，脉弦滑。仍宗前法。

处方：北芪 20g，当归 10g，川芎 10g，赤芍 10g，白术 10g，茯苓 10g，泽泻 10g，生牡蛎 30g（先煎），山楂 10g，刘寄奴 20g，泽兰 10g，炙甘草 6g。每日 1 剂，水煎服，连服 7 剂。

七诊（1990 年 12 月 28 日）：上药共服 15 剂。本月经行经量较多，5 天干净。经后复查 B 超：子宫 6.6cm×7.6cm×8.4cm，宫内光点欠均匀，余无异常，提示"子宫稍大"。现困倦乏力，舌淡暗，苔薄白，脉沉细。治仍予益气化瘀，消痰软坚。

处方：北芪 30g，桂枝 6g，茯苓 15g，桃仁 6g，赤芍 10g，丹皮 10g，生牡蛎 30g（先煎），海浮石 10g，浙贝 10g，香附 10g。每日 1 剂，水煎服，连服 14 剂。

按语：经曰："年四十而阴气自半"。患者肾气渐虚，藏泄失常，脾气不足，失于统摄，冲任不固，故闭崩并见漏下不绝。舌淡嫩，脉沉细为脾肾亏虚之象。初诊正值经行，阴道流血 10 天未净，以异功散健脾益气，用缩泉丸温肾祛寒，蒲黄炭、荆芥炭、煅牡蛎收敛固涩止血。二诊经净，经后多虚，宜用补法，予鸡丹异功散加北芪益气养血。但患者崩漏日久，又恐有离经之血留瘀为患，故用泽兰、山楂活血化瘀，仙鹤草"治妇人月经或前或后，赤白带下"，并有健胃之功。四诊 B 超检查提示"子宫肌瘤"，辨病与辨证相结合，为脾气虚弱，运化失司，水湿内停，痰浊内生；脾虚又不能统摄血液，离经之血与痰互结，而成癥结之变。证为虚实夹杂，宜标本兼顾，益气养血，化瘀祛痰消癥，用北芪、白术健脾益气，当归养血活血，鸡血藤、丹参、川芎、赤芍、泽兰、刘寄奴、凌霄花、山楂活血祛瘀，夏枯草、茯苓、泽泻利湿化痰散结，生牡蛎软坚散结，威灵仙性善走，能通经络，《本草正义》言其"以走窜消克为能事，积湿停痰，血凝气滞，诸实宜之"。药后瘀渐化，痰渐消，月经趋于正常。4 个月后 B 超复查原"子宫肌瘤"消失，唯子宫稍大。终以桂枝茯苓丸加味益气化瘀，消痰软坚而收功。

病例 14

谭某，女，26 岁，已婚。1990 年 9 月 28 日初诊。

月经紊乱 3 年，阴道流血 2 月余未净。3 年来月经紊乱，周期前后不一，经量或多或少，经前少腹、小腹胀痛。自 1990 年 7 月 7 日行经，时有时无，迄今未净。现量少，时而夹带而下，腥秽。1985 年结婚，婚前引产 1 次，婚后至今未孕。平素带下量多，色黄白，质稠秽。面色淡黄，舌淡红，苔薄黄，脉细缓。妇检：阴道血性分泌物稠秽臭，可疑子宫肌瘤，右侧盆腔混合性包块（炎性可能）。

诊断：①崩漏；②癥瘕；③断绪。

辨证：湿热瘀结。

治则：清利湿热，化瘀散结。

处方：鸡血藤 20g，丹参 15g，土茯苓 20g，忍冬藤 20g，生苡仁 15g，车前草 10g，益母草 10g，当归 10g，萹蓄 10g，甘草 6g。每日 1 剂，水煎服，连服 7 剂。

二诊（1990 年 10 月 12 日）：阴道仍有血丝样分泌物，夹带而下，质稠，臭秽，舌淡红，苔薄白，脉细。继用前法。守上方加生牡蛎 30g（先煎）。每日 1 剂，水煎服，连服 4 剂。

三诊（1990 年 10 月 16 日）：证情同前，舌质红，苔薄白，脉弦细。湿性缠绵，非同一般，守上法再进。

处方：当归 10g，川芎 6g，赤芍 10g，白术 10g，土茯苓 20g，泽泻 10g，黄柏 10g，苍术 10g，败酱草 20g，鱼腥草 10g，甘草 6g。每日 1 剂，水煎服，连服 7 剂。

四诊（1990 年 10 月 26 日）：药后带下已无血丝，但仍稠秽，两侧少腹隐痛，舌淡红，苔黄白，脉细缓。予理气化瘀，祛痰湿消癥。

处方：生牡蛎 30g（先煎），浙贝 10g，丹皮 10g，泽泻 10g，赤芍 10g，土茯苓 20g，刘寄奴 10g，凌霄花 10g，白芥子 10g，威灵仙 10g，香附 10g。每日 1 剂，水煎服，连服 7 剂。

五诊（1990 年 11 月 6 日）：10 月 30 日经行，色暗红，质稠，带下量多，色黄白，质稠，阴痒，舌淡红，苔薄白，脉虚细。拟养血活血化瘀，除湿祛痰消癥。

处方：鸡血藤 20g，丹参 15g，当归 10g，生牡蛎 30g（先煎），川芎 10g，桃仁 6g，红花 6g，佩兰 10g，藿香 6g，土茯苓 20g，黄柏 6g。每日 1 剂，水煎服，连服 7 剂。

六诊（1991 年 1 月 15 日）：近 2 个月来月经周期正常，妇检及 B 超均提示子宫附件无异常。末次月经为 1990 年 12 月 30 日，舌脉如平。要求促孕，予补肾疏肝健脾。

处方：菟丝子 20g，枸杞子 10g，茺蔚子 10g，黄精 15g，柴胡 6g，当归 10g，白芍 10g，白术 10g，茯苓 10g，薄荷 5g（后下），炙甘草 6g。每日 1 剂，水煎服，连服 7 剂。

按语：下焦乃阴湿之地，平素带多稠秽，湿热蕴于下焦可知。湿邪内阻，血行不畅而成瘀，湿瘀阻于冲任，血不归经，发为崩漏；湿瘀阻于胞脉，两精不能结合，故致不孕。初诊以经验方清宫解毒饮清热利湿，解毒化瘀以止血，加当归养血活血，萹蓄清下焦湿热。湿性黏腻缠绵，三诊带下仍夹血丝，改用当归芍药散合二妙散养肝健脾、清利湿热，并加败酱草、鱼腥草清热解毒。四诊血止之后，予理气化瘀、祛痰湿以消癥，用香附理气，使气行则血行，丹皮、赤芍、刘寄奴、凌霄花、鸡血藤、丹参、川芎、桃仁、红花活血化瘀，生牡蛎、浙贝化痰软坚散结，泽泻、土茯苓、白芥子利湿祛痰，威灵仙消痰湿、通经络。药后湿祛热除瘀化，故月经正常，癥积亦消。

体会：崩漏是指经血非时暴下不止或淋沥不尽的病证。即《景岳全书·妇人规》所言："崩漏不止，经乱之甚者也。"引起崩漏的原因，有血热迫血妄行；有气虚统摄无能，固藏无力；有血瘀阻于冲任，阻遏经脉，新血不得归经；有冲任不足，血海失固。

在治疗上，遵循前人塞流、澄源、复旧三法，但必须以审证求因即澄源为主，在塞流之中有澄源，澄源也为了塞流；复旧离不了澄源，澄源也正是为了复旧。对于复旧固本善后的治疗，我主治脾肾并重，先后天并补。因为肾为气血之始，经源于肾，肾又主蛰，为封藏之本，其功能直接影响到胞宫的藏泄，冲任的固摄；脾主运化，为气血生化之源，有统摄血液之功，故复旧应脾肾并治。

在辨证的基础上，要考虑患者不同年龄的生理特点，以便作为辨证的参考。青春期患者病变多与先天肾气不足，肾的封藏不固有关，故治疗宜以肾为主。中壮年时期工作学习，婚配生育，最易耗血伤阴，阴亏则阳易亢，导致肝气疏泄太过；或肝气郁结，气机郁滞，治疗宜侧重在肝，以滋养肝血而柔和肝气，但肝肾同源，房室孕产又与肾有直接相关，故在治肝之时，要兼顾治肾。更年期妇女肾气日渐亏虚，治疗宜侧重于脾，兼以调养肾气，从后天养先天，先后天并治。总之，我认为崩漏以治肾为主，治脾治肝两脏时都要兼顾治肾，才能收到良好的治疗效果。

若有瘀血内停或痰瘀互结，积而成癥，癥积占据胞宫，则冲任受阻，经脉不畅，血液妄行，治宜用"通用"之法，予活血化瘀或化痰软坚以消癥。

崩漏塞流之时，止血是治疗的首要任务，但止血用药不当，常有滞瘀之弊，所以对于止血用药，最好选用能止血能化瘀之品，如三七、苏木之类；或止中有化，如茜根、犬蓟、小蓟；或化中有止，如益母草、泽兰。关于炭药（包括收敛药）的应用，以少用或不用为佳，若病情需要，非用炭药收敛不可，也要根据病情的寒热虚实使用不同性质的炭药。否则，妄投炭药，非但疗效不佳，而且遗患无穷。

老 妇 崩 漏

妇女到了45岁以后属更年期，由于肾气逐渐衰退，冲任俱虚，天癸亏竭，月经开始紊乱，阴道不规则出血，量或多或少，淋沥不断。量多势急的称为崩；量少势缓的称为漏。由于是"七七"时期前后发生的病变，所以称之老妇崩漏。

一、病因病机

崩漏的发生，一般是血热、血瘀、脾肾气虚等的不同。老妇的崩漏，其原因也很复杂，但多由于肾气衰退、阴阳失调、封藏不固而形成的疾病。盖肾藏精而为气血之始，内藏真阴而寓元阳，是生殖的根本、是月经的根源。妇女到了更年期，肾的功能逐渐衰退，任脉、冲脉、天癸都开始亏虚，因而不是偏于阴虚，便是偏于阳虚，以致阴阳失调，气血不和。偏于阳虚者，则虚火妄动于中，使精血不能内守；偏于阴虚者，则命门火衰，不能温养胞宫，导致阴血不能固藏；阴阳俱虚者，则肾失封藏，开阖失司。总的来说，老妇的崩漏，有阴虚的，也有阳虚，更有阴阳俱虚的，但从临床所见，以阴虚火动的为多。

二、论治用药

崩漏的治疗，方约之曾有"初用止血以塞其流；中用清热凉血，以澄其源；末用补血，以还其旧"的初、中、末治崩三法，早为后世医家公认是宝贵的治疗经验。但这仅仅是治疗崩漏的一般大法。老妇的崩漏，是由于肾气的衰退、冲任二脉不固、精血真阴日亏、真阳的偏盛或偏衰而引起的病变，当本着"虚则补之"的原则，不是泻其有余，而是补其不足，通过协调阴阳的偏颇才能达到治疗的目的。所以在治疗崩漏总的大法基础上，必须结合老妇崩漏的特点，首先要分清是肾阴虚或是肾阳虚，而且由于肾是五脏之本，肾的病变，往往影响到其他脏腑，尤其是肝、脾二脏。盖肾精肝血，是有乙癸同源的关系。肾阴虚必导致肝阴虚，肝阴虚则肝阳亢而虚火内动；肾为元阳之根，脾为中土而主健运，肾之与脾是先天与后天的密切关系，肾阳虚则命门火衰，不能温暖脾土，以致脾阳亦衰。因此，在治疗时，既要考虑肾脏本身阴阳亏损的程度，还要注意有关脏腑的相连及阴阳的互根等问题，做到补阳不忘阴、滋阴要配阳。如症见阴道出血量少，淋沥不断，色红，伴有头晕头痛，耳鸣目眩，夜难入寐，烦热盗汗，腰膝酸软，苔少或无苔，脉细数者，此属肝肾阴虚、虚火内动的漏下，宜用滋阴补肾，固摄止血之法，以左归丸（熟地黄、山萸肉、枸杞子、川牛膝、菟丝子、鹿胶、龟胶、怀山药）加减治之。方中之龟胶、鹿胶，恐其性黏腻，在阴道出血期间，防其留瘀之患，常常去而不用，改用旱莲草、丹皮、生龟板、仙鹤草，以加强其滋阴止血之功。症见出血量多，或淋沥不断，血色淡而质稀；伴见面色㿠白，形寒肢冷，腰脊胀痛，食少神衰，小便频数或不禁，大便溏薄，舌苔薄白，舌质淡嫩，脉细弱者，此属肾阳虚衰、固摄无能之变，宜用补肾扶阳、温经止血之法，以右归丸（熟地黄、山萸肉、怀山药、菟丝子、川杞子、鹿角胶、制附子、川杜仲、当归、肉桂）加减治之。方中之当归、肉桂、附子、鹿胶虽能温养，但最易动火动血，在出血量多的情况下，常常减去而不用，改用鹿角霜、桑螵蛸、老姜炭之温涩，则较为平稳。

左归丸、右归丸是明代医家张景岳的代表名方，前者是为阴中配阳而设；后者则为阳中配阴之剂，是照顾到阴阳互根的密切关系，如应用得当，其效显著。

以上是从肾的阴阳亏损，说明老妇崩漏发生的原因及其治疗的方法。当然不可否认除此之外还有湿热下注、湿毒内蕴等不同的类型，其治疗的方法和选方用药，又当别论。

病例

农某，女，49岁，已婚，农民。1977年12月19日初诊。

自今年9月份开始，阴道反复出血而到某医院妇产科治疗，经住院十多天而好转出院。但20天后，阴道再次出血，第1~3天出血量多（每天换卫生纸6~8次），色紫红有块，以后逐渐减少，虽经中西药治疗，效果不满意。现阴道仍出血，淋沥不断，色淡红，量不多（每天换卫生纸3~4次），无血块，无腹痛，但腰膝酸软，面色苍白，神态倦怠，大便溏薄，小便清长。舌苔薄白，舌质淡嫩，脉属虚细。证为肾气衰退、冲任功能失常而引起的病变。采用先天、后天并补之法，以温肾健脾、益气摄血治之。

处方：潞党参18g，炒白术9g，炒怀山药18g，炙北芪18g，菟丝子12g，覆盆子

9g，芫蔚子9g，鹿角霜20g，荆芥炭3g，桑螵蛸9g，炙甘草5g。每天1剂，水煎服，连服3剂，每剂可复煎1次。

12月13日二诊：上方服后，精神较好，阴道出血量较少，但脉象及舌苔如初诊。后在方中菟丝子加至20g，鹿角霜加至30g，以加强其温肾固涩之功。每天清水煎服1剂，连服3剂。

12月16日三诊：服上方第一剂后，阴道出血完全停止，精神良好，寐纳俱佳，二便正常。切其脉象为细弦，舌苔薄白，舌质淡红。恐过用温养之品，引动虚火复燃。改用补肾养阴，佐以固涩以善其后。

处方：鸡血藤15g，怀山药15g，旱莲草15g，菟丝子9g，地骨皮9g，莲藕须9g，芡实9g，白果9g，甘草6g。每天1剂，水煎服，连服3~6剂。3月后追访，疗效巩固。

室女崩漏

室女是指10~15岁少女而言。这些少女月经初期之后，阴道不规则地出血，量或多或少，淋沥不断者，称为室女崩漏。

一、病因病机

《素问·上古天真论》指出，女子"二七而天癸至，任脉通，太冲脉盛，月事以时下"。也就是说，在一般的情况下，女子年龄到了14岁左右的时候，促进生殖功能的"天癸"物质初步发育成熟，任脉通畅，冲脉旺盛，于是便有月经来潮。但由于先天禀赋的特殊，以及地理环境、气候和生活习惯等的不同，有些提早在11~12岁便有月经来潮，有些则推迟到17~18岁才有月经来潮。这些室女的月经，从临床所见，大多数是不能按时来潮的，有的3~4个月一行，甚或初潮之后则闭而不行，有的不来则已，一来则淋沥不断，持续数月不净，每天点滴漏下。究其原因，都是由于少年时期的女子，肾气尚未完全充盛，冲、任二脉的发育未全，肾的"主蛰、封藏"功能失司，血海不充或不固所引起的疾患，故经行紊乱，甚则崩漏不止。

二、论治用药

室女崩漏的致病原因，是由于肾气未盛，冲、任二脉发育未全，血海不固所致病变，因而在治疗上，当以补养肾气、调摄冲任为原则，常用五子衍宗丸（菟丝子、覆盆子、五味子、川杞子、车前子）加减治之。《妇科玉尺》中称本方是专"治男子无嗣"之方。实际上本方是平补阴阳之良剂。不仅男子不育症可用之，凡是肾气发育未充所引起的青少年男女的病变都可用之，只要应用得当，其效可期。如阴道出血量多，则减去车前子之滑利，以金樱子或桑螵蛸之温涩代之；而色㿠白，四肢倦怠，食少便溏者，此属脾虚气弱，又当在补肾的基础，加入健脾益气之党参、白术；下肢小腿不时拘急者，此属肝血不足，筋脉失养之证，可加当归、白芍以濡之。总之，在补肾的阴阳基础上，注意精血并补，先天后天并补，则能收到事半功倍之效。遵王清任"离经之血，虽清血鲜血，亦是瘀血"之旨，常加入辛苦微寒之益母草，既能引血归经以止漏，又能防其留瘀之后患。

病例

王某，女，12 岁，学生。1973 年 3 月 10 日初诊。

去年春月经初潮，周期紊乱，前后不定，每次经行量多，色红，均服止血药或打止血针始止。现为第六次经行，已来潮 15 天未净，开始头 3 天，量多，色淡红，从第四天起，逐渐量少，但每天仍淋沥点滴，每天换卫生纸 1～2 次。无其他自觉症状，能正常上学，纳食良好，二便调和。脉沉细而略数，舌苔薄白，舌尖红。证属肾气未充，冲任发育未全，过早成熟而引起的病变。以滋阴补肾、调养冲任之法治之。

处方：何首乌 18g，旱莲草 15g，熟地黄 12g，覆盆子 9g，菟丝子 9g，五味子 5g，川杞子 9g，女贞子 9g，怀山药 15g，白茯苓 12g，益母草 9g，香附 5g，柴胡 2g，生甘草 5g。每天 1 剂，水煎服，连服 5～10 剂。

5 月 3 日二诊：上方共服 9 剂，服第三剂之后，阴道出血即止。于 3 月 26 日月经来潮，周期已对，色量一般，持续 5 天干净。现逾期 1 周，经水未来，脉细数（90 次/分），舌苔薄白，舌质尖红。补养经水之源以行之，待阴充血旺，其经自潮。

处方：黄精 18g，菟丝子 9g，川杞子 9g，女贞子 9g，覆盆子 9g，怀山药 15g，生潞党 15g，北柴胡 5g，甘草 3g。每天 1 剂，水煎服，连服 3 剂。

5 月 10 日三诊：上方服后，经水来潮，量多色红，持续 5 天干净。除少腹微胀痛之外，余无不适。脉象细缓，舌苔薄白，舌质尖红。仍以调养冲任之法治之。

处方：归身 6g，川芎 6g，白芍 9g，熟地 12g，艾叶 5g，阿胶 9g（烊化），生潞党 15g，益母草 9g，旱莲草 15g，北荆芥 2g，炙甘草 5g。每天 1 剂，水煎服，连服 6 剂。

按语：本例患者，乃十二龄童之经漏，显系肾气未充，冲、任二脉发育未全，过早成熟而导致的病变，选方用药始终以肝肾的精血着眼，平补其阴阳，洽调其气血，从根基论治，经漏能止，经闭能通。1 年后追访，经行周期正常。

闭　　经

闭经指女子年逾 18 周岁月经尚未来潮，或已行经后又中断 6 个月以上者。中医将闭经作为一个单独病证进行论治，西医认为闭经是一种症状，可有多种疾病引发，如子宫性闭经、卵巢性闭经、脑垂体性闭经、下丘脑性闭经等，以生殖轴不同部位进行闭经原因的分类。

一、病因病机

本病首见于《素问·阴阳别论》，有"女子不月"的记述，首载的第一首妇科处方——四乌鲗骨一芦茹丸即为血枯经闭而设。闭经既为症，也为病，历代医家将其分为虚、实两大类，虚即"血枯"，实即"血滞"，亦有虚实夹杂者。从临床上看，虚者多为经源不足，血海空虚，如先天禀赋不足或后天多劳，堕胎、房劳伤肾，导致肝肾亏虚，精血匮乏；饮食劳倦，脾胃虚弱，或节食减肥，导致脾虚气血化源不足；素体阴虚或下血、小产失血伤阴，或过食辛燥伤阴导致阴虚血燥。实者则因气滞血瘀或痰湿阻滞，使冲任瘀阻，经血不下。但虚实之间可以转化，如虚者阳气不足，可致寒凝血瘀，气虚不能行血，可致血行迟滞，从而出现虚中夹实、实中夹虚、寒热错杂的局面。因而虚不可纯补，实不可猛攻，必须衡量其轻重缓急，分清主次，或补中有通，或通中有补。

班老认为，经者血也，治经必治血，而闭经牵涉到经血之源流。由于肝主疏泄，调畅气机，气行则血行；肝又主藏血，女子以肝为先天，故调肝养肝尤为重要。而肾为气血之始，经源于肾。脾胃主受纳腐熟，为气血生化之源。故肝、脾、肾在经血的生成及施泄中起到重要的作用，也为治疗中重点调理的脏器。

二、论治用药

1. 疏肝理气行血法

常用于因肝郁气滞而闭者。临床症见月经逾期未行，或室女闭经，伴情志抑郁或恼怒，胁胀，乳房胀痛，或少腹、小腹胀痛，大便时硬时溏，舌质正常或色暗或有瘀斑，苔正常或薄黄，脉弦或紧。肝藏血而为女子之先天，其疏泄功能正常与否与人体气机条达息息相关。闭经纯虚者少，虚实夹杂者多，治疗单投补剂或攻剂难以奏效，尤其室女积想在心，情窦初开，多为气郁、气滞所致闭经，故治宜选用疏肝理气行血之法。疏肝调肝，使肝气敷和，气机条达，瘀通血行。临证班老常用柴胡疏肝散或逍遥散加路路通、威灵仙、牛膝、红花治之。

2. 活血化瘀通经法

用于气滞而导致血瘀，或经行之际感受寒邪，寒凝血滞，瘀阻冲任，血不能下行或行而不畅者。症见闭经，少腹、小腹或胀或痛，全身酸痛，形体壮实，舌质暗红或边有瘀点，脉细涩。治以活血化瘀通经法，方用桃红四物汤加王不留行、牛膝、枳实、益母草、香附治之，或用血府逐瘀汤加减。诸药合用，既有活血化瘀养血之功，又有行气通经之效，使气血流畅、冲任瘀血消散，经闭得通，诸症自除。对瘀血时间较长之闭经，还可以选虫类破血通经之品，如蟅虫、水蛭，或用皂角刺、炮山甲等，可提高疗效。

3. 清化湿瘀法

用于既有瘀阻性闭经，又有带下病变者。湿为阴邪，其性黏腻重浊，湿邪不去，则带下不止，血瘀难化，经血闭阻。若湿瘀阻滞胞宫，则瘀久化热，症见闭经，带下量多，黄白相兼，臭秽，或少腹、小腹胀痛，阴道瘙痒，舌淡红，苔黄腻，脉细或数。

治以清热利湿，化瘀通经法，方用当归芍药散（《金匮要略》）加延胡索、川楝子、丹参、郁金、急性子，或四妙散加当归、赤芍、泽兰、救必应、刘寄奴、益母草治之。其中益母草可用30g左右，泽兰、救必应既能利湿，又能化瘀，临床常配用。

4. 温化痰瘀法

用于脾虚痰湿内盛，瘀阻胞宫所致的闭经。由于素体脾虚，或饮食不节伤脾，脾虚运化失司，聚湿成痰，或素为痰湿之体，痰湿阻滞冲任二脉，经血不得下行。症见月经后期，量少，渐至闭经，伴形体肥胖，神疲肢倦，带下清稀，大便时溏，舌淡红，苔腻，脉细滑，西医检查多诊为多囊卵巢综合征或卵巢囊肿。治疗时多遵"以温药和之"之宗旨，除宗李东垣用参、芪、柴之属益气升阳外，注意选用温化痰瘀之药。常用方为苓桂术甘汤加当归、赤芍、泽泻、山楂，或合二陈汤加鸡血藤、丹参、苍耳子、枳实，或归芍六君子汤加苍术、石菖蒲、白芥子、皂角刺等健脾益气、温化痰湿。用药应注意攻补兼施，刚柔并济，因势利导，使脾旺而能运化痰湿，生化气血，气血充沛则经行可期。

5. 温肾养肝法

肝藏血，肾藏精，冲任失养，则血海不足而致闭经，见于先天禀赋不足，精气未充，冲脉不盛，任脉不通之室女闭经，或房事不节，产育过多，损伤肝肾精血者。症见原发性闭经，或月经量少，色淡，渐至闭绝，面色苍白，性欲淡漠，久婚不孕，妇科检查子宫发育不良，舌淡，苔薄白，脉沉细。治以温肾养肝，补益精血。偏于肝郁血虚者，用黑逍遥加鸡血藤、菟丝子、茺蔚子或仙茅、仙灵脾、肉苁蓉；偏于肾虚精亏者，用归芍地黄汤或左归丸加巴戟天、紫石英、菟丝子、茺蔚子或仙茅、仙灵脾治之；兼阳虚宫寒者，用艾附暖宫丸加肉苁蓉、锁阳、红花、路路通、茺蔚子等。

6. 补脾益肾法

脾为后天之本，肾为先天之根。肾藏精，先天之精藏于肾，但需要脾胃水谷精气的滋养。脾主运化，为气血生化之源，有赖于肾中命门真火（肾阳）的温煦、推动，才能发挥其运化作用。月经为血所化，而精能化血，血能生精，精血之间可以相互转化，故脾肾亏虚，则精血化源不足，源断其流，可出现闭经。见于先天禀赋不足，精气未充，天癸匮乏不能应时泌至，则冲任不盛，任脉不通；或思虑过度，饮食不节，损伤脾胃，生化不足，营血亏虚；或产后大出血，大病久病，产育过多，精血匮乏者。症见月经量少，色淡，渐至稀发，闭止，面色苍白或萎黄，腰膝酸软，性欲淡漠，夜尿频频，头晕耳鸣，舌淡，苔薄白，脉沉细或细弱。治以补肾健脾，养血调经。方用四二五合方或十全大补汤加减，药物选用紫河车、鹿角胶、龟板胶等血肉有情之物，以填精补髓，待气血充盈，脉象流畅充盈之时再佐以通经之品，如路路通、红花、香附、益母草等。

7. 滋阴润通法

月经乃血所化，血者，阴也，而"津液和调，变化而赤为血"（《灵枢·痈疽》）。若素体阴虚火旺或大病、久病、热病，以致营血亏损，则阴虚内热，血海枯竭而致经闭。症见月经延后，量少，色红质稠，渐至经闭，伴心烦易躁，颧红唇干，难以入寐，口干不欲饮，大便秘结，舌尖边红，苔少，脉细数。治宜滋肾养阴，补血通经；方用增液汤合四物汤加枳实、益母草、大黄、牛膝、路路通等。

总之，闭经一病，临证虚实夹杂，病程较长，其发生与预后、转归取决于病因、病性、体质、环境、精神状态、饮食等诸多因素。若因病程较长，尤其长期使用雌孕激素致卵巢功能紊乱，疗效难尽人意。临床上班老根据病人的不同体质，病情不同阶段，灵活选用疏气、活血、温宫、补养等法。由于经血之源，"生化与脾，总统于心，藏受于肝，宣布于肺，施泄于肾"（《妇人规》），而五脏中，脾肾占主导地位。盖肾藏精而系胞，为血气之始，冲任所属。肾气盛，天癸至，任通冲盛，胞宫施泄，经水能行，反之，则量少，稀发，以至闭绝。脾为仓廪之官，气血生化之源。脾胃虚损，则气血来源匮乏，血海枯竭，可致月经量少或闭止不行。脾肾又有先后天关系，互相促进，相互影响，故治疗闭经从经血的生化、源流而言，当以补益脾肾为主，此乃临床取效与否的关键。

病例1

叶某，女，16岁，南宁市某学校学生，1979年10月8日初诊。

14岁月经初潮，一向错后，第一年仅经行4次。自去年8月开始停经，迄今1年余，经水仍未来潮。现胸胁、乳房及少腹、小腹胀痛，心烦易躁，夜难入寐。平时带下绵绵，色白质稀，量不多，胃纳不振，二便一般，脉沉细，舌苔如平。

诊断：闭经。

辨证：肾气未充，肝郁血滞。

治则：本着"急则治其标"之旨，先用疏肝理气、通络引降之法。

处方：柴胡5g，当归9g，白芍9g，川芎9g，枳实9g，香附9g，益母草15g，牛膝5g，川厚朴9g，合欢花9g，甘松5g。每日1剂，水煎服，连服3剂。

二诊（10月14日）：药已，诸症有所减轻，但月经仍未来潮，脉虚细，苔薄白，舌质如平。拟养血疏肝并用，标本同治。

处方：归身12g，川芎5g，白芍5g，熟地15g，甘松9g，延胡索9g，瓜蒌皮9g，丹参15g，益母草15g。每日1剂，水煎服，连服3剂。

三诊（10月17日）：诸症消失，但月经仍未来潮。脉虚细，苔薄白，舌质如平。拟用补而通之。

处方：归身12g，川芎5g，白芍9g，熟地15g，党参15g，炙北芪15g，川厚朴5g，枳实5g，益母草15g。每日1剂，水煎服，连服3剂。

四诊（10月20日）：经水仍未来潮，脉缓和，舌质如平，转用10月8日方加王不留行9g。每日1剂，水煎服，连服3剂。

五诊（10月25日）：药已，经水来潮，色、量一般，今无不适。脉缓和，舌苔如平。拟养血调经以善其后。

处方：归身12g，川芎5g，白芍5g，熟地15g，益母草9g，菟丝子15g，炙甘草5g。每日1剂，水煎服，连服3剂。

按语：女子二七之年，经行错后，平时带下绵绵，色白质稀，经闭年余不行，此乃肾气未充、经源不足之征。胸胁、乳房及少腹、小腹胀痛，心烦易躁，夜难入寐，此又为肝气郁结、相火内扇之变。治宜养血疏肝，标本同治。初诊时之所以用疏肝理气，通络引降之法，意在"急则治其标"。然本不治则经源无由，肝郁诸症虽见减轻，依然经闭不行。二诊以四物加味，补血疏降并用，三诊以圣愈汤益气补血，加川厚朴、枳实、坤草引降通行，以补养为主，唯通行之力不足，经水仍未来潮。五诊时加入甘苦平之王不留行，直通冲任二脉，血海充溢，胞脉通畅，经水来潮。

病例2

覃某，女，33岁，邕宁县苏圩公社某大队农民，已婚。1981年10月18日初诊。

结婚14年，双方共同生活，迄今未孕。婚前月经周期、色量正常。婚后经行开始紊乱，两个月或3个月一行，量少，色紫淡。自今年以来，已10个月无经行。平时除夜难入寐、寐则多梦之外，余无不适。脉虚弦，苔白，舌质如平，体形消瘦。

诊断：①闭经；②不孕。

辨证：阴血不足，血海空虚。

治则：滋阴柔肝，养血生精。

处方：北沙参10g，麦冬10g，归身12g，生地10g，川杞子10g，川楝子5g，瓜蒌壳10g，合欢皮10g。每日1剂，水煎服，连服6剂。

二诊（11月1日）：药后，精神好，胃纳佳。脉虚细，舌苔如平。仍守上法，重加温养之品。

处方：菟丝子15g，归身12g，白芍5g，川杞子9g，党参9g，怀山药15g，覆盆子9g，淫羊藿15g，鸡血藤15g，路路通9g。瓜蒌壳9g。每日1剂，水煎服，连服3剂。

三诊（11月15日）：上方服3剂，月经来潮，量少，色淡，持续3天干净。胃纳、二便正常。脉虚弦，苔薄白，舌尖红。拟温养为主，酌加调肝。

处方：鹿角霜24g，菟丝子15g，归身9g，覆盆子9g，党参15g，川杞子9g，炙北芪15g，芜蔚子9g，淫羊藿15g，怀山药15g。每日1剂，水煎服，连服3剂。

按语：阴血为月经之源，阴血亏虚，则冲任二脉失常，血海不能满溢，故经闭不行；阴亏血少，不能濡养心神，以致心神不安，故夜难入寐，寐则多梦；脉者，血之府，血虚不能充脉，故脉虚弦；婚后14年不孕，体形消瘦，知其禀赋不足。以滋阴柔肝，养血生精治之。一诊时取一贯煎加甘寒之栝蒌壳以清润宽胸，合欢皮以宁神解郁，意在既能滋养阴血，又能润通血脉。二诊之后，用药虽有所增减，但均不离柔肝、补肾、健脾之品，平允冲和，阴阳气血并补，精血得生，冲任得养，血海充溢，经水自行。

病例3

胡某，女，24岁，南宁市某公司工人，1976年9月3日初诊。

1年来经行错后，量少，色黯黑夹块，经将行少，小腹胀痛，按之不减，经行之后则舒。现经停3个月不来潮，头晕痛，胸胁及右侧少腹疼痛。平时带下量多，色黄白，质稠黏，偶或阴痒，其余尚无不适。脉沉细，苔薄白，舌质淡。

诊断：①闭经；②带下。

辨证：湿郁下焦，血滞瘀积。

治则：养血活血，通络引降。

处方：当归9g，川芎6g，白芍9g，熟地12g，白术10g，法半夏5g，坤草15g，青皮9g，艾叶6g，怀牛膝6g，甘草3g。每日1剂，水煎服，连服3剂。

二诊（9月6日）：药已，胁腹疼痛减轻，带下少，但经水仍未来潮。脉舌如上。药本对证，但药力不足，守上方去白芍，改用赤芍9g，坤草加至30g。每日1剂，水煎服，连服6剂。

三诊（9月21日）：16日经行，但量不多，色暗红，夹块，经中右少腹及乳房有胀感。现头晕痛，脉细，苔薄白，舌质淡。拟补血养气为主。

处方：归身12g，川芎9g，白芍6g，熟地15g，党参15g，炙黄芪15g，艾叶6g，香附6g，红枣6g。每日1剂，水煎服，连服3剂。

按语：经闭3个月不行，头晕痛，胸胁及右侧少腹疼痛，皆为瘀积停滞之征。湿者，带之源；带者，湿之变。患者平时带下量多，色白或黄，质稠黏，显系由于湿郁下焦，胞脉不利，因而血滞瘀积。故以四物汤养血活血，加白术、法半夏健脾化湿，坤草、艾叶、青皮、牛膝引降通行；二诊白芍改用赤芍，坤草加至30g，加重了活血化瘀通行之力，药已经行；三诊改投圣愈汤益气补血，艾叶、香附、红枣调气补中，目的在于治本以善后。

病例4

唐某，女，40岁，自治区某学校教练员，已婚。1982年11月24日初诊。

经闭不行已数年。每次必用雌激素、黄体酮治疗，月经始能来潮，不服药不打针则闭而不行。现已半年无经，每月有周期性乳房胀闷，少腹、小腹胀痛，平时少量带下，色白质稀，其余无特殊。脉细涩，苔薄白，舌质如平。

诊断：闭经。

辨证：肝失生发，血海空虚。

治则：疏肝扶脾，养血通经。

处方：当归15g，白芍9g，柴胡5g，云苓9g，白术9g，薄荷3g（后卜），路路通9g，王不留行9g，川厚朴5g，甘草5g，每日1剂，水煎服，连服3剂。

二诊（12月7日）：上方共服6剂，昨天经行，色暗红有紫块，现乳房仍胀痛，脉弦细，苔薄白，舌质正常。拟疏肝理气，因势利导。

处方：柴胡5g，白芍5g，枳实5g，归身9g，川芎5g，香附5g，夏枯草9g，甘草5g。每日1剂，水煎服，连服3剂。

三诊（1983年3月24日）：上方自服12剂，3个月来月经来潮，但仍错后，经中乳房及少腹、小腹仍胀痛，脉细，苔白，舌质一般。用养血疏肝之法。

处方：柴胡5g，白芍9g，当归9g，云苓5g，白术9g，薄荷3g（后下），夏枯草9g，青皮5g，丹参15g，甘草5g，大枣9g。每日1剂，水煎服，连服3剂。

按语：《内经》有言："年四十而阴气自半也，起居衰矣。"今患者五八之年，其月经之所以闭而不行，实由于肝主疏泄生发失常，不能行其"以生血气"之职，以致冲任失养、血海空虚。故以疏肝扶脾、养血和中之逍遥散治之，复加路路通、王不留行、川朴行气活血，直通冲任二脉，血充脉通，月经得下。但经行之时，乳房仍胀痛不舒，故二诊时以柴胡疏肝散加归身、夏枯草治之，既能养血和营、爕理肝脾，又能解郁散结，调动气机之旋转，促进肝之生发，故月经按月来潮。三诊时加用青皮、丹参，以加强调气活血之功。《妇人明理论》："一味丹参，功同四物，能补血活血。"此虽言过其实，但根据临床验证，丹参确为妇科活血通经之要药。

体会：闭经发生的原因，虽然多种多样，但总的来说，主要是有余和不足两方面。虚者多为肝肾亏损，阴血不足，甚至血枯阴竭，血海空虚，无血可下；实者多为气滞血瘀，或痰湿郁滞，脉道不通，经血不得下行所致。其治疗原则，虚者宜补，实者宜通。但症情错综复杂，往往虚中夹实，实中有虚；因而虚不可纯补，实不可偏攻，必须权衡其轻重缓急，分清主次，或补中有通，或通中兼补。如例1叶某既有肾气未充，属不足的一面，又有肝郁血滞的表现，故用养血疏肝之法治之。

肾为气血之始，脾胃为气血生化之源，肝藏血而主疏泄，治闭经不离肝脾肾三脏。但肝有生发的作用，在妇女则为先天，为冲任脉之所系。在病变上，肝郁则诸脏皆郁。因而从肝论治，尤为重要，故所举病例，表现虽有所不同，但治疗过程，均不离于血，不离于肝。

闭经有余、不足的治疗，实者易治，只要审证用药得宜，邪除脉通，则经水自下；虚者难治，尤以肾阴亏损，真元枯竭之变，非急速所能奏效，必须善于用药，徐图调养，待其康元恢复，血海充溢，经闭始通。

病例5

雷某，女，35岁，已婚。1992年9月22日初诊。

人流术后闭经3个月。1992年6月16日行人工流产术，术程经过顺利，但术后迄今月经未行，如检及B超检查排除早孕。刻诊：头晕，口干，咽如痰梗，腰胀，四肢酸软无力，夜寐多梦，纳、便正常，面色淡黄，舌淡红，苔薄白，脉细。

诊断：闭经。

辨证：肝肾亏损，冲任失养。

治则：补益肝肾，调养冲任。

处方：熟地15g，怀山药15g，当归10g，赤芍10g，丹皮6g，茯苓6g，泽泻6g，牛膝10g，丹参15g，瓜蒌壳10g，路路通10g。每日1剂，水煎服，连服4剂。

二诊（1992年9月26日）：药已，诸症减轻，经水未行，舌淡红，苔薄白，脉缓。仍用补养佐以通行之法。

处方：党参15g，麦冬10g，鸡血藤20g，丹参15g，当归10g，川芎6g，赤芍10g，路路通10g，牛膝10g，枳实10g，炙甘草5g。每日1剂，水煎服，连服7剂。

三诊（1992年10月5日）：10月1日经行，量少，色鲜红，半天即净。经前头晕头痛，咽干而痛，腰胀，迄今未减，能寐多梦，舌淡红，苔薄白，脉细。拟滋养肺肾，俾金水相生。

处方：北沙参10g，麦冬10g，当归10g，五味子6g，怀山药15g，熟地15g，鸡血藤20g，续断10g，川杜仲10g，千斤拔15g，炙甘草6g。每日1剂，水煎服，连服10剂。

四诊（1992年10月15日）：药已，头晕略减，腰微胀痛，口干不欲饮，大便结，舌淡红，苔薄白，脉沉细。转用补肾健脾、养血息风法。

处方：党参15g，炙黄芪20g，当归10g，川芎6g，白芍10g，熟地15g，白蒺藜

10g，蔓荆子10g，续断10g，桑寄生15g，炙甘草5g。每日1剂，水煎服，连服4剂。

五诊（1992年10月22日）：症情徘徊，舌淡红，苔薄白，脉缓。仍宗前法。

处方：党参15g，怀山药15g，山萸肉6g，当归10g，川杜仲10g，枸杞子10g，女贞子10g，钩藤10g，蝉蜕3g，小麦15g，炙甘草5g。每日1剂，水煎服，连服4剂。

六诊（1992年10月26日）：昨日经行，色淡红，夹块，量中等，伴头晕腰胀，咽干，四肢乏力，舌淡红，苔薄白，脉细。拟养血调经法。

处方：鸡血藤20g，丹参15g，当归10g，川芎6g，白芍10g，熟地15g，桑寄生10g，狗脊10g，续断10g，益母草10g，炙甘草6g。每日1剂，水煎服，连服3剂。

七诊（1992年10月29日）：经已净，现头晕，腰胀，四肢麻木，夜寐多梦，舌淡红，苔薄白，脉细。用补益脾肾法善其后。

处方：炙黄芪20g，党参15g，茯苓10g，白术10g，陈皮6g，续断10g，狗脊10g，千斤拔20g，骨碎补15g，当归10g，炙甘草5g。每日1剂，水煎服，连服7剂。

按语：人流术损耗精血，使肝肾亏虚，精血匮乏，源断其流，冲任失养，胞宫无血可下，而致闭经。治以补益肝肾，调养冲任，佐以通行，用六味地黄汤加牛膝滋肾养肝，当归养血活血，赤芍、路路通活血通经以治标。二诊加入鸡血藤、丹参、党参、麦冬补气血、滋阴液。药后经行，但经量少，半天即净，继续予补肾养肝法，兼以治脾，俾后天养先天，并通过补肺阴，使金生水，经行之际则养血调经，因势利导，使经水畅行。

病例6

李某，女，22岁。1990年7月10日初诊。

月经稀发6年，闭经5个月。16岁月经初潮，经行一向错后，2~5个月一行，量少，色红，无血块，末次月经为1990年1月30日，迄今已停经5个月余，一周来小腹阵发性疼痛，服止痛片可缓解，纳寐便正常，舌淡红，苔薄白，脉沉细。

诊断：闭经。

辨证：肝肾不足，寒凝气滞。

治则：温肾暖肝，养血活血。

处方：艾叶10g，香附10g，肉桂5g（后下），小茴香6g，熟地15g，当归10g，川芎6g，白芍10g，益母草10g，枳实10g，柴胡6g。每日1剂，水煎服，连服3剂。

二诊（1990年7月19日）：药已，脐腹胀而不痛，腹胀欲便，便后胀减，舌淡红，苔薄白，脉沉细。守上方去熟地，加大腹皮10g。每日1剂，水煎服，连服4剂。

三诊（1990年10月15日）：上药后经潮，7、8月份经行正常，但9月份又出现闭经，现无不适，舌淡红，苔薄白，脉细。改用温肾疏肝、健脾通经法。

处方：艾叶10g，肉桂3g（后下），益母草10g，枳实10g，黄精15g，柴胡6g，当归10g，白芍10g，白术10g，茯苓10g，炙甘草6g。每日1剂，水煎服，连服7剂。

四诊（1990年11月1日）：药已，下腹坠胀隐痛，大便溏，舌淡，苔薄白，脉细缓。以疏肝健脾、养血通经法。

处方：黄精15g，柴胡6g，当归10g，白芍10g，白术10g，茯苓10g，路路通10g，益母草10g，王不留行10g，炙甘草6g。每日1剂，水煎服，连服4剂。

1993 年 7 月追访，上药后经行，2 年来月经基本正常。

按语：经水出诸肾，肾主生长发育生殖，初潮即出现月经稀发，量少，显系先天肾气不足，肾阳失于温煦，肝失生发所致。阳虚宫寒，瘀阻气滞，则经水不行。治以温肾暖宫、养血活血，用艾附暖宫丸加减。艾叶、肉桂、小茴香温肾暖宫，祛散寒凝，四物汤养血调肝以充血海，香附理气调经，柴胡、枳实疏肝调气，益母草活血祛瘀。药后经行。三诊再次出现闭经、仍予温肾暖宫，兼疏肝健脾。四诊有经水欲行之势，加路路通、王不留行以活血通经。

病例 7

邹某，女，19 岁，未婚。1990 年 12 月 18 日初诊。

闭经两年余。16 岁月经初潮、周期紊乱，经量少，仅行经 4 次，继则闭止不行。现觉口干，四肢乏力，小腹作胀，大便略干，7 天一行，带下量多，色白稠，纳寐尚可，面色淡白，语音低弱，舌质淡嫩，舌苔薄白，脉沉细弱。

诊断：闭经。

辨证：气血虚弱。

治则：健脾益气，养血调经。

处方：党参 15g，茯苓 10g，白术 10g，陈皮 5g，鸡血藤 20g，丹参 15g，当归 15g，柴胡 5g，炙甘草 6g。每日 1 剂，水煎服，连服 3 剂。

二诊（1991 年 5 月 21 日）：上药后于 1991 年 1 月 23 日经行，量中，色暗红，无血块，3 天干净。2 月、3 月份均行经，末次月经 3 月 12 日，现停经两月余，带下量多，色白结块，胃脘灼热，大便干结，5 ~ 6 天一行，纳寐尚可，舌尖边稍红，苔薄白，脉细略数。拟滋阴养血，兼理气活血。

处方：北沙参 10g，麦冬 10g，枸杞子 10g，熟地 15g，当归 10g，柴胡 6g，茺蔚子 10g，丹参 15g，川楝子 6g，甘草 6g。每日 1 剂，水煎服，连服 4 剂。

三诊（1991 年 6 月 11 日）：药已，6 月 1 日经行，量少，色初暗后红，无血块，2 天干净，带下已正常，现觉头晕而痛，尤以太阳穴处明显，胃脘灼热，食后微痛，偶有腹胀，纳可，大便溏，3 日一行，舌淡红，苔薄白，脉细弦。继用滋阴养血治之。

处方：北沙参 10g，麦冬 10g，当归 10g，白蒺藜 10g，丹参 15g，黄精 15g，枸杞子 10g，女贞子 10g，红枣 10g。每日 1 剂，水煎服，连服 3 剂。

按语：脾胃素弱，气血不足，冲任失养，血海空虚，以致月经量少，渐至停闭；脾虚不运水湿，水湿之气下陷而为带下，故带多色白。治以异功散健脾益气，鸡血藤、当归补血活血，丹参活血养血祛瘀，加柴胡疏肝解郁，使肝气疏泄，气行则血行。药后月经来潮，但 3 个月后再出现月经后期，兼见阴虚血燥之征，转用滋阴养血法，用沙参、麦冬养肺胃之阴，使金能生水，补后天以养先天，枸杞子、女贞子、黄精滋补肝肾，熟地养血滋阴，当归补血活血，柴胡、川楝子、白蒺藜疏肝理气，茺蔚子、丹参活血调经。有补有行，使补而不滞，阴充血足，则经行有期。

病例 8

赖某，女，29 岁。1989 年 7 月 25 日初诊。

闭经 3 个月。1988 年自桂林来邕之后经行后期，量少，色暗淡，近 3 个月无经行。

平时少腹、小腹胀痛，带下量多，色黄白相兼，纳食尚可，大便干结，夜寐多梦，舌质淡，苔薄白，脉虚细。

　　诊断：闭经。

　　辨证：肝郁脾虚，气滞血瘀。

　　治则：疏肝理气，健脾祛湿。

　　处方：柴胡6g，当归10g，白芍10g，土茯苓20g，白术10g，黄精15g，薄荷5g（后下），菖蒲3g，远志3g，茺蔚子10g，合欢皮15g，炙甘草6g。每日1剂，水煎服，连服3剂。

　　二诊（1989年9月5日）：药已，月经未行，近几天少腹、小腹胀痛加剧，并有乳房胀痛，以左侧显著，带下量仍多，色黄白，能寐而多梦，纳可便调，舌淡，苔薄白，脉沉细。拟宗上法。

　　处方：当归15g，川芎10g，白芍6g，茯苓10g，白术10g，素馨花6g，益母草10g，厚朴6g，枳实10g，炒枣仁15g，甘草5g。每日1剂，水煎服，连服3剂。

　　三诊（1989年10月24日）：药后经水即行，量少，色暗红，持续3天干净，经中无不适。末次月经10月8日，现带下量多，色黄白，质稠，少腹、小腹隐痛，舌淡红，苔薄白，脉沉细。治拟养血健脾，祛湿清热。

　　处方：当归10g，川芎6g，白芍10g，土茯苓20g，白术10g，泽泻10g，藿香10g，佩兰10g，苍术10g，黄柏10g，丹参15g。每日1剂，水煎服，连服3剂。

　　按语：由于环境变迁、生活改变，影响肝的疏泄功能。肝气郁结，血为气滞，运行不畅，阻滞冲任，故月经后期量少；久则气不行血，冲任不通，使经闭不行。气滞肝经则乳房、少腹、小腹胀痛。肝气乘脾，脾运失健，加之肝郁气滞，气不行水，水湿内停，湿郁化热，故带多色黄白，大便干结。用逍遥散疏肝健脾，土茯苓易茯苓，增强除湿解毒之力，合欢皮疏肝活血，菖蒲、远志化湿，茺蔚子活血调经，黄精既补脾气，又益脾阴。二诊加入川芎、益母草活血行气，素馨花疏肝开郁，厚朴行气燥湿，枳实理气除胀。药后经行，但经后带下量多，色黄白相兼，此乃经带并病，予经带并治。二诊用当归芍药散养血健脾，加二妙散燥湿清热，藿香、佩兰化湿，丹参活血调经，使肝体得养，肝气得疏，脾气健运，水湿不生，则经带正常。

　　病例9

　　卢某，女，28岁，已婚。1993年5月22日初诊。

　　18岁月经初潮，素经行延后，渐至经闭不行，近年每须注射黄体酮或服中药方有月经来潮。既往月经量尚可，色红，无血块，4~7天干净；末次月经1993年4月15日（使用黄体酮），量较以前明显减少，色淡红。结婚两年，双方同居，性生活正常，未避孕而不孕。平时带下量一般，色白，纳可寐好，二便正常，近日乳房胀痛，月经逾期未行，舌质淡红，苔薄白，脉细弦。

　　诊断：①闭经；②不孕症。

　　辨证：肾虚肝郁，气滞血瘀。

　　治则：疏肝理气，益肾健脾。

　　处方：柴胡6g，当归10g，白芍10g，茯苓10g，白术10g，薄荷5g（后下），益母草 10g，续断 10g，炙甘草 5g。每日 1 剂，水煎服，连服 3 剂。

二诊（1993 年 5 月 27 日）：药已，乳房已不痛，月经仍未潮，小腹时有隐痛，带下量一般，纳、便如常，舌淡红，苔薄白，脉细弦。以养血通经。

处方：当归 15g，川芎 6g，赤芍 10g，熟地 15g，艾叶 10g，益母草 30g，路路通 10g，佛手花 10g，炙甘草 5g。每日 1 剂，水煎服，连服 7 剂。

三诊（1993 年 7 月 1 日）：6 月 4 日经行，量中，色红，5 天干净。6 月 29 日有少许赤带，现已干净，小腹隐痛，时有眩晕，舌质淡红，苔薄白，脉细。治以温肾暖宫，调经助孕。

处方：当归 10g，川芎 6g，白芍 10g，熟地 15g，香附 10g，艾叶 10g，肉桂 3g（后下），补骨脂 10g，炙甘草 5g。每日 1 剂，水煎服，连服 4 剂。

此后月经不行，并出现纳呆、欲呕、头晕、困乏等症，1993 年 8 月 7 日尿妊娠试验为阳性。

按语：禀赋素弱，肾气不足，天癸迟至，故初潮年龄较迟；母病及子，肝血亏虚，加之盼子心切，致肝气郁结，疏泄失司，气血不调，冲任失和，不能摄精成孕。气不宣达，血为气滞，运行不畅，阻滞冲任，血海不能如期满溢，故月经延后；冲任瘀阻而不通，则经闭不行；肝郁气滞，经脉壅阻，故乳房胀痛。初用逍遥散疏肝健脾，加续断补肝肾、行血脉，益母草活血调经。二诊肝气渐舒，改用四物汤加艾叶温经养血，使血得温而行，加佛手花疏肝开郁，益母草、路路通活血通经。三诊月经已行，以温肾暖宫法调经助孕，用艾附暖宫丸加减。药能对证，故疗效满意。

体会：闭经是指女子年逾 18 周岁月经尚未初潮，或已行经而又中断达 3 个月以上者。闭经有虚有实，虚者多为肝肾亏损，或气血不足，或阴虚血燥，如例 5、例 6、例 7。实则多由气滞血瘀，或痰湿阻滞。然虚者阳气不足，可致寒凝血瘀；气虚不能行血，可使血行迟滞，导致虚中夹实，虚实错杂，证情复杂。因而虚不可纯补，实不可猛攻，必须权衡其轻重缓急，分清主次，或补中有通，或通中兼补。

经者血也，治经必治血，治血须理气。肝主疏泄，调畅气机，气行则血行；肝又主藏血，女子以肝为先天，因此，闭经从肝论治尤为重要。肾为气血之始，经源于肾；脾胃主受纳腐熟，为气血生化之源，故治闭经亦不离脾肾两脏。

对虚证的闭经，要补而通之，或补益肝肾，调养冲任；或健脾益气，养血调经，以治其本，使经水有源，血海充溢；再适当加入通行之药，冲任二脉通畅，经水即可来潮。

病例 10

覃某，19 岁，未婚，学生。于 1992 年 7 月 28 日初诊。

15 岁初潮，但行经两个月后即出现闭经。两年前曾用己烯雌酚、黄体酮周期治疗 3 个月，用药期间月经正常，停药后诸症依然。今年 6、7 月份再次用西药人工周期治疗，末次月经为 1992 年 7 月 12 日，经量较少，色暗夹块，经行第一天腰痛，多尿，大便干结。B 超检查：子宫偏小。形体消瘦。舌淡红，苔薄白，脉细。

诊断：闭经。

辨证：阳虚宫寒，血凝经闭。

治法：温肾暖宫，养血通经。

处方：制附子 6g（先煎），补骨脂 10g，艾叶 6g，香附 10g，肉桂 5g（后下），小茴香 6g，熟地 15g，当归 10g，川芎 6g，赤芍 6g，炙甘草 6g。7 剂，每日 1 剂，水煎服。嘱其禁食生冷之品。

8 月 7 日二诊：药已，自觉四肢温暖。8 月 4 日经行，量少，色暗，两天即净，伴小腹阵发性剧痛。现自觉头晕，大便干结，舌淡红，苔薄白，脉细。此乃精血不足，血海空虚，清窍失养所致，治拟滋养肝肾，调补冲任。

处方：柴胡 6g，当归 10g，白芍 10g，白术 10g，茯苓 10g，素馨花 10g，羌蔚子 10g，肉苁蓉 20g，锁阳 10g。4 剂，水煎服，每日 1 剂。

8 月 11 日三诊：药后大便已软。现食后胃脘胀痛，嗳气，舌淡红，苔薄白，脉细略弦。肾为气血之始，脾胃为气血生化之源，治宜补后天以益先天，健脾胃以充血源。

处方：当归 15g，白术 10g，茯苓 10g，陈皮 6g，藿香 6g，炒麦芽 15g，怀山药 15g，白蒺藜 10g，炙甘草 6g。3 剂，每日 1 剂，水煎服。

8 月 14 日四诊：胃脘疼痛减轻，舌淡红，苔薄白，脉细滑。仍守补益肝肾之法。

处方：当归 10g，白芍 10g，熟地 10g，怀山药 15g，山萸肉 6g，丹皮 10g，茯苓 6g，泽泻 6g，女贞子 10g，枸杞 10g，菟丝子 20g。7 剂，每日 1 剂，水煎服。

10 月 26 日五诊：近段时间因其他原因未能坚持服药。月经于 1992 年 9 月 10 日、10 月 23 日行，经量偏少，2～3 天干净，现带下量较多，色白，舌淡红，苔薄白，脉细。采用调补肝肾法善后。

处方：柴胡 6g，当归 10g，白芍 6g，白术 6g，茯苓 10g，肉苁蓉 10g，锁阳 10g，仙灵脾 15g，炙甘草 6g。7 剂，水煎服，每日 1 剂。

按语：《内经》云："女子二七而天癸至，任脉通，太冲脉盛，月事以时下"。本案二七之年即经闭不行，显系肾水未充、冲任发育未全、经源不足之征。腰痛，尿频，带多色白，为肾阳不足、带脉失约、水湿下注所致。纳差，腹胀，便结，为火不暖土、脾失健运之变。班老一诊从温肾暖宫入手，血得温则行，继用补肝肾、调脾胃诸法，使冲任得养，经血充盈，且补中寓通，滋而不腻，用药甘平温润，切合病机，使 4 年的闭经得以通行。

病例 11

梁某，24 岁，未婚，教师，1990 年 4 月 9 日初诊。

17 岁尚未初潮，后经中西药治疗后经行，但常错后，3～6 个月不等，每次都用黄体酮催经。月经量较多，色红，经行无任何不适。末次月经 1989 年 10 月，迄今经水未行。夜寐较差，带下一般，纳、便无异常。B 超检查：子宫附件无异常。形体瘦弱，舌淡红，苔薄白，脉沉细。

诊断：闭经。

辨证：肾气不足，肝失疏泄，冲任失调。

治则：温肾疏肝，养血调经。

处方：柴胡 6g，枳实 10g，当归 10g，赤芍 10g，白术 10g，云茯苓 10g，路路通 10g，牛膝 10g，菟丝子 20g，薄荷 5g（后下），炙甘草 6g。3 剂，每日 1 剂，水煎服。

嘱其保持精神舒畅，多食黑豆、大枣、核桃等补肾养血食品。

1992年1月27日二诊：服上药3剂后月经按期而至，但3个月后又出现闭经，自服补肾丸偶能行经，末次月经为1991年12月4日，现已停经53天，无自觉不适感，舌淡红，苔薄白，脉细弦。肝失疏泄，冲任失调，仍守前方。

处方：柴胡6g，枳实10g，当归10g，赤芍10g，白术10g，云茯苓10g，路路通10g，皂角刺10g，炙甘草6g。3剂，每日1剂，水煎服。

1992年3月30日三诊：上药3剂后经行，4天干净，今日经又行，量中等，色暗红，舌淡红，苔薄白，脉细弦。

处方：鸡血藤20g，丹参15g，当归10g，川芎6g，白芍10g，熟地15g，川断10g，益母草10g，炙甘草6g，艾叶5g，红花2g。4剂，每日1剂，水煎服。

病例12

谢某，39岁，已婚，干部，1992年8月17日初诊。

3年前因服用长效避孕药月经量逐渐减少，渐至闭而不行。曾用已烯雌酚、黄体酮周期治疗3个月，但停药后又出现停经。末次月经为1992年2月9日（用黄体酮），迄今6个月余经水未行。自觉无不适，纳、便正常。

妇科检查及B超均无异常发现。

13岁初潮，月经规则，孕4产1，人流3次。形体适中，舌淡红，苔薄白，脉细弦。

诊断：闭经。

辨证：肝肾不足，冲任失养。

治则：补益肝肾，调养冲任。

处方：鸡血藤20g，丹参15g，当归10g，川芎6g，白芍10g，熟地15g，川断10g，牛膝10g，红花10g，益母草10g，炙甘草6g。7剂，每日1剂，水煎服。嘱其忌食生冷之品。

9月4日二诊：药已，今早经行，量少，色暗，伴少腹隐痛不适，舌淡红，苔薄黄，脉细。药已中的，守上方3剂，水煎服。

9月8日三诊：经行1天即净，现无任何不适，纳、便正常，舌淡红，苔薄白，脉细。

处方：柴胡6g，当归10g，白芍10g，白术10g，茯苓10g，素馨花10g，首乌15g，麦冬10g，炙甘草6g，仙灵脾15g。10剂，每日1剂，水煎服。

10月16日四诊：昨日经水已行，量少，但血色较前鲜。经前眩晕而吐，次日已缓解，小腹微痛，舌淡红，苔薄黄，脉细。

处方：沙参10g，麦冬10g，熟地15g，怀山药15g，山萸肉10g，当归10g，白芍10g，丹皮6g，茯苓6g，泽泻6g，红枣10g。6剂，每日1剂，水煎服。

10月30日五诊：守上方连服十余剂。上次月经为10月15日，6天干净。今又出现阴道流血，量少，夹带而下，大便干结，夜尿增多，舌淡红，苔薄黄，脉细。此乃相火妄动，迫血妄行，拟益气摄血，佐以化瘀。

处方：当身15g，白术10g，云茯苓10g，陈皮6g，海螵蛸10g，茜根10g，益母草

10g，山楂 10g，炙甘草 6g。4 剂，每日 1 剂，水煎服。

11 月 20 日六诊：经水逾期 5 天未行，每于下午自觉眩晕，胸闷，大便微溏，舌淡红，苔薄白，脉细。拟行气疏肝，活血通经。

处方：桃仁 10g，红花 6g，当归 10g，川芎 10g，赤芍 10g，熟地 15g，枳实 10g，牛膝 10g，鸡血藤 20g，柴胡 6g，红枣 10g。3 剂，每日 1 剂，水煎服。

11 月 27 日七诊：药后翌日经水已行，但经量仍少，现无任何不适，舌脉如平。拟调肝培中，补益经源以巩固。

处方：柴胡 6g，当归 10g，白芍 10g，白术 10g，茯苓 10g，素馨花 10g，党参 15g，炙黄芪 20g，茺蔚子 10g，薄荷 3g（后下），炙甘草 6。

按语：经由血化，肝藏血，肾藏精，精血相生，乙癸同源。本案因肝血不足，血海匮乏，冲任失养，血虚经闭。舌淡，脉细弦，为精血不足之象。在治疗上，班老从治肝着手，认为肝体阴而用阳，治肝必须体用并重。阳明为水谷之海，气血生化之源，土旺则木荣，故治疗上除治用、治体外，必须兼顾阳明。案中治肝体选用了四物汤、逍遥散，在柔肝、养肝的同时注意滋肾、温肾，既注意养，又注重调，以养为主，养中有疏，肝肾同治，精血充足，则经行正常。

病例 13

何某，25 岁，未婚，护士。1992 年 5 月 11 日初诊。

闭经已 3 年，14 岁月经来潮，月经尚规律，自 1989 年始无明显诱因出现闭经，每次需黄体酮肌注经方行。西医检查丙酸睾酮偏高，诊为"多囊卵巢综合征"。嗣后形体渐丰，平素带少而稀，小腹欠温，腰骶胀痛，纳、便、寐未见异常。末次月经为半年前。形体肥白，舌淡胖，苔薄白，脉细。

诊断：闭经。

辨证：痰湿阻滞。

治法：温肾健脾，燥湿化痰通经。

处方：云茯苓 20g，制半夏 10g，陈皮 6g，胆南星 10g，苍术 10g，白芥子 6g，路路通 10g，当归 10g，赤芍 10g，益母草 10g，炙甘草 6g。7 剂，每日 1 剂，水煎服。

6 月 8 日二诊：药后，面部痤疮散发，小腹隐隐作痛，大便溏烂，每日 1～3 次，腰胀，舌淡红，苔薄白，脉细。

处方：党参 15g，鸡血藤 20g，仙灵脾 15g，薏苡仁 10g，当归 10g，川芎 6g，赤芍 10g，白术 15g，茯苓 20g，泽泻 15g。7 剂，每日 1 剂，水煎服。

6 月 22 日三诊：药后大便正常，仍觉腰胀，咽干而涩，带下量少，舌淡红，苔微黄，脉细。

处方：熟附子 10g，党参 20g，白术 10g，茯苓 10g，艾叶 10g，肉豆蔻 6g，当归 10g，赤芍 10g，鸡血藤 20g，炙甘草 6g。10 剂，每日 1 剂，水煎服。

7 月 28 日四诊：药后带下如鸡蛋清状，量少，偶有腰胀，能寐多梦，纳、便正常，舌淡红，苔薄白，脉细。

处方：当归 15g，川芎 10g，生地 15g，赤芍 10g，桃仁 6g，红花 3g，茺蔚子 10g，路路通 10g，牛膝 10g，仙灵脾 15g，柴胡 3g。7 剂，每日 1 剂，水煎服。

9月17日五诊：攻补兼施用药1个月。9月6日阴道有少量血性分泌物，半天干净，带下量多，两天干净。现咽中有痰，咳之不爽，舌淡红，苔薄白，脉细弦。

处方：当归10g，川芎10g，赤芍10g，熟地15g，艾叶10g，仙灵脾15g，仙茅10g，茺蔚子10g，川杜仲10g，鸡血藤20g，炙甘草6g。7剂，每日1剂，水煎服。

10月9日六诊：带下量少，腰膝酸痛，月经未行，舌暗红，苔薄白，脉细。

处方：桃仁10g，红花6g，当归10g，川芎10g，赤芍10g，熟地15g，牛膝10g，枳实10g，厚朴6g，王不留行15g，路路通10g。7剂，每日1剂，水煎服。

11月17日七诊：服药后阴道有少量血性分泌物，5天干净。现腰胀，苔微黄，脉细滑。

处方：当归10g，川芎6g，白芍10g，白术10g，茯苓10g，泽泻10g，补骨脂10g，仙灵脾15g，枸杞10g，熟地15g，怀山药15g，炙甘草6g。7剂，每日1剂，水煎服。

守上法攻补兼施，间断调理半年，几个月来月经28天左右一行，但量较少，复查丙酸睾酮已降至正常。

按语：本案西医诊为"多囊卵巢综合征"，为治疗较为棘手的闭经。根据中医理论，审证求因，本病责之于肾、肝、脾三脏。肾藏精而主水，为气血之根；脾主运化水谷而为气血生化之源；肝藏血而主疏泄。肾虚则肝失所养，脾失温煦，血海不充，冲任不足，经水日益枯竭，乃至经闭。脾虚则痰湿内生，肝郁则疏泄失职，血气紊乱，湿瘀阻滞胞宫胞脉，亦可使经水不能畅行。证属虚实夹杂，治宜攻补兼施。班老在本案中根据病情发展的不同阶段，灵活使用了健脾化痰燥湿、温肾补肾、理气活血、化瘀通经诸法，以补为主，攻补兼施，治疗历时1年，取得了满意的疗效。

月经前后诸证

邱某，女，42岁，南宁地区某厂，工人，已婚。1979年8月24日初诊。

1972年以来，每逢月经将行之时，即开始前头痛，胸闷，腰痛，少腹、小腹胀痛。经期基本正常，色量一般。平时带下量多，色白质稀。余无不适。脉弦细数，苔白，舌质一般。

诊断：月经前后诸证。

辨证：相火内动，波及阳明。

治则：养血柔肝，息风止痛。

处方：归身9g，白芍9g，川芎5g，生地15g，丹皮9g，地骨皮9g，夏枯草15g，白蒺藜9g，甘草5g。每日1剂，水煎服，连服3剂。

二诊（10月17日）：服上方感觉精神舒爽，一共服9剂。9月和10月经行诸症消失。现经净已3天，胃纳不振，口淡，脉虚细，苔薄白，舌质淡。证属脾胃气虚，营阴不足。拟健脾和胃，养血调气治之。

处方：党参15g，云苓9g，白术9g，陈皮3g，归身12g，白芍9g，苏梗3g，枳壳3g，炙甘草5g。每日1剂，水煎服，连服3剂。

按语：肝为风木之脏，内寄相火，主藏血疏泄。经将行相火内扇，冲激肝脉，故胸闷，腰痛，少腹、小腹胀痛；相火妄动则乘土，波及阳明，故前头痛；阳明主津液，津液不及化，反而为湿下流，故带下量多，色白质稀。治之当从肝火论治，故以四物汤补血活血以柔肝；地骨皮养阴清热；夏枯草枯清肝火而散郁结；白蒺藜平肝止痛；甘草调和诸药。全方有补有清，有凉有散，故药到收效。二诊用健脾和胃、养血调气治之，意在巩固疗效。

绝经前后诸证

病例1

杨某，女，53岁，梧州市某小学，教师，已婚。1977年8月15日初诊。

经行紊乱，来潮前后不定，量多少不一，色暗红来紫块，经将行头晕头痛，心烦不安，寐纳俱差，经中肢节烦疼。平时大便干结，3~5天一次，小便秽浊有味。脉虚细迟，苔薄白，舌质淡。

诊断：绝经前后诸证。

辨证：肾气衰弱，冲任亏虚。

治则：调养肝肾，佐以化瘀。

处方：菟丝子9g，当归9g，白芍9g，覆盆子9g，党参12g，怀山药15g，川杞子9g，泽兰9g，玄参15g，麦冬12g，甘草5g。每日1剂，水煎服，连服3剂。

二诊（8月23日）：头晕、头痛减轻，胃纳转佳，大便两天一次，小便不秽浊，药既对证，仍守上方去怀山药，加北沙参12g，桑叶6g，每日1剂，水煎服，连服3剂。

三诊（9月23日）：自服上方之后，诸症消失，但大便仍干结，两日一次，每稍劳累则头晕痛。此为营阴未复，精血不足。以润养之剂治之。

处方：太子参15g，玄参12g，肉苁蓉15g，川杞子12g，麦冬12g，石斛9g，覆盆子9g，鸡血藤15g，田七花2g，泽兰9g，红枣9g。每日1剂，水煎服，连服3剂。

四诊（10月18日）：一切症状消失，以健脾消滞善后。

处方：党参12g，白术12g，云苓9g，鸡内金9g，陈皮5g，怀山药15g，田七花4.5g，归身9g，生谷芽15g，炙草3g。每日1剂，水煎服，连服3剂。

经此段治疗之后，月经停止，诸症不发。观察半年，疗效巩固。

按语：肾气旺盛，则冲脉能主血海，任脉能主诸阴，经行依时而下。今患者超过七七之年，肾气衰弱，阴阳不和，冲任亏虚，故经行前后不定，量多少不一，色暗红而夹紫块；阴阳失调，营血不足，虚火内动，故经将行则头晕头痛，心烦不安，寐纳俱差；相火扇动于内，灼伤阴血，肢节失养，故经中肢节烦疼，平时大便干结，小便秽浊；脉为血之府，舌为心之苗，营血虚则充养失常，故脉虚细迟而舌质淡。证属肾气衰退、冲任亏虚之变，故治之以调养肝肾为主。在补养之中，既配以鸡血藤、田七花、泽兰活血化瘀之品，又用桑叶之甘寒，意在防止离经之血停滞经隧，留瘀遗患。其中泽兰苦而微温，能疏肝气而和营血，化瘀不伤正，为调经之要药。桑叶甘寒，专长清热祛风，但此外取其既有"滋肾之阴，又有收敛之妙"。治疗全过程，着眼于肝肾，调养冲任，平补阴阳，调和气血，补而不滞，药不偏颇，故奏全功。

病例 2

曾某，女，49 岁，南宁市某公司，干部，已婚，1983 年 4 月 6 日初诊。

自 1981 年开始经行紊乱，往往 2 ~3 个月一行，量或多或少，色暗淡，经将行头晕目眩，肢软乏力，行路不稳，夜难入寐，心烦易躁，似热非热，偶或汗出，胃纳尚可，大小便正常。脉细数，苔薄白，舌尖红。

诊断：绝经前后诸证。

辨证：肝肾阴虚，相火不潜。

治则：滋养肝肾，佐以祛风。

处方：北沙参 9g，麦冬 9g，归身 9g，生地 15g，川杞子 9g，熟地 15g，白蒺藜 9g，沙蒺藜 9g，夜交藤 15g，蝉衣 2g，甘草 5g。每日 1 剂，水煎服，连服 3 剂。

二诊（4 月 16 日）：药已，诸症减轻，脉舌如平。仍守上方出入。

处方：太子参 20g，麦冬 9g，当归 9g，黄精 15g，川杞子 9g，桑椹 9g，怀山药 15g，夜交藤 15g，沙蒺藜 9g，蝉衣 2g，甘草 5g。每日 1 剂，水煎服，连服 3 剂。

三诊（4 月 20 日），除夜寐多梦之外，余无不适。穿上方加浮小麦 20g，再服 3 剂。

按语：肝肾是精血的来源，肝肾阴虚，则精血亏少，故经行错后，量或多或少，色泽暗淡；阳虚水亏则不能济火，相火扇动，故头晕目眩，四肢乏力，心烦易躁，夜难入寐；似热非热，偶或汗出，脉细数，舌尖红，均是肝肾阴虚、相火不潜之变。故用沙参、麦冬、归、地、杞子、沙蒺藜滋养肝肾之阳；夜交藤苦涩甘平，养心宁神，白蒺藜、蝉衣苦温咸寒以祛风；甘草缓肝而调和诸药。方以柔润肝肾之阴为主，阴血恢复，则刚悍之气自平，相火自潜。二、三诊药有增减，但始终以养为主，以柔制刚。

体会：肾藏精而寄相火，为元阴元阳之根，是气血之始。当二七之年，肾气充沛，冲脉旺盛，任脉通畅，故月经来潮正常。到了七七之年，肾气衰退，阴血亏少，冲任失养，肾的阴阳有偏盛或偏衰之变。因而除了经行前后不定，量多少不一，甚或经闭不行之外，往往出现心烦易怒、头晕目眩、心悸、失眠、耳鸣、腰痛、纳差等症。由于这些症状，是三三两两地出现在经断前后，所以称之为"绝经前后诸证"。

本病的形成，主要由于肾气衰退，冲任亏虚，天癸欲竭所致。肾为先天，是生长衰老的根源。肾的盛衰盈亏，都直接或间接影响到各个脏腑。其中对肝的影响最大，因为肝肾既有母子关系，又有精血同源关系，肾阳虚必然导致肝阴虚，肝阴虚则肝阳上亢。故治之当以肝肾并治为佳，以柔润之品，滋阴涵阳，则阴阳协调，相火潜藏，其病自愈。

从临床所见，本病的类型，既有阴虚，也有阳虚，但阴虚为多见，阴虚则相火妄动，治之不宜辛温刚燥之品，当以甘平柔润之剂为佳。盖辛温刚燥，最易动火伤阴，柔润则滋养，甘平能益营生血。

病例 3

李某，女，50 岁，已婚。1992 年 6 月 12 日初诊。

近两年来月经紊乱，周期先后不定，量多少不一，伴烘热，寒热往来，目眩耳鸣，视力模糊，心烦失眠，心悸易惊，腰痛膝软，悲伤哭泣，情绪易于激动，不能控制，甚至有轻生念头。1992 年 3 月绝经，绝经后症状加重，手足心热，舌淡红，中裂，苔薄白，脉细弦。

诊断：绝经前后诸证。

辨证：心肾阴虚。

治则：滋肾养心，安神解郁。

处方：百合 15g，小麦 20g，炒枣仁 10g，远志 5g，柏子仁 10g，首乌 15g，大枣 10g，合欢花 6g，炙甘草 6g。每日 1 剂，水煎服，连服 4 剂。

二诊（1992 年 7 月 3 日）：药已，悲伤感减轻，烘热心悸减少，仍难以入寐，目眴，情绪易于波动，食少，闻肉味欲呕，舌尖红，苔薄白，脉细弦。仍从上法，加重清热之力。

处方：小麦 20g，合欢皮 10g，石斛 10g，芦根 30g，白芍 15g，五味子 6g，甘草 6g。每日 1 剂，水煎服，连服 2 剂。

三诊（1992 年 7 月 10 日）：药后诸症减轻，停药后症状又作。3 天来嗜睡，心烦，舌淡红，苔薄白，脉弦细。治以滋补肝肾，养心解郁。

处方：百合 20g，熟地 15g，怀山药 10g，山萸肉 6g，丹皮 6g，茯苓 10g，泽泻 10g，鳖甲 20g，龟板 20g，浮小麦 20g，夜交藤 20g，五味子 6g，合欢花 10g，红枣 10g，甘草 6g。每日 1 剂，水煎服，连服 4 剂。

四诊（1992 年 8 月 12 日）：药后诸症消失，心情愉快。要求继续服药以巩固疗效。舌淡红，苔薄白，脉细。再用养心安神法。守 6 月 12 日方，6 剂，每日 1 剂，水煎服。

按语：肾阴为全身阴液的根本，五脏之阴液非此不能滋。患者七七之年，肾气渐衰，肾阴不足，冲任二脉虚衰，天癸渐竭，故月经先期或后期，多少不定，终至绝经。肾阴虚导致内脏阴液不足，心阴虚则心烦失眠，心悸易惊，悲伤哭泣；肝阴虚则情绪易于激动；阴虚不能上荣于头目，则目眩耳鸣，视力模糊；虚热上越则烘热；肾阴虚则腰痛膝软。治以滋肾养心，安神解郁。第一步先养心安神以治标。用甘麦大枣汤加味，小麦养心液、安心神；甘草、大枣甘润补中缓急；百合润肺清心，益气安神；首乌补肝肾、益精血；炒枣仁、远志、柏子仁养心安神；合欢花安神解郁。二诊加石斛滋肾阴，清虚热，白芍养血敛阴柔肝，芦根清热除烦。第二步滋补肝肾以治本。用六味地黄汤加鳖甲、龟板滋阴潜阳，使肾阴充盛，心阴充足，肝阴得养，诸症无由生。

经 行 感 冒

病例1

雷某,女,23岁,南宁某情报所干部,未婚。1982年7月7日初诊。

经行前后不定,量多,色红夹小黑块,持续1周左右干净,经将行头痛、鼻塞、流涕,全身肢节酸痛,尤以胸胁、腰、乳房、少腹胀痛为剧,经行则减,经中心烦易躁,每次均影响工作和学习,其余尚未特殊。脉细涩,苔薄白,舌质淡嫩,现经中第二天。

诊断:经行感冒。

辨证:肝气抑郁,感受外邪。

治则:本着"急则治其标,缓则治其本"之旨,先以养血疏解之法,治其新感之邪。

处方:当归9g,川芎5g,白芍5g,熟地12g,北芪15g,柴胡5g,紫苏叶5g(后下),薄荷5g(后下),甘草5g,每日1剂,水煎服,连服3剂。

二诊(10月15日):上方服后,两个月来经行无感冒,现头晕,嗜睡,精神不振,脉虚细,苔薄白,舌质淡。此为气血两虚,拟双补气血治之。

处方:炙北芪15g,归身9g,川芎5g,党参15g,菖蒲5g,白芷5g,远志5g,大枣9g,炙甘草5g。每日1剂,水煎服,连服3剂。

按语:经将行胸胁、乳房、腰脊胀痛,为肝气抑郁,经欲行而不畅之征。郁久则化火,故经行前后不定,量多,色红而夹紫块,心烦易躁。经行之时,营血输于下,卫气虚于外,外邪得乘虚而入,故头痛、鼻塞、流涕,肢节酸痛。证属肝气郁滞,外感寒邪,故以四物汤加理气疏解之品治之,既养血益气以顾本,又通过柴胡、苏叶、薄荷的疏解以祛新邪,标本兼治。二诊时以双补气血为主,佐以芳香通窍,目的在于补血而不滞,以善其后。

病例2

邓某,女,17岁,广西某学院学生。1976年8月17日初诊。

12岁月经初潮,一向周期、色、量、质正常,经中腰及小腹轻微胀痛,不影响工作学习。但每次在行经中易感冒,头晕痛,鼻塞,喷嚏,咳嗽,其余尚无不适。脉弦滑,苔薄白,舌质暗红。

诊断:经行感冒。

辨证:经行正虚,感受风寒。

治则:养血扶正,疏解祛邪。

处方:当归9g,川芎5g,白芍9g,熟地12g,紫苏叶9g(后下),荆芥2g,红枣

9g,生姜9g。每日1剂,水煎服,连服3剂。

二诊(11月7日):服上方之后,两个月来经行正常,经行前后无感冒。脉沉细,苔薄白,舌质淡红。拟益气养血,扶正固表。

处方:党参15g,炙北芪15g,归身9g,川芎5g,白芍5g,熟地15g,红枣9g,炙甘草5g。每日1剂,水煎服,连服3剂。

按语:《内经》有云:"邪之所凑,其气必虚。"正当行经之时,营血趋向于下,卫气则虚于外,六淫之邪得乘虚而入。治之当用扶正祛邪之法,故用四物汤理血以治根本,姜、枣辛甘调和营卫,紫苏叶、荆芥辛温疏解以祛邪。营卫调和,本固则邪除。复诊时用益气养血,扶正固表之法,旨在防其复发。

体会:人之一身,不外气、血、阴、阳而已。阴阳协调,气血充沛,营卫和谐,则外邪不能干忤。如素体本虚,当经行之时,营血趋向于下,卫气虚于外,抗病之力不足,外感六淫之邪往往得乘虚而入,故经行感冒,亦是月经病中常见的疾病,轻则客于皮毛经络,重则入血室为患。所以,平时宜未病先防,已病则遵《金匮要略》"适中经络,未流传脏腑,即医治之"之意,及早辨证治疗,以防传变。

治新感之法,历来有辛凉解表、辛温解表、滋阴发汗、扶正发汗等之分。但妇女以血为本,以血为用,治妇女疾病,不能忘于血。尤其在经行之中,更要注意阴血的盈亏,故治之当以养血扶正为主,佐以疏解为佳。在用药上,宜温而不燥,补而不滞,凉而不寒,行而不破。审慎周到,在扶正的基础上,祛除外来之邪。

病例3

谢某,女,28岁,已婚。1992年12月1日初诊。

经行感冒一年余。近一年多来每于经前1~2天出现头痛,头晕,喷嚏,咽痒,全身重坠,睡眠不佳,视力减退,时有复视,经行诸症逐渐减轻。月经周期规则,经量偏少,色暗红,末次月经1992年11月28日,现量少欲净,头重而胀,眼曹,纳少,大便正常,舌淡红,苔薄黄,脉细。

诊断:经行感冒。

辨证:气血虚弱,外感风邪。

治则:益气养血,祛风解表。

处方:当归10g,川芎6g,白芍10g,熟地15g,党参15g,炙芪15g,荆芥6g(后下),益母草10g,炙甘草5g。每日1剂,水煎服,连服3剂。

1993年6月8日来诊,诊服上方3剂后,1992年12月~1993年2月经行规则,感冒不作。4月6日行人流术,术后经行,感冒又发,要求继续调治。

按语:患者平素气血不足,经前气血下注,其虚益甚,气虚卫外不固,外邪乘虚而入,上扰清空,故头痛头晕;外邪袭表,肺气不宣,咽喉不利,故喷嚏,咽痒;营卫不和,故全身重坠。血虚不能养心,故寐差,血不养目,则视力减退,复视;冲任血少,故经量偏少。治予圣愈汤益气养血,扶助正气,益母草活血调经,荆芥辛而微温,能祛风解表。药后气血得复,气能卫外,正气存内,邪不可干,故感冒不作。

病例4

蒙某,女,33岁。1991年6月25日初诊。

经前感冒半年余。近半年来每于经前则发热头痛，鼻塞咳嗽，经净诸症自解。月经尚规则，末次月经为1991年6月3日。现正值经前，近日相继出现发热，恶寒，鼻塞流涕，喷嚏，腰痛，经服"复方感冒灵"、"感冒通"等药，发热已退，余症未减，大便干结。面色淡黄，舌淡红，苔薄微黄，脉细略数。

诊断：经行感冒。

辨证：血虚外感风邪。

治则：养血疏解。

处方：熟地12g，当归10g，川芎6g，白芍10g，柴胡6g，前胡6g，紫苏叶6g（后下），荆芥6g（后下），甘草5g。每日1剂，水煎服，连服3剂。

二诊（1991年7月23日）：药已，诸症消失。7月2日经行，量多，色暗红，夹块；经前腰腹隐痛，经后腰痛未减，舌淡红，苔薄白，脉细略数。继守上法。

处方：鸡血藤20g，丹参15g，生地15g，当归10g，川芎6g，白芍10g，续断10g，益母草10g，防风10g，荆芥6g（后下），甘草6g。每日1剂，水煎服，连服3剂。

三诊（1991年9月13日）：8月10日经行，感冒未发。9月6日月经来潮，经前咽痛，迄今未减，咳少，腰酸，便结，舌淡红，苔薄白，脉细滑。证属外感风热，仍宗养血疏解法。

处方：鸡血藤20g，丹参15g，生地15g，当归10g，白芍10g，桑叶10g，连翘10g，木蝴蝶6g，甘草5g。每日1剂，水煎服，连服4剂。

1992年2月随访，经前感冒已瘥。

按语：经者血也，妇人以血为本，其感冒随月经周期而作，与血虚有关。血为气之母，经前营血趋于下，卫气虚于外，风邪乘虚而入，经前感冒由此而作。初诊用四物汤补血调经，加荆芥祛风解表，苏叶发表散寒。柴胡透表泄热，前胡散风邪，炙甘草调和诸药。二诊月经已行，感冒未作，用经验方养血调经汤加防风、荆芥以祛风解表，防患于未然。三诊再次出现经前感冒，但此次为感受风热之邪，症见咽痛、咳嗽、便结等。用养血调经含辛凉解表法，以桑叶疏风清热，银花轻宣疏散清热，木蝴蝶润肺利咽喉，使正复邪去，经前感冒可瘥。

体会：经前感冒是每逢经期或行经前后出现鼻塞、流涕、喷嚏、咳嗽、头痛、恶寒、发热、全身不适等症状者。行经期气血下注，若素体血虚，或气血不足，卫气不能固表卫外，六淫之邪便可乘虚而入。风邪为六淫之首，可合其他邪气致病，如风寒、风热等。对经行感冒的治疗，一方面要养血调经、益气固表以扶正，另一方面要根据外邪的性质，辛温解表或辛凉解表。辛温解表常选荆芥、紫苏叶、防风，辛凉解表常选桑叶、连翘、银花、柴胡、前胡，以疏解表邪，使邪去正安。不可过于辛散，单纯祛邪，以免损伤正气。

经 行 头 痛

妇女在月经将要来潮之时，或在经行之中头痛者，因与月经的周期有关，所以叫经行头痛。

一、病因病机

头为诸阳之会，为精明之府，是髓海所居之处，既有经络、脏腑相连，又有诸苗窍与内外相通，因而外感六淫之邪，或经络、脏腑内伤的病变，均能导致头痛。妇女以血为本，其经行头痛，除感受外邪之外，从内伤来说，多与肝、脾、肾三脏有关。盖肝藏血而主疏泄，厥阴肝经络阴器，又与督脉会于颠顶，如情志过极，肝失条达，气郁化火，则上攻于头；或相火内动，肝火过旺，肝阴受损，或肾阴本虚，水不涵木，肝失所养而导致肝阳上亢。临床上虽有偏虚或偏实的不同，但均能引起头痛。脾统血而主健运，为气血生化之源，若劳倦、思虑过度，或饮食不节，以致脾虚不运，导致气血化源不足，经行时血海空虚，不能上养于头，精明失养，故头痛绵绵。肾藏精，主骨生髓，脑为髓之海，若素体虚弱，或房劳损伤，髓海空虚，加之经行时血液骤聚于下，头目失养，故目眩头痛。总之，头痛的原因，有外感六淫之邪，有七情内伤之变，但总的来说，其性质不外乎虚、火、风、痰、瘀。而经行头痛，多属虚实夹杂之证，多与肝、脾、肾三脏的病变有关。

二、论治用药

本病的治疗，首先要分清病的起因是外感还是内伤。如当经行之时，畏寒肢冷，鼻塞头痛，脉浮紧，苔白润，此属外感实寒之证，当用辛温疏解之法，以荆防败毒散（荆芥、防风、柴胡、前胡、枳壳、羌活、独活、茯苓、桔梗）加当归、白芍、川芎、白芷治之；发热口渴，脉浮数，苔薄白，舌边尖红者，此属外感热邪而经行头痛，以银翘败毒散（即人参败毒散夫人参加银花、连翘）加当归、白芍治之。头痛由内伤而起，应分清其气血阴阳虚损的轻重，如经中头痛绵绵，或头晕耳鸣，时轻时重，脉虚细，苔少，舌淡红者，此属肝肾阴虚头痛，则以杞菊地黄丸（枸杞子、杭菊花、熟地黄、怀山药、山萸肉、南丹皮、白茯苓、建泽泻）加白蒺藜、当归身、杭白芍治之；如经行错后，量少色淡，耳鸣眼花，手足发麻，脉虚无力，苔少舌淡者，此属肝血不足而经行头痛，当用养血疏解之法，常用四物汤（当时、川芎、白芍、熟地）加白蒺藜、桑叶、山萸肉、女贞子治之；经行前后不定，量少色淡，倦怠乏力，纳食不香，大便溏薄，脉虚缓，舌质淡嫩者，此属脾气虚弱，气血来源不足而经行头痛，以补中益气汤（黄芪、党参、当归、白术、橘红、柴胡、升麻、炙甘草）加桂圆肉、钩藤、藁本治之；经行头痛绵绵，身麻，肢冷，脉微细者，此属肾阳虚衰，清阳不升，脑海空虚之头痛，宜用《金匮要略》肾气丸（熟地黄、山萸肉、怀山药、南丹皮、白茯苓、建泽泻、制附子、正肉桂）加鹿角霜、天麻治之。在治疗的全过程，不论实证或虚证，均用当归、白芍、川芎之类理血药，是由于经行头痛与月经周期有关，治经不离血故耳。白蒺藜是苦辛平之品，既能平肝潜阳，又能疏肝解郁，与滋阴药同用，则能柔肝，与解郁之药同用，则疏解之力加强，凡是气郁化火，肝阳上亢而头痛者，用之甚宜。桑叶甘寒微苦，是疏风解热、清肝明目之品，《傅青主女科·年老血崩》中推崇桑叶"所以滋肾之阴，又有收敛之妙"，凡是阴虚阳亢而导致头晕头痛、目眩耳鸣者，在滋阴药中用之，其效更加显著。

在药物治疗的同时，根据经络、脏腑与头目的连属关系，如晕痛剧烈难忍者，可配合针灸治疗，如针刺足少阳胆经之风池穴，并温和艾灸百会穴，则其疗效益彰。

病例 1

雷某，女，23 岁，未婚，医生。1980 年 7 月 10 日初诊。

经行前后不定，量多，色红，夹小紫块，持续 1 周左右干净。每次月经来潮前 1 ~ 2 日即头痛，鼻塞流涕，全身酸痛，腰痛如折，胸胁苦满，心烦易躁，乳房及少腹胀痛，经行之后则略舒。现经行第二天，头仍晕痛，鼻塞流涕，纳食不香，大小便尚属正常。脉细涩，舌苔薄白，舌质淡嫩。证属虚实夹杂，兼有外感。以养血疏解之法为治。

处方：北黄芪 20g，当归身 12g，川芎䓖 6g，杭白芍 6g，熟地黄 12g，北柴胡 6g，净苏叶 9g（后下），鲜葱白 12g，老生姜 6g，炙甘草 6g。每日 1 剂，水煎服，连服 3 剂。

在药物治疗的同时，并行针刺太阳穴（使局部少量出血）、迎香穴、外关穴、曲池穴。内外合治，针药并用，收效迅速。

根据未病先治之原则，嘱患者在经将行之时，可行针灸疗法，并可服简便方（老生姜 10g，红糖 15g），每日 1 次，以防病于未然，连续 3 个月。半年之后追访，疗效巩固。

病例 2

甘某，女，36 岁，已婚，工程师。1986 年 5 月 20 日初诊。

长期经行前后不定，量多少不一，色红而夹紫块，经将行乳房及少腹、小腹胀痛，左侧头痛如刀劈，夜难入寐，寐则多梦，胸胁苦满，心烦易怒，经行之后则略舒，但左头痛依然不减，直至经净之后始能消失，虽经多次中西医及针灸治疗（药名及穴位不详），效果不满意。平时带下量多，黄白相兼，质稠臭秽。现经行第三天，色红，夹小紫块，量一般，左侧头痛，夜难入寐，寐则不深，口苦咽干，大便干结，3 ~ 4 日一行，小便色淡黄。脉弦细数，舌苔薄白，舌质边尖红。证属肝郁化火，火性炎上，扇动精明之府而引起的头痛。治宜疏肝清热，息风止痛之法。仿加味逍遥散出入。

处方：北柴胡 6g，当归身 9g，杭白芍 12g，白茯苓 6g，白术 6g，夏枯草 15g，刺蒺藜 10g，南丹皮 10g，山栀子 10g，瓜蒌皮 10g，薄荷 3g（后下），甘草 3g。每天 1 剂，水煎服，连服 3 剂。

在服药的同时，并针刺太阳（双侧，放血）、印堂、列缺（双侧），俱用强刺激手法。

5月26日二诊：经行已净，头痛消失，但大便仍干结难解。脉象弦细，舌苔薄白，舌质尖红。拟养血柔肝法，以善其后。

处方：鸡血藤20g，丹参12g，当归身10g，川芎劳6g，熟地黄15g，杭白芍9g，玄参15g，麦门冬9g，夏枯草12g，甘草5g。每天1剂，水煎服，连服3剂。

6月20日三诊：经行周期基本正常，色泽红，量较多，经将行少腹、小腹及乳房胀痛减轻，左侧头痛较上次为轻。脉弦细而略数，舌苔薄白，舌质尖红。拟疏肝凉血法治之。

处方：当归身12g，杭白芍10g，生地黄15g，丹参15g，夏枯草10g，白蒺藜10g，南丹皮10g，北柴胡6g，合欢花6g，甘草5g。每天1剂，水煎服，连服3剂。

7月18日四诊：经行周期正常，色、量一般，经前诸症消失。脉象弦细，舌苔薄白，舌质一般。用养血疏肝法，以巩固疗效。

处方：北柴胡6g，当归身9g，杭白芍9g，白茯苓9g，白术6g，黄精15g，白蒺藜9g，薄荷3g（后下），甘草5g。每天1剂，水煎服，连服3剂。

按语：肝为风木之脏，内寄相火，喜疏泄条达，肝脉络阴器而布胸胁上额。若七情过极，肝气不伸，郁久则化火，在经将行之时，相火内动，肝的疏泄失常，故经将行时少腹、小腹、乳房、胸胁胀痛，头痛如刀劈，经行前后不定，量多少不一。其头痛之所以左侧为甚，实由于妇女以血为主，左属阴血，由于肝郁化火上炎，火腾血热，蒙蔽清窍，故头痛以左侧为剧。治病必求其本，病之根在于肝郁化火，故立法用药，着眼于肝的调节，以疏肝养血之逍遥散为主方出入。肝气虽以升为顺，但过旺则火动，故方中加用苦辛微寒之夏枯草、苦辛平之白蒺藜、甘寒之瓜蒌皮，其目的在于加强平肝泻火、解郁散结之功。标本并治，疗效实现。

病例3

周某，女，29岁，已婚。1993年3月27日初诊。

经行头痛10个月。1992年3月分娩，于产后42天月经复潮，自产后开始出现经行头痛，以右侧为甚，疼痛难忍，影响工作，伴心烦易怒，头晕，乏力。昨日经行，量不多，色暗红，无血块，伴右偏头痛，舌淡红，苔薄白，脉细。

诊断：经行头痛。

辨证：血虚。

治则：养血柔肝止痛。

处方：当归10g，川芎6g，白芍10g，熟地15g，白芷6g，白蒺藜10g，夏枯草10g，麦冬10g，炙甘草6g。每日1剂，水煎服，连服3剂。

1993年9月11日追访，药后头痛消失，数月未发。

按语：产后血虚，经行时精血下注冲任，阴血益感不足。肝体阴而用阳，肝体不足，致肝用有余，肝气偏亢，气有余便是火，气火上逆，则头痛头晕，心烦易怒。治以四物汤养血柔肝；麦冬滋阴；白芷祛风止痛；白蒺藜平肝潜阳，与滋阴药同用，则能柔肝；夏枯草平肝泻火。药后肝体得养，肝用不亢，自无经行头痛之患。

病例 4

曾某，女，24 岁，未婚。1991 年 7 月 4 日初诊。

经前头痛 6 年。6 年来每于月经前出现头痛，以右侧为甚，伴心烦易怒。月经周期 25 天，经量多，色鲜红，有瘀块。末次月经 1991 年 6 月 20 日。刻诊：右偏头痛剧烈，拒按，心烦失眠，身倦乏力，纳食、二便尚可。舌淡红，苔薄白，脉细。

诊断：经行头痛。

辨证：肝郁化热。

治则：疏肝健脾清热。

处方：丹皮 6g，栀子 10g，当归 10g，白芍 10g，柴胡 6g，茯苓 10g，薄荷 6g（后下），蔓荆子 10g，钩藤 10g，夏枯草 10g，炙甘草 6g。水煎服，每日 1 剂，连服 4 剂。

二诊（1991 年 7 月 11 日）：药已，头痛减轻，近日心烦，夜难入寐，皮肤起红疹，面部痤疮散发，口干，大便硬，两日一行，舌淡红，苔薄白，脉细。仍宗上法。

处方：丹皮 6g，栀子 10g，当归 6g，白芍 10g，柴胡 6g，茯苓 10g，怀山药 15g，麦冬 10g，白蒺藜 10g，凌霄花 10g，甘草 6g。每日 1 剂，水煎服，连服 4 剂。

三诊（1991 年 9 月 26 日）：药后头痛消失，但觉头晕，多梦，末次月经 9 月 8 日。舌质淡红，苔薄白，脉细弦。守上方去凌霄花，加夏枯草 10g。每日 1 剂，水煎服，连服 3 剂。

按语：头者诸阳之会，肝藏血而主疏泄，厥阴肝经络阴器，与督脉交会于颠顶。肝气郁结，气郁化火，则上攻于头，出现经行头痛。予逍遥散疏肝解郁，健脾和营，加丹皮、栀子以清泄肝火，蔓荆子散肝经风热，清利头目而止痛，钩藤清热平肝，夏枯草平肝泻火。二诊夜难入寐，皮肤起红疹，面部痤疮散发，加麦冬滋阴清化，凌霄花能去血中伏火，活血凉血。药后肝气得舒，肝热得清，故头痛可除。

体会：经行头痛是每逢经期或行经前后，出现以头痛为主症者。头痛的原因，有外感六淫之邪，有内伤七情之变，有痰湿瘀血为患。经行头痛与月经周期有关，是气血为病。若肝血不足者，当用养血疏解，常用四物汤加白蒺藜、桑叶、山萸肉、女贞子等治之。若脾气虚弱，气血不足者，用补中益气汤加桂圆肉、钩藤、藁本治之。若肝肾阴虚头痛，以杞菊地黄丸加白蒺藜、当归、白芍治之。肝郁化火者，以丹栀逍遥散加蔓荆子、钩藤、白蒺藜、夏枯草治之。治经不离血，故在治疗经行头痛的全过程，不论虚证或实证，均用当归、白芍、川芎之类的理血药。

经 行 眩 晕

一、病因病机

经行眩晕是指每逢经行前后，或正值经期，出现头目眩晕，视物昏花者。本病有虚有实，虚者有血虚，有气虚，有阴虚阳亢；实者有痰湿，有瘀血。然临床所见纯实者少，往往是实中夹虚，如痰湿可因脾虚而生，瘀血可由气虚所致。

二、论治用药

在治疗上要分清虚实标本，脾为生痰之源，气为血之帅，治痰不忘健脾，化瘀要顾及理气。眩晕出现在月经前后或正值经期，与血有关，还要注意治血，选用当归、白芍、熟地、鸡血藤等养血调经之品。

病例 1

叶某，女，30 岁。1991 年 12 月 10 日初诊。

经行眩晕 1 年余。近 1 年多来无明显诱因出现经行眩晕，伴恶心呕吐，食入则吐，不能进食，厌油腻。月经时有提前，甚或一月两行，量偏多，色鲜红，或夹血块，经将行小腹隐痛。末次月经 1991 年 11 月 21 日 ~ 11 月 30 日，量较多，经后带下色赤如咖啡状，量少，淋沥，迄今未净。纳寐可，大便软，2 ~ 3 日一行，小便调。察其形瘦体弱，面色苍黄，舌质淡红，苔薄白，脉细。

诊断：①经行眩晕；②带下病。

辨证：脾气虚弱。

治则：健脾益气，固涩止带。

处方：党参 20g，茯苓 10g，白术 10g，升麻 6g，海螵蛸 10g，茜根 6g，煅牡蛎 30g，怀山药 15g，炙甘草 5g。每日 1 剂，水煎服，连服 3 剂。

二诊（1991 年 12 月 20 日）：药服 1 剂赤带即消失。12 月 16 日经行，量少，色暗，本次经行无呕吐，头微晕，经行第二天腰痛，现已缓解，月经未净，舌边稍红，苔薄白，脉细弦。转用疏肝健脾法，以逍遥散加味。

处方：醋柴胡 6g，当归 10g，白芍 10g，茯苓 10g，白术 10g，黄精 15g，益母草 10g，芡实 10g，升麻 3g，薄荷 5g（后下），炙甘草 6g。每日 1 剂，水煎服，连服 4 剂。

三诊（1992 年 1 月 10 日）：本月 8 日经行，色红，量中等，经前眩晕，经行呕吐、腰痛。刻下月经未净，舌淡红，苔薄白，脉弦细。正值经期，以养血调经法。

处方：当归 10g，川芎 6g，白芍 10g，熟地 15g，鸡血藤 20g，丹参 15g，续断 10g，益母草 10g，桑寄生 15g，白蒺藜 10g，炙甘草 6g。每日 1 剂，水煎服，连服 4 剂。

四诊（1992年1月21日）：1月15日经净，1月18日又见咖啡色带下，量少，淋沥，迄今未净。纳、寐、便正常，舌淡红，苔薄白，脉细。再以健脾益气，固涩止带法。

处方：党参15g，茯苓10g，白术10g，陈皮5g，海螵蛸10g，茜根10g，鸡血藤20g，山楂10g，炙甘草6g。每日1剂，水煎服，连服3剂。

五诊（1992年1月28日）：药已，赤带消失，但觉脐周隐痛，纳、便如常，舌淡红，苔薄白，脉弦而浮。予健脾燥湿，理气和中。

处方：党参15g，茯苓10g，白术10g，制半夏6g，陈皮6g，藿香10g，鸡血藤20g，丹参15g，炙甘草6g。每日1剂，水煎服，连服3剂。

六诊（1992年2月28日）：服上药后症状消失，精神振作。末次月经2月6日，经中无任何不适，经量中等，12天方净。现觉乳胀而痛，舌淡红，苔薄白，脉细弦。转用疏肝健脾、养血调经法。

处方：醋柴胡6g，当归10g，白芍10g，茯苓10g，白术10g，黄精15g，益母草10g，鸡血藤20g，夏枯草10g，薄荷5g（后下），炙甘草6g。每日1剂，水煎服，连服4剂。

七诊（1992年4月3日）：末次月经3月6日，11天干净，经行诸症轻微。现值经前，两天来小腹阵发性绞痛，腰胀痛，带下无异，舌淡红，苔薄白，脉细弦。仍守前法。

处方：醋柴胡6g，当归10g，白芍10g，茯苓10g，白术10g，黄精15g，莪术10g，延胡索10g，益母草10g，佛手6g，薄荷6g（后下），炙甘草6g。每日1剂，水煎服，连服4剂。

八诊（1992年4月28日）：4月6日经行，10天干净，经行腰腹疼痛。刻诊：乳房胀痛，口淡，食而无味，带下少而色黄，舌淡红，苔薄黄，脉弦。治以补益肝肾，养血调经法。

处方：当归10g，白芍10g，熟地15g，怀山药15g，山萸肉6g，茯苓6g，丹皮6g，泽泻6g，桑寄生15g，川杜仲10g，红枣10g。每日1剂，水煎服，连服7剂。

九诊（1992年7月17日）：5月、6月份经行正常，头晕呕吐不作，带下无异。末次月经7月2日，头稍晕，无呕吐，但觉经行第1~3天腰痛甚，经量中等，色红，7天干净。现腰痛已缓解，纳寐便常，舌淡红，苔薄微黄，脉细。仍从前法。

处方：上方去桑寄生、川杜仲、红枣，加骨碎补15g，北细辛3g（后下）。每日1剂，水煎服，连服4剂。

半年后随访，经行眩晕呕吐已瘥，带下正常，行经期为5~7天。

按语：患者脾胃虚弱，气血不足，经期气血下注，虚损益甚，清阳不升，清窍失养，故眩晕。脾胃升降失和，胃气不降而上逆，故恶心呕吐，不能进食。脾虚不能统血，故经行先期，量偏多，经后赤带淋沥。初诊以四君子汤加怀山药健脾益气，升麻升举下陷之清阳，海螵蛸、茜根、煅牡蛎固涩止带。因脾之升随乎肝，胃之降随乎胆，二诊转用疏肝健脾法，使肝气疏泄，气机调畅，脾胃升降正常。八诊见腰腹疼痛，乳房胀痛，腰为肾之府，经源于肾，予补益肝肾，养血调经法。经健脾疏肝补肾调治数月，使脾气健运，肝气疏泄，肾气旺盛，脾气能升，清窍得养，胃气和降，腑气通畅，故经行眩晕呕吐症瘥。

病例2

刘某，女，36岁，已婚。1991年4月11日初诊。

经行眩晕1年余。自1990年3月始每逢经行则出现头晕目眩，右侧肢体麻木，心悸胸闷，腰痛，畏寒，心烦失眠，难以坚持工作。曾因该病分别于1990年3月和1991年3月两次住院治疗，经西医检查诊为"脑干脑炎"，用激素治疗症状不能完全控制。末次月经3月30日，经量较多。刻诊：经后6天，仍不时眩晕，发则右侧肢体麻木，颜面、眼睑浮肿，尤以晨起为甚，小便短少，大便尚调。带下正常。察其神情倦怠，精神不振，面色淡白，形体肥胖，颜面、目窠轻度浮肿，舌尖边红，苔白厚，脉细。

诊断：经行眩晕。

辨证：痰瘀内阻，清阳不升。

治则：燥湿化痰，养血化瘀息风。

处方：茯苓30g，桂枝6g，白术15g，鸡血藤20g，丹参15g，白蒺藜10g，远志5g，石菖蒲3g，生龙骨30g（先煎），夜交藤20g，炙甘草6g。每日1剂，水煎服，连服8剂。

二诊（1991年7月4日）：药已，眩晕略减。近两月来经量较多，色红，夹块，经前头晕肢麻，伴少腹、小腹疼痛剧烈，夜难入寐，寐则多梦，舌淡红，苔薄白，脉沉细。守上法酌加理血之品。

处方：茯苓20g，白术10g，桂枝6g，当归10g，白芍10g，蔓荆子10g，炒山楂10g，蝉衣6g，远志6g，益母草10g。每日1剂，水煎服，连服4剂。

三诊（1991年8月29日）：药已，经行眩晕较前减轻，末次月经8月8日，经量较多。现头晕头痛阵作，阴雨天尤甚，口淡无味，大便溏烂，舌尖红，苔薄白，脉细滑。仍从痰瘀论治，佐以宁心安神。

处方：当归10g，川芎6g，赤芍10g，白术10g，茯苓10g，泽泻10g，益母草10g，小蓟10g，炒枣仁10g，远志6g，炙甘草5g。每日1剂，水煎服，连服4剂。

四诊（1991年10月17日）：9月、10月经行经量明显减少，平素已无眩晕，经行前后头晕头痛，心悸失眠，但均较治疗前减轻。末次月经10月7日。现腰痛，右侧肢体麻木，舌尖红，苔薄白，脉细。湿瘀阻络，隧道不通，治宜化湿祛瘀，舒筋活络。

处方：茯苓20g，制半夏10g，陈皮10g，泽泻10g，桑枝20g，益母草15g，桑寄生15g，川杜仲10g，秦艽10g，鸡血藤20g。每日1剂，水煎服，连服4剂。

五诊（1991年11月1日）：月经将至，近日来头痛，腰痛，精神不振，心烦多梦，带下增多，夜尿1~2次，舌淡红，苔薄白，脉细。治以健脾化湿，补肾调经。

处方：茯苓15g，制半夏6g，陈皮6g，川杜仲10g，桑寄生15g，党参15g，茺蔚子10g，续断10g，炙甘草5g。每日1剂，水煎服，连服4剂。

六诊（1991年11月15日）：11月6日经行，量多，色红，夹紫块，经行第1~2天少腹、小腹胀痛，后期有轻度头晕，失眠，尚能坚持工作。舌淡红，苔薄白，脉细缓。仍用健脾化湿法。

处方：茯苓15g，白术10g，桂枝6g，党参20g，炙芪20g，炒枣仁10g，当归10g，炙甘草6g。每日1剂，水煎服，连服4剂。

七诊（1992年7月7日）：经上述治疗后经行眩晕症状大减，经量已正常，平时不觉头晕，唯右下肢仍不时麻木，内踝肿，自服华佗再造丸后症状改善，欲巩固治疗。舌淡红，苔薄白，脉缓。以燥湿化痰、养血活血法善其后。

处方：陈皮6g，制半夏10g，茯苓15g，当归10g，白芍10g，白术10g，白蒺藜10g，香附10g。每日1剂，水煎服，连服3剂。

按语：脾主运化水湿，脾虚失运则湿聚成痰，痰湿内阻，清阳不升，浊阴不降，痰湿上扰清窍，故眩晕；湿阻气逆，血行不畅，瘀阻经络，肢体失养，故半身麻木；脾失统摄，经血妄行，故月经量多。初诊以苓桂术甘汤温化痰饮，健脾利湿，加远志、石菖蒲助其祛痰化湿之力，鸡血藤、丹参、夜交藤养血化瘀，白蒺藜、生龙骨平肝息风。三诊转用当归芍药散加味，以养血化瘀，祛湿化痰，宁心安神。四诊至七诊以二陈汤燥湿化痰，先后加桑寄生、川杜仲、续断补肾温阳，党参、炙芪、白术健脾益气，使脾运湿化，鸡血藤、当归、白芍、益母草、香附养血活血祛瘀，桑枝、秦艽舒筋活络。经过治疗，使痰湿渐化，瘀血渐祛，经络通畅，清阳得升，故病有转机。

经 行 吐 衄

在月经将要来潮前1~2天，或正值经行之际，或经行刚净1~2天，口鼻出现周期性的少量出血，数日之后自行消失，称之"经行吐衄"。在吐衄之时，往往下部阴道经行量少，甚或闭止不行，血反而逆行于上，故临床上又有"倒经"、"逆经"等之称。

一、病因病机

本病发生的原因，历来论述很多，主要有肝肾阴虚、肝郁化火、胃火炽盛、脾肺气虚四个方面。其中以肝肾阴虚、虚火上炎为多见，脾肺气虚不摄血者，偶或有之。

1. 肝郁化火

肝体阴而用阳，藏血而司疏泄生发，为冲任脉之所系，血海的盈满或空虚，直接与肝的藏血生发有密切的联系。肝气条达冲和，则血海平调，经行正常。如恚怒、悲忧等七情过极，导致肝气郁结，郁久则生热化火，当月经将行之时，相火内动，冲脉气盛于上，血随气火逆行于上而口鼻出血。

2. 肝肾阴虚

肝与肾内寄相火，为精血同源之脏，如平素本虚，或纵欲无度，或劳损暗耗，导致肝肾精血亏虚，阴虚则无水以制火，虚火妄动于内，火性炎上，波及冲脉，血随火逆于上，故口鼻出血。

3. 胃火炽盛

胃为阳燥之土而位居中州，是多气多血之经，以和降为顺，如饮食不节，过食辛燥香烈之品，导致胃热炽盛，则胃气不降而上逆，冲脉隶属阳明，胃热炽盛，则冲脉之气偏盛于上，故有周期性的经行吐衄。

4. 脾肺气虚

脾统血而为气血生化之源，肺主气而朝百脉，如禀赋本虚，或劳役过度，以致脾肺气虚，则统摄宣降无能，血不循经，妄行于上，故经将行或经后 1～2 日口鼻出血。

总之，"诸逆冲上，皆属于火"。本病的发生，多与火有关，但火有实火、虚火之分。实火多属七情过极，肝气郁结，气机不畅，郁久而化热生火；虚火则为肝肾阴虚，水不足以制火，虚火内动。气为血之帅，脾肺气虚，则升降失常，不能统摄血液，故血逆行于上，虽然与火性炎上有关，但气虚不统血而逆溢于上，亦不可忽视。

二、论治用药

本病的治疗，要分清实火、虚火或气虚而采取不同的方法。如肝郁化火，多表现为头晕目眩，急躁易怒，脉弦数，苔薄黄，舌边尖红，经行超前、量多而吐衄，治之当以清肝泻火为宜，可用丹栀逍遥散加夏枯草、鲜荷叶、牛膝、生地黄治之。肝肾阴虚，多表现为腰膝酸软，头晕，耳鸣，脉虚细，苔少，舌质淡红，而经行错后、量少而色淡；如阴虚生内热，则多表现为头晕头痛，五心潮热，脉细数，苔少，舌红，经行超前、量少而色红，治之当以滋养肝肾之阴为主，可用两地汤（地骨皮、生地黄、麦冬、玄参、杭白芍、阿胶）配二至丸（旱莲草、女贞子）加龟板、山萸肉、茺蔚子治之；如已化热生火，则在滋阴的基础上，加黄柏、知母之苦寒以清热坚阴，牛膝之酸苦以引血下行。胃火炽盛，则口渴引饮，大便干结，脉滑数，舌红唇干，而经行吐衄者，宜用清热泻火之法，以泻心汤（大黄、黄连、黄芩）加牛膝、生地、鲜白茅根治之。脾肺气虚不能统摄血液，则气少懒言，面色萎黄，大便溏薄，脉虚缓，舌质淡，而经行口鼻出血者，当用益气摄血之法，可用归脾汤（白术、茯神、黄芪、桂圆肉、酸枣仁、人参或党参、广木香、当归、远志、炙甘草）加减治之。

总之，经行吐衄，也有寒热虚实之分，寒则宜温养，热当清降，虚则宜甘温或甘平，实则清热泻火，药宜对证。本病的表现是血逆行于上焦口鼻，故在治本的基础上，多加用引降之品，以速取疗效。

除了以上辨证论治，选方用药之外，还可用以下便方：

（1）肝肾阴虚：黑豆 60g，鲜莲藕（带节）120g，鲜旱莲草 150g。先用清水 600ml 煮鲜旱莲草，煮成 500ml，去渣取药水，然后放入黑豆、莲藕同煮成 200ml，酌加油、盐，既当药用，又当菜吃。

（2）胃热炽盛：鲜白茅根、鲜荷叶各 60g，加清水 500ml，煮成 400ml，当茶频饮。

（3）脾肺气虚：①土党参 30g，鲜怀山药、土苡米各 60g，加清水 400ml，煮熟加适量红糖吃。②温和灸关元、足三里、三阴交，每日 1 次，6 次为一疗程，有强壮扶正之功。

病例1

韦某,女,24岁,已婚,农民。1975年15日初诊。

1年来经行前后不定,量多色淡,持续1周左右干净。月经来潮前1~2天,鼻孔、齿龈出血,每次2~3滴,每日3~6次,经行之后,则口鼻出血自止。平时头晕目眩,肢体困倦,面唇苍白,精神萎靡,纳食不香,大便溏薄。脉象虚细,舌质嫩。证属元气虚损,脾虚不能统血之变,治宜健脾气以摄血,以归脾汤加减治之。

处方:炙北芪20g,潞党参15g,炒白术9g,远志肉3g,炒枣仁10g,当归身10g,鸡血藤20g,芜蔚子10g,广木香1.5g,炙甘草6g,肥红枣10g。每日1剂,水煎服,连服6剂。

在服药的同时,加用温和灸肝俞、脾俞、肾俞、关元、足三里、三阴交等穴位。

经过以上针灸和内服药物并用,以后经行正常,经行吐衄停止,观察3个月,疗效巩固,病不再发。

病例2

李某,女,24岁,未婚,运动员。1987年5月30日初诊。

月经不调而伴经行鼻衄已6年,虽经中西药(药名不详)治疗,疗效不满意。

14岁月经初潮,经行前后不定,量多少不一,色泽一般。16岁之后,经行开始错后7~14天,色泽暗红,夹小块,经行第1~2天少腹、小腹胀痛,持续3~5天干净。18岁开始经行超前,量多,色泽暗红,夹紫块,经将行之前3~4天腰脊坠胀,少腹、小腹及乳房胀痛,触之加剧,头晕头痛,心烦易怒,甚则泛泛欲呕,经行之后则舒,每次经行之时,均伴有鼻孔出血,色泽鲜红,量或多或少,运动量大则鼻血量多。平时带下量多,色泽黄白相兼,质稠如涕,无特殊气味,阴道微痒。夜难入寐,寐则多梦,纳食一般,二便正常。末次月经4月22日。脉象弦细而略数,舌苔微黄,舌边尖红,体型高瘦。证属肝肾阴虚,虚火上炎之变。治宜滋养肝肾之阴,佐以引降导滞之法。

处方:北沙参12g,麦门冬10g,当归身10g,杭白芍10g,丹参10g,杭菊花10g,川杞子10g,炒麦芽15g,怀牛膝6g,枳实5g,生甘草5g,每天1剂,水煎服,连服3剂。

6月5日二诊:上方服后,精神较好,夜寐较深,但带下仍量多,色泽黄白相兼,外阴时痒。舌质边尖红,舌苔不黄,脉象弦细不数。药已中的,方见初效,守上方去菊花,加怀山药15g,土茯苓20g,夏枯草12g,白蒺藜10g,以疏肝健脾,化湿止带。每天1剂,水煎服,连服6剂。

6月15日三诊:药已,精神良好,带下正常,现为经行前期,要求未病先治。拟用滋养肾之阴,壮水以涵养肝木之法。

处方:玄参15g,麦门冬10g,生地黄15g,北沙参10g,川杞子12g,女贞子10g,丹参12g,怀牛膝6g,莲藕节20g,桑椹10g。每天1剂,水煎服,连服3剂。

6月26日四诊:本次经行于20日开始,24日干净,色量一般,经前及经中诸症消失,鼻孔不出血。脉舌如平。嘱不需服药,以饮食调养为主,多吃甘润清凉之品,如水果中之梨子、西瓜,菜类中之冬瓜、丝瓜、莲藕之类,忌食辛温香燥之品,如油条、炒花生之类，以免动火生热。半年后追访，鼻衄不再发。

按语：患者高瘦，为木火型之体，长期经行不调，伴有周期性鼻衄，显系肝肾阴虚，不足以制阳，以致肝阳偏亢，疏泄太过，故经行失常；虚火上炎，神魂不安于舍，故平时夜难入寐，寐则多梦；经将行时头晕头痛，心烦易怒，故一诊时以北沙参、麦门冬、川杞子、当归身、杭白芍以滋阴养血为主，以丹参、炒麦芽入血，化瘀导滞，引血归经；杭菊花配当归、白芍以平肝而清头目；牛膝滋肾壮腰，配枳实之降气，期能引降虚火下行。二诊时诸症虽减，带下徘徊不变，带下之所以形成，实由于肝气横逆中州，疏泄太过，脾不及化湿，故加入夏枯草之苦寒和苦辛平之白蒺藜平肝，以疏调肝气；土茯苓之甘淡和甘平之怀山药以健脾渗湿，治带不忘湿，湿化则带自止。三诊时为防病于未然，故以滋养肝肾为主，但仍用丹参、牛膝者，实是防其留瘀未尽之意。四诊时为经行之后，诸疾在经中已无出现，说明方药已收效，本"无毒治病，十去其九，谷肉果菜，食养尽之，无使过之伤其正也"（《素问·五常政大论》）之旨，嘱不需服药，以饮食调摄善其后，果然疗效巩固，如《内经》之所言。

病例3

孙某，女，17岁，南宁市某饭店服务员，未婚。1974年7月31日初诊。

13岁月经初潮，一向错后，3～6个月一行，但每月均有周期性鼻衄，量少，色红，持续3～6天自止。现鼻衄第二天，每天3～5次，色红，量少，每次1～2滴，头晕，腰酸，夜难入寐。脉弦细，苔薄白，舌尖红。

诊断：经行吐衄。

辨证：阴血不足，虚火上炎。

治则：滋养肝肾之阴，佐以凉血止血。

处方：生地12g，怀山药15g，五味子5g，云苓12g，泽泻9g，丹皮9g，旱莲草15g，荷叶9g，白芍9g，甘草3g。每日1剂，水煎服，连续3剂。

二诊（8月10日）：服上方之后，衄血停止，阴道即来血，量少，色红。脉舌如上。仍然以调养肝肾为治。

处方：北沙参15g，麦冬10g，熟地15g，山萸肉9g，怀山药15g，茺蔚子10g，旱莲草15g，女贞子9g，归身9g，白芍9g，川杞子9g，红枣9g。每日1剂，水煎服，可连服3～6剂。

3个月后追访：该同志服上方6剂之后，两个月来无鼻衄，但经行错后1周左右，量少，色红，余无不适。嘱暂勿服药，以观疗效。

按语：肝肾内寄相火，为精血之源，精血充足，则相火守位禀命。今患者真阴亏损，阴血不足，故经行错后。阴虚则不能济火涵阳，虚火上炎，直冲肺窍，火逆于上，故鼻衄。证属阴液精血不足，虚火上炎，故用生地黄汤加减以滋养肝肾之阴，旱莲草、荷叶滋阴清热，凉血止血，白芍、甘草酸甘化阴以柔肝。肝肾阴足，则相火潜藏，故衄止而经行于下。阴难成而易亏，故二诊时仍用甘润之品以调养肝肾，意在固本以善后。

病例4

李某，女，21岁，南宁市某工厂工人，未婚。1977年12月13日初诊。

16 岁月经初潮，一向基本正常。但自今年 8 月以来，每在月经将行之前数小时吐血或咳血，隔夜之后，阴道始有月经来潮，上下同时出血，量不多，色一般，平时除喉痒、胸胁隐痛之外，余无不舒，平素少量带下，色白质稀，胃纳正常，二便一般，唯经行时胃纳欠佳。脉细数，苔薄白，舌尖红，舌质嫩。末次月经 11 月 15 日 ~ 11 月 18 日。

诊断：经行吐衄。

辨证：肝郁化火，血随气逆。

治则：滋阴柔肝，佐以引降。

处方：太子参 15g，藕节 15g，怀山药 15g，玄参 15g，麦冬 9g，杏仁 9g，瓜蒌仁 6g，丹参 12g，枳壳 5g，牛膝 5g，甘草 3g。每日 1 剂，水煎服，连服 3 剂。

二诊（12 月 16 日）：昨日下午月经来潮，色量一般，无胸痛，无吐衄。脉细缓，苔薄白，舌质淡嫩。拟益气养血之法调之。

处方：鸡血藤 15g，丹参 12g，党参 9g，炒怀山药 15g，云苓 9g，坤草 9g，白芍 9g，北荆芥 2g，炙甘草 6g。每日 1 剂，水煎服，连服 3 剂。

按语：肝脉贯膈而布胸胁，上循于喉咙。肝气郁滞，气机不畅，故平时胸胁隐痛，喉痒不舒；郁久则化火生热，经将行相火愈炽，损伤肺胃络脉，血随气逆，故经前吐血或咳血；胃为肝木所乘，因而胃纳不佳。脉细数，舌尖红，为内热之征；舌质淡嫩，为气已伤。证属肝郁化火而引起，故以滋阴柔肝、引降下行之法治之。用太子参、麦冬、玄参、怀山药益气生津，以养肺、胃之阴；杏仁、瓜蒌壳、枳壳清润宣降，宽胸解郁，以调肝之逆气；丹参、藕节凉血化瘀以止血；牛膝引血下行；甘草调和诸药。全方滋阴柔肝为主，并佐以疏调肝气，引血下行。药能对证，故疗效满意。二诊时既用健脾益气，又用补血化瘀，旨在治本不忘标，以善其后。

体会：吐衄的原因很多，不仅于妇女的病变中可以发生，于其他各科疾病亦常有之。若吐衄发生在经行前后，或正值经行之时，与月经的周期有关，则称为"经行吐衄"。常常引起经行量少，甚或闭止不行，因此又有"倒经"或"逆经"之称。

引起本病的原因，常见为肝郁化火、肝肾阴虚、脾气虚弱三方面，其中以脾虚较为少见。不论是肝郁化火或阴虚相火妄动，均是火性炎上，损伤肺胃之络脉，所以本病之治法，当以滋阴柔肝、清养肺胃为主，药用甘润为佳。由于气火上逆，非清非降不下，所以清热凉血、引降下行之品又不可少。

本病的发生，与年龄有一定的关系，常见于 15 ~ 25 岁妇女，是否由于青春初动，血气方刚，相火旺盛，七情骤变多端，以致真阴暗耗，精血亏损，阴虚则火易妄动有关，有待于今后临床的观察和探讨。

病例 5

肖某，女，30 岁，已婚。1992 年 7 月 9 日初诊。

经行衄血 17 年。13 岁月经初潮，自初潮始经前 1 天或经行时鼻衄，血色鲜红，一次量 2 ~ 5ml，压迫鼻部能止血。经行尚规则，量多，用 3 ~ 4 包卫生纸，经色鲜红，有血块，8 ~ 10 天干净。末次月经 6 月 29 日 ~ 7 月 7 日，鼻衄 4 次。今晨又出现鼻衄，量较多，用棉球压迫后血止。现觉小腹隐痛，带下量少，色白，纳、寐、便如常，平素常心烦，身痒，舌淡红，苔薄白，脉细。

诊断：经行吐衄。

辨证：肺肾阴虚。

治则：滋肾润肺，引血下行。

处方：生地 15g，麦冬 10g，沙参 10g，枸杞子 10g，怀山药 15g，泽泻 6g，茯苓 10g，丹皮 6g，白茅根 15g，旱莲草 15g，女贞子 10g。每日 1 剂，水煎服，连服 4 剂。

二诊（1992 年 7 月 13 日）：药后已无鼻衄，现无不适，舌红，苔薄白，脉沉细。仍从前法，加平肝泻火之品。

处方：当归 6g，赤芍 10g，玄参 15g，麦冬 10g，生地 15g，牛膝 10g，白蒺藜 10g，夏枯草 10g，甘草 6g。每日 1 剂，水煎服，连服 7 剂。

1993 年 8 月 24 日随访，每次月经前服 1992 年 7 月 9 日方 7 剂，连服 3 个月，鼻衄症瘥，至今未见反复。

按语：素体阴虚，经行之时相火较旺，冲气旺盛，气火上逆，灼肺伤络，络损血溢，以致衄血。阴虚生热，热扰血海，乘经行之际，迫血下行，故月经量多。治以生地养阴清热，枸杞子滋肾润肺，怀山药滋肾补脾，沙参、麦冬润肺养阴，女贞子、旱莲草补肝肾养阴血，更用泽泻、茯苓、丹皮即六味地黄丸中的"三泻"以泻肾浊，泻肝火，渗脾湿，使补而不腻。白茅根清热凉血止血。二诊鼻衄已止，仍从前法，以当归养血调经，赤芍清热凉血，玄参、麦冬、生地即增液汤，在此用之以滋阴清热，牛膝引血下行。肾阴虚则水不涵木，使肝阳上亢，肝火上逆，故用白蒺藜、夏枯草平肝泻火。如此连续调治 3 个月，使肺肾阴复，阴能制阳，火无由生，故经行衄血向愈。

经 行 抽 搐

妇女在经行之际，四肢拘急抽搐，伴汗出肢冷，甚或暂时昏倒者，谓之经行抽搐。

一、病因病机

从临床所见，本证有虚实之分。实者多由于外感六淫，寒凝或热结，遏阻经脉，或七情过极，肝失条达，气机郁结，以致经脉血行不利，月经欲行而不能，或虽行而不畅，血脉相激而疼痛剧烈，影响肝主筋、主罢极的功能，抽搐乃作；虚者多由于平素气血不足，经行时血海亏虚，以致"气主煦之，血主濡之"的功能失常，筋脉得不到濡养，故拘急抽搐，甚则昏倒。

二、论治用药

"治病必求于本"。本证治疗，要根据寒热虚实的不同而采取相应的治法。凡是由于寒凝（恶寒肢冷，口唇青紫，经血紫暗，脉沉等）而导致经行疼痛剧烈而抽搐者，当用温经散寒、补血化瘀之法，常用《金匮要略》温经汤（桂枝、白芍、当归、吴茱萸、川芎、半夏、丹皮、麦冬、党参、炙甘草、生姜）加附子治之。附子辛温，走而不守，能通行十二经脉，凡是经行疼痛属于寒凝者，用之温开止痛，收效迅速。由热邪灼伤津液阴血（经行量少，色红夹小块，大便干结，苔少舌红，脉细数）而热结经痛致抽搐者，当用清热化瘀、凉开止痛之法，常用清化饮（生地、赤芍、丹皮、黄芩、茯苓、石斛、麦冬）配金铃子散（川楝子、延胡索）加凌霄花、泽兰治之。七情过极，肝郁化火（胸胁苦满，心烦易怒，乳房胀痛，经色暗红夹块，舌边尖红，脉弦数）而胀痛抽搐者，当用疏肝解郁、清热化瘀之法，常用丹栀逍遥散（甘草、当归、白芍、茯苓、白术、柴胡、山栀子、丹皮）加素馨花、白蒺藜、益母草治之。平素气血两虚（经行错后，量少色淡质稀，面色苍白，舌淡，脉虚细），经行愈甚，上不能滋养头目苗窍，外不能灌注肌肉四肢，以致筋脉失养而抽搐昏倒者，当用温养元气、补益阴血之法治之，常用圣愈汤（当归、白芍、川芎、熟地、党参、黄芪）或人参养荣汤（当归、白芍、熟地、党参、白术、茯苓、肉桂、黄芪、远志、陈皮、五味子、炙甘草）治之。由于肝属风而主筋，故治疗此类疾病不论寒热虚实，在辨证论治的基础上，均宜酌加息风止痉之药，如钩藤、珍珠母、白蒺藜、全蝎、蝉衣之类。

病例

凌某，女，25岁，已婚，工人。1981年10月30日初诊。

15岁月经初潮，婚前月经周期、色、量正常。1980年12月结婚，婚后经行提前，量多，色淡，质稀。自今年5月开始，每逢月经来潮，即头晕目眩，心胸痞闷，气息浅短，汗出淋漓，唇面发青，四肢抽搐，剧时昏倒。每次均用镇静剂始能缓解。现头晕，目眩，耳鸣，疲惫，大便溏薄，小便少，脉弦细，舌苔薄白，舌尖红而夹瘀点。证属气血不足，筋脉失养，虚风内动之行经抽搐。以益气养血为主，佐以息风之法治之。

处方：炙北芪15g，潞党参15g，怀山药15g，当归身12g，川芎芎5g，熟地黄15g，益母草10g，白蒺藜10g，北荆芥5g，炙甘草5g。每日1剂，水煎温服。

按语：本例属阴血亏于下，虚阳浮越于上，筋脉失于濡养，故晕眩而抽搐，治之以参、芪益气，归、芍、地养血以治其本，又辅以白蒺藜、荆芥平肝祛风以治其标，标本并治，连续服18剂，疗效显著。半年后随访，病不再发。

经 行 口 糜

病例1

韦某，女，32岁。1990年8月3日初诊。

经行前后口糜反复发作2年余。2年多来无明显诱因每于经前1周左右即出现口腔糜烂，从单个逐渐发展为多个，迁延至经后 4～5 天方愈，下次经前诸症又现，曾多方求治，药时可暂缓，停药后诸症复作，甚或此起彼伏。经行规则，末次月经 1990 年 7 月 10 日。刻下正值经前，口糜复发，局部涩痛，进食尤甚，痛苦难言，小便黄，大便干结。望其表情痛苦，形体消瘦，上腭、口唇内侧、舌尖部有大小不一糜烂点，有的融合成片，局部潮红或灰白，唇红，舌质红，苔薄黄腻，脉沉细。

诊断：经行口糜。

辨证：阴虚火旺。

治则：滋阴清热，泻火解毒。

处方：

一方：生地 15g，麦冬 10g，丹皮 10g，紫草 10g，银花 10g，野菊花 10g，蒲公英 10g，连翘 10g，生大黄 3g（后下），甘草 10g。水煎服，每日 1 剂，连服 4 剂。

二方：青黛粉 15g，调开水涂患处。

二诊（1990 年 8 月 9 日）：药后口糜涩痛大减，点状溃疡基本消失，大便通畅。舌尖红，苔薄白，脉细。前用釜底抽薪之法，通下清上，热毒渐清，继予滋养肝肾，调理冲任。

处方：当归 10g，白芍 10g，生地 15g，沙参 10g，麦冬 10g，丹皮 10g，紫草 10g，银花 10g，连翘 10g，甘草 10g。每日 1 剂，水煎服，连服 3 剂。

1991 年 5 月因它病来诊，询知其每于经前按方取药煎服，口糜半年未发。

按语：《灵枢·五音五味》曰："冲脉任脉，皆起于胞中……别面络唇口"。患者木火型质，阴血不足，阳气偏盛，经行前后，相火内动，火热之邪循冲脉上炎，熏蒸上窍，发为口糜。大便干，小便黄，唇舌红，苔薄黄腻，为阴虚火旺之象。方用生地、麦冬养阴清热，银花、野菊花、蒲公英、连翘清热解毒，丹皮、紫草清热凉血，大黄通腑泄热，釜底抽薪，甘草配银花、蒲公英等清热解毒药，可解热毒。药后热毒渐清，虑及病与月经有关，治经必治血，二诊去苦寒之大黄、野菊花、蒲公英，加当归、白芍、沙参滋阴养血调经。并用咸寒之青黛粉调水外涂，以清热解毒，凉血散肿。内外并治，标本兼顾，故疗效满意。

病例 2

李某，女，25 岁。1991 年 6 月 24 日初诊。

经前口糜 4 年。近 4 年来每于经前 10 天开始出现口腔糜烂，持续至经净数日方愈，周而复始，反复发作。月经周期基本规则，末次月经 6 月 3 日。4 天前复见口糜，疼痛难忍，伴少腹胀痛，口苦口干，心烦易怒，夜难入寐，纳呆，大便干结，小便黄，察其右上唇内侧散在糜烂点如绿豆大小共 6 个，舌尖红，苔薄白，脉细。

诊断：经行口糜。

辨证：肝郁化热。

治则：疏肝清热。

处方：丹皮 6g，栀子 10g，当归 6g，白芍 10g，柴胡 6g，茯苓 10g，怀山药 15g，薄荷 6g（后下），麦冬 10g，生谷芽 20g，甘草 6g。每日 1 剂，水煎服，连服 3 剂。

二诊（1991 年 7 月 1 日）：药后口糜减轻，6 月 29 日经行，量较多，色暗红，夹瘀块，经行第一天小腹剧痛，现已缓解，舌淡红，苔薄白，脉细略数。继宗前法，并予养血调经。

处方：生地 15g，白芍 10g，当归 6g，鸡血藤 20g，丹参 15g，丹皮 10g，麦冬 10g，白蒺藜 10g，夏枯草 10g，甘草 5g。每日 1 剂，水煎服，连服 3 剂。

三诊（1991 年 7 月 4 日）：口糜向愈，月经将净，少腹隐痛，按之则舒，咽痒而干，微咳，舌淡红，苔薄白，脉细。仍用疏肝清热法。

处方：丹皮 6g，栀子 10g，当归 10g，白芍 10g，柴胡 6g，茯苓 10g，怀山药 15g，薄荷 6g（后下），麦冬 10g，益母草 10g，甘草 6g。每日 1 剂，水煎服，连服 4 剂。

1991 年 10 月 8 日随访，连续三次经行，口糜未作。

按语：肝气郁结，郁久化热，母病及子，火热乘心，故经行口糜；热扰心神，则心烦易怒，夜难入寐。本病与月经有关，治经必治血，治血不忘肝，治以疏肝清热法，用逍遥散疏肝解郁，健脾和营，白术易怀山药，防其过燥伤阴，加丹皮、栀子凉血泻火，麦冬滋阴清心，生谷芽健脾开胃。二诊适值经期，以当归、鸡血藤、丹参养血活血调经，生地、麦冬养阴清热，丹皮、白蒺藜、夏枯草、白芍凉血泻火，平肝柔肝。三诊药已对证，仍从前法。药后肝气得疏，肝火不生，故口糜可瘥。

病例 3

杨某，女，31 岁，已婚。1991 年 12 月 24 日初诊。

经前口腔起泡 1 年余。月经周期基本规则，1 年多来经前 1 周始口腔起泡，每次起泡 2~3 个，经行则泡消。经量中等，色红，有血块，偶有小腹坠痛，末次月经 12 月 9 日。平素带下较多，色白质稀，自今年 7 月放环后月经前后数天带下夹血丝，夜尿 1~3 次，纳寐可，大便调。舌质淡红，苔薄白，脉细。

诊断：①经行口糜；②带下病。

辨证：阴虚火旺。

治则：滋阴清热。

处方：沙参 10g，麦冬 10g，熟地 15g，怀山药 15g，茯苓 6g，丹皮 10g，泽泻 6g，五味子 5g，鸡血藤 20g，小蓟 10g，甘草 5g。每日 1 剂，水煎服，连服 6 剂。

二诊（1992 年 1 月 7 日）：药已，本月 6 日经行，经前带下血丝减少，口腔起泡未发。经血色、量正常，舌红少苔，脉细弦。效不更方，继进 3 剂，每日 1 剂，水煎服。

按语：心主血，胞脉属心而络于胞中。阴虚火旺，火热乘心，经将行阴血下注，虚火益盛，火性上炎，故口腔起泡。肾阴不足，相火偏旺，损伤血络，任带失固，故带下赤白。治以六味地黄汤滋补肝肾，沙参、麦冬滋养肺阴，使金能生水，鸡血藤补血行血，五味子补肾收敛，小蓟凉血止血。药后肾阴得复，虚火得平，故经前口腔起泡可愈。

体会：经行口糜是指经期或经行前后，口舌糜烂、生疮，伴随月经周期反复发作者。临床多见阴虚火旺和胃热熏蒸。阴虚火旺者，宜滋阴降火；胃热熏蒸者，宜清热泻火，荡涤胃热。尚有因情志不畅，肝气不疏，致心肝郁火者，我常用丹栀逍遥散加减。

若火热较盛，热盛成毒，则加用清热解毒之品，如例1仿五味消毒饮之意，用银花、野菊花、蒲公英、连翘的清热解毒，消散疮疡。但苦寒之品不宜久用，以防苦以生燥反伤阴津，以及苦寒凝滞血脉，影响经行。

经行口糜与月经有关，治经必治血，治血不忘肝。肝藏血而主疏泄，内寄相火，为冲脉之所系。经将行之时，相火内动，风火相扇，横逆中州，可导致胃火上逆；母病及子，可导致心火上炎。在治疗时要清泻肝火。

治疗经行口糜可内外并治，以提高疗效。外治可用青黛粉，调开水涂患处，或用鲜冬青叶煎水含漱，以拔毒祛腐，生新愈伤。

经 行 泄 泻

病例

谷某，女，28岁，已婚。1992年9月7日初诊。

经行腹痛、泄泻14年。14岁月经初潮，月经尚规则，但每于经前3~4天即出现少腹、小腹胀痛，胃脘不适，继而泄泻，每日3~4次不等，持续至经净即瘥。末次月经1992年8月20日。现胸闷，纳少，腰痛，久立后加重，尿频，夜尿2~4次，大便溏，阴道干涩、疼痛，性交后加重。带下正常。1988年结婚，初外用避孕法，1992年4月以后未避孕，但迄今未孕。舌淡红，苔薄白，脉细。

诊断：经行泄泻。

辨证：肾虚脾弱，肝失疏泄。

治则：补肾健脾，养血疏肝。

处方：熟地15g，怀山药15g，五味子6g，当归10g，白芍10g，枸杞子10g，茺蔚子10g，仙灵脾15g，菟丝子20g，玫瑰花6g。每日1剂，水煎服，连服3剂。

二诊（1992年9月14日）：药已，腰胀减轻，夜尿减为1次，性欲较淡，舌淡红，苔薄白，脉细。继守上法。

处方：熟地15g，怀山药15g，山萸肉6g，当归10g，白芍10g，茺蔚子10g，小茴香6g，仙灵脾15g，益智仁10g，补骨脂10g。每日1剂，水煎服，连服3剂。

三诊（1992年9月28日）：9月18日经行，量偏少，色鲜红，3天干净。经前1天腹泻，但次数减少，天数较原来缩短。性交后腰痛，夜寐多梦。舌淡红，苔薄白，脉细。予温肾健脾。

处方：党参15g，白术10g，茯苓10g，陈皮6g，补骨脂10g，千斤拔15g，鸡血藤20g，丹参15g，郁金10g，玫瑰花6g。每日1剂，水煎服，连服6剂。

四诊（1992年10月15日）：昨日经行，腹痛泄泻消失。唯经前受风，鼻塞流涕，头痛，喷嚏，腰骶微胀，舌淡红，苔薄黄，脉细滑。证属经行阴血亏虚，风邪乘虚内着。治拟养血佐以疏解。

处方：鸡血藤 20g，党参 15g，当归 10g，白芷 6g，防风 10g，薄荷 5g（后下），荆芥 5g（后下），藿香 6g，炙甘草 5g。每日 1 剂，水煎服，连服 3 剂。

五诊（1992 年 12 月 28 日）：末次月经 10 月 14 日，现停经 53 天，尿妊娠试验阳性。刻诊：胸闷欲呕，腰腹隐痛，舌淡红，苔薄白，脉细滑。予调补脾肾，安胎防漏。

处方：菟丝子 20g，太子参 15g，桑寄生 15g，怀山药 15g，白芍 10g，川杜仲 10g，续断 10g，竹茹 5g，苏叶 5g（后下），炙甘草 5g。每日 1 剂，水煎服，连服 3 剂。

按语：脾主运化，泄泻多责于脾运失司。然肾为胃之关，内寓元阴元阳，脾阳根于肾阳，又经水出诸肾。经行时经水下注，肾阳益感不足，脾失温煦，则运化失司，湿浊随脾气下陷而为泄泻。肾阳不足，肝失涵养，疏泄失职，腹痛乃作。治以熟地、仙灵脾、菟丝子、益智仁、枸杞子补肾温阳，怀山药健脾益肾，当归、白芍、茺蔚子养血活血调经，五味子固涩止泻，玫瑰花疏肝理气。三诊肾虚证缓，加重健脾益气之力，以异功散加味调治。四诊经行腹痛、腹泻症瘥，但见经行感冒，以鸡血藤、当归、党参养血益气以固本，加白芷、防风、荆芥、薄荷、藿香疏风解表。经治疗肾阳旺盛，肾精充足，脾气健运，肝气条达，故能摄精成孕。

经 行 痒 疹

在月经将要来潮，或经行之中，肌肤忽起皮疹，其形大小不一，或如粟米，或点大成片，色红或紫，突出皮肤之上，触之碍手而瘙痒难忍者，称之经行痒疹。

一、病因病机

疹子的发生，有多种原因，有药物中毒，有食物或植物花粉过敏，有感染秽浊恶气，有外感火毒热邪等外感因素；也有七情过极而化火生风，迫血妄行，渗溢于皮肤而形成。总的来说，临床所见，主要是火热之毒郁闭于营分，从血络透出肌肤而形成的病证。妇女在行经期间之所以出现全身发疹，瘙痒难忍，多由于肝郁化火生风，闭郁于营血之间，经将行时，相火内动，火热之邪从血络渗出肌肤所致。由于风火为患，风为阳邪而善变，故疹子骤起骤落；经行之后，火热之毒有去路，故痒疹随经行而逐渐减轻，最后消退。

二、论治用药

本病治疗之法，总以凉血解毒为主，常用银翘汤（金银花、连翘、竹叶、麦门冬、生地黄、生甘草）或五味消毒饮（金银花、野菊花、蒲公英、紫花地丁、紫背天葵）治之。但妇女多以治血为主，且病发在经行之时，见红必治血，在辛凉解毒的基础上，要适当加入当归、赤芍、紫草、丹皮、桃仁等凉血活血之品；治痒不忘风，要加入秦艽、防风等辛润祛风之品，则疗效显著。

由于疹子忽起忽落，肌肤又热又痒，除了药物内服凉血解毒之外，还要选用曲池、合谷、心俞、肝俞等穴位行针刺疗法，常常收到立竿见影之效。盖曲池、合谷俱属手阳明大肠经，曲池是走而不守的要穴，合谷是能升能散的穴位，二穴配用，则能清热散风，解毒止痒；三阴交为肝、脾、肾三经汇合的枢纽，是治疗血证不可少的穴位；心俞、肝俞为脏腑气血转注之处，配三阴交同用，则能宣发，能通行，可清荡血中的热毒，散风止痒而退疹。

本病的治疗，贵在未病先治，不仅在经行发作之时治疗，而且要在下一次经行之前，根据病者的具体情况，有针对性地治疗，一般连续3个月，才能达到根治的目的。未病先治，以针刺治疗为佳。

病例1

李某，女，24岁，未婚。1986年4月4日初诊。

半年来经行前后不定，量多少不一，色暗红而夹紫块，经将行时乳房、少腹、小腹胀痛，心烦易躁，胸胁苦满，继即全身发痒，出现红色皮疹，忽起忽落。现经行第一天，量多，色暗红而夹紫块，躯干、头面、四肢均有红色丘疹，或散在，或成片，痒热交织，以手抓之则痒感加剧。脉弦数，舌苔薄黄，舌质边尖红。证属火热之毒壅闭营血之间，迫血妄行为患。以清热凉血、散风解毒之法治之。

处方：生地黄20g，赤芍药10g，南丹皮10g，忍冬藤20g，野菊花12g，紫草茸10g，防风10g，蒲公英15g，连翘10g，凌霄花10g，白鲜皮10g，生甘草6g。每日1剂，水煎服，连服3剂。

在服上方的同时，每日针刺三阴交、曲池、合谷三穴（用强刺激泻法），经过3日的治疗，痒疹消退。嗣后以调和营卫之法，并配用凉血解毒之品，以桂枝汤（桂枝、白芍、生姜、甘草、红枣）加紫草茸、南丹皮、凌霄花、夜交藤、生地黄之类加减治之。每月服6剂，连续治疗3个月，病不再发。

病例2

黄某，女，39岁，已婚。1993年6月26日初诊。

经行前后风疹瘙痒4年。近4年来每于经行前后均皮肤干燥，起红色风疹，瘙痒难忍。以经前多发，伴心烦失眠。月经规则，量中等，色暗红，无血块，经净风疹渐消。2个月前曾行引产术。刻诊：头晕目眩，身倦乏力，四肢发麻。末次月经1993年6月3日。舌淡红，苔薄白，脉细。

诊断：经行风疹。

辨证：气血虚弱。

治疗：益气养血，祛风通脉。

处方：当归10g，桂枝6g，白芍10g，黄芪20g，石楠藤10g，通草6g，红枣10g，炙甘草6g。每日1剂，水煎服，连服7剂。

二诊（1993年9月8日）：药后至今行经3次，末次月经1993年8月25日，月经前后均无风疹出现，身无瘙痒。近日多梦，手麻，大便稍干，舌淡红，苔薄白，脉细。

以养血健脾、活血祛风法善其后。

处方：当归 10g，川芎 6g，白芍 10g，土茯苓 20g，白术 10g，泽泻 10g，泽兰 10g，槟榔 10g，防风 10g，马鞭草 15g，甘草 5g。每日 1 剂，水煎服，连服 3 剂。

按语：患者素体血虚，引产重伤气血，血虚更甚，经行时气血益感不足，血虚生风，风盛则痒，故经行风疹瘙痒。血虚不能外荣肌肤，则皮肤干燥；清窍失养，则头晕目眩；血不养筋，则四肢发麻；脾气虚弱则身倦乏力。治以益气养血，祛风通脉，仿当归四逆汤及黄芪桂枝五物汤意，用当归、白芍补血和血，黄芪、大枣、炙甘草益气健脾，桂枝温通血脉，使血得温而行，石楠藤辛温，可祛风寒湿，配通草以通经脉。如是使阴血充，阳气足，经脉通，风无由生，故风疹可除。

经 行 浮 肿

在月经将要来潮，或在经行之中，出现目胞、下肢浮肿，待经净之后，则浮肿逐渐自行消退者，叫经行浮肿，或经前浮肿。

一、病因病机

胀者气也，肿者水也，水肿的发生与脾、肺、肾三脏的功能失常有关。盖肺主气而为水之上源，能宣化津液，通调水道，若肺虚失宣，则皮毛的开阖失常，汗液不能外泄；肺气不降，则水道通调无能，水气下行受阻，形成内壅外闭。三焦不能发挥"决渎"的作用，则水邪泛滥于肌肤而浮肿。肾为元阴元阳之所，是主水之脏，与膀胱水府相配合，是水湿蒸化排泄的枢纽。若肾阳不足，既不能温养脾土以制水，又不能温化膀胱，因而膀胱气化衰弱，不能化气行水，水湿停滞而为浮肿。脾为土脏，有运化水湿、输布津液的作用。若脾虚不运，则津液既不能上输心肺，又不能下注以渗入膀胱，水湿停滞中焦，更进一步损伤脾阳，水湿无所制约而为肿。目胞、四肢为脾所属，水为阴邪，故目胞、下肢先肿。可见水肿的形成，与脾、肺、肾三脏功能的失常有关，所以前人有"水之标在肺，水之本在肾，其制在脾"之说，确是宝贵经验之谈。但此泛指一般的水肿而言。妇女经期之所以出现浮肿，从临床所见，主要是由于肝失疏泄而起，盖肝藏血而喜条达，肝脉络阴器，肝的功能正常，则肺能治节，通调水道；脾能健运，输布津液；肾能蒸化而主开阖。当经水将要来潮之时，相火内动，若肝气郁结，或肝火过旺，反侮肺金，则肺气不能宣发降；横逆于中州，则脾土不能健运，转输无能；肝肾同源，肝失疏泄，则肾不能施泄蒸化，主水的功能失常。所以经行期的浮肿，虽然与脾、肺、肾三脏有关，但总的根源，不离于肝。盖经者血也，肝藏血而内寄相火，"血与火原一家"（《血证论·阴阳水火气血论》）。月经将行之时，相火内动，则导致气机失调，气血不和，津液不能正常输布而为水肿。

现代医学认为，月经前期的水肿，因为卵巢功能紊乱，雌激素增多，造成水、钠潴留所致。虽然西医对经行水肿的认识与中医有所不同，但仍然可以作临证参考。

二、论治用药

水肿的治疗，《金匮要略》有"诸有水者，腰以下肿，当利小便；腰以上肿，当发汗乃愈"之说，这是水肿病实证的一般治疗原则。经行浮肿，与血有关，其治疗既要治水，又要治血，才能达到治愈的目的。临床所见，经行浮肿，也有虚实之分，但以虚证为主，如平时倦怠乏力，带下量多，色白质稀，经行前后不定，量多色淡，经将行目胞及下肢微肿，脉虚缓，苔薄白，舌质淡者，常用当归芍药散（当归、白芍、川芎、茯苓、白术、泽泻）或五皮饮（桑白皮、茯苓皮、广陈皮、大腹皮、生姜皮）加当归、白芍治之。当归芍药散在《金匮要略》中是妊娠"腹中疞痛"和"妇人腹中诸疾痛"必用之方，方中重用白芍柔肝木而安脾土，当归、川芎调肝以养血，茯苓、白术、泽泻健脾利湿以消肿。综合其作用，有养血柔肝、健脾利湿之功，是治血治水的妙方。五皮饮是治疗皮水之通用方，有健脾调气、利湿消肿功效。由于经行浮肿与血有关，故加入当归、白芍以养血柔肝，水血并治，能收到预期的效果。余可根据病情有所加减，如面目浮肿显著者，宜加入苏叶、荆芥以疏解；下肢肿甚者，宜加川木瓜、赤小豆、炒薏米之类；体弱气虚者，可加黄芪、白术以益气行水。方中大腹皮下气行水，桑白皮泻肺行水，凡是正气虚弱者，宜慎用或不用。总之，经期浮肿的治法，在选方用药上，要做到补而不腻，利而不伐，温而不燥，凉而不苦，才能达到水肿消退，经行正常的目的。

胃为五脏六腑水谷之海，足三里穴为阳明胃经之所属，用针灸疗法补之，则能益气升清，泻之则能通阳降浊。经行水肿之善后调理，宜温和艾灸足三里，则其效巩固。

病例1

陆某，女，38岁，已婚，医生。1985年11月2日初诊。

1年来经行超前，量多，色淡而质稀，经将行眼胞、下肢浮肿，小便短少，平时心悸，胸闷不适，肢体困倦。现经行第三天，目胞及下肢浮肿，纳食不香，大便溏薄，脉象虚细无力，舌苔薄白，舌质淡嫩。证属脾肾阳虚，津液不能蒸化输布而导致的病变。以温肾健脾，养血柔肝之法治之。

处方：潞党参15g，北黄芪15g，白茯苓15g，炒白术9g，当归身10g，杭白芍12g，制附子6g（先煎），防风6g，炙甘草5g。每日1剂，水煎服，连服3剂。

同时每天温和灸足三里1次。

嗣后每月经前水煎服上方3剂，并经常温和灸足三里穴，连续半年，经行周期正常，经行时目胞及下肢不再浮肿。

病例2

宁某，女，26岁，南宁某局干部，已婚。1976年11月19日初诊。

月经周期基本正常，色量一般，但经将行头晕目眩，经行之时面目浮肿，平时带下量多，色白质稀，阴痒，夜寐不稳，能寐而易醒，口淡，吐涎沫，大便不和，时结时溏，小便时多时少。脉虚弦，苔薄白，舌质淡，舌边有齿痕。现经行第二天，眼面浮肿。

诊断：经行浮肿。

辨证：脾气虚弱，运化失职。

治则：健脾益气，化湿消肿。

处方：党参 12g，云苓 12g，白术 9g，当归 9g，川芎 5g，白芍 9g，莲肉 12g，炒怀山药 15g，炒苡仁 15g，陈皮 5g，炙甘草 5g。每日 1 剂，水煎服，连服 3 剂。

二诊（11 月 22 日）：药已，面目浮肿消退，精神好，但仍阴痒，带下未减，脉细，舌苔如上。仍本上方，去云苓、苡仁，加土茯苓 15g，槟榔 9g。每日 1 剂，水煎服，连服 3 剂。

三诊（11 月 26 日）：服上方之后，阴不痒，带下正常。脉细缓，苔薄白，舌质淡，舌边有齿痕，仍守健脾法以善后。

处方：党参 15g，云苓 9g，白术 9g，陈皮 5g，法半夏 5g，炙甘草 5g。每日 1 剂，水煎服，连服 6 剂。

四诊（12 月 16 日）：本次经行，于 8 日开始，11 日干净，色、量一般，经行前后面目不肿，但经中肢体乏力，腰膝酸软。脉虚细，苔薄白，舌质淡。拟益气养血治之，宗圣愈汤加味。

处方：归身 9g，川芎 5g，白芍 5g，熟地 15g，党参 15g，炙北芪 15g，骨碎补 15g，狗脊 9g，柴胡 2g。每日 1 剂，水煎服，连服 3 剂。

按语：患者平时带下量多，色白质稀，口淡，时吐涎沫，大便不和，舌质淡，舌边齿痕，此为脾气虚弱，运化升清失常之征；湿浊郁滞下焦，故不时阴痒；脾虚则气血生化之源不足，心神失养，故夜寐不稳而易醒；经将行相火内扇，上冲精明苗窍，故头晕目眩；经行之时，气血偏注于胞宫，脾土已虚，同时又受相火内扇克乘，脾气更虚，水湿运化障碍愈甚，故经行之时面目浮肿。证属脾气虚弱，运化失职，故以健脾益气、化湿消肿之法治之。一诊时之所以在健脾化湿药中加用归、芍、芎补血活血，旨在防其"水与血俱结在血室"为患。药后虽见初效，面目浮肿消退，但带下、阴痒未减，故加用燥湿祛秽、解毒杀虫之土茯苓、槟榔。三、四诊均从根治着眼，但因病情变化不同，一则专用健脾燥湿之法，一则肝脾肾并治，从而收全功之效。

经 行 发 热

病例

梁某，女，20 岁，广西某学校学生，未婚。1983 年 4 月 25 日初诊。

16 岁月经初潮，经行前后不定，量多，色暗红。现经中第二天，发热（37.5℃ ~ 38℃），右少腹胀痛，头晕而痛，咽喉疼痛，平时带下量多，色白或黄，无特殊气味，胃纳一般，大便难解，小便淡黄。脉细数，苔薄白，舌尖红。

诊断：经行发热。

辨证：肝肾阴虚，相火内动。

治则：滋养肝肾，甘润清热。

处方：太子参20g，玄参15g，生地15g，地骨皮9g，白芍9g，麦冬9g，茺蔚子9g，怀山药15g，白薇5g，丹皮5g，甘草5g。每日1剂，水煎服，连服3剂。

二诊（5月2日）：服上方之后，发热已退，头晕痛、咽痛消失，经行停止，精神好，但昨天月经又来，量少，色暗红，脉虚细，苔薄白，舌尖红。仍守上法出入。

处方：鸡血藤15g，地骨皮9g，丹皮9g，丹参9g，白芍9g，生地15g，旱莲草15g，女贞子9g，坤草9g，白薇5g，甘草5g。每日1剂，水煎服，连服3剂。

三诊（5月9日）：本次经行6天干净，全过程无发热，精神好。脉沉细，苔薄白，舌质淡。拟温养善后。

处方：菟丝子15g，归身5g，白芍5g，覆盆子9g，党参12g，白术9g，茺蔚子9g，淫羊藿15g，怀山药15g，莲肉15g，大枣9g。每日1剂，水煎服，连服3剂。

四诊（7月1日）：6月6日经行，量少，色暗红，淋沥不尽，迄今未净。伴头晕、低热（37.3℃），阴道胀痛。脉细数（96次/分），苔少，舌质淡红。证属阴亏火动，仍宜养阴清热。

处方：鸡血藤15g，地骨皮9g，丹参9g，丹皮6g，白芍9g，生地15g，旱莲草20g，女贞子9g，坤草9g。每日1剂，水煎服，连服3剂。

五诊（7月5日）：药已，发热消退，阴道出血停止，胃纳可以，大便干结。脉虚细，苔薄白，舌质淡红，仍守养阴法以善后。

处方：旱莲草15g，女贞子9g，玄参15g，生地12g，麦冬12g，益母草9g，甘草5g。每日1剂，水煎服，连服6剂。

以后观察半年，病不再发，经行正常。

按语：肝肾同源，内寄相火。肝肾阴虚，水亏不济火，相火不潜，故经行前后不定，量多而色暗红，少腹胀痛，经行发热；火冲于上，则咽痛、头晕痛；大便难解、小便淡黄、脉细数、舌尖红，均为阴虚内热之征。故以太子参、麦冬、生地、玄参、白芍、甘草滋养肝肾之阴以治本；地骨皮、丹皮、白薇甘苦微寒，凉血而清虚热；更以辛甘微温之茺蔚子为佐，取其益精活血，行中有补，以为调经之用，故药能中病。以后根据病情的不同变化，在用药上虽有所增减，但始终坚守以养肝肾之阴为主，故能获全功。

经 行 自 汗

病例

农某，女，23 岁。1991 年 7 月 6 日初诊。

经行自汗 2 年。向来月经规则，经量中等，色鲜红，但近 2 年来，每于经行第一天则大汗淋漓，衣裤尽湿，伴腰痛，脐下隐痛，经后诸症消失。末次月经 7 月 5 日，现为经行第二天。昨天汗出淋漓，现汗已止，经量中等，色红，夹小血块，腰背不舒，纳、便正常。舌质淡，苔薄微黄，脉稍弦。

诊断：经行自汗。

辨证：阴虚血热，迫津外泄。

治则：补益肝肾，凉血清热。

处方：熟地 15g，怀山药 15g，山萸肉 6g，沙参 10g，麦冬 10g，鸡血藤 20g，夜交藤 20g，丹皮 10g，泽泻 10g，白芍 10g，甘草 6g。每日 1 剂，水煎服，连服 3 剂。

二诊（1991 年 7 月 10 日）：月经昨日已净，现无何不适，舌质淡，苔薄白，脉细微弦。仍从前法，上方去山萸肉，加五味子 6g，每日 1 剂，水煎服，连服 3 剂。

三诊（1991 年 7 月 24 日）：药已，纳可便调，夜寐欠佳，面颊有散在黑褐斑，舌质淡，苔黄稍厚，脉细。拟养血化瘀法以消斑块。

处方：首乌 20g，麦冬 10g，百合 10g，凌霄花 10g，苏木 10g，红花 2g，赤芍 6g，甘草 5g。每日 1 剂，水煎服，连服 3 剂。

四诊（1991 年 8 月 3 日）：今日经行，汗出减少，但觉腰胀痛，目眩，经量尚少，舌质淡，苔薄黄干，脉细弦。治以补肾益气、养血调经法。

处方：北芪 20g，川杜仲 10g，鸡血藤 20g，丹参 15g，当归 10g，川芎 6g，白芍 10g，熟地 15g，续断 10g，益母草 10g，炙甘草 6g。每日 1 剂，水煎服，连服 4 剂。

按语：肝主血海，肾主诸阴，血汗同源。经行之际，阴血下注，肝肾不足，相火偏旺，阴虚阳亢，迫津外泄，故汗出淋漓。汗后虚火渐清，故诸症平息。治以六味地黄汤滋补肝肾，沙参、麦冬滋补阴液，鸡血藤、白芍、夜交藤养血调经。二诊去山萸肉，加五味子以收敛止汗。四诊经行汗已减少，因为气有固涩的作用，加入北芪以益气健脾，固涩津液，用川杜仲、熟地、续断补益肝肾，鸡血藤、当归、白芍补血养肝，川芎、丹参、益母草活血调经，使肝肾阴复，阴平阳秘，经行自汗可愈。

经 行 乳 胀

月经将要来潮之时，乳房轻度胀痛，经行之后则舒，不属病态。如又胀又痛，触之加剧，甚或触之有硬块，胸胁苦满胀痛，此属经前乳胀，是妇女常见的疾病。

一、病因病机

本病的发生，有虚实之分，实者有气滞血瘀、寒凝瘀滞、痰湿郁结等的不同。虚者多属肝肾阴虚、虚火内动的病变。临床所见，以气滞血瘀和肝肾阴虚的为多。盖肝藏血而喜疏泄条达，乳头属厥阴肝经，乳房为阳明胃经所属。如七情过极，肝气郁结，则横逆犯胃，肝郁胃阻，则气机不利，气滞则血瘀，乳络不能，不通则痛，故乳房胀痛，甚则波及胸、胁致苦满疼痛。肝肾阴虚，水不能涵木，经水将行之时，相火内动，上扇胸胁，故乳房胀痛，乳头痒痛交加，胸胁苦满或闪痛。

二、论治用药

本病的治疗，根据致病因素的不同，采取或疏解，或温散，或化瘀，或祛痰，或软坚等治法。如经水将行，乳房又胀又痛，触之加剧，经行前后不定，量多少不一而夹瘀块，胸闷不舒，苔白，舌质正常，或边尖有瘀点，脉弦或沉涩者，为气滞血瘀之变，当用疏肝解郁、活血化瘀之法，方用血府逐瘀汤（桃仁、红花、当归、生地、川芎、赤芍、怀牛膝、桔梗、柴胡、枳壳、甘草）加凌霄花、素馨花、瓜蒌壳治之；乳房又胀又痛，痛过于胀，触之有硬块，经行错后而夹紫块者，此属寒凝瘀结之证，当用温经散寒、活血化瘀之法，以桂枝茯苓丸（桂枝、茯苓、赤芍、丹皮、桃仁）加当归、白芷、熟附子、炒山甲、路路通治之；乳房又胀又痛，触之有硬块，胸胁闷胀，带下量多而色白质稀者，此属痰湿郁结，阻遏气机，血脉不利之变，治宜祛湿化痰、理气和中之法，以金水六君煎（当归、熟地、陈皮、半夏、茯苓、甘草、生姜）加浙贝母、海浮石、藿香治之；如经行错后，量少而色红，乳头胀痛而痒者，此属肝肾阴虚，水不能济火之证，宜用滋养肝肾之阴，佐以疏解之法，以一贯煎（北沙参、麦门冬、当归、生地黄、川楝子、川杞子）加杭白芍、何首乌、夏枯草治之。

除了药物内服之外，适当配合药物外洗及针灸疗法，则疗效尤佳。其方法如下：

（1）鲜马鞭草60g，土牛膝40g，鲜橘叶30g，苏木20g，以适量清水煎30分钟，乘热熏洗患处，每日2~3次，有通行血脉、行气止痛之功。

（2）针灸穴位：肝俞双穴，支沟双穴，足三里双穴，三阴交双穴。属实属热之证，则单针不灸，以强刺激手法刺之，并在肝俞穴针后挤出1~2滴血。属虚属寒之证，先针后灸，以弱刺激手法刺之。

病例1

覃某，女，22岁，工人，未婚。1972年12月13日初诊。

长期以来，月经将要来潮之际，两侧乳房及少腹、小腹胀痛，胀过于痛，按之不减，经行之后则舒。经行错后，2~3个月一行，量少而色红，夹少量紫块，平时腰脊酸困，入寐欠佳，寐则多梦，余无特殊。脉象弦细，舌苔薄白，舌质边尖有暗点。证属肝气郁滞，血行不畅而导致的病变。治宜疏肝理气，活血化瘀之法。

处方：当归9g，川芎6g，生地黄12g，赤芍药9g，桃仁6g，益母草9g，川红花2g，北柴胡5g，香附9g，合欢花6g。每日1剂，水煎服，连服3剂。

1973年2月23日二诊：上方自服6剂，月经按期来潮，经前乳房、少腹、小腹不胀痛，但尚有头晕耳鸣，脉象沉细，舌苔薄白，舌质淡而边尖有瘀点。恐化瘀攻伐太过，转以养血为主。

处方：鸡血藤18g，黄精18g，艾叶6g，白芍9g，赤芍6g，当归身9g，阿胶珠9g，炒柴胡3g，甘草5g，红枣10g。每日1剂，水煎服，连服3剂。

嗣后停药，观察3个月，疗效巩固。

病例2

黄某，女，29岁，已婚。1991年6月17日初诊。

经前溢乳3年。平素月经不规则，40~60天一行，近3年每于经前十余天乳房胀痛，可挤压出少量黄白色乳汁，伴烦躁，多梦，目眩，经行则乳胀缓解。因月经不调，恐惧避孕失败，情绪较为紧张。末次月经5月15日，经行小腹胀痛阵作，经色先暗后红，有血块，带下正常，纳寐可，二便调。舌淡红，苔薄白，脉细缓。

诊断：经行溢乳。

辨证：肝郁化热。

治则：养血疏肝清热。

处方：当归10g，川芎6g，白芍10g，熟地15g，续断10g，丹参15g，益母草10g，鸡血藤20g，柴胡6g，凌霄花10g。每日1剂，水煎服，连服4剂。

二诊（1991年7月15日）：6月26日经行，色暗红，量中，夹紫块，溢乳减少，小腹胀痛，舌淡红，苔薄白，脉弦细。仍宗前法。

处方：首乌10g，当归10g，白芍10g，柴胡6g，茯苓10g，白术6g，薄荷6g（后下），素馨花6g，益母草10g，凌霄花10g，炙甘草6g。每日1剂，水煎服，连服4剂。

三诊（1991年10月31日）：上方连服14剂，溢乳消失，已无乳房胀痛，近日带下量多，色白清稀，舌淡红，苔薄白，脉细。以养血温肾调经法善后。

处方：当归10g，川芎6g，白芍10g，熟地15g，续断10g，益母草10g，鸡血藤20g，丹参15g，小茴香6g，花椒6g，炙甘草6g。每日1剂，水煎服，连服4剂。

按语：患者情志抑郁，以致肝气郁结，郁久化火；冲任隶属肝肾，冲任气血随肝经郁火上逆，不得下行，上逆则化为乳汁；肝之疏泄失常，疏泄太过，藏之不及，故见溢乳。治以柴胡疏肝解郁，当归、白芍、鸡血藤、熟地养血柔肝，川芎、丹参、益母草活血调经，续断补肝肾，行血脉，凌霄花辛而微寒，可凉血清热。二诊更以逍遥散疏肝健脾，加首乌养血柔肝，素馨花疏肝开郁，凌霄花凉血清热，益母草活血调经。

三诊肝经郁火已平，疏泄正常，溢乳症消，反见带下量多，色白质清稀，出现一派寒象，加之经行溢乳为月经之病，治经必治血，终以养血温肾调经法善后。

经 行 便 血

凡血液从肛门流溢而出，称之便血。便血有虚实之分，一般先便后血的为远血，多属虚证；先血后便的为近血，多属实证。本病由于妇女在平时无便血，仅在月经将要来潮之前数日，有周期性的大便下血，因与月经的周期有关，故称之经前便血或经行便血。

一、病因病机

临床所见，本证有虚实之分。实证多由平素阳盛血热，或过食辛燥之物，肠中郁热不解，伏火内炽。胞宫与大肠相邻而同居下焦，月经将行之时，相火内动，胞中气血旺盛，相火与肠中郁热交炽为患，肠中津液耗损，以致大便干结，损伤肠中络脉，故大便时血出。虚证则多由于劳损内伤，如暴怒伤肝，肝阴亏损，肝虚不藏血；劳思太过则伤脾，脾虚则不能统血，中气下陷；肾藏精而为封藏之本，肾虚则固藏无能。所以肝、脾、肾三脏的亏损，均足以导致经前便血。

二、论治用药

本病的治疗，当然要本着"虚则补之，实则泻之"的原则。凡是经前便血，量多，色淡，先便后血，面色苍白，头晕目眩，腰腿酸软，心悸怔忡，经行前后不定，量多，色淡质稀，平时带下绵绵，色白质稀，无特殊气味，小便频数，大便溏薄，苔少舌淡，脉虚细者，此属脾肾气虚，固摄无能，宜用温肾补肝，健脾摄血之法，以完带汤（党参、白术、苍术、怀山药、陈皮、白芍、车前子、黑荆芥、柴胡、甘草）加菟丝子、川杜仲、补骨脂、归身、阿胶珠、鹿角霜之类治之。完带汤本是治疗脾虚带下的主方。傅青主称"此方脾、肾、肝三经同治之法，寓补于散之中，寄消于升之内"。治脾治肝有余，而补肾缺如，故加入菟丝子、川杜仲、补骨脂等补肾之品。病属血证，故加当归、阿胶珠以治血。凡是经前便血，先血后便，血色鲜红或深红，口苦咽干，唇舌干燥，渴喜冷饮，肛门灼热，大便干结，小便黄，月经提前，量多，色暗红，质稠黏，苔黄，舌红，脉滑数者，此属大肠本有郁热，经将行相火内动，火热交炽之实热证，宜用清热、凉血、止血之法，以芩连四物汤加槐花、地榆、益母草、莲藕节、生军治之。

经前便血，为妇女特有的疾患，在选方用药，必须注意与月经的关系，既要调经，又要治疗便血，才能收到预期的效果。

病例

黄某，女，38 岁，已婚，职工。1982 年 3 月 5 日初诊。

1 年来经行超前 1 周左右，量多，色淡质稀，持续 4~6 天干净，经前 3~4 天，虽大便溏薄，但便后出血 3~5 滴，无腹痛，经行之后，则便血自止。平时带下量多，色白质稀，腰膝酸软，少气懒言，倦怠乏力，纳食不香，脉象虚细，舌苔薄白，舌质淡嫩。证属脾肾气虚，统摄固藏无能，月经将行则气虚下陷愈甚，故便血。宜温补脾肾之气为主，佐以升提固涩之法。

处方：制附子 6g（先煎），党参 15g，白芍 10g，炒白术 15g，白茯苓 10g，补骨脂 10g，炙北芪 20g，桑螵蛸 10g，升麻 3g，生军炭 6g，炙甘草 6g。每日 1 剂，水煎服，连服 3 剂，每剂可以复煎 1 次。

3 月 10 日二诊：上方服后，纳食良好，精神好转，带下减少。脉舌如上。药既中的，效不更方，仍守上方出入。

处方：炙北芪 20g，党参 15g，杭白芍 10g，炒白术 12g，白茯苓 10g，补骨脂 10g，鹿角霜 20g，炙甘草 6g。每日 1 剂，水煎服，连服 6 剂。

4 月 2 日三诊：上方服后，带下正常，昨日月经来潮，色红，量中等，现除腰困之外，无不适，经前无便血。脉象细缓，苔薄白，舌质一般。以异功散（党参、云苓、白术、陈皮、炙草）加当归、白芍、坤草健脾养血以调经，从而收到巩固疗效之功。

经行吊阴痛

妇女在行经期间，除少腹、小腹胀痛之外，并伴有外阴掣痛，牵掣至两侧乳头亦痛，似有筋脉从阴部吊至乳上，阵发性发作，故名经行吊阴痛。

一、病因病机

经行疼痛，是妇科月经病常见的疾患，其发生的部位多在少腹、小腹及乳房。本病的表现，除了乳房、少腹、小腹胀痛之外，并在阴中不时掣痛，痛时牵引至乳头亦痛，阴痛则乳痛，上下相应。究其原因，多由于七情所伤，肝气郁滞，冲脉里急气逆而致。盖肝藏血而性喜条达，肝主筋，肝脉络阴器，布散于胸胁，乳头属肝，为冲脉之所系；冲脉起于胞中，主一身之血海，为人身之冲要，并足阳明之经夹脐上行，至胸中而散。由于七情过极，恼怒伤肝，或寒邪凝滞经脉，导致肝气疏泄失常，冲脉逆气里急，以致气机不利，气血失调，阴中和乳头的络脉不畅，故阴中掣痛则牵引至乳头亦痛。

二、论治用药

本病的治疗，宜用疏肝理气，活血止痛之法，如经行前后不定，经行不畅，血色暗红，经将行阴中、乳房、少腹胀痛剧烈，脉弦，苔白，舌正常者，此由于七情过极，肝气抑郁，气机不利而吊痛，常用《景岳全书》中之柴胡疏肝散（柴胡、白芍、枳壳、陈皮、川芎、香附、炙甘草）加当归、延胡索、益母草、路路通治之；如心烦易怒，恼怒无时，脉弦而数，苔薄黄，舌质红，肝郁化火者，当以养血平肝为主，常用一贯煎加夏枯草、凌霄花、益母草、郁金治之；如经行错后，量少色暗而夹血块，脉沉紧者，此属血虚寒凝筋脉而吊痛，宜用温经散寒、补血化瘀之法，常用《金匮要略》温经汤加减治之。如吊痛剧烈难忍者，宜白芍、赤芍并用，并重用苦酸微寒之白芍(15～20g)，以其既能养血敛阴，又有柔肝止痛。如由于房事不节，或由于非理的交合而导致冲脉气逆里急而吊痛者，宜加用通络、化瘀、镇逆之品，如延胡索、通草、桑寄生、紫石英之类。

病例

李某，女，36岁，已婚。1980年9月16日初诊。

3年来经行前后不定，量多少不一，经色暗红而夹紫块，经行不畅，月经将要来潮胸胁苦满，乳房及少腹、小腹胀痛，经中吊阴痛，虽经治疗，效果不满意。每次月经将要来潮，依然乳房及少腹、小腹胀痛，经中吊阴痛加剧。现经行第三天，从阴道内掣痛牵至乳头上，阵发性发作，精神倦怠，夜难入寐，寐则多梦，胃纳一般，大、小便正常，舌苔薄白，舌质淡红，脉象弦细。经过医院妇产科妇检，无异常发现。根据脉症，乃属肝气郁结，肝失疏泄，气机不畅，冲脉不正常主持血海而气逆里急的病变。拟用疏肝理气、活血化瘀之法为治。

处方：北柴胡6g，杭白芍15g，赤芍药10g，枳壳10g，川芎䓖10g，酒炒香附6g，延胡索10g，金铃子6g，台乌药10g，炙甘草5g。每天1剂，水煎服，连服3剂。

9月20日二诊：药后，吊阴痛大减，余无特殊。再守上方，连服3剂，以巩固疗效。

带 下 疾 病

带下有生理和病理之分。本节主要是指后者而言，即指带下量多，绵绵不断，或色质异常，有秽臭之气，或伴有局部症状，如阴道瘙痒、肿胀灼痛等带下疾病。

带下的致病原因，虽然有饮食劳倦、内伤七情、外感邪毒等之分，但总的来说，其病变均与肝郁化火，肾失蒸腾，脾不健运，任脉不固，带脉失约有关。由于带下有不同的色泽，因而在分类上有白带、黄带、赤带、青带、黑带、赤白带、五色带之称。

其中以白带、黄带、赤白带三者为常见。

带下的治疗，历来是以健脾、升阳、除湿为主。但带下是秽浊恶气壅滞胞宫，容易化热生虫，往往要加用清热解毒、杀虫之品。年老体弱，久带不止，又宜补肾培元，常常补涩并用。

脾虚带下

病例 1

刘某，女，39 岁，桂林某厂工人，已婚。1973 年 11 月 8 日初诊。

经行超前，色暗红，夹紫块，经行之时少腹、小腹及乳房胀痛。平时带下量多，色白夹黄，有秽浊气味，不时阴痒已数月，纳寐一般，大便正常，小便黄，脉细滑，苔薄白，舌质淡。阴道分泌物涂片镜检：霉菌（＋）。

诊断：脾虚带下。

辨证：脾失健运，湿浊郁滞。

治则：健脾燥湿，解毒杀虫。

处方：党参 9g，白术 9g，苍术 9g，土茯苓 18g，白芍 9g，车前子 9g，延胡索 9g，槟榔 9g，台乌药 9g，陈皮 6g，甘草 5g。每日 1 剂，水煎服，连服 3 剂。

二诊（11 月 12 日）：药已，带下减少，阴痒减轻。药既对证，守上方加益智仁 9g。每日 1 剂，水煎服，连服 3 剂。

三诊（11 月 17 日）：带下消失，阴道不痒。脉沉细，苔薄白，舌质淡。阴道分泌物镜检：霉菌（－）。为巩固疗效，仍用健脾补肾、杀虫之剂。

处方：党参 15g，云苓 9g，白术 9g，陈皮 3g，菟丝子 9g，川断 9g，首乌 12g，槟榔 6g。每日 1 剂，水煎服，连服 3 剂。

按语：脾统血而运化水湿，脾虚则统血无能，故经行超前；脾虚不化湿，湿浊下注，故平时带下量多，色白夹黄；湿浊郁滞，化热生虫，故带下有臭秽之气，不时阴痒；气虚湿郁，血行不畅，故经行少腹、小腹及乳房胀痛。证属脾失健运，湿浊郁滞，故以异功散加苍术健脾燥湿，白芍、车前子、槟榔和阴利湿以杀虫，延胡索、台乌药行气和血，顺气解郁。方中以土茯苓易白茯苓，因其不仅能利湿而且能解毒，为利湿解毒平稳之品。二诊时症已减轻，在健脾利湿之中，又加用益智仁行气温涩，旨在速收全功。

病例 2

罗某，女，24 岁，南宁市某糖烟门市部售货员，未婚。1974 年 3 月 21 日初诊。

15 岁月经初潮，一向周期正常，但量较少，色淡不鲜。经常小腹胀痛，按之则舒。数月来腰骶胀痛，带下显多，色白，质如米泔，胃纳、大小便正常。脉沉细，苔薄白，舌质淡。

诊断：脾虚带下。

辨证：脾气虚弱，运化失常。

治则：健脾益气，佐以祛湿。

处方：党参 12g，云苓 12g，白术 9g，怀山药 15g，莲肉 12g，川断 12g，骨碎补

15g，桑寄生 15g，土茯苓 12g，小茴香 5g。每日 1 剂，水煎服，连续 3 剂。

二诊（3 月 24 日）：药已，白带消失，腰骶胀痛减轻，小腹仍隐隐而痛。脉细缓，苔薄白，舌质淡。药已中病，仍守上方出入。

处方：党参 9g，云苓 9g，白术 9g，小茴香 3g，甘草 3g。每日 1 剂，水煎服，连服 12 剂，腰、腹胀痛痊愈。

6 月 11 日追访，疗效巩固，3 个月来带下正常，月经色量较好，腰骶及小腹不痛。

按语：脾主湿而为气血生化之源，脾虚则运化失常，气血来源不足，故经行量少而色淡；湿浊不化，下注胞宫，故带下量多，色白，质如米泔，并伴有少腹、小腹及腰骶胀痛，按之则舒，此为气虚运行乏力，筋脉不温煦之征。药能对证，又贵守方，故收效满意。

体会：脾为土脏而主湿，肾主水而为水火之脏，脾与肾既有水土的关系，又有先后天的关系，脾虚又易为肝木乘克，所以脾虚带下，虽然治以健脾燥湿为主，也要注意调理肝肾。如例 2 罗某，既有带下量多，又有小腹腰骶胀痛等，故在健脾化湿基础上，适当使用温肾壮腰之品。又带下为湿浊之邪，其性黏腻，非辛温芳香不能开，故酌用台乌药、小茴香等行气之品，疏转人体的气机，脾胃健和，升降自如，则带下可止。

阳虚带下

病例 1

郭某，女，37 岁，柳州市某厂技术员，已婚。1974 年 9 月 5 日初诊。

月经超前 8~10 天，量多，色暗红，持续 4~6 天干净。平时带下量多，经常带卫生纸，色白，质稀如水，无特殊气味。肢倦乏力，精神不振。脉虚细，苔薄黄白，舌质淡嫩。

诊断：阳虚带下。

辨证：脾肾阳虚，水湿不化。

治则：温肾健脾，运化水湿。

处方：熟附片 9g（先煎），党参 12g，云苓 12g，白术 9g，巴戟天 9g，茺蔚子 15g，柴胡 5g，荆芥 5g。每日 1 剂，水煎服，连服 3 剂。

二诊（9 月 14 日）：带下量较少，精神较好，脉舌如上。守上方去荆芥、柴胡，加炒怀山药 15g，芡实 9g。每日 1 剂，水煎服，连服 3 剂。

三诊（9 月 18 日）：带下正常，但寐而易醒，纳差，大便干结，小便正常。脉沉细，苔薄白，舌边尖有瘀红点。恐温药伤阴，加生首乌 18g，每日 1 剂，水煎服，连服 3 剂，以冀达到补阳配阴之目的。

四诊（9 月 25 日）：自服温肾健脾之药后，带下正常，精神亦好。最后用异功散加味以善其后。

处方：党参 12g，云苓 9g，白术 9g，陈皮 3g，怀山药 15g，菟丝子 12g，坤草 9g，炙草 6g。每日 1 剂，水煎服，连服 3 剂。

按语：《素问·生气通天论》："凡阴阳之要，阳密乃固。"今患者脾肾阳虚，不能运化水湿，阳虚则不固密，故带下量多，色白，质稀如水，证属阳虚不化水，故以健脾温肾之法治之，治湿及泉，阳气恢复，则湿化水升，带下自愈。

病例2

谢某，女，49岁，柳州市某公司干部，已婚。1974年9月6日初诊。

停经2年，经常头晕，肢体倦怠，腰酸，少腹、小腹胀闷，胃纳不振，带下量多，色白，质稀如水，有腥臭气味，大小便正常。脉沉细，苔薄白，舌质淡，边有齿痕。

诊断：阳虚带下。

辨证：肾阳衰怯，蒸化失常。

治则：温肾健脾，佐以固涩。

处方：党参15g，熟附片9g（先煎），云苓12g，白术9g，白芍9g，巴戟天9g，益智仁6g，台乌药9g，怀山药15g，桑螵蛸5只。每日1剂，水煎服，连服3剂。

二诊（9月9日）：带下减少，精神好转。守上方，加补骨脂9g，去茯苓之渗利，每日1剂，水煎服，连服6剂。

三诊（9月21日）：诸症消失，带下正常。脉细缓，舌苔如平。仍守上方，加北芪18g，再服6剂，以善其后。

1974年10月15日追访：停药已半月，一切正常。

按语：患者七七之年，肾阳衰怯，不能运化水湿，故带下量多，色白，质稀如水；湿浊久停，故有腥臭气味，须防其恶化。其余头晕、肢体倦怠、腰酸、少小腹闷胀，均是元阳虚弱、筋脉失养之候，故取附子汤加巴戟天以温肾健脾。带下本由阳虚而起，故在补养温化之中，加用缩泉丸温肾固涩，治本不忘标，温补之中，有化有涩，促进下元的恢复，从而达到治带的目的。

病例3

云某，女，30岁，南宁地区某仓库保管员，已婚。1973年3月30日初诊。

月经周期基本正常，色量一般。平时带下量多，色黄白，质稠如涕，偶或阴痒，腰脊及胃脘、胸胁胀痛，胃纳不振，肢体乏力，大便正常，小便淡黄。脉虚细，苔薄白，舌质正常。西医妇检：宫颈肥大，糜烂，左侧附件增厚。骨科检查：第4、5腰椎间盘突出，梨状肌损伤。

诊断：阳虚带下。

辨证：肾阳虚怯，湿郁瘀积。

治则：温肾健脾，舒筋活络。

处方：熟附片10g（先煎），党参15g，云苓12g，白术9g，益智仁9g，白芍9g，乌药9g，当归9g，怀山药15g，泽兰9g，炙甘草5g。每日1剂，水煎服，连服3剂。

二诊（4月8日）：药已，带下已少，但略有燥热之感。脉沉细，苔薄白，舌质正常。仍守上方，去附子之辛热，加骨碎补15g。每日1剂，水煎服，连服3剂。

三诊（4月22日）：腰痛减轻，但口干，脉细，苔黄白，舌尖红。恐温药过用，转用下方：当归9g，白芍9g，熟地12g，怀山药15g，泽泻9g，云苓12g，丹皮9g，川断9g，鸡血藤15g，骨碎补15g，红枣9g。每日1剂，水煎服，连服3剂。

四诊（4月29日）：腰胁疼痛减轻，带下正常，苔薄白，舌质正常。仍以温肾活血之法以固本。

处方：熟附片 10g（先煎），党参 15g，白术 9g，云苓 9g，白芍 9g，当归 9g，川芎 9g。每日 1 剂，水煎服，连服 3 剂。

按语：本例为阳虚带下，但伴有腰脊、胸胁、胃脘胀痛，结合妇科检查有子宫颈肥大，骨科检查有腰椎间盘突出等病变，显系既有阳虚的一面，又有湿浊瘀滞的一面，故用温肾健脾之法以治本，恢复元阳，复用泽兰、鸡血藤、骨碎补等品，以舒筋活络，旨在扶阳疏滞，从而达到温化之功。

体会：肾主水，脾主湿，脾肾阳虚，则水湿不化而为带下。而阳之所以虚衰，虽然有多种原因，但均与肾虚有关。盖肾内寄相火，为元阳之所出，肾阳虚则脾阳虚，肾既不蒸腾，脾又不运化，以致带脉失约，冲任不固，水谷津液不能升清输布，反而下陷，形成湿浊停滞胞宫，故带下绵绵不断。证既由阳虚而起，治之当不离乎温肾健脾之法，以辛热之附子为主药。但证各有所兼或所偏，在扶阳的基础上，仍略有出入。如例 1 郭某偏于脾虚，用药则偏重于脾；例 2 谢某，年老带下，以肾为主，温阳固涩并用；例 3 云某，兼夹瘀积，故酌用活血化瘀、舒筋活络之品。

根据病情的不同变化，治带下之法虽然有多种多样，但概括起来，不外温化或清化。而阳虚带下之治，或温肾以化水，或健脾以升清，均从温化着眼。

湿瘀带下

病例 1

王某，女，39 岁，南宁市某厂工人，已婚。1975 年 5 月 9 日初诊。

月经周期基本正常，但经行前后头痛，肢节烦疼，发热，乳房及少腹、小腹胀痛，触之加剧。经色暗红，夹紫块，量多，持续 1 周左右干净。平时带下量多，色白质稠。胃纳、二便正常。右脉沉细，左脉弦滑，苔薄白，舌质正常。西医诊为附件炎、宫颈炎、盆腔炎。

诊断：湿瘀带下。

辨证：湿郁下焦，胞脉瘀积。

治则：化湿祛瘀，解毒通络。

处方：鸡血藤 18g，忍冬藤 18g，土茯苓 15g，怀山药 15g，首乌 15g，党参 12g，芡实 12g，路路通 9g，赤芍 9g，车前子 9g，佛手 9g，甘草 3g。每日 1 剂，水煎服。

二诊（6 月 3 日）：上方连续煎服 12 剂之后，5 月 22 日经水来潮，量较上月少，血块亦少。少腹、小腹及乳房胀痛减轻，带下正常。脉沉细滑，舌苔正常。药既对证，守方出入。

处方：当归 9g，白芍 9g，川芎 6g，云苓 12g，白术 9g，苏木 9g，青皮 9g，路路通 9g，香附 9g，鸡内金 9g，忍冬藤 18g，柴胡 5g。每日 1 剂，水煎服。

三诊（6 月 20 日）：上方坚持煎服 15 剂之后，带下正常，月经来潮，乳房及少腹、小腹不痛，一切正常。

1976 年 3 月 21 日追访，半年来经行、带下未见异常。

按语：湿浊郁滞下焦，带脉不约，冲任不固，故带下量多，色白质稠；湿浊郁滞胞宫，胞脉不利，故经行少腹、小腹胀痛，经色暗红、夹块。证属湿郁下焦，胞脉瘀积，故以党参、怀山药、芡实、土茯苓、车前子健脾化湿，鸡血藤、赤芍活血化瘀，忍冬藤、路路通、甘草解毒通络，佛手和中理气以醒脾胃，首乌补肝肾而生精血，与党参、怀山药、芡实同用，实是补养肝、脾、肾之阴，防渗通之剂过用。二、三诊守方出入，前后共服 27 剂而收功。

病例 2

班某，女，30 岁，平果县城关马头镇居民，已婚。1982 年 4 月 18 日初诊。

1978 年第一胎人工流产之后，迄今将近 4 年仍未再孕。月经周期正常，色暗红，量一般，持续 3~5 天干净。经行之时腰及少腹、小腹胀痛，平时带下量多，色黄白，不时阴痒。其余尚无特殊发现。脉虚弦，苔薄白，舌质淡。

诊断：湿瘀带下。

辨证：湿郁下焦，胞脉不畅。

治则：健脾化湿，调养冲任。

处方：当归 9g，白芍 9g，川芎 5g，云苓 15g，白术 9g，泽泻 9g，苍术 5g，鸡血藤 15g，延胡索 9g，莪术 5g，炙甘草 5g。每日 1 剂，水煎服，连服 3 剂。

二诊（4 月 22 日）：药已，带下量少，阴道不痒，但耳鸣，夜难入寐。脉沉细，苔薄黄，舌淡红。恐温燥攻伐过用，转用调养之品。

处方：归身 9g，白芍 9g，熟地 15g，怀山药 15g，山萸肉 9g，北沙参 9g，麦冬 9g，夜交藤 15g，云苓 5g，泽泻 5g，丹皮 5g。每日 1 剂，水煎服，连服 3 剂。

三诊（4 月 25 日）：夜寐较好，但尚耳鸣。脉沉细，苔薄白，舌质淡红。药既对证，守方再服 3 剂。

四诊（5 月 9 日）：月经逾期 9 天尚未来潮，耳鸣，肢倦。脉细滑，苔薄白，舌质淡红。拟补肾壮腰，双补气血之法。

处方：菟丝子 15g，怀山药 15g，党参 15g，炙北芪 15g，归身 9g，川芎 5g，白芍 9g，熟地 15g，柴胡 2g。每日 1 剂，水煎服，连服 3 剂。

五诊（6 月 15 日）：停经将近 2 个月，疲倦，纳差，少腹隐痛，腰酸。脉细滑，苔薄黄，舌质淡红。妊娠试验阳性。证属胎气壅滞，波及胞脉，拟补肾壮腰、清热安胎之法。

处方：菟丝子 20g，太子参 15g，桑寄生 15g，白芍 9g，川断 5g，杜仲 5g，陈皮 2g，黄芩 3g，甘草 5g。每日 1 剂，水煎服，连服 3 剂。

按语：湿郁下焦，阻遏气机，以致胞脉不利，故带下量多而多年不孕，治之当以健脾化湿、调养冲任为主。首诊方中以茯苓、二术、泽泻、甘草健脾化湿，归、芍、芎、鸡血藤、莪术、延胡索补血活血，理气化瘀。二诊以后，侧重滋补肝肾，调养冲任，阴血充溢，经脉畅通，病愈而能孕。

体会：瘀的形成，虽然有多种原因，但与湿邪重浊关系至为密切。盖湿邪黏腻，能阻遏气机，导致经脉不利，血行不畅，如有离经之血，则湿与血相合，凝结为瘀，积于胞中，故治之既用燥湿渗利之品，又要用活血化瘀之剂。但湿可致瘀，瘀久也可致湿，治之当分主次，如由于湿邪重浊，导致经脉不利而为瘀者，当以祛湿为先；如由瘀血阻塞经脉，导致津液不能输布，反而下陷为湿者，又宜活血化瘀为首要。

湿性黏腻，瘀则凝结，均能阻遏气血的流行，导致湿瘀互结之患，故化湿与活血之法在所必用。化湿宜甘淡渗利之品，如茯苓、泽泻之类；活血则应补血化瘀并用，如当归、鸡血藤、坤草之类。既要祛湿化瘀，又要避免损伤正气。

病例3

杜某，34岁，工人。1991年3月15日初诊。

10个月来每于月经前后4~5天出现带下夹血丝，持续3~5天自止。月经周期尚规则，经色偏暗，经量中等，末次月经为1991年2月19日。现带下夹血丝，量少，伴腰及两髋部作胀，小腹不适，纳食、二便正常，舌淡红，苔薄白，脉细缓。

诊断：湿瘀带下。

辨证：脾虚肝郁，湿瘀下注。

治则：健脾养肝，化瘀利湿止带。

处方：当归10g，川芎6g，白芍10g，茯苓10g，白术10g，泽泻10g，海螵蛸10g，茜根10g，甘草5g。4剂，每日1剂，水煎服。

二诊（1991年3月19日）：3月17日经行，量中等，色暗红，伴腰脊作胀，舌淡红，苔薄白，脉细略数。经行之际，拟养血为主，因势利导。

处方：鸡血藤20g，丹参L5g，熟地15g，白芍10g，归身10g，川芎6g，川断10g，益母草10g，炙甘草6g。3剂，每日1剂，水煎服。

三诊（1991年3月22日）：月经基本干净，但仍有少量粉红色分泌物，腰胀而痛，舌淡红，苔薄白，脉细数。经后胞脉空虚，虚火内灼，最易损伤任带，故治拟养血清热，壮水以制火。

处方：地骨皮15g，丹皮10g，丹参15g，归身10g，白芍10g，生地15g，怀山药15g，麦冬10g，甘草5g。4剂，每日1剂，水煎服。

四诊（1991年3月27日）：药已，带下仍有少量血丝，腰胀痛已消失，纳、便正常，舌淡红，苔薄白，脉细缓。仍用健脾益气化瘀之法。

处方：党参15g，茯苓10g，白术10g，陈皮5g，海螵蛸10g，茜根10g，益母草10g，煅牡蛎20g，炙甘草6g。4剂，每日1剂，水煎服。

五诊（1991年4月19日）：4月15日经行，经前6天仍有少量粉红色分泌物，但较前减少，经量中等，色暗红，现量少欲净。舌淡红，苔薄白，脉沉细。仍守上法，湿瘀并治。

处方：党参15g，茯苓10g，白术10g，陈皮5g，鸡血藤20g，丹参15g，扶芳藤15g，芫蔚子10g，炙甘草6g。4剂，每日1剂，水煎服。

六诊（1991年4月23日）：月经干净已2天，本次经后无赤白带。现有少量带下，色黄，余无不适，舌淡红，苔薄白，脉沉细。

处方：归身10g，川芎6g，白芍10g，土茯苓20g，白术10g，泽泻10g，苍术10g，黄柏10g，苡仁15g，牛膝10g，甘草5g。7剂，每日1剂，水煎服。

七诊（1991年6月25日）：5、6月份行经，经行前后赤白带下消失，经量中等，经行时腰胀痛。现夜难入寐，寐则多梦，纳、便正常，舌淡红，苔薄白，脉细。转用滋阴补肾，调理冲任法善后。

处方：熟地 15g，怀山药 15g，山黄肉 10g，茯苓 6g，丹皮 6g，泽泻 6g，北沙参 10g，麦冬 10g，夜交藤 20g，茺蔚子 10g，甘草 6g。3 剂，每日 1 剂，水煎服。

按语：肝藏血，脾统血，肝脾亏虚，则藏血统血功能失司，经行前后，相火偏旺，扰动血海，离经之血夹带而下，故经行前后带下夹血丝，即前人所言"赤白带"也。肝肾同源，肝脾不足，日久及肾，肾精虚，骨失其养，故腰及骶部作胀；肝失疏泄，经气不利，故小腹不适。一诊从调理肝脾入手，养血化瘀，健脾涩带，方中当归、川芎、白芍既能补血又能化瘀，补肝血而不滞；白术、茯苓、泽泻淡渗健脾利湿；海螵蛸、茜根止血止带，湿瘀并治。二诊正值经行，治用四物汤加味养血化瘀，兼以补肾，因势利导。三诊经净后血去阴伤，防其虚火损伤任带，方用地骨皮饮去川芎加怀山药、麦冬，意在补血滋阴清热，壮水以制下焦伏火。四诊、五诊仍守健脾益气、化瘀利湿止带之法，体现了治带不忘瘀的宗旨。六诊赤白带消失，但湿瘀久化热，湿热未清，治除湿瘀并治外，更注意清热燥湿以清余邪，方用当归芍药散合四妙散治疗。七诊以补肝肾、养阴血、调冲任的六味地黄汤加北沙参、麦冬、夜交藤、茺蔚子善后。全案理、法、方、药，丝丝入扣，药随证转，体现了辨证施治的特色。

病例 4

莫某，女，26 岁，工人。1991 年 9 月 3 日初诊。

半年多来带下增多，色黄质稀，外阴时痒，阴道内有灼热感，月经量多，色鲜红，夹血块，经行时腰腹疼痛。末次月经为 1991 年 8 月 28 日，现为经净后第一天。带下量多，色黄质稀，阴道灼热瘙痒，咽痛，心烦多梦，舌尖红，苔薄黄，脉细略数。妇科检查：宫颈Ⅱ度糜烂，白带化验检查霉菌阳性。

诊断：湿瘀带下。

辨证：湿热夹瘀，任带损伤。

治则：清热利湿，解毒化瘀。

处方：土茯苓 30g，鸡血藤 20g，忍冬藤 20g，薏苡仁 20g，丹参 15g，车前草 10g，益母草 10g，败酱草 15g，紫草 10g，桔梗 6g，甘草 6g。7 剂，每日 1 剂，水煎服。

二诊（1991 年 10 月 10 日）：药后带下减少，阴道灼热感减轻。9 月 26 日行经，经量较前减少，但小腹仍疼痛。现腰酸乏力，纳、便尚可，白带量少，色淡黄不臭，舌淡红，苔薄白，脉细弱。病有转机，再宗前法，守上方去败酱草、紫草，加连翘 20g，白芷 10g，再服 7 剂。

三诊（1991 年 12 月 6 日）：上药服后白带已恢复正常，月经亦正常，近日复查白带霉菌已消失。现除口干、夜寐欠佳外，余无不适。舌淡红，苔薄白，脉细。湿瘀已除，肾阴虚象渐显，宜补肾养阴以资巩固。

处方：熟地 15g，怀山药 15g，山黄肉 6g，茯苓 6g，丹皮 6g，泽泻 6g，沙参 10g，麦冬 10g，首乌 15g，川杞子 10g，菟丝子 20g。7 剂，每日 1 剂，水煎服。

按语：本案因素体阴虚，湿热蕴结下焦，损伤冲、任脉和胞宫，湿、瘀、热夹杂为患所致。因湿热内蕴，导致气血受阻，瘀滞胞宫，损伤冲、任、带脉，秽液下流，故带下量多，阴部灼痛；湿热生虫，故阴部瘙痒；湿瘀内阻，络伤血溢，故月经量多，经血夹块；湿瘀阻滞胞宫、胞络，故经行腰腹疼痛。治之宜用清热利湿，解毒除秽，活血化瘀之法。一诊方中重用土茯苓为主药，以利湿除秽，解毒杀虫；忍冬藤、车前草、薏苡仁之甘寒，既能辅助土茯苓以利湿解毒，又有清热之功，且甘能入营养脾，虽清热而不伤正；鸡血藤、丹参补血活血；益母草活血祛瘀，利水解毒；甘草既能解毒，又可调和诸药；败酱草、紫草清热凉血，化瘀解毒；桔梗开宣肺气以治咽痛。诸药配伍，虽清利而不伤正。二诊更以连翘清热解毒，白芷芳香燥湿止带，使湿浊除，热毒清，瘀滞去，则带下止。三诊以八仙长寿饮加减滋养肺肾、调理冲任以固根基。

病例5

麦某，女，32岁，工人。1991年7月23日初诊。

带下量多11年。自1980年结婚，婚后带下量多，色黄白相兼，时稀时稠，尤以经行前后为甚。4年前在当地医院检查，宫颈Ⅱ度糜烂，行冷冻治疗，术后1年复查，宫颈糜烂未见好转。近1年来白带增多，臭秽，伴阴痒，平素头晕而痛，腰胀，少腹、小腹时而胀痛，夜难入寐，纳、便尚可。孕4产1，人流3次，月经延后7天以上，色暗红，夹瘀块。妇科检查：宫颈Ⅲ度糜烂。

诊断：湿瘀带下。

辨证：湿瘀下注，胞门受损。

治则：清利湿热，活血化瘀。

处方：当归10g，川芎6g，白芍10g，土茯苓20g，白术10g，泽泻10g，苍术10g，黄柏10g，生薏仁15g，牛膝6g，甘草6g。7剂，每日1剂，水煎服。

二诊（1991年8月6日）：上药共服10剂，腰胀减轻，夜寐好转，但带下时多时少，黄白相兼，外阴痒痛，尿频，舌淡红，苔薄白，脉细。仍守上方加减出入。上方去夜交藤，加白蒺藜、槟榔以杀虫止痒。7剂，每日1剂，水煎服。

三诊（1991年8月20日）：月经于8月13日行，较上月仅推迟3天，经量中等，色暗红夹块，4天十净。经后带下增多，色黄质稀臭秽，阴痒，时而头晕。昨日白带化验检查：霉菌阳性。舌淡红，苔薄白，脉细略数。治宜化瘀利湿，清热解毒杀虫。

处方：鸡血藤20g，丹参15g，土茯苓20g，忍冬藤20g，生薏仁20g，车前草10g，益母草10g，白芷10g，蒲公英10g，紫草10g，甘草6g。7剂，每日1剂，水煎服。

另用槟榔30g，仙鹤草60g，蛇床子30g，水煎，熏洗外阴。3剂。

四诊（1991年8月27日）：药后带下减少，微臭，外阴瘙痒减轻，仍觉偶有头晕，腰胀，舌淡红，苔薄白，脉细。仍守原法。

处方：当归10g，川芎6g，白芍10g，土茯苓20g，白术10g，泽泻10g，白芷6g，紫草10g，鸡血藤20g，苍术10g，黄柏10g。7剂，每日1剂，水煎服。

五诊（1991年11月1日）：守上方加减出入共服药二十余剂，月经规则，白带已恢复正常，头晕腰胀也明显好转，阴痒亦瘥，两天前妇检宫颈炎从Ⅲ度转为Ⅰ度，白带化验正常。近日来自觉头胀心悸，尿黄而频，舌淡红，苔薄白，脉细。

处方：熟地15g，怀山药15g，土茯苓20g，益母草10g，当归10g，白芍10g，赤芍15g，连翘20g，鸡血藤20g，红枣10g。7剂，每日1剂，水煎服。

按语：慢性宫颈炎为临床顽疾，有轻、中、重之别，多因分娩、流产或手术后宫颈损伤，病原体入侵引起感染，宫颈受分泌物的刺激发生浸润，上皮脱落而形成糜烂。

西医治疗常采用电熨、冷冻或激光治疗，但对阴道分泌物多者效果欠佳。中医认为，本病由房劳过度，损伤肝肾，或经产不慎，风、寒、湿、热之邪，尤其是湿浊之邪入侵损伤冲任，湿蕴化热，湿热郁腐，湿瘀阻滞，波及肝肾所致。在本案治疗中，针对湿、热、瘀的特点，治疗上将清热解毒、利湿化瘀、杀虫止痒等法有机结合，灵活运用，方用当归芍药散合四妙散加减出入，守方治疗，使热毒清，湿瘀化，从根本上改善了患者的阴道环境，从而达到经带并治的目的。

病例6

邓某，女，25岁，农民。1992年4月28日初诊。

1年来带下明显增多，以月经中期尤为明显，色黄，质黏稠，臭秽，月经周期正常，经量中等，经行第二天常出现右下腹疼痛，放射腰背，按之痛减，经血夹块。刻下为经净后第三天，带下量少，色黄，偶有腰痛，纳食、二便正常。已婚1年，未避孕迄今未孕。舌尖边红，苔薄黄，脉细弦。

诊断：①湿瘀带下；②痛经。

辨证：湿瘀下注，气机不畅。

治则：清热利湿解毒，行气化瘀。

处方：鸡血藤20g，丹参15g，土茯苓20g，忍冬藤20g，薏苡仁20g，车前草10g，益母草10g，桑寄生15g，川断10g，香附10g，甘草6g。3剂，每日1剂，水煎服。

二诊（1992年5月5日）：带下量仍多，黄白相兼，臭秽，伴小腹隐痛，腰痛乏力，纳、便正常，舌淡红，苔薄微黄，脉细。仍守原法，重在化瘀利湿。

处方：当归10g，川芎6g，白芍10g，土茯苓20g，白术10g，泽泻10g，苍术10g，黄柏10g，连翘20g，旱莲草20g，甘草6g。7剂，每日1剂，水煎服。

三诊（1992年5月12日）：药已，带下量减，色白质稠，仍有臭味，腹痛减轻，困倦乏力，舌淡红，苔薄白，脉细。

处方：苍术10g，黄柏10g，薏苡仁15g，牛膝10g，连翘15g，甘草6g。4剂，每日1剂，水煎服。

1992年10月6日随访，服上药后带下正常，痛经明显减轻，继而受孕。

按语：湿热蕴积下焦、胞宫，损伤任带之脉，气血运行受阻，瘀血内生，湿瘀夹杂为患，故带下量多，经行腹痛；湿热郁遏，煎熬津液，故带下色黄；湿瘀内阻，气机不畅，胞脉闭塞，故难以受孕。一诊以甘淡平的土茯苓利湿除秽，解毒杀虫；忍冬藤、车前草、薏苡仁之甘寒，既能辅助土茯苓利湿解毒，又有清利之功，虽清利而不伤正；鸡血藤辛温，补血为主，兼以行血；益母草活血祛瘀，利水解毒；丹参一味，功同四物，与鸡血藤、益母草合用，则补血化瘀其功益彰；香附疏肝解郁以行气，桑寄生、川断补肾壮腰以固本。诸药合用，扶正祛邪，利湿化瘀。二诊患者带下仍多，兼有腹痛，说明湿瘀胶结，祛之不易，故治疗上着重化瘀利湿。方中当归、川芎、白芍补血化瘀行血；土茯苓、白术、泽泻健脾利湿；黄柏、苍术清热燥湿；连翘既能解毒，又能利湿化瘀；旱莲草益肝肾，凉血养阴。三诊药已显效，守法再进，用四妙散清热燥湿止带，连翘既能利湿，又能化瘀，临床为化瘀利湿止带之佳品。故治疗后湿瘀渐化，胞脉畅通，带下愈，痛经消，能孕育。

体会：带下之成因，傅山在《傅青主女科》已指出："夫带下俱是湿证。"故众医治带不离湿。但从临床看来，治带除重视祛湿以外，还要重视化瘀。故治带之法，应重在"湿"、"瘀"二字。盖妇人经、孕、产、乳以血为用，而湿为阴邪，其性重浊黏腻，最易阻遏气机，使冲任带脉功能失常，血行不畅，导致瘀血内生。而瘀血形成后，又可瘀阻经络，影响三焦气化，使水津不能敷布施化而生湿，湿能致瘀，瘀能生湿，互为因果，胶结为患。临证可表现为带下异常，还可因此影响冲任功能而出现痛经、腹痛、癥瘕等疾。妇检发现多为慢性宫颈炎、宫颈息肉等。治疗上既要利湿，又要化瘀，常用方为《金匮要略》当归芍药散。该方原为仲景治肝虚血滞、脾虚湿阻而设，方中既有当归、川芎、白芍治肝治血，养血活血祛瘀，又有茯苓、白术、泽泻治脾治气，健脾利湿，实为肝脾并治、气血并治、湿瘀并治之良方。临证可根据湿瘀的轻重缓急，或以祛瘀为主，或以利湿为先，灵活加减。如例3杜某，表现为赤白带下，除用本方湿瘀并治外，兼用滋阴清热、健脾止血诸法；例4莫某和例5麦某均诊断为慢性宫颈炎，为湿、热、瘀壅滞下焦，损伤胞门所致，故治疗上在利湿化瘀的同时，侧重清热凉血解毒，用验方清宫解毒饮治疗。方中鸡血藤、丹参补血行血，忍冬藤清热解毒，土茯苓、车前草、薏苡仁利湿解毒，益母草既能化瘀，又能利水解毒。例6邓某除表现为湿瘀带下外，还因湿瘀阻滞胞宫胞脉而致痛经、不孕之变，治疗上仍用湿瘀并治之法，佐以四妙散清热燥湿，清利结合，使湿瘀能化，达治带及经的疗效。

湿热带下

病例1

黄某，女，26岁，南宁某厂工人，已婚。1982年3月7日初诊。

结婚3年多，除婚后月余受孕一次而流产之外，迄今未再孕。一向经行错后，腰腹胀痛，婚后依然，经色暗红，量一般，经将行之时胸胁、乳房及少腹、小腹胀痛剧烈，按之加重。平时带下量多，色黄白，腥臭秽。经前1周或经间阴吹簌簌有声如转矢气样。大便干结如羊屎，小便正常。现经中第二天，色红，量一般。脉虚弦，苔薄白，舌边尖有瘀暗点。

诊断：湿热带下。

辨证：湿热下注，胞脉不利。

治则：疏肝扶脾，清热燥湿。

处方：当归9g，川芎5g，云苓9g，白术9g，苍术5g，益母草12g，金铃子9g，延胡索9g，黄柏6g。每日1剂，水煎服，连服3剂。

二诊（3月12日）：药已，带下、阴吹减轻，脉虚细，苔薄白，舌尖红，仍守上方出入。

处方：当归9g，白芍12g，怀山药15g，熟地15g，山萸肉9g，泽泻9g，土茯苓15g，丹皮9g，金铃子9g，鸡血藤15g，莪术5g，丹参15g，延胡索6g。每日1剂，水煎服，连服6剂。

三诊（3月22日）：带下极少，大便正常，脉细，苔薄白，舌尖红。药既对证，守上方减金铃子，再服6剂。

四诊（4月22日）：带下正常，阴吹消失。但近3日来乳房胀痛，触之加剧。脉弦细，苔薄白，舌尖红，唇干，下唇起疱疹。拟柔养为主，佐以疏气。

处方：北沙参9g，麦冬9g，当归9g，生地15g，川杞子9g，川楝子6g，白芍9g，甘草5g。每日1剂，水煎服，连服6剂。

五诊（5月11日）：乳房胀痛减轻，阴吹轻微复发，脉细弦，苔薄白，舌尖红。仍以柔养肝阴为治。

处方：北沙参9g，麦冬9g，当归9g，生地15g，茺蔚子9g，白芍15g，夜交藤15g，合欢皮9g，甘草5g。每日1剂，水煎服，连服6剂。

六诊（10月4日）：自服上方之后，一切症状消失，随之停药。现受孕5个月，感觉腰胀困，肢体乏力。脉细滑，苔薄白，舌质淡。拟补肾气以安胎。

处方：菟丝子20g，党参20g，熟地15g，炙北芪20g，桑寄生9g，川杜仲9g，川断6g，荷叶蒂6g，砂仁壳2g。每日1剂，水煎服，连服6剂。

按语：症有带下、痛经、阴吹、不孕等之变，实由于肝失疏泄，脾不健运，以致湿热下注胞宫。湿邪阻遏胞脉，热邪壅滞伤津，瘀积内停，故经行错后而疼痛；经将行及经中阴吹，乃相火内扇之状；湿热交蒸，则冲任失常，故带下量多，色黄白而质腥臭秽；湿热黏腻，胞脉不利，难以摄精，故受孕艰难。证既属湿热之患，治之当以疏肝扶脾，清热燥湿为法，湿热消除，则诸症可愈。

病例2

刘某，女，30岁，桂林市某公司工人，已婚。1973年9月11日初诊。

经行之时，少腹胀痛，痛过于胀，按之不减，经量一般，色紫黑有块，周期基本正常。平时带下量多，色黄白，成片如豆腐渣，质稠秽，近几天来，外阴肿痛瘙痒，口干，饥而不能食，大便正常，小便灼痛。脉弦而略数，苔白夹黄，舌中裂纹。

妇科检查：外阴潮红，阴道可见豆腐渣样分泌物。白带镜检：霉菌少许。

诊断：湿热带下。

辨证：肝胆湿热，下注胞宫。

治则：清热利湿，解毒止痒。

处方：内服方：土茯苓24g，白芍18g，连翘15g，黄柏9g，甘草9g。每日1剂，水煎服，连服3剂。

外洗方：苦参60g，土黄连、金银花、百部各30g，地骨皮15g，自加肥皂粉15g，水煎，乘热熏洗，每日2~3次。

二诊（9月14日）：药后阴道痒痛减轻，胃纳较好。昨天经行，量多，色暗红，夹块，腰及少腹、小腹胀痛，按之则舒。脉沉细，苔薄白，舌质淡红。

处方：内服方：归身12g，川芎3g，白芍6g，艾叶6g，川断9g，延胡索9g，香附6g，益母草9g，小茴香3g。每日1剂，水煎服，连服3剂。

外洗方：守上外洗方。

三诊（9月20日）：阴道痒痛轻微，但昨天带下量多，色黄白，质稠秽。脉细，苔薄黄，舌淡红。守9月11日方。

四诊（9月28日）：阴痒消失，带下减轻，脉沉细，苔薄白。阴道分泌物涂片检查霉菌（－）。拟健脾益气，补血养肝以善其后。

处方：党参 15g，土茯苓 20g，白术 9g，炒苡仁 15g，归身 12g，白芍 9g，骨碎补 12g，炙甘草 6g。每日 1 剂，水煎服，连服 5 剂。

按语：湿为阴邪，热为阳邪，湿热交蒸，壅滞胞宫，导致冲任失常，带脉失约，故经行少腹胀痛，经色紫红夹块，带下量多而色黄白，质稠秽成片，外阴肿痛而痒。治之采用清热利湿、解毒止痒之法，内治外洗并用，疗效良好。

病例 3

邓某，女，40 岁，桂林市某合作社售货员，已婚。1973 年 11 月 5 日初诊。

月经周期正常，色红，量较多。平时带下量多，色黄质稠秽，阴道不时瘙痒，腰酸痛，纳差，大便正常，小便色黄。脉弦，苔黄厚腻，舌质红。阴道分泌物涂片镜检霉菌（＋）。

诊断：湿热带下。

辨证：湿热下注，秽浊生虫。

治则：清热利湿，杀虫止痒。

处方：猪苓 9g，云苓 9g，泽泻 9g，滑石 18g，生地 12g，土茯苓 15g，龙胆草 9g，槟榔 9g。每日 1 剂，水煎服，连服 3 剂。

二诊（11 月 8 日）：药已，带下量少，阴道不痒，小便不黄。守上方加鸡血藤 15g，再服 3 剂。

三诊（11 月 17 日）：1 周来带下消失，阴道不痒，二便正常，脉沉细，舌苔正常。阴道分泌物涂片镜检霉菌（－）。症状消失，拟用健脾壮腰之法，以巩固疗效。

处方：潞党参 10g，云苓 6g，白术 10g，首乌 15g，川断 9g，桑寄生 15g，槟榔 9g。每日 1 剂，水煎服，连服 3 剂。

按语：带下量多，色黄而稠秽，阴痒，溺黄，苔黄腻，舌尖红，为湿热交蒸之候，故以清热利湿之法治之。湿热最易化浊生虫，故用槟榔燥湿杀虫。当带下正常，阴道不痒之后，遵"缓则治其本"的原则，用健脾补肾之法以善后。

病例 4

张某，女，30 岁，南宁市某厂技术员，已婚。1977 年 2 月 5 日初诊。

经行错后，量多，色红，平时带下量多，色黄白，质稠秽，阴道瘙痒，腰痛，胃纳不振，口苦而干，大便正常，小便色黄，脉弦数，苔黄白，舌质红。

诊断：湿热带下。

辨证：湿热下注，郁困胞宫。

治则：清热祛湿，治带调经。

处方：内服方：土茯苓 15g，黄柏 9g，苍术 6g，苡仁 15g，牛膝 5g，槟榔 6g，黄芩 6g，柴胡 3g，甘草 3g。每日 1 剂，水煎服，连服 6 剂。

外洗方：蛇床子、苦参、金银花、连翘各 30g，水煎，趁热熏洗，每日 2~3 次。

二诊（2 月 11 日）：药已，带下量少，阴痒消失，腰不痛，脉和缓，舌苔薄白，舌质正常。仍按上法处理，以清余邪。

内服方：柴胡 5g，当归 9g，白芍 9g，云苓 9g，白术 9g，槟榔 5g，甘草 5g。每日 1

剂，水煎服，连服 3 剂。

外洗方：守初诊外洗方。

三诊（8 月 21 日）：外洗方连用 2 周，每日熏洗 1 次，疗效巩固，带下正常，阴痒不复发，月经正常。

按语：湿热下注胞宫，湿酿于热，热处湿中，交蒸于内，带脉失约，冲任功能失常，故带下量多，色黄白而稠秽，阴道瘙痒，经行不调。从清热祛湿论治，湿热一化，既可治带，又可以调经。

病例 5

吴某，女，60 岁，退休工人。1993 年 3 月 6 日初诊。

两月余来无明显诱因出现外阴、阴道瘙痒不适，带下增多，色白质稠，微臭，数天前在带下中还夹有粉红色分泌物，曾到市某医院检查，诊为"阴道炎"，经阴道冲洗及放药治疗后无明显效果。现带下仍多，色黄白，阴道口瘙痒，坐立不安，食辛热食物时瘙痒更甚，少腹、小腹胀痛放射至阴道口，心烦易躁，纳食、二便正常，面色稍黑，神情烦躁，小腹部轻压痛，舌淡红，苔薄黄，脉细。

诊断：①湿热带下；②阴痒。

辨证：血虚生风，湿毒下聚。

治则：养血柔肝，燥湿杀虫。

处方：鸡血藤 20g，丹参 15g，苍术 10g，土茯苓 20g，白芍 20g，车前草 10g，黄柏 6g，当归 10g，甘草 6g。3 剂，每日 1 剂，水煎服。

另用百部 60g，雷丸 50g，仙鹤草 40g。2 剂，水醋同煎，熏洗阴部，每日 1 剂，每日 2 次。

二诊（1993 年 3 月 9 日）：内服、外洗上药后，带下大减，外阴不痒，但夜寐仍差，多梦，舌淡红，苔薄黄，脉细。效不更方，守上方继服 4 剂。

1 个月后随访，上症已瘥。

按语：老妇年届花甲，阴血已亏，湿毒之邪乘虚入侵，蕴久化热生虫，故阴道瘙痒不适。阴血不足，肝气不舒，经脉不畅，故少腹、小腹胀痛连及阴部。治宜补虚泻实，标本兼顾。方中鸡血藤、丹参、当归补血行血，补而不滞；白芍、甘草柔肝疏肝，缓急止痛；土茯苓、车前草甘寒淡渗，利湿健脾而不伤阴；黄柏、苍术清热燥以除带。诸药合用，能补、能化、能利、能清。更用百部、雷丸、仙鹤草水醋同煎外洗以杀虫止痒，米醋取其酸收，酸味益肝血，消肿去邪毒之功。诸药合用，切中病机，收效甚捷。

病例 6

叶某，女，30 岁，工人。1991 年 6 月 25 日初诊。

5 年前因放环后出现带下量多，时而赤白相兼，质稀如水，伴少腹、小腹隐痛，妇检为重度宫颈炎，行激光治疗。嗣后带下、腹痛未减，尤以经前腹痛加剧，乳房胀痛，久治无效。刻诊：带下量多，稀稠不一，时而赤白相兼，臭秽难闻，伴腰酸，小腹隐痛。妇科检查：阴道分泌物量多夹血丝，宫颈重度糜烂，于宫颈 9 点处可见直径 1cm 的赘生物，表面破溃，触之出血。舌淡红，苔薄黄，脉细数。

诊断：湿热带下。

辨证：湿毒下聚，任带受损，瘀滞胞门。

治则：清热解毒，利湿化瘀。

处方：鸡血藤20g，土茯苓20g，忍冬藤20g，丹参15g，薏苡仁15g，败酱草10g，车前草10g，七叶一枝花10g，白花蛇舌草10g，甘草6g，7剂，每日1剂，水煎服。

二诊（1991年7月2日）：药已，白带明显减少，色白不臭。现正值经前，乳房稍胀，舌尖红，苔根黄厚，脉细弦。因湿瘀胞宫，气血失和，改用调和气血，化瘀利湿之法，方用当归芍药散加味。

处方：当归10g，川芎6g，白芍10g，土茯苓20g，白术10g，泽泻10g，黄芪20g，益母草10g，炙甘草6g。6剂，每日1剂，水煎服。

三诊（1991年7月13日）：7月3日经行，腹痛减轻，经量、色质均可，6日干净。但近来带下赤白，量少，伴腰胀，困倦乏力，大便微溏，舌淡红，苔薄白，脉细。湿毒已清，治宜健脾化瘀，固涩止带。方用异功散加味。

处方：党参15g，云茯苓10g，白术10g，陈皮5g，海螵蛸15g，葛根10g，煅牡蛎30g，炙甘草6g。7剂，每日1剂，水煎服。

守上方间用马鞭草、仙鹤草、忍冬藤加减，服药十余剂后复查，宫颈糜烂已从重度转为轻度，宫颈赘生物消失，白带已正常。

按语：本案因手术胞宫胞脉受损，或术后摄生不慎，感染湿毒之邪，湿瘀相搏，积于胞宫，蕴久化热，损伤任带，故出现带下量多，赤白相兼，湿热熏蒸；胞门受损，气血阻滞，久而成癥，故出现宫颈糜烂及赘生物。由于病程较长，且湿热瘀滞多与阴虚、血虚夹杂出现，故治宜选用甘寒淡渗、化瘀利湿之品，扶正祛邪两相兼顾。一诊方中以土茯苓、薏苡仁、车前草甘寒清热利湿而不伤阴分；鸡血藤、丹参补血行血，能补能化；更以忍冬藤、败酱草、七叶一枝花、白花蛇舌草清热解毒，活血除秽。诸药合用，热能清，湿能祛，瘀能化，毒能解，湿瘀热除，收效明显。二诊正值经前，湿毒已清，故用当归、川芎、白芍养血活血，柔肝养肝；土茯苓、白术、泽泻健脾利湿；黄芪补气益脾以助运化；益母草专入胞宫，化瘀行经。全方实有调和气血，使湿瘀俱化之功。三诊湿毒已祛，但脾虚未复，故治宜益气健脾，化瘀止带，方用异功散合海螵蛸、煅牡蛎以培中固涩，以收全功。

病例7

姚某，女，28岁，教师。1991年3月22日初诊。

半年来带下量多，色白质稠，伴外阴瘙痒，白带化验查出霉菌。用制霉菌素片及中药治疗，效果不明显。现仍觉阴痒，以睡前加重，白带量多，色黄质稠，纳寐尚可，二便调和。舌淡红，苔薄白，脉细稍数。

诊断：①阴痒；②湿热带下。

辨证：湿热下注，蕴久生虫，损伤任带。

治则：清热利湿，杀虫止痒。

处方：当归10g，川芎6g，白芍10g，土茯苓20g，白术10g，泽泻10g，苍术10g，黄柏10g，槟榔10g，九里明20g，甘草6g。4剂，每日1剂，水煎服。

二诊（1991年3月26日）：药后诸症减轻，舌淡红，苔薄白，脉细略数。药证相合，守方再进7剂，另用九里明60g，仙鹤草40g，水煎，熏洗外阴部，3剂。

三诊（1991年4月5日）：药后诸症减轻，但经净后阴痒，白带增多，伴腰酸，舌淡红，苔薄白，脉细。继用前法。

处方：当归10g，川芎6g，白芍10g，土茯苓20g，白术10g，泽泻10g，白蒺藜10g，槟榔10g，蛇床子5g。7剂，每日1剂，水煎服。

四诊（1991年4月12日）：仍有少量白带，色白，如豆腐渣样，阴痒，余无异常，舌淡红，苔薄白，脉细。治在原法基础上加重清热解毒之功。

处方：土茯苓20g，忍冬藤20g，丹参15g，益母草10g，野菊花10g，凌霄花10g，白蒺藜10g，甘草6g。7剂，每日1剂，水煎服。

五诊（1991年4月26日）：药已，带下减少，质稀，仍有阴痒，舌淡红，苔薄白，脉缓。

处方：归身10g，白芍10g，土茯苓20g，白术10g，泽泻10g，苍术10g，黄柏10g，生薏仁15g，牛膝6g，九里明20g，甘草6g。7剂，每日1剂，水煎服。

六诊（1991年5月7日）：药后阴痒明显减少，白带量色正常，舌淡红，苔薄白，脉细。诸症已缓，改用健脾利湿杀虫以调理。

处方：党参15g，白术10g，茯苓10g，陈皮6g，当归10g，白芍10g，白蒺藜10g，槟榔10g，九里明20g，炙甘草6g。7剂，每日1剂，水煎服。

按语：《傅青主女科·带下》有"夫带下俱是湿证"之说。因湿聚下焦，郁久化热生虫，损伤任带，故出现白带增多，色、量异常，阴部瘙痒等症状。治带固然以治湿为主，但因湿性重浊黏腻，易阻遏阳气，使脏腑气血失和，气滞血瘀，形成湿瘀为患。在治疗上除重视清热解毒、杀虫止痒外，要兼顾到湿中夹瘀的病理变化。本案中一诊、二诊均选用当归芍药散去茯苓加土茯苓加强清热解毒利湿的功能，合二妙散、槟榔、九里明清湿热，燥湿杀虫止痒，配用外洗则杀虫效果更佳。由于湿瘀蕴久化热伤阴，湿热与虚火交炽，故阴痒缠绵难愈。四诊除选用清热解毒、利湿化瘀之品外，更用凌霄花清下焦伏火，白蒺藜入肝经，疏风止痒。待湿毒已清，则用健脾利湿、杀虫解毒之剂，使脾气健运则湿清带止。

病例8

姚某，女，27岁。1992年8月20日初诊。

两年多来带下量多，色黄质稀，味腥且臭。半年前开始出现外阴瘙痒，以夜间为甚。近日来带下明显增多，质稠，恶臭，尤以月经前明显，伴外阴瘙痒，曾行阴道分泌物检查，诊为霉菌性阴道炎。舌淡红，苔薄白，脉缓。

诊断：湿热带下。

辨证：湿热下注，损伤任带。

治则：清热利湿，杀虫止带。

处方：黄柏10g，苍术10g，牛膝10g，生薏仁20g，忍冬藤20g，土茯苓20g，槟榔10g，鹰不扑15g，甘草6g。4剂，每日1剂，水煎服。

二诊（1992年8月24日）：药已，带下稍减，色转淡黄，外阴仍痒。舌红，苔薄白，脉缓。守上方，去忍冬藤，加苍耳子10g。

三诊（1992年8月27日）：带下转白，外阴仍痒，舌脉同前。带下日久，必伤阴津，治在利湿杀虫的同时注意养血。

处方：鸡血藤20g，丹参15g，土茯苓20g，苍耳子10g，槟榔10g，百部15g，川椒6g，乌梅10g，甘草5g。7剂，每日1剂，水煎服。

四诊（1992年9月14日）：药已，带下正常，不臭，外阴痒明显减轻。9月12日在某医院取阴道分泌物镜检霉菌消失。舌淡红，苔薄白，脉细，继用上法调理。

处方：当归10g，白芍15g，土茯苓20g，怀山药15g，生薏仁15g，紫草10g，地肤子10g，苍耳子10g，马鞭草15g，甘草5g。7剂，每日1剂，水煎服。

按语：经行产后，胞脉空虚，或起居不慎，用具不洁，湿浊秽恶之毒乘虚入侵，郁滞阴户胞宫，久则化热生虫，湿热下注，损伤任带而致本病。一诊方用四妙散加忍冬藤、土茯苓清热解毒燥湿；鹰不扑辛温，既能利湿，又能止带；槟榔杀虫。诸药合用，清热利湿，解毒杀虫。二诊湿热渐清，加苍耳子增强杀虫之功。由于带下乃阴津所化，病久可使阴血耗损，阴虚血燥则阴痒难愈，故三诊、四诊选方用药均在利湿杀虫的同时，选用鸡血藤、百部、当归、白芍、怀山药等阴柔之品，顾护阴血。诸药合用，扶正祛邪，疗效满意。

体会：胞宫位于下焦阴湿之地，而湿性趋下，素体脾虚，湿浊下注，或经行产后，胞脉空虚之时，外界湿浊秽恶之毒易乘虚入侵，郁滞阴户胞宫，久则化热生虫，损伤任带而出现湿热带下。临证常见带下如脓，或如豆腐渣状，或夹血，臭秽，阴部灼热，外阴瘙痒，白带镜检多为霉菌性或滴虫性阴道炎。根据病情的轻重，治疗上常用清热利湿、解毒杀虫等法。清热利湿，常选用甘淡平的土茯苓、车前草、薏苡仁，利湿而不伤阴；清热解毒则选用忍冬藤、败酱草、连翘、七叶一枝花、白花蛇舌草、九里明等；杀虫止痒药物常用槟榔、百部、使君子、仙鹤草、雷丸等。由于湿热蕴久易化燥伤阴，故选用药品均为甘、辛、苦、寒之属，甘能补，辛则能开，苦则能燥，寒则能清。在内服药物的同时，配合外用熏洗，局部治疗与全身治疗相结合，疗效更佳。

孕妇带下

病例

刘某，女，24岁，桂林市某厂工人，已婚。1973年8月29日。

怀孕6月余，带下量多，色白，质清稀。2个月前开始阴痒，入夜加剧。脉弦数，苔薄白，舌质红。大便正常，小便黄。妇科检查：外阴湿疹。分泌物涂片镜检：霉菌（+）。

诊断：孕妇带下。

辨证：湿浊下注，化热生虫。

治则：健脾化湿，清热解毒。

处方：内服方：茯苓皮18g，大腹皮6g，广陈皮3g，地骨皮15g，黄芩6g，桑寄生12g，川断9g，怀山药15g。每日1剂，水煎服，连服3剂。

外洗方：苦参60g，金银花30g，甘草15g，肥皂粉15g。水煎，趁热熏洗，每日

2～3次。

二诊（9月1日）：带下量少，阴痒减轻，脉舌如上。守上法内服、外洗，连续1周，每日各1剂。

三诊（9月15日）：白带消失，阴痒轻微。脉滑数，苔薄白，舌质淡红。余邪未净，仍宜清热、祛湿、解毒。

内服方：桑寄生12g，川断12g，黄芩6g，莲肉9g，怀山药12g，北沙参9g，白芍9g，麦冬9g，甘草6g。每日1剂，水煎服，连服3剂。

外洗方：苦参60g，金银花、土黄连各30g，甘草15g。水煎，趁热熏洗，每日2～3次。

四诊（9月24日）：偶或阴痒，外阴肿痛。脉滑数，舌苔正常。妇科检查：外阴湿疹消失。阴道分泌物涂片检查：霉菌（－）。仍守上法，内服方加黄柏6g，外洗方加夏枯草30g。

五诊（10月30日）：上方连续服用，外洗半个月，外阴不痒，带下正常。阴道分泌物涂片检查：霉菌（－）。拟健脾益气，以善其后。

处方：党参15g，白术10g，云苓5g，陈皮3g，桑寄生15g，川断10g，杜仲15g，炙甘草5g。每日1剂，水煎服，连续6剂。

按语：凡治孕妇之疾，既要治病，又要安胎。故内服方以健脾补肾壮腰之品为主，佐以清热利湿。为防苦寒燥湿、解毒杀虫之剂不利于胎，则多用于外治。治病安胎并重，疗效遂愿。

体会：对带下病的原因，《傅青主女科》认为有"脾气之虚，肝气之郁，湿气之侵，热气之逼"诸因。也就是说，既有外感六淫邪毒之气，又有内伤七情、脏腑亏损之变。其原因虽然不同，但其终归是"夫带下俱是湿证"。傅氏对带下病的病因，作了概括的归纳，是很宝贵的经验。但从临床而言，除了肝郁脾虚可以引起带下病变之外，其他脏腑的亏损，同样也可以导致带脉失约而有带下病的发生，其中尤以肾最为显著，盖肾主水而为元阴元阳之根，肾阳虚衰，蒸化无能，则水湿滞留而带下绵绵。

带主约束，任主诸阴，督主诸阳，冲脉主血海，带脉通于任督二脉，任督病则带脉病，带脉病任督亦病，所以多见经、带并病。在辨证论治之时，要分清带病与经病孰轻孰重，采取治带及经，或调经治带，或经带并治。治带病以祛湿为先，治经病以理血为首要。但湿为阴邪，其性黏腻重浊，常常与血相结，凝滞胞宫，阻塞经脉，因此，在祛湿化浊之中，往往要配用理气活血、化瘀软坚之品。湿邪阻遏阳气，最易化热生虫，故解毒杀虫之品亦不可少。

土茯苓，性味甘淡平，既能清热利湿，又能解毒除秽，凡属湿热引起的带下病变，用之最宜。盖其性平，利湿不伤阴，解毒不耗气，为祛邪不伤正之良药。

年老体弱，带下日久不止者，如辨证确无秽恶之气，多属下元亏损，固藏无能，宜温补收敛并用，以培其根源。

脾虚肝郁带下

病例 1

张某，女，26 岁，职工。1992 年 2 月 17 日初诊。

1 年多来，无明显诱因出现白带增多，色黄稠臭秽，曾在某医院检查，诊为"滴虫性阴道炎"，用灭滴灵治疗，症状反复难愈。近半年来，又出现月经提前 1 周以上，经前乳房乳头胀痛，少腹、小腹剧痛，甚时头晕欲呕，经量偏少，色淡夹块。诊时带下量多，色灰黄，腰痛，小腹隐痛，纳差，便溏，全身乏力。1988 年结婚，夫妻同居，迄今未孕。白带检查：滴虫（＋＋＋），脓细胞（＋＋＋＋），清洁度Ⅲ度。舌淡红，苔薄黄腻，脉细弦。

诊断：①脾虚肝郁带下；②痛经；③不孕症。

辨证：脾虚肝郁，湿热下注。

治则：疏肝健脾，清热利湿。

处方：丹皮 10g，栀子 6g，柴胡 6g，当归 10g，白芍 10g，白术 10g，云茯苓 10g，益母草 10g，夏枯草 10g，枸杞子 10g，炙甘草 6g。3 剂，每日 1 剂，水煎服。嘱其忌辛热煎炒之品及姜、酒等，以免助湿生热。

二诊（1992 年 2 月 21 日）：药后诸症略为好转，大便仍溏，舌脉同前。肝木克土，脾失健运，法当"大补脾胃之气，稍佐疏肝之品，使风木不闭塞于地中，则地气自升腾于天上，脾气健而湿气消，自无白带之患矣"。方用完带汤加味。

处方：党参 15g，白术 10g，苍术 6g，怀山药 15g，升麻 3g，柴胡 5g，陈皮 6g，荆芥 3g（后下），车前草 10g，白芍 10g，薏苡仁 158，神曲 10g，炙甘草 6g。4 剂，每日 1 剂，水煎服。

三诊（1992 年 2 月 28 日）：药已，带下由黄转白，质稠臭秽，阴部瘙痒，大便微溏，舌淡红，苔白腻，脉细弦。转用湿瘀并治之法。

处方：当归 10g，川芎 6g，赤芍 10g，白术 10g，土茯苓 20g，泽泻 10g，黄柏 6g，苍术 6g，薏苡仁 15g，牛膝 6g。4 剂，每日 1 剂，水煎服。

四诊（1992 年 3 月 13 日）：服上药后白带明显减少，3 月 7 日行经，经前乳胀、腹痛大减。现口苦口干，大便干结，纳食不馨，舌淡红，苔微黄，脉细弦。此乃湿热伤阴所致，治宜甘寒淡渗利湿。

处方：鸡血藤 20g，丹参 15g，土茯苓 20g，忍冬藤 20g，车前草 10g，益母草 10g，生薏仁 15g，当归 10g，苍耳子 10g，鱼腥草 10g（后下）。7 剂，每日 1 剂，水煎服。

五诊（1992 年 3 月 24 日）：服药后诸症好转，但停药后仍有反复。现外阴、阴道不时刺痛，小腹隐痛，便溏，带下稍多，舌淡红，苔薄白，脉细弦。湿性缠绵，非同一般，守上方继服 7 剂。

六诊（1992 年 4 月 3 日）：药后阴痛及少腹、小腹痛均消失。现为经行第三天，经色、量尚可，夹少量血块，舌淡红，苔薄白，脉细弦。经行之际暂拟养血调经，俾经畅而无瘀滞之患。

处方：鸡血藤 20g，丹参 15g，当归 10g，川芎 6g，白芍 10g，熟地 15g，川断 10g，

益母草 10g，炙甘草 6g。4 剂，每日 1 剂，水煎服。

七诊（1992 年 4 月 10 日）：月经已净，现带下黄稠，尿道灼热，口苦乏力，大便时硬时溏，舌淡红，苔薄黄，脉细弦。仍守清热利湿化瘀之法。

处方：当归 10g，川芎 6g，赤芍 10g，白术 10g，土茯苓 20g，泽泻 10g，黄柏 6g，苍术 6g，连翘 15g，马鞭草 15g。7 剂，每日 1 剂，水煎服。

八诊（1992 年 7 月 28 日）：药后诸症消失。白带常规检查：滴虫消失，白细胞（＋）。末次月经为 1992 年 5 月 2 日，经检查为早孕。舌淡红，苔薄白，脉细滑。予健脾补肾以善后。

处方：党参 15g，白术 10g，茯苓 10g，陈皮 5g，扁豆花 10g，菟丝子 20g，杞子 10g，炙甘草 6g。4 剂，每日 1 剂，水煎服。

按语：脾主运化水湿，赖肝木之疏泄，脾虚肝郁，则水湿壅滞，蕴久化热，损伤任带而为带下病。肝失疏泄，气滞血瘀，故经前乳头、乳房作胀，少腹、小腹剧痛；肝郁化火，横逆犯胃，上扰清窍，故头晕欲呕；脾失健运，则纳差、便溏；湿瘀阻滞胞宫胞脉，故久婚不孕。脉细弦乃肝血不足、肝气郁滞之象。故一诊首拟疏肝清热、健脾利湿之法，方用丹栀逍遥散加夏枯草、益母草、杞子疏肝解郁，助脾之健运。由于带下病与脾湿下注、损伤任带有关，故二诊重在健脾升阳除湿为主，佐以疏肝解郁之品，方用《傅青主女科》完带汤加味治之，"此方脾、肾、肝三经并治之法，寓补于散之中，寄消于升之内"。又因湿为阴邪，其性重浊黏腻，易与胞中瘀血相搏，阻遏气血运行，形成湿瘀为患。本着治湿不忘瘀的原则，三诊选用了《金匮要略》当归芍药散合四妙散治疗，其中当归、川芎、白芍治肝治血，养血活血祛瘀；茯苓、白术、泽泻治脾调气，健脾祛湿；四妙散芳香化浊，燥湿健脾，其中土茯苓易茯苓，更增利湿解毒之功。四诊患者出现湿热伤阴的表现，故选用的药物均为甘寒淡渗利湿之品，利湿而不伤阴，以达扶正祛邪的目的。全案紧紧抓住脾虚肝郁这一主要矛盾，健脾疏肝，利湿化瘀，使湿清瘀化，冲任调和，脾气健旺，肝木荣和，而达治带及经、受孕育子之目的。

病例 2

黄某，女，29 岁。1992 年 3 月 11 日初诊。

带下量多半年，近两个月来症状加重，带下色黄绿如脓状，无异味，时有阴痒。月经尚规则，但经量偏多，色暗红，夹块，6 天干净。末次月经为 2 月 24 日。刻下觉头晕，气短乏力，带下量多，色黄绿，心烦易怒，夜寐多梦，咽中有痰，舌淡红，苔薄稍黄，有剥苔，脉细缓。

诊断：脾虚肝郁带下。

辨证：脾虚湿盛，肝郁化热。

治则：健脾利湿，疏肝清热。

处方：党参 15g，白术 10g，云苓 10g，陈皮 5g，薏苡仁 15g，白芍 20g，夏枯草 10g，柴胡 6g，荆芥穗 6g（后下），炙甘草 6g。3 剂，每日 1 剂，水煎服。

二诊（1992 年 3 月 31 日）：药已，带下量减，黄绿色变浅。3 月 26 日经行，量较原来减少，血块亦少，经中无任何不适。今日月经已净，纳食、二便正常，舌淡红，苔薄白，脉细。药后已获效机，再步前法，守原方再进3剂。

三诊（1992年4月10日）：药后带下基本恢复正常，阴痒消失，诸症已缓。近日因起居不慎而感邪，咽痒咳嗽，舌淡红，苔薄黄，脉细弦。仍守健脾利湿，佐以宣肺止咳。

处方：党参15g，白术10g，茯苓10g，陈皮5g，桔梗6g，夏枯草15g，黄柏6g，杏仁10g，龙利叶10g，荆芥6g（后下），炙甘草6g。3剂，每日1剂，水煎服。

按语：傅山在《傅青主女科》开篇之首即有"带下俱是湿证"之说。然湿有外湿、内湿之分，就带下病而言，以内湿为多。内湿之生，首当责脾，脾失健运，水谷精微不能上输以化血，反聚而成湿，流注下焦，伤及任带，则为带下病。本案患者脾气虚弱，湿聚下焦，郁久化浊，则带下黄绿如脓；脾虚不能统摄血液，则月经量多；脾虚清阳不升，则头晕；湿蕴久化痰，故咽中有痰。治以钱乙《小儿药证直诀》异功散为主方，方中以党参为君，益气健脾，白术为臣，健脾燥湿，茯苓为佐，渗湿健脾，炙甘草和中益土，更加薏苡仁以助茯苓利湿健脾之力。土侮木，脾湿内壅，影响了肝的疏泄，肝郁化热，心神受扰，故烦躁易怒，夜寐多梦，故加柴胡以疏肝气，助脾运化，白芍敛阴，平肝柔肝，夏枯草清肝火，荆芥穗辛温升散，既能助肝之疏泄升发，又寓风能胜湿之意。诸药合用，俾脾气健运，肝气疏泄，湿浊能化，故疗效可期。

体会：湿邪为带下病的主要原因，然湿之所生，首当责脾。盖脾主运化水湿，若脾失健运，则水谷精微不能上输以生化气血，反聚为湿，流注下焦，伤及任带，则为带下病。肝主疏泄，肝脉绕阴器，肝的疏泄升发功能可助脾的升清与健运，若肝郁化火，则可致脾失健运，肾失封藏，湿热下注。故治带除重视健脾外，还要顾及到肝的疏泄升发功能。如例1张某，因脾虚肝郁化火，湿热下注，瘀阻经脉，故出现带下、痛经、不孕症。治疗上肝脾并调，湿瘀并治，首诊用丹栀逍遥散加味治疗，疏肝清热为主，健脾利湿为辅；而例2黄某则健脾利湿为主，疏肝解郁为辅，根据临床表现脾虚和肝郁的孰轻孰重而采用不同的治法。临床常用方有逍遥散、完带汤和当归芍药散等，均能收到较好的疗效。

肾虚带下

病例1

黄某，女，24岁。1991年12月28日初诊。

1991年9月9日足月顺产，产后恶露淋沥近40天方净，自恶露干净后即出现黄白相兼的带下，质稀量多，腥臭，常需垫纸，乳汁稀少，腰胀而痛，大便硬结，纳食不馨。产后2个月经行，色量尚可，面白形瘦，舌淡红，苔薄白，脉沉细。

诊断：阳虚带下。

辨证：脾肾阳虚，湿浊下注。

治则：温肾健脾，化湿止带。

处方：制附子10g（先煎），桑螵蛸10g，益智仁10g，乌药10g，山药15g，党参15g，白术10g，茯苓10g，白芍10g，槟榔10g，大枣10g。4剂，每日1剂，水煎服。

二诊（1992年年1月25日）：药后带下减少，腰痛减轻，诸症好转，舌淡红，苔薄白，脉细。药已对证，治宗原法。守原方去槟榔，加补骨脂10g，3剂，每日1剂，水煎服。

三诊（1992年3月6日）：服药后白带已恢复正常，偶有腰痛，上月经行推迟10天，舌淡红，苔薄白，脉细。治仍拟温补脾肾，佐以养血调经善后。

处方：补骨脂10g，川杜仲10g，川断10g，肉桂6g（后下），炙北芪15g，熟地15g，白芍10g，当归10g，川芎6g，艾叶10g，香附6g，炙甘草6g。4剂，每日1剂，水煎服。

3个月后随访，经带正常，疗效巩固。

按语：患者产后正气未复，脾气虚弱，肾阳亏损，冲任不固，带脉失约，水津不能蒸腾气化，反而下陷，湿浊停滞胞宫，故出现恶露不绝后带下量多；湿浊久停，则带下黄白；腰胀痛为肾虚精亏，外府失养之征。肾阴不足，阴寒内结，肠道气机滞塞，则大便硬结；脾失健运，则纳谷不馨；脾肾阳虚，化源不足，故乳汁稀少。一诊治用温肾益阳、固涩止带之法，使肾阳恢复，脾气健旺，则湿化带下自止。方用附子汤加补骨脂温补肾阳，缩泉丸合桑螵蛸温肾固涩，再用槟榔杀虫止痒，治本不忘标，温补之中有化有涩，使肾中元阳恢复，而达温化的目的。二诊药已对证，收效斐然。因肾阳虚则冲任虚寒，血行无力，而致经行后期，故三诊重在温肾暖宫，养血调经，以艾附暖宫汤加补骨脂、川杜仲、川断、炙北芪等善后巩固。

病例2

周某，28岁，教师。1993年3月1日初诊。

半年来带下量多，色白稠，腥臭，伴阴部瘙痒，夜间尤甚，妇检发现宫颈轻度糜烂，阴道分泌物镜检有霉菌。月经周期正常，但经量偏多，色暗夹块，经前小腹隐痛，经后自行消失。常在梦中遗尿，有时一月数次，有时3~4个月1次，以阴雨天多见。纳寐尚可，大便正常，舌质淡，苔薄白，脉细滑。

诊断：肾虚湿瘀带下。

辨证：肾虚湿瘀，任带受损，封藏失职。

治则：先以利湿化瘀、解毒止痒祛其邪，继拟培元补肾、固涩小便以治其本。

处方：鸡血藤20g，丹参15g，忍冬藤20g，土茯苓20g，车前草10g，益母草10g，生薏仁15g，救必应10g，百部15g，槟榔10g，甘草5g。3剂，每日1剂，水煎服。

二诊（1993年3月11日）：药已，带下稍减，仍腥臭，外阴痒，舌淡红，苔薄白，脉细数。药已对证，效不更方，守上方7剂，水煎服。

另用仙鹤草60g，苦参30g，九里明30g，4剂，水煎，熏洗外阴部。

三诊（1993年4月5日）：药后带下大减，色白不臭，偶有阴痒。昨晚梦中遗尿，舌淡红，苔薄白，脉细缓。治拟益肾固涩，佐以杀虫止痒。

处方：熟地15g，怀山药I5g，山萸肉10g，金樱子10g，芡实10g，台乌药10g，益智仁10g，槟榔10g，苍耳子10g，君子肉15g，炙甘草6g。7剂，每日1剂，水煎服。

外洗方仍守原方6剂。

1993年8月随访，用完上药后数月来已无阴痒，带下正常，复查宫颈炎已愈，白带化验正常。

按语：本案虚实夹杂，肾虚为本，湿瘀为标。由于湿蕴下焦，损伤任带，故带下量多，色白腥臭；湿蕴久化热生虫，虫动则痒，故阴痒；湿性黏腻，影响气血的运行，而致瘀血停滞，湿瘀相合，积于冲任，新血不得归经，故月经量多，色暗夹块，经前腹痛。肾虚则封藏失职，不能约制水道，故遗尿。本着急则治其标、缓则治其本的原则，一诊拟清热解毒、利湿化瘀、杀虫止痒为主，方中鸡血藤、丹参入血分，补血行血；土茯苓、车前草、生薏仁入气分，健脾利湿；益母草、救必应既能化瘀又能利湿，水血并治；忍冬藤清热解毒，百部、槟榔杀虫止痒。更用仙鹤草、苦参、九里明水煎外洗，则杀虫止痒功效益彰。待湿清瘀化，三诊则用补肾固涩之品从本论治，以收全功。

病例3

杨某，女，32岁，居民。1991年9月19日初诊。

1年来，带下量多，色白清稀，腥臭，伴阴部瘙痒，近半年来诸症加重。诊时带下绵绵，阴部清冷。平素腰膝酸软，头晕乏力，性欲淡漠。月经周期以错后为多，经净后自觉下腹胀痛。曾经妇科检查，未发现异常。舌淡红，苔薄白，脉细缓。

诊断：阳虚带下。

辨证：脾肾阳虚，带脉失固。

治则：健脾温肾，固任涩带。

处方：党参15g，白术10g，土茯苓20g，陈皮6g，苍耳子10g，川断10g，杜仲10g，仙灵脾15g，白芷6g，仙茅10g。4剂，每日1剂，水煎服。

二诊（1991年9月26日）：药已，带下已减，仍觉腰酸膝软，全身乏力，偶有阴痒，舌尖红，苔薄白，脉细。药已对证，守原方去川断、杜仲，加补骨脂10g，益智仁10g，增加温肾之功。7剂，每日1剂，水煎服。

三诊（1991年10月3日）：服上药后自觉良好，腰膝酸软明显减轻，带下明显减少，外阴瘙痒已消失，唯月经逾期4天未至。舌淡红，苔薄白，脉沉细。带下基本已瘥，转用养血调经法。

处方：鸡血藤20g，丹参15g，当归10g，川芎6g，熟地15g，川断10g，牛膝10g，红花6g，炙甘草6g。4剂，每日1剂，水煎服。

半年后随访，数月来带下正常。

按语：肾藏精而主水，为封藏之本，脾主运化水湿，若肾阳虚衰，下元寒冷，既不能温煦升腾津液以敷布，又不能助脾阳之运化，从而使水津不化，滑脱下流，故临证表现为带下量多质稀；湿蕴久则臭秽、生虫，故其味腥臭、阴痒。从带下质、味来辨，为热为火者，黄稠臭秽，为虚为寒者，质稀腥臭。肾主作强，腰为肾之外府，肾阳不振，命门火衰，外府失养，故性欲淡漠，腰膝酸软，头晕目眩，月经后期。故治拟温肾壮阳、固任涩带法。方中以五味异功健脾益气，使脾健自能运化水湿；仙茅、仙灵脾、川断、杜仲、补骨脂、益智仁等温肾暖宫，使其恢复固摄冲任、约束带脉之功能；苍耳子杀虫止痒；白芷芳香化湿除秽。诸药合用，标本并治，治湿及泉，疗效可期。

病例4

韦某，女，26岁，教师。1993年7月19日初诊。

近 8 个月来无明显诱因于月经干净后 10 天出现赤白带下，量时多时少，常持续十余天，至下个月经来潮，不臭不痒，伴口苦口干，心烦易怒，夜难入寐，纳可，二便正常，经行时腰痛，小腹稍胀，舌淡红，苔薄黄，脉细弦。

诊断：肝肾阴虚带下。

辨证：阴虚火旺，带脉失约。

治则：滋阴清热，止血涩带。

处方：北沙参 10g，麦冬 10g，女贞子 10g，旱莲草 20g，芡实 10g，荷叶 10g，小蓟 10g，益母草 10g，甘草 6g。4 剂，每日 1 剂，水煎服。

二诊（1993 年 7 月 24 日）：药已，诸症好转，赤带已少，但晨起仍觉口苦欲饮，舌脉同前。药证相合，守方再进，酌加花粉 10g 以生津。4 剂，水煎服。

三诊（1993 年 7 月 30 日）：服上药后带下基本正常。今日经行，色红，量中，腰酸减轻，舌淡红，苔薄白，脉细滑。因公出差，要求服中成药以巩固。嘱其服知柏地黄丸善后。

1993 年 9 月 27 日因它疾来诊，询知其赤带已愈。

按语：带下之因，虽有寒热虚实之异，但多与肾、肝、脾三脏有关。本例患者赤白带下反复发作已 8 个月，伴腰膝酸软，心烦失眠，口干口苦，实为肝肾阴虚，虚火内扰，任带受损所致，故治从肝肾着眼。方中用二至丸滋养肝肾，凉血止血；加小蓟凉血化瘀止血，其效更宏；北沙参、麦冬养阴生津，滋水清火；荷叶轻清，既能升发脾阳，又能助芡实健脾涩带；更用益母草直入胞宫，化瘀利湿，以除后患。全方滋补肝肾，养阴壮水，止血止带，待其肾水足则虚火自消，继用知柏地黄丸调理善后，既清其虚火，又养其阴血，标本并治，其带自止。

病例 5

黄某，女，33 岁，干部。1991 年 11 月 4 日初诊。

4 年来带下如黑豆汁，时夹血丝，近 1 年来症状加重，黑带常数月不止，甚则出现闭经。诊时黑带清稀，味微臭，外阴不痒，伴头晕，肢麻，纳呆，困倦乏力，大便时溏，腰痛，甚则放射到足跟部。18 岁月经初潮，周期较紊乱，以错后为多。末次月经为 9 月 13 日，量少，色暗红，夹血块。表情抑郁，舌淡红，苔薄白，脉细。

诊断：肾虚肝郁带下。

辨证：脾肾亏虚，肝气郁结，任带不固。

治则：补肾健脾疏肝。

处方：党参 15g，土茯苓 20g，白芍 10g，白术 10g，苍术 10g，当归 10g，山药 10g，陈皮 6g，荆芥 6g（后下），柴胡 6g，车前子 10g，炙甘草 6g。7 剂，每日 1 剂，水煎服。

二诊（1991 年 11 月 18 日）：药已，黑带变浅，腰臀部胀痛减轻，精神改善，纳、便已恢复正常，舌淡红，苔薄白，脉细。转用滋肾养阴，壮水制火之剂。

处方：熟地 15g，怀山药 10g，山萸肉 10g，土茯苓 20g，泽泻 10g，丹皮 6g，知母 6g，黄柏 6g，旱莲草 20g，泽兰 10g，生地 15g。7 剂，每日 1 剂，水煎服。

三诊（1991 年 11 月 25 日）：服上药后带下由浅黑转淡黄色，量减，诸症消失，舌淡红，苔薄白，脉细。拟清热健脾燥湿，与上法交替使用。

处方：苍术 10g，黄柏 6g，生薏仁 20g，牛膝 10g，鸡血藤 20g，丹参 15g，土茯苓 20g，甘草 6g。4 剂，每日 1 剂，水煎服。

用上法调理 2 个月后，经带正常。

按语：肾主水，脾主湿，水湿关系甚为密切，脾气必须升清和健运，才能不断运化水湿，而脾之健运，须赖肾阳之温煦，肝之疏泄。若肾虚肝郁，则可使津液不能输布蒸化，冲任不固，带脉失约，水湿下流而致带下，壅滞胞宫，可致月经紊乱。黑本为水色，因肝肾阴虚化火，脾虚不摄，本色外露，故出现黑带。治疗时因患者有纳呆、便溏等脾虚湿滞的表现，故一诊选用傅青主完带汤，茯苓易土茯苓，加当归，意在健脾利湿，疏肝解郁，待脾气健运，肝气疏泄正常。二诊则用滋阴清热、凉血化瘀之知柏地黄汤加旱莲草、生地、泽兰，并重用"三泻"，意在壮水制火。三诊则侧重健脾燥湿，两法交替使用，则补而不腻，利湿而不伤阴，效果满意。

体会：治带方法多种，但从探本求源、治病求本而言，治肾与治带关系尤为密切。盖肾主封藏，为水火之脏，开窍于二阴。若肾之阴阳亏虚，不能蒸化津液，开阖失司，冲任不固，带脉失司，湿浊下注，壅滞胞宫，则为带下之变。又因肾主水，脾主湿，水为湿之本，湿为水之变，水与湿的关系尤为密切，故治湿必治水，健脾阳还须温肾阳。由于肾有阴阳，临证应根据病者表现辨其阴虚、阳虚，分而治之。如例 1 黄某，病发于产后，白带质稀量多，伴腰痛，舌淡苔白，脉沉细，方用《伤寒论》附子汤合缩泉丸加减治之，以温肾暖宫，固摄任带。例 2 周某，既有肾气虚、膀胱失约的遗尿，又有湿瘀阻滞的症状，治疗首先要化其湿瘀，待湿邪去方能议补，以免闭门留寇。例 3 杨某，因脾阳虚及肾阳，故治疗上既注重健脾益气，又兼顾温补肾阳，治湿及泉，温补之中，有化有涩，兼治标证，促进肾阳恢复，而达温化的目的。例 4 除出现赤白带外，伴有口苦口干，心烦易怒，夜难入寐，显系肝肾阴虚，虚火内扰，任带受损所致，治疗上注意选用甘寒养阴之品，如北沙参、麦冬、女贞子、旱莲草等，以免湿去阴伤。例 5 表现为黑带，虽阴虚火旺症状不典型，但从病机上考虑，仍选用滋阴清热之法，壮水制火，使肾中阴阳平衡，黑带消失。总之，不论是寒湿带下还是湿热带下，都紧紧抓住肾虚这一根本，采用温化或清利之法。

妊 娠 恶 阻

妊娠早期，出现恶心呕吐，头晕厌食，恶闻食味，甚则食入即吐，称为妊娠恶阻。

一、病因病机

本证的主要病理变化，在于冲气上逆，胃失和降所致。临床可分为脾胃虚弱、痰湿中阻、肝胃不和、肝郁化火、气阴两伤等证型。

本病以脾胃虚弱型多见，其次为肝胃不和型。盖脾胃居于中焦，脾主升清，胃主降浊，脾主运化，胃主纳谷，一升一降，维持脾胃之间的生理平衡。肝主疏泄，又主血海，妊娠后经血不泻，冲脉之气较盛，易上逆犯胃，而肝气亦随之升逆，即胎气夹肝气上逆犯胃，胃失和降而发病。由于肝脾失调，胃失和降，极易产生痰湿、食滞等病理产物，若素体脾胃虚弱，或素有痰湿，可出现脾胃不和或脾虚痰湿之证。

二、论治用药

由于肾主生殖，恶阻的病位在脾胃，在治疗上应健脾和胃止呕，佐以固肾安胎为宜。症见孕后纳差，呕吐，口淡，或泛吐清涎，舌脉如平者，常用香砂六君汤去木香之辛燥，用陈皮或苏叶、藿香代之；伴头晕腰酸，形体虚弱者，加桑寄生、菟丝子。症见呕吐酸苦水，胸闷胁痛，嗳气叹息，头晕头胀，少腹灼痛，便溏，烦热口渴，舌质偏红，苔黄腻，脉细弦滑数者，用四君子汤加陈皮、砂仁，合芍药甘草汤或黄芩、素馨花柔肝缓急止痛。症见痰湿内盛，呕吐痰涎较多，胸闷脘痞，纳呆神疲，舌苔厚腻，脉弦滑者，常用二陈汤为主，佐以疏肝健脾之药，如党参、白术、苏梗、素馨花、佛手花等；痰湿化热者加用竹茹、黄芩。虽然黄芩、白术古人称之为安胎圣药，但仍需辨证使用，无热象时不可用黄芩，以免苦寒伤胃。在药物治疗的同时，还要注意精神调养，避免紧张、烦躁的不良情绪，嘱其注意休息，指导服药方法，以少煎频饮、不拘时服为宜，或者含服生姜片后再服药。轻症的患者，还可用新鲜紫苏叶、生姜煮面条食，少食多餐，避免呕吐。

胎病和产病，是妇女常见的疾病。妇女在妊娠期及分娩后，由于生理上的特殊变化，气血一时不协调，往往较平时容易发生疾病。前者称为胎前病，多由于禀赋本虚，阴血不足，或胎气壅盛，影响气机升降而形成。后者称为产后病，多由于产时耗气伤血过多，以致气血亏损，虚瘀夹杂，抗病力弱所致。

胎前病的治疗原则，宜治病安胎并重。一般都侧重于补脾，以生化气血之源，养肾固藏，以安胎元，即使是痰湿郁滞、气火失调引起的疾病，亦宜选用平和之剂，慎用或忌用攻伐之品。产后疾病，以补养气血为主，兼以祛瘀，注意扶正不留瘀，祛瘀不伤正，促进新产妇气血调和，恢复健康。

病例1

张某，女，29岁，广西某厂技术员，已婚。1981年3月1日初诊。

受孕两月余，20天来泛恶欲呕，心胸烦闷，厌食，甚或不能食，食则呕吐，胃胀，气逆，入寐欠佳，大便不畅，小便正常。脉细滑，苔薄白，舌边尖有暗点。

诊断：恶阻。

辨证：胎气上逆，脾胃不和。

治则：调理脾胃，降逆止呕。

处方：党参15g，茯苓10g，白术10g，陈皮3g，法半夏5g，黄芩3g，砂仁3g，苏叶2g（后下），炙甘草5g。每日1剂，水煎服，连服3剂。

二诊（3月15日）：药已，稍能进食，但食饱则呕，头晕，大便仍不畅，入寐欠佳，小便频数。脉细滑，苔薄白，舌质淡红。仍守上方出入。

处方：太子参15g，云苓9g，白术9g，陈皮1g，竹茹5g，黄芩5g，白蔻1g，苏叶2g（后下），炙甘草5g。每日1剂，水煎服，连服3剂。

三诊（3月22日）：服上方后，能食不呕，但仍心闷，头晕，舌脉如上。守上法加重补气药，酌加柔肝之品。

处方：党参25g，云苓9g，黄芩5g，白芍10g，陈皮1g，苏叶2g（后下），荆芥2g（后下），炙甘草5g。每日1剂，水煎服，连服3剂。

按语：脾以升为健，胃以降为和，胎气上逆犯胃，脾胃不和，故厌食，食则呕吐。以六君子汤加苏叶、砂仁治之，既健脾和胃，又顺气安胎。"脾气虚弱，则下流于肾，阴火得乘其土位"，故佐黄芩、竹茹清热降逆，又制诸药之温燥。

病例2

廖某，女，27岁，广西某学院教员，已婚。1982年8月30日初诊。

受孕两月余，躁热心烦，肢倦乏力，时泛恶欲呕，每饮水或就餐即呕吐，夜难入寐，大便干结，每日2次，小便次数多，色淡黄。脉细缓，苔薄白，舌质淡红。

诊断：恶阻。

辨证：胎气上逆，胃失和降。

治则：健脾和胃，降逆止呕。

处方：党参15g，云苓9g，陈皮2g，竹茹9g，黄芩5g，桑寄生15g，枳壳2g，苏叶2g。每日1剂，水煎服，连服3剂。

二诊（9月2日）：药已，能食不吐，但汗多，口干，体质日见消瘦。脉细而略数，苔薄白，舌质淡。拟滋养肺胃之阴以柔肝。

处方：北沙参9g，麦冬9g，百合15g，小麦20g，夜交藤15g，生地9g，白芍9g，甘草5g。每日1剂，水煎服，连服3剂。

三诊（9月6日）：昨日又呕吐一次，口干渴，脉细数，苔薄白，舌质淡。仍守上方，加花粉9g，竹茹9g。每日1剂，水煎服，连服3剂。

四诊（9月10日）：三日不呕，脉缓和，舌质淡。嘱节饮食，慎调养，不再服药。

按语：躁热心烦，夜难入寐，大便干结，为阴血不足，虚火内动之征；倦怠、溺多、脉细缓，是气阴两虚之候。证属寒热虚实错杂。初诊以党参、茯苓健脾，桑寄生补肾壮腰，陈皮、枳壳、苏叶顺气宽中，竹茹、黄芩清热止呕，用药面面俱到，故疗效遂愿，能食不呕。但二诊时脉细而略数，恐阴血难复，乃偏重滋养肺胃之阴以柔肝，待肺胃之气平和，则疗效巩固。

体会：恶阻的致病原因，虽然有脾虚、胃热、气滞等之不同，但均与孕后气血骤聚于下，胎气上冲脾胃，以致营卫不和有关。本病有轻重之分，轻者为气血阴阳暂时的不协调，只要注意饮食上的调节，可以不药自愈，重者在审因论治的基础上，着眼于脾胃的调理。证本多虚，但多兼证，尤以痰、郁、火为多见，故行气顺气、燥湿化痰、清火降逆之品在所常用。

病变的重点在脾胃功能的失常，因此对服药的方法，必须注意小剂量而分多次，徐图缓效。要是急于求成，一时剂量过大，不仅药入即吐，而且损伤胃气。

病例3

曾某，28岁，工人。1990年11月15日初诊。

末次月经为1990年8月22日，停经后妇科检查为早孕。十余天前出现恶心，呕吐，吐出痰涎及食物，伴头晕胸闷，四肢乏力，大便溏烂，胁胀腹胀，舌淡红，苔薄黄，脉弦滑。

诊断：妊娠恶阻。

辨证：脾虚痰阻，肝胃不和。

治法：健脾和胃，降逆止呕。

处方：党参15g，白术10g，茯苓10g，苏梗10g，砂仁壳3g，素馨花10g，竹茹10g，姜半夏10g，炙甘草6g，藿香6g。3剂，每日1剂，水煎服。

11月20日二诊：服上药后呕吐减少，胁胀胸闷减轻，大便成形，唯觉头晕乏力未减，可食少量食物，舌淡红，苔薄微黄，脉弦滑。效不更方，守上方6剂继服。

12月1日三诊：诸症消失，饮食已基本恢复正常。嘱其注意饮食营养，少食多餐，以善其后。

胎漏、胎动不安、滑胎

妊娠期间，出现少量阴道流血，无腰酸腹痛者称之胎漏；孕后腰酸腹痛或小腹坠胀，或伴少量阴道流血者，称之胎动不安。胎漏、胎动不安属于现代医学先兆流产范畴，为先兆流产的不同阶段，胎漏可发展为胎动不安，而堕胎3次以上则为滑胎。

一、病因病机

引起流产的原因很多，班老认为，肾主生殖，为胞脉所系，主蛰，为封藏之本，肾气足则胎元固而无流产之虞。又肾为水火之脏，内寓元阴元阳，与肝同居下焦，肝藏血，肾藏精，精血相生相济。肝肾阴血不足，则不能养胎、载胎，故阴虚型胎漏、胎动不安常常从肝肾论治。又肾为先天之本，脾为后天之本，先天之肾精靠后天脾胃运化的水谷精微来充养，脾运化的水谷精微、气血充足，胎儿的生长发育才有物质保障，故在补益肝肾以安胎防漏的同时，还要注意益气健脾，脾气健旺则气血生化有源，气旺则能载胎，血足则能养胎。由此可见，补益肝肾、健脾安胎为治疗本病的原则。临床虽有寒热虚实各种表现，但本病的本质是虚证，即便出现实证，治疗上也要注意攻补兼施。

胎漏、胎动不安的病因，有素禀虚弱、忧思恚怒、劳倦过度、房事不节、起居饮食失宜、跌仆损伤等不同，可以归纳为气血不足、脾肾亏虚、阴虚内热、损伤瘀积等。其中又以气血虚弱、脾肾俱虚、肝肾亏损为多见。气血为胎元长养的物质基础，如孕妇素体本虚，气血不足，则既不能荫养胎元，又不能载固胎元，故胎动不安而下堕，甚则滑脱。肾藏精，主蛰，为封藏之本；肝藏血而主升发；脾统血而主健运，为气血生发之源。若劳倦过度，则内伤脾土，房事纵欲，则肝肾损伤，阴精暗耗。脾虚则统摄无权，肝肾虚则封藏失常，胎元失去载系，故屡孕屡堕。其次阴虚不能制火而生内热，热则灼伤胞脉，冲任不固而堕胎、小产。跌仆损伤，瘀滞经脉，则气血紊乱，不能养胎载胎，轻则胎动不安，重则滑脱。

二、论治用药

对本病的治疗，班老认为要分未孕和已孕两个阶段进行论治，治疗原则为：未孕先防，已孕早治，先后天并重，根据病情而决定孰先孰后。凡有多次堕胎之妇，在下次未孕之前，应先用温肾健脾、补益气血之法进行调养，可用寿胎丸与泰山磐石散或所以载丸轮流交替服用调养 3～6 个月，待肾气充，脾气旺，气血充盈，再行摄精受孕，则孕而能荫养，载藏牢固，足月顺产。对有滑胎的妇女，还另嘱其避孕 1 年以上，故未孕先防是治疗滑胎的根本方法。已孕早治，对孕后胎动不安，阴道流血量少者，可根据不同的脉症采取不同的治法。如脾肾俱虚，气血不足，症见腰酸膝软，面色萎黄，纳食不馨，阴道流血量少，舌质淡，苔薄白，脉细弱者，常用归脾汤或所以载丸，酌加止血之药，如仙鹤草、血余炭、芡实、阿胶等；如症见面颊潮红，头晕耳鸣，口干便结，阴道流血量少色红，舌红少苔，脉细滑数，此为阴虚内热，治宜滋阴清热，摄血止漏之法，可选用二地汤或保阴煎加二至丸、太子参、荷叶蒂治之；跌仆损伤者，在辨证的基础上，以寿胎丸加狗脊、鸡血藤之类治疗。

此外，在治疗胎漏、胎动不安时，除注意辨证施治外，还要结合现代医学检查，如 B 超、血 HCG 检测等，以判断有否胎元缺陷，如属不治者，则尽早采用手术清宫。

病例 1

钟某，女，24 岁，南宁市某公司工人，已婚。1977 年 12 月 17 日初诊。

受孕 3 个月余，自本月 3 日开始，右侧少腹不时作痛，或轻或重，经中西药治疗，效果不满意。现已半月，每天仍时痛时止，纳寐俱差，大便正常，小便较多。脉弦滑，苔薄白，舌质淡红。

诊断：胎动不安。

辨证：脾肾气虚，胎元郁滞。

治则：补肾健脾，顺气安胎。

处方：菟丝子 15g，桑寄生 12g，太子参 12g，怀山药 15g，川续断 9g，白芍 9g，砂仁 3g，紫苏梗 3g，陈皮 2g，黄芩 5g，炙甘草 5g。每日 1 剂，水煎服，连服 3 剂。

二诊（12 月 27 日）：药已，少腹胀痛消失，但胃纳不振，晨起欲呕，脉舌如上。本上法出入。

处方：菟丝子 15g，桑寄生 12g，川续断 12g，党参 12g，云苓 9g，白术 9g，陈皮 3g，紫苏梗 3g，砂仁 2g，鸡内金 9g，炒谷芽 9g，炙甘草 5g。每日 1 剂，水煎服，连服 3 剂。

三诊（12 月 31 日）：药已，胃纳转佳，嘱食养调之，不需服药。

按语：肾藏精而系胞，为元气之根，脾统血而为气血生化之源，脾肾气虚，胎元郁滞，则气机运转失常，故少腹时痛。以补肾健脾、顺气安胎之法治之，则气机畅达，疼痛消失，胎元牢固。

病例2

刘某，女，28岁，广西某厂工人，已婚。1982年5月20日初诊。

受孕两月余，现小腹时胀痛，腰脊坠胀，倦怠乏力，胃纳一般，大便溏薄，小便正常。脉细缓，苔薄白，舌质淡。

诊断：胎动不安。

辨证：肾气虚怯，冲任不固。

治则：调养冲任，补气安胎。

处方：菟丝子20g，太子参15g，桑寄生15g，川杜仲9g，川续断9g，当归身4.5g，白芍9g，砂仁3g，艾叶2g，炙甘草5g。每日1剂，水煎服，连服3剂。

二诊（5月24日）：药后诸疾消失，嘱再服3剂，以巩固疗效。

按语：胞宫系于肾，冲任二脉起于胞中，肾气虚怯，则冲任失养，故小腹时痛，腰脊坠胀。以辛甘温润之品补肾壮腰，佐以调气之砂仁，则气顺而胎安。

病例3

庞某，女，29岁，桂林市某公司干部，已婚。1973年9月22日初诊。

停经五十多天（尿妊免试验阳性），两周前阴道出血，量多，色红，经用黄体酮等治疗出血稍少，但今早仍见阴道出血，无块，腰腹胀痛，口苦，纳差，时欲呕，大小便正常。脉沉细，苔白，舌质淡。

诊断：胎漏。

辨证：脾肾气虚，阴火不潜。

治则：补肾健脾，佐以清热。

处方：党参15g，首乌18g，菟丝子12g，桑寄生12g，怀山药9g，砂仁3g，阿胶珠9g（烊化），黄芩5g，炙甘草6g。每日1剂，水煎服，连服3剂。

二诊（9月25日）：阴道出血已少，口干苦，时呕吐，寐纳俱差。脉细，苔薄白，舌质淡。拟补脾和胃、顺气安胎法。

处方：党参18g，怀山药15g，川断12g，苏叶5g（后下），竹茹5g，砂仁5g，黄芩3g，川黄连2g。每日1剂，水煎服，连服3剂。

三诊（9月28日）：昨天阴道出血停止，但腰胀、头晕、寐纳不佳。脉细数，苔薄白，舌质淡。仍以补脾肾为主，佐以清热。

处方：炙北芪15g，太子参12g，白术9g，归身9g，川芎1.5g，黄精18g，白芍9g，黄芩5g，川续断12g，桑寄生12g，菟丝子9g，砂仁壳5g。每日1剂，水煎服，连服3剂。

四诊（10月27日）：服上方之后，1个月来阴道无出血，但仍口干苦，寐纳不佳。脉细滑，苔薄，舌质淡。拟健脾和胃、补肾清热以安胎。

处方：太子参15g，白术9g，云苓9g，佛手9g，苏梗3g，砂仁3g，菟丝子9g，桑寄生9g，夜交藤15g，黄芩6g，竹茹3g。每日1剂，水煎服，连服3剂。

五诊（11 月 17 日）：无任何症状，要求巩固疗效。

处方：党参 15g，白术 12g，菟丝子 15g，川续断 6g，川杜仲 9g，桑寄生 12g，砂仁 2g。每日 1 剂，水煎服，可连服 3～10 剂。

按语：脾肾气虚，则冲任不固，故腰腹胀痛，阴道出血。口苦，为阴火上冲之症。以党参、首乌、菟丝子、桑寄生、炙甘草补肾健脾以治本，阿胶补养冲任以止漏，黄芩清热，砂仁调气以治标。二诊以后，根据症情的变化，守方出入，或加壮腰之剂，或加清热之品，药虽灵活，大法不变，始终从固肾安胎着眼，胎漏能止。

病例 4

曾某，女，26 岁，某农场工人，已婚。1977 年 4 月 8 日初诊。

受孕 3 个月余，阴道出血已 11 天，除第一天伴有腰胀之外，无腹痛，无血块，现少量精血，色暗红，淋沥不绝，胃纳一般，大便正常，小便次数多。脉弦滑而略数，苔薄白，舌尖红，下唇起疱疹。

诊断：胎漏。

辨证：肝肾阴虚，相火内动。

治则：滋阴清热，调养冲任。

处方：地骨皮 9g，生地 9g，玄参 15g，麦冬 12g，白芍 9g，阿胶 9g（烊化），菟丝子 9g，覆盆子 9g，旱莲草 15g。每日 1 剂，水煎服，连服 3 剂。

二诊（4 月 22 日）：药已，阴道漏红即止，但现腰酸胀，胃纳不振，脉细弦，苔薄白，舌尖红。拟补肾安胎，以善其后。

处方：菟丝子 15g，川续断 12g，川杜仲 9g，桑寄生 9g，覆盆子 9g，怀山药 15g，太子参 15g，生谷芽 15g，甘草 3g。每日 1 剂，水煎服，连服 3 剂。

按语：肝肾内寄相火，肝肾阴虚，则相火扇动于内，肝肾的开阖失常，血海不固，故血妄行而胎漏。根据病情，以两地汤加旱莲草滋养肝肾之阴以清热，菟丝子、覆盆子辛甘温酸，固肾安胎，阴足火潜，则血止胎安。

病例 5

沈某，女，29 岁，桂林市某厂工人，已婚。1973 年 8 月 28 日初诊。

停经 3 个月，尿妊免试验阳性。于 8 月 21 日阴道开始出血，量少，色红，腰胀痛，经用壮腰补肾、益气安胎之剂（药名不详），效果不满意。现阴道仍流出少量粉红色分泌物，腰及少腹、小腹坠胀，能寐而多梦，精神不振，胃纳欠佳，大便干结。脉细数，苔薄白，舌尖红。

诊断：胎漏。

辨证：气虚阴亏，封藏不固。

治则：补肾养阴，益气固摄。

处方：生防党 15g，熟地 9g，归身 6g，白术 9g，白芍 9g，川续断 9g，桑寄生 18g，北芪 12g，首乌 18g，阿胶珠 12g（烊化），黄芩 6g，砂仁 3g，甘草 6g。每日 1 剂，水煎服，连服 3 剂。

二诊（8 月 31 日）：阴道流血未止，量少色红，脉细数，苔薄白，舌尖红。转用养阴摄血法。

处方：首乌 18g，川杞子 9g，五味子 5g，怀山药 12g，桑寄生 12g，女贞子 9g，地骨皮 9g，旱莲草 18g，甘草 3g，荆芥炭 5g（冲服）。每日 1 剂，水煎服，连服六剂。

三诊（9 月 13 日）：阴道出血已止 3 天，但腰仍微胀，寐纳欠佳，大小便正常。脉细滑，苔薄白，舌尖红。拟用补肾扶脾之法，以善其后。

处方：菟丝子 12g，桑寄生 12g，怀山药 30g，莲肉 12g，川续断 12g，陈皮 2g，炙甘草 6g。每日 1 剂，水煎服，连服 6 剂。

按语：证属气阴两虚，阴虚则阳亢，气虚则不摄血，故脉细数而漏红。初诊时虽滋阴益气并用，但方中有辛温动火动血之当归，故药已症情徘徊，二诊之后，专用养阴清热、收敛止漏之法，故疗效满意。

病例 6

杨某，女，37 岁，自治区某队技术员，已婚。1980 年 3 月 1 日初诊。

14 岁月经初潮，一向错后一两个月。1968 年结婚，婚后月经仍然错后，但时间较短（10～30 天），色量一般，经将行乳房胀，腰胀膝软，平时心烦易躁，大便溏薄。1968 年第一胎人工流产，1976 年、1979 年先后两次流产。脉弦细，苔薄白带黄，舌质一般。

诊断：滑胎。

辨证：肝肾亏损，气血两虚。

治则：滋养肝肾，补益气血。

处方：太子参 15g，炙北芪 15g，怀山药 25g，鸡血藤 15g，菟丝子 15g，川杞子 9g，覆盆子 9g，茺蔚子 9g，地骨皮 9g，甘松 5g。每日 1 剂，水煎服，连服 6 剂。

二诊（3 月 6 日）：药已，心情舒畅，但夜间肢麻。脉沉细，苔薄白，舌质如平。仍遵上法出入。

处方：鸡血藤 15g，菟丝子 15g，当归身 10g，白芍 5g，川杞子 9g，党参 15g，白术 9g，覆盆子 9g，茺蔚子 9g，淫羊藿 15g，柴胡 3g。

三诊：月经周期基本正常，色量均佳，但腰腿酸软。脉虚细，苔薄白，舌质正常。药已对证，仍守上方，再服 6 剂。

四诊（6 月 14 日）：经期已逾十多天，尚未来潮，恶心欲吐，乳胀腹痛，下肢轻度浮肿，纳差便溏。脉细滑，苔薄白，舌质淡嫩。医院妇科诊为：早孕。此为孕后脾气虚弱，运化失常。拟健脾益气、补肾安胎治之。

处方：党参 20g，云苓 10g，白术 10g，炙北芪 20g，川杜仲 15g，川续断 9g，桑寄生 9g，砂仁 3g，陈皮 2g，炙甘草 5g。每日 1 剂，水煎服，连服 6 剂。以后隔日煎服 1 剂，以巩固疗效。

上方坚持隔日煎服 1 剂，直至 12 月，精神良好，纳寐俱佳，故停药，于 1981 年 1 月 26 日足月顺产一女孩，体重 3.5kg，发育良好。

按语：孕后胎元不牢，其因虽多，但多属肝肾亏损，开阖失常所致。本例曾先后三次流产，显系肝肾亏损，冲任气虚，以致封藏不固而滑下。故以滋养肝肾、补益气血之法以治本，待血充气旺，冲任通盛，则孕后胎元得养，自能足月顺产。

病例7

薛某，女，25岁，某医院护士，已婚。1980年12月26日初诊。

去年1月结婚，曾于去年3月、7月及今年3月先后三次自然流产，每次均是受孕月余而堕，无腰腹胀痛。自第三次流产之后，采取打针避孕，经行紊乱，每月来潮2～3次，量多，色暗淡，必打止血针或服止血药阴道出血始止。其余尚无不适。脉虚细弦，苔薄白，舌质一般。

诊断：滑胎。

辨证：肝肾亏损，冲任不固。

治则：滋养肝肾，调补冲任。

处方：

一方：归身12g，白芍5g，熟地15g，云苓5g，怀山药15g，泽泻5g，山萸肉9g，丹皮5g，益母草9g。每日1剂，水煎服，连服6剂。

二方：归身10g，白芍5g，熟地15g，川芎5g，地骨皮9g，丹皮5g，女贞子9g，旱莲草15g。每日1剂，水煎服，连服6剂。与上方交替服用。

二诊（1981年2月20日）：以上两方交替各煎服6剂之后，月经周期正常，色量均佳。现已受孕40多天，要求防漏安胎，治病于未然。脉细缓，舌苔正常。拟温养脾肾，壮腰安胎。

处方：菟丝子15g，桑寄生15g，川杜仲15g，太子参15g，怀山药15g，炙北芪15g，芡实15g，川断9g，砂仁2g。每日1剂，水煎服，连服3剂。

三诊（4月4日）：受孕三月余，腰坠胀，时吐清水。脉细滑，苔薄白，舌质正常。拟健脾壮腰，顺气安胎。

处方：党参15g，白术9g，陈皮3g，桑寄生12g，川杜仲9g，砂仁2g，苏叶2g（后下），炙甘草5g。每日1剂，水煎服，连服3剂。

四诊（9月20日）：足月顺产一婴已1周，现腰及小腹胀痛，恶露未净，色暗红，量不多。脉虚弦，苔薄白，舌质淡。拟补血化瘀法，仿生化汤出入。

处方：归身20g，川芎5g，桃仁3g，炮姜2g，益母草12g，川续断12g，元胡9g，炙甘草5g。每日1剂，水煎服，连服3剂。

按语：本例患者一年之内三次流产，可知其因肝肾亏损、冲任不固所致。方用归芍地黄与地骨皮饮加味治之，旨在以肝为主，肝、脾、肾并治。盖肝主生发，肾主藏精，肝肾精血充足，则冲主血海，经行正常，任主妊养，孕后胎元牢固，自然能足月顺产。

病例8

杨某，女，25岁。1993年5月11日初诊。

孕2个月余，阴道流血1天。末次月经为1993年2月4日，停经后有胸闷、恶心等反应，经妇科检查诊为早孕。昨日始无明显诱因出现少量阴道流血，色红褐，点滴而下，伴咽痛、咳嗽，痰少而黄，纳、便尚可，舌尖红，苔薄白，脉细滑数。

诊断：胎漏。

辨证：阴虚血热，胎元受损。

治则：滋阴凉血，固肾安胎。

处方：桑寄生 15g，菟丝子 20g，阿胶 10g（烊化），旱莲草 20g，太子参 15g，芡实 10g，麦冬 10g，桔梗 6g，红枣 10g。3 剂，每日 1 剂，水煎服。

二诊（1993 年 5 月 14 日）：药已血止，现除咽中有少许痰外，无何不适。舌淡红，苔薄白，脉细弦，拟调补脾肾善后巩固。

处方：党参 15g，怀山药 15g，桑寄生 15g，芡实 10g，麦冬 10g，浙贝 6g，川杜仲 10g，桔梗 10g，炙甘草 6g。7 剂，每日 1 剂，水煎服。

按语：孕后阴血下聚冲任以养胎，机体处于阴血偏虚、阳气偏亢的生理状态。素体阴虚者，则孕后阴血更虚，阴虚则生内热，热伏冲任，损伤胎元，故出现胎漏。虚火上炎，灼伤肺阴，肺失肃降，故咽痛、咳嗽，痰少而黄；舌尖红，脉细数，为阴虚血热之象。一诊用旱莲草滋养肝肾之阴而清热；麦冬清肺胃火而养胃阴；桑寄生、菟丝子辛甘平，固肾安胎；太子参益气养阴；阿胶甘平，补血而止血；桔梗利咽顺气治其标；红枣补血。诸药甘寒平和柔润，切中病机。二诊血止后，拟补益脾肾、清热化痰善后巩固。

病例 9

李某，女，30 岁。1991 年 6 月 18 日初诊。

末次月经为 1991 年 4 月 28 日，停经后有胸闷、厌食等反应，偶有呕吐，吐出胃内容物，经检查为早孕。于 6 月 1 日出现阴道流血，量少，色如咖啡，伴小腹胀痛。经注射黄体酮和服中药后（何药不详）阴道流血已减少。近日来腹胀痛增加，疼痛后阴道有血性分泌物流出，纳少，二便尚调。今年 3 月 30 日因自然流产（孕 50 天）而行清宫术，术后恶露 5 天干净。形体消瘦，神疲乏力，小腹压痛，舌尖红，苔薄白，脉细弦。

诊断：胎动不安。

辨证：肾虚失养，胎元不固。

治则：固肾安胎，佐以养血。

处方：桑寄生 15g，菟丝子 20g，川杜仲 10g，白芍 20g，白术 10g，芡实 10g，砂仁 3g，炙甘草 5g。3 剂，每日 1 剂，水煎服。

二诊（1991 年 7 月 15 日）：上药服用 5 剂后阴道流血已止，腹痛减轻，偶有少腹、小腹胀痛。近日来纳差，厌油腻，食后胃脘不适，带下量少，舌尖红，苔薄白，脉虚细。治拟健脾和胃。

处方：党参 15g，白术 10g，茯苓 10g，陈皮 6g，桑寄生 15g，鸡内金 10g，生谷芽 20g。3 剂，每日 1 剂，水煎服。

三诊（1991 年 11 月 5 日）：上药服后腹痛已瘥。现已孕 6 月余。近日来口干，便溏，失眠，舌淡红，苔薄黄，脉细滑。拟用滋阴清热安神法。

处方：夜交藤 20g，炒枣仁 10g，麦冬 10g，合欢皮 10g，怀山药 15g，黄芩 6g，白芍 15g，甘草 6g。3 剂，每日 1 剂，水煎服。

1992 年 6 月 30 日随访，于 1992 年 1 月 30 日足月分娩一男婴，现已 5 个月，婴儿发育良好。

按语：《女科经纶》引《女科集略》曰："女子肾脏系子胎，是母之真气，子所系也。若肾气亏损，便不能固摄胎元。"故补养肾气乃固摄胎元之要。又女子以血为主，补肾必当养血，血聚以养胎。本例患者在自然流产1个月后又复受孕，肾气亏虚，气血未复，导致胎元不固而胎动不安。一诊用桑寄生、菟丝子、川杜仲补肾安胎；白术、芡实、砂仁健脾和胃，使其补而不滞，固涩止血；鸡血藤养血；芍药、甘草柔肝，缓急止痛，药后胎安血止。二诊因胎气较旺，脾胃失和，故用五味异功加减以健脾和胃纳谷。三诊阴虚血热，心神不宁，故拟宁心安神，调节情志，使心肾相济以稳固胎元。全案选方用药切中肯綮，收到满意疗效。

病例10

曾某，女，25岁，运动员。1990年8月9日初诊。

1988年结婚，1989年11月孕2个月时自然流产1次。末次月经1990年6月12日，现已孕58天。9天前无明显诱因出现阴道流血，量少，色暗红，伴腹部坠胀，腰酸，纳寐尚可，精神较紧张，舌尖红，苔黄白厚，脉细滑。

诊断：胎动不安。

辨证：肝肾阴虚，热扰冲任。

治则：滋阴清热，凉血安胎。

处方：旱莲草20g，桑寄生15g，女贞子10g，谷芽10g，荷叶10g，黄芩10g，川杞子10g，芡实10g，白芍10g，甘草5g。5剂，每日1剂，水煎服。

二诊（1990年8月14日）：药后出血已止，腹胀、腰酸减轻，舌淡红，苔薄白，脉沉细。守原方去黄芩之苦寒，3剂，水煎服。

三诊（1990年8月17日）：药已，诸症消失，纳寐佳，精神好，舌脉如平。仍拟补肝肾健脾以善后。

处方：太子参15g，怀山药15g，山萸肉6g，白芍10g，桑寄生15g，川杞子10g，芡实10g，炙甘草6g。7剂，每日1剂，水煎服。

1993年5月25日随访，于1991年3月顺产一女婴，母女健康。

按语：肾主生殖，胞脉所系；肝主血海，与肾同居下焦。肝肾阴虚，则相火偏旺，热伏冲任，血海不固，血液妄行而致胎动不安。治拟二至丸滋养肝肾而凉血止血；黄芩清热，古称"安胎之圣药"，使热清则胎安；桑寄生、白芍补肝肾，柔肝止痛；荷叶轻清升清阳，既能健脾开胃祛湿，又能止血。诸药合用，标本兼顾，补虚泻实，阴阳平衡，胎元稳固。

病例11

苏某，女，30岁。1992年8月21日初诊。

孕两月余，于1992年8月9日出现阴道流血，量少，伴两少腹阵发性隐痛，曾在某医院急诊科诊为"先兆流产"，经治疗后阴道流血停止。但昨日又出现阴道流血，量少，色淡红，伴头晕，四肢乏力，饮食、二便正常。舌淡红，苔薄黄，脉细滑。孕5产1（已殒），人流2次，1991年7月自然流产1次。

诊断：胎动不安。

辨证：脾肾两虚，胎失所系。

治则：健脾益气，固肾安胎。

处方：党参30g，炙北芪30g，桑寄生15g，川杜仲10g，仙鹤草10g，山楂10g，炙甘草5g。4剂，每日1剂，水煎服。

二诊（1992年8月25日）：药后阴道流血已止，但觉腰酸而胀，偶有两少腹隐痛，头晕乏力，夜难入寐，舌淡红，苔薄黄，脉细弦。守方酌加平肝安神之品。

处方：党参30g，炙北芪30g，桑寄生15g，川杜仲10g，夜交藤20g，白蒺藜10g，炙甘草5g。3剂，每日1剂，水煎服。

三诊（1992年9月1日）：药已，腹痛及头晕均有好转，夜能入寐。但昨日又出现点滴阴道流血，腰胀而坠，头痛鼻塞，口干欲饮，口淡乏味，舌淡红，苔薄黄，脉弦略数。病情反复，复兼外感，拟益气疏解。

处方：党参30g，云茯苓10g，白术10g，怀山药15g，前胡10g，荆芥5g（后下），苏叶5g（后下），桔梗6g，炙甘草6g。3剂，每日1剂，水煎服。

四诊（1992年9月8日）：药后阴道血止，偶觉两少腹掣痛，头痛，舌尖红，苔薄黄，脉细弦。拟补益肝肾从本论治。

处方：熟地15g，怀山药15g，山萸肉6g，云茯苓6g，丹皮6g，泽泻6g，杞子10g，菊花10g，红枣10g。3剂，每日1剂，水煎服。

守上法补益脾肾交替服药十余剂，诸症消失，于1993年2月27日足月顺产，母子安康。

按语：多次孕产，脾肾受损，脾虚则气血生化不足，气虚则胎失所载，血虚则胎失所养，肾虚冲任不固，胎失所系，故胎动不安。肾主骨生髓，通于脑，肾虚则髓海不足，脑失所养，故头晕；脾主四肢，脾虚则四肢乏力。根据其病因病机，治疗上以补益脾肾、调养气血为法，使胎元得固，阴道流血得止。

病例12

徐某，27岁，工人。1992年12月22日诊。

停经40天，阴道流血10天。末次月经为1992年11月11日，停经后有早孕反应。经血HCG及B超检查诊为早孕。10天前无明显诱因出现阴道流血，量少，色淡，时有时无，伴头晕，大便干结，舌淡红，苔薄黄，脉弦滑。

既往月经规则，孕2产0，1990年12月人流一次。

诊断：胎漏。

辨证：肾虚血热。

治则：固肾安胎，益气养阴止血。

处方：太子参15g，桑寄生15g，首乌15g，阿胶10g（烊化），旱莲草20g，荷叶10g，白芍10g，仙鹤草10g，甘草6g。3剂，每日1剂，水煎服。

12月29日二诊：服上药后血止，现头晕，心悸，夜寐多梦，纳少，大便正常。舌红，苔薄黄，脉细滑。此乃孕后阴血下聚养胎，心神失养所致。守上法酌加宁心安神之品。上方去仙鹤草、旱莲草，加浮小麦20g，桑叶20g，炒枣仁10g。4剂，每日1剂，水煎服。

1年后随访，服两次药后阴道流血未再复发，后足月顺产。

病例 13

梁某，26 岁，干部。1992 年 7 月 19 日初诊。

自然流产 3 次。1988 年结婚，1989 年 4 月自然流产 1 次，1991 年 5 月因孕 3 个月时胎儿停育而行清宫术，术后恶露较多，经服药后血止。1991 年 9 月又因难免流产而行清宫术。末次月经为 1992 年 7 月 16 日。现经净，自觉困倦乏力，多汗，纳寐尚可，二便调和，舌淡红，苔薄白，脉沉细。

诊断：滑胎。

辨证：脾肾亏虚，胎元不固。

治法：分两个阶段，未孕以补脾肾为主，已孕则以补肾固胎为主。

处方：当归 10g，川芎 5g，白术 10g，茯苓 10g，泽泻 10g，桑寄生 15g，川杜仲 10g，川续断 10g，仙灵脾 15g，炙甘草 6g。4 剂，每日 1 剂，水煎服。

7 月 26 日二诊：药已，仍觉困倦，汗出较多，腰膝酸软，关节酸痛，舌淡红，苔薄白，脉沉细。

处方：党参 15g，白术 10g，茯苓 10g，陈皮 6g，川杜仲 10g，川续断 15g，桑寄生 15g，炒谷芽 20g，炙甘草 6g。4 剂，水煎服，每日 1 剂。

9 月 27 日三诊：月经 9 月 14～17 日，量少，色暗红，夹块，现无任何不适，舌淡红，苔薄白，脉细。

处方：党参 15g，黄芪 20g，当归 10g，白芍 10g，熟地 15g，川芎 3g，川杜仲 10g，川续断 10g，炙甘草 6g。7 剂，每日 1 剂，水煎服。

1993 年 4 月 21 日四诊：数月来，守上方加减治疗，月经正常，现已停经 71 天，经检查证实为早孕。10 天前带下夹血丝，经用黄体酮注射后血止。现全身乏力，腰酸，舌淡红，苔薄白，脉滑。

处方：菟丝子 20g，川杜仲 10g，桑寄生 15g，党参 15g，白术 10g，白芍 10g，怀山药 15g，川杞子 10g，覆盆子 10g，炙黄芪 20g，炙甘草 6g。7 剂，每日 1 剂，水煎服。

5 月 14 日五诊：偶有胃脘隐痛，汗出难寐，神疲困倦，舌淡红，苔薄白，脉弦细滑。

处方：太子参 15g，云茯苓 10g，白术 10g，浮小麦 20g，佛手花 10g，竹茹 6g，砂仁 2g，白芍 10g，夜交藤 20g，炒枣仁 10g，红枣 10g。7 剂，每日 1 剂，水煎服。

11 月 17 日六诊断：足月顺产 2 天，现腰酸，小腹隐痛，恶露量多，色红。脉细，舌淡，苔薄白。拟养血化瘀法善后。

处方：归身 10g，川芎 5g，桃仁 5g，益母草 12g，元胡 10g，姜炭 3g，川续断 10g，炙甘草 5g。3 剂，每日 1 剂，水煎服。

按语：肾主生殖，为胞脉所系。连续三次自然流产，可知其属肾虚，冲任不固所致。治疗上本未孕先防之旨，予补益脾肾、益气养血为主，用所以载丸、圣愈汤等方加减出入。已孕之后，则注意安胎防漏，防病于未然，治疗上以温养脾肾、固冲安胎为法，随证施治，方选寿胎丸、四君子汤加减。在治疗的全过程，始终从本论治，着眼于脾肾的调养，终使第四次妊娠得以足月顺产。

病例 14

韦某，女，24 岁。1988 年 11 月 29 日初诊。

1985 年结婚，婚后曾 3 次自然流产。第一次流产为孕 3 月余，第二次为孕 5 月余，第三次为今年 7 月份，孕 6 月余。除第一次流产时感腰腹胀痛剧烈外，其余两次无特殊感觉。月经周期正常，色量一般，末次月经为 1988 年 11 月 18 日。平素大便干结，3～4 日一行，尤其孕期便结更甚。舌淡，苔薄白，脉沉细。

诊断：滑胎。

辨证：脾肾亏损，气血两虚。

治法：补益脾肾气血。

处方：

一方：党参 15g，云茯苓 6g，炒白术 6g，归身 10g，炙北芪 20g，熟地 15g，白芍 6g，丹参 15g，柏子仁 10g，柴胡 3g，桑寄生 15g，炙甘草 5g。水煎服。

二方：菟丝子 15g，川杞子 10g，女贞子 10g，覆盆子 10g，川杜仲 15g，仙灵脾 15g，归身 6g，首乌 15g，红枣 10g。水煎服。

一方与二方交替服用。

二诊（1989 年 6 月 23 日）：守上述两方交替服用已半年，大便干结已改善。现已妊娠 1 月余。舌淡红，苔薄白，脉细滑。守上法继用。

一方：党参 15g，炒白术 10g，云茯苓 10g，陈皮 5g，炙北芪 20g，怀山药 15g，桑寄生 15g，炙甘草 5g。水煎服。

二方：菟丝子 15g，川杞子 10g，女贞子 10g，覆盆子 10g，川断 10g，川杜仲 10g，补骨脂 10g，红枣 10g。水煎服。

两方交替服用至超过以往堕胎月份。

按语：孕后胎元不固，与脾肾亏损有关。盖脾主固摄，肾主蛰藏，肾虚则胎失所系，脾虚则固摄无权，胎失所载，故孕后殒堕。因堕更虚，虚损未复，故屡孕屡堕而成滑胎。气阴不足，气虚则推动力弱，阴虚则大肠失润，故大便干结。舌淡，脉沉细，为脾肾亏损之征。治拟补益脾肾气血以治其本，未孕之前即行治疗，直至安全度过以往流产月份，使气血旺盛，冲任调和，胎元稳固。经上述治疗，患者函告"于 1989 年 12 月 29 日生了一个健康可爱的小女孩"，合家欢喜。

体会：胎漏、胎动不安为临床常见病，西医归属于"先兆流产"范畴。根据病情发展轻重，胎漏者，仅有少量阴道流血（其量少于月经量），无腹痛腰酸。而胎动不安者，以少腹、小腹痛或腰酸为主，阴道流血可有可无，胎漏可发展为胎动不安。而连续堕胎 3 次以上则为滑胎。引起本病的原因很多，而肾虚其本则一。由于肾主生殖，"胞脉者系于肾"，肾主蛰，为封藏之本，肾气足则胎元固而无滑漏之虞。由于肾为水火之脏，与肝同居下焦，肝藏血，肾藏精，精血相生相济，故阴虚者常从肝肾论治。又肾为先天之本，脾为后天之本，先天之肾精靠后天脾运化的水谷精微来充养，且胎儿的生长发育也依赖于后天水谷之精的充养，故在补肾的同时还要注意益气健脾，脾气健旺则气血生化有源，气能载胎，血能养胎。在巩固疗效时也常从补益脾肾着眼，本固血足，其胎自安。此外，在辨证施治之前，最好结合现代医学检查，如 B 超、血 HCG 等，以判断胎元有否缺陷，如属不治，则尽早采用手术治疗。

附：多次流产

妇女妊娠之后，凡是多次（3次以上）自然堕胎或小产者，占称"数堕胎"，亦称之为"滑胎"。现代医学称为习惯性流产。

一、病因病机

滑胎的原因，是多方面的，如《景岳全书·数堕胎》云："凡妊娠之数见堕胎者，必以气脉亏损而然，而亏损之由，有禀质之素弱者，有年力衰残者，有忧怒劳苦而困其精力者，有色欲不慎而盗其生气者，此外如跌仆、饮食之类，皆能伤其气脉。"从张氏这一段的叙述可见，滑胎的原因有素禀虚弱、忧思恚怒、劳倦过度、房事不节、起居饮食失宜、跌仆损伤等不同，可以归纳为气血不足、脾肾俱虚、阴虚内热、损伤瘀积等。其中以气血虚弱、脾肾俱虚、肝肾亏损为多见。气血是胎元长养的物质源泉，如孕妇素体本虚，气血不足，则既不能荫养胎元，又不能载固胎元，故胎动不安而下堕，甚则漏脱。肾藏精而主蛰，为封藏之本；肝脏血而生发；脾统血而主健运，是气血生化之源。若劳倦过度，则内伤脾土，房事纵欲则肝肾损伤，阴精暗耗。脾虚则统摄无权，肝肾虚则主蛰、封藏功能失常，胎元失去载系的根蒂，因而屡孕而屡堕。其余阴不足以制火则生内热，热则灼伤胞脉，冲任不固而堕胎、小产。跌仆损伤，瘀滞经脉，则气血紊乱，不能养胎载胎，轻则胎动不安，重则滑脱。

二、论治用药

对本病的治疗，要分未孕和已孕两阶段进行论治。凡是已经多次堕胎之妇，在下次未孕之前，应先用温肾健脾、补益气血之法进行调养，可用寿胎丸与泰山磐石散（党参、白术、归身、川芎、白芍、熟地、砂仁、黄芩、川断、炙草、糯米）轮流调养3~6个月，待肾气充，脾气旺，气血充满，再行摄精受孕，则孕而能荫养，载藏牢固，可以足月顺产。在未孕之前的治疗，是最根本的治疗。如孕后胎动不安，阴道少量出血，有堕胎之兆者，当根据不同的脉症而采取不同的治法。脾肾俱虚，气血不足者，治宜温肾健脾、补养气血为主。如症见腰酸肢软，面色萎黄，纳食不香，阴道少量出血，脉细弱，苔薄白，舌质淡，常用归脾汤或人参养荣汤，常加入顺气摄血之品，如砂仁壳、苏梗、桑螵蛸、仙鹤草、阿胶之类。如症见面颊潮红，阴道出血色红，脉细数，苔少，舌红，此为阴虚生内热者，宜用滋阴清热、摄血止漏之法，以两地汤配二至丸加太子参、荷叶蒂治之。跌仆损伤，在辨证论治的基础上，适当加入舒筋活络、补肾壮腰之品，如桑寄生、川杜仲、续断、狗脊、鸡血藤之类。

总之，多次流产的病变，虽然有寒热虚实的不同，但临床所见，大多是气血不足、脾肾俱虚、肝肾亏损所引起。因而在治疗的全过程，始终从根论治，着眼于脾肾的调养。同时，还要注意饮食的调摄，不宜吃辛温香燥之品。尽可能禁止房事。

病例

薛某，女，25 岁，已婚，小学教师。1980 年 12 月 25 日初诊。

去年 1 月结婚，婚后双方共同生活，曾于去年 3 月、7 月及今年 3 月先后 3 次自然流产，每次均是受孕月余而堕，无腰腹胀痛。自第三次流产之后，采取打针避孕，经行紊乱，每月来潮 2~3 次，量多，色暗淡，必打止血针或口服止血药阴道出血始止。其余尚无不适。脉虚细弦，舌苔薄白，舌质一般。根据患者一年之内 3 次流产，可知其属于肝肾亏损，冲任不固之变。本着未孕先治之旨，以滋养肝肾、调补冲任之法治之。

一方：归身 12g，白芍 5g，熟地 15g，云苓 5g，怀山药 15g，泽泻 5g，山萸肉 9g，丹皮 5g，益母草 9g。每日 1 剂，水煎服，连服 6 剂，与第二方交换服用。

二方：归身 10g，白芍 5g，熟地 15g，川芎 5g，地骨皮 9g，女贞子 9g，南丹皮 5g，旱莲草 15g。每日 1 剂，水煎服，连服 6 剂，与第一方交换服用。

1981 年 3 月 20 日二诊：以上两方交换各服用 6 剂之后，月经周期正常，色量均佳。现已受孕四十多天，要求安胎防漏，治病于未然。脉细缓，舌苔正常。拟温养脾肾，壮腰安胎，从根论治。

处方：菟丝子 15g，桑寄生 15g，川杜仲 15g，太子参 15g，怀山药 15g，炙北芪 15g，芡实 15g，川断续 9g，砂仁壳 2g。每天 1 剂，水煎服，连服 3 剂。

4 月 4 日三诊：受孕 3 个月余，腰脊坠胀，时吐清水。脉象细滑，舌苔薄白，舌质正常。拟健脾壮腰，顺气安胎之法。

处方：党参 15g，土炒白术 9g，广陈皮 3g，桑寄生 12g，川杜仲 9g，砂仁壳 2g，紫苏叶 2g（后下），炙甘草 5g，老生姜 3 片。每天 1 剂，水煎服，连服 3 剂。

9 月 4 日四诊：足月顺产 1 周，现腰及小腹胀痛，恶露未净，色暗红，量不多。脉象虚弦，舌苔薄白，舌质淡。拟补血化瘀法，仿生化汤出入。

处方：归身 20g，川芎 5g，桃仁 3g，益母草 12g，川断 12g，延胡索 9g，老姜炭 2g，炙甘草 5g。每日 1 剂，水煎服，连服 3 剂，可加少量米酒同服。

子　淋

病例 1

尤某，女，24 岁。1991 年 9 月 2 日初诊。

孕已 6 月余，十余天前暴晒后出现尿频、尿急、尿痛，尿黄而短，口渴引饮。曾服中药 3 剂（药名不详），效果欠佳，继到南宁市某医院内科就诊，经尿常规检查后诊为"急性尿路感染"，服用金钱草冲剂和抗菌消炎药不效。诊时仍尿频、尿急、尿痛，日数十行，少腹、小腹胀，口干。无腰痛，无血尿，纳食尚可，大便正常，神情忧郁，面带倦容，舌淡红，苔薄黄，脉弦细略数。尿常规检查：白细胞（＋＋）。

诊断：子淋。

辨证：肝郁气滞，湿热下注。

治则：养血疏肝，清利湿热。

处方：柴胡6g，白芍20g，土茯苓30g，鲜棕叶（连根）30g，连翘10g，甘草5g。3剂，每日1剂，水煎服。

二诊（1991年9月5日）：药已，尿频、涩痛大减。昨日不慎感寒，现自觉低热，头痛，咳嗽，舌淡红，苔薄白，脉浮滑。效不更方，在原方基础上稍佐疏解，以期标本兼顾。守上方加荆芥6g（后下），苏叶6g（后下）。3剂，每日1剂，水煎服。

1991年10月8日随访，得知药后诸症消失，复查尿常规已正常。

按语：本案因妊后阴血下注养胎，肝血不足，复因胎气壅滞，气机升降受阻，肝失疏泄，三焦不利，湿热下注膀胱而为淋浊，故症见尿频、尿急、尿痛；少腹乃肝经所过，肝郁气滞，则少腹、小腹作胀；湿热伤津，则口渴引饮；脉弦细数，乃风木化火之象。故从肝论治，疏肝利湿。方中用柴胡、白芍疏肝理气，柔肝缓急；土茯苓、鲜棕叶重用以清热解毒，利湿通淋，且性味甘淡，甘平，虽利湿而不伤正；连翘解毒利湿；生甘草清热止淋，合芍药有柔肝止痛之功。诸药清润甘平，使肝气调和，邪去而不伤正，治病而不伤胎，成为治疗湿热子淋之良方。

病例2

袁某，女，24岁。1992年8月18日初诊。

孕已3个月，十余天前自觉两少腹隐痛，腰痛，尿频，曾到医院检查，诊为"尿路感染"，服抗生素及金钱草冲剂不效。3天前又出现尿频，尿道灼热，尿少而黄，伴头晕腰酸，纳少，时而恶心，少腹隐痛，带少如豆腐渣状，大便尚调。舌淡红，苔白稍黄腻，脉弦细数。尿常规检查：白细胞（＋），红细胞（＋＋＋）。

诊断：子淋。

辨证：阴虚湿热下注。

治则：滋养肝肾，利湿通淋。

处方：桑寄生15g，女贞子10g，白芍10g，麦冬10g，车前草10g，土茯苓10g，通草6g，甘草5g。3剂，每日1剂，水煎服。

二诊（1992年8月21日）：药后诸症减轻，唯觉耳鸣，舌尖红，苔薄白，脉细。肾开窍于耳，此乃阴虚精血不能上荣，治宜守上方去竹叶之淡渗，加旱莲草20g，以增强滋养之功。4剂，每日1剂，水煎服。

三诊（1992年9月4日）：尿频、黄、少已有改善，偶觉腰部不适，舌淡红，苔薄白，脉细滑数。复查尿常规已正常，拟调养以善后。

处方：太子参6g，桑寄生15g，怀山药15g，莲肉15g，丝瓜络10g，白芍10g，佛手花6g，红枣10g。4剂，每日1剂，水煎服。

按语：素体阴虚，妊后精血下聚养胎，肾阴不足，相火偏旺，移热于膀胱，津液受灼，故小便量少色黄，尿道灼热；肝失疏泄，气机不利，故少腹隐痛；湿浊上犯，胃失和降，故纳少呕恶；脉细数为阴虚内热之象。正如《胎产心法》所言："妊娠胞系于肾，肾间虚热，移于膀胱，而成斯证。"由于阴虚热炽，津液耗伤，不可一味苦寒胜湿，通淋利水之治，宜治病与安胎并举，选用甘寒淡渗之品。方中桑寄生、麦冬、女贞子滋阴清热，补肾固胎，且麦冬可养阴宁心；车前草、土茯苓淡渗行水；竹叶、通草、甘草利小便，泻心火，诸药合用，使湿热清而淋证愈。

妊娠痒疹

病例 1

郭某，女，25 岁。1990 年 12 月 24 日初诊。

孕已 5 个月，3 天前进食煎鱼，旋后全身起皮疹，瘙痒，潮红，以致夜不能寐，自觉胎动次数增加，伴口苦，晨起齿衄，痰多黄稠，烦躁多怒，尿黄，大便干结。检查：面色潮红，全身红色斑疹密布，以胸背为多，色深红，部分成片，有抓痕，舌尖红，苔薄黄，脉浮细数。

诊断：孕妇痒疹。

辨证：阴虚内热。

治则：滋阴清热。

处方：夜交藤 20g，栀子 6g，白芍 10g，旱莲草 20g，川杞子 10g，女贞子 10g，野菊花 10g，甘草 6g。3 剂，每日 1 剂，水煎服。

二诊（1990 年 12 月 30 日）：药已，皮肤瘙痒消失，夜能安寐，大便转佳，胎动恢复正常。现头微胀，耳痒，舌淡红，苔薄白，脉细滑。守上方去白芍、女贞子，加柴胡 6g，苍耳子 10g。4 剂，每日 1 剂，水煎服。

1991 年 10 月 14 日追访，药后自觉良好，皮疹未再发，已于 1991 年 5 月 19 日顺产一女婴。

按语：女子以血为用，孕时阴血下聚以养胎，机体处于阴血偏虚状态。患者因食鱼而发病，煎炒之食物易化火化燥伤阴动血，且火热之毒壅闭于营血之间，迫血妄行，故症见皮疹，其色深红。口苦，心烦，齿衄，大便秘结，均为热盛伤阴之象。故治宜清热凉血解毒。由于孕妇在妊娠期间阴血偏虚，故以女贞子、旱莲草、川杞子滋养肝肾凉血，夜交藤既能镇静安眠又能解毒，野菊花清热解毒，与夜交藤合用解毒作用较强，栀子清热凉血。因血中伏热，胎动不安，故用芍药甘草汤柔肝和肝而护胎。诸药合用，既能滋养肝肾安胎，又能清热解毒泻火。

病例 2

黄某，女，28 岁。1991 年 8 月 20 日初诊。

孕已 8 月余，1 周前突然出现面部红疹，形如热痱，以前额、眶周明显，剧痒灼痛，搔后局部肿胀，红疹有的融合成片，目眵增多，双目肿胀难睁。曾在市某医院急诊，诊为"过敏性皮炎"，予地塞米松软膏及炉甘石洗剂，外用后面部肿痛加剧，心烦而躁，夜不能寐，痛苦不堪，由其夫送来就诊。既往无类似病史。检查：痛苦面容，颜面潮红，斑疹成片，尤以眶周、颊部为甚，部分因搔抓而溃破渗液，双目肿如核桃，四肢亦有散在不规则红疹，面部斑疹肿胀、触痛。舌质红，苔薄黄而腻，脉滑数。

诊断：孕妇斑疹。

辨证：阴虚血热。

治则：清营凉血，泄热化毒，和血安胎。

处方：野菊花 15g，金银花 10g，桑叶 10g，荷叶 10g，白芍 10g，荆芥 6g（后下）。3 剂，每日 1 剂，水煎服。

另用新鲜九里明适量煎水熏洗面部。

二诊（1991 年 8 月 23 日）：药后诸症大减，面部斑疹肿消痛止，部分已干燥结痂，夜能安卧，舌尖红，苔薄黄腻，脉滑数。效不更方，守上方加夜交藤 30g，旱莲草 10g，连翘 10g。4 剂，每日 1 剂，水煎服。外洗仍用前法。

12 月底随访，询知用上药后病瘥。

按语：妊妇阴血下聚养胎，内因肝血不足，阳亢化火，外因感受风热毒邪，风火相扇，血热沸腾，外走肌腠，上蒸面部，使经络阻隔，气血凝滞，致面部红肿。舌红，苔薄黄腻，脉滑数，为邪热内盛之象。方中用野菊花、银花、连翘、桑叶清热解毒泻火；白芍入血分凉血养血平肝；荷叶轻清，既能助脾阳之升发，又能凉血清热；荆芥疏解祛风；其中夜交藤重用取其养血安神、解毒止痒之功。九里明外用取其清肝明目、解毒止痒作用。所选药品均为甘平之品，既能解毒清热，调和气血，又不致损伤胎元。药证相合，获效甚捷。

体会：斑疹的发生有多种原因，有药物中毒，有接触异物过敏，有外感火热毒邪，亦有七情过极而化火生风，迫血妄行，渗溢于肌肤。由于孕妇既有风火热毒郁闭营血的表现，又有阴虚的生理特点，虽然用药治则以凉血解毒为主，但宜选用辛凉或甘寒之品，安胎与祛邪兼顾。又因病发于血分，见红必治血，故在辛凉解毒的基础上，酌加白芍、紫草、旱莲草等凉血而不伤胎之品。又痒多由于风，治痒不忘疏风，加入荆芥、防风等辛润祛风之品则效果更佳。

妊 娠 感 冒

病例

黄某，女，35 岁，南宁市某厂，工人，已婚。1978 年 1 月 23 日初诊。

受孕二月余，现恶寒，头晕痛，腰酸困软，四肢乏力，咳嗽有痰，色白质稀，心烦欲吐，胃纳不振，大小便基本正常。脉浮滑数，苔薄白，舌质淡嫩。

诊断：妊娠感冒。

辨证：气血下聚胞宫以滋养胎元，卫阳不足，外邪乘虚而入。

治则：补气安胎，顺气疏解。

处方：党参 15g，川续断 9g，防风 9g，砂仁 2g，苏叶 5g（后下），前胡 9g，葱白 9g，枳壳 2g，大枣 9g，生姜 9g。每日 1 剂，水煎服，连服 3 剂。

二诊（2 月 3 日）：药已，诸症大减，但尚有咳嗽，咽喉稍有痒感。脉象不浮而尚微数，舌质如平。仍守益气疏解法。

处方：党参 12g，北芪 15g，薄荷 5g（后下），桔梗 6g，杏仁 9g，葱白 9g。每日 1 剂，水煎服，连服 3 剂。

三诊（2 月 26 日）：咽喉不干，咳嗽消失，脉略数，舌质如平。拟培土生金，以图根治。

处方：党参 15g，云苓 5g，白术 9g，陈皮 3g，杏仁 9g，紫菀 9g，炙甘草 5g。每日 1 剂，水煎服，连服 3 剂。

按语：《难经·三十二难》云："心者血，肺者气，血为营，气为卫，相随上下，谓之营卫。"受孕之后，气血汇聚胞宫，以养胎元，相对地卫外之阳气不足，外邪乘虚从皮毛而入，故恶寒、头痛、咳嗽有痰。以益气安胎为主，兼以疏解之法治之，既能扶正保胎，又能疏解祛邪，诚为标本并治平稳之良法。

妊 娠 失 眠

病例

袁某，女，25 岁，南宁某厂医生，已婚。1980 年 8 月 9 日初诊。

受孕 8 个月余。半月来心烦躁扰，夜难入寐，寐则多梦，气喘，晨起口苦，胃纳不振，大便溏薄，小便正常。脉滑数，苔薄黄白，舌质如平。

诊断：妊娠失眠。

辨证：阴血亏虚，心神失养。

治则：益气养阴，宁神安志。

处方：太子参 15g，麦冬 9g，怀山药 24g，浮小麦 15g，夜交藤 15g，百合 15g，白芍 9g，合欢皮 9g，甘草 5g。每日 1 剂，水煎服，连服 6 剂。

9 月 5 日追访：药后精神安适，睡眠正常。

按语：孕妇心烦躁扰，夜难入寐，古称子烦。实由于气血汇聚胞宫，滋养胎元，以致阴血不足于上，心火偏亢，心神失养所致。故用甘润以益气养阴，宁神定志。阴血恢复，气血调和，心神舒爽，自能入寐。

妊 娠 失 音

妇女受孕到了七八个月，出现声音嘶哑，甚或不能出声音，称之妊娠失音。《内经》称为"子喑"。旋后还有哑胎、不语等之称。

一、病因病机

本病发生的原因，从《内经》开始历代医家都有所论述，其中以《内经》和《医宗金鉴》的论述最精辟。《素问·奇病论》："帝曰：人有重身，九月而喑，此为何也？岐伯对曰：胞之络脉绝也。帝曰：何以知之？岐伯曰：胞络者系于肾，少阴之脉贯肾，系舌本，故不能言。帝曰：治之奈何？岐伯曰：无治也，十月复"。《金宗金鉴·子喑证治》："少阴之脉，终于舌本，九月肾脉养胎，至其胎盛，阻遏其脉，不能上至舌本，故声音细哑，待分娩之后，肾脉上通，其音自出矣"。心主言，肺主声，声音根于肾而出于肺，发于舌本，肾脉通畅，肾气（这里包括阴阳两方面）上承心肺，舌本得荣，声音才能正常。妊娠到了后期，胎儿增大，子宫受到胎体的压迫，子宫的络脉受阻，肾脉不通，肾气不能上承，心肺失养，舌本不荣，故不能言。当然，其所以不能言，除了胎儿增大，胞络受到阻遏，肾气不能上承之外，还与肾气本虚有关。

二、论治用药

对本病的处理，自《内经》以来，有主张不需治疗与要治疗之分。前者认为，待到十月分娩之后，肾气得通，则声音自复。后者则认为心肺有火（张子和）或脾虚有痰（朱丹溪），应该用降火或祛痰之法治疗。我认为妊娠之所以失音，不管其原因如何，总属胎前的病变，应该辨证治疗。根据临床所见，大多是气阴两虚之体。盖肾藏真阴而寓元阳，是气血生发之始，如素体本虚，气血不足，妊娠到后期，胎儿长大，需要阴血的营养愈多，因而气阴愈亏，不能上济于心肺，舌本不荣，故不能言。如妊娠晚期，声音嘶哑，甚或不能言，腰腿酸软，便结尿黄，脉细数，苔少舌红者，治之当用滋阴补肾、益气生津之法，以麦味地黄丸加北沙参或党参治之。以六味滋阴补肾，沙参、麦冬益气生津，五味子五味俱全，既能润肺敛肺，又能滋养肾水，使气阴充足，肾脉得通，上养心肺而荣于舌本，则声音自复。如肺有痰火者，宜减去山萸肉、五味子、泽泻，加浙贝母、胖海子、前胡之类治之。

病例

韦某，28 岁，已婚，工人。1974 年 9 月 20 日初诊。

爱人代诉：受孕 9 个月，1 周前开始声音嘶哑，逐渐加重，近 3 日来不能出声，但神志清楚，常以手势表示需要。平时头晕耳鸣，心烦易躁，肢体倦怠，腰膝酸软。现夜寐不深，易惊易醒，大便干结，小便淡黄，舌苔薄白，舌边尖红而中裂，脉细而略数。证属气阴不足，胞脉阻遏，肾气不通，舌本不荣之变。以滋阴益气立法论治。

处方：生熟地黄各15g，山萸肉9g，怀山药15g，白茯苓6g，南丹皮6g，泽泻6g，麦门冬9g，五味子5g，百合12g。每天1剂，水煎服，连服6剂。并以西青果12g，胖海子10g煎水当茶含漱。

9月28日二诊：药已，声音有所好转，已能说话，但仍嘶哑。

处方：太子参15g，麦门冬10g，玄参15g，百合10g，怀山药15g，川杞子10g，熟地黄15g，五味子5g，蝉衣1.5g。每日1剂，水煎服，连服6剂。并以西青果、胖海子煎水当茶饮，以善其后。

妊 娠 尿 血

妇女在妊娠期间，出现小便频数，淋沥不断，点滴涩痛，或小便频数不痛而尿中混有血液者，称之妊娠尿血。

一、病因病机

《素问·逆调论》："肾者水脏，主津液"。《素问·灵兰秘典论》："膀胱者，州都之官，气化则能出矣"。肾为水脏，膀胱为水府，职司二便的施泄。妊娠之所以出现血尿，实由于肾和膀胱的气化失司，络脉受伤所致，其中有虚实之分。实者多是小便涩痛见血，点滴而下，是由于平素阳盛，妊娠后血聚于下养胎，不能上承于心，心肝火旺，因而移热于小肠，热随水液传入膀胱，迫血妄行；或平素摄生不慎，湿热之邪内侵，蓄结于膀胱，灼伤津液和络脉，以致血液渗出脉外。虚者多由于平素劳伤，孕后气血养胎，导致脾虚气陷，肝肾不藏，脾虚则不能统血，不能载提胎体，膀胱受压；肝肾不藏，则开阖失司，故小便频数而有血。总之，妊娠之尿血，不论是实或虚，都是肾和膀胱的功能失司，络脉受损，血不循经所引起的病变。

二、论治用药

本病的治疗，本着虚则补、实则泻的原则，但病发于妊娠期间，必须注意治病安胎并重，热证不宜过于苦寒，以清润为贵；寒证不过热，以甘温为宜；除湿不过利，以淡渗为佳，以免损伤胎元而导致胎动不安，甚或堕胎、小产。

本着以上的原则，根据寒热虚实不同的特点，选用有针对性的方药，则能收到事半功倍之效。如妊娠期间，小便频数而涩痛，尿中带血或纯下血，心烦口苦，脉弦细数，苔黄干而舌尖红者，此属心肝火盛，移热于膀胱和小肠，络脉受损之变，治宜清热凉血，佐以渗利摄血之品，以导赤散（生地、竹叶、木通、甘草）去木通加玄参、麦冬、藕节、车前草、通草、黄芩治之。方中之木通，恐其过于苦寒通利，损害胎元，故以甘淡微寒之通草代之，则利而不伤阴。尿黄赤带血，尿道灼热刺痛，面色黄垢，口渴不饮，胸闷，肢倦，纳食不香，舌苔黄腻，舌质红，脉象滑数或濡缓者，此属湿与热搏结于下焦，蓄遏膀胱，损伤络脉之变，治宜清热利湿、化瘀摄血之法，以龙胆泻肝汤加鸡血藤、益母草、旱莲草治之。木通一味，仍以通草代之。小便热而涩痛，量少而黄，尿中带血，反复发作，头晕目眩，心烦，耳鸣，五心烦热，夜难入寐，寐则多梦，腰酸腿软，苔少，舌红，脉细数者，此属肾水不足，相火过旺而移热膀胱，灼伤津液和络脉之变，治宜滋阴制火、凉血止血之法，以知柏地黄丸（知母、黄柏、熟地、山萸肉、怀山药、丹皮、云苓、泽泻）加当归、赤芍、麦冬、玄参、生地治之。小便频数而无涩痛，尿血时发时止，纳食不振，气短乏力，头晕目眩，腰膝酸软，甚则畏寒肢冷，舌质淡嫩，舌苔薄白或少苔，脉象虚弱者，此属脾虚不固摄，肾虚不固藏，胎体下迫膀胱，导致膀胱气化失司，血液不循经的病变，治宜补养脾肾，佐以摄血之法，以益气止淋汤（人参、白术、北芪、茯苓、麦冬）加益智仁、桑螵蛸、鹿角霜、荆芥炭治之。

病例

韦某，女，32岁，小学教师。1978年9月10日初诊。

妊娠5个月余，小便频数而涩痛，尿色淡黄，混夹血液，五心烦热，咽干口燥，夜难入寐，寐则多梦，腰脊困倦，大便干结。舌红少苔，脉象细数。证属肾阴不足，水不制火之变。遵"壮水之主，以制阳光"之旨，宜用滋阴补肾，佐以凉血之法。

处方：地骨皮10g，生地黄15g，麦门冬9g，玄参15g，杭白芍9g，黄柏6g，知母6g，阿胶珠（烊化）10g，通草6g，旱莲草15g，莲藕叶10g。每天1剂，水煎服，连服3剂。

9月15日二诊：上方服后，1天来尿中无血，但小便仍有涩痛之感。脉象细而略数，舌红少苔。仍守上方出入。

处方：生地黄15g，玄参15g，麦门冬9g，杭白芍9g，阿胶珠（烊化）12g，通草6g，藕节20g，竹叶6g，车前草9g，甘草3g。每天1剂，水煎服，连服3剂。

9月20日三诊：小便无涩痛，3天来尿中无血，舌淡红，脉细缓。药已收功。嘱以饮食疗法而善其后。用鲜嫩冬瓜连皮、鲜莲藕、黑豆各适量，并加油盐煮当菜吃，可以连续用1周以巩固疗效。

孕 妇 跌 仆

妇女怀孕期间，由于行走过快，或坐骑自行车，一时不慎而跌仆损伤，谓之孕妇跌仆。

一、病因病机

孕妇之所以跌仆损伤，多由于一时不慎，或由于负担过重，或执行紧急任务所致。孕妇的跌仆，首先是肝肾受损。因为肾生髓而主骨，腰为肾之外府，是人身最大的关节；肝主筋，为罢极之本，诸节皆属于肝。因而跌仆损伤的轻重，均与肌肤、筋脉、骨节有关，骨节一伤，必波及肝肾，常常引起胎动不安，甚或胎漏、堕胎、小产等之变。盖肾藏精而主蛰，为封藏之本，胞宫系于肾，肝藏血而主生发阳气，肝肾的精血是胎元长养的最基本物质，肝肾受伤，则精血耗损，不能营养胎元，尤其是如果跌仆过重，不仅筋脉、骨节损伤，影响肝肾固藏胎元的功能，而且能直接损伤胎元而堕胎。所以对孕妇的跌仆损伤，不论受伤的轻重，都要及时处理，以免波及胎元，防止不良后果发生。

二、论治用药

跌仆损伤的治疗，不离活血化瘀、行气止痛的原则，但攻伐破瘀之品，又非孕妇之所宜。《内经》虽然"有故无殒"之说，而行血化瘀之品，终归能损害胎元，轻则导致胎儿日后畸形怪象，重则损坏胞脉胞宫，立即堕下。所以选方用药，必须着眼于既能治瘀又能安胎，也就是说，以既能活血化瘀又能保护胎元为原则。对于孕妇的跌仆损伤，有的主张在补气补血的基础上，加入舒筋活络之品，如圣愈汤加入川断、川杜仲、狗脊之类，气旺血充，自能安胎，也是宝贵的经验。我个人的体会，胎之未生，赖肾以固藏，还是以补肾安胎为好，然后加入舒筋活络之品，常用寿胎丸（菟丝子、桑寄生、川续断、阿胶珠）出入加减。本方在《医学衷中参西录》中是治疗滑胎的名方，有补肾安胎的作用，加入党参、北芪，则肾气充盛，更有利于安胎，然后再配用鸡血藤、川杜仲、骨碎补、桑枝等舒筋活络之品以治瘀，以扶正安胎为主，舒筋活络以治瘀为次，主次分明，则胎安而损伤瘀血可治。

以上是就内服药而言，如损伤部红肿疼痛，可以适当加用外治之法，如土牛膝、苏木叶、马鞭草、罗裙带之类，煎水熏洗伤处或外敷，都有一定的疗效。

病例

黄某，女，25岁，工人。1982年10月1日初诊。

受孕3个月余，不慎从自行车上跌下，现腰脊坠胀，小腹隐痛，阴道少量出血，色红无块。脉象细滑，舌苔薄白，舌质淡红。证属跌仆损伤，肝肾受损，冲任不固之变。以补肾安胎、益气摄血之法治之。

处方：菟丝子20g，桑寄生20g，川续断9g，阿胶珠9g（烊化），潞党参15g，北黄芪15g，砂仁壳3g，苏梗3g，川杜仲9g，苎麻根9g，鸡血藤12g。每天1剂，连服3剂。

10月5日二诊：上方服后，小腹疼痛消失，阴道出血已止，现尚感腰脊坠胀。脉象细滑，舌苔如上。仍守上方，减去鸡血藤、苎麻根、苏梗，加何首乌15g。再服3剂，以善其后。

孕妇跌仆损伤，最能损伤胞脉，导致冲任不固而引起胎漏、小产等之变。所以妇女在妊娠期间，不论是在劳动中，还是在日常生活中，都要小心谨慎，避免意外损伤，尤其是经过第一次损伤治愈之后，更不能再受第二次的损伤。否则一而再，胞脉损伤加重，虽辨证用药准确，亦无能为力。同时，受过跌仆损伤之后，宜禁止房事，防止相火内动，迫血妄行。

宫 缩 乏 力

子宫收缩乏力，是妇女分娩时产力异常的一种表现。产程延长，往往20～40小时生不下来，胎儿下降缓慢，子宫收缩不够有力。属于难产的范畴。

一、病因病机

难产的原因，主要有气血虚弱和气滞血瘀。也就是说，既有虚证，也有实证。现代医学对难产的原因，归纳起来主要有三点：一是产力异常（子宫的收缩力和腹肌、膈肌的收缩力），次是产道异常（骨盆过于狭小或畸形、生殖器官及盆腔病变），三是胎儿异常（胎儿过大或畸形、胎位不正）。其中以产力异常中子宫收缩乏力为最主要。顾名思义，所谓"产力"，即是推动胎儿自子宫内娩出之力。在正常的情况下，当临产时，子宫的收缩力有一定的节律和强度，如果宫缩短暂，阵痛微弱，间歇时间过长，都能影响产程的进展。

临床所见，子宫收缩乏力是难产的主要因素，而宫缩之所以乏力，多由于孕妇素体本虚，气血不足，或产时用力不当，气血耗损过多，以致产道干涩，河涸则舟不能行，胎儿不能正常娩出。

二、论治用药

本病的治疗，总的原则是大补气血为主，佐以引降通行之品。盖气旺血足，则宫缩有力，自能推出胎儿。如临产腹部阵痛微弱，间隔时间长，久产不下，心悸气短，脉虚细，苔薄白，舌淡，常用佛手散（当归、川芎）加北芪、党参、益母草、牛膝、路路通治之。佛手散本是补血活血之方，有撑开催产的作用，素为医界同仁所公认，加入北芪、党参大补元气，则收气血双补之功，又加入益母草、牛膝、路路通之引降通行，补中有行，欲降先升，宫缩正常，自能娩出顺利。

除了药物治疗外，可配合针灸疗法，常用三阴交、足三里、合谷等穴位，或补或泻，或针或灸，因人而施。妇女以血为本，三阴交为肝、脾、肾三经交会之枢纽，是血证必用之穴，有气血双补之功；足三里为阳明经之所属，补之则能益气升清，泻之则能通阳降浊；合谷为大肠经之原穴，能升能降，能宣能通。三穴合用，虚则补之灸之，气血运行旺盛，胎儿自能顺利娩出。

病例 1

班某，女，30 岁，出纳员。1979 年 9 月 10 日初诊。

妊娠足月，进院待产已 3 天。少腹、小腹阵痛微弱，持续时间短暂，间歇时间过长，久产不下（总产程已超 48 小时），经用有关催产药处理，效果不满意，拟行剖宫产，因家属不同意，乃邀中医会诊。症见精神疲倦，面色㿠白，舌苔薄白，舌质淡，脉沉细。证属气血两虚，推动无力。治之宜用大补气血之法。

处方：当归 24g，川芎 15g，北芪 30g，党参 18g，益母草 24g，牛膝 9g，川朴 6g。水煎温服 1 剂。

服上方 1 剂之后，腹痛较频，时间较长。续服第二剂，并针刺三阴交（强刺激），温和灸足三里，腰痛加剧，腹脊坠胀，药后 3 小时娩出一女孩。

病例 2

马某，女，36 岁，农民。1968 年 6 月 20 日初诊。

妊娠足月，临产已 5 天。第一天小腹阵痛有规律，腰腹有下坠之感，数小时后仍未见娩出婴孩，乃屏气用力，希冀及早娩出，如此持续多次，胎儿仍未娩出。现腹痛微弱，宫缩稀疏，肢体疲惫，舌苔薄白，舌质淡，脉象细弱。当地卫生院助产士王某检查：宫体剑突下三横指，宫缩不明显，儿头已部分暴露，约 2cm×2cm。

根据脉症及助产士的检查记录，乃属平素体质本虚，加上临产时过早用力，以致耗伤正气，子宫收缩乏力，推动无能，胎儿欲出而不能出。以益气活血，催产之法治之。

处方：土黄芪 120g，鲜益母草 150g，糯米 60g。

先取糯米炒黄，以水煮沸 30 分钟，然后取出糯米，用米水煮土黄芪、益母草，煮成三碗，乘温热分 3 次服，每隔半小时一次。

针刺三阴交（双）、合谷（双），均用强刺激泻法，每隔 2 分钟行针 1 次。

服上方及针刺之后，宫缩转佳，腹部阵痛加剧。再服第二剂及第二次针刺，子宫收缩加强，腰腹坠胀疼痛频繁，3 时许，即娩出一婴孩，母子均安。

益母草为辛苦微寒之品，辛则开，苦则泄，能活血以催产；土黄芪、糯米性味甘温，能健脾益气，与益母草同用，有补有泻，能宣能通，实有撑开催产之功；复加用针刺三阴交、合谷两穴，调动气血的修复运行，故药已针到，胎儿能顺利娩出。

羊水过多

羊水是停蓄在胞宫内之水。在正常的妊娠过程，羊水逐渐增加，一般妊娠到 7～8 个月达到最高容量（1000～1500ml）。若羊水达到或超过 2000ml 以上者，即是病态，现代医学称羊水过多症。由于是妊娠期间水停于胞宫内而引起的病变，所以中医学称为胎水、胎中蓄水，又由于妊娠容易出身浮肿、胀满等症候，故又有子肿、子满等之称。根据发病的缓慢或骤急，在临床上有急性和慢性之分。急性的羊水过多症，多发生在妊娠中期（4～6 个月），羊水急剧增加，数日之内子宫异常增大，甚则胸闷、气喘，不能平卧等；慢性的羊水过多症，多发生于妊娠的后期（8～9 个月），羊水增加较慢，临床出现的肿胀症状较轻。所以发病愈早愈危重，如处理不及时，则其后果不堪设想。

一、病因病机

本病发生的机理，归纳起来，一是脾肾阳虚，二是心肝血虚气滞。盖脾主运化水湿而为升降的枢纽，如脾阳本虚，或过食生冷之品而损伤脾阳，以致输化无权，不能为胃行其津液，水湿停聚于胞中，流溢于肌肉四肢，则肢面浮肿；湿浊阻遏中焦气机，则腹部胀满。肾为元阴元阳之根蒂，与膀胱水府同主水的蒸化运行，肾阳虚衰，则膀胱水府的气化失常，蒸腾输化无能，以致水湿泛溢而肢体头面肿胀。肝主疏泄生发，心主血脉的运行，如七情过极，导致心肝阴血暗耗，肝木不荣，心神郁结，气机不畅，则湿滞不化而肿胀。

二、论治用药

本病的治疗，脾肾阳虚者，宜温肾健脾以渗湿利水；因七情过极而血虚气滞，水湿不化者，当用疏解调气之法。

受孕数月或妊娠后期，腹部增大异常，面目四肢浮肿，胸闷气喘，不能半卧，懒言少食，四肢不温，大便溏薄，小便短小者，此属脾虚不能健运，当用健脾渗湿、利水消肿之法，以全生白术散（土炒白术、茯苓皮、大腹皮、生姜皮、广陈皮）加荆芥、防风治之。本方具有健脾理气、行水化湿之功。病因脾虚而引起，方中苦甘温白术之用量，必须倍于诸药。如腰膝乏力，肢面浮肿，心悸气喘，两脚逆冷，脉虚迟而苔白舌淡者，此偏于肾阳虚衰，水气不化之变，当用《伤寒论》附子汤治之。方中附子一味，为辛温有毒之品，对胎元的发育不利，在应用本方时，常常减去而不用，以辛甘微温之巴戟天、甘温之北黄芪代之，则温肾行水而不伤阴。又脾肾阳虚之变，本是正气不足，不论是脾阳虚或肾阳虚，均加入甘温之鲤鱼头，则能加强扶正利水之功。

七情过极，阴血暗耗于内，以致心不能主神明血脉，肝不能藏血生发，气机不畅而水湿蓄积于中，波及肢面浮肿，胸胁闷胀，头晕目眩，心悸不宁，舌苔薄白而脉弦者，治之既要养血调气，又要安神定志，并佐以渗湿利水之法，当用当归芍药散加防风、远志、香附、合欢花治之。以风能胜湿，加入少量辛甘微温之风药，对渗湿利水有促进作用。

治水之法，总以温化和分利为要，但滑利之品，最易犯胎，影响胎气的发育，故对于滑利、峻下、逐水、耗散、辛燥之品，不宜过用甚或不用。宜选用辛甘微温之品，既能温化水气，减轻孕妇的痛苦，又能保护胎儿，达到治病安胎的目的。要是拘泥于"有故无殒"之说，则常有偾事之忧。

病例

郑某，女，34 岁，医师。1974 年 6 月 10 日初诊。

妊娠 8 个月，颜面、下肢浮肿，腹胀满，腰膝酸软，少气懒言，不能食，大便溏薄，小便短少，脉象虚迟，舌苔薄白，舌质淡嫩。此属脾肾阳虚，不能化气行水之变。拟温肾健脾以治其本，行气利水以治其标。仿全生白术散出入。

处方：土炒白术 20g，茯苓皮 15g，大腹皮 9g，五加皮 9g，生姜皮 9g，广陈皮 6g，防风 6g，党参 15g，北黄芪 20g，巴戟天 10g，鲤鱼头 1 只。先用清水两碗煎诸药，去渣取药汁，然后放入鲤鱼头同煮，酌加油盐，每天 1 剂，连服 3 剂。

6 月 14 日二诊：药后面目、下肢浮肿减轻，精神较好。仍守上方，每天 1 剂，连服 6 剂。妊娠至 9 个月余娩出一健康女孩。

妊娠急性胰腺炎

急性胰腺炎是现代医学的病名，常由于感染、外伤、梗阻等引起，可继发于胆道感染及胆道蛔虫病等。由于病情突然发作，腹部疼痛剧烈，大便秘结等特征，可归属于中医学痞、满、燥、实、坚的阳明腑实证。在妊娠的妇女，则属于胞阻病变的一种类型。

一、病因病机

本病发生的机理，总的来说，是由于气血运行不畅，所谓"不通则痛"。其所以不通的原因，既有外感六淫之邪，也有七情内伤和饮食劳损等的不同。不过，在妊娠的妇女，却有不同的特点，正如《医宗金鉴》所说："孕妇腹痛，名为胞阻，须审其痛，或上在心腹之间者，多属食滞作痛，或下在腰腹之间者，多属胎气不安作痛"。这一段话，点出了妊娠胞阻的主症是腹痛，其原因一则由于饮食不节，一则由于胎气不安。

临床所见，胰腺炎之所以发生，多由于暴饮暴食之后，损伤脾胃的腐熟运化功能，肥甘厚味积结肠胃之中，化热化火，灼伤津液，以致阳明腑气不通，波及肝胆，故其疼痛部位在上左腹部发作。

二、论治用药

根据"通则不痛"的原则，本病的治疗，当用通行之法。但病变发生在妊娠的妇女，必须做到既能治病，又不犯胎，常用大柴胡汤（柴胡、黄芩、芍药、半夏、枳实、大枣、大黄、生姜）为主方，根据病情进行加减。本方为和解少阳、内泻热结之代表方，虽有大黄、枳实之清降下行，但又有柴胡之和解升清，则能泻浊阴之结而不犯胎。用在疼痛、发热、便秘之胰腺炎，宜减去半夏、生姜之辛燥，大枣之柔腻，加栀子、蒲公英、十大功劳、忍冬藤、砂仁、香附之类，以加强清热解毒、理气止痛之力。治本为主，兼以治标，标本并治，则其效益彰。

病例

杨某，女，34岁。1983年4月14日初诊。

患者素体尚健，平时恣嗜肥甘厚味，近日蕉果生冷油炙之品杂进。现受孕月余，突于昨日下午上腹部疼痛，是夜11时到某医院急诊，按常规处理，疼痛未减，特转中医治疗。诊时患者疼痛连及左胁，呻吟不已，伴发热，汗出，口苦，咽干，小便黄赤，大便4日未解。查：左上腹实痛，拒按，唇干舌红，舌苔薄腻微黄，脉弦滑略数，体温37.6℃，血压130/90mmHg，尿淀粉酶1028单位（温氏法）。血象：白细胞85 × 10^9/L，中性0.91，血红蛋白8.2g/L，红细胞2.83 × 10^{12}/L。尿妊娠试验阳性。末次月经1983年1月28日。西医诊断：早孕并急性水肿型胰腺炎。中医辨证：湿热蕴积中焦，阻碍脾胃气机，土壅木郁。拟泄热通腑，疏肝和胃为治。仿大柴胡汤合小陷胸汤（黄连、半夏、栝楼实）益损治之。

处方：柴胡10g，黄芩10g，大黄10g，枳实10g，黄连10g，生甘草10g，瓜蒌壳10g，砂仁10g，竹茹10g，郁金10g，半夏8g。急煎，每天2剂，各煎至150ml，分4次温服，每6小时一次。禁食，补5%糖盐水加维生素C维持。

药后，大便得解，量少，腹仍胀痛难忍。翌日，守原方，大黄后下，再进2剂，分4次温服。另加芒硝8g，分2次冲服。药后下稀便4次，量中等，腹痛显减，苔渐转净。

入院第6天，予少许半流质饮食，上方去芒硝，每天1剂，坚守踵进。查：尿淀粉酶64单位（温氏法）。血象：白细胞90 × 10^9/L，中性0.77。第六天，尿淀粉酶32单位（温氏法）。第八天，尿淀粉酶16单位（温氏法）。嗣后，疼痛止而胀有余波，大便溏薄，日行数次，虑其苦寒伤中，遂易方健脾疏肝，利湿行气，以逍遥散调理。前后住院10天康复出院，以后追访，病未复发。

产后尿闭

妇女分娩后 4~8 小时之内，应能正常排尿，如尿闭不行，小腹胀急疼痛，以致日卧不安者，称之产后尿闭，或产后小便不通。

一、病因病机

本病的发生有虚实之分。虚者由于脾肺气虚或肾阳虚弱引起；实者多由于七情过极，肝气郁结，气机阻滞而发生病变。《素问·经脉别论》言："脾气散精，上归于肺，通调水道，下输膀胱，水精四布，五经并行"。可见水液的输布通行，与脾肺有极密切的关系。盖脾主运化水湿而为气血生化之源，是升降的枢纽，肺主气而为水之上源，如平素本虚，或产程过长，气血耗损过多，导致脾肺气虚，不能通调水道，膀胱的气化失司，故小便不通；肾为水脏而主津液，与膀胱相为表里，职司小便的蒸化排泄，如平素禀赋不足，产时又损伤肾气，必然导致肾阳虚弱，不能鼓动膀胱水府的气化作用，故水停尿闭；肝主疏泄而喜条达，肝脉络阴器，如七情过极，则肝气郁结，气机不畅，导致膀胱的气化不利，故少腹、小腹胀痛而小便不通。

二、论治用药

本病的治疗，同样要根据虚实不同而辨证论治。但由于本病的虚实均有"小便不通"的主症，都与膀胱的气化有关，所以其治疗总以"通利小便"为原则。然后辨清其虚实的轻重，标本的缓急，本着"虚则补之，实则泻之"的原则，根据产后虚瘀的特点，虚者当用温阳补气，鼓动膀胱气化作用，从而达到化气行水的目的；实者在扶正的基础上，采取或清润，或疏利之法，使小便通畅，以达到利尿而不伤正气的要求。产后小便不通，小腹胀急而疼痛，精神萎靡，四肢倦怠，懒于言语，语音低微，舌苔薄白，舌质淡，脉虚细弱者，此属脾肺气虚，不能通调水道，膀胱气化失司之变，宜用补气行水之法，以补气通脬饮（黄芪、麦冬、通草）加茯苓皮、广陈皮、肉桂治之。补气通脬饮虽然有补气润肺通行之力，但行气渗利之力不足，故加用茯苓皮、陈皮两味，以醒脾行气，少佐肉桂以温化，则渗利通尿之力加强。产后小便不通，小腹胀满疼痛，日夜不安，腰部酸软，面色晦暗，精神倦怠，舌质淡，舌苔薄白，脉沉细迟者，此属肾阳虚弱，不能鼓动膀胱气化的病变，宜温阳补气、行水通利之法，以附子汤治之。产后小便不通，精神抑郁，胸胁苦满，小腹胀痛，烦闷不安，舌苔薄白，舌质正常或紫暗，脉弦细者，此属七情过极，肝气郁结，疏泄失常的病变，宜用疏肝通利之法，以柴胡疏肝散加归身、茯苓皮、通草、素馨花、益母草治之。

除了药物内服治疗之外，适当配合针灸治疗，其效果更加显著。常用的有三阴交、关元、归来、中极、水道等穴位。七情过极，肝郁气滞而引起的小便不通，只针而不灸，并加针曲池、外关，以加强其宣通之力。虚证引起的小便不通，除针刺之外，每穴都加用温和灸。脾肺气虚的加用肺俞、脾俞、足三里又针又灸；肾阳虚弱的，宜加用肾俞、命门两穴，先针后灸，或针上加灸，旨在鼓动阳气的蒸化作用。

病例

潘某，女，36 岁，已婚，干部。1980 年 12 月 10 日初诊。

产后 1 周，小便不通而胀急疼痛，日夜坐卧不安，每天依靠导尿始能缓解，伴头晕耳鸣，肢体倦怠乏力，腰膝酸软，面色苍白，脉虚细，苔薄白，舌质淡。证属产后气血耗损，肾阳不足，膀胱气化失司之变，宜用温肾扶阳以利尿之法。

处方：制附子 10g（另包，先煎），肉桂丝 6g（另包，后下），熟地黄 15g，白茯苓 9g，泽泻 9g，南丹皮 6g，山萸肉 6g，怀山药 12g，益母草 10g。每天 1 剂，水煎服，连服 3 剂。

12 月 14 日二诊：药已，小便仍不通行，但精神较好，脉舌如上。脉症虽然有所徘徊，但精神转佳，说明方尚对证。仍守上方，加北芪 20g，大腹皮 10g，以加强其补气行水之力。每日 1 剂，连服 3 剂。同时，针刺中极、水道、三阴交，先针后灸。在针灸结束时，已开始有尿意。

12 月 18 日三诊：两天来小便畅通，小腹舒适。守上方，去大腹皮，再连服 3 剂，以善其后而巩固疗效。

产 后 便 秘

妇女产后，饮食如常，但 3～5 日不大便，或大便时干结疼痛，难以解出者，称之产后大便困难，或产后便秘。

一、病因病机

产后大便困难，《金匮要略》列为产后三大病之一。其起病原因有虚实之分。虚证由于产妇在分娩的过程中，亡血伤津，津血亏损，胃腑燥结，大肠失调所致；实证由于外感热邪，或过食辛热之品，食与热相结于肠胃，或由于恶露未尽，瘀血内阻，形成热邪与瘀血相结，导致阳明腑气不通而便结。临床所见，产后大便困难，以虚证为主，实证偶或有之。盖妇女在分娩的全过程，从上产床到婴孩娩出哭叫，既要用阴血以滑润肠道，又要用力气以载运推动胎儿，不论是气血的消耗，还是阴津的亏损，都是很大的。由于气血耗伤，阴津亏损，阳明本属燥土，喜润而恶燥，今得不到阴血的濡养，肠道枯涩，大肠传导功能失职，故轻则大便难解，重则便秘不通。

二、论治用药

本病的治疗有"虚则补之，实则泻之"的不同。《金匮要略》对实证有大承气汤（大黄、厚朴、芒硝、枳实）、下瘀血汤（大黄、桃仁、蟅虫）等法。这是本着标本缓急、急则治其标的灵活之法。但终归产后气血亏损、阴津不足是本，因而其治疗当以益气养血、滋阴润滑为要。如产后数日不大便，或大便干结难解，腹无胀痛，伴有肤燥面黄，夜难入寐，寐则梦多，易惊醒，舌质淡，脉细弱，此属平素血虚，或产时失血过多，或产后汗出淋漓，以致津少血亏，肠道失润所致的病变。治宜养血滋阴、润滑肠道之法，以四物汤加生首乌、柏子仁、麦冬、肉苁蓉治之。阴血亏损，多有虚火内动之变，虚火灼伤阴液，则阴血愈伤，症见大便秘结不解，五心潮热，口燥咽干，苔少，舌红，脉细数者，则宜用壮水制火之法，以两地汤加女贞子、生首乌治之。产后数日大便不解，但时有便意，登厕则虚努不解，或解而不畅，大便不坚，伴有气短懒言，四肢倦怠，面色㿠白，舌质淡嫩，脉象虚大或虚迟者，此属产后素体气虚，或分娩时间过长，元气耗伤，以致传送乏力之变，治宜益气生津、润滑肠道以通便，以补中益气汤治之。

总之，本病属于产后以虚为主的病变，其治疗以"润通"二字为着眼，对于苦寒攻伐之品均宜慎用，以免再伤津血，反生他变。此外，在治疗的同时，还要注意饮食的调节，多吃甘润之品为宜，如新鲜蔬菜、水果之类，并注意适当活动，则大便自能通调。

病例

韦某，女，34岁，已婚，工人。1983年10月6日初诊。

新产之后，饮食正常，但现已分娩5天，从无大便之意，腹部亦无不适之感，伴有头晕耳鸣，四肢倦怠，口干舌燥，寐则汗出，醒则汗止，五心烦热。脉象细数，舌苔少，舌质红。证属阴血亏损，虚火内动之变。治宜养血滋阴，壮水制火之法。宗两地汤加味。

处方：地骨皮10g，生地黄15g，玄参15g，杭白芍9g，阿胶珠9g（烊化），麦门冬9g，当归身12g，五味子6g，女贞子10g，柏子仁12g，生首乌15g。每天1剂，水煎服，连服3剂。每剂均复煎1次温服。

10月10日二诊：药已，时有便意，但仍不能解，夜能入寐，无盗汗。脉舌如上，仍守上方减去五味子之酸敛，加太子参15g，核桃肉15g，火麻仁10g，以加强其益气润通之力。

10月13日三诊：上方服第一剂之后，大便得通，3天来，大便自调，嘱即停药，以饮食、果菜调养而善其后。

乳汁不行

妇女产后乳汁量少，色淡质稀，甚或不行，或在哺乳期间，因七情过极，恼怒伤肝而导致乳络不通、乳汁不行的称为乳汁不行或产后无乳。

一、病因病机

脾胃为气血生化之源，肝藏血而主疏泄，乳头属肝，乳房为胃经之所属。妇女产后的乳汁，来源于脾胃水谷的精微，通过肝的生发疏泄，则能源源不断喂养婴孩。如脾胃虚弱，气血不足，或恼怒伤肝，肝气郁结，则乳汁的生化无源，便出现乳少，色淡质稀，甚或乳汁全无。正如《傅青主女科》所说："乳乃气血之所化而成也，无血固不能生乳汁，无气亦不能生乳汁。"又说："乳汁之化，原属阳明，然阳明属土……必得肝木之气以相通，始能化成乳汁。……羞愤成郁，土木相结，又安能化乳而成乳汁也?"所以气血的盈亏，固然是乳汁生化的物质基础，但肝对乳汁的生化作用，尤为重要，因为肝体阴而用阳，是罢极之本，能化生血气，如七情过极，尤其是恼怒之事，火动于中，更容易损伤肝阴，导致肝阳上亢，形成气血逆乱，则肝的生成疏泄失常，便会引起乳汁不行。

二、论治用药

本病的治疗，当本着虚则补、实则泻的原则。如产后乳汁不行，或虽行而量少，色淡质稀，乳房无胀痛，面色少华，精神不振，舌质淡，苔薄白，脉虚细者，此属气血不足，乳汁生化无源之变。宜用双补气血，佐以通乳之法，以通乳丹（人参、黄芪、当归、麦冬、桔梗、通草、猪蹄）治之。产后乳汁量少，或全无乳汁，乳房胀满疼痛，或在哺乳期中，因事不遂恼怒而乳断不行，精神抑郁，胸胁苦满，纳食不香，舌苔正常或舌边有暗点，脉弦细，此属情志郁结，肝失条达之变。当用疏肝解郁、通络行乳之法，以逍遥散（柴胡、当归、白芍、伏苓、白术、薄荷、炙草）加穿山甲、路路通、合欢花、通草治之。

通乳丹原是《傅青主女科》通乳之良方，以补为主，兼以通行，如确属气血不足引起的缺乳，用之甚效，但由于原方中之"七孔猪蹄"注有"去爪壳"三字，用者往往侧重于补而忽略于通，常常去蹄甲而只用猪脚，殊有未宜。盖肉补养而蹄甲通行也。除了气血不足或肝气郁滞所引起的乳汁不行之外，还有肥胖痰湿之体，因痰湿壅滞经脉，以致乳络受阻而乳汁不行者，当用化痰祛湿、活络通乳之法，如苍附导痰丸（苍术、香附、半夏、橘红、白茯苓、炙甘草）加通草、皂刺、浙贝、王不留行之类。

病例

燕某，女，28 岁，已婚，讲师。1985 年 12 月 29 日初诊。

产后 8 个月，婴孩母乳喂养，平日乳汁充盈，每天喂乳 6～8 次，婴儿仍可以饱腹，安然无事。近日因小孩患病，复因某事工作不如意，初则忧愁，继而恼怒大作，随即乳汁明显减少，翌晨起乳汁点滴不行。婴孩虽频频吮吸乳头，仍无乳出，哭泣殊惨，现头晕目眩，两侧乳房胀满疼痛。脉象弦细，舌苔正常，形色焦急，悔忧抑郁。证属暴怒损伤肝之阴，肝失疏泄条达之变。治宜养血柔肝，疏畅气机以通乳。

处方：当归身 12g，杭白芍 10g，何首乌 15g，合欢花 5g，玫瑰花 5g，北柴胡 5g，瓜蒌壳 10g，薄荷 3g（后下），甘草 5g。

除了内服药物之外，并在精神上加以劝慰。上方午前水煎顿服 1 剂，约 3 时许，乳汁复来少许。再煎服 1 剂，心情舒爽，乳汁通行如初。

按语：肝藏血而主生发疏泄，今因事不遂而"暴怒伤肝"。肝本体阴而用阳，肝阴易亏，肝阳易亢，暴怒则火动于中，以致肝阴亏损愈甚，气血逆乱，气机不畅，故乳汁郁滞不行，乳房胀满疼痛。采用养血柔肝之品以养肝体，疏畅气机之法以开乳行之路，并加以慰解从心而治，以助肝之条达，药证相合，故药已病愈。

产后关节痛

妇女在产后 1 周之内，由于分娩时用力不当，营卫暂时不和，偶或出现身体某一部分的疼痛，这属于正常的现象。如在产褥期内，虽经合理的休息和饮食的调养之后，仍然出现关节胀痛、麻木、重着者，谓之产后关节痛。

一、病因病机

新产妇的痛证，一般有小腹痛、全身痛、关节痛等之分。小腹之痛，是由于瘀血停于胞宫或冲任脉失养之变；全身之痛，是由于瘀血停滞经络，或百脉空虚失养，或外邪侵袭而致的病变；关节之痛，为三者常见的症状，其中尤以腰关节和膝关节的疼痛而肢麻为最常见，这因为腰是人身最大的关节，"诸筋皆属于节"（《素问·五脏生成》），"膝者，筋之府"（《素问·脉要精微论》）。产后关节之痛，同样有虚瘀和外感之不同。《难经·二十二难》："气主煦之，血主濡之"，气血是筋脉、关节温养濡润不可缺少的物质，如分娩时耗气失血过多，则四肢百骸的筋脉失养，故肢节烦痛，或麻木重着；如产后恶露量少，甚或恶露不下，败血停留于中，经络胞脉受阻，冲任失调，瘀血不去，则新血不生，故少腹、小腹、腰、膝疼痛，甚则遍身疼痛；产后正气虚弱，百脉空虚，卫外不固，若起居不慎，外感六淫之邪得以乘虚而入，尤其是收引凝滞之寒邪和重浊黏腻之湿邪侵袭经脉、关节，阻遏气血的运行，故疼痛、麻木、重着乃作。

总的来说，产后关节痛，虽然是有血虚、血瘀、外感风寒等不同，但由于其病是发于新产之妇，其气血之亏损，是不容忽视的。所以总的病机，是以血虚为主，或者虚瘀夹杂。

二、论治用药

根据本病以虚为主、虚实夹杂的特点，其治疗之法，总宜扶正养血、活络止痛为着眼，然后分清其偏虚、偏瘀，或感受外邪，而采取不同的方法。如症见遍身关节疼痛，肢体酸软，腰骶坠痛，麻木着重，头晕心悸，面色萎黄，舌苔少，舌质淡红，脉细弱无力者，此属产时失血过多，营血不足，诸节空虚，筋脉失养的病变。治宜养血益气，佐以温通止痛之法，以《金匮要略》桂枝五物汤（黄芪、桂枝、白芍、生姜、大枣）加制附子、当归、川芎、秦艽治之。如遍身肢节疼痛，以腰骶部酸痛明显，牵及下肢膝、踝关节亦痛，入夜则闪痛，按之痛剧，恶露量少或不下，色紫暗，舌边尖有瘀点，脉沉涩者，此属败血不尽，瘀血内阻，经脉通行不畅之变。治宜养血化瘀、疏通经络之法，以《医林改错》身痛逐瘀汤（当归、川芎、桃仁、红花、没药、秦艽、羌活、牛膝、地龙、香附、甘草）加鸡血藤、桑寄生、威灵仙治之。如遍身诸节疼痛，关节屈伸不利，或肿胀麻木，重着不举，得热则舒，遇寒加剧，或游走不定，疼痛剧烈，宛如针刺，伴有发热恶寒，舌苔薄白，舌质淡，脉浮紧或细弦缓者，此属产后气血亏损，百脉空虚，风寒湿之邪乘虚侵袭，留滞筋脉关节之变。治宜温经散寒、养血通络之法，以《伤寒论》当归四逆汤（当归、桂枝、赤芍、细辛、通草、甘草、大枣）加黄芪、防风、威灵仙治之。证有所偏，当有加减。如偏于湿，则麻木重着加重，可加苍术、炒苡仁；偏于寒则肢节疼痛剧烈，可加用巴戟天、制附子；偏于风，则疼痛游走不定，可加秦艽、防风、羌活之类。

除了药物治疗之外，适当配合针灸疗法，能疏通经络，宣导气血，对疼痛的消除可收到较好的效果。常用的穴位是天应、阳陵泉、鹤顶、曲池、外关、命门、肾俞、八髎等。先针后灸，或单灸不针，或单针不灸，以及手法的强弱补泻，当随患者的体质情况而定。一般来说，凡是虚证，多采用单灸不针，或针上加灸之法；实证则多采用单针不灸，在手法则以泻法为主；对于虚实夹杂之证，则针灸并用，补泻兼施。

病例

赵某，女，26岁，已婚，小学教师。1982年2月3日初诊。

产后二十余天，周身关节疼痛，尤以腰骶部及下肢膝、踝关节为甚，腰脊重坠胀痛，得温则略舒，遇寒则加剧，下肢关节屈伸不利，行走艰难，头晕头痛，心悸耳鸣，胃纳欠佳，面色萎黄，苔少，舌淡，边有瘀点，脉虚细无力。证属以虚为主、虚实夹杂之变，治宜益气养血，佐以壮腰活络之法。

处方：桂枝6g，白芍6g，北黄芪20g，当归身12g，鸡血藤20g，制附子10g（先煎），川杜仲15g，骨碎补15g，川牛膝6g，生姜10g，红枣10g。每天1剂，水煎服，连服3剂，每剂均复煎1次。

2月8日二诊：药已，症情徘徊，仍嘱再服上方3剂，并用鲜山苍子叶60g，鲜大风艾叶100g，松节60g，煎水熏洗，每天1~2次。

2月21日三诊：经过内服、外洗并用，疼痛明显减轻，下肢关节已基本能屈伸。仍守上法治疗。

2月15日四诊：肢节疼痛基本消除，胃纳转佳，可以入寐，脉细，苔薄白，舌质淡红。拟用养血壮腰之法，以善其后。

处方：当归身15g，川芎6g，杭白芍6g，熟地黄16g，桑寄生15g，狗脊10g，川杜仲15g，千斤拔15g，独活3g。每日1剂，水煎服，连服6剂。以后追访，症情稳定。

产 后 汗 证

新产之妇，由于阴血耗损过多，营卫不和，阳气外浮，在分娩1~2日之内，出汗较多，这是属于正常的现象，只需适当的饮食调养，气血逐渐来复，一般4~6日，其汗自止。若虽经饮食调养，已逾1周而仍然汗出不绝，甚或汗水淋漓，浸湿衣被者，称之产后多汗。其中又有自汗与盗汗的不同。前者不活动、不热食、不发散而汗自出；后者则睡中汗出，醒则汗收。但临床所见，也有自汗、盗汗相兼者，是由于产后气血两虚所致。

一、病因病机

多汗的原因，一般来说，自汗是由于阳气虚弱，卫外不固，津液得乘虚外泄；盗汗是属于阴血不足，阴虚生内热，热扰于内而迫汗出。《内经》有云："阴平阳秘，精神乃治"。"阴在内，阳之守也；阳在外，阴之使也"。阴在内主血，是心所主，职司濡养，外荣肌肤皮毛；阳在外而主气，职司温煦而行开阖。人的气血调和，阴阳平秘，则安然无病。如有所偏盛，阴虚则阳凑之而液泄汗出；阳虚则阴乘之，卫外不固而汗出。可见汗是发于阴而出于阳，其源在阴的营血，其发在于阳的卫气。所以说，新产之妇，由于气血耗散过多，自汗、盗汗并见者，实由于产后百脉空虚，卫阳不固，故汗自出；血属阴，产后出血过多，血虚则阴虚，阴虚生内热，热扰于内，卫阳外浮，故寐则汗出。

二、论治用药

心主血，汗为心之液，血汗同源，治汗要治血，治血要治心；肾藏精而主五液，治汗不忘肾。如产后数日，虽经饮食调养，仍然汗出淋漓，浸湿衣被，少气懒言，四肢乏力，面色㿠白，舌质淡嫩，舌苔薄白，脉象虚弱者，此属新产气虚，卫阳不固之变。治宜温养气血以止汗，方用人参养荣汤加熟附子治之。证虽由于阳虚不固密而起，但阳气之所不固，实由于阴血亏损而累及卫阳不固，故用人参养荣汤益气养血，取其

"五脏交养互益"之功，附子温热，既能入肾以扶阳，又能走表以固密，故加用之，则其效益彰。若产时出血过多，寐时汗出，醒则汗止，面颊潮红，头晕目眩，腰脊酸软，苔少舌红，脉细数无力者，此属阴虚生内热，迫液外出之变。治宜滋阴养血，方用天王补心丹（生地、玄参、丹参、人参、五味子、归身、天冬、柏子仁、酸枣仁、茯苓、远志、桔梗）去丹参、桔梗，加小麦，人参改用太子参治之。本方既能滋阴，又能安神，是心肾两调之良方，凡由于阴血不足，虚热内扰而盗汗者，用之甚宜。如自汗、盗汗并见者，治宜益气养血，以生脉散配百合地黄汤加归身、白芍、熟地、山萸肉、怀山药、小麦治之。着眼于气血并治，心肾并治，阴血来复，阳气宁谧，水火相济，血足神宁，其汗自止。

病例1

黄某，女，32岁，已婚，小学教师。1984年10月12日初诊。

产后1周，睡中汗出淋漓，通身如浴，醒后渐收。面颊潮红，头晕目眩，唇口干燥，渴不引饮，腰膝酸软，午后烦热，大便干结，苔少舌红，脉细数无力。证属产后营血亏虚，阴虚生内热，寐时阳凑阴分，迫液外出之变。治宜滋阴养血、益气生津之法，以生脉散合两地加减治之。

处方：太子参15g，麦门冬10g，五味子5g，地骨皮9g，生熟地黄各15g，玄参15g，杭白芍9g，当归身9g，百合12g，小麦20g，甘草6g。每天1剂，水煎服，连服3剂。

10月16日二诊：上方服后，夜汗基本消失，但胃纳不振，夜难入寐，苔少，舌红，脉象略数。药虽中肯綮，阴血未复，仍守上方，去熟地之滞腻和辛温走窜动炎之当归，加怀山药15g，生谷芽20g，以健脾导滞。嘱再服3~6剂，每天1剂，以收全功。后来追访，疗效巩固。

病例2

梁某，女，27岁。1990年12月11日初诊。

早产后已半年（胎儿夭折），至今仍多汗，动则气喘，汗出涔涔，寐则汗湿衣裤，尤以性交后明显，伴腰膝酸软，下肢麻木疼痛。曾服益气摄汗之剂症状无明显改善，故来求诊。面色㿠白，苔薄白，舌淡红，脉虚细。

诊断：产后自汗。

辨证：肝肾阴虚，虚火上炎，迫津外泄。

治法：壮水济火，滋阴敛汗。

处方：熟地15g，怀山药15g，五味子6g，北沙参10g，麦冬10g，归身10g，白芍10g，丹皮10g，地骨皮10g，泽泻10g。7剂，每日1剂，水煎服。

二诊（1990年12月18日）：药已，腰酸，盗汗消失，手指关节麻痛减轻，但每于凌晨4~6时烘热汗出，以前胸、背部为甚，伴气喘，大腿外侧麻木。舌淡红，苔薄黄稍干，脉沉细。寅卯之时乃木火当令，当其时而汗出气喘，应拟养血柔肝，佐以固摄。芍药甘草汤加味。

处方：白芍30g，首乌30g，怀山药15g，芡实10g，金樱子10g，炙甘草10g。7剂，每日1剂，水煎服。

三诊（1991年1月8日）：药已，气喘略减，余症依然。其阴虽复而未固，肝胆郁火未清。守上方加减。

处方：白芍 30g，首乌 30g，怀山药 15g，芡实 10g，金樱子 10g，龙胆草 6g，甘草 6g。3 剂，每日 1 剂，水煎服。

四诊（1991 年 1 月 12 日）：药后汗止，诸症大减，除晨起手指关节麻痛外，余无不适。舌淡红，苔薄白，脉沉细。药证相合，效如桴鼓。转用柔润调养善后巩固，以收全功。

处方：北沙参 10g，麦冬 10g，当归 10g，黄精 15g，桑叶 6g，川杞子 10g，通草 6g，红枣 10g。4 剂，每日 1 剂，水煎服。

按语：产后亡血伤津，又因早产儿殒，神伤气郁，郁久化火，致肝肾亏损，龙雷火起。木火刑金，迫津外泄，故气喘汗出；血少则筋脉失养，故肢体麻木；腰膝酸软，性交后加重，乃肝肾亏虚所致。一诊用归芍地黄汤去山萸肉，茯苓易五味子，加沙参、麦冬、地骨皮以滋水清火，生津敛汗，药后腰酸好转，盗汗消失。但因肝血不足，阴虚火旺，木火刑金，故二诊、三诊改用养血柔肝、泻肝敛汗法。方中芍药、甘草柔肝；首乌、怀山药养肝；芡实、金樱子健脾收涩；龙胆草清泄肝火。诸药融补养、柔肝、清泻、收敛于一方，用后汗出即止。

病例 3

李某，女，25 岁。1991 年 1 月 18 日初诊。

剖宫产术后 23 天，自产后即涔涔汗出，不能自止，动则益甚，每日更衣数次，伴头痛，恶露量少，色暗，纳、便正常。舌质淡，边有齿印，脉细缓。

诊断：①产后自汗；②产后恶露不绝。

辨证：营血亏损，卫阳失固。

治则：调和营卫，固表敛汗，化瘀止血。

处方：桂枝 6g，白芍 10g，当归 10g，益母草 10g，大枣 10g，炙甘草 6g，生姜 6g。3 剂，每日 1 剂，水煎服。

二诊（1991 年 1 月 21 日）：药后自汗十减七八，恶露量少，色淡。方已见效，继守前法，酌加收涩之品。守上方加金樱子 10g，麻黄根 10g。3 剂，每日 1 剂，水煎服。

服上药后自汗止，恶露净。

按语：手术、产后耗气伤血，卫阳失固，腠理疏松，阴津妄泄，故自汗不已。血汗同源，汗出日久则失血伤阴，阴虚不复，阳气虚弱，阴阳失调，故汗出益甚。阴虚阳亢，故头痛。阳虚则冲任失固，故恶露不绝。舌淡、脉细为气血亏虚所致。故治用调理营卫的《伤寒论》桂枝汤加益母草，由于辨证准确，故药后出汗止，恶露净。

病例 4

曾某，女，27 岁。1991 年 7 月 2 日初诊。

1991 年 6 月 8 日足月顺产，产后恶露淋沥不断，二十多天方净。自产后即出现多汗，白日及寐后皆涔涔汗出，以头汗为主，每天需更衣数次，伴尿痛，尿黄。舌尖红，苔薄白，脉细。

诊断：产后自汗。

辨证：气虚失固。

治则：益气养血，固表止汗。

处方：党参 15g，炙芪 20g，白术 10g，茯苓 10g，覆盆子 10g，归身 10g，白芍 10g，红枣 10g，炙甘草 6g。4 剂，每日 1 剂，水煎服。

二诊（1991 年 7 月 8 日）：服上药后汗出基本控制，尿痛消失。要求继续服药巩固。效不更方，守上方 4 剂，水煎服。

按语：产时气血耗伤，致气虚不足，阴血亏少。气虚则卫阳不固，腠理疏松，以致阳不敛阴，阴津妄泄，自汗不止。阴血亏虚，虚热内生，迫汗外泄，故盗汗。虚热下迫，故尿痛溺黄。舌尖红、脉细为血虚阴亏之象。故治拟归芍四君汤加炙芪补气和营止汗，覆盆子益肝肾敛汗，红枣调和营卫，药证相合，效果满意。

体会：产后涔涔汗出，持续不止，动则尤甚，甚则卧床休息亦汗出不止者，称"产后自汗"。若产后寐则遍身汗出，湿透内衣，甚则一夜更衣数次，醒则汗止者，称"产后盗汗"。由于病发于产后，产时耗气伤血，气虚则不能固摄津液，故津液外泄而自汗。又因血属阴类，血去阴伤，或因血汗同源，汗出过多亦可伤阴，阴虚火旺，迫津外泄，可出现盗汗。因气血虚与阴虚可相互转化，常可见自汗盗汗相兼为患，故在治疗上要注意到气为血帅、血为气母、阴阳互根的特点，从调和阴阳、调和营卫着手，可收到较好的疗效。

病例 5

张某，28 岁。1991 年 3 月 20 日初诊。

产后月余，汗出涔涔，不能自止，头晕乏力，偶有头痛，恶露量少，迄今未净，色暗。曾服益气止汗之剂数日未效。面色苍白，舌淡，苔薄白，脉细缓。

诊断：①产后自汗。②产后恶露不绝。

辨证：营血亏虚，卫阳失固，瘀阻冲任。

治法：调和营卫，固表敛汗。

处方：桂枝 6g，白芍 10g，当归 10g，益母草 10g，大枣 10g，生姜 2 片，炙甘草 10g。3 剂，每日 1 剂，水煎服。

3 月 25 日二诊：药后汗出大减，恶露量少，色淡，头晕减轻，舌脉同前。药已中的，守法再进。

处方：桂枝 6g，白芍 10g，当归 10g，益母草 10g，麻黄根 10g，黄芪 30g，大枣 10g，生姜 2 片，炙甘草 6g。7 剂，每日 1 剂，水煎服。

4 月 3 日三诊：药后汗出已少，恶露已净，唯觉四肢乏力，舌淡，苔薄白，脉细。予补中益气法善后。

处方：党参 20g，白术 10g，黄芪 20g，当归 10g，芡实 20g，首乌 15g，升麻 6g，麻黄根 10g，炙甘草 6g，红枣 10g。

按语：本案由生产之时伤气耗血所致。气虚则卫外失固，腠理不密，不能固摄津液，故汗出涔涔，日换内衣数次。血汗同源，汗出日久则失血伤阴，阴虚不复，阳气虚弱，营卫失调，故汗出益甚。阳气虚，冲任不固，瘀血内阻，故恶露不绝。治用《伤寒论》中桂枝汤调理营卫气血，佐以益母草化瘀止血，药后自汗明显好转，继用益气养血敛汗之剂善后。

恶 露 不 绝

产后血性恶露持续 10 天以上不净者，称为恶露不绝。恶露是指胎儿娩出后由子宫排除的余血浊液，正常恶露初为红色，继则变淡呈浆性，后为白色黏稠状。

一、病因病机

一般血性和浆性恶露在产后 3 周内应完全排出，若迁延日久，出血不止，易伤津耗血，损伤正气，寒、热、湿之邪则乘虚入侵胞中，与瘀浊互结，形成湿瘀、寒湿、湿热等病机，变生他病。

二、论治用药

鉴于产后多虚多瘀的病理特点，本病的治疗应着重补虚和祛瘀，补虚以益气补血固肾为主，祛瘀则视瘀积之轻重，活血通络化瘀，两者不可偏废。尤对胎盘残留者，活血化瘀尤为首务。又根据辨证与辨病相结合的原则，如出现感染，形成子宫内膜炎即中医辨证为湿热蕴结者，应使用化瘀清热利湿之药，不可拘泥于"产后宜温"之说。根据产后虚瘀夹杂的特点，选用生化汤为常用方，该方既能生血，又能祛瘀。根据虚实所占的比例，治疗上有补中有化、化中有补之分。

1. 生血化瘀法

本法用于产后虚瘀夹杂者。症见产后恶露排出不畅，时有时无，伴小腹隐隐作痛，或有手术产史，舌淡或尖有瘀点，苔薄白，脉沉细涩，证属虚中夹实，宜扶正祛瘀并用，代表方选用加味生化汤。方中归身补血充脉，川芎治血行气，气行则血行；炮姜炭性温入血分，助川芎温通瘀血；炙甘草补中健脾，加炒山楂、益母草以温经化瘀，川断补肾化瘀。全方共奏补肾生血化瘀之功，恰合产后虚瘀夹杂病机。

临证加减：恶露量少者，上方加红花、路路通以活血化瘀；兼有腹痛者，加延胡索化瘀止痛；恶露量多者，加小蓟、蒲黄炭以化瘀止血；瘀久化热，症见恶露多，臭秽或夹带而下者，上方去川芎、炮姜，加泽兰、小蓟、连翘、旱莲草以清化湿热；产后肢痛、腰痛、头痛者，上方炮姜易生姜，加苏叶、荆芥。

2. 养血化瘀法

本法用于素体血虚或产后出血较多者，以血虚为主，兼有瘀血。症见产后恶露量少色淡，无块，小腹隐隐作痛，按之则减，伴头晕乏力，心悸耳鸣，腰背酸痛，舌质淡，苔薄白，脉细弱。证属虚中夹实，宜补虚为主，佐以化瘀，方选鸡丹四物汤加减。方中鸡血藤、丹参、熟地补血益冲任，补血而不滞血，补中有行；白芍、炙甘草柔肝缓急止痛；川续断补肾壮腰膝，兼化瘀血，止血而不留瘀；山楂化瘀止痛；生军炭、荆芥炭化瘀止血。全方共奏补血化瘀止血之功。

若小腹坠胀、隐痛者，上方加黄芪、白术、升麻、枳壳等益气举陷；恶露量多，加阿胶、乌贼骨养血固冲；恶露夹块伴腹痛，加炒蒲黄、三七活血化瘀止血。

病例 1

黄某，女，30 岁，自治区某厂出纳员，已婚。1979 年 7 月 3 日初诊。

产后 56 天，恶露淋沥不绝，量少，色淡红，经中西医治疗（药名不详），效果不满意。现仍恶露不绝，淋沥不净，头晕眼花，纳差，大便干结，小便淡黄。脉虚细，苔薄白，舌质淡。

诊断：恶露不绝。

辨证：气血亏损，冲任不固。

治则：补益气血，调养冲任。

处方：炙北芪 15g，归身 9g，川芎 5g，炒怀山药 15g，川续断 15g，益母草 9g，延胡索 6g，茜根 6g。每日 1 剂，水煎服，连服 3 剂。

二诊（7 月 27 日）：上方服后，恶露已止。近 3 日来，头晕痛，肩背酸痛，发热，脉浮，苔薄白，舌尖红。拟辛凉疏解法治之。

处方：桑叶 9g，杭菊 9g，连翘 9g，芦根 15g，薄荷 2g（后下），白蒺藜 9g，蝉衣 3g，麦冬 9g，甘草 5g。每日 1 剂，水煎服，连服 3 剂。

按语：产后元气损伤，不能摄血归经，故恶露淋沥不净；阴血不足，不能濡养，故头晕眼花，大便干结。药用补益气血，调养冲任，气血恢复，则血得归经。方中之所以仍用延胡索、坤草、茜根理气化瘀，旨在清除离经之败血。全方补中兼化，故药能奏效。

病例 2

刘某，女，24 岁，南宁市某厂工人，已婚。1983 年 11 月 29 日初诊。

产后 57 天，恶露淋沥不净，色红或粉红，小腹胀痛，腰酸坠胀，余无不适。脉虚细，苔薄白，舌质淡。

诊断：恶露不绝。

辨证：新产之后，气血两虚，瘀血停滞，血不循经。

治则：益气化瘀，以补为主。

处方：炙北芪 20g，党参 15g，归身 15g，姜炭 2g，桃仁 3g，川杜仲 15g，川续断 9g，桑寄生 15g，坤草 9g，炙甘草 5g。每日 1 剂，水煎服，连服 3 剂。

二诊（12 月 5 日）：服上方之后，恶露即止。嘱再守方服 3 剂。半月后追访，疗效巩固。

按语：气虚则不能摄血，瘀积不净则新血不得归经，故恶露淋沥，小腹胀痛，腰酸坠胀，药用参、芪、归、草补养气血为主以治本，并用杜仲、续断、桑寄生补肾壮腰，坤草、桃仁化瘀消积，姜炭收敛止血。全方以补为主，兼而有化有涩，药能对证，疗效满意。

病例 3

郑某，女，33 岁，南宁某厂工人，已婚。1974 年 6 月 12 日初诊。

4月8日足月分娩第五胎，迄今已两月余，阴道出血不止，量多，色红，无血块，伴有左少腹绵绵而痛，腰酸坠胀，头晕，心悸，夜寐多梦，大便干结，3～5天一次，小便正常。脉沉细，苔薄白，舌质淡红。

孕产史：人工引产2胎，自然流产1胎，顺产2胎。

诊断：恶露不绝。

辨证：肝肾亏损，封藏不固。

治则：调养肝肾，滋阴止血。

处方：菟丝子15g，川杞子9g，覆盆子12g，五味子5g，坤草15g，生潞党参15g，旱莲草15g，女贞子9g。每日1剂，水煎服，连服6剂。

二诊（6月19日）：上方服后，阴道出血停止，但腰仍坠胀，左少腹绵绵而痛。脉舌如上。拟守上方加骨碎补15g，狗脊10g，川续断15g，泽兰9g，以清离经之瘀积。每日1剂，水煎服，连服3剂。

三诊（6月23日）：少腹疼痛消失，腰坠胀减轻，仍宗调养肝肾，以善其后。

处方：鸡血藤20g，归身12g，白芍5g，熟地15g，云苓5g，泽泻5g，怀山药15g，山萸肉9g，丹皮5g，川续断12g，川杜仲15g。每日1剂，水煎服，连续5～10剂。并嘱以黑豆、猪骨各适量作饮食治之。

按语：患者多胎之后，气血耗伤，肝肾亏损，以致封藏不固，故产后两月余，阴道出血不止。药用五子调养肝肾，生潞党参益气生血，坤草、旱莲草滋阴化瘀。全方平补阴阳为主，兼用益气滋阴、化瘀止漏。

病例4

陈某，女，28岁，南宁市某厂工人，已婚。1982年11月22日初诊。

第一胎分娩后四十余天，恶露未净，量或多或少，近两天来量多，色暗红，无块，无腹痛，大便两日一次，胃纳、入寐、小便均正常。脉虚细，苔白厚，舌质淡。

诊断：恶露不绝。

辨证：健脾益气，收敛止血。

处方：党参15g，云苓5g，白术9g，炙北芪15g，当归身9g，益母草9g，海螵蛸9g，金樱子9g，炙甘草5g。每日1剂，水煎服，连服3剂。

二诊（11月30日）：服上方之后，恶露即止。现大便后出血，色红，脉细，苔薄白，舌质淡。按远血论治，拟益气摄血法。

处方：党参15g，炙北芪15g，槐花9g，地榆9g，茜根9g，煅牡蛎20g，白芍9g，炙甘草5g。每日1剂，水煎服，连服3剂。

半月追访，疗效巩固。

按语：产后元气亏损，气虚不能摄血，故恶露不绝。药用四君子健脾益气，归、芪补气生血，并用坤草活血化瘀，海螵蛸、金樱子收敛止血。全方补养收敛同用，标本并治，病遂霍然而愈。

体会：产后恶露，本是新产妇的生理现象，其成分是胞宫内残留的血液和浊液。正常情况下，胎儿娩出之后，自然排出体外，一般20天左右完全排尽。如果恶露停留不下，或下得很少，或超过20天，仍然淋沥不断，都属病理状态。前者称为"恶露不下"，多属气滞血瘀，血行不畅之变。后者称为"恶露不绝"，多由气虚、血热、虚瘀夹杂等引起，以致冲任不固，血不循经，故淋沥不绝，均为虚中夹瘀之变。

恶露不绝，证虽有虚实之分，但以虚为主，虚瘀并见为多，治之当温补气血、调养冲任为主，注意补中化瘀，适当酌用收敛止血之品，正确解决补、化、涩三者的关系，则疗效可期。

对于虚瘀夹杂之证，固然要扶正祛瘀并用，即使气虚、血热，亦应注意清理离经之血，故益母草为常用之药。盖此药辛苦微寒，既能化瘀，又能止血，是妇科血证应用最广的药物。

病例 5

杨某，女，29 岁。1992 年 1 月 30 日初诊。

引产后阴道流血 48 天。于孕 4 个月时因胎膜早破而引产，分娩经过顺利。产后第三天行清宫术，但术后阴道流血时多时少，色暗，伴少腹隐痛。近几天来阴道流血增多如月经量，色鲜红，夹血块，昼多夜少，纳、便尚可。B 超示子宫下段前壁见 2.5cm ×2.8cm 包块，拟诊为"子宫肌瘤"。舌淡红，苔薄白，脉细略数。

诊断：①产后恶露不绝；②癥瘕。

辨证：血虚夹瘀。

治则：养血化瘀止血。

处方：鸡血藤 20g，丹参 15g，当归 10g，白芍 10g，熟地 15g，川断 10g，益母草 10g，荆芥炭 10g，槐花炭 10g，栀子炭 6g，炙甘草 6g。7 剂，每日 1 剂，水煎服。

二诊（1992 年 2 月 3 日）：服上药后阴道流血减少，色暗红，仍觉小腹隐痛。舌淡红，苔薄白，脉细。瘀血不祛，新血难以归经，仿生化汤之意加减。

处方：当归 10g，川芎 6g，姜炭 3g，益母草 10g，川断 10g，荆芥炭 10g，元胡 10g，蒲黄炭 10g，炙甘草 5g。7 剂，每日 1 剂，水煎服。

三诊（1992 年 2 月 11 日）：药已，阴道流血逐日减少，但昨日活动后流血稍增，伴小腹隐痛，块出痛减。现阴道仍有少量淡红色分泌物，舌淡红，苔薄黄，脉细。瘀积将尽，转用益气固冲止血法。

处方：党参 10g，白术 10g，云苓 10g，陈皮 6g，海螵蛸 10g，小蓟 10g，山楂 10g，荆芥炭 10g，益母草 10g，升麻 3g，炙甘草 6g。3 剂，每日 1 剂，水煎服。

四诊（1992 年 2 月 14 日）：药后出血已止，偶有左少腹隐痛，舌淡红，苔薄白，脉细微弦。继予疏肝理气，化瘀消癥。

处方：柴胡 6g，当归 10g，赤芍 10g，白术 10g，云苓 10g，益母草 10g，泽兰 10g，苏木 10g，小蓟 10g，薄荷 5g（后下），炙甘草 6g。7 剂，每日 1 剂，水煎服。

按语：产时失血耗气，气血亏虚，产后清宫手术，冲任胞脉受损，离经之血留瘀为患，冲任失固而致恶露不绝。瘀阻气滞，血行不畅，故腹痛拒按，癥瘕内生。故治疗上既要补血养血，又要化瘀止血。一诊方以四物汤去川芎之辛温动血，加入鸡血藤、丹参则补中有行，补而不腻，川断补肾壮水，益母草化瘀止血，槐花炭、栀子炭凉血化瘀止血。二诊因瘀积胞宫，新血难以归经，故用生化汤加减以生血化瘀而止血。三诊重在益气化瘀止血，方用补中益气汤加减。从一诊到三诊紧紧抓住产后气血亏虚，虚瘀夹杂的病机，或养血化瘀，或益气化瘀，使瘀血除，新血归经，恶露自止。针对癥瘕的病机，四诊从疏肝健脾、化瘀消癥善后调理。

病例6

曹某，女，28 岁。1990 年 12 月 10 日初诊。

产后已 51 天，阴道流血未止，量多，色鲜红，伴小腹隐痛，腰酸膝软，全身乏力，乳汁稀少，左侧头痛，时而头晕，劳累或体位改变时尤甚，纳少，口淡，二便如常，舌淡红，苔薄白，脉细。

诊断：产后恶露不绝。

辨证：气血亏损，冲任不固。

治则：补益气血，调养冲任。

处方：炙北芪 20g，归身 10g，川芎 3g，老姜炭 3g，川断 10g，益母草 10g，泽兰 10g，山楂 10g，生军炭 6g，小蓟 10g，炙甘草 6g。4 剂，每日 1 剂，水煎服。

二诊（1990 年 12 月 17 日）：药已，昨日恶露已净，腹痛消失，乳汁量增加，但仍感头晕。舌淡红，苔薄白，脉细缓。拟补益气血善后巩固。

处方：炙北芪 20g，党参 10g，归身 10g，川芎 3g，白芍 6g，熟地 15g，鸡血藤 20g，红枣 10g，炙甘草 6g。3 剂，每日 1 剂，水煎服。

按语：该产妇因产时宫颈撕裂，出血较多，加上产后休息欠佳，致气血亏虚，冲任失固而恶露不绝。血虚则不能化乳，故乳汁稀少。阴血不足，清窍失养，则头痛头晕。故治拟当归补血汤合生化汤加减，取泽兰、山楂、生军炭化宫中之败血积瘀，选方用药补中寓化，故效果显著。

病例7

许某，女，24 岁。1993 年 8 月 19 日初诊。

1993 年 6 月因胎儿过大行剖宫产术，术后恶露初红后淡，持续 24 天干净，但相隔 4 天后又出现阴道流血，量少，色鲜红，夹块，伴腰胀。B 超检查示"宫腔内积液"、"宫腔中强回声团"。经服生化丸及抗生素后流血止。但 7 天前又出现阴道流血，初少后多，色暗红，夹块，迄今未净，伴小腹不适。检查：腹软，无压痛，舌淡红，苔微黄，脉细。

诊断：产后恶露不绝。

辨证：肝肾虚损，瘀血内停。

治则：滋补肝肾，化瘀止血。

处方：熟地 15g，怀山药 15g，山萸肉 6g，当归 10g，白芍 10g，益母草 20g，旱莲草 20g，小蓟 10g，荆芥炭 10g，蒲黄炭 10g，炙甘草 6g。4 剂，每日 1 剂，水煎服。

二诊（1993 年 3 月 26 日）：药后血止。现除咽痛外，余无不适。拟补益气血善后。

处方：党参 15g，白术 10g，云苓 10g，陈皮 6g，归身 10g，白芍 10g，鸡血藤 20g，茺蔚子 10g，炙甘草 6g。7 剂，每日 1 剂，水煎服。

按语：肝脉络阴器，为冲任之所系，胞宫隶属于肾。剖宫手术后胞宫胞脉受损，离经之血停滞，既可影响肝主血海、肾主蛰藏的功能，又可致瘀血内阻，血不归经，虚瘀夹杂，出现恶露不绝，故治疗上以补益肝肾为主，兼以化瘀止血。方用归芍地黄汤去三泻以滋养肝肾；旱莲草、益母草滋阴化瘀止血；小蓟、荆芥炭、蒲黄炭化瘀止血。全方有补、有化、有涩，标本兼顾，药后患者复查 B 超示宫内积液及强光团均已消失。

病例 8

石某，女，26 岁。1991 年 7 月 3 日初诊。

1991 年 6 月 11 日因早孕而行人工流产术，术后恶露量多，持续半个月末净，曾到医院检查，因"人流不全"而行清宫术。术后阴道流血迄今未净，已二十余天。其量少，色暗红，夹血块，伴小腹隐痛，按之不减，腰胀乏力，纳少便结，数日一行，服益母草膏、安络血、肌注庆大霉素等药，效果欠彰。舌质偏暗，苔白厚，脉弦略数。

诊断：人流术后恶露不绝。

辨证：脾肾亏虚，瘀血阻络。

治则：补益脾肾，养血化瘀止血。

处方：鸡血藤 20g，丹参 15g，白芍 10g，生地 15g，益母草 10g，川断 10g，山楂 10g，生军炭 10g，荆芥炭 10g，甘草 5g。3 剂，每日 1 剂，水煎服。

二诊（1991 年 7 月 27 日）：服上药 1 剂后恶露即净。7 月 19 日行经，6 天即止。现腰胀头晕，胸闷腹胀，困倦乏力，舌尖红，苔薄黄，脉细弦。拟补脾益肾法善后。

处方：党参 15g，白术 10g，云苓 10g，陈皮 6g，归身 10g，白芍 10g，川断 10g，川杜仲 10g，炙甘草 6g。4 剂，每日 1 剂，水煎服。

1991 年 12 月 25 日随诊，药后诸症消失，经行正常。

按语：人流、清宫两次手术损伤冲任胞络，络伤瘀阻，血不归经，故术后恶露不绝。阴血暴伤，虚瘀夹杂，胞络失养，故小腹隐痛；阴血虚则肠道失润，故大便干结；脾虚则失健运，肾虚则外府失养，故纳少、腰胀。由于脾胃虚弱，虽补亦不可过于滋腻，故一诊选用养血化瘀之剂，方取生四物汤之意加味，去当归、川芎之辛燥，用鸡血藤、丹参代之，则既有当归、川芎补血行血之功而无辛燥动血之弊。山楂既可开胃消食，更能化瘀止血；川断补肾、壮腰膝且能化瘀；益母草、生军炭、荆芥炭均为能化瘀又能止血之品。诸药合用，补中有化，切中病机，故服药 1 剂后即能止血，继用五味异功加归、芍、川断、川杜仲补脾益肾，调理气血。

病例 9

郑某，女，26 岁。1993 年 3 月 5 日初诊。

药物流产后阴道流血月余未净。1 月 20 日药流，但迄今仍有阴道流血，量少，色暗，偶有腰胀，曾用氟哌酸胶囊、益母草膏等药无效。妇检子宫、附件无异常。舌淡红，尖有瘀点，苔薄白，脉弦。

诊断：药流后恶露不绝。

辨证：冲任受损，瘀血内阻。

治则：调理冲任，化瘀止血。

处方：鸡血藤 20g，丹参 15g，川杜仲 10g，川断 10g，桑寄生 15g，益母草 10g，山楂 10g，仙鹤草 10g，炮姜炭 2g，荆芥炭 6g，炙甘草 5g。4 剂，每日 1 剂，水煎服。

二诊（1993 年 3 月 12 日）：药已血止。现头晕腰胀，小腹胀痛，按之不减，舌淡红，舌尖有瘀点，苔薄白，脉细弦略数。仍守上法，佐以化瘀止痛。

处方：当归 10g，川断 10g，川杜仲 10g，骨碎补 15g，元胡 10g，白芍 10g，姜黄 6g，益母草 10g，炙甘草 6g。4 剂，每日 1 剂，水煎服。

按语：冲为血海，任主胞胎，药流后冲任损伤，虚损难复，既有术后阴血暴损，又有瘀血内停，虚瘀夹杂，故恶露淋沥不绝。舌尖瘀点为瘀滞之象。由于肝脉络阴器，为冲任之所系，肾主蛰而为封藏之本，胞宫系于肾，故冲任损伤，可导致肝肾亏损，故选方用药以补益肝肾为主。方中桑寄生、川断、川杜仲药性平和，补益肝肾，调理冲任；鸡血藤、丹参补血而不滞血；益母草、山楂缩宫化瘀止血；仙鹤草、荆芥炭、姜炭收敛止血。全方融补养、化瘀、收敛于一方，故药到血止。二诊除继用补肝肾养血法外，针对血瘀气滞所致腹痛，选用元胡、姜黄化瘀止痛，芍药甘草汤柔肝止痛，故疗效满意。

体会："产后恶露不绝"一般指产后恶露长达 20 天以上者。《金匮要略·妇人产后病脉证治》曰："产后七八日，无太阳证，少腹坚痛，此恶露不尽"。近年来，随着计划生育手术的开展，临床出现器械流产后、药物流产后恶露不绝证。从产后、人流后所致的恶露不绝来看，证虽有虚实之分，但以虚为主，虚瘀并见为多，故治疗应以温补气血、调养冲任为主，注意补中化瘀。生化汤是临床常用之方，该方既能生血，又能化瘀，临证可随证加减运用，临床常在该方基础上加川断补肾养肝，加益母草既能化瘀，又能止血。补血剂常用四物汤。考虑到有的患者阴虚血热，可用鸡血藤、丹参代替方中的当归、川芎，则补血而不燥血，既有补血之功，又无辛温动血之弊。补肝肾常选用甘平、甘温之品，如川杜仲、川断、桑寄生、菟丝子、骨碎补等。止血则选用能止能化之品，如山楂、小蓟、蒲黄炭、生军炭等。人流术后出血，多因胞宫胞脉损伤，继而导致肝肾亏损，且由于胞络胞脉受损，离经之血留瘀为患，故治疗上多从补肝肾入手，补中有化，如例 8 石某、例 9 郑某，在补中化瘀的基础上适当选用荆芥炭、仙鹤草等收敛止血。故补中有化，化中有止，酌加收涩，是治疗本病的关键，医者要辨证施治，灵活运用。

病例 10

黄某，26 岁，会计。1993 年 2 月 20 日初诊。

产后左下肢疼痛，阴道流血未净 1 月余。自诉于 1993 年 1 月 4 日因滞产而行剖宫产分娩，手术经过顺利，产后 10 天无明显诱因出现左下肢疼痛，甚时痛连髋部，以掣痛为主，活动、翻身受限，曾用青霉素治疗、中药外洗不效。刻下左下肢疼痛，不能行走，触地尤甚，右腕关节疼痛，自汗，恶露时有时无，量少，色暗红，迄今未净，纳少，夜寐欠佳，二便正常。望其面色苍白，痛苦面容，形胖，由其夫扶来就诊，左下肢被动体位，皮色如常，无明显触痛，外形与右下肢无异，脉虚细，舌淡红，苔薄白。

诊断：①恶露不绝；②产后左下肢痹痛。

辨证：血虚夹瘀，脉络闭阻。

治法：养血化瘀，通络止痛。

处方：当归 15g，川芎 5g，益母草 20g，炒山楂 15g，川续断 10g，桃仁 2g，红花

2g，炮姜炭 3g，炙甘草 6g。3 剂，每日 1 剂，水煎服。

1993 年 2 月 24 日二诊：药后恶露已止，但左下肢疼痛未减，舌淡红，苔薄白，脉细弦。

处方：鸡血藤 20g，桑寄生 15g，当归 10g，白芍 10g，川芎 5g，川断 10g，益母草 10g，海桐皮 10g，川杜仲 10g，炙甘草 6g。6 剂，每日 1 剂，水煎服。

1993 年 3 月 8 日三诊：药后左下肢疼痛明显减轻，可步行，但全身酸软，手关节掣痛，舌暗红，苔薄白，脉沉细。效不更方，守上方酌加温经通络止痛之品。

处方：鸡血藤 20g，丹参 15g，熟地 15g，白芍 10g，海风藤 20g，海桐皮 10g，秦艽 10g，白术 10g，羌活 6g，制川乌 6g（先煎），炙甘草 6g。6 剂，每日 1 剂，水煎服。

1993 年 6 月随诊，药后诸症消失。

按语：产后气血俱虚，卫外不固，若起居不慎，则易感风寒湿邪，外邪与离经之瘀血相搏，留滞于经络关节，则气血闭阻，不通则痛。瘀阻于胞中，则冲任失调，血不归经，恶露不绝。脉虚细为气血不足之象。证属本虚标实，虚瘀相兼，治宜标本兼顾。一诊用生血化瘀的生化汤加味以化瘀止血，调理冲任，使瘀血祛，新血生；二诊在此基础上重在养血化瘀，温经通络止痛，使经络通畅，气血调和，痹痛得除。

病例 11

廖某，26 岁，会计。1991 年 7 月 3 日初诊。

1991 年 6 月 11 日因妊娠 50 天行人工流产术，术后阴道流血量多，持续半个月未净，遂到某医院检查，诊为"人流不全"而行清宫术，术后阴道流血迄今未止，量少，色暗红，夹块，伴小腹隐痛，按之不减，腰胀乏力，纳少便结，数日一行，曾服益母流浸膏、安络血等药，效果欠佳。舌暗红，苔白厚，脉弦略数。

诊断：人流术后恶露不绝。

辨证：血虚夹瘀。

治法：养血化瘀止血。

处方：鸡血藤 20g，丹参 15g，白芍 10g，生地 15g，益母草 10g，川断 10g，山楂 10g，川木瓜 10g，生军炭 10g，荆芥炭 10g，甘草 5g。3 剂，每日 1 剂，水煎服。

1991 年 7 月 27 日二诊：服上药 1 剂后恶露即净。7 月 19 日行经，量中等，6 天干净。现头晕腰胀，胸闷，腹胀，困倦乏力，舌尖红，苔薄黄，脉细弦。拟补益脾肾，养血以善后。

处方：党参 15g，白术 10g，茯苓 10g，归身 10g，白芍 10g，川杜仲 10g，川续断 10g。4 剂，每日 1 剂，水煎服。

1991 年 12 月 25 日追访：药后诸症消失，月经正常。

按语：近年来，随着计划生育手术的开展，临床出现人流术后恶露不绝证。从临床表现来看，证有虚实之分，但以虚为主，虚瘀并见为多，故治疗从温补气血、调养冲任为主。本案人流、清宫术两次手术损伤冲任胞络，冲任失固，络伤瘀阻，血不归经，故术后恶露不绝。阴血屡伤，肝肾失养，夹瘀兼滞，不通则痛，故小腹隐痛，按之不减；腰为肾之外府，肾虚则腰酸乏力；阴津不足，脾胃升降失常，则纳少便结；血行不畅则舌暗；脾胃壅阻，湿浊上干则苔白厚；脉弦数为肝肾阴虚之象。治宜养血化瘀，方用四物汤加味。因诊患者阴虚内热，故用鸡血藤、丹参代替方中当归、川芎，则补血而不燥血，既有补血养血之功，而无辛温动血之弊。补肝肾则选用甘平、甘温之品，如川杜仲、续断、桑寄生等，止血则用生军炭、山楂、蒲黄炭等能止血兼化瘀之品。全方补中有化，化中有止，酌加收涩，为取效的关键。

病例 12

李某，34 岁，工人。1989 年 7 月 20 日初诊。

产后恶露两月未净。1989 年 5 月 12 日因胎盘早剥而行剖宫产，产后至今已 69 天，阴道流血未净，色淡红，量少，质稀，伴小腹胀痛，纳、便尚可。舌紫暗，舌尖有瘀点，苔薄白，脉沉细。

诊断：恶露不绝。

辨证：血虚夹瘀。

治法：养血止血，补益肝肾。

处方：当归 15g，川芎 10g，桃仁 3g，川断 10g，益母草 10g，白及 10g，桑寄生 15g，炙甘草 5g。3 剂，每日 1 剂，水煎服。

嘱其注意休息，勿过劳，避免感受风寒及过食辛热香燥之品。

1989 年 7 月 25 日二诊：药已，恶露已由淡红转为黄色，量少，质黏如涕，小腹隐痛，舌暗，尖有瘀点，苔薄白，脉细缓。

处方：当归 10g，桃仁 3g，川断 10g，益母草 10g，白及 10g，桑寄生 15g，泽兰 10g，土茯苓 15g，炙甘草 5g。3 剂，每日 1 剂，水煎服。

8 月 3 日复诊：药后恶露已净。

按语：剖宫产后，元气未复，离经之血内留，阻滞冲任，以致恶血不去，新血难安，故恶露淋沥不止。肾主生殖，胞脉系于肾，肝脉络阴器，胞宫胞脉受损，必然导致肝肾亏损，气虚阳衰，血失温煦，故恶露色淡红，无臭味。瘀血内阻，气机不利，故小腹胀痛。舌紫暗，舌尖有瘀点，为瘀血内阻之征；脉沉为血虚之象。此为虚瘀夹杂之证，方选生化汤加味。生化汤能养血生血化瘀，瘀血祛除，血自归经。川断、桑寄生补益肝肾，调理冲任。白及益肺气止血。方证相合，疗效满意。

病例 13

张某，28 岁，职员。1993 年 8 月 3 日初诊。

剖宫产术后阴道流血未止两月余。1993 年 5 月 22 日因胎位不正而行剖宫产术，术后放置节育环，恶露迄今未净。曾用抗炎及止血药（具体不详）无效，遂于 1993 年 7 月 26 日行刮宫术，术中因节育环位置较深未能取出，诊刮后刮出物送病理检查无异常。现阴道流血量少，色淡红，伴头晕，面色苍白，小腹隐痛，二便正常。腹软，全腹无压痛，妇科检查子宫复旧不良。舌质淡，苔薄白，脉弦细。

诊断：恶露不绝。

辨证：气虚夹瘀。

处方：党参 15g，炙北芪 20g，炮姜炭 3g，艾叶炭 6g，益母草 10g，川断 10g，当归身 10g，荆芥炭 6g，炙甘草 6g。6 剂，每日 1 剂，水煎服。

1993 年 8 月 9 日二诊：每天仍有少量血性分泌物，不用垫纸，余症减轻。舌淡红，苔薄白，脉细。

处方：党参15g，炙黄芪20g，鸡血藤20g，白术10g，云茯苓10g，仙鹤草10g，炒山楂10g，海螵蛸10g，炙甘草6g。7剂，每日1剂，水煎服。

1993年8月20日三诊：药后无任何不适，但8月16日阴道流血增多似月经量，色鲜红，无血块，纳、便正常。经B超检查，除子宫明显后倾后屈外，余无异常。舌淡红，苔薄白，脉细弦。估计此阴道流血为月经复潮之故，拟益气养血、补益肝肾为法。

处方：党参15g，白术10g，芡实10g，云茯苓10g，桑寄生15g，川杜仲10g，阿胶10g（烊化），鹿角霜20g，桑螵蛸10g，升麻3g，炙甘草6g。3剂，每日1剂，水煎服。

1993年9月8日四诊：药已，阴道流血减少，每天仅用卫生纸2～3张，少腹隐痛，舌淡红，苔薄白，脉细。守法再进。

处方：党参15g，白术10g，云茯苓10g，炙黄芪30g，炒山楂10g，补骨脂10g，川杜仲10g，益母草30g，炮姜炭3g，炙甘草6g。3剂，每日1剂，水煎服。

药后出血停止，腹痛消失，带下偶有血丝，舌淡红，苔薄白，脉细，守上方加桑螵蛸10g以善后。

按语：气为血之帅，血为气之母。体质素虚，剖宫产术耗气伤血，术后阴道流血未止又行诊刮术及取环术，胞宫胞脉重遭重创，气虚夹瘀，故恶露不绝。气虚血瘀，清窍失养，故头晕、面色苍白；血虚胞脉、胞络失养，故小腹隐痛。由于"气主煦之，血主濡之"，"无阳则阴无以生，无阴则阳无以化"，故治疗采用补气摄血法，通过补气可达摄血，且气能化血，使之阳生阴长，达到补气止血的目的。又因冲任隶属于肝肾，产后冲任受损，肾气难免虚耗，肾虚不固，则恶露不绝。在补气摄血、补肾固冲的同时，还要兼以化瘀。盖气虚无力推动血液，则血行不畅，积而成瘀。所选方药中黄芪甘微温，党参甘平，均入脾、胃二经，具有补中益气之功能，可补气摄血；白术、茯苓、炙甘草健脾益气，当归、阿胶、鸡血藤补血养血，补而不滞；桑寄生、川杜仲、补骨脂补益肝肾，固摄冲任；炒山楂、仙鹤草、艾叶炭、荆芥炭、老姜炭止血而不留瘀。诸药合用，补虚化瘀，扶正祛邪，恶露得止。

病例14

赵某，23岁，公务员。1991年3月26日初诊。

人流术后15天阴道流血未净。1991年3月11日于孕70天时行人工流产术，术程顺利。术后阴道流血量多，伴小腹阵发性疼痛，复查尿妊娠试验阳性，而于术后1周行清宫术，清宫术后迄今阴道流血未止，量少，色暗，有时夹有黏液，两少腹胀痛，以右侧为甚，头晕，腰酸乏力，口臭口干，咽痒，大便干结，舌淡红，苔薄白，脉细缓。

诊断：人流术后恶露不绝。

辨证：肝肾损伤，瘀血内阻，血不归经。

治法：补养肝肾，化瘀生新，养血归经。

处方：桑寄生15g，川断15g，阿胶10g（烊化），当归10g，川芎10g，芫蔚子

10g，怀山药 15g，桔梗 6g，麦冬 10g，炙甘草 5g。3 剂，每日 1 剂，水煎服。

二诊（1991 年 3 月 29 日）：药后阴道流血减少，色暗。每天上午 9 ~ 11 时则右少腹刺痛，放射至腰背，伴小腹坠胀感。舌淡红，苔薄黄，脉细。

守上方去桔梗、麦冬、怀山药，加姜炭 6g，延胡索 10g，丹参 10g。3 剂，水煎服。

三诊（1991 年 4 月 2 日）：药后，右少腹痛减轻，仍有少量流血。舌淡红，苔薄白，脉细。

处方：鸡血藤 20g，丹参 15g，当归 10g，川芎 6g，白芍 10g，熟地 15g，川断 10g，益母草 10g，炙甘草 6g。3 剂，每日 1 剂，水煎服。

药后恶露干净，腹痛消失，腰酸减轻。药已中病，守上方 4 剂以期巩固疗效。

按语：两次手术，冲任、胞络一损再损，冲任不固，瘀血内停，血不归经，故术后恶露不绝；冲任、胞宫、胞络均为肝肾所属，失血伤阴，清窍、外府失养，故头晕，腰酸乏力；阴津不能上承，故咽痛口干；胞脉虚滞，肝气不舒，故少腹、小腹胀痛。治之拟补虚化瘀法，一诊、二诊用寿胎丸加减以补益肝肾，固摄冲任，因血虚夹瘀夹热，故未用炭类止血药，以免留瘀为患。三诊用四物汤加鸡血藤、丹参补益肝肾，养血调经，川断、益母草补肝肾，行血脉，化瘀以止血，炙甘草补脾胃，调和诸药。纵观全案，以治本为主，未用止血收敛药而达止血的目的。

产 后 发 热

病例

燕某，女，26 岁，广西某学院工人，已婚。1982 年 2 月 5 日初诊。

剖宫产后第十天，腰痛，肢节烦痛，牙龈肿痛，发热（体温 39℃），汗出，下肢微肿，乳少，纳差。脉浮虚数，苔薄白，舌质淡嫩。

诊断：产后发热。

辨证：新产之后，气血亏损，外邪侵袭，为正虚标实之体。

治则：养血疏解，扶正祛邪。

处方：归身 12g，川芎 5g，柴胡 5g，羌活 5g，独活 5g，荆芥 5g，防风 5g，金银花 6g，连翘 6g，党参 15g，甘草 5g。每日 1 剂，水煎服，连服 3 剂。

二诊（2 月 28 日）：药已，发热消失，肢节不痛，但乳汁仍少，下肢微肿。脉虚，苔薄白，舌淡嫩。拟补益气血，佐以引通。

处方：炙北芪 30g，当归身 20g，川芎 5g，柴胡 3g，王不留行 9g，通草 5g，路路通 10g，炙甘草 5g。每日 1 剂，水煎服，连服 3 剂。

按语：产后气血亏损，抗病力弱，风热之邪得乘虚而入，故发热、肢节烦痛，牙龈肿痛。证属本虚标实，故药用党参、当归身、川芎、炙甘草益气补血以扶正，银花、连翘、荆芥、独活疏解以祛邪。方中温清并用，补散兼施，旨在凉而不滞瘀，温而不过燥，从而达到扶正祛邪的目的。

产 后 目 痛

病例

黄某，25 岁，工人。1992 年 5 月 2 日初诊。

今年 1 月足月分娩一女婴，因产后诸事不顺，悲泣太过，自觉双目胀痛，视瞻昏渺，腰痛膝软，产后恶露持续 1 个月方净。产后 3 个月月经来潮，色、量尚正常。平素除目痛外，少腹、小腹隐隐作痛，带下量少色白。目眶黧黑，舌红少苔，脉细。

诊断：产后目痛。

辨证：肝肾阴虚，目失所养。

治法：滋补肝肾，养血明目。

处方：熟地 15g，怀山药 15g，山茱萸 10g，茯苓 6g，丹皮 6g，泽泻 6g，当归 10g，白芍 10g，白蒺藜 10g，密蒙花 10g，大枣 10g。4 剂，每日 1 剂，水煎服。

嘱其调畅情志，保持心情舒畅，增加营养。

二诊（1992 年 5 月 12 日）：药已，目痛明显减轻，少腹、小腹痛减，舌尖稍红，苔薄白，脉细。效不更方，原方再进。

处方：熟地 15g，怀山药 15g，山茱萸 10g，茯苓 6g，当归 10g，白芍 10g，白蒺藜 10g，密蒙花 10g，枸杞子 10g，玉兰花 10g，大枣 10g。7 剂，每日 1 剂，水煎服。

守上方共服药二十余剂，目痛、腹痛诸症消失。

按语：肝在液为泪，在窍为目。患者产后本虚，复因悲泣，重伤肝肾，精不养骨，血不养目，故腰痛膝软，目痛昏渺。又兼有瘀血阻滞胞脉，故目眶黧黑，恶露难净，少腹、小腹作痛。舌红少苔，脉细，为肝肾阴虚之象。治宜补益肝肾，养血明目，方用归芍地黄汤加味治之。方中地黄汤滋肾阴，补虚损，有聪耳明目之功，加当归、白芍、大枣更增养肝补血之力。密蒙花甘以补血，寒以除热，祛风凉血，润肝明目，肝血足而诸症无不愈矣。白蒺藜苦辛而温，善行善破，能宣肺之滞，疏肝之瘀，温苦辛散，祛风木之邪。诸药合用，标本兼治，上病下取，目痛诸症很快消失。

产后带下病

病例 1

刘某，28 岁，工人。1992 年 6 月 12 日初诊。

产后带下异常 1 月余。1992 年 4 月 1 日足月顺产，产后恶露持续 1 个月干净。嗣后出现带下量多，质稀如水，不臭，外阴痒痛，纳少，大便正常。妇科检查：外阴及阴道口潮红，阴道左侧壁有少量肉芽组织增生，余无异常。白带检查无特殊。舌淡红，苔薄微黄，脉细。

诊断：①带下过多；②阴痒。

辨证：湿热下注，任带损伤。

治法：清利湿热，化瘀除秽。

处方：黄柏 6g，苍术 6g，生苡仁 15g，牛膝 10g，当归身 10g，山栀子 6g，鱼腥草 10g，救必应 10g，佩兰 6g，山楂 10g，甘草 6g。4 剂，每日 1 剂，水煎服。嘱其勿食辛热煎炒之品。

二诊（1992 年 7 月 14 日）：药已，纳食增加，阴痒略减。月经 6 月 20 日来潮，4 天干净，色量正常。舌淡红，苔薄白，脉细。守原方再进。

处方：鸡血藤 20g，丹参 15g，土茯苓 20g，忍冬藤 20g，生苡仁 15g，车前草 10g，益母草 10g，苍术 6g，黄柏 6g，鹰不扑 20g，甘草 6g。10 剂，每日 1 剂，水煎服。

三诊（1992 年 7 月 28 日）：药已，带下大减，色白，外阴痒痛减轻，唯大便稍溏，拟调理肝脾、清热利湿以善后。

处方：当归 10g，川芎 6g，赤芍 10g，白术 10g，土茯苓 20g，泽泻 10g，黄柏 6g，苍术 6g，生苡仁 15g，牛膝 10g。10 剂，每日 1 剂，水煎服。

按语：带下病虽有脾气之虚、肝气之郁、湿气之侵、热气之熏诸多原因，而水谷精微不能输布生血，反潴为湿，湿浊下注，冲任受损，带脉不固，胞宫藏泄失职机制则一。本案病发于新产之后，缘产时失血伤津，气血俱伤，产后摄养失宜，感受湿毒之邪所致。湿邪与胞中瘀血相搏，蕴久化热，湿热下注，损伤任脉，秽液下流，故带多色黄，外阴瘙痒。一诊用四妙散清热利湿止带，山栀子、当归凉血化瘀，鱼腥草、救必应、佩兰清热利湿解毒，除秽止带，山楂既能化瘀又能健胃消食，诸药合用，共奏清热利湿止带、解毒止痒、湿瘀共治之功。二诊继用前法，方用清宫解毒饮（班氏经验方）合二妙散加味，全方甘、辛、苦为主，使热能清，湿能利，毒能解，瘀能化。其中鹰不扑，性辛温，为一味既化瘀又利湿之良药。三诊用当归芍药散合四妙散健脾利湿、养血调肝以善后。

病例 2

黄某，25 岁，干部。1991 年 12 月 14 日初诊。

1991 年 11 月 9 日足月分娩，产后恶露淋沥持续近 40 日干净，继而出现带下量多，稀稠不一，腥臭，日换纸垫 2～3 次，无阴痒。乳汁稀少，腰脊坠胀，纳、便尚正常。曾经妇科检查无特殊发现。面色㿠白，形体羸弱，舌淡，苔薄白，脉细。

诊断：带下量多。

辨证：脾肾阳虚，湿浊下注。

治法：温肾健脾，燥湿止带。

处方：补骨脂 10g，党参 20g，白术 10g，茯苓 10g，陈皮 5g，黄柏 10g，苍术 6g，忍冬藤 10g，炙甘草 6g。4 剂，每日 1 剂，水煎服。

二诊（1991 年 12 月 18 日）：药已，腰痛减轻，余症徘徊。舌淡红，苔薄白，脉细弦。治拟温肾固涩法。

处方：熟附子 10g（先煎），党参 15g，白术 10g，茯苓 10g，怀山药 15g，白芍 10g，益智仁 10g，桑螵蛸 10g，槟榔 10g，红枣 10g。4 剂，每日 1 剂，水煎服。

服上药后带下明显减少，腰脊坠胀好转，效不更方，守上方加补骨脂 10g，再进 7 剂后带下愈，诸症消失。

按语：傅青主曰："带下俱是湿证"。湿的产生，除脾虚失于健运外，还与肾虚有关。肾主水，脾主湿，水湿同源，治湿必治水，治水即可以治湿，肾气的强弱与否，关系到水湿代谢的正常。本案病发于产后，且恶露长达四十余天干净，面色㿠白，形体瘦弱，带下量多清稀，显然与脾肾亏虚、统摄失职有关，故一诊用五味异功散合二妙散加补骨脂治之，以健脾益气、燥湿止带为法，但效果不明显。二诊改用温肾健脾培元、固涩止带法，方用《伤寒论》附子汤合缩泉丸化裁，温肾固涩，使阳气振奋，脾阳健运，冲任稳固，水湿输布运化，带下复常。此案治法体现了从肾治带的学术思想。

淋　　证

病例

侯某，工人。1992 年 6 月 4 日初诊。

剖宫产术后尿频、尿痛反复发作 9 年。1983 年 5 月行剖宫产加双侧输卵管结扎术后出现尿频、尿痛，伴小腹隐痛，上引头部，西医检查诊为"尿道炎"、"阴道炎"，服中药"三金片"及西药（药名不祥）症状缓解，但近半年来屡治不效。刻诊：尿意频频，尿后有余沥不尽感，尿黄而少，伴肛门重坠，阴道灼热，小腹胀痛连及腰脊，头痛脑涨，舌淡红，苔薄白，脉细。

平素月经规则，自剖宫产后月经超前 7～10 天，经前两胁胀痛，末次月经为 1992

年 5 月 26 日。色量正常。

诊断：①淋证；②月经先期。

辨证：湿瘀化热，肾阴亏损。

治法：化瘀利湿，滋肾养阴。

处方：猪苓 10g，云茯苓 10g，泽泻 10g，滑石 20g，生地 15g，马鞭草 20g，连翘 15g，桂枝 5g，鸡血藤 20g，益母草 10g，甘草 6g。4 剂，每日 1 剂，水煎服。

嘱其禁食油炸之品，以免助湿生热。

二诊（1992 年 6 月 8 日）：药已，尿频、尿痛及溺时头痛、腹痛、腰痛大减。现带下黄赤，腰酸不适，舌淡红，苔薄白，脉缓。药证相合，湿热渐清，继予清热利湿通淋，标本兼治。

处方：当归 10g，白芍 10g，怀山药 15g，丹皮 10g，茯苓 10g，泽泻 10g，马鞭草 10g，连翘 15g，石韦 15g。10 剂，每日 1 剂，水煎服。

守上法调理月余，诸症消失。

按语：《诸病源候论·淋病诸候》曰："诸淋者，由肾虚而膀胱热故也"。本案手术后胞宫、胞脉受损，离经之血阻滞下焦，膀胱气化失司，湿瘀互结，水道不利，故小便频数而痛，肛门重坠；湿瘀蕴结于膀胱，经气阻滞，故溺则引腰脊、小腹及头痛。尿黄而少，阴道灼热，月经先期，均为湿热蕴久化热伤阴之征。一诊运用《伤寒论》猪苓汤去阿胶加生地治之，该方利湿而不伤阴，祛邪而不伤正，用于此案最为相宜。由于膀胱气化失司，方中加入桂枝一味，能助膀胱气化，且合茯苓、甘草，又为《伤寒论》之苓桂术甘汤之意，能温阳化气，培中渗湿，使中焦健运，自能运化水湿。产后病既虚又瘀，故方中用鸡血藤补血，马鞭草、连翘、益母草化瘀利湿，补中有行，药证相合，故药后疗效卓著。二诊针对阴虚湿热的病机，运用六味地黄汤去熟地、山茱萸，加马鞭草、连翘、石韦治之，标本兼治，以本为主，以收全功。

产后眩晕

病例 1

李某，25 岁，农民。1992 年 9 月 29 日初诊。

小产后头晕乏力半年。于今年 3 月份孕 5 月余时不慎小产，产后阴道流血初多后少，10 天干净。继出现头晕目眩，头痛而胀，尤以活动后加剧，不能坚持工作，纳、便正常。神倦形瘦，面色淡黄，舌质淡红，苔薄白，脉沉细。

既往无眩晕史及其他病史，血压正常。月经 14 岁初潮，规则，色量正常，无痛经史，此次为初次妊娠。

诊断：产后眩晕。

辨证：肝肾亏虚。

治法：调补肝肾，益气生血。

处方：熟地15g，怀山药15g，山茱萸10g，当归身10g，白芍10g，川杞子10g，菊花10g，丹皮6g，茯苓6g，炙甘草5g。3剂，每日1剂，水煎服。

二诊（1992年10月4日）：药已，头晕、头痛减轻，仍觉四肢乏力，动则加重，舌淡红，苔薄白，脉弦细。

处方：归身10g，白芍10g，熟地15g，党参15g，白术10g，炒怀山药15g，鸡血藤20g，丹参15g，蔓荆子10g，白蒺藜10g，红枣10g。7剂，每日1剂，水煎服。

三诊（1992年10月17日）：药已，头晕消失，头痛减轻，可做家务劳动。但因近日操劳过度，又觉身痛困倦，小腹微痛。

处方：黄精15g，柴胡10g，当归身10g，白芍10g，白术10g，茯苓10g，素馨花10g，白蒺藜10g，桑叶10g，红枣10g。7剂，每日1剂，水煎服。

药后诸症消失，嗣后每于经前服上方7剂，连服3个月后头晕、头痛、经前小腹隐痛均已告愈，身体健康，1993年3月再次妊娠，足月顺产。

按语：肝藏血而主生发，肾藏精而主生殖，胎孕与肝肾密切相关。肝血不足则胞胎失于荫养，肾精亏虚则胎失荣系而损堕。精血亏虚，清窍失养，血虚生风，故头痛、头晕目眩。血虚及气，气血不足，故四肢乏力，劳则伤气，故活动后诸症加剧。面黄形瘦，舌淡，脉沉细，均为精血亏虚之象。经曰："诸风掉眩，皆属于肝"，且有"无风不作眩"、"无虚不作眩"、"血虚生风"等经验之说。故一诊用杞菊地黄汤加当归、白芍补益肝肾，滋水涵木，"壮水之主，以制阳光"。由于本病因孕而虚，阴血不足，肾虚为本，肝旺为标，故二诊用八物汤去川芎之辛燥、茯苓之淡渗，加鸡血藤、丹参、怀山药以补养气血，蔓荆子、白蒺藜平肝息风以治其标。三诊继用黑逍遥去熟地加黄精、素馨花、桑叶、白蒺藜治之，以养肝、柔肝、疏肝，肝得其养，诸风自息。肝肾功能正常，气血旺盛，自能妊后足月顺产。

病例2

梁某，女，30岁。1956年4月初诊。

患者平素心悸气短（X线透视见心脏扩大）。新产第二胎后，恶露量少，色紫红，少腹胀满疼痛，气息短促，继即神昏口噤，两手握拳，牙关紧闭，面色唇舌紫暗，脉结。

辨证：气虚血瘀。

治则：补气消瘀。

处方：

（1）针双侧中冲穴，用泻法。

（2）红参6g，失笑散6g。

经针刺后，患者苏醒，继之以独参汤送服失笑散3次，以后转用加参生化汤，以巩固其疗效。

按语：药物十九畏歌中有"人参最怕五灵脂"。今以独参汤送服失笑散，是仿张仲景在甘遂半夏汤中甘遂与甘草同用之意。盖药物配伍之宜忌，既有常法亦有变法，人参畏五灵脂是其常，根据证情气虚血瘀而用独参汤送服失笑散，是取其变法也。

产后小便不通

病例

邵某，女，26 岁，饭店服务员，住院号：27820。1981 年 11 月 7 日会诊。

患者于 1981 年 10 月 17 日下午 4 时足月分娩一女孩，产后虽有尿急而解不出，曾经产科、外科中西医结合治疗（诱导、骶管封闭、热敷局部、中西药内服、注射、外敷、针灸等）20 天，效果不满意，乃邀会诊。

诊见患者躺卧床上，精神萎靡，声低气怯，口干不欲饮，虽有尿急而不能自解，每天均靠导尿始能溲出，面色苍白，舌质淡嫩，寸口脉轻按则弦，重按则无力。证属元气不足，分娩时复伤肾气，以致不能化气行水而病。拟温肾行水、宣肺揭盖为法，药用金匮肾气丸加味。

处方：制附子 10g（先煎），桂枝 6g，熟地 15g，怀山药 12g，山萸肉 12g，泽泻 10g，丹皮 5g，茯苓 15g，北杏仁 10g，桔梗 6g。水煎服，每天 1 剂，连服 3 剂。

药已，尿意加剧，但仍不能自解，药证相合，仍守上方加大腹皮 10g。嘱连煎服 3 剂，每日 1 剂。上方服第一剂之后，小便即能自解，又观察两天，服完 3 剂，小便通畅如常，痊愈出院。

按语：产后小便不通，一般来说有气滞、气虚、肾虚等之分，本例产后 20 天，小便不能自出，虽经中西药治疗，效果不满意。患者精神萎靡，声低气怯，面色苍白，舌质淡嫩，脉虚弦，显系气血不足之证，而气血之所以不足，实由于素禀本虚，分娩时肾气亏损。盖肾为作强之官，是元气之根源，肾气一伤，则诸气皆虚。肾主水而司二阴之开阖，肾气虚衰，不能化气蒸腾输布，上则口干不欲饮，下则尿闭不通。《金匮要略》云："虚劳腰痛，少腹拘急，小便不利者，八味肾气丸主之。"故以金匮肾气丸为法，既补肾阴之虚以生气，又助肾阳之弱以化水。肺主宣降而为水之上源，故方中加辛苦甘温之杏仁和辛苦平之桔梗，取两者之辛以宣开，苦以泄降，肺气肃降，通调水道，肾阳振奋，膀胱气化正常，则小便自解。服药 3 剂后，尿意虽急而不解，乃"虚中有滞"，故次诊加入大腹皮一味，此药味辛质轻，善能下气疏滞通利，标本并治，故药到尿通。

产 后 诸 痛

病例 1

黄某，女，26岁。1993年2月20日初诊。

1993年1月4日因滞产而行剖宫产，产后10天无明显诱因出现左下肢疼痛，掣痛连及髋部，尤以髋关节明显，活动、翻身受限。曾肌注青霉素、用中药外洗不效。诊时左下肢疼痛不能行走及触地，右腕关节痛，自汗，恶露时有时无，量少，色暗红，迄今未净，夜难入寐，纳、便尚可。舌淡，苔薄白，脉虚细。

诊断：①产后下肢痛；②产后恶露不绝。

辨证：风寒湿瘀，阻滞经络。

治则：养血化瘀，疏风通络止痛。

处方：当归15g，川芎5g，益母草20g，炒山楂15g，川断10g，桃仁2g，姜炭3g，炙甘草6g。2剂，每日1剂，水煎服。

二诊（1993年2月24日）：药已，恶露已净，但左下肢痛未减，舌脉同前。

处方：鸡血藤20g，桑寄生15g，当归10g，白芍10g，川芎5g，川断10g，益母草10g，海桐皮10g，川杜仲10g，炙甘草5g。3剂，每日1剂，水煎服。

三诊（1993年3月1日）：药后左下肢疼痛减轻，可步行，但抬腿时仍掣痛不适。舌淡红，苔薄白，脉细。效不更方，守上方3剂。

四诊（1993年3月8日）：左下肢疼痛明显减轻，可行走，夜得安寐，仍觉手关节酸痛，全身乏力，舌淡红，苔薄白，脉沉细。守上方加温经止痛。

处方：鸡血藤20g，丹参15g，熟地15g，白芍10g，海风藤20g，海桐皮10g，秦艽10g，白术10g，羌活6g，制川乌6g（先煎），炙甘草5g。6剂，每日1剂，水煎服。

按语：产后气血俱虚，卫阳不固，若起居不慎，则易感风寒湿邪，外邪与离经之瘀血相搏，留滞于经络关节，则气血闭阻，不通则痛；瘀阻宫中，血不归经，故恶露不绝；脉虚细为气血不足之象。证属以虚为主、虚实夹杂之变。故一诊首用生化汤加益母草、炒山楂、川断治之，意在化瘀通络。待恶露止后，二诊用养血行血的四物汤去熟地之滋腻，用鸡血藤代之，加桑寄生、川断、川杜仲补肝肾，强腰膝；海桐皮祛风湿，疏通经络；益母草化瘀利湿。诸药合用，扶正为本，佐以祛邪，故症状得以明显缓解。四诊在原基础上加重祛风寒湿、温经行痹止痛之力。药后追访，病情基本痊愈。

病例 2

钟某，女，28岁。1993年5月17日初诊。

1992年7月足月顺产，产后3天不慎患重感冒，从产后半个月始出现全身骨节肌肉疼痛，畏风畏寒，迄今已 10 个月。产后乳汁稀少，1 个月后经行，量色尚可，但经行时身痛加重，伴少腹、小腹胀痛，舌淡红，苔薄白，脉缓。

诊断：产后身痛。

辨证：血虚经络失养。

治则：调理气血，温经通络。

处方：归身 10g，川芎 6g，白芍 10g，茯苓 10g，白术 10g，泽泻 10g，威灵仙 10g，海桐皮 10g，桂枝 6g，川木瓜 10g，红枣 10g。3 剂，每日 1 剂，水煎服。

二诊（1993 年 5 月 30 日）：药已，骨节肌肉疼痛减轻，偶有小腹疼痛，便后可减，纳、便正常。舌淡红，苔薄微黄，脉缓。拟用温经散寒、养血通络法。方选《伤寒论》当归四逆汤治之。

处方：当归 15g，桂枝 6g，赤芍 10g，北细辛 3g（后下），通草 6g，威灵仙 15g，炙甘草 6g。6 剂，每日 1 剂，水煎服。

药后随访，诸痛已愈。

按语：产后气血俱虚，经脉关节失于濡养，复因腠理不密，风寒之邪乘虚入侵，留于经脉关节，使气血运行受阻，故全身骨节肌肉疼痛；气血失于温煦，则畏风恶寒；血虚则乳汁生化乏源，故产后乳少；经时气血下注血海，其虚益甚，故经行时身痛明显。一诊选用仲景《金匮要略》中专治妇人腹中痛的当归芍药散加祛风通络的威灵仙、海桐皮、桂枝、木瓜治之，意在调理气血，祛邪外出。二诊则选用《伤寒论》当归四逆汤温经散寒，养血通络，使经脉通畅，则其痛自止。由此可见，活用经方治疗妇科病，疗效卓著。

病例 3

苏某，女，24 岁。1992 年 8 月 10 日初诊。

1992 年 6 月 14 日于孕 6 个月时引产，产后 20 天出现右臀部疼痛，逐渐加重。一个多月来右臀部及右下肢肌肉痛甚，不能触摸，且抬腿活动均加重疼痛。诊时右下肢乏力痿弱，不能活动，每日卧床，生活不能自理。入夜右下肢疼痛加重，难以入寐，纳差，便溏，1 个多月来已消瘦十余斤。既往无风湿病及坐骨神经病史。检查：痛苦面容，右下肢不能活动，触痛，由家人背来就诊。舌质红，苔黄厚，脉细数。

诊断：产后痹证。

辨证：肾虚风寒湿邪痹阻经脉。

治则：温肾祛风，除湿通络。

处方：鸡血藤 20g，海桐皮 10g，豨莶草 20g，炒怀山药 15g，炒苡仁 20g，桑寄生 15g，牛膝 10g，宽筋藤 20g，苍术 6g，黄柏 6g，甘草 5g。3 剂，每日 1 剂，水煎服。

二诊（1992 年 8 月 13 日）：药已，右下肢疼痛减轻，纳食增加。但近日来自汗，多痰，带下量多，色白，大便仍溏，夜寐不实，舌淡红，苔薄白，脉弦。湿热渐清，转用温通法。

处方：北芪 30g，防己 10g，当归 10g，牛膝 10g，海桐皮 10g，骨碎补 15g，北细辛 3g（后下），制川乌 6g（先煎），炙甘草 6g。4 剂，每日 1 剂，水煎服。

三诊（1992 年 8 月 20 日）：上方加减服用 7 剂，近日来已能站立，右下肢痛减，可触摸，但仍胸闷，多痰，常因咳嗽而引起臀部疼痛。舌淡红，苔薄白，脉细缓。效不更方，上方加鸡血藤 30g，宽筋藤 20g。7 剂，每日 1 剂，水煎服。

四诊（1992 年 8 月 27 日）：药已，能扶持行走，右下肢痛大减，但髋、膝关节仍痛。舌边红，苔薄白，脉细弦。上方去川乌、骨碎补，加千斤拔 20g，狗脊 10g，怀山药 15g，独活 6g，白芥子 6g。4 剂，每日 1 剂，水煎服。

五诊（1992 年 8 月 31 日）：服药后能自行行走，生活自理，不用家人护送可自己行走看病。右髋部及腘窝部时而隐痛，偶有干咳，大便干结。舌淡红，苔薄白，脉缓。久服辛散温通之剂，有伤阴之象。转用滋阴补肾，稍佐通络止痛以善后。

处方：熟地 15g，怀山药 10g，北沙参 10g，麦冬 10g，丹皮 6g，茯苓 10g，泽泻 6g，宽筋藤 20g，石楠藤 10g，川木瓜 10g，北细辛 2g（后下）。7 剂，每日 1 剂，水煎服。

按语：引产后气血虚弱，百脉空虚，卫外不固，时值长夏多湿季节，易感受寒湿之邪。湿性重浊黏腻，寒邪收引凝滞，均可阻遏气血运行，故疼痛、痿痹由此而作。一诊因患者有脾虚湿蕴化热的表现，如纳差，便溏，舌红，苔黄厚，脉细数，故拟清热利湿、养血通络之法，方用四妙散加味以健脾利湿，且脾气健旺，则气血生化有源。待湿热渐清，二诊则采用温肾益气、通络止痛法。方中制川乌与北细辛配伍，温肾祛寒又能止痛，合当归补血汤益气血；骨碎补、牛膝益肝肾，强壮腰膝；防己、海桐皮祛风除湿。诸药合用，标本兼顾，效果良好。因屡用温通之剂，五诊时患者有阴虚表现，则治疗以滋润养阴为主，以补肝肾、舒筋活络法善后。综观全案，治疗有理有节，紧紧抓住正虚邪实特点，或以祛邪为主，或以扶正为要，注意肝、脾、肾三脏的调理，终能力挽沉疴。

体会：产后身痛，即产褥期出现四肢关节疼痛、麻木、重着，甚至双下肢痿痹不能行走，为虚实夹杂之证。其主要原因与产后气血两亏，百节空虚，经脉失养，或因产伤肝肾，或恶露停滞胞宫，经络胞脉受阻，冲任失调，瘀血不去，则新血不生所致。本病的兼夹病因为外感寒湿之邪，寒主收引凝滞，湿性重浊黏腻，均可致气滞血瘀，经脉关节、脉络受阻而疼痛、麻木、重着。根据本病的特点，在治疗上以扶正养血、通经活络为治疗大法，再根据其偏虚、偏寒、偏湿、偏瘀而采取不同的治法。如例 1 黄某以恶露阻滞胞宫为主，故首用生化汤加减以祛除瘀血，瘀血去，新血才能生，继用养血祛风散寒止痛法。例 2 钟某属气血亏虚，风寒湿乘虚侵袭，留滞筋脉关节之变，故选用《伤寒论》当归四逆汤治之。例 3 苏某，病在长夏多湿季节，以湿邪为主，故治首拟四妙散加味清热利湿健脾。其中鸡血藤既能补血，又能疏通经络，临床常重用。在选方用药时要"勿拘于产后"，但又要"勿忘于产后"，注意顾护气血，如附子、乌头、细辛之类因其辛温燥热有耗津之弊，中病即止，不可久用。除药物治疗外，临证若能适当配合针灸疗法则疏经通络，行气活血，收效更佳。

人流术后下肢浮肿

病例

曾某，女，31岁。1991年3月5日初诊。

于1991年1月10日孕2月余时行人工流产术，术后第四天即出现左下肢浮肿疼痛，步履艰难，曾用民间疤痕灸及服行气利水中药十余剂，疼痛减轻，但浮肿依然，小溲短涩，大便正常。既往无浮肿及肾病史。检查：精神尚好，形体偏胖，左下肢跛行。左足胫至大腿根部肿胀，表面潮红，部分皮肤色素沉着，如鱼鳞状。左内踝灸疮化脓，左膝关节以下浮肿，按之应手而起，无明显触痛，局部无异臭。舌淡红，苔薄白，脉沉细。

诊断：人流术后肢肿。

辨证：水血互结，经络阻滞。

治则：活血利水，益气通络。

处方：北芪30g，防己10g，茯苓10g，鸡血藤20g，川木瓜10g，丹参15g，益母草10g，当归10g，红花3g。3剂，每日1剂，水煎服。

二诊（1991年3月8日）：药已，左下肢肿痛减轻，小便增多。舌淡红，苔薄白，脉细滑。药已中的，守上方加苏木10g，刘寄奴10g，以冀增强化瘀之功。4剂，每日1剂，水煎服。

三诊（1991年3月15日）：3月11日经行，经量较多，夹块。现患肢不时瘙痒，能寐多梦。舌淡红，苔薄白，脉细。水血瘀闭，久则化热生湿，治宜在原法基础上佐以凉血清热利湿，方用当归芍药合二妙散加味。

处方：当归10g，川芎6g，赤芍10g，凌霄花10g，益母草10g，白术10g，云苓10g，泽泻10g，川木瓜10g，苍术6g，黄柏10g。4剂，每日1剂，水煎服。

四诊（1991年3月19日）：药后患肢瘙痒消失，左下肢肿胀已消，行走自如，皮色转常，灸疮痊愈，唯觉腰酸乏力。舌尖红，苔薄白，脉细。守上方去二妙，加北芪20g，防己10g，7剂，善后巩固。

按语：人流术后，离经之瘀血阻滞经隧络道，气机不畅，瘀血化水，阻滞下肢。左主血，右主气，血气相搏，经络阻滞，"血不利则为水"，故左下肢肿胀、疼痛。治宜根据其虚瘀夹杂的特点，水血并治。一诊用防己黄芪汤，加鸡血藤、丹参、当归补血行血通络，红花活血化瘀，益母草既能化瘀又能利湿，川木瓜加强行气利湿之功，茯苓利湿健脾。药能对证，则瘀化肿消。三诊针对湿瘀蕴久化热的病机，选用清化之法。其中凌霄花清下焦伏火，且能入血分活血化瘀，凡血热兼瘀者，用之效果尤佳。

不 孕 症

一、学术思想

1. 种子之要，调经为先

《女科要旨》云："妇人无子，皆由经水不调，经水所以不调者，皆由内有七情之伤，外有六淫之感，或气血偏盛，阴阳相乖所致。种子之法，即在调经之中"。月经，是女性特有的生理特征，早在《内经》就阐明了月经与肾气的关系。《素问·上古天真论》："女子七岁，肾气盛……二七而天癸至，任脉通，太冲脉盛，月事以时下，故有子"。肾在月经产生过程中占有主导地位。肾又主生殖，故月经不调者，鲜有受孕的。月经不调在临床表现有月经先期、后期、先后不定期、量或多或少、闭经、痛经等。班老在临证中根据病人的不同情况采取相应的治法。他认为，经为血化，妇人以血为本，以血为用，而经、产、孕、乳数伤于血，故常出现"有余于气，不足于血"的生理状况，故调经治血之法，除根据血分的寒、热、虚、实而采取温、清、补、攻等法外，还要根据月经与脏腑的关系，重视肝、脾、肾在月经和孕育方面的联系。他常用左归饮、右归饮、五子衍宗丸等方药以补益肾气以固气血；又因血为气之母，气为血之帅，气行则血行，气滞则血滞，喜用柴胡、郁金、香附、合欢花、素馨花等疏肝顺气之品疏理气血；用补中益气汤、归脾汤、人参养荣汤等健脾和胃、益气养血以助气血之化生，使血足精生，从后天补先天，精血充盛，则能孕育生子。月经病和带下病都是妇科常见病，南方气候温暖多湿，酷暑下迫，地湿上蒸，人在气交之中，易感暑湿之邪。湿性重浊黏腻，若与胞宫胞脉瘀血相合，则易形成湿瘀为患。湿瘀阻滞下焦胞宫胞脉，既能使脏腑气机升降失常，气血失调，又能造成胞宫胞脉阻滞，使冲任不能相资成孕。故在治疗不孕之时，班老注重月经病与带下病的关系和它们之间的相互影响，经病为主者，以治经病为主，兼治带下病；带下病为主者，则经带并治；若经带均正常者，则根据身体寒热虚实加以调治。

2. 注重温补肝肾

班老在治不孕症时，注重调补肝肾。他认为，妇科疾病多因气血亏损、脏腑功能失调所致，属于内伤病范畴，不孕症尤其如此。不孕不育患者病程较长，精神负担较重，更易造成肝肾精血亏损、气滞血瘀的局面，病情虚实夹杂。经云："肾者主蛰，封藏之本，精之处也。""肾者，作强之官，技巧出焉。""肝者，罢极之本……以生气血。"肾藏精而主生殖，为阴阳气血之根源，肾气的强弱，直接与月经的通行藏泄及孕育有着密切的关系；肝藏血而主疏泄，体阴而用阳，肝气疏泄有度，则精血藏泄有期，经调而有子嗣。肝郁气滞，则血行不畅，可致月经不调或经闭不行，为孕育造成障碍。

况且由于肝肾同源，阴阳互根，肝肾与脏腑之间有着密切的关系，它们在生理上相互依赖，病理上相互影响，治疗上也相互牵涉，形成不可分割的整体。班老还强调在补肝肾时要注意其特性。《尚书·洪范》有"水曰润下，火曰炎上，木曰曲直"之说。在治疗上，《内经》提出："肝苦急，急食甘以缓之……肝欲散，急食辛以散之，用辛补之，酸泻之"；"肝恶风"；"肾苦燥，急食辛以润之，开腠理，致津液，通气也"；"肾欲坚，急食苦以坚之，用苦补之，咸泻之"；"肾恶燥"。在临床运用中，班老在应用疏肝的同时，注意养肝，由于肝阴易亏，肝阳易亢，用疏肝之法，常选辛平芳香之品，如素馨花、合欢花、玫瑰花等，做到"疏中有养"，"养中有疏"，即不但要疏肝、调肝，还要补肝。如柴胡疏肝散以疏为主，要酌加当归、黄精以助肝木之敷和；一贯煎为养中有疏之方，也要酌加香附、合欢花、田七花之类辛散之，从而达"疏其气血，令其调达，而致和平"的目的。肾虚则本"培其不足，不可伐其有余"的原则，即所谓"壮水之主，以制阳光，益火之源，以消阴翳"。阴虚者用甘润壮水之剂，如左归丸、六味地黄汤等，忌用辛燥或苦寒之品。阳虚者则用甘温益气之品，如右归丸、毓麟珠等，忌用凉润或辛散。由于肾为水火之脏，阴阳相生相济，故不论是滋补或温补，均要注意补阴配阳，补阳配阴，如果阴阳俱虚，则精气两亏，就宜阴阳并补。

班老在临证治病时，除正确辨证外，还强调要注意脏腑的特征。肝与肾同居下焦，除了精血同源的关系外，由于肝主疏泄，肾主封藏，这里存在着开与合的关系。脾以升为健，胃以降为和，脾之升要赖肝的升发，胃之降从乎胆的下泄。同样，脾胃虚弱，中焦湿盛，也可导致肝木不升、胆气不降的局面。临床上要根据脏腑的特征，全面分析，有的放矢，才能收到较好的疗效。

3. 辨病辨证，衷中参西

辨证论治是中医的精华所在，由于不孕症发病原因多种多样，虚实夹杂，且病程较长，仅仅依靠四诊搜集资料，运用八纲、六经、脏腑等辨证方法，有时对不孕的认识还不够全面，甚至无法认识疾病。大多数不孕症的病人，多八脉平和，神色形态一如常人，纵然四诊合参，仍不能查出其病变所在。因此，班老提倡治不孕症应在辨证的基础上，辨证与辨病相结合。

如输卵管阻塞而引起的不孕症，西医用通液或造影的方法能证实其病位之所在，阻塞的部位、程度能清楚判断，但对疾病的性质及邪正消长盛衰是无法用现代医学的检测方法检测到的。而中医通过四诊搜集资料，着眼于整体观，审证求因，对引起输卵管阻塞的致病因素如瘀血、痰湿或气滞，其病性的寒、热、虚、实均能判断和认识，既能定出病名，也能判断病性，针对不同的病因病机，采取个性化的治疗措施。班老治疗既辨证又辨病，辨证与辨病相结合，病同证异之时，能把握病机，灵活化裁。在治疗输卵管堵塞引起的不孕症时，在活血化瘀通络、软坚散结的基本原则下运用温阳通行之品，如桂枝、路路通、威灵仙、王不留行、急性子、穿破石、透骨草等。临床还根据不同的证型，灵活加减。如气血虚弱者，以十全大补汤加路路通、小茴香、田七花治之；湿热下注者，以四妙散加土茯苓、马鞭草、丹参、皂角刺、穿破石、炮山甲治之；肝郁气滞者，以柴胡疏肝散加刘寄奴、郁金、当归、丹参、急性子、地龙、土鳖虫治之。

对排卵障碍性不孕，班老认为，多与肝不生发、肾不作强有关，常从调补肝肾着眼，根据病人的具体情况而辨证施治，针对不同的证情，或温肝肾之阳，或滋肝肾之阴，使肝肾阴平阳秘，精血充足，其卵自排。根据病人阴阳消长情况而采用相应的治法，根据月经不同的阶段，灵活施法，不固定于某法。班老常言：有是证用是药，不可胶柱鼓瑟。

如西医检查不孕并子宫肌瘤或卵巢囊肿者，班老常在辨证的基础上加入活血化瘀之品，如莪术、苏木、泽兰、刘寄奴，或软坚散结之药，如生牡蛎、浙贝、海藻、昆布、鳖甲等。

在长期的临床实践中，班老治疗不孕症积累了丰富的经验。借助西医的检查方法，对判断不孕症的病势及预后有较大的帮助，弥补了中医望诊和触诊的不足。如原发性不孕，班老认为其属肝肾亏虚、冲任损伤之变。凡原发性不孕或西医检查因器质性病变引起的不孕，多较难治，而继发性不孕或功能性病变引起的不孕，治疗较易。

4. 药食结合，事半功倍

班老善于从整体观念出发，运用多种方法来治疗不孕症，如内服、外敷或针灸等，内外结合，针药兼用，用药讲究简、便、廉、效。同时还守《内经》"谷肉果菜，食养尽之"之旨，主张治养结合，寓药疗于食疗之中，相辅相成，常常事半功倍。班老认为，药食同源，合理适当的膳食对不同人体的体质及不同原因的不孕有一定的帮助。动物类药为血肉有情之品，在不孕症的应用中占有很重要的地位。他对于脾气虚弱、气血生化之源不足而导致不孕者，除用归脾汤养心健脾、益气补血，补中益气汤调养脾胃、升阳益气，人参荣汤五脏互养互益、补气和血之类出入之外，常配适量的山羊肉与黑大豆作饮食疗法。山羊肉性味甘温，能暖脾温中，益气生血；黑大豆性味温涩，能生精化血，有补肾壮腰之功。对于肾气不足、冲任亏损、精血衰少的不孕者，首先辨别其是阴虚或阳虚而采取滋补或温补之法。如偏于阴虚的不孕症患者，以左归丸（饮）之类滋养的同时，常配老母鸭或海参炖服，以加强其滋养生血之功；对偏于阳虚的不孕症患者，以右归丸（饮）温养为主，配用麻雀卵适量，用水酒同煮温服，则温肾暖宫、助阳生精之效尤捷。对肝气郁结的不孕症患者，在用疏肝解郁的逍遥散、越鞠丸之类药物治疗的同时，再投以诸肝（如鸡肝、鸭肝、猪肝、牛肝等）作为饮食疗法，则生血养肝，可收事半功倍之效。对于痰湿为患引起的不孕症，除本着"病痰饮者，当以温药和之"，以苓桂术甘汤或肾气丸出入治疗的同时，再以乌贼鱼或蛤蚧作饮食疗法，则既能温肾健脾，祛湿化痰，又能益气生血，温养子宫，促进排卵摄精。对于瘀积引起的不孕症，常用桂枝茯苓丸、桃红四物汤、下瘀血汤之类，同时配用黄鳝、穿山甲作饮食治疗，既能补又能通，则疗效尤捷。对阳虚寒凝体质的不孕症患者，嘱其在辨证施治的基础上，常食用狗肉、羊肉等，或用熟附子、川杜仲炖狗肉，红糖水煲生姜、黑豆等，以温经散寒，化瘀通络。对输卵管堵塞的不孕症患者，嘱其常用猪蹄甲煲黄豆、赤小豆、黑豆、花生等，既能取代价格昂贵的炮山甲疏通胞脉，又能增加营养，增强体质。阴虚便秘者，嘱其用甘薯煮水服或食猪油炒薯叶以收甘润散结通便之功。交和撞红者，用鲜嫩益母草、黑豆、公猪尾巴加适量油、盐煮食，既能补肾壮腰，又能化瘀止血，以防胞宫留瘀为患。脾胃虚弱，气血不足者，除用健脾益气养血之剂如十全大补汤、毓麟珠加减治疗外，嘱病人常用红枣、桂圆、怀山药、黄豆、黑豆等煲食，以补益气血。如此药物调理与食物调补相结合，则能相得益彰，既缩短了疗程，又提高了疗效。

二、论治用药

1. 肾虚不孕

肾主生殖，班老认为，凡不孕症属虚证者，多与肾有直接或间接的联系。《素问·上古天真论》云："女子七岁，肾气盛……二七而天癸至，任脉通，太冲脉盛，月事以时下，故有子。"《圣济总录》云："女子所以无子者，冲任不足，肾气虚寒也。"《妇科玉尺·求嗣》引万全语曰："男子以精为主，女子以血为主，阳精溢泻而不竭，阴血时下……精血合凝，胚胎结而生育滋矣"。因此可见，生殖的根本是以肾气、天癸、男精女血为物质基础的。"胞络系于肾"，"肾者，主蛰，封藏之本，精之处也"，"肾主冲任，冲为血海，任主胞胎"，故肾虚是不孕症的主要原因。由于肾藏真阴而寓元阳，为水火之脏，一般而言，肾无表证，无实证，其病变多属阳虚或阴虚之证，根据"虚则补之"的原则，阴虚宜甘润壮水以滋养，阳虚宜甘温益气以温养，通过调理阴阳的偏颇，才能达到培源固本的目的。由于脏腑之间的生克制化，脏腑之间相互联系，相互影响，寒、湿、痰、热、瘀之间相互影响及转化，多种因素导致肾与冲任的病变，使其不能摄精成孕。临证班老根据其阳虚或阴虚的不同表现，常用五子衍宗丸、归芍地黄汤、左归丸、右归丸加减出入治之。根据其兼证不同酌加调理气血、化痰祛瘀、通络之品。

2. 肝郁不孕

女子以血为本，肝主藏血而司疏泄，为罢极之本，以血为体，以气为用。肝脉络阴器，肝主筋，前阴为宗筋所会，冲任隶属于肝，肝司血海，为调节气血的枢纽。肝的功能活动直接影响到奇经八脉，因为奇经八脉均汇集于小腹下焦，为足厥阴肝和足少阴肾所属地带。冲主血海，任主胞胎生育，冲任的功能，除取决于肾气的盛衰之外，是与肝的生发血气分不开的。正如《温病条辨·解产难》所指出："盖八脉丽于肝肾，如树木之有本也；阴阳交媾，胎前产后，生生化化，全赖乎此。"肝肾的功能既能直接影响到奇经八脉，自然也影响到妇女的经、带、孕、育。又因肝为将军之官，体阴而用阳，喜条达而恶抑郁，若心情紧张，盼子心切，思虑过度，情绪忧郁，则可致肝气不舒，疏泄失调，月经不能以时而下，则难以摄精成孕。本型每见月经先后不定期，经量多少不一，或经行不畅，经色暗，夹小血块，或经前乳房及少腹、小腹胀痛，烦躁易怒，或抑郁寡言，精神不宁，或悲伤欲哭，脉弦细。班老认为，治肝要在治肝用、治肝体的原则下，针对气滞血瘀、肝血不足、阴虚阳亢、阳虚不振等方面，采用调气、化瘀、补血、滋阴、理肝等法。肝气郁结者，班老常用疏肝解郁之法，方选逍遥散治之，《傅青主女科》云："逍遥散最能解肝之郁与逆"。若肝郁乘脾，出现经带并病者，则运用《金匮要略》之当归芍药散养血疏肝，健脾渗湿。若肝郁脾虚，湿热下注者，轻者用丹栀逍遥散加鱼腥草、土茯苓、车前草以调肝解郁，清热化湿；重者用龙胆泻肝汤以泻肝邪。由于肝藏血，肾藏精，肝与肾为母子关系，又为精血同源关系，若肝肾阴虚者，冲任亏损者，班老则用用定经汤或归芍地黄汤加二至丸、桑椹子治之，阴虚内热者，则用两地汤加味治之。若肾阳虚衰，肝阳不振，阳虚宫寒，卵子发育不良，治宜温肾暖肝，温养肝肾，运用张景岳之右归丸加芫蔚子、蛇床子、淫羊藿治之，以促进肾的"作强"、肝的生发功能，肾阳振作，肝木得温，生发之气蓬勃，子脏温暖，经行正常，卵子生长成熟，则受孕有期。

3. 气滞血瘀不孕

本型以输卵管阻塞性不孕为多见。输卵管阻塞，在中医学文献中虽无专门的记载，但根据其临床表现，在月经不调、带下、痛经、断绪、癥瘕等病中，都有散在的论述，是引起不孕症的主要因素之一。

输卵管阻塞的原因，现代医学认为多为急性或慢性输卵管炎、慢性盆腔炎、输卵管肿瘤、盆腔手术后附件粘连或子宫内膜异位等病所致输卵管腔粘连、僵硬，或受周围疤痕组织的牵拉扭曲或闭塞，使输卵管丧失其输送精子、卵子、孕卵的生理功能，导致不孕。

班老认为，根据经络学说和审证求因的理论，输卵管位于少腹，属胞脉的范畴，其所以阻塞不能通行，与以下几种因素有关。

（1）气滞血瘀：输卵管之所在，为厥阴肝经所属，如七情过极，肝气郁结，则疏泄失常，气滞血瘀，而致不通。

（2）气血虚弱：《难经》有"气主煦之，血主濡之"之说。气虚则不能温行，血虚则不能润通，载运乏力，虚而不通。

（3）外感寒湿：寒与湿均为阴邪，寒性收引凝滞，湿性重浊黏腻。寒湿之邪为患，凝滞阻闭胞脉，则气机不利，瘀滞而不通。

（4）湿热下注：湿邪重浊，热邪蒸散，湿热交蒸，阻滞胞宫，既能阻塞胞脉，又能灼伤络脉。湿热互结于胞脉，气机不畅而梗阻。

（5）痰湿郁滞：素体肥胖，阳虚不振，或恣食肥甘厚味，痰湿内生，导致气机不畅，胞脉不通。

以上诸因，虽有不同的特点，但都可形成瘀阻冲任、胞脉、胞宫，不能摄精成孕。

本病的治疗，以活血通络、软坚散结为主，但证多虚实夹杂，而血气喜温恶寒，故又以温养通行为重点。常用药物有鸡血藤、当归、川芎、丹参、刘寄奴、路路通、夏枯草、猫爪草、香附、穿破石等通行之品。

班老认为，本病临床表现各有不同，在治疗之时，仍要辨病与辨证相结合，灵活选方用药，才能做到有的放矢。

如少腹、小腹胀痛并作，胸胁苦满，经行前后不定，量多少不一，色暗红而夹紫块，脉弦细，苔薄白，舌质有瘀点者，此属气滞血瘀，胞脉不通之变，治宜理气疏肝、行血通络之法，常用柴胡疏肝散加鸡血藤、当归、刘寄奴、郁金、青皮、夏枯草治之。

经行错后，量少，色淡，经期少腹、小腹隐痛，得温得按则舒，倦怠乏力，舌苔薄白，舌质淡者，此属气血不足、温运乏力之变，宜用补养气血，佐以通行之法，以圣愈汤加鸡血藤、肉苁蓉、路路通、桂枝、小茴香治之。

经行错后，色暗夹块，量少，小腹掣痛，恶寒喜热，脉沉紧或细缓，苔薄白，舌边尖有瘀点者，此属外感寒湿之邪，凝滞胞脉之变，宜用温散通行之法，以少腹逐瘀汤加桂枝、穿山甲、路路通、香附治之。

经行超前，色泽暗红，夹紫块，平时带下量多，色黄白相兼而臭秽，阴道瘙痒，脉滑数，舌苔黄白，舌边尖红者，此属湿热下注，蕴结胞宫之变，宜用清热利湿、活血通络之法，以四妙散加土茯苓、马鞭草、鸡血藤、丹参、赤芍、猫爪草治之。

经行错后而量多色暗，带下质稠黏，平时心烦胸闷，泛恶欲呕，苔白厚腻，舌质暗红，脉弦缓者，此属痰湿郁滞胞脉之变，宜用理气化痰、活血通络之法，用苍附导痰丸加皂角刺、浙贝母、鸡血藤、刘寄奴、路路通、穿破石治之。

临床所见，输卵管阻塞大多是正虚邪实，故选方用药以温养通行为特点。如为子宫肌瘤或子宫内膜异位症引起不孕者，每兼夹有血瘀，应在辨证的基础上加入化瘀软坚之品，如莪术、苏木、泽兰、鸡血藤、丹皮、赤芍、刘寄奴、生牡蛎、猫爪草等。此外，由于本病病程较长，瘀久难化，需要耐心治疗，辨证准确后即守方施治，不可急于求成，使用大量峻猛攻伐之品，以损伤正气。

4. 血虚不孕

《校注妇人良方》曰："今妇人无子者，血少不足以摄精也。血之少也，固非一端，然欲得子者，必须补其精血，使无亏欠，乃可以成胎孕。"班老赞同"种子先调经之说"。他认为肾主生殖，主藏先天之精，肾气盛，天癸至，任通冲盛，月事以时下，阴阳合，方能有子。精能生血，血能生精，先天之精要靠后天之血来充养，精充血足，方能生生不息。故养血调经为治疗不孕症的常用方法。而精者，血也，血为五脏精气所化，其"生于脾，总统于心，藏之于肝，宣布于肺，施泄于肾"（《景岳全书·妇人规》），治血的本质即治五脏偏盛。不孕症者病因较多，治法各异，但多与气血不足有关。不孕者多为精亏血少所致，班老治之常用傅青主之养精种玉汤。此方乃四物汤去川芎加山萸肉组成。川芎辛温，性善走窜，易耗伤精血，故去之而用山萸肉，山萸肉养肝肾精血，与当归、熟地黄、白芍相配，相得益彰，滋养精血之力更强，精充血足，肝肾得养，冲任调和，则摄精成孕之时指日可待。如为阴虚多火者，可在上方中加入丹皮、地骨皮、龟板胶、枸杞子之类，则滋水制火之力更强，增加受孕之机。如临证见婚久不孕，经行错后，量多少不一，色暗红夹块，经行之时少腹、小腹疼痛剧烈，按之不减，汗出肢冷，唇面发青，苔白，脉沉紧者，此为寒凝血瘀所致，治宜用四物汤加制附子、小茴香、吴茱萸、艾叶、莪术、益母草治之，以养精血，温阳气，肝、脾、肾之脏兼顾，使冲脉得养，阴寒尽除，血气自行。

5. 湿瘀不孕

湿为一种病理产物。湿的产生，可因脾虚生湿，或肝脾不和，土壅木郁而生，或恣食肥甘厚味，也可因淋雨涉水、久居湿地、感受湿邪所致。湿郁久化热，则可形成湿热之邪，其流注下焦或直接犯及胞宫、胞脉，使任带失约，冲任不足而致不孕。而瘀的形成，多因情志内伤，肝郁气滞，血随气结，或经期产后，余血未净，因外感或内伤致使蓄血停止，凝结成瘀，或寒凝瘀阻，或热邪血凝，或气虚血瘀，最终使血瘀气滞，阻碍气血，经水失调，精卵不能相合成孕。但临床上不能单纯治湿或治瘀。班老从实践中体会到，湿为阴邪，其性重浊黏腻，最易阻遏气机，导致冲任功能失常，血行不畅，而形成湿瘀混杂为患的病变。故在治疗上，要在辨证论治的基础上，治湿不忘瘀，湿瘀并治。如脾虚气血不足之不孕者，临床表现为婚久不孕，面白舌淡，纳呆便溏，带下量多，色白者，常用完带汤加鸡血藤、桃仁、红花，或选用当归芍药散。前者虽有"寓补于散之中，寄消于升之内"的功效，但血分之药缺如，故加辛甘温之鸡血藤以收补血行血之功。当归芍药散本是治疗"诸疼痛"的名方，有健脾除湿、调理气血的作用，凡湿瘀为患导致的经、带、胎、产疾患都可以用。脾肾阳虚者，临证常见经行错后，甚或经闭不行，带下量多，质稀如水，治之可用温肾健脾之方如附子汤合缩泉丸，宜酌加当归、川芎、月季花、泽兰之类，以收温肾壮阳、化瘀利湿之功。

6. 痰湿不孕

《丹溪心法》指出："若肥盛妇人，禀受甚厚，恣于酒食之人，经水不调，不能成胎，谓之躯脂满溢，闭塞子宫，宜行湿燥痰"。本型患者多形体肥胖，面色苍白。现代医学检查多为多囊卵巢综合征患者。痰湿成因，关乎脾肾两脏。肾主水，脾主湿，脾肾阳虚则运化失调，水精不能四布，反聚为湿为痰。痰湿其性黏滞，最易阻滞气机，损伤阳气。痰湿阻滞，气机不畅，冲任不通，生化机能不足，月事不调，故致不孕。又有素体肥胖，恣食膏粱厚味，痰湿内生，气机不畅，胞脉受阻，不能摄精成孕；或痰阻气机，气滞血瘀，痰瘀互结，不能启动氤氲生育之气而致不孕。症见经行不畅，或月经量少，甚或闭经，或伴带下量多，胸闷呕恶，纳呆便溏，舌淡嫩质胖，苔白腻，脉沉细等。治以温燥化湿，疏通胞脉，调理冲任，方用苍附导痰丸、启宫丸之类加减，常加入四物汤或温肾健脾之品。班老认为，痰湿之邪重浊黏腻，阻滞下焦胞宫，阻遏气机，以致冲脉不能主血海，任脉不能主妊养，故经行错后，量少，色淡，平素带下质稠，虽婚而不能孕。由于其病因是由痰湿之邪郁滞不化所致，故治孕先治经，治经先治带，治带先治湿，本《金匮要略》"病痰饮者，当以温药和之"的原则，他临床上常用当归芍药散合二陈汤健脾燥湿，养血调经。若为肾气虚弱，下元寒冷者，症见婚久不孕，带下量多，质清稀如水，伴腰酸如折，少腹、小腹疼痛，小便频数清长，舌淡苔白，脉迟者，治宜温肾扶阳，温化水湿，方选《伤寒论》附子汤加巴戟、益智仁、北芪、川椒、鹿角霜、肉苁蓉等温肾暖宫，固摄冲任。

病例 1

陈某，女，30 岁，南宁某厂工人，已婚。1983 年 11 月 29 日初诊。

已婚 3 年不孕。双方共同生活，一向性感冷淡，月经周期正常，量一般，色暗红，持续 3 天干净。近两月来，带下量多，色白质稀。经医院妇科检查，子宫稍小，后位。其爱人检查精液，精子总数、活动力偏低，其余尚可。脉虚迟，苔薄白，舌质淡嫩。

诊断：不孕。

辨证：肾虚宫寒，阳虚不摄精。

治则：温肾扶阳，补血暖宫。

处方：鹿角霜 20g，菟丝子 20g，当归身 9g，熟地 15g，仙茅 9g，白术 9g，党参 15g，蛇床子 3g，艾叶 5g，小茴香 2g，川椒 2g。每日 1 剂，水煎服，连服 3 剂。

二诊（12 月 7 日）：小腹隐隐作痛，按之则舒，大便溏薄。脉细，苔薄白，舌质淡嫩。守上方去熟地、白术，加首乌 15g，佛手 9g。每日 1 剂，水煎服，连服 3 剂。

三诊（12月14日）：除腰胀之外，余无不适。脉细，苔薄白，舌质淡嫩。仍以温肾暖宫之法。

处方：菟丝子20g，蛇床子3g，鸡血藤15g，骨碎补15g，淫羊藿15g，覆盆子9g，川杞子9g，当归身9g，芫蔚子9g，狗脊9g，荆芥2g。每日1剂，水煎服，连服3剂。

四诊（12月21日）：今日少腹、小腹胀痛，按之则舒，舌苔如上。拟养血调气。

处方：当归身9g，川芎5g，白芍9g，熟地15g，坤草9g，郁金9g，佛手9g，小茴香2g，炙甘草5g。每日1剂，水煎服，连服3剂。

五诊（1984年1月2日）：上方服1剂之后，经水即行，经色暗红，夹紫块，持续3天干净，现腰坠胀痛。脉弦细，苔薄白，舌质淡。仍遵温肾暖宫之法。

处方：菟丝子20g，首乌15g，白芍9g，鸡血藤15g，丹参15g，川续断9g，桑寄生15g，川杜仲15g，狗脊9g，独活5g，北细辛2g（后下）。每日1剂，水煎服，连服3剂。

六诊（1月24日）：无特殊症状，脉弦滑，苔薄白，舌边尖红。以温肾为治。

处方：菟丝子20g，芫蔚子9g，覆盆子9g，川杞子9g，太子参15g，五味子3g，桑寄生15g，川杜仲15g，川续断9g。每日1剂，水煎服，连服3剂。

七诊（2月7日）：经期已逾20天，无不适。脉沉细滑，苔薄白，舌淡嫩。是已孕之兆。拟用补气养血之法。

处方：党参20g，菟丝子20g，白术12g，炙北芪15g，首乌15g，覆盆子9g，川杞子9g，怀山药15g，红枣9g。每日1剂，水煎服，连服3剂。

八诊（2月23日）：半月来疲惫乏力，呕吐，不能食，腰胀，大便正常，小便多。脉细滑，舌质如平。妇科检查后证明已受孕。用补气壮腰、顺气止呕之法。

处方：党参20g，菟丝子20g，白术9g，怀山药15g，炙北芪15g。川杜仲15g，川续断9g，陈皮3g，砂仁3g，苏叶2g（后下）。

按语：肾藏精而为元阳之根，胞络系于肾，肾阳虚则生发无能，胞宫寒冷，故有性感冷淡、脉象虚迟、舌质淡嫩等一派阳气不足之征。阳虚不温煦，生机不振，故虽婚3年而不孕。以温肾暖宫，补养气血之法治之，则气血旺盛，阳生而阴能长，受孕生育有期。

病例2

苏某，女，30岁，象州县某中学教师，已婚。1977年4月22日初诊。

1974年春节结婚，婚后每年有2~3个月共同生活，性生活一般，迄今未孕。经行周期基本正常，但量少，色暗红，持续3天干净，经将行乳头有痒感，平时少量带下，色白质稀，夜寐欠佳，寐则多梦，甚或梦交，胃纳一般，大便正常，小便淡黄。脉细弦，苔薄白，舌质红，舌中有裂纹。妇科检查：外阴（-），阴道（-），宫颈光滑，子宫前位，桃核大，活动，两侧附件（-）。

诊断：不孕。

辨证：肝肾两虚，精血不足。

治则：温养肝肾，补血生精。

处方：菟丝子18g，当归身9g，白芍9g，覆盆子12g，党参15g，白术9g，芫蔚子

533

9g，川杞子9g，蛇床子3g，淫羊藿15g，合欢皮9g，甘草3g。每日1剂，水煎服，连服9剂。

同时以羊肉适量作饮食疗法，每周3次。

二诊（5月11日）：药已，精神好，尤以吃羊肉之后，睡眠甚佳，脉舌如平。

柳州市某医院子宫、输卵管碘油造影结果：子宫右倾，并稍向右旋转，右侧输卵管显影，但扭曲及粗细不等。左侧从角部未见造影剂充盈，24小时后，右侧伞部见造影剂堆积，盆腔内无散在造影剂。印象：右侧输卵管部分梗阻及左侧输卵管梗阻（1977年5月9日报告，X线摄片号：2811）。

根据脉症及造影结果，拟采取温补通络法。守初诊第一方加苏木9g，路路通9g，泽兰9g，莪术3g。每日1剂，水煎服。继续用羊肉适量作饮食调养，每周2~3次。

三诊（1978年1月2日）：隔日水煎服上方1剂，从不间断，现精神良好，经行周期正常，脉舌如平。仍守温补通行之法。

处方：当归15g，川芎10g，赤芍10g，五灵脂5g，蒲黄5g，没药5g，干姜3g，玉桂丝2g（后下），小茴香2g，元胡9g，坤草15g，路路通10g。隔日1剂，水煎服。

四诊（8月23日）：上方连续服一百多剂，诸症消失。8月17日在南宁市某医院做输卵管通水术，见两侧输卵管通畅。8月23日在某医学院附院做子宫、输卵管碘油造影，其结果报告如下：所见子宫外形正常，壁整齐光滑，两侧输卵管通畅，24小时后所见腹部已有大量之碘油散开，较均匀分布。但阴道较浓。印象：双侧输卵管通畅（X线摄片号：11952）。

根据以上检查结果，患者神色、形态及脉搏、舌苔正常，停用化瘀通行之品，改用补肾养血为主，促进气血的恢复而易于摄精。

处方：菟丝子15g，川杞子15g，北芪15g，当归身9g，白芍9g，坤草9g，荆芥3g，炙甘草5g。每日1剂，水煎服，连服5剂。

自此之后，即停止服药，以血肉之品调养之，当年11月即怀孕。

按语：肝藏血，肾藏精，肝肾亏虚，则精血不足，冲任失养，胞脉不通，故虽婚而不孕。治以温养肝肾、补血生精之法以培其本，尤其以血肉有情之羊肉作为饮食调养，既可温养，又能补血。在补养的基础上，又用姜、桂、失笑散等温化通行，标本俱治，血足气旺，胞脉通畅，疗效遂愿。

病例3

潘某，女，30岁，某大学教师，已婚。1979年7月4日初诊。

12岁月经初潮，一向基本正常。结婚3年，双方共同生活，迄今未孕。月经周期基本正常，量一般，色红夹紫块。经将行心烦易躁，夜寐不佳，经行则舒，其余无不适。脉虚细，苔薄白，舌质淡嫩。广西某医院妇检：外阴（－），阴道（－），宫颈少许潮红，子宫后位，稍小，双侧附件（－）。输卵管通液试验：双侧输卵管不通。

诊断：不孕。

辨证：冲任不足，气虚血滞。

治则：温肾养血，佐以通络。

处方：菟丝子15g，覆盆子15g，当归身9g，川芎6g，白芍9g，首乌15g，炙北芪

15g，云苓 9g，刘寄奴 9g，益母草 15g，小茴香 2g。每日 1 剂，水煎服，连服 6 剂。

二诊（7 月 24 日）：16 日月经来潮，周期正常，色量一般。现畏寒，鼻塞，纳差，脉虚细，苔薄白，舌质淡嫩。证属虚实夹杂，仍宜温化通络为主。

处方：生北芪 20g，当归 9g，川芎 6g，小茴香 2g，炮姜 2g，延胡索 5g，赤芍 6g，没药 6g，生蒲黄 6g，五灵脂 6g，官桂 3g（后下）。每日 1 剂，水煎服，连服 6 剂。

三诊（8 月 31 日）：上方服后，精神良好，即停药调养。现经行逾期 44 天，腰胀，头晕，呕恶不能食。尿青蛙试验阳性。脉细滑，苔薄白，舌质淡。证属恶阻。拟益气和胃，降逆止呕之法。

处方：太子参 15g，云苓 9g，竹茹 5g，陈皮 2g，砂仁 2g，桑寄生 15g，川杜仲 9g，枳壳 2g，苏叶 5g（后下）。每日 1 剂，水煎服，连服 3 剂。

按语：冲脉主血海，任脉主胞胎，冲任气虚，则胞脉不畅，故双侧输卵管不通，子宫稍小而后位，虽婚 3 年而不孕。以温养肝肾、补益冲任之法以治本，血以通行为贵，而血气非温不行，故佐以官桂、小茴香、失笑散等温化通络，调达气血，冲任通盛，则易于摄精而能孕。

病例 4

袁某，女，25 岁，武鸣县某厂工人，已婚。1975 年 3 月 27 日初诊。

1972 年春节结婚，婚后双方共同生活，迄今未孕。经行前后不定，量一般，色暗红，夹紫块。经将行及月经刚净时，少腹、小腹绵绵而痛，按之不舒。现经行刚净，少腹、小腹疼痛，按之加重。平时交合之时，感觉不舒，事后阴道有灼热之感。平时带下量多，色黄白，质稠秽。胃纳、大小便正常。脉滑大，苔白润，舌质正常。

诊断：不孕。

辨证：湿热蕴遏下焦，冲任功能失常。

治则：清热利湿，治带调经。

处方：猪苓 9g，茯苓 12g，泽泻 9g，滑石 18g，黄柏 6g，车前子 15g，益母草 9g，怀山药 15g，甘草 3g。每日 1 剂，水煎服，连服 3 剂。

二诊（4 月 1 日）：除带下稍减之外，余症徘徊，脉舌如上，仍守方加土茯苓 15g，连翘 9g，以增加清热利湿之功。每日 1 剂，水煎服，连服 3 剂。

三诊（4 月 6 日）：药已，疗效不显，仍带下，色黄白，少腹、小腹胀痛，口苦，大便溏薄，溺黄，脉滑而略数（80 次/分），苔白微黄。显系一、二诊利湿有余，清热之力不足。拟改用清热导滞之剂。

处方：黄柏 9g，苍术 5g，牛膝 6g，川楝子 12g，元胡 9g，银花 9g，鱼腥草 15g（后下），香附 9g，甘草 3g。每日 1 剂，水煎服，连服 3 剂。

四诊（4 月 12 日）：上方服后，带下正常，少腹、小腹胀痛基本消失，但仍阴道有灼热感，大便溏薄，每日 1 次，脉弦细，舌苔正常。仍守上方加车前子 9g，白茅根 15g，以清余邪。

五诊（4 月 26 日）：上方服 3 剂，诸症消失，转用补肾健脾、疏调肝气之法，以善其后。

处方：桑寄生 15g，川续断 12g，菟丝子 9g，怀山药 12g，莲肉 12g，白芍 12g，香附5g，砂仁2g，小茴香2g，炙草5g。

本方连服6剂，每天1剂，疗效巩固，次月受孕，1976年春足月顺产一婴孩。

按语：不孕之症有多种原因，本例乃由于湿邪蕴遏下焦，导致冲脉、任脉功能失常，故经行前后不定，平时带下量多而色淡黄，虽婚后同居3年而无子嗣。据其脉症，一、二诊着眼于利湿，药偏于寒凉滑利。然湿为阴邪，其性黏腻重浊，非气机之转动，不足以解之。湿不解则可化热，故一、二诊疗效欠佳。三诊时细辨其脉症，既用三妙、银花、鱼腥草清热燥湿以治其本，复用金铃子散、香附以疏肝调气，肝气畅则诸郁皆除，气行则湿化，因而疗效显著。六诊时虽用补肾健脾以固本，但气以调和为贵，而气之调在乎肝，补养之中，仍不忘疏调肝气，加白芍以养肝之阴，加香附、砂仁、小茴香气以温调肝气。肝主生发而脉络阴器，肾精充沛，脾气旺盛，肝木荣和，受孕可期。

病例5

蔡某，女，26岁，驻军某部队家属，已婚。1974年2月26日初诊。

结婚4年不孕。长期经行错后，量少，色淡，经中及经后少腹、小腹疼痛，腰脊坠胀。平时带下，色白质稠。胃纳可以，大小便正常。脉沉细迟，苔白润，舌上有齿痕。妇科检查：子宫稍小，后倾。

诊断：不孕。

辨证：湿浊郁滞，阻遏生机。

治则：健脾燥湿，养血调经。

处方：当归9g，白芍9g，川芎6g，云苓15g，白术9g，泽泻9g，胆南星9g，法半夏9g，陈皮5g，益母草9g，淫羊藿9g，甘草3g。每日1剂，水煎服，连服6剂。

二诊（4月6日）：上方连服12天，每天1剂，药后带下正常。3月17日经行，周期已对，但量仍少，色淡红，余无特殊感觉。脉细缓，苔薄白。拟转用补益肝肾、调养冲任之法。

处方：菟丝子15g，川杞子10g，覆盆子10g，车前子10g，五味子5g，女贞子9g，淫羊藿9g，当归身9g，黄精15g，怀山药15g，柴胡5g。水煎服，每日1剂。

三诊（4月20日）：上方连服10剂，4月17日经行，量较多，色红，无不适，脉缓和，舌苔正常。现值经中，拟养血为先。

处方：当归身15g，川芎5g，白芍5g，熟地15g，党参15g，北芪15g，坤草12g，艾叶2g，炙草5g。每日1剂，水煎服，连服3剂。

四诊（5月30日）：逾期十多天月经来潮，倦怠，厌食，脉细滑，为受孕之兆，暂勿服药，食养尽之。后足月顺产一婴。

按语：湿邪重浊黏腻，郁滞下焦胞宫，阻遏生气，以致冲脉不能主血海，任脉不能妊养，故经行错后，量少，色淡，平时带下质稠，虽婚而不能孕。症由湿邪郁滞不化而起，治经先治带，治带先治湿，宗《金匮要略》"病痰饮者，当以温药和之"的原则，以当归芍药散配二陈汤加味健脾燥湿、养血调经之法治之，药用6剂，湿邪消退，经行、带下正常。二诊转用补肝肾、调养冲任之法治之，从根本调治，以培其化源，精充血足，气血旺盛，故能受孕。

病例 6

邓某，女，29 岁，武鸣县某卫生院，护士，已婚。1974 年 3 月 6 日初诊。

已婚 5 年不孕。月经不调，量少，色暗红，每次均用雌激素、黄体酮治疗，经水始行。平时带下量多，色黄白，质稠黏。伴有腰痛，头晕目眩，夜难入寐，四肢不温，胃纳不振，大小便正常，脉虚弦细，苔薄白润，舌质淡。据原病历西医检查：子宫稍小，有炎症，激素水平低落。

诊断：不孕。

辨证：肝肾亏损，湿浊停滞。

治则：调养肝肾，解毒祛湿。

处方：首乌 18g，生地 12g，云苓 9g，土茯苓 9g，泽泻 9g，怀山药 15g，坤草 9g，丹皮 9g，麦冬 9g，五味子 5g，甘草 3g。每日 1 剂，水煎服，连服 3 剂。

二诊（3 月 11 日）：服上方后，带下量少，寐纳俱佳，脉细缓，苔薄白，舌质淡。宫腔碘油造影示：子宫充盈良好，呈倒置三角形，边缘光滑整齐，浓度均匀，大小正常，但碘油均于两侧子宫角通不过输卵管。20 小时后复查：盆腔未见游离造影剂。意见：两侧输卵管不通。根据脉症，并参阅西医检查，拟温养为主，佐以通行。

处方：鸡血藤 30g，杞子 12g，五味子 6g，车前子 9g，覆盆子 9g，菟丝子 9g，苏木 9g，坤草 9g，炒苡仁 15g，蛇床子 3g。每日 1 剂，水煎服，连服 3 剂。

三诊（3 月 13 日）：药已，无不适。仍守温养，加重温行之品。

处方：当归 10g，川芎 6g，赤芍 9g，五灵脂 5g，蒲黄 3g，路路通 10g，苏木 9g，党参 12g，北芪 9g，坤草 15g，川楝子 10g，元胡 9g。每日 1 剂，水煎服。

四诊（4 月 8 日）：上方连服 20 剂，每日 1 剂。精神好，上方加鸡血藤 30g，淫羊藿 10g。每日 1 剂，水煎服，连服 20 剂。

五诊（6 月 3 日）：寐纳均佳，精神好，腰不痛，带下正常。但经行仍错后 1 周左右，量少，色淡，仅一二天干净。拟加重温养。

处方：当归 24g，川芎 9g，赤芍 9g，熟地 12g，坤草 15g，巴戟天 9g，菟丝子 9g，淫羊藿 15g，益智仁 9g，蛇床子 3g，莪术 6g。每日 1 剂，水煎服，连服 10 剂。

六诊（6 月 28 日）：除经行错后、量少、色淡之外，余无不适。脉细，苔薄白，舌质淡。拟减去通行之品，专用补养。

处方：菟丝子 12g，川杞子 12g，车前子 9g，覆盆子 9g，五味子 6g，黄精 15g，党参 12g，炙北芪 12g，当归 9g，香附 6g，柴胡 5g。每日 1 剂，水煎服。

上方连服 40 剂，经行正常。于 1975 年 6 月 27 日顺产一婴孩。

按语：肝肾亏损，本也；湿浊停滞，标也。本虚标实，故经行量少而带下量多；湿浊郁滞胞宫，冲任失养，生机不发，虽婚而不孕。以调养肝肾治其本，解毒祛湿治其标，并用失笑散、苏木、路路通等化瘀通络，守方以恒，终能正复邪除而受孕。

病例 7

潘某，女，31 岁，武鸣县某卫生院护士，已婚。1974 年 4 月 9 日初诊。

1964 年结婚，婚后曾于受孕两月余时流产，并行清宫，迄今一直未再受孕。几年来月经周期基本正常，但经前少腹、小腹胀痛，按之或得温则舒。经行时或经净后 1

周之内，前额胀痛，如遇寒冷，则感麻木。今年 2 月份患肾盂肾炎，经治疗有所好转（前两天小便检查：蛋白少许，红细胞 +，上皮细胞 ++）。现每次经行之时及经后 1 周，少腹、小腹胀痛，月经量多，色黑有块。平时腰痛，头晕目眩，夜难入寐，胃纳一般，大便正常，小便淡黄，溺后下腹部疼痛。脉沉细涩，苔薄白，舌尖红。

某地区医院妇科检查：子宫前位，正常大，活动，前壁可触及一拇指大结节，硬，无压痛。附件未触及包块，但有压痛，白带不多，宫颈轻度潮红。初步诊断为：浆膜下肌瘤、附件炎、继发性不孕。

某医学院附院妇检：外阴（-），宫颈光滑，2 ~ 3 点处有一花生米大之透明囊肿，子宫后位，稍偏左，左侧附件增厚，右侧（-）。初步诊断为：慢性附件炎、宫颈潴留性囊肿。

诊断：不孕。

辨证：肝肾亏损，胞脉瘀滞。

治则：补益肝肾，佐以化瘀。

处方：鸡血藤 30g，北沙参 9g，麦冬 9g，生地 12g，川楝子 9g，川杞子 9g，杭菊花 9g，益母草 9g，丹参 12g，骨碎补 12g，泽泻 9g。每日 1 剂，水煎服，连服 5 ~ 10 剂。

二诊（4 月 25 日）：上方连服 10 剂，腰痛已消失。本次月经于 22 日开始，24 日干净。前额胀痛及少腹、小腹疼痛减轻，经无血块，色暗红。现鼻塞流涕，脉沉细，苔薄白，舌质一般。为经期外感，拟养血疏解法。

处方：当归身 12g，川芎 5g，白芍 5g，熟地 12g，前胡 9g，杏仁 9g，苏叶 6g（后下），白芷 6g，红枣 9g。每日 1 剂，水煎服，连服 2 剂。

三诊（4 月 27 日）：鼻塞消失，少腹、小腹略有不舒，时感乳胀。新感已除，拟从本论治。

处方：菟丝子 15g，川杞子 9g，覆盆子 9g，五味子 5g，车前子 5g，首乌 15g，金铃子 5g，延胡索 5g。每日 1 剂，水煎服。

四诊（6 月 24 日）：上方连服 20 剂，经医院妇科医师检查确定受孕。现呕吐，不能食，腹胀，大便溏，腰痛，小便频数，有痛感。拟健脾行水，疏气止痛，从而达到安胎之目的。

处方：白术 12g，茯苓皮 15g，大腹皮 6g，陈皮 6g，老姜皮 5g，桑寄生 12g，川杜仲 9g，川续断 9g，砂仁 5g，黄芩 6g。每日 1 剂，水煎服，连服 3 剂。

五诊（6 月 28 日）：药已，诸症减轻。仍守本方再服 6 剂，每日 1 剂。

按语：本例患者，症属虚瘀夹杂，故治之在一派补养肝肾之中，佐以金铃子散、鸡血藤、丹参等调气活血之品，治本不忘标，气血复原，胞脉畅通，故合而能受孕。

体会：不孕的原因，除了先天性的生理缺陷和配偶因素之外，多属于妇女本身的病理变化，一般有肾阳虚弱、肝肾两虚、气血两虚、痰湿壅阻、肝郁气滞等之分。但根据临床所见，以肝肾两虚和虚实夹杂的为多。盖肾主藏精，肝主生发，在妇女同为先天，肝肾精血的盈亏，直接影响到冲、任二脉和胞宫。肝肾精充血足，则冲、任二脉通盛，胞宫温煦，能主血海而妊养。反之，肝肾亏虚，精血不旺，则冲任失养，胞宫寒冷，虽婚而难摄精受孕。

本病的治疗，也和其他疾病一样，当分辨其虚实的轻重，虚者宜温补肝肾，调养冲任以培其根基，实者宜健脾祛湿，或疏肝理气，或活血化瘀。针对病情，有是证而用是药，但证多虚实夹杂，阴阳相兼，纯阴纯虚者少，所以对虚证的治疗，在一派补养之中，适当加入温化通行之品，则疗效尤捷，盖气血以通行为贵故也。即使是实证，如湿瘀之患，胞脉不通，虽然祛湿化瘀之品在所必用，然病的关键在于冲任和胞宫，因而在祛湿通络之后，仍然离不了温养以善后。可见用药选方，既有原则性，又要权宜多变。

不孕一症，现有原发性不孕和继发性不孕之分，前者古称"全无子"，多属元阳不足，禀赋本虚之体；后者古称"断绪"，多属肝肾亏虚，冲任损伤之变。一般来说，凡属原发性不孕或器质性病变引起的不孕，多难治，反之，继发性不孕或功能性病变引起的不孕，治疗较为容易。

病例8

王某，女，35岁，干部。1991年4月5日初诊。

结婚已11年，夫妻同居，男方精液检查正常，未避孕迄今未孕。15岁月经初潮，经行规则，量中，色暗，夹块，经前右侧头痛。平素带下少，腰腹冷痛，大便微溏。半月前输卵管通水及造影检查均示双侧输卵管不通。舌质稍暗，苔薄黄，脉沉细。

诊断：不孕症。

辨证：脾肾阳虚，痰湿瘀阻，胞脉不通。

治则：温宫散寒，化瘀通脉。

处方：制附片10g（先煎），当归10g，川芎10g，赤芍10g，茯苓10g，泽兰10g，急性子20g，茺蔚子15g，川断10g，独活6g，山甲粉5g（冲）。10剂，每日1剂，水煎服。

二诊（1991年年4月23日）：药已，4月16～20日经行，经前偏头痛消失。现右腰冷痛，大便溏烂，舌淡红，苔薄白，脉细缓。药后症状有所改善，守方加减再进。

处方：当归10g，川芎10g，赤芍10g，白术10g，云茯苓10g，泽泻10g，皂角刺10g，山甲粉5g（冲），路路通10g。3剂，每日1剂，水煎服。

三诊（1991年4月26日）：仍觉右腰及腹部冷胀痛，便溏，舌边红，苔薄黄，脉缓。本次经净后双侧输卵管造影示输卵管基本通畅，治守原法。

处方：肉桂5g（后下），艾叶10g，熟地15g，怀山药15g，山萸肉6g，菟丝子20g，路路通10g，急性子20g，丹皮6g，茯苓6g，泽泻6g。6剂，每日1剂，水煎服。

守上法加减共服药3个月余，于当年8月停经受孕。

按语：本案从四诊来看，面白形胖，腰腹冷痛，大便溏薄，乃脾肾阳虚，痰湿之体。痰湿乃阴寒之邪，寒则收引凝滞，湿性重浊黏腻，均可阻滞气机，导滞气滞血瘀，胞脉不通，故治拟温通为法。一诊方中制附子辛甘大热，其用走而不守，通行十二经，除用于温肾壮阳外，更偏重于温经通行，但要注意，临床中病即止，不可久用。当归、川芎、赤芍、山甲、急性子与附子相伍，不仅能鼓舞脾肾阳气，且化瘀通脉，功专力宏；茯苓、泽兰、茺蔚子化瘀利湿；川断、独活强腰膝，活血止痛。二诊效不更法，守方加减，但药性稍缓。三诊输卵管已基本通畅，故治疗当温补肝肾促孕，方用六味地黄丸加艾叶、肉桂温宫散寒，通行气血，急性子、路路通疏通胞络，终使气血调和，痰瘀俱去，摄精受孕。

病例9

周某，女，34岁，职工。1990年8月21日初诊。

人流术后6年未孕。3个月前因"宫外孕"手术治疗，术中因左侧输卵管壶腹部妊娠行左侧输卵管切除术，探查发现右输卵管因长期炎症肿胀增粗。出院诊为：①左侧输卵管切除；②右侧输卵管硬化。术后月经规则，色量一般，经中除腰胀或小腹微痛外，余无特殊。表情抑郁，形体瘦弱，舌质淡，尖有瘀点，苔薄白，脉虚细弦。妇检：子宫正常大小，质中，右侧附件区增厚、压痛。

诊断：①断绪；②癥瘕。

辨证：血虚气滞，瘀阻胞脉。

治则：养血活血，化瘀通络。

处方：桃仁10g，红花6g，当归10g，川芎10g，赤芍10g，鸡血藤20g，丹参15g，穿破石20g，路路通10g，皂角刺10g，制香附6g。7剂，每日1剂，水煎服。同时嘱其辅以猪蹄甲煲食。

二诊（1990年10月26日）：守上方连服十余剂，药后自觉少腹胀，舌质淡，苔薄白，脉沉细。药至病所，效不更方，守方加辛窜通络之品。

处方：鸡血藤20g，丹参15g，当归10g，红花3g，赤芍10g，川牛膝10g，泽兰叶10g，路路通10g，甘松10g，柴胡6g，山甲粉5g（冲）。7剂，每日1剂，水煎服。

三诊（1990年11月9日）：上方共服14剂，每于药后右下腹隐痛，发作数分钟后自行缓解，现仍隐隐作痛，舌淡红，苔薄白，脉细缓。此属辛窜之品，直达血分，正邪相搏。仍守化瘀通络之法，但防其走窜动血伤正，加用调理肝脾、益气扶正之品，以冀全功。

处方：当归10g，白芍10g，川芎10g，云苓10g，泽泻10g，白术10g，路路通10g，赤芍10g，莪术10g，北芪20g，穿破石20g，山甲粉50g（冲服）。7剂，每日1剂，水煎服。

四诊（1990年12月21日）：经净已11天，上述两方交替服用，除腰胀外，余无不适。纳、便尚可，舌淡红，苔薄白，脉细。守上法加疏肝通络之品。

处方：柴胡6g，当归10g，赤芍10g，白术10g，云苓10g，路路通10g，威灵仙15g，急性子20g，泽兰10g，莪术10g，山甲粉5g（冲）。水煎服，每日1剂。

五诊（1991年1月23日）：用上述方剂加减出入，共服药90余剂，经净后行子宫输卵管碘油造影，发现右输卵管外形及内部结构已基本恢复正常，右输卵管通畅。继予补益肝肾，调理冲任法促孕。

处方：菟丝子20g，覆盆子10g，川杞子10g，党参15g，白术10g，当归10g，赤芍6g，熟地15g，仙茅6g，路路通10g。7剂，每日1剂，水煎服。

守上方与归芍地黄汤加巴戟、川杜仲、菟丝子、杞子等加减出入，半年后怀孕。

按语：本案初为人流手术，肝肾损伤，邪毒乘虚而入，滞于下焦，与瘀血相搏，胞脉受阻，久积成癥。复因手术耗血伤阴，虚瘀夹杂。究其本乃肝肾虚损、肝郁气滞所致。舌尖瘀点，右下腹隐痛，脉虚细弦，为虚瘀夹杂之象。在治疗上采用攻补兼施之法，以桃红四物汤、逍遥散、当归芍药散加减，活血化瘀，调理气血。因其为阴虚之体，故攻不宜过于峻猛，以免伤伐生机。鸡血藤、丹参、路路通、穿破石、急性子、莪术、威灵仙等养血行血，辛散温通，化瘀消积而不伤正。山甲粉性专行散，善于走窜，能活血散瘀，通行经络，与上述诸药合用则能通瘀化积。待输卵管通畅后，改用补肝肾、调冲任以治本，使气血调和，冲任通盛，则能摄精成孕。

病例10

梁某，女，31岁，工人。1990年2月15日初诊。

结婚已2年余，迄今未孕。去年5月出现溢乳，量少，色白，质稀。14岁月经初潮，周期50~60天不等。现为经期第7天，量时多时少，色暗夹块，偶有少腹隐痛。子宫、输卵管检查无异常，血清泌乳素161ng/L。舌淡红，苔薄白，脉弦滑。

诊断：①不孕症；②乳泣。

辨证：肝郁血瘀。

治则：养血调肝。

处方：归身10g，川芎6g，白芍10g，熟地15g，益母草10g，川断10g，艾叶6g，蒲黄炭6g，大小蓟各10g，炙甘草5g。5剂，每日1剂，水煎服。

二诊（1990年6月8日）：药后经净。末次月经为3月7日，继而停经，经检查为早孕，但不慎于5月中旬自然流产，并行清宫术。现头晕乏力，纳、便尚可，舌淡红，苔薄白，脉细缓。堕胎及清宫后，肝肾受损，血气不足，治宜养血为主，佐以疏解，方用四物汤加味。

处方：熟地15g，当归10g，白芍10g，川芎6g，荆芥6g（后下），白蒺藜10g，大枣10g，炙甘草6g。7剂，每日1剂，水煎服。

三诊（1990年6月22日）：药已，诸症好转。自流产后乳溢较多，色白，偶可见乳衄，量少，舌脉同前。此乃瘀血阻滞肝络，迫血妄行，拟养血调肝，化瘀通络，引血归经。拟桃红四物汤加味。

处方：当归15g，川芎10g，赤芍10g，生地10g，红花6g，桃仁6g，王不留行10g，刘寄奴10g，枳实6g。4剂，每日1剂，水煎服。

四诊（6月29日）：乳溢减少，乳衄已止，经水逾期未至。舌淡红，苔薄白，脉沉细。转用疏肝调经法。

处方：柴胡6g，当归15g，白芍10g，云苓10g，白术10g，薄荷5g（后下），黄精15g，扶芳藤20g，合欢花6g，素馨花6g，炙甘草5g。4剂，每日1剂，水煎服。

五诊（1990年7月3日）：月经仍未行，无自觉不适，舌脉同前。守上法加养血化瘀涩乳之品，盖乳乃血所化也。

处方：鸡血藤20g，丹参15g，当归10g，川芎10g，赤芍10g，熟地15g，川断10g，益母草10g，麦芽30g，山楂10g。3剂，水煎服。

六诊（1990年7月10日）：服上药1剂后经行，但量少，点滴而下，3天干净。两乳仍有少量溢乳，舌淡红，苔薄白，脉沉细。

处方：柴胡 6g，当归 10g，白芍 10g，云苓 10g，白术 10g，益母草 10g，郁金 10g，牛膝 10g，素馨花 10g，甘草 5g。7 剂，每日 1 剂，水煎服。

七诊（1990 年 7 月 11 日）：昨日又出现阴道流血，溢乳增多，舌淡红，苔薄白，脉沉细。肝失疏泄，络道瘀阻，冲任蓄溢失常，宜养血疏肝，化瘀通络。

处方：熟地 15g，当归 10g，赤芍 10g，川芎 6g，桃仁 10g，红花 10g，丹参 15g，路路通 10g，穿破石 20g，柴胡 3g。7 剂，每日 1 剂，水煎服。

八诊（1991 年年 2 月 20 日）：用上述方法加减调理半年，经行正常，除左乳仍有少量溢乳外，余无异常，舌脉如平。转用温补肝肾、调理气血、固本培元种子之法。

处方：菟丝子 20g，川杞子 10g，覆盆子 10g，党参 15g，白术 10g，当归 10g，白芍 6g，仙灵脾 15g，芫蔚子 10g，仙鹤草 10g，合欢花 10g。7 剂，每日 1 剂，水煎服。

九诊（1991 年 5 月 24 日）：守上方加减出入二十余剂，继又怀孕，但不慎于昨日又流产。现恶露量多，色暗红，腰膝酸软，舌淡红，苔薄白，脉细。拟养血化瘀，药用生化汤加味。

处方：归身 15g，川芎 3g，桃仁 2g，姜炭 3g，川断 10g，益母草 10g，元胡 10g，川杜仲 10g，炙甘草 5g。2 剂，每日 1 剂，水煎服。

十诊（1992 年 1 月 12 日）：第二次流产后用养血调肝和温补肝肾两法交替服用，方用黑逍遥加川断、川杜仲、桑寄生及归芍地黄汤、圣愈汤加菟丝子、川杞子、芫蔚子、仙灵脾等药调理，继又怀孕，并于 1992 年 9 月 29 日剖宫产一女婴，重 3.6kg。

按语：本案以泌乳和月经稀发为主要表现，血中泌乳素增高，属西医闭经-溢乳综合征范畴。而中医则从"乳泣"、"月经后期"辨治。由于乳头属肝，乳房属胃，经乳同源，俱为精血所化，冲为血海，冲脉下起于胞宫，上连于乳房，胃气充养，肝气条达，冲脉之血下行胞中则为经水，上行乳房则化生乳汁。若肝血不足，则肝体失养而肝用受碍，失于疏泄，故上则为乳泣，下则为月经失调。肝血虚则肾精不旺，生发无能，故久婚不孕。案中以抑乳调经为治疗重点，从肝肾论治，虽然两次流产，最终仍顺产一女婴。

病例 11

陈某，女，30 岁。1992 年 12 月 10 日初诊。

结婚已 2 年，迄今未孕。男方精液检查无异常。月经周期规则，色量一般，经行时乳房及小腹微胀，经行第一天小腹剧痛，约 10 分钟后自行缓解，平素无任何不适。输卵管通液检查示右输卵管不通，激素检查示黄体功能欠佳。舌尖红，苔薄白，脉弦细。

诊断：不孕症。

辨证：肝肾亏损，胞脉瘀滞。

治则：滋补肝肾，化瘀通络。

处方：熟地 15g，怀山药 15g，山萸肉 6g，北沙参 10g，麦冬 10g，菟丝子 20g，芫蔚子 10g，枸杞子 10g，路路通 10g，皂角刺 15g，甘草 5g。10 剂，每日 1 剂，水煎服。

二诊（1992 年 12 月 19 日）：两天前有少许赤带，现已消失，药后自觉良好。舌淡红，苔薄白，脉细。拟益气健脾，佐以温通，从后天补先天。

处方：党参 15g，白术 10g，云苓 10g，陈皮 6g，北芪 20g，桂枝 6g，路路通 10g，急性子 20g，炙甘草 6g。4 剂，每日 1 剂，水煎服。

三诊（1992 年 12 月 23 日）：药已，无任何不适，舌脉同前。仍拟温养肝肾，以促生发。

处方：菟丝子 20g，川杞子 10g，芫蔚子 10g，路路通 10g，急性子 20g，鸡血藤 20g，仙灵脾 15g，巴戟 6g，归身 10g，赤芍 10g，红枣 10g。7 剂，每日 1 剂，水煎服。

四诊（1993 年 1 月 6 日）：末次月经为 1992 年 12 月 1 日，现已逾期 5 天未行，纳寐尚可，舌淡红，苔薄白，脉细滑。经水逾期，恐为孕兆，拟疏调肝气为主，慎用犯胎之品。

处方：柴胡 6g，当归 10g，白芍 10g，白术 10g，云茯苓 10g，佛手花 6g，薄荷 5g（后下），炙甘草 6g。3 剂，每日 1 剂，水煎服。

五诊（1993 年 1 月 19 日）：停经 48 天，妇检诊为早孕。除胃脘不适外，余无异常，舌淡红，苔薄白，脉细滑。拟调理肝肾、固摄胎元以善后。

处方：醋柴胡 5g，归身 6g，熟地 15g，怀山药 15g，鸡血藤 15g，菟丝子 20g，麦冬 10g，桑叶 10g，生地 15g，川杞子 10g，甘草 5g。3 剂，每日 1 剂，水煎服。

按语：肾主藏精，肝主生发，在妇女同为先天。肝血肾精充足，则冲任通盛，胞宫得养，胞脉通畅；若肝肾亏损，则冲任失养，胞脉因虚而瘀，因瘀而滞，难以摄精成孕。故治疗补中寓攻，先后天并调，从而取得满意的疗效。

病例 12

腾某，女，24 岁，工人。1988 年 11 月 24 日初诊。

经行腹痛已 8 年，月经周期尚规则，经量中等，色暗红，夹块，常于经行第 1 ~ 2 天出现小腹剧痛，汗出欲呕，不能坚持工作，服止痛片可暂缓一时。1986 年结婚，夫妻同居，迄今未孕。现纳差，饮食不慎则易泄泻，能寐多梦，舌尖红，中裂，舌苔后半部黄厚，脉弦细。妇检子宫、附件均正常。

诊断：①痛经；②不孕症。

辨证：阴虚血热，瘀阻胞络。

治则：养阴清热，化瘀导滞。

处方：鸡血藤 20g，丹参 15g，当归 6g，白芍 10g，赤芍 10g，丹皮 10g，地骨皮 10g，元胡 10g，益母草 10g，甘草 6g。3 剂，每日 1 剂，水煎服。

二诊（1988 年 12 月 15 日）：服药后 12 月 12 日经行，小腹疼痛明显减轻，现为经行第 3 天，经量、经色正常，舌淡，苔薄白，脉沉细。拟养血为主，少佐温行。

处方：鸡血藤 20g，丹参 15g，白芍 10g，首乌 15g，艾叶 3g，益母草 10g，川断 10g，旱莲草 15g，甘草 6g。3 剂，每日 1 剂，水煎服。

三诊（1989 年 3 月 9 日）：守上两方加减服用十余剂，经行腹痛消失。现为经行第 4 天，量少欲净，舌淡红，苔薄白，脉细。拟调补气血、温肾促孕法。

处方：菟丝子 20g，川杞子 10g，覆盆子 10g，车前子 10g，五味子 6g，党参 15g，白术 10g，仙茅 6g，当归 10g，熟地 15g，仙灵脾 15g。7 剂，每日 1 剂，水煎服。

四诊（1989 年 3 月 17 日）：近日来自觉腰酸，大便干结，舌尖红，苔薄白，脉弦细滑。拟养血滋阴，增水行舟。

处方：玄参 15g，生地 15g，麦冬 10g，当归 10g，白芍 10g，女贞子 10g，桃仁 6g，玫瑰花 6g，甘草 5g。3 剂，每日 1 剂，水煎服。

五诊（1989 年 4 月 23 日）：末次月经为 1989 年 3 月 5 日，迄今经水未行，经检查为早孕。舌尖红，苔薄白，脉沉细滑。拟调理气血，固肾安胎。

处方：菟丝子 10g，归身 3g，川芎 2g，厚朴 2g，枳壳 2g，荆芥 2g，羌活 2g，艾叶 2g，浙贝 2g，炙黄芪 6g，炙甘草 3g。3 剂，每日 1 剂，水煎服。

1991 年随访，于 1989 年 12 月 17 日顺产一男婴，嗣后痛经未再复发。

按语：素体阴虚内热，津液受灼，血结不通，经欲行而不畅，不通则痛，故经行小腹剧痛；瘀积阻滞胞络，冲任不能相资，故久婚不孕。一诊用地骨皮饮加味，意在养阴清热、凉血化瘀。因瘀积非温不行，故二诊在养血行血的基础上反佐一味艾叶以温宫化瘀。三诊痛经消失，经脉舒畅，则用五子衍宗丸加味以补气血、益肝肾，以促生发。四诊在滋肾养阴的基础上加桃仁、玫瑰花补中有行，疏调肝气。如此标本兼顾，使阴阳平衡，气血调和，经络舒畅，自能受孕生子。

例 13

陈某，女，33 岁。1991 年 5 月 7 日初诊。

婚后 5 年不孕。经量偏少，色暗红，经前乳房胀痛、瘙痒，小腹胀痛，肛坠欲便，经后诸症减轻。现为经行第 4 天，量少未净，伴纳呆，夜寐欠佳，脘腹胀满，得矢气则舒，大便溏薄，舌质淡，苔薄白，脉细。婚前曾人流 2 次，自然流产 1 次。就诊前曾在市某医院行输卵管通液术，提示双侧输卵管不通。子宫输卵管碘油造影示：双侧输卵管伞端堵塞。基础体温 3 个月均呈单相。

诊断：断绪。

辨证：肝肾亏损，冲任损伤，胞脉不通。

治则：疏肝调气，养血通脉。

处方：鸡血藤 20g，丹参 15g，当归 10g，川断 10g，川芎 6g，益母草 10g，合欢花 10g，谷芽 20g，炙甘草 6g。3 剂，水煎服，每日 1 剂。

二诊（1991 年 5 月 14 日）：药后月经于 5 月 9 日干净，乳房胀痛消失，仍腹胀，时有便意，纳少，便溏，舌淡红，苔白稍厚，脉细。拟补益肝脾，活血通脉之法。

处方：当归 10g，白芍 10g，川芎 10g，茯苓 10g，泽泻 10g，白术 10g，路路通 10g，皂角刺 15g，甘草 5g，穿山甲粉 5g（冲服）。水煎服，每日 1 剂，连服 6 剂。

三诊（1991 年 5 月 21 日）：药已，腹胀坠感大减，但久立后腰腹仍胀，大便溏薄，舌质淡，苔薄白，脉细。此为脾肾之气尚未恢复，肝血不足所致。拟益气养血，调肝健脾益肾，佐以通行。上方加补肾之品。

处方：菟丝子 20g，枸杞子 10g，覆盆子 10g，芫蔚子 10g，党参 15g，穿破石 10g，桃仁 6g，仙茅 6g，红花 3g，丹参 15g，红枣 10g。水煎服，每日 1 剂。

四诊（1991 年 7 月 16 日）：7 月 5 日经行，经量仍少，但经血色红，无血块，经前、经期无不适，胃纳一般，大便正常，舌淡红，苔薄微黄，脉细弦。此乃肝肾两虚、精血不足之证，遂停用化瘀通行之品，改用温养肝肾、补血生精为主，以促进气血的恢复。

处方：菟丝子20g，枸杞子10g，茺蔚子10g，当归10g，山药10g，川杜仲10g，党参15g，柴胡3g，熟地15g，炙甘草5g。连服21剂后受孕，于1992年3月足月分娩一男婴。

按语：肾藏精而主生殖，肝主生发，冲主血海，任主胞胎，肝肾精血充盈，冲、任二脉通盛，胞宫得以温煦，则能摄精成孕。本例患者3次流产后继发不孕，属肝肾亏损，冲任损伤，气血不足，胞脉瘀阻，本虚标实，虚实夹杂之证。若一味攻瘀，则虚者更虚，气血难复；若单纯温补肝肾，调养冲任，则胞宫瘀积难除。故治拟攻补兼施为治则。初诊症见月经量少，纳食不振，乳房、小腹胀痛等，为虚中有瘀，虚瘀夹杂之象，故投鸡血藤、丹参、当归生血化瘀，川芎、益母草活血调经，川断补肝肾通血脉，合欢花疏肝解郁，顺气调经，诸药合用，可达调养中有通行、化瘀不伤正的目的。二诊气血渐复，肝能条达，但恐一诊之方化瘀通络之力不足，故在调肝脾、温气血方剂中加入路路通、皂角刺、穿山甲粉以加强活血化瘀通行之力。三诊投菟丝子、枸杞子、仙茅、淫羊藿、党参、白术等养肝补肾，健脾益气，填精补血，使肝肾得补，气血调和，同时配伍桃仁、红花、皂角刺、穿破石等以化瘀通络。四诊改用补肾养血为主，以促进气血的充盛而易于摄精。如此标本兼治，气血调达，胞脉畅通，故能受孕生子。

体会：不孕一病，现有原发性不孕与继发性不孕之分，前者称为"全无子"，临床以先天不足、肝肾亏虚和虚实夹杂多见。后者古称为"断绪"，多为冲任损伤、虚实夹杂之变。本病的治疗应本着辨证施治的原则，虚者以调补肝肾、气血、冲任为主，实者宜疏肝行气、活血化瘀、利湿祛痰。但临床上多为虚实夹杂之变，无纯虚纯实者，故补养中要注意通行，行气活血中要注意扶正，或用攻而不峻、行而不破之品，以照顾到本病的特点。如例8为脾肾阳虚，由于脾肾失于温煦，痰湿阻滞胞宫胞脉而致胞脉不通，在治疗上既要注意补益脾肾，又要温经通络祛痰，两者交替进行。例4为肝肾亏损，则滋补之中仍兼以通行，如在一派滋补中加路路通、皂角刺、急性子等，补中有化，化中有补。例9、例13是因冲任损伤，血瘀气滞，胞脉不通，冲任不能相资成孕。例9以活血化瘀为主，例13则以疏调肝气为主，根据正气的强弱，采用徐图缓攻的方法，或攻补兼施，或先补后攻，或先攻后补，时时顾护到气血冲任，而达瘀祛络通、冲任相资、摄精成孕的目的。例10以泌乳和月经稀发为主要表现，治疗较为棘手，但在辨证中抓住肝主疏泄、主血海、主生发的特点，从肝论治，首诊一剂药即中病机，停经受孕，但因根基不固，出现流产。二诊在补肝体时，用行气活血之品以助肝用，使其疏泄有度，气血调和，再次怀孕，但因补肾的力度不够，再次流产。自八诊之后，治疗上改用补肝与温肾交替进行，固本培元，终于第三次妊娠成功。例12以痛经为主症，乃阴虚血热、瘀滞胞宫所致，治疗在一派养阴凉血中仍不忘通行，待痛经消失，经脉舒畅之时，再用调补肝肾以治本促孕。所选方药，体现了寒而不凝、补而不滞的特点。由此可见，治疗不孕症贵在辨证求因，审因论治，有是证用是法，注意以调补肝肾为主，兼以化瘀、利湿、通络，使脏腑、气血、阴阳调和，精血充足，则受孕有期。

病例 14

李某，32 岁，医务人员。1983 年 11 月 23 日初诊。

结婚两年余，双方共同生活，迄今未孕。月经周期一向规则，色量一般，经中无任何不适，曾在本院行妇科检查及 B 超检查，未发现异常。本月行经 2 次，第一次为 11 月 5 日，量中等，第二次为 11 月 18 日，现经净。舌质淡，苔薄白，脉虚细。

诊断：不孕症。

辨证：阳虚宫寒。

处方：菟丝子 30g，归身 12g，白芍 10g，熟地 15g，香附 10g，艾叶 6g，肉桂 1.5g（后下），川芎 6g，川椒 3g。3 剂，每日 1 剂，水煎两次，温服。

二诊（1983 年 12 月 28 日）：连服上 5 剂后，自测尿 HCG 阳性。

按语：本案为肾阳虚弱，命门火衰，冲任不足，胞宫失于温煦，宫寒不能摄精成孕。用四物汤补血益冲任，菟丝子温肾补肾，补而不燥，合熟地以益肾精，艾叶、川椒、肉桂温肾暖宫，共奏助阳之功。药证相合，故服之即能收种子之功。

病例 15

兰某，29 岁，百货公司职工。1983 年 5 月 27 日初诊。

已婚 5 年不孕。24 岁结婚，婚后夫妻同居，性生活正常，迄今未孕。平素月经错后 7~10 天，经前乳房胀痛，月经量中等，无痛经史。妇检除子宫后位外，余无异常。平素偶觉心悸，末次月经为 1983 年 5 月 20 日。舌质淡，边有齿印，苔薄白，脉沉细。

诊断：不孕症。

辨证：肝肾亏损，冲任不足。

治法：滋养肝肾，调补冲任。

处方：菟丝子 20g，归身 10g，川杞子 10g，党参 15g，白术 10g，覆盆子 10g，肉苁蓉 15g，狗脊 10g，仙灵脾 15g，大枣 10g。6 剂，每日 1 剂，水煎两次，早晚分服。

二诊（1983 年 7 月 29 日）：服上药 6 剂后，经水未行，继服活血行血之剂，仍未来潮，直至本月 4 日经水方行，经前乳房及少腹、小腹胀痛，月经量中等，色泽正常。B 超检测无排卵。舌质淡紫，边齿痕，苔薄白，脉沉细。

处方：归身 10g，川芎 6g，白芍 10g，云茯苓 15g，白术 10g，莪术 10g，佛手 10g，荆芥 6g，甘草 6g。6 剂，每日 1 剂，水煎两次，分服。

三诊（1983 年 8 月 13 日）：月经已逾期 9 天未至，无何不适，舌质淡，苔薄白，脉虚细。

处方：柴胡 6g，当归 10g，白芍 10g，云茯苓 10g，白术 10g，北芪 15g，黄精 15g，艾叶 3g，荆芥 3g，薄荷 6g（后下），炙甘草 6g。3 剂，每日 1 剂。

10 天后复诊，尿妊娠试验阳性，后足月顺产一男婴。

按语：本案为肝肾不足、肾虚肝郁所致。肝肾同源，精血相生，肝肾虚则冲任失养，难以摄精成孕。经前乳房、少腹、小腹胀痛，月经错后，均为肾虚肝郁所致。一诊用五子衍宗丸去车前子、五味子，加肉苁蓉、菟丝子、仙灵脾、狗脊调补肝肾。脾为气血生化之源，故用党参、白术健脾益气以助运化，当归、红枣养肝血柔肝，使水能涵木，精血充盈。二诊重在调理肝脾，疏理气机，以当归芍药散去泽泻加莪术以化瘀行滞，佛手、荆芥疏肝行气，使冲任通畅，肝气舒畅，故能妊娠生子。

病例 16

张某，31 岁，职员。1983 年 3 月 20 日初诊。

结婚 4 年，双方共同生活，迄今未孕。24 岁月经初潮，一向月经错后，量少，舌淡。现已停经 1 年。自觉全身乏力，倦怠，头晕，夜寐欠佳，平素带下量少，目眶淡黑，舌质淡，苔薄白，脉虚细。妇科检查：子宫偏小，无排卵。

诊断：①不孕症；②闭经。

辨证：肝肾亏虚，气血不足。

治法：补益肝肾，养血调气。

处方：

一方：当归 10g，白芍 6g，熟地 15g，党参 15g，白术 10g，云茯苓 10g，炙北芪 15g，肉桂 2g（后下），远志 6g，陈皮 3g，五味子 6g，炙甘草 6g。7 剂，隔日 1 剂，水煎服。

二方：当归 15g，柴胡 6g，白芍 10g，枳壳 10g，川芎 6g，香附 10g，黄精 15g，合欢花 10g，益母草 10g，牛膝 6g，炙甘草 6g。7 剂，隔日 1 剂，水煎服，与上方交替服用。

二诊（1983 年 4 月 10 日）：上药交替服用，自觉胃纳旺盛，带下增多，经仍未行，舌淡，苔薄白，脉沉细。

处方：党参 15g，炙北芪 20g，当归 10g，川芎 6g，赤芍 10g，熟地 15g，菟丝子 15g，仙灵脾 15g，茺蔚子 15g，鹿角霜 15g，鸡内金 15g。7 剂，每日 1 剂，水煎服。

三诊（1983 年 5 月 1 日）：服上药后乳房、小腹微胀，余无异常，舌淡红，苔薄白，脉细略滑。此为经将行之征，继续治疗。

处方：熟地 15g，当归 10g，川芎 10g，肉桂 5g（后下），香附 10g，红花 5g，牛膝 6g，王不留行 15g，鸡血藤 20g，炙甘草 6g。5 剂，每日 1 剂，水煎服。

服上药 3 剂时月经已行，但量少，色淡，5 天干净。守上方继续治疗，期间酌加紫石英、紫河车、阿胶等血肉有情之品，坚持服药半年后怀孕。

按语：《内经》曰："月事以时下，故有子"。月经正常是受孕的基础。肾 – 天癸 – 冲任 – 胞宫功能正常，是产生月经的基础。肾为月经之本，肾主生殖，本案初潮即出现月经错后、量少、色淡，为肾气不足之征，且久病体虚，致肾气虚衰，冲任失调，气血不和，则月经不能按时而下，故令无子。治从养血调肝入手，使肝脏得养，疏泄正常，脾运化的气血得以营养全身五脏百骸，继用补肾益气养血之剂，使冲任功能正常，月经如期而至，自能毓麟生子。

病例 17

莫某，26 岁，工人。1990 年 8 月 21 日初诊。

结婚 3 年不孕。1987 年结婚，夫妻同居，性生活正常，迄今不孕。16 岁月经初潮，月经基本正常，去年因不孕而行诊刮术，病理诊断为"黄体功能不足"。自诊刮后，月经周期紊乱，时前时后，经量增多，色暗夹块，平素自觉腰酸膝软，记忆力减退。来诊时为经行第四天，开始经量较多，现经量已减少，伴腰酸膝软，困倦乏力，纳食、二便正常，舌淡红，苔薄白，脉细。

诊断：不孕症。

辨证：肝肾亏损，冲任失养。

治法：补益肝肾，调经种子。

处方：熟地15g，怀山药15g，山萸肉6g，当归10g，川芎6g，丹皮6g，茯苓10g，泽泻6g，旱莲草20g，益母草10g，炙甘草6g。3剂，每日1剂，水煎服。

二诊（1990年8月31日）：上药服已，经水即净。现腰痛减轻，舌淡红，苔薄白，脉细缓。

处方：黄芪20g，党参15g，白术10g，当归10g，白芍10g，熟地15g，菟丝子20g，枸杞子10g，覆盆子10g，红花2g，炙甘草6g。4剂，每日1剂，水煎服。

三诊（1990年9月28日）：月经周期已正常，3天干净，腰部不痛，舌淡红，苔薄白，脉细缓。仍守上法。

处方：当归10g，川芎6g，熟地15g，白芍10g，菟丝子20g，川杞子10g，蛇床子3g，紫石英20g，红枣10g。7剂，每日1剂，水煎服。

守上法治疗，10月20日经行，色量正常，诸症消失，继而怀孕，于1991年7月28日顺产一健康女婴。

按语：肾为生殖之本、先天之根，患者尽管月经周期尚规则，但初潮年龄稍晚，且经常腰酸膝软，记忆力减退，此乃肾虚所致。肾气不足则影响生殖系统的功能。素体黄体功能不足，且诊刮手术损伤肝肾冲任，故出现经行紊乱，月经量多。以六味地黄汤、圣愈汤、五子衍宗丸加减出入以调补肝肾气血，在此基础上用蛇床子、紫石英、核桃肉等温肾暖宫，以促生机，尤妙在用少量红花以养血化瘀，疏通脉络。综观全案，重在补益肝肾，养精益气，使冲任得养，气血阴阳调和，如春风化雨，万物新生，故毓麟可期。

病例18

倪某，27岁，工人。1989年12月18日初诊。

1986年12月结婚，夫妻同居，性生活正常，迄今未孕。14岁月经初潮，月经周期、经量、色、质均正常，经行第一天小腹隐痛。近年来月经周期错后7~10天不等，平时四肢欠温，纳少，二便正常。末次月经为1989年11月18日。舌淡红，苔薄黄，脉虚细。

诊断：不孕症。

辨证：阳虚宫寒。

治法：温肾暖宫，调经求嗣。

处方：艾叶10g，肉桂5g（后下），当归10g，白芍10g，熟地15g，川芎6g，路路通10g，郁金10g。3剂，每日1剂，水煎服。

二诊（1989年12月28日）：月经逾期未行，现乳房胀痛，触之加剧，大便溏烂，舌淡红，苔薄黄，脉细数。拟疏肝解郁。

处方：柴胡6g，当归10g，白芍10g，白术10g，云茯苓10g，千斤拔15g，青皮10g，瓜蒌壳10g，急性子15g，薄荷5g（后下），甘草3g。4剂，每日1剂，水煎服。

三诊（1990年2月5日）：药后停药受孕，但不慎于1990年1月28日自然流产，阴道流血1周干净。现腰酸膝软，四肢无力，晨起恶心纳呆，带多质稀，舌淡红，苔薄白，脉细。证属脾湿中阻，气机升降失调，拟益气健脾，和胃止呕。

处方：党参10g，怀山药10g，云茯苓10g，藿香5g，黄芩6g，桑寄生15g，川黄连1g，甘草5g。4剂，每日1剂，水煎服。

四诊（1990年2月23日）：胃纳转佳，余症消失，唯乳房、小腹隐痛，舌淡红，苔薄白，脉细。

处方：黄精15g，柴胡6g，当归10g，白芍10g，白术10g，云茯苓10g，益母草10g，合欢花6g，薄荷5g（后下），炙甘草6g。7剂，每日1剂，水煎服。

五诊（1990年7月10日）：守上方间断服药二十余剂，月经如期而至，经行腹痛消失。现除两乳微胀痛外，余无异常。舌淡红，苔薄白，脉细。

处方：菟丝子20g，覆盆子10g，川杞子10g，党参15g，白术10g，熟地15g，归身10g，仙茅10g，路路通6g，红花1g。7剂，每日1剂，水煎服。

六诊（1990年12月18日）：末次月经11月4日，现逾期未行。腰痛，乳房作胀，晨起欲呕，厌食油腻，舌淡红，苔薄白，脉细。尿妊娠试验阳性。拟固肾安胎，和胃止呕。

处方：菟丝子20g，桑寄生15g，川断10g，川杜仲15g，生谷芽15g，砂仁3g，苏叶6g，白术10g，炙甘草5g。3剂，每日1剂，水煎服。

按语：肾主生殖，内寓元阴元阳，为冲任之脉所系。肾阳虚则胞宫、冲任失于温煦，故月经后期。阳虚宫寒，则不能摄精成孕。正如《圣济总录》所言："妇人所以无子，由冲任不足，肾气虚寒故也"。故一诊用四物汤养血调经，艾叶、肉桂温暖胞宫，佐以路路通、郁金行气通络，药后即受孕，但因肝肾不足，胎元不固，胎堕难留。四诊以后重点补益肝肾，调理冲任气血，方用黑逍遥丸、五子衍宗丸、圣愈汤等加减出入，使其再次受孕。且受孕后继予补肾安胎治疗，以防其再次流产。

病例19

梁某，29岁，教师。1983年7月3日初诊。

结婚将近10年，不孕。月经周期正常，但量多，色红，夹血块，经将行时心烦易躁，胸闷，乳房胀痛，少腹、小腹胀痛剧烈，直至经后第三天始能缓解。经将行则便秘，平时夜难入寐，牙龈松动，手足心热。末次月经为6月23日。舌尖红，苔薄白，脉细。

诊断：①不孕症；②月经过多。

辨证：肝肾阴虚，肝郁气滞。

治法：滋阴养血，柔肝化瘀。

处方：地骨皮15g，丹皮10g，鸡血藤20g，生地15g，丹参15g，川楝子6g，元胡10g，炙甘草6g。6剂，每日1剂，水煎服。

二诊（1983年7月10日）：药已，无任何不适，唯夜寐欠佳，舌脉同前。

处方：熟地15g，怀山药15g，山萸肉6g，当归10g，白芍10g，丹皮6g，云茯苓6g，泽泻6g，益母草10g，女贞子10g，旱莲草15g，甘草6g。6剂，每日1剂，水煎服。

三诊（1983 年 7 月 18 日）：服上药后，夜寐好转。现头晕，肢体困倦，胸胁、乳房稍胀而痛，胃纳不振，大便稍硬，舌质淡，苔薄白，脉细浮。拟疏肝理气、健脾和胃之法。

处方：柴胡 6g，白芍 10g，枳壳 10g，丹参 15g，香附 10g，当归 10g，佛手 10g，甘草 6g，大枣 10g，麦冬 10g，生地 15g。3 剂，水煎服，每日 1 剂。

服上药后月经于 7 月 22 日来潮，经行少腹、小腹痛大减。守上法治疗半年后停经受孕。

按语：肝主升发，肝脉过少腹而络阴器，乳房为肝经所过，肝肾同源。本案由肝肾阴虚，肝郁气滞，肝体不足，肝用受阻所致。治疗从调养肝肾入手，用归芍地黄汤合二至丸滋养肝肾以治其本，用柴胡疏肝散加减疏肝解郁，调达气血以治其标，选方用药考虑肝阴不足，故取柔肝养阴为主，使肝肾功能正常，冲任相资成孕。

病例 20

马某，26 岁，工人。1983 年 2 月 21 初日诊。

结婚 3 年，双方共同生活，迄今未孕。月经周期正常，色量一般。患者自 14 岁开始，每年或两年左右右胁胀痛剧烈，反射到腰背部，入冬发作频繁，发时肢厥，经多次检查，均无特殊发现。现月经干净已半个月。舌质胖嫩，边有齿痕，苔薄白，脉沉细。

诊断：不孕症。

辨证：肝胆气滞。

治法：益气养血，佐以调气化瘀。

处方：当归 10g，川芎 10g，白芍 10g，熟地 15g，丹参 15g，益母草 10g，香附 10g，小茴香 6g，白术 10g，甘松 10g，甘草 6g。3 剂，每日 1 剂，水煎服。

二诊（1983 年 2 月 24 日）：服上方第一剂时，胃脘及右腰轻微疼痛，但第二剂之后则舒，舌质淡，苔薄白，脉沉细。

处方：沙参 10g，麦冬 10g，杞子 10g，生地 15g，当归 10g，川楝子 6g，黄精 15g，莪术 10g，桑寄生 15g，川杜仲 10g，甘草 6g。5 剂，每日 1 剂，水煎服。

三诊（1983 年 3 月 1 日）：偶有胃脘及腰部微痛。近日食燥热之物较多，自触左颈下有活动性包块如指尖大，舌苔白厚，脉细弦。拟疏肝理气、软坚散结之法。

处方：海浮石 10g，瓜蒌壳 10g，夏枯草 15g，北沙参 10g，麦冬 10g，茺蔚子 10g，川杞子 10g，当归 10g，怀山药 15g，甘草 6g。6 剂，每日 1 剂，水煎服。

服上药后，第二年冬天右胁胀痛未见发作。继以养肝、柔肝、疏肝之法加减出入，翌年怀孕。

按语：治肝之法，前人已留下极为丰富的经验。《素问·藏气法时论》云："肝苦急，急食甘以缓之……肝欲散，急食辛以散之，用辛补之，酸泻之。"《素问·六元正纪大论》云："木郁达之。"《难经》云："损其肝者缓其中。"班老推崇叶天士归纳的"治用、治体、治阴阳"之说。他认为肝体阴而用阳，治肝必肝体、肝用并重。治用，即调理肝的功能，疏其肝气。如本案每逢冬季则右胁剧痛，为肾虚肝郁，肝气不行的表现，班老用养血疏肝之法，一诊用四物汤、香附、甘松、小茴香等辛香疏散之味以助肝用。治肝体，即滋补肝血肝阴亏损，故二诊用一贯煎加黄精、桑寄生、川杜仲以养肝肾之阴。在养肝体、助肝用的基础上，三诊兼以软坚散结化痰之法，使肝气舒畅，疏泄功能恢复正常，血海充盈，自能受孕生子。

病例 21

陈某，30 岁，技术员。1992 年 12 月 10 日初诊。

结婚 2 年未孕。1990 年 8 月结婚，夫妻同居，迄今未孕。男方精液检查无异常。月经周期基本正常，色量一般，经中乳房及小腹微胀，经行第一天小腹剧痛，10 分钟后自行缓解，曾多方服药不效。妇科检查：子宫后位，发育欠佳。输卵管检查示右侧输卵管阻塞。平素性欲一般，纳、便正常，舌尖红，苔薄白，脉弦细。

诊断：①不孕症；②痛经。

辨证：肝肾亏虚，胞脉瘀滞。

治法：滋补肝肾，化瘀通络。

处方：熟地 15g，怀山药 15g，山萸肉 6g，北沙参 10g，麦冬 10g，菟丝子 20g，茺蔚子 10g，川杞子 10g，路路通 10g，皂角刺 10g，甘草 6g。6 剂，每日 1 剂，水煎服。

二诊（1992 年 12 月 19 日）：服上药后无任何不适。两天前有少量赤白带下，现已消失。现肛门坠胀，小腹不适，大便尚可，舌淡红，苔薄白，脉细。暂拟益气健脾佐以通络法，以后天益先天。

处方：党参 15g，黄芪 20g，白术 10g，云茯苓 10g，桂枝 6g，急性子 20g，路路通 10g。4 剂，水煎服，每日 1 剂。

三诊（1992 年 12 月 23 日）：药已，上症消失。舌淡红，苔薄白，脉细。仍予滋养肝肾之法。

处方：菟丝子 20g，川杞子 10g，茺蔚子 10g，路路通 10g，急性子 20g，鸡血藤 20g，仙灵脾 15g，巴戟天 10g，当归身 10g，赤芍药 10g，红枣 10g。7 剂，每日 1 剂，水煎服。

四诊（1993 年 2 月 6 日）：末次月经 1 月 1 日，现已逾期 6 天。本次行经腹痛消失。舌淡红，苔薄白，脉细滑。经水逾期，恐为孕兆，以疏调肝气为法，勿用犯胎之品。

处方：柴胡 6g，当归 10g，白芍 10g，怀山药 15g，茯苓 6g，佛手花 10g，炙甘草 6g。3 剂，水煎服，每日 1 剂。

1993 年 9 月份顺产一女婴。

按语：肾主藏精，肝主生发，主血海，在妇女同为先天。肝血肾精充足，则冲任通盛，胞宫得养，胞脉通畅。若肝肾亏损，则冲任失养，胞脉因虚致瘀，因瘀而滞，难以摄精成孕。本案肝肾亏损为本，胞脉瘀滞为标，治宜标本兼顾。一诊用八仙长寿饮去"三泻"合五子衍宗丸加减以养肝肾、益精血，佐以茺蔚子、路路通、皂角刺疏通胞脉胞络。二诊宗"见肝之病，知肝传脾，当先实脾"，治以益气健脾通络之法。三诊仍予补益肝肾，佐以疏解，如此标本兼顾，疗效卓然。

病例 22

谭某，33 岁，工人。1991 年 12 月 10 日初诊。

婚后不孕已 5 年。14 岁月经初潮，月经或前或后 1 周左右，量少，色暗。经行第一天少腹及小腹疼痛，下肢酸软，心烦欲呕，每次行经均需服乌鸡白凤丸症状方减。1986 年结婚，婚后夫妻同居，至今未孕。婚后行经腹痛加重。末次月经为 1991 年 11 月 22 日。刻下左少腹疼痛，腰痛，胸闷欲呕，阴痒，纳、寐尚可。舌淡红，苔薄白，脉细。曾经妇科检查、子宫内膜活检、输卵管通液术检查均未见异常。

诊断：①不孕症；②痛经。

辨证：肾虚肝郁，冲任不调。

治法：温补肝肾，调经种子。

处方：柴胡 6g，当归 10g，白芍 10g，白术 10g，茯苓 10g，黄精 15g，菟丝子 20g，川杞子 10g，茺蔚子 10g。7 剂，每日 1 剂，水煎服。

二诊（1992 年 1 月 17 日）：药已，1 月 13 日经行，月经量偏多，少腹疼痛减轻，现腰痛如折，夜难入寐，四肢乏力，舌淡红，苔薄白，脉细。

处方：熟地 15g，怀山药 15g，山萸肉 10g，当归 10g，白芍 10g，丹皮 6g，茯苓 6g，泽泻 6g，桑寄生 15g，狗脊 10g，炙甘草 6g。10 剂，每日 1 剂，水煎服。

三诊（1992 年 2 月 25 日）：月经逾期 10 日未行，纳呆，胸闷欲呕，腰酸，时而少腹窜痛，口糜，舌淡红，苔薄白，脉细滑。妇科检查：子宫后位，两附件区增厚。暂拟清热解毒利湿之法。

处方：鸡血藤 20g，丹参 15g，土茯苓 10g，忍冬藤 20g，苡仁 15g，车前草 10g，竹茹 6g，连翘 10g，川断 10g。3 剂，每日 1 剂，水煎服。

四诊（1992 年 3 月 24 日）：仍感纳差，口淡，恶心欲呕，腰酸而痛，舌脉同前。经血、尿 HCG 检查诊为早孕。拟调补脾肾，和胃安胎。

处方：桑寄生 15g，菟丝子 20g，川杜仲 10g，白术 10g，白芍 10g，砂仁 2g，佛手花 6g，荆芥 3g，炙甘草 6g。6 剂，每日 1 剂，水煎服。

按语：肾藏精而为生殖之本，肝藏血而为女子之先天，冲任隶属肝肾。本案患者素体肾虚肝郁，故经行疼痛，每服温补肝肾的乌鸡白凤丸可减。班老治此重视温肾养肝，调经种子，方选黑逍遥丸、归芍地黄汤加减，辨证准确，用药丝丝入扣，故收效斐然。

病例 23

梁某，27 岁，干部。1992 年 2 月 14 日初诊。

继发性不孕 2 年。1989 年 12 月结婚，1990 年 4 月人流术后迄今未孕。自 1991 年开始出现月经错后 10~20 天不等，经量日渐减少，色粉红，1 天即净。1991 年 7 月开始出现停经，后经用黄体酮肌注后行经，仍为 40 天一周期，量少。刻诊为经行第二天，初暗后红，量少，舌淡红，苔薄白，脉沉细。妇科检查：外阴正常，子宫前倾前屈，偏小。B 超监测：无排卵。基础体温曲线呈单相。

诊断：断绪。

辨证：肾虚肝郁，冲任失调。

治法：补肾疏肝，调理冲任。

处方：柴胡 6g，当归 10g，白芍 10g，白术 10g，茯苓 10g，茺蔚子 10g，川杞子

10g，首乌 15g，炙甘草 6g。4 剂，每日 1 剂，水煎服。

二诊（1992 年 4 月 28 日）：末次月经 1992 年 2 月 13 日，4 天干净。经后服上方 4 剂，自觉性欲增强，白带增多，基础体温曲线呈现双相。时下已停经两月余，恶心厌食，尿频，经 B 超检查确诊为早孕。现两颊部潮红，不痛不痒，舌淡红，苔薄白，脉细。治拟清热解毒，凉血安胎。

处方：野菊花 20g，连翘 10g，旱莲草 20g，银花 10g，荷叶 10g，桑寄生 15g，甘草 6g。3 剂，每日 1 剂，水煎服。

按语：不孕症因其病因复杂，表现不一，故医者遣方用药，必须根据临床表现辨证施治。缘肝主生发，肾主生殖，原则上以调肝肾为主，尤其对无明显器质性病患的患者，如果辨证精确，收效较快。如本案仅就诊一次，方用逍遥散加味以补肾调肝，药服 4 剂即获妊娠，实乃幸事。

病例 24

王某，女，31 岁，护士。1987 年 7 月 10 日初诊。

结婚已 5 年，夫妻同居，迄今未孕。平素经行错后，量少，色淡，时夹紫块，经期少腹、小腹胀痛，腰脊胀痛。平素带下量多，色白质稠，阴痒，胸闷，时而泛恶呕吐，纳呆，大便溏薄，小便一般。面色苍白，体质肥胖，舌质淡嫩，舌苔白腻，脉沉细弦。末次月经为 1987 年 6 月 1～3 日。在某医院行输卵管通液检查示双侧输卵管不通。

诊断：不孕症。

辨证：阳虚宫寒，痰湿内阻，胞脉不通。

处方：鸡血藤 20g，当归 15g，川芎 10g，赤芍 10g，白术 10g，苍术 10g，土茯苓 20g，益母草 15g，艾叶 6g，槟榔 10g，桂枝 6g。10 剂，每日 1 剂，水煎服。

二诊（1987 年 7 月 22 日）：服上方后阴道不痒，带下正常，但经行仍错后，量少，色稍红。舌淡，苔薄白，脉沉细。

仍守上方，去槟榔、泽泻、土茯苓，加黄芪 20g，路路通 15g，急性子 15g。10 剂，每日 1 剂，水煎服。

三诊（1987 年 8 月 1 日）：月经周期基本正常，色红，经量较上个月增多，但经期少腹、小腹及腰脊仍胀痛，脉沉细弦，舌淡红，苔薄白。

处方：制附子 10g（先煎），茯苓 10g，白术 10g，党参 5g，赤芍 10g，王不留行 15g，刘寄奴 10g，穿破石 15g，香附 6g。10 剂，每日 1 剂，水煎服。

四诊（1987 年 8 月 12 日）：药已，自觉无任何不适。舌淡苔白，脉沉细。守上方去王不留行、刘寄奴，加皂角刺 10g，猫爪草 10g。10 剂，每日 1 剂，水煎服。

五诊（1987 年 9 月 1 日）：经行周期正常，色量一般，但经净后腰脊稍感胀痛，舌淡红，苔薄白，脉细缓。以温养肝肾为治。

处方：当归 10g，川芎 10g，赤白芍各 10g，鸡血藤 20g，菟丝子 15g，蛇床子 6g，茺蔚子 10g，狗脊 10g，川杜仲 10g，路路通 10g。每日 1 剂。

守方加减，连服三十多剂而受孕，于 1988 年生一男孩。

按语：经曰：血气者，喜温而恶寒，寒则涩而不行，温则消而去之。本案长期经行错后，量少色淡，经期少腹、小腹胀痛，面色苍白，舌淡而嫩，脉沉细，均为脾肾阳虚、寒凝气滞血瘀之象。一诊班老用当归芍药散去泽泻加鸡血藤、益母草养血行血，苍术辅白术燥湿健脾，艾叶、桂枝温通胞脉，槟榔行气消胀，诸药合用，养血调气，健脾燥湿，温通经脉，使冲任调和，经水如期。三诊重在温肾健脾以除痰湿之源，佐以行气通络，气道通畅则瘀血能除。五诊月经量、色正常后，转用温养肝肾法，少佐疏浚胞脉之路路通，补中寓行，使胞宫温暖，痰湿尽除，胞脉通畅。共服药七十多剂以遂患者成人母之愿。

病例 25

王某，27 岁，教师。1989 年 8 月 20 日初诊。

1986 年 1 月结婚，当年 3 月及 1987 年 4 月各人流 1 次，迄今两年余未再受孕。月经周期基本正常，量一般，色红，夹紫块，经将行乳房及少腹、小腹胀痛，腰脊酸痛，经行之后则舒。输卵管通液术检查提示双侧输卵管不通。舌淡红，苔白，脉沉细。

诊断：断绪。

辨证：肝郁脾虚，胞脉瘀阻。

治法：调肝健脾，养血化瘀通络。

处方：当归 10g，川芎 10g，赤芍 10g，白芍 10g，茯苓 10g，白术 10g，泽泻 10g，五眼果核 10g，鸡血藤 20g，皂角刺 10g，马鞭草 10g，甘草 5g。5 剂，每日 1 剂，水煎服。

二诊（1989 年 8 月 27 日）：药已，无任何不适。昨日下午月经来潮，色淡红，量中等，经前乳房不痛，腰脊胀痛大减。舌淡红，苔薄白，脉弦细。仍以上法调治。

处方：当归 15g，川芎 6g，白芍 10g，茯苓 10g，白术 6g，益母草 10g，丹参 15g，川断 10g，路路通 10g，炙甘草 5g。10 剂，每日 1 剂，水煎服。

三诊（1989 年 9 月 8 日）：近两日来少腹隐隐作痛，舌淡红，苔薄白，脉弦细。拟温通化瘀通络之法。

处方：鸡血藤 20g，北黄芪 20g，丹参 15g，桂枝 6g，赤芍 10g，桃仁 6g，丹皮 6g，当归 10g，威灵仙 15g，路路通 10g，猪蹄甲 30g，红枣 10g。10 剂，每日 1 剂，水煎服。

四诊（1989 年 10 月 3 日）：月经周期已正常，色量一般，经前、经中无任何不适。舌淡红，苔薄白，脉缓和。转用平补肝肾、调和气血之法。

处方：菟丝子 20g，当归 12g，白芍 6g，枸杞子 10g，党参 15g，白术 6g，茺蔚子 10g，路路通 10g，合欢花 6g，炙北黄芪 20g，猪蹄甲 30g。每日 1 剂，水煎服。连服 40 剂后怀孕。

按语：胸胁、乳房为肝经所过，两次人流手术损伤肝肾，肝气不舒，疏泄失常，肝经郁滞，故出现经前胸胁、乳房胀痛；腰为肾之府，肾虚外府失养而酸痛。肝郁气滞，犯脾克胃，湿瘀下注，阻滞胞脉，冲任不能相资成孕。班老治此用《金匮要略》当归芍药散加味。从本方组成上来看，方中芍药和营养阴，敛肝柔肝，当归、川芎养血活血，调肝通脉，白术、茯苓健脾益气，渗湿和中，泽泻甘而微寒，渗湿而不伤阴。全方既能养血柔肝，健脾益气，又能渗湿升阳，调理冲任气血。五眼果核又名南酸枣核，其性甘平，能入肝经行气散结。治疗本案的全过程，初用调理肝脾、化瘀利湿、疏通经脉之法，中用温通化瘀通脉，末用平补肝肾、调和气血之法，使肝能疏泄，脾能健运，肾阳振作，生机蓬勃，冲任相资，自能受孕。

病例 26

潘某，30 岁，护工。1979 年 7 月 4 日初诊。

12 岁月经初潮，月经周期基本正常，结婚 3 年，夫妻共同生活，迄今未孕。月经量中等，色红夹块，经将行时心烦易躁，夜寐欠佳，经行之后则舒。舌淡红，苔薄白，脉虚细。妇科检查：外阴、阴道正常，宫颈稍红，子宫后位，略小，双侧附件无异常。输卵管通液提示双侧输卵管不通。

诊断：不孕症。

辨证：冲任不足，气虚血滞，胞脉不通。

治法：温肾益冲任，养血通络。

处方：菟丝子 15g，覆盆子 15g，当归身 9g，川芎 6g，杭白菊 9g，何首乌 15g，炙北黄芪 15g，云茯苓 9g，刘寄奴 9g，益母草 15g，小茴香 2g。6 剂，每日 1 剂，水煎服。

二诊（1979 年 7 月 24 日）：上药服后，16 日月经来潮，周期正常，色量一般。现畏寒，鼻塞，纳差，舌质淡嫩，舌苔薄白，脉象虚细。证属虚实夹杂，仍守温化通络为主。

处方：生北黄芪 20g，当归身 9g，川芎 6g，小茴香 2g，老炮姜 2g，延胡索 5g，赤芍 6g，没药 6g，生蒲黄 6g，五灵脂 6g，肉桂丝 3g（后下）。6 剂，每日 1 剂，水煎服。

三诊（1979 年 8 月 31 日）：上方服后，胃纳渐佳，精神良好。现经行逾期未潮，腰胀，头晕，呕恶不能食。脉象细滑，舌苔薄白，舌质淡。尿妊娠试验阳性。证属早孕恶阻，以益气和胃、降逆止呕之法治之。

处方：太子参 15g，云茯苓 9g，姜炒竹茹 5g，广陈皮 2g，缩砂仁 2g，桑寄生 12g，川杜仲 9g，枳壳 2g，紫苏叶 2g（后下），老生姜 6g。每日 1 剂，连服 3 剂，以少量多次服用为佳。

按语：输卵管阻塞，多为虚实夹杂为患，是不孕症中较为顽固的病证。大多数病例，需治疗 3～6 个月甚或 1 年以上，始见疗效。本案为虚瘀所致。气为血之帅，血为气之母，气虚则不能化血、行血；脉为血之府，血虚则脉道不充，气失所载。气血亏虚，由虚而滞，胞脉失养而不通。本例患者经治疗月余即受孕，班老根据其临床脉症，采用先后天并治之法，补养气血，温补肝肾，以温养为主，兼以通行，从而使气血恢复，胞脉通畅，重建生机，故收效甚捷。

病例 27

李某，34 岁，医生。1988 年 10 月 29 日初诊。

不孕两年。1986 年结婚，夫妻同居，迄今未孕。月经周期尚规则，行经时间较长，量少淋沥，持续十余天干净。妇科检查：右侧卵巢有 4.9cm×4.1cm 大小囊肿。输卵管通液及造影均未见异常。B 超监测排卵提示卵泡发育不良。曾在本院及其他医院治疗 8 个月无效。现无任何不适。舌淡红，苔薄白，脉虚缓。

诊断：①不孕症；②癥瘕。

辨证：瘀积阻滞，冲任失调。

治法：化瘀软坚消积，调理冲任。

处方：鸡血藤20g，丹参15g，莪术6g，凌霄花10g，北芪20g，当归10g，大小蓟各10g，夏枯草10g，海藻10g，香附10g，青皮6g。9剂，每日1剂，水煎服。

二诊（1988年12月19日）：上药服后无任何不适，12月14日行经，腹痛减轻，血块减少，色质正常，经行4天干净，舌淡红，苔薄白，脉沉细。守上法治疗。

处方：北芪20g，桂枝6g，丹参15g，云茯苓15g，桃仁6g，当归12g，刘寄奴10g，大小蓟各10g，莪术6g，鸡血藤15g，青皮6g。12剂，每日1剂，水煎服。

三诊（1989年1月13日）：近日来阴道排出少许棕色分泌物，无腹痛、腰痛，舌淡红，苔薄白，脉沉细。拟益气固肾法。

处方：党参15g，白术10g，云茯苓10g，北芪20g，仙鹤草10g，桑螵蛸10g，金樱子10g，阿胶10g（烊化），荆芥炭6g，炙甘草6g。3剂，每日1剂，水煎服。

四诊（1989年2月20日）：停经两月余，经B超检查为早孕。呕恶欲吐，腰酸而胀，舌尖红，苔薄白，脉滑而略数。予健脾和胃安胎。

处方：党参15g，云茯苓10g，白术6g，桑寄生10g，砂仁壳2g，苏梗3g，川杜仲10g，生姜10g，炙甘草5g。3剂，每日1剂，水煎服。

于1989年9月21日剖宫产一女婴，孩子体重3kg，发育正常。

按语：《景岳全书·妇人规》："瘀血留滞作癥，唯妇人有之。其证则或由经期，或由产后，凡内伤生冷，或外受风寒，或恚怒伤肝，气逆而血留，或忧思伤脾，气虚而血滞，或积劳积弱，气弱不行。总由血动之时，余血未净，而一有所逆，则留滞日积，而渐以成癥矣"。癥瘕形成后，阻滞胞宫冲任，气机受阻，血失统摄，则经行量多，淋沥难净，瘀阻冲任，则难以摄精成孕。治疗本案，班老采用益气养血活血、软坚化瘀利湿之法，用药攻而不峻，行而不散，扶正祛邪两相兼顾，抓住虚瘀夹杂为患的病机，药达病所，收效斐然。三诊之时，阴道有少量血性物，且接近行经期间，恐为胎漏之兆，班老用药谨慎，采用益气固肾之法，以免攻瘀之剂伤及胎元。临证审因论治，胆大心细，圆机活法，自能收到较好的疗效。

病例28

谷某，30岁，护士。1991年3月19日初诊。

继发性不孕2年。自1989年自然流产后至今未孕。经行尚规则，色量中等，无痛经史，平素带下如常，性欲淡漠。现为经行第三天，经量中等，色暗红，无块，伴小腹发凉。舌淡红，苔薄白，脉细。3个月前行输卵管通液术示双侧输卵管通畅。

诊断：断绪。

辨证：血虚冲任失养。

治法：养血调经，补益冲任。

处方：鸡血藤20g，丹参15g，当归10g，白芍10g，川芎6g，熟地15g，川断10g，麦冬10g，丹皮10g，益母草10g，炙甘草6g。3剂，每日1剂，水煎服。

二诊（1991年3月22日）：月经已净，尿频，舌脉同前，余无异常。拟肝、脾、肾三脏并治，以充血源。

处方：黄精 15g，柴胡 6g，当归 10g，白芍 10g，茯苓 10g，仙灵脾 15g，仙茅 10g，菟丝子 20g，枸杞子 10g。6 剂，每日 1 剂，水煎服。

三诊（1991 年 3 月 29 日）：时觉左少腹隐痛，胸脘痞闷，纳寐尚可，二便尚调，舌淡红，苔薄白，脉缓。继守上法。

处方：党参 20g，白术 10g，黄芪 20g，当归 10g，白芍 10g，熟地 15g，菟丝子 20g，枸杞子 10g，覆盆子 10g，仙茅 6g，仙灵脾 15g，合欢花 10g，路路通 6g，炙甘草 6g。

四诊（1991 年 4 月 16 日）：今日经行，经前小腹隐痛，腰膝酸软，月经量少，色红，舌淡红，苔薄微黄，脉细。

处方：鸡血藤 20g，丹参 15g，当归 10g，白芍 10g，川芎 6g，熟地 15g，川断 10g，益母草 10g，炙甘草 6g。3 剂，每日 1 剂，水煎服。

五诊（1991 年 4 月 19 日）：经净后一天，现无任何不适，舌淡红，苔薄白，脉细。

处方：党参 20g，白术 10g，当归 10g，熟地 15g，菟丝子 20g，枸杞子 10g，覆盆子 10g，仙茅 6g，仙灵脾 15g，紫石英 20g，路路通 6g，炙甘草 6g。7 剂，每日 1 剂，水煎服。

守上法交替服用，末次月经为 1991 年 7 月 13 日，停经 48 天后经检查诊为早孕。

按语：本案两年前曾有自然流产 1 次，此后未再孕育，肾虚脾虚可知。肾为先天之本，元气之根，《难经》云："肾有两脏，其左为肾，右为命门，命门者，为精神之所舍也，男子以藏精，女子以系胞"。脾胃为后天之本，气血生化之源，气虚则不能载胎，血虚则不能养胎。故班老从调理脾肾、养血生精入手，一诊首用四物汤加鸡血藤、丹参补血养血，补中寓行，益母草能化瘀，能止血，丹皮、麦冬清血分之伏火。基于肾藏精，经源于肾，肝藏血，经血互生，肝肾同源的理论，二诊、三诊为月经的后期，均着眼于调补肝肾，填精养血，以促生发。方选黑逍遥丸、五子衍宗丸、圣愈汤、二仙汤等方剂加减出入，使精血充足，子脏温暖，卵子活跃，自有受孕之机。

病例 29

韦某，25 岁，职员。1991 年 4 月 5 日初诊。

月经紊乱 12 年，痛经 8 年，不孕 3 年。自 13 岁初潮即出现月经不规则，时而闭经。1984 年后经乱益甚，月经量多，经行时间 10~20 天不等，多次因月经暴崩而昏厥。诊断性刮宫提示子宫内膜增殖，西医诊为"无排卵性功血"。曾因月经过多 3 次住院治疗。每于经前、经中则出现小腹剧痛，需服止痛片方缓，痛甚时难以坚持工作。1988 年结婚，婚后经乱如故，夫妻同居，未避孕而未受孕。到诊时为经行第五天，量多色鲜红，夹大血块，伴小腹剧痛，服止痛片后腹痛缓解。头晕目眩，纳食、二便尚可，舌尖边红，苔薄白，脉弦细。

诊断：①不孕症；②崩漏；③痛经。

辨证：肝肾亏虚，冲任失调。

治法：补益肝肾，养血调经。

处方：当归 10g，川芎 6g，白芍 10g，熟地 15g，鸡血藤 20g，丹参 15g，川续断 10g，益母草 10g，炙甘草 6g。4 剂，每日 1 剂，水煎服。

二诊（1991年4月9日）：本次经行8天，已净，现除头晕外，余无不适，仍守上法，服药7剂。

三诊（1991年4月16日）：头晕已瘥，时觉少腹、小腹胀痛，痛引腰部，舌淡红，苔薄白，脉略数。

处方：柴胡6g，当归10g，白芍10g，茯苓10g，白术10g，黄精15g，夜交藤20g，小茴香5g，香附6g，炙甘草6g，薄荷5g（后下）。7剂，每日1剂，水煎服。

四诊（1991年4月23日）：药后已无腰痛，但带下量少，基础体温曲线呈单相，舌淡红，苔薄白，脉细。治宜补肾温阳助孕为法。

处方：菟丝子20g，枸杞子10g，覆盆子10g，茺蔚子10g，淫羊藿15g，仙茅10g，当归10g，党参15g，鸡血藤20g，苎麻根10g。7剂，每日1剂，水煎服。

5月5日经行，经前腹痛减轻，月经量中等，4天干净，守上法调理1个月，6月乃停经受孕。

按语：本案患者经乱多年并痛经，病程较长，虚瘀夹杂。正如《景岳全书·妇人规》所言："崩漏不止，经乱之甚者也"，其病机为"先损脾肾，次及冲任"，"穷必及肾"。肾主生殖而为冲任所系，肾虚则冲任不固，封藏失职，难以摄精成孕。对此，班老治疗首先着眼于调经养血，盖经者血也，血足方可孕育胎元。一、二诊均用四物汤加鸡血藤、丹参以养血行血，其中当归、白芍、鸡血藤、熟地补血益肝，川芎、益母草、丹参补中有行，且"一味丹参，功同四物"，川断补肾化瘀。全方以补为主，补血而不留瘀。由于肝主藏血，主疏泄，为女子之先天，脾主运化，为气血生化之源，故三诊以疏肝养血、健脾益气为主，方用黑逍遥散加减，冀气机疏利，化源充足。四诊继用补肾温阳，温宫助孕，终使月事如常，自然受孕。

病例30

李某，27岁，职员。1990年7月7日初诊。

人流术后不孕3年。1986年初结婚，于当年12月人流一次后至今未孕，3年多来多方求治，效果不彰。14岁月经初潮，经期多错后，甚则闭经，婚后尤甚。月经周期多为40~50天一次。曾用人工周期疗法治疗，但效果不巩固。平素带下较少，性欲较淡漠，末次月经为1990年6月14日，经量较少，色鲜红，无块，伴经行腰痛，劳累则腰痛加剧，纳食、二便尚可，舌淡红，苔薄白，脉细。

诊断：①断绪；②月经后期。

辨证：血虚宫寒。

治法：温肾暖宫，补血调冲。

处方：归身10g，川芎6g，白芍10g，熟地15g，艾叶10g，香附10g，肉桂5g（后下），仙灵脾15g，巴戟天10g，鸡血藤20g，炙甘草6g。10剂，每日1剂，水煎服。

二诊（1990年7月17日）：7月14日经行，色量一般，3天干净，经中无腰痛不适，现时而欲呕，舌淡红，苔薄白，脉沉细。

处方：当归身10g，赤芍6g，熟地15g，白术10g，党参15g，路路通10g，仙茅10g，红花10g，枸杞子10g，菟丝子20g，覆盆子10g。7剂，每日1剂，水煎服。

三诊（1990年12月28日）：上述方药加减服用二十余剂，经前间或服用圣愈汤或归芍地黄汤加减出入，月经周期基本正常，30 天一行。现月经干净 5 天，久立后仍觉腰骶部疼痛，纳、便正常，舌淡红，苔薄白，脉细。仍守补血养肝肾之法。

处方：归身 10g，川芎 6g，白芍 10g，熟地 15g，川断 10g，鸡血藤 20g，益母草 10g，丹参 15g，菟丝子 20g，仙灵脾 15g，炙甘草 6g。7 剂，每日 1 剂，水煎服。

四诊（1991 年 1 月 11 日）：月经已正常来潮，但基础体温曲线无明显双相反应。近日来久立后觉腰胀，大便烂，舌淡红，苔薄白，脉细缓。

处方：归身 10g，川芎 6g，白芍 10g，白术 10g，茯苓 10g，泽泻 10g，川断 10g，川杜仲 10g，仙灵脾 15g，炙甘草 6g。7 剂，每日 1 剂，水煎服。

五诊（1991 年 12 月 20 日）：守上法调治近 1 年，末次月经为 1991 年 10 月 15 日，现已孕 65 天，近日来晨起两少腹掣痛不适，有少量血性分泌物，纳、便尚可，舌淡红，苔微黄，脉细。治当固肾安胎。

处方：白芍 20g，桑寄生 15g，枸杞子 10g，覆盆子 10g，芡实 10g，怀山药 20g，阿胶 10g（烊化），旱莲草 20g，山楂 10g，仙鹤草 10g，砂仁 3g。4 剂，每日 1 剂，水煎服。嘱其注意休息。

于 1992 年 7 月 22 日顺产一足月男婴。

按语：经者，血也，经源于肾而生于胞宫，而"胞络者，系于肾"（《素问·奇病论》），肾主生殖，只有肾气充盛，才能使天癸充盈，任脉通畅，太冲脉盛，月事按时而下，胎孕才有可能。故班老根据患者月经错后、经行腰痛、性欲淡漠、平素带少、经量偏少等临床特征，一诊采用补血养肝、温肾暖宫之法，方用艾附暖宫汤加味，使子脏温暖，月事如期。二诊以后从调肝、健脾、温肾着手，补益冲任，养血益精，坚持治疗 1 年余，经停妊娠。但由于肾虚胎元不固，故在妊娠 65 天时又出现胎漏之兆，遂继予补肾安胎治疗。治疗的全过程，始终抓住肾虚这一基本特点，从肝治肾，从脾治肾，使肾功能恢复正常，自能摄精而有子嗣。

病例 31

韦某，30 岁，工人。1992 年 1 月 13 日初诊。

继发性不孕 2 年余，带下量多 1 年。1987 年结婚，婚后分别于 1987 年 6 月、1988 年 6 月、1989 年 10 月人流 3 次，近 2 年来有生育要求而未能如愿。自 1990 年开始无明显诱因出现带下量多，色白质稠，大便时滴沥而下，外阴瘙痒，曾检查诊为"念珠菌性阴道炎"。18 岁月经初潮，月经周期 40～50 天一次，色量尚可，末次月经为 1991 年 12 月 19 日。诊见：带下量多白稠，心烦难寐，舌淡红，苔薄白，脉细。妇科检查：外阴、宫颈潮红，带下量多，如豆腐渣状，子宫后位，偏左，活动欠佳，两侧附件无异常。

诊断：①断绪；②湿瘀带下。

辨证：湿瘀下注，冲任失调。

治法：疏肝健脾，利湿化瘀，调理冲任。

处方：党参 15g，白术 10g，苍术 6g，怀山药 15g，陈皮 5g，柴胡 10g，白芍 10g，黄柏 10g，车前草 10g，荆芥 3g（后下），甘草 6g。3 剂，每日 1 剂，水煎服。

二诊（1992 年 1 月 16 日）：药后带下减少，阴痒减轻，余症大减，舌淡红，苔薄白，脉细弦。

处方：当归 10g，丹参 15g，赤芍 10g，白术 10g，土茯苓 20g，泽泻 10g，黄柏 10g，苡仁 15g，苍术 6g，牛膝 10g，甘草 6g。4 剂，每日 1 剂，水煎服。

三诊（1992 年 1 月 23 日）：月经逾期 4 天未行，带下量多，质稠，舌淡红，苔薄白，脉细滑。

处方：党参 15g，白术 10g，土茯苓 20g，陈皮 6g，柴胡 6g，荆芥 6g，白芷 10g，莲肉 15g，炙甘草 6g。4 剂，每日 1 剂，水煎服。

四诊（1992 年 1 月 27 日）：带下未减，量多色黄，舌脉同前，仍予疏肝健脾，佐以补肾。

处方：柴胡 6g，当归 10g，白芍 10g，白术 10g，茯苓 10g，黄精 15g，菟丝子 20g，茺蔚子 10g，黄柏 10g。3 剂，每日 1 剂，水煎服。

1992 年 1 月 30 日复诊，药后带下转常，嗜酸辣之品，经 B 超及尿 HCG 检查，诊为早孕。

按语：本案多次人流手术损伤肝肾精血，肝体阴而用阳，又为将军之官，肝阴血不足，疏泄失常，既不能助脾运化，又不能助肾藏精，以致气滞血瘀，湿瘀互结于胞宫胞脉，冲任受阻，功能失调，故难孕育，带下量多，又伴见月经失调。班老一诊运用完带汤以疏肝之郁，健脾利湿，佐以清下焦瘀热之黄柏，二诊继用当归芍药散合四妙散湿瘀并治，去川芎，加丹参，以免辛燥伤阴，使肝能疏泄，脾能健运，冲任调和，使胎孕易成，求嗣如愿。

病例 32

秦某，26 岁，工人。1989 年 11 月 13 日初诊。

继发性不孕 2 年。15 岁初潮，月经周期规则，量中等，7 天干净。自 1987 年 1 月人流术后，迄今未避孕亦未孕。今年 2 月份始，无明显诱因出现经前经后恶心呕吐，月经量中等，色鲜红，夹少量血块，平素两少腹隐痛，带多色白，质稠，末次月经为 1989 年 10 月 25 日，经净后行子宫输卵管碘油造影示：双侧输卵管伞部不完全性梗阻，左侧输卵管积水。

诊断：断绪。

辨证：湿瘀阻滞，胞脉不通。

治法：养血化瘀，健脾除湿。

处方：当归 10g，川芎 10g，赤芍 10g，云茯苓 15g，白术 10g，泽泻 10g，忍冬藤 20g，刘寄奴 10g，鸡血藤 20g，丹参 15g，甘草 5g。10 剂，每日 1 剂，水煎服。

二诊（1989 年 11 月 27 日）：现经行已 6 天，量少未净，经血色红，血块较上次减少，腹痛消失。舌淡红，苔薄白，脉沉细。

处方：鸡血藤 20g，丹参 10g，当归 6g，白芍 10g，茺蔚子 10g，首乌 15g，女贞子 10g，麦冬 10g，甘草 5g。7 剂，每日 1 剂，水煎服。

三诊（1989 年 12 月 4 日）：无特殊不适，舌淡红，苔薄黄，脉细滑。治拟温通为法。

处方：桂枝 6g，茯苓 10g，丹参 15g，桃仁 10g，赤芍 10g，路路通 10g，泽兰 10g，

皂角刺 10g，鸡血藤 20g，元胡 10g，炙甘草 6。10 剂，每日 1 剂，水煎服。

四诊（1989 年 12 月 28 日）：12 月 21 日经行，经量较上月增多，伴小腹刺痛，放射至下肢，舌淡红，苔薄白，脉细弦。

处方：当归 10g，白芍 10g，熟地 15g，怀山药 15g，黄精 15g，鸡血藤 20g，丹参 15g，泽兰 10g，小茴香 3g，急性子 15g，猪蹄甲 20g。10 剂，每日 1 剂，水煎服。

五诊（1990 年 2 月 24 日）：守上方连续服药已近两个月。2 月 12 日经行，初量少色淡，后量多鲜红两天，继又量少色淡，小腹部阵发性隐痛，舌淡红，苔薄白，脉沉细。

处方：当归 10g，川芎 10g，赤芍 10g，桃仁 6g，红花 5g，黄精 15g，川断 10g，益母草 10g，炙甘草 5g。7 剂，每日 1 剂，水煎服。

六诊（1990 年 3 月 6 日）：经净，经 B 超检查，子宫左侧有 11.5cm × 9.8cm × 6.0cm 的液性暗区，疑为左侧输卵管积水所致，治拟化瘀消癥之法。

处方：鸡血藤 20g，丹参 20g，夏枯草 15g，土茯苓 20g，当归 10g，王不留行 10g，香附 6g，海藻 10g。10 剂，每日 1 剂，水煎服。

七诊（1990 年 6 月 4 日）：近日来腹胀，两少腹隐痛，舌淡红，苔薄微黄，脉细滑。

处方：党参 15g，炙北芪 15g，当归 10g，川芎 10g，白术 10g，白芍 10g，急性子 20g，穿破石 20g，路路通 10g，元胡 10g，炙甘草 5g，炮山甲 10g（先煎）。10 剂，每日 1 剂，水煎服。

八诊（1990 年 8 月 14 日）：末次月经 1990 年 6 月 12 日，现已停经两个月，B 超检查诊为早孕。昨天出现小腹隐痛，阴道流血，量少，色淡红，苔薄白，脉细滑。予补肾安胎治疗。

处方：太子参 15g，桑寄生 20g，菟丝子 20g，川断 10g，阿胶 10g（烊化），旱莲草 20g，砂仁 2g，白芍 20g，炙甘草 5g。7 剂，每日 1 剂，水煎服。

服上药后阴道流血止，于 1991 年 3 月足月顺产一女婴。

按语：本案治疗历时近 9 个月。就诊前经子宫输卵管碘油造影诊为双侧输卵管伞部不完全性梗阻，左侧输卵管积水。3 个月后复查左侧附件有 11.5cm × 9.8cm × 6.0cm 液性暗区，疑为输卵管积液所致。班老临证重视辨证施治，有是证用是方，西医诊断可作为辨证时的参考。初诊患者表现为经行前后恶心呕吐，平素两少腹隐痛，带下量多色白，此属肝郁脾虚，湿热下注，与胞中瘀血相搏，形成湿瘀为患，日久则成癥。脾失健运，胃失和降，故恶心呕吐，在经行前后容易发作，实乃经血下聚，肝血不足，肝经失养，横逆犯胃所致，故治之采取养血化瘀消癥、健脾和胃除湿之法，方选用《金匮要略》当归芍药散加味治之，方中加入鸡血藤、丹参养血行血，补而不滞，刘寄奴化瘀通经，忍冬藤清热解毒，利湿而不伤阴。一诊后，经行前后恶心、呕吐已消失，三诊即采用温化通瘀之法，方用桂枝茯苓丸汤加路路通、泽兰、皂角刺、穿破石等疏通胞络之品。四诊之后，根据患者久病体虚的体质，用药着重补益肝、肾、脾脏，从本论治，补中寓通行，方用归芍地黄汤、桃红四物汤、圣愈汤等加减，以补为主，通行为辅，终于使患者治疗 7 个月后妊娠。患者由于肝肾不足，素有癥块，妊娠后又出现先兆流产症状，班老继予滋补肝肾、固肾安胎治疗，最后使该妇女得以足月顺产。

病例33

韦某，27岁，工人。1990年10月15日初诊。

曾于1988年6月分娩，产后胎儿夭折，迄今未避孕亦未孕已2年余。既往月经尚规则，自分娩后出现月经错后，经色暗红，夹紫块，伴小腹剧痛，甚时呕吐。平素带下量多，色白，质如豆腐渣状，阴道瘙痒。舌淡红，苔薄白，脉细缓。

诊断：①断绪；②痛经；③带下病。

辨证：湿瘀下注，胞脉瘀积。

治法：温肾健脾，化湿祛瘀。

处方：鸡血藤20g，丹参15g，当归10g，川芎6g，赤芍10g，白术10g，茯苓10g，泽泻10g，槟榔10g，苍耳子10g，补骨脂10g。7剂，每日1剂，水煎服。

二诊（1990年10月25日）：药已，带下减少，阴痒减轻，10月22日经行，量少，色红，血块减少，经行腹痛减轻。现口淡口苦，胃脘作胀，呃逆泛酸，腰痛失眠，舌淡红，苔薄白，脉细缓。仍守上法。

处方：归身10g，川芎10g，白芍10g，土茯苓20g，泽泻10g，白术10g，槟榔10g，苍耳子10g，白蒺藜20g，桑寄生20g，炙甘草6g。4剂，每日1剂，水煎服。

三诊（1990年10月29日）：药已，带下仍多，臭秽，外阴瘙痒，腰胀，胃胀，纳少，舌淡红，苔薄白，脉细。继守上法，10月15日方去丹参，加肉豆蔻5g。4剂，每日1剂，水煎服。

四诊（1991年3月14日）：末次月经为1990年10月22日，现已妊娠4个月余，两少腹时痛，咽痒，舌淡红，苔薄白，脉沉细滑。治拟补肾固胎。

处方：菟丝子20g，川续断10g，川杜仲10g，白芍10g，砂仁3g，白术10g，茯苓6g，炙甘草6g。

按语：本证有带下、痛经、不孕之变，实乃肝失疏泄，脾失健运，肾失蒸化，以致湿浊瘀滞下焦，带脉失约，冲任不固，故带下量多，色白质稠。湿浊瘀滞胞宫，胞脉不利，故经行小腹剧痛。湿郁瘀滞下焦，冲任不能相资成孕，故不孕。证属湿瘀阻滞，胞脉瘀积，故首诊用鸡血藤、丹参、当归、川芎、赤芍养血活血调经，白术、茯苓、泽泻健脾利湿，槟榔、苍耳子燥湿杀虫止痒，补骨脂温肾化湿，全方肝、脾、肾三脏兼顾，温化湿郁，调理冲任，使湿瘀能化，胞脉通畅。由于辨证准确，守方治疗，共计服药15剂而收功。

病例34

班某，30岁，居民。1982年4月18日初诊。

1978年第一胎人工流产后，迄今近4年未再受孕。月经周期正常，色暗红，量一般，持续3~5天干净。经行之时腰及少腹、小腹胀痛，平时带下量多，色黄白，不时阴痒，其余尚无特殊不适。舌质淡，苔薄白，脉虚弦。

诊断：①断绪；②湿瘀带下。

辨证：湿瘀下焦，胞脉不畅。

治法：健脾化湿，调养冲任。

处方：当归9g，白芍9g，川芎5g，云茯苓15g，白术9g，泽泻9g，苍术5g，鸡血藤15g，延胡索9g，莪术5g，炙甘草5g。3剂，每日1剂，水煎服。

二诊（1982年4月22日）：药已，带下减少，阴道不痒，但耳鸣，夜难入寐，舌质淡，苔薄白，脉沉细。恐温燥攻伐过用，转用润养之品。

处方：归身9g，白芍9g，熟地15g，怀山药15g，山萸肉9g，北沙参9g，麦冬9g，夜交藤15g，云茯苓5g，泽泻5g，丹皮5g。3剂，每日1剂，水煎服。

三诊（1982年4月25日）：夜寐尚好，但尚耳鸣，舌质淡，苔薄白，脉沉细。药既对证，仍守方再服3剂。

四诊（1982年5月9日）：月经逾期9天，尚未来潮，耳鸣，肢倦，舌淡红，苔薄白，脉细滑。拟补肾壮腰、双补气血之法。

处方：菟丝子15g，怀山药15g，党参15g，炙北芪15g，归身9g，川芎5g，白芍9g，熟地15g，柴胡2g。3剂，每口1剂，水煎服。

五诊（1982年6月15日）：停经近两个月，疲倦，纳差，少腹隐痛，腰酸，舌质淡红，苔薄黄，脉细滑。尿妊娠试验阳性。证属胎气郁滞，波及胞脉，拟补肾益气，清热安胎之法。

处方：菟丝子20g，太子参15g，桑寄生15g，白芍9g，川断5g，川杜仲5g，陈皮2g，黄芪3g，甘草5g。3剂，每日1剂，水煎服。

按语：湿瘀下焦，阻遏气机，以致胞脉不利，故带下量多而多年不孕，治之当以健脾化湿、调养冲任为主。首诊方中以茯苓、二术、泽泻、甘草健脾化湿，当归、川芎、白芍、鸡血藤、莪术、延胡索补血活血，理气化瘀。由于湿性黏腻，瘀则凝结，均能阻遏气血的流畅，导致湿瘀互结为患，故化湿与活血同用。化湿选用甘淡渗利之品，活血则补血化瘀并用，既能祛湿化瘀，又不损伤正气。又由于肝主生发，肾主生殖，二诊之后，选方用药侧重于滋补肝肾，调养冲任，使阴血充足，经脉畅通，自能妊娠。

病例35

农某，28岁，职员。1992年4月27日初诊。

1989年春结婚，婚后夫妻双方共同生活，性生活正常，未避孕，迄今未孕。17岁月经初潮，周期一向错后，常为四季经，经量多少不一，色暗红，夹块，经前常乳房胀痛，性急易怒，后经中药治疗后，近半年来月经周期已正常。1991年6月在市内某医院行诊刮，病理检查提示"子宫内膜部分腺体分泌欠佳"，B超检查示多囊卵巢，1991年9月29日行腹腔镜探查术，见左侧卵巢3cm×4cm×4.5cm，右侧卵巢3cm×4cm×4cm，皮质增厚，楔形切除左右卵巢各三分之一皮质，术中通液检查示左侧输卵管通而不畅。本月20日经行，现为经行第六天，量不多，色暗红，夹血块。平素带下量多，形体肥胖。舌质淡嫩，苔薄白，脉虚细。

诊断：不孕症。

辨证：痰湿阻滞下焦，气滞血瘀。

治法：健脾除湿，化瘀行滞。

处方：当归10g，川芎10g，白芍10g，白术10g，茯苓10g，泽泻10g，刘寄奴

15g，泽兰 10g，苏木 10g，路路通 10g，红枣 10g。10 剂，每日 1 剂，水煎服。

二诊（1992 年 5 月 11 日）：上药服后自我感觉良好。近日来胃纳欠佳，舌淡红，苔薄白，脉细。效不更方，守上方加健胃消食之生谷芽 20g。7 剂，每日 1 剂，水煎服。

三诊（1992 年 5 月 18 日）：乳房作胀，带下量少，纳、寐、二便正常，舌淡红，苔薄白，脉细。拟疏肝调经。

处方：柴胡 6g，白芍 10g，当归 10g，白术 10g，茯苓 10g，夏枯草 10g，炙甘草 6g，薄荷 3g（后下）。7 剂，每日 1 剂，水煎服。

四诊（1992 年 6 月 1 日）：停经已 42 天，尿妊娠试验阳性，无任何不适。舌淡红，苔薄白，脉细滑。予补肾安胎以善后。

处方：菟丝子 20g，川杜仲 10g，怀山药 15g，枸杞子 10g，党参 15g，白术 10g，覆盆子 10g，桑寄生 15g，炙甘草 6g。7 剂，每日 1 剂，水煎服。

按语：《景岳全书》云："痰之化无不在脾，而痰之本无不在肾"。脾肾素虚，水湿难化，聚湿生痰，痰阻冲任、胞宫，气机不畅，故月经错后；痰阻冲任，脂膜壅塞子宫，则不能摄精成孕。班老一诊、二诊用当归芍药散以健脾疏肝，化湿祛瘀，加刘寄奴、泽兰、苏木、路路通以活血化瘀，疏通胞脉胞络，使痰湿、瘀滞一并去除，恢复肝脾之运化疏泄功能，重建生机。三诊根据肝郁气滞的表现，用逍遥散疏肝健脾，调理气血，共服药 24 剂而收功。

病例 36

张某，26 岁，工人。1992 年 2 月 17 日初诊。

1988 年结婚，夫妻同居，性生活正常，迄今未孕。月经周期正常，量中等，无痛经史。近 1 年来，无明显诱因出现带下量多，色黄质臭秽，曾在本市某医院检查，诊为"滴虫性阴道炎"，用甲硝唑等治疗，症状反复未愈。嗣后出现月经周期提前 1 周左右，经前少腹、小腹剧痛，乳头乳房胀痛，甚时头晕欲呕。月经量偏少，色淡夹块。曾经检查，未发现子宫、输卵管明显异常。带下量多，色灰黄，腰痛，小腹隐痛，全身乏力，纳差便溏。末次月经为 1992 年 2 月 7 日。阴道分泌物检查：滴虫（＋＋），脓细胞（＋＋＋），清洁度Ⅳ度。

诊断：①不孕症；②痛经；③带下过多。

辨证：肝郁脾虚，湿热下注。

治法：疏肝健脾，清热利湿。

处方：丹皮 10g，山栀子 6g，柴胡 6g，当归 10g，白芍 10g，白术 10g，云伏苓 10g，益母草 10g，夏枯草 10g，川杞子 10g。3 剂，每日 1 剂，水煎服。

嘱其忌食辛热煎炒之品及酒等，以免助湿生热。

二诊（1992 年 2 月 21 日）：诸症徘徊，守法再进。

处方：党参 15g，白术 10g，苍术 6g，怀山药 15g，升麻 3g，柴胡 5g，陈皮 6g，车前草 10g，白芍 10g，生薏仁 15g，神曲 10g，荆芥 3g。4 剂，每日 1 剂，水煎服。

三诊（1992 年 2 月 28 日）：药已，带下由黄转白，质稠臭秽，阴部瘙痒，大便溏薄，舌淡红，苔薄白，脉细弦。

处方：当归 10g，川芎 6g，赤芍 10g，白术 10g，土伏苓 20g，泽泻 10g，黄柏 6g，苍术 6g，生薏仁 15g，牛膝 6g。7 剂，每日 1 剂，水煎服。

四诊（1992 年 3 月 13 日）：药后带下减少。现口干口苦，纳谷不馨，大便干结。3 月 7 日经行，经前乳胀，腹痛减轻。舌淡红，苔微黄，脉细弦。

处方：鸡血藤 20g，丹参 15g，土茯苓 20g，忍冬藤 20g，车前草 10g，益母草 10g，生薏仁 15g，当归 10g，苍耳子 10g，鱼腥草 10g。14 剂，每日 1 剂，水煎服。

五诊（1992 年 4 月 3 日）：药后带下大减，阴痒消失。现为经行第三天，除经前乳房微胀外，余无所苦。舌淡红，苔薄黄，脉细弦。经行之际，则拟养血调经之法。

处方：鸡血藤 20g，丹参 15g，当归 10g，川芎 6g，白芍 10g，熟地 15g，川断 10g，益母草 10g，炙甘草 6g。4 剂，每日 1 剂，水煎服。

六诊（1992 年 4 月 10 日）：经净，现带下黄稠而臭，尿道灼痛，少腹、小腹隐痛，口苦，乏力，大便时硬时溏，舌淡红，苔薄黄，脉细弦。继用清热利湿化瘀之法。

处方：当归 10g，川芎 6g，赤芍 10g，白术 10g，土茯苓 20g，泽泻 10g，黄柏 6g，苍术 6g，连翘 15g，马鞭草 15g。7 剂，每日 1 剂，水煎服。

药后诸症消失，带下色质均正常，白带常规检查已正常。继予调补肝肾以善后，方用归芍异功散、六味地黄汤、五子衍宗丸等方剂加减出入，共治疗半年余后妊娠。

按语：生理性白带，本属人体的一种阴液。正如王孟英所言："带下乃女子生而即有，津津常润，本非病也"。病理性带下，多为感染邪毒，湿热下注，导致白带的色、质、量发生变化，或伴异臭，或阴部瘙痒，则为异常的带下，即带下病。"夫带下俱是湿证"（傅青主语），脾主运化水湿，赖肝木之疏泄，脾虚肝郁，则水湿壅滞，蕴而化热，损伤任带，故表现为带下量多，色黄而臭。肝失疏泄，气滞血瘀，故经前少腹、小腹剧痛，乳头乳房作胀。湿瘀阻滞胞宫胞脉则不能摄精成孕。肝郁化火，横逆犯胃，上扰清窍，故头晕欲呕。脾失健运，则纳差、便溏。脉细弦乃肝血不足、肝气郁滞之象。对本案所表现出的痛经、带下、不孕，班老在治疗的全过程以化湿祛浊、扶正祛邪为指导思想，根据患者的脉症变化，通过甘寒清利、化瘀利湿、健脾疏肝等法以祛湿化瘀，调理肝、脾、肾三脏功能，健固督带而达种子的目的。所选方剂如一诊的丹栀逍遥散、二诊的完带汤、三诊的当归芍药散、四诊的清宫解毒饮（自拟方）等均药性平和，以甘、辛、苦味为主，寒温并用，利湿而不伤阴，化瘀而不伤正，湿瘀并治，以达治带以助孕的目的。

附：不育症

病例 1

黄某，男，39 岁，个体商贩。1990 年 7 月 30 日初诊。

6 年前生育一胎后迄今未育。夫妻性生活正常，平素腰酸，容易疲劳，时而太阳穴隐痛，不能久视，纳、便正常。精液常规检查：量3ml，色乳白，质稠，死精60%，畸形35%，计数2.3×10^8/ml。舌淡红，苔黄厚，脉弦细。

诊断：不育症。

辨证：肝肾阴虚，精血亏损。

治法：滋养肝肾。

处方：熟地15g，怀山药15g，山萸肉6g，北沙参10g，麦冬10g，女贞子10g，旱莲草20g，丹皮6g，云苓6g，泽泻6g，夜交藤20g。4剂，每日1剂，水煎服。

二诊（1990年10月11日）：药已，自觉精神较佳。舌淡红，苔薄白，脉细弦。守上法，佐以益气生精，以冀阳生阴长。

处方：菟丝子20g，川杞子10g，覆盆子10g，补骨脂10g，黄精15g，党参15g，柴胡6g，怀山药15g，芫蔚子10g，鸡血藤20g。12剂，每日1剂，水煎服。

三诊（1991年1月21日）：用上述两方交替加减服用二十余剂，头痛消失，视力好转，除偶有腰酸外，余无不适。复查精液常规：死精40%，畸形20%，计数1.08×10^8/ml，仍守上法，平补阴阳。

处方：菟丝子20g，车前子10g，川杞子10g，覆盆子10g，五味子5g，怀山药15g，山萸肉10g，鸡血藤20g，丹皮10g，红枣10g。7剂，每日1剂，水煎服。

四诊（5月2日）：守上方加减出入共服药21剂，药后精神、饮食、二便俱佳，舌淡红，苔薄白，脉细缓。拟滋养兼壮阳，即"补阴配阳"之义。

处方：菟丝子20g，川杞子10g，覆盆子10g，黄精15g，肉苁蓉15g，锁阳10g，党参15g，紫石英20g，红枣10g。7剂，每日1剂，水煎服。

1992年5月随访：其妻末次月经为1991年4月12日，于1992年1月顺产一男婴。

按语：肝藏血，肾藏精，肝血肾精充盈则精壮而生机蓬勃；肝肾阴虚，精血亏损，水不济火，虚火内炽，真阴耗竭，精子无法生存则见死精、精子畸形。肝血不足，不能濡养外窍则不能久视；肾精亏虚，外府失养则腰酸；脉弦细为精血不足之象。一诊首用六味地黄汤合二至丸，滋养肝肾，壮水济火。二诊则用五子衍宗丸去五味子、车前子加黄精、芫蔚子，补中有化；党参、怀山药、鸡血藤健脾益气，养血行血，补而不滞；柴胡疏肝生发。全方除注重滋养肝肾外，兼以调理气血。经上述两方交替治疗，复查精液常规已有进步。四诊、五诊均守前法，用五子汤加味，选用肉苁蓉、黄精、锁阳、紫石英等补而不腻，温而不燥，壮阳益肾生精，最终取得理想疗效。

病例2

钟某，男，35岁，教师。1990年3月29日初诊。

结婚已6年，最初3年夫妻两地分居，近3年夫妻同居，性生活正常，但迄今未育。自婚后常出现早泄，平素亦常感腰酸，易疲劳，纳、便正常。外生殖器无异常。精液常规：量3ml，死精80%，畸形15%，计数0.75×10^8/ml。舌淡红，苔薄白，脉弦细。

诊断：不育症。

辨证：肝肾阴虚。

治则：滋养肝肾。

处方：熟地15g，怀山药15g，山萸肉6g，北沙参10g，麦冬10g，菟丝子20g，川杞子 10g，覆盆子 10g，扶芳藤 10g，丹皮 6g，茯苓 6g，泽泻 6g。4 剂，每日 1 剂，水煎服。

二诊（1990 年 5 月 21 日）：守上方加减服药三十余剂，自我感觉甚佳。复查精液常规：死精 30%，畸形 15%，计数 1×10^8/ml。现口苦，尿黄，舌淡红，苔薄白，脉弦细滑。效不更方，守方出入。

处方：熟地 15g，怀山药 15g，山萸肉 6g，北沙参 10g，麦冬 10g，鸡血藤 20g，丹参 15g，夜交藤 20g，白芍 10g，丹皮 6g，茯苓 6g，泽泻 6g。7 剂，每日 1 剂，水煎服。

三诊（1990 年 11 月 22 日）：上方连服 55 剂，复查精液常规：死精 15%，畸形 10%，计数 1.1×10^8/ml，除偶有腰酸、早泄外，余无不适。治在原基础上温肾壮阳。

处方：熟地 15g，怀山药 15g，山萸肉 10g，归身 6g，白芍 10g，沙蒺藜 10g，川杞子 10g，覆盆子 10g，五味子 5g，川杜仲 10g，炙甘草 5g。10 剂，每日 1 剂，水煎服。

四诊（1991 年 3 月 28 日）：上方已服 30 剂。复查精液常规：量 3ml，死精 1%，畸形 45%，计数 1.05×10^8/ml。精神欠佳，四肢痿软，夜寐多梦，舌淡红，苔薄白，脉缓。治除滋养肝肾外，佐以益气健脾，从后天补先天。

处方：党参 15g，炙黄芪 20g，核桃肉 20g，菟丝子 20g，川杞子 10g，蛇床子 5g，白术 10g，黄精 15g，红枣 10g。7 剂，每日 1 剂，水煎服。

五诊（1991 年 7 月 11 日）：守上方服约三十余剂，复查精液常规：死精 15%，畸形 10%，计数 8.8×10^8/ml。乏力好转，余无不适，舌脉同前。守上法继服。

处方：党参 15g，炙黄芪 20g，黄精 15g，紫石英 20g，怀山药 15g，菟丝子 20g，川杞子 10g，覆盆子 10g，车前子 6g，五味子 6g，红枣 10g。10 剂，每日 1 剂，水煎服。

上药服至 20 剂时，其妻已妊娠。

按语：肾藏精而为水火之脏、生殖之本；肝藏血而主生发条达。肾之阴精充盈，肝之气血调和，则性功能正常，能作强生发，交而成孕。若肝肾阴虚，精血亏损，水不济火，则虚火内炽，煎熬津血，使精子难以生存而死亡，故交而不育。案中从一诊至三诊以六味地黄与五子衍宗加减出入调理肝肾，滋水济火，坚持守方治疗，使死精数量从原来 80% 降至 1%，但畸形精子却有增多之势，从脉症来看，与后天脾胃虚弱有关。故从四诊开始，注重补气益脾，在原滋补肝肾的基础上，加用党参、白术、黄芪、怀山药等补脾肾之气，使血足气旺，精子健壮，历经 1 年多的治疗，终能孕育。

癥　瘕

病例 1

黎某，女，26 岁，农民。1991 年 6 月 24 日初诊。

1991 年 4 月 15 日因右侧卵巢大囊肿而行手术切除，术中发现左侧卵巢亦有拇指大囊肿。术后月经周期超前 1 周左右，并出现阴吹，阴道簌簌有声，每日 5~6 次，尤以活动或体位改变时明显。3 天前在区医院 B 超检查示"子宫左前方见 27mm×28mm 液性暗区，提示左卵巢囊肿"。现纳少，便溏，阴吹，左少腹隐隐作痛，带下量多，色白，舌淡红，苔薄白，脉细。

诊断：①癥瘕；②阴吹。

辨证：气虚痰瘀互结。

治则：益气化痰，祛瘀消癥。

处方：黄芪 20g，茯苓 20g，桂枝 6g，赤芍 10g，桃仁 10g，丹皮 10g，生牡蛎 30g（先煎），瓦楞子 10g，猫爪草 10g，土茯苓 30g，香附 10g，鸡血藤 20g。7 剂，每日 1 剂，水煎服。

二诊（1991 年 7 月 2 日）：上药共服 21 剂，左少腹痛消失，阴吹次数减少。7 月 15 日行经，量较多，色暗红，夹块，现为经行第四天，经量已减，腰酸，左少腹隐痛，舌淡红，苔薄白，脉细。经行之际，拟补肾养血之法。

处方：鸡血藤 20g，丹参 15g，当归 10g，川芎 6g，赤芍 20g，川断 10g，熟地 15g，益母草 10g，炙甘草 6g。4 剂，每日 1 剂，水煎服。

三诊（1991 年 7 月 23 日）：药已，月经 6 日已净。现胸闷欲呕，痰多质稠，带多如脓，黄白相兼，阴痒时作。舌淡红，苔薄白，脉细。痰湿中阻，上逆则呕，下注则为带，宜健脾为主，以清痰源，方用小柴胡汤加味。

处方：柴胡 6g，党参 15g，黄芩 6g，制半夏 10g，小茴香 6g，生姜 10g，红枣 10g，炙甘草 6g。3 剂，每日 1 剂，水煎服。

药后，诸症消失。7 月 25 日复查 B 超：子宫附件正常，左卵巢囊肿消失。继服 6 月 24 日方 7 剂巩固治疗。

按语：素体脾肾气虚，阳气不足，脾失健运，水湿不化，聚而生痰，痰湿阻滞胞络，与血气相搏结，积而成癥。术后气血损伤，正虚邪盛，故癥积增大。中气不足，溲便为之变，腑气不循于常道，故阴中气体喧扰；脾虚失运则纳少、便溏；水湿下注则带下量多色白。治用桂枝茯苓丸温化痰湿，加黄芪、鸡血藤补气养血，补而不滞，生牡蛎、猫爪草、瓦楞子软坚散结，香附疏肝理气。其中茯苓与土茯苓合用，既加强健脾渗湿之功，又有解毒祛秽之功。诸药合用，攻补兼施，缓消包块。二诊、三诊随证处方，但始终注意以健脾化痰为宗。经过一个月的治疗，终于收到理想的疗效。

病例 2

张某，女，29 岁，工人。1991 年 11 月 8 日初诊。

1990 年 11 月 12 日因右侧盆腔包块在某医学院行右卵巢囊肿加左卵巢楔形切除术，术后病理检查报告为卵巢巧克力囊肿。1991 年 1 月 B 超复查："左下腹膀胱外方有 7.4cm×6.4cm×4.1cm，子宫左旁有 4.8cm×3.1cm×2.3cm 及 1.6cm×1.4cm 圆形液性暗区，提示盆腔多发性囊肿占位。"要求服中药治疗。平素月经不规则，时而超前、时而错后 1 周以上，诊时无何不适，纳、便正常，舌淡红，苔薄白，脉细。

诊断：癥瘕。

辨证：湿瘀搏结，积而成癥。

治则：活血化瘀，软坚消癥。

处方：鸡血藤 20g，丹参 15g，当归 10g，川芎 6g，赤芍 10g，白术 10g，土茯苓 20g，泽泻 10g，莪术 10g，猫爪草 10g，瓦楞子 10g。7 剂，每日 1 剂，水煎服。

二诊（1992 年 3 月 3 日）：守上方连续服用 3 个月，月经周期已恢复正常。效不更方，守上方加减。

处方：当归 10g，川芎 6g，赤芍 10g，白术 10g，土茯苓 20g，泽泻 10g，莪术 10g，海藻 10g，夏枯草 10g，猫爪草 10g，忍冬藤 20g。7 剂，每日 1 剂，水煎服。

三诊（1992 年 5 月 8 日）：上方连服二十余剂，4 月 20 日经行，量中，色鲜无块，迄今未净。纳、便正常，舌淡红，苔薄白，脉细。拟化瘀止血法。

处方：煅牡蛎 30g，山楂 15g，瓦楞子 10g，海螵蛸 10g，仙鹤草 10g，葛根 10g，荆芥炭 10g，炙甘草 6g。4 剂，每日 1 剂，水煎服。

四诊（1993 年 11 月 5 日）：服上方后血止，嗣后用 3 月 3 日方加减出入，每月服药十余剂，于 10 月 18 日 B 超复查："子宫大小形态正常，左卵巢 3.3cm×1.9cm，内见 1.3cm×1.3cm 类圆形无回声团，右卵巢未见占位性改变。"继服原方 7 剂以巩固疗效。

按语：《灵枢·水胀》肠覃的描述，颇似卵巢囊肿，其病机多为寒气客于肠外，与卫气相搏，气不得荣，不荣则滞，气滞血凝，积聚而成。但由于胞宫位于下焦阴湿之地，故湿瘀互结，又为本病的特征。本案以仲景当归芍药散去茯苓加土茯苓为主方，湿瘀并治，佐以养血化瘀、软坚散结之品，坚持守方服药，徐图缓攻，使多发性的囊肿得以消除。

病例 3

屈某，女，27 岁，干部。1991 年 5 月 30 日初诊。

15 岁初潮，月经常错后 10 天左右，间有 2～3 个月一行，经量较少。本次月经为 1991 年 2 月 28 日，因停经 2 月余，到市某院检查发现右附件包块，当时疑为"宫外孕"住院，后复查为早孕而行人流术。当时妇检发现子宫前方有一鸽蛋大包块，囊性，与子宫粘连。B 超检查示子宫右侧 5cm×3.5cm 液性包块。刻诊：夜难入寐，夜尿 2～3 次，咽痛，牙龈肿痛，纳可，大便干结。舌淡红，苔薄黄，脉细弱。

诊断：癥瘕。

辨证：肝肾阴虚，气滞血瘀。

治则：第一步：滋养肝肾，清热泻火；第二步：行气活血，软坚消癥。

处方：熟地 15g，怀山药 15g，山萸肉 6g，北沙参 10g，麦冬 10g，白芍 20g，牛膝 6g，千层纸 5g，丹皮 6g，云苓 6g，泽泻 6g。4 剂，每日 1 剂，水煎服。

二诊（1991 年 6 月 10 日）：药后能寐，咽、齿痛消失。月经逾期未行，两少腹胀痛未作，纳、便正常。舌尖红，苔薄白，脉细弱。拟养血通经法。

处方：鸡血藤 20g，丹参 15g，当归 10g，川芎 6g，赤芍 10g，熟地 15g，川断 10g，益母草 10g，路路通 10g，急性子 20g，炙甘草 6g。3 剂，每日 1 剂，水煎服。

三诊（1991 年 6 月 24 日）：药已，月经已行，量少色暗，4 天干净。现两少腹隐痛，口苦，夜难入寐，舌尖红，苔薄白，脉沉细。拟活血化瘀消癥法。

处方：桃仁10g，红花6g，赤芍10g，当归10g，川芎10g，鸡血藤20g，丹参15g，穿破石20g，路路通10g，皂角刺15g，香附10g。7剂，每日1剂，水煎服。

四诊（1991年8月4日）：药后自觉下腹部有收缩感，阵发性隐痛，数分钟后消失。守上方随证加减服药月余，复查B超：子宫5.8cm×4.0cm×3.2cm，两附件未见异常。继用逍遥散加味调理气血以善后。

按语：初潮则经行错后，经量偏少，显系肝肾不足所致。肝血不足，则肝郁而气机不畅，血行瘀滞；肾阴亏虚，则虚火内扰，炼液为痰，痰瘀互结而成癥。又因人流手术，阴血更伤，阴虚火旺，虚火上炎，故咽痛、牙痛、夜难入寐。本着急则治其标的原则，一诊用六味地黄加沙参、麦冬滋养肝肾，牛膝既壮腰膝，又能引虚火下行，千层纸清热利咽，药能对证，故阴虚火旺得以平息。二诊因虚瘀夹杂为患，经水逾期未行，故用四物汤加鸡血藤、丹参补血行血，川断补肝肾调冲，益母草化瘀，路路通、急性子通络行经。三诊后治疗重点在化瘀消癥，方用桃红四物汤加味攻补兼施，连续用药1个月，收到阴阳平衡、瘀消癥除之效。

病例4

杨某，女，34岁，工人。1990年11月9日初诊。

检查发现卵巢囊肿20天。1985年曾因左侧卵巢肿瘤在某医院手术治疗，术时病理检查为畸胎瘤及部分黏液性乳头状囊腺瘤，术后曾化疗以防恶变。1990年10月因少腹疼痛到医院检查，B超检查示子宫右后方见2.7cm×3.9cm液性暗区。自手术后月经时有超前，色量尚正常。现右少腹疼痛，头晕，纳、便尚可，舌淡红，苔薄白，脉虚细。

诊断：癥瘕。

辨证：痰湿阻滞，气滞血瘀。

治则：豁痰除湿，化瘀消癥。

处方：生牡蛎30g（先煎），丹参15g，赤芍10g，刘寄奴10g，泽兰10g，凌霄花10g，白芥子10g，土茯苓20g，浙贝10g，香附10g，威灵仙10g。7剂，每日1剂，水煎服。

二诊：（1990年11月20日）：药已，偶有少腹胀，阴道有少量黑色分泌物，余无不适。舌淡红，苔薄白，脉细。治在原法基础上健脾益气。

处方：归身10g，赤芍10g，生牡蛎30g（先煎），鸡血藤20g，党参15g，土茯苓20g，白术10g，陈皮5g，炙甘草6g。7剂，每日1剂，水煎服。

三诊（1990年12月25日）：药后阴道流血已止，现无任何不适，纳、便止常，舌淡红，苔薄白，脉沉细。继服一诊方药二十余剂，于1991年4月B超复查，右侧卵巢囊肿已消失。

按语：痰湿内停，阻滞胞脉，与血气相结，积于下焦而形成癥块，因其为痰湿瘀结而成，故大多呈"液性"。湿瘀阻滞，气血运行不畅，气滞血瘀，故少腹疼痛；痰湿上犯清空，故头晕。治疗以软坚消癥为原则，用药大多选用既能化瘀又能利湿之药，如泽兰、益母草等。如无热象者，可用桂枝、苍术、制半夏、白芥子等辛温燥湿化痰，其中土茯苓既能解毒除秽，又可利湿，临床多用。本例有痰湿蕴久化热之势，除选药平和柔润外，方中配伍一味凌霄花，既可清下焦冲任伏火，又可化瘀消癥。由于痰湿之生源于脾胃，故补益脾胃，使之健运，为巩固疗效中重要的一环。

病例 5

唐某，女，44 岁，干部。1993 年 5 月 21 日初诊。

十余年来，月经周期常提前 7 天左右，经量较多，甚时顺腿而下，色暗红，夹块，经前乳房胀痛，纳差。最近检查发现右侧卵巢囊肿（3.5cm×4.3cm）。平素无任何不适，纳、便正常，舌淡红，苔薄白，脉弦滑。

诊断：①癥瘕；②月经量多。

辨证：湿瘀阻滞下焦，损伤冲任。

治则：养血化瘀，软坚消癥。

处方：鸡血藤 20g，丹参 15g，丹皮 10g，夏枯草 15g，瓦楞子 10g，茜根 10g，海螵蛸 10g，归身 10g，猫爪草 10g，生牡蛎 30g（先煎），红枣 10g。7 剂，每日 1 剂，水煎服。

二诊（1993 年 6 月 4 日）：5 月 28 日经行，经量略减，血块亦减少。现经净 2 天，纳呆，口淡无味，舌淡红，苔薄白，脉细弦。拟健脾益气佐以消积。

处方：党参 15g，白术 10g，茯苓 10g，陈皮 6g，鸡血藤 20g，丹参 15g，莪术 6g，益母草 10g，炙甘草 6g。7 剂，每日 1 剂，水煎服。

三诊（1993 年 6 月 12 日）：上药服至 6 剂时，阴道有少量淡红色分泌物，现已消失。纳差，舌淡红，苔薄白，脉细。仍守原法，佐以健胃消食。

处方：生牡蛎 30g（先煎），浙贝 10g，玄参 15g，山楂 10g，夏枯草 10g，生谷芽 20g，莪术 10g，鸡血藤 20g，丹参 15g，红枣 10g。连服 14 剂。

四诊（1993 年 7 月 2 日）：药后纳食增加，余无异常。舌淡红，苔薄白，脉细。仍拟湿瘀并治法。

处方：当归 10g，川芎 6g，赤芍 10g，白术 10g，土茯苓 20g，泽泻 10g，莪术 10g，刘寄奴 15g，泽兰 10g，益母草 10g，甘草 5g。14 剂，每日 1 剂，水煎服。

五诊（1993 年 8 月 19 日）：便溏，纳可。近 2 个月来月经规则，经前乳胀消失，经量明显减少，经后复查 B 超，卵巢囊肿已消失。仍服上方 7 剂以巩固疗效。

按语：经行产后，起居不慎，或恚怒伤肝，气滞血瘀；或忧思伤脾，气滞血瘀湿阻，湿瘀阻滞下焦，日久则形成癥瘕。本例因湿瘀久居下焦，损伤冲任，故表现为月经量多，月经先期。因流血过多，血海不足，肝失所养，肝气郁结，横逆犯胃，形成肝脾不和的病机。案情虚实夹杂，故治疗上采用攻补兼施法，注意用鸡血藤、归身、红枣、党参、白术等柔肝益气健脾，并选用生牡蛎、浙贝、瓦楞子、猫爪草软坚化痰，使脾胃运化功能逐渐恢复，囊肿也随之消失。

病例 6

谢某，女，39 岁，工人。1992 年 12 月 12 日初诊。

检查发现子宫肌瘤 1 年余。月经周期尚规则，但经前小腹疼痛，行经时疼痛加剧，不能坚持工作。月经量多，色暗红，夹块，5 天左右干净，末次月经为 1992 年 12 月 7 日。平素无任何不适，纳、寐尚可，二便如常。于 1991 年 5 月 13 日 B 超检查：子宫左后壁见 4.9cm×3.1cm×2.8cm 低回声区，提示子宫肌瘤并腺瘤可能。舌淡红，苔薄白，脉沉细。

诊断：①癥瘕；②痛经。

辨证：血瘀气滞，积久成癥。

治则：软坚散结，化瘀消癥。

处方：黄芪20g，桂枝6g，赤芍10g，丹皮10g，土茯苓20g，鸡血藤20g，山楂10g，益母草10g，元胡10g，莪术10g，红枣10g。7剂，每日1剂，水煎服。

二诊（1993年1月6日）：守上方加减服药二十余剂，1月2日行经，腹痛大减，现经血欲净，无任何不适，舌淡红，苔薄白，脉细。守原方继续调治。

处方：茯苓15g，赤芍10g，丹皮10g，桃仁10g，莪术10g，刘寄奴10g，威灵仙15g，丹参15g，当归10g，海藻10g，红枣10g。7剂，每日1剂，水煎服。

三诊（1993年2月24日）：上药坚持服用至今。2月1日经行，量多，色红，夹少量血块，伴小腹隐痛，但能坚持工作。近日来咽痛，口干不欲饮，夜寐多梦，舌淡红，苔薄白，脉细。证属久服辛温，有伤津之象，拟养阴软坚散结法。

处方：当归10g，赤芍10g，川芎6g，土茯苓20g，泽泻10g，泽兰10g，生牡蛎30g（先煎），浙贝10g，玄参15g，益母草10g，红枣10g。水煎服，每日1剂。

四诊（1994年4月15日）：守一诊与三诊方交替加减服用1年余，复查子宫肌瘤从缩小至消失。

按语：中医学无"子宫肌瘤"病名，但由于发生在小腹部，固定不移，乃瘀血内停，气机受阻，久积成癥。因瘀阻于内，冲任气血郁滞，经血运行不畅，故经前、经中小腹疼痛；瘀血不去，新血不得归经，故月经量多；瘀血凝结，则色暗夹块。治宜化瘀消癥法，方用桂枝茯苓丸加减。本方具有活血化瘀作用，是治疗"宿有癥病"之轻剂，故常加莪术、刘寄奴、威灵仙以增强其活血化瘀之力，加猫爪草、夏枯草、海藻以软坚散结，加黄芪、当归、红枣益气补血，防其攻伐太过，并坚持守方治疗，使肌瘤消失，痛经亦随之而愈。

病例7

覃某，女，37岁，职工。1993年2月23日初诊。

1992年12月因带下夹血丝而到医院就诊，经检查发现子宫肌瘤。平素带下时多时少，偶夹血丝。月经超前5~7天，经前乳房胀痛，腰痛，末次月经为2月12日。现带下量多，色白，伴头晕，胸闷，纳寐尚可，二便正常，舌淡红，苔薄白，脉细缓。B超示：子宫4.6cm×5.1cm×6.5cm，宫颈后方见1.3cm×2.5cm肌瘤。

诊断：癥瘕。

辨证：湿瘀阻滞，积而成癥。

治则：健脾利湿，软坚化瘀消癥。

处方：当归10g，川芎6g，赤芍10g，土茯苓20g，白术10g，泽泻10g，生牡蛎30g（先煎），玄参15g，浙贝10g，海藻10g，香附10g。3剂，水煎服，每日1剂。

二诊（1993年2月27日）：药已，自觉胃脘隐痛，大便溏烂，恶心欲吐，舌淡红，苔薄白，脉细略数。

处方：生牡蛎30g（先煎），浙贝10g，玄参15g，夏枯草10g，莪术10g，苍术

10g，鸡血藤 20g，三棱 6g，香附 10g，威灵仙 15g，红枣 10g。7 剂，每日 1 剂，水煎服。

三诊（1993 年 3 月 20 日）：上药已服 14 剂，胃脘痛消失。3 月 11 日行经，经前乳胀减轻。因过食煎炒之品，现大便干结，尿道灼痛，舌淡红，苔微黄，脉细。温燥伤阴，治宜在原基础上加养阴清热之品。

处方：生牡蛎 30g（先煎），浙贝 10g，玄参 15g，夏枯草 10g，鸡血藤 20g，威灵仙 15g，凌霄花 10g，荷叶 10g，麦冬 10g，红枣 10g。7 剂，每日 1 剂，水煎服。

四诊（1993 年 5 月 15 日）：守上方随证加减共服药近 3 个月，带下基本正常，余症消失，复查 B 超，示子宫及附件未见异常。

按语：脾运化水湿，脾虚失于健运，则水湿不化，聚而生痰，痰湿下注，阻滞胞宫胞络，蕴久化热，湿热瘀结，积而成癥。一诊当归芍药散合消瘰丸合用，以软坚化瘀，利湿消癥。二诊因患者有阴虚内热的表现，故改用以消瘰丸为主凉血化瘀，清热利湿，缓消包块。守方间以猫爪草、夏枯草、桃仁、莪术、土茯苓等药加减进退，最终使脾气健运，湿瘀消除，癥瘕消散。

病例 8

黄某，女，40 岁，干部。1991 年 12 月 23 日初诊。

多年来月经尚规则，但月经量少，经前头痛剧烈，伴小腹隐痛。今年 4 月份检查发现子宫肌瘤（2.5cm×2.6cm）。末次月经为 11 月 26 日，现无任何不适，纳寐尚可，二便正常，舌淡红，苔薄白，脉细。

诊断：①癥瘕；②经行头痛。

辨证：血瘀气滞，瘀阻脉络，积久成癥。

治则：活血化瘀，软坚消癥。

处方：当归 10g，川芎 10g，赤芍 10g，茯苓 10g，白术 10g，泽泻 10g，生牡蛎 30g（先煎），瓦楞子 15g，海螵蛸 10g，益母草 10g，炙甘草 6g。3 剂，每日 1 剂，水煎服。

二诊（1991 年 12 月 31 日）：药已，月经于 12 月 24 日来潮，量少，色暗，现仍点滴未净，伴右偏头痛，咽痛，大便干结，胃脘隐痛，夜寐欠佳，舌淡红，苔薄白，脉细。瘀血内阻，经络不畅，拟养血化瘀法。

处方：熟地 15g，归身 10g，川芎 6g，白芍 10g，鸡血藤 20g，丹参 15g，川断 10g，益母草 10g，泽兰 10g，莪术 10g，炙甘草 6g。3 剂，每日 1 剂，水煎服。

三诊（1992 年 1 月 3 日）：昨日经净，头痛消失，仍觉咽痛，口干不欲饮，胃脘隐痛，大便干结，舌红少苔，脉细。拟滋阴清热，软坚化瘀，药用桃红四物汤加味。

处方：生地 15g，归身 10g，川芎 6g，赤芍 10g，桃仁 10g，红花 6g，生牡蛎 30g（先煎），玄参 15g，浙贝 10g，猫爪草 10g，香附 10g。7 剂，每日 1 剂，水煎服。

四诊（1992 年 1 月 31 日）：守上方共服药 28 剂，1 月 23 日经行，经量偏少，但经行头痛减轻。现左少腹隐痛，胃脘不适，舌淡红，苔薄白，脉细。

处方：茯苓 20g，桂枝 6g，丹皮 10g，桃仁 10g，赤芍 10g，当归 10g，丹参 15g，瓜蒌壳 10g，连翘 10g，山楂 10g。7 剂，每日 1 剂，水煎服。

五诊（1992 年 2 月 11 日）：药已，仍觉左少腹隐痛，带少而黄，纳少，大便溏烂，舌淡红，苔薄白，脉细。证为湿瘀蕴结所致，治宜化瘀利湿。

处方：归身10g，川芎6g，赤芍10g，白术10g，茯苓10g，泽泻10g，忍冬藤20g，连翘20g，元胡10g，莪术10g，海藻10g。7剂，每日1剂，水煎服。

六诊（1992年11月3日）：数月来守上方加减化裁，经行头痛消失。B超复查，原子宫肌瘤缩小至0.7cm×0.8cm，继予五诊方药调理。

按语：瘀血内阻，气机不利，积久成癥。癥积已成，瘀阻胞脉，血行不畅，故经来量少，色暗夹块。血瘀气滞，不通则痛，故经前腹痛。瘀阻经络，每逢经行则瘀随血动，故头痛剧烈。治疗采用活血化瘀消癥法。但因病位于下焦，故常夹痰湿为患，故又宜软坚化痰与活血化瘀联合使用，如一诊中当归芍药散合消瘰丸加味。在治疗的全过程中选用方药既注意活血化瘀，又兼顾和营养血，攻补兼施，寒温并用，如四诊中桂枝茯苓丸加味等。经过将近1年的治疗，终使肌瘤缩小，病情得到控制，经行头痛消失。

体会：卵巢囊肿和子宫肌瘤，临床较为常见，中医学将其归于癥瘕范畴。《灵枢·水胀》早有论述："肠覃何如？岐伯曰：寒气客于肠外，与卫气相搏，气不得营，因有所系，癖而内著，恶气乃起，瘜肉乃生""石瘕何如？岐伯曰：石瘕生于胞中，寒气客于子门，子门闭塞，气不得通，恶血当泻不泻，衃以留止，日以益大，状如怀子，月事不以时下，皆生于女子，可导而下。"根据上述所言，其病因皆因经期或产后，寒气入侵，气血凝滞，瘀结积留，故具体用药上可选用温经散寒、活血化瘀为法，导下其衃血，使气血流通，气有所至，血有所归。仲景之名方"桂枝茯苓丸"即据此而设，历经临床验证，迄今仍久用不衰。但临床使用时要酌加莪术、刘寄奴、归尾等增强其活血化瘀之力。由于病位于下焦阴湿之地，故又常兼夹痰湿为患，故又需配伍猫爪草、夏枯草、浙贝、半夏、海藻、牛牡蛎等药以软坚散结，香附、元胡、槟榔行血中之滞，气行则血行，土茯苓重用既可健脾利湿，又能解毒除秽。根据卵巢囊肿和子宫肌瘤的发病部位和特点，其病机多与湿瘀有关，故化瘀利湿又为常用之法，代表方如当归芍药散，根据湿瘀的轻重而灵活采用以化瘀为主、利湿为辅，或利湿为主、化瘀为辅的方法。此外，由于本病多为虚瘀夹杂、本虚标实之证，故选方用药要根据虚实的轻重，攻补兼施，既要顾护正气，又要消癥散结，不可急于求成，过用峻猛攻伐之剂。在治疗上常见三种转归：一为肿瘤稳定，无继续增大或缩小；二为肿瘤消失或缩小；三为肿瘤继续增大。宜配合现代医学的各种检查，如属不治，应嘱其早日手术治疗。

附：子宫肌瘤

子宫肌瘤是妇科常见的良性肿瘤，多发生于30岁以后的育龄妇女。由于肌瘤发生的部位不同，因而有肌壁间肌瘤、浆膜下肌瘤、黏膜下肌瘤及阔韧带肌瘤四种。在临床上主要表现为月经量多，经期延长，经色暗而夹紫块，少腹、小腹疼痛，按之不减，甚或加剧等现象。

中医学无"子宫肌瘤"的病名，但由于发生在小腹部，腹内有硬结块状，推之不移，痛有定处，按之加剧等特点，故可归属于血癥、瘀血经痛等的范畴。

一、病因病机

血癥的发生，张景岳在《妇人规》中有精辟的论述："瘀血留滞而作癥，唯妇人有之。其证则或由经期，或由产后，凡内伤生冷，或外受风寒，或患怒伤肝，气逆而血留，或忧思伤脾，气虚而血滞，或积劳积弱而不行。总由血动之时，余血未净，而一有所逆，则留滞日积而渐以成癥矣"。这里张氏明确地指出：血癥是妇女特有的疾病，可见子宫肌瘤是属于血癥的范畴。其发生的原因，既有经行、产后外感六淫之邪，凝滞血脉，也有七情内伤，肝气郁结，气血不和，或房事不节，损伤胞宫，精血互结，或积劳体弱，气血亏虚等不同的因素，导致气滞血瘀，停留日久而成癥。

二、论治用药

本着《内经》"坚者削之，损者益之，劳者温之，结者散之"之旨，本病的治疗原则，当以化癥散结为主。但人有强弱，证有偏颇，偏于气滞血瘀者，当以行气化瘀之法，所谓"疏其血气，令其调达，而致和平"；偏于瘀积硬块者，则以软坚散积为佳；偏于虚者，则补而攻之。同时，还要根据疾病的久暂、人体的羸瘦、虚邪的轻重，或先攻后补，或先补后攻，或攻补兼施，才能收到预期的效果。

1. 瘀血积结

经行量多，经行时间拖长，淋沥不断，经色暗红而夹紫块，经将行或经中少腹、小腹疼痛剧烈，按之不减，触之有硬块，推之不移，面色晦暗，皮肤干燥，平时带下量多，色黄白相兼，质稠臭秽，脉象细涩，舌苔薄白，舌质有暗点。治宜软坚散结、破积散癥之法，以桂枝茯苓丸加莪术、刘寄奴、猫爪草、夏枯草、土茯苓、香附、北黄芪之类治之。本方具有活血化瘀的作用，是治疗"宿有癥病"的轻剂，故加用莪术、刘寄奴以增强其活血化瘀之力；加猫爪草、夏枯草以软坚散结；香附行血中之滞，气行则血行；土茯苓配白茯苓，既能加强健脾渗湿之力，又有解毒祛秽之功，防其恶化；北黄芪益气补虚，防其攻伐太过。

2. 湿热瘀结

经行前后不定，经行量多，色暗红夹块，经将行及经中腰骶与小腹胀痛，甚或灼热闪痛，按之不减，平时带下量多色黄，质稠臭秽，小便短黄，舌苔黄腻，舌质红，脉象濡缓或弦数。治宜清热燥湿、活血祛瘀之法，方用四妙散加凌霄花、南丹皮、马鞭草、土茯苓、夏枯草、海藻之类治之，以期既能清热除湿，又能软坚化淤，逐渐消块。如湿热已退，而癥块不消者，病久入络，宜改用桃红四物汤加虫药如鳖甲、穿山甲、水蛭之类。

3. 气血两虚

癥块日久不愈，突然阴道下血量多，或长期淋沥不断，血色淡而质稀，夹有小块，小腹胀痛，痛过于胀，按之不舒，精神困倦，面色苍白，气短懒言，舌苔薄白，舌质淡，脉细弱或虚大。此属本虚标实，治宜"急则治其标"，先用补气摄血之法，以当归补血汤加人参、海螵蛸、艾叶炭治之。待血止之后，正气恢复，再用"缓则治其本"，以少腹逐瘀汤加苏木、泽兰以温化消块。

对于子宫肌瘤的治疗，除了要辨证论治之外，还应该注意以下事项：

（1）病情瘀积日久，宜徐图缓攻，不可过用峻猛攻伐之品，反而损伤元气。

（2）本病多虚瘀夹杂，是本虚而标实，治之宜衡量虚实轻重，或先补后攻，或先攻后补，或攻补兼施，或补中有攻，或攻中有补，要做到既能顾护正气，又能散结消块。

（3）病位在下焦阴湿之地，往往多夹痰湿，在辨证的基础上，要酌加茯苓、半夏、陈皮、浙贝、海蛤、海藻等化痰软坚之品。

（4）气行则血行，气滞则血瘀，治血先治气，要适当配用行气之品，如延胡索、甘松之类。

（5）癥块过大或生长迅速，有恶化可能者，应劝导病人采取手术治疗，以免贻误病机。

病例

黄某，女，32岁，已婚，乡村医生。1978年9月19日初诊。

结婚4年，双方共同生活，迄今不孕。月经超前，量多，持续10～15天干净，甚或必须吃止血药、打止血针（药名不详）出血始止。经色暗红，有紫块，经将行及经中腰骶胀痛，少腹、小腹疼痛，按之不减，平时带下量多，色白质稠，精神不振，肢体困倦。但尚能食，大小便一般，舌苔薄白，舌质淡，脉象虚细。某医院妇产科检查见子宫增大，诊为子宫肌瘤。证属瘀积停滞、本虚标实之变，仿桂枝茯苓丸加味治之。

处方：桂枝9g，赤芍药9g，桃仁6g，南丹皮9g，白茯苓12g，北黄芪20g，当归身10g，刘寄奴15g，莪术6g，香附6g。每天1剂，水煎服，连服6剂。

9月28日二诊：药已，无不适。仍守上方加鸡血藤20g。每天1剂，水煎服，连服6剂。

10月5日三诊：10月1日经行，量及血块较上月少，现已基本干净。经前及经中腰及小腹疼痛减轻。脉细，舌苔薄白，舌质一般。上方去丹皮、桃仁，加丹参15g，苏木12g，夏枯草10g。每天1剂，水煎服，连服6剂，每剂均复煎1次。

自此之后，即以本方为依据，或增或减，连续服用6个月，经行正常，次年春受孕。

输卵管阻塞

输卵管阻塞，在中医学文献中，虽然无专门的记载，但根据其临床表现，在月经不调、带下、无子、断绪、癥瘕等疾病中都有散在的叙述，是引起不孕的主要因素之一。

一、病因病机

输卵管阻塞的原因，现代医学认为是因急性或慢性输卵管炎、慢性盆腔炎、输卵管结核、盆腔手术之后附件粘连或子宫内膜异位等所引起。依据经络学说和审证求因的理论，输卵管是属于胞脉的范畴，其所以阻塞不能通行，在临床中常见的有以下几种因素。

1. 气滞血瘀

输卵管之所在为厥阴肝经之所属，如七情过极，肝气郁结，则疏泄失常，气滞血瘀，瘀阻胞脉而不通。

2. 气血虚弱

《难经》有"气主煦之，血主濡之"之说。气虚则不能温行，血虚则不能润通，形成载运乏力，虚而不通。

3. 外感寒湿

寒与湿都是阴邪，寒性收引凝滞，湿邪重浊黏腻。寒湿之邪为患，凝滞阻塞胞脉，则气机不利，久滞积瘀而不通。

4. 湿热下注

湿邪重浊，热邪蒸散，湿热交蒸，瘀滞胞宫，既能阻塞胞脉，又能灼伤络脉。湿热互结于胞脉，气机不畅而梗阻。

5. 痰湿郁滞

素体肥胖，阳虚不振，或恣食肥甘厚味，痰湿内生，导致气机不畅，胞脉不通。

以上原因，虽然各有不同的特点，但其均能导致胞脉瘀滞不通，以致虽婚而不孕。

二、论治用药

本病的治疗，总的来说，是要以活血通络、软坚散结为主，常用的药物有鸡血藤、当归、川芎、丹参、刘寄奴、路路通、夏枯草、猫爪草、香附、穿破石等通行之品。但由于病证表现各有不同，因而在治疗之时，仍然要辨病与辨证相结合，灵活地选方用药，才能做到有的放矢。如少腹、小腹胀痛并作，胸胁苦满，经行前后不定，量多少不一，色暗红而夹紫块，脉弦细，苔薄白，舌质有瘀点者，此属气滞血瘀、胞脉不通之变，宜用理气疏肝、行血通络之法，以柴胡疏肝散加鸡血藤、当归、刘寄奴、郁金、青皮、夏枯草治之；经行错后，量少，色淡，经期中少腹、小腹隐痛，得温得按则舒，倦怠乏力，舌苔薄白，舌质淡者，此属气血不足、温运乏力之变，宜用补养气血，佐以通行之法，以圣愈汤加鸡血藤、肉苁蓉、路路通、桂枝、小茴香治之；经行错后，色暗，夹块，少腹、小腹掣痛，畏寒喜热，脉沉紧或细缓，苔薄白，舌边尖或有暗点者，此属外感寒湿之邪，凝滞胞脉之变，宜用温散通行之法，以少腹逐瘀汤（当归、川芎、五灵脂、蒲黄、没药、肉桂、干姜、延胡索、赤芍、小茴香）加桂枝、穿山甲、路路通、香附治之；经行超前，色泽暗红，夹紫块，平时带下量多，色黄白相兼而质稠秽，阴道瘙痒，脉象滑数，舌苔黄白，舌边尖红者，此属湿热下注，蕴结胞宫之变，宜用清热利湿、活血通络之法，以四妙散（苍术、黄柏、苡仁、牛膝）加土茯苓、马鞭草、鸡血藤、丹参、赤芍、猫爪草治之；经行错后而量多色暗，带下质稠黏，平时心烦胸闷，时泛恶欲呕，苔白厚腻，舌质暗红，脉弦缓者，此属痰湿郁滞胞脉之变，宜用理气化痰、活血通络之法，以苍附导痰丸加皂刺、浙贝母、鸡血藤、刘寄奴、路路通、穿破石治之。

病例 1

潘某，女，30 岁，已婚，护士。1979 年 7 月 4 日初诊。

12 岁月经初潮，周期基本正常。结婚 3 年，双方共同生活，迄今未孕。月经周期基本正常，量一般，色红夹紫块。经将行时心烦易怒，夜寐欠佳，经行之后则舒。其余无不适。脉虚细，苔薄白，舌质淡嫩。某医院妇科检查：外阴（－），宫颈少许潮红，子宫后位，稍小，双侧附件（－）。输卵管通液术检查：双侧输卵管不通。

根据以上脉症及妇科检查的资料，显系冲任不足，气虚血滞，胞脉不通的不孕症。治宜温肾养血，佐以通络之法。

处方：菟丝子 15g，覆盆子 15g，当归身 9g，川芎 6g，杭白芍 9g，何首乌 15g，炙北芪 15g，白茯苓 9g，刘寄奴 9g，益母草 15g，小茴香 2g。每天 1 剂，水煎服，连服 6 剂，每剂均复煎服 1 次。

7 月 24 日二诊：上药服后，16 日月经来潮，周期正常，色量一般。现畏寒，鼻塞，纳差，脉象虚细，舌苔薄白，舌质淡嫩。证属虚实夹杂。仍守温化通络为主。

处方：生北芪 20g，当归身 9g，川芎 6g，小茴香 2g，老炮姜 2g，延胡索 5g，赤芍 6g，没药 6g，生蒲黄 6g，五灵脂 6g，肉桂丝 3g（后下）。每天 1 剂，水煎服，连服 6 剂。

8 月 31 日三诊：上方服后，胃纳转佳，精神良好。本"谷肉果菜，食养尽之"，即停药调养，以归身、鲜嫩益母草、黑豆各适量水煮，酌加油盐为饮食疗法。现经行逾期未潮，腰胀，头晕，呕恶不能食。脉象细滑，舌苔薄白，舌质淡。小便青蛙试验阳性。证属早孕恶阻，以益气和胃、降逆止呕之法治之。

处方：太子参 15g，白茯苓 9g，姜炒竹茹 5g，广陈皮 2g，缩砂仁 2g，桑寄生 15g，川杜仲 9g，枳壳 2g，紫苏叶 2g（后），老生姜 6g。每天 1 剂，水煎服，连服 3 剂，以少量多次服为佳。

按语：输卵管阻塞，是不孕症中比较顽固的一种，大多数病例需要治疗 3～6 个月甚或 1 年以上始见疗效。本例患者，根据其临床脉症，采取先后天并治，以温养为主，兼以通行，从而气血恢复，胞脉通利，故收效快而能孕。

病例 2

唐某，女，31 岁，已婚，出纳。1987 年 4 月 21 日初诊。

15 岁月经初潮，一向错后 10～20 天，色淡质稀，量一般。28 岁结婚，婚后双方共同生活，迄今 4 年未孕。性感不强，经行错后 30～60 天，量一般，色泽暗红，夹紫块，持续 4 天干净。经前 2 周乳房及少腹、小腹胀痛，触之加剧，经行之后则舒。胃纳一般，二便正常。脉象虚细，舌苔薄白，舌边有瘀暗点。末次月经为 2 月 11 日～2 月 15 日。妇检：子宫稍小，后倾位。输卵管通水术示两侧不通。

根据脉症及医院妇科检查，证属阳虚宫寒、气滞血瘀而导致胞脉不通的病变。拟温肾暖宫、疏通血脉之法为治。

处方：制附子 10g（先煎），柴胡 6g，当归身 12g，杭白芍 6g，白茯苓 10g，白术 12g，瓜蒌皮 10g，郁金 10g，益母草 10g，白蒺藜 10g，生甘草 6g。每日 1 剂，水煎服，连服 3 剂。附子要先煎 1 小时以上。

4 月 28 日二诊：药已，23 日经行，27 日干净。本次经行，少腹、小腹及乳房胀痛减轻，血块少，现无不适。脉虚细，舌苔薄白，舌边有瘀点。拟转用温化之法。

处方：制附子 10g（先煎），当归身 12g，川芎 6g，杭白芍 10g，熟地黄 15g，艾叶 6g，骨碎补 15g，蛇床子 3g，菟丝子 15g，北荆芥 3g，炙甘草 5g。每天 1 剂，水煎服，连服 6 剂。

5 月 5 日三诊：药已，无不适，精神好，脉象细缓，舌苔薄白，舌边有瘀点。拟用平补阴阳之法。

处方：菟丝子 20g，川杞子 10g，覆盆子 10g，当归身 12g，杭白芍 6g，潞党参 15g，炒白术 6g，巴戟天 9g，益母草 10g，肉苁蓉 15g。每天 1 剂，水煎服，连服 6 剂。

5 月 15 日四诊：药已，脉象缓和，舌苔正常，舌边瘀点未消。治以温通胞脉为主。

处方：制附子 10g（先煎），白茯苓 20g，桂枝 6g，赤芍药 10g，桃仁 6g，南丹皮 6g，当归身 12g，路路通 10g，皂刺 6g，红枣 10g。每天 1 剂，水煎服，连服 6 剂。

6 月 8 日五诊：本次经行于 5 月 29 日开始，6 月 3 日干净，经中诸症消失。法已中的，药已见效，仍守上方，每天 1 剂，水煎服。

8 月 1 日六诊：上方连服三十余剂，复查输卵管通水试验，两侧输卵管已通畅，经期无不适，但经行仍错后 7～10 天，色泽暗红，无块。脉象平和，舌苔正常。拟温养以善后。

处方：当归身 15g，川芎 6g，杭白芍 6g，熟地黄 15g，阿胶珠 10g（烊化），艾叶 6g，菟丝子 15g，蛇床子 3g，川杞子 10g，荆芥 2g。每天 1 剂，水煎服，连服 6 剂。

按语：中医学并无输卵管不通之名，但根据患者之脉症，属于阳虚宫寒、气滞血瘀而导致胞脉不通的病变，故以温肾暖宫、疏通血脉之法论治。病久多郁，故一诊时以逍遥散加味疏肝理气为主，配以附子之温行，其目的在于达到"疏其血气，令其调达，而致和平"（《素问·至真要大论》）。二诊、三诊重在温肾补养，促进气血之旺盛，为活血通脉、扶正祛邪打下基础，即先补后攻之意。四诊之后，以桂枝茯苓丸活血化瘀为主，加用温阳通脉之品，坚持守方，连服三十多剂，终能见效。

通行之法，有凉开和温化之分。本例患者，由阳虚而致，治疗全过程，虽有疏、补、行先后主次不同之分，但始终不忘温行。方中之附子，为走而不守、能通十二经脉之品，不仅能温肾壮阳，而且与血药同用，温化散凝、通行血脉之力益彰。

阴　痒

病例 1

林某，女，26 岁，某学院技术员，已婚。1974 年 11 月 13 日初诊。

半年来经行超前，量多，色红，平时带下量多，色黄白，质稠秽，不时阴痒。脉虚细数，苔薄黄白。阴道分泌物涂片检查：霉菌（＋＋）。

诊断：阴痒。

辨证：脾气虚弱，湿浊下注，化毒生虫。

治则：健脾化湿，解毒杀虫。

处方：党参 15g，白术 9g，陈皮 3g，土茯苓 15g，槟榔 9g，菟丝子 12g，车前子 9g，甘草 5g。每日 1 剂，水煎服，连续 6 剂。

二诊（11 月 20 日）：药已，带下减少，阴痒不显著。脉细，苔薄白。阴道分泌物涂片检查：霉菌（＋）。药既中病，守方再服 6 剂，每日 1 剂。

三诊（11 月 28 日）：带下少，阴道不痒。脉缓和，苔舌如平。阴道分泌物涂片检查：霉菌（－）。拟以异功散加减，以图根治。

处方：党参 15g，当归身 12g，白芍 10g，土茯苓 15g，槟榔 5g，陈皮 3g，甘草 9g。每日 1 剂，水煎服，可连服 5～10 剂。

四诊（12 月 20 日）：已停药十余天，阴道不痒，带下正常。今天经行，色红，量较上月少，仅提前 4 天。昨天阴道分泌物涂片检查（－）。本着有是证用是药的精神，拟健脾调经之法，守上方去土茯苓、槟榔，加炙芪 15g，熟地 15g，坤草 12g。每日 1 剂，水煎服，连服 3 剂，以扶正气而善后。

按语：脾气健运，则水湿化为津液而输布全身，脾虚则湿浊注于下焦，蕴结化热生虫，故带下量多，色黄白，质稠秽。虫毒蚀于阴中，故不时阴痒。以异功散加菟丝子、车前子健脾化湿治其本，槟榔、土茯苓解毒杀虫治其标。方中以土茯苓易白茯苓，取其甘淡平，既能配槟榔解毒杀虫，又能利湿而不伤正，为祛湿化浊杀虫常用之良药。

病例 2

陈某，女，29 岁，南宁市某施工公司技术员，已婚。1981 年 10 月 16 日初诊。

月经周期正常，量一般，色暗红，无块，伴腰胀，小腹胀痛。平时带下一般，外阴经常瘙痒。现月经刚净 3 天，余无不适。脉濡缓，苔薄白，舌质淡红。阴道分泌物镜检：霉菌（＋＋）。

诊断：阴痒。

辨证：湿郁下焦，化浊生虫。

治则：养血柔肝，利湿解毒。

处方：土茯苓 30g，槟榔 10g，苦参 15g，当归身 10g，白芍 10g，甘草 10g。每日 1 剂，水煎服，连服 3 剂。

二诊（10 月 19 日）：药已，外阴不痒，腰仍胀痛，脉细缓，舌苔如上。守上方去苦参之苦寒，加锁阳 10g，骨碎补 15g，以温肾壮腰，舒筋止痛。每日 1 剂，水煎服，连服 3 剂。

三诊（10 月 28 日）：外阴不痒，腰痛减轻，脉舌如上。阴道分泌物镜检：霉菌（－）。拟用温肾暖土之法。

处方：云苓 15g，白术 12g，干姜 3g，当归 10g，白芍 5g，大枣 10g。每日 1 剂，水煎服，连服 3 剂。

四诊（11 月 4 日）：阴道不痒，腰痛基本消失。脉细缓，苔薄白，舌质淡。阴道分泌物镜检：霉菌（－）。仍守上方加鸡血藤 15g，每日 1 剂，连服 3 剂，以巩固疗效。

按语：下焦为阴湿之地，湿邪郁遏，郁久则化浊生虫，虫蚀阴中，故阴道经常瘙痒，遵《内经》"湿淫于内，治以苦热，佐以酸淡，以苦燥之，以淡泄之"之旨，用土茯苓、苦参、槟榔、甘草辛甘苦温，清热利湿，解毒杀虫，以归、芍之辛温酸寒养血柔肝，防止渗利伤阴，药能对证，故阴痒消失。

体会：妇人阴痒的原因，有外感邪毒、脾虚湿盛、肝肾阴虚、脾肾气虚及肝胆湿热下注等之分。但临床所见，以脾肾气虚和肝胆湿热下注为多。肾主水，脾主湿，脾肾气虚，则不能运化水湿；肝脉络阴器，肝胆湿热下注，湿蕴热遏，为化浊生虫之源，故本病的治疗，多以清热、化湿、杀虫为主，并结合具体情况，随证施治。常用药如土茯苓、槟榔，既能行气燥湿，又能祛毒杀虫，用之多效。

年老妇女阴痒，多属肝肾两虚，元阴枯竭，相火内扇之变，阴易亏而难复，故病多难治，反之，青少年妇女阴痒，多属湿热下注，蕴结下焦，化浊生虫，只要清热利湿、解毒杀虫得法，则湿除毒尽，其痒易治。此外，凡属七情过激，气血逆乱，阴阳失调，五志化火而导致阴痒难忍者，除了药治之外，必须重视"心治"的开导，方能奏效，否则药治虽精确而心不治，仍难收功。

病例 3

何某，女，56 岁，退休工人。1991 年 11 月 12 日初诊。

1 周来外阴瘙痒，夜卧不安，带下少，无臭味，伴头晕，纳差，白带化验检查无异常。经外洗及阴道放药无效。舌淡红，苔黄厚腻，脉细。

诊断：阴痒。

辨证：肝血不足，湿热下注。

治则：养血柔肝，清热利湿。

处方：白芍 30g，首乌 20g，龙胆草 10g，桑枝 20g，甘草 10g。7 剂，每日 1 剂，水煎服。

二诊（1991 年 11 月 19 日）：药后阴痒大减，近日来头晕，纳差，大便溏烂，曾自服"土霉素"未效。舌边红，苔黄厚腻，脉细。治在原方基础上加重清热利湿之品。

处方：白芍 30g，龙胆草 10g，石菖蒲 6g，黄芩 6g，甘草 10g。3 剂，每日 1 剂，水煎服。

三诊（1991 年 11 月 22 日）：药已，阴痒已瘥，纳食尚可，唯大便不实，舌淡红，苔薄黄腻，脉细。继用健脾利湿之法。

处方：党参 15g，白术 10g，茯苓 10g，藿香 6g，葛根 15g，桑枝 15g，菖蒲 5g，远志 6g，炙甘草 6g。4 剂，每日 1 剂，水煎服。

按语：外阴居下焦阴湿之地，性最娇嫩，其瘙痒不适，与风、火、湿、毒诸邪有关。肝藏血而为风木之脏，其脉络阴器，体阴而用阳；肾藏精而主水，开窍于二阴，肝肾精血同源，内寄相火。妇女年届"七八"之龄，冲任虚损，精血渐亏，阴亏则不能潜阳，水不涵木则化燥生风，风动则火动，灼血伤津，血虚阴器失养而枯涩痒痛。故治宜养血息风止痒。方中白芍重用以柔肝养阴，首乌甘润滋肾生血，共奏补益肝肾、息风止痒之功。桑枝甘平，入肝经祛风通络；龙胆草若寒清泻肝火，燥湿止痒；生甘草重用泻火解毒，与白芍合用，酸甘养阴，柔肝和中，相得益彰。全方以甘润为主，补中有泻，故药后阴痒大减。由于脾为湿源，故三诊用四君子汤加味健脾利湿，以绝后患。

病例 4

杨某，女，43 岁，工人。1991 年 8 月 23 日初诊。

1 个多月来无明显诱因出现外阴瘙痒，时作时止，曾在医院检查，诊为"外阴尖锐湿疣"，经局部用药后仍觉外阴痒痛。带下量少，质稀，舌淡红，苔薄白，脉细数。

诊断：①阴痒；②阴疮。

辨证：湿毒下注。

治则：化瘀利湿，清热解毒。

处方：归身 10g，川芎 6g，白芍 10g，土茯苓 20g，白术 10g，泽泻 10g，槟榔 10g，苦参 15g，白鲜皮 10g，夏枯草 10g，甘草 6g。7 剂，每日 1 剂，水煎服。

另用九里明 50g，猫爪草 50g，槟榔 20g，水煎熏洗阴部，7 剂，每日 1 剂。

二诊（1991 年 9 月 10 日）：药已，阴部瘙痒时作时止，时而灼痛，其痛集中在小阴唇处，每次痒痛持续 5～6 分钟。舌淡红，苔薄黄，脉细略数。

处方：土茯苓 20g，忍冬藤 20g，生苡仁 20g，车前草 10g，鸡血藤 20g，丹参 15g，益母草 10g，连翘 20g，九里明 20g，槟榔 10g，甘草 6g。14 剂，每日 1 剂，水煎服。外用方药同上。

三诊（1991 年 10 月 11 日）：药后阴痒已减，外阴时痛，带下如水，质稀量少，舌淡红，苔薄白，脉细缓。仍守原法。

处方：归身 10g，川芎 6g，白芍 10g，土茯苓 20g，白术 10g，泽泻 10g，苍术 10g，黄柏 10g，连翘 20g，白芷 6g，槟榔 10g，甘草 5g。7 剂，每日 1 剂，水煎服。

四诊（1991 年 11 月 26 日）：外阴瘙痒消失，白带正常，经医院检查，外阴尖锐湿疣消失。继用四妙散加土茯苓、忍冬藤、龙胆草巩固治疗。

按语：凡房事不慎，或用纸不洁，或沐浴用水污浊，均可致邪毒侵入，蚀于阴部，轻则瘙痒，重则痒痛并作。湿郁化热，湿热成毒，蕴积于下焦，与血气相搏，郁结成疮，故阴中生疮，肿痛。治宜清热利湿，杀虫止痒，在治疗中采用内治与外治相结合的方法。方用当归芍药散养血疏肝，健脾化湿；二妙、四妙清热燥湿；槟榔、苦参、忍冬藤、九里明、白鲜皮清热解毒，杀虫止痒。标本兼治，内外并治，疗效较佳。

病例 5

许某，女，36 岁，职员。1991 年 4 月 16 日初诊。

4 个月来阴部瘙痒，经妇科检查诊为霉菌性阴道炎，用"制霉菌素片"塞阴道及阴道冲洗治疗未见明显好转，10 天前复查白带，霉菌为（＋＋＋）。现阴痒时作，尤以经前、经后为剧，带下色黄质稀，纳寐尚可，二便正常。妇检：阴道黏膜潮红；宫颈轻度糜烂；子宫后位，正常大小，质中；两附件区增厚、压痛。舌淡红，苔薄白，脉细路数。

诊断：阴痒。

辨证：肝经湿热，化毒生虫。

治则：清热解毒，利湿杀虫。

处方：鸡血藤 20g，丹参 15g，土茯苓 20g，忍冬藤 20g，生苡仁 15g，车前草 10g，益母草 10g，九里明 20g，槟榔 10g，龙胆草 6g，甘草 6g。3 剂，每日 1 剂，水煎服。

二诊（1991 年 4 月 19 日）：药后阴痒减轻。现正值经前，唯恐阴痒加剧，要求继续服药。舌淡红，苔薄白，脉细。效不更方，守上方 7 剂，每日 1 剂，水煎服。

三诊（1991 年 7 月 2 日）：药已，月经前后阴痒明显减轻，经色、量正常，但停药后阴痒时作，带下量少，质稀，微臭。舌淡红，苔薄白，脉沉细。仍守原法，加用外洗药。

处方：土茯苓 20g，白蒺藜 10g，槟榔 10g，黄柏 6g，苍术 6g，生苡仁 15g，牛膝 10g，甘草 6g。7 剂，每日 1 剂，水煎服。

另用蛇床子 30g，仙鹤草 60g，乌梅 30g，水煎坐盆熏洗，每日 1 次。

四诊（1991 年 7 月 9 日）：药后阴痒消失。舌淡红，苔薄白，脉沉细。仍以调理肝脾巩固疗效，方用当归芍药散合四妙散。

处方：当归 10g，川芎 6g，赤芍 10g，白术 10g，茯苓 10g，泽泻 10g，黄柏 6g，苍术 6g，生苡仁 15g，牛膝 6g。7 剂，每日 1 剂，水煎服。药后复查白带霉菌消失。

按语：肝藏血而为风木之脏，肝脉绕阴器，肝郁化火，横逆犯胃，脾胃运化失职，湿热循经下注，蕴结于阴器，久则化毒生虫，虫动则痒。经前相火偏旺，经后肝血亏虚，均可生风化燥，使阴痒加剧。治宜清泻肝火，解毒利湿杀虫。由于肝血不足，阴虚火旺，选方用药避免过于苦寒，以免化燥伤阴。方中土茯苓、忍冬藤、车前草、九里明，药性甘寒，既能解毒，又能利湿，少佐龙胆草清泻肝火。二诊除继用清热解毒、燥湿杀虫之剂内服外，外用解毒收敛、杀虫的蛇床子、仙鹤草、乌梅外洗，以期内外并治，相辅相成。三诊用养血调肝、健脾利湿的当归芍药散合四妙散调理巩固。在治疗的全过程，紧紧围绕病机选方用药，标本兼顾，药证相合，使缠绵数月的阴痒得以消除。

老 妇 阴 痒

老妇阴痒，是指年龄在 50 左右绝经期的妇女，经常阴中或外阴瘙痒难忍，甚则涉及肛门周围，又痒又痛，以致坐卧不安者而言。

一、病因病机

阴痒的致病原因，前人的论述很多，归纳起来，有虚实两方面：实者多属湿热下注和外感邪毒。肝为风木之脏，性喜疏泄条达，如七情过极，郁怒伤肝，肝气郁结，疏泄的功能失常，则津液不能输布，郁久生湿化热，湿热下注，蕴结阴中，化浊生虫，浸渍阴部，虫动则痒；外阴居下焦，为阴湿之地，性最娇嫩，凡房事不慎，或经、产用纸不洁，或沐浴用水污浊，最易致邪毒侵入，蚀于阴部，轻则瘙痒，重则痒痛并作。虚者多属肝肾阴虚，或血虚化燥生风的病变。肝藏血，体阴而用阳，肝脉络阴器；肾藏精而开窍于二阴，肝肾精血同源而内寄相火，肝肾阴虚，则精血不足，津液亏少，不能濡养阴道，外阴不荣；尤其是阴血亏损，则水不能涵木，木失水养，最易化燥生风，风动则火动，火动则灼伤津液，以致阴道枯涩痒痛。除此之外，还有由于情欲不遂，相火内扇，波及阴道而痒者，亦不乏其人。总之，本症的致病原因，是湿热下注，化浊生虫，或外感邪毒，或正虚而虫动的病变。从本病而言，以实证为多见。但老年妇女，已到"任脉虚，太冲脉衰少"的衰退阶段，因而其病变又多属虚证。

二、论治用药

本病的治疗原则，当然要根据寒热虚实的不同而采取或温或清或补或泻之法，如见小便淋浊，色黄臭秽，阴肿痒痛，脉濡数，苔黄腻而舌红，由于湿热蕴结阴中生虫而痒者，当用清热渗湿、杀虫止痒之法，可用龙胆泻肝汤（龙胆草、柴胡、泽泻、车前子、木通、生地黄、当归尾、栀子、黄芩、甘草）加土茯苓、苦参、白鲜皮、槟榔之类。感染邪毒为患而痒者，当有湿热与寒湿之分。如症见带下色白，质稀如水，阴痒绵绵，脉濡缓，苔白滑，舌淡，此属寒湿为患，则用温化燥湿、杀虫止痒之法，可用《伤寒论》附子汤（制附子、党参、白术、茯苓、白芍）加蛇床子、苍耳草、槟榔之类治之；带下色黄，质稠臭秽，阴痒闪痛，脉弦数，苔黄腻，舌红，此属湿热为患，仍用清热渗湿、杀虫止痒之法，可用四妙散（黄柏、苍术、薏苡仁、牛膝）加土茯苓、鱼腥草、槟榔治之。老妇的阴痒，多属虚证，当本着"虚则补之"的原则。如症见阴部痒痛，入夜加剧难忍，带下量少而色黄秽臭，甚或夹有血丝，阴中灼热疼痛，外阴干枯萎缩，并伴有头晕耳鸣，目眩，五心烦热，腰膝酸软，苔少舌红，脉细数者，此属肝肾阴虚，精血亏少，不能濡养阴部而干枯瘙痒。治之当用滋肾之阴而养肝之血为主，佐以泻火止痒之法，常用麦味地黄丸（麦冬、五味子、熟地、泽泻、怀山药、茯苓、丹皮、山萸肉）加生首乌、知母、黄柏、鱼腥草、旱莲草之类治之。如带下夹有血丝，宜加茜根、鸡冠花、藕节之类，以清热凉血。症见阴部瘙痒，入夜痒痛加剧，带下甚少，甚或无带，阴部干涩不润，甚或脱屑破裂，伴有头晕目眩，心悸怔忡，夜难入寐，寐则多梦，溺黄，便结，苔少或薄白，舌质红，脉细数无力者，此属阴血亏损、化燥风动之证。治宜养血润燥为主，佐以祛风止痒之法，常用地骨皮饮（地骨皮、丹皮、当归、生地、川芎、白芍）加生首乌、柏子仁、白鲜皮、防风、苍耳子之类治之。

总而言之，老年妇人阴痒，多属阴血不足，不能濡养阴道，以致阴道失荣而引起的病变，治之当以甘润养血为主，在此基础上，佐以祛风止痒之品，则疗效可期。由于证本属阴血不足，阴户枯涩萎缩，因而渗湿通利之品，宜慎用或不用。风药之燥，最易伤阴，应用时亦以辛润之风药为宜，如防风之辛甘微温，既能祛风化湿，又不伤阴，是治血虚有风之佳品。

病例

陆某，女，54 岁，已婚，工人。1984 年 6 月 20 日初诊。

停经 4 年，半年来阴道经常瘙痒，甚或热辣灼痛，每入夜则加剧，全无带下，阴部干涩，夜难入寐，寐则多梦，头晕头痛，目眩耳鸣，腰膝酸软，大便干结，小便淡黄，舌苔薄白，舌边尖红。证属肝肾阴虚，精血不足，风火内动，外阴失养而引起的病变。拟滋养肝肾之阴以治本，泻火祛风以治其标，方选一贯煎配甘草芍药汤加减。

处方：白芍 15g，当归 12g，首乌 15g，生地 15g，北沙参 9g，麦冬 9g，川杞子 9g，黄柏、知母各 6g，防风 9g，白鲜皮 9g。每天 1 剂，水煎服，连服 6 剂。

另用鲜火炭母、鲜水杨梅适量煎水熏洗患处，每天 1～2 次。

6 月 28 日二诊：药已，外阴灼痛已无，瘙痒大减，药既中的，效不更方。外用药改用冬青叶、大风艾叶各适量煎水熏洗患处，取其一寒一温，相反而相成。

7 月 3 日三诊：上方共服药及外洗 1 周，阴痒基本消失，再守方治疗 1 周。

少 女 阴 痒

少女阴痒，是指年龄在 10～15 岁之少女阴中或外阴部经常瘙痒，入夜加剧，以致坐卧不安者而言。

一、病因病机

少女之年，虽然是身体生长旺盛的时期，但由于肾气未充，冲、任脉的发育未全，因而身体各个脏器之间的相互协调，尚不完善，加上入世未深，年少无知，缺乏卫生保健的防病知识，如在经行期间，使用公共浴池，或卫生巾不洁等，最易为外界邪秽之毒所犯，侵蚀外阴局部而瘙痒不止。

二、论治用药

对于本病的治疗，应该根据病程的长短新旧采取不同的治疗方法。一般来说，病程长的旧病，多是本虚标实，宜扶正祛邪为主。如阴部瘙痒不已，阴中吊痛，入夜加剧，脉象虚细，舌苔薄白，舌质淡嫩者，宜用养血益气、息风止痒之法，以当归芍药散加北芪、防风、白鲜皮、苍耳子、蛇床子之类治之。当归芍药散养血疏肝，健脾化湿，北芪甘温扶正，增强抗邪能力，苍耳子、蛇床子、白鲜皮、防风祛风解毒，杀虫止痒，标本并治，则疗效可期。病程短暂的新病，阴部瘙痒不已，但脉症尚无特殊者，当以祛毒息风为主，以土槟汤（土茯苓、槟榔、忍冬藤、夜交藤、白芍、甘草）加防风、苍耳子治之。

总之，本病的治疗，以"瘙痒"为着眼，而痒所以发作，与风邪、火邪、湿邪、毒秽之邪有关。肝藏血而主风，肝脉络阴器，故治之用养血柔肝、祛风解毒之剂。阴部居于下焦，属于阴湿之地，故燥湿理气之品，在所常用。由于病变主要表现在局部阴道，因而不论病程的新旧长短，均用外洗之药，如蛇床子、川椒、土茯苓、冬青叶、鲜火炭母、枯矾之类煎水熏洗，每天2~3次，内外并治，其效较捷。

病例

丘某，女，11岁，小学生。1987年7月30日初诊。

今年入夏以来，经常去公共游泳池游水。近10天来，外阴部瘙痒，入夜加剧，坐不安宁，睡难入寐。曾用高锰酸钾溶液冲洗多次，效果不满意。现夜难入寐，阴道瘙痒不已，外阴部潮红，有少许红色丘疹。舌苔薄白，舌质一般，脉象弦细。证属外感湿邪之毒，秽浊之气侵袭阴部，以解毒燥湿之法论治。

内服药：土茯苓20g，忍冬藤20g，夜交藤20g，怀山药15g，尖槟榔5g，生甘草6g。每天1剂，水煎服，连服3剂。

外洗药：蛇床子30g，十大功劳60g，枯矾10g，水煎，乘温熏洗阴部，每天2次，连续3天。

8月3日二诊：服上方及熏洗之后，阴痒大减，夜能入寐，外阴潮红基本消失。脉象细缓，舌苔薄白，舌质如常。药既中病，效不更方，仍守上法，内服外洗并用，以图根治。

8月6日三诊：外阴潮红及外阴瘙痒已全部消失，脉舌如平。嘱再以外用药熏洗3天，以清余邪。同时，在1个月之内，忌食辛温香燥动火之品。

两个月后追访，疗效巩固。

阴　肿

病例1

朱某，40岁，工人。1991年6月13日初诊。

1年前无明显诱因出现尿道灼热涩痛，发作时波及外阴肿痛，小便化验检查无异常，肌注庆大霉素后症状可缓解，但症状反复发作，尤以经行前后多见。现尿道灼热，小便腥臭，溺后白浊，外阴肿痛，小腹作胀，性交则外阴痒痛加剧，夜难入寐。检查：两侧阴唇肿胀，小阴唇中段色素变浅，范围约1cm²大小。舌质淡，苔白厚腻，脉细。

诊断：阴肿。

辨证：湿瘀下注。

治则：清热解毒，化瘀利湿。

处方：鸡血藤20g，丹参15g，土茯苓20g，忍冬藤20g，生苡仁15g，车前草10g，益母草10g，石韦10g，紫草10g，甘草6g。4剂，每日1剂，水煎服。

另用苦参60g，百部60g，仙鹤草30g，水煎坐盆熏洗，每日1~2次。4剂，每日1剂。

二诊（1991年12月9日）：守上方服用约50剂，尿道灼热感消失，阴肿已瘥，但性交后局部灼热感偶作，舌淡红，苔薄白，脉细。转用健脾利湿法。

处方：党参15g，茯苓20g，怀山药15g，生苡仁15g，连翘20g，扁豆花10g，川断10g，桑寄生15g，甘草5g。7剂，每日1剂，水煎服。

三诊（1992年1月30日）：药已，性交后灼热感消失。妇检复查小阴唇色素变浅部位已有好转，继以归芍地黄汤滋肾养阴善后。

按语：外阴、尿道位于下焦阴湿之地，其灼热肿痛与湿、热、瘀有关。湿为阴邪，其性重浊黏滞，蕴久则化热生火，灼伤尿道阴部，故局部灼热肿痛不适。湿阻气机，经络不畅，故小腹作胀。一诊采用鸡血藤、丹参养血行血，土茯苓、忍冬藤、紫草清热解毒凉血而不伤阴，车前草、益母草、石韦利湿化瘀消滞，共奏清热解毒、利湿化瘀之功，外用百部、苦参、仙鹤草杀虫利湿，局部治疗与整体治疗相辅相成，故药后疗效卓著。由于湿瘀为标，脾肾虚为本，故二诊拟健脾利湿兼以益肾，以图其本。三诊滋肾养阴以善其后。

病例2

兰某，女，38岁，工人。1993年5月28日初诊。

半月来外阴肿痛，行走障碍，经西医检查诊为"右侧前庭大腺囊肿"，治疗后未见好转。现阴部肿物如指头大小，心烦纳呆，二便尚正常。检查：右侧前庭大腺肿大如指头大小，质较硬，压痛不明显，舌淡红，苔薄白，脉弦。

诊断：阴疮。

辨证：热结血瘀。

治则：清热解毒，养血散结。

处方：归身10g，川芎6g，赤芍10g，土茯苓20g，夏枯草15g，败酱草15g，紫花地丁15g，连翘15g，紫草10g，泽兰10g，甘草5g。7剂，每日1剂，水煎服。

二诊（1993年7月10日）：药后阴疮已缩小，自觉良好，因工作较忙而停药，阴部肿物又见增大，不痛不痒，白带正常。舌淡红，苔薄白，脉细弦。仍守前法。

处方：鸡血藤20g，当归10g，丹参15g，蒲公英10g，马鞭草15g，连翘15g，紫花地丁15g，紫草10g，夏枯草10g，海藻10g，香附6g。7剂，每日1剂，水煎服。

三诊（1993年7月31日）：上药连服11剂，肿物明显缩小，守法加减出入服3个月后，阴疮消失。

按语：妇人阴户一侧凝结成块坚硬，或如蚕茧状者，称之"阴疮"。多为湿热毒邪蕴积于下，伏于肝经，与血气相搏，郁结成疮。治宜清热解毒，活血化瘀，散结消疮。本案一诊方中用夏枯草、败酱草、紫花地丁、连翘清热解毒散结，四物汤去熟地加泽兰、紫草养血凉血活血，土茯苓解毒利湿。全方湿瘀并治，使邪毒外泄。二诊在原方基础上加用海藻、夏枯草软坚散结，香附疏肝理气，使气机通畅，瘀散肿消。守方治疗，使湿毒清，瘀血去，气血经络通畅，阴疮亦随之而消。

体会：阴痒、阴疮、阴肿病因虽多，不外虚实两端，实者为外感邪毒和湿热下注，虚者多为肝肾阴虚或血虚化燥生风所致。其病因不离风、火、湿、毒，病机与肝、脾、肾功能失调有关。故在治疗上应遵循虚则补之、实则泻之的原则，对因肝肾阴虚，水不涵木，木失水养，化燥生风者，治疗上采用滋肾阴、养肝血为主，佐以泻火止痒之法；若因湿热下注，蕴结阴中，化毒生虫而痒者，可用清热解毒、杀虫止痒法；若因湿热下注，阻滞气机，湿瘀互结而致阴肿、阴疮者，又宜在清热解毒利湿的同时兼化瘀，湿瘀并治。由于病变位于阴器，故不论病程新旧长短，均可配用外洗之药，如蛇床子、苦参、苍耳子、九里明、百部、枯矾之类煎水熏洗，内外并治，才能收到预期的疗效。

悲 怒 乳 断

妇女在哺乳期间，由于遇事不遂，忿怒或悲忧太过，七情内伤，肝失条达，气机不畅，经脉涩遏，以致阻断乳汁的通行，乳汁减少，甚或点滴全无者，称为悲怒乳断。

一、病因病机

产妇乳汁不行的原因，一般有气血虚弱、肝气郁滞、痰湿凝结三方面。盖乳汁乃冲任气血上行所化，气血来源于水谷的精微，如脾胃虚弱，气血生化之源匮乏，气血不足，则乳汁量少甚或无乳；肝藏血而主疏泄生发，乳头为肝经之所属，乳房属阳明经，肝气条达，则气血冲和，乳汁畅通，若情志过极，肝气郁结，气机不畅，乳络郁滞，则乳汁不行；痰湿属阴邪，其性黏腻重浊，最易阻碍经脉，如产妇素体肥胖，产后又过食肥甘厚腻之品，以致脾不健运，肝失条达，痰湿壅滞经脉，则乳汁不通。由于情志的活动与内脏有密切的关系，临床所见，以七情内伤，肝气郁结为多，其中尤以暴怒和悲思为甚。因怒为肝之志，忧思是脾肺之所属，"怒伤肝"，过怒则损害肝对气血的生发疏泄，影响气机的宣通；悲思太过，则"思则气结"，"思伤脾"，"悲则气消"，"忧伤肺"，脾不健运，肺不宣发，则肝的条达调节功能失常，所以《儒门事亲》有"或因啼、哭、悲、怒、郁、结，以致乳脉不行"之说，确是明哲之论。

二、论治用药

本病有虚实之分，治之当本"虚则补之，实则泻之"的原则，但病发于新产之妇，多是虚瘀夹杂之体，因而在治疗过程中，不论是补养或泻实，其最终的目的都着眼于通行乳汁。对于气血不足而乳汁不行者，在益气补血之中，佐以通行之品，常用十全大补汤（党参、白术、茯苓、归身、川芎、熟地、白芍、炙芪、肉桂、炙草）加路路通、通草之类。体质肥胖，痰湿郁滞，乳汁不通者，以金水六君煎去熟地加白芥子、路路通、藿香、菖蒲之类治之。对于七情所伤引起的乳汁不通，虽然有"肝气实则怒"、"心气虚则悲"、"思伤脾"的不同，但恚怒与悲思均能影响肝气的疏泄，常用逍遥散（柴胡、当归、白芍、茯苓、白术、薄荷、生姜、甘草）或柴胡疏肝散加路路通、瓜蒌壳、素馨花、合欢花之类治之。

病例

周某，女，26 岁，干部。1988 年 3 月 21 日初诊。

产后 9 天，第三天已有乳汁通行，色量均佳，婴孩吸吮正常。但 3 天前，因婴孩哭闹，情绪波动，婴孩哭，自己亦哭，悲忧过度，随之乳汁明显减少，昨天乳汁点滴不通，虽经婴孩屡次吮吸，仍不见乳汁。脉细涩，苔白厚略腻，舌质淡暗，面色苍白。证属新产忧思过极，以致气机不畅，肝失条达之变，以疏肝扶脾、养血通络之法治之。

处方：柴胡 6g，当归 12g，云苓 10g，白术 10g，薄荷 3g（后下），路路通 10g，合欢花 10g，通草 6g，红枣 10g。每天 1 剂，水煎服，连服 3 剂。

服第一剂后，乳汁复来少许，服 3 剂后，乳汁通行正常。

乳 汁 自 出

产后哺乳期的妇女，不经婴孩吸吮而乳汁自然流出者，称之乳汁自出。乳汁自出有生理与病理之分。若身体强壮，气血充足，乳汁胀满而溢出少量，或已到哺乳时间而不能及时喂乳，乳房胀满而溢出，或产后不行母乳喂养，以致短时间内乳汁胀满而外溢自流者，均属生理范畴，不需治疗。否则，即是病理状态，应进行辨证论治。

一、病因病机

本病的发生，有虚实之分。虚者为产后气血耗伤，摄纳无权；实者有胃热、肝郁化火的不同。乳汁为气血所化生，产后气血虚弱，卫外不固，摄纳无权，故乳汁自出；乳房属胃，胃是多气多血之经，是乳汁生化的源泉，若胃经血热上冲，热迫乳汁外溢；肝藏血而主疏泄条达，若暴怒伤肝，肝阴受损，肝阳上亢，则疏泄太过，乳汁为肝火所迫而妄行。

二、论治用药

本症的治疗，当分清虚实而采取不同的原则，即虚则补、热则清。乳汁自出，量少而色泽清稀，乳房无胀满，面色苍白，心悸气短，肢体乏力，脉象细弱，舌质淡者，此属气血虚弱，固摄无能，治宜益气养血，佐以固摄之法，以圣愈汤去川芎加桑螵蛸、芡实治之。方中要重用参、芪，以达到益气固摄的目的。乳房胀痛而灼热，乳汁稠浓，口苦咽干，舌苔黄而干，舌边尖红，脉象滑数者，此属阳明胃热，逼迫乳汁外溢，治宜清热养阴，佐以消导之法，可用保阴煎（生地、熟地、白芍、怀山药、川断、黄芩、黄柏、甘草）去黄芩、黄柏加芦根、荷叶、生谷芽治之。黄芩、黄柏苦寒，恐其犯胃，故以芦根、荷叶之甘寒清热代之。乳房胀痛，乳汁自出，量多质稠，精神抑郁，甚或夜难入寐，寐则梦多，心烦易躁，大便干结，小便短黄，舌苔干而舌质红，脉弦数者，此属七情过极，肝经郁热之变，治宜疏肝清热，佐以清敛之法，方用丹栀逍遥散加夏枯草、合欢花、生牡蛎、糯米根治之。

除此之外，尚有非妊娠或胎前乳汁自出者，前人称之为乳泣，多属肾气亏虚，禀赋不足之变，治之多从肾着眼，常用《景岳全书》之左、右归饮出入。

病例

黄某，女，29岁，已婚，工人。1976年10月12日初诊。

产后1个月余，因事不遂意，初时尚无不适，但1周来，虽按时喂乳，但乳房仍胀痛，乳汁自出，量不多而质稠浓，心烦易躁，夜难入寐，虽寐而不深，口苦咽干，舌质红，脉象弦数。证属肝胆郁热，疏泄太过之变，治宜疏肝清热，佐以清敛之品。

处方：南丹皮12g，山栀子9g，北柴胡6g，当归身9g，杭白芍12g，白茯苓9g，怀山药15g，夏枯草12g，合欢花6g，糯米根20g，生甘草6g。每天1剂，水煎服，连服3剂，每剂均复煎1次。

10月16日二诊：上方服后，夜能入寐，乳房胀痛减轻，乳汁自出较少。脉尚细数，舌苔薄黄，舌尖红。仍守上方，继服3剂。

10月20日三诊：自前天以来，乳房不胀痛，无乳汁自出，口不苦。脉细不数，舌苔薄黄，舌质正常。转用益气养阴之法。

处方：太子参15g，麦门冬12g，浮小麦20g，糯米根20g，怀山药15g，何首乌15g，北沙参10g，杭白芍9g，生甘草6g。每天1剂，水煎服，连服6剂。以后追访，疗效巩固。

暴怒乳衄

乳衄，即是乳房轻度胀痛或不痛而乳头不时溢出少量血液。多发生于 40 岁左右的妇女。其起病的原因，多由于七情过极，恚怒伤肝，肝失疏泄条达而发生的病变，故称暴怒乳衄。

一、病因病机

肝为风木之脏，内寄相火，体阴而用阳，主藏血、疏泄，性恶抑郁而喜条达，主阳气之生发，以升为用，其脉连属乳头；脾主化运而统血，以升为用，胃主津液，而为多气多血之经，乳房为阳明胃经之所属。肝气敷和，脾能健运，胃气和降，则气血调和，摄纳正常。若七情过极，恚怒忧思过度，气血失和，肝火亢盛，则肝脾受损，肝不藏血，脾不统血，血失统藏，冲任之气血妄行，上溢渗出乳头，点滴色红，挤之则量较多。

二、论治用药

本病是由于七情过极，肝失疏泄，脾失健运，以致储藏统摄失常而引起的血液病变，因而其治疗之法，必须着眼于治肝。治肝之法，叶天士归纳为"治用、治体、治阳明"三法，其中尤以治肝用、治肝体为主要。如心烦易怒，胸胁胀痛，口苦咽干，舌苔薄白或黄，舌边尖红，此属肝火偏旺，治宜疏肝解郁、清热凉血之法，以丹栀逍遥散加减治之，取其既能养血解郁，又能清胆火，使火热之邪从胆腑出，亦即"肝欲散，急食辛以散之，辛以补之"之意。如头晕目眩，夜寐不深，易惊易醒，脉弦细者，治宜柔养阴血为主，常用归芍地黄丸（当归、白芍、熟地、山萸肉、怀山药、茯苓、丹皮、泽泻）以滋阴而养肝体，或用一贯煎以养肝胃之阴而荣肝木，亦即"肝苦急，急食甘以缓之"。

病例

农某，女，42 岁，未婚，小学教师。1983 年 6 月 10 日初诊。

平素性情急躁，心烦易怒，夜难入寐，寐则梦多。经行超前，量多，色红。2 周前因事与别人发生口角，相互斥骂，继即头晕头痛，时感烘热，口苦咽干，两侧乳房胀痛。两天前突然发现乳头溢出少量血液，色红，以手压之，则乳房疼痛加剧，血液溢出较多。苔黄舌红，脉象弦数。证属暴怒伤肝，肝阴受损，肝火偏旺，迫血妄行之变。治宜平肝泻火、养血扶脾之法，以恢复储藏、统摄的功能。

内服药：南丹皮 10g，山栀子 9g，当归身 9g，杭白芍 15g，北柴胡 6g，生地黄 15g，莲藕节 20g，女贞子 10g，夏枯草 15g，素馨花 6g，生甘草 5g。每天 1 剂，水煎服，连服 3 剂。

外用药：鲜旱莲草、鲜冬青叶各取适量，煎水熏洗乳头。洗后并取适量捣烂外敷乳头。每天 2 次，先洗后敷。

6 月 14 日二诊：上方内服及外洗之后，乳房不痛，乳头不见血，心情舒爽。效不更方，嘱再服 8 剂及外洗外敷 3 天，以巩固疗效。

按语：乳衄是少见的疾病，凡乳房疼痛属实热之证者，治疗效果较好；如乳头出血而乳房不疼痛，多属气血亏损，本元不足，肝肾俱亏的病变，病较难治。

乳 头 皲 裂

妇女在哺乳期间，由于喂养不当，或素体阳盛，火旺血热，以致乳头和乳晕部分表面嫩皮发生大小不等的皲裂，婴孩吸吮时疼痛不堪者，谓之乳头皲裂或乳头裂痛。在临床上，多见于初产妇女。

一、病因病机

乳头之所以发生皲裂疼痛，其原因是多方面的，但最主要的不外有二：一是由于哺乳妇女的生理缺陷，如乳房不丰满，乳头平坦或凹陷，或乳头过小，或气血虚弱，乳汁分泌不足，婴孩吸吮时剧烈咬嚼损伤，或喂乳位置不当，躺睡喂乳，让婴孩衔乳而睡，不时吮嚼损伤乳头。二是素体阳盛，或七情过极，肝郁化火，横逆胃土，肝火胃热上冲，损伤乳脉、乳头。

二、论治用药

本病的治疗，应该内服外治并重。如由于婴孩吸吮不当而皲破疼痛难忍者，为防外邪的侵犯，宜用清热解毒、化瘀止痛之法，以五味消毒饮加丹皮、赤芍治之；如由于恚怒忧思，肝郁化火，肝胃火热之邪上冲而皲裂疼痛者，常用疏肝清热、化瘀止痛之法，以丹栀逍遥散加金银花、生地、龙胆草、赤芍治之。

在服用上方的同时，并用陈茶叶煮水清洁乳头，然后再用青硼散（青黛、硼砂、冰片）外敷患处，则收效较捷。

病例

黄某，女，25 岁，已婚，农民。1985 年 4 月 15 日初诊。

产后月余，两侧乳头皲裂，裂口干燥疼痛，尤以婴孩吸乳之时疼痛难忍。脉弦细，苔薄黄，舌尖红。证属喂乳不当而引起的皲裂疼痛，用清热解毒、化瘀止痛之法治之。

处方：忍冬藤 20g，野菊花 12g，蒲公英 10g，紫花地丁 10g，败酱草 15g，赤芍 9g，红花 2g，甘草 6g。每日 1 剂，水煎服，连服 3 剂。并用陈茶叶水清洁乳头，然后敷青硼散。

4 月 20 日二诊：内服外敷后，症有好转，但小孩吸吮时仍疼痛。守上方内服 3 剂，外用田七粉敷痛处。两侧乳房交换治疗，一侧喂乳，一侧外用田七粉外敷治疗。

4 月 25 日三诊：除左侧乳房疼痛外，余无不适。停内服药，以田七粉外治左侧乳房。

乳头忽凹忽起

育龄妇女，在健康的情况下，乳房丰满隆起，中心有乳头突出。未婚女子，乳头淡红色，已婚受孕妇女，乳头色素增加，呈深褐色。如乳头忽凹忽起，或乳房平坦或过小，都是病理的表现。

一、病因病机

乳头为足厥阴经所属，乳房属阳明胃经，肝气疏泄条达，脾胃输送水谷精微，则乳房丰满隆起，中心乳头突出，色泽正常。如乳头色泽暗淡，忽而凹陷，忽而复出突起，这与肝的功能失调有关。盖肝藏血而主疏泄条达，内寄相火，为风木之脏，又主谋虑而为将军之官，主升主动，其性善变。若患怒忧思过度，七情内伤，则相火妄动于内，灼伤阴血，导致肝阴易亏，肝阳易亢，不能上注濡养乳头，故乳房胀痛。肝主风而多变，则乳头忽凹忽起，色泽不荣。

二、论治用药

本病的治疗，同样要结合全身的症状加以综合分析，然后遣方用药。但症状表现的特点在于乳头的忽凹忽起，故不论补养或清降，均着眼于肝的调治，使肝气条达，肝血充足，自能濡养生发，常用补阴益气煎（当归、熟地、党参、陈皮、升麻、柴胡、甘草）加菟丝子、山萸肉、合欢花之类，或用一贯煎加黄精、怀山药、素馨花治之。两方的组成，虽然有一定的区别，但均以疏肝调气、滋养肝胃之阴为着眼，肝气调和，气机畅达，精血充足，则生发正常，自无乳疾之患。

病例

梁某，女，35 岁，已婚，干部。1977 年 6 月 20 日初诊。

结婚 5 年，双方共同生活，迄今不孕。月经错后 10 ~ 15 天，量少，色淡，经将行乳房及少腹、小腹胀痛，经行之后则舒。平时性感冷淡，腰酸膝软，胃纳、二便一般。脉象虚细，舌苔薄白，舌质淡嫩。双侧乳头忽而凹陷，忽而突起，每分钟 2 ~ 3 次。西医诊为黄体功能不足的不孕症。证属精血亏损，肝气不足。以滋养肝肾为主，佐以疏解之法。

处方：菟丝子 20g，归身 12g，杭白芍 6g，熟地黄 15g，潞党参 20g，怀山药 15g，川杞子 10g，仙灵脾 15g，巴戟天 10g，北荆芥 2g，北柴胡 2g，素馨花 6g，炙草 6g。每日 1 剂，水煎服，连服 5～10 剂。

7 月 3 日二诊：上方连服 10 剂之后，精神较好，经色、经量较上月好，但仍错后一周，现经行第三天。拟养血调经法。

处方：当归身 12g，川芎 6g，杭白芍 6g，熟地黄 15g，益母草 12g，桑寄生 15g，柴胡 6g，薄荷 3g（后下），甘草 6g。每天 1 剂，水煎服，连服 3 剂。

7 月 12 日三诊：自觉精神好，乳头忽凹忽起已疏，每 5 分钟仅 1～2 次。脉细，苔薄白，舌质淡红。仍用温养肝肾之法。

处方：菟丝子 15g，归身 12g，白芍 6g，山萸肉 6g，怀山药 15g，巴戟天 6g，茺蔚子 10g，仙灵脾 15g，柴胡 2g，大枣 10g。每日 1 剂，水煎服，连续服用两月余，乳头不凹陷，经行正常而受孕。

断 乳 痒 疹

妇女在喂乳期间，因婴孩已满周岁，或因工作、学习的关系而中止喂乳，以致全身瘙痒难忍，头面及四肢或遍身出现丘疹者，谓之断乳痒疹。

一、病因病机

乳头为厥阴肝经所主，乳房为多气多血之阳明胃经所属，心属火而主血脉的运行。本病之所以发生，多属禀赋气血旺盛，木火阳盛血热之体，盖木火旺盛，则阳盛血热，在正常喂乳期间，由于乳络畅通，相火有外泄之机，尚能调节其偏亢，保持营卫气血之间的协调，故无病变的发生。如突然中止喂乳，乳络不通，乳汁壅聚于乳房，以致阳热无外泄之机，导致风火相扇，波及全身血脉。在局部则乳房胀满疼痛，在全身则发痒而起丘疹。正如《内经》所说："诸痛痒疮皆属于心"，亦即张景岳所说的"热甚则疮痛，热微则疮痒"之意。

二、论治用药

依照"实则泻之"的原则，本病的治疗，以开郁行滞、活血通络为主，常用柴胡疏肝散加生麦芽、山楂、当归尾、皂刺、路路通治之。柴胡疏肝散为疏肝解郁、行气止痛之剂，加麦芽、山楂、归尾、皂刺、路路通等导滞行血，疏解导滞并用，则不仅活络通行之力加强，而且有消滞除积之功，自无壅滞之患。如乳房胀满而辣痛，丘疹痒痛难忍者，此偏于血热，宜加忍冬藤、凌霄花、丹参等凉开之品，甚则加龙胆草、夏枯草以泻肝火；体胖、胸闷、泛恶欲呕而夹痰者，宜加浙贝母、白芥子、瓜蒌壳之类以宽胸化痰。

除了内服药物之外，应配合外治之法，如针刺疗法、药物外洗、外敷等，则疗效尤捷。

1. 针刺取穴

足三里（双）、内关（双）、曲池（双）、三阴交（双），均用强刺激泻法。足三里为阳明胃经之枢纽，泻之则能清胃中之浊而行胃中之阳；内关为手厥阴心主之别络，泻之能通心阳而除瘀积，畅通血脉；曲池为手阳明大肠经之所属，是走而不守的要穴；三阴交为肝、脾、肾三经交会的枢纽，与曲池配合应用，能清血中之热邪，扫除肝木之风邪，风平血清，痒疹自失。

2. 药物外洗

鲜冬青叶、鲜火炭母各适量，加水煎，趁热熏洗，每天 2~3 次。冬青叶、火炭母俱是苦寒而微涩之品，有清热解毒、活血通络、消肿止痒之功。

病例

吴某，女，28 岁，已婚，中学教师。1982 年 6 月 2 日初诊。

娩出一婴孩已 9 个月，一向母乳喂养。因有外出进修任务，提早中止母乳喂养。停止喂乳之后，当天中午感到乳房膨胀痛，发热恶寒，全身发痒，面部及四肢肿胀，皮肤起红色丘疹，越抓越痒，丘疹越多。在本单位医务室取药内服 3 次，并自用鲜九里明加食盐煎水外洗，效果不佳，仍有乳房胀满疼痛，肌肤痒疹未止。夜来心烦失眠，咽干口苦，大便干结。诊时脉象弦数，舌苔薄黄，舌边尖红，全身丘疹未退，以阳侧丘疹为多。证属平素阳盛血热，断乳后乳络不通，乳汁壅滞，以致风火相扇，血热内燔之变。治宜清热解毒、活血通络之法。

内服药方：醋柴胡 6g，赤芍 10g，丹皮 10g，生麦芽 30g，山楂 20g，忍冬藤 20g，紫花地丁 10g，皂刺 10g，瓜蒌壳 10g，生地黄 5g，夏枯草 10g，甘草 6g。每天 1 剂，水煎服，连服 3 剂。

外洗用药：鲜冬青叶、鲜火炭母、鲜九里明各 300g，加水煮药汁，趁热熏洗，每天 2~3 次。

经以上内服药及外洗药治疗后，乳房无胀痛，痒疹消失。观察 3 天，病不再发。

外 阴 白 斑

外阴白斑症，是现代医学的病名，它的临床特征是外阴部呈局部性或弥漫性的白色病变，外阴皮肤干燥，甚或肥厚，阴部瘙痒，故常从阴痒论治。

一、病因病机

本病发生的原因，根据中医学理论来分析，可以说与五脏功能的失调有关。肝藏血而肝脉络阴器，肾藏精而开窍于二阴，肝肾阴虚，虚火内动，灼伤阴血，外阴失于濡养，故外阴由不润而干燥萎缩，色泽变白；火动风扇，则又痒又痛。脾为气血生化之源，主升而运化水湿，脾失健运，水湿凝滞于阴部，客于胞脉，冲任失调，则阴部肿胀，病久血虚不养，则外阴枯萎变硬，色泽变白。肺主皮毛而朝通百脉，肺失宣降，则气血不能下注于阴部，故色泽变白。心生血而主一身血脉的运行，胞脉属心而络于胞中，心的功能失常，则血脉运行不畅，外阴得不到气血正常的营养，日久则萎缩变白。总的来说，五脏之中，任何脏器的功能失常都可以引起本病的发生。但临床所见，以肝、脾、肾三脏的功能失常为多见。盖脾主土而为后天之本，肾主水，肝主风，肝肾在妇女同为先天。脾失健运，则不能化湿，肝失疏泄，肾不蒸化，则水湿停滞，阻遏经络气血的运行，气血不荣于皮毛，阴部色泽失润而逐渐枯萎变白。精血亏虚，不能荣养润泽，虚风内动，故时时瘙痒。以上的分析，主要是从五脏功能的失常而言。当然，不可忽视外邪为患，尤其是寒湿秽毒之邪，为害最烈。寒邪收引凝滞，阻遏经脉；湿邪重浊黏腻，最易阻遏气机。二者俱能使气血不能通行输布，外阴失养而变白。秽毒之邪，侵袭于阴部，最易化浊生虫，蚀害阴部络脉，故瘙痒、疼痛并作。

二、论治用药

本病的治疗，过去多从阴痒论治，但由于本病除有阴痒的共同症状外，还有外阴白斑的特殊病灶，因而其治疗之法，除了清热渗湿、杀虫止痒，或温养祛风、解毒止痒之外，还要特别注意对外阴白斑的消除。白为阴为寒，寒则血凝，故温经通络、活血化瘀之品在所常用。如症见带下量多，色泽黄白混杂，质稠而秽，外阴白斑弥漫，脉数，苔黄，舌红者，此属湿热下注，蕴结阴道而化浊生虫，既用龙胆泻肝汤清热渗湿，又用苍术、佩兰温化湿邪，槟榔、苍耳草、贯众杀虫止痒外，还要加用凌霄花、鸡血藤、路路通以活血通络，使气血能直达冲任而濡养阴部。症见带下量多，色白质稀，无特殊气味，外阴局部性白斑，瘙痒时作，伴有腰痛，便溏，溺多，脉虚细，苔薄白，舌淡者，此属寒湿为患，凝滞经脉，以致"气主煦之，血主濡之"的功能失常，外阴得不到气血的营养，故萎缩变硬，色泽变白，治之当用温经活血佐以息风止痒之法，除用六君子汤（党参、茯苓、白术、陈皮、半夏、炙草）加制附子、槟榔、川椒、蛇床子之外，还要加苏木、泽兰、当归、赤芍之类以活血通络。

总之，本病属顽固之症，除了审证求因，注意整体功能的调节外，还要注意局部的治疗，经常以药物煮水熏洗或外敷阴部，才能收到预期效果。但阴部娇嫩，凡温燥刺激之品，均非所宜，应以冲和之品为佳。常用鲜旱莲草、鲜首乌叶、鲜火炭母叶、忍冬藤叶煎水熏洗，或洗净捣烂外敷，既能清润阴部，又能解毒止痒。

病例

方某，女，22岁，服务员。1974年11月12日初诊。

多年来阴道不时瘙痒，没有在意。近来瘙痒加剧，入夜尤甚，坐卧不安。曾到某医院妇科检查，诊断为外阴白斑。月经周期正常，量多，色暗红，夹紫块。平时带下量多，色白，无特殊气味，伴腰脊胀痛，脉细而略数，舌苔薄白，舌质一般。1974年10月21日医院妇检报告：大、小阴唇及阴蒂、前庭、肛门颜色均变白色，无明显变硬及粗糙现象，分泌物少许。

根据以上脉症，并结合医院妇科检查情况，证属脾肾气虚，水湿的运化、蒸腾失常，反而下注而阻遏胞脉，以致气血不能濡养阴部而引起的病变。考虑患者正值年轻力壮之时，暂以燥湿杀虫之法为治，采用内服、外洗、外敷综合疗法。

内服药：杭白芍 20g，苍术 6g，黄柏 6g，地肤子 9g，何首乌 15g，土茯苓 15g，川杞子 9g，北黄芪 20g，凌霄花 9g，鸡血藤 20g。每天 1 剂，水煎服。

外洗药：土茯苓 60g，槟榔 30g，忍冬藤 30g，泽兰叶 20g。以适量清水煎煮，趁热熏洗阴部，每天 2～3 次。

外敷药：鲜旱莲草、鲜首乌叶各适量，洗净，捣烂，外敷患处。

守上方内服、外治并行，治疗 4 月余，带下正常，瘙痒基本消失。经医院妇科检查，发现外阴部尚有白斑。但白斑范围明显缩小，除阴蒂、前庭部分仍稍白外，其余颜色变红，分泌物一般。

性 交 出 血

性交出血，在《傅青主女科》中谓之"交感出血"，认为是由于"经水近来之时交合，精冲血管"所引起的病变。本来性交是已婚成年人生活的一部分，是正常的生理现象，但有些妇女每交合之后则阴道出血，出血量或少或多，痛或无痛。临床病因主要有撞红损伤、阴虚火旺、肾气虚弱、初交破裂四方面。

一、病因病机

1. 撞红损伤

当月经将要来潮或来潮之时，或经行尚未完全干净，不慎行房交合，则胞脉血海损伤，不能依时恢复愈合；另一方面精液与血液交织，形成瘀积停滞，影响胞宫的除旧生新作用。

2. 阴虚火旺

平素阴血本虚，或早婚、多产、房劳伤肾，均可导致元阴不足，阴虚则阳亢，水亏则火动，尤以性交之时，两性相激，相火愈炽，火动则冲任不固，阴血失守，故交后见红。

3. 肾气虚弱

肾藏精而为气血之始，如平素元气不足，或因房事不节，或孕育过多，冲任受损，以致主蛰及封藏的功能失常，交合后则元气愈虚，不能摄血。

4. 初交破裂

新婚之夜，由于处女膜孔口过于狭窄，或配偶阴茎过粗过长，加上初次交合，对性生活不太熟悉，在性交的过程中，有不适当的动作，则阴道损伤，处女膜破裂过大，故交后出血。

以上仅就临床常见者而言，其实性交出血的原因是很复杂的，例如非礼的交合（如强奸、轮奸）或阴道、胞宫内生恶疾败疮等，均可出现交合后出血。若属后者应积极治疗原发病。

二、论治用药

1. 撞红损伤

《傅青主女科》用引精止血汤（人参、白术、茯苓、熟地、山萸肉、黑姜、黄柏、芥穗、车前子）治疗，重在补养引精止血。然而，本型既有损伤，又有留瘀，故治之宜以祛瘀生新为主，佐以摄血之法，常用生化汤加刘寄奴、苏木、骨碎补、川杜仲等治之。如交合见红能立即治疗者，以鲜旱莲草、龙眼核同煎当茶频饮，可收到止血之效。

2. 阴虚火旺

水足则能济火，阴精复则阳气秘藏，本型的治疗，以滋阴涵阳为主，常用归芍地黄丸（汤）配二至丸（汤）加减治之。

3. 肾气虚弱

阴阳之道，阳密乃固。本型的治疗，以补肾扶阳为主，常用附子汤加鹿角霜、桑螵蛸、泽兰之类治之。

4. 初交破裂

本型可依照"撞红损伤"的治法，但本型除出血之外，多有疼痛之感，应适当加入行气止痛之品，如元胡、五灵脂、香附之类。

性交出血，虽然有虚实、新久之分，但均有离经之血，因而在遣方用药时，必须在辨证论治的基础上，适当加入活血化瘀之品，同时还要慎忌房事，才能收到预期的效果。

病例

潘某，女，39 岁，仓库保管员。1981 年 9 月 25 日就诊。

1978 年 8 月结扎之后，每行房性交则阴道出血，量或多或少，色红，量多时夹紫块，伴有腰脊胀痛，头晕，倦怠。经医院检查癌细胞（－），诊为宫颈炎，曾用中西药（药名不详）治疗，疗效不佳。脉弦细，苔薄白，舌质红，木火体型。证属阴虚火动，冲任损伤，拟滋肾阴为主，佐以化瘀之法。

处方：鸡血藤 20g，旱莲草 20g，女贞子 15g，首乌 15g，藕节 15g，太子参 15g，益母草 15g，茜根 10g。

上方连服 15 剂，疗效初显，但每月仍有 1～2 次性交后出血，审证求因，补肾化瘀之品不足，守上方加桑寄生 15g，狗脊 9g，泽兰 9g。

以后守方出入，连服半月，并忌房事 1 个月。观察 3 年，病不再发。

撞红腰痛

凡是在月经即将来潮而行交合后阴道见红，或在经行尚未完全干净之时同房交合者，称之交合撞红。由之而引起的腰脊坠痛，少腹、小腹闪痛等，称之撞红腰痛。

一、病因病机

月经周期来潮，是妇女特有的生理现象。当月经将要来潮之际，相火内动，冲任脉通盛；在经期之中，胞宫之络脉破裂。因此在月经将要来潮或未完全干净之时进行交合，一则由于情兴正浓，欲火妄动于中，火旺则肝的疏泄太过，可以引起出血量多；二则由于胞宫内之络脉破裂出血，精液与"离经之血"交结，形成瘀血停滞胞中，胞宫为肾之所系，腰为肾之外府，少腹、小腹为奇经八脉之所属，留瘀于胞宫，经行时血行不畅，故经将行或经行腰脊及少腹、小腹闪痛或辣痛，平时则坠痛或酸痛，缠绵日久不愈。

二、论治用药

本病的治疗，仍然要根据"急则治共标，缓则治其本"的原则。如交合后出血量多，有血崩之趋势者，当用塞流止血之法，以两地汤加益母草、旱莲草、蒲黄炭、苏木治之。如出血量不多，以补血化瘀、引血归经为法，用生化汤（归身、川芎、桃仁、红花、炮姜、炙草）加川断、益母草、山楂、桑寄生治之。留瘀为患，以致经行紊乱，或前或后，量多少不一，色暗红而夹紫块者，当用养血化瘀以调经之法为治，偏于寒则用黑神散（熟地、归尾、赤芍、蒲黄、桂心、炮姜、炒黑豆、炙草）加益母草、鸡血藤治之；偏于虚者，用《金匮要略》温经汤治之。平时腰脊坠痛，少腹、小腹辣痛或绵绵而痛，腰膝酸软，此属虚瘀之患，宜用益气养血、补肾壮腰之法，可用圣愈汤加益母草、鸡血藤、川杜仲、川续断、骨碎补、狗脊、独活、莪术之类治之。

除此之外，还可以选用以下简便方：

1. 龙眼树嫩叶30g，黄砂糖20g。适用于撞红后，立即煎水服1～3次，有防治瘀积的作用。

2. 旱莲草20g，益母草15g，苏木10g，苎麻根10g。适用于撞红后，出血量较多，有止血化瘀之功。

3. 鲜嫩益母草120g，黑豆80g，公猪尾巴1条，加入适量油、盐水煮吃。适用于撞红后腰脊坠痛、腿膝酸软等，有补肾壮腰之功，是撞红后亏损饮食疗法之良方。

病例

韦某，女，28岁，已婚，干部。1969年10月15日初诊。

半年来，3 次同房撞红，一次是经行未净之时，两次是月经将要来潮之际。交合之后，阴道少量见红，第二天月经即正常来潮。现腰脊胀痛，腿膝酸软，少腹、小腹不时闪痛，月经将要来潮之时加剧，经行前后不定，量多少不一，色暗淡而夹紫块。脉象虚弦，舌苔薄白，舌边尖有瘀点。证属撞红之后，冲任脉受损，留瘀为患，本补虚化瘀之法治之。

处方：鸡血藤 20g，当归身 15g，川芎䓖 10g，赤芍药 10g，川杜仲 15g，川续断 10g，骨碎补 15g，补骨脂 10g，茺蔚子 10g，延胡索 10g，炙甘草 6g。每天 1 剂，水煎服，连服 6 剂，每剂均复煎 1 次。

10 月 22 日二诊：药已，腰腹胀痛减轻，但精神不振。守上方去赤芍，加北黄芪 30g 以益气扶正。每天 1 剂，水煎服，连服 6 剂。

11 月 2 日三诊：药已，精神较好，次日月经来潮，色红，块少，腰腹疼痛大减。脉象细缓，苔薄白。

处方：当归身 15g，川芎䓖 10g，杭白芍 10g，益母草 10g，川续断 10g，川杜仲 10g，桑寄生 15g，阿胶 10g（烊化），炙甘草 6g。每天 1 剂，水煎服，连服 6 剂，以巩固疗效。

交 合 涩 痛

已婚育龄妇女，在正常的性生活时，感觉阴道干涩，甚或疼痛不适，称之交合涩痛。多见于禀赋不足，肾气虚弱，或阴道、子宫有疾患的妇女。

一、病因病机

肝藏血而主生发阳气，肾藏精而为作强之官，在妇女肝肾同为先天，内寄相火，开窍于二阴。肝木荣和，肾气充沛，精血盈满，则生发作强正常，在交合之时，男女情动，彼此神交，阴阳和畅，情悦意美，阳施阴受，津液滑润阴道，自无干涩疼痛之感。如素体本虚，肾气虚弱，肝气虚怯，性感淡漠，甚或厌恶畏惧，临交之时，情兴不举，阴道不开，津液不润，故交合时阴道有干涩疼痛之感。

除了肝肾不足、精血亏虚之外，还有阴道局部的疾患，如瘀血停滞的急、慢性炎症，湿热、秽浊交结而形成的阴疮，以及对方的阴茎过长过大，或非礼的性交等，都可引起交合的涩痛。

二、论治用药

本病的治疗，着眼于肝肾的调养，而肝肾同源，治肾可以达到治肝。治肾之法，要先分阴阳。如性感淡漠，甚或畏恶反感，经行错后，量少，色泽暗淡，精神疲惫，肢体乏力，小腹不温，腰酸腿软，小便清长，性交时阴道涩痛或胀痛，交合腰脊酸痛加重，脉象虚细，舌苔薄白，舌质淡，此属肾阳不振，肝肾两虚之变。治宜温养肝肾、调补冲任为法，方选右归丸去附子、肉桂加巴戟天、紫石英、仙灵脾治之。本方是张景岳补阳配阴之代表方，有温养命门、补肾生精的作用。方内之肉桂、附子有补肾阳之功，但恐其辛热，易动相火，反而伤阴，故去之，改用性甘微温之巴戟天、紫石英、仙灵脾，既可温养肝肾，又可免动火劫阴之弊。如性欲正常，但交合时干涩疼痛，甚或灼痛见红，经行错后，或前后不定，量少，色深红，质稠黏，平时头晕目眩，心烦易躁，夜难入寐，寐则多梦，舌苔微黄，舌边尖红，脉象细数者，此属肝肾阴虚、精血不足之变。治宜滋阴养血，调补肝肾，以左归丸加归身、紫石英、仙灵脾、肉苁蓉之类治之。

属于阴道局部的器质性病变，当根据具体的病情而采取不同的治法，如瘀积引起的急、慢炎症，当用活血化瘀之法，或温化，或凉开，当随症情而定；湿热、秽浊互结的阴疮，当用清热利湿、除秽解毒之法。大意如此，方药在此从略。

病例

黄某，女，28岁，已婚，服务员。1984年8月1日初诊。

结婚3年，双方共同生活，迄今不孕。经行错后，量少，色淡质稀，持续1~3天干净。一向对性生活冷淡，甚或厌恶畏惧，交合之时，阴道干涩疼痛。平时腰脊酸困，腿膝乏力，小腹有冷感，每次性交之后，腰酸加重，胃纳一般，小便清长。脉象虚细，舌苔薄白，舌质淡嫩。某医院妇科检查：子宫小，后位。诊为黄体功能不足、子宫发育不良。

根据以上脉症及西医妇科检查资料综合分析，证属肝肾气虚、阳虚宫寒之变。治宜温养肝肾、补血暖宫之法，以右归丸加减。

处方：鹿角胶20g，菟丝子20g，川杞子15g，熟地15g，山萸肉9g，蛇床子3g，紫石英15g，仙灵脾15g，归身12g，党参15g，艾叶6g，小茴香2g。每天1剂，水煎服，连服6剂，每剂均复煎1次。

8月10日二诊：药已，性感较好，交合时涩痛减轻。脉细，舌苔如初诊。仍守上方去蛇床子、小茴香，加仙茅9g，川杜仲15g。每天1剂，水煎服，连服6剂。

8月20日三诊：性感正常，交合时不痛。守本方出入，共服五十余剂而受孕。

交 合 惊 汗

妇女在两性交合中，由于情志紧张，心悸怔忡，大汗淋漓，浸湿衣被者，谓之交合惊汗。多出现于身体虚弱或新婚之妇女。

一、病因病机

已发育成熟的妇女，如生殖系统无生理上的缺陷，对性生活的要求本属正常的现象，自无惊恐汗出之变。若是身体虚弱，气血不足，或新婚之夜的少妇，对性生活缺乏正确的认识，在心理上受到不应有的刺激，因而在交合之时，惊慌失措，汗出淋漓，衣被尽湿，所谓"惊而夺精汗出于心，疾走恐惊汗出于肝"（《素问·经脉别论》）。汗之所以淋漓，实与心、肝有密切的关系。盖心主血而藏神，汗为心之液，肝藏血而主疏泄，是谋虑之所出，肝肾同是内寄相火。当交合之时，相火内动，情窦撑开，阴阳相合，当有情悦欢愉之感。如身体虚弱，性感淡漠，或对性生活缺乏正确的认识，临交时惊慌失措，则会导致"恐则气下，惊则气乱"（《素问·举痛论》），以致气机紊乱，神志涣散，血气不和，心肾两伤，心阳不固，肾失闭藏，肝失疏泄，故汗出淋漓，心悸怔忡，甚或肢冷昏厥。

二、论治用药

对于本病的治疗，首先要根据病人的心理状态，讲清有关性的知识，从心理上消除不必要的忧虑，然后结合体质情况，有针对性地遣方用药。如禀赋本虚、气血不足之体，则以十全大补汤加减治之，从而达到大补气血而固表止汗。如肾气不足，性感淡漠，甚或畏厌者，治宜温肾养肝，以平补阴阳之五子衍宗丸加巴戟天、肉苁蓉、仙灵脾、当归、白芷治之。平时六脉平和，临交惊恐者，此属肝虚气怯，治宜温肾柔肝、益气养血之法，以《傅青主女科》之调肝汤（怀山药、山萸肉、当归身、杭白芍、巴戟天、阿胶珠、炙甘草）加菟丝子、川杞子、潞党参治之，益气生精，滋阴养血，肝肾同治，其效可期。

病例

蒙某，女，32岁，已婚，工人。1984年8月15日初诊。

结婚3年，曾足月顺产一女孩。月经周期基本正常，但量少，色淡质稀，平时肢体困倦，精神不振。自去年以来，性感逐渐减退，由畏厌而惊恐。3个月来，每逢性交之时，除惊恐、怔忡之外，全身汗出淋漓，衣被尽湿，交后则汗自止。精神疲惫，四肢无力。脉象虚弱，舌苔薄白，舌质淡。证属心肾俱虚、气血不足之变。拟用补益心肾、益气养血之法，药用平补阴阳之品。

处方：熟地黄15g，怀山药15g，怀牛膝6g，山萸肉9g，白茯苓9g，川杜仲12g，远志肉6g，五味子6g，肉苁蓉15g，炙北芪20g，巴戟天9g，石菖蒲5g，小茴香2g。每天1剂，水煎服，连服6剂。

8月22日二诊：上方服后，精神较好，寐纳俱佳。昨晚交合一次，情绪稳定，无汗出。脉象细缓，舌苔薄白，舌质淡红。效不更方，守上方去石菖蒲、小茴香，再服3剂以善后。

妇人梦交

妇女在睡眠过程中，恍惚迷离，梦与别人交合，醒后仍能记忆，谓之妇人梦交。古人称之妇人梦与鬼交。

一、病因病机

梦是睡眠中常见的一种生理现象，是入眠时大脑不能完全静止休息的一种表现，如属轻微，对身体并无危害，只要适度调摄，自可解除。如合目则梦，连续不止者，此为心神不安于舍，则为病矣。妇人梦交，从临床所见，有虚实之分，但前哲多责于虚，如《素问·方盛衰论》："是以少气之厥，令人安梦，其极至迷……此皆五脏气虚，阳气有余，阴气不足"。《金匮要略·五脏风寒积聚病脉证并治》："魂魄不安者，血气少也；血气者属于心，心气虚者，其人则畏，合目欲眠，梦远行而精神离散，魂魄妄行"。《妇人大全良方》："妇人与鬼交者，由脏腑虚，神不守，故鬼气得以为病也"。前人的这些论述，都说明梦及妇人梦交的原因是由于脏腑气血衰少，阴阳不协调而发生的病变。因为心主血脉而藏神明，是五脏之专精，心阳虚则神不内守而离散，心阴虚则心火亢盛，不能下交于肾，心肾不相交，水火不相济，心火亢于上，相火妄于下，在男子则梦泄，在女子则为梦交。当然，在强调虚证为主之时，并不否认也有实证。如《妇人规》有"欲念邪思，牵扰神志而梦者"的记载。心肝火盛，气盛血热，魂神不安于舍，睡中则梦作，如欲火妄动，则与人梦交。

二、论治用药

对于本病的治疗，《金匮要略》提出："夫失精家……男子失精女子梦交，桂枝加龙骨牡蛎汤主之"。以桂枝汤滋阴和阳，调和营卫，龙骨、牡蛎镇潜摄精，宁神定志，从而使气血安谧，神志内守，则无梦交之患。本方确是治疗梦交的良剂，但病情复杂多端，仍应根据具体病情而辨证施治。如伴见心悸、怔忡，宜加桂圆肉、酸枣仁以温养敛神；气短乏力，四肢倦怠，宜加北芪、党参扶正益气；潮热盗汗，当加地骨皮、银柴胡、白薇、浮小麦、生鳖甲之类以清热敛汗，甚则用知柏八味丸（知母、黄柏、熟地、泽泻、怀山药、茯苓、山萸肉、丹皮）以滋阴降火。总之，药随证转，有是证而用是药。但病之根主要在于心、肾二脏，治之不论是温养宁神，还是滋阴清降，均要着眼于阴阳水火的调节，使阴阳协调，水火相济，心肾相交，则无安梦之作。

病例

李某，女，38岁，小学教师。1978年9月10日初诊。

平素体质瘦弱。3年来，每入寐多做怪梦，近半年来则怪梦频繁，每隔3～5晚常梦与别人交合，醒后汗出，心悸怔忡，平时头晕气短，食欲不振，经行错后 10~15 天，量少，质稀淡。舌苔薄白，舌质淡，脉象虚大无力。证属气阴两虚、心肾不交之变，宜用益气温养、镇潜安神之法。

处方：桂枝 6g，杭白芍 12g，炙北芪 20g，潞党参 20g，桂圆肉 20g，浮小麦 20g，炒枣仁 12g，生龙骨 30g，生牡蛎 30g，炙甘草 6g，大枣 15g。每天 1 剂，水煎服，连服 3 剂，每剂均复煎 1 次。

在服药的同时，并行针灸疗法。取穴百会、间使（双）、足三里（双）、三阴交（双），先针后灸，每天 1 次。

9 月 14 日二诊：服药和针灸后，精神较好，夜睡怪梦较少。药已对证，嘱再服 3 剂。

9 月 20 日三诊：服药和针灸治疗之后，1 周来虽然入睡仍做梦，但已无梦交，醒后无汗出。脉象虚细，舌苔薄白，舌质淡。

处方：潞党参 20g，炙北芪 20g，桂圆肉 20g，浮小麦 20g，炒枣仁 10g，炒柏子仁 10g，炙甘草 10g，大枣 15g。水煎服，3 剂。

9 月 30 日四诊：两周来夜梦少，无梦交，精神好，能食。脉细缓，舌质淡红。宜养心肾以善后。

处方：桂圆肉 20g，炒枣仁 10g，黄精 15g，党参 15g，大枣 10g，炙甘草 6g。水煎服，6 剂。

临 交 惊 厥

临交惊厥，是指已婚育龄妇女，在将要进行性生活之时，突然惊恐不堪，汗出肢冷，唇面发青，短暂昏厥等病变而言。

一、病因病机

性生活本是已婚育龄妇女的正常生理现象，但有个别妇女，由于禀赋不足，或其他因素的影响，对性生活的知识缺乏正确的理解，每与男方接触时，则惊恐不堪，以致出现肢冷昏厥等。究其原因，虽然是错综复杂，但总的来说，多由于心、肝、肾气虚而引起。盖心藏神而主血脉，是内脏的主宰和周身血液循环的枢纽，而且胞脉属心而络于胞中，心气虚则阴血不能下达胞宫，胞宫失养，冲任气虚，则情窦不开，性感淡淡，甚则临交惊恐昏厥。肝藏血而主魂，为罢极之本，肝气不足，则生发无能，魂不守舍，临事惊恐，所谓"肝虚则恐"。肾为元阴元阳之根蒂，是作强之官，是精血的源泉，肾气虚则命门火衰，手足厥冷，所谓"肾气虚则厥"。可见临交惊厥的原因虽多，但不外乎由于脏腑亏虚，气血不足，志歉神怯所致。

二、论治用药

本病的治疗，首先要使患者对性生活有正确的认识，然后根据其病根之所在，采取不同的治疗方法。临交惊厥而平时心悸，倦怠乏力，面色㿠白，舌苔薄白，舌质淡，脉象虚细者，此为心气不足，宜用补养心气之法，以人参养荣汤加桂圆肉、酸枣仁、仙灵脾治之。平时头晕目眩，心悸气虚，身麻筋挛，经行错后，量少，脉象弦细，苔少，舌质淡者，此属肝气虚怯，宜用益气养血之法，以圣愈汤加菟丝子、小茴香、仙灵脾治之。平时腰酸膝软，精神不振，性感冷淡，经行错后，量少，色淡，脉象虚细而舌质淡嫩者，此属肾气不足，可用补肾益气之法，以还少丹（熟地、怀山药、牛膝、枸杞子、山萸肉、茯苓、川杜仲、远志、五味子、楮实子、小茴香、巴戟天、内苁蓉、石菖蒲）去牛膝、茯苓、楮实子，加蛤蚧、党参、菟丝子、仙灵脾治之。

病证的发生，虽有心虚、肝虚、肾虚的不同，但肾藏精而为元气之根，故其治疗在选方用药上虽然有一定的区别，但终归不忘于肾，所以菟丝子、仙灵脾入肾之品，在所常用。

病例

彭某，女，27 岁，已婚，工人。1982 年 5 月 15 日初诊。

双方经过恋爱互相了解，于 1979 年春节结婚。婚后双方感情洽和，生活和工作均能互相照顾，但对性生活冷淡，而且惊恐交加，当男方阴茎一接触阴门，即惊恐万状，汗出淋漓，唇面发青，四肢冰冷，甚或昏厥，或不自觉地呻吟哭泣。男方善于爱香惜玉，怜其痛苦，一直未敢强行插入阴道，3 年来均在阴道口射精，尚未享受性交愉快之乐。

患者月经周期基本正常，量一般，色淡质黏，经将行时乳房胀痛，小便涩痛，经行时少腹、小腹胀痛，剧时膝关节亦痛。平时胃纳不振，大便秘结，2 ~ 3 天一次，经行时则大便通畅。脉象虚细，舌苔薄白，舌质淡。证属禀赋不足，肾脏本虚的病变。以温肾暖宫、益气养血之法治之。

处方：菟丝子 15g，当归身 9g，杭白芍 9g，覆盆子 9g，潞党参 15g，炒白术 9g，车前子 5g，女贞子 9g，茺蔚子 9g，巴戟天 9g，仙灵脾 15g，红枣 9g。每天 1 剂，水煎服，连服 6 剂。

5 月 22 日二诊：药已，精神振作，性感略有所思，仍守上方出入。

处方：菟丝子 15g，肉苁蓉 15g，黄精 15g，怀山药 15g，锁阳 9g，潞党参 15g，炙北芪 15g，当归身 9g，炙甘草 5g。每天 1 剂，水煎服，连续服 6 剂。

6 月 2 日三诊：1 周来，行性生活 2 次，临交时不惊恐，不汗出。药效已达，无需服药，嘱以饮食调养，以巩固疗效。自此之后，性感正常，半年后怀孕。

少 妇 阴 吹

少妇是指 20～30 岁已婚之妇女而言。这些年龄的妇女，前阴不时放如矢气，簌簌有声者，称之少妇阴吹。

一、药因病机

本病的形成，其原因主要有两方面：一是大便燥结，阳明腑气不通。《金匮要略》有"胃气下泄，阴吹而正喧，此谷气之实也。"指出大便燥结，导致阳明腑气不通，浊气下泄干扰前阴而形成病变。阳明为燥土而主津液，为多气多血之经，津液不足，肠道濡养失常，大便燥结不通，是以阳明下行之气，不得下行肛门，故异道排出。二是肝肾阴虚，风火内动。肝为风木之脏，前阴为肝脉之所络，肾为水火之脏而开窍于二阴，肝肾同是内寄相火，肝肾阴虚，精血不足，则肝木不荣，疏泄失常，导致大便燥结，阳明腑气不通，风火相扇于内，波及前阴，故前阴不时簌簌有声如矢气之状。

二、论治用药

本病的形成，虽然有虚实之分，有阳明和肝肾的不同，但均是阴津不足的病变。其治疗方法，不离滋润柔养之品。大便燥结，为阳明腑气不通之实证，《金匮要略》用猪膏发煎导之，实取猪膏以润滑大便，头发活血兼润肠。肝肾亏损，阴津不足，风火扇动于内而起的虚证，宜用滋阴生精、柔养肝木治之，常用百合地黄汤、甘麦大枣汤、芍药甘草三方配合应用。为了加强其柔养的功能，常加柏子仁、女贞子、黑芝麻之类，取其既能滋养肝肾之阴，又取其甘润之性以缓肝之急。阴津恢复，肝木得荣，风平火潜，阴吹自止。

病例

秦某，女，29 岁，已婚，工人。1978 年 8 月 24 日初诊。

1975 年冬分娩第二胎之后，小腹时感坠胀卜迫，前阴时放如矢气，簌簌有声，继即上、下肢阳明所属之肘、膝关节有胀感，头额及颠顶胀迫如裂，以睡眠初起或行走之时为甚，每年夏秋之交多发，曾长期用中西药（药名不详）治疗，效果不满意。时有头晕昏胀，每天前阴时放如矢气，小腹胀坠，心烦易躁，能寐则多梦，其余胃纳、二便正常，脉象细弦，舌苔薄白，舌尖红。证属阴津不足，相火不潜，肝气逆乱之变。治宜滋养肝肾之阴而柔疏肝气。

处方：北沙参 10g，麦门冬 9g，当归身 9g，杭白芍 15g，川杞子 9g，夜交藤 15g，怀山药 15g，大枣 15g，甘草 9g。每天 1 剂，水煎服，连服 3 剂。

8 月 30 日二诊：药已，阴吹发作次数较少，但口苦，有热感，小便淡黄，脉舌如初诊。拟加重清热养阴之品。

处方：百合15g，生地15g，知母10g，浮小麦20g，夏枯草15g，麦门冬10g，甘草10g，大枣10g。每天1剂，水煎服，连服3剂。

9月3日三诊：3日来阴吹不发，除少腹、小腹有胀感之外，余无不适。脉象细缓，舌苔薄白，舌质正常。上方去知母、夏枯草，加生谷芽15g，延胡索9g，防其壅滞，再服3剂，巩固疗效。

乳 腺 增 生

乳腺增生病，是现代医学的病名，属于中医学乳癖的范畴。其临床特点，单侧或双侧乳房肿块，月经将来潮时肿痛加重，经行之后则减轻，平时轻痛或不痛，多发于20~40岁之妇女。

一、病因病机

本病的形成，从临床所见，有七情所伤，肝气郁滞；有脾胃气虚，痰湿互结；有冲任失调，阳虚寒凝等因素。肝藏血而主阳气的生发，肝木敷和，气机畅达，则气血流通，营养四肢百骸，如七情过极，恚怒伤肝，肝失疏泄，则气血逆乱，故气郁血滞而成肿块。脾统血而主运化，胃主受纳腐熟而为多气多血之经，脾能健运，胃能腐熟，则食物水谷可化为精微而营养全身，如思虑太过，或劳役失度，或暴饮暴食，以致损伤脾胃，导致脾胃气虚，则腐熟运化失常，水谷停滞而为痰湿，痰湿日久而胶结，在上则乳房肿块疼痛，在下则带下绵绵。冲脉主血海，任脉主诸阴，二脉同起于胞中，胞宫系于肝肾，肝肾亏损，阳气不足，冲任的调节功能失常，则气血滞留而瘀块。

总之，本病的形成，虽然有多方面的因素，但其终归是气滞血瘀和痰湿互结所致。在月经将要来潮之时，相火内动，气火上升，冲激瘀块，故肿痛加剧，经行之后，气火有外泄之机，故肿痛减轻，甚或不痛。

二、论治用药

本病总的病机，既是瘀、痰之患，因而其治疗之法当然离不了疏解和温化，疏解行气以化瘀，温化痰湿以消块。如症见经行或前或后，量多少不一，色暗而夹块。经将行则心烦易怒，夜难入寐，乳房胀痛剧烈，经行之后痛减，甚或不痛，脉虚弦，舌苔薄白，舌质有瘀点或一般者，此为肝郁气滞，滞久血瘀之变，治宜疏肝解郁、行气化瘀之法，以柴胡疏肝散加当归、丹参、夏枯草、海藻治之。经行错后，或前后不定，量多，色暗红，夹紫块，平时带下量多，色白中带黄，质稠秽，气短乏力，四肢困倦，经将行乳房肿痛剧烈，经行之后则减轻，脉虚缓，苔白厚而腻，舌质淡者，此属脾胃气虚，运化失常，痰湿互结之患，治宜健脾益气、温化痰湿之法，以苍附导痰丸加制附子、北芪、橘核治之。经行错后，量少，色淡质稀，腰膝酸软，经将行乳房胀痛，触之加剧，经行之后则疼痛大减，甚或不痛，脉象细弱，苔薄白而舌质淡者，此属肝肾亏损，阳气不足，冲任失调之变，治宜温补肝肾、调养冲任之法，以调肝汤加仙茅、菟丝子、仙灵脾、制附子治之。总之，乳腺增生病，其标在乳房的肿痛，而其本则在肝、脾、肾，治之当标本并治，或从治本达到治标。应用软坚消积药，要分寒热虚实。咸寒软坚药常用夏枯草、猫爪草、海藻、昆布之类；温化软坚药，常选用白附子、白芥子、制附子之类。临床观察，凡是病在初期而属于气滞血瘀引起的，病多易治，反之，病程已久而属痰结凝滞的瘀块，病多难治。

病例

胡某，女，99 岁，未婚，工人。1973 年 9 月 20 日初诊。

13 岁月经初潮，一向周期基本正常，色、量一般，经期无不适。但自去年 5 月以来，月经开始紊乱，经行前后不定，量或多或少，色暗淡而夹血块，大者如小指头。经将行少腹、小腹及乳房胀痛，以左侧乳房为甚，经行之后胀痛减轻，甚或不痛。今年以来，经行仍紊乱，每次经将行心烦易怒，夜寐不安，少腹、小腹及乳房胀痛剧烈，以左侧乳房为甚，经行之后则痛减。服中西药（药名不详）治疗，效果不满意。脉弦细，舌苔薄白，舌尖有瘀点。查阅病历，8 月份经某医院妇科检查，诊为左侧乳房小叶增生。

根据现在脉症及医院妇检资料，按照气滞血瘀引起的月经不调、痛经、乳癖论治，以疏肝解郁、行气化瘀之法治之。

处方：北柴胡 6g，杭白芍 10g，枳壳 10g，香附 10g，川芎 10g，当归 12g，丹参 15g，白蒺藜 10g，益母草 15g，合欢花 10g，甘草 10g。每天 1 剂，水煎服，连服 6 剂。

9 月 30 日二诊：上方服 4 剂之后，月经来潮，色、量较上月好，但仍夹有小血块，经将行少腹、小腹及乳房胀痛减轻。脉细，舌苔如初诊。效不更方，仍守上方再服 6 剂，每天 1 剂。

10 月 9 日三诊：上方已续服 6 剂，精神好，但自摸左乳房硬块未小。脉细缓，舌苔一般。仍守上方，加夏枯草 15g，猫爪草 10g，鸡血藤 20g，凌霄花 10g，以加强软坚化瘀之功。每天 1 剂，水煎服，连服 6 剂。

10 月 26 日四诊：22 日已有经行，周期已对，色、量一般，乳房及少腹、小腹胀痛大减，自摸左侧乳房硬块缩小。仍嘱继续服用本方，每天 1 剂，连续 6 剂。嗣后以山楂 20g，炒麦芽 30g，赤砂糖 40g，水煎服作善后。

半年后追访，经行周期正常，色、量一般，少腹、小腹及乳房不痛，左侧乳房硬块基本消失。

妇女阴痿

妇女在绝经期之前，出现性功能减退，甚或厌恶畏惧，乳房萎缩，阴唇干枯，交合时涩痛，月经量少，甚或闭经者，谓之妇女阴痿。

一、病因病机

本病的发生，既有先天的不足，也有后天的因素。归纳起来，有禀赋不足、阳虚宫寒，七情所伤、肝失生发，脾胃虚弱、气血不足，痰湿郁滞、气机不畅四个方面。

1. 禀赋不足，阳虚宫寒

肾藏真阴而寓元阳，是生殖的根蒂，为先天之本。冲脉主血海，任脉主诸阴，二脉皆起于胞中，胞宫系于肾，胞脉属心而络于胞中。如禀赋本虚，肾气虚弱，则任脉不通畅，冲脉不旺盛，胞宫寒冷，不能温煦生养，故阴痿乃作。

2. 七情所伤，肝失生发

肝藏血而性喜疏泄条达，主阳气的生发，调节一身的气机，肝脉上行则布胸胁、乳头，下行则络属阴器。如七情过极，损伤肝气，气机郁结，则肝失疏泄，生发无能，故性欲减退，乳房萎缩，阴唇干枯。

3. 脾胃虚弱，气血不足

脾统血而主健运，胃主受纳腐熟而为多气多血之经，人体各个脏腑的物质营养，都是脾胃水谷精微所化，乳房、冲脉俱隶属阳明。如脾胃虚弱，气血不足，则温养、濡养功能失职，上则不能充养乳房，下则不能长养冲脉、任脉和胞宫，故阴户干涩，乳房萎缩变小。

4. 痰湿郁滞，气机不畅

平素体质肥胖，或长期过食肥甘厚味之品，食不及化，以致化湿生痰，痰湿俱为阴邪，其性重浊黏腻，阻遏气机，气血不和，命门之火为痰湿郁遏，不能行长养功能，阴痿乃作。

二、论治用药

本病是纯虚与虚中夹实的病变。因此其治疗之法，有以补养为主的，也有扶正兼以疏解或温行的。如症见月经错后，量少色淡，甚或闭止，腰脊酸痛，四肢乏力，阴毛稀少，甚或无毛，性功能减退，性交时干涩疼痛，脉象虚细，舌苔薄白，舌质淡嫩者，此属禀赋不足，肾阳虚衰，阳虚宫寒之变，治宜补阳配阴之法，以右归丸加紫河车、仙灵脾、酸枣仁、党参治之。症见抑郁不乐，胸胁时痛，乳房萎缩，经行量少，色泽暗淡而夹小块，交合时干涩不适，脉象细涩或弦细，舌苔薄白，舌质正常或有瘀点者，此属七情过极，肝失条达，疏泄失常，生发无能之变，治之既要疏肝解郁，又宜温肝以养血。第一步先用柴胡疏肝散加当归、黄精、素馨花、玫瑰花疏调其肝气，第二步以温经汤去半夏、麦冬、丹皮，加紫河车、巴戟、蛤蚧治之。先疏后养，解其肝郁，养其肝血，肝气条达，冲、任脉通盛，则逐渐能恢复其生发的功能。症见面色萎黄，四肢乏力，胃纳不振，大便溏薄，经行前后不定，量少，色淡，甚或经闭不行，性感冷淡，乳房平坦，甚或凹陷，脉象虚细，舌苔薄白，舌质淡嫩者，此属脾胃虚弱，气血亏少，胞脉失养之变，治之宜健脾和胃、益气生血之法，以补阴益气煎去升麻，加桂圆肉、酸枣仁、砂仁壳、蛤蚧治之。症见气短乏力，体质肥胖，经行错后，量或多或少，色淡质稀，甚或经闭不行，阴毛稀少，甚或无毛，性感淡漠，脉象虚缓，舌苔白厚而腻，舌质淡胖者，此属痰湿内盛，脾失健运，肾失温煦之变，治之宜本"病痰饮者，当以温药和之"，以苓术二陈煎（猪苓、白术、泽泻、陈皮、半夏、茯苓、干姜、炙草）加肉桂、苍术、藿香治之，以温化痰湿，畅通气机，从而促进冲任脉的畅通。

本病的致病因素，虽有先天与后天之分，在病机有纯虚和虚中夹实等不同，但总的来说，均属于亏损的病变。治之只能循因论治，一般要坚持3～6个月甚或更长时间始能见效，不要急于求成，中途而废。同时，在用药上，必须选用紫河车、蛤蚧、鹿角胶等血肉有情之品，才能填补其本源，促进其恢复。

艾灸有扶正温通的作用，在内服汤药的同时，适当配合艾条温和灸，选用肝俞、肾俞、命门、关元、中极、足三里、三阴交等强壮穴位，每天温和灸1次，每次用2～4个穴位，则能收到相得益彰之功。

病例

李某，女，28岁，已婚，护士。1984年8月10日初诊。

25岁结婚，婚后次年分娩一女孩，女孩不幸高热气喘（据说是肺炎），抢救不及时而死，自此之后，经行错后，甚或2～3个月一行，量少，色泽暗淡，平时少腹、胸胁胀闷，经将行之时又胀又痛，性功能减退，交合时干涩，乳房萎缩。6月24日末次月经，迄今未来潮。脉象细涩，舌苔薄白，舌边有瘀点。证属七情所伤，肝失条达，疏泄失常，气血不和，生发无能之变。治宜养血疏肝，以促进生发阳气，使冲任脉通盛。

处方：柴胡6g，当归12g，白芍6g，枳壳6g，黄精15g，鸡血藤20g，合欢花6g，素馨花6g，甘草5g。水煎服，每天1剂，连服6剂，每剂均复煎1次。

8月22日二诊：上方服到第五剂，月经来潮，经将行及经中少腹、小腹及胸胁胀痛大减，月经色量较上次为佳，无小块，持续4天干净。脉象沉细，舌苔如初诊。疏养之法已见初效，转用温肝养血之法。

处方：归身12g，白芍6g，熟地15g，巴戟10g，党参15g，山萸肉10g，吴茱萸3g，炙甘草6g。水煎服，每天1剂。

每3天蒸炖鲜胎盘1个（酌加油、盐、配料），分2次吃，吃胎盘则停汤药。

12月20日三诊：数月来坚持服上方，每周服汤5剂，鲜胎盘2只。现精神较好，性功能转佳，经行色、量正常，经中无不适，但经行错后1周。脉象细缓，舌苔薄白，舌质如平。药已对证，效不更方。上方去吴茱萸，加炙北芪15g，艾叶6g，水煎服，每天1剂。

并以鲜蛤蚧易胎盘，每次酌加配料蒸吃1只，每3天1次。吃蛤蚧则停汤药。

1985年5月25日四诊：上方连服两个月，经行周期正常，色、量均佳，乳房如常，性交舒爽，即自行停药。现已停经月余，经医院妇科检查为早孕。自前天开始有头晕头痛，鼻塞流涕，发热恶寒，时欲呕吐病状。脉象略浮，舌苔薄白，舌质正常。此属妊娠外感，当用养血扶正、疏解祛邪之法治之。

处方：当归身9g，潞党参12g，北荆芥6g，防风6g，北柴胡6g，前胡6g，老生姜6g，肥红枣10g。水煎服，每天1剂，连服3剂。

经 前 遗 尿

妇女在月经来潮之前3～4天，小便不能自禁，点滴漏下，量不多，或睡中遗尿，月经来潮之后则自止，叫做经前遗尿。《傅青主女科》称之经前泄水。

一、病因病机

本病的形成原因，《傅青主女科》谓是"脾气之虚"。但从临床所见，既有虚证，也有实证。实证多是肝火过旺，疏泄太过。盖肝为风木之脏，内寄相火，主疏泄条达。肝脉络阴器而主宗筋，为冲脉之所系。当经水将要来潮之时，相火发动于内，如平素肝阳偏盛，则风火交炽扇动，必然波及脾肾，乘克脾土，则脾土不能运化水湿；子夺母气，则肾失封藏，开阖无权，故小便自遗。虚证则多是脾肾阳气虚衰，运化主水失常。盖脾属土而居中州，主运化水湿，以升为健，为一身上下之枢纽，脾气健运，则水液能上行于肺而通调水道，输布全身，下输膀胱。肾藏真阴而寓元阳，为水火之脏，是封藏的根本，肾气盛则能主水，行其蒸化升腾之职，调节一身之水液，分清别浊，开阖正常，清者濡养各个脏器，浊者排出体外。如脾阳虚弱，则运化失常，制水无权，肾阳虚衰，则不能主水，蒸腾失司，封藏不固，尤其是经水将要来潮之时，气血偏聚于冲脉血海，脾肾之气益虚，则脾不能运化制水，肾不能主水蒸化，开合失司，故时有尿遗。

以上的病机，是从整体来分析，当然也不要忽视局部因素的影响。由于胞宫与膀胱相邻，同居下焦，在经水将要来潮前3～4天，胞宫血海充盛，也可能压迫膀胱，使膀胱的气化功能失司，因而导致遗尿。

二、论治用药

本病的治疗，同其他疾病一样，实证则用泻法，虚证则用补养。如症见经行超前，量多，色红，经前 3～4 天遗尿，尿气有特殊气味，心烦易躁，胸胁胀闷或胀痛，平时夜难入寐，寐则多梦，脉象弦而细数，舌苔薄白或微黄，舌质红者，此属肝火过旺，开阖失司之变，宜用凉肝泻火之法，以八味逍遥散（柴胡、当归、白芍、白术、茯苓、丹皮、栀子、甘草）去白术、茯苓，加夏枯草、生地、薄荷、怀山药治之，待肝火不旺，则经调而尿不遗。症见面色㿠白或萎黄，倦怠嗜睡，四肢乏力，经行错后，量少，色淡质稀，平时带下绵绵，色白，质稀如米泔，无特殊气味，经前 3～4 天尿漏，量不多，或睡中遗尿，大便溏薄，脉象虚细，舌苔薄白，舌质淡嫩者，此属脾气虚弱，不能制化水湿之变，宜用健脾益气、固摄止漏之法，以菟丝煎（潞党参、怀山药、当归身、菟丝子、炒枣仁、远志肉、白茯苓、鹿角霜、炙甘草）加炙北芪、炒白术、桑螵蛸治之。症见腰脊酸软，甚或坠胀，腿膝乏力，经行前后不定，量多少不一，色暗淡而夹小块，经前 3～4 天遗尿，平时带下量多，色白而质稀如水，恶寒喜温，小便清长，大便正常或溏薄，脉象细弱，舌苔薄白而润滑，舌质淡嫩，此属肾阳虚衰，蒸化无能，封藏不固之变，宜用温肾扶阳、固涩止漏之法，以六味回阳饮（潞党参、熟附子、炮干姜、当归身、熟地黄、炙甘草）配缩泉丸（益智仁、台乌药、炒怀山药）加鹿角霜、桑螵蛸治之。

除了根据病情应用汤药内服之外，适当配合针灸疗法，则其效较捷，常用穴位如下：

（1）肝火过旺，疏泄失常：针刺三阴交、血海、曲池，单针不灸，俱用强刺激手法，每天 1 次，一般针刺 3～6 次有效。

（2）脾肾阳虚，封藏不固：温和灸足三里、三阴交、中极、关元，单灸不针。偏于脾阳虚，加灸脾俞、命门，以加强温脾壮阳之力；偏于肾阳虚，加灸复溜、隐白，以补肾振阳而止漏。每天灸 1～2 次，1 周为一疗程，一般 1～3 周有效。

病例

许某，女，32 岁，已婚，工人。1986 年 3 月 2 日初诊。

半年来经行错后，量少，色淡质稀，经前 3～4 天遗尿，白天 2～3 次，量不多，睡中遗尿次数不清，但醒来内裤已湿，经行之后则遗尿自止，平时带下绵绵，质稀或如米泔，腰脊酸软，甚或坠胀，四肢倦怠，纳食不香，大便溏薄，小便清长，曾自服乌鸡白凤丸、补中益气丸、附桂八味丸等，效果不显著。脉象虚细，舌苔薄白，舌质淡嫩。证属脾肾虚弱，运化制水失常，封藏不固之变。治以温肾健脾、益气固摄之法。

处方：熟附子 10g（先煎），炙北芪 20g，炒白术 10g，潞党参 12g，菟丝子 15g，炒怀山药 12g，当归身 10g，鹿角霜 20g，益智仁 10g，芡实 9g，炙甘草 6g。在经前 1 周水煎服，每天 1 剂，连服 6 剂。

在服上方的同时，嘱每天自用艾条温和灸足三里、复溜、隐白 1～2 次，以助药力。

3 月 22 日二诊：本次月经于 15 日来潮，20 日干净，色、量较上次为佳，但仍错后 1 周，经前 3～4 天白天不遗尿，但睡中仍遗尿。脉象细缓，舌苔薄白，舌质淡红。药已对证，守上方加桑螵蛸 6g，覆盆子 10g，每天 1 剂，水煎服，连服 6 剂。并嘱继续用艾条温和灸足三里、复溜、隐白三个穴位。

4月25日三诊：本次经行于20日来潮，24日干净，色、量正常，经前已无遗尿。脉象缓和，舌苔正常。药已收效，旋即停药。但仍嘱每天用艾条温和灸足三里、阴陵泉、关元、三阴交，以巩固疗效。

青春粉刺

粉刺，又名酒刺，现代医学叫做痤疮。多发生于颜面，以鼻翼处较密集，可挤出白色碎米样粉汁，故名粉刺。是由于心、肺、胃蕴热，上熏于颜面，血热郁滞而成，是青春期男女常见的皮肤病。

一、病因病机

妇女到了"二七"、"三七"之年，由于肾气的充盛，肝气的生发，天癸发育成熟，相火内动，免不了时有怀春之念，但欲而不达，求而不遂，以致相火怫郁，久而上扇，波及心、肺、胃。面为心之外华，是阳明之所主，鼻为肺之所属，心、肺、胃蕴热熏蒸于面，影响面部经络血液的运行，热与血瘀结为患，粉刺乃成，轻则发于颜面，甚则延及前胸、肩背，皮疹如粟，色白或黑头，或淡黄，或色赤肿痛，挤破可出白汁。

本病的形成，总不离于火热为患，与心、肺、胃蕴热有关，其中又以心为主要。盖青春发育期，相火过旺，郁而不能发，波及心火而致之。所谓"诸痛痒疮，皆属于心"，确是明哲之论。当然，除了相火内郁而导致心、肺、胃蕴热之外，也不要忽视外界的致病因素，正如《医宗金鉴·外科心法要诀》所说："由火郁于孙络之血分，风邪外搏"。既指出火郁于面部孙络血分，又指出风邪外搏。风为阳邪，内外合邪，则病情较重。临床所见，以单纯相火怫郁的为多。

二、论治用药

本病的治疗，要分清虚火、实火的不同。如面上痤疮成片，肿痛色赤明显者，此属相火内动，怫郁不能外发而为病，属于邪实之火，治宜泻心肝之火，可用芩连四物汤（当归、川芎、生地、白芍、黄芩、黄连）加山栀、凌霄花、鲜荷叶、鲜白茅根、甘草治之；如痤疮肿痛不明显，或色黑者，多属水亏火郁之变，可宗六味地黄丸（熟地、泽泻、怀山药、茯苓、山萸肉、丹皮）加白茅根、当归、赤芍、生地治之。不论是实火还是虚火为患，如红肿而痒痛，多夹风邪，可酌加祛风药治之，如白蒺藜、秦艽、防风、蝉衣之类。

除了药物内服治疗之外，还可以针刺大椎、曲池、合谷、三阴交、血海等穴，用强刺激泻法，以清血中之热。同时，还应该用清热解毒之品如金银花、野菊花、草鞋根、火炭母之类，煎水趁热熏洗，或以面巾蘸水外敷2～3分钟，以促进面部孙络血脉的通行，则能通脉解毒，取效较捷。

面部既为心之外荣，又是阳明经之所主，因此对本病的预防或治疗，都必须注意饮食的宜忌。宜多食富含营养而清淡的食物，如动物的肝、肾、黄豆、黑豆、鲜怀山药、鲜水果、鲜蔬菜等，既能营养生化气血，扶助正气，又不动火助邪。凡是油腻或难于消化的食物，如含脂肪过多的肥肉、黏腻之糯饭，或辛辣刺激的食品，如辣椒、生姜、胡椒、五香粉、生蒜、生葱、酒等，宜少食或不食。

《内经》有"君火以明，相火以位"之说。相火之所以妄动，多由于心神不安而起。因此，必须注意精神的调节。凡是不可为之事，不要胡思乱想，正确对待一切客观中物，泰然处之，则心火安宁，相火潜藏，水火相济，心肾相交，痤疮之治，疗效可期。

病例

杨某，女，18岁，未婚，学生。1978年6月10日初诊。

自16岁起，颜面开始发生痤疮，丘疹或疏或密，呈圆锥形，色泽淡红，或红肿，或黑头，以手挤压可见乳白色汁液。经行超前，量多，色红，夹紫块，经将行胸胁、乳房、少腹、小腹胀痛，心烦易怒，口苦咽干，夜难入寐，经行之后则略舒。脉弦细数，舌苔薄黄，舌边尖红。证属肝失疏泄，郁久化火之变。郁火上熏于心、肺，火热与血互结于心之外华，则颜面痤疮，红肿痛痒；扇动于下，则胞宫血热而经行超前量多。治宜泻肝清热、凉血解毒之法，以龙胆泻肝汤加减。

处方：龙胆草9g，黄芩6g，栀子6g，泽泻6g，通草3g，车前草9g，当归身3g，生地6g，柴胡3g，野菊花9g，凌霄花9g，生甘草3g。每天1剂，水煎服，连服3剂。

6月15日二诊：上方服后，颜面痤疮大减。脉弦细，舌苔薄白，舌质尖红。药已中的，仍遵上法出入治之。

处方：鸡血藤20g，生地黄15g，野菊花10g，凌霄花9g，赤芍药9g，川红花2g，北荆芥2g，生甘草6g。

6月20日三诊：上方每天煎水服1剂，连服6剂，面部痤疮消退，经行周期正常。再以当归芍药散加生地15g，红花1g，甘草6g，每天1剂，水煎服，连服3剂。观察半年，病不再发。

验 方 撷 英

养血调经汤

方药组成：鸡血藤 20g，丹参 15g，当归 10g，川芎 6g，白芍 10g，熟地 15g，川断 10g，益母草 10g，炙甘草 6g。

性质功效：理血类方剂。补肝肾，养血调经。

主治病证：用于肝肾不足、血虚所致的月经病证。

服用方法：水煎服，每日 1 剂。

加减运用：以肾虚为主者，上方加川杜仲、桑寄生，加强补肾之力；阴虚内热者，上方去川芎之辛温香燥，熟地改为生地，加地骨皮、知母；阴道出血量多者，上方去川芎之辛香行散，加用仙鹤草、血余炭等收敛止血。

方义分析：本方由《医学心悟》之益母胜金丹化裁而来。益母胜金丹为肝、脾、肾并治之方，但偏于补益肝脾。基于肾藏精，经源于肾，肝藏血，精血互化，肝肾同源的理论，并受唐宗海"血证之补法……当补脾者十之三四，当补肾者十之五六"思想的启迪，用鸡血藤补血活血，"一味丹参，功同四物"，活血化瘀之力较为平稳，为治虚而瘀者之良药；当归、川芎、白芍、熟地补益肝肾，养血调经；续断补肝肾，行血脉；益母草能化瘀、能止血；炙甘草补脾益气，调和诸药。诸药合用，有补肝肾、益阴血、调月经之功效。

病例

张某，女，28 岁。1993 年 8 月 18 日初诊。

1 年来月经延后十余天左右，甚或 3 个月一行，经量偏少，色淡无块，5 天干净。平素带下一般，偶有腰酸、失眠，纳、便一般。舌淡红，苔薄白，脉细。证属肝肾不足，冲任失养，治拟补肝肾养血调经，方用养血调经汤加味。

处方：鸡血藤 20g，丹参 15g，归身 10g，川芎 6g，熟地 15g，川断 10g，茺蔚子 10g，夜交藤 20g，炙甘草 6g。每日 1 剂，水煎服。

守方加减服用十余剂后，经行规则，随访半年，月事正常。

养血化瘀消癥汤

方药组成：当归 10g，川芎 6g，赤芍 10g，白术 10g，土茯苓 20g，泽泻 10g，丹参 25g，莪术 10g，香附 10g，皂角刺 15g，炙甘草 6g。

性质功效：理血类方剂。养血化瘀，健脾利湿，消癥。

主治病证：因湿瘀所致卵巢囊肿、子宫肌瘤、慢性炎性包块等。

服用方法：水煎服，每日 1 剂。

加减运用：久病体弱，面白神疲，四肢乏力者，上方去泽泻，加黄芪 20g，以益气化瘀；肝郁气滞者，上方加柴胡 6g，夏枯草 15g，以理气疏肝，通络散结；寒湿凝滞者，上方加制附子 10g（先煎 1 小时），桂枝 6g；湿热下注，带下阴痒者，上方去川芎，加马鞭草 15g，或合二妙散，以清热利湿，活血通络。

方义分析：本方由《金匮要略》当归芍药散加味而成。方中既有当归、川芎、赤芍辛苦温通，直入下焦胞脉血分，消散瘀积，又有白术、茯苓、泽泻健脾利湿，以绝湿源。方中以土茯苓易茯苓可增加解毒利湿之功。全方化瘀药与利湿药相配合，有化瘀利湿、调理气血的作用。重用丹参配当归养血化瘀，补而不滞，且"一味丹参，功同四物"，活血而无耗血之虑。欲行其血，先调其气，故佐以芳香入血之香附行血中之气，散血中之郁，气行则血行。胞脉闭阻，久病入络，故选用皂角刺开关利窍，涤垢行瘀；莪术化瘀消癥，借皂角刺锋锐走窜之性引诸药直达病所；炙甘草补脾，调和诸药。全方辛苦温通，攻邪不伤正，共奏养血化瘀消癥之功。寒湿凝滞者加附子、桂枝增加其温散通行之力，其中附子走而不守，不仅能温肾壮阳通脉，且与血药同用，则温化寒凝、通行血脉之力益彰。

病例

张某，女，28 岁。1993 年 6 月 3 日初诊。

月经量少已 3 个月，半月前经妇科检查及 B 超检查发现左侧卵巢囊肿，约3.8cm×4cm。诊时患者诉左侧少腹、小腹隐痛，放射至腰背部，白带较多，色黄白相兼，偶有阴痒，舌淡红，边有瘀点，苔微黄腻，脉细弦。证属湿瘀阻滞下焦，气血运行不利，蕴久成瘤，治宜养血化瘀消癥，方用养血化瘀消癥汤加减。

处方：当归 10g，川芎 6g，赤芍 10g，丹参 25g，土茯苓 30g，白术 10g，泽泻 10g，莪术 10g，香附 10g，郁金 10g，玫瑰花 10g。水煎服，每日 1 剂，连服 6 剂。

二诊（1993 年 6 月 11 日）：药已，左少腹疼痛减轻，带下减少，余症好转。效不更方，守原方选夏枯草、猫爪草、泽兰、刘寄奴、海藻等药加减治疗，共治疗 3 个月，左侧卵巢囊肿消失。

活血通脉汤

方药组成：鸡血藤 20g，桃仁 10g，红花 6g，赤芍 10g，当归 10g，川芎 6g，丹参 15g，皂角刺 10g，路路通 10g，香附 6g，穿破石 20g，甘草 6g。

性质功效：活血祛瘀剂。养血活络，通脉破瘀。

主治病证：冲任损伤，瘀血内停所致月经不调、痛经、闭经、血积癥瘕。

加减运用：输卵管不通、盆腔炎、附件炎而带下量多，色黄稠者，加马鞭草 15g，土茯苓 15g；盆腔炎、附件炎致小腹疼痛者，加蒲黄 6g，五灵脂 6g；盆腔炎重而下腹有包块者，加忍冬藤 15g，莪术 10g；经前性急易怒，情绪波动较大者，加柴胡 6g，白芍 10g；肾虚腰痛者，加菟丝子 10g，川断 10g；胃脘不适者，去皂刺，加白术 10g。

方义分析：本方由桃红四物汤加减而成。冲为血海，任主胞胎。冲任损伤，瘀血内作，可出现经水不调、闭经、痛经、盆腔炎、附件炎等，甚或输卵管不通而致不孕症。方中鸡血藤苦甘温，归肝、肾经，入血分而走经络，历代认为其通中有补，以通为主，甘温补益，苦温通泄，虽能补能散，但以补为主，补中有通，养血通脉，为治疗冲任损伤之常用药；当归补血活血，补中有活，修复冲任；川芎直入冲脉，行血中之气，能上能下；赤芍、丹参能补能行，散血中之积滞；桃仁、红花逐瘀行血，通行经脉，使瘀血得行，经脉得通；路路通通行十二经脉而疏泄积滞；香附疏肝理气，使气调血畅；皂刺、穿破石清瘀除热，破除陈积；甘草调和诸药。诸药合用，气得行，血得通，经得养，脉得复，共奏养血活络、通脉破瘀之功。

病例

陈某，女，32 岁，已婚。1989 年 5 月 20 日初诊。

13 岁月经来潮。1984 年结婚，婚后 3 个月不慎流产。4 年来有生育要求，夫妻双方共同生活，迄今未孕。月经周期基本正常，量一般，色暗，夹血块。经将行略有腹胀，性急易怒，经行则舒。脉细，舌红，苔薄白。广西某医院输卵管通液试验显示双侧输卵管不通。西医诊断为继发性不孕症（输卵管不通）。中医辨证为冲任损伤，气滞血阻，治宜养血活络，通脉破瘀。

处方：鸡血藤 15g，路路通 10g，桃仁 10g，红花 6g，赤芍 10g，当归 10g，川芎 6g，熟地黄 15g，炮山甲 10g，香附 6g，穿破石 20g，甘草 6g。每日 1 剂，水煎服，连服 4 剂。

二诊（1989 年 5 月 25 日）：服上方后第三天，经水来潮。现值经期，经前腹部已不胀，经水色较鲜红，血块减少。上方去穿破石，加白术 10g，水煎服，每日 1 剂，连服 7 剂。

三诊（1989 年 9 月 24 日）：服上方后自觉精神较好，又服前方三十余剂。现停经已 52 天，尿妊娠试验阳性。

安胎防漏汤

方药组成：菟丝子20g，覆盆子10g，川杜仲10g，杭白芍6g，熟地黄15g，党参15g，炒白术10g，棉花根10g，炙甘草6g。

性质功效：补益类方剂。温养气血，补肾固胎。

主治病证：习惯性流产。

服用方法：未孕之前，预先水煎服此方3~6个月；已孕之后，可用此方随证加减。

加减运用：如腰脊连及少腹、小腹坠胀疼痛，加桑寄生12g，川续断10g，砂仁壳3g，紫苏梗5g；阴道出血，量少色红，脉细数者，加荷叶蒂12g，苎麻根15g，黄芩10g，阿胶10g；如出血多色红，宜减去当归之辛温，再加鸡血藤20g，旱莲草20g，大叶紫珠10g；出血日久，淋沥暗淡，腹部不痛者，加桑螵蛸10g，鹿角霜20g，花生衣30g，党参加至30g。

方义分析：菟丝子辛甘平，覆盆子甘酸微温，二子同用，有补肾生精、强腰固胎之功；杜仲甘温，补而不腻，温而不燥，为补肝肾之要药，能补肾安胎；当归、白芍、熟地俱是补血养肝之品，肝阴血足，则能促进胎元的发生；党参、白术、棉花根甘温微苦，能健脾益气，升阳除湿，既有利于气血的化生，更能升健安胎；甘草甘平，不仅能调和诸药，而且能益气和中，缓急止痛。全方有温养气血、补肾益精、固胎防滑之功。

病例

刘某，女，36岁。

以往曾怀孕5次，均流产。此次怀孕第六次，尿妊娠试验阳性，脉见微滑，两尺沉弱，舌淡，苔白。自述腰酸腿软，无阴道出血，因怕再度流产，精神极度紧张。据辨证确定为肾气虚损，遂投以上方，连服至孕3个月，后足月顺产一女婴，婴儿无畸形，唯头发稀少，色黄。

对于习惯性流产患者经保胎治疗后，多见婴儿发少，色黄。《素问·五脏生成》谓："肾之合骨也，其荣发也。"肾之精华在于发，故肾虚而发不荣。上例经随访，3年后发已变多变黑，与正常儿童无异，智力发育良好。

清宫解毒饮

方药组成：土茯苓 30g，鸡血藤 20g，忍冬藤 20g，薏苡仁 20g，丹参 15g，车前草 10g，益母草 10g，甘草 6g。

性质功效：祛湿剂类方剂。清热利湿，解毒化瘀。

主治病证：子宫颈炎、阴道炎属湿热蕴结下焦，损伤冲、任脉和胞宫，以湿、瘀、热为患而导致带下量多，色白或黄，质稠秽浊，阴道灼痛或辣痛者。

服用方法：水煎服，每日 1 剂。

加减运用：如带下量多，色黄而质稠秽如脓者，加马鞭草 15g，鱼腥草 10g，黄柏 10g；发热口渴者，加野菊花 15g，连翘 10g；阴道肿胀辣痛者，加紫花地丁 15g，败酱草 20g；带下夹血丝者，加海螵蛸 10g，茜草 10g，大蓟 10g；阴道瘙痒者，加白鲜皮 12g，苍耳子 10g，苦参 10g；带下量多而无臭秽，阴痒者，加蛇床子、槟榔各 10g；带下色白，质稀如水者，减去忍冬藤、车前草，加补骨脂 10g，桑螵蛸 10g，白术 10g，扁豆花 6g；每于性交则阴道胀痛出血者，加赤芍 12g，地骨皮 10g，丹皮 10g，田三七 6g；腰脊酸痛，小腹坠胀而痛者，加桑寄生 15g，川杜仲 10g，川续断 10g，骨碎补 10g。

方义分析：子宫颈炎有急、慢性之分。从临床症状看，急性时宫颈红肿，有大量脓样分泌物，色白或黄，质稠黏而秽臭，腰及小腹胀痛，个别患者伴有发热、口渴，脉弦数，苔黄腻，舌边光红；慢性时则宫颈糜烂，带下量多，少腹、小腹胀痛，腰酸膝软，甚或性交时阴道辣痛或出血。证属湿热带下或湿瘀带下范畴。治之宜用清热利湿、解毒除秽、活血化瘀之法。本方重用甘淡平之土茯苓为主药，以利湿除秽，解毒杀虫；忍冬藤、车前草、薏苡仁甘寒，既能辅助土茯苓利湿解毒，又有清热之功，且甘能入营养脾，虽清利而不伤正；鸡血藤辛温，能补血行血，以补血为主；益母草辛苦微寒，能活血祛瘀，利尿解毒；丹参一味，功同四物，有补有行，与鸡血藤、益母草同用，则补血化瘀之功益彰；甘草之甘，既能调和诸药，又能解毒。全方以甘、辛、苦为主，寒温并用，甘则能补，辛则能开，苦则能燥，寒则能清，温则能行，故本方有热则能清，有湿则能利，有毒则能散能解，有瘀则能化能消。

病例

秦某，女，43 岁，家庭妇女。1991 年 2 月 11 日初诊。

带下 3 个月余，带色黄绿如脓，其气臭秽难闻，阴痒肿痛。拒绝妇科检查，要求服药治疗。诊时舌红苔黄，脉滑数，且伴口苦咽干，溲赤，小腹胀痛。予清热利湿解毒法。

处方：土茯苓 30g，忍冬藤 20g，蒲公英 20g，败酱草 20g，白鲜皮 12g，苦参 10g，薏苡仁 20g，车前草 10g，鱼腥草 10g，牛膝 10g，益母草 10g。

用本方连续服用 24 剂，诸症悉失，唯自觉阴痒未除，遂拟一熏洗方，1 周后亦愈。

活 精 汤

方药组成：熟地15g，山茱萸10g，山药15g，丹皮10g，茯苓10g，泽泻6g，麦冬10g，当归10g，白芍6g，女贞子10g，素馨花6g，红花2g，枸杞子10g，桑椹子15g。

性质功效：滋补类方剂。滋肾调肝。

主治病证：死精症。

服用方法：水煎服，每日1剂。

加减运用：偏于肾阳虚者，加制附子10g，肉桂6g；少腹、小腹冷痛者，加艾叶、胡芦巴10g，小茴香6g；夹痰湿者，上方去红花、素馨花，加菖蒲6g，皂角刺15g；夹瘀者加泽兰10g，桃仁10g。

方义分析：方中六味地黄汤，功专补肾肝，滋而不腻，寒温相宜而兼滋补气血；当归、白芍、素馨花、红花养血活血，柔肝疏肝；枸杞、桑椹、女贞子、麦冬滋补肝肾精气。诸药合用，共奏调肝益肾、畅达气血之功。

病例

郑某，男，32岁，演员。1988年5月22日初诊。

结婚4年，夫妻共同生活，未避孕，爱人迄今不孕。平素性欲一般，时有头晕目眩，腰膝酸软，夜难入寐，寐则多梦。胃纳一般，大便干结，隔日1次，小便正常。舌尖红，苔少，脉细数。精液化验检查：量约3ml，计数4×10^7/ml，成活率10%，死精90%，活动力差，液化时间大于半小时。爱人检查未发现异常。证属真阴不足，虚火内动，阴精衰竭。以壮水济火法论治，处以上方，每日1剂，水煎服，连服20剂。药后精液检查：成活率30%，死精50%，液化时间正常，余无特殊。药见初效，守上方加太子参15g，小麦20g，夜交藤20g，旱莲草15g，每日1剂，水煎服，连服12剂。复查精液常规：成活率50%，死精10%，活动力一般，计数已接近正常，继用五子衍宗丸加味。

处方：菟丝子15g，女贞子10g，枸杞子10g，五味子6g，车前子6g，覆盆子10g，太子参15g，当归身10g，白芍6g，玉兰花6g，红枣10g。

连服30剂，身体康复，爱人次月受孕。

加味芍药甘草汤

药物组成：白芍 50g，熟地黄 15g，当归身 10g，炙甘草 20g，牛膝 6g，红枣 15g。

性质功效：治风剂。滋阴养血，柔肝息风。

主治病证：阴吹（肝肾阴虚型）。

服用方法：水煎服，每日 1 剂，每剂分 2 次服。

加减运用：兼阴部瘙痒不适者，加龙胆草 6g，清泻肝火；夜难入寐者，加麦冬 10g，夜交藤 20g，清心安神。

方义分析：肝藏血而为风木之脏，其脉循少腹而络阴器，赖肾水以涵养。妇人经、孕、产、乳以血为用，肝血易亏，肝阳易亢。若肾阴亏虚，肝血不足，肝失所养，化燥生风，风动于阴中，则簌簌有声。治宜甘润养血，柔肝息风。本方由《伤寒论》芍药甘草汤加味而来。方中重用芍药、甘草酸甘养阴，润燥柔肝缓急；佐以熟地黄、当归、红枣滋阴补血，俾阴血充盈，阴器得濡，肝风自息；牛膝益肝肾，引药下行。诸药合用，共奏滋补肝肾、柔肝息风之功。

病案

韦某，女，36 岁。1979 年 10 月初诊。

自述前阴簌簌有声如矢气状已 1 周，曾经中西药治疗，效果不佳。现前阴仍出声如矢气状，每日 6~7 次，伴夜寐欠佳，大便干结，舌尖红，苔少薄黄，脉弦细数。证属肝肾阴虚，筋脉失养，肝风内扇，涉及前阴，且后阴谷道不利，谷气升降失常。治宜滋养肝肾，柔肝息风。用加味芍药甘草汤 3 剂水煎服后症状消失。

滋阴降逆汤

药物组成：生地黄 15g，杭白芍 10g，墨旱莲 15g，鲜荷叶 15g，泽泻 10g，牡丹皮 10g，茯苓 10g，牛膝 6g，甘草 5g。

性质功效：理血类方剂。滋阴清热降逆，凉血止血。

主治病证：妇女经行吐衄或阴虚血热所致的吐血、衄血。

服用方法：水煎服，每日 1 剂，每剂分 2~3 次服，小儿用量酌减。

加减运用：月经量少，加益母草 10g，香附 6g，理血调经；兼潮热，加地骨皮 9g，白薇6g，清血透热；经前乳房胀痛，加夏枯草12g，瓜蒌壳9g，宽胸理气，解郁散结；平素带下赤白，加赤芍、凌霄花各6g，清下焦伏火。

方义分析：经行吐衄，又称"倒经"，多为肝肾阴虚，血热上逆，迫血妄行所致。盖经者血也，血者阴也，冲任二脉主之，冲任皆起于胞中而通于肝肾。肝肾阴血充盛，则冲任调和，胞宫施泄有常，月事按期行。若肝肾阴虚，肝木失养，郁久化热生火；经行之际，相火内动，冲脉气逆，火热迫血逆行于上，吐衄由此而作。治宜滋水降火，引血下行。方中生地黄甘寒，滋阴凉血，白芍酸寒，养血敛阴，柔肝平肝，二药合用意在酸甘益阴，"壮水之主，以制阳光"；泽泻甘寒淡渗以泄肾中邪火；牡丹皮苦寒清冲任伏火，凉血而无留瘀之弊；茯苓甘淡，健脾渗湿而通肾交心；鲜荷叶芳香轻清，清热凉血而善行上焦气分；墨旱莲质润汁黑，养阴益肾，凉血止血而偏于下焦血分，与牡丹皮合用共奏滋阴清热、凉血止血之功；牛膝补肝肾而引血热下行；甘草解毒泻火，调和诸药。全方以甘寒为主，养阴清热，苦降下行，滋而不腻，泻不伤阴，止中有化，实为治疗肝肾阴虚，血热上逆而致吐血衄血之良方。

病案

马某，女，20岁。1983年9月22诊。

13岁月经初潮即经行错后，常3～6个月一行，但每月均有周期性鼻衄，量少色红，持续3～6天自止。曾经五官科检查排除鼻部疾患。现为鼻衄第三天，每天出血3～4次，每次1～2滴，色鲜红。伴头晕腰酸，夜难入寐，形体瘦弱，舌尖红，苔薄白，脉弦细数。证属阴血不足，虚火上炎，治宜滋阴降逆、凉血止血之法，用滋阴降逆汤加麦冬10g，山药15g，水煎服，3剂。

药已鼻衄止，经水行。守方出入，每月连续煎服6剂，共调理3个月，经行正常，鼻衄消失，疗效巩固。

解毒止痒汤

药物组成：土茯苓30g，槟榔10g，苦参15g，忍冬藤15g，车前草15g，地肤子12g，甘草6g。

性质功效：祛湿类方剂。清热利湿，解毒杀虫止痒。

主治病证：肝经湿热型阴痒和湿热型带下病（如霉菌性阴道炎、滴虫性阴道炎），症见阴部瘙痒，甚则痒痛，带下量多，色黄或黄白相兼，质黏腻，如豆腐渣状，或呈泡沫、米泔样，其气腥臭，心烦少寐，口苦而腻，脉弦数或濡数。

服用方法：每日1剂，水煎分2次温服。

加减运用：如体质瘦弱，纳食不馨者，减去苦寒之苦参、地肤子，防其犯胃，加炒山药15g，炒薏苡仁15g，以健脾化湿；如阴道灼热，痒痛交加者，加黄柏6g，凌霄花9g，火炭母9g，以加强清热化瘀之力。

配用蛇床子、火炭母、夜交藤、苍耳子等药坐盆熏洗，内外并治，则其收效尤捷。治疗期间，禁食肥甘厚腻或辛温香燥之品，并适当节制房事。

方义分析：本方为祖传验方。方中以甘淡平之土茯苓解毒除湿为主药，配辛苦温之槟榔燥湿杀虫为辅，佐以甘寒之车前草利湿清热解毒，苦参味苦性寒，能清热燥湿，祛风杀虫，地肤子清热利湿止痒，忍冬藤性味甘寒，清热解毒，与土茯苓相须为用，则利湿解毒之功倍增。现代药理研究证明，槟榔、苦参、车前草、地肤子对多种皮肤真菌有不同程度的抑制作用，苦参的醇浸膏在体外有抗滴虫作用，故本方能治疗霉菌性和滴虫性阴道炎见上述症状者。

病例

袁某，女，32岁，已婚。1982年9月10日初诊。

月经尚可,带下量多,黄白相兼,质稠臭秽,外阴经常瘙痒难忍,夜间尤剧,脉濡数,舌苔薄黄,舌尖红。阴道分泌物镜检:霉菌(＋＋)。证属湿热郁滞下焦,化浊生虫。治宜清热利湿,解毒杀虫,佐以养血柔肝。方用解毒止痒汤加黄柏6g,苍术6g,当归12g,白芍12g。水煎服,每日1剂。并以蛇床子30g,火炭母60g,枯矾15g,煎水熏洗患处。

守方出入，共用药20剂，痒止带消，阴道分泌物镜检：霉菌（－）。

大 师 年 谱

大 师 年 谱

1920 年 1 月出生于广西壮族自治区隆安县雁江乡长安村。

1932 年进入乡村学堂开始求学生涯。

1934 年进入平果县高级中学读书。

1936 年任雁江村小学教员。

1937 年以平果县成绩第一名考入广西省立南宁医药研究所就读本科。

1937~1940 年就读于广西省立南宁医药研究所。

1940 年秋从广西省立南宁医药研究所毕业并被分配到广西凌云县担任医务所所长兼医师。

1946 年返回平果县城自开诊所行医。

1951 年 3 月被保送到广西第一省立医士学校学习。

1952 年 9 月被分配到广西民族卫生工作队,深入壮乡苗寨治病。

1955 年调至百色地区人民医院担任医师。

1957 年调至广西省立南宁中医学校(广西中医学院前身)执教。

1958 年参加南京中医学院主编的《〈伤寒论〉教学参考资料》《〈金匮要略〉教学参考资料》的编写工作。

1978 年任广西中医学院副教授。

1978 年 12 月当选为广西中医学会副会长、南宁中医学会副理事长。

1979 年 5 月当选为中华全国中医学会第一届理事。

1979 年 11 月担任广西中医学院教务处副处长。

1979 年 12 月当选为中国人民政治协商会议广西壮族自治区第四届委员会委员。

1980 年 5 月当选为南宁市城北区第五届人民代表大会代表。

1981 年 10 月担任广西中医学院《金匮要略》、中医各家学说教研室主任。

1981 年 11 月其论著《略谈治肾与治经的关系》被南宁市中医学会评为优秀学术论文。

1981 年 12 月当选为广西壮族自治区科学技术协会第一次代表大会常委。

1982 年 8 月当选为南宁市中医学会理事长,被评为广西中医学院先进工作者,晋升为广西中医学院第一批教授。

1983 年 5 月当选为第六届全国人民代表大会代表。

1983 年 7 月被中国科学技术协会、劳动人事部授予"少数民族地区长期科技工作者"荣誉称号。

1983 年 10 月被聘为南阳张仲景研究会顾问,其论著《六经辨证在妇科病中的临床应用》被日本东洋学术出版社出版。

1984 年 6 月担任广西中医学院壮医研究室主任。

1984 年 11 月担任中华医史学会第二届理事，中华全国中医学会妇科委员会委员，广西中医学会妇科委员会主任委员。

1985 年 1 月当选为中华全国中医学会第二届理事。

1985 年 2 月被张仲景国医大学聘为名誉教授。

1985 年 6 月被广西民族医药研究所聘为顾问。

1985 年 9 月广西壮族自治区人民政府授予从事教师工作 25 年荣誉证书。

1985 年 9 月被评为广西中医学院优秀教师、广西中医学院先进个人、广西中医学院首批硕士研究生导师。

1986 年 8 月担任中华全国中医学会南宁分会名誉理事长。

1986 年 11 月当选为中华全国中医学会广西分会副会长。

1986 年 11 月论文《论六经辨证在妇科病中的应用》被南宁市中医学会评为优秀论文。

1986 年 12 月担任广西少数民族医药协会副会长。

1987 年 7 月被聘为广西壮族自治区科学技术委员会委员。

1987 年 11 月《班秀文妇科医论医案选》一书由人民卫生出版社出版。

1988 年 4 月担任《广西中医药》杂志主编。

1988 年 6 月申请加入中国共产党并成为预备党员。

1988 年 9 月论文《调补肝肾在妇科病中的临床应用》被广西科学技术学会评为年度优秀论文。

1988 年 12 月论文《壮族医学的防治特点》被中华医学会广西分会、广西科学技术学会评为年度优秀论文。

1989 年 1 月担任《实用中医学》顾问兼编审。

1989 年 6 月转为中国共产党正式党员，专著《妇科疑难病论治》出版。

1989 年 6 月被评为广西中医学院思想政治工作优秀工作者。

1989 年 9 月被评为全国优秀教师并授予优秀教师奖章。

1989 年当选为广西民族医药协会第二届理事会副会长。

1990 年 4 月退休。

1990 年 9 月出访澳大利亚，并被澳大利亚自然疗法学院聘为客座教授。

1990 年 10 月被人事部、卫生部、国家中医药管理局确认为首批国家级名老中医，带有李莉、卢惠玲、钟以林 3 名学术继承人。

1990 年 12 月《班秀文妇科医论医案选》被广西中医学院评为科研成果奖。

1991 年 4 月被聘为中华全国中医学会广西分会第三届理事会学术顾问，被中外名人研究中心编入《中国当代名人录》。

1992 年经国务院批准享受政府特殊津贴（第一批）。

1992 年 5 月担任《新编医古文注释》编委会顾问。

1992 年 9 月被聘为《广西中医药》杂志第三届编委会副主任委员。

1992 年 11 月其论著《壮医对不孕症的饮食疗法》在第三届广西民族医药学术交流会上宣读。

1993 年 2 月其论著《试论妇科节育手术后诸症的病机与治疗》在中南片中医妇科学术会议上交流。

1995 年 6 月其论著《试述子宫肌瘤的治疗》一文在全国中医妇科学术交流大会交流，并被收入《中医妇科理论与临床》一书。

1997 年 1 月被聘为《中国中医药最新研创大全》编委会特聘顾问、《广西中医药》杂志第四届编委会副主任委员。

1999 年 9 月被聘为广西中医学院第二附属医院国医堂坐堂专家。

2000 年 1 月被聘为《广西中医药》杂志第五届编委会顾问。

2000 年 8 月专著《班秀文临床经验辑要》由中国医药科技出版社出版。

2002 年 11 月担任广西中医药学会第五届理事会学术顾问。

2003 年 9 月被中华中医药学会聘为中华中医药学会终身理事。

2003 年 12 月被聘为《广西中医药》杂志第六届编委会顾问。

2004 年 8 月被授予广西中医学院第一附属医院仁爱分院"仁爱贡献奖"。

2005 年 11 月被聘为广西民族医药协会学术顾问。

2006 年 12 月被中华中药学会授予首届中医药传承特别贡献奖。

2007 年 7 月由学术继承人李莉编写的《中国现代百名中医临床家丛书·班秀文》一书由中国中医药出版社出版。

2008 年 6 月被聘为《广西中医药》杂志第七届编委会顾问。

2008 年 10 月 30 日被广西壮族自治区卫生厅授予广西全国老中医药专家学术经验继承优秀指导老师。

2009 年 5 月被人力资源和社会保障部、卫生部、国家中医药管理局评为全国首批（30 名）国医大师。

2009 年 6 月被中华中医药学会授予终身成就奖。